Gesetzestexte für die Arbeitswelt

Herausgeber: Gerhard Noll

15., überarbeitete Auflage 2019 • Stand: 31.12.2018
Satz: www.punkt4.eu

Ein gemeinsames Projekt von:

ver.di Bildung + Beratung Gemeinnützige GmbH
Mörsenbroicher Weg 200 | 40470 Düsseldorf
Telefon: 0211 9046-0 | Telefax: 0211 9046-818
info@verdi-bub.de | www.verdi-bub.de

BZO Bildungszentrum Oberjosbach
An der Eiche 12 | 65527 Niedernhausen-Oberjosbach
Telefon: 06127 9056–0 | Telefax: 06127 78959
info@bzo.de | www.bzo.de | www.bzo-wissen.de

GEW Gewerkschaft Erziehung und Wissenschaft
Arbeitsbereich Tarif- und Beamtenpolitik
Reifenberger Straße 21 | 60489 Frankfurt/Main
Telefon: 069 78973-0 | Telefax: 069 78973-102
info@gew.de | www.gew.de

Betriebsräteakademie Bayern
Salinenweg 45 | 83334 Inzell
Telefon: 08665 980-218 | Telefax: 08665 980-510
info@betriebsraeteakademie-bayern.de
www.betriebsraeteakademie.bayern

NGG Gewerkschaft Nahrung-Genuss-Gaststätten
Hauptverwaltung, VB II
Haubachstraße 76 | 22765 Hamburg
Telefon: 040 380130 | Telefax: 040 3861 9136
hauptverwaltung@ngg.net | www.ngg.net

ISBN 978-3-946491-05-7

Gesetzestexte für die Arbeitswelt

Betriebsverfassungsgesetz 1972* (BetrVG 1972)

Inhaltsübersicht

* Vom 15. Januar 1972; neugefasst durch Bekanntmachung vom 25. September 2001 (BGBl. I, S. 2518), zuletzt geändert durch Gesetz vom 18. Dezember 2018 (BGBl. I, S. 2651 (2656)).

ERSTER TEIL
Allgemeine Vorschriften

§ 1 Errichtung von Betriebsräten

(1) In Betrieben mit in der Regel mindestens fünf ständigen wahlberechtigten Arbeitnehmern, von denen drei wählbar sind, werden Betriebsräte gewählt. Dies gilt auch für gemeinsame Betriebe mehrerer Unternehmen.

(2) Ein gemeinsamer Betrieb mehrerer Unternehmen wird vermutet, wenn

1. zur Verfolgung arbeitstechnischer Zwecke die Betriebsmittel sowie die Arbeitnehmer von den Unternehmen gemeinsam eingesetzt werden oder
2. die Spaltung eines Unternehmens zur Folge hat, dass von einem Betrieb ein oder mehrere Betriebsteile einem an der Spaltung beteiligten anderen Unternehmen zugeordnet werden, ohne dass sich dabei die Organisation des betroffenen Betriebs wesentlich ändert.

§ 2 Stellung der Gewerkschaften und Vereinigungen der Arbeitgeber

(1) Arbeitgeber und Betriebsrat arbeiten unter Beachtung der geltenden Tarifverträge vertrauensvoll und im Zusammenwirken mit den im Betrieb vertretenen Gewerkschaften und Arbeitgebervereinigungen zum Wohl der Arbeitnehmer und des Betriebs zusammen.

(2) Zur Wahrnehmung der in diesem Gesetz genannten Aufgaben und Befugnisse der im Betrieb vertretenen Gewerkschaften ist deren Beauftragten nach Unterrichtung des Arbeitgebers oder seines Vertreters Zugang zum Betrieb zu gewähren, soweit dem nicht unumgängliche Notwendigkeiten des Betriebsablaufs, zwingende Sicherheitsvorschriften oder der Schutz von Betriebsgeheimnissen entgegenstehen.

(3) Die Aufgaben der Gewerkschaften und der Vereinigungen der Arbeitgeber, insbesondere die Wahrnehmung der Interessen ihrer Mitglieder, werden durch dieses Gesetz nicht berührt.

§ 3 Abweichende Regelungen

(1) Durch Tarifvertrag können bestimmt werden:

1. für Unternehmen mit mehreren Betrieben
   a) die Bildung eines unternehmenseinheitlichen Betriebsrats oder
   b) die Zusammenfassung von Betrieben,
   wenn dies die Bildung von Betriebsräten erleichtert oder einer sachgerechten Wahrnehmung der Interessen der Arbeitnehmer dient;
2. für Unternehmen und Konzerne, soweit sie nach produkt- oder projektbezogenen Geschäftsbereichen (Sparten) organisiert sind und die Leitung der Sparte auch Entscheidungen in beteiligungspflichtigen Angelegenheiten trifft, die Bildung von Betriebsräten in den Sparten (Spartenbetriebsräte), wenn dies der sachgerechten Wahrnehmung der Aufgaben des Betriebsrats dient;
3. andere Arbeitnehmervertretungsstrukturen, soweit dies insbesondere auf Grund der Betriebs-, Unternehmens- oder Konzernorganisation oder auf Grund anderer Formen der Zusammenarbeit von Unternehmen einer wirksamen und zweckmäßigen Interessenvertretung der Arbeitnehmer dient;
4. zusätzliche betriebsverfassungsrechtliche Gremien (Arbeitsgemeinschaften), die der unternehmensübergreifenden Zusammenarbeit von Arbeitnehmervertretungen dienen;
5. zusätzliche betriebsverfassungsrechtliche Vertretungen der Arbeitnehmer, die die Zusammenarbeit zwischen Betriebsrat und Arbeitnehmern erleichtern.

(2) Besteht in den Fällen des Absatzes 1 Nr. 1, 2, 4 oder 5 keine tarifliche Regelung und gilt auch kein anderer Tarifvertrag, kann die Regelung durch Betriebsvereinbarung getroffen werden.

(3) Besteht im Falle des Absatzes 1 Nr. 1 Buchstabe a keine tarifliche Regelung und besteht in dem Unternehmen kein Betriebsrat, können die Arbeitnehmer mit Stimmenmehrheit die Wahl eines unternehmenseinheitlichen Betriebsrats beschließen. Die Abstimmung kann von mindestens drei wahlberechtigten Arbeitnehmern des Unternehmens oder einer im Unternehmen vertretenen Gewerkschaft veranlasst werden.

(4) Sofern der Tarifvertrag oder die Betriebsvereinbarung nichts anderes bestimmt, sind Regelungen nach Abs. 1 Nr. 1 bis 3 erstmals

bei der nächsten regelmäßigen Betriebsratswahl anzuwenden, es sei denn, es besteht kein Betriebsrat oder es ist aus anderen Gründen eine Neuwahl des Betriebsrats erforderlich. Sieht der Tarifvertrag oder die Betriebsvereinbarung einen anderen Wahlzeitpunkt vor, endet die Amtszeit bestehender Betriebsräte, die durch die Regelungen nach Abs. 1 Nr. 1 bis 3 entfallen, mit Bekanntgabe des Wahlergebnisses.

(5) Die auf Grund eines Tarifvertrages oder einer Betriebsvereinbarung nach Abs. 1 Nr. 1 bis 3 gebildeten betriebsverfassungsrechtlichen Organisationseinheiten gelten als Betriebe im Sinne dieses Gesetzes. Auf die in ihnen gebildeten Arbeitnehmervertretungen finden die Vorschriften über die Rechte und Pflichten des Betriebsrats und die Rechtsstellung seiner Mitglieder Anwendung.

§ 4 Betriebsteile, Kleinstbetriebe

(1) Betriebsteile gelten als selbstständige Betriebe, wenn sie die Voraussetzungen des § 1 Abs. 1 Satz 1 erfüllen und
1. räumlich weit vom Hauptbetrieb entfernt oder
2. durch Aufgabenbereich und Organisation eigenständig sind.

Die Arbeitnehmer eines Betriebsteils, in dem kein eigener Betriebsrat besteht, können mit Stimmenmehrheit formlos beschließen, an der Wahl des Betriebsrats im Hauptbetrieb teilzunehmen; § 3 Abs. 3 Satz 2 gilt entsprechend. Die Abstimmung kann auch vom Betriebsrat des Hauptbetriebs veranlasst werden. Der Beschluss ist dem Betriebsrat des Hauptbetriebs spätestens zehn Wochen vor Ablauf seiner Amtszeit mitzuteilen. Für den Widerruf des Beschlusses gelten die Sätze 2 bis 4 entsprechend.

(2) Betriebe, die die Voraussetzungen des § 1 Abs. 1 Satz 1 nicht erfüllen, sind dem Hauptbetrieb zuzuordnen.

§ 5 Arbeitnehmer

(1) Arbeitnehmer (Arbeitnehmerinnen und Arbeitnehmer) im Sinne dieses Gesetzes sind Arbeiter und Angestellte einschließlich der zu ihrer Berufsausbildung Beschäftigten, unabhängig davon, ob sie im Betrieb, im Außendienst oder mit Telearbeit beschäftigt werden. Als Arbeitnehmer gelten auch die in Heimarbeit Beschäftigten, die in der Hauptsache für den Betrieb arbeiten. Als Arbeitnehmer gelten ferner Beamte (Beamtinnen und Beamte), Soldaten (Soldatin-

nen und Soldaten) sowie Arbeitnehmer des öffentlichen Dienstes einschließlich der zu ihrer Berufsausbildung Beschäftigten, die in Betrieben privatrechtlich organisierter Unternehmen tätig sind.

(2) Als Arbeitnehmer im Sinne dieses Gesetzes gelten nicht
1. in Betrieben einer juristischen Person die Mitglieder des Organs, das zur gesetzlichen Vertretung der juristischen Person berufen ist;
2. die Gesellschafter einer offenen Handelsgesellschaft oder die Mitglieder einer anderen Personengesamtheit, soweit sie durch Gesetz, Satzung oder Gesellschaftsvertrag zur Vertretung der Personengesamtheit oder zur Geschäftsführung berufen sind, in deren Betrieben;
3. Personen, deren Beschäftigung nicht in erster Linie ihrem Erwerb dient, sondern vorwiegend durch Beweggründe karitativer oder religiöser Art bestimmt ist;
4. Personen, deren Beschäftigung nicht in erster Linie ihrem Erwerb dient und die vorwiegend zu ihrer Heilung, Wiedereingewöhnung, sittlichen Besserung oder Erziehung beschäftigt werden;
5. der Ehegatte, der Lebenspartner, Verwandte und Verschwägerte ersten Grades, die in häuslicher Gemeinschaft mit dem Arbeitgeber leben.

(3) Dieses Gesetz findet, soweit in ihm nicht ausdrücklich etwas anderes bestimmt ist, keine Anwendung auf leitende Angestellte. Leitender Angestellter ist, wer nach Arbeitsvertrag und Stellung im Unternehmen oder im Betrieb
1. zur selbstständigen Einstellung und Entlassung von im Betrieb oder in der Betriebsabteilung beschäftigten Arbeitnehmern berechtigt ist oder
2. Generalvollmacht oder Prokura hat und die Prokura auch im Verhältnis zum Arbeitgeber nicht unbedeutend ist oder
3. regelmäßig sonstige Aufgaben wahrnimmt, die für den Bestand und die Entwicklung des Unternehmens oder eines Betriebs von Bedeutung sind und deren Erfüllung besondere Erfahrungen und Kenntnisse voraussetzt, wenn er dabei entweder die Entscheidungen im Wesentlichen frei von Weisungen trifft oder sie maßgeblich beeinflusst; dies kann auch bei Vorgaben insbesondere auf Grund von Rechtsvorschriften, Plänen oder Richtlinien sowie bei Zusammenarbeit mit anderen leitenden Angestellten gegeben sein.

Für die in Absatz 1 Satz 3 genannten Beamten und Soldaten gelten die Sätze 1 und 2 entsprechend.

(4) Leitender Angestellter nach Abs. 3 Nr. 3 ist im Zweifel, wer
1. aus Anlass der letzten Wahl des Betriebsrats, des Sprecherausschusses oder von Aufsichtsratsmitgliedern der Arbeitnehmer oder durch rechtskräftige gerichtliche Entscheidung den leitenden Angestellten zugeordnet worden ist oder
2. einer Leitungsebene angehört, auf der in dem Unternehmen überwiegend leitende Angestellte vertreten sind; oder
3. ein regelmäßiges Jahresarbeitsentgelt erhält, das für leitende Angestellte in dem Unternehmen üblich ist, oder,
4. falls auch bei der Anwendung der Nummer 3 noch Zweifel bleiben, ein regelmäßiges Jahresarbeitsentgelt erhält, das das Dreifache der Bezugsgröße nach § 18 des Vierten Buches Sozialgesetzbuch überschreitet.

§ 6 Arbeiter und Angestellte [aufgehoben]

ZWEITER TEIL
Betriebsrat, Betriebsversammlung, Gesamt- und Konzernbetriebsrat

ERSTER ABSCHNITT
Zusammensetzung und Wahl des Betriebsrats

§ 7 Wahlberechtigung
Wahlberechtigt sind alle Arbeitnehmer des Betriebs, die das 18. Lebensjahr vollendet haben. Werden Arbeitnehmer eines anderen Arbeitgebers zur Arbeitsleistung überlassen, so sind diese wahlberechtigt, wenn sie länger als drei Monate im Betrieb eingesetzt werden.

§ 8 Wählbarkeit
(1) Wählbar sind alle Wahlberechtigten, die sechs Monate dem Betrieb angehören oder als in Heimarbeit Beschäftigte in der Hauptsache für den Betrieb gearbeitet haben. Auf diese sechsmonatige Betriebszugehörigkeit werden Zeiten angerechnet, in denen der Arbeitnehmer unmittelbar vorher einem anderen Betrieb desselben Unternehmens oder Konzerns (§ 18 Abs. 1 des Aktiengesetzes) angehört hat. Nicht wählbar ist, wer infolge strafgerichtlicher Verur-

teilung die Fähigkeit, Rechte aus öffentlichen Wahlen zu erlangen, nicht besitzt.

(2) Besteht der Betrieb weniger als sechs Monate, so sind abweichend von der Vorschrift in Abs. 1 über die sechsmonatige Betriebszugehörigkeit diejenigen Arbeitnehmer wählbar, die bei der Einleitung der Betriebsratswahl im Betrieb beschäftigt sind und die übrigen Voraussetzungen für die Wählbarkeit erfüllen.

§ 9 Zahl der Betriebsratsmitglieder

Der Betriebsrat besteht in Betrieben mit in der Regel
5 bis 20 wahlberechtigten Arbeitnehmern aus einer Person,
21 bis 50 wahlberechtigten Arbeitnehmern aus 3 Mitgliedern,
51 wahlberechtigten Arbeitnehmern
bis 100 Arbeitnehmern aus 5 Mitgliedern,
101 bis 200 Arbeitnehmern aus 7 Mitgliedern,
201 bis 400 Arbeitnehmern aus 9 Mitgliedern,
401 bis 700 Arbeitnehmern aus 11 Mitgliedern,
701 bis 1 000 Arbeitnehmern aus 13 Mitgliedern,
1 001 bis 1 500 Arbeitnehmern aus 15 Mitgliedern,
1 501 bis 2 000 Arbeitnehmern aus 17 Mitgliedern,
2 001 bis 2 500 Arbeitnehmern aus 19 Mitgliedern,
2 501 bis 3 000 Arbeitnehmern aus 21 Mitgliedern,
3 001 bis 3 500 Arbeitnehmern aus 23 Mitgliedern,
3 501 bis 4 000 Arbeitnehmern aus 25 Mitgliedern,
4 001 bis 4 500 Arbeitnehmern aus 27 Mitgliedern,
4 501 bis 5 000 Arbeitnehmern aus 29 Mitgliedern,
5 001 bis 6 000 Arbeitnehmern aus 31 Mitgliedern,
6 001 bis 7 000 Arbeitnehmern aus 33 Mitgliedern,
7 001 bis 9 000 Arbeitnehmern aus 35 Mitgliedern.
In Betrieben mit mehr als 9 000 Arbeitnehmern erhöht sich die Zahl der Mitglieder des Betriebsrats für je angefangene weitere 3 000 Arbeitnehmer um 2 Mitglieder.

§ 10 Vertretung der Minderheitsgruppen [aufgehoben]

§ 11 Ermäßigte Zahl der Betriebsratsmitglieder

Hat ein Betrieb nicht die ausreichende Zahl von wählbaren Arbeitnehmern, so ist die Zahl der Betriebsratsmitglieder der nächstniedrigeren Betriebsgröße zugrunde zu legen.

§ 12 Abweichende Verteilung der Betriebsratssitze [aufgehoben]

§ 13 Zeitpunkt der Betriebsratswahlen

(1) Die regelmäßigen Betriebsratswahlen finden alle vier Jahre in der Zeit vom 1. März bis 31. Mai statt. Sie sind zeitgleich mit den regelmäßigen Wahlen nach § 5 Abs. 1 des Sprecherausschussgesetzes einzuleiten.

(2) Außerhalb dieser Zeit ist der Betriebsrat zu wählen, wenn
1. mit Ablauf von 24 Monaten, vom Tage der Wahl an gerechnet, die Zahl der regelmäßig beschäftigten Arbeitnehmer um die Hälfte, mindestens aber um fünfzig, gestiegen oder gesunken ist,
2. die Gesamtzahl der Betriebsratsmitglieder nach Eintreten sämtlicher Ersatzmitglieder unter die vorgeschriebene Zahl der Betriebsratsmitglieder gesunken ist,
3. der Betriebsrat mit der Mehrheit seiner Mitglieder seinen Rücktritt beschlossen hat,
4. die Betriebsratswahl mit Erfolg angefochten worden ist,
5. der Betriebsrat durch eine gerichtliche Entscheidung aufgelöst ist oder
6. im Betrieb ein Betriebsrat nicht besteht.

(3) Hat außerhalb des für die regelmäßigen Betriebsratswahlen festgelegten Zeitraums eine Betriebsratswahl stattgefunden, so ist der Betriebsrat in dem auf die Wahl folgenden nächsten Zeitraum der regelmäßigen Betriebsratswahlen neu zu wählen. Hat die Amtszeit des Betriebsrats zu Beginn des für die regelmäßigen Betriebsratswahlen festgelegten Zeitraums noch nicht ein Jahr betragen, so ist der Betriebsrat in dem übernächsten Zeitraum der regelmäßigen Betriebsratswahlen neu zu wählen.

§ 14 Wahlvorschriften

(1) Der Betriebsrat wird in geheimer und unmittelbarer Wahl gewählt.

(2) Die Wahl erfolgt nach den Grundsätzen der Verhältniswahl. Sie erfolgt nach den Grundsätzen der Mehrheitswahl, wenn nur ein Wahlvorschlag eingereicht wird oder wenn der Betriebsrat im vereinfachten Wahlverfahren nach § 14a zu wählen ist.

(3) Zur Wahl des Betriebsrats können die wahlberechtigten Arbeitnehmer und die im Betrieb vertretenen Gewerkschaften Wahlvorschläge machen.

(4) Jeder Wahlvorschlag der Arbeitnehmer muss von mindestens einem Zwanzigstel der wahlberechtigten Arbeitnehmer, mindestens jedoch von drei Wahlberechtigten unterzeichnet sein; in Betrieben mit in der Regel bis zu zwanzig wahlberechtigten Arbeitnehmern genügt die Unterzeichnung durch zwei Wahlberechtigte. In jedem Fall genügt die Unterzeichnung durch fünfzig wahlberechtigte Arbeitnehmer.

(5) Jeder Wahlvorschlag einer Gewerkschaft muss von zwei Beauftragten unterzeichnet sein.

§ 14a Vereinfachtes Wahlverfahren für Kleinbetriebe

(1) In Betrieben mit in der Regel fünf bis fünfzig wahlberechtigten Arbeitnehmern wird der Betriebsrat in einem zweistufigen Verfahren gewählt. Auf einer ersten Wahlversammlung wird der Wahlvorstand nach § 17a Nr. 3 gewählt. Auf einer zweiten Wahlversammlung wird der Betriebsrat in geheimer und unmittelbarer Wahl gewählt. Diese Wahlversammlung findet eine Woche nach der Wahlversammlung zur Wahl des Wahlvorstands statt.

(2) Wahlvorschläge können bis zum Ende der Wahlversammlung zur Wahl des Wahlvorstands nach § 17a Nr. 3 gemacht werden; für Wahlvorschläge der Arbeitnehmer gilt § 14 Abs. 4 mit der Maßgabe, dass für Wahlvorschläge, die erst auf dieser Wahlversammlung gemacht werden, keine Schriftform erforderlich ist.

(3) Ist der Wahlvorstand in Betrieben mit in der Regel fünf bis fünfzig wahlberechtigten Arbeitnehmern nach § 17a Nr. 1 in Verbindung mit § 16 vom Betriebsrat, Gesamtbetriebsrat oder Konzernbetriebsrat oder nach § 17a Nr. 4 vom Arbeitsgericht bestellt, wird der Betriebsrat abweichend von Absatz 1 Satz 1 und 2 auf nur einer Wahlversammlung in geheimer und unmittelbarer Wahl gewählt. Wahlvorschläge können bis eine Woche vor der Wahlversammlung zur Wahl des Betriebsrats gemacht werden; § 14 Abs. 4 gilt unverändert.

(4) Wahlberechtigten Arbeitnehmern, die an der Wahlversammlung zur Wahl des Betriebsrats nicht teilnehmen können, ist Gelegenheit zur schriftlichen Stimmabgabe zu geben.

(5) In Betrieben mit in der Regel 51 bis 100 wahlberechtigten Arbeitnehmern können der Wahlvorstand und der Arbeitgeber die Anwendung des vereinfachten Wahlverfahrens vereinbaren.

§ 15 Zusammensetzung nach Beschäftigungsarten und Geschlechtern

(1) Der Betriebsrat soll sich möglichst aus Arbeitnehmern der einzelnen Organisationsbereiche und der verschiedenen Beschäftigungsarten der im Betrieb tätigen Arbeitnehmer zusammensetzen.

(2) Das Geschlecht, das in der Belegschaft in der Minderheit ist, muss mindestens entsprechend seinem zahlenmäßigen Verhältnis im Betriebsrat vertreten sein, wenn dieser aus mindestens drei Mitgliedern besteht.

§ 16 Bestellung des Wahlvorstands

(1) Spätestens zehn Wochen vor Ablauf seiner Amtszeit bestellt der Betriebsrat einen aus drei Wahlberechtigten bestehenden Wahlvorstand und einen von ihnen als Vorsitzenden. Der Betriebsrat kann die Zahl der Wahlvorstandsmitglieder erhöhen, wenn dies zur ordnungsgemäßen Durchführung der Wahl erforderlich ist. Der Wahlvorstand muss in jedem Fall aus einer ungeraden Zahl von Mitgliedern bestehen. Für jedes Mitglied des Wahlvorstands kann für den Fall seiner Verhinderung ein Ersatzmitglied bestellt werden. In Betrieben mit weiblichen und männlichen Arbeitnehmern sollen dem Wahlvorstand Frauen und Männer angehören. Jede im Betrieb vertretene Gewerkschaft kann zusätzlich einen dem Betrieb angehörenden Beauftragten als nicht stimmberechtigtes Mitglied in den Wahlvorstand entsenden, sofern ihr nicht ein stimmberechtigtes Wahlvorstandsmitglied angehört.

(2) Besteht acht Wochen vor Ablauf der Amtszeit des Betriebsrats kein Wahlvorstand, so bestellt ihn das Arbeitsgericht auf Antrag von mindestens drei Wahlberechtigten oder einer im Betrieb vertretenen Gewerkschaft; Abs. 1 gilt entsprechend. In dem Antrag können Vorschläge für die Zusammensetzung des Wahlvorstands ge-

macht werden. Das Arbeitsgericht kann für Betriebe mit in der Regel mehr als zwanzig wahlberechtigten Arbeitnehmern auch Mitglieder einer im Betrieb vertretenen Gewerkschaft, die nicht Arbeitnehmer des Betriebs sind, zu Mitgliedern des Wahlvorstands bestellen, wenn dies zur ordnungsgemäßen Durchführung der Wahl erforderlich ist.

(3) Besteht acht Wochen vor Ablauf der Amtszeit des Betriebsrats kein Wahlvorstand, kann auch der Gesamtbetriebsrat oder, falls ein solcher nicht besteht, der Konzernbetriebsrat den Wahlvorstand bestellen. Absatz 1 gilt entsprechend.

§ 17 Bestellung des Wahlvorstands in Betrieben ohne Betriebsrat

(1) Besteht in einem Betrieb, der die Voraussetzungen des § 1 Abs. 1 Satz 1 erfüllt, kein Betriebsrat, so bestellt der Gesamtbetriebsrat oder, falls ein solcher nicht besteht, der Konzernbetriebsrat einen Wahlvorstand. § 16 Abs. 1 gilt entsprechend.

(2) Besteht weder ein Gesamtbetriebsrat noch ein Konzernbetriebsrat, so wird in einer Betriebsversammlung von der Mehrheit der anwesenden Arbeitnehmer ein Wahlvorstand gewählt; § 16 Abs. 1 gilt entsprechend. Gleiches gilt, wenn der Gesamtbetriebsrat oder Konzernbetriebsrat die Bestellung des Wahlvorstands nach Abs. 1 unterlässt.

(3) Zu dieser Betriebsversammlung können drei wahlberechtigte Arbeitnehmer des Betriebs oder eine im Betrieb vertretene Gewerkschaft einladen und Vorschläge für die Zusammensetzung des Wahlvorstands machen.

(4) Findet trotz Einladung keine Betriebsversammlung statt oder wählt die Betriebsversammlung keinen Wahlvorstand, so bestellt ihn das Arbeitsgericht auf Antrag von mindestens drei wahlberechtigten Arbeitnehmern oder einer im Betrieb vertretenen Gewerkschaft. § 16 Abs. 2 gilt entsprechend.

§ 17a Bestellung des Wahlvorstands im vereinfachten Wahlverfahren

Im Fall des § 14a finden die §§ 16 und 17 mit folgender Maßgabe Anwendung:

1. Die Frist des § 16 Abs. 1 Satz 1 wird auf vier Wochen und die des § 16 Abs. 2 Satz 1, Abs. 3 Satz 1 auf drei Wochen verkürzt.
2. § 16 Abs. 1 Satz 2 und 3 findet keine Anwendung.
3. In den Fällen des § 17 Abs. 2 wird der Wahlvorstand in einer Wahlversammlung von der Mehrheit der anwesenden Arbeitnehmer gewählt. Für die Einladung zu der Wahlversammlung gilt § 17 Abs. 3 entsprechend.
4. § 17 Abs. 4 gilt entsprechend, wenn trotz Einladung keine Wahlversammlung stattfindet oder auf der Wahlversammlung kein Wahlvorstand gewählt wird.

§ 18 Vorbereitung und Durchführung der Wahl

(1) Der Wahlvorstand hat die Wahl unverzüglich einzuleiten, sie durchzuführen und das Wahlergebnis festzustellen. Kommt der Wahlvorstand dieser Verpflichtung nicht nach, so ersetzt ihn das Arbeitsgericht auf Antrag des Betriebsrats, von mindestens drei wahlberechtigten Arbeitnehmern oder einer im Betrieb vertretenen Gewerkschaft. § 16 Abs. 2 gilt entsprechend.

(2) Ist zweifelhaft, ob eine betriebsratsfähige Organisationseinheit vorliegt, so können der Arbeitgeber, jeder beteiligte Betriebsrat, jeder beteiligte Wahlvorstand oder eine im Betrieb vertretene Gewerkschaft eine Entscheidung des Arbeitsgerichts beantragen.

(3) Unverzüglich nach Abschluss der Wahl nimmt der Wahlvorstand öffentlich die Auszählung der Stimmen vor, stellt deren Ergebnis in einer Niederschrift fest und gibt es den Arbeitnehmern des Betriebs bekannt. Dem Arbeitgeber und den im Betrieb vertretenen Gewerkschaften ist eine Abschrift der Wahlniederschrift zu übersenden.

§ 18a Zuordnung der leitenden Angestellten bei Wahlen

(1) Sind die Wahlen nach § 13 Abs. 1 und nach § 5 Abs. 1 des Sprecherausschussgesetzes zeitgleich einzuleiten, so haben sich die Wahlvorstände unverzüglich nach Aufstellung der Wählerlisten, spätestens jedoch zwei Wochen vor Einleitung der Wahlen, gegenseitig darüber zu unterrichten, welche Angestellten sie den leitenden Angestellten zugeordnet haben; dies gilt auch, wenn die Wahlen ohne Bestehen einer gesetzlichen Verpflichtung zeitgleich eingeleitet werden. Soweit zwischen den Wahlvorständen kein Ein-

vernehmen über die Zuordnung besteht, haben sie in gemeinsamer Sitzung eine Einigung zu versuchen. Soweit eine Einigung zustande kommt, sind die Angestellten entsprechend ihrer Zuordnung in die jeweilige Wählerliste einzutragen.

(2) Soweit eine Einigung nicht zustande kommt, hat ein Vermittler spätestens eine Woche vor Einleitung der Wahlen erneut eine Verständigung der Wahlvorstände über die Zuordnung zu versuchen. Der Arbeitgeber hat den Vermittler auf dessen Verlangen zu unterstützen, insbesondere die erforderlichen Auskünfte zu erteilen und die erforderlichen Unterlagen zur Verfügung zu stellen. Bleibt der Verständigungsversuch erfolglos, so entscheidet der Vermittler nach Beratung mit dem Arbeitgeber. Abs. 1 Satz 3 gilt entsprechend.

(3) Auf die Person des Vermittlers müssen sich die Wahlvorstände einigen. Zum Vermittler kann nur ein Beschäftigter des Betriebs oder eines anderen Betriebs des Unternehmens oder Konzerns oder der Arbeitgeber bestellt werden. Kommt eine Einigung nicht zustande, so schlagen die Wahlvorstände je eine Person als Vermittler vor; durch Los wird entschieden, wer als Vermittler tätig wird.

(4) Wird mit der Wahl nach § 13 Abs. 1 oder 2 nicht zeitgleich eine Wahl nach dem Sprecherausschussgesetz eingeleitet, so hat der Wahlvorstand den Sprecherausschuss entsprechend Abs. 1 Satz 1 erster Halbsatz zu unterrichten. Soweit kein Einvernehmen über die Zuordnung besteht, hat der Sprecherausschuss Mitglieder zu benennen, die anstelle des Wahlvorstands an dem Zuordnungsverfahren teilnehmen. Wird mit der Wahl nach § 5 Abs. 1 oder 2 des Sprecherausschussgesetzes nicht zeitgleich eine Wahl nach diesem Gesetz eingeleitet, so gelten die Sätze 1 und 2 für den Betriebsrat entsprechend.

(5) Durch die Zuordnung wird der Rechtsweg nicht ausgeschlossen. Die Anfechtung der Betriebsratswahl oder der Wahl nach dem Sprecherausschussgesetz ist ausgeschlossen, soweit sie darauf gestützt wird, die Zuordnung sei fehlerhaft erfolgt. Satz 2 gilt nicht, soweit die Zuordnung offensichtlich fehlerhaft ist.

§ 19 Wahlanfechtung

(1) Die Wahl kann beim Arbeitsgericht angefochten werden, wenn gegen wesentliche Vorschriften über das Wahlrecht, die Wählbarkeit oder das Wahlverfahren verstoßen worden ist und eine Berichtigung nicht erfolgt ist, es sei denn, dass durch den Verstoß das Wahlergebnis nicht geändert oder beeinflusst werden konnte.

(2) Zur Anfechtung berechtigt sind mindestens drei Wahlberechtigte, eine im Betrieb vertretene Gewerkschaft oder der Arbeitgeber. Die Wahlanfechtung ist nur binnen einer Frist von zwei Wochen, vom Tage der Bekanntgabe des Wahlergebnisses an gerechnet, zulässig.

§ 20 Wahlschutz und Wahlkosten

(1) Niemand darf die Wahl des Betriebsrats behindern. Insbesondere darf kein Arbeitnehmer in der Ausübung des aktiven und passiven Wahlrechts beschränkt werden.

(2) Niemand darf die Wahl des Betriebsrats durch Zufügung oder Androhung von Nachteilen oder durch Gewährung oder Versprechen von Vorteilen beeinflussen.

(3) Die Kosten der Wahl trägt der Arbeitgeber. Versäumnis von Arbeitszeit, die zur Ausübung des Wahlrechts, zur Betätigung im Wahlvorstand oder zur Tätigkeit als Vermittler (§ 18a) erforderlich ist, berechtigt den Arbeitgeber nicht zur Minderung des Arbeitsentgelts.

ZWEITER ABSCHNITT
Amtszeit des Betriebsrats

§ 21 Amtszeit

Die regelmäßige Amtszeit des Betriebsrats beträgt vier Jahre. Die Amtszeit beginnt mit der Bekanntgabe des Wahlergebnisses oder, wenn zu diesem Zeitpunkt noch ein Betriebsrat besteht, mit Ablauf von dessen Amtszeit. Die Amtszeit endet spätestens am 31. Mai des Jahres, in dem nach § 13 Abs. 1 die regelmäßigen Betriebsratswahlen stattfinden. In dem Fall des § 13 Abs. 3 Satz 2 endet die Amtszeit spätestens am 31. Mai des Jahres, in dem der Betriebsrat neu zu wählen ist. In den Fällen des § 13 Abs. 2 Nr. 1 und 2 endet die Amtszeit mit der Bekanntgabe des Wahlergebnisses des neu gewählten Betriebsrats.

§ 21a Übergangsmandat

(1) Wird ein Betrieb gespalten, so bleibt dessen Betriebsrat im Amt und führt die Geschäfte für die ihm bislang zugeordneten Betriebsteile weiter, soweit sie die Voraussetzungen des § 1 Abs. 1 Satz 1 erfüllen und nicht in einen Betrieb eingegliedert werden, in dem ein Betriebsrat besteht (Übergangsmandat). Der Betriebsrat hat insbesondere unverzüglich Wahlvorstände zu bestellen. Das Übergangsmandat endet, sobald in den Betriebsteilen ein neuer Betriebsrat gewählt und das Wahlergebnis bekannt gegeben ist, spätestens jedoch sechs Monate nach Wirksamwerden der Spaltung. Durch Tarifvertrag oder Betriebsvereinbarung kann das Übergangsmandat um weitere sechs Monate verlängert werden.

(2) Werden Betriebe oder Betriebsteile zu einem Betrieb zusammengefasst, so nimmt der Betriebsrat des nach der Zahl der wahlberechtigten Arbeitnehmer größten Betriebs oder Betriebsteils das Übergangsmandat wahr. Absatz 1 gilt entsprechend.

(3) Die Absätze 1 und 2 gelten auch, wenn die Spaltung oder Zusammenlegung von Betrieben und Betriebsteilen im Zusammenhang mit einer Betriebsveräußerung oder einer Umwandlung nach dem Umwandlungsgesetz erfolgt.

§ 21b Restmandat

Geht ein Betrieb durch Stilllegung, Spaltung oder Zusammenlegung unter, so bleibt dessen Betriebsrat so lange im Amt, wie dies zur Wahrnehmung der damit im Zusammenhang stehenden Mitwirkungs- und Mitbestimmungsrechte erforderlich ist.

§ 22 Weiterführung der Geschäfte des Betriebsrats

In den Fällen des § 13 Abs. 2 Nr. 1 bis 3 führt der Betriebsrat die Geschäfte weiter, bis der neue Betriebsrat gewählt und das Wahlergebnis bekannt gegeben ist.

§ 23 Verletzung gesetzlicher Pflichten

(1) Mindestens ein Viertel der wahlberechtigten Arbeitnehmer, der Arbeitgeber oder eine im Betrieb vertretene Gewerkschaft können

beim Arbeitsgericht den Ausschluss eines Mitglieds aus dem Betriebsrat oder die Auflösung des Betriebsrats wegen grober Verletzung seiner gesetzlichen Pflichten beantragen. Der Ausschluss eines Mitglieds kann auch vom Betriebsrat beantragt werden.

(2) Wird der Betriebsrat aufgelöst, so setzt das Arbeitsgericht unverzüglich einen Wahlvorstand für die Neuwahl ein. § 16 Abs. 2 gilt entsprechend.

(3) Der Betriebsrat oder eine im Betrieb vertretene Gewerkschaft können bei groben Verstößen des Arbeitgebers gegen seine Verpflichtungen aus diesem Gesetz beim Arbeitsgericht beantragen, dem Arbeitgeber aufzugeben, eine Handlung zu unterlassen, die Vornahme einer Handlung zu dulden oder eine Handlung vorzunehmen. Handelt der Arbeitgeber der ihm durch rechtskräftige gerichtliche Entscheidung auferlegten Verpflichtung zuwider, eine Handlung zu unterlassen oder die Vornahme einer Handlung zu dulden, so ist er auf Antrag vom Arbeitsgericht wegen einer jeden Zuwiderhandlung nach vorheriger Androhung zu einem Ordnungsgeld zu verurteilen. Führt der Arbeitgeber die ihm durch eine rechtskräftige gerichtliche Entscheidung auferlegte Handlung nicht durch, so ist auf Antrag vom Arbeitsgericht zu erkennen, dass er zur Vornahme der Handlung durch Zwangsgeld anzuhalten sei. Antragsberechtigt sind der Betriebsrat oder eine im Betrieb vertretene Gewerkschaft. Das Höchstmaß des Ordnungsgeldes und Zwangsgeldes beträgt 10 000 Euro.

§ 24 Erlöschen der Mitgliedschaft

Die Mitgliedschaft im Betriebsrat erlischt durch

1. Ablauf der Amtszeit,
2. Niederlegung des Betriebsratsamtes,
3. Beendigung des Arbeitsverhältnisses,
4. Verlust der Wählbarkeit,
5. Ausschluss aus dem Betriebsrat oder Auflösung des Betriebsrats auf Grund einer gerichtlichen Entscheidung,
6. gerichtliche Entscheidung über die Feststellung der Nichtwählbarkeit nach Ablauf der in § 19 Abs. 2 bezeichneten Frist, es sei denn, der Mangel liegt nicht mehr vor.

§ 25 Ersatzmitglieder

(1) Scheidet ein Mitglied des Betriebsrats aus, so rückt ein Ersatzmitglied nach. Dies gilt entsprechend für die Stellvertretung eines zeitweilig verhinderten Mitglieds des Betriebsrats.

(2) Die Ersatzmitglieder werden unter Berücksichtigung des § 15 Abs. 2 der Reihe nach aus den nichtgewählten Arbeitnehmern derjenigen Vorschlagslisten entnommen, denen die zu ersetzenden Mitglieder angehören. Ist eine Vorschlagsliste erschöpft, so ist das Ersatzmitglied derjenigen Vorschlagsliste zu entnehmen, auf die nach den Grundsätzen der Verhältniswahl der nächste Sitz entfallen würde. Ist das ausgeschiedene oder verhinderte Mitglied nach den Grundsätzen der Mehrheitswahl gewählt, so bestimmt sich die Reihenfolge der Ersatzmitglieder unter Berücksichtigung des § 15 Abs. 2 nach der Höhe der erreichten Stimmenzahlen.

DRITTER ABSCHNITT
Geschäftsführung des Betriebsrats

§ 26 Vorsitzender

(1) Der Betriebsrat wählt aus seiner Mitte den Vorsitzenden und dessen Stellvertreter.

(2) Der Vorsitzende des Betriebsrats oder im Fall seiner Verhinderung sein Stellvertreter vertritt den Betriebsrat im Rahmen der von ihm gefassten Beschlüsse. Zur Entgegennahme von Erklärungen, die dem Betriebsrat gegenüber abzugeben sind, ist der Vorsitzende des Betriebsrats oder im Fall seiner Verhinderung sein Stellvertreter berechtigt.

§ 27 Betriebsausschuss

(1) Hat ein Betriebsrat neun oder mehr Mitglieder, so bildet er einen Betriebsausschuss. Der Betriebsausschuss besteht aus dem Vorsitzenden des Betriebsrats, dessen Stellvertreter und bei Betriebsräten mit

9 bis 15 Mitgliedern	aus 3 weiteren Ausschussmitgliedern,
17 bis 23 Mitgliedern	aus 5 weiteren Ausschussmitgliedern,
25 bis 35 Mitgliedern	aus 7 weiteren Ausschussmitgliedern,
37 oder mehr Mitgliedern	aus 9 weiteren Ausschussmitgliedern.

Die weiteren Ausschussmitglieder werden vom Betriebsrat aus seiner Mitte in geheimer Wahl und nach den Grundsätzen der Verhältniswahl gewählt. Wird nur ein Wahlvorschlag gemacht, so erfolgt die Wahl nach den Grundsätzen der Mehrheitswahl. Sind die weiteren Ausschussmitglieder nach den Grundsätzen der Verhältniswahl gewählt, so erfolgt die Abberufung durch Beschluss des Betriebsrats, der in geheimer Abstimmung gefasst wird und einer Mehrheit von drei Vierteln der Stimmen der Mitglieder des Betriebsrats bedarf.

(2) Der Betriebsausschuss führt die laufenden Geschäfte des Betriebsrats. Der Betriebsrat kann dem Betriebsausschuss mit der Mehrheit der Stimmen seiner Mitglieder Aufgaben zur selbständigen Erledigung übertragen; dies gilt nicht für den Abschluss von Betriebsvereinbarungen. Die Übertragung bedarf der Schriftform. Die Sätze 2 und 3 gelten entsprechend für den Widerruf der Übertragung von Aufgaben.

(3) Betriebsräte mit weniger als neun Mitgliedern können die laufenden Geschäfte auf den Vorsitzenden des Betriebsrats oder andere Betriebsratsmitglieder übertragen.

§ 28 Übertragung von Aufgaben auf Ausschüsse

(1) Der Betriebsrat kann in Betrieben mit mehr als 100 Arbeitnehmern Ausschüsse bilden und ihnen bestimmte Aufgaben übertragen. Für die Wahl und Abberufung der Ausschussmitglieder gilt § 27 Abs. 1 Satz 3 bis 5 entsprechend. Ist ein Betriebsausschuss gebildet, kann der Betriebsrat den Ausschüssen Aufgaben zur selbstständigen Erledigung übertragen; § 27 Abs. 2 Satz 2 bis 4 gilt entsprechend.

(2) Abs. 1 gilt entsprechend für die Übertragung von Aufgaben zur selbständigen Entscheidung auf Mitglieder des Betriebsrats in Ausschüssen, deren Mitglieder vom Betriebsrat und vom Arbeitgeber benannt werden.

§ 28a Übertragung von Aufgaben auf Arbeitsgruppen

(1) In Betrieben mit mehr als 100 Arbeitnehmern kann der Betriebsrat mit der Mehrheit der Stimmen seiner Mitglieder bestimmte Aufgaben auf Arbeitsgruppen übertragen; dies erfolgt nach Maßgabe

einer mit dem Arbeitgeber abzuschließenden Rahmenvereinbarung. Die Aufgaben müssen im Zusammenhang mit den von der Arbeitsgruppe zu erledigenden Tätigkeiten stehen. Die Übertragung bedarf der Schriftform. Für den Widerruf der Übertragung gelten Satz 1 erster Halbsatz und Satz 3 entsprechend.

(2) Die Arbeitsgruppe kann im Rahmen der ihr übertragenen Aufgaben mit dem Arbeitgeber Vereinbarungen schließen; eine Vereinbarung bedarf der Mehrheit der Stimmen der Gruppenmitglieder. § 77 gilt entsprechend. Können sich Arbeitgeber und Arbeitsgruppe in einer Angelegenheit nicht einigen, nimmt der Betriebsrat das Beteiligungsrecht wahr.

§ 29 Einberufung der Sitzungen

(1) Vor Ablauf einer Woche nach dem Wahltag hat der Wahlvorstand die Mitglieder des Betriebsrats zu der nach § 26 Abs. 1 vorgeschriebenen Wahl einzuberufen. Der Vorsitzende des Wahlvorstands leitet die Sitzung, bis der Betriebsrat aus seiner Mitte einen Wahlleiter bestellt hat.

(2) Die weiteren Sitzungen beruft der Vorsitzende des Betriebsrats ein. Er setzt die Tagesordnung fest und leitet die Verhandlung. Der Vorsitzende hat die Mitglieder des Betriebsrats zu den Sitzungen rechtzeitig unter Mitteilung der Tagesordnung zu laden. Dies gilt auch für die Schwerbehindertenvertretung sowie für die Jugend- und Auszubildendenvertreter, soweit sie ein Recht auf Teilnahme an der Betriebsratssitzung haben. Kann ein Mitglied des Betriebsrats oder der Jugend- und Auszubildendenvertretung an der Sitzung nicht teilnehmen, so soll es dies unter Angabe der Gründe unverzüglich dem Vorsitzenden mitteilen. Der Vorsitzende hat für ein verhindertes Betriebsratsmitglied oder für einen verhinderten Jugend- und Auszubildendenvertreter das Ersatzmitglied zu laden.

(3) Der Vorsitzende hat eine Sitzung einzuberufen und den Gegenstand, dessen Beratung beantragt ist, auf die Tagesordnung zu setzen, wenn dies ein Viertel der Mitglieder des Betriebsrats oder der Arbeitgeber beantragt.

(4) Der Arbeitgeber nimmt an den Sitzungen, die auf sein Verlangen anberaumt sind, und an den Sitzungen, zu denen er ausdrück-

lich eingeladen ist, teil. Er kann einen Vertreter der Vereinigung der Arbeitgeber, der er angehört, hinzuziehen.

§ 30 Betriebsratssitzungen

Die Sitzungen des Betriebsrats finden in der Regel während der Arbeitszeit statt. Der Betriebsrat hat bei der Ansetzung von Betriebsratssitzungen auf die betrieblichen Notwendigkeiten Rücksicht zu nehmen. Der Arbeitgeber ist vom Zeitpunkt der Sitzung vorher zu verständigen. Die Sitzungen des Betriebsrats sind nicht öffentlich.

§ 31 Teilnahme der Gewerkschaften

Auf Antrag von einem Viertel der Mitglieder des Betriebsrats kann ein Beauftragter einer im Betriebsrat vertretenen Gewerkschaft an den Sitzungen beratend teilnehmen; in diesem Fall sind der Zeitpunkt der Sitzung und die Tagesordnung der Gewerkschaft rechtzeitig mitzuteilen.

§ 32 Teilnahme der Schwerbehindertenvertretung

Die Schwerbehindertenvertretung (§ 177 des Neunten Buches Sozialgesetzbuch) kann an allen Sitzungen des Betriebsrats beratend teilnehmen.

§ 33 Beschlüsse des Betriebsrats

(1) Die Beschlüsse des Betriebsrats werden, soweit in diesem Gesetz nichts anderes bestimmt ist, mit der Mehrheit der Stimmen der anwesenden Mitglieder gefasst. Bei Stimmengleichheit ist ein Antrag abgelehnt.

(2) Der Betriebsrat ist nur beschlussfähig, wenn mindestens die Hälfte der Betriebsratsmitglieder an der Beschlussfassung teilnimmt; Stellvertretung durch Ersatzmitglieder ist zulässig.

(3) Nimmt die Jugend- und Auszubildendenvertretung an der Beschlussfassung teil, so werden die Stimmen der Jugend- und Auszubildendenvertreter bei der Feststellung der Stimmenmehrheit mitgezählt.

§ 34 Sitzungsniederschrift

(1) Über jede Verhandlung des Betriebsrats ist eine Niederschrift aufzunehmen, die mindestens den Wortlaut der Beschlüsse und die

Stimmenmehrheit, mit der sie gefasst sind, enthält. Die Niederschrift ist von dem Vorsitzenden und einem weiteren Mitglied zu unterzeichnen. Der Niederschrift ist eine Anwesenheitsliste beizufügen, in die sich jeder Teilnehmer eigenhändig einzutragen hat.

(2) Hat der Arbeitgeber oder ein Beauftragter einer Gewerkschaft an der Sitzung teilgenommen, so ist ihm der entsprechende Teil der Niederschrift abschriftlich auszuhändigen. Einwendungen gegen die Niederschrift sind unverzüglich schriftlich zu erheben; sie sind der Niederschrift beizufügen.

(3) Die Mitglieder des Betriebsrats haben das Recht, die Unterlagen des Betriebsrats und seiner Ausschüsse jederzeit einzusehen.

§ 35 Aussetzung von Beschlüssen

(1) Erachtet die Mehrheit der Jugend- und Auszubildendenvertretung oder die Schwerbehindertenvertretung einen Beschluss des Betriebsrats als eine erhebliche Beeinträchtigung wichtiger Interessen der durch sie vertretenen Arbeitnehmer, so ist auf ihren Antrag der Beschluss auf die Dauer von einer Woche vom Zeitpunkt der Beschlussfassung an auszusetzen, damit in dieser Frist eine Verständigung, gegebenenfalls mit Hilfe der im Betrieb vertretenen Gewerkschaften, versucht werden kann.

(2) Nach Ablauf der Frist ist über die Angelegenheit neu zu beschließen. Wird der erste Beschluss bestätigt, so kann der Antrag auf Aussetzung nicht wiederholt werden; dies gilt auch, wenn der erste Beschluss nur unerheblich geändert wird.

§ 36 Geschäftsordnung

Sonstige Bestimmungen über die Geschäftsführung sollen in einer schriftlichen Geschäftsordnung getroffen werden, die der Betriebsrat mit der Mehrheit der Stimmen seiner Mitglieder beschließt.

§ 37 Ehrenamtliche Tätigkeit, Arbeitsversäumnis

(1) Die Mitglieder des Betriebsrats führen ihr Amt unentgeltlich als Ehrenamt.

(2) Mitglieder des Betriebsrats sind von ihrer beruflichen Tätigkeit ohne Minderung des Arbeitsentgelts zu befreien, wenn und so-

weit es nach Umfang und Art des Betriebs zur ordnungsgemäßen Durchführung ihrer Aufgaben erforderlich ist.

(3) Zum Ausgleich für Betriebsratstätigkeit, die aus betriebsbedingten Gründen außerhalb der Arbeitszeit durchzuführen ist, hat das Betriebsratsmitglied Anspruch auf entsprechende Arbeitsbefreiung unter Fortzahlung des Arbeitsentgelts. Betriebsbedingte Gründe liegen auch vor, wenn die Betriebsratstätigkeit wegen der unterschiedlichen Arbeitszeiten der Betriebsratsmitglieder nicht innerhalb der persönlichen Arbeitszeit erfolgen kann. Die Arbeitsbefreiung ist vor Ablauf eines Monats zu gewähren; ist dies aus betriebsbedingten Gründen nicht möglich, so ist die aufgewendete Zeit wie Mehrarbeit zu vergüten.

(4) Das Arbeitsentgelt von Mitgliedern des Betriebsrats darf einschließlich eines Zeitraums von einem Jahr nach Beendigung der Amtszeit nicht geringer bemessen werden als das Arbeitsentgelt vergleichbarer Arbeitnehmer mit betriebsüblicher beruflicher Entwicklung. Dies gilt auch für allgemeine Zuwendungen des Arbeitgebers.

(5) Soweit nicht zwingende betriebliche Notwendigkeiten entgegenstehen, dürfen Mitglieder des Betriebsrats einschließlich eines Zeitraums von einem Jahr nach Beendigung der Amtszeit nur mit Tätigkeiten beschäftigt werden, die den Tätigkeiten der in Abs. 4 genannten Arbeitnehmer gleichwertig sind.

(6) Die Absätze 2 und 3 gelten entsprechend für die Teilnahme an Schulungs- und Bildungsveranstaltungen, soweit diese Kenntnisse vermitteln, die für die Arbeit des Betriebsrats erforderlich sind. Betriebsbedingte Gründe im Sinne des Absatzes 3 liegen auch vor, wenn wegen Besonderheiten der betrieblichen Arbeitszeitgestaltung die Schulung des Betriebsratsmitglieds außerhalb seiner Arbeitszeit erfolgt; in diesem Fall ist der Umfang des Ausgleichsanspruchs unter Einbeziehung der Arbeitsbefreiung nach Abs. 2 pro Schulungstag begrenzt auf die Arbeitszeit eines vollzeitbeschäftigten Arbeitnehmers. Der Betriebsrat hat bei der Festlegung der zeitlichen Lage der Teilnahme an Schulungs- und Bildungsveranstaltungen die betrieblichen Notwendigkeiten zu berücksichtigen. Er hat dem Arbeitgeber die Teilnahme und die zeitliche Lage der Schu-

lungs- und Bildungsveranstaltungen rechtzeitig bekannt zu geben. Hält der Arbeitgeber die betrieblichen Notwendigkeiten für nicht ausreichend berücksichtigt, so kann er die Einigungsstelle anrufen. Der Spruch der Einigungsstelle ersetzt die Einigung zwischen Arbeitgeber und Betriebsrat.

(7) Unbeschadet der Vorschrift des Absatzes 6 hat jedes Mitglied des Betriebsrats während seiner regelmäßigen Amtszeit Anspruch auf bezahlte Freistellung für insgesamt drei Wochen zur Teilnahme an Schulungs- und Bildungsveranstaltungen, die von der zuständigen obersten Arbeitsbehörde des Landes nach Beratung mit den Spitzenorganisationen der Gewerkschaften und der Arbeitgeberverbände als geeignet anerkannt sind. Der Anspruch nach Satz 1 erhöht sich für Arbeitnehmer, die erstmals das Amt eines Betriebsratsmitglieds übernehmen und auch nicht zuvor Jugend- und Auszubildendenvertreter waren, auf vier Wochen. Abs. 6 Satz 2 bis 6 findet Anwendung.

§ 38 Freistellungen

(1) Von ihrer beruflichen Tätigkeit sind mindestens freizustellen in Betrieben mit in der Regel

200 bis	500 Arbeitnehmern	ein Betriebsratsmitglied,
501 bis	900 Arbeitnehmern	2 Betriebsratsmitglieder,
901 bis	1 500 Arbeitnehmern	3 Betriebsratsmitglieder,
1 501 bis	2 000 Arbeitnehmern	4 Betriebsratsmitglieder,
2 001 bis	3 000 Arbeitnehmern	5 Betriebsratsmitglieder,
3 001 bis	4 000 Arbeitnehmern	6 Betriebsratsmitglieder,
4 001 bis	5 000 Arbeitnehmern	7 Betriebsratsmitglieder,
5 001 bis	6 000 Arbeitnehmern	8 Betriebsratsmitglieder,
6 001 bis	7 000 Arbeitnehmern	9 Betriebsratsmitglieder,
7 001 bis	8 000 Arbeitnehmern	10 Betriebsratsmitglieder,
8 001 bis	9 000 Arbeitnehmern	11 Betriebsratsmitglieder,
9 001 bis	10 000 Arbeitnehmern	12 Betriebsratsmitglieder.

In Betrieben mit über 10 000 Arbeitnehmern ist für je angefangene weitere 2 000 Arbeitnehmer ein weiteres Betriebsratsmitglied freizustellen. Freistellungen können auch in Form von Teilfreistellungen erfolgen. Diese dürfen zusammengenommen nicht den Umfang der Freistellungen nach den Sätzen 1 und 2 überschreiten. Durch Tarifvertrag oder Betriebsvereinbarung können anderweitige Regelungen über die Freistellung vereinbart werden.

(2) Die freizustellenden Betriebsratsmitglieder werden nach Beratung mit dem Arbeitgeber vom Betriebsrat aus seiner Mitte in geheimer Wahl und nach den Grundsätzen der Verhältniswahl gewählt. Wird nur ein Wahlvorschlag gemacht, so erfolgt die Wahl nach den Grundsätzen der Mehrheitswahl; ist nur ein Betriebsratsmitglied freizustellen, so wird dieses mit einfacher Stimmenmehrheit gewählt. Der Betriebsrat hat die Namen der Freizustellenden dem Arbeitgeber bekannt zu geben. Hält der Arbeitgeber eine Freistellung für sachlich nicht vertretbar, so kann er innerhalb einer Frist von zwei Wochen nach der Bekanntgabe die Einigungsstelle anrufen. Der Spruch der Einigungsstelle ersetzt die Einigung zwischen Arbeitgeber und Betriebsrat. Bestätigt die Einigungsstelle die Bedenken des Arbeitgebers, so hat sie bei der Bestimmung eines anderen freizustellenden Betriebsratsmitglieds auch den Minderheitenschutz im Sinne des Satzes 1 zu beachten. Ruft der Arbeitgeber die Einigungsstelle nicht an, so gilt sein Einverständnis mit den Freistellungen nach Ablauf der zweiwöchigen Frist als erteilt. Für die Abberufung gilt § 27 Abs. 1 Satz 5 entsprechend.

(3) Der Zeitraum für die Weiterzahlung des nach § 37 Abs. 4 zu bemessenden Arbeitsentgelts und für die Beschäftigung nach § 37 Abs. 5 erhöht sich für Mitglieder des Betriebsrats, die drei volle aufeinanderfolgende Amtszeiten freigestellt waren, auf zwei Jahre nach Ablauf der Amtszeit.

(4) Freigestellte Betriebsratsmitglieder dürfen von inner- und außerbetrieblichen Maßnahmen der Berufsbildung nicht ausgeschlossen werden. Innerhalb eines Jahres nach Beendigung der Freistellung eines Betriebsratsmitglieds ist diesem im Rahmen der Möglichkeiten des Betriebs Gelegenheit zu geben, eine wegen der Freistellung unterbliebene betriebsübliche berufliche Entwicklung nachzuholen. Für Mitglieder des Betriebsrats, die drei volle aufeinanderfolgende Amtszeiten freigestellt waren, erhöht sich der Zeitraum nach Satz 2 auf zwei Jahre.

§ 39 Sprechstunden

(1) Der Betriebsrat kann während der Arbeitszeit Sprechstunden einrichten. Zeit und Ort sind mit dem Arbeitgeber zu vereinbaren. Kommt eine Einigung nicht zustande, so entscheidet die Einigungs-

stelle. Der Spruch der Einigungsstelle ersetzt die Einigung zwischen Arbeitgeber und Betriebsrat.

(2) Führt die Jugend- und Auszubildendenvertretung keine eigenen Sprechstunden durch, so kann an den Sprechstunden des Betriebsrats ein Mitglied der Jugend- und Auszubildendenvertretung zur Beratung der in § 60 Abs. 1 genannten Arbeitnehmer teilnehmen.

(3) Versäumnis von Arbeitszeit, die zum Besuch der Sprechstunden oder durch sonstige Inanspruchnahme des Betriebsrats erforderlich ist, berechtigt den Arbeitgeber nicht zur Minderung des Arbeitsentgelts des Arbeitnehmers.

§ 40 Kosten und Sachaufwand des Betriebsrats

(1) Die durch die Tätigkeit des Betriebsrats entstehenden Kosten trägt der Arbeitgeber.

(2) Für die Sitzungen, die Sprechstunden und die laufende Geschäftsführung hat der Arbeitgeber in erforderlichem Umfang Räume, sachliche Mittel, Informations- und Kommunikationstechnik sowie Büropersonal zur Verfügung zu stellen.

§ 41 Umlageverbot

Die Erhebung und Leistung von Beiträgen der Arbeitnehmer für Zwecke des Betriebsrats ist unzulässig.

VIERTER ABSCHNITT
Betriebsversammlung

§ 42 Zusammensetzung, Teilversammlung, Abteilungsversammlung

(1) Die Betriebsversammlung besteht aus den Arbeitnehmern des Betriebs; sie wird von dem Vorsitzenden des Betriebsrats geleitet. Sie ist nicht öffentlich. Kann wegen der Eigenart des Betriebs eine Versammlung aller Arbeitnehmer zum gleichen Zeitpunkt nicht stattfinden, so sind Teilversammlungen durchzuführen.

(2) Arbeitnehmer organisatorisch oder räumlich abgegrenzter Betriebsteile sind vom Betriebsrat zu Abteilungsversammlungen zusammenzufassen, wenn dies für die Erörterung der besonderen

Belange der Arbeitnehmer erforderlich ist. Die Abteilungsversammlung wird von einem Mitglied des Betriebsrats geleitet, das möglichst einem beteiligten Betriebsteil als Arbeitnehmer angehört. Abs. 1 Satz 2 und 3 gilt entsprechend.

§ 43 Regelmäßige Betriebs- und Abteilungsversammlungen

(1) Der Betriebsrat hat einmal in jedem Kalendervierteljahr eine Betriebsversammlung einzuberufen und in ihr einen Tätigkeitsbericht zu erstatten. Liegen die Voraussetzungen des § 42 Abs. 2 Satz 1 vor, so hat der Betriebsrat in jedem Kalenderjahr zwei der in Satz 1 genannten Betriebsversammlungen als Abteilungsversammlungen durchzuführen. Die Abteilungsversammlungen sollen möglichst gleichzeitig stattfinden. Der Betriebsrat kann in jedem Kalenderhalbjahr eine weitere Betriebsversammlung oder, wenn die Voraussetzungen des § 42 Abs. 2 Satz 1 vorliegen, einmal weitere Abteilungsversammlungen durchführen, wenn dies aus besonderen Gründen zweckmäßig erscheint.

(2) Der Arbeitgeber ist zu den Betriebs- und Abteilungsversammlungen unter Mitteilung der Tagesordnung einzuladen. Er ist berechtigt, in den Versammlungen zu sprechen. Der Arbeitgeber oder sein Vertreter hat mindestens einmal in jedem Kalenderjahr in einer Betriebsversammlung über das Personal- und Sozialwesen einschließlich des Stands der Gleichstellung von Frauen und Männern im Betrieb sowie der Integration der im Betrieb beschäftigten ausländischen Arbeitnehmer, über die wirtschaftliche Lage und Entwicklung des Betriebs sowie über den betrieblichen Umweltschutz zu berichten, soweit dadurch nicht Betriebs- oder Geschäftsgeheimnisse gefährdet werden.

(3) Der Betriebsrat ist berechtigt und auf Wunsch des Arbeitgebers oder von mindestens einem Viertel der wahlberechtigten Arbeitnehmer verpflichtet, eine Betriebsversammlung einzuberufen und den beantragten Beratungsgegenstand auf die Tagesordnung zu setzen. Vom Zeitpunkt der Versammlungen, die auf Wunsch des Arbeitgebers stattfinden, ist dieser rechtzeitig zu verständigen.

(4) Auf Antrag einer im Betrieb vertretenen Gewerkschaft muss der Betriebsrat vor Ablauf von zwei Wochen nach Eingang des Antrags eine Betriebsversammlung nach Abs. 1 Satz 1 einberufen, wenn im

vorhergegangenen Kalenderhalbjahr keine Betriebsversammlung und keine Abteilungsversammlungen durchgeführt worden sind.

§ 44 Zeitpunkt und Verdienstausfall

(1) Die in den §§ 14a, 17 und 43 Abs. 1 bezeichneten und die auf Wunsch des Arbeitgebers einberufenen Versammlungen finden während der Arbeitszeit statt, soweit nicht die Eigenart des Betriebs eine andere Regelung zwingend erfordert. Die Zeit der Teilnahme an diesen Versammlungen einschließlich der zusätzlichen Wegezeiten ist den Arbeitnehmern wie Arbeitszeit zu vergüten. Dies gilt auch dann, wenn die Versammlungen wegen der Eigenart des Betriebs außerhalb der Arbeitszeit stattfinden; Fahrkosten, die den Arbeitnehmern durch die Teilnahme an diesen Versammlungen entstehen, sind vom Arbeitgeber zu erstatten.

(2) Sonstige Betriebs- oder Abteilungsversammlungen finden außerhalb der Arbeitszeit statt. Hiervon kann im Einvernehmen mit dem Arbeitgeber abgewichen werden; im Einvernehmen mit dem Arbeitgeber während der Arbeitszeit durchgeführte Versammlungen berechtigen den Arbeitgeber nicht, das Arbeitsentgelt der Arbeitnehmer zu mindern.

§ 45 Themen der Betriebs- und Abteilungsversammlungen

Die Betriebs- und Abteilungsversammlungen können Angelegenheiten einschließlich solcher tarifpolitischer, sozialpolitischer, umweltpolitischer und wirtschaftlicher Art sowie Fragen der Förderung der Gleichstellung von Frauen und Männern und der Vereinbarkeit von Familie und Erwerbstätigkeit sowie der Integration der im Betrieb beschäftigten ausländischen Arbeitnehmer behandeln, die den Betrieb oder seine Arbeitnehmer unmittelbar betreffen; die Grundsätze des § 74 Abs. 2 finden Anwendung. Die Betriebs- und Abteilungsversammlungen können dem Betriebsrat Anträge unterbreiten und zu seinen Beschlüssen Stellung nehmen.

§ 46 Beauftragte der Verbände

(1) An den Betriebs- oder Abteilungsversammlungen können Beauftragte der im Betrieb vertretenen Gewerkschaften beratend teilnehmen. Nimmt der Arbeitgeber an Betriebs- oder Abteilungsversammlungen teil, so kann er einen Beauftragten der Vereinigung der Arbeitgeber, der er angehört, hinzuziehen.

(2) Der Zeitpunkt und die Tagesordnung der Betriebs- oder Abteilungsversammlungen sind den im Betriebsrat vertretenen Gewerkschaften rechtzeitig schriftlich mitzuteilen.

FÜNFTER ABSCHNITT
Gesamtbetriebsrat

§ 47 Voraussetzungen der Errichtung, Mitgliederzahl, Stimmengewicht

(1) Bestehen in einem Unternehmen mehrere Betriebsräte, so ist ein Gesamtbetriebsrat zu errichten.

(2) In den Gesamtbetriebsrat entsendet jeder Betriebsrat mit bis zu drei Mitgliedern eines seiner Mitglieder; jeder Betriebsrat mit mehr als drei Mitgliedern entsendet zwei seiner Mitglieder. Die Geschlechter sollen angemessen berücksichtigt werden.

(3) Der Betriebsrat hat für jedes Mitglied des Gesamtbetriebsrats mindestens ein Ersatzmitglied zu bestellen und die Reihenfolge des Nachrückens festzulegen.

(4) Durch Tarifvertrag oder Betriebsvereinbarung kann die Mitgliederzahl des Gesamtbetriebsrats abweichend von Abs. 2 Satz 1 geregelt werden.

(5) Gehören nach Abs. 2 Satz 1 dem Gesamtbetriebsrat mehr als vierzig Mitglieder an und besteht keine tarifliche Regelung nach Abs. 4, so ist zwischen Gesamtbetriebsrat und Arbeitgeber eine Betriebsvereinbarung über die Mitgliederzahl des Gesamtbetriebsrats abzuschließen, in der bestimmt wird, dass Betriebsräte mehrerer Betriebe eines Unternehmens, die regional oder durch gleichartige Interessen miteinander verbunden sind, gemeinsam Mitglieder in den Gesamtbetriebsrat entsenden.

(6) Kommt im Fall des Absatzes 5 eine Einigung nicht zustande, so entscheidet eine für das Gesamtunternehmen zu bildende Einigungsstelle. Der Spruch der Einigungsstelle ersetzt die Einigung zwischen Arbeitgeber und Gesamtbetriebsrat.

(7) Jedes Mitglied des Gesamtbetriebsrats hat so viele Stimmen, wie in dem Betrieb, in dem es gewählt wurde, wahlberechtigte Arbeitnehmer in der Wählerliste eingetragen sind. Entsendet der Betriebsrat mehrere Mitglieder, so stehen ihnen die Stimmen nach Satz 1 anteilig zu.

(8) Ist ein Mitglied des Gesamtbetriebsrats für mehrere Betriebe entsandt worden, so hat es so viele Stimmen, wie in den Betrieben, für die es entsandt ist, wahlberechtigte Arbeitnehmer in den Wählerlisten eingetragen sind; sind mehrere Mitglieder entsandt worden, gilt Abs. 7 Satz 2 entsprechend.

(9) Für Mitglieder des Gesamtbetriebsrats, die aus einem gemeinsamen Betrieb mehrerer Unternehmen entsandt worden sind, können durch Tarifvertrag oder Betriebsvereinbarung von den Absätzen 7 und 8 abweichende Regelungen getroffen werden.

§ 48 Ausschluss von Gesamtbetriebsratsmitgliedern

Mindestens ein Viertel der wahlberechtigten Arbeitnehmer des Unternehmens, der Arbeitgeber, der Gesamtbetriebsrat oder eine im Unternehmen vertretene Gewerkschaft können beim Arbeitsgericht den Ausschluss eines Mitglieds aus dem Gesamtbetriebsrat wegen grober Verletzung seiner gesetzlichen Pflichten beantragen.

§ 49 Erlöschen der Mitgliedschaft

Die Mitgliedschaft im Gesamtbetriebsrat endet mit dem Erlöschen der Mitgliedschaft im Betriebsrat, durch Amtsniederlegung, durch Ausschluss aus dem Gesamtbetriebsrat aufgrund einer gerichtlichen Entscheidung oder Abberufung durch den Betriebsrat.

§ 50 Zuständigkeit

(1) Der Gesamtbetriebsrat ist zuständig für die Behandlung von Angelegenheiten, die das Gesamtunternehmen oder mehrere Betriebe betreffen und nicht durch die einzelnen Betriebsräte innerhalb ihrer Betriebe geregelt werden können; seine Zuständigkeit erstreckt sich insoweit auch auf Betriebe ohne Betriebsrat. Er ist den einzelnen Betriebsräten nicht übergeordnet.

(2) Der Betriebsrat kann mit der Mehrheit der Stimmen seiner Mitglieder den Gesamtbetriebsrat beauftragen, eine Angelegen-

heit für ihn zu behandeln. Der Betriebsrat kann sich dabei die Entscheidungsbefugnis vorbehalten. § 27 Abs. 2 Satz 3 und 4 gilt entsprechend.

§ 51 Geschäftsführung

(1) Für den Gesamtbetriebsrat gelten § 25 Abs. 1, die §§ 26, 27 Abs. 2 und 3, § 28 Abs. 1 Satz 1 und 3, Abs. 2, die §§ 30, 31, 34, 35, 36, 37 Abs. 1 bis 3 sowie die §§ 40 und 41 entsprechend. § 27 Abs. 1 gilt entsprechend mit der Maßgabe, dass der Gesamtbetriebsausschuss aus dem Vorsitzenden des Gesamtbetriebsrats, dessen Stellvertreter und bei Gesamtbetriebsräten mit

9 bis 16 Mitgliedern	aus 3 weiteren Ausschussmitgliedern,
17 bis 24 Mitgliedern	aus 5 weiteren Ausschussmitgliedern,
25 bis 36 Mitgliedern	aus 7 weiteren Ausschussmitgliedern,
mehr als 36 Mitgliedern	aus 9 weiteren Ausschussmitgliedern

besteht.

(2) Ist ein Gesamtbetriebsrat zu errichten, so hat der Betriebsrat der Hauptverwaltung des Unternehmens oder, soweit ein solcher Betriebsrat nicht besteht, der Betriebsrat des nach der Zahl der wahlberechtigten Arbeitnehmer größten Betriebs zu der Wahl des Vorsitzenden und des stellvertretenden Vorsitzenden des Gesamtbetriebsrats einzuladen. Der Vorsitzende des einladenden Betriebsrats hat die Sitzung zu leiten, bis der Gesamtbetriebsrat aus seiner Mitte einen Wahlleiter bestellt hat. § 29 Abs. 2 bis 4 gilt entsprechend.

(3) Die Beschlüsse des Gesamtbetriebsrats werden, soweit nichts anderes bestimmt ist, mit Mehrheit der Stimmen der anwesenden Mitglieder gefasst. Bei Stimmengleichheit ist ein Antrag abgelehnt. Der Gesamtbetriebsrat ist nur beschlussfähig, wenn mindestens die Hälfte seiner Mitglieder an der Beschlussfassung teilnimmt und die Teilnehmenden mindestens die Hälfte aller Stimmen vertreten; Stellvertretung durch Ersatzmitglieder ist zulässig. § 33 Abs. 3 gilt entsprechend.

(4) Auf die Beschlussfassung des Gesamtbetriebsausschusses und weiterer Ausschüsse des Gesamtbetriebsrats ist § 33 Abs. 1 und 2 anzuwenden.

(5) Die Vorschriften über die Rechte und Pflichten des Betriebsrats gelten entsprechend für den Gesamtbetriebsrat, soweit dieses Gesetz keine besonderen Vorschriften enthält.

§ 52 Teilnahme der Gesamtschwerbehindertenvertretung

Die Gesamtschwerbehindertenvertretung (§ 180 Abs. 1 des Neunten Buches Sozialgesetzbuch) kann an allen Sitzungen des Gesamtbetriebsrats beratend teilnehmen.

§ 53 Betriebsräteversammlung

(1) Mindestens einmal in jedem Kalenderjahr hat der Gesamtbetriebsrat die Vorsitzenden und die stellvertretenden Vorsitzenden der Betriebsräte sowie die weiteren Mitglieder der Betriebsausschüsse zu einer Versammlung einzuberufen. Zu dieser Versammlung kann der Betriebsrat abweichend von Satz 1 aus seiner Mitte andere Mitglieder entsenden, soweit dadurch die Gesamtzahl der sich für ihn nach Satz 1 ergebenden Teilnehmer nicht überschritten wird.

(2) In der Betriebsräteversammlung hat
1. der Gesamtbetriebsrat einen Tätigkeitsbericht,
2. der Unternehmer einen Bericht über das Personal- und Sozialwesen einschließlich des Stands der Gleichstellung von Frauen und Männern im Unternehmen, der Integration der im Unternehmen beschäftigten ausländischen Arbeitnehmer, über die wirtschaftliche Lage und Entwicklung des Unternehmens sowie über Fragen des Umweltschutzes im Unternehmen, soweit dadurch nicht Betriebs- und Geschäftsgeheimnisse gefährdet werden,

zu erstatten.

(3) Der Gesamtbetriebsrat kann die Betriebsräteversammlung in Form von Teilversammlungen durchführen. Im Übrigen gelten § 42 Abs. 1 Satz 1 zweiter Halbsatz und Satz 2, § 43 Abs. 2 Satz 1 und 2 sowie die §§ 45 und 46 entsprechend.

SECHSTER ABSCHNITT
Konzernbetriebsrat

§ 54* Errichtung des Konzernbetriebsrats

(1) Für einen Konzern (§ 18 Abs. 1 des Aktiengesetzes) kann durch Beschlüsse der einzelnen Gesamtbetriebsräte ein Konzernbetriebsrat errichtet werden. Die Errichtung erfordert die Zustimmung der Gesamtbetriebsräte der Konzernunternehmen, in denen insgesamt mehr als 50 vom Hundert der Arbeitnehmer der Konzernunternehmen beschäftigt sind.

(2) Besteht in einem Konzernunternehmen nur ein Betriebsrat, so nimmt dieser die Aufgaben eines Gesamtbetriebsrats nach den Vorschriften dieses Abschnitts wahr.

§ 55 Zusammensetzung des Konzernbetriebsrats, Stimmengewicht

(1) In den Konzernbetriebsrat entsendet jeder Gesamtbetriebsrat zwei seiner Mitglieder. Die Geschlechter sollen angemessen berücksichtigt werden.

(2) Der Gesamtbetriebsrat hat für jedes Mitglied des Konzernbetriebsrats mindestens ein Ersatzmitglied zu bestellen und die Reihenfolge des Nachrückens festzulegen.

---

* **§ 17 AktienG**** Abhängige und herrschende Unternehmen
(1) Abhängige Unternehmen sind rechtlich selbständige Unternehmen, auf die ein anderes Unternehmen (herrschendes Unternehmen) unmittelbar oder mittelbar einen beherrschenden Einfluß ausüben kann.
(2) Von einem in Mehrheitsbesitz stehenden Unternehmen wird vermutet, daß es von dem an ihm mit Mehrheit beteiligten Unternehmen abhängig ist.

§ 18 AktienG Konzern und Konzernunternehmen
(1) Sind ein herrschendes und ein oder mehrere abhängige Unternehmen unter der einheitlichen Leitung des herrschenden Unternehmens zusammengefaßt, so bilden sie einen Konzern; die einzelnen Unternehmen sind Konzernunternehmen. Unternehmen, zwischen denen ein Beherrschungsvertrag (§ 291) besteht oder von denen das eine in das andere eingegliedert ist (§ 319), sind als unter einheitlicher Leitung zusammengefaßt anzusehen. Von einem abhängigen Unternehmen wird vermutet, daß es mit dem herrschenden Unternehmen einen Konzern bildet.
(2) Sind rechtlich selbständige Unternehmen, ohne daß das eine Unternehmen von dem anderen abhängig ist, unter einheitlicher Leitung zusammengefaßt, so bilden sie auch einen Konzern; die einzelnen Unternehmen sind Konzernunternehmen.

** Zuletzt geändert durch Gesetz vom 22. Dezember 2015 (BGBl. I, S. 2565).

(3) Jedem Mitglied des Konzernbetriebsrats stehen die Stimmen der Mitglieder des entsendenden Gesamtbetriebsrats je zur Hälfte zu.

(4) Durch Tarifvertrag oder Betriebsvereinbarung kann die Mitgliederzahl des Konzernbetriebsrats abweichend von Abs. 1 Satz 1 geregelt werden. § 47 Abs. 5 bis 9 gilt entsprechend.

§ 56 Ausschluss von Konzernbetriebsratsmitgliedern

Mindestens ein Viertel der wahlberechtigten Arbeitnehmer der Konzernunternehmen, der Arbeitgeber, der Konzernbetriebsrat oder eine im Konzern vertretene Gewerkschaft können beim Arbeitsgericht den Ausschluss eines Mitglieds aus dem Konzernbetriebsrat wegen grober Verletzung seiner gesetzlichen Pflichten beantragen.

§ 57 Erlöschen der Mitgliedschaft

Die Mitgliedschaft im Konzernbetriebsrat endet mit dem Erlöschen der Mitgliedschaft im Gesamtbetriebsrat, durch Amtsniederlegung, durch Ausschluss aus dem Konzernbetriebsrat aufgrund einer gerichtlichen Entscheidung oder Abberufung durch den Gesamtbetriebsrat.

§ 58 Zuständigkeit

(1) Der Konzernbetriebsrat ist zuständig für die Behandlung von Angelegenheiten, die den Konzern oder mehrere Konzernunternehmen betreffen und nicht durch die einzelnen Gesamtbetriebsräte innerhalb ihrer Unternehmen geregelt werden können; seine Zuständigkeit erstreckt sich insoweit auch auf Unternehmen, die einen Gesamtbetriebsrat nicht gebildet haben, sowie auf Betriebe der Konzernunternehmen ohne Betriebsrat. Er ist den einzelnen Gesamtbetriebsräten nicht übergeordnet.

(2) Der Gesamtbetriebsrat kann mit der Mehrheit der Stimmen seiner Mitglieder den Konzernbetriebsrat beauftragen, eine Angelegenheit für ihn zu behandeln. Der Gesamtbetriebsrat kann sich dabei die Entscheidungsbefugnis vorbehalten. § 27 Abs. 2 Satz 3 und 4 gilt entsprechend.

§ 59 Geschäftsführung

(1) Für den Konzernbetriebsrat gelten § 25 Abs. 1, die §§ 26, 27 Abs. 2 und 3, § 28 Abs. 1 Satz 1 und 3, Abs. 2, die §§ 30, 31, 34,

35, 36, 37 Abs. 1 bis 3 sowie die §§ 40, 41 und 51 Abs. 1 Satz 2 und Abs. 3 bis 5 entsprechend.

(2) Ist ein Konzernbetriebsrat zu errichten, so hat der Gesamtbetriebsrat des herrschenden Unternehmens oder, soweit ein solcher Gesamtbetriebsrat nicht besteht, der Gesamtbetriebsrat des nach der Zahl der wahlberechtigten Arbeitnehmer größten Konzernunternehmens zu der Wahl des Vorsitzenden und des stellvertretenden Vorsitzenden des Konzernbetriebsrats einzuladen. Der Vorsitzende des einladenden Gesamtbetriebsrats hat die Sitzung zu leiten, bis der Konzernbetriebsrat aus seiner Mitte einen Wahlleiter bestellt hat. § 29 Abs. 2 bis 4 gilt entsprechend.

§ 59a Teilnahme der Konzernschwerbehindertenvertretung
Die Konzernschwerbehindertenvertretung (§ 180 Abs. 2 des Neunten Buches Sozialgesetzbuch) kann an allen Sitzungen des Konzernbetriebsrats beratend teilnehmen.

DRITTER TEIL
Jugend- und Auszubildendenvertretung

ERSTER ABSCHNITT
Betriebliche Jugend- und Auszubildendenvertretung

§ 60 Errichtung und Aufgabe
(1) In Betrieben mit in der Regel mindestens fünf Arbeitnehmern, die das 18. Lebensjahr noch nicht vollendet haben (jugendliche Arbeitnehmer) oder die zu ihrer Berufsausbildung beschäftigt sind und das 25. Lebensjahr noch nicht vollendet haben, werden Jugend- und Auszubildendenvertretungen gewählt.

(2) Die Jugend- und Auszubildendenvertretung nimmt nach Maßgabe der folgenden Vorschriften die besonderen Belange der in Abs. 1 genannten Arbeitnehmer wahr.

§ 61 Wahlberechtigung und Wählbarkeit
(1) Wahlberechtigt sind alle in § 60 Abs. 1 genannten Arbeitnehmer des Betriebs.

(2) Wählbar sind alle Arbeitnehmer des Betriebs, die das 25. Lebensjahr noch nicht vollendet haben; § 8 Abs. 1 Satz 3 findet Anwendung. Mitglieder des Betriebsrats können nicht zu Jugend- und Auszubildendenvertretern gewählt werden.

§ 62 Zahl der Jugend- und Auszubildendenvertreter, Zusammensetzung der Jugend- und Auszubildendenvertretung

(1) Die Jugend- und Auszubildendenvertretung besteht in Betrieben mit in der Regel

5	bis	20	der in § 60 Abs. 1 genannten Arbeitnehmer aus einer Person,
21	bis	50	der in § 60 Abs. 1 genannten Arbeitnehmer aus 3 Mitgliedern,
51	bis	150	der in § 60 Abs. 1 genannten Arbeitnehmer aus 5 Mitgliedern,
151	bis	300	der in § 60 Abs. 1 genannten Arbeitnehmer aus 7 Mitgliedern,
301	bis	500	der in § 60 Abs. 1 genannten Arbeitnehmer aus 9 Mitgliedern,
501	bis	700	der in § 60 Abs. 1 genannten Arbeitnehmer aus 11 Mitgliedern,
701	bis	1 000	der in § 60 Abs. 1 genannten Arbeitnehmer aus 13 Mitgliedern,
mehr als		1 000	der in § 60 Abs. 1 genannten Arbeitnehmer aus 15 Mitgliedern.

(2) Die Jugend- und Auszubildendenvertretung soll sich möglichst aus Vertretern der verschiedenen Beschäftigungsarten und Ausbildungsberufe der im Betrieb tätigen in § 60 Abs. 1 genannten Arbeitnehmer zusammensetzen.

(3) Das Geschlecht, das unter den in § 60 Abs. 1 genannten Arbeitnehmern in der Minderheit ist, muss mindestens entsprechend seinem zahlenmäßigen Verhältnis in der Jugend- und Auszubildendenvertretung vertreten sein, wenn diese aus mindestens drei Mitgliedern besteht.

§ 63 Wahlvorschriften

(1) Die Jugend- und Auszubildendenvertretung wird in geheimer und unmittelbarer Wahl gewählt.

(2) Spätestens acht Wochen vor Ablauf der Amtszeit der Jugend- und Auszubildendenvertretung bestellt der Betriebsrat den Wahlvorstand und seinen Vorsitzenden. Für die Wahl der Jugend- und Auszubildendenvertreter gelten § 14 Abs. 2 bis 5, § 16 Abs. 1 Satz 4 bis 6, § 18 Abs. 1 Satz 1 und Abs. 3 sowie die §§ 19 und 20 entsprechend.

(3) Bestellt der Betriebsrat den Wahlvorstand nicht oder nicht spätestens sechs Wochen vor Ablauf der Amtszeit der Jugend- und Auszubildendenvertretung oder kommt der Wahlvorstand seiner Verpflichtung nach § 18 Abs. 1 Satz 1 nicht nach, so gelten § 16 Abs. 2 Satz 1 und 2, Abs. 3 Satz 1 und § 18 Abs. 1 Satz 2 entsprechend; der Antrag beim Arbeitsgericht kann auch von jugendlichen Arbeitnehmern gestellt werden.

(4) In Betrieben mit in der Regel fünf bis fünfzig der in § 60 Abs. 1 genannten Arbeitnehmer gilt auch § 14a entsprechend. Die Frist zur Bestellung des Wahlvorstands wird im Falle des Absatzes 2 Satz 1 auf vier Wochen und im Falle des Absatzes 3 Satz 1 auf drei Wochen verkürzt.

(5) In Betrieben mit in der Regel 51 bis 100 der in § 60 Abs. 1 genannten Arbeitnehmer gilt § 14a Abs. 5 entsprechend.

§ 64 Zeitpunkt der Wahlen und Amtszeit

(1) Die regelmäßigen Wahlen der Jugend- und Auszubildendenvertretung finden alle zwei Jahre in der Zeit vom 1. Oktober bis 30. November statt. Für die Wahl der Jugend- und Auszubildendenvertretung außerhalb dieser Zeit gilt § 13 Abs. 2 Nr. 2 bis 6 und Abs. 3 entsprechend.

(2) Die regelmäßige Amtszeit der Jugend- und Auszubildendenvertretung beträgt zwei Jahre. Die Amtszeit beginnt mit der Bekanntgabe des Wahlergebnisses oder, wenn zu diesem Zeitpunkt noch eine Jugend- und Auszubildendenvertretung besteht, mit Ablauf von deren Amtszeit. Die Amtszeit endet spätestens am 30. November des Jahres, in dem nach Absatz 1 Satz 1 die regelmäßigen Wahlen stattfinden. In dem Fall des § 13 Abs. 3 Satz 2 endet die Amtszeit spätestens am 30. November des Jahres, in dem die Jugend- und Auszubildendenvertretung neu zu wählen ist. In dem

Fall des § 13 Abs. 2 Nr. 2 endet die Amtszeit mit der Bekanntgabe des Wahlergebnisses der neu gewählten Jugend- und Auszubildendenvertretung.

(3) Ein Mitglied der Jugend- und Auszubildendenvertretung, das im Laufe der Amtszeit das 25. Lebensjahr vollendet, bleibt bis zum Ende der Amtszeit Mitglied der Jugend- und Auszubildendenvertretung.

§ 65 Geschäftsführung

(1) Für die Jugend- und Auszubildendenvertretung gelten § 23 Abs. 1, die §§ 24, 25, 26, 28 Abs. 1 Satz 1 und 2, die §§ 30, 31, 33 Abs. 1 und 2 sowie die §§ 34, 36, 37, 40 und 41 entsprechend.

(2) Die Jugend- und Auszubildendenvertretung kann nach Verständigung des Betriebsrats Sitzungen abhalten; § 29 gilt entsprechend. An diesen Sitzungen kann der Betriebsratsvorsitzende oder ein beauftragtes Betriebsratsmitglied teilnehmen.

§ 66 Aussetzung von Beschlüssen des Betriebsrats

(1) Erachtet die Mehrheit der Jugend- und Auszubildendenvertreter einen Beschluss des Betriebsrats als eine erhebliche Beeinträchtigung wichtiger Interessen der in § 60 Abs. 1 genannten Arbeitnehmer, so ist auf ihren Antrag der Beschluss auf die Dauer von einer Woche auszusetzen, damit in dieser Frist eine Verständigung, gegebenenfalls mit Hilfe der im Betrieb vertretenen Gewerkschaften, versucht werden kann.

(2) Wird der erste Beschluss bestätigt, so kann der Antrag auf Aussetzung nicht wiederholt werden; dies gilt auch, wenn der erste Beschluss nur unerheblich geändert wird.

§ 67 Teilnahme an Betriebsratssitzungen

(1) Die Jugend- und Auszubildendenvertretung kann zu allen Betriebsratssitzungen einen Vertreter entsenden. Werden Angelegenheiten behandelt, die besonders die in § 60 Abs. 1 genannten Arbeitnehmer betreffen, so hat zu diesen Tagesordnungspunkten die gesamte Jugend- und Auszubildendenvertretung ein Teilnahmerecht.

(2) Die Jugend- und Auszubildendenvertreter haben Stimmrecht, soweit die zu fassenden Beschlüsse des Betriebsrats überwiegend die in § 60 Abs. 1 genannten Arbeitnehmer betreffen.

(3) Die Jugend- und Auszubildendenvertretung kann beim Betriebsrat beantragen, Angelegenheiten, die besonders die in § 60 Abs. 1 genannten Arbeitnehmer betreffen und über die sie beraten hat, auf die nächste Tagesordnung zu setzen. Der Betriebsrat soll Angelegenheiten, die besonders die in § 60 Abs. 1 genannten Arbeitnehmer betreffen, der Jugend- und Auszubildendenvertretung zur Beratung zuleiten.

§ 68 Teilnahme an gemeinsamen Besprechungen

Der Betriebsrat hat die Jugend- und Auszubildendenvertretung zu Besprechungen zwischen Arbeitgeber und Betriebsrat beizuziehen, wenn Angelegenheiten behandelt werden, die besonders die in § 60 Abs. 1 genannten Arbeitnehmer betreffen.

§ 69 Sprechstunden

In Betrieben, die in der Regel mehr als fünfzig der in § 60 Abs. 1 genannten Arbeitnehmer beschäftigen, kann die Jugend- und Auszubildendenvertretung Sprechstunden während der Arbeitszeit einrichten. Zeit und Ort sind durch Betriebsrat und Arbeitgeber zu vereinbaren. § 39 Abs. 1 Satz 3 und 4 und Abs. 3 gilt entsprechend. An den Sprechstunden der Jugend- und Auszubildendenvertretung kann der Betriebsratsvorsitzende oder ein beauftragtes Betriebsratsmitglied beratend teilnehmen.

§ 70 Allgemeine Aufgaben

(1) Die Jugend- und Auszubildendenvertretung hat folgende allgemeine Aufgaben:

1. Maßnahmen, die den in § 60 Abs. 1 genannten Arbeitnehmern dienen, insbesondere in Fragen der Berufsbildung und der Übernahme der zu ihrer Berufsausbildung Beschäftigten in ein Arbeitsverhältnis, beim Betriebsrat zu beantragen;

1a. Maßnahmen zur Durchsetzung der tatsächlichen Gleichstellung der in § 60 Abs. 1 genannten Arbeitnehmer entsprechend § 80 Abs. 1 Nr. 2a und 2b beim Betriebsrat zu beantragen;

2. darüber zu wachen, dass die zugunsten der in § 60 Abs. 1 genannten Arbeitnehmer geltenden Gesetze, Verordnungen, Un-

fallverhütungsvorschriften, Tarifverträge und Betriebsvereinbarungen durchgeführt werden;

3. Anregungen von in § 60 Abs. 1 genannten Arbeitnehmern, insbesondere in Fragen der Berufsbildung, entgegenzunehmen und, falls sie berechtigt erscheinen, beim Betriebsrat auf eine Erledigung hinzuwirken. Die Jugend- und Auszubildendenvertretung hat die betroffenen in § 60 Abs. 1 genannten Arbeitnehmer über den Stand und das Ergebnis der Verhandlungen zu informieren;
4. die Integration ausländischer, in § 60 Abs. 1 genannter Arbeitnehmer im Betrieb zu fördern und entsprechende Maßnahmen beim Betriebsrat zu beantragen.

(2) Zur Durchführung ihrer Aufgaben ist die Jugend- und Auszubildendenvertretung durch den Betriebsrat rechtzeitig und umfassend zu unterrichten. Die Jugend- und Auszubildendenvertretung kann verlangen, dass ihr der Betriebsrat die zur Durchführung ihrer Aufgaben erforderlichen Unterlagen zur Verfügung stellt.

§ 71 Jugend- und Auszubildendenversammlung

Die Jugend- und Auszubildendenvertretung kann vor oder nach jeder Betriebsversammlung im Einvernehmen mit dem Betriebsrat eine betriebliche Jugend- und Auszubildendenversammlung einberufen. Im Einvernehmen mit Betriebsrat und Arbeitgeber kann die betriebliche Jugend- und Auszubildendenversammlung auch zu einem anderen Zeitpunkt einberufen werden. § 43 Abs. 2 Satz 1 und 2, die §§ 44 bis 46 und § 65 Abs. 2 Satz 2 gelten entsprechend.

ZWEITER ABSCHNITT
Gesamt-Jugend- und Auszubildendenvertretung

§ 72 Voraussetzungen der Errichtung, Mitgliederzahl, Stimmengewicht

(1) Bestehen in einem Unternehmen mehrere Jugend- und Auszubildendenvertretungen, so ist eine Gesamt-Jugend- und Auszubildendenvertretung zu errichten.

(2) In die Gesamt-Jugend- und Auszubildendenvertretung entsendet jede Jugend- und Auszubildendenvertretung ein Mitglied.

(3) Die Jugend- und Auszubildendenvertretung hat für das Mitglied der Gesamt-Jugend- und Auszubildendenvertretung mindestens ein Ersatzmitglied zu bestellen und die Reihenfolge des Nachrückens festzulegen.

(4) Durch Tarifvertrag oder Betriebsvereinbarung kann die Mitgliederzahl der Gesamt-Jugend- und Auszubildendenvertretung abweichend von Abs. 2 geregelt werden.

(5) Gehören nach Abs. 2 der Gesamt-Jugend- und Auszubildendenvertretung mehr als zwanzig Mitglieder an und besteht keine tarifliche Regelung nach Abs. 4, so ist zwischen Gesamtbetriebsrat und Arbeitgeber eine Betriebsvereinbarung über die Mitgliederzahl der Gesamt-Jugend- und Auszubildendenvertretung abzuschließen, in der bestimmt wird, dass Jugend- und Auszubildendenvertretungen mehrerer Betriebe eines Unternehmens, die regional oder durch gleichartige Interessen miteinander verbunden sind, gemeinsam Mitglieder in die Gesamt-Jugend- und Auszubildendenvertretung entsenden.

(6) Kommt im Fall des Absatzes 5 eine Einigung nicht zustande, so entscheidet eine für das Gesamtunternehmen zu bildende Einigungsstelle. Der Spruch der Einigungsstelle ersetzt die Einigung zwischen Arbeitgeber und Gesamtbetriebsrat.

(7) Jedes Mitglied der Gesamt-Jugend- und Auszubildendenvertretung hat so viele Stimmen, wie in dem Betrieb, in dem es gewählt wurde, in § 60 Abs. 1 genannte Arbeitnehmer in der Wählerliste eingetragen sind. Ist ein Mitglied der Gesamt-Jugend- und Auszubildendenvertretung für mehrere Betriebe entsandt worden, so hat es so viele Stimmen, wie in den Betrieben, für die es entsandt ist, in § 60 Abs. 1 genannte Arbeitnehmer in den Wählerlisten eingetragen sind. Sind mehrere Mitglieder der Jugend- und Auszubildendenvertretung entsandt worden, so stehen diesen die Stimmen nach Satz 1 anteilig zu.

(8) Für Mitglieder der Gesamt-Jugend- und Auszubildendenvertretung, die aus einem gemeinsamen Betrieb mehrerer Unternehmen entsandt worden sind, können durch Tarifvertrag oder Betriebsvereinbarung von Abs. 7 abweichende Regelungen getroffen werden.

§ 73 Geschäftsführung und Geltung sonstiger Vorschriften

(1) Die Gesamt-Jugend- und Auszubildendenvertretung kann nach Verständigung des Gesamtbetriebsrats Sitzungen abhalten. An den Sitzungen kann der Vorsitzende des Gesamtbetriebsrats oder ein beauftragtes Mitglied des Gesamtbetriebsrats teilnehmen.

(2) Für die Gesamt-Jugend- und Auszubildendenvertretung gelten § 25 Abs. 1, die §§ 26, 28 Abs. 1 Satz 1, die §§ 30, 31, 34, 36, 37 Abs. 1 bis 3, die §§ 40, 41, 48, 49, 50, 51 Abs. 2 bis 5 sowie die §§ 66 bis 68 entsprechend.

DRITTER ABSCHNITT
Konzern-Jugend- und Auszubildendenvertretung

§ 73a Voraussetzung der Errichtung, Mitgliederzahl, Stimmengewicht

(1) Bestehen in einem Konzern (§ 18 Abs. 1 des Aktiengesetzes) mehrere Gesamt-Jugend- und Auszubildendenvertretungen, kann durch Beschlüsse der einzelnen Gesamt-Jugend- und Auszubildendenvertretungen eine Konzern-Jugend- und Auszubildendenvertretung errichtet werden. Die Errichtung erfordert die Zustimmung der Gesamt-Jugend- und Auszubildendenvertretungen der Konzernunternehmen, in denen insgesamt mindestens 75 vom Hundert der in § 60 Abs. 1 genannten Arbeitnehmer beschäftigt sind. Besteht in einem Konzernunternehmen nur eine Jugend- und Auszubildendenvertretung, so nimmt diese die Aufgaben einer Gesamt-Jugend- und Auszubildendenvertretung nach den Vorschriften dieses Abschnitts wahr.

(2) In die Konzern-Jugend- und Auszubildendenvertretung entsendet jede Gesamt-Jugend- und Auszubildendenvertretung eines ihrer Mitglieder. Sie hat für jedes Mitglied mindestens ein Ersatzmitglied zu bestellen und die Reihenfolge des Nachrückens festzulegen.

(3) Jedes Mitglied der Konzern-Jugend- und Auszubildendenvertretung hat so viele Stimmen, wie die Mitglieder der entsendenden Gesamt-Jugend- und Auszubildendenvertretung insgesamt Stimmen haben.

(4) § 72 Abs. 4 bis 8 gilt entsprechend.

§ 73b Geschäftsführung und Geltung sonstiger Vorschriften

(1) Die Konzern-Jugend- und Auszubildendenvertretung kann nach Verständigung des Konzernbetriebsrats Sitzungen abhalten. An den Sitzungen kann der Vorsitzende oder ein beauftragtes Mitglied des Konzernbetriebsrats teilnehmen.

(2) Für die Konzern-Jugend- und Auszubildendenvertretung gelten § 25 Abs. 1, die §§ 26, 28 Abs. 1 Satz 1, die §§ 30, 31, 34, 36, 37 Abs. 1 bis 3, die §§ 40, 41, 51 Abs. 3 bis 5, die §§ 56, 57, 58, 59 Abs. 2 und die §§ 66 bis 68 entsprechend.

VIERTER TEIL
Mitwirkung und Mitbestimmung der Arbeitnehmer

ERSTER ABSCHNITT
Allgemeines

§ 74 Grundsätze für die Zusammenarbeit

(1) Arbeitgeber und Betriebsrat sollen mindestens einmal im Monat zu einer Besprechung zusammentreten. Sie haben über strittige Fragen mit dem ernsten Willen zur Einigung zu verhandeln und Vorschläge für die Beilegung von Meinungsverschiedenheiten zu machen.

(2) Maßnahmen des Arbeitskampfes zwischen Arbeitgeber und Betriebsrat sind unzulässig; Arbeitskämpfe tariffähiger Parteien werden hierdurch nicht berührt. Arbeitgeber und Betriebsrat haben Betätigungen zu unterlassen, durch die der Arbeitsablauf oder der Frieden des Betriebs beeinträchtigt werden. Sie haben jede parteipolitische Betätigung im Betrieb zu unterlassen; die Behandlung von Angelegenheiten tarifpolitischer, sozialpolitischer, umweltpolitischer und wirtschaftlicher Art, die den Betrieb oder seine Arbeitnehmer unmittelbar betreffen, wird hierdurch nicht berührt.

(3) Arbeitnehmer, die im Rahmen dieses Gesetzes Aufgaben übernehmen, werden hierdurch in der Betätigung für ihre Gewerkschaft auch im Betrieb nicht beschränkt.

§ 75 Grundsätze für die Behandlung der Betriebsangehörigen

(1) Arbeitgeber und Betriebsrat haben darüber zu wachen, dass alle im Betrieb tätigen Personen nach den Grundsätzen von Recht und Billigkeit behandelt werden, insbesondere, dass jede Benachteiligung von Personen aus Gründen ihrer Rasse oder wegen ihrer ethnischen Herkunft, ihrer Abstammung oder sonstigen Herkunft, ihrer Nationalität, ihrer Religion oder Weltanschauung, ihrer Behinderung, ihres Alters, ihrer politischen oder gewerkschaftlichen Betätigung oder Einstellung oder wegen ihres Geschlechts oder ihrer sexuellen Identität unterbleibt.

(2) Arbeitgeber und Betriebsrat haben die freie Entfaltung der Persönlichkeit der im Betrieb beschäftigten Arbeitnehmer zu schützen und zu fördern. Sie haben die Selbstständigkeit und Eigeninitiative der Arbeitnehmer und Arbeitsgruppen zu fördern.

§ 76 Einigungsstelle

(1) Zur Beilegung von Meinungsverschiedenheiten zwischen Arbeitgeber und Betriebsrat, Gesamtbetriebsrat oder Konzernbetriebsrat ist bei Bedarf eine Einigungsstelle zu bilden. Durch Betriebsvereinbarung kann eine ständige Einigungsstelle errichtet werden.

(2) Die Einigungsstelle besteht aus einer gleichen Anzahl von Beisitzern, die vom Arbeitgeber und Betriebsrat bestellt werden, und einem unparteiischen Vorsitzenden, auf dessen Person sich beide Seiten einigen müssen. Kommt eine Einigung über die Person des Vorsitzenden nicht zustande, so bestellt ihn das Arbeitsgericht. Dieses entscheidet auch, wenn kein Einverständnis über die Zahl der Beisitzer erzielt wird.

(3) Die Einigungsstelle hat unverzüglich tätig zu werden. Sie fasst ihre Beschlüsse nach mündlicher Beratung mit Stimmenmehrheit. Bei der Beschlussfassung hat sich der Vorsitzende zunächst der Stimme zu enthalten; kommt eine Stimmenmehrheit nicht zustande, so nimmt der Vorsitzende nach weiterer Beratung an der erneuten Beschlussfassung teil. Die Beschlüsse der Einigungsstelle sind schriftlich niederzulegen, vom Vorsitzenden zu unterschreiben und Arbeitgeber und Betriebsrat zuzuleiten.

(4) Durch Betriebsvereinbarung können weitere Einzelheiten des Verfahrens vor der Einigungsstelle geregelt werden.

(5) In den Fällen, in denen der Spruch der Einigungsstelle die Einigung zwischen Arbeitgeber und Betriebsrat ersetzt, wird die Einigungsstelle auf Antrag einer Seite tätig. Benennt eine Seite keine Mitglieder oder bleiben die von einer Seite genannten Mitglieder trotz rechtzeitiger Einladung der Sitzung fern, so entscheiden der Vorsitzende und die erschienenen Mitglieder nach Maßgabe des Absatzes 3 allein. Die Einigungsstelle fasst ihre Beschlüsse unter angemessener Berücksichtigung der Belange des Betriebs und der betroffenen Arbeitnehmer nach billigem Ermessen. Die Überschreitung der Grenzen des Ermessens kann durch den Arbeitgeber oder den Betriebsrat nur binnen einer Frist von zwei Wochen, vom Tage der Zuleitung des Beschlusses an gerechnet, beim Arbeitsgericht geltend gemacht werden.

(6) Im Übrigen wird die Einigungsstelle nur tätig, wenn beide Seiten es beantragen oder mit ihrem Tätigwerden einverstanden sind. In diesen Fällen ersetzt ihr Spruch die Einigung zwischen Arbeitgeber und Betriebsrat nur, wenn beide Seiten sich dem Spruch im Voraus unterworfen oder ihn nachträglich angenommen haben.

(7) Soweit nach anderen Vorschriften der Rechtsweg gegeben ist, wird er durch den Spruch der Einigungsstelle nicht ausgeschlossen.

(8) Durch Tarifvertrag kann bestimmt werden, dass an die Stelle der in Abs. 1 bezeichneten Einigungsstelle eine tarifliche Schlichtungsstelle tritt.

§ 76a Kosten der Einigungsstelle
(1) Die Kosten der Einigungsstelle trägt der Arbeitgeber.

(2) Die Beisitzer der Einigungsstelle, die dem Betrieb angehören, erhalten für ihre Tätigkeit keine Vergütung; § 37 Abs. 2 und 3 gilt entsprechend. Ist die Einigungsstelle zur Beilegung von Meinungsverschiedenheiten zwischen Arbeitgeber und Gesamtbetriebsrat oder Konzernbetriebsrat zu bilden, so gilt Satz 1 für die einem Betrieb des Unternehmens oder eines Konzernunternehmens angehörenden Beisitzer entsprechend.

(3) Der Vorsitzende und die Beisitzer der Einigungsstelle, die nicht zu den in Abs. 2 genannten Personen zählen, haben gegenüber dem Arbeitgeber Anspruch auf Vergütung ihrer Tätigkeit. Die Höhe der Vergütung richtet sich nach den Grundsätzen des Absatzes 4 Satz 3 bis 5.

(4) Das Bundesministerium für Arbeit und Soziales kann durch Rechtsverordnung die Vergütung nach Abs. 3 regeln. In der Vergütungsordnung sind Höchstsätze festzusetzen. Dabei sind insbesondere der erforderliche Zeitaufwand, die Schwierigkeit der Streitigkeit sowie ein Verdienstausfall zu berücksichtigen. Die Vergütung der Beisitzer ist niedriger zu bemessen als die des Vorsitzenden. Bei der Festsetzung der Höchstsätze ist den berechtigten Interessen der Mitglieder der Einigungsstelle und des Arbeitgebers Rechnung zu tragen.

(5) Von Abs. 3 und einer Vergütungsordnung nach Abs. 4 kann durch Tarifvertrag oder in einer Betriebsvereinbarung, wenn ein Tarifvertrag dies zulässt oder eine tarifliche Regelung nicht besteht, abgewichen werden.

§ 77 Durchführung gemeinsamer Beschlüsse, Betriebsvereinbarungen

(1) Vereinbarungen zwischen Betriebsrat und Arbeitgeber, auch soweit sie auf einem Spruch der Einigungsstelle beruhen, führt der Arbeitgeber durch, es sei denn, dass im Einzelfall etwas anderes vereinbart ist. Der Betriebsrat darf nicht durch einseitige Handlungen in die Leitung des Betriebs eingreifen.

(2) Betriebsvereinbarungen sind von Betriebsrat und Arbeitgeber gemeinsam zu beschließen und schriftlich niederzulegen. Sie sind von beiden Seiten zu unterzeichnen; dies gilt nicht, soweit Betriebsvereinbarungen auf einem Spruch der Einigungsstelle beruhen. Der Arbeitgeber hat die Betriebsvereinbarungen an geeigneter Stelle im Betrieb auszulegen.

(3) Arbeitsentgelte und sonstige Arbeitsbedingungen, die durch Tarifvertrag geregelt sind oder üblicherweise geregelt werden, können nicht Gegenstand einer Betriebsvereinbarung sein. Dies gilt nicht, wenn ein Tarifvertrag den Abschluss ergänzender Betriebsvereinbarungen ausdrücklich zulässt.

(4) Betriebsvereinbarungen gelten unmittelbar und zwingend. Werden Arbeitnehmern durch die Betriebsvereinbarung Rechte eingeräumt, so ist ein Verzicht auf sie nur mit Zustimmung des Betriebsrats zulässig. Die Verwirkung dieser Rechte ist ausgeschlossen. Ausschlussfristen für ihre Geltendmachung sind nur insoweit zulässig, als sie in einem Tarifvertrag oder einer Betriebsvereinbarung vereinbart werden; dasselbe gilt für die Abkürzung der Verjährungsfristen.

(5) Betriebsvereinbarungen können, soweit nichts anderes vereinbart ist, mit einer Frist von drei Monaten gekündigt werden.

(6) Nach Ablauf einer Betriebsvereinbarung gelten ihre Regelungen in Angelegenheiten, in denen ein Spruch der Einigungsstelle die Einigung zwischen Arbeitgeber und Betriebsrat ersetzen kann, weiter, bis sie durch eine andere Abmachung ersetzt werden.

§ 78 Schutzbestimmungen

Die Mitglieder des Betriebsrats, des Gesamtbetriebsrats, des Konzernbetriebsrats, der Jugend- und Auszubildendenvertretung, der Gesamt- Jugend- und Auszubildendenvertretung, der Konzern-Jugend- und Auszubildendenvertretung, des Wirtschaftsausschusses, der Bordvertretung, des Seebetriebsrats, der in § 3 Abs. 1 genannten Vertretungen der Arbeitnehmer, der Einigungsstelle, einer tariflichen Schlichtungsstelle (§ 76 Abs. 8) und einer betrieblichen Beschwerdestelle (§ 86) sowie Auskunftspersonen (§ 80 Absatz 2 Satz 4) dürfen in der Ausübung ihrer Tätigkeit nicht gestört oder behindert werden. Sie dürfen wegen ihrer Tätigkeit nicht benachteiligt oder begünstigt werden; dies gilt auch für ihre berufliche Entwicklung.

§ 78a Schutz Auszubildender in besonderen Fällen

(1) Beabsichtigt der Arbeitgeber, einen Auszubildenden, der Mitglied der Jugend- und Auszubildendenvertretung, des Betriebsrats, der Bordvertretung oder des Seebetriebsrats ist, nach Beendigung des Berufsausbildungsverhältnisses nicht in ein Arbeitsverhältnis auf unbestimmte Zeit zu übernehmen, so hat er dies drei Monate vor Beendigung des Berufsausbildungsverhältnisses dem Auszubildenden schriftlich mitzuteilen.

(2) Verlangt ein in Abs. 1 genannter Auszubildender innerhalb der letzten drei Monate vor Beendigung des Berufsausbildungsverhält-

nisses schriftlich vom Arbeitgeber die Weiterbeschäftigung, so gilt zwischen Auszubildendem und Arbeitgeber im Anschluss an das Berufsausbildungsverhältnis ein Arbeitsverhältnis auf unbestimmte Zeit als begründet. Auf dieses Arbeitsverhältnis ist insbesondere § 37 Abs. 4 und 5 entsprechend anzuwenden.

(3) Die Absätze 1 und 2 gelten auch, wenn das Berufsausbildungsverhältnis vor Ablauf eines Jahres nach Beendigung der Amtszeit der Jugend- und Auszubildendenvertretung, des Betriebsrats, der Bordvertretung oder des Seebetriebsrats endet.

(4) Der Arbeitgeber kann spätestens bis zum Ablauf von zwei Wochen nach Beendigung des Berufsausbildungsverhältnisses beim Arbeitsgericht beantragen,

1. festzustellen, dass ein Arbeitsverhältnis nach Abs. 2 oder 3 nicht begründet wird, oder
2. das bereits nach Abs. 2 oder 3 begründete Arbeitsverhältnis aufzulösen,

wenn Tatsachen vorliegen, aufgrund derer dem Arbeitgeber unter Berücksichtigung aller Umstände die Weiterbeschäftigung nicht zugemutet werden kann. In dem Verfahren vor dem Arbeitsgericht sind der Betriebsrat, die Bordvertretung, der Seebetriebsrat, bei Mitgliedern der Jugend- und Auszubildendenvertretung auch diese Beteiligte.

(5) Die Absätze 2 bis 4 finden unabhängig davon Anwendung, ob der Arbeitgeber seiner Mitteilungspflicht nach Abs. 1 nachgekommen ist.

§ 79 Geheimhaltungspflicht

(1) Die Mitglieder und Ersatzmitglieder des Betriebsrats sind verpflichtet, Betriebs- oder Geschäftsgeheimnisse, die ihnen wegen ihrer Zugehörigkeit zum Betriebsrat bekannt geworden und vom Arbeitgeber ausdrücklich als geheimhaltungsbedürftig bezeichnet worden sind, nicht zu offenbaren und nicht zu verwerten. Dies gilt auch nach dem Ausscheiden aus dem Betriebsrat. Die Verpflichtung gilt nicht gegenüber Mitgliedern des Betriebsrats. Sie gilt ferner nicht gegenüber dem Gesamtbetriebsrat, dem Konzernbetriebsrat, der Bordvertretung, dem Seebetriebsrat und den Arbeitnehmervertretern im Aufsichtsrat sowie im Verfahren vor der Ei-

nigungsstelle, der tariflichen Schlichtungsstelle (§ 76 Abs. 8) oder einer betrieblichen Beschwerdestelle (§ 86).

(2) Abs. 1 gilt sinngemäß für die Mitglieder und Ersatzmitglieder des Gesamtbetriebsrats, des Konzernbetriebsrats, der Jugend- und Auszubildendenvertretung, der Gesamt-Jugend- und Auszubildendenvertretung, der Konzern-Jugend- und Auszubildendenvertretung, des Wirtschaftsausschusses, der Bordvertretung, des Seebetriebsrats, der gemäß § 3 Abs. 1 gebildeten Vertretungen der Arbeitnehmer, der Einigungsstelle, der tariflichen Schlichtungsstelle (§ 76 Abs. 8) und einer betrieblichen Beschwerdestelle (§ 86) sowie für die Vertreter von Gewerkschaften oder von Arbeitgebervereinigungen.

§ 80 Allgemeine Aufgaben

(1) Der Betriebsrat hat folgende allgemeine Aufgaben:

1. darüber zu wachen, dass die zu Gunsten der Arbeitnehmer geltenden Gesetze, Verordnungen, Unfallverhütungsvorschriften, Tarifverträge und Betriebsvereinbarungen durchgeführt werden;
2. Maßnahmen, die dem Betrieb und der Belegschaft dienen, beim Arbeitgeber zu beantragen;

2a. die Durchsetzung der tatsächlichen Gleichstellung von Frauen und Männern, insbesondere bei der Einstellung, Beschäftigung, Aus-, Fort- und Weiterbildung und dem beruflichen Aufstieg, zu fördern;

2b. die Vereinbarkeit von Familie und Erwerbstätigkeit zu fördern;

3. Anregungen von Arbeitnehmern und der Jugend- und Auszubildendenvertretung entgegenzunehmen und, falls sie berechtigt erscheinen, durch Verhandlungen mit dem Arbeitgeber auf eine Erledigung hinzuwirken; er hat die betreffenden Arbeitnehmer über den Stand und das Ergebnis der Verhandlungen zu unterrichten;
4. die Eingliederung schwerbehinderter Menschen einschließlich der Förderung des Abschlusses von Inklusionsvereinbarungen nach § 166 des Neunten Buches Sozialgesetzbuch und sonstiger besonders schutzbedürftiger Personen zu fördern;
5. die Wahl einer Jugend- und Auszubildendenvertretung vorzubereiten und durchzuführen und mit dieser zur Förderung der Belange der in § 60 Abs. 1 genannten Arbeitnehmer eng zusammenzuarbeiten; er kann von der Jugend- und Auszubildendenvertretung Vorschläge und Stellungnahmen anfordern;

6. die Beschäftigung älterer Arbeitnehmer im Betrieb zu fördern;
7. die Integration ausländischer Arbeitnehmer im Betrieb und das Verständnis zwischen ihnen und den deutschen Arbeitnehmern zu fördern, sowie Maßnahmen zur Bekämpfung von Rassismus und Fremdenfeindlichkeit im Betrieb zu beantragen;
8. die Beschäftigung im Betrieb zu fördern und zu sichern;
9. Maßnahmen des Arbeitsschutzes und des betrieblichen Umweltschutzes zu fördern.

(2) Zur Durchführung seiner Aufgaben nach diesem Gesetz ist der Betriebsrat rechtzeitig und umfassend vom Arbeitgeber zu unterrichten; die Unterrichtung erstreckt sich auch auf die Beschäftigung von Personen, die nicht in einem Arbeitsverhältnis zum Arbeitgeber stehen und umfasst insbesondere den zeitlichen Umfang des Einsatzes, den Einsatzort und die Arbeitsaufgaben dieser Personen. Dem Betriebsrat sind auf Verlangen jederzeit die zur Durchführung seiner Aufgaben erforderlichen Unterlagen zur Verfügung zu stellen; in diesem Rahmen ist der Betriebsausschuss oder ein nach § 28 gebildeter Ausschuss berechtigt, in die Listen über die Bruttolöhne und -gehälter Einblick zu nehmen. Zu den erforderlichen Unterlagen gehören auch die Verträge, die der Beschäftigung der in Satz 1 genannten Personen zugrunde liegen. Soweit es zur ordnungsgemäßen Erfüllung der Aufgaben des Betriebsrats erforderlich ist, hat der Arbeitgeber ihm sachkundige Arbeitnehmer als Auskunftspersonen zur Verfügung zu stellen; er hat hierbei die Vorschläge des Betriebsrats zu berücksichtigen, soweit betriebliche Notwendigkeiten nicht entgegenstehen.

(3) Der Betriebsrat kann bei der Durchführung seiner Aufgaben nach näherer Vereinbarung mit dem Arbeitgeber Sachverständige hinzuziehen, soweit dies zur ordnungsgemäßen Erfüllung seiner Aufgaben erforderlich ist.

(4) Für die Geheimhaltungspflicht der Auskunftspersonen und der Sachverständigen gilt § 79 entsprechend.

ZWEITER ABSCHNITT
Mitwirkungs- und Beschwerderecht des Arbeitnehmers

§ 81 Unterrichtungs- und Erörterungspflicht des Arbeitgebers

(1) Der Arbeitgeber hat den Arbeitnehmer über dessen Aufgabe und Verantwortung sowie über die Art seiner Tätigkeit und ihre Einordnung in den Arbeitsablauf des Betriebs zu unterrichten. Er hat den Arbeitnehmer vor Beginn der Beschäftigung über die Unfall- und Gesundheitsgefahren, denen dieser bei der Beschäftigung ausgesetzt ist, sowie über die Maßnahmen und Einrichtungen zur Abwendung dieser Gefahren und die nach § 10 Abs. 2 des Arbeitsschutzgesetzes getroffenen Maßnahmen zu belehren.

(2) Über Veränderungen in seinem Arbeitsbereich ist der Arbeitnehmer rechtzeitig zu unterrichten. Absatz 1 gilt entsprechend.

(3) In Betrieben, in denen kein Betriebsrat besteht, hat der Arbeitgeber die Arbeitnehmer zu allen Maßnahmen zu hören, die Auswirkungen auf Sicherheit und Gesundheit der Arbeitnehmer haben können.

(4) Der Arbeitgeber hat den Arbeitnehmer über die aufgrund einer Planung von technischen Anlagen, von Arbeitsverfahren und Arbeitsabläufen oder der Arbeitsplätze vorgesehenen Maßnahmen und ihre Auswirkungen auf seinen Arbeitsplatz, die Arbeitsumgebung sowie auf Inhalt und Art seiner Tätigkeit zu unterrichten. Sobald feststeht, dass sich die Tätigkeit des Arbeitnehmers ändern wird und seine beruflichen Kenntnisse und Fähigkeiten zur Erfüllung seiner Aufgaben nicht ausreichen, hat der Arbeitgeber mit dem Arbeitnehmer zu erörtern, wie dessen berufliche Kenntnisse und Fähigkeiten im Rahmen der betrieblichen Möglichkeiten den künftigen Anforderungen angepasst werden können. Der Arbeitnehmer kann bei der Erörterung ein Mitglied des Betriebsrats hinzuziehen.

§ 82 Anhörungs- und Erörterungsrecht des Arbeitnehmers

(1) Der Arbeitnehmer hat das Recht, in betrieblichen Angelegenheiten, die seine Person betreffen, von den nach Maßgabe des organisatorischen Aufbaus des Betriebs hierfür zuständigen Personen gehört zu werden. Er ist berechtigt, zu Maßnahmen des Arbeitgebers,

die ihn betreffen, Stellung zu nehmen sowie Vorschläge für die Gestaltung des Arbeitsplatzes und des Arbeitsablaufs zu machen.

(2) Der Arbeitnehmer kann verlangen, dass ihm die Berechnung und Zusammensetzung seines Arbeitsentgelts erläutert und dass mit ihm die Beurteilung seiner Leistungen sowie die Möglichkeiten seiner beruflichen Entwicklung im Betrieb erörtert werden. Er kann ein Mitglied des Betriebsrats hinzuziehen. Das Mitglied des Betriebsrats hat über den Inhalt dieser Verhandlungen Stillschweigen zu bewahren, soweit es vom Arbeitnehmer im Einzelfall nicht von dieser Verpflichtung entbunden wird.

§ 83 Einsicht in die Personalakten

(1) Der Arbeitnehmer hat das Recht, in die über ihn geführten Personalakten Einsicht zu nehmen. Er kann hierzu ein Mitglied des Betriebsrats hinzuziehen. Das Mitglied des Betriebsrats hat über den Inhalt der Personalakte Stillschweigen zu bewahren, soweit es vom Arbeitnehmer im Einzelfall nicht von dieser Verpflichtung entbunden wird.

(2) Erklärungen des Arbeitnehmers zum Inhalt der Personalakte sind dieser auf sein Verlangen beizufügen.

§ 84 Beschwerderecht

(1) Jeder Arbeitnehmer hat das Recht, sich bei den zuständigen Stellen des Betriebs zu beschweren, wenn er sich vom Arbeitgeber oder von Arbeitnehmern des Betriebs benachteiligt oder ungerecht behandelt oder in sonstiger Weise beeinträchtigt fühlt. Er kann ein Mitglied des Betriebsrats zur Unterstützung oder Vermittlung hinzuziehen.

(2) Der Arbeitgeber hat den Arbeitnehmer über die Behandlung der Beschwerde zu bescheiden und, soweit er die Beschwerde für berechtigt erachtet, ihr abzuhelfen.

(3) Wegen der Erhebung einer Beschwerde dürfen dem Arbeitnehmer keine Nachteile entstehen.

§ 85 Behandlung von Beschwerden durch den Betriebsrat

(1) Der Betriebsrat hat Beschwerden von Arbeitnehmern entgegenzunehmen und, falls er sie für berechtigt erachtet, beim Arbeitgeber auf Abhilfe hinzuwirken.

(2) Bestehen zwischen Betriebsrat und Arbeitgeber Meinungsverschiedenheiten über die Berechtigung der Beschwerde, so kann der Betriebsrat die Einigungsstelle anrufen. Der Spruch der Einigungsstelle ersetzt die Einigung zwischen Arbeitgeber und Betriebsrat. Dies gilt nicht, soweit Gegenstand der Beschwerde ein Rechtsanspruch ist.

(3) Der Arbeitgeber hat den Betriebsrat über die Behandlung der Beschwerde zu unterrichten. § 84 Abs. 2 bleibt unberührt.

§ 86 Ergänzende Vereinbarungen

Durch Tarifvertrag oder Betriebsvereinbarung können die Einzelheiten des Beschwerdeverfahrens geregelt werden. Hierbei kann bestimmt werden, dass in den Fällen des § 85 Abs. 2 an die Stelle der Einigungsstelle eine betriebliche Beschwerdestelle tritt.

§ 86a Vorschlagsrecht der Arbeitnehmer

Jeder Arbeitnehmer hat das Recht, dem Betriebsrat Themen zur Beratung vorzuschlagen. Wird ein Vorschlag von mindestens 5 vom Hundert der Arbeitnehmer des Betriebs unterstützt, hat der Betriebsrat diesen innerhalb von zwei Monaten auf die Tagesordnung einer Betriebsratssitzung zu setzen.

DRITTER ABSCHNITT
Soziale Angelegenheiten

§ 87 Mitbestimmungsrechte

(1) Der Betriebsrat hat, soweit eine gesetzliche oder tarifliche Regelung nicht besteht, in folgenden Angelegenheiten mitzubestimmen:

1. Fragen der Ordnung des Betriebs und des Verhaltens der Arbeitnehmer im Betrieb;
2. Beginn und Ende der täglichen Arbeitszeit einschließlich der Pausen sowie Verteilung der Arbeitszeit auf die einzelnen Wochentage;

3. vorübergehende Verkürzung oder Verlängerung der betriebsüblichen Arbeitszeit;
4. Zeit, Ort und Art der Auszahlung der Arbeitsentgelte;
5. Aufstellung allgemeiner Urlaubsgrundsätze und des Urlaubsplans sowie die Festsetzung der zeitlichen Lage des Urlaubs für einzelne Arbeitnehmer, wenn zwischen dem Arbeitgeber und den beteiligten Arbeitnehmern kein Einverständnis erzielt wird;
6. Einführung und Anwendung von technischen Einrichtungen, die dazu bestimmt sind, das Verhalten oder die Leistung der Arbeitnehmer zu überwachen;
7. Regelungen über die Verhütung von Arbeitsunfällen und Berufskrankheiten sowie über den Gesundheitsschutz im Rahmen der gesetzlichen Vorschriften oder der Unfallverhütungsvorschriften;
8. Form, Ausgestaltung und Verwaltung von Sozialeinrichtungen, deren Wirkungsbereich auf den Betrieb, das Unternehmen oder den Konzern beschränkt ist;
9. Zuweisung und Kündigung von Wohnräumen, die den Arbeitnehmern mit Rücksicht auf das Bestehen eines Arbeitsverhältnisses vermietet werden, sowie die allgemeine Festlegung der Nutzungsbedingungen;
10. Fragen der betrieblichen Lohngestaltung, insbesondere die Aufstellung von Entlohnungsgrundsätzen und die Einführung und Anwendung von neuen Entlohnungsmethoden sowie deren Änderung;
11. Festsetzung der Akkord- und Prämiensätze und vergleichbarer leistungsbezogener Entgelte, einschließlich der Geldfaktoren;
12. Grundsätze über das betriebliche Vorschlagswesen;
13. Grundsätze über die Durchführung von Gruppenarbeit; Gruppenarbeit im Sinne dieser Vorschrift liegt vor, wenn im Rahmen des betrieblichen Arbeitsablaufs eine Gruppe von Arbeitnehmern eine ihr übertragene Gesamtaufgabe im Wesentlichen eigenverantwortlich erledigt.

(2) Kommt eine Einigung über eine Angelegenheit nach Abs. 1 nicht zustande, so entscheidet die Einigungsstelle. Der Spruch der Einigungsstelle ersetzt die Einigung zwischen Arbeitgeber und Betriebsrat.

§ 88 Freiwillige Betriebsvereinbarungen

Durch Betriebsvereinbarung können insbesondere geregelt werden

1. zusätzliche Maßnahmen zur Verhütung von Arbeitsunfällen und Gesundheitsschädigungen;

1a. Maßnahmen des betrieblichen Umweltschutzes;

2. die Errichtung von Sozialeinrichtungen, deren Wirkungsbereich auf den Betrieb, das Unternehmen oder den Konzern beschränkt ist;
3. Maßnahmen zur Förderung der Vermögensbildung;
4. Maßnahmen zur Integration ausländischer Arbeitnehmer sowie zur Bekämpfung von Rassismus und Fremdenfeindlichkeit im Betrieb;
5. Maßnahmen zur Eingliederung schwerbehinderter Menschen.

§ 89 Arbeits- und betrieblicher Umweltschutz

(1) Der Betriebsrat hat sich dafür einzusetzen, dass die Vorschriften über den Arbeitsschutz und die Unfallverhütung im Betrieb sowie über den betrieblichen Umweltschutz durchgeführt werden. Er hat bei der Bekämpfung von Unfall- und Gesundheitsgefahren die für den Arbeitsschutz zuständigen Behörden, die Träger der gesetzlichen Unfallversicherung und die sonstigen in Betracht kommenden Stellen durch Anregung, Beratung und Auskunft zu unterstützen.

(2) Der Arbeitgeber und die in Abs. 1 Satz 2 genannten Stellen sind verpflichtet, den Betriebsrat oder die von ihm bestimmten Mitglieder des Betriebsrats bei allen im Zusammenhang mit dem Arbeitsschutz oder der Unfallverhütung stehenden Besichtigungen und Fragen und bei Unfalluntersuchungen hinzuzuziehen. Der Arbeitgeber hat dem Betriebsrat auch bei allen im Zusammenhang mit dem betrieblichen Umweltschutz stehenden Besichtigungen und Fragen hinzuzuziehen und ihm unverzüglich die den Arbeitsschutz, die Unfallverhütung und den betrieblichen Umweltschutz betreffenden Auflagen und Anordnungen der zuständigen Stellen mitzuteilen.

(3) Als betrieblicher Umweltschutz im Sinne dieses Gesetzes sind alle personellen und organisatorischen Maßnahmen sowie alle die betrieblichen Bauten, Räume, technische Anlagen, Arbeitsverfahren, Arbeitsabläufe und Arbeitsplätze betreffenden Maßnahmen zu verstehen, die dem Umweltschutz dienen.

(4) An Besprechungen des Arbeitgebers mit den Sicherheitsbeauftragten im Rahmen des § 22 Abs. 2 des Siebten Buches Sozialgesetzbuch nehmen vom Betriebsrat beauftragte Betriebsratsmitglieder teil.

(5) Der Betriebsrat erhält vom Arbeitgeber die Niederschriften über Untersuchungen, Besichtigungen und Besprechungen, zu denen er nach den Absätzen 2 und 4 hinzuzuziehen ist.

(6) Der Arbeitgeber hat dem Betriebsrat eine Durchschrift der nach § 193 Abs. 5 des Siebten Buches Sozialgesetzbuch vom Betriebsrat zu unterschreibenden Unfallanzeige auszuhändigen.

VIERTER ABSCHNITT
Gestaltung von Arbeitsplatz, Arbeitsablauf und Arbeitsumgebung

§ 90 Unterrichtungs- und Beratungsrechte

(1) Der Arbeitgeber hat den Betriebsrat über die Planung

1. von Neu-, Um- und Erweiterungsbauten von Fabrikations-, Verwaltungs- und sonstigen betrieblichen Räumen,
2. von technischen Anlagen,
3. von Arbeitsverfahren und Arbeitsabläufen oder
4. der Arbeitsplätze

rechtzeitig unter Vorlage der erforderlichen Unterlagen zu unterrichten.

(2) Der Arbeitgeber hat mit dem Betriebsrat die vorgesehenen Maßnahmen und ihre Auswirkungen auf die Arbeitnehmer, insbesondere auf die Art ihrer Arbeit sowie die sich daraus ergebenden Anforderungen an die Arbeitnehmer so rechtzeitig zu beraten, dass Vorschläge und Bedenken des Betriebsrats bei der Planung berücksichtigt werden können. Arbeitgeber und Betriebsrat sollen dabei auch die gesicherten arbeitswissenschaftlichen Erkenntnisse über die menschengerechte Gestaltung der Arbeit berücksichtigen.

§ 91 Mitbestimmungsrecht

Werden die Arbeitnehmer durch Änderungen der Arbeitsplätze, des Arbeitsablaufs oder der Arbeitsumgebung, die den gesicherten arbeitswissenschaftlichen Erkenntnissen über die menschengerechte Gestaltung der Arbeit offensichtlich widersprechen, in besonderer Weise belastet, so kann der Betriebsrat angemessene Maßnahmen zur Abwendung, Milderung oder zum Ausgleich der Belastung verlangen. Kommt eine Einigung nicht zustande, so entscheidet die Einigungsstelle. Der Spruch der Einigungsstelle ersetzt die Einigung zwischen Arbeitgeber und Betriebsrat.

FÜNFTER ABSCHNITT
Personelle Angelegenheiten

Erster Unterabschnitt
Allgemeine personelle Angelegenheiten

§ 92 Personalplanung

(1) Der Arbeitgeber hat den Betriebsrat über die Personalplanung, insbesondere über den gegenwärtigen und künftigen Personalbedarf sowie über die sich daraus ergebenden personellen Maßnahmen einschließlich der geplanten Beschäftigung von Personen, die nicht in einem Arbeitsverhältnis zum Arbeitgeber stehen, und Maßnahmen der Berufsbildung anhand von Unterlagen rechtzeitig und umfassend zu unterrichten. Er hat mit dem Betriebsrat über Art und Umfang der erforderlichen Maßnahmen und über die Vermeidung von Härten zu beraten.

(2) Der Betriebsrat kann dem Arbeitgeber Vorschläge für die Einführung einer Personalplanung und ihre Durchführung machen.

(3) Die Absätze 1 und 2 gelten entsprechend für Maßnahmen im Sinne des § 80 Abs. 1 Nr. 2a und 2b, insbesondere für die Aufstellung und Durchführung von Maßnahmen zur Förderung der Gleichstellung von Frauen und Männern. Gleiches gilt für die Eingliederung schwerbehinderter Menschen nach § 80 Absatz 1 Nummer 4.

§ 92a Beschäftigungssicherung

(1) Der Betriebsrat kann dem Arbeitgeber Vorschläge zur Sicherung und Förderung der Beschäftigung machen. Diese können insbesondere eine flexible Gestaltung der Arbeitszeit, die Förderung von Teilzeitarbeit und Altersteilzeit, neue Formen der Arbeitsorganisation, Änderungen der Arbeitsverfahren und Arbeitsabläufe, die Qualifi-

zierung der Arbeitnehmer, Alternativen zur Ausgliederung von Arbeit oder ihrer Vergabe an andere Unternehmen sowie zum Produktions- und Investitionsprogramm zum Gegenstand haben.

(2) Der Arbeitgeber hat die Vorschläge mit dem Betriebsrat zu beraten. Hält der Arbeitgeber die Vorschläge des Betriebsrats für ungeeignet, hat er dies zu begründen; in Betrieben mit mehr als 100 Arbeitnehmern erfolgt die Begründung schriftlich. Zu den Beratungen kann der Arbeitgeber oder der Betriebsrat einen Vertreter der Bundesagentur für Arbeit hinzuziehen.

§ 93 Ausschreibung von Arbeitsplätzen

Der Betriebsrat kann verlangen, dass Arbeitsplätze, die besetzt werden sollen, allgemein oder für bestimmte Arten von Tätigkeiten vor ihrer Besetzung innerhalb des Betriebs ausgeschrieben werden.

§ 94 Personalfragebogen, Beurteilungsgrundsätze

(1) Personalfragebogen bedürfen der Zustimmung des Betriebsrats. Kommt eine Einigung über ihren Inhalt nicht zustande, so entscheidet die Einigungsstelle. Der Spruch der Einigungsstelle ersetzt die Einigung zwischen Arbeitgeber und Betriebsrat.

(2) Absatz 1 gilt entsprechend für persönliche Angaben in schriftlichen Arbeitsverträgen, die allgemein für den Betrieb verwendet werden sollen, sowie für die Aufstellung allgemeiner Beurteilungsgrundsätze.

§ 95 Auswahlrichtlinien

(1) Richtlinien über die personelle Auswahl bei Einstellungen, Versetzungen, Umgruppierungen und Kündigungen bedürfen der Zustimmung des Betriebsrats. Kommt eine Einigung über die Richtlinien oder ihren Inhalt nicht zustande, so entscheidet auf Antrag des Arbeitgebers die Einigungsstelle. Der Spruch der Einigungsstelle ersetzt die Einigung zwischen Arbeitgeber und Betriebsrat.

(2) In Betrieben mit mehr als 500 Arbeitnehmern kann der Betriebsrat die Aufstellung von Richtlinien über die bei Maßnahmen des Absatzes 1 Satz 1 zu beachtenden fachlichen und persönlichen Voraussetzungen und sozialen Gesichtspunkte verlangen. Kommt eine Einigung über die Richtlinien oder ihren Inhalt nicht zustande,

so entscheidet die Einigungsstelle. Der Spruch der Einigungsstelle ersetzt die Einigung zwischen Arbeitgeber und Betriebsrat.

(3) Versetzung im Sinne dieses Gesetzes ist die Zuweisung eines anderen Arbeitsbereichs, die voraussichtlich die Dauer von einem Monat überschreitet, oder die mit einer erheblichen Änderung der Umstände verbunden ist, unter denen die Arbeit zu leisten ist. Werden Arbeitnehmer nach der Eigenart ihres Arbeitsverhältnisses üblicherweise nicht ständig an einem bestimmten Arbeitsplatz beschäftigt, so gilt die Bestimmung des jeweiligen Arbeitsplatzes nicht als Versetzung.

Zweiter Unterabschnitt
Berufsbildung

§ 96 Förderung der Berufsbildung

(1) Arbeitgeber und Betriebsrat haben im Rahmen der betrieblichen Personalplanung und in Zusammenarbeit mit den für die Berufsbildung und den für die Förderung der Berufsbildung zuständigen Stellen die Berufsbildung der Arbeitnehmer zu fördern. Der Arbeitgeber hat auf Verlangen des Betriebsrats den Berufsbildungsbedarf zu ermitteln und mit ihm Fragen der Berufsbildung der Arbeitnehmer des Betriebs zu beraten. Hierzu kann der Betriebsrat Vorschläge machen.

(2) Arbeitgeber und Betriebsrat haben darauf zu achten, dass unter Berücksichtigung der betrieblichen Notwendigkeiten den Arbeitnehmern die Teilnahme an betrieblichen oder außerbetrieblichen Maßnahmen der Berufsbildung ermöglicht wird. Sie haben dabei auch die Belange älterer Arbeitnehmer, Teilzeitbeschäftigter und von Arbeitnehmern mit Familienpflichten zu berücksichtigen.

§ 97 Einrichtungen und Maßnahmen der Berufsbildung

(1) Der Arbeitgeber hat mit dem Betriebsrat über die Errichtung und Ausstattung betrieblicher Einrichtungen zur Berufsbildung, die Einführung betrieblicher Berufsbildungsmaßnahmen und die Teilnahme an außerbetrieblichen Berufsbildungsmaßnahmen zu beraten.

(2) Hat der Arbeitgeber Maßnahmen geplant oder durchgeführt, die dazu führen, dass sich die Tätigkeit der betroffenen Arbeitneh-

mer ändert und ihre beruflichen Kenntnisse und Fähigkeiten zur Erfüllung ihrer Aufgaben nicht mehr ausreichen, so hat der Betriebsrat bei der Einführung von Maßnahmen der betrieblichen Berufsbildung mitzubestimmen. Kommt eine Einigung nicht zustande, so entscheidet die Einigungsstelle. Der Spruch der Einigungsstelle ersetzt die Einigung zwischen Arbeitgeber und Betriebsrat.

§ 98 Durchführung betrieblicher Bildungsmaßnahmen

(1) Der Betriebsrat hat bei der Durchführung von Maßnahmen der betrieblichen Berufsbildung mitzubestimmen.

(2) Der Betriebsrat kann der Bestellung einer mit der Durchführung der betrieblichen Berufsbildung beauftragten Person widersprechen oder ihre Abberufung verlangen, wenn diese die persönliche oder fachliche, insbesondere die berufs- und arbeitspädagogische Eignung im Sinne des Berufsbildungsgesetzes nicht besitzt oder ihre Aufgaben vernachlässigt.

(3) Führt der Arbeitgeber betriebliche Maßnahmen der Berufsbildung durch oder stellt er für außerbetriebliche Maßnahmen der Berufsbildung Arbeitnehmer frei oder trägt er die durch die Teilnahme von Arbeitnehmern an solchen Maßnahmen entstehenden Kosten ganz oder teilweise, so kann der Betriebsrat Vorschläge für die Teilnahme von Arbeitnehmern oder Gruppen von Arbeitnehmern des Betriebs an diesen Maßnahmen der beruflichen Bildung machen.

(4) Kommt im Fall des Absatzes 1 oder über die nach Absatz 3 vom Betriebsrat vorgeschlagenen Teilnehmer eine Einigung nicht zustande, so entscheidet die Einigungsstelle. Der Spruch der Einigungsstelle ersetzt die Einigung zwischen Arbeitgeber und Betriebsrat.

(5) Kommt im Fall des Absatzes 2 eine Einigung nicht zustande, so kann der Betriebsrat beim Arbeitsgericht beantragen, dem Arbeitgeber aufzugeben, die Bestellung zu unterlassen oder die Abberufung durchzuführen. Führt der Arbeitgeber die Bestellung einer rechtskräftigen gerichtlichen Entscheidung zuwider durch, so ist er auf Antrag des Betriebsrats vom Arbeitsgericht wegen der Bestellung nach vorheriger Androhung zu einem Ordnungsgeld zu verurteilen; das Höchstmaß des Ordnungsgeldes beträgt 10 000 Euro. Führt der Arbeitgeber die Abberufung einer rechtskräftigen ge-

richtlichen Entscheidung zuwider nicht durch, so ist auf Antrag des Betriebsrats vom Arbeitsgericht zu erkennen, dass der Arbeitgeber zur Abberufung durch Zwangsgeld anzuhalten sei; das Höchstmaß des Zwangsgeldes beträgt für jeden Tag der Zuwiderhandlung 250 Euro. Die Vorschriften des Berufsbildungsgesetzes über die Ordnung der Berufsbildung bleiben unberührt.

(6) Die Absätze 1 bis 5 gelten entsprechend, wenn der Arbeitgeber sonstige Bildungsmaßnahmen im Betrieb durchführt.

Dritter Unterabschnitt
Personelle Einzelmaßnahmen

§ 99 Mitbestimmung bei personellen Einzelmaßnahmen

(1) In Unternehmen mit in der Regel mehr als zwanzig wahlberechtigten Arbeitnehmern hat der Arbeitgeber den Betriebsrat vor jeder Einstellung, Eingruppierung, Umgruppierung und Versetzung zu unterrichten, ihm die erforderlichen Bewerbungsunterlagen vorzulegen und Auskunft über die Person der Beteiligten zu geben; er hat dem Betriebsrat unter Vorlage der erforderlichen Unterlagen Auskunft über die Auswirkungen der geplanten Maßnahme zu geben und die Zustimmung des Betriebsrats zu der geplanten Maßnahme einzuholen. Bei Einstellungen und Versetzungen hat der Arbeitgeber insbesondere den in Aussicht genommenen Arbeitsplatz und die vorgesehene Eingruppierung mitzuteilen. Die Mitglieder des Betriebsrats sind verpflichtet, über die ihnen im Rahmen der personellen Maßnahmen nach den Sätzen 1 und 2 bekannt gewordenen persönlichen Verhältnisse und Angelegenheiten der Arbeitnehmer, die ihrer Bedeutung oder ihrem Inhalt nach einer vertraulichen Behandlung bedürfen, Stillschweigen zu bewahren; § 79 Abs. 1 Satz 2 bis 4 gilt entsprechend.

(2) Der Betriebsrat kann die Zustimmung verweigern, wenn
1. die personelle Maßnahme gegen ein Gesetz, eine Verordnung, eine Unfallverhütungsvorschrift oder gegen eine Bestimmung in einem Tarifvertrag oder in einer Betriebsvereinbarung oder gegen eine gerichtliche Entscheidung oder eine behördliche Anordnung verstoßen würde,
2. die personelle Maßnahme gegen eine Richtlinie nach § 95 verstoßen würde,

3. die durch Tatsachen begründete Besorgnis besteht, dass infolge der personellen Maßnahme im Betrieb beschäftigte Arbeitnehmer gekündigt werden oder sonstige Nachteile erleiden, ohne dass dies aus betrieblichen oder persönlichen Gründen gerechtfertigt ist; als Nachteil gilt bei unbefristeter Einstellung auch die Nichtberücksichtigung eines gleichgeeigneten befristet Beschäftigten,
4. der betroffene Arbeitnehmer durch die personelle Maßnahme benachteiligt wird, ohne dass dies aus betrieblichen oder in der Person des Arbeitnehmers liegenden Gründen gerechtfertigt ist,
5. eine nach § 93 erforderliche Ausschreibung im Betrieb unterblieben ist oder
6. die durch Tatsachen begründete Besorgnis besteht, dass der für die personelle Maßnahme in Aussicht genommene Bewerber oder Arbeitnehmer den Betriebsfrieden durch gesetzwidriges Verhalten oder durch grobe Verletzung der in § 75 Abs. 1 enthaltenen Grundsätze, insbesondere durch rassistische oder fremdenfeindliche Betätigung, stören werde.

(3) Verweigert der Betriebsrat seine Zustimmung, so hat er dies unter Angabe von Gründen innerhalb einer Woche nach Unterrichtung durch den Arbeitgeber diesem schriftlich mitzuteilen. Teilt der Betriebsrat dem Arbeitgeber die Verweigerung seiner Zustimmung nicht innerhalb der Frist schriftlich mit, so gilt die Zustimmung als erteilt.

(4) Verweigert der Betriebsrat seine Zustimmung, so kann der Arbeitgeber beim Arbeitsgericht beantragen, die Zustimmung zu ersetzen.

§ 100 Vorläufige personelle Maßnahmen

(1) Der Arbeitgeber kann, wenn dies aus sachlichen Gründen dringend erforderlich ist, die personelle Maßnahme im Sinne des § 99 Abs. 1 Satz 1 vorläufig durchführen, bevor der Betriebsrat sich geäußert oder wenn er die Zustimmung verweigert hat. Der Arbeitgeber hat den Arbeitnehmer über die Sach- und Rechtslage aufzuklären.

(2) Der Arbeitgeber hat den Betriebsrat unverzüglich von der vorläufigen personellen Maßnahme zu unterrichten. Bestreitet der Betriebsrat, dass die Maßnahme aus sachlichen Gründen dringend erforderlich ist, so hat er dies dem Arbeitgeber unverzüglich mitzu-

teilen. In diesem Fall darf der Arbeitgeber die vorläufige personelle Maßnahme nur aufrechterhalten, wenn er innerhalb von drei Tagen beim Arbeitsgericht die Ersetzung der Zustimmung des Betriebsrats und die Feststellung beantragt, dass die Maßnahme aus sachlichen Gründen dringend erforderlich war.

(3) Lehnt das Gericht durch rechtskräftige Entscheidung die Ersetzung der Zustimmung des Betriebsrats ab oder stellt es rechtskräftig fest, dass offensichtlich die Maßnahme aus sachlichen Gründen nicht dringend erforderlich war, so endet die vorläufige personelle Maßnahme mit Ablauf von zwei Wochen nach Rechtskraft der Entscheidung. Von diesem Zeitpunkt an darf die personelle Maßnahme nicht aufrechterhalten werden.

§ 101 Zwangsgeld

Führt der Arbeitgeber eine personelle Maßnahme im Sinne des § 99 Abs. 1 Satz 1 ohne Zustimmung des Betriebsrats durch oder hält er eine vorläufige personelle Maßnahme entgegen § 100 Abs. 2 Satz 3 oder Abs. 3 aufrecht, so kann der Betriebsrat beim Arbeitsgericht beantragen, dem Arbeitgeber aufzugeben, die personelle Maßnahme aufzuheben. Hebt der Arbeitgeber entgegen einer rechtskräftigen gerichtlichen Entscheidung die personelle Maßnahme nicht auf, so ist auf Antrag des Betriebsrats vom Arbeitsgericht zu erkennen, dass der Arbeitgeber zur Aufhebung der Maßnahme durch Zwangsgeld anzuhalten sei. Das Höchstmaß des Zwangsgeldes beträgt für jeden Tag der Zuwiderhandlung 250 Euro.

§ 102 Mitbestimmung bei Kündigungen

(1) Der Betriebsrat ist vor jeder Kündigung zu hören. Der Arbeitgeber hat ihm die Gründe für die Kündigung mitzuteilen. Eine ohne Anhörung des Betriebsrats ausgesprochene Kündigung ist unwirksam.

(2) Hat der Betriebsrat gegen eine ordentliche Kündigung Bedenken, so hat er diese unter Angabe der Gründe dem Arbeitgeber spätestens innerhalb einer Woche schriftlich mitzuteilen. Äußert er sich innerhalb dieser Frist nicht, gilt seine Zustimmung zur Kündigung als erteilt. Hat der Betriebsrat gegen eine außerordentliche Kündigung Bedenken, so hat er diese unter Angabe der Gründe dem Arbeitgeber unverzüglich, spätestens jedoch innerhalb von drei Tagen, schriftlich mitzuteilen. Der Betriebsrat soll, soweit dies

erforderlich erscheint, vor seiner Stellungnahme den betroffenen Arbeitnehmer hören. § 99 Abs. 1 Satz 3 gilt entsprechend.

(3) Der Betriebsrat kann innerhalb der Frist des Absatzes 2 Satz 1 der ordentlichen Kündigung widersprechen, wenn

1. der Arbeitgeber bei der Auswahl des zu kündigenden Arbeitnehmers soziale Gesichtspunkte nicht oder nicht ausreichend berücksichtigt hat,
2. die Kündigung gegen eine Richtlinie nach § 95 verstößt,
3. der zu kündigende Arbeitnehmer an einem anderen Arbeitsplatz im selben Betrieb oder in einem anderen Betrieb des Unternehmens weiterbeschäftigt werden kann,
4. die Weiterbeschäftigung des Arbeitnehmers nach zumutbaren Umschulungs- oder Fortbildungsmaßnahmen möglich ist oder
5. eine Weiterbeschäftigung des Arbeitnehmers unter geänderten Vertragsbedingungen möglich ist und der Arbeitnehmer sein Einverständnis hiermit erklärt hat.

(4) Kündigt der Arbeitgeber, obwohl der Betriebsrat nach Abs. 3 der Kündigung widersprochen hat, so hat er dem Arbeitnehmer mit der Kündigung eine Abschrift der Stellungnahme des Betriebsrats zuzuleiten.

(5) Hat der Betriebsrat einer ordentlichen Kündigung frist- und ordnungsgemäß widersprochen, und hat der Arbeitnehmer nach dem Kündigungsschutzgesetz Klage auf Feststellung erhoben, dass das Arbeitsverhältnis durch die Kündigung nicht aufgelöst ist, so muss der Arbeitgeber auf Verlangen des Arbeitnehmers diesen nach Ablauf der Kündigungsfrist bis zum rechtskräftigen Abschluss des Rechtsstreits bei unveränderten Arbeitsbedingungen weiterbeschäftigen. Auf Antrag des Arbeitgebers kann das Gericht ihn durch einstweilige Verfügung von der Verpflichtung zur Weiterbeschäftigung nach Satz 1 entbinden, wenn

1. die Klage des Arbeitnehmers keine hinreichende Aussicht auf Erfolg bietet oder mutwillig erscheint oder
2. die Weiterbeschäftigung des Arbeitnehmers zu einer unzumutbaren wirtschaftlichen Belastung des Arbeitgebers führen würde oder
3. der Widerspruch des Betriebsrats offensichtlich unbegründet war.

(6) Arbeitgeber und Betriebsrat können vereinbaren, dass Kündigungen der Zustimmung des Betriebsrats bedürfen und dass bei Meinungsverschiedenheiten über die Berechtigung der Nichterteilung der Zustimmung die Einigungsstelle entscheidet.

(7) Die Vorschriften über die Beteiligung des Betriebsrats nach dem Kündigungsschutzgesetz bleiben unberührt.

§ 103 Außerordentliche Kündigung und Versetzung in besonderen Fällen

(1) Die außerordentliche Kündigung von Mitgliedern des Betriebsrats, der Jugend- und Auszubildendenvertretung, der Bordvertretung und des Seebetriebsrats, des Wahlvorstands sowie von Wahlbewerbern bedarf der Zustimmung des Betriebsrats.

(2) Verweigert der Betriebsrat seine Zustimmung, so kann das Arbeitsgericht sie auf Antrag des Arbeitgebers ersetzen, wenn die außerordentliche Kündigung unter Berücksichtigung aller Umstände gerechtfertigt ist. In dem Verfahren vor dem Arbeitsgericht ist der betroffene Arbeitnehmer Beteiligter.

(3) Die Versetzung der in Absatz 1 genannten Personen, die zu einem Verlust des Amtes oder der Wählbarkeit führen würde, bedarf der Zustimmung des Betriebsrats; dies gilt nicht, wenn der betroffene Arbeitnehmer mit der Versetzung einverstanden ist. Absatz 2 gilt entsprechend mit der Maßgabe, dass das Arbeitsgericht die Zustimmung zu der Versetzung ersetzen kann, wenn diese auch unter Berücksichtigung der betriebsverfassungsrechtlichen Stellung des betroffenen Arbeitnehmers aus dringenden betrieblichen Gründen notwendig ist.

§ 104 Entfernung betriebsstörender Arbeitnehmer

Hat ein Arbeitnehmer durch gesetzwidriges Verhalten oder durch grobe Verletzung der in § 75 Abs. 1 enthaltenen Grundsätze, insbesondere durch rassistische oder fremdenfeindliche Betätigungen, den Betriebsfrieden wiederholt ernstlich gestört, so kann der Betriebsrat vom Arbeitgeber die Entlassung oder Versetzung verlangen. Gibt das Arbeitsgericht einem Antrag des Betriebsrats statt, dem Arbeitgeber aufzugeben, die Entlassung oder Versetzung durchzuführen, und führt der Arbeitgeber die Entlassung oder Versetzung einer rechtskräftigen gerichtlichen Entscheidung zuwider nicht durch, so ist auf Antrag des Betriebsrats vom Arbeitsgericht zu erkennen, dass er zur Vornahme der Entlassung oder Versetzung durch Zwangsgeld anzuhalten sei. Das Höchstmaß des Zwangsgeldes beträgt für jeden Tag der Zuwiderhandlung 250 Euro.

§ 105 Leitende Angestellte

Eine beabsichtigte Einstellung oder personelle Veränderung eines in § 5 Abs. 3 genannten leitenden Angestellten ist dem Betriebsrat rechtzeitig mitzuteilen.

SECHSTER ABSCHNITT
Wirtschaftliche Angelegenheiten

Erster Unterabschnitt
Unterrichtung in wirtschaftlichen Angelegenheiten

§ 106 Wirtschaftsausschuss

(1) In allen Unternehmen mit in der Regel mehr als einhundert ständig beschäftigten Arbeitnehmern ist ein Wirtschaftsausschuss zu bilden. Der Wirtschaftsausschuss hat die Aufgabe, wirtschaftliche Angelegenheiten mit dem Unternehmer zu beraten und den Betriebsrat zu unterrichten.

(2) Der Unternehmer hat den Wirtschaftsausschuss rechtzeitig und umfassend über die wirtschaftlichen Angelegenheiten des Unternehmens unter Vorlage der erforderlichen Unterlagen zu unterrichten, soweit dadurch nicht die Betriebs- und Geschäftsgeheimnisse des Unternehmens gefährdet werden, sowie die sich daraus ergebenden Auswirkungen auf die Personalplanung darzustellen. Zu den erforderlichen Unterlagen gehört in den Fällen des Absatzes 3 Nr. 9a insbesondere die Angabe über den potentiellen Erwerber und dessen Absichten im Hinblick auf künftige Geschäftstätigkeit des Unternehmens sowie die sich daraus ergebenden Auswirkungen auf die Arbeitnehmer; Gleiches gilt, wenn im Vorfeld der Übernahme des Unternehmens ein Bieterverfahren durchgeführt wird.

(3) Zu den wirtschaftlichen Angelegenheiten im Sinne dieser Vorschrift gehören insbesondere
1. die wirtschaftliche und finanzielle Lage des Unternehmens;

2. die Produktions- und Absatzlage;
3. das Produktions- und Investitionsprogramm;
4. Rationalisierungsvorhaben;
5. Fabrikations- und Arbeitsmethoden, insbesondere die Einführung neuer Arbeitsmethoden;

5a. Fragen des betrieblichen Umweltschutzes;

6. die Einschränkung oder Stilllegung von Betrieben oder von Betriebsteilen;
7. die Verlegung von Betrieben oder Betriebsteilen;
8. der Zusammenschluss oder die Spaltung von Unternehmen oder Betrieben;
9. die Änderung der Betriebsorganisation oder des Betriebszwecks;

9a. die Übernahme des Unternehmens, wenn hiermit der Erwerb der Kontrolle verbunden ist, sowie

10. sonstige Vorgänge und Vorhaben, welche die Interessen der Arbeitnehmer des Unternehmens wesentlich berühren können.

§ 107 Bestellung und Zusammensetzung des Wirtschaftsausschusses

(1) Der Wirtschaftsausschuss besteht aus mindestens drei und höchstens sieben Mitgliedern, die dem Unternehmen angehören müssen, darunter mindestens einem Betriebsratsmitglied. Zu Mitgliedern des Wirtschaftsausschusses können auch die in § 5 Abs. 3 genannten Angestellten bestimmt werden. Die Mitglieder sollen die zur Erfüllung ihrer Aufgaben erforderliche fachliche und persönliche Eignung besitzen.

(2) Die Mitglieder des Wirtschaftsausschusses werden vom Betriebsrat für die Dauer seiner Amtszeit bestimmt. Besteht ein Gesamtbetriebsrat, so bestimmt dieser die Mitglieder des Wirtschaftsausschusses; die Amtszeit der Mitglieder endet in diesem Fall in dem Zeitpunkt, in dem die Amtszeit der Mehrheit der Mitglieder des Gesamtbetriebsrats, die an der Bestimmung mitzuwirken berechtigt waren, abgelaufen ist. Die Mitglieder des Wirtschaftsausschusses können jederzeit abberufen werden; auf die Abberufung sind die Sätze 1 und 2 entsprechend anzuwenden.

(3) Der Betriebsrat kann mit der Mehrheit der Stimmen seiner Mitglieder beschließen, die Aufgaben des Wirtschaftsausschusses einem Ausschuss des Betriebsrats zu übertragen. Die Zahl der Mitglieder

des Ausschusses darf die Zahl der Mitglieder des Betriebsausschusses nicht überschreiten. Der Betriebsrat kann jedoch weitere Arbeitnehmer einschließlich der in § 5 Abs. 3 genannten leitenden Angestellten bis zur selben Zahl, wie der Ausschuss Mitglieder hat, in den Ausschuss berufen; für die Beschlussfassung gilt Satz 1. Für die Verschwiegenheitspflicht der in Satz 3 bezeichneten weiteren Arbeitnehmer gilt § 79 entsprechend. Für die Abänderung und den Widerruf der Beschlüsse nach den Sätzen 1 bis 3 sind die gleichen Stimmenmehrheiten erforderlich wie für die Beschlüsse nach den Sätzen 1 bis 3. Ist in einem Unternehmen ein Gesamtbetriebsrat errichtet, so beschließt dieser über die anderweitige Wahrnehmung der Aufgaben des Wirtschaftsausschusses; die Sätze 1 bis 5 gelten entsprechend.

§ 108 Sitzungen

(1) Der Wirtschaftsausschuss soll monatlich einmal zusammentreten.

(2) An den Sitzungen des Wirtschaftsausschusses hat der Unternehmer oder sein Vertreter teilzunehmen. Er kann sachkundige Arbeitnehmer des Unternehmens einschließlich der in § 5 Abs. 3 genannten Angestellten hinzuziehen. Für die Hinzuziehung und die Verschwiegenheitspflicht von Sachverständigen gilt § 80 Abs. 3 und 4 entsprechend.

(3) Die Mitglieder des Wirtschaftsausschusses sind berechtigt, in die nach § 106 Abs. 2 vorzulegenden Unterlagen Einsicht zu nehmen.

(4) Der Wirtschaftsausschuss hat über jede Sitzung dem Betriebsrat unverzüglich und vollständig zu berichten.

(5) Der Jahresabschluss ist dem Wirtschaftsausschuss unter Beteiligung des Betriebsrats zu erläutern.

(6) Hat der Betriebsrat oder der Gesamtbetriebsrat eine anderweitige Wahrnehmung der Aufgaben des Wirtschaftsausschusses beschlossen, so gelten die Absätze 1 bis 5 entsprechend.

§ 109 Beilegung von Meinungsverschiedenheiten

Wird eine Auskunft über wirtschaftliche Angelegenheiten des Unternehmens im Sinne des § 106 entgegen dem Verlangen des Wirtschaftsausschusses nicht, nicht rechtzeitig oder nur ungenügend erteilt und kommt hierüber zwischen Unternehmer und Betriebsrat eine Einigung nicht zustande, so entscheidet die Einigungsstelle. Der Spruch der Einigungsstelle ersetzt die Einigung zwischen Arbeitgeber und Betriebsrat. Die Einigungsstelle kann, wenn dies für ihre Entscheidung erforderlich ist, Sachverständige anhören; § 80 Abs. 4 gilt entsprechend. Hat der Betriebsrat oder der Gesamtbetriebsrat eine anderweitige Wahrnehmung der Aufgaben des Wirtschaftsausschusses beschlossen, so gilt Satz 1 entsprechend.

§ 109a Unternehmensübernahme

In Unternehmen, in denen kein Wirtschaftsausschuss besteht, ist im Fall des § 106 Abs. 3 Nr. 9a der Betriebsrat entsprechend § 106 Abs. 1 und 2 zu beteiligen; § 109 gilt entsprechend.

§ 110 Unterrichtung der Arbeitnehmer

(1) In Unternehmen mit in der Regel mehr als 1000 ständig beschäftigten Arbeitnehmern hat der Unternehmer mindestens einmal in jedem Kalendervierteljahr nach vorheriger Abstimmung mit dem Wirtschaftsausschuss oder den in § 107 Abs. 3 genannten Stellen und dem Betriebsrat die Arbeitnehmer schriftlich über die wirtschaftliche Lage und Entwicklung des Unternehmens zu unterrichten.

(2) In Unternehmen, die die Voraussetzungen des Absatzes 1 nicht erfüllen, aber in der Regel mehr als zwanzig wahlberechtigte ständige Arbeitnehmer beschäftigen, gilt Abs. 1 mit der Maßgabe, dass die Unterrichtung der Arbeitnehmer mündlich erfolgen kann. Ist in diesen Unternehmen ein Wirtschaftsausschuss nicht zu errichten, so erfolgt die Unterrichtung nach vorheriger Abstimmung mit dem Betriebsrat.

Zweiter Unterabschnitt
Betriebsänderungen

§ 111 Betriebsänderungen

In Unternehmen mit in der Regel mehr als zwanzig wahlberechtigten Arbeitnehmern hat der Unternehmer den Betriebsrat über geplante Betriebsänderungen, die wesentliche Nachteile für die Belegschaft oder erhebliche Teile der Belegschaft zur Folge haben können, rechtzeitig und umfassend zu unterrichten und die geplanten Betriebsänderungen mit dem Betriebsrat zu beraten. Der Betriebsrat kann in Unternehmen mit mehr als 300 Arbeitnehmern zu seiner Unterstützung einen Berater hinzuziehen; § 80 Abs. 4 gilt entsprechend; im Übrigen bleibt § 80 Abs. 3 unberührt. Als Betriebsänderung im Sinne des Satzes 1 gelten

1. Einschränkung und Stilllegung des ganzen Betriebs oder von wesentlichen Betriebsteilen,
2. Verlegung des ganzen Betriebs oder von wesentlichen Betriebsteilen,
3. Zusammenschluss mit anderen Betrieben oder die Spaltung von Betrieben,
4. grundlegende Änderungen der Betriebsorganisation, des Betriebszwecks oder der Betriebsanlagen,
5. Einführung grundlegend neuer Arbeitsmethoden und Fertigungsverfahren.

§ 112 Interessenausgleich über die Betriebsänderung, Sozialplan

(1) Kommt zwischen Unternehmer und Betriebsrat ein Interessenausgleich über die geplante Betriebsänderung zustande, so ist dieser schriftlich niederzulegen und vom Unternehmer und Betriebsrat zu unterschreiben. Das gleiche gilt für eine Einigung über den Ausgleich oder die Milderung der wirtschaftlichen Nachteile, die den Arbeitnehmern infolge der geplanten Betriebsänderung entstehen (Sozialplan). Der Sozialplan hat die Wirkung einer Betriebsvereinbarung. § 77 Abs. 3 ist auf den Sozialplan nicht anzuwenden.

(2) Kommt ein Interessenausgleich über die geplante Betriebsänderung oder eine Einigung über den Sozialplan nicht zustande, so können der Unternehmer oder der Betriebsrat den Vorstand der Bundesagentur für Arbeit um Vermittlung ersuchen, der Vorstand kann die Aufgabe auf andere Bedienstete der Bundesagentur für Arbeit übertragen. Erfolgt kein Vermittlungsersuchen oder bleibt der Vermittlungsversuch ergebnislos, so können der Unternehmer oder der Betriebsrat die Einigungsstelle anrufen. Auf Ersuchen des Vorsitzenden der Einigungsstelle nimmt ein Mitglied des Vorstandes der Bundesagentur für Arbeit oder ein vom Vorstand der Bundesagentur für Arbeit benannter Bediensteter der Bundesagentur für Arbeit an der Verhandlung teil.

(3) Unternehmer und Betriebsrat sollen der Einigungsstelle Vorschläge zur Beilegung der Meinungsverschiedenheiten über den Interessenausgleich und den Sozialplan machen. Die Einigungsstelle hat eine Einigung der Parteien zu versuchen. Kommt eine Einigung zustande, so ist sie schriftlich niederzulegen und von den Parteien und vom Vorsitzenden zu unterschreiben.

(4) Kommt eine Einigung über den Sozialplan nicht zustande, so entscheidet die Einigungsstelle über die Aufstellung eines Sozialplans. Der Spruch der Einigungsstelle ersetzt die Einigung zwischen Arbeitgeber und Betriebsrat.

(5) Die Einigungsstelle hat bei ihrer Entscheidung nach Absatz 4 sowohl die sozialen Belange der betroffenen Arbeitnehmer zu berücksichtigen als auch auf die wirtschaftliche Vertretbarkeit ihrer Entscheidung für das Unternehmen zu achten. Dabei hat die Einigungsstelle sich im Rahmen billigen Ermessens insbesondere von folgenden Grundsätzen leiten zu lassen:

1. Sie soll beim Ausgleich oder bei der Milderung wirtschaftlicher Nachteile, insbesondere durch Einkommensminderung, Wegfall von Sonderleistungen oder Verlust von Anwartschaften auf betriebliche Altersversorgung, Umzugskosten oder erhöhte Fahrtkosten, Leistungen vorsehen, die in der Regel den Gegebenheiten des Einzelfalles Rechnung tragen.
2. Sie hat die Aussichten der betroffenen Arbeitnehmer auf dem Arbeitsmarkt zu berücksichtigen. Sie soll Arbeitnehmer von Leistungen ausschließen, die in einem zumutbaren Arbeitsverhältnis im selben Betrieb oder in einem anderen Betrieb des Unternehmens oder eines zum Konzern gehörenden Unternehmens weiterbeschäftigt werden können und die Weiterbeschäftigung ablehnen; die mögliche Weiterbeschäftigung an einem anderen Ort begründet für sich allein nicht die Unzumutbarkeit.

2a. Sie soll insbesondere die im Dritten Buch des Sozialgesetzbuches vorgesehenen Förderungsmöglichkeiten zur Vermeidung von Arbeitslosigkeit berücksichtigen.

3. Sie hat bei der Bemessung des Gesamtbetrages der Sozialplanleistungen darauf zu achten, dass der Fortbestand des Unternehmens oder die nach Durchführung der Betriebsänderung verbleibenden Arbeitsplätze nicht gefährdet werden.

§ 112a Erzwingbarer Sozialplan bei Personalabbau, Neugründungen

(1) Besteht eine geplante Betriebsänderung im Sinne des § 111 Satz 3 Nr. 1 allein in der Entlassung von Arbeitnehmern, so findet § 112 Abs. 4 und 5 nur Anwendung, wenn

1. in Betrieben mit in der Regel weniger als 60 Arbeitnehmern 20 vom Hundert der regelmäßig beschäftigten Arbeitnehmer, aber mindestens 6 Arbeitnehmer,
2. in Betrieben mit in der Regel mindestens 60 und weniger als 250 Arbeitnehmern 20 vom Hundert der regelmäßig beschäftigten Arbeitnehmer oder mindestens 37 Arbeitnehmer,
3. in Betrieben mit in der Regel mindestens 250 und weniger als 500 Arbeitnehmern 15 vom Hundert der regelmäßig beschäftigten Arbeitnehmer oder mindestens 60 Arbeitnehmer,
4. in Betrieben mit in der Regel mindestens 500 Arbeitnehmern 10 vom Hundert der regelmäßig beschäftigten Arbeitnehmer, aber mindestens 60 Arbeitnehmer

aus betriebsbedingten Gründen entlassen werden sollen. Als Entlassung gilt auch das vom Arbeitgeber aus Gründen der Betriebsänderung veranlasste Ausscheiden von Arbeitnehmern aufgrund von Aufhebungsverträgen.

(2) § 112 Abs. 4 und 5 findet keine Anwendung auf Betriebe eines Unternehmens in den ersten vier Jahren nach seiner Gründung. Dies gilt nicht für Neugründungen im Zusammenhang mit der rechtlichen Umstrukturierung von Unternehmen und Konzernen. Maßgebend für den Zeitpunkt der Gründung ist die Aufnahme einer Erwerbstätigkeit, die nach § 138 der Abgabenordnung dem Finanzamt mitzuteilen ist.

§ 113 Nachteilsausgleich

(1) Weicht der Unternehmer von einem Interessenausgleich über die geplante Betriebsänderung ohne zwingenden Grund ab, so können Arbeitnehmer, die infolge dieser Abweichung entlassen werden, beim Arbeitsgericht Klage erheben mit dem Antrag, den Arbeitgeber zur Zahlung von Abfindungen zu verurteilen; § 10 des Kündigungsschutzgesetzes gilt entsprechend.

(2) Erleiden Arbeitnehmer infolge einer Abweichung nach Absatz 1 andere wirtschaftliche Nachteile, so hat der Unternehmer diese Nachteile bis zu einem Zeitraum von zwölf Monaten auszugleichen.

(3) Die Absätze 1 und 2 gelten entsprechend, wenn der Unternehmer eine geplante Betriebsänderung nach § 111 durchführt, ohne über sie einen Interessenausgleich mit dem Betriebsrat versucht zu haben, und infolge der Maßnahme Arbeitnehmer entlassen werden oder andere wirtschaftliche Nachteile erleiden.

FÜNFTER TEIL
Besondere Vorschriften für einzelne Betriebsarten

ERSTER ABSCHNITT
Seeschifffahrt

§ 114 Grundsätze

(1) Auf Seeschifffahrtsunternehmen und ihre Betriebe ist dieses Gesetz anzuwenden, soweit sich aus den Vorschriften dieses Abschnitts nichts anderes ergibt.

(2) Seeschifffahrtsunternehmen im Sinne dieses Gesetzes ist ein Unternehmen, das Handelsschifffahrt betreibt und seinen Sitz im Geltungsbereich dieses Gesetzes hat. Ein Seeschifffahrtsunternehmen im Sinne dieses Abschnitts betreibt auch, wer als Korrespondenzreeder, Vertragsreeder, Ausrüster oder aufgrund eines ähnlichen Rechtsverhältnisses Schiffe zum Erwerb durch die Seeschifffahrt verwendet, wenn er Arbeitgeber des Kapitäns und der Besatzungsmitglieder ist oder überwiegend die Befugnisse des Arbeitgebers ausübt.

(3) Als Seebetrieb im Sinne dieses Gesetzes gilt die Gesamtheit der Schiffe eines Seeschifffahrtsunternehmens einschließlich der in Absatz 2 Satz 2 genannten Schiffe.

(4) Schiffe im Sinne dieses Gesetzes sind Kauffahrteischiffe, die nach dem Flaggenrechtsgesetz die Bundesflagge führen. Schiffe, die in der Regel binnen 24 Stunden nach dem Auslaufen an den Sitz eines Landbetriebs zurückkehren, gelten als Teil dieses Landbetriebs des Seeschifffahrtsunternehmens.

(5) Jugend- und Auszubildendenvertretungen werden nur für die Landbetriebe von Seeschifffahrtsunternehmen gebildet.

(6) Besatzungsmitglieder im Sinne dieses Gesetzes sind die in einem Heuer- oder Berufsausbildungsverhältnis zu einem Schifffahrtsunternehmen stehenden im Seebetrieb beschäftigten Personen mit Ausnahme des Kapitäns. Leitende Angestellte im Sinne des § 5 Abs. 3 dieses Gesetzes sind nur die Kapitäne.

§ 115 Bordvertretung

(1) Auf Schiffen, die mit in der Regel mindestens fünf wahlberechtigten Besatzungsmitgliedern besetzt sind, von denen drei wählbar sind, wird eine Bordvertretung gewählt. Auf die Bordvertretung finden, soweit sich aus diesem Gesetz oder aus anderen gesetzlichen Vorschriften nicht etwas anderes ergibt, die Vorschriften über die Rechte und Pflichten des Betriebsrats und die Rechtsstellung seiner Mitglieder Anwendung.

(2) Die Vorschriften über die Wahl und Zusammensetzung des Betriebsrats finden mit folgender Maßgabe Anwendung:

1. Wahlberechtigt sind alle Besatzungsmitglieder des Schiffes.
2. Wählbar sind die Besatzungsmitglieder des Schiffes, die am Wahltag das 18. Lebensjahr vollendet haben und ein Jahr Besatzungsmitglied eines Schiffes waren, das nach dem Flaggenrechtsgesetz die Bundesflagge führt. § 8 Abs. 1 Satz 3 bleibt unberührt.
3. Die Bordvertretung besteht auf Schiffen mit in der Regel 5 bis 20 wahlberechtigten Besatzungsmitgliedern aus einer Person, 21 bis 75 wahlberechtigten Besatzungsmitgliedern aus drei Mitgliedern, über 75 wahlberechtigten Besatzungsmitgliedern aus fünf Mitgliedern.
4. [weggefallen]
5. § 13 Abs. 1 und 3 findet keine Anwendung. Die Bordvertretung ist vor Ablauf ihrer Amtszeit unter den in § 13 Abs. 2 Nr. 2 bis 5 genannten Voraussetzungen neu zu wählen.
6. Die wahlberechtigten Besatzungsmitglieder können mit der Mehrheit aller Stimmen beschließen, die Wahl der Bordvertretung binnen 24 Stunden durchzuführen.
7. Die in § 16 Abs. 1 Satz 1 genannte Frist wird auf zwei Wochen, die in § 16 Abs. 2 Satz 1 genannte Frist wird auf eine Woche verkürzt.

8. Bestellt die im Amt befindliche Bordvertretung nicht rechtzeitig einen Wahlvorstand oder besteht keine Bordvertretung, wird der Wahlvorstand in einer Bordversammlung von der Mehrheit der anwesenden Besatzungsmitglieder gewählt; § 17 Abs. 3 gilt entsprechend. Kann aus Gründen der Aufrechterhaltung des ordnungsgemäßen Schiffsbetriebs eine Bordversammlung nicht stattfinden, so kann der Kapitän auf Antrag von drei Wahlberechtigten den Wahlvorstand bestellen. Bestellt der Kapitän den Wahlvorstand nicht, so ist der Seebetriebsrat berechtigt, den Wahlvorstand zu bestellen. Die Vorschriften über die Bestellung des Wahlvorstands durch das Arbeitsgericht bleiben unberührt.
9. Die Frist für die Wahlanfechtung beginnt für Besatzungsmitglieder an Bord, wenn das Schiff nach Bekanntgabe des Wahlergebnisses erstmalig einen Hafen im Geltungsbereich dieses Gesetzes oder einen Hafen, in dem ein Seemannsamt seinen Sitz hat, anläuft. Die Wahlanfechtung kann auch zu Protokoll des Seemannsamtes erklärt werden. Wird die Wahl zur Bordvertretung angefochten, zieht das Seemannsamt die an Bord befindlichen Wahlunterlagen ein. Die Anfechtungserklärung und die eingezogenen Wahlunterlagen sind vom Seemannsamt unverzüglich an das für die Anfechtung zuständige Arbeitsgericht weiterzuleiten.

(3) Auf die Amtszeit der Bordvertretung finden die §§ 21, 22 bis 25 mit der Maßgabe Anwendung, dass
1. die Amtszeit ein Jahr beträgt,
2. die Mitgliedschaft in der Bordvertretung auch endet, wenn das Besatzungsmitglied den Dienst an Bord beendet, es sei denn, dass es den Dienst an Bord vor Ablauf der Amtszeit nach Nummer 1 wieder antritt.

(4) Für die Geschäftsführung der Bordvertretung gelten die §§ 26 bis 36, § 37 Abs. 1 bis 3 sowie die §§ 39 bis 41 entsprechend. § 40 Abs. 2 ist mit der Maßgabe anzuwenden, dass die Bordvertretung in dem für ihre Tätigkeit erforderlichen Umfang auch die für die Verbindung des Schiffes zur Reederei eingerichteten Mittel zur beschleunigten Übermittlung von Nachrichten in Anspruch nehmen kann.

(5) Die §§ 42 bis 46 über die Betriebsversammlung finden für die Versammlung der Besatzungsmitglieder eines Schiffes (Bordversamm-

lung) entsprechende Anwendung. Auf Verlangen der Bordvertretung hat der Kapitän der Bordversammlung einen Bericht über die Schiffsreise und die damit zusammenhängenden Angelegenheiten zu erstatten. Er hat Fragen, die den Schiffsbetrieb, die Schiffsreise und die Schiffssicherheit betreffen, zu beantworten.

(6) Die §§ 47 bis 59 über den Gesamtbetriebsrat und den Konzernbetriebsrat finden für die Bordvertretung keine Anwendung.

(7) Die §§ 74 bis 105 über die Mitwirkung und Mitbestimmung der Arbeitnehmer finden auf die Bordvertretung mit folgender Maßgabe Anwendung:

1. Die Bordvertretung ist zuständig für die Behandlung derjenigen nach diesem Gesetz der Mitwirkung und Mitbestimmung des Betriebsrats unterliegenden Angelegenheiten, die den Bordbetrieb oder die Besatzungsmitglieder des Schiffes betreffen und deren Regelung dem Kapitän aufgrund gesetzlicher Vorschriften oder der ihm von der Reederei übertragenen Befugnisse obliegt.
2. Kommt es zwischen Kapitän und Bordvertretung in einer der Mitwirkung oder Mitbestimmung der Bordvertretung unterliegenden Angelegenheit nicht zu einer Einigung, so kann die Angelegenheit von der Bordvertretung an den Seebetriebsrat abgegeben werden. Der Seebetriebsrat hat die Bordvertretung über die weitere Behandlung der Angelegenheit zu unterrichten. Bordvertretung und Kapitän dürfen die Einigungsstelle oder das Arbeitsgericht nur anrufen, wenn ein Seebetriebsrat nicht gewählt ist.
3. Bordvertretung und Kapitän können im Rahmen ihrer Zuständigkeiten Bordvereinbarungen abschließen. Die Vorschriften über Betriebsvereinbarungen gelten für Bordvereinbarungen entsprechend. Bordvereinbarungen sind unzulässig, soweit eine Angelegenheit durch eine Betriebsvereinbarung zwischen Seebetriebsrat und Arbeitgeber geregelt ist.
4. In Angelegenheiten, die der Mitbestimmung der Bordvertretung unterliegen, kann der Kapitän, auch wenn eine Einigung mit der Bordvertretung noch nicht erzielt ist, vorläufige Regelungen treffen, wenn dies zur Aufrechterhaltung des ordnungsgemäßen Schiffsbetriebs dringend erforderlich ist. Den von der Anordnung betroffenen Besatzungsmitgliedern ist die Vorläufigkeit der Regelung bekanntzugeben. Soweit die vorläufige Regelung

der endgültigen Regelung nicht entspricht, hat das Schifffahrtsunternehmen Nachteile auszugleichen, die den Besatzungsmitgliedern durch die vorläufige Regelung entstanden sind.

5. Die Bordvertretung hat das Recht auf regelmäßige und umfassende Unterrichtung über den Schiffsbetrieb. Die erforderlichen Unterlagen sind der Bordvertretung vorzulegen. Zum Schiffsbetrieb gehören insbesondere die Schiffssicherheit, die Reiserouten, die voraussichtlichen Ankunfts- und Abfahrtszeiten sowie die zu befördernde Ladung.
6. Auf Verlangen der Bordvertretung hat der Kapitän ihr Einsicht in die an Bord befindlichen Schiffstagebücher zu gewähren. In den Fällen, in denen der Kapitän eine Eintragung über Angelegenheiten macht, die der Mitwirkung oder Mitbestimmung der Bordvertretung unterliegen, kann diese eine Abschrift der Eintragung verlangen und Erklärungen zum Schiffstagebuch abgeben. In den Fällen, in denen über eine der Mitwirkung oder Mitbestimmung der Bordvertretung unterliegenden Angelegenheit eine Einigung zwischen Kapitän und Bordvertretung nicht erzielt wird, kann die Bordvertretung dies zum Schiffstagebuch erklären und eine Abschrift dieser Eintragung verlangen.
7. Die Zuständigkeit der Bordvertretung im Rahmen des Arbeitsschutzes bezieht sich auch auf die Schiffssicherheit und die Zusammenarbeit mit den insoweit zuständigen Behörden und sonstigen in Betracht kommenden Stellen.

§ 116 Seebetriebsrat

(1) In Seebetrieben werden Seebetriebsräte gewählt. Auf die Seebetriebsräte finden, soweit sich aus diesem Gesetz oder aus anderen gesetzlichen Vorschriften nicht etwas anderes ergibt, die Vorschriften über die Rechte und Pflichten des Betriebsrats und die Rechtsstellung seiner Mitglieder Anwendung.

(2) Die Vorschriften über die Wahl, Zusammensetzung und Amtszeit des Betriebsrats finden mit folgender Maßgabe Anwendung:

1. Wahlberechtigt zum Seebetriebsrat sind alle zum Seeschifffahrtsunternehmen gehörenden Besatzungsmitglieder.
2. Für die Wählbarkeit zum Seebetriebsrat gilt § 8 mit der Maßgabe, dass
   a) in Seeschifffahrtsunternehmen, zu denen mehr als acht Schiffe gehören oder in denen in der Regel mehr als 250 Besatzungs-

mitglieder beschäftigt sind, nur nach § 115 Abs. 2 Nr. 2 wählbare Besatzungsmitglieder wählbar sind;

b) in den Fällen, in denen die Voraussetzungen des Buchstabens a nicht vorliegen, nur Arbeitnehmer wählbar sind, die nach § 8 die Wählbarkeit im Landbetrieb des Seeschifffahrtsunternehmens besitzen, es sei denn, dass der Arbeitgeber mit der Wahl von Besatzungsmitgliedern einverstanden ist.

3. Der Seebetriebsrat besteht in Seebetrieben mit in der Regel
   5 bis 400 wahlberechtigten Besatzungsmitgliedern aus einer Person,
   401 bis 800 wahlberechtigten Besatzungsmitgliedern aus drei Mitgliedern,
   über 800 wahlberechtigten Besatzungsmitgliedern aus fünf Mitgliedern.
4. Ein Wahlvorschlag ist gültig, wenn er im Falle des § 14 Abs. 4 Satz 1 erster Halbsatz und Satz 2 mindestens von drei wahlberechtigten Besatzungsmitgliedern unterschrieben ist.
5. § 14a findet keine Anwendung.
6. Die in § 16 Abs. 1 Satz 1 genannte Frist wird auf drei Monate, die in § 16 Abs. 2 Satz 1 genannte Frist auf zwei Monate verlängert.
7. Zu Mitgliedern des Wahlvorstands können auch im Landbetrieb des Seeschifffahrtsunternehmens beschäftigte Arbeitnehmer bestellt werden. § 17 Abs. 2 bis 4 findet keine Anwendung. Besteht kein Seebetriebsrat, so bestellt der Gesamtbetriebsrat oder, falls ein solcher nicht besteht, der Konzernbetriebsrat den Wahlvorstand. Besteht weder ein Gesamtbetriebsrat noch ein Konzernbetriebsrat, wird der Wahlvorstand gemeinsam vom Arbeitgeber und den im Seebetrieb vertretenen Gewerkschaften bestellt; Gleiches gilt, wenn der Gesamtbetriebsrat oder der Konzernbetriebsrat die Bestellung des Wahlvorstands nach Satz 3 unterlässt. Einigen sich Arbeitgeber und Gewerkschaften nicht, so bestellt ihn das Arbeitsgericht auf Antrag des Arbeitgebers, einer im Seebetrieb vertretenen Gewerkschaft oder von mindestens drei wahlberechtigten Besatzungsmitgliedern. § 16 Abs. 2 Satz 2 und 3 gilt entsprechend.
8. Die Frist für die Wahlanfechtung nach § 19 Abs. 2 beginnt für Besatzungsmitglieder an Bord, wenn das Schiff nach Bekanntgabe des Wahlergebnisses erstmalig einen Hafen im Geltungsbereich dieses Gesetzes oder einen Hafen, in dem ein Seemannsamt seinen Sitz hat, anläuft. Nach Ablauf von drei Monaten

seit Bekanntgabe des Wahlergebnisses ist eine Wahlanfechtung unzulässig. Die Wahlanfechtung kann auch zu Protokoll des Seemannsamtes erklärt werden. Die Anfechtungserklärung ist vom Seemannsamt unverzüglich an das für die Anfechtung zuständige Arbeitsgericht weiterzuleiten.

9. Die Mitgliedschaft im Seebetriebsrat endet, wenn der Seebetriebsrat aus Besatzungsmitgliedern besteht, auch, wenn das Mitglied des Seebetriebsrats nicht mehr Besatzungsmitglied ist. Die Eigenschaft als Besatzungsmitglied wird durch die Tätigkeit im Seebetriebsrat oder durch eine Beschäftigung gemäß Absatz 3 Nr. 2 nicht berührt.

(3) Die §§ 26 bis 41 über die Geschäftsführung des Betriebsrats finden auf den Seebetriebsrat mit folgender Maßgabe Anwendung:

1. In Angelegenheiten, in denen der Seebetriebsrat nach diesem Gesetz innerhalb einer bestimmten Frist Stellung zu nehmen hat, kann er, abweichend von § 33 Abs. 2, ohne Rücksicht auf die Zahl der zur Sitzung erschienenen Mitglieder einen Beschluss fassen, wenn die Mitglieder ordnungsgemäß geladen worden sind.
2. Soweit die Mitglieder des Seebetriebsrats nicht freizustellen sind, sind sie so zu beschäftigen, dass sie durch ihre Tätigkeit nicht gehindert sind, die Aufgaben des Seebetriebsrats wahrzunehmen. Der Arbeitsplatz soll den Fähigkeiten und Kenntnissen des Mitglieds des Seebetriebsrats und seiner bisherigen beruflichen Stellung entsprechen. Der Arbeitsplatz ist im Einvernehmen mit dem Seebetriebsrat zu bestimmen. Kommt eine Einigung über die Bestimmung des Arbeitsplatzes nicht zustande, so entscheidet die Einigungsstelle. Der Spruch der Einigungsstelle ersetzt die Einigung zwischen Arbeitgeber und Seebetriebsrat.
3. Den Mitgliedern des Seebetriebsrats, die Besatzungsmitglieder sind, ist die Heuer auch dann fortzuzahlen, wenn sie im Landbetrieb beschäftigt werden. Sachbezüge sind angemessen abzugelten. Ist der neue Arbeitsplatz höherwertig, so ist das diesem Arbeitsplatz entsprechende Arbeitsentgelt zu zahlen.
4. Unter Berücksichtigung der örtlichen Verhältnisse ist über die Unterkunft der in den Seebetriebsrat gewählten Besatzungsmitglieder eine Regelung zwischen dem Seebetriebsrat und dem Arbeitgeber zu treffen, wenn der Arbeitsplatz sich nicht am Wohnort befindet. Kommt eine Einigung nicht zustande, so ent-

scheidet die Einigungsstelle. Der Spruch der Einigungsstelle ersetzt die Einigung zwischen Arbeitgeber und Seebetriebsrat.
5. Der Seebetriebsrat hat das Recht, jedes zum Seebetrieb gehörende Schiff zu betreten, dort im Rahmen seiner Aufgaben tätig zu werden sowie an den Sitzungen der Bordvertretung teilzunehmen. § 115 Abs. 7 Nr. 5 Satz 1 gilt entsprechend.
6. Liegt ein Schiff in einem Hafen innerhalb des Geltungsbereichs dieses Gesetzes, so kann der Seebetriebsrat nach Unterrichtung des Kapitäns Sprechstunden an Bord abhalten und Bordversammlungen der Besatzungsmitglieder durchführen.
7. Läuft ein Schiff innerhalb eines Kalenderjahres keinen Hafen im Geltungsbereich dieses Gesetzes an, so gelten die Nummern 5 und 6 für europäische Häfen. Die Schleusen des Nordostseekanals gelten nicht als Häfen.
8. Im Einvernehmen mit dem Arbeitgeber können Sprechstunden und Bordversammlungen, abweichend von den Nummern 6 und 7, auch in anderen Liegehäfen des Schiffes durchgeführt werden, wenn ein dringendes Bedürfnis hierfür besteht. Kommt eine Einigung nicht zustande, so entscheidet die Einigungsstelle. Der Spruch der Einigungsstelle ersetzt die Einigung zwischen Arbeitgeber und Seebetriebsrat.

(4) Die §§ 42 bis 46 über die Betriebsversammlung finden auf den Seebetrieb keine Anwendung.

(5) Für den Seebetrieb nimmt der Seebetriebsrat die in den §§ 47 bis 59 dem Betriebsrat übertragenen Aufgaben, Befugnisse und Pflichten wahr.

(6) Die §§ 74 bis 113 über die Mitwirkung und Mitbestimmung der Arbeitnehmer finden auf den Seebetriebsrat mit folgender Maßgabe Anwendung:
1. Der Seebetriebsrat ist zuständig für die Behandlung derjenigen nach diesem Gesetz der Mitwirkung oder Mitbestimmung des Betriebsrats unterliegenden Angelegenheiten,
   a) die alle oder mehrere Schiffe des Seebetriebs oder die Besatzungsmitglieder aller oder mehrerer Schiffe des Seebetriebs betreffen,
   b) die nach § 115 Abs. 7 Nr. 2 von der Bordvertretung abgegeben worden sind oder

   c) für die nicht die Zuständigkeit der Bordvertretung nach § 115 Abs. 7 Nr. 1 gegeben ist.
2. Der Seebetriebsrat ist regelmäßig und umfassend über den Schiffsbetrieb des Seeschifffahrtsunternehmens zu unterrichten. Die erforderlichen Unterlagen sind ihm vorzulegen.

ZWEITER ABSCHNITT
Luftfahrt

§ 117 Geltung für die Luftfahrt

(1) Auf Landbetriebe von Luftfahrtunternehmen ist dieses Gesetz anzuwenden. Auf im Flugbetrieb beschäftigte Arbeitnehmer von Luftfahrtunternehmen ist dieses Gesetz anzuwenden, wenn keine Vertretung durch Tarifvertrag nach Absatz 2 Satz 1 errichtet ist.

(2) Für im Flugbetrieb beschäftigte Arbeitnehmer von Luftfahrtunternehmen kann durch Tarifvertrag eine Vertretung errichtet werden. Über die Zusammenarbeit dieser Vertretung mit den nach diesem Gesetz zu errichtenden Vertretungen der Arbeitnehmer der Landbetriebe des Luftfahrtunternehmens kann der Tarifvertrag von diesem Gesetz abweichende Regelungen vorsehen. Auf einen Tarifvertrag nach den Sätzen 1 und 2 ist § 4 Absatz 5 des Tarifvertragsgesetzes anzuwenden.

DRITTER ABSCHNITT
Tendenzbetriebe und Religionsgemeinschaften

§ 118 Geltung für Tendenzbetriebe und Religionsgemeinschaften

(1) Auf Unternehmen und Betriebe, die unmittelbar und überwiegend
1. politischen, koalitionspolitischen, konfessionellen, karitativen, erzieherischen, wissenschaftlichen oder künstlerischen Bestimmungen oder
2. Zwecken der Berichterstattung oder Meinungsäußerung, auf die Artikel 5 Abs. 1 Satz 2 des Grundgesetzes Anwendung findet,

dienen, finden die Vorschriften dieses Gesetzes keine Anwendung, soweit die Eigenart des Unternehmens oder des Betriebs dem entgegensteht. Die §§ 106 bis 110 sind nicht, die §§ 111 bis 113 nur insoweit anzuwenden, als sie den Ausgleich oder die Milderung wirtschaftlicher Nachteile für die Arbeitnehmer infolge von Betriebsänderungen regeln.

(2) Dieses Gesetz findet keine Anwendung auf Religionsgemeinschaften und ihre karitativen und erzieherischen Einrichtungen unbeschadet deren Rechtsform.

SECHSTER TEIL
Straf- und Bußgeldvorschriften

§ 119 Straftaten gegen Betriebsverfassungsorgane und ihre Mitglieder

(1) Mit Freiheitsstrafe bis zu einem Jahr oder mit Geldstrafe wird bestraft, wer

1. eine Wahl des Betriebsrats, der Jugend- und Auszubildendenvertretung, der Bordvertretung, des Seebetriebsrats oder der in § 3 Abs. 1 Nr. 1 bis 3 oder 5 bezeichneten Vertretungen der Arbeitnehmer behindert oder durch Zufügung oder Androhung von Nachteilen oder durch Gewährung oder Versprechen von Vorteilen beeinflusst,
2. die Tätigkeit des Betriebsrats, des Gesamtbetriebsrats, des Konzernbetriebsrats, der Jugend- und Auszubildendenvertretung, der Gesamt-Jugend- und Auszubildendenvertretung, der Konzern-Jugend- und Auszubildendenvertretung, der Bordvertretung, des Seebetriebsrats, der in § 3 Abs. 1 bezeichneten Vertretungen der Arbeitnehmer, der Einigungsstelle, der in § 76 Abs. 8 bezeichneten tariflichen Schlichtungsstelle, der in § 86 bezeichneten betrieblichen Beschwerdestelle oder des Wirtschaftsausschusses behindert oder stört, oder
3. ein Mitglied oder ein Ersatzmitglied des Betriebsrats, des Gesamtbetriebsrats, des Konzernbetriebsrats, der Jugend- und Auszubildendenvertretung, der Gesamt-Jugend- und Auszubildendenvertretung, der Konzern-Jugend- und Auszubildendenvertretung, der Bordvertretung, des Seebetriebsrats, der in § 3 Abs. 1 bezeichneten Vertretungen der Arbeitnehmer, der Einigungsstelle, der in § 76 Abs. 8 bezeichneten Schlichtungsstelle, der in § 86 bezeichneten betrieblichen Beschwerdestelle oder des Wirtschafts-

ausschusses um seiner Tätigkeit willen oder eine Auskunftsperson nach § 80 Absatz 2 Satz 4 um ihrer Tätigkeit willen benachteiligt oder begünstigt.

(2) Die Tat wird nur auf Antrag des Betriebsrats, des Gesamtbetriebsrats, des Konzernbetriebsrats, der Bordvertretung, des Seebetriebsrats, einer der in § 3 Abs. 1 bezeichneten Vertretungen der Arbeitnehmer, des Wahlvorstands, des Unternehmers oder einer im Betrieb vertretenen Gewerkschaft verfolgt.

§ 120 Verletzung von Geheimnissen

(1) Wer unbefugt ein fremdes Betriebs- oder Geschäftsgeheimnis offenbart, das ihm in seiner Eigenschaft als

1. Mitglied oder Ersatzmitglied des Betriebsrats oder einer der in § 79 Abs. 2 bezeichneten Stellen,
2. Vertreter einer Gewerkschaft oder Arbeitgebervereinigung,
3. Sachverständiger, der vom Betriebsrat nach § 80 Abs. 3 hinzugezogen oder von der Einigungsstelle nach § 109 Satz 3 angehört worden ist,

3a. Berater, der vom Betriebsrat nach § 111 Satz 2 hinzugezogen worden ist,

3b. Auskunftsperson, die dem Betriebsrat nach § 80 Abs. 2 Satz 4 zur Verfügung gestellt worden ist, oder

4. Arbeitnehmer, der vom Betriebsrat nach § 107 Abs. 3 Satz 3 oder vom Wirtschaftsausschuss nach § 108 Abs. 2 Satz 2 hinzugezogen worden ist,

bekannt geworden und das vom Arbeitgeber ausdrücklich als geheimhaltungsbedürftig bezeichnet worden ist, wird mit Freiheitsstrafe bis zu einem Jahr oder mit Geldstrafe bestraft.

(2) Ebenso wird bestraft, wer unbefugt ein fremdes Geheimnis eines Arbeitnehmers, namentlich ein zu dessen persönlichen Lebensbereich gehörendes Geheimnis, offenbart, das ihm in seiner Eigenschaft als Mitglied oder Ersatzmitglied des Betriebsrats oder einer der in § 79 Abs. 2 bezeichneten Stellen bekannt geworden ist und über das nach den Vorschriften dieses Gesetzes Stillschweigen zu bewahren ist.

(3) Handelt der Täter gegen Entgelt oder in der Absicht, sich oder einen anderen zu bereichern oder einen anderen zu schädigen, so

ist die Strafe Freiheitsstrafe bis zu zwei Jahren oder Geldstrafe. Ebenso wird bestraft, wer unbefugt ein fremdes Geheimnis, namentlich ein Betriebs- oder Geschäftsgeheimnis, zu dessen Geheimhaltung er nach den Absätzen 1 oder 2 verpflichtet ist, verwertet.

(4) Die Absätze 1 bis 3 sind auch anzuwenden, wenn der Täter das fremde Geheimnis nach dem Tode des Betroffenen unbefugt offenbart oder verwertet.

(5) Die Tat wird nur auf Antrag des Verletzten verfolgt. Stirbt der Verletzte, so geht das Antragsrecht nach § 77 Abs. 2 des Strafgesetzbuches auf die Angehörigen über, wenn das Geheimnis zum persönlichen Lebensbereich des Verletzten gehört; in anderen Fällen geht es auf die Erben über. Offenbart der Täter das Geheimnis nach dem Tode des Betroffenen, so gilt Satz 2 sinngemäß.

§ 121 Bußgeldvorschriften

(1) Ordnungswidrig handelt, wer eine der in § 90 Abs. 1, 2 Satz 1, § 92 Abs. 1 Satz 1 auch in Verbindung mit Absatz 3, § 99 Abs. 1, § 106 Abs. 2, § 108 Abs. 5, § 110 oder § 111 bezeichneten Aufklärungs- oder Auskunftspflichten nicht, wahrheitswidrig, unvollständig oder verspätet erfüllt.

(2) Die Ordnungswidrigkeit kann mit einer Geldbuße bis zu 10 000 Euro geahndet werden.

SIEBENTER TEIL
Änderung von Gesetzen

§§ 122–124 [nicht abgedruckt]

ACHTER TEIL
Übergangs- und Schlussvorschriften

§ 125 Erstmalige Wahlen nach diesem Gesetz

(1) Die erstmaligen Betriebsratswahlen nach § 13 Abs. 1 finden im Jahre 1972 statt.

(2) Die erstmaligen Wahlen der Jugend- und Auszubildendenvertretung nach § 64 Abs. 1 Satz 1 finden im Jahre 1988 statt. Die Amtszeit der Jugendvertretung endet mit der Bekanntgabe des Wahlergebnisses der neu gewählten Jugend- und Auszubildendenvertretung, spätestens am 30. November 1988.

(3) Auf Wahlen des Betriebsrats, der Bordvertretung, des Seebetriebsrats und der Jugend- und Auszubildendenvertretung, die nach dem 28. Juli 2001 eingeleitet werden, finden die Erste Verordnung zur Durchführung des Betriebsverfassungsgesetzes vom 16. Januar 1972 (BGBl. I S. 49), zuletzt geändert durch die Verordnung vom 16. Januar 1995 (BGBl. I S. 43), die Zweite Verordnung zur Durchführung des Betriebsverfassungsgesetzes vom 24. Oktober 1972 (BGBl. I S. 2029), zuletzt geändert durch die Verordnung vom 28. September 1989 (BGBl. I S. 1795) und die Verordnung zur Durchführung der Betriebsratswahlen bei den Postunternehmen vom 26. Juni 1995 (BGBl. I S. 871) bis zu deren Änderung entsprechende Anwendung.

(4) Ergänzend findet für das vereinfachte Wahlverfahren nach § 14a die Erste Verordnung zur Durchführung des Betriebsverfassungsgesetzes bis zu deren Änderung mit folgenden Maßgaben entsprechende Anwendung:

1. Die Frist für die Einladung zur Wahlversammlung zur Wahl des Wahlvorstands nach § 14a Abs. 1 des Gesetzes beträgt mindestens sieben Tage. Die Einladung muss Ort, Tag und Zeit der Wahlversammlung sowie den Hinweis enthalten, dass bis zum Ende dieser Wahlversammlung Wahlvorschläge zur Wahl des Betriebsrats gemacht werden können (§ 14a Abs. 2 des Gesetzes).
2. § 3 findet wie folgt Anwendung:
   a) Im Fall des § 14a Abs. 1 des Gesetzes erlässt der Wahlvorstand auf der Wahlversammlung das Wahlausschreiben. Die Einspruchsfrist nach § 3 Abs. 2 Nr. 3 verkürzt sich auf drei Tage. Die Angabe nach § 3 Abs. 2 Nr. 4 muss die Zahl der Mindestsitze des Geschlechts in der Minderheit (§ 15 Abs. 2 des Gesetzes) enthalten. Die Wahlvorschläge sind abweichend von § 3 Abs. 2 Nr. 7 bis zum Abschluss der Wahlversammlung zur Wahl des Wahlvorstands bei diesem einzureichen. Ergänzend zu § 3 Abs. 2 Nr. 10 gibt der Wahlvorstand den Ort, Tag und Zeit der nachträglichen Stimmabgabe an (§ 14a Abs. 4 des Gesetzes).

b) Im Fall des § 14a Abs. 3 des Gesetzes erlässt der Wahlvorstand unverzüglich das Wahlausschreiben mit den unter Buchstabe a genannten Maßgaben zu § 3 Abs. 2 Nr. 3, 4 und 10. Abweichend von § 3 Abs. 2 Nr. 7 sind die Wahlvorschläge spätestens eine Woche vor der Wahlversammlung zur Wahl des Betriebsrats (§ 14a Abs. 3 Satz 2 des Gesetzes) beim Wahlvorstand einzureichen.

3. Die Einspruchsfrist des § 4 Abs. 1 verkürzt sich auf drei Tage.
4. Die §§ 6 bis 8 und § 10 Abs. 2 finden entsprechende Anwendung mit der Maßgabe, dass die Wahl aufgrund von Wahlvorschlägen erfolgt. Im Fall des § 14a Abs. 1 des Gesetzes sind die Wahlvorschläge bis zum Abschluss der Wahlversammlung zur Wahl des Wahlvorstands bei diesem einzureichen; im Fall des § 14a Abs. 3 des Gesetzes sind die Wahlvorschläge spätestens eine Woche vor der Wahlversammlung zur Wahl des Betriebsrats (§ 14a Abs. 3 Satz 2 des Gesetzes) beim Wahlvorstand einzureichen.
5. § 9 findet keine Anwendung.
6. Auf das Wahlverfahren finden die §§ 21 ff. entsprechende Anwendung. Auf den Stimmzetteln sind die Bewerber in alphabetischer Reihenfolge unter Angabe von Familienname, Vorname und Art der Beschäftigung im Betrieb aufzuführen.
7. § 25 Abs. 5 bis 8 findet keine Anwendung.
8. § 26 Abs. 1 findet mit der Maßgabe Anwendung, dass der Wahlberechtigte sein Verlangen auf schriftliche Stimmabgabe spätestens drei Tage vor dem Tag der Wahlversammlung zur Wahl des Betriebsrats dem Wahlvorstand mitgeteilt haben muss.
9. § 31 findet entsprechende Anwendung mit der Maßgabe, dass die Wahl der Jugend- und Auszubildendenvertretung aufgrund von Wahlvorschlägen erfolgt.

§ 126 Ermächtigung zum Erlass von Wahlordnungen

Das Bundesministerium für Arbeit und Soziales wird ermächtigt, mit Zustimmung des Bundesrates Rechtsverordnungen zu erlassen zur Regelung der in den §§ 7 bis 20, 60 bis 63, 115 und 116 bezeichneten Wahlen über

1. die Vorbereitung der Wahl, insbesondere die Aufstellung der Wählerlisten und die Errechnung der Vertreterzahl;
2. die Frist für die Einsichtnahme in die Wählerlisten und die Erhebung von Einsprüchen gegen sie;

3. die Vorschlagslisten und die Frist für ihre Einreichung;
4. das Wahlausschreiben und die Fristen für seine Bekanntmachung;
5. die Stimmabgabe;
5a. die Verteilung der Sitze im Betriebsrat, in der Bordvertretung, im Seebetriebsrat sowie in der Jugend- und Auszubildendenvertretung auf die Geschlechter, auch soweit die Sitze nicht gemäß § 15 Abs. 2 und § 62 Abs. 3 besetzt werden können;
6. die Feststellung des Wahlergebnisses und die Fristen für seine Bekanntmachung;
7. die Aufbewahrung der Wahlakten.

§ 127 Verweisungen

Soweit in anderen Vorschriften auf Vorschriften verwiesen wird oder Bezeichnungen verwendet werden, die durch dieses Gesetz aufgehoben oder geändert werden, treten an ihre Stelle die entsprechenden Vorschriften oder Bezeichnungen dieses Gesetzes.

§ 128 Bestehende abweichende Tarifverträge

Die im Zeitpunkt des Inkrafttretens dieses Gesetzes nach § 20 Abs. 3 des Betriebsverfassungsgesetzes vom 11. Oktober 1952 geltenden Tarifverträge über die Errichtung einer anderen Vertretung der Arbeitnehmer für Betriebe, in denen wegen ihrer Eigenart der Errichtung von Betriebsräten besondere Schwierigkeiten entgegenstehen, werden durch dieses Gesetz nicht berührt.

§ 129 [aufgehoben]

§ 130 Öffentlicher Dienst

Dieses Gesetz findet keine Anwendung auf Verwaltungen und Betriebe des Bundes, der Länder, der Gemeinden und sonstiger Körperschaften, Anstalten und Stiftungen des öffentlichen Rechts.

§ 131 Berlin-Klausel [gegenstandslos]

§ 132 [Inkrafttreten]

Erste Verordnung zur Durchführung des Betriebsverfassungsgesetzes* (Wahlordnung – WO)

Inhaltsübersicht

---

* Vom 11. Dezember 2001 (BGBl. I, S. 3494), zuletzt geändert durch Verordnung vom 23. Juni 2004 (BGBl. I, S. 1393).

ERSTER TEIL
Wahl des Betriebsrats (§ 14 des Gesetzes)

ERSTER ABSCHNITT
Allgemeine Vorschriften

§ 1 Wahlvorstand

(1) Die Leitung der Wahl obliegt dem Wahlvorstand.

(2) Der Wahlvorstand kann sich eine schriftliche Geschäftsordnung geben. Er kann Wahlberechtigte als Wahlhelferinnen und Wahlhelfer zu seiner Unterstützung bei der Durchführung der Stimmabgabe und bei der Stimmenzählung heranziehen.

(3) Die Beschlüsse des Wahlvorstands werden mit einfacher Stimmenmehrheit seiner stimmberechtigten Mitglieder gefasst. Über jede Sitzung des Wahlvorstands ist eine Niederschrift aufzunehmen, die mindestens den Wortlaut der gefassten Beschlüsse enthält. Die Niederschrift ist von der oder dem Vorsitzenden und einem weiteren stimmberechtigten Mitglied des Wahlvorstands zu unterzeichnen.

§ 2 Wählerliste

(1) Der Wahlvorstand hat für jede Betriebsratswahl eine Liste der Wahlberechtigten (Wählerliste), getrennt nach den Geschlechtern, aufzustellen. Die Wahlberechtigten sollen mit Familienname, Vorname und Geburtsdatum in alphabetischer Reihenfolge aufgeführt werden. Die nach § 14 Abs. 2 Satz 1 des Arbeitnehmerüberlassungsgesetzes nicht passiv Wahlberechtigten sind in der Wählerliste auszuweisen.

(2) Der Arbeitgeber hat dem Wahlvorstand alle für die Anfertigung der Wählerliste erforderlichen Auskünfte zu erteilen und die erforderlichen Unterlagen zur Verfügung zu stellen. Er hat den Wahlvorstand insbesondere bei Feststellung der in § 5 Abs. 3 des Gesetzes genannten Personen zu unterstützen.

(3) Das aktive und passive Wahlrecht steht nur Arbeitnehmerinnen und Arbeitnehmern zu, die in die Wählerliste eingetragen sind. Wahlberechtigten Leiharbeitnehmerinnen und Leiharbeitnehmern

im Sinne des Arbeitnehmerüberlassungsgesetzes steht nur das aktive Wahlrecht zu (§ 14 Abs. 2 Satz 1 des Arbeitnehmerüberlassungsgesetzes).

(4) Ein Abdruck der Wählerliste und ein Abdruck dieser Verordnung sind vom Tage der Einleitung der Wahl (§ 3 Abs. 1) bis zum Abschluss der Stimmabgabe an geeigneter Stelle im Betrieb zur Einsichtnahme auszulegen. Der Abdruck der Wählerliste soll die Geburtsdaten der Wahlberechtigten nicht enthalten. Ergänzend können der Abdruck der Wählerliste und die Verordnung mittels der im Betrieb vorhandenen Informations- und Kommunikationstechnik bekannt gemacht werden. Die Bekanntmachung ausschließlich in elektronischer Form ist nur zulässig, wenn alle Arbeitnehmerinnen und Arbeitnehmer von der Bekanntmachung Kenntnis erlangen können und Vorkehrungen getroffen werden, dass Änderungen der Bekanntmachung nur vom Wahlvorstand vorgenommen werden können.

(5) Der Wahlvorstand soll dafür sorgen, dass ausländische Arbeitnehmerinnen und Arbeitnehmer, die der deutschen Sprache nicht mächtig sind, vor Einleitung der Betriebsratswahl über Wahlverfahren, Aufstellung der Wähler- und Vorschlagslisten, Wahlvorgang und Stimmabgabe in geeigneter Weise unterrichtet werden.

§ 3 Wahlausschreiben

(1) Spätestens sechs Wochen vor dem ersten Tag der Stimmabgabe erlässt der Wahlvorstand ein Wahlausschreiben, das von der oder dem Vorsitzenden und von mindestens einem weiteren stimmberechtigten Mitglied des Wahlvorstands zu unterschreiben ist. Mit Erlass des Wahlausschreibens ist die Betriebsratswahl eingeleitet. Der erste Tag der Stimmabgabe soll spätestens eine Woche vor dem Tag liegen, an dem die Amtszeit des Betriebsrats abläuft.

(2) Das Wahlausschreiben muss folgende Angaben enthalten:
1. das Datum seines Erlasses;
2. die Bestimmung des Orts, an dem die Wählerliste und diese Verordnung ausliegen, sowie im Fall der Bekanntmachung in elektronischer Form (§ 2 Abs. 4 Satz 3 und 4) wo und wie von der Wählerliste und der Verordnung Kenntnis genommen werden kann;

3. dass nur Arbeitnehmerinnen und Arbeitnehmer wählen oder gewählt werden können, die in die Wählerliste eingetragen sind, und dass Einsprüche gegen die Wählerliste (§ 4) nur vor Ablauf von zwei Wochen seit dem Erlass des Wahlausschreibens schriftlich beim Wahlvorstand eingelegt werden können; der letzte Tag der Frist ist anzugeben;
4. den Anteil der Geschlechter und den Hinweis, dass das Geschlecht in der Minderheit im Betriebsrat mindestens entsprechend seinem zahlenmäßigen Verhältnis vertreten sein muss, wenn der Betriebsrat aus mindestens drei Mitgliedern besteht (§ 15 Abs. 2 des Gesetzes);
5. die Zahl der zu wählenden Betriebsratsmitglieder (§ 9 des Gesetzes) sowie die auf das Geschlecht in der Minderheit entfallenden Mindestsitze im Betriebsrat (§ 15 Abs. 2 des Gesetzes);
6. die Mindestzahl von Wahlberechtigten, von denen ein Wahlvorschlag unterzeichnet sein muss (§ 14 Abs. 4 des Gesetzes);
7. dass der Wahlvorschlag einer im Betrieb vertretenen Gewerkschaft von zwei Beauftragten unterzeichnet sein muss (§ 14 Abs. 5 des Gesetzes);
8. dass Wahlvorschläge vor Ablauf von zwei Wochen seit dem Erlass des Wahlausschreibens beim Wahlvorstand in Form von Vorschlagslisten einzureichen sind, wenn mehr als drei Betriebsratsmitglieder zu wählen sind; der letzte Tag der Frist ist anzugeben;
9. dass die Stimmabgabe an die Wahlvorschläge gebunden ist und dass nur solche Wahlvorschläge berücksichtigt werden dürfen, die fristgerecht (Nr. 8) eingereicht sind;
10. die Bestimmung des Orts, an dem die Wahlvorschläge bis zum Abschluss der Stimmabgabe aushängen;
11. Ort, Tag und Zeit der Stimmabgabe sowie die Betriebsteile und Kleinstbetriebe, für die schriftliche Stimmabgabe (§ 24 Abs. 3) beschlossen ist;
12. den Ort, an dem Einsprüche, Wahlvorschläge und sonstige Erklärungen gegenüber dem Wahlvorstand abzugeben sind (Betriebsadresse des Wahlvorstands);
13. Ort, Tag und Zeit der öffentlichen Stimmauszählung.

(3) Sofern es nach Größe, Eigenart oder Zusammensetzung der Arbeitnehmerschaft des Betriebs zweckmäßig ist, soll der Wahlvorstand im Wahlausschreiben darauf hinweisen, dass bei der Auf-

stellung von Wahlvorschlägen die einzelnen Organisationsbereiche und die verschiedenen Beschäftigungsarten berücksichtigt werden sollen.

(4) Ein Abdruck des Wahlausschreibens ist vom Tage seines Erlasses bis zum letzten Tage der Stimmabgabe an einer oder mehreren geeigneten, den Wahlberechtigten zugänglichen Stellen vom Wahlvorstand auszuhängen und in gut lesbarem Zustand zu erhalten. Ergänzend kann das Wahlausschreiben mittels der im Betrieb vorhandenen Informations- und Kommunikationstechnik bekannt gemacht werden. § 2 Abs. 4 Satz 4 gilt entsprechend.

§ 4 Einspruch gegen die Wählerliste

(1) Einsprüche gegen die Richtigkeit der Wählerliste können mit Wirksamkeit für die Betriebsratswahl nur vor Ablauf von zwei Wochen seit Erlass des Wahlausschreibens beim Wahlvorstand schriftlich eingelegt werden.

(2) Über Einsprüche nach Absatz 1 hat der Wahlvorstand unverzüglich zu entscheiden. Der Einspruch ist ausgeschlossen, soweit er darauf gestützt wird, dass die Zuordnung nach § 18a des Gesetzes fehlerhaft erfolgt sei. Satz 2 gilt nicht, soweit die nach § 18a Abs. 1 oder 4 Satz 1 und 2 des Gesetzes am Zuordnungsverfahren Beteiligten die Zuordnung übereinstimmend für offensichtlich fehlerhaft halten. Wird der Einspruch für begründet erachtet, so ist die Wählerliste zu berichtigen. Die Entscheidung des Wahlvorstands ist der Arbeitnehmerin oder dem Arbeitnehmer, die oder der den Einspruch eingelegt hat, unverzüglich schriftlich mitzuteilen; die Entscheidung muss der Arbeitnehmerin oder dem Arbeitnehmer spätestens am Tage vor dem Beginn der Stimmabgabe zugehen.

(3) Nach Ablauf der Einspruchsfrist soll der Wahlvorstand die Wählerliste nochmals auf ihre Vollständigkeit hin überprüfen. Im Übrigen kann nach Ablauf der Einspruchsfrist die Wählerliste nur bei Schreibfehlern, offenbaren Unrichtigkeiten, in Erledigung rechtzeitig eingelegter Einsprüche oder bei Eintritt von Wahlberechtigten in den Betrieb oder bei Ausscheiden aus dem Betrieb bis zum Tage vor dem Beginn der Stimmabgabe berichtigt oder ergänzt werden.

§ 5 Bestimmung der Mindestsitze für das Geschlecht in der Minderheit

(1) Der Wahlvorstand stellt fest, welches Geschlecht von seinem zahlenmäßigen Verhältnis im Betrieb in der Minderheit ist. Sodann errechnet der Wahlvorstand den Mindestanteil der Betriebsratssitze für das Geschlecht in der Minderheit (§ 15 Abs. 2 des Gesetzes) nach den Grundsätzen der Verhältniswahl. Zu diesem Zweck werden die Zahlen der am Tage des Erlasses des Wahlausschreibens im Betrieb beschäftigten Frauen und Männer in einer Reihe nebeneinander gestellt und beide durch 1, 2, 3, 4 usw. geteilt. Die ermittelten Teilzahlen sind nacheinander reihenweise unter den Zahlen der ersten Reihe aufzuführen, bis höhere Teilzahlen für die Zuweisung der zu verteilenden Sitze nicht mehr in Betracht kommen.

(2) Unter den so gefundenen Teilzahlen werden so viele Höchstzahlen ausgesondert und der Größe nach geordnet, wie Betriebsratsmitglieder zu wählen sind. Das Geschlecht in der Minderheit erhält so viele Mitgliedersitze zugeteilt, wie Höchstzahlen auf es entfallen. Wenn die niedrigste in Betracht kommende Höchstzahl auf beide Geschlechter zugleich entfällt, so entscheidet das Los darüber, welchem Geschlecht dieser Sitz zufällt.

ZWEITER ABSCHNITT
Wahl von mehr als drei Betriebsratsmitgliedern (aufgrund von Vorschlagslisten)

Erster Unterabschnitt
Einreichung und Bekanntmachung von Vorschlagslisten

§ 6 Vorschlagslisten

(1) Sind mehr als drei Betriebsratsmitglieder zu wählen, so erfolgt die Wahl aufgrund von Vorschlagslisten. Die Vorschlagslisten sind von den Wahlberechtigten vor Ablauf von zwei Wochen seit Erlass des Wahlausschreibens beim Wahlvorstand einzureichen.

(2) Jede Vorschlagsliste soll mindestens doppelt so viele Bewerberinnen oder Bewerber aufweisen, wie Betriebsratsmitglieder zu wählen sind.

(3) In jeder Vorschlagsliste sind die einzelnen Bewerberinnen oder Bewerber in erkennbarer Reihenfolge unter fortlaufender Nummer und unter Angabe von Familienname, Vorname, Geburtsdatum und Art der Beschäftigung im Betrieb aufzuführen. Die schriftliche Zustimmung der Bewerberinnen oder der Bewerber zur Aufnahme in die Liste ist beizufügen.

(4) Wenn kein anderer Unterzeichner der Vorschlagsliste ausdrücklich als Listenvertreter bezeichnet ist, wird die oder der an erster Stelle Unterzeichnete als Listenvertreterin oder Listenvertreter angesehen. Diese Person ist berechtigt und verpflichtet, dem Wahlvorstand die zur Beseitigung von Beanstandungen erforderlichen Erklärungen abzugeben sowie Erklärungen und Entscheidungen des Wahlvorstands entgegenzunehmen.

(5) Die Unterschrift eines Wahlberechtigten zählt nur auf einer Vorschlagsliste. Hat ein Wahlberechtigter mehrere Vorschlagslisten unterzeichnet, so hat er auf Aufforderung des Wahlvorstands binnen einer ihm gesetzten angemessenen Frist, spätestens jedoch vor Ablauf von drei Arbeitstagen, zu erklären, welche Unterschrift er aufrechterhält. Unterbleibt die fristgerechte Erklärung, so wird sein Name auf der zuerst eingereichten Vorschlagsliste gezählt und auf den übrigen Listen gestrichen; sind mehrere Vorschlagslisten, die von demselben Wahlberechtigten unterschrieben sind, gleichzeitig eingereicht worden, so entscheidet das Los darüber, auf welcher Vorschlagsliste die Unterschrift gilt.

(6) Eine Verbindung von Vorschlagslisten ist unzulässig.

(7) Eine Bewerberin oder ein Bewerber kann nur auf einer Vorschlagsliste vorgeschlagen werden. Ist der Name dieser Person mit ihrer schriftlichen Zustimmung auf mehreren Vorschlagslisten aufgeführt, so hat sie auf Aufforderung des Wahlvorstands vor Ablauf von drei Arbeitstagen zu erklären, welche Bewerbung sie aufrechterhält. Unterbleibt die fristgerechte Erklärung, so ist die Bewerberin oder der Bewerber auf sämtlichen Listen zu streichen.

§ 7 Prüfung der Vorschlagslisten

(1) Der Wahlvorstand hat bei Überbringen der Vorschlagsliste oder, falls die Vorschlagsliste auf eine andere Weise eingereicht wird, der

Listenvertreterin oder dem Listenvertreter den Zeitpunkt der Einreichung schriftlich zu bestätigen.

(2) Der Wahlvorstand hat die eingereichten Vorschlagslisten, wenn die Liste nicht mit einem Kennwort versehen ist, mit Familienname und Vorname der beiden in der Liste an erster Stelle Benannten zu bezeichnen. Er hat die Vorschlagsliste unverzüglich, möglichst binnen einer Frist von zwei Arbeitstagen nach ihrem Eingang, zu prüfen und bei Ungültigkeit oder Beanstandung einer Liste die Listenvertreterin oder den Listenvertreter unverzüglich schriftlich unter Angabe der Gründe zu unterrichten.

§ 8 Ungültige Vorschlagslisten

(1) Ungültig sind Vorschlagslisten,
1. die nicht fristgerecht eingereicht worden sind,
2. auf denen die Bewerberinnen oder Bewerber nicht in erkennbarer Reihenfolge aufgeführt sind,
3. die bei der Einreichung nicht die erforderliche Zahl von Unterschriften (§ 14 Abs. 4 des Gesetzes) aufweisen. Die Rücknahme von Unterschriften auf einer eingereichten Vorschlagsliste beeinträchtigt deren Gültigkeit nicht; § 6 Abs. 5 bleibt unberührt.

(2) Ungültig sind auch Vorschlagslisten,
1. auf denen die Bewerberinnen oder Bewerber nicht in der in § 6 Abs. 3 bestimmten Weise bezeichnet sind,
2. wenn die schriftliche Zustimmung der Bewerberinnen oder der Bewerber zur Aufnahme in die Vorschlagsliste nicht vorliegt,
3. wenn die Vorschlagsliste infolge von Streichung gemäß § 6 Abs. 5 nicht mehr die erforderliche Zahl von Unterschriften aufweist,

falls diese Mängel trotz Beanstandung nicht binnen einer Frist von drei Arbeitstagen beseitigt werden.

§ 9 Nachfrist für Vorschlagslisten

(1) Ist nach Ablauf der in § 6 Abs. 1 genannten Frist keine gültige Vorschlagsliste eingereicht, so hat dies der Wahlvorstand sofort in der gleichen Weise bekannt zu machen wie das Wahlausschreiben und eine Nachfrist von einer Woche für die Einreichung von Vorschlagslisten zu setzen. In der Bekanntmachung ist darauf hinzuweisen, dass die Wahl nur stattfinden kann, wenn innerhalb der Nachfrist mindestens eine gültige Vorschlagsliste eingereicht wird.

(2) Wird trotz Bekanntmachung nach Absatz 1 eine gültige Vorschlagsliste nicht eingereicht, so hat der Wahlvorstand sofort bekannt zu machen, dass die Wahl nicht stattfindet.

§ 10 Bekanntmachung der Vorschlagslisten

(1) Nach Ablauf der in § 6 Abs. 1, § 8 Abs. 2 und § 9 Abs. 1 genannten Fristen ermittelt der Wahlvorstand durch das Los die Reihenfolge der Ordnungsnummern, die den eingereichten Vorschlagslisten zugeteilt werden (Liste 1 usw.). Die Listenvertreterin oder der Listenvertreter sind zu der Losentscheidung rechtzeitig einzuladen.

(2) Spätestens eine Woche vor Beginn der Stimmabgabe hat der Wahlvorstand die als gültig anerkannten Vorschlagslisten bis zum Abschluss der Stimmabgabe in gleicher Weise bekannt zu machen wie das Wahlausschreiben (§ 3 Abs. 4).

Zweiter Unterabschnitt
Wahlverfahren bei mehreren Vorschlagslisten
(§ 14 Abs. 2 Satz 1 des Gesetzes)

§ 11 Stimmabgabe

(1) Die Wählerin oder der Wähler kann ihre oder seine Stimme nur für eine der als gültig anerkannten Vorschlagslisten abgeben. Die Stimmabgabe erfolgt durch Abgabe von Stimmzetteln in den hierfür bestimmten Umschlägen (Wahlumschlägen).

(2) Auf den Stimmzetteln sind die Vorschlagslisten nach der Reihenfolge der Ordnungsnummern sowie unter Angabe der beiden an erster Stelle benannten Bewerberinnen oder Bewerber mit Familienname, Vorname und Art der Beschäftigung im Betrieb untereinander aufzuführen; bei Listen, die mit Kennworten versehen sind, ist auch das Kennwort anzugeben. Die Stimmzettel für die Betriebsratswahl müssen sämtlich die gleiche Größe, Farbe, Beschaffenheit und Beschriftung haben. Das Gleiche gilt für die Wahlumschläge.

(3) Die Wählerin oder der Wähler kennzeichnet die von ihr oder ihm gewählte Vorschlagsliste durch Ankreuzen an der im Stimmzettel hierfür vorgesehenen Stelle.

(4) Stimmzettel, die mit einem besonderen Merkmal versehen sind oder aus denen sich der Wille der Wählerin oder des Wählers nicht unzweifelhaft ergibt oder die andere Angaben als die in Absatz 1 genannten Vorschlagslisten, einen Zusatz oder sonstige Änderungen enthalten, sind ungültig.

§ 12 Wahlvorgang

(1) Der Wahlvorstand hat geeignete Vorkehrungen für die unbeobachtete Bezeichnung der Stimmzettel im Wahlraum zu treffen und für die Bereitstellung einer Wahlurne oder mehrerer Wahlurnen zu sorgen. Die Wahlurne muss vom Wahlvorstand verschlossen und so eingerichtet sein, dass die eingeworfenen Wahlumschläge nicht herausgenommen werden können, ohne dass die Urne geöffnet wird.

(2) Während der Wahl müssen immer mindestens zwei stimmberechtigte Mitglieder des Wahlvorstands im Wahlraum anwesend sein; sind Wahlhelferinnen oder Wahlhelfer bestellt (§ 1 Abs. 2), so genügt die Anwesenheit eines stimmberechtigten Mitglieds des Wahlvorstands und einer Wahlhelferin oder eines Wahlhelfers.

(3) Die Wählerin oder der Wähler gibt ihren oder seinen Namen an und wirft den Wahlumschlag, in den der Stimmzettel eingelegt ist, in die Wahlurne ein, nachdem die Stimmabgabe in der Wählerliste vermerkt worden ist.

(4) Wer infolge seiner Behinderung bei der Stimmabgabe beeinträchtigt ist, kann eine Person seines Vertrauens bestimmen, die ihm bei der Stimmabgabe behilflich sein soll, und teilt dies dem Wahlvorstand mit. Wahlbewerberinnen oder Wahlbewerber, Mitglieder des Wahlvorstands sowie Wahlhelferinnen und Wahlhelfer dürfen nicht zur Hilfeleistung herangezogen werden. Die Hilfeleistung beschränkt sich auf die Erfüllung der Wünsche der Wählerin oder des Wählers zur Stimmabgabe; die Person des Vertrauens darf gemeinsam mit der Wählerin oder dem Wähler die Wahlzelle aufsuchen. Sie ist zur Geheimhaltung der Kenntnisse verpflichtet, die sie bei der Hilfeleistung zur Stimmabgabe erlangt hat. Die Sätze 1 bis 4 gelten entsprechend für des Lesens unkundige Wählerinnen und Wähler.

(5) Nach Abschluss der Stimmabgabe ist die Wahlurne zu versiegeln, wenn die Stimmenzählung nicht unmittelbar nach Beendigung der Wahl durchgeführt wird. Gleiches gilt, wenn die Stimmabgabe unterbrochen wird, insbesondere wenn sie an mehreren Tagen erfolgt.

§ 13 Öffentliche Stimmauszählung

Unverzüglich nach Abschluss der Wahl nimmt der Wahlvorstand öffentlich die Auszählung der Stimmen vor und gibt das aufgrund der Auszählung sich ergebende Wahlergebnis bekannt.

§ 14 Verfahren bei der Stimmauszählung

(1) Nach Öffnung der Wahlurne entnimmt der Wahlvorstand die Stimmzettel den Wahlumschlägen und zählt die auf jede Vorschlagsliste entfallenden Stimmen zusammen. Dabei ist die Gültigkeit der Stimmzettel zu prüfen.

(2) Befinden sich in einem Wahlumschlag mehrere gekennzeichnete Stimmzettel (§ 11 Abs. 3), so werden sie, wenn sie vollständig übereinstimmen, nur einfach gezählt, andernfalls als ungültig angesehen.

§ 15 Verteilung der Betriebsratssitze auf die Vorschlagslisten

(1) Die Betriebsratssitze werden auf die Vorschlagslisten verteilt. Dazu werden die den einzelnen Vorschlagslisten zugefallenen Stimmenzahlen in einer Reihe nebeneinander gestellt und sämtlich durch 1, 2, 3, 4 usw. geteilt. Die ermittelten Teilzahlen sind nacheinander reihenweise unter den Zahlen der ersten Reihe aufzuführen, bis höhere Teilzahlen für die Zuweisung der zu verteilenden Sitze nicht mehr in Betracht kommen.

(2) Unter den so gefundenen Teilzahlen werden so viele Höchstzahlen ausgesondert und der Größe nach geordnet, wie Betriebsratsmitglieder zu wählen sind. Jede Vorschlagsliste erhält so viele Mitgliedersitze zugeteilt, wie Höchstzahlen auf sie entfallen. Entfällt die niedrigste in Betracht kommende Höchstzahl auf mehrere Vorschlagslisten zugleich, so entscheidet das Los darüber, welcher Vorschlagsliste dieser Sitz zufällt.

(3) Wenn eine Vorschlagsliste weniger Bewerberinnen oder Bewerber enthält, als Höchstzahlen auf sie entfallen, so gehen die über-

schüssigen Mitgliedersitze auf die folgenden Höchstzahlen der anderen Vorschlagslisten über.

(4) Die Reihenfolge der Bewerberinnen oder Bewerber innerhalb der einzelnen Vorschlagslisten bestimmt sich nach der Reihenfolge ihrer Benennung.

(5) Befindet sich unter den auf die Vorschlagslisten entfallenden Höchstzahlen nicht die erforderliche Mindestzahl von Angehörigen des Geschlechts in der Minderheit nach § 15 Abs. 2 des Gesetzes, so gilt Folgendes:

1. An die Stelle der auf der Vorschlagsliste mit der niedrigsten Höchstzahl benannten Person, die nicht dem Geschlecht in der Minderheit angehört, tritt die in derselben Vorschlagsliste in der Reihenfolge nach ihr benannte, nicht berücksichtigte Person des Geschlechts in der Minderheit.
2. Enthält diese Vorschlagsliste keine Person des Geschlechts in der Minderheit, so geht dieser Sitz auf die Vorschlagsliste mit der folgenden, noch nicht berücksichtigten Höchstzahl und mit Angehörigen des Geschlechts in der Minderheit über. Entfällt die folgende Höchstzahl auf mehrere Vorschlagslisten zugleich, so entscheidet das Los darüber, welcher Vorschlagsliste dieser Sitz zufällt.
3. Das Verfahren nach den Nummern 1 und 2 ist so lange fortzusetzen, bis der Mindestanteil der Sitze des Geschlechts in der Minderheit nach § 15 Abs. 2 des Gesetzes erreicht ist.
4. Bei der Verteilung der Sitze des Geschlechts in der Minderheit sind auf den einzelnen Vorschlagslisten nur die Angehörigen dieses Geschlechts in der Reihenfolge ihrer Benennung zu berücksichtigen.
5. Verfügt keine andere Vorschlagsliste über Angehörige des Geschlechts in der Minderheit, verbleibt der Sitz bei der Vorschlagsliste, die zuletzt ihren Sitz zu Gunsten des Geschlechts in der Minderheit nach Nummer 1 hätte abgeben müssen.

§ 16 Wahlniederschrift

(1) Nachdem ermittelt ist, welche Arbeitnehmerinnen und Arbeitnehmer als Betriebsratsmitglieder gewählt sind, hat der Wahlvorstand in einer Niederschrift festzustellen:

1. die Gesamtzahl der abgegebenen Wahlumschläge und die Zahl der abgegebenen gültigen Stimmen;

2. die jeder Liste zugefallenen Stimmenzahlen;
3. die berechneten Höchstzahlen;
4. die Verteilung der berechneten Höchstzahlen auf die Listen;
5. die Zahl der ungültigen Stimmen;
6. die Namen der in den Betriebsrat gewählten Bewerberinnen und Bewerber;
7. gegebenenfalls besondere während der Betriebsratswahl eingetretene Zwischenfälle oder sonstige Ereignisse.

(2) Die Niederschrift ist von der oder dem Vorsitzenden und von mindestens einem weiteren stimmberechtigten Mitglied des Wahlvorstands zu unterschreiben.

§ 17 Benachrichtigung der Gewählten

(1) Der Wahlvorstand hat die als Betriebsratsmitglieder gewählten Arbeitnehmerinnen und Arbeitnehmer unverzüglich schriftlich von ihrer Wahl zu benachrichtigen. Erklärt die gewählte Person nicht binnen drei Arbeitstagen nach Zugang der Benachrichtigung dem Wahlvorstand, dass sie die Wahl ablehne, so gilt die Wahl als angenommen.

(2) Lehnt eine gewählte Person die Wahl ab, so tritt an ihre Stelle die in derselben Vorschlagsliste in der Reihenfolge nach ihr benannte, nicht gewählte Person. Gehört die gewählte Person dem Geschlecht in der Minderheit an, so tritt an ihre Stelle die in derselben Vorschlagsliste in der Reihenfolge nach ihr benannte, nicht gewählte Person desselben Geschlechts, wenn ansonsten das Geschlecht in der Minderheit nicht die ihm nach § 15 Abs. 2 des Gesetzes zustehenden Mindestsitze erhält. § 15 Abs. 5 Nr. 2 bis 5 gilt entsprechend.

§ 18 Bekanntmachung der Gewählten

Sobald die Namen der Betriebsratsmitglieder endgültig feststehen, hat der Wahlvorstand sie durch zweiwöchigen Aushang in gleicher Weise bekannt zu machen wie das Wahlausschreiben (§ 3 Abs. 4). Je eine Abschrift der Wahlniederschrift (§ 16) ist dem Arbeitgeber und den im Betrieb vertretenen Gewerkschaften unverzüglich zu übersenden.

§ 19 Aufbewahrung der Wahlakten

Der Betriebsrat hat die Wahlakten mindestens bis zur Beendigung seiner Amtszeit aufzubewahren.

Dritter Unterabschnitt
Wahlverfahren bei nur einer Vorschlagsliste
(§ 14 Abs. 2 Satz 2 erster Halbsatz des Gesetzes)

§ 20 Stimmabgabe

(1) Ist nur eine gültige Vorschlagsliste eingereicht, so kann die Wählerin oder der Wähler ihre oder seine Stimme nur für solche Bewerberinnen oder Bewerber abgeben, die in der Vorschlagsliste aufgeführt sind.

(2) Auf den Stimmzetteln sind die Bewerberinnen oder Bewerber unter Angabe von Familienname, Vorname und Art der Beschäftigung im Betrieb in der Reihenfolge aufzuführen, in der sie auf der Vorschlagsliste benannt sind.

(3) Die Wählerin oder der Wähler kennzeichnet die von ihr oder ihm gewählten Bewerberinnen oder Bewerber durch Ankreuzen an der hierfür im Stimmzettel vorgesehenen Stelle; es dürfen nicht mehr Bewerberinnen oder Bewerber angekreuzt werden, als Betriebsratsmitglieder zu wählen sind. § 11 Abs. 1 Satz 2, Abs. 2 Satz 2 und 3, Abs. 4, §§ 12 und 13 gelten entsprechend.

§ 21 Stimmauszählung

Nach Öffnung der Wahlurne entnimmt der Wahlvorstand die Stimmzettel den Wahlumschlägen und zählt die auf jede Bewerberin und jeden Bewerber entfallenden Stimmen zusammen; § 14 Abs. 1 Satz 2 und Abs. 2 gilt entsprechend.

§ 22 Ermittlung der Gewählten

(1) Zunächst werden die dem Geschlecht in der Minderheit zustehenden Mindestsitze (§ 15 Abs. 2 des Gesetzes) verteilt. Dazu werden die dem Geschlecht in der Minderheit zustehenden Mindestsitze mit Angehörigen dieses Geschlechts in der Reihenfolge der jeweils höchsten auf sie entfallenden Stimmenzahlen besetzt.

(2) Nach der Verteilung der Mindestsitze des Geschlechts in der Minderheit nach Absatz 1 erfolgt die Verteilung der weiteren Sitze. Die weiteren Sitze werden mit Bewerberinnen und Bewerbern, unabhängig von ihrem Geschlecht, in der Reihenfolge der jeweils höchsten auf sie entfallenden Stimmenzahlen besetzt.

(3) Haben in den Fällen des Absatzes 1 oder 2 für den zuletzt zu vergebenden Betriebsratssitz mehrere Bewerberinnen oder Bewerber die gleiche Stimmenzahl erhalten, so entscheidet das Los darüber, wer gewählt ist.

(4) Haben sich weniger Angehörige des Geschlechts in der Minderheit zur Wahl gestellt oder sind weniger Angehörige dieses Geschlechts gewählt worden als ihm nach § 15 Abs. 2 des Gesetzes Mindestsitze zustehen, so sind die insoweit überschüssigen Mitgliedersitze des Geschlechts in der Minderheit bei der Sitzverteilung nach Absatz 2 Satz 2 zu berücksichtigen.

§ 23 Wahlniederschrift, Bekanntmachung

(1) Nachdem ermittelt ist, welche Arbeitnehmerinnen und Arbeitnehmer als Betriebsratsmitglieder gewählt sind, hat der Wahlvorstand eine Niederschrift anzufertigen, in der außer den Angaben nach § 16 Abs. 1 Nr. 1, 5 bis 7 die jeder Bewerberin und jedem Bewerber zugefallenen Stimmenzahlen festzustellen sind. § 16 Abs. 2, § 17 Abs. 1, §§ 18 und 19 gelten entsprechend.

(2) Lehnt eine gewählte Person die Wahl ab, so tritt an ihre Stelle die nicht gewählte Person mit der nächsthöchsten Stimmenzahl. Gehört die gewählte Person dem Geschlecht in der Minderheit an, so tritt an ihre Stelle die nicht gewählte Person dieses Geschlechts mit der nächsthöchsten Stimmenzahl, wenn ansonsten das Geschlecht in der Minderheit nicht die ihm nach § 15 Abs. 2 des Gesetzes zustehenden Mindestsitze erhalten würde. Gibt es keine weiteren Angehörigen dieses Geschlechts, auf die Stimmen entfallen sind, geht dieser Sitz auf die nicht gewählte Person des anderen Geschlechts mit der nächsthöchsten Stimmenzahl über.

DRITTER ABSCHNITT
Schriftliche Stimmabgabe

§ 24 Voraussetzungen

(1) Wahlberechtigten, die im Zeitpunkt der Wahl wegen Abwesenheit vom Betrieb verhindert sind, ihre Stimme persönlich abzugeben, hat der Wahlvorstand auf ihr Verlangen

1. das Wahlausschreiben,
2. die Vorschlagslisten,
3. den Stimmzettel und den Wahlumschlag,
4. eine vorgedruckte von der Wählerin oder dem Wähler abzugebende Erklärung, in der gegenüber dem Wahlvorstand zu versichern ist, dass der Stimmzettel persönlich gekennzeichnet worden ist, sowie
5. einen größeren Freiumschlag, der die Anschrift des Wahlvorstands und als Absender den Namen und die Anschrift der oder des Wahlberechtigten sowie den Vermerk „Schriftliche Stimmabgabe" trägt, auszuhändigen oder zu übersenden. Der Wahlvorstand soll der Wählerin oder dem Wähler ferner ein Merkblatt über die Art und Weise der schriftlichen Stimmabgabe (§ 25) aushändigen oder übersenden. Der Wahlvorstand hat die Aushändigung oder die Übersendung der Unterlagen in der Wählerliste zu vermerken.

(2) Wahlberechtigte, von denen dem Wahlvorstand bekannt ist, dass sie im Zeitpunkt der Wahl nach der Eigenart ihres Beschäftigungsverhältnisses voraussichtlich nicht im Betrieb anwesend sein werden (insbesondere im Außendienst oder mit Telearbeit Beschäftigte und in Heimarbeit Beschäftigte), erhalten die in Absatz 1 bezeichneten Unterlagen, ohne dass es eines Verlangens der Wahlberechtigten bedarf.

(3) Für Betriebsteile und Kleinstbetriebe, die räumlich weit vom Hauptbetrieb entfernt sind, kann der Wahlvorstand die schriftliche Stimmabgabe beschließen. Absatz 2 gilt entsprechend.

§ 25 Stimmabgabe

Die Stimmabgabe erfolgt in der Weise, dass die Wählerin oder der Wähler

1. den Stimmzettel unbeobachtet persönlich kennzeichnet und in dem Wahlumschlag verschließt,
2. die vorgedruckte Erklärung unter Angabe des Orts und des Datums unterschreibt und
3. den Wahlumschlag und die unterschriebene vorgedruckte Erklärung in dem Freiumschlag verschließt und diesen so rechtzeitig an den Wahlvorstand absendet oder übergibt, dass er vor Abschluss der Stimmabgabe vorliegt.

Die Wählerin oder der Wähler kann unter den Voraussetzungen des § 12 Abs. 4 die in den Nummern 1 bis 3 bezeichneten Tätigkeiten durch eine Person des Vertrauens verrichten lassen.

§ 26 Verfahren bei der Stimmabgabe

(1) Unmittelbar vor Abschluss der Stimmabgabe öffnet der Wahlvorstand in öffentlicher Sitzung die bis zu diesem Zeitpunkt eingegangenen Freiumschläge und entnimmt ihnen die Wahlumschläge sowie die vorgedruckten Erklärungen. Ist die schriftliche Stimmabgabe ordnungsgemäß erfolgt (§ 25), so legt der Wahlvorstand den Wahlumschlag nach Vermerk der Stimmabgabe in der Wählerliste ungeöffnet in die Wahlurne.

(2) Verspätet eingehende Briefumschläge hat der Wahlvorstand mit einem Vermerk über den Zeitpunkt des Eingangs ungeöffnet zu den Wahlunterlagen zu nehmen. Die Briefumschläge sind einen Monat nach Bekanntgabe des Wahlergebnisses ungeöffnet zu vernichten, wenn die Wahl nicht angefochten worden ist.

VIERTER ABSCHNITT
Wahlvorschläge der Gewerkschaften

§ 27 Voraussetzungen, Verfahren

(1) Für den Wahlvorschlag einer im Betrieb vertretenen Gewerkschaft (§ 14 Abs. 3 des Gesetzes) gelten die §§ 6 bis 26 entsprechend.

(2) Der Wahlvorschlag einer Gewerkschaft ist ungültig, wenn er nicht von zwei Beauftragten der Gewerkschaft unterzeichnet ist (§ 14 Abs. 5 des Gesetzes).

(3) Die oder der an erster Stelle unterzeichnete Beauftragte gilt als Listenvertreterin oder Listenvertreter. Die Gewerkschaft kann hier-

für eine Arbeitnehmerin oder einen Arbeitnehmer des Betriebs, die oder der Mitglied der Gewerkschaft ist, benennen.

ZWEITER TEIL
Wahl des Betriebsrats im vereinfachten Wahlverfahren (§ 14a des Gesetzes)

ERSTER ABSCHNITT
Wahl des Betriebsrats im zweistufigen Verfahren (§ 14a Abs. 1 des Gesetzes)

Erster Unterabschnitt
Wahl des Wahlvorstands

§ 28 Einladung zur Wahlversammlung

(1) Zu der Wahlversammlung, in der der Wahlvorstand nach § 17a Nr. 3 des Gesetzes (§ 14a Abs. 1 des Gesetzes) gewählt wird, können drei Wahlberechtigte des Betriebs oder eine im Betrieb vertretene Gewerkschaft einladen (einladende Stelle) und Vorschläge für die Zusammensetzung des Wahlvorstands machen. Die Einladung muss mindestens sieben Tage vor dem Tag der Wahlversammlung erfolgen. Sie ist durch Aushang an geeigneten Stellen im Betrieb bekannt zu machen. Ergänzend kann die Einladung mittels der im Betrieb vorhandenen Informations- und Kommunikationstechnik bekannt gemacht werden; § 2 Abs. 4 Satz 4 gilt entsprechend. Die Einladung muss folgende Hinweise enthalten:

a) Ort, Tag und Zeit der Wahlversammlung zur Wahl des Wahlvorstands;
b) dass Wahlvorschläge zur Wahl des Betriebsrats bis zum Ende der Wahlversammlung zur Wahl des Wahlvorstands gemacht werden können (§ 14a Abs. 2 des Gesetzes);
c) dass Wahlvorschläge der Arbeitnehmerinnen und Arbeitnehmer zur Wahl des Betriebsrats mindestens von einem Zwanzigstel der Wahlberechtigten, mindestens jedoch von drei Wahlberechtigten unterzeichnet sein müssen; in Betrieben mit in der Regel bis zu zwanzig Wahlberechtigten reicht die Unterzeichnung durch zwei Wahlberechtigte;
d) dass Wahlvorschläge zur Wahl des Betriebsrats, die erst in der Wahlversammlung zur Wahl des Wahlvorstands gemacht werden, nicht der Schriftform bedürfen.

(2) Der Arbeitgeber hat unverzüglich nach Aushang der Einladung zur Wahlversammlung nach Absatz 1 der einladenden Stelle alle für die Anfertigung der Wählerliste erforderlichen Unterlagen (§ 2) in einem versiegelten Umschlag auszuhändigen.

§ 29 Wahl des Wahlvorstands

Der Wahlvorstand wird in der Wahlversammlung zur Wahl des Wahlvorstands von der Mehrheit der anwesenden Arbeitnehmerinnen und Arbeitnehmer gewählt (§ 17a Nr. 3 Satz 1 des Gesetzes). Er besteht aus drei Mitgliedern (§ 17a Nr. 2 des Gesetzes). Für die Wahl der oder des Vorsitzenden des Wahlvorstands gilt Satz 1 entsprechend.

Zweiter Unterabschnitt
Wahl des Betriebsrats

§ 30 Wahlvorstand, Wählerliste

(1) Unmittelbar nach seiner Wahl hat der Wahlvorstand in der Wahlversammlung zur Wahl des Wahlvorstands die Wahl des Betriebsrats einzuleiten. § 1 gilt entsprechend. Er hat unverzüglich in der Wahlversammlung eine Liste der Wahlberechtigten (Wählerliste), getrennt nach den Geschlechtern, aufzustellen. Die einladende Stelle hat dem Wahlvorstand den ihr nach § 28 Abs. 2 ausgehändigten versiegelten Umschlag zu übergeben. Die Wahlberechtigten sollen in der Wählerliste mit Familienname, Vorname und Geburtsdatum in alphabetischer Reihenfolge aufgeführt werden. § 2 Abs. 1 Satz 3, Abs. 2 bis 4 gilt entsprechend.

(2) Einsprüche gegen die Richtigkeit der Wählerliste können mit Wirksamkeit für die Betriebsratswahl nur vor Ablauf von drei Tagen seit Erlass des Wahlausschreibens beim Wahlvorstand schriftlich eingelegt werden. § 4 Abs. 2 und 3 gilt entsprechend.

§ 31 Wahlausschreiben

(1) Im Anschluss an die Aufstellung der Wählerliste erlässt der Wahlvorstand in der Wahlversammlung das Wahlausschreiben, das von der oder dem Vorsitzenden und von mindestens einem weiteren stimmberechtigten Mitglied des Wahlvorstands zu unterschreiben ist. Mit Erlass des Wahlausschreibens ist die Betriebsratswahl eingeleitet. Das Wahlausschreiben muss folgende Angaben enthalten:

1. das Datum seines Erlasses;
2. die Bestimmung des Orts, an dem die Wählerliste und diese Verordnung ausliegen sowie im Fall der Bekanntmachung in elektronischer Form (§ 2 Abs. 4 Satz 3 und 4) wo und wie von der Wählerliste und der Verordnung Kenntnis genommen werden kann;
3. dass nur Arbeitnehmerinnen und Arbeitnehmer wählen oder gewählt werden können, die in die Wählerliste eingetragen sind, und dass Einsprüche gegen die Wählerliste (§ 4) nur vor Ablauf von drei Tagen seit dem Erlass des Wahlausschreibens schriftlich beim Wahlvorstand eingelegt werden können; der letzte Tag der Frist ist anzugeben;
4. den Anteil der Geschlechter und den Hinweis, dass das Geschlecht in der Minderheit im Betriebsrat mindestens entsprechend seinem zahlenmäßigen Verhältnis vertreten sein muss, wenn der Betriebsrat aus mindestens drei Mitgliedern besteht (§ 15 Abs. 2 des Gesetzes);
5. die Zahl der zu wählenden Betriebsratsmitglieder (§ 9 des Gesetzes) sowie die auf das Geschlecht in der Minderheit entfallenden Mindestsitze im Betriebsrat (§ 15 Abs. 2 des Gesetzes);
6. die Mindestzahl von Wahlberechtigten, von denen ein Wahlvorschlag unterzeichnet sein muss (§ 14 Abs. 4 des Gesetzes) und den Hinweis, dass Wahlvorschläge, die erst in der Wahlversammlung zur Wahl des Wahlvorstands gemacht werden, nicht der Schriftform bedürfen (§ 14a Abs. 2 zweiter Halbsatz des Gesetzes);
7. dass der Wahlvorschlag einer im Betrieb vertretenen Gewerkschaft von zwei Beauftragten unterzeichnet sein muss (§ 14 Abs. 5 des Gesetzes);
8. dass Wahlvorschläge bis zum Abschluss der Wahlversammlung zur Wahl des Wahlvorstands bei diesem einzureichen sind (§ 14a Abs. 2 erster Halbsatz des Gesetzes);
9. dass die Stimmabgabe an die Wahlvorschläge gebunden ist und dass nur solche Wahlvorschläge berücksichtigt werden dürfen, die fristgerecht (Nr. 8) eingereicht sind;
10. die Bestimmung des Orts, an dem die Wahlvorschläge bis zum Abschluss der Stimmabgabe aushängen;
11. Ort, Tag und Zeit der Wahlversammlung zur Wahl des Betriebsrats (Tag der Stimmabgabe - § 14a Abs. 1 Satz 3 und 4 des Gesetzes);
12. dass Wahlberechtigten, die an der Wahlversammlung zur Wahl des Betriebsrats nicht teilnehmen können, Gelegenheit zur nach-

träglichen schriftlichen Stimmabgabe gegeben wird (§ 14a Abs. 4 des Gesetzes); das Verlangen auf nachträgliche schriftliche Stimmabgabe muss spätestens drei Tage vor dem Tag der Wahlversammlung zur Wahl des Betriebsrats dem Wahlvorstand mitgeteilt werden;

13. Ort, Tag und Zeit der nachträglichen schriftlichen Stimmabgabe (§ 14a Abs. 4 des Gesetzes) sowie die Betriebsteile und Kleinstbetriebe, für die nachträgliche schriftliche Stimmabgabe entsprechend § 24 Abs. 3 beschlossen ist;
14. den Ort, an dem Einsprüche, Wahlvorschläge und sonstige Erklärungen gegenüber dem Wahlvorstand abzugeben sind (Betriebsadresse des Wahlvorstands);
15. Ort, Tag und Zeit der öffentlichen Stimmauszählung.

(2) Ein Abdruck des Wahlausschreibens ist vom Tage seines Erlasses bis zum letzten Tage der Stimmabgabe an einer oder mehreren geeigneten, den Wahlberechtigten zugänglichen Stellen vom Wahlvorstand auszuhängen und in gut lesbarem Zustand zu erhalten. Ergänzend kann das Wahlausschreiben mittels der im Betrieb vorhandenen Informations- und Kommunikationstechnik bekannt gemacht werden. § 2 Abs. 4 Satz 4 gilt entsprechend.

§ 32 Bestimmung der Mindestsitze für das Geschlecht in der Minderheit

Besteht der zu wählende Betriebsrat aus mindestens drei Mitgliedern, so hat der Wahlvorstand den Mindestanteil der Betriebsratssitze für das Geschlecht in der Minderheit (§ 15 Abs. 2 des Gesetzes) gemäß § 5 zu errechnen.

§ 33 Wahlvorschläge

(1) Die Wahl des Betriebsrats erfolgt aufgrund von Wahlvorschlägen. Die Wahlvorschläge sind von den Wahlberechtigten und den im Betrieb vertretenen Gewerkschaften bis zum Ende der Wahlversammlung zur Wahl des Wahlvorstands bei diesem einzureichen. Wahlvorschläge, die erst in dieser Wahlversammlung gemacht werden, bedürfen nicht der Schriftform (§ 14a Abs. 2 des Gesetzes).

(2) Für Wahlvorschläge gilt § 6 Abs. 2 bis 4 entsprechend. § 6 Abs. 5 gilt entsprechend mit der Maßgabe, dass ein Wahlberechtigter, der mehrere Wahlvorschläge unterstützt, auf Aufforderung

des Wahlvorstands in der Wahlversammlung erklären muss, welche Unterstützung er aufrechterhält. Für den Wahlvorschlag einer im Betrieb vertretenen Gewerkschaft gilt § 27 entsprechend.

(3) § 7 gilt entsprechend. § 8 gilt entsprechend mit der Maßgabe, dass Mängel der Wahlvorschläge nach § 8 Abs. 2 nur in der Wahlversammlung zur Wahl des Wahlvorstands beseitigt werden können.

(4) Unmittelbar nach Abschluss der Wahlversammlung hat der Wahlvorstand die als gültig anerkannten Wahlvorschläge bis zum Abschluss der Stimmabgabe in gleicher Weise bekannt zu machen, wie das Wahlausschreiben (§ 31 Abs. 2).

(5) Ist in der Wahlversammlung kein Wahlvorschlag zur Wahl des Betriebsrats gemacht worden, hat der Wahlvorstand bekannt zu machen, dass die Wahl nicht stattfindet. Die Bekanntmachung hat in gleicher Weise wie das Wahlausschreiben (§ 31 Abs. 2) zu erfolgen.

§ 34 Wahlverfahren

(1) Die Wählerin oder der Wähler kann ihre oder seine Stimme nur für solche Bewerberinnen oder Bewerber abgeben, die in einem Wahlvorschlag benannt sind. Auf den Stimmzetteln sind die Bewerberinnen oder Bewerber in alphabetischer Reihenfolge unter Angabe von Familienname, Vorname und Art der Beschäftigung im Betrieb aufzuführen. Die Wählerin oder der Wähler kennzeichnet die von ihm Gewählten durch Ankreuzen an der hierfür im Stimmzettel vorgesehenen Stelle; es dürfen nicht mehr Bewerberinnen oder Bewerber angekreuzt werden, als Betriebsratsmitglieder zu wählen sind. § 11 Abs. 1 Satz 2, Abs. 2 Satz 2 und 3, Abs. 4 und § 12 gelten entsprechend.

(2) Im Fall der nachträglichen schriftlichen Stimmabgabe (§ 35) hat der Wahlvorstand am Ende der Wahlversammlung zur Wahl des Betriebsrats die Wahlurne zu versiegeln und aufzubewahren.

(3) Erfolgt keine nachträgliche schriftliche Stimmabgabe, hat der Wahlvorstand unverzüglich nach Abschluss der Wahl die öffentliche Auszählung der Stimmen vorzunehmen und das sich daraus ergebende Wahlergebnis bekannt zu geben. Die §§ 21, 23 Abs. 1 gelten entsprechend.

(4) Ist nur ein Betriebsratsmitglied zu wählen, so ist die Person gewählt, die die meisten Stimmen erhalten hat. Bei Stimmengleichheit entscheidet das Los. Lehnt eine gewählte Person die Wahl ab, so tritt an ihre Stelle die nicht gewählte Person mit der nächsthöchsten Stimmenzahl.

(5) Sind mehrere Betriebsratsmitglieder zu wählen, gelten für die Ermittlung der Gewählten die §§ 22 und 23 Abs. 2 entsprechend.

§ 35 Nachträgliche schriftliche Stimmabgabe

(1) Können Wahlberechtigte an der Wahlversammlung zur Wahl des Betriebsrats nicht teilnehmen, um ihre Stimme persönlich abzugeben, können sie beim Wahlvorstand die nachträgliche schriftliche Stimmabgabe beantragen (§ 14a Abs. 4 des Gesetzes). Das Verlangen auf nachträgliche schriftliche Stimmabgabe muss die oder der Wahlberechtigte dem Wahlvorstand spätestens drei Tage vor dem Tag der Wahlversammlung zur Wahl des Betriebsrats mitgeteilt haben. Die §§ 24, 25 gelten entsprechend.

(2) Wird die nachträgliche schriftliche Stimmabgabe aufgrund eines Antrags nach Absatz 1 Satz 1 erforderlich, hat dies der Wahlvorstand unter Angabe des Orts, des Tags und der Zeit der öffentlichen Stimmauszählung in gleicher Weise bekannt zu machen wie das Wahlausschreiben (§ 31 Abs. 2).

(3) Unmittelbar nach Ablauf der Frist für die nachträgliche schriftliche Stimmabgabe öffnet der Wahlvorstand in öffentlicher Sitzung die bis zu diesem Zeitpunkt eingegangenen Freiumschläge und entnimmt ihnen die Wahlumschläge sowie die vorgedruckten Erklärungen. Ist die nachträgliche schriftliche Stimmabgabe ordnungsgemäß erfolgt (§ 25), so legt der Wahlvorstand den Wahlumschlag nach Vermerk der Stimmabgabe in der Wählerliste in die bis dahin versiegelte Wahlurne.

(4) Nachdem alle ordnungsgemäß nachträglich abgegebenen Wahlumschläge in die Wahlurne gelegt worden sind, nimmt der Wahlvorstand die Auszählung der Stimmen vor. § 34 Abs. 3 bis 5 gilt entsprechend.

ZWEITER ABSCHNITT
Wahl des Betriebsrats im einstufigen Verfahren (§ 14a Abs. 3 des Gesetzes)

§ 36 Wahlvorstand, Wahlverfahren

(1) Nach der Bestellung des Wahlvorstands durch den Betriebsrat, Gesamtbetriebsrat, Konzernbetriebsrat oder das Arbeitsgericht (§ 14a Abs. 3, § 17a des Gesetzes) hat der Wahlvorstand die Wahl des Betriebsrats unverzüglich einzuleiten. Die Wahl des Betriebsrats findet auf einer Wahlversammlung statt (§ 14a Abs. 3 des Gesetzes). Die §§ 1, 2 und 30 Abs. 2 gelten entsprechend.

(2) Im Anschluss an die Aufstellung der Wählerliste erlässt der Wahlvorstand das Wahlausschreiben, das von der oder dem Vorsitzenden und von mindestens einem weiteren stimmberechtigten Mitglied des Wahlvorstands zu unterschreiben ist. Mit Erlass des Wahlausschreibens ist die Betriebsratswahl eingeleitet. Besteht im Betrieb ein Betriebsrat, soll der letzte Tag der Stimmabgabe (nachträgliche schriftliche Stimmabgabe) eine Woche vor dem Tag liegen, an dem die Amtszeit des Betriebsrats abläuft.

(3) Das Wahlausschreiben hat die in § 31 Abs. 1 Satz 3 vorgeschriebenen Angaben zu enthalten, soweit nachfolgend nichts anderes bestimmt ist:

1. Abweichend von Nummer 6 ist ausschließlich die Mindestzahl von Wahlberechtigten anzugeben, von denen ein Wahlvorschlag unterzeichnet sein muss (§ 14 Abs. 4 des Gesetzes).
2. Abweichend von Nummer 8 hat der Wahlvorstand anzugeben, dass die Wahlvorschläge spätestens eine Woche vor dem Tag der Wahlversammlung zur Wahl des Betriebsrats beim Wahlvorstand einzureichen sind (§ 14a Abs. 3 Satz 2 des Gesetzes); der letzte Tag der Frist ist anzugeben.

Für die Bekanntmachung des Wahlausschreibens gilt § 31 Abs. 2 entsprechend.

(4) Die Vorschriften über die Bestimmung der Mindestsitze nach § 32, das Wahlverfahren nach § 34 und die nachträgliche Stimmabgabe nach § 35 gelten entsprechend.

(5) Für Wahlvorschläge gilt § 33 Abs. 1 entsprechend mit der Maßgabe, dass die Wahlvorschläge von den Wahlberechtigten und den im Betrieb vertretenen Gewerkschaften spätestens eine Woche vor der Wahlversammlung zur Wahl des Betriebsrats beim Wahlvorstand schriftlich einzureichen sind (§ 14a Abs. 3 Satz 2 zweiter Halbsatz des Gesetzes). § 6 Abs. 2 bis 5 und die §§ 7 und 8 gelten entsprechend mit der Maßgabe, dass die in § 6 Abs. 5 und § 8 Abs. 2 genannten Fristen nicht die gesetzliche Mindestfrist zur Einreichung der Wahlvorschläge nach § 14a Abs. 3 Satz 2 erster Halbsatz des Gesetzes überschreiten dürfen. Nach Ablauf der gesetzlichen Mindestfrist zur Einreichung der Wahlvorschläge hat der Wahlvorstand die als gültig anerkannten Wahlvorschläge bis zum Abschluss der Stimmabgabe in gleicher Weise bekannt zu machen wie das Wahlausschreiben (Absatz 3).

(6) Ist kein Wahlvorschlag zur Wahl des Betriebsrats gemacht worden, hat der Wahlvorstand bekannt zu machen, dass die Wahl nicht stattfindet. Die Bekanntmachung hat in gleicher Weise wie das Wahlausschreiben (Absatz 3) zu erfolgen.

DRITTER ABSCHNITT
Wahl des Betriebsrats in Betrieben mit in der Regel 51 bis 100 Wahlberechtigten (§ 14a Abs. 5 des Gesetzes)

§ 37 Wahlverfahren

Haben Arbeitgeber und Wahlvorstand in einem Betrieb mit in der Regel 51 bis 100 Wahlberechtigten die Wahl des Betriebsrats im vereinfachten Wahlverfahren vereinbart (§ 14a Abs. 5 des Gesetzes), richtet sich das Wahlverfahren nach § 36.

DRITTER TEIL
Wahl der Jugend- und Auszubildendenvertretung

§ 38 Wahlvorstand, Wahlvorbereitung

Für die Wahl der Jugend- und Auszubildendenvertretung gelten die Vorschriften der §§ 1 bis 5 über den Wahlvorstand, die Wählerliste, das Wahlausschreiben und die Bestimmung der Mindestsitze für das Geschlecht in der Minderheit entsprechend. Dem Wahlvorstand muss mindestens eine nach § 8 des Gesetzes wählbare Person angehören.

§ 39 Durchführung der Wahl

(1) Sind mehr als drei Mitglieder zur Jugend- und Auszubildendenvertretung zu wählen, so erfolgt die Wahl aufgrund von Vorschlagslisten. § 6 Abs. 1 Satz 2, Abs. 2 und 4 bis 7, die §§ 7 bis 10 und § 27 gelten entsprechend. § 6 Abs. 3 gilt entsprechend mit der Maßgabe, dass in jeder Vorschlagsliste auch der Ausbildungsberuf der einzelnen Bewerberinnen oder Bewerber aufzuführen ist.

(2) Sind mehrere gültige Vorschlagslisten eingereicht, so kann die Stimme nur für eine Vorschlagsliste abgegeben werden. § 11 Abs. 1 Satz 2, Abs. 3 und 4, die §§ 12 bis 19 gelten entsprechend. § 11 Abs. 2 gilt entsprechend mit der Maßgabe, dass auf den Stimmzetteln auch der Ausbildungsberuf der einzelnen Bewerberinnen oder Bewerber aufzuführen ist.

(3) Ist nur eine gültige Vorschlagsliste eingereicht, so kann die Stimme nur für solche Bewerberinnen oder Bewerber abgegeben werden, die in der Vorschlagsliste aufgeführt sind. § 20 Abs. 3, die §§ 21 bis 23 gelten entsprechend. § 20 Abs. 2 gilt entsprechend mit der Maßgabe, dass auf den Stimmzetteln auch der Ausbildungsberuf der einzelnen Bewerber aufzuführen ist.

(4) Für die schriftliche Stimmabgabe gelten die §§ 24 bis 26 entsprechend.

§ 40 Wahl der Jugend- und Auszubildendenvertretung im vereinfachten Wahlverfahren

(1) In Betrieben mit in der Regel fünf bis fünfzig der in § 60 Abs. 1 des Gesetzes genannten Arbeitnehmerinnen und Arbeitnehmern wird die Jugend- und Auszubildendenvertretung im vereinfachten Wahlverfahren gewählt (§ 63 Abs. 4 Satz 1 des Gesetzes). Für das Wahlverfahren gilt § 36 entsprechend mit der Maßgabe, dass in den Wahlvorschlägen und auf den Stimmzetteln auch der Ausbildungsberuf der einzelnen Bewerberinnen oder Bewerber aufzuführen ist. § 38 Satz 2 gilt entsprechend.

(2) Absatz 1 Satz 2 und 3 gilt entsprechend, wenn in einem Betrieb mit in der Regel 51 bis 100 der in § 60 Abs. 1 des Gesetzes genannten Arbeitnehmerinnen und Arbeitnehmern Arbeitgeber und

Wahlvorstand die Anwendung des vereinfachten Wahlverfahrens vereinbart haben (§ 63 Abs. 5 des Gesetzes).

VIERTER TEIL
Übergangs- und Schlussvorschriften

§ 41 Berechnung der Fristen

Für die Berechnung der in dieser Verordnung festgelegten Fristen finden die §§ 186 bis 193 des Bürgerlichen Gesetzbuchs entsprechende Anwendung.

§ 42 Bereich der Seeschifffahrt

Die Regelung der Wahlen für die Bordvertretung und den Seebetriebsrat (§§ 115 und 116 des Gesetzes) bleibt einer besonderen Rechtsverordnung vorbehalten.

§ 43 Inkrafttreten

(1) Diese Verordnung tritt am Tage nach der Verkündung in Kraft. Gleichzeitig tritt die Erste Verordnung zur Durchführung des Betriebsverfassungsgesetzes vom 16. Januar 1972 (BGBl. I S. 49), zuletzt geändert durch die Verordnung vom 16. Januar 1995 (BGBl. I S. 43), außer Kraft.

(2) [aufgehoben]

Allgemeines Gleichbehandlungsgesetz* (AGG)**

ABSCHNITT 1
Allgemeiner Teil

§ 1 Ziel des Gesetzes

Ziel des Gesetzes ist, Benachteiligungen aus Gründen der Rasse oder wegen der ethnischen Herkunft, des Geschlechts, der Religion oder Weltanschauung, einer Behinderung, des Alters oder der sexuellen Identität zu verhindern oder zu beseitigen.

§ 2 Anwendungsbereich

(1) Benachteiligungen aus einem in § 1 genannten Grund sind nach Maßgabe dieses Gesetzes unzulässig in Bezug auf:

1. die Bedingungen, einschließlich Auswahlkriterien und Einstellungsbedingungen, für den Zugang zu unselbstständiger und selbstständiger Erwerbstätigkeit, unabhängig von Tätigkeitsfeld und beruflicher Position, sowie für den beruflichen Aufstieg,
2. die Beschäftigungs- und Arbeitsbedingungen einschließlich Arbeitsentgelt und Entlassungsbedingungen, insbesondere in individual- und kollektivrechtlichen Vereinbarungen und Maßnahmen bei der Durchführung und Beendigung eines Beschäftigungsverhältnisses sowie beim beruflichen Aufstieg,
3. den Zugang zu allen Formen und allen Ebenen der Berufsberatung, der Berufsbildung einschließlich der Berufsausbildung, der

---

* Vom 14. August 2006 (BGBl. I, S. 1897), zuletzt geändert durch Gesetz vom 3. April 2013 (BGBl. I, S. 610 (615)).

** Dieses Gesetz dient der Umsetzung der Richtlinien:
- 2000/43/EG des Rates vom 29. Juni 2000 zur Anwendung des Gleichbehandlungsgrundsatzes ohne Unterschied der Rasse oder der ethnischen Herkunft (ABl. EG Nr. L 180 S. 22),
- 2000/78/EG des Rates vom 27. November 2000 zur Festlegung eines allgemeinen Rahmens für die Verwirklichung der Gleichbehandlung in Beschäftigung und Beruf (ABl. EG Nr. L 303 S. 16),
- 2002/73/EG des Europäischen Parlaments und des Rates vom 23. September 2002 zur Änderung der Richtlinie 76/207/EWG des Rates zur Verwirklichung des Grundsatzes der Gleichbehandlung von Männern und Frauen hinsichtlich des Zugangs zur Beschäftigung, zur Berufsbildung und zum beruflichen Aufstieg sowie in Bezug auf die Arbeitsbedingungen (ABl. EG Nr. L 269 S. 15) und
- 2004/113/EG des Rates vom 13. Dezember 2004 zur Verwirklichung des Grundsatzes der Gleichbehandlung von Männern und Frauen beim Zugang zu und bei der Versorgung mit Gütern und Dienstleistungen (ABl. EG Nr. L 373 S. 37).

beruflichen Weiterbildung und der Umschulung sowie der praktischen Berufserfahrung,
4. die Mitgliedschaft und Mitwirkung in einer Beschäftigten- oder Arbeitgebervereinigung oder einer Vereinigung, deren Mitglieder einer bestimmten Berufsgruppe angehören, einschließlich der Inanspruchnahme der Leistungen solcher Vereinigungen,
5. den Sozialschutz, einschließlich der sozialen Sicherheit und der Gesundheitsdienste,
6. die sozialen Vergünstigungen,
7. die Bildung,
8. den Zugang zu und die Versorgung mit Gütern und Dienstleistungen, die der Öffentlichkeit zur Verfügung stehen, einschließlich von Wohnraum.

(2) Für Leistungen nach dem Sozialgesetzbuch gelten § 33c des Ersten Buches Sozialgesetzbuch und § 19a des Vierten Buches Sozialgesetzbuch. Für die betriebliche Altersvorsorge gilt das Betriebsrentengesetz.

(3) Die Geltung sonstiger Benachteiligungsverbote oder Gebote der Gleichbehandlung wird durch dieses Gesetz nicht berührt. Dies gilt auch für öffentlich-rechtliche Vorschriften, die dem Schutz bestimmter Personengruppen dienen.

(4) Für Kündigungen gelten ausschließlich die Bestimmungen zum allgemeinen und besonderen Kündigungsschutz.

§ 3 Begriffsbestimmungen

(1) Eine unmittelbare Benachteiligung liegt vor, wenn eine Person wegen eines in § 1 genannten Grundes eine weniger günstige Behandlung erfährt, als eine andere Person in einer vergleichbaren Situation erfährt, erfahren hat oder erfahren würde. Eine unmittelbare Benachteiligung wegen des Geschlechts liegt in Bezug auf § 2 Abs. 1 Nr. 1 bis 4 auch im Fall einer ungünstigeren Behandlung einer Frau wegen Schwangerschaft oder Mutterschaft vor,

(2) Eine mittelbare Benachteiligung liegt vor, wenn dem Anschein nach neutrale Vorschriften, Kriterien oder Verfahren Personen wegen eines in § 1 genannten Grundes gegenüber anderen Personen in besonderer Weise benachteiligen können, es sei denn, die betref-

fenden Vorschriften, Kriterien oder Verfahren sind durch ein rechtmäßiges Ziel sachlich gerechtfertigt und die Mittel sind zur Erreichung dieses Ziels angemessen und erforderlich.

(3) Eine Belästigung ist eine Benachteiligung, wenn unerwünschte Verhaltensweisen, die mit einem in § 1 genannten Grund in Zusammenhang stehen, bezwecken oder bewirken, dass die Würde der betreffenden Person verletzt und ein von Einschüchterungen, Anfeindungen, Erniedrigungen, Entwürdigungen oder Beleidigungen gekennzeichnetes Umfeld geschaffen wird.

(4) Eine sexuelle Belästigung ist eine Benachteiligung in Bezug auf § 2 Abs. 1 Nr. 1 bis 4, wenn ein unerwünschtes, sexuell bestimmtes Verhalten, wozu auch unerwünschte sexuelle Handlungen und Aufforderungen zu diesen, sexuell bestimmte körperliche Berührungen, Bemerkungen sexuellen Inhalts sowie unerwünschtes Zeigen und sichtbares Anbringen von pornographischen Darstellungen gehören, bezweckt oder bewirkt, dass die Würde der betreffenden Person verletzt wird, insbesondere wenn ein von Einschüchterungen, Anfeindungen, Erniedrigungen, Entwürdigungen oder Beleidigungen gekennzeichnetes Umfeld geschaffen wird.

(5) Die Anweisung zur Benachteiligung einer Person aus einem in § 1 genannten Grund gilt als Benachteiligung. Eine solche Anweisung liegt in Bezug auf § 2 Abs. 1 Nr. 1 bis 4 insbesondere vor, wenn jemand eine Person zu einem Verhalten bestimmt, das einen Beschäftigten oder eine Beschäftigte wegen eines in § 1 genannten Grundes benachteiligt oder benachteiligen kann.

§ 4 Unterschiedliche Behandlung wegen mehrerer Gründe

Erfolgt eine unterschiedliche Behandlung wegen mehrerer der in § 1 genannten Gründe, so kann diese unterschiedliche Behandlung nach den §§ 8 bis 10 und 20 nur gerechtfertigt werden, wenn sich die Rechtfertigung auf alle diese Gründe erstreckt, derentwegen die unterschiedliche Behandlung erfolgt.

§ 5 Positive Maßnahmen

Ungeachtet der in den §§ 8 bis 10 sowie in § 20 benannten Gründe ist eine unterschiedliche Behandlung auch zulässig, wenn durch geeignete und angemessene Maßnahmen bestehende Nachteile wegen eines in § 1 genannten Grundes verhindert oder ausgeglichen werden sollen.

ABSCHNITT 2
Schutz der Beschäftigten vor Benachteiligung

Unterabschnitt 1
Verbot der Benachteiligung

§ 6 Persönlicher Anwendungsbereich

(1) Beschäftigte im Sinne dieses Gesetzes sind

1. Arbeitnehmerinnen und Arbeitnehmer,
2. die zu ihrer Berufsbildung Beschäftigten,
3. Personen, die wegen ihrer wirtschaftlichen Unselbstständigkeit als arbeitnehmerähnliche Personen anzusehen sind; zu diesen gehören auch die in Heimarbeit Beschäftigten und die ihnen Gleichgestellten.

Als Beschäftigte gelten auch die Bewerberinnen und Bewerber für ein Beschäftigungsverhältnis sowie die Personen, deren Beschäftigungsverhältnis beendet ist.

(2) Arbeitgeber (Arbeitgeber und Arbeitgeberinnen) im Sinne dieses Abschnitts sind natürliche und juristische Personen sowie rechtsfähige Personengesellschaften, die Personen nach Absatz 1 beschäftigen. Werden Beschäftigte einem Dritten zur Arbeitsleistung überlassen, so gilt auch dieser als Arbeitgeber im Sinne dieses Abschnitts. Für die in Heimarbeit Beschäftigten und die ihnen Gleichgestellten tritt an die Stelle des Arbeitgebers der Auftraggeber oder Zwischenmeister.

(3) Soweit es die Bedingungen für den Zugang zur Erwerbstätigkeit sowie den beruflichen Aufstieg betrifft, gelten die Vorschriften dieses Abschnitts für Selbstständige und Organmitglieder, insbesondere Geschäftsführer oder Geschäftsführerinnen und Vorstände, entsprechend.

§ 7 Benachteiligungsverbot

(1) Beschäftigte dürfen nicht wegen eines in § 1 genannten Grundes benachteiligt werden; dies gilt auch, wenn die Person, die die Be-

nachteiligung begeht, das Vorliegen eines in § 1 genannten Grundes bei der Benachteiligung nur annimmt.

(2) Bestimmungen in Vereinbarungen, die gegen das Benachteiligungsverbot des Absatzes 1 verstoßen, sind unwirksam.

(3) Eine Benachteiligung nach Absatz 1 durch Arbeitgeber oder Beschäftigte ist eine Verletzung vertraglicher Pflichten.

§ 8 Zulässige unterschiedliche Behandlung wegen beruflicher Anforderungen

(1) Eine unterschiedliche Behandlung wegen eines in § 1 genannten Grundes ist zulässig, wenn dieser Grund wegen der Art der auszuübenden Tätigkeit oder der Bedingungen ihrer Ausübung eine wesentliche und entscheidende berufliche Anforderung darstellt, sofern der Zweck rechtmäßig und die Anforderung angemessen ist.

(2) Die Vereinbarung einer geringeren Vergütung für gleiche oder gleichwertige Arbeit wegen eines in § 1 genannten Grundes wird nicht dadurch gerechtfertigt, dass wegen eines in § 1 genannten Grundes besondere Schutzvorschriften gelten.

§ 9 Zulässige unterschiedliche Behandlung wegen der Religion oder Weltanschauung

(1) Ungeachtet des § 8 ist eine unterschiedliche Behandlung wegen der Religion oder der Weltanschauung bei der Beschäftigung durch Religionsgemeinschaften, die ihnen zugeordneten Einrichtungen ohne Rücksicht auf ihre Rechtsform oder durch Vereinigungen, die sich die gemeinschaftliche Pflege einer Religion oder Weltanschauung zur Aufgabe machen, auch zulässig, wenn eine bestimmte Religion oder Weltanschauung unter Beachtung des Selbstverständnisses der jeweiligen Religionsgemeinschaft oder Vereinigung im Hinblick auf ihr Selbstbestimmungsrecht oder nach der Art der Tätigkeit eine gerechtfertigte berufliche Anforderung darstellt.

(2) Das Verbot unterschiedlicher Behandlung wegen der Religion oder der Weltanschauung berührt nicht das Recht der in Absatz 1 genannten Religionsgemeinschaften, der ihnen zugeordneten Einrichtungen ohne Rücksicht auf ihre Rechtsform oder der Vereinigungen, die sich die gemeinschaftliche Pflege einer Religion oder

Weltanschauung zur Aufgabe machen, von ihren Beschäftigten ein loyales und aufrichtiges Verhalten im Sinne ihres jeweiligen Selbstverständnisses verlangen zu können.

§ 10 Zulässige unterschiedliche Behandlung wegen des Alters

Ungeachtet des § 8 ist eine unterschiedliche Behandlung wegen des Alters auch zulässig, wenn sie objektiv und angemessen und durch ein legitimes Ziel gerechtfertigt ist. Die Mittel zur Erreichung dieses Ziels müssen angemessen und erforderlich sein. Derartige unterschiedliche Behandlungen können insbesondere Folgendes einschließen:

1. die Festlegung besonderer Bedingungen für den Zugang zur Beschäftigung und zur beruflichen Bildung sowie besonderer Beschäftigungs- und Arbeitsbedingungen, einschließlich der Bedingungen für Entlohnung und Beendigung des Beschäftigungsverhältnisses, um die berufliche Eingliederung von Jugendlichen, älteren Beschäftigten und Personen mit Fürsorgepflichten zu fördern oder ihren Schutz sicherzustellen,
2. die Festlegung von Mindestanforderungen an das Alter, die Berufserfahrung oder das Dienstalter für den Zugang zur Beschäftigung oder für bestimmte mit der Beschäftigung verbundene Vorteile,
3. die Festsetzung eines Höchstalters für die Einstellung auf Grund der spezifischen Ausbildungsanforderungen eines bestimmten Arbeitsplatzes oder auf Grund der Notwendigkeit einer angemessenen Beschäftigungszeit vor dem Eintritt in den Ruhestand,
4. die Festsetzung von Altersgrenzen bei den betrieblichen Systemen der sozialen Sicherheit als Voraussetzung für die Mitgliedschaft oder den Bezug von Altersrente oder von Leistungen bei Invalidität einschließlich der Festsetzung unterschiedlicher Altersgrenzen im Rahmen dieser Systeme für bestimmte Beschäftigte oder Gruppen von Beschäftigten und die Verwendung von Alterskriterien im Rahmen dieser Systeme für versicherungsmathematische Berechnungen,
5. eine Vereinbarung, die die Beendigung des Beschäftigungsverhältnisses ohne Kündigung zu einem Zeitpunkt vorsieht, zu dem der oder die Beschäftigte eine Rente wegen Alters beantragen kann; § 41 des Sechsten Buches Sozialgesetzbuch bleibt unberührt,
6. Differenzierungen von Leistungen in Sozialplänen im Sinne des Betriebsverfassungsgesetzes, wenn die Parteien eine nach Alter oder Betriebszugehörigkeit gestaffelte Abfindungsregelung ge-

schaffen haben, in der die wesentlich vom Alter abhängenden Chancen auf dem Arbeitsmarkt durch eine verhältnismäßig starke Betonung des Lebensalters erkennbar berücksichtigt worden sind, oder Beschäftigte von den Leistungen des Sozialplans ausgeschlossen haben, die wirtschaftlich abgesichert sind, weil sie, gegebenenfalls nach Bezug von Arbeitslosengeld, rentenberechtigt sind.

Unterabschnitt 2
Organisationspflichten des Arbeitgebers

§ 11 Ausschreibung

Ein Arbeitsplatz darf nicht unter Verstoß gegen § 7 Abs. 1 ausgeschrieben werden.

§ 12 Maßnahmen und Pflichten des Arbeitgebers*

(1) Der Arbeitgeber ist verpflichtet, die erforderlichen Maßnahmen zum Schutz vor Benachteiligungen wegen eines in § 1 genannten Grundes zu treffen. Dieser Schutz umfasst auch vorbeugende Maßnahmen.

(2) Der Arbeitgeber soll in geeigneter Art und Weise, insbesondere im Rahmen der beruflichen Aus- und Fortbildung, auf die Unzulässigkeit solcher Benachteiligungen hinweisen und darauf hinwirken, dass diese unterbleiben. Hat der Arbeitgeber seine Beschäftigten in geeigneter Weise zum Zwecke der Verhinderung von Benachteiligung geschult, gilt dies als Erfüllung seiner Pflichten nach Absatz 1.

---

* § 61b ArbGG** Klage wegen Benachteiligung
(1) Eine Klage auf Entschädigung nach § 15 des Allgemeinen Gleichbehandlungsgesetzes muss innerhalb von drei Monaten, nachdem der Anspruch schriftlich geltend gemacht worden ist, erhoben werden.
(2) Machen mehrere Bewerber wegen Benachteiligung bei der Begründung eines Arbeitsverhältnisses oder beim beruflichen Aufstieg eine Entschädigung nach § 15 des Allgemeinen Gleichbehandlungsgesetzes gerichtlich geltend, so wird auf Antrag des Arbeitgebers das Arbeitsgericht, bei dem die erste Klage erhoben ist, auch für die übrigen Klagen ausschließlich zuständig. Die Rechtsstreitigkeiten sind von Amts wegen an dieses Arbeitsgericht zu verweisen; die Prozesse sind zur gleichzeitigen Verhandlung und Entscheidung zu verbinden.
(3) Auf Antrag des Arbeitgebers findet die mündliche Verhandlung nicht vor Ablauf von 6 Monaten seit Erhebung der ersten Klage statt.

** Vom 3. September 1953 (BGBl. I, S. 1267), in der Fassung der Bekanntmachung vom 2. Juli 1979 (BGBl. I, S. 853, ber. 1036), zuletzt geändert durch Gesetz vom 23. Dezember 2016 (BGBl. I, S. 3234).

(3) Verstoßen Beschäftigte gegen das Benachteiligungsverbot des § 7 Abs. 1, so hat der Arbeitgeber die im Einzelfall geeigneten, erforderlichen und angemessenen Maßnahmen zur Unterbindung der Benachteiligung wie Abmahnung, Umsetzung, Versetzung oder Kündigung zu ergreifen.

(4) Werden Beschäftigte bei der Ausübung ihrer Tätigkeit durch Dritte nach § 7 Abs. 1 benachteiligt, so hat der Arbeitgeber die im Einzelfall geeigneten, erforderlichen und angemessenen Maßnahmen zum Schutz der Beschäftigten zu ergreifen.

(5) Dieses Gesetz und § 61b des Arbeitsgerichtsgesetzes sowie Informationen über die für die Behandlung von Beschwerden nach § 13 zuständigen Stellen sind im Betrieb oder in der Dienststelle bekannt zu machen. Die Bekanntmachung kann durch Aushang oder Auslegung an geeigneter Stelle oder den Einsatz der im Betrieb oder der Dienststelle üblichen Informations- und Kommunikationstechnik erfolgen.

Unterabschnitt 3
Rechte der Beschäftigten

§ 13 Beschwerderecht

(1) Die Beschäftigten haben das Recht, sich bei den zuständigen Stellen des Betriebs, des Unternehmens oder der Dienststelle zu beschweren, wenn sie sich im Zusammenhang mit ihrem Beschäftigungsverhältnis vom Arbeitgeber, von Vorgesetzten, anderen Beschäftigten oder Dritten wegen eines in § 1 genannten Grundes benachteiligt fühlen. Die Beschwerde ist zu prüfen und das Ergebnis der oder dem beschwerdeführenden Beschäftigten mitzuteilen.

(2) Die Rechte der Arbeitnehmervertretungen bleiben unberührt.

§ 14 Leistungsverweigerungsrecht

Ergreift der Arbeitgeber keine oder offensichtlich ungeeignete Maßnahmen zur Unterbindung einer Belästigung oder sexuellen Belästigung am Arbeitsplatz, sind die betroffenen Beschäftigten berechtigt, ihre Tätigkeit ohne Verlust des Arbeitsentgelts einzustellen, soweit dies zu ihrem Schutz erforderlich ist. § 273 des Bürgerlichen Gesetzbuchs bleibt unberührt.

§ 15 Entschädigung und Schadensersatz

(1) Bei einem Verstoß gegen das Benachteiligungsverbot ist der Arbeitgeber verpflichtet, den hierdurch entstandenen Schaden zu ersetzen. Dies gilt nicht, wenn der Arbeitgeber die Pflichtverletzung nicht zu vertreten hat.

(2) Wegen eines Schadens, der nicht Vermögensschaden ist, kann der oder die Beschäftigte eine angemessene Entschädigung in Geld verlangen. Die Entschädigung darf bei einer Nichteinstellung drei Monatsgehälter nicht übersteigen, wenn der oder die Beschäftigte auch bei benachteiligungsfreier Auswahl nicht eingestellt worden wäre.

(3) Der Arbeitgeber ist bei der Anwendung kollektivrechtlicher Vereinbarungen nur dann zur Entschädigung verpflichtet, wenn er vorsätzlich oder grob fahrlässig handelt.

(4) Ein Anspruch nach Absatz 1 oder 2 muss innerhalb einer Frist von zwei Monaten schriftlich geltend gemacht werden, es sei denn, die Tarifvertragsparteien haben etwas anderes vereinbart. Die Frist beginnt im Falle einer Bewerbung oder eines beruflichen Aufstiegs mit dem Zugang der Ablehnung und in den sonstigen Fällen einer Benachteiligung zu dem Zeitpunkt, in dem der oder die Beschäftigte von der Benachteiligung Kenntnis erlangt.

(5) Im Übrigen bleiben Ansprüche gegen den Arbeitgeber, die sich aus anderen Rechtsvorschriften ergeben, unberührt.

(6) Ein Verstoß des Arbeitgebers gegen das Benachteiligungsverbot des § 7 Abs. 1 begründet keinen Anspruch auf Begründung eines Beschäftigungsverhältnisses, Berufsausbildungsverhältnisses oder einen beruflichen Aufstieg, es sei denn, ein solcher ergibt sich aus einem anderen Rechtsgrund.

§ 16 Maßregelungsverbot

(1) Der Arbeitgeber darf Beschäftigte nicht wegen der Inanspruchnahme von Rechten nach diesem Abschnitt oder wegen der Weigerung, eine gegen diesen Abschnitt verstoßende Anweisung auszuführen, benachteiligen. Gleiches gilt für Personen, die den Beschäftigten hierbei unterstützen oder als Zeuginnen oder Zeugen aussagen.

(2) Die Zurückweisung oder Duldung benachteiligender Verhaltensweisen durch betroffene Beschäftigte darf nicht als Grundlage für eine Entscheidung herangezogen werden, die diese Beschäftigten berührt. Absatz 1 Satz 2 gilt entsprechend.

(3) § 22 gilt entsprechend.

Unterabschnitt 4
Ergänzende Vorschriften

§ 17 Soziale Verantwortung der Beteiligten

(1) Tarifvertragsparteien, Arbeitgeber, Beschäftigte und deren Vertretungen sind aufgefordert, im Rahmen ihrer Aufgaben und Handlungsmöglichkeiten an der Verwirklichung des in § 1 genannten Ziels mitzuwirken.

(2) In Betrieben, in denen die Voraussetzungen des § 1 Abs. 1 Satz 1 des Betriebsverfassungsgesetzes vorliegen, können bei einem groben Verstoß des Arbeitgebers gegen Vorschriften aus diesem Abschnitt der Betriebsrat oder eine im Betrieb vertretene Gewerkschaft unter der Voraussetzung des § 23 Abs. 3 Satz 1 des Betriebsverfassungsgesetzes die dort genannten Rechte gerichtlich geltend machen; § 23 Abs. 3 Satz 2 bis 5 des Betriebsverfassungsgesetzes gilt entsprechend. Mit dem Antrag dürfen nicht Ansprüche des Benachteiligten geltend gemacht werden.

§ 18 Mitgliedschaft in Vereinigungen

(1) Die Vorschriften dieses Abschnitts gelten entsprechend für die Mitgliedschaft oder die Mitwirkung in einer

1. Tarifvertragspartei,
2. Vereinigung, deren Mitglieder einer bestimmten Berufsgruppe angehören oder die eine überragende Machtstellung im wirtschaftlichen oder sozialen Bereich innehat, wenn ein grundlegendes Interesse am Erwerb der Mitgliedschaft besteht, sowie deren jeweiligen Zusammenschlüssen.

(2) Wenn die Ablehnung einen Verstoß gegen das Benachteiligungsverbot des § 7 Abs. 1 darstellt, besteht ein Anspruch auf Mitgliedschaft oder Mitwirkung in den in Absatz 1 genannten Vereinigungen.

ABSCHNITT 3
Schutz vor Benachteiligung im Zivilrechtsverkehr

§ 19 Zivilrechtliches Benachteiligungsverbot

(1) Eine Benachteiligung aus Gründen der Rasse oder wegen der ethnischen Herkunft, wegen des Geschlechts, der Religion, einer Behinderung, des Alters oder der sexuellen Identität bei der Begründung, Durchführung und Beendigung zivilrechtlicher Schuldverhältnisse, die

1. typischerweise ohne Ansehen der Person zu vergleichbaren Bedingungen in einer Vielzahl von Fällen zustande kommen (Massengeschäfte) oder bei denen das Ansehen der Person nach der Art des Schuldverhältnisses eine nachrangige Bedeutung hat und die zu vergleichbaren Bedingungen in einer Vielzahl von Fällen zustande kommen oder
2. eine privatrechtliche Versicherung zum Gegenstand haben,

ist unzulässig.

(2) Eine Benachteiligung aus Gründen der Rasse oder wegen der ethnischen Herkunft ist darüber hinaus auch bei der Begründung, Durchführung und Beendigung sonstiger zivilrechtlicher Schuldverhältnisse im Sinne des § 2 Abs. 1 Nr. 5 bis 8 unzulässig.

(3) Bei der Vermietung von Wohnraum ist eine unterschiedliche Behandlung im Hinblick auf die Schaffung und Erhaltung sozial stabiler Bewohnerstrukturen und ausgewogener Siedlungsstrukturen sowie ausgeglichener wirtschaftlicher, sozialer und kultureller Verhältnisse zulässig.

(4) Die Vorschriften dieses Abschnitts finden keine Anwendung auf familien- und erbrechtliche Schuldverhältnisse.

(5) Die Vorschriften dieses Abschnitts finden keine Anwendung auf zivilrechtliche Schuldverhältnisse, bei denen ein besonderes Nähe- oder Vertrauensverhältnis der Parteien oder ihrer Angehörigen begründet wird. Bei Mietverhältnissen kann dies insbesondere der Fall sein, wenn die Parteien oder ihre Angehörigen Wohnraum auf demselben Grundstück nutzen. Die Vermietung von Wohnraum zum nicht nur vorübergehenden Gebrauch ist in der Regel kein Ge-

schäft im Sinne des Absatzes 1 Nr. 1, wenn der Vermieter insgesamt nicht mehr als 50 Wohnungen vermietet.

§ 20 Zulässige unterschiedliche Behandlung

(1) Eine Verletzung des Benachteiligungsverbots ist nicht gegeben, wenn für eine unterschiedliche Behandlung wegen der Religion, einer Behinderung, des Alters, der sexuellen Identität oder des Geschlechts ein sachlicher Grund vorliegt. Das kann insbesondere der Fall sein, wenn die unterschiedliche Behandlung

1. der Vermeidung von Gefahren, der Verhütung von Schäden oder anderen Zwecken vergleichbarer Art dient,
2. dem Bedürfnis nach Schutz der Intimsphäre oder der persönlichen Sicherheit Rechnung trägt,
3. besondere Vorteile gewährt und ein Interesse an der Durchsetzung der Gleichbehandlung fehlt,
4. an die Religion eines Menschen anknüpft und im Hinblick auf die Ausübung der Religionsfreiheit oder auf das Selbstbestimmungsrecht der Religionsgemeinschaften, der ihnen zugeordneten Einrichtungen ohne Rücksicht auf ihre Rechtsform sowie der Vereinigungen, die sich die gemeinschaftliche Pflege einer Religion zur Aufgabe machen, unter Beachtung des jeweiligen Selbstverständnisses gerechtfertigt ist.

(2) Kosten im Zusammenhang mit Schwangerschaft und Mutterschaft dürfen auf keinen Fall zu unterschiedlichen Prämien oder Leistungen führen. Eine unterschiedliche Behandlung wegen der Religion, einer Behinderung, des Alters oder der sexuellen Identität ist im Falle des § 19 Abs. 1 Nr. 2 nur zulässig, wenn diese auf anerkannten Prinzipien risikoadäquater Kalkulation beruht, insbesondere auf einer versicherungsmathematisch ermittelten Risikobewertung unter Heranziehung statistischer Erhebungen.

§ 21 Ansprüche

(1) Der Benachteiligte kann bei einem Verstoß gegen das Benachteiligungsverbot unbeschadet weiterer Ansprüche die Beseitigung der Beeinträchtigung verlangen. Sind weitere Beeinträchtigungen zu besorgen, so kann er auf Unterlassung klagen.

(2) Bei einer Verletzung des Benachteiligungsverbots ist der Benachteiligende verpflichtet, den hierdurch entstandenen Schaden zu

ersetzen. Dies gilt nicht, wenn der Benachteiligende die Pflichtverletzung nicht zu vertreten hat. Wegen eines Schadens, der nicht Vermögensschaden ist, kann der Benachteiligte eine angemessene Entschädigung in Geld verlangen.

(3) Ansprüche aus unerlaubter Handlung bleiben unberührt.

(4) Auf eine Vereinbarung, die von dem Benachteiligungsverbot abweicht, kann sich der Benachteiligende nicht berufen.

(5) Ein Anspruch nach den Absätzen 1 und 2 muss innerhalb einer Frist von zwei Monaten geltend gemacht werden. Nach Ablauf der Frist kann der Anspruch nur geltend gemacht werden, wenn der Benachteiligte ohne Verschulden an der Einhaltung der Frist verhindert war.

ABSCHNITT 4
Rechtsschutz

§ 22 Beweislast

Wenn im Streitfall die eine Partei Indizien beweist, die eine Benachteiligung wegen eines in § 1 genannten Grundes vermuten lassen, trägt die andere Partei die Beweislast dafür, dass kein Verstoß gegen die Bestimmungen zum Schutz vor Benachteiligung vorgelegen hat.

§ 23 Unterstützung durch Antidiskriminierungsverbände

(1) Antidiskriminierungsverbände sind Personenzusammenschlüsse, die nicht gewerbsmäßig und nicht nur vorübergehend entsprechend ihrer Satzung die besonderen Interessen von benachteiligten Personen oder Personengruppen nach Maßgabe von § 1 wahrnehmen. Die Befugnisse nach den Absätzen 2 bis 4 stehen ihnen zu, wenn sie mindestens 75 Mitglieder haben oder einen Zusammenschluss aus mindestens sieben Verbänden bilden.

(2) Antidiskriminierungsverbände sind befugt, im Rahmen ihres Satzungszwecks in gerichtlichen Verfahren als Beistände Benachteiligter in der Verhandlung aufzutreten. Im Übrigen bleiben die Vorschriften der Verfahrensordnungen, insbesondere diejenigen, nach denen Beiständen weiterer Vortrag untersagt werden kann, unberührt.

(3) Antidiskriminierungsverbänden ist im Rahmen ihres Satzungszwecks die Besorgung von Rechtsangelegenheiten Benachteiligter gestattet.

(4) Besondere Klagerechte und Vertretungsbefugnisse von Verbänden zu Gunsten von behinderten Menschen bleiben unberührt.

ABSCHNITT 5
Sonderregelungen für öffentlich-rechtliche Dienstverhältnisse

§ 24 Sonderregelung für öffentlich-rechtliche Dienstverhältnisse

Die Vorschriften dieses Gesetzes gelten unter Berücksichtigung ihrer besonderen Rechtsstellung entsprechend für

1. Beamtinnen und Beamte des Bundes, der Länder, der Gemeinden, der Gemeindeverbände sowie der sonstigen der Aufsicht des Bundes oder eines Landes unterstehenden Körperschaften, Anstalten und Stiftungen des öffentlichen Rechts,
2. Richterinnen und Richter des Bundes und der Länder,
3. Zivildienstleistende sowie anerkannte Kriegsdienstverweigerer, soweit ihre Heranziehung zum Zivildienst betroffen ist.

ABSCHNITT 6
Antidiskriminierungsstelle

§ 25 Antidiskriminierungsstelle des Bundes

(1) Beim Bundesministerium für Familie, Senioren, Frauen und Jugend wird unbeschadet der Zuständigkeit der Beauftragten des Deutschen Bundestages oder der Bundesregierung die Stelle des Bundes zum Schutz vor Benachteiligungen wegen eines in § 1 genannten Grundes (Antidiskriminierungsstelle des Bundes) errichtet.

(2) Der Antidiskriminierungsstelle des Bundes ist die für die Erfüllung ihrer Aufgaben notwendige Personal- und Sachausstattung zur Verfügung zu stellen. Sie ist im Einzelplan des Bundesministeriums für Familie, Senioren, Frauen und Jugend in einem eigenen Kapitel auszuweisen.

§ 26 Rechtsstellung der Leitung der Antidiskriminierungsstelle des Bundes

(1) Die Bundesministerin oder der Bundesminister für Familie, Senioren, Frauen und Jugend ernennt auf Vorschlag der Bundesregierung eine Person zur Leitung der Antidiskriminierungsstelle des Bundes. Sie steht nach Maßgabe dieses Gesetzes in einem öffentlich-rechtlichen Amtsverhältnis zum Bund. Sie ist in Ausübung ihres Amtes unabhängig und nur dem Gesetz unterworfen.

(2) Das Amtsverhältnis beginnt mit der Aushändigung der Urkunde über die Ernennung durch die Bundesministerin oder den Bundesminister für Familie, Senioren, Frauen und Jugend.

(3) Das Amtsverhältnis endet außer durch Tod

1. mit dem Zusammentreten eines neuen Bundestages,
2. durch Ablauf der Amtszeit mit Erreichen der Altersgrenze nach § 51 Abs. 1 und 2 des Bundesbeamtengesetzes,
3. mit der Entlassung.

Die Bundesministerin oder der Bundesminister für Familie, Senioren, Frauen und Jugend entlässt die Leiterin oder den Leiter der Antidiskriminierungsstelle des Bundes auf deren Verlangen oder wenn Gründe vorliegen, die bei einer Richterin oder einem Richter auf Lebenszeit die Entlassung aus dem Dienst rechtfertigen. Im Falle der Beendigung des Amtsverhältnisses erhält die Leiterin oder der Leiter der Antidiskriminierungsstelle des Bundes eine von der Bundesministerin oder dem Bundesminister für Familie, Senioren, Frauen und Jugend vollzogene Urkunde. Die Entlassung wird mit der Aushändigung der Urkunde wirksam.

(4) Das Rechtsverhältnis der Leitung der Antidiskriminierungsstelle des Bundes gegenüber dem Bund wird durch Vertrag mit dem Bundesministerium für Familie, Senioren, Frauen und Jugend geregelt. Der Vertrag bedarf der Zustimmung der Bundesregierung.

(5) Wird eine Bundesbeamtin oder ein Bundesbeamter zur Leitung der Antidiskriminierungsstelle des Bundes bestellt, scheidet er oder sie mit Beginn des Amtsverhältnisses aus dem bisherigen Amt aus. Für die Dauer des Amtsverhältnisses ruhen die aus dem Beamtenverhältnis begründeten Rechte und Pflichten mit Ausnahme der

Pflicht zur Amtsverschwiegenheit und des Verbots der Annahme von Belohnungen oder Geschenken. Bei unfallverletzten Beamtinnen oder Beamten bleiben die gesetzlichen Ansprüche auf das Heilverfahren und einen Unfallausgleich unberührt.

§ 27 Aufgaben

(1) Wer der Ansicht ist, wegen eines in § 1 genannten Grundes benachteiligt worden zu sein, kann sich an die Antidiskriminierungsstelle des Bundes wenden.

(2) Die Antidiskriminierungsstelle des Bundes unterstützt auf unabhängige Weise Personen, die sich nach Absatz 1 an sie wenden, bei der Durchsetzung ihrer Rechte zum Schutz vor Benachteiligungen. Hierbei kann sie insbesondere

1. über Ansprüche und die Möglichkeiten des rechtlichen Vorgehens im Rahmen gesetzlicher Regelungen zum Schutz vor Benachteiligungen informieren,
2. Beratung durch andere Stellen vermitteln,
3. eine gütliche Beilegung zwischen den Beteiligten anstreben.

Soweit Beauftragte des Deutschen Bundestages oder der Bundesregierung zuständig sind, leitet die Antidiskriminierungsstelle des Bundes die Anliegen der in Absatz 1 genannten Personen mit deren Einverständnis unverzüglich an diese weiter.

(3) Die Antidiskriminierungsstelle des Bundes nimmt auf unabhängige Weise folgende Aufgaben wahr, soweit nicht die Zuständigkeit der Beauftragten der Bundesregierung oder des Deutschen Bundestages berührt ist:

1. Öffentlichkeitsarbeit,
2. Maßnahmen zur Verhinderung von Benachteiligungen aus den in § 1 genannten Gründen,
3. Durchführung wissenschaftlicher Untersuchungen zu diesen Benachteiligungen.

(4) Die Antidiskriminierungsstelle des Bundes und die in ihrem Zuständigkeitsbereich betroffenen Beauftragten der Bundesregierung und des Deutschen Bundestages legen gemeinsam dem Deutschen Bundestag alle vier Jahre Berichte über Benachteiligungen aus den in § 1 genannten Gründen vor und geben Empfehlungen zur Beseitigung und Vermeidung dieser Benachteiligun-

gen. Sie können gemeinsam wissenschaftliche Untersuchungen zu Benachteiligungen durchführen.

(5) Die Antidiskriminierungsstelle des Bundes und die in ihrem Zuständigkeitsbereich betroffenen Beauftragten der Bundesregierung und des Deutschen Bundestages sollen bei Benachteiligungen aus mehreren der in § 1 genannten Gründe zusammenarbeiten.

§ 28 Befugnisse

(1) Die Antidiskriminierungsstelle des Bundes kann in Fällen des § 27 Abs. 2 Satz 2 Nr. 3 Beteiligte um Stellungnahmen ersuchen, soweit die Person, die sich nach § 27 Abs. 1 an sie gewandt hat, hierzu ihr Einverständnis erklärt.

(2) Alle Bundesbehörden und sonstigen öffentlichen Stellen im Bereich des Bundes sind verpflichtet, die Antidiskriminierungsstelle des Bundes bei der Erfüllung ihrer Aufgaben zu unterstützen, insbesondere die erforderlichen Auskünfte zu erteilen. Die Bestimmungen zum Schutz personenbezogener Daten bleiben unberührt.

§ 29 Zusammenarbeit mit Nichtregierungsorganisationen und anderen Einrichtungen

Die Antidiskriminierungsstelle des Bundes soll bei ihrer Tätigkeit Nichtregierungsorganisationen sowie Einrichtungen, die auf europäischer, Bundes-, Landes- oder regionaler Ebene zum Schutz vor Benachteiligungen wegen eines in § 1 genannten Grundes tätig sind, in geeigneter Form einbeziehen.

§ 30 Beirat

(1) Zur Förderung des Dialogs mit gesellschaftlichen Gruppen und Organisationen, die sich den Schutz vor Benachteiligungen wegen eines in § 1 genannten Grundes zum Ziel gesetzt haben, wird der Antidiskriminierungsstelle des Bundes ein Beirat beigeordnet. Der Beirat berät die Antidiskriminierungsstelle des Bundes bei der Vorlage von Berichten und Empfehlungen an den Deutschen Bundestag nach § 27 Abs. 4 und kann hierzu sowie zu wissenschaftlichen Untersuchungen nach § 27 Abs. 3 Nr. 3 eigene Vorschläge unterbreiten.

(2) Das Bundesministerium für Familie, Senioren, Frauen und Jugend beruft im Einvernehmen mit der Leitung der Antidiskriminierungsstelle des Bundes sowie den entsprechend zuständigen Beauftragten der Bundesregierung oder des Deutschen Bundestages die Mitglieder dieses Beirats und für jedes Mitglied eine Stellvertretung. In den Beirat sollen Vertreterinnen und Vertreter gesellschaftlicher Gruppen und Organisationen sowie Expertinnen und Experten in Benachteiligungsfragen berufen werden. Die Gesamtzahl der Mitglieder des Beirats soll 16 Personen nicht überschreiten. Der Beirat soll zu gleichen Teilen mit Frauen und Männern besetzt sein.

(3) Der Beirat gibt sich eine Geschäftsordnung, die der Zustimmung des Bundesministeriums für Familie, Senioren, Frauen und Jugend bedarf.

(4) Die Mitglieder des Beirats üben die Tätigkeit nach diesem Gesetz ehrenamtlich aus. Sie haben Anspruch auf Aufwandsentschädigung sowie Reisekostenvergütung, Tagegelder und Übernachtungsgelder. Näheres regelt die Geschäftsordnung.

ABSCHNITT 7
Schlussvorschriften

§ 31 Unabdingbarkeit
Von den Vorschriften dieses Gesetzes kann nicht zu Ungunsten der geschützten Personen abgewichen werden.

§ 32 Schlussbestimmung
Soweit in diesem Gesetz nicht Abweichendes bestimmt ist, gelten die allgemeinen Bestimmungen.

§ 33 Übergangsbestimmungen
(1) Bei Benachteiligungen nach den §§ 611a, 611b und 612 Abs. 3 des Bürgerlichen Gesetzbuchs oder sexuellen Belästigungen nach dem Beschäftigtenschutzgesetz ist das vor dem 18. August 2006 maßgebliche Recht anzuwenden.

(2) Bei Benachteiligungen aus Gründen der Rasse oder wegen der ethnischen Herkunft sind die §§ 19 bis 21 nicht auf Schuldverhältnisse anzuwenden, die vor dem 18. August 2006 begründet

worden sind. Satz 1 gilt nicht für spätere Änderungen von Dauerschuldverhältnissen.

(3) Bei Benachteiligungen wegen des Geschlechts, der Religion, einer Behinderung, des Alters oder der sexuellen Identität sind die §§ 19 bis 21 nicht auf Schuldverhältnisse anzuwenden, die vor dem 01. Dezember 2006 begründet worden sind. Satz 1 gilt nicht für spätere Änderungen von Dauerschuldverhältnissen.

(4) Auf Schuldverhältnisse, die eine privatrechtliche Versicherung zum Gegenstand haben, ist § 19 Abs. 1 nicht anzuwenden, wenn diese vor dem 22. Dezember 2007 begründet worden sind. Satz 1 gilt nicht für spätere Änderungen solcher Schuldverhältnisse.

(5) Bei Versicherungsverhältnissen, die vor dem 21. Dezember 2012 begründet werden, ist eine unterschiedliche Behandlung wegen des Geschlechts im Falle des § 19 Absatz 1 Nummer 2 bei den Prämien oder Leistungen nur zulässig, wenn dessen Berücksichtigung bei einer auf relevanten und genauen versicherungsmathematischen und statistischen Daten beruhenden Risikobewertung ein bestimmender Faktor ist. Kosten im Zusammenhang mit Schwangerschaft und Mutterschaft dürfen auf keinen Fall zu unterschiedlichen Prämien oder Leistungen führen.

Altersteilzeitgesetz* (ATZG)

§ 1 Grundsatz

(1) Durch Altersteilzeitarbeit soll älteren Arbeitnehmern ein gleitender Übergang vom Erwerbsleben in die Altersrente ermöglicht werden.

(2) Die Bundesagentur für Arbeit (Bundesagentur) fördert durch Leistungen nach diesem Gesetz die Teilzeitarbeit älterer Arbeitnehmer, die ihre Arbeitszeit ab Vollendung des 55. Lebensjahres spätestens ab 31. Dezember 2009 vermindern und damit die Einstellung eines sonst arbeitslosen Arbeitnehmers ermöglichen.

(3) Altersteilzeit im Sinne dieses Gesetzes liegt unabhängig von einer Förderung durch die Bundesagentur auch vor bei einer Teilzeitarbeit älterer Arbeitnehmer, die ihre Arbeitszeit ab Vollendung des 55. Lebensjahres nach dem 31. Dezember 2009 vermindern. Für die Anwendung des § 3 Nr. 28 des Einkommensteuergesetzes kommt es nicht darauf an, dass die Altersteilzeit vor dem 1. Januar 2010 begonnen wurde und durch die Bundesagentur nach § 4 gefördert wird.

§ 2 Begünstigter Personenkreis

(1) Leistungen werden für Arbeitnehmer gewährt, die

1. das 55. Lebensjahr vollendet haben,
2. nach dem 14. Februar 1996 auf Grund einer Vereinbarung mit ihrem Arbeitgeber, die sich zumindest auf die Zeit erstrecken muß, bis eine Rente wegen Alters beansprucht werden kann, ihre Arbeitszeit auf die Hälfte der bisherigen wöchentlichen Arbeitszeit vermindert haben, und versicherungspflichtig beschäftigt im Sinne des Dritten Buches Sozialgesetzbuch sind (Altersteilzeitarbeit) und
3. innerhalb der letzten fünf Jahre vor Beginn der Altersteilzeitarbeit mindestens 1.080 Kalendertage in einer versicherungspflichtigen Beschäftigung nach dem Dritten Buch Sozialgesetzbuch oder nach den Vorschriften eines Mitgliedstaates der Europäischen Union, eines Vertragsstaates des Abkommens über den Europäischen Wirtschaftsraum oder der Schweiz gestanden

* Vom 23. Juli 1996 (BGBl. I, S. 1078), zuletzt geändert durch Gesetz vom 29. März 2017 (BGBl. I, S. 626 (649)).

haben. Zeiten mit Anspruch auf Arbeitslosengeld oder Arbeitslosenhilfe, Zeiten des Bezuges von Arbeitslosengeld II sowie Zeiten, in denen Versicherungspflicht nach § 26 Abs. 2 des Dritten Buches Sozialgesetzbuch bestand, stehen der versicherungspflichtigen Beschäftigung gleich.

(2) Sieht die Vereinbarung über die Altersteilzeitarbeit unterschiedliche wöchentliche Arbeitszeiten oder eine unterschiedliche Verteilung der wöchentlichen Arbeitszeit vor, ist die Voraussetzung nach Absatz 1 Nr. 2 auch erfüllt, wenn

1. die wöchentliche Arbeitszeit im Durchschnitt eines Zeitraums von bis zu drei Jahren oder bei Regelung in einem Tarifvertrag, auf Grund eines Tarifvertrages in einer Betriebsvereinbarung oder in einer Regelung der Kirchen und der öffentlich-rechtlichen Religionsgesellschaften im Durchschnitt eines Zeitraums von bis zu sechs Jahren die Hälfte der bisherigen wöchentlichen Arbeitszeit nicht überschreitet und der Arbeitnehmer versicherungspflichtig beschäftigt im Sinne des Dritten Buches Sozialgesetzbuch ist und
2. das Arbeitsentgelt für die Altersteilzeitarbeit sowie der Aufstockungsbetrag nach § 3 Abs. 1 Nr. 1 Buchstabe a fortlaufend gezahlt werden.

Im Geltungsbereich eines Tarifvertrages nach Satz 1 Nr. 1 kann die tarifvertragliche Regelung im Betrieb eines nicht tarifgebundenen Arbeitgebers durch Betriebsvereinbarung oder, wenn ein Betriebsrat nicht besteht, durch schriftliche Vereinbarung zwischen dem Arbeitgeber und dem Arbeitnehmer übernommen werden. Können auf Grund eines solchen Tarifvertrages abweichende Regelungen in einer Betriebsvereinbarung getroffen werden, kann auch in Betrieben eines nicht tarifgebundenen Arbeitgebers davon Gebrauch gemacht werden. Satz 1 Nr. 1, 2. Alternative gilt entsprechend. In einem Bereich, in dem tarifvertragliche Regelungen zur Verteilung der Arbeitszeit nicht getroffen sind oder üblicherweise nicht getroffen werden, kann eine Regelung im Sinne des Satzes 1 Nr. 1, 2. Alternative auch durch Betriebsvereinbarung oder, wenn ein Betriebsrat nicht besteht, durch schriftliche Vereinbarung zwischen Arbeitgeber und Arbeitnehmer getroffen werden.

(3) Sieht die Vereinbarung über die Altersteilzeitarbeit unterschiedliche wöchentliche Arbeitszeiten oder eine unterschiedliche Verteilung der wöchentlichen Arbeitszeit über einen Zeitraum von mehr

als sechs Jahren vor, ist die Voraussetzung nach Absatz 1 Nr. 2 auch erfüllt, wenn die wöchentliche Arbeitszeit im Durchschnitt eines Zeitraums von sechs Jahren, der innerhalb des Gesamtzeitraums der vereinbarten Altersteilzeitarbeit liegt, die Hälfte der bisherigen wöchentlichen Arbeitszeit nicht überschreitet, der Arbeitnehmer versicherungspflichtig beschäftigt im Sinne des Dritten Buches Sozialgesetzbuch ist und die weiteren Voraussetzungen des Absatzes 2 vorliegen. Die Leistungen nach § 3 Abs. 1 Nr. 1 sind nur in dem in Satz 1 genannten Zeitraum von sechs Jahren zu erbringen.

§ 3 Anspruchsvoraussetzungen

(1) Der Anspruch auf die Leistungen nach § 4 setzt voraus, daß

1. der Arbeitgeber auf Grund eines Tarifvertrages, einer Regelung der Kirchen und der öffentlich-rechtlichen Religionsgesellschaften, einer Betriebsvereinbarung oder einer Vereinbarung mit dem Arbeitnehmer
   a) das Regelarbeitsentgelt für die Altersteilzeitarbeit um mindestens 20 vom Hundert aufgestockt hat, wobei die Aufstockung auch weitere Entgeltbestandteile umfassen kann, und
   b) für den Arbeitnehmer zusätzlich Beiträge zur gesetzlichen Rentenversicherung mindestens in Höhe des Beitrags entrichtet hat, der auf 80 vom Hundert des Regelarbeitsentgelts für die Altersteilzeitarbeit, begrenzt auf den Unterschiedsbetrag zwischen 90 vom Hundert der monatlichen Beitragsbemessungsgrenze und dem Regelarbeitsentgelt, entfällt, höchstens bis zur Beitragsbemessungsgrenze, sowie
2. der Arbeitgeber aus Anlass des Übergangs des Arbeitnehmers in die Altersteilzeitarbeit
   a) einen bei einer Agentur für Arbeit arbeitslos gemeldeten Arbeitnehmer, einen Bezieher von Arbeitslosengeld II oder einen Arbeitnehmer nach Abschluss der Ausbildung auf dem freigemachten oder auf einem in diesem Zusammenhang durch Umsetzung frei gewordenen Arbeitsplatz versicherungspflichtig im Sinne des Dritten Buches Sozialgesetzbuch beschäftigt; bei Arbeitgebern, die in der Regel nicht mehr als 50 Arbeitnehmer beschäftigen, wird unwiderleglich vermutet, dass der Arbeitnehmer auf dem freigemachten oder auf einem in diesem Zusammenhang durch Umsetzung frei gewordenen Arbeitsplatz beschäftigt wird, oder

b) einen Auszubildenden versicherungspflichtig im Sinne des Dritten Buches Sozialgesetzbuch beschäftigt, wenn der Arbeitgeber in der Regel nicht mehr als 50 Arbeitnehmer beschäftigt und

3. die freie Entscheidung des Arbeitgebers bei einer über fünf vom Hundert der Arbeitnehmer des Betriebes hinausgehenden Inanspruchnahme sichergestellt ist oder eine Ausgleichskasse der Arbeitgeber oder eine gemeinsame Einrichtung der Tarifvertragsparteien besteht, wobei beide Voraussetzungen in Tarifverträgen verbunden werden können.

(1a) Die Voraussetzungen des Absatzes 1 Nr. 1 Buchstabe a sind auch erfüllt, wenn Bestandteile des Arbeitsentgelts, die für den Zeitraum der vereinbarten Altersteilzeitarbeit vermindert worden sind, bei der Aufstockung außer Betracht bleiben.

(2) Für die Zahlung der Beiträge nach Absatz 1 Nr. 1 Buchstabe b gelten die Bestimmungen des Sechsten Buches Sozialgesetzbuch über die Beitragszahlung aus dem Arbeitsentgelt.

(3) Hat der in Altersteilzeitarbeit beschäftigte Arbeitnehmer die Arbeitsleistung oder Teile der Arbeitsleistung im voraus erbracht, so ist die Voraussetzung nach Absatz 1 Nr. 2 bei Arbeitszeiten nach § 2 Abs. 2 und 3 erfüllt, wenn die Beschäftigung eines bei einer Agentur für Arbeit arbeitslos gemeldeten Arbeitnehmers oder eines Arbeitnehmers nach Abschluß der Ausbildung auf dem freigemachten oder durch Umsetzung freigewordenen Arbeitsplatz erst nach Erbringung der Arbeitsleistung erfolgt.

§ 4 Leistungen

(1) Die Bundesagentur erstattet dem Arbeitgeber für längstens sechs Jahre

1. den Aufstockungsbetrag nach § 3 Abs. 1 Nr. 1 Buchstabe a in Höhe von 20 vom Hundert des für die Altersteilzeitarbeit gezahlten Regelarbeitsentgelts und
2. den Betrag, der nach § 3 Abs. 1 Nr. 1 Buchstabe b in Höhe des Beitrags geleistet worden ist, der auf den Betrag entfällt, der sich aus 80 vom Hundert des Regelarbeitsentgelts für die Altersteilzeitarbeit ergibt, jedoch höchstens des auf den Unterschiedsbetrag zwischen 90 vom Hundert der monatlichen

Beitragsbemessungsgrenze und dem Regelarbeitsentgelt entfallenden Beitrags.

(2) Bei Arbeitnehmern, die nach § 6 Abs. 1 Satz 1 Nr. 1 oder § 231 Abs. 1 und 2 des Sechsten Buches Sozialgesetzbuch von der Versicherungspflicht befreit sind, werden Leistungen nach Absatz 1 auch erbracht, wenn die Voraussetzung des § 3 Abs. 1 Nr. 1 Buchstabe b nicht erfüllt ist. Dem Betrag nach Absatz 1 Nr. 2 stehen in diesem Fall vergleichbare Aufwendungen des Arbeitgebers bis zur Höhe des Beitrags gleich, den die Bundesagentur nach Absatz 1 Nr. 2 zu tragen hätte, wenn der Arbeitnehmer nicht von der Versicherungspflicht befreit wäre.

§ 5 Erlöschen und Ruhen des Anspruchs

(1) Der Anspruch auf die Leistungen nach § 4 erlischt

1. mit Ablauf des Kalendermonats, in dem der Arbeitnehmer die Altersteilzeitarbeit beendet hat,
2. mit Ablauf des Kalendermonats vor dem Kalendermonat, für den der Arbeitnehmer eine Rente wegen Alters oder, wenn er von der Versicherungspflicht in der gesetzlichen Rentenversicherung befreit ist, das 65. Lebensjahr vollendet hat oder eine der Rente vergleichbare Leistung einer Versicherungs- oder Versorgungseinrichtung oder eines Versicherungsunternehmens beanspruchen kann; dies gilt nicht für Renten, die vor dem für den Versicherten maßgebenden Rentenalter in Anspruch genommen werden können oder
3. mit Beginn des Kalendermonats, für den der Arbeitnehmer eine Rente wegen Alters, eine Knappschaftsausgleichsleistung, eine ähnliche Leistung öffentlich-rechtlicher Art oder, wenn er von der Versicherungspflicht in der gesetzlichen Rentenversicherung befreit ist, eine vergleichbare Leistung einer Versicherungs- oder Versorgungseinrichtung oder eines Versicherungsunternehmens bezieht.

(2) Der Anspruch auf die Leistungen besteht nicht, solange der Arbeitgeber auf dem freigemachten oder durch Umsetzung freigewordenen Arbeitsplatz keinen Arbeitnehmer mehr beschäftigt, der bei Beginn der Beschäftigung die Voraussetzungen des § 3 Abs. 1 Nr. 2 erfüllt hat. Dies gilt nicht, wenn der Arbeitsplatz mit einem Arbeitnehmer, der diese Voraussetzungen erfüllt, innerhalb von drei

Monaten erneut wiederbesetzt wird oder der Arbeitgeber insgesamt für vier Jahre die Leistungen erhalten hat.

(3) Der Anspruch auf die Leistungen ruht während der Zeit, in der der Arbeitnehmer neben seiner Altersteilzeitarbeit Beschäftigungen oder selbständige Tätigkeiten ausübt, die die Geringfügigkeitsgrenze des § 8 des Vierten Buches Sozialgesetzbuch überschreiten oder auf Grund solcher Beschäftigungen eine Entgeltersatzleistung erhält. Der Anspruch auf die Leistungen erlischt, wenn er mindestens 150 Kalendertage geruht hat. Mehrere Ruhenszeiträume sind zusammenzurechnen. Beschäftigungen oder selbständige Tätigkeiten bleiben unberücksichtigt, soweit der altersteilzeitarbeitende Arbeitnehmer sie bereits innerhalb der letzten fünf Jahre vor Beginn der Altersteilzeitarbeit ständig ausgeübt hat.

(4) Der Anspruch auf die Leistungen ruht während der Zeit, in der der Arbeitnehmer über die Altersteilzeitarbeit hinaus Mehrarbeit leistet, die den Umfang der Geringfügigkeitsgrenze des § 8 des Vierten Buches Sozialgesetzbuch überschreitet. Absatz 3 Satz 2 und 3 gilt entsprechend.

(5) § 48 Abs. 1 Nr. 3 des Zehnten Buches Sozialgesetzbuch findet keine Anwendung.

§ 6 Begriffsbestimmungen

(1) Das Regelarbeitsentgelt für die Altersteilzeitarbeit im Sinne dieses Gesetzes ist das auf einen Monat entfallende vom Arbeitgeber regelmäßig zu zahlende sozialversicherungspflichtige Arbeitsentgelt, soweit es die Beitragsbemessungsgrenze des Dritten Buches Sozialgesetzbuch nicht überschreitet. Entgeltbestandteile, die nicht laufend gezahlt werden, sind nicht berücksichtigungsfähig.

(2) Als bisherige wöchentliche Arbeitszeit ist die wöchentliche Arbeitszeit zugrunde zu legen, die mit dem Arbeitnehmer vor dem Übergang in die Altersteilzeitarbeit vereinbart war. Zugrunde zu legen ist höchstens die Arbeitszeit, die im Durchschnitt der letzten 24 Monate vor dem Übergang in die Altersteilzeit vereinbart war. Die ermittelte durchschnittliche Arbeitszeit kann auf die nächste volle Stunde gerundet werden.

(3) [weggefallen]

§ 7 Berechnungsvorschriften

(1) Ein Arbeitgeber beschäftigt in der Regel nicht mehr als 50 Arbeitnehmer, wenn er in dem Kalenderjahr, das demjenigen, für das die Feststellung zu treffen ist, vorausgegangen ist, für einen Zeitraum von mindestens acht Kalendermonaten nicht mehr als 50 Arbeitnehmer beschäftigt hat. Hat das Unternehmen nicht während des ganzen nach Satz 1 maßgebenden Kalenderjahrs bestanden, so beschäftigt der Arbeitgeber in der Regel nicht mehr als 50 Arbeitnehmer, wenn er während des Zeitraums des Bestehens des Unternehmens in der überwiegenden Zahl der Kalendermonate nicht mehr als 50 Arbeitnehmer beschäftigt hat. Ist das Unternehmen im Laufe des Kalenderjahrs errichtet worden, in dem die Feststellung nach Satz 1 zu treffen ist, so beschäftigt der Arbeitgeber in der Regel nicht mehr als 50 Arbeitnehmer, wenn nach der Art des Unternehmens anzunehmen ist, dass die Zahl der beschäftigten Arbeitnehmer während der überwiegenden Kalendermonate dieses Kalenderjahrs 50 nicht überschreiten wird.

(2) Für die Berechnung der Zahl der Arbeitnehmer nach § 3 Abs. 1 Nr. 3 ist der Durchschnitt der letzten zwölf Kalendermonate vor dem Beginn der Altersteilzeitarbeit des Arbeitnehmers maßgebend. Hat ein Betrieb noch nicht zwölf Monate bestanden, ist der Durchschnitt der Kalendermonate während des Zeitraums des Bestehens des Betriebes maßgebend.

(3) Bei der Feststellung der Zahl der beschäftigten Arbeitnehmer nach Absatz 1 und 2 bleiben schwerbehinderte Menschen und Gleichgestellte im Sinne des Neunten Buches Sozialgesetzbuch sowie Auszubildende außer Ansatz. Teilzeitbeschäftigte Arbeitnehmer mit einer regelmäßigen wöchentlichen Arbeitszeit von nicht mehr als 20 Stunden sind mit 0,5 und mit einer regelmäßigen wöchentlichen Arbeitszeit von nicht mehr als 30 Stunden mit 0,75 zu berücksichtigen.

(4) Bei der Ermittlung der Zahl der in Altersteilzeitarbeit beschäftigten Arbeitnehmer nach § 3 Abs. 1 Nr. 3 sind schwerbehinderte Menschen und Gleichgestellte im Sinne des Neunten Buches Sozialgesetzbuch zu berücksichtigen.

§ 8 Arbeitsrechtliche Regelungen

(1) Die Möglichkeit eines Arbeitnehmers zur Inanspruchnahme von Altersteilzeitarbeit gilt nicht als eine die Kündigung des Arbeitsverhältnisses durch den Arbeitgeber begründende Tatsache im Sinne des § 1 Abs. 2 Satz 1 des Kündigungsschutzgesetzes; sie kann auch nicht bei der sozialen Auswahl nach § 1 Abs. 3 Satz 1 des Kündigungsschutzgesetzes zum Nachteil des Arbeitnehmers berücksichtigt werden.

(2) Die Verpflichtung des Arbeitgebers zur Zahlung von Leistungen nach § 3 Abs. 1 Nr. 1 kann nicht für den Fall ausgeschlossen werden, daß der Anspruch des Arbeitgebers auf die Leistungen nach § 4 nicht besteht, weil die Voraussetzung des § 3 Abs. 1 Nr. 2 nicht vorliegt. Das gleiche gilt für den Fall, daß der Arbeitgeber die Leistungen nur deshalb nicht erhält, weil er den Antrag nach § 12 nicht, nicht richtig, nicht vollständig oder nicht rechtzeitig gestellt hat oder seinen Mitwirkungspflichten nicht nachgekommen ist, ohne daß dafür eine Verletzung der Mitwirkungspflichten des Arbeitnehmers ursächlich war.

(3) Eine Vereinbarung zwischen Arbeitnehmer und Arbeitgeber über die Altersteilzeitarbeit, die die Beendigung des Arbeitsverhältnisses ohne Kündigung zu einem Zeitpunkt vorsieht, in dem der Arbeitnehmer Anspruch auf eine Rente wegen Alters hat, ist zulässig.

§ 8a Insolvenzversicherung

(1) Führt eine Vereinbarung über die Altersteilzeitarbeit im Sinne von § 2 Abs. 2 zum Aufbau eines Wertguthabens, das den Betrag des Dreifachen des Regelarbeitsentgelts nach § 6 Abs. 1 einschließlich des darauf entfallenden Arbeitgeberanteils am Gesamtsozialversicherungsbeitrag übersteigt, ist der Arbeitgeber verpflichtet, das Wertguthaben einschließlich des darauf entfallenden Arbeitgeberanteils am Gesamtsozialversicherungsbeitrag mit der ersten Gutschrift in geeigneter Weise gegen das Risiko seiner Zahlungsunfähigkeit abzusichern; § 7e des Vierten Buches Sozialgesetzbuch findet keine Anwendung. Bilanzielle Rückstellungen sowie zwischen Konzernunternehmen (§ 18 des Aktiengesetzes) begründete Einstandspflichten, insbesondere Bürgschaften, Patronatserklärungen oder Schuldbeitritte, gelten nicht als geeignete Sicherungsmittel im Sinne des Satzes 1.

(2) Bei der Ermittlung der Höhe des zu sichernden Wertguthabens ist eine Anrechnung der Leistungen nach § 3 Abs. 1 Nr. 1 Buchstabe a und b und § 4 Abs. 2 sowie der Zahlungen des Arbeitgebers zur Übernahme der Beiträge im Sinne des § 187a des Sechsten Buches Sozialgesetzbuch unzulässig.

(3) Der Arbeitgeber hat dem Arbeitnehmer die zur Sicherung des Wertguthabens ergriffenen Maßnahmen mit der ersten Gutschrift und danach alle sechs Monate in Textform nachzuweisen. Die Betriebsparteien können eine andere gleichwertige Art und Form des Nachweises vereinbaren; Absatz 4 bleibt hiervon unberührt.

(4) Kommt der Arbeitgeber seiner Verpflichtung nach Absatz 3 nicht nach oder sind die nachgewiesenen Maßnahmen nicht geeignet und weist er auf schriftliche Aufforderung des Arbeitnehmers nicht innerhalb eines Monats eine geeignete Insolvenzsicherung des bestehenden Wertguthabens in Textform nach, kann der Arbeitnehmer verlangen, dass Sicherheit in Höhe des bestehenden Wertguthabens geleistet wird. Die Sicherheitsleistung kann nur erfolgen durch Stellung eines tauglichen Bürgen oder Hinterlegung von Geld oder solchen Wertpapieren, die nach § 234 Abs. 1 und 3 des Bürgerlichen Gesetzbuchs zur Sicherheitsleistung geeignet sind. Die Vorschriften der §§ 233, 234 Abs. 2, §§ 235 und 239 des Bürgerlichen Gesetzbuchs sind entsprechend anzuwenden.

(5) Vereinbarungen über den Insolvenzschutz, die zum Nachteil des in Altersteilzeitarbeit beschäftigten Arbeitnehmers von den Bestimmungen dieser Vorschrift abweichen, sind unwirksam.

(6) Die Absätze 1 bis 5 finden keine Anwendung gegenüber dem Bund, den Ländern, den Gemeinden, Körperschaften, Stiftungen und Anstalten des öffentlichen Rechts, über deren Vermögen die Eröffnung eines Insolvenzverfahrens nicht zulässig ist, sowie solchen juristischen Personen des öffentlichen Rechts, bei denen der Bund, ein Land oder eine Gemeinde kraft Gesetzes die Zahlungsfähigkeit sichert.

§ 9 Ausgleichskassen, gemeinsame Einrichtungen

(1) Werden die Leistungen nach § 3 Abs. 1 Nr. 1 auf Grund eines Tarifvertrages von einer Ausgleichskasse der Arbeitgeber erbracht

oder dem Arbeitgeber erstattet, gewährt die Bundesagentur auf Antrag der Tarifvertragsparteien die Leistungen nach § 4 der Ausgleichskasse.

(2) Für gemeinsame Einrichtungen der Tarifvertragsparteien gilt Absatz 1 entsprechend.

§ 10 Soziale Sicherung des Arbeitnehmers

(1) Beansprucht ein Arbeitnehmer, der Altersteilzeitarbeit (§ 2) geleistet hat und für den der Arbeitgeber Leistungen nach § 3 Abs. 1 Nr. 1 erbracht hat, Arbeitslosengeld oder Arbeitslosenhilfe, erhöht sich das Bemessungsentgelt, das sich nach den Vorschriften des Dritten Buches Sozialgesetzbuch ergibt, bis zu dem Betrag, der als Bemessungsentgelt zugrunde zu legen wäre, wenn der Arbeitnehmer seine Arbeitszeit nicht im Rahmen der Altersteilzeit vermindert hätte. Kann der Arbeitnehmer eine Rente wegen Alters in Anspruch nehmen, ist von dem Tage an, an dem die Rente erstmals beansprucht werden kann, das Bemessungsentgelt maßgebend, das ohne die Erhöhung nach Satz 1 zugrunde zu legen gewesen wäre. Änderungsbescheide werden mit dem Tag wirksam, an dem die Altersrente erstmals beansprucht werden konnte.

(2) Bezieht ein Arbeitnehmer, für den die Bundesagentur Leistungen nach § 4 erbracht hat, Krankengeld, Versorgungskrankengeld, Verletztengeld oder Übergangsgeld und liegt der Bemessung dieser Leistungen ausschließlich die Altersteilzeit zugrunde oder bezieht der Arbeitnehmer Krankentagegeld von einem privaten Krankenversicherungsunternehmen, erbringt die Bundesagentur anstelle des Arbeitgebers die Leistungen nach § 3 Abs. 1 Nr. 1 in Höhe der Erstattungsleistungen nach § 4. Satz 1 gilt soweit und solange nicht, als Leistungen nach § 3 Abs. 1 Nr. 1 vom Arbeitgeber erbracht werden. Durch die Leistungen darf der Höchstförderzeitraum nach § 4 Abs. 1 nicht überschritten werden. § 5 Abs. 1 gilt entsprechend.

(3) Absatz 2 gilt entsprechend für Arbeitnehmer, die nur wegen Inanspruchnahme der Altersteilzeit nach § 2 Abs. 1 Nr. 1 und 2 des Zweiten Gesetzes über die Krankenversicherung der Landwirte versicherungspflichtig in der Krankenversicherung der Landwirte sind, soweit und solange ihnen Krankengeld gezahlt worden wäre,

falls sie nicht Mitglied der landwirtschaftlichen Krankenkasse geworden wären.

(4) Bezieht der Arbeitnehmer Kurzarbeitergeld, gilt für die Berechnung der Leistungen des § 3 Abs. 1 Nr. 1 und des § 4 das Entgelt für die vereinbarte Arbeitszeit als Arbeitsentgelt für die Altersteilzeitarbeit.

(5) Sind für den Arbeitnehmer Aufstockungsleistungen nach § 3 Abs. 1 Nr. 1 Buchstabe a und b gezahlt worden, gilt in den Fällen der nicht zweckentsprechenden Verwendung von Wertguthaben für die Berechnung der Beiträge zur gesetzlichen Rentenversicherung der Unterschiedsbetrag zwischen dem Betrag, den der Arbeitgeber der Berechnung der Beiträge nach § 3 Abs. 1 Nr. 1 Buchstabe b zugrunde gelegt hat, und dem Doppelten des Regelarbeitsentgelts bis zum Zeitpunkt der nicht zweckentsprechenden Verwendung, höchstens bis zur Beitragsbemessungsgrenze, als beitragspflichtige Einnahme aus dem Wertguthaben; für die Beiträge zur Krankenversicherung, Pflegeversicherung oder nach dem Recht der Arbeitsförderung gilt § 23b Abs. 2 bis 3 des Vierten Buches Sozialgesetzbuch. Im Falle der Zahlungsunfähigkeit des Arbeitgebers gilt Satz 1 entsprechend, soweit Beiträge gezahlt werden.

§ 11 Mitwirkungspflichten des Arbeitnehmers

(1) Der Arbeitnehmer hat Änderungen der ihn betreffenden Verhältnisse, die für die Leistungen nach § 4 erheblich sind, dem Arbeitgeber unverzüglich mitzuteilen. Werden im Fall des § 9 die Leistungen von der Ausgleichskasse der Arbeitgeber oder der gemeinsamen Einrichtung der Tarifvertragsparteien erbracht, hat der Arbeitnehmer Änderungen nach Satz 1 diesen gegenüber unverzüglich mitzuteilen.

(2) Der Arbeitnehmer hat der Bundesagentur die dem Arbeitgeber zu Unrecht gezahlten Leistungen zu erstatten, wenn der Arbeitnehmer die unrechtmäßige Zahlung dadurch bewirkt hat, daß er vorsätzlich oder grob fahrlässig

1. Angaben gemacht hat, die unrichtig oder unvollständig sind, oder
2. der Mitteilungspflicht nach Absatz 1 nicht nachgekommen ist.

Die zu erstattende Leistung ist durch schriftlichen Verwaltungsakt festzusetzen. Eine Erstattung durch den Arbeitgeber kommt insoweit nicht in Betracht.

§ 12 Verfahren

(1) Die Agentur für Arbeit entscheidet auf Antrag des Arbeitgebers, ob die Voraussetzungen für die Erbringung von Leistungen nach § 4 vorliegen. Der Antrag wirkt vom Zeitpunkt des Vorliegens der Anspruchsvoraussetzungen, wenn er innerhalb von drei Monaten nach deren Vorliegen gestellt wird, andernfalls wirkt er vom Beginn des Monats der Antragstellung. In den Fällen des § 3 Abs. 3 kann die Agentur für Arbeit auch vorab entscheiden, ob die Voraussetzungen des § 2 vorliegen. Mit dem Antrag sind die Namen, Anschriften und Versicherungsnummern der Arbeitnehmer mitzuteilen, für die Leistungen beantragt werden. Zuständig ist die Agentur für Arbeit, in deren Bezirk der Betrieb liegt, in dem der Arbeitnehmer beschäftigt ist. Die Bundesagentur erklärt eine andere Agentur für Arbeit für zuständig, wenn der Arbeitgeber dafür ein berechtigtes Interesse glaubhaft macht.

(2) Die Höhe der Leistungen nach § 4 wird zu Beginn des Erstattungsverfahrens in monatlichen Festbeträgen für die gesamte Förderdauer festgelegt. Die monatlichen Festbeträge werden nur angepasst, wenn sich das berücksichtigungsfähige Regelarbeitsentgelt um mindestens 10 Euro verringert. Leistungen nach § 4 werden auf Antrag erbracht und nachträglich jeweils für den Kalendermonat ausgezahlt, in dem die Anspruchsvoraussetzungen vorgelegen haben. Leistungen nach § 10 Abs. 2 werden auf Antrag des Arbeitnehmers oder, im Falle einer Leistungserbringung des Arbeitgebers an den Arbeitnehmer gemäß § 10 Abs. 2 Satz 2, auf Antrag des Arbeitgebers monatlich nachträglich ausgezahlt.

(3) In den Fällen des § 3 Abs. 3 werden dem Arbeitgeber die Leistungen nach Absatz 1 erst von dem Zeitpunkt an ausgezahlt, in dem der Arbeitgeber auf dem freigemachten oder durch Umsetzung freigewordenen Arbeitsplatz einen Arbeitnehmer beschäftigt, der bei Beginn der Beschäftigung die Voraussetzungen des § 3 Abs. 1 Nr. 2 erfüllt hat. Endet die Altersteilzeitarbeit in den Fällen des § 3 Abs. 3 vorzeitig, erbringt die Agentur für Arbeit dem Arbeitgeber die Leistungen für zurückliegende Zeiträume nach Satz 3, solange die Voraussetzungen des § 3 Abs. 1 Nr. 2 erfüllt sind und soweit dem Arbeitgeber entsprechende Aufwendungen für Aufstockungsleistungen nach § 3 Abs. 1 Nr. 1 und § 4 Abs. 2 verblieben sind. Die Leistungen für zurückliegende Zeiten werden

zusammen mit den laufenden Leistungen jeweils in monatlichen Teilbeträgen ausgezahlt. Die Höhe der Leistungen für zurückliegende Zeiten bestimmt sich nach der Höhe der laufenden Leistungen.

(4) Über die Erbringung von Leistungen kann die Agentur für Arbeit vorläufig entscheiden, wenn die Voraussetzungen für den Anspruch mit hinreichender Wahrscheinlichkeit vorliegen und zu ihrer Feststellung voraussichtlich längere Zeit erforderlich ist. Aufgrund der vorläufigen Entscheidung erbrachte Leistungen sind auf die zustehende Leistung anzurechnen. Sie sind zu erstatten, soweit mit der abschließenden Entscheidung ein Anspruch nicht oder nur in geringerer Höhe zuerkannt wird.

§ 13 Auskünfte und Prüfung

Die §§ 315, 319 und 320a des Dritten Buches und das Zweite Kapitel des Zehnten Buches Sozialgesetzbuch gelten entsprechend. § 2 Abs. 1 Nr. 3 des Schwarzarbeitsbekämpfungsgesetzes bleibt unberührt.

§ 14 Bußgeldvorschriften

(1) Ordnungswidrig handelt, wer vorsätzlich oder fahrlässig

1. entgegen § 11 Abs. 1 oder als Arbeitgeber entgegen § 60 Abs. 1 Nr. 2 des Ersten Buches Sozialgesetzbuch eine Mitteilung nicht, nicht richtig, nicht vollständig oder nicht rechtzeitig macht,
2. entgegen § 13 Satz 1 in Verbindung mit § 315 Abs. 1, 2 Satz 1, Abs. 3 oder 5 Satz 1 und 2 des Dritten Buches Sozialgesetzbuch eine Auskunft nicht, nicht richtig, nicht vollständig oder nicht rechtzeitig erteilt,
3. entgegen § 13 Satz 1 in Verbindung mit § 319 Abs. 1 Satz 1 des Dritten Buches Sozialgesetzbuch Einsicht oder Zutritt nicht gewährt oder
4. entgegen § 13 Satz 1 in Verbindung mit § 319 Abs. 2 Satz 1 des Dritten Buches Sozialgesetzbuch Daten nicht, nicht richtig, nicht vollständig, nicht in der vorgeschriebenen Weise oder nicht rechtzeitig zur Verfügung stellt.

(2) Die Ordnungswidrigkeit kann in den Fällen des Absatzes 1 Nr. 4 mit einer Geldbuße bis zu dreißigtausend Euro, in den übrigen Fällen mit einer Geldbuße bis zu tausend Euro geahndet werden.

(3) Verwaltungsbehörden im Sinne des § 36 Abs. 1 Nr. 1 des Gesetzes über Ordnungswidrigkeiten sind die Agenturen für Arbeit.

(4) Die Geldbußen fließen in die Kasse der Bundesagentur. § 66 des Zehnten Buches Sozialgesetzbuch gilt entsprechend.

(5) Die notwendigen Auslagen trägt abweichend von § 105 Abs. 2 des Gesetzes über Ordnungswidrigkeiten die Bundesagentur; diese ist auch ersatzpflichtig im Sinne des § 110 Abs. 4 des Gesetzes über Ordnungswidrigkeiten.

§ 15 Verordnungsermächtigung

Das Bundesministerium für Arbeit und Soziales kann durch Rechtsverordnung die Mindestnettobeträge nach § 3 Abs. 1 Nr. 1 Buchstabe a in der bis zum 30. Juni 2004 gültigen Fassung bestimmen. Die Vorschriften zum Leistungsentgelt des Dritten Buches Sozialgesetzbuch gelten entsprechend. Das bisherige Arbeitsentgelt im Sinne des § 6 Abs. 1 in der bis zum 30. Juni 2004 gültigen Fassung ist auf den nächsten durch fünf teilbaren Euro-Betrag zu runden. Der Kalendermonat ist mit 30 Tagen anzusetzen.

§§ 15a bis 15e Übergangsregelungen [nicht abgedruckt]

§ 15f Übergangsregelung nach dem Zweiten Gesetz für moderne Dienstleistungen am Arbeitsmarkt

Wurde mit der Altersteilzeit vor dem 1. April 2003 begonnen, gelten Arbeitnehmer, die bis zu diesem Zeitpunkt in einer versicherungspflichtigen Beschäftigung nach dem Dritten Buch Sozialgesetzbuch gestanden haben, auch nach dem 1. April 2003 als versicherungspflichtig beschäftigt, wenn sie die bis zum 31. März 2003 geltenden Voraussetzungen für das Vorliegen einer versicherungspflichtigen Beschäftigung weiterhin erfüllen.

§ 15g Übergangsregelung zum Dritten Gesetz für moderne Dienstleistungen am Arbeitsmarkt

Wurde mit der Altersteilzeitarbeit vor dem 1. Juli 2004 begonnen, sind die Vorschriften in der bis zum 30. Juni 2004 geltenden Fassung mit Ausnahme des § 15 weiterhin anzuwenden. Auf Antrag des Arbeitgebers erbringt die Bundesagentur abweichend von Satz 1 Leistungen nach § 4 in der ab dem 1. Juli 2004 geltenden

Fassung, wenn die hierfür ab dem 1. Juli 2004 maßgebenden Voraussetzungen erfüllt sind.

§ 15h Übergangsregelung zum Gesetz über Leistungsverbesserungen in der gesetzlichen Rentenversicherung

Abweichend von § 5 Absatz 1 Nummer 2 erlischt der Anspruch auf die Leistungen nach § 4 nicht, wenn mit der Altersteilzeit vor dem 1. Januar 2010 begonnen worden ist und die Voraussetzungen für einen Anspruch auf eine Rente für besonders langjährig Versicherte nach § 236b des Sechsten Buches Sozialgesetzbuch erfüllt sind.

§ 15i Übergangsregelung zum Gesetz zu Änderungen im Bereich der geringfügigen Beschäftigung

Wurde mit der Altersteilzeit vor dem 1. Januar 2013 begonnen, gelten Arbeitnehmerinnen und Arbeitnehmer, die bis zu diesem Zeitpunkt in einer versicherungspflichtigen Beschäftigung nach dem Dritten Buch Sozialgesetzbuch gestanden haben, auch nach dem 31. Dezember 2012 als versicherungspflichtig beschäftigt, wenn sie die bis zum 31. Dezember 2012 geltenden Voraussetzungen für das Vorliegen einer versicherungspflichtigen Beschäftigung weiterhin erfüllen.

§ 16 Befristung der Förderungsfähigkeit

Für die Zeit ab dem 1. Januar 2010 sind Leistungen nach § 4 nur noch zu erbringen, wenn die Voraussetzungen des § 2 erstmals vor diesem Zeitpunkt vorgelegen haben.

Gesetz über zwingende Arbeitsbedingungen für grenzüberschreitend entsandte und für regelmäßig im Inland beschäftigte Arbeitnehmer und Arbeitnehmerinnen* (Arbeitnehmer-Entsendegesetz – AEntG)

ABSCHNITT 1
Zielsetzung

§ 1 Zielsetzung

Ziele des Gesetzes sind die Schaffung und Durchsetzung angemessener Mindestarbeitsbedingungen für grenzüberschreitend entsandte und für regelmäßig im Inland beschäftigte Arbeitnehmer und Arbeitnehmerinnen sowie die Gewährleistung fairer und funktionierender Wettbewerbsbedingungen durch die Erstreckung der Rechtsnormen von Branchentarifverträgen. Dadurch sollen zugleich sozialversicherungspflichtige Beschäftigung erhalten und die Ordnungs- und Befriedungsfunktion der Tarifautonomie gewahrt werden.

ABSCHNITT 2
Allgemeine Arbeitsbedingungen

§ 2 Allgemeine Arbeitsbedingungen

Die in Rechts- oder Verwaltungsvorschriften enthaltenen Regelungen über

1. die Mindestentgeltsätze einschließlich der Überstundensätze,
2. den bezahlten Mindestjahresurlaub,
3. die Höchstarbeitszeiten und Mindestruhezeiten,
4. die Bedingungen für die Überlassung von Arbeitskräften, insbesondere durch Leiharbeitsunternehmen,
5. die Sicherheit, den Gesundheitsschutz und die Hygiene am Arbeitsplatz,
6. die Schutzmaßnahmen im Zusammenhang mit den Arbeits- und Beschäftigungsbedingungen von Schwangeren und Wöchnerinnen, Kindern und Jugendlichen und
7. die Gleichbehandlung von Männern und Frauen sowie andere Nichtdiskriminierungsbestimmungen

---

* Vom 20. April 2009 (BGBl. I, S. 799), zuletzt geändert durch Gesetz vom 18. Juli 2017 (BGBl. I, S. 2739 (2744)).

finden auch auf Arbeitsverhältnisse zwischen einem im Ausland ansässigen Arbeitgeber und seinen im Inland beschäftigten Arbeitnehmern und Arbeitnehmerinnen zwingend Anwendung.

ABSCHNITT 3
Tarifvertragliche Arbeitsbedingungen

§ 3 Tarifvertragliche Arbeitsbedingungen

Die Rechtsnormen eines bundesweiten Tarifvertrages finden unter den Voraussetzungen der §§ 4 bis 6 auch auf Arbeitsverhältnisse zwischen einem Arbeitgeber mit Sitz im Ausland und seinen im räumlichen Geltungsbereich dieses Tarifvertrages beschäftigten Arbeitnehmern und Arbeitnehmerinnen zwingend Anwendung, wenn der Tarifvertrag als Tarifvertrag nach § 4 Absatz 1 Nummer 1 für allgemeinverbindlich erklärt ist oder eine Rechtsverordnung nach § 7 oder § 7a vorliegt. Eines bundesweiten Tarifvertrages bedarf es nicht, soweit Arbeitsbedingungen im Sinne des § 5 Nr. 2 oder 3 Gegenstand tarifvertraglicher Regelungen sind, die zusammengefasst räumlich den gesamten Geltungsbereich dieses Gesetzes abdecken.

§ 4 Branchen

(1) § 3 gilt für Tarifverträge

1. des Bauhauptgewerbes oder des Baunebengewerbes im Sinne der Baubetriebe-Verordnung vom 28. Oktober 1980 (BGBl. I S. 2033), zuletzt geändert durch die Verordnung vom 26. April 2006 (BGBl. I S. 1085), in der jeweils geltenden Fassung einschließlich der Erbringung von Montageleistungen auf Baustellen außerhalb des Betriebssitzes,
2. der Gebäudereinigung,
3. für Briefdienstleistungen,
4. für Sicherheitsdienstleistungen,
5. für Bergbauspezialarbeiten auf Steinkohlebergwerken,
6. für Wäschereidienstleistungen im Objektkundengeschäft,
7. der Abfallwirtschaft einschließlich Straßenreinigung und Winterdienst,
8. für Aus- und Weiterbildungsdienstleistungen nach dem Zweiten oder Dritten Buch Sozialgesetzbuch und
9. für Schlachten und Fleischverarbeitung.

(2) § 3 gilt darüber hinaus für Tarifverträge aller anderen als der in Absatz 1 genannten Branchen, wenn die Erstreckung der Rechtsnormen des Tarifvertrages im öffentlichen Interesse geboten erscheint, um die in § 1 genannten Gesetzesziele zu erreichen und dabei insbesondere einem Verdrängungswettbewerb über die Lohnkosten entgegen zu wirken.

§ 5 Arbeitsbedingungen

Gegenstand eines Tarifvertrages nach § 3 können sein

1. Mindestentgeltsätze, die nach Art der Tätigkeit, Qualifikation der Arbeitnehmer und Arbeitnehmerinnen und Regionen differieren können, einschließlich der Überstundensätze,
2. die Dauer des Erholungsurlaubs, das Urlaubsentgelt oder ein zusätzliches Urlaubsgeld,
3. die Einziehung von Beiträgen und die Gewährung von Leistungen im Zusammenhang mit Urlaubsansprüchen nach Nummer 2 durch eine gemeinsame Einrichtung der Tarifvertragsparteien, wenn sichergestellt ist, dass der ausländische Arbeitgeber nicht gleichzeitig zu Beiträgen zu der gemeinsamen Einrichtung der Tarifvertragsparteien und zu einer vergleichbaren Einrichtung im Staat seines Sitzes herangezogen wird und das Verfahren der gemeinsamen Einrichtung der Tarifvertragsparteien eine Anrechnung derjenigen Leistungen vorsieht, die der ausländische Arbeitgeber zur Erfüllung des gesetzlichen, tarifvertraglichen oder einzelvertraglichen Urlaubsanspruchs seines Arbeitnehmers oder seiner Arbeitnehmerin bereits erbracht hat, und
4. Arbeitsbedingungen im Sinne des § 2 Nr. 3 bis 7.

Die Arbeitsbedingungen nach Satz 1 Nummer 1 bis 3 umfassen auch Regelungen zur Fälligkeit entsprechender Ansprüche einschließlich hierzu vereinbarter Ausnahmen und deren Voraussetzungen.

§ 6 Besondere Regelungen

(1) Dieser Abschnitt findet keine Anwendung auf Erstmontage- oder Einbauarbeiten, die Bestandteil eines Liefervertrages sind, für die Inbetriebnahme der gelieferten Güter unerlässlich sind und von Facharbeitern oder Facharbeiterinnen oder angelernten Arbeitern oder Arbeiterinnen des Lieferunternehmens ausgeführt werden, wenn die Dauer der Entsendung acht Tage nicht übersteigt. Satz 1 gilt nicht für Bauleistungen im Sinne des § 101 Abs. 2 des Dritten Buches Sozialgesetzbuch und nicht für Arbeitsbedingungen nach § 5 Nr. 4.

(2) Im Falle eines Tarifvertrages nach § 4 Absatz 1 Nr. 1 findet dieser Abschnitt Anwendung, wenn der Betrieb oder die selbstständige Betriebsabteilung im Sinne des fachlichen Geltungsbereichs des Tarifvertrages überwiegend Bauleistungen gemäß § 101 Abs. 2 des Dritten Buches Sozialgesetzbuch erbringt.

(3) Im Falle eines Tarifvertrages nach § 4 Absatz 1 Nr. 2 findet dieser Abschnitt Anwendung, wenn der Betrieb oder die selbstständige Betriebsabteilung überwiegend Gebäudereinigungsleistungen erbringt.

(4) Im Falle eines Tarifvertrages nach § 4 Absatz 1 Nr. 3 findet dieser Abschnitt Anwendung, wenn der Betrieb oder die selbstständige Betriebsabteilung überwiegend gewerbs- oder geschäftsmäßig Briefsendungen für Dritte befördert.

(5) Im Falle eines Tarifvertrages nach § 4 Absatz 1 Nr. 4 findet dieser Abschnitt Anwendung, wenn der Betrieb oder die selbstständige Betriebsabteilung überwiegend Dienstleistungen des Bewachungs- und Sicherheitsgewerbes oder Kontroll- und Ordnungsdienste erbringt, die dem Schutz von Rechtsgütern aller Art, insbesondere von Leben, Gesundheit oder Eigentum dienen.

(6) Im Falle eines Tarifvertrages nach § 4 Absatz 1 Nr. 5 findet dieser Abschnitt Anwendung, wenn der Betrieb oder die selbstständige Betriebsabteilung im Auftrag eines Dritten überwiegend auf inländischen Steinkohlebergwerken Grubenräume erstellt oder sonstige untertägige bergbauliche Spezialarbeiten ausführt.

(7) Im Falle eines Tarifvertrages nach § 4 Absatz 1 Nr. 6 findet dieser Abschnitt Anwendung, wenn der Betrieb oder die selbstständige Betriebsabteilung gewerbsmäßig überwiegend Textilien für gewerbliche Kunden sowie öffentlich-rechtliche oder kirchliche Einrichtungen wäscht, unabhängig davon, ob die Wäsche im Eigentum der Wäscherei oder des Kunden steht. Dieser Abschnitt findet keine Anwendung auf Wäschereidienstleistungen, die von Werkstätten für behinderte Menschen im Sinne des § 219 des Neunten Buches Sozialgesetzbuch erbracht werden.

(8) Im Falle eines Tarifvertrages nach § 4 Absatz 1 Nr. 7 findet dieser Abschnitt Anwendung, wenn der Betrieb oder die selbstständige Betriebsabteilung überwiegend Abfälle im Sinne des § 3 Abs. 1 Satz 1 des Kreislaufwirtschaftsgesetzes sammelt, befördert, lagert, beseitigt oder verwertet oder Dienstleistungen des Kehrens und Reinigens öffentlicher Verkehrsflächen und Schnee- und Eisbeseitigung von öffentlichen Verkehrsflächen einschließlich Streudienste erbringt.

(9) Im Falle eines Tarifvertrages nach § 4 Absatz 1 Nr. 8 findet dieser Abschnitt Anwendung, wenn der Betrieb oder die selbstständige Betriebsabteilung überwiegend Aus- und Weiterbildungsmaßnahmen nach dem Zweiten oder Dritten Buch Sozialgesetzbuch durchführt. Ausgenommen sind Einrichtungen der beruflichen Rehabilitation im Sinne des § 51 Absatz 1 Satz 1 des Neunten Buches Sozialgesetzbuch.

(10) Im Falle eines Tarifvertrages nach § 4 Absatz 1 Nummer 9 findet dieser Abschnitt Anwendung in Betrieben und selbstständigen Betriebsabteilungen, in denen überwiegend geschlachtet oder Fleisch verarbeitet wird (Betriebe der Fleischwirtschaft) sowie in Betrieben und selbstständigen Betriebsabteilungen, die ihre Arbeitnehmer und Arbeitnehmerinnen überwiegend in Betrieben der Fleischwirtschaft einsetzen. Das Schlachten umfasst dabei alle Tätigkeiten des Schlachtens und Zerlegens von Tieren mit Ausnahme von Fischen. Die Verarbeitung umfasst alle Tätigkeiten der Weiterverarbeitung von beim Schlachten gewonnenen Fleischprodukten zur Herstellung von Nahrungsmitteln sowie deren Portionierung und Verpackung. Nicht erfasst ist die Verarbeitung, wenn die Behandlung, die Portionierung oder die Verpackung beim Schlachten gewonnener Fleischprodukte direkt auf Anforderung des Endverbrauchers erfolgt.

§ 7 Rechtsverordnung für die Fälle des § 4 Absatz 1

(1) Auf gemeinsamen Antrag der Parteien eines Tarifvertrages im Sinne von § 4 Absatz 1 sowie §§ 5 und 6 kann das Bundesministerium für Arbeit und Soziales durch Rechtsverordnung ohne Zustimmung des Bundesrates bestimmen, dass die Rechtsnormen dieses Tarifvertrages auf alle unter seinen Geltungsbereich fallenden und nicht an ihn gebundenen Arbeitgeber sowie Arbeitnehmer und Ar-

beitnehmerinnen Anwendung finden, wenn dies im öffentlichen Interesse geboten erscheint, um die in § 1 genannten Gesetzesziele zu erreichen.

(2) Kommen in einer Branche mehrere Tarifverträge mit zumindest teilweise demselben fachlichen Geltungsbereich zur Anwendung, hat der Verordnungsgeber bei seiner Entscheidung nach Absatz 1 im Rahmen einer Gesamtabwägung ergänzend zu den in § 1 genannten Gesetzeszielen die Repräsentativität der jeweiligen Tarifverträge zu berücksichtigen. Bei der Feststellung der Repräsentativität ist vorrangig abzustellen auf

1. die Zahl der von den jeweils tarifgebundenen Arbeitgebern beschäftigten unter den Geltungsbereich des Tarifvertrages fallenden Arbeitnehmer und Arbeitnehmerinnen,
2. die Zahl der jeweils unter den Geltungsbereich des Tarifvertrages fallenden Mitglieder der Gewerkschaft, die den Tarifvertrag geschlossen hat.

(3) Liegen für mehrere Tarifverträge Anträge auf Allgemeinverbindlicherklärung vor, hat der Verordnungsgeber mit besonderer Sorgfalt die von einer Auswahlentscheidung betroffenen Güter von Verfassungsrang abzuwägen und die widerstreitenden Grundrechtsinteressen zu einem schonenden Ausgleich zu bringen.

(4) Vor Erlass der Rechtsverordnung gibt das Bundesministerium für Arbeit und Soziales den in den Geltungsbereich der Rechtsverordnung fallenden Arbeitgebern sowie Arbeitnehmern und Arbeitnehmerinnen, den Parteien des Tarifvertrages sowie in den Fällen des Absatzes 2 den Parteien anderer Tarifverträge und paritätisch besetzten Kommissionen, die auf der Grundlage kirchlichen Rechts Arbeitsbedingungen für den Bereich kirchlicher Arbeitgeber zumindest teilweise im Geltungsbereich der Rechtsverordnung festlegen, Gelegenheit zur schriftlichen Stellungnahme innerhalb von drei Wochen ab dem Tag der Bekanntmachung des Entwurfs der Rechtsverordnung.

(5) Wird in einer Branche nach § 4 Absatz 1 erstmals ein Antrag nach Absatz 1 gestellt, wird nach Ablauf der Frist nach Absatz 4 der Ausschuss nach § 5 Absatz 1 Satz 1 des Tarifvertragsgesetzes (Tarifausschuss) befasst. Stimmen mindestens vier Ausschussmitglieder

für den Antrag oder gibt der Tarifausschuss innerhalb von zwei Monaten keine Stellungnahme ab, kann eine Rechtsverordnung nach Absatz 1 erlassen werden. Stimmen zwei oder drei Ausschussmitglieder für den Antrag, kann eine Rechtsverordnung nur von der Bundesregierung erlassen werden. Die Sätze 1 bis 3 gelten nicht für Tarifverträge nach § 4 Absatz 1 Nr. 1 bis 8.

§ 7a Rechtsverordnung für die Fälle des § 4 Absatz 2

(1) Auf gemeinsamen Antrag der Parteien eines Tarifvertrages im Sinne von § 4 Absatz 2 sowie §§ 5 und 6 Absatz 1 kann das Bundesministerium für Arbeit und Soziales durch Rechtsverordnung ohne Zustimmung des Bundesrates bestimmen, dass die Rechtsnormen dieses Tarifvertrages auf alle unter seinen Geltungsbereich fallenden und nicht an ihn gebundenen Arbeitgeber sowie Arbeitnehmer und Arbeitnehmerinnen Anwendung finden, wenn dies im öffentlichen Interesse geboten erscheint, um die in § 1 genannten Gesetzesziele zu erreichen und dabei insbesondere einem Verdrängungswettbewerb über die Lohnkosten entgegenzuwirken.

(2) § 7 Absatz 2 und 3 findet entsprechende Anwendung.

(3) Vor Erlass der Rechtsverordnung gibt das Bundesministerium für Arbeit und Soziales den in den Geltungsbereich der Rechtsverordnung fallenden und den möglicherweise von ihr betroffenen Arbeitgebern sowie Arbeitnehmern und Arbeitnehmerinnen, den Parteien des Tarifvertrages sowie allen am Ausgang des Verfahrens interessierten Gewerkschaften, Vereinigungen der Arbeitgeber und paritätisch besetzten Kommissionen, die auf der Grundlage kirchlichen Rechts Arbeitsbedingungen für den Bereich kirchlicher Arbeitgeber festlegen, Gelegenheit zur schriftlichen Stellungnahme innerhalb von drei Wochen ab dem Tag der Bekanntmachung des Entwurfs der Rechtsverordnung. Die Gelegenheit zur Stellungnahme umfasst insbesondere auch die Frage, inwieweit eine Erstreckung der Rechtsnormen des Tarifvertrages geeignet ist, die in § 1 genannten Gesetzesziele zu erfüllen und dabei insbesondere einem Verdrängungswettbewerb über die Lohnkosten entgegenzuwirken.

(4) Wird ein Antrag nach Absatz 1 gestellt, wird nach Ablauf der Frist nach Absatz 3 der Ausschuss nach § 5 Absatz 1 Satz 1 des Tarifvertragsgesetzes (Tarifausschuss) befasst. Stimmen mindestens

vier Ausschussmitglieder für den Antrag oder gibt der Tarifausschuss innerhalb von zwei Monaten keine Stellungnahme ab, kann eine Rechtsverordnung nach Absatz 1 erlassen werden. Stimmen zwei oder drei Ausschussmitglieder für den Antrag, kann eine Rechtsverordnung nur von der Bundesregierung erlassen werden.

§ 8 Pflichten des Arbeitgebers zur Gewährung von Arbeitsbedingungen

(1) Arbeitgeber mit Sitz im In- oder Ausland, die unter den Geltungsbereich eines für allgemeinverbindlich erklärten Tarifvertrages nach den § 4 Absatz 1 Nr. 1 sowie §§ 5 und 6 Absatz 2 oder einer Rechtsverordnung nach § 7 oder § 7a fallen, sind verpflichtet, ihren Arbeitnehmern und Arbeitnehmerinnen mindestens die in dem Tarifvertrag für den Beschäftigungsort vorgeschriebenen Arbeitsbedingungen zu gewähren sowie einer gemeinsamen Einrichtung der Tarifvertragsparteien die ihr nach § 5 Nr. 3 zustehenden Beiträge zu leisten. Satz 1 gilt unabhängig davon, ob die entsprechende Verpflichtung kraft Tarifbindung nach § 3 des Tarifvertragsgesetzes oder kraft Allgemeinverbindlicherklärung nach § 5 des Tarifvertragsgesetzes oder aufgrund einer Rechtsverordnung nach § 7 oder § 7a besteht.

(2) Ein Arbeitgeber ist verpflichtet, einen Tarifvertrag nach § 4 Absatz 1 Nummer 1 sowie §§ 5 und 6 Absatz 2, der durch Allgemeinverbindlicherklärung sowie einen Tarifvertrag nach §§ 4 bis 6, der durch Rechtsverordnung nach § 7 oder § 7a auf nicht an ihn gebundene Arbeitgeber sowie Arbeitnehmer und Arbeitnehmerinnen erstreckt wird, auch dann einzuhalten, wenn er nach § 3 des Tarifvertragsgesetzes oder kraft Allgemeinverbindlicherklärung nach § 5 des Tarifvertragsgesetzes an einen anderen Tarifvertrag gebunden ist.

(3) Wird ein Leiharbeitnehmer oder eine Leiharbeitnehmerin vom Entleiher mit Tätigkeiten beschäftigt, die in den Geltungsbereich eines für allgemeinverbindlich erklärten Tarifvertrages nach § 4 Absatz 1 Nummer 1 sowie §§ 5 und 6 Absatz 2 oder einer Rechtsverordnung nach § 7 oder § 7 a fallen, hat der Verleiher zumindest die in diesem Tarifvertrag oder in dieser Rechtsverordnung vorgeschriebenen Arbeitsbedingungen zu gewähren sowie die der gemeinsamen Einrichtung nach diesem Tarifvertrag zustehenden Beiträge zu

leisten; dies gilt auch dann, wenn der Betrieb des Entleihers nicht in den fachlichen Geltungsbereich dieses Tarifvertrages oder dieser Rechtsverordnung fällt.

§ 9 Verzicht, Verwirkung

Ein Verzicht auf den entstandenen Anspruch auf das Mindestentgelt nach § 8 ist nur durch gerichtlichen Vergleich zulässig; im Übrigen ist ein Verzicht ausgeschlossen. Die Verwirkung des Anspruchs der Arbeitnehmer und Arbeitnehmerinnen auf das Mindestentgelt nach § 8 ist ausgeschlossen. Ausschlussfristen für die Geltendmachung des Anspruchs können ausschließlich in dem für allgemeinverbindlich erklärten Tarifvertrag nach den §§ 4 bis 6 oder dem der Rechtsverordnung nach § 7 zugrunde liegenden Tarifvertrag geregelt werden; die Frist muss mindestens sechs Monate betragen.

ABSCHNITT 4
Arbeitsbedingungen in der Pflegebranche

§ 10 Anwendungsbereich

Dieser Abschnitt findet Anwendung auf die Pflegebranche. Diese umfasst Betriebe und selbstständige Betriebsabteilungen, die überwiegend ambulante, teilstationäre oder stationäre Pflegeleistungen oder ambulante Krankenpflegeleistungen für Pflegebedürftige erbringen (Pflegebetriebe). Pflegebedürftig ist, wer wegen einer körperlichen, geistigen oder seelischen Krankheit oder Behinderung für die gewöhnlichen und regelmäßig wiederkehrenden Verrichtungen im Ablauf des täglichen Lebens vorübergehend oder auf Dauer der Hilfe bedarf. Keine Pflegebetriebe im Sinne des Satzes 2 sind Einrichtungen, in denen die Leistungen zur medizinischen Vorsorge, zur medizinischen Rehabilitation, zur Teilhabe am Arbeitsleben oder am Leben in der Gemeinschaft, die schulische Ausbildung oder die Erziehung kranker oder behinderter Menschen im Vordergrund des Zweckes der Einrichtung stehen, sowie Krankenhäuser.

§ 11 Rechtsverordnung

(1) Das Bundesministerium für Arbeit und Soziales kann durch Rechtsverordnung ohne Zustimmung des Bundesrates bestimmen, dass die von einer nach § 12 errichteten Kommission vorgeschlagenen Arbeitsbedingungen nach § 5 Nr. 1 und 2 auf alle Arbeitgeber sowie Arbeitnehmer und Arbeitnehmerinnen, die unter

den Geltungsbereich einer Empfehlung nach § 12 Abs. 4 fallen, Anwendung finden.

(2) Das Bundesministerium für Arbeit und Soziales hat bei seiner Entscheidung nach Absatz 1 neben den in § 1 genannten Gesetzeszielen die Sicherstellung der Qualität der Pflegeleistung sowie den Auftrag kirchlicher und sonstiger Träger der freien Wohlfahrtspflege nach § 11 Abs. 2 des Elften Buches Sozialgesetzbuch zu berücksichtigen.

(3) Vor Erlass einer Rechtsverordnung gibt das Bundesministerium für Arbeit und Soziales den in den Geltungsbereich der Rechtsverordnung fallenden Arbeitgebern und Arbeitnehmern und Arbeitnehmerinnen sowie den Parteien von Tarifverträgen, die zumindest teilweise in den fachlichen Geltungsbereich der Rechtsverordnung fallen, und paritätisch besetzten Kommissionen, die auf der Grundlage kirchlichen Rechts Arbeitsbedingungen für den Bereich kirchlicher Arbeitgeber in der Pflegebranche festlegen, Gelegenheit zur schriftlichen Stellungnahme innerhalb von drei Wochen ab dem Tag der Bekanntmachung des Entwurfs der Rechtsverordnung.

§ 12 Kommission

(1) Das Bundesministerium für Arbeit und Soziales errichtet eine Kommission zur Erarbeitung von Arbeitsbedingungen oder deren Änderung. Die Errichtung erfolgt im Einzelfall auf Antrag einer Tarifvertragspartei aus der Pflegebranche oder der Dienstgeberseite oder der Dienstnehmerseite von paritätisch besetzten Kommissionen, die auf der Grundlage kirchlichen Rechts Arbeitsbedingungen für den Bereich kirchlicher Arbeitgeber in der Pflegebranche festlegen.

(2) Die Kommission besteht aus acht Mitgliedern. Das Bundesministerium für Arbeit und Soziales benennt je zwei geeignete Personen sowie jeweils einen Stellvertreter aufgrund von Vorschlägen

1. der Gewerkschaften, die in der Pflegebranche tarifzuständig sind,
2. der Vereinigungen der Arbeitgeber in der Pflegebranche,
3. der Dienstnehmerseite der in Absatz 1 genannten paritätisch besetzten Kommissionen sowie
4. der Dienstgeberseite der in Absatz 1 genannten paritätisch besetzten Kommissionen.

(3) Die Sitzungen der Kommission werden von einem oder einer nicht stimmberechtigten Beauftragten des Bundesministeriums für Arbeit und Soziales geleitet. Die Kommission kann sich eine Geschäftsordnung geben.

(4) Die Kommission beschließt unter Berücksichtigung der in den §§ 1 und 11 Abs. 2 genannten Ziele Empfehlungen zur Festsetzung von Arbeitsbedingungen nach § 5 Nr. 1 und 2. Sie kann eine Ausschlussfrist empfehlen, die den Anforderungen des § 9 Satz 3 entspricht. Empfehlungen sind schriftlich zu begründen.

(5) Die Kommission ist beschlussfähig, wenn alle Mitglieder anwesend oder vertreten sind. Ein Beschluss der Kommission bedarf jeweils einer Mehrheit von drei Vierteln der Mitglieder
1. der Gruppe der Mitglieder nach Absatz 2 Nr. 1 und 2,
2. der Gruppe der Mitglieder nach Absatz 2 Nr. 3 und 4,
3. der Gruppe der Mitglieder nach Absatz 2 Nr. 1 und 3 sowie
4. der Gruppe der Mitglieder nach Absatz 2 Nr. 2 und 4.
Die Sitzungen der Kommission sind nicht öffentlich; der Inhalt ihrer Beratungen ist vertraulich.

(6) Mit Beschlussfassung über Empfehlungen nach Absatz 4 wird die Kommission aufgelöst.

§ 13 Rechtsfolgen

Eine Rechtsverordnung nach § 11 steht für die Anwendung der §§ 8 und 9 sowie der Abschnitte 5 und 6 einer Rechtsverordnung nach § 7 gleich.

ABSCHNITT 4a
Arbeitsbedingungen im Gewerbe des grenzüberschreitenden Straßentransports von Euro-Bargeld

§ 13a Gleichstellung

Die Verordnung (EU) Nr. 1214/2011 des Europäischen Parlaments und des Rates vom 16. November 2011 über den gewerbsmäßig grenzüberschreitenden Straßentransport von Euro-Bargeld zwischen den Mitgliedstaaten des Euroraums (ABl. L 316 vom 29.11.2011, S. 1) steht für die Anwendung der §§ 8 und 9 sowie der Abschnitte 5 und 6 einer Rechtsverordnung nach § 7 gleich.

ABSCHNITT 5
Zivilrechtliche Durchsetzung

§ 14 Haftung des Auftraggebers
Ein Unternehmer, der einen anderen Unternehmer mit der Erbringung von Werk- oder Dienstleistungen beauftragt, haftet für die Verpflichtungen dieses Unternehmers, eines Nachunternehmers oder eines von dem Unternehmer oder einem Nachunternehmer beauftragten Verleihers zur Zahlung des Mindestentgelts an Arbeitnehmer oder Arbeitnehmerinnen oder zur Zahlung von Beiträgen an eine gemeinsame Einrichtung der Tarifvertragsparteien nach § 8 wie ein Bürge, der auf die Einrede der Vorausklage verzichtet hat. Das Mindestentgelt im Sinne des Satzes 1 umfasst nur den Betrag, der nach Abzug der Steuern und der Beiträge zur Sozialversicherung und zur Arbeitsförderung oder entsprechender Aufwendungen zur sozialen Sicherung an Arbeitnehmer oder Arbeitnehmerinnen auszuzahlen ist (Nettoentgelt).

§ 15 Gerichtsstand
Arbeitnehmer und Arbeitnehmerinnen, die in den Geltungsbereich dieses Gesetzes entsandt sind oder waren, können eine auf den Zeitraum der Entsendung bezogene Klage auf Erfüllung der Verpflichtungen nach den §§ 2, 8 oder 14 auch vor einem deutschen Gericht für Arbeitssachen erheben. Diese Klagemöglichkeit besteht auch für eine gemeinsame Einrichtung der Tarifvertragsparteien nach § 5 Nr. 3 in Bezug auf die ihr zustehenden Beiträge.

ABSCHNITT 6
Kontrolle und Durchsetzung durch staatliche Behörden

§ 16 Zuständigkeit
Für die Prüfung der Einhaltung der Pflichten eines Arbeitgebers nach § 8, soweit sie sich auf die Gewährung von Arbeitsbedingungen nach § 5 Satz 1 Nummer 1 bis 3 beziehen, sind die Behörden der Zollverwaltung zuständig.

§ 17 Befugnisse der Behörden der Zollverwaltung und anderer Behörden
Die §§ 2 bis 6, 14, 15, 20, 22 und 23 des Schwarzarbeitsbekämpfungsgesetzes sind entsprechend anzuwenden mit der Maßgabe, dass

1. die dort genannten Behörden auch Einsicht in Arbeitsverträge, Niederschriften nach § 2 des Nachweisgesetzes und andere Geschäftsunterlagen nehmen können, die mittelbar oder unmittelbar Auskunft über die Einhaltung der Arbeitsbedingungen nach § 8 geben, und
2. die nach § 5 Abs. 1 des Schwarzarbeitsbekämpfungsgesetzes zur Mitwirkung Verpflichteten diese Unterlagen vorzulegen haben.

Die §§ 16 bis 19 des Schwarzarbeitsbekämpfungsgesetzes finden Anwendung. § 6 Abs. 3 des Schwarzarbeitsbekämpfungsgesetzes findet entsprechende Anwendung. Für die Datenverarbeitung, die dem in § 16 genannten Zweck oder der Zusammenarbeit mit den Behörden des Europäischen Wirtschaftsraums nach § 20 Abs. 2 dient, findet § 67 Abs. 2 Nr. 4 des Zehnten Buches Sozialgesetzbuch keine Anwendung.

§ 18 Meldepflicht

(1) Soweit die Rechtsnormen eines für allgemeinverbindlich erklärten Tarifvertrages nach § 4 Absatz 1 Nummer 1, § 5 Satz 1 Nummer 1 bis 3 und § 6 Absatz 2 oder einer Rechtsverordnung nach § 7 oder § 7a, soweit sie Arbeitsbedingungen nach § 5 Satz 1 Nummer 1 bis 3 vorschreibt, auf das Arbeitsverhältnis Anwendung finden, ist ein Arbeitgeber mit Sitz im Ausland, der einen Arbeitnehmer oder eine Arbeitnehmerin oder mehrere Arbeitnehmer oder Arbeitnehmerinnen innerhalb des Geltungsbereichs dieses Gesetzes beschäftigt, verpflichtet, vor Beginn jeder Werk- oder Dienstleistung eine schriftliche Anmeldung in deutscher Sprache bei der zuständigen Behörde der Zollverwaltung vorzulegen, die die für die Prüfung wesentlichen Angaben enthält. Wesentlich sind die Angaben über

1. Familienname, Vornamen und Geburtsdatum der von ihm im Geltungsbereich dieses Gesetzes beschäftigten Arbeitnehmer und Arbeitnehmerinnen,
2. Beginn und voraussichtliche Dauer der Beschäftigung,
3. Ort der Beschäftigung, bei Bauleistungen die Baustelle,
4. Ort im Inland, an dem die nach § 19 erforderlichen Unterlagen bereitgehalten werden,
5. Familienname, Vornamen, Geburtsdatum und Anschrift in Deutschland des oder der verantwortlich Handelnden,
6. Branche, in die die Arbeitnehmer und Arbeitnehmerinnen entsandt werden sollen, und

7. Familienname, Vornamen und Anschrift in Deutschland eines oder einer Zustellungsbevollmächtigten, soweit dieser oder diese nicht mit dem oder der in Nummer 5 genannten verantwortlich Handelnden identisch ist.

Änderungen bezüglich dieser Angaben hat der Arbeitgeber im Sinne des Satzes 1 unverzüglich zu melden.

(2) Der Arbeitgeber hat der Anmeldung eine Versicherung beizufügen, dass er seine Verpflichtungen nach § 8 einhält.

(3) Überlässt ein Verleiher mit Sitz im Ausland einen Arbeitnehmer oder eine Arbeitnehmerin oder mehrere Arbeitnehmer oder Arbeitnehmerinnen zur Arbeitsleistung einem Entleiher, hat der Entleiher unter den Voraussetzungen des Absatzes 1 Satz 1 vor Beginn jeder Werk- oder Dienstleistung der zuständigen Behörde der Zollverwaltung eine schriftliche Anmeldung in deutscher Sprache mit folgenden Angaben zuzuleiten:

1. Familienname, Vornamen und Geburtsdatum der überlassenen Arbeitnehmer und Arbeitnehmerinnen,
2. Beginn und Dauer der Überlassung,
3. Ort der Beschäftigung, bei Bauleistungen die Baustelle,
4. Ort im Inland, an dem die nach § 19 erforderlichen Unterlagen bereitgehalten werden,
5. Familienname, Vornamen und Anschrift in Deutschland eines oder einer Zustellungsbevollmächtigten des Verleihers,
6. Branche, in die die Arbeitnehmer und Arbeitnehmerinnen entsandt werden sollen, und
7. Familienname, Vornamen oder Firma sowie Anschrift des Verleihers.

Absatz 1 Satz 3 gilt entsprechend.

(4) Der Entleiher hat der Anmeldung eine Versicherung des Verleihers beizufügen, dass dieser seine Verpflichtungen nach § 8 einhält.

(5) Das Bundesministerium der Finanzen kann durch Rechtsverordnung im Einvernehmen mit dem Bundesministerium für Arbeit und Soziales ohne Zustimmung des Bundesrates bestimmen,

1. dass, auf welche Weise und unter welchen technischen und organisatorischen Voraussetzungen eine Anmeldung, Änderungsmeldung und Versicherung abweichend von Absatz 1 Satz 1 und 3,

Absatz 2 und 3 Satz 1 und 2 und Absatz 4 elektronisch übermittelt werden kann,
2. unter welchen Voraussetzungen eine Änderungsmeldung ausnahmsweise entfallen kann, und
3. wie das Meldeverfahren vereinfacht oder abgewandelt werden kann, sofern die entsandten Arbeitnehmer und Arbeitnehmerinnen im Rahmen einer regelmäßig wiederkehrenden Werk- oder Dienstleistung eingesetzt werden oder sonstige Besonderheiten der zu erbringenden Werk- oder Dienstleistungen dies erfordern.

(6) Das Bundesministerium der Finanzen kann durch Rechtsverordnung ohne Zustimmung des Bundesrates die zuständige Behörde nach Absatz 1 Satz 1 und Absatz 3 Satz 1 bestimmen.

§ 19 Erstellen und Bereithalten von Dokumenten

(1) Soweit die Rechtsnormen eines für allgemeinverbindlich erklärten Tarifvertrages nach § 4 Absatz 1 Nummer 1, § 5 Satz 1 Nummer 1 bis 3 und § 6 Absatz 2 oder einer entsprechenden Rechtsverordnung nach § 7 oder § 7a über die Zahlung eines Mindestentgelts oder die Einziehung von Beiträgen und die Gewährung von Leistungen im Zusammenhang mit Urlaubsansprüchen auf das Arbeitsverhältnis Anwendung finden, ist der Arbeitgeber verpflichtet, Beginn, Ende und Dauer der täglichen Arbeitszeit der Arbeitnehmer und Arbeitnehmerinnen spätestens bis zum Ablauf des siebten auf den Tag der Arbeitsleistung folgenden Kalendertages aufzuzeichnen und diese Aufzeichnungen mindestens zwei Jahre beginnend ab dem für die Aufzeichnung maßgeblichen Zeitpunkt aufzubewahren. Satz 1 gilt entsprechend für einen Entleiher, dem ein Verleiher einen Arbeitnehmer oder eine Arbeitnehmerin oder mehrere Arbeitnehmer oder Arbeitnehmerinnen zur Arbeitsleistung überlässt.

(2) Jeder Arbeitgeber ist verpflichtet, die für die Kontrolle der Einhaltung eines für allgemeinverbindlich erklärten Tarifvertrages nach § 4 Absatz 1 Nummer 1, § 5 Satz 1 Nummer 1 bis 3 und § 6 Absatz 2 oder einer entsprechenden Rechtsverordnung nach § 7 oder § 7a erforderlichen Unterlagen im Inland für die gesamte Dauer der tatsächlichen Beschäftigung der Arbeitnehmer und Arbeitnehmerinnen im Geltungsbereich dieses Gesetzes, mindestens für die Dauer der gesamten Werk- oder Dienstleistung, insgesamt jedoch nicht länger als zwei Jahre in deutscher Sprache bereitzuhalten. Auf

Verlangen der Prüfbehörde sind die Unterlagen auch am Ort der Beschäftigung bereitzuhalten, bei Bauleistungen auf der Baustelle.

(3) Das Bundesministerium für Arbeit und Soziales kann durch Rechtsverordnung ohne Zustimmung des Bundesrates die Verpflichtungen des Arbeitgebers oder eines Entleihers nach § 18 und den Absätzen 1 und 2 hinsichtlich einzelner Branchen oder Gruppen von Arbeitnehmern und Arbeitnehmerinnen einschränken.

(4) Das Bundesministerium der Finanzen kann durch Rechtsverordnung im Einvernehmen mit dem Bundesministerium für Arbeit und Soziales ohne Zustimmung des Bundesrates bestimmen, wie die Verpflichtung des Arbeitgebers, die tägliche Arbeitszeit bei ihm beschäftigter Arbeitnehmer und Arbeitnehmerinnen aufzuzeichnen und diese Aufzeichnungen aufzubewahren, vereinfacht oder abgewandelt werden kann, sofern Besonderheiten der zu erbringenden Werk- oder Dienstleistungen oder Besonderheiten der Branche dies erfordern.

§ 20 Zusammenarbeit der in- und ausländischen Behörden

(1) Die Behörden der Zollverwaltung unterrichten die zuständigen örtlichen Landesfinanzbehörden über Meldungen nach § 18 Abs. 1 und 3.

(2) Die Behörden der Zollverwaltung und die übrigen in § 2 des Schwarzarbeitsbekämpfungsgesetzes genannten Behörden dürfen nach Maßgabe der datenschutzrechtlichen Vorschriften auch mit Behörden anderer Vertragsstaaten des Abkommens über den Europäischen Wirtschaftsraum zusammenarbeiten, die diesem Gesetz entsprechende Aufgaben durchführen oder für die Bekämpfung illegaler Beschäftigung zuständig sind oder Auskünfte geben können, ob ein Arbeitgeber seine Verpflichtungen nach § 8 erfüllt. Die Regelungen über die internationale Rechtshilfe in Strafsachen bleiben hiervon unberührt.

(3) Die Behörden der Zollverwaltung unterrichten das Gewerbezentralregister über rechtskräftige Bußgeldentscheidungen nach § 23 Abs. 1 bis 3, sofern die Geldbuße mehr als zweihundert Euro beträgt.

§ 21 Ausschluss von der Vergabe öffentlicher Aufträge

(1) Von der Teilnahme an einem Wettbewerb um einen Liefer-, Bau- oder Dienstleistungsauftrag der in §§ 99 und 100 des Gesetzes gegen Wettbewerbsbeschränkungen genannten Auftraggeber sollen Bewerber oder Bewerberinnen für eine angemessene Zeit bis zur nachgewiesenen Wiederherstellung ihrer Zuverlässigkeit ausgeschlossen werden, die wegen eines Verstoßes nach § 23 mit einer Geldbuße von wenigstens zweitausendfünfhundert Euro belegt worden sind. Das Gleiche gilt auch schon vor Durchführung eines Bußgeldverfahrens, wenn im Einzelfall angesichts der Beweislage kein vernünftiger Zweifel an einer schwerwiegenden Verfehlung im Sinne des Satzes 1 besteht.

(2) Die für die Verfolgung oder Ahndung der Ordnungswidrigkeiten nach § 23 zuständigen Behörden dürfen öffentlichen Auftraggebern nach § 99 des Gesetzes gegen Wettbewerbsbeschränkungen und solchen Stellen, die von öffentlichen Auftraggebern zugelassene Präqualifikationsverzeichnisse oder Unternehmer- und Lieferantenverzeichnisse führen, auf Verlangen die erforderlichen Auskünfte geben.

(3) Öffentliche Auftraggeber nach Absatz 2 fordern im Rahmen ihrer Tätigkeit beim Wettbewerbsregister Auskünfte über rechtskräftige Bußgeldentscheidungen wegen einer Ordnungswidrigkeit nach § 23 Abs. 1 oder 2 an oder verlangen von Bewerbern oder Bewerberinnen eine Erklärung, dass die Voraussetzungen für einen Ausschluss nach Absatz 1 nicht vorliegen. Im Falle einer Erklärung des Bewerbers oder der Bewerberin können öffentliche Auftraggeber nach Absatz 2 jederzeit zusätzlich Auskünfte des Wettbewerbsregisters anfordern.

(4) Bei Aufträgen ab einer Höhe von 30 000 Euro fordert der öffentliche Auftraggeber nach Absatz 2 für den Bewerber oder die Bewerberin, der oder die den Zuschlag erhalten soll, vor der Zuschlagserteilung eine Auskunft aus dem Wettbewerbsregister an.

(5) Vor der Entscheidung über den Ausschluss ist der Bewerber oder die Bewerberin zu hören.

§ 22 [aufgehoben]

§ 23 Bußgeldvorschriften

(1) Ordnungswidrig handelt, wer vorsätzlich oder fahrlässig

1. entgegen § 8 Abs. 1 Satz 1 oder Abs. 3 eine dort genannte Arbeitsbedingung nicht oder nicht rechtzeitig gewährt oder einen Beitrag nicht oder nicht rechtzeitig leistet,
2. entgegen § 17 Satz 1 in Verbindung mit § 5 Abs. 1 Satz 1 des Schwarzarbeitsbekämpfungsgesetzes eine Prüfung nicht duldet oder bei einer Prüfung nicht mitwirkt,
3. entgegen § 17 Satz 1 in Verbindung mit § 5 Abs. 1 Satz 2 des Schwarzarbeitsbekämpfungsgesetzes das Betreten eines Grundstücks oder Geschäftsraums nicht duldet,
4. entgegen § 17 Satz 1 in Verbindung mit § 5 Abs. 3 Satz 1 des Schwarzarbeitsbekämpfungsgesetzes Daten nicht, nicht richtig, nicht vollständig, nicht in der vorgeschriebenen Weise oder nicht rechtzeitig übermittelt,
5. entgegen § 18 Abs. 1 Satz 1 oder Abs. 3 Satz 1 eine Anmeldung nicht, nicht richtig, nicht vollständig, nicht in der vorgeschriebenen Weise oder nicht rechtzeitig vorlegt oder nicht, nicht richtig, nicht vollständig, nicht in der vorgeschriebenen Weise oder nicht rechtzeitig zuleitet,
6. entgegen § 18 Abs. 1 Satz 3, auch in Verbindung mit Absatz 3 Satz 2, eine Änderungsmeldung nicht, nicht richtig, nicht vollständig, nicht in der vorgeschriebenen Weise oder nicht rechtzeitig macht,
7. entgegen § 18 Abs. 2 oder 4 eine Versicherung nicht, nicht richtig oder nicht rechtzeitig beifügt,
8. entgegen § 19 Absatz 1 Satz 1, auch in Verbindung mit Satz 2, eine Aufzeichnung nicht, nicht richtig, nicht vollständig oder nicht rechtzeitig erstellt oder nicht oder nicht mindestens zwei Jahre aufbewahrt oder
9. entgegen § 19 Abs. 2 eine Unterlage nicht, nicht richtig, nicht vollständig oder nicht in der vorgeschriebenen Weise bereithält.

(2) Ordnungswidrig handelt, wer Werk- oder Dienstleistungen in erheblichem Umfang ausführen lässt, indem er als Unternehmer einen anderen Unternehmer beauftragt, von dem er weiß oder fahrlässig nicht weiß, dass dieser bei der Erfüllung dieses Auftrags

1. entgegen § 8 Abs. 1 Satz 1 oder Abs. 3 eine dort genannte Arbeitsbedingung nicht oder nicht rechtzeitig gewährt oder einen Beitrag nicht oder nicht rechtzeitig leistet oder

2. einen Nachunternehmer einsetzt oder zulässt, dass ein Nachunternehmer tätig wird, der entgegen § 8 Abs. 1 Satz 1 oder Abs. 3 eine dort genannte Arbeitsbedingung nicht oder nicht rechtzeitig gewährt oder einen Beitrag nicht oder nicht rechtzeitig leistet.

(3) Die Ordnungswidrigkeit kann in den Fällen des Absatzes 1 Nr. 1 und des Absatzes 2 mit einer Geldbuße bis zu fünfhunderttausend Euro, in den übrigen Fällen mit einer Geldbuße bis zu dreißigtausend Euro geahndet werden.

(4) Verwaltungsbehörden im Sinne des § 36 Abs. 1 Nr. 1 des Gesetzes über Ordnungswidrigkeiten sind die in § 16 genannten Behörden jeweils für ihren Geschäftsbereich.

(5) Für die Vollstreckung zugunsten der Behörden des Bundes und der bundesunmittelbaren juristischen Personen des öffentlichen Rechts sowie für die Vollziehung des Vermögensarrestes nach § 111e der Strafprozessordnung in Verbindung mit § 46 des Gesetzes über Ordnungswidrigkeiten durch die in § 16 genannten Behörden gilt das Verwaltungs-Vollstreckungsgesetz des Bundes.

ABSCHNITT 7
Schlussvorschriften

§ 24 Evaluation

Die nach § 7 festgesetzten Mindestentgeltsätze sind im Hinblick auf ihre Beschäftigungswirkungen, insbesondere auf sozialversicherungspflichtige Beschäftigung sowie die Schaffung angemessener Mindestarbeitsbedingungen, fünf Jahre nach Inkrafttreten des Gesetzes zu überprüfen.

§ 24a Übergangsregelung

In der Zeit vom 1. Januar 2015 bis zum 31. Dezember 2017 gilt § 1 mit der Maßgabe, dass eine Unterschreitung des nach dem Mindestlohngesetz vorgeschriebenen Mindestlohns mit den Zielen des § 1 vereinbar ist, wenn diese Unterschreitung erforderlich ist, um in der betreffenden Branche eine schrittweise Heranführung des Lohnniveaus an die Vorgaben des Mindestlohngesetzes zu bewirken und dabei faire und funktionierende Wettbewerbsbedingungengen und den Erhalt sozialversicherungspflichtiger Beschäftigung zu berücksichtigen.

§ 25 Inkrafttreten, Außerkrafttreten

Dieses Gesetz tritt am Tag nach der Verkündung in Kraft. Gleichzeitig tritt das Arbeitnehmer-Entsendegesetz vom 26. Februar 1996 (BGBl. I S. 227), zuletzt geändert durch das Gesetz vom 21. Dezember 2007 (BGBl. I S. 3140), außer Kraft.

Gesetz zur Regelung der Arbeitnehmerüberlassung* (Arbeitnehmerüberlassungsgesetz – AÜG)

§ 1 Arbeitnehmerüberlassung, Erlaubnispflicht

(1) Arbeitgeber, die als Verleiher Dritten (Entleihern) Arbeitnehmer (Leiharbeitnehmer) im Rahmen ihrer wirtschaftlichen Tätigkeit zur Arbeitsleistung überlassen (Arbeitnehmerüberlassung) wollen, bedürfen der Erlaubnis. Arbeitnehmer werden zur Arbeitsleistung überlassen, wenn sie in die Arbeitsorganisation des Entleihers eingegliedert sind und seinen Weisungen unterliegen. Die Überlassung und das Tätigwerdenlassen von Arbeitnehmern als Leiharbeitnehmer ist nur zulässig, soweit zwischen dem Verleiher und dem Leiharbeitnehmer ein Arbeitsverhältnis besteht. Die Überlassung von Arbeitnehmern ist vorübergehend bis zu einer Überlassungshöchstdauer nach Absatz 1b zulässig. Verleiher und Entleiher haben die Überlassung von Leiharbeitnehmern in ihrem Vertrag ausdrücklich als Arbeitnehmerüberlassung zu bezeichnen, bevor sie den Leiharbeitnehmer überlassen oder tätig werden lassen. Vor der Überlassung haben sie die Person des Leiharbeitnehmers unter Bezugnahme auf diesen Vertrag zu konkretisieren.

(1a) Die Abordnung von Arbeitnehmern zu einer zur Herstellung eines Werkes gebildeten Arbeitsgemeinschaft ist keine Arbeitnehmerüberlassung, wenn der Arbeitgeber Mitglied der Arbeitsgemeinschaft ist, für alle Mitglieder der Arbeitsgemeinschaft Tarifverträge desselben Wirtschaftszweiges gelten und alle Mitglieder auf Grund des Arbeitsgemeinschaftsvertrages zur selbständigen Erbringung von Vertragsleistungen verpflichtet sind. Für einen Arbeitgeber mit Geschäftssitz in einem anderen Mitgliedstaat des Europäischen Wirtschaftsraumes ist die Abordnung von Arbeitnehmern zu einer zur Herstellung eines Werkes gebildeten Arbeitsgemeinschaft auch dann keine Arbeitnehmerüberlassung, wenn für ihn deutsche Tarifverträge desselben Wirtschaftszweiges wie für die anderen Mitglieder der Arbeitsgemeinschaft nicht gelten, er aber die übrigen Voraussetzungen des Satzes 1 erfüllt.

---

* Vom 7. August 1972 (BGBl. I, S. 1393), in der Fassung der Bekanntmachung vom 3. Februar 1995 (BGBl. I, S. 158), zuletzt geändert durch Gesetz vom 21. Februar 2017 (BGBl. I, S. 258).

(1b) Der Verleiher darf denselben Leiharbeitnehmer nicht länger als 18 aufeinander folgende Monate demselben Entleiher überlassen; der Entleiher darf denselben Leiharbeitnehmer nicht länger als 18 aufeinander folgende Monate tätig werden lassen. Der Zeitraum vorheriger Überlassungen durch denselben oder einen anderen Verleiher an denselben Entleiher ist vollständig anzurechnen, wenn zwischen den Einsätzen jeweils nicht mehr als drei Monate liegen. In einem Tarifvertrag von Tarifvertragsparteien der Einsatzbranche kann eine von Satz 1 abweichende Überlassungshöchstdauer festgelegt werden. Im Geltungsbereich eines Tarifvertrages nach Satz 3 können abweichende tarifvertragliche Regelungen im Betrieb eines nicht tarifgebundenen Entleihers durch Betriebs- oder Dienstvereinbarung übernommen werden. In einer auf Grund eines Tarifvertrages von Tarifvertragsparteien der Einsatzbranche getroffenen Betriebs- oder Dienstvereinbarung kann eine von Satz 1 abweichende Überlassungshöchstdauer festgelegt werden. Können auf Grund eines Tarifvertrages nach Satz 5 abweichende Regelungen in einer Betriebs- oder Dienstvereinbarung getroffen werden, kann auch in Betrieben eines nicht tarifgebundenen Entleihers bis zu einer Überlassungshöchstdauer von 24 Monaten davon Gebrauch gemacht werden, soweit nicht durch diesen Tarifvertrag eine von Satz 1 abweichende Überlassungshöchstdauer für Betriebs- oder Dienstvereinbarungen festgelegt ist. Unterfällt der Betrieb des nicht tarifgebundenen Entleihers bei Abschluss einer Betriebs- oder Dienstvereinbarung nach Satz 4 oder Satz 6 den Geltungsbereichen mehrerer Tarifverträge, ist auf den für die Branche des Entleihers repräsentativen Tarifvertrag abzustellen. Die Kirchen und die öffentlich-rechtlichen Religionsgesellschaften können von Satz 1 abweichende Überlassungshöchstdauern in ihren Regelungen vorsehen.

(2) Werden Arbeitnehmer Dritten zur Arbeitsleistung überlassen und übernimmt der Überlassende nicht die üblichen Arbeitgeberpflichten oder das Arbeitgeberrisiko (§ 3 Abs. 1 Nr. 1 bis 3), so wird vermutet, daß der Überlassende Arbeitsvermittlung betreibt.

(3) Dieses Gesetz ist mit Ausnahme des § 1b Satz 1, des § 16 Absatz 1 Nummer 1f und 2 bis 5 sowie der §§ 17 und 18 nicht anzuwenden auf die Arbeitnehmerüberlassung

1. zwischen Arbeitgebern desselben Wirtschaftszweiges zur Vermeidung von Kurzarbeit oder Entlassungen, wenn ein für den Entleiher und Verleiher geltender Tarifvertrag dies vorsieht,
2. zwischen Konzernunternehmen im Sinne des § 18 des Aktiengesetzes, wenn der Arbeitnehmer nicht zum Zweck der Überlassung eingestellt und beschäftigt wird,

2a. zwischen Arbeitgebern, wenn die Überlassung nur gelegentlich erfolgt und der Arbeitnehmer nicht zum Zweck der Überlassung eingestellt und beschäftigt wird,

2b. zwischen Arbeitgebern, wenn Aufgaben eines Arbeitnehmers von dem bisherigen zu dem anderen Arbeitgeber verlagert werden und auf Grund eines Tarifvertrages des öffentlichen Dienstes
   a) das Arbeitsverhältnis mit dem bisherigen Arbeitgeber weiter besteht und
   b) die Arbeitsleistung zukünftig bei dem anderen Arbeitgeber erbracht wird,

2c. zwischen Arbeitgebern, wenn diese juristische Personen des öffentlichen Rechts sind und Tarifverträge des öffentlichen Dienstes oder Regelungen der öffentlich-rechtlichen Religionsgesellschaften anwenden, oder

3. in das Ausland, wenn der Leiharbeitnehmer in ein auf der Grundlage zwischenstaatlicher Vereinbarungen begründetes deutsch-ausländisches Gemeinschaftsunternehmen verliehen wird, an dem der Verleiher beteiligt ist.

§ 1a Anzeige der Überlassung

(1) Keiner Erlaubnis bedarf ein Arbeitgeber mit weniger als 50 Beschäftigten, der zur Vermeidung von Kurzarbeit oder Entlassungen an einen Arbeitgeber einen Arbeitnehmer, der nicht zum Zweck der Überlassung eingestellt und beschäftigt wird, bis zur Dauer von zwölf Monaten überläßt, wenn er die Überlassung vorher schriftlich der Bundesagentur für Arbeit angezeigt hat.

(2) In der Anzeige sind anzugeben
1. Vor- und Familiennamen, Wohnort und Wohnung, Tag und Ort der Geburt des Leiharbeitnehmers,
2. Art der vom Leiharbeitnehmer zu leistenden Tätigkeit und etwaige Pflicht zur auswärtigen Leistung,
3. Beginn und Dauer der Überlassung,
4. Firma und Anschrift des Entleihers.

§ 1b Einschränkungen im Baugewerbe

Arbeitnehmerüberlassung nach § 1 in Betriebe des Baugewerbes für Arbeiten, die üblicherweise von Arbeitern verrichtet werden, ist unzulässig. Sie ist gestattet

a) zwischen Betrieben des Baugewerbes und anderen Betrieben, wenn diese Betriebe erfassende, für allgemeinverbindlich erklärte Tarifverträge dies bestimmen,
b) zwischen Betrieben des Baugewerbes, wenn der verleihende Betrieb nachweislich seit mindestens drei Jahren von denselben Rahmen- und Sozialkassentarifverträgen oder von deren Allgemeinverbindlichkeit erfasst wird.

Abweichend von Satz 2 ist für Betriebe des Baugewerbes mit Geschäftssitz in einem anderen Mitgliedstaat des Europäischen Wirtschaftsraumes Arbeitnehmerüberlassung auch gestattet, wenn die ausländischen Betriebe nicht von deutschen Rahmen- und Sozialkassentarifverträgen oder für allgemeinverbindlich erklärten Tarifverträgen erfasst werden, sie aber nachweislich seit mindestens drei Jahren überwiegend Tätigkeiten ausüben, die unter den Geltungsbereich derselben Rahmen- und Sozialkassentarifverträge fallen, von denen der Betrieb des Entleihers erfasst wird.

§ 2 Erteilung und Erlöschen der Erlaubnis

(1) Die Erlaubnis wird auf schriftlichen Antrag erteilt.

(2) Die Erlaubnis kann unter Bedingungen erteilt und mit Auflagen verbunden werden, um sicherzustellen, daß keine Tatsachen eintreten, die nach § 3 die Versagung der Erlaubnis rechtfertigen. Die Aufnahme, Änderung oder Ergänzung von Auflagen sind auch nach Erteilung der Erlaubnis zulässig.

(3) Die Erlaubnis kann unter dem Vorbehalt des Widerrufs erteilt werden, wenn eine abschließende Beurteilung des Antrags noch nicht möglich ist.

(4) Die Erlaubnis ist auf ein Jahr zu befristen. Der Antrag auf Verlängerung der Erlaubnis ist spätestens drei Monate vor Ablauf des Jahres zu stellen. Die Erlaubnis verlängert sich um ein weiteres Jahr, wenn die Erlaubnisbehörde die Verlängerung nicht vor Ablauf des Jahres ablehnt. Im Fall der Ablehnung gilt die Erlaubnis für die Ab-

wicklung der nach § 1 erlaubt abgeschlossenen Verträge als fortbestehend, jedoch nicht länger als zwölf Monate.

(5) Die Erlaubnis kann unbefristet erteilt werden, wenn der Verleiher drei aufeinanderfolgende Jahre lang nach § 1 erlaubt tätig war. Sie erlischt, wenn der Verleiher von der Erlaubnis drei Jahre lang keinen Gebrauch gemacht hat.

§ 2a Gebühren und Auslagen

(1) Für die Bearbeitung von Anträgen auf Erteilung und Verlängerung der Erlaubnis werden vom Antragsteller Gebühren und Auslagen erhoben.

(2) Die Bundesregierung wird ermächtigt, durch Rechtsverordnung die gebührenpflichtigen Tatbestände näher zu bestimmen und dabei feste Sätze und Rahmensätze vorzusehen. Die Gebühr darf im Einzelfall 2.500 Euro nicht überschreiten.

§ 3 Versagung

(1) Die Erlaubnis oder ihre Verlängerung ist zu versagen, wenn Tatsachen die Annahme rechtfertigen, daß der Antragsteller

1. die für die Ausübung der Tätigkeit nach § 1 erforderliche Zuverlässigkeit nicht besitzt, insbesondere weil er die Vorschriften des Sozialversicherungsrechts, über die Einbehaltung und Abführung der Lohnsteuer, über die Arbeitsvermittlung, über die Anwerbung im Ausland oder über die Ausländerbeschäftigung, über die Überlassungshöchstdauer nach § 1 Absatz 1b, die Vorschriften des Arbeitsschutzrechts oder die arbeitsrechtlichen Pflichten nicht einhält;
2. nach der Gestaltung seiner Betriebsorganisation nicht in der Lage ist, die üblichen Arbeitgeberpflichten ordnungsgemäß zu erfüllen;
3. dem Leiharbeitnehmer die ihm nach § 8 zustehenden Arbeitsbedingungen einschließlich des Arbeitsentgelts nicht gewährt.

(2) Die Erlaubnis oder ihre Verlängerung ist ferner zu versagen, wenn für die Ausübung der Tätigkeit nach § 1 Betriebe, Betriebsteile oder Nebenbetriebe vorgesehen sind, die nicht in einem Mitgliedstaat der Europäischen Wirtschaftsgemeinschaft oder einem anderen Vertragsstaat des Abkommens über den Europäischen Wirtschaftsraum liegen.

(3) Die Erlaubnis kann versagt werden, wenn der Antragsteller nicht Deutscher im Sinne des Artikels 116 des Grundgesetzes ist oder wenn eine Gesellschaft oder juristische Person den Antrag stellt, die entweder nicht nach deutschem Recht gegründet ist oder die weder ihren satzungsmäßigen Sitz noch ihre Hauptverwaltung noch ihre Hauptniederlassung im Geltungsbereich dieses Gesetzes hat.

(4) Staatsangehörige der Mitgliedstaaten der Europäischen Wirtschaftsgemeinschaft oder eines anderen Vertragsstaates des Abkommens über den Europäischen Wirtschaftsraum erhalten die Erlaubnis unter den gleichen Voraussetzungen wie deutsche Staatsangehörige. Den Staatsangehörigen dieser Staaten stehen gleich Gesellschaften und juristische Personen, die nach den Rechtsvorschriften dieser Staaten gegründet sind und ihren satzungsgemäßen Sitz, ihre Hauptverwaltung oder ihre Hauptniederlassung innerhalb dieser Staaten haben. Soweit diese Gesellschaften oder juristische Personen zwar ihren satzungsmäßigen Sitz, jedoch weder ihre Hauptverwaltung noch ihre Hauptniederlassung innerhalb dieser Staaten haben, gilt Satz 2 nur, wenn ihre Tätigkeit in tatsächlicher und dauerhafter Verbindung mit der Wirtschaft eines Mitgliedstaates oder eines Vertragsstaates des Abkommens über den Europäischen Wirtschaftsraum steht.

(5) Staatsangehörige anderer als der in Absatz 4 genannten Staaten, die sich aufgrund eines internationalen Abkommens im Geltungsbereich dieses Gesetzes niederlassen und hierbei sowie bei ihrer Geschäftstätigkeit nicht weniger günstig behandelt werden dürfen als deutsche Staatsangehörige, erhalten die Erlaubnis unter den gleichen Voraussetzungen wie deutsche Staatsangehörige. Den Staatsangehörigen nach Satz 1 stehen gleich Gesellschaften, die nach den Rechtsvorschriften des anderen Staates gegründet sind.

§ 3a Lohnuntergrenze

(1) Gewerkschaften und Vereinigungen von Arbeitgebern, die zumindest auch für ihre jeweiligen in der Arbeitnehmerüberlassung tätigen Mitglieder zuständig sind (vorschlagsberechtigte Tarifvertragsparteien) und bundesweit tarifliche Mindeststundenentgelte im Bereich der Arbeitnehmerüberlassung miteinander vereinbart haben, können dem Bundesministerium für Arbeit und Soziales gemeinsam vorschlagen, diese als Lohnuntergrenze in einer Rechts-

verordnung verbindlich festzusetzen; die Mindeststundenentgelte können nach dem jeweiligen Beschäftigungsort differenzieren und auch Regelungen zur Fälligkeit entsprechender Ansprüche einschließlich hierzu vereinbarter Ausnahmen und deren Voraussetzungen umfassen. Der Vorschlag muss für Verleihzeiten und verleihfreie Zeiten einheitliche Mindeststundenentgelte sowie eine Laufzeit enthalten. Der Vorschlag ist schriftlich zu begründen.

(2) Das Bundesministerium für Arbeit und Soziales kann, wenn dies im öffentlichen Interesse geboten erscheint, in einer Rechtsverordnung ohne Zustimmung des Bundesrates bestimmen, dass die vorgeschlagenen tariflichen Mindeststundenentgelte nach Absatz 1 als verbindliche Lohnuntergrenze auf alle in den Geltungsbereich der Verordnung fallenden Arbeitgeber sowie Leiharbeitnehmer Anwendung findet. Der Verordnungsgeber kann den Vorschlag nur inhaltlich unverändert in die Rechtsverordnung übernehmen.

(3) Der Verordnungsgeber hat bei seiner Entscheidung nach Absatz 2 im Rahmen einer Gesamtabwägung neben den Zielen dieses Gesetzes zu prüfen, ob eine Rechtsverordnung nach Absatz 2 insbesondere geeignet ist, die finanzielle Stabilität der sozialen Sicherungssysteme zu gewährleisten. Der Verordnungsgeber hat zu berücksichtigen

1. die bestehenden bundesweiten Tarifverträge in der Arbeitnehmerüberlassung und
2. die Repräsentativität der vorschlagenden Tarifvertragsparteien.

(4) Liegen mehrere Vorschläge nach Absatz 1 vor, hat der Verordnungsgeber bei seiner Entscheidung nach Absatz 2 im Rahmen der nach Absatz 3 erforderlichen Gesamtabwägung die Repräsentativität der vorschlagenden Tarifvertragsparteien besonders zu berücksichtigen. Bei der Feststellung der Repräsentativität ist vorrangig abzustellen auf

1. die Zahl der jeweils in den Geltungsbereich einer Rechtsverordnung nach Absatz 2 fallenden Arbeitnehmer, die bei Mitgliedern der vorschlagenden Arbeitgebervereinigung beschäftigt sind;
2. die Zahl der jeweils in den Geltungsbereich einer Rechtsverordnung nach Absatz 2 fallenden Mitglieder der vorschlagenden Gewerkschaften.

(5) Vor Erlass ist ein Entwurf der Rechtsverordnung im Bundesanzeiger bekannt zu machen. Das Bundesministerium für Arbeit und Soziales gibt Verleihern und Leiharbeitnehmern sowie den Gewerkschaften und Vereinigungen von Arbeitgebern, die im Geltungsbereich der Rechtsverordnung zumindest teilweise tarifzuständig sind, Gelegenheit zur schriftlichen Stellungnahme innerhalb von drei Wochen ab dem Tag der Bekanntmachung des Entwurfs der Rechtsverordnung im Bundesanzeiger. Nach Ablauf der Stellungnahmefrist wird der in § 5 Absatz 1 Satz 1 des Tarifvertragsgesetzes genannte Ausschuss mit dem Vorschlag befasst.

(6) Nach Absatz 1 vorschlagsberechtigte Tarifvertragsparteien können gemeinsam die Änderung einer nach Absatz 2 erlassenen Rechtsverordnung vorschlagen. Die Absätze 1 bis 5 finden entsprechend Anwendung.

§ 4 Rücknahme

(1) Eine rechtswidrige Erlaubnis kann mit Wirkung für die Zukunft zurückgenommen werden. § 2 Abs. 4 Satz 4 gilt entsprechend.

(2) Die Erlaubnisbehörde hat dem Verleiher auf Antrag den Vermögensnachteil auszugleichen, den dieser dadurch erleidet, daß er auf den Bestand der Erlaubnis vertraut hat, soweit sein Vertrauen unter Abwägung mit dem öffentlichen Interesse schutzwürdig ist. Auf Vertrauen kann sich der Verleiher nicht berufen, wenn er

1. die Erlaubnis durch arglistige Täuschung, Drohung oder eine strafbare Handlung erwirkt hat;
2. die Erlaubnis durch Angaben erwirkt hat, die in wesentlicher Beziehung unrichtig oder unvollständig waren, oder
3. die Rechtswidrigkeit der Erlaubnis kannte oder infolge grober Fahrlässigkeit nicht kannte.

Der Vermögensnachteil ist jedoch nicht über den Betrag des Interesses hinaus zu ersetzen, das der Verleiher an dem Bestand der Erlaubnis hat. Der auszugleichende Vermögensnachteil wird durch die Erlaubnisbehörde festgesetzt. Der Anspruch kann nur innerhalb eines Jahres geltend gemacht werden; die Frist beginnt, sobald die Erlaubnisbehörde den Verleiher auf sie hingewiesen hat.

(3) Die Rücknahme ist nur innerhalb eines Jahres seit dem Zeitpunkt zulässig, in dem die Erlaubnisbehörde von den Tatsachen Kenntnis erhalten hat, die die Rücknahme der Erlaubnis rechtfertigen.

§ 5 Widerruf

(1) Die Erlaubnis kann mit Wirkung für die Zukunft widerrufen werden, wenn

1. der Widerruf bei ihrer Erteilung nach § 2 Abs. 3 vorbehalten worden ist;
2. der Verleiher eine Auflage nach § 2 nicht innerhalb einer ihm gesetzten Frist erfüllt hat;
3. die Erlaubnisbehörde aufgrund nachträglich eingetretener Tatsachen berechtigt wäre, die Erlaubnis zu versagen, oder
4. die Erlaubnisbehörde aufgrund einer geänderten Rechtslage berechtigt wäre, die Erlaubnis zu versagen; § 4 Abs. 2 gilt entsprechend.

(2) Die Erlaubnis wird mit dem Wirksamwerden des Widerrufs unwirksam. § 2 Abs. 4 Satz 4 gilt entsprechend.

(3) Der Widerruf ist unzulässig, wenn eine Erlaubnis gleichen Inhalts erneut erteilt werden müßte.

(4) Der Widerruf ist nur innerhalb eines Jahres seit dem Zeitpunkt zulässig, in dem die Erlaubnisbehörde von den Tatsachen Kenntnis erhalten hat, die den Widerruf der Erlaubnis rechtfertigen.

§ 6 Verwaltungszwang

Werden Leiharbeitnehmer von einem Verleiher ohne die erforderliche Erlaubnis überlassen, so hat die Erlaubnisbehörde dem Verleiher dies zu untersagen und das weitere Überlassen nach den Vorschriften des Verwaltungsvollstreckungsgesetzes zu verhindern.

§ 7 Anzeigen und Auskünfte

(1) Der Verleiher hat der Erlaubnisbehörde nach Erteilung der Erlaubnis unaufgefordert die Verlegung, Schließung und Errichtung von Betrieben, Betriebsteilen oder Nebenbetrieben vorher anzuzeigen, soweit diese die Ausübung der Arbeitnehmerüberlassung zum Gegenstand haben. Wenn die Erlaubnis Personengesamtheiten, Personengesellschaften oder juristischen Personen erteilt ist und

nach ihrer Erteilung eine andere Person zur Geschäftsführung oder Vertretung nach Gesetz, Satzung oder Gesellschaftsvertrag berufen wird, ist auch dies unaufgefordert anzuzeigen.

(2) Der Verleiher hat der Erlaubnisbehörde auf Verlangen die Auskünfte zu erteilen, die zur Durchführung des Gesetzes erforderlich sind. Die Auskünfte sind wahrheitsgemäß, vollständig, fristgemäß und unentgeltlich zu erteilen. Auf Verlangen der Erlaubnisbehörde hat der Verleiher die geschäftlichen Unterlagen vorzulegen, aus denen sich die Richtigkeit seiner Angaben ergibt, oder seine Angaben auf sonstige Weise glaubhaft zu machen. Der Verleiher hat seine Geschäftsunterlagen drei Jahre lang aufzubewahren.

(3) In begründeten Einzelfällen sind die von der Erlaubnisbehörde beauftragten Personen befugt, Grundstücke und Geschäftsräume des Verleihers zu betreten und dort Prüfungen vorzunehmen. Der Verleiher hat die Maßnahmen nach Satz 1 zu dulden. Das Grundrecht der Unverletzlichkeit der Wohnung (Artikel 13 des Grundgesetzes) wird insoweit eingeschränkt.

(4) Durchsuchungen können nur auf Anordnung des Richters bei dem Amtsgericht, in dessen Bezirk die Durchsuchung erfolgen soll, vorgenommen werden. Auf die Anfechtung dieser Anordnung finden die §§ 304 bis 310 der Strafprozeßordnung entsprechende Anwendung. Bei Gefahr im Verzug können die von der Erlaubnisbehörde beauftragten Personen während der Geschäftszeit die erforderlichen Durchsuchungen ohne richterliche Anordnung vornehmen. An Ort und Stelle ist eine Niederschrift über die Durchsuchung und ihr wesentliches Ergebnis aufzunehmen, aus der sich, falls keine richterliche Anordnung ergangen ist, auch die Tatsachen ergeben, die zur Annahme einer Gefahr im Verzug geführt haben.

(5) Der Verleiher kann die Auskunft auf solche Fragen verweigern, deren Beantwortung ihn selbst oder einen der in § 383 Abs. 1 Nr. 1 bis 3 der Zivilprozeßordnung bezeichneten Angehörigen der Gefahr strafgerichtlicher Verfolgung oder eines Verfahrens nach dem Gesetz über Ordnungswidrigkeiten aussetzen würde.

§ 8 Grundsatz der Gleichstellung

(1) Der Verleiher ist verpflichtet, dem Leiharbeitnehmer für die Zeit der Überlassung an den Entleiher die im Betrieb des Entleihers für einen vergleichbaren Arbeitnehmer des Entleihers geltenden wesentlichen Arbeitsbedingungen einschließlich des Arbeitsentgelts zu gewähren (Gleichstellungsgrundsatz). Erhält der Leiharbeitnehmer das für einen vergleichbaren Arbeitnehmer des Entleihers im Entleihbetrieb geschuldete tarifvertragliche Arbeitsentgelt oder in Ermangelung eines solchen ein für vergleichbare Arbeitnehmer in der Einsatzbranche geltendes tarifvertragliches Arbeitsentgelt, wird vermutet, dass der Leiharbeitnehmer hinsichtlich des Arbeitsentgelts im Sinne von Satz 1 gleichgestellt ist. Werden im Betrieb des Entleihers Sachbezüge gewährt, kann ein Wertausgleich in Euro erfolgen.

(2) Ein Tarifvertrag kann vom Gleichstellungsgrundsatz abweichen, soweit er nicht die in einer Rechtsverordnung nach § 3a Absatz 2 festgesetzten Mindeststundenentgelte unterschreitet. Soweit ein solcher Tarifvertrag vom Gleichstellungsgrundsatz abweicht, hat der Verleiher dem Leiharbeitnehmer die nach diesem Tarifvertrag geschuldeten Arbeitsbedingungen zu gewähren. Im Geltungsbereich eines solchen Tarifvertrages können nicht tarifgebundene Arbeitgeber und Arbeitnehmer die Anwendung des Tarifvertrages vereinbaren. Soweit ein solcher Tarifvertrag die in einer Rechtsverordnung nach § 3a Absatz 2 festgesetzten Mindeststundenentgelte unterschreitet, hat der Verleiher dem Leiharbeitnehmer für jede Arbeitsstunde das im Betrieb des Entleihers für einen vergleichbaren Arbeitnehmer des Entleihers für eine Arbeitsstunde zu zahlende Arbeitsentgelt zu gewähren.

(3) Eine abweichende tarifliche Regelung im Sinne von Absatz 2 gilt nicht für Leiharbeitnehmer, die in den letzten sechs Monaten vor der Überlassung an den Entleiher aus einem Arbeitsverhältnis bei diesem oder einem Arbeitgeber, der mit dem Entleiher einen Konzern im Sinne des § 18 des Aktiengesetzes bildet, ausgeschieden sind.

(4) Ein Tarifvertrag im Sinne des Absatzes 2 kann hinsichtlich des Arbeitsentgelts vom Gleichstellungsgrundsatz für die ersten neun Monate einer Überlassung an einen Entleiher abweichen. Eine längere Abweichung durch Tarifvertrag ist nur zulässig, wenn

1. nach spätestens 15 Monaten einer Überlassung an einen Entleiher mindestens ein Arbeitsentgelt erreicht wird, das in dem Tarifvertrag als gleichwertig mit dem tarifvertraglichen Arbeitsentgelt vergleichbarer Arbeitnehmer in der Einsatzbranche festgelegt ist, und
2. nach einer Einarbeitungszeit von längstens sechs Wochen eine stufenweise Heranführung an dieses Arbeitsentgelt erfolgt.

Im Geltungsbereich eines solchen Tarifvertrages können nicht tarifgebundene Arbeitgeber und Arbeitnehmer die Anwendung der tariflichen Regelungen vereinbaren. Der Zeitraum vorheriger Überlassungen durch denselben oder einen anderen Verleiher an denselben Entleiher ist vollständig anzurechnen, wenn zwischen den Einsätzen jeweils nicht mehr als drei Monate liegen.

(5) Der Verleiher ist verpflichtet, dem Leiharbeitnehmer mindestens das in einer Rechtsverordnung nach § 3a Absatz 2 für die Zeit der Überlassung und für Zeiten ohne Überlassung festgesetzte Mindeststundenentgelt zu zahlen.

§ 9 Unwirksamkeit

(1) Unwirksam sind:

1. Verträge zwischen Verleihern und Entleihern sowie zwischen Verleihern und Leiharbeitnehmern, wenn der Verleiher nicht die nach § 1 erforderliche Erlaubnis hat; der Vertrag zwischen Verleiher und Leiharbeitnehmer wird nicht unwirksam, wenn der Leiharbeitnehmer schriftlich bis zum Ablauf eines Monats nach dem zwischen Verleiher und Entleiher für den Beginn der Überlassung vorgesehenen Zeitpunkt gegenüber dem Verleiher oder dem Entleiher erklärt, dass er an dem Arbeitsvertrag mit dem Verleiher festhält; tritt die Unwirksamkeit erst nach Aufnahme der Tätigkeit beim Entleiher ein, so beginnt die Frist mit Eintritt der Unwirksamkeit,

1a. Arbeitsverträge zwischen Verleihern und Leiharbeitnehmern, wenn entgegen § 1 Absatz 1 Satz 5 und 6 die Arbeitnehmerüberlassung nicht ausdrücklich als solche bezeichnet und die Person des Leiharbeitnehmers nicht konkretisiert worden ist, es sei denn, der Leiharbeitnehmer erklärt schriftlich bis zum Ablauf eines Monats nach dem zwischen Verleiher und Entleiher für den Beginn der Überlassung vorgesehenen Zeitpunkt gegenüber dem Verleiher oder dem Entleiher, dass er an dem Arbeitsvertrag mit dem Verleiher festhält,

1b. Arbeitsverträge zwischen Verleihern und Leiharbeitnehmern mit dem Überschreiten der zulässigen Überlassungshöchstdauer nach § 1 Absatz 1b, es sei denn, der Leiharbeitnehmer erklärt schriftlich bis zum Ablauf eines Monats nach Überschreiten der zulässigen Überlassungshöchstdauer gegenüber dem Verleiher oder dem Entleiher, dass er an dem Arbeitsvertrag mit dem Verleiher festhält,

2. Vereinbarungen, die für den Leiharbeitnehmer schlechtere als die ihm nach § 8 zustehenden Arbeitsbedingungen einschließlich des Arbeitsentgelts vorsehen,

2a. Vereinbarungen, die den Zugang des Leiharbeitnehmers zu den Gemeinschaftseinrichtungen oder -diensten im Unternehmen des Entleihers entgegen § 13b beschränken,

3. Vereinbarungen, die dem Entleiher untersagen, den Leiharbeitnehmer zu einem Zeitpunkt einzustellen, in dem dessen Arbeitsverhältnis zum Verleiher nicht mehr besteht; dies schließt die Vereinbarung einer angemessenen Vergütung zwischen Verleiher und Entleiher für die nach vorangegangenem Verleih oder mittels vorangegangenem Verleih erfolgte Vermittlung nicht aus,

4. Vereinbarungen, die dem Leiharbeitnehmer untersagen, mit dem Entleiher zu einem Zeitpunkt, in dem das Arbeitsverhältnis zwischen Verleiher und Leiharbeitnehmer nicht mehr besteht, ein Arbeitsverhältnis einzugehen,

5. Vereinbarungen, nach denen der Leiharbeitnehmer eine Vermittlungsvergütung an den Verleiher zu zahlen hat.

(2) Die Erklärung nach Absatz 1 Nummer 1, 1a oder 1b (Festhaltenserklärung) ist nur wirksam, wenn

1. der Leiharbeitnehmer diese vor ihrer Abgabe persönlich in einer Agentur für Arbeit vorlegt,
2. die Agentur für Arbeit die abzugebende Erklärung mit dem Datum des Tages der Vorlage und dem Hinweis versieht, dass sie die Identität des Leiharbeitnehmers festgestellt hat, und
3. die Erklärung spätestens am dritten Tag nach der Vorlage in der Agentur für Arbeit dem Ver- oder Entleiher zugeht.

(3) Eine vor Beginn einer Frist nach Absatz 1 Nummer 1 bis 1b abgegebene Festhaltenserklärung ist unwirksam. Wird die Überlas-

sung nach der Festhaltenserklärung fortgeführt, gilt Absatz 1 Nummer 1 bis 1b. Eine erneute Festhaltenserklärung ist unwirksam. § 28e Absatz 2 Satz 4 des Vierten Buches Sozialgesetzbuch gilt unbeschadet der Festhaltenserklärung.

§ 10 Rechtsfolgen bei Unwirksamkeit

(1) Ist der Vertrag zwischen einem Verleiher und einem Leiharbeitnehmer nach § 9 unwirksam, so gilt ein Arbeitsverhältnis zwischen Entleiher und Leiharbeitnehmer zu dem zwischen dem Entleiher und dem Verleiher für den Beginn der Tätigkeit vorgesehenen Zeitpunkt als zustande gekommen; tritt die Unwirksamkeit erst nach Aufnahme der Tätigkeit beim Entleiher ein, so gilt das Arbeitsverhältnis zwischen Entleiher und Leiharbeitnehmer mit dem Eintritt der Unwirksamkeit als zustande gekommen. Das Arbeitsverhältnis nach Satz 1 gilt als befristet, wenn die Tätigkeit des Leiharbeitnehmers bei dem Entleiher nur befristet vorgesehen war und ein die Befristung des Arbeitsverhältnisses sachlich rechtfertigender Grund vorliegt. Für das Arbeitsverhältnis nach Satz 1 gilt die zwischen dem Verleiher und dem Entleiher vorgesehene Arbeitszeit als vereinbart. Im übrigen bestimmen sich Inhalt und Dauer dieses Arbeitsverhältnisses nach den für den Betrieb des Entleihers geltenden Vorschriften und sonstigen Regelungen; sind solche nicht vorhanden, gelten diejenigen vergleichbarer Betriebe. Der Leiharbeitnehmer hat gegen den Entleiher mindestens Anspruch auf das mit dem Verleiher vereinbarte Arbeitsentgelt.

(2) Der Leiharbeitnehmer kann im Fall der Unwirksamkeit seines Vertrags mit dem Verleiher nach § 9 von diesem Ersatz des Schadens verlangen, den er dadurch erleidet, daß er auf die Gültigkeit des Vertrags vertraut. Die Ersatzpflicht tritt nicht ein, wenn der Leiharbeitnehmer den Grund der Unwirksamkeit kannte.

(3) Zahlt der Verleiher das vereinbarte Arbeitsentgelt oder Teile des Arbeitsentgelts an den Leiharbeitnehmer, obwohl der Vertrag nach § 9 Nr. 1 unwirksam ist, so hat er auch sonstige Teile des Arbeitsentgelts, die bei einem wirksamen Arbeitsvertrag für den Leiharbeitnehmer an einen anderen zu zahlen wären, an den anderen zu zahlen. Hinsichtlich dieser Zahlungspflicht gilt der Verleiher neben dem Entleiher als Arbeitgeber; beide haften insoweit als Gesamtschuldner.

§ 10a Rechtsfolgen bei Überlassung durch eine andere Person als den Arbeitgeber

Werden Arbeitnehmer entgegen § 1 Absatz 1 Satz 3 von einer anderen Person überlassen und verstößt diese Person hierbei gegen § 1 Absatz 1 Satz 1, 5 und 6 oder Absatz 1b, gelten für das Arbeitsverhältnis des Leiharbeitnehmers § 9 Absatz 1 Nummer 1 bis 1b und § 10 entsprechend.

§ 11 Sonstige Vorschriften über das Leiharbeitsverhältnis

(1) Der Nachweis der wesentlichen Vertragsbedingungen des Leiharbeitsverhältnisses richtet sich nach den Bestimmungen des Nachweisgesetzes. Zusätzlich zu den in § 2 Abs. 1 des Nachweisgesetzes genannten Angaben sind in die Niederschrift aufzunehmen:

1. Firma und Anschrift des Verleihers, die Erlaubnisbehörde sowie Ort und Datum der Erteilung der Erlaubnis nach § 1,
2. Art und Höhe der Leistungen für Zeiten, in denen der Leiharbeitnehmer nicht verliehen ist.

(2) Der Verleiher ist ferner verpflichtet, dem Leiharbeitnehmer bei Vertragsschluß ein Merkblatt der Erlaubnisbehörde über den wesentlichen Inhalt dieses Gesetzes auszuhändigen. Nichtdeutsche Leiharbeitnehmer erhalten das Merkblatt und den Nachweis nach Absatz 1 auf Verlangen in ihrer Muttersprache. Die Kosten des Merkblatts trägt der Verleiher. Der Verleiher hat den Leiharbeitnehmer vor jeder Überlassung darüber zu informieren, dass er als Leiharbeitnehmer tätig wird.

(3) Der Verleiher hat den Leiharbeitnehmer unverzüglich über den Zeitpunkt des Wegfalls der Erlaubnis zu unterrichten. In den Fällen der Nichtverlängerung (§ 2 Abs. 4 Satz 3), der Rücknahme (§ 4) oder des Widerrufs (§ 5) hat er ihn ferner auf das voraussichtliche Ende der Abwicklung (§ 2 Abs. 4 Satz 4) und die gesetzliche Abwicklungsfrist (§ 2 Abs. 4 Satz 4 letzter Halbsatz) hinzuweisen.

(4) § 622 Abs. 5 Nr. 1 des Bürgerlichen Gesetzbuchs ist nicht auf Arbeitsverhältnisse zwischen Verleihern und Leiharbeitnehmern anzuwenden. Das Recht des Leiharbeitnehmers auf Vergütung bei Annahmeverzug des Verleihers (§ 615 Satz 1 des Bürgerlichen Gesetzbuchs) kann nicht durch Vertrag aufgehoben oder beschränkt werden; § 615 Satz 2 des Bürgerlichen Gesetzbuchs bleibt unbe-

rührt. Das Recht des Leiharbeitnehmers auf Vergütung kann durch Vereinbarung von Kurzarbeit für die Zeit aufgehoben werden, für die dem Leiharbeitnehmer Kurzarbeitergeld nach dem Dritten Buch Sozialgesetzbuch gezahlt wird; eine solche Vereinbarung kann das Recht des Leiharbeitnehmers auf Vergütung bis längstens zum 31. Dezember 2011 ausschließen.

(5) Der Entleiher darf Leiharbeitnehmer nicht tätig werden lassen, wenn sein Betrieb unmittelbar durch einen Arbeitskampf betroffen ist. Satz 1 gilt nicht, wenn der Entleiher sicherstellt, dass Leiharbeitnehmer keine Tätigkeiten übernehmen, die bisher von Arbeitnehmern erledigt wurden, die

1. sich im Arbeitskampf befinden oder
2. ihrerseits Tätigkeiten von Arbeitnehmern, die sich im Arbeitskampf befinden, übernommen haben.

Der Leiharbeitnehmer ist nicht verpflichtet, bei einem Entleiher tätig zu sein, soweit dieser durch einen Arbeitskampf unmittelbar betroffen ist. In den Fällen eines Arbeitskampfes hat der Verleiher den Leiharbeitnehmer auf das Recht, die Arbeitsleistung zu verweigern, hinzuweisen.

(6) Die Tätigkeit des Leiharbeitnehmers bei dem Entleiher unterliegt den für den Betrieb des Entleihers geltenden öffentlich-rechtlichen Vorschriften des Arbeitsschutzrechts; die hieraus sich ergebenden Pflichten für den Arbeitgeber obliegen dem Entleiher unbeschadet der Pflichten des Verleihers. Insbesondere hat der Entleiher den Leiharbeitnehmer vor Beginn der Beschäftigung und bei Veränderungen in seinem Arbeitsbereich über Gefahren für Sicherheit und Gesundheit, denen er bei der Arbeit ausgesetzt sein kann, sowie über die Maßnahmen und Einrichtungen zur Abwendung dieser Gefahren zu unterrichten. Der Entleiher hat den Leiharbeitnehmer zusätzlich über die Notwendigkeit besonderer Qualifikationen oder beruflicher Fähigkeiten oder einer besonderen ärztlichen Überwachung sowie über erhöhte besondere Gefahren des Arbeitsplatzes zu unterrichten.

(7) Hat der Leiharbeitnehmer während der Dauer der Tätigkeit bei dem Entleiher eine Erfindung oder einen technischen Verbesserungsvorschlag gemacht, so gilt der Entleiher als Arbeitgeber im Sinne des Gesetzes über Arbeitnehmererfindungen.

§ 12 Rechtsbeziehungen zwischen Verleiher und Entleiher

(1) Der Vertrag zwischen dem Verleiher und dem Entleiher bedarf der Schriftform. In der Urkunde hat der Verleiher zu erklären, ob er die Erlaubnis nach § 1 besitzt. Wenn der Vertrag und seine tatsächliche Durchführung einander widersprechen, ist für die rechtliche Einordnung des Vertrages die tatsächliche Durchführung maßgebend. Der Entleiher hat in der Urkunde anzugeben, welche besonderen Merkmale die für den Leiharbeitnehmer vorgesehene Tätigkeit hat und welche berufliche Qualifikation dafür erforderlich ist sowie welche im Betrieb des Entleihers für einen vergleichbaren Arbeitnehmer des Entleihers wesentlichen Arbeitsbedingungen einschließlich des Arbeitsentgelts gelten; Letzteres gilt nicht, soweit die Voraussetzungen der in § 8 Absatz 2 und 4 Satz 2 genannten Ausnahme vorliegen.

(2) Der Verleiher hat den Entleiher unverzüglich über den Zeitpunkt des Wegfalls der Erlaubnis zu unterrichten. In den Fällen der Nichtverlängerung (§ 2 Abs. 4 Satz 3), der Rücknahme (§ 4) oder des Widerrufs (§ 5) hat er ihn ferner auf das voraussichtliche Ende der Abwicklung (§ 2 Abs. 4 Satz 4) und die gesetzliche Abwicklungsfrist (§ 2 Abs. 4 Satz 4 letzter Halbsatz) hinzuweisen.

(3) [weggefallen]

§ 13 Auskunftsanspruch des Leiharbeitnehmers

Der Leiharbeitnehmer kann im Falle der Überlassung von seinem Entleiher Auskunft über die im Betrieb des Entleihers für einen vergleichbaren Arbeitnehmer des Entleihers geltenden wesentlichen Arbeitsbedingungen einschließlich des Arbeitsentgelts verlangen; dies gilt nicht, soweit die Voraussetzungen der in § 8 Absatz 2 und 4 Satz 2 genannten Ausnahme vorliegen.

§ 13a Informationspflicht des Entleihers über freie Arbeitsplätze

Der Entleiher hat den Leiharbeitnehmer über Arbeitsplätze des Entleihers, die besetzt werden sollen, zu informieren. Die Information kann durch allgemeine Bekanntgabe an geeigneter, dem Leiharbeitnehmer zugänglicher Stelle im Betrieb und Unternehmen des Entleihers erfolgen.

§ 13b Zugang des Leiharbeitnehmers zu Gemeinschaftseinrichtungen oder -diensten

Der Entleiher hat dem Leiharbeitnehmer Zugang zu den Gemeinschaftseinrichtungen oder -diensten im Unternehmen unter den gleichen Bedingungen zu gewähren wie vergleichbaren Arbeitnehmern in dem Betrieb, in dem der Leiharbeitnehmer seine Arbeitsleistung erbringt, es sei denn, eine unterschiedliche Behandlung ist aus sachlichen Gründen gerechtfertigt. Gemeinschaftseinrichtungen oder -dienste im Sinne des Satzes 1 sind insbesondere Kinderbetreuungseinrichtungen, Gemeinschaftsverpflegung und Beförderungsmittel.

§ 14 Mitwirkungs- und Mitbestimmungsrechte

(1) Leiharbeitnehmer bleiben auch während der Zeit ihrer Arbeitsleistung bei einem Entleiher Angehörige des entsendenden Betriebs des Verleihers.

(2) Leiharbeitnehmer sind bei der Wahl der Arbeitnehmervertreter in den Aufsichtsrat im Entleiherunternehmen und bei der Wahl der betriebsverfassungsrechtlichen Arbeitnehmervertretungen im Entleiherbetrieb nicht wählbar. Sie sind berechtigt, die Sprechstunden dieser Arbeitnehmervertretungen aufzusuchen und an den Betriebs- und Jugendversammlungen im Entleiherbetrieb teilzunehmen. Die §§ 81, 82 Abs. 1 und die §§ 84 bis 86 des Betriebsverfassungsgesetzes gelten im Entleiherbetrieb auch in bezug auf die dort tätigen Leiharbeitnehmer. Soweit Bestimmungen des Betriebsverfassungsgesetzes mit Ausnahme des § 112a, des Europäische Betriebsräte-Gesetzes oder der auf Grund der jeweiligen Gesetze erlassenen Wahlordnungen eine bestimmte Anzahl oder einen bestimmten Anteil von Arbeitnehmern voraussetzen, sind Leiharbeitnehmer auch im Entleiherbetrieb zu berücksichtigen. Soweit Bestimmungen des Mitbestimmungsgesetzes, des Montan-Mitbestimmungsgesetzes, des Mitbestimmungsergänzungsgesetzes, des Drittelbeteiligungsgesetzes, des Gesetzes über die Mitbestimmung der Arbeitnehmer bei einer grenzüberschreitenden Verschmelzung, des SE- und des SCE-Beteiligungsgesetzes oder der auf Grund der jeweiligen Gesetze erlassenen Wahlordnungen eine bestimmte Anzahl oder einen bestimmten Anteil von Arbeitnehmern voraussetzen, sind Leiharbeitnehmer auch im Entleiherunternehmen zu berücksichtigen. Soweit die Anwendung der in Satz 5 genannten

Gesetze eine bestimmte Anzahl oder einen bestimmten Anteil von Arbeitnehmern erfordert, sind Leiharbeitnehmer im Entleiherunternehmen nur zu berücksichtigen, wenn die Einsatzdauer sechs Monate übersteigt.

(3) Vor der Übernahme eines Leiharbeitnehmers zur Arbeitsleistung ist der Betriebsrat des Entleiherbetriebs nach § 99 des Betriebsverfassungsgesetzes zu beteiligen. Dabei hat der Entleiher dem Betriebsrat auch die schriftliche Erklärung des Verleihers nach § 12 Abs. 1 Satz 2 vorzulegen. Er ist ferner verpflichtet, Mitteilungen des Verleihers nach § 12 Abs. 2 unverzüglich dem Betriebsrat bekanntzugeben.

(4) Die Absätze 1 und 2 Satz 1 und 2 sowie Absatz 3 gelten für die Anwendung des Bundespersonalvertretungsgesetzes sinngemäß.

§ 15 Ausländische Leiharbeitnehmer ohne Genehmigung

(1) Wer als Verleiher einen Ausländer, der einen erforderlichen Aufenthaltstitel nach § 4 Abs. 3 des Aufenthaltsgesetzes, eine Aufenthaltsgestattung oder eine Duldung, die zur Ausübung der Beschäftigung berechtigen, oder eine Genehmigung nach § 284 Abs. 1 des Dritten Buches Sozialgesetzbuch nicht besitzt, entgegen § 1 einem Dritten ohne Erlaubnis überläßt, wird mit Freiheitsstrafe bis zu drei Jahren oder mit Geldstrafe bestraft.

(2) In besonders schweren Fällen ist die Strafe Freiheitsstrafe von sechs Monaten bis zu fünf Jahren. Ein besonders schwerer Fall liegt in der Regel vor, wenn der Täter gewerbsmäßig oder aus grobem Eigennutz handelt.

§ 15a Entleih von Ausländern ohne Genehmigung

(1) Wer als Entleiher einen ihm überlassenen Ausländer, der einen erforderlichen Aufenthaltstitel nach § 4 Abs. 3 des Aufenthaltsgesetzes, eine Aufenthaltsgestattung oder eine Duldung, die zur Ausübung der Beschäftigung berechtigen, oder eine Genehmigung nach § 284 Abs. 1 des Dritten Buches Sozialgesetzbuch nicht besitzt, zu Arbeitsbedingungen des Leiharbeitsverhältnisses tätig werden läßt, die in einem auffälligen Mißverhältnis zu den Arbeitsbedingungen deutscher Leiharbeitnehmer stehen, die die gleiche oder eine vergleichbare Tätigkeit ausüben, wird mit Freiheitsstrafe

bis zu drei Jahren oder mit Geldstrafe bestraft. In besonders schweren Fällen ist die Strafe Freiheitsstrafe von sechs Monaten bis zu fünf Jahren; ein besonders schwerer Fall liegt in der Regel vor, wenn der Täter gewerbsmäßig oder aus grobem Eigennutz handelt.

(2) Wer als Entleiher
1. gleichzeitig mehr als fünf Ausländer, die einen erforderlichen Aufenthaltstitel nach § 4 Abs. 3 des Aufenthaltsgesetzes, eine Aufenthaltsgestattung oder eine Duldung, die zur Ausübung der Beschäftigung berechtigen, oder eine Genehmigung nach § 284 Abs. 1 des Dritten Buches Sozialgesetzbuch nicht besitzen, tätig werden läßt oder
2. eine in § 16 Abs. 1 Nr. 2 bezeichnete vorsätzliche Zuwiderhandlung beharrlich wiederholt,

wird mit Freiheitsstrafe bis zu einem Jahr oder mit Geldstrafe bestraft. Handelt der Täter aus grobem Eigennutz, ist die Strafe Freiheitsstrafe bis zu drei Jahren oder Geldstrafe.

§ 16 Ordnungswidrigkeiten

(1) Ordnungswidrig handelt, wer vorsätzlich oder fahrlässig
1. entgegen § 1 einen Leiharbeitnehmer einem Dritten ohne Erlaubnis überläßt,
1a. einen ihm von einem Verleiher ohne Erlaubnis überlassenen Leiharbeitnehmer tätig werden läßt,
1b. entgegen § 1 Absatz 1 Satz 3 einen Arbeitnehmer überlässt oder tätig werden lässt,
1c. entgegen § 1 Absatz 1 Satz 5 eine dort genannte Überlassung nicht, nicht richtig oder nicht rechtzeitig bezeichnet,
1d. entgegen § 1 Absatz 1 Satz 6 die Person nicht, nicht richtig oder nicht rechtzeitig konkretisiert,
1e. entgegen § 1 Absatz 1b Satz 1 einen Leiharbeitnehmer überlässt,
1f. entgegen § 1b Satz 1 Arbeitnehmer überläßt oder tätig werden läßt,
2. einen ihm überlassenen ausländischen Leiharbeitnehmer, der einen erforderlichen Aufenthaltstitel nach § 4 Abs. 3 des Aufenthaltsgesetzes, eine Aufenthaltsgestattung oder eine Duldung, die zur Ausübung der Beschäftigung berechtigen, oder eine Genehmigung nach § 284 Abs. 1 des Dritten Buches Sozialgesetzbuch nicht besitzt, tätig werden läßt,

2a. eine Anzeige nach § 1a nicht richtig, nicht vollständig oder nicht rechtzeitig erstattet,
3. einer Auflage nach § 2 Abs. 2 nicht, nicht vollständig oder nicht rechtzeitig nachkommt,
4. eine Anzeige nach § 7 Abs. 1 nicht, nicht richtig, nicht vollständig oder nicht rechtzeitig erstattet,
5. eine Auskunft nach § 7 Abs. 2 Satz 1 nicht, nicht richtig, nicht vollständig oder nicht rechtzeitig erteilt,
6. seiner Aufbewahrungspflicht nach § 7 Abs. 2 Satz 4 nicht nachkommt,
6a. entgegen § 7 Abs. 3 Satz 2 eine dort genannte Maßnahme nicht duldet,
7. (aufgehoben),
7a. entgegen § 8 Absatz 1 Satz 1 oder Absatz 2 Satz 2 oder 4 eine Arbeitsbedingung nicht gewährt,
7b. entgegen § 8 Absatz 5 in Verbindung mit einer Rechtsverordnung nach § 3a Absatz 2 Satz 1 das dort genannte Mindeststundenentgelt nicht oder nicht rechtzeitig zahlt,
8. einer Pflicht nach § 11 Abs. 1 oder Abs. 2 nicht nachkommt,
8a. entgegen § 11 Absatz 5 Satz 1 einen Leiharbeitnehmer tätig werden lässt,
9. entgegen § 13a Satz 1 den Leiharbeitnehmer nicht, nicht richtig oder nicht vollständig informiert,
10. entgegen § 13b Satz 1 Zugang nicht gewährt,
11. entgegen § 17a in Verbindung mit § 5 Absatz 1 Satz 1 des Schwarzarbeitsbekämpfungsgesetzes eine Prüfung nicht duldet oder bei dieser Prüfung nicht mitwirkt,
12. entgegen § 17a in Verbindung mit § 5 Absatz 1 Satz 2 des Schwarzarbeitsbekämpfungsgesetzes das Betreten eines Grundstücks oder Geschäftsraums nicht duldet,
13. entgegen § 17a in Verbindung mit § 5 Absatz 3 Satz 1 des Schwarzarbeitsbekämpfungsgesetzes Daten nicht, nicht richtig, nicht vollständig, nicht in der vorgeschriebenen Weise oder nicht rechtzeitig übermittelt,
14. entgegen § 17b Absatz 1 Satz 1 eine Anmeldung nicht, nicht richtig, nicht vollständig, nicht in der vorgeschriebenen Weise oder nicht rechtzeitig zuleitet,
15. entgegen § 17b Absatz 1 Satz 2 eine Änderungsmeldung nicht, nicht richtig, nicht vollständig, nicht in der vorgeschriebenen Weise oder nicht rechtzeitig macht,

16. entgegen § 17b Absatz 2 eine Versicherung nicht beifügt,
17. entgegen § 17c Absatz 1 eine Aufzeichnung nicht, nicht richtig, nicht vollständig oder nicht rechtzeitig erstellt oder nicht oder nicht mindestens zwei Jahre aufbewahrt oder
18. entgegen § 17c Absatz 2 eine Unterlage nicht, nicht richtig, nicht vollständig oder nicht in der vorgeschriebenen Weise bereithält.

(2) Die Ordnungswidrigkeit nach Absatz 1 Nummer 1 bis 1f, 6 und 11 bis 18 kann mit einer Geldbuße bis zu dreißigtausend Euro, die Ordnungswidrigkeit nach Absatz 1 Nummer 2, 7a, 7b und 8a mit einer Geldbuße bis zu fünfhunderttausend Euro, die Ordnungswidrigkeit nach Absatz 1 Nummer 2a, 3, 9 und 10 mit einer Geldbuße bis zu zweitausendfünfhundert Euro, die Ordnungswidrigkeit nach Absatz 1 Nummer 4, 5, 6a, 7 und 8 mit einer Geldbuße bis zu tausend Euro geahndet werden.

(3) Verwaltungsbehörden im Sinne des § 36 Absatz 1 Nummer 1 des Gesetzes über Ordnungswidrigkeiten sind in den Fällen des Absatzes 1 Nummer 1, 1a, 1c, 1d, 1f, 2, 2a und 7b sowie 11 bis 18 die Behörden der Zollverwaltung jeweils für ihren Geschäftsbereich, in den Fällen des Absatzes 1 Nummer 1b, 1e, 3 bis 7a sowie 8 bis 10 die Bundesagentur für Arbeit.

(4) § 66 des Zehnten Buches Sozialgesetzbuch gilt entsprechend.

(5) Die Geldbußen fließen in die Kasse der zuständigen Verwaltungsbehörde. Sie trägt abweichend von § 105 Abs. 2 des Gesetzes über Ordnungswidrigkeiten die notwendigen Auslagen und ist auch ersatzpflichtig im Sinne des § 110 Abs. 4 des Gesetzes über Ordnungswidrigkeiten.

§ 17 Durchführung

(1) Die Bundesagentur für Arbeit führt dieses Gesetz nach fachlichen Weisungen des Bundesministeriums für Arbeit und Soziales durch. Verwaltungskosten werden nicht erstattet.

(2) Die Prüfung der Arbeitsbedingungen nach § 10 Absatz 5 obliegt zudem den Behörden der Zollverwaltung nach Maßgabe der §§ 17a bis 18a.

§ 17a Befugnisse der Behörden der Zollverwaltung

Die §§ 2, 3 bis 6 und 14 bis 20, 22, 23 des Schwarzarbeitsbekämpfungsgesetzes sind entsprechend anzuwenden mit der Maßgabe, dass die dort genannten Behörden auch Einsicht in Arbeitsverträge, Niederschriften nach § 2 des Nachweisgesetzes und andere Geschäftsunterlagen nehmen können, die mittelbar oder unmittelbar Auskunft über die Einhaltung der Arbeitsbedingungen nach § 8 Absatz 5 geben.

§ 17b Meldepflicht

(1) Überlässt ein Verleiher mit Sitz im Ausland einen Leiharbeitnehmer zur Arbeitsleistung einem Entleiher, hat der Entleiher, sofern eine Rechtsverordnung nach § 3a auf das Arbeitsverhältnis Anwendung findet, vor Beginn jeder Überlassung der zuständigen Behörde der Zollverwaltung eine schriftliche Anmeldung in deutscher Sprache mit folgenden Angaben zuzuleiten:

1. Familienname, Vornamen und Geburtsdatum des überlassenen Leiharbeitnehmers,
2. Beginn und Dauer der Überlassung,
3. Ort der Beschäftigung,
4. Ort im Inland, an dem die nach § 17c erforderlichen Unterlagen bereitgehalten werden,
5. Familienname, Vornamen und Anschrift in Deutschland eines oder einer Zustellungsbevollmächtigten des Verleihers,
6. Branche, in die die Leiharbeitnehmer überlassen werden sollen, und
7. Familienname, Vornamen oder Firma sowie Anschrift des Verleihers.

Änderungen bezüglich dieser Angaben hat der Entleiher unverzüglich zu melden.

(2) Der Entleiher hat der Anmeldung eine Versicherung des Verleihers beizufügen, dass dieser seine Verpflichtungen nach § 8 Absatz 5 einhält.

(3) Das Bundesministerium der Finanzen kann durch Rechtsverordnung im Einvernehmen mit dem Bundesministerium für Arbeit und Soziales ohne Zustimmung des Bundesrates bestimmen,

1. dass, auf welche Weise und unter welchen technischen und organisatorischen Voraussetzungen eine Anmeldung, Änderungs-

meldung und Versicherung abweichend von den Absätzen 1 und 2 elektronisch übermittelt werden kann,
2. unter welchen Voraussetzungen eine Änderungsmeldung ausnahmsweise entfallen kann und
3. wie das Meldeverfahren vereinfacht oder abgewandelt werden kann.

(4) Das Bundesministerium der Finanzen kann durch Rechtsverordnung ohne Zustimmung des Bundesrates die zuständige Behörde nach Absatz 1 Satz 1 bestimmen.

§ 17c Erstellen und Bereithalten von Dokumenten

(1) Sofern eine Rechtsverordnung nach § 3a auf ein Arbeitsverhältnis Anwendung findet, ist der Entleiher verpflichtet, Beginn, Ende und Dauer der täglichen Arbeitszeit des Leiharbeitnehmers spätestens bis zum Ablauf des siebten auf den Tag der Arbeitsleistung folgenden Kalendertages aufzuzeichnen und diese Aufzeichnungen mindestens zwei Jahre beginnend ab dem für die Aufzeichnung maßgeblichen Zeitpunkt aufzubewahren.

(2) Jeder Verleiher ist verpflichtet, die für die Kontrolle der Einhaltung einer Rechtsverordnung nach § 3a erforderlichen Unterlagen im Inland für die gesamte Dauer der tatsächlichen Beschäftigung des Leiharbeitnehmers im Geltungsbereich dieses Gesetzes, insgesamt jedoch nicht länger als zwei Jahre, in deutscher Sprache bereitzuhalten. Auf Verlangen der Prüfbehörde sind die Unterlagen auch am Ort der Beschäftigung bereitzuhalten.

§ 18 Zusammenarbeit mit anderen Behörden

(1) Zur Verfolgung und Ahndung der Ordnungswidrigkeiten nach § 16 arbeiten die Bundesagentur für Arbeit und die Behörden der Zollverwaltung insbesondere mit folgenden Behörden zusammen:
1. den Trägern der Krankenversicherung als Einzugsstellen für die Sozialversicherungsbeiträge,
2. den in § 71 des Aufenthaltsgesetzes genannten Behörden,
3. den Finanzbehörden,
4. den nach Landesrecht für die Verfolgung und Ahndung von Ordnungswidrigkeiten nach dem Schwarzarbeitsbekämpfungsgesetz zuständigen Behörden,
5. den Trägern der Unfallversicherung,

6. den für den Arbeitsschutz zuständigen Landesbehörden,
7. den Rentenversicherungsträgern,
8. den Trägern der Sozialhilfe.

(2) Ergeben sich für die Bundesagentur für Arbeit oder die Behörden der Zollverwaltung bei der Durchführung dieses Gesetzes im Einzelfall konkrete Anhaltspunkte für
1. Verstöße gegen das Schwarzarbeitsbekämpfungsgesetz,
2. eine Beschäftigung oder Tätigkeit von Ausländern ohne erforderlichen Aufenthaltstitel nach § 4 Abs. 3 des Aufenthaltsgesetzes, eine Aufenthaltsgestattung oder eine Duldung, die zur Ausübung der Beschäftigung berechtigen, oder eine Genehmigung nach § 284 Abs. 1 des Dritten Buches Sozialgesetzbuch,
3. Verstöße gegen die Mitwirkungspflicht nach § 60 Abs. 1 Satz 1 Nr. 2 des Ersten Buches Sozialgesetzbuch gegenüber einer Dienststelle der Bundesagentur für Arbeit, einem Träger der gesetzlichen Kranken-, Pflege-, Unfall- oder Rentenversicherung oder einem Träger der Sozialhilfe oder gegen die Meldepflicht nach § 8a des Asylbewerberleistungsgesetzes,
4. Verstöße gegen die Vorschriften des Vierten und Siebten Buches Sozialgesetzbuch über die Verpflichtung zur Zahlung von Sozialversicherungsbeiträgen, soweit sie im Zusammenhang mit den in den Nummern 1 bis 3 genannten Verstößen sowie mit Arbeitnehmerüberlassung entgegen § 1 stehen,
5. Verstöße gegen die Steuergesetze,
6. Verstöße gegen das Aufenthaltsgesetz,

unterrichten sie die für die Verfolgung und Ahndung zuständigen Behörden, die Träger der Sozialhilfe sowie die Behörden nach § 71 des Aufenthaltsgesetzes.

(3) In Strafsachen, die Straftaten nach den §§ 15 und 15a zum Gegenstand haben, sind der Bundesagentur für Arbeit und den Behörden der Zollverwaltung zur Verfolgung von Ordnungswidrigkeiten
1. bei Einleitung des Strafverfahrens die Personendaten des Beschuldigten, der Straftatbestand, die Tatzeit und der Tatort,
2. im Falle der Erhebung der öffentlichen Klage die das Verfahren abschließende Entscheidung mit Begründung

zu übermitteln. Ist mit der in Nummer 2 genannten Entscheidung ein Rechtsmittel verworfen worden oder wird darin auf die angefochtene Entscheidung Bezug genommen, so ist auch die angefochtene

Entscheidung zu übermitteln. Die Übermittlung veranlaßt die Strafvollstreckungs- oder die Strafverfolgungsbehörde. Eine Verwendung

1. der Daten der Arbeitnehmer für Maßnahmen zu ihren Gunsten,
2. der Daten des Arbeitgebers zur Besetzung seiner offenen Arbeitsplätze, die im Zusammenhang mit dem Strafverfahren bekanntgeworden sind,
3. der in den Nummern 1 und 2 genannten Daten für Entscheidungen über die Einstellung oder Rückforderung von Leistungen der Bundesagentur für Arbeit

ist zulässig.

(4) [aufgehoben]

(5) Die Behörden der Zollverwaltung unterrichten die zuständigen örtlichen Landesfinanzbehörden über den Inhalt von Meldungen nach § 17b.

(6) Die Behörden der Zollverwaltung und die übrigen in § 2 des Schwarzarbeitsbekämpfungsgesetzes genannten Behörden dürfen nach Maßgabe der jeweils einschlägigen datenschutzrechtlichen Bestimmungen auch mit Behörden anderer Vertragsstaaten des Abkommens über den Europäischen Wirtschaftsraum zusammenarbeiten, die dem § 17 Absatz 2 entsprechende Aufgaben durchführen oder für die Bekämpfung illegaler Beschäftigung zuständig sind oder Auskünfte geben können, ob ein Arbeitgeber seine Verpflichtungen nach § 8 Absatz 5 erfüllt. Die Regelungen über die internationale Rechtshilfe in Strafsachen bleiben hiervon unberührt.

§ 18a [aufgehoben]

§ 19 Übergangsvorschrift

(1) § 8 Absatz 3 findet keine Anwendung auf Leiharbeitsverhältnisse, die vor dem 15. Dezember 2010 begründet worden sind.
(2) Überlassungszeiten vor dem 1. April 2017 werden bei der Berechnung der Überlassungshöchstdauer nach § 1 Absatz 1b und der Berechnung der Überlassungszeiten nach § 8 Absatz 4 Satz 1 nicht berücksichtigt.

§ 20 Evaluation

Die Anwendung dieses Gesetzes ist im Jahr 2020 zu evaluieren.

Gesetz über die Durchführung von Maßnahmen des Arbeitsschutzes zur Verbesserung der Sicherheit und des Gesundheitsschutzes der Beschäftigten bei der Arbeit* (Arbeitsschutzgesetz – ArbSchG)

ERSTER ABSCHNITT
Allgemeine Vorschriften

§ 1 Zielsetzung und Anwendungsbereich

(1) Dieses Gesetz dient dazu, Sicherheit und Gesundheitsschutz der Beschäftigten bei der Arbeit durch Maßnahmen des Arbeitsschutzes zu sichern und zu verbessern. Es gilt in allen Tätigkeitsbereichen und findet im Rahmen der Vorgaben des Seerechtsübereinkommens der Vereinten Nationen vom 10. Dezember 1982 (BGBl. 1994 II S. 1799) auch in der ausschließlichen Wirtschaftszone Anwendung.

(2) Dieses Gesetz gilt nicht für den Arbeitsschutz von Hausangestellten in privaten Haushalten. Es gilt nicht für den Arbeitsschutz von Beschäftigten auf Seeschiffen und in Betrieben, die dem Bundesberggesetz unterliegen, soweit dafür entsprechende Rechtsvorschriften bestehen.

(3) Pflichten, die die Arbeitgeber zur Gewährleistung von Sicherheit und Gesundheitsschutz der Beschäftigten bei der Arbeit nach sonstigen Rechtsvorschriften haben, bleiben unberührt. Satz 1 gilt entsprechend für Pflichten und Rechte der Beschäftigten. Unberührt bleiben Gesetze, die andere Personen als Arbeitgeber zu Maßnahmen des Arbeitsschutzes verpflichten.

(4) Bei öffentlich-rechtlichen Religionsgemeinschaften treten an die Stelle der Betriebs- oder Personalräte die Mitarbeitervertretungen entsprechend dem kirchlichen Recht.

§ 2 Begriffsbestimmungen

(1) Maßnahmen des Arbeitsschutzes im Sinne dieses Gesetzes sind Maßnahmen zur Verhütung von Unfällen bei der Arbeit und arbeitsbedingten Gesundheitsgefahren einschließlich Maßnahmen der menschengerechten Gestaltung der Arbeit.

---

* Vom 7. August 1996 (BGBl. I, S. 1246), zuletzt geändert durch Gesetz vom 31. August 2015 (BGBl. I, S. 1474 (1537)).

(2) Beschäftigte im Sinne dieses Gesetzes sind:
1. Arbeitnehmerinnen und Arbeitnehmer,
2. die zu ihrer Berufsbildung Beschäftigten,
3. arbeitnehmerähnliche Personen im Sinne des § 5 Abs. 1 des Arbeitsgerichtsgesetzes, ausgenommen die in Heimarbeit Beschäftigten und die ihnen Gleichgestellten,
4. Beamtinnen und Beamte,
5. Richterinnen und Richter,
6. Soldatinnen und Soldaten,
7. die in Werkstätten für Behinderte Beschäftigten.

(3) Arbeitgeber im Sinne dieses Gesetzes sind natürliche und juristische Personen und rechtsfähige Personengesellschaften, die Personen nach Absatz 2 beschäftigen.

(4) Sonstige Rechtsvorschriften im Sinne dieses Gesetzes sind Regelungen über Maßnahmen des Arbeitsschutzes in anderen Gesetzen, in Rechtsverordnungen und Unfallverhütungsvorschriften.

(5) Als Betriebe im Sinne dieses Gesetzes gelten für den Bereich des öffentlichen Dienstes die Dienststellen. Dienststellen sind die einzelnen Behörden, Verwaltungsstellen und Betriebe der Verwaltungen des Bundes, der Länder, der Gemeinden und der sonstigen Körperschaften, Anstalten und Stiftungen des öffentlichen Rechts, die Gerichte des Bundes und der Länder sowie die entsprechenden Einrichtungen der Streitkräfte.

ZWEITER ABSCHNITT
Pflichten des Arbeitgebers

§ 3 Grundpflichten des Arbeitgebers

(1) Der Arbeitgeber ist verpflichtet, die erforderlichen Maßnahmen des Arbeitsschutzes unter Berücksichtigung der Umstände zu treffen, die Sicherheit und Gesundheit der Beschäftigten bei der Arbeit beeinflussen. Er hat die Maßnahmen auf ihre Wirksamkeit zu überprüfen und erforderlichenfalls sich ändernden Gegebenheiten anzupassen. Dabei hat er eine Verbesserung von Sicherheit und Gesundheitsschutz der Beschäftigten anzustreben.

(2) Zur Planung und Durchführung der Maßnahmen nach Absatz 1 hat der Arbeitgeber unter Berücksichtigung der Art der Tätigkeiten und der Zahl der Beschäftigten

1. für eine geeignete Organisation zu sorgen und die erforderlichen Mittel bereitzustellen sowie
2. Vorkehrungen zu treffen, dass die Maßnahmen erforderlichenfalls bei allen Tätigkeiten und eingebunden in die betrieblichen Führungsstrukturen beachtet werden und die Beschäftigten ihren Mitwirkungspflichten nachkommen können.

(3) Kosten für Maßnahmen nach diesem Gesetz darf der Arbeitgeber nicht den Beschäftigten auferlegen.

§ 4 Allgemeine Grundsätze

Der Arbeitgeber hat bei Maßnahmen des Arbeitsschutzes von folgenden allgemeinen Grundsätzen auszugehen:

1. Die Arbeit ist so zu gestalten, dass eine Gefährdung für das Leben sowie die physische und die psychische Gesundheit möglichst vermieden und die verbleibende Gefährdung möglichst gering gehalten wird;
2. Gefahren sind an ihrer Quelle zu bekämpfen;
3. bei den Maßnahmen sind der Stand von Technik, Arbeitsmedizin und Hygiene sowie sonstige gesicherte arbeitswissenschaftliche Erkenntnisse zu berücksichtigen;
4. Maßnahmen sind mit dem Ziel zu planen, Technik, Arbeitsorganisation, sonstige Arbeitsbedingungen, soziale Beziehungen und Einfluss der Umwelt auf den Arbeitsplatz sachgerecht zu verknüpfen;
5. individuelle Schutzmaßnahmen sind nachrangig zu anderen Maßnahmen;
6. spezielle Gefahren für besonders schutzbedürftige Beschäftigtengruppen sind zu berücksichtigen;
7. den Beschäftigten sind geeignete Anweisungen zu erteilen;
8. mittelbar oder unmittelbar geschlechtsspezifisch wirkende Regelungen sind nur zulässig, wenn dies aus biologischen Gründen zwingend geboten ist.

§ 5 Beurteilung der Arbeitsbedingungen

(1) Der Arbeitgeber hat durch eine Beurteilung der für die Beschäftigten mit ihrer Arbeit verbundenen Gefährdung zu ermitteln, welche Maßnahmen des Arbeitsschutzes erforderlich sind.

(2) Der Arbeitgeber hat die Beurteilung je nach Art der Tätigkeiten vorzunehmen. Bei gleichartigen Arbeitsbedingungen ist die Beurteilung eines Arbeitsplatzes oder einer Tätigkeit ausreichend.

(3) Eine Gefährdung kann sich insbesondere ergeben durch
1. die Gestaltung und die Einrichtung der Arbeitsstätte und des Arbeitsplatzes,
2. physikalische, chemische und biologische Einwirkungen,
3. die Gestaltung, die Auswahl und den Einsatz von Arbeitsmitteln, insbesondere von Arbeitsstoffen, Maschinen, Geräten und Anlagen sowie den Umgang damit,
4. die Gestaltung von Arbeits- und Fertigungsverfahren, Arbeitsabläufen und Arbeitszeit und deren Zusammenwirken,
5. unzureichende Qualifikation und Unterweisung der Beschäftigten,
6. psychische Belastungen bei der Arbeit.

§ 6 Dokumentation

(1) Der Arbeitgeber muss über die je nach Art der Tätigkeiten und der Zahl der Beschäftigten erforderlichen Unterlagen verfügen, aus denen das Ergebnis der Gefährdungsbeurteilung, die von ihm festgelegten Maßnahmen des Arbeitsschutzes und das Ergebnis ihrer Überprüfung ersichtlich sind. Bei gleichartiger Gefährdungssituation ist es ausreichend, wenn die Unterlagen zusammengefasste Angaben enthalten.

(2) Unfälle in seinem Betrieb, bei denen ein Beschäftigter getötet oder so verletzt wird, dass er stirbt oder für mehr als drei Tage völlig oder teilweise arbeits- oder dienstunfähig wird, hat der Arbeitgeber zu erfassen.

§ 7 Übertragung von Aufgaben

Bei der Übertragung von Aufgaben auf Beschäftigte hat der Arbeitgeber je nach Art der Tätigkeiten zu berücksichtigen, ob die Beschäftigten befähigt sind, die für die Sicherheit und den Gesundheitsschutz bei der Aufgabenerfüllung zu beachtenden Bestimmungen und Maßnahmen einzuhalten.

§ 8 Zusammenarbeit mehrerer Arbeitgeber

(1) Werden Beschäftigte mehrerer Arbeitgeber an einem Arbeitsplatz tätig, sind die Arbeitgeber verpflichtet, bei der Durchführung

der Sicherheits- und Gesundheitsschutzbestimmungen zusammenzuarbeiten. Soweit dies für die Sicherheit und den Gesundheitsschutz der Beschäftigten bei der Arbeit erforderlich ist, haben die Arbeitgeber je nach Art der Tätigkeiten insbesondere sich gegenseitig und ihre Beschäftigten über die mit den Arbeiten verbundenen Gefahren für Sicherheit und Gesundheit der Beschäftigten zu unterrichten und Maßnahmen zur Verhütung dieser Gefahren abzustimmen.

(2) Der Arbeitgeber muss sich je nach Art der Tätigkeit vergewissern, dass die Beschäftigten anderer Arbeitgeber, die in seinem Betrieb tätig werden, hinsichtlich der Gefahren für ihre Sicherheit und Gesundheit während ihrer Tätigkeit in seinem Betrieb angemessene Anweisungen erhalten haben.

§ 9 Besondere Gefahren

(1) Der Arbeitgeber hat Maßnahmen zu treffen, damit nur Beschäftigte Zugang zu besonders gefährlichen Arbeitsbereichen haben, die zuvor geeignete Anweisungen erhalten haben.

(2) Der Arbeitgeber hat Vorkehrungen zu treffen, dass alle Beschäftigten, die einer unmittelbaren erheblichen Gefahr ausgesetzt sind oder sein können, möglichst frühzeitig über diese Gefahr und die getroffenen oder zu treffenden Schutzmaßnahmen unterrichtet sind. Bei unmittelbarer erheblicher Gefahr für die eigene Sicherheit oder die Sicherheit anderer Personen müssen die Beschäftigten die geeigneten Maßnahmen zur Gefahrenabwehr und Schadensbegrenzung selbst treffen können, wenn der zuständige Vorgesetzte nicht erreichbar ist; dabei sind die Kenntnisse der Beschäftigten und die vorhandenen technischen Mittel zu berücksichtigen. Den Beschäftigten dürfen aus ihrem Handeln keine Nachteile entstehen, es sei denn, sie haben vorsätzlich oder grob fahrlässig ungeeignete Maßnahmen getroffen.

(3) Der Arbeitgeber hat Maßnahmen zu treffen, die es den Beschäftigten bei unmittelbarer erheblicher Gefahr ermöglichen, sich durch sofortiges Verlassen der Arbeitsplätze in Sicherheit zu bringen. Den Beschäftigten dürfen hierdurch keine Nachteile entstehen. Hält die unmittelbare erhebliche Gefahr an, darf der Arbeitgeber die Beschäftigten nur in besonders begründeten Ausnahmefällen auffor-

dern, ihre Tätigkeit wieder aufzunehmen. Gesetzliche Pflichten der Beschäftigten zur Abwehr von Gefahren für die öffentliche Sicherheit sowie die §§ 7 und 11 des Soldatengesetzes bleiben unberührt.

§ 10 Erste Hilfe und sonstige Notfallmaßnahmen

(1) Der Arbeitgeber hat entsprechend der Art der Arbeitsstätte und der Tätigkeiten sowie der Zahl der Beschäftigten die Maßnahmen zu treffen, die zur Ersten Hilfe, Brandbekämpfung und Evakuierung der Beschäftigten erforderlich sind. Dabei hat er der Anwesenheit anderer Personen Rechnung zu tragen. Er hat auch dafür zu sorgen, dass im Notfall die erforderlichen Verbindungen zu außerbetrieblichen Stellen, insbesondere in den Bereichen der Ersten Hilfe, der medizinischen Notversorgung, der Bergung und der Brandbekämpfung eingerichtet sind.

(2) Der Arbeitgeber hat diejenigen Beschäftigten zu benennen, die Aufgaben der Ersten Hilfe, Brandbekämpfung und Evakuierung der Beschäftigten übernehmen. Anzahl, Ausbildung und Ausrüstung der nach Satz 1 benannten Beschäftigten müssen in einem angemessenen Verhältnis zur Zahl der Beschäftigten und zu den bestehenden besonderen Gefahren stehen. Vor der Benennung hat der Arbeitgeber den Betriebs- oder Personalrat zu hören. Weitergehende Beteiligungsrechte bleiben unberührt. Der Arbeitgeber kann die in Satz 1 genannten Aufgaben auch selbst wahrnehmen, wenn er über die nach Satz 2 erforderliche Ausbildung und Ausrüstung verfügt.

§ 11 Arbeitsmedizinische Vorsorge

Der Arbeitgeber hat den Beschäftigten auf ihren Wunsch unbeschadet der Pflichten aus anderen Rechtsvorschriften zu ermöglichen, sich je nach den Gefahren für ihre Sicherheit und Gesundheit bei der Arbeit regelmäßig arbeitsmedizinisch untersuchen zu lassen, es sei denn, auf Grund der Beurteilung der Arbeitsbedingungen und der getroffenen Schutzmaßnahmen ist nicht mit einem Gesundheitsschaden zu rechnen.

§ 12 Unterweisung

(1) Der Arbeitgeber hat die Beschäftigten über Sicherheit und Gesundheitsschutz bei der Arbeit während ihrer Arbeitszeit ausrei-

chend und angemessen zu unterweisen. Die Unterweisung umfasst Anweisungen und Erläuterungen, die eigens auf den Arbeitsplatz oder den Aufgabenbereich der Beschäftigten ausgerichtet sind. Die Unterweisung muss bei der Einstellung, bei Veränderungen im Aufgabenbereich, der Einführung neuer Arbeitsmittel oder einer neuen Technologie vor Aufnahme der Tätigkeit der Beschäftigten erfolgen. Die Unterweisung muss an die Gefährdungsentwicklung angepasst sein und erforderlichenfalls regelmäßig wiederholt werden.

(2) Bei einer Arbeitnehmerüberlassung trifft die Pflicht zur Unterweisung nach Absatz 1 den Entleiher. Er hat die Unterweisung unter Berücksichtigung der Qualifikation und der Erfahrung der Personen, die ihm zur Arbeitsleistung überlassen werden, vorzunehmen. Die sonstigen Arbeitsschutzpflichten des Verleihers bleiben unberührt.

§ 13 Verantwortliche Personen

(1) Verantwortlich für die Erfüllung der sich aus diesem Abschnitt ergebenden Pflichten sind neben dem Arbeitgeber

1. sein gesetzlicher Vertreter,
2. das vertretungsberechtigte Organ einer juristischen Person,
3. der vertretungsberechtigte Gesellschafter einer Personenhandelsgesellschaft,
4. Personen, die mit der Leitung eines Unternehmens oder eines Betriebes beauftragt sind, im Rahmen der ihnen übertragenen Aufgaben und Befugnisse,
5. sonstige nach Absatz 2 oder nach einer auf Grund dieses Gesetzes erlassenen Rechtsverordnung oder nach einer Unfallverhütungsvorschrift verpflichtete Personen im Rahmen ihrer Aufgaben und Befugnisse.

(2) Der Arbeitgeber kann zuverlässige und fachkundige Personen schriftlich damit beauftragen, ihm obliegende Aufgaben nach diesem Gesetz in eigener Verantwortung wahrzunehmen.

§ 14 Unterrichtung und Anhörung der Beschäftigten des öffentlichen Dienstes

(1) Die Beschäftigten des öffentlichen Dienstes sind vor Beginn der Beschäftigung und bei Veränderungen in ihren Arbeitsbereichen über Gefahren für Sicherheit und Gesundheit, denen sie bei der

Arbeit ausgesetzt sein können, sowie über die Maßnahmen und Einrichtungen zur Verhütung dieser Gefahren und die nach § 10 Abs. 2 getroffenen Maßnahmen zu unterrichten.

(2) Soweit in Betrieben des öffentlichen Dienstes keine Vertretung der Beschäftigten besteht, hat der Arbeitgeber die Beschäftigten zu allen Maßnahmen zu hören, die Auswirkungen auf Sicherheit und Gesundheit der Beschäftigten haben können.

DRITTER ABSCHNITT
Pflichten und Rechte der Beschäftigten

§ 15 Pflichten der Beschäftigten

(1) Die Beschäftigten sind verpflichtet, nach ihren Möglichkeiten sowie gemäß der Unterweisung und Weisung des Arbeitgebers für ihre Sicherheit und Gesundheit bei der Arbeit Sorge zu tragen. Entsprechend Satz 1 haben die Beschäftigten auch für die Sicherheit und Gesundheit der Personen zu sorgen, die von ihren Handlungen oder Unterlassungen bei der Arbeit betroffen sind.

(2) Im Rahmen des Absatzes 1 haben die Beschäftigten insbesondere Maschinen, Geräte, Werkzeuge, Arbeitsstoffe, Transportmittel und sonstige Arbeitsmittel sowie Schutzvorrichtungen und die ihnen zur Verfügung gestellte persönliche Schutzausrüstung bestimmungsgemäß zu verwenden.

§ 16 Besondere Unterstützungspflichten

(1) Die Beschäftigten haben dem Arbeitgeber oder dem zuständigen Vorgesetzten jede von ihnen festgestellte unmittelbare erhebliche Gefahr für die Sicherheit und Gesundheit sowie jeden an den Schutzsystemen festgestellten Defekt unverzüglich zu melden.

(2) Die Beschäftigten haben gemeinsam mit dem Betriebsarzt und der Fachkraft für Arbeitssicherheit den Arbeitgeber darin zu unterstützen, die Sicherheit und den Gesundheitsschutz der Beschäftigten bei der Arbeit zu gewährleisten und seine Pflichten entsprechend den behördlichen Auflagen zu erfüllen. Unbeschadet ihrer Pflicht nach Absatz 1 sollen die Beschäftigten von ihnen festgestellte Gefahren für Sicherheit und Gesundheit und Mängel an den Schutzsystemen auch der Fachkraft für Arbeitssicherheit, dem Be-

triebsarzt oder dem Sicherheitsbeauftragten nach § 22 des Siebten Buches Sozialgesetzbuch mitteilen.

§ 17 Rechte der Beschäftigten

(1) Die Beschäftigten sind berechtigt, dem Arbeitgeber Vorschläge zu allen Fragen der Sicherheit und des Gesundheitsschutzes bei der Arbeit zu machen. Für Beamtinnen und Beamte des Bundes ist § 125 des Bundesbeamtengesetzes anzuwenden. Entsprechendes Landesrecht bleibt unberührt.

(2) Sind Beschäftigte auf Grund konkreter Anhaltspunkte der Auffassung, dass die vom Arbeitgeber getroffenen Maßnahmen und bereitgestellten Mittel nicht ausreichen, um die Sicherheit und den Gesundheitsschutz bei der Arbeit zu gewährleisten, und hilft der Arbeitgeber darauf gerichteten Beschwerden von Beschäftigten nicht ab, können sich diese an die zuständige Behörde wenden. Hierdurch dürfen den Beschäftigten keine Nachteile entstehen. Die in Absatz 1 Satz 2 und 3 genannten Vorschriften sowie die Vorschriften der Wehrbeschwerdeordnung und des Gesetzes über den Wehrbeauftragten des Deutschen Bundestages bleiben unberührt.

VIERTER ABSCHNITT
Verordnungsermächtigungen

§ 18 Verordnungsermächtigungen

(1) Die Bundesregierung wird ermächtigt, durch Rechtsverordnung mit Zustimmung des Bundesrates vorzuschreiben, welche Maßnahmen der Arbeitgeber und die sonstigen verantwortlichen Personen zu treffen haben und wie sich die Beschäftigten zu verhalten haben, um ihre jeweiligen Pflichten, die sich aus diesem Gesetz ergeben, zu erfüllen. In diesen Rechtsverordnungen kann auch bestimmt werden, dass bestimmte Vorschriften des Gesetzes zum Schutz anderer als in § 2 Abs. 2 genannter Personen anzuwenden sind.

(2) Durch Rechtsverordnungen nach Absatz 1 kann insbesondere bestimmt werden,

1. dass und wie zur Abwehr bestimmter Gefahren Dauer oder Lage der Beschäftigung oder die Zahl der Beschäftigten begrenzt werden muss,

2. dass der Einsatz bestimmter Arbeitsmittel oder -verfahren mit besonderen Gefahren für die Beschäftigten verboten ist oder der zuständigen Behörde angezeigt oder von ihr erlaubt sein muss oder besonders gefährdete Personen dabei nicht beschäftigt werden dürfen,
3. dass bestimmte, besonders gefährliche Betriebsanlagen einschließlich der Arbeits- und Fertigungsverfahren vor Inbetriebnahme, in regelmäßigen Abständen oder auf behördliche Anordnung fachkundig geprüft werden müssen,
4. dass Beschäftigte, bevor sie eine bestimmte gefährdende Tätigkeit aufnehmen oder fortsetzen oder nachdem sie sie beendet haben, arbeitsmedizinisch zu untersuchen sind und welche besonderen Pflichten der Arzt dabei zu beachten hat,
5. dass Ausschüsse zu bilden sind, denen die Aufgabe übertragen wird, die Bundesregierung oder das zuständige Bundesministerium zur Anwendung der Rechtsverordnungen zu beraten, dem Stand der Technik, Arbeitsmedizin und Hygiene entsprechende Regeln und sonstige gesicherte arbeitswissenschaftliche Erkenntnisse zu ermitteln sowie Regeln zu ermitteln, wie die in den Rechtsverordnungen gestellten Anforderungen erfüllt werden können. Das Bundesministerium für Arbeit und Soziales kann die Regeln und Erkenntnisse amtlich bekannt machen.

§ 19* Rechtsakte der Europäischen Gemeinschaften und zwischenstaatliche Vereinbarungen

Rechtsverordnungen nach § 18 können auch erlassen werden, soweit dies zur Durchführung von Rechtsakten des Rates oder der Kommission der Europäischen Gemeinschaften oder von Beschlüssen internationaler Organisationen oder von zwischenstaatlichen Vereinbarungen, die Sachbereiche dieses Gesetzes betreffen, erforderlich ist, insbesondere um Arbeitsschutzpflichten für andere als in § 2 Abs. 3 genannte Personen zu regeln.

§ 20 Regelungen für den öffentlichen Dienst

(1) Für die Beamten der Länder, Gemeinden und sonstigen Körperschaften, Anstalten und Stiftungen des öffentlichen Rechts re-

* Vgl. folgende Richtlinien und Verordnungen: BildschirmarbeitsVO vom 4. Dezember 1996 (BGBl. I, S. 1841) s. Nr. 6b, LastenhandhabungsVO vom 4. Dezember 1996 (BGBl. I, S. 1841) s. Nr. 6c, MutterschutzarbeitsVO vom 15. April 1997 (BGBl. I, S. 782) s. Nr. 27a.

gelt das Landesrecht, ob und inwieweit die nach § 18 erlassenen Rechtsverordnungen gelten.

(2) Für bestimmte Tätigkeiten im öffentlichen Dienst des Bundes, insbesondere bei der Bundeswehr, der Polizei, den Zivil- und Katastrophenschutzdiensten, dem Zoll oder den Nachrichtendiensten, können das Bundeskanzleramt, das Bundesministerium des Innern, das Bundesministerium für Verkehr und digitale Infrastruktur, das Bundesministerium der Verteidigung oder das Bundesministerium der Finanzen, soweit sie hierfür jeweils zuständig sind, durch Rechtsverordnung ohne Zustimmung des Bundesrates bestimmen, dass Vorschriften dieses Gesetzes ganz oder zum Teil nicht anzuwenden sind, soweit öffentliche Belange dies zwingend erfordern, insbesondere zur Aufrechterhaltung oder Wiederherstellung der öffentlichen Sicherheit. Rechtsverordnungen nach Satz 1 werden im Einvernehmen mit dem Bundesministerium für Arbeit und Soziales und, soweit nicht das Bundesministerium des Innern selbst ermächtigt ist, im Einvernehmen mit diesem Ministerium erlassen. In den Rechtsverordnungen ist gleichzeitig festzulegen, wie die Sicherheit und der Gesundheitsschutz bei der Arbeit unter Berücksichtigung der Ziele dieses Gesetzes auf andere Weise gewährleistet werden. Für Tätigkeiten im öffentlichen Dienst der Länder, Gemeinden und sonstigen landesunmittelbaren Körperschaften, Anstalten und Stiftungen des öffentlichen Rechts können den Sätzen 1 und 3 entsprechende Regelungen durch Landesrecht getroffen werden.

FÜNFTER ABSCHNITT
Gemeinsame deutsche Arbeitsschutzstrategie

§ 20a Gemeinsame deutsche Arbeitsschutzstrategie

(1) Nach den Bestimmungen dieses Abschnitts entwickeln Bund, Länder und Unfallversicherungsträger im Interesse eines wirksamen Arbeitsschutzes eine gemeinsame deutsche Arbeitsschutzstrategie und gewährleisten ihre Umsetzung und Fortschreibung. Mit der Wahrnehmung der ihnen gesetzlich zugewiesenen Aufgaben zur Verhütung von Arbeitsunfällen, Berufskrankheiten und arbeitsbedingten Gesundheitsgefahren sowie zur menschengerechten Gestaltung der Arbeit tragen Bund, Länder und Unfallversicherungsträger dazu bei, die Ziele der gemeinsamen deutschen Arbeitsschutzstrategie zu erreichen.

(2) Die gemeinsame deutsche Arbeitsschutzstrategie umfasst
1. die Entwicklung gemeinsamer Arbeitsschutzziele,
2. die Festlegung vorrangiger Handlungsfelder und von Eckpunkten für Arbeitsprogramme sowie deren Ausführung nach einheitlichen Grundsätzen,
3. die Evaluierung der Arbeitsschutzziele, Handlungsfelder und Arbeitsprogramme mit geeigneten Kennziffern,
4. die Festlegung eines abgestimmten Vorgehens der für den Arbeitsschutz zuständigen Landesbehörden und der Unfallversicherungsträger bei der Beratung und Überwachung der Betriebe,
5. die Herstellung eines verständlichen, überschaubaren und abgestimmten Vorschriften- und Regelwerks.

§ 20b Nationale Arbeitsschutzkonferenz

(1) Die Aufgabe der Entwicklung, Steuerung und Fortschreibung der gemeinsamen deutschen Arbeitsschutzstrategie nach § 20a Abs. 1 Satz 1 wird von der Nationalen Arbeitsschutzkonferenz wahrgenommen. Sie setzt sich aus jeweils drei stimmberechtigten Vertretern von Bund, Ländern und den Unfallversicherungsträgern zusammen und bestimmt für jede Gruppe drei Stellvertreter. Außerdem entsenden die Spitzenorganisationen der Arbeitgeber und Arbeitnehmer für die Behandlung von Angelegenheiten nach § 20a Abs. 2 Nr. 1 bis 3 und 5 jeweils bis zu drei Vertreter in die Nationale Arbeitsschutzkonferenz; sie nehmen mit beratender Stimme an den Sitzungen teil. Die Nationale Arbeitsschutzkonferenz gibt sich eine Geschäftsordnung; darin werden insbesondere die Arbeitsweise und das Beschlussverfahren festgelegt. Die Geschäftsordnung muss einstimmig angenommen werden.

(2) Alle Einrichtungen, die mit Sicherheit und Gesundheit bei der Arbeit befasst sind, können der Nationalen Arbeitsschutzkonferenz Vorschläge für Arbeitsschutzziele, Handlungsfelder und Arbeitsprogramme unterbreiten.

(3) Die Nationale Arbeitsschutzkonferenz wird durch ein Arbeitsschutzforum unterstützt, das in der Regel einmal jährlich stattfindet. Am Arbeitsschutzforum sollen sachverständige Vertreter der Spitzenorganisationen der Arbeitgeber und Arbeitnehmer, der Berufs- und Wirtschaftsverbände, der Wissenschaft, der Kranken- und Ren-

tenversicherungsträger, von Einrichtungen im Bereich Sicherheit und Gesundheit bei der Arbeit sowie von Einrichtungen, die der Förderung der Beschäftigungsfähigkeit dienen, teilnehmen. Das Arbeitsschutzforum hat die Aufgabe, eine frühzeitige und aktive Teilhabe der sachverständigen Fachöffentlichkeit an der Entwicklung und Fortschreibung der gemeinsamen deutschen Arbeitsschutzstrategie sicherzustellen und die Nationale Arbeitsschutzkonferenz entsprechend zu beraten.

(4) Einzelheiten zum Verfahren der Einreichung von Vorschlägen nach Absatz 3 werden in der Geschäftsordnung der Nationalen Arbeitsschutzkonferenz festgelegt.

SECHSTER ABSCHNITT
Schlussvorschriften

§ 21 Zuständige Behörden; Zusammenwirken mit den Trägern der gesetzlichen Unfallversicherung

(1) Die Überwachung des Arbeitsschutzes nach diesem Gesetz ist staatliche Aufgabe. Die zuständigen Behörden haben die Einhaltung dieses Gesetzes und der auf Grund dieses Gesetzes erlassenen Rechtsverordnungen zu überwachen und die Arbeitgeber bei der Erfüllung ihrer Pflichten zu beraten.

(2) Die Aufgaben und Befugnisse der Träger der gesetzlichen Unfallversicherung richten sich, soweit nichts anderes bestimmt ist, nach den Vorschriften des Sozialgesetzbuchs. Soweit die Träger der gesetzlichen Unfallversicherung nach dem Sozialgesetzbuch im Rahmen ihres Präventionsauftrags auch Aufgaben zur Gewährleistung von Sicherheit und Gesundheitsschutz der Beschäftigten wahrnehmen, werden sie ausschließlich im Rahmen ihrer autonomen Befugnisse tätig.

(3) Die zuständigen Landesbehörden und die Unfallversicherungsträger wirken auf der Grundlage einer gemeinsamen Beratungs- und Überwachungsstrategie nach § 20a Abs. 2 Nr. 4 eng zusammen und stellen den Erfahrungsaustausch sicher. Diese Strategie umfasst die Abstimmung allgemeiner Grundsätze zur methodischen Vorgehensweise bei

1. der Beratung und Überwachung der Betriebe,

2. der Festlegung inhaltlicher Beratungs- und Überwachungsschwerpunkte, aufeinander abgestimmter oder gemeinsamer Schwerpunktaktionen und Arbeitsprogramme und
3. der Förderung eines Daten- und sonstigen Informationsaustausches, insbesondere über Betriebsbesichtigungen und deren wesentliche Ergebnisse.

Die zuständigen Landesbehörden vereinbaren mit den Unfallversicherungsträgern nach § 20 Abs. 2 Satz 3 des Siebten Buches Sozialgesetzbuch die Maßnahmen, die zur Umsetzung der gemeinsamen Arbeitsprogramme nach § 20a Abs. 2 Nr. 2 und der gemeinsamen Beratungs- und Überwachungsstrategie notwendig sind; sie evaluieren deren Zielerreichung mit den von der Nationalen Arbeitsschutzkonferenz nach § 20a Abs. 2 Nr. 3 bestimmten Kennziffern.

(4) Die für den Arbeitsschutz zuständige oberste Landesbehörde kann mit Trägern der gesetzlichen Unfallversicherung vereinbaren, dass diese in näher zu bestimmenden Tätigkeitsbereichen die Einhaltung dieses Gesetzes, bestimmter Vorschriften dieses Gesetzes oder der auf Grund dieses Gesetzes erlassenen Rechtsverordnungen überwachen. In der Vereinbarung sind Art und Umfang der Überwachung sowie die Zusammenarbeit mit den staatlichen Arbeitsschutzbehörden festzulegen.

(5) Soweit nachfolgend nichts anderes bestimmt ist, ist zuständige Behörde für die Durchführung dieses Gesetzes und der auf dieses Gesetz gestützten Rechtsverordnungen in den Betrieben und Verwaltungen des Bundes die Zentralstelle für Arbeitsschutz beim Bundesministerium des Innern. Im Auftrag der Zentralstelle handelt, soweit nichts anderes bestimmt ist, die Unfallversicherung Bund und Bahn, die insoweit der Aufsicht des Bundesministeriums des Innern unterliegt; Aufwendungen werden nicht erstattet. Im öffentlichen Dienst im Geschäftsbereich des Bundesministeriums für Verkehr und digitale Infrastruktur führt die Unfallversicherung Bund und Bahn, soweit die Eisenbahn-Unfallkasse bis zum 31. Dezember 2014 Träger der Unfallversicherung war, dieses Gesetz durch. Für Betriebe und Verwaltungen in den Geschäftsbereichen des Bundesministeriums der Verteidigung und des Auswärtigen Amtes hinsichtlich seiner Auslandsvertretungen führt das jeweilige Bundesministerium, soweit es jeweils zuständig ist, oder die von ihm jeweils bestimmte Stelle dieses Gesetz durch. Im Geschäfts-

bereich des Bundesministeriums der Finanzen führt die Berufsgenossenschaft Verkehrswirtschaft Post-Logistik Telekommunikation dieses Gesetz durch, soweit der Geschäftsbereich des ehemaligen Bundesministeriums für Post und Telekommunikation betroffen ist. Die Sätze 1 bis 4 gelten auch für Betriebe und Verwaltungen, die zur Bundesverwaltung gehören, für die aber eine Berufsgenossenschaft Träger der Unfallversicherung ist. Die zuständigen Bundesministerien können mit den Berufsgenossenschaften für diese Betriebe und Verwaltungen vereinbaren, dass das Gesetz von den Berufsgenossenschaften durchgeführt wird; Aufwendungen werden nicht erstattet.

§ 22 Befugnisse der zuständigen Behörden

(1) Die zuständige Behörde kann vom Arbeitgeber oder von den verantwortlichen Personen die zur Durchführung ihrer Überwachungsaufgabe erforderlichen Auskünfte und die Überlassung von entsprechenden Unterlagen verlangen. Die auskunftspflichtige Person kann die Auskunft auf solche Fragen oder die Vorlage derjenigen Unterlagen verweigern, deren Beantwortung oder Vorlage sie selbst oder einen ihrer in § 383 Abs. 1 Nr. 1 bis 3 der Zivilprozeßordnung bezeichneten Angehörigen der Gefahr der Verfolgung wegen einer Straftat oder Ordnungswidrigkeit aussetzen würde. Die auskunftspflichtige Person ist darauf hinzuweisen.

(2) Die mit der Überwachung beauftragten Personen sind befugt, zu den Betriebs- und Arbeitszeiten Betriebsstätten, Geschäfts- und Betriebsräume zu betreten, zu besichtigen und zu prüfen sowie in die geschäftlichen Unterlagen der auskunftspflichtigen Person Einsicht zu nehmen, soweit dies zur Erfüllung ihrer Aufgaben erforderlich ist. Außerdem sind sie befugt, Betriebsanlagen, Arbeitsmittel und persönliche Schutzausrüstungen zu prüfen, Arbeitsverfahren und Arbeitsabläufe zu untersuchen, Messungen vorzunehmen und insbesondere arbeitsbedingte Gesundheitsgefahren festzustellen und zu untersuchen, auf welche Ursachen ein Arbeitsunfall, eine arbeitsbedingte Erkrankung oder ein Schadensfall zurückzuführen ist. Sie sind berechtigt, die Begleitung durch den Arbeitgeber oder eine von ihm beauftragte Person zu verlangen. Der Arbeitgeber oder die verantwortlichen Personen haben die mit der Überwachung beauftragten Personen bei der Wahrnehmung ihrer Befugnisse nach den Sätzen 1 und 2 zu unterstützen. Außerhalb der in Satz 1 genannten Zeiten, oder wenn die Arbeitsstätte sich in einer

Wohnung befindet, dürfen die mit der Überwachung beauftragten Personen ohne Einverständnis des Arbeitgebers die Maßnahmen nach den Sätzen 1 und 2 nur zur Verhütung dringender Gefahren für die öffentliche Sicherheit oder Ordnung treffen. Die auskunftspflichtige Person hat die Maßnahmen nach den Sätzen 1, 2 und 5 zu dulden. Die Sätze 1 und 5 gelten entsprechend, wenn nicht feststeht, ob in der Arbeitsstätte Personen beschäftigt werden, jedoch Tatsachen gegeben sind, die diese Annahme rechtfertigen. Das Grundrecht der Unverletzlichkeit der Wohnung (Artikel 13 des Grundgesetzes) wird insoweit eingeschränkt.

(3) Die zuständige Behörde kann im Einzelfall anordnen,
1. welche Maßnahmen der Arbeitgeber und die verantwortlichen Personen oder die Beschäftigten zur Erfüllung der Pflichten zu treffen haben, die sich aus diesem Gesetz und den auf Grund dieses Gesetzes erlassenen Rechtsverordnungen ergeben,
2. welche Maßnahmen der Arbeitgeber und die verantwortlichen Personen zur Abwendung einer besonderen Gefahr für Leben und Gesundheit der Beschäftigten zu treffen haben.

Die zuständige Behörde hat, wenn nicht Gefahr im Verzug ist, zur Ausführung der Anordnung eine angemessene Frist zu setzen. Wird eine Anordnung nach Satz 1 nicht innerhalb einer gesetzten Frist oder eine für sofort vollziehbar erklärte Anordnung nicht sofort ausgeführt, kann die zuständige Behörde die von der Anordnung betroffene Arbeit oder die Verwendung oder den Betrieb der von der Anordnung betroffenen Arbeitsmittel untersagen. Maßnahmen der zuständigen Behörde im Bereich des öffentlichen Dienstes, die den Dienstbetrieb wesentlich beeinträchtigen, sollen im Einvernehmen mit der obersten Bundes- oder Landesbehörde oder dem Hauptverwaltungsbeamten der Gemeinde getroffen werden.

§ 23 Betriebliche Daten; Zusammenarbeit mit anderen Behörden; Jahresbericht

(1) Der Arbeitgeber hat der zuständigen Behörde zu einem von ihr bestimmten Zeitpunkt Mitteilungen über
1. die Zahl der Beschäftigten und derer, an die er Heimarbeit vergibt, aufgegliedert nach Geschlecht, Alter und Staatsangehörigkeit,
2. den Namen oder die Bezeichnung und Anschrift des Betriebs, in dem er sie beschäftigt,

3. seinen Namen, seine Firma und seine Anschrift sowie
4. den Wirtschaftszweig, dem sein Betrieb angehört,

zu machen. Das Bundesministerium für Arbeit und Soziales wird ermächtigt, durch Rechtsverordnung mit Zustimmung des Bundesrates zu bestimmen, dass die Stellen der Bundesverwaltung, denen der Arbeitgeber die in Satz 1 genannten Mitteilungen bereits auf Grund einer Rechtsvorschrift mitgeteilt hat, diese Angaben an die für die Behörden nach Satz 1 zuständigen obersten Landesbehörden als Schreiben oder auf maschinell verwertbaren Datenträgern oder durch Datenübertragung weiterzuleiten haben. In der Rechtsverordnung können das Nähere über die Form der weiterzuleitenden Angaben sowie die Frist für die Weiterleitung bestimmt werden. Die weitergeleiteten Angaben dürfen nur zur Erfüllung der in der Zuständigkeit der Behörden nach § 21 Abs. 1 liegenden Arbeitsschutzaufgaben verwendet sowie in Datenverarbeitungssystemen gespeichert oder verarbeitet werden.

(2) Die mit der Überwachung beauftragten Personen dürfen die ihnen bei ihrer Überwachungstätigkeit zur Kenntnis gelangenden Geschäfts- und Betriebsgeheimnisse nur in den gesetzlich geregelten Fällen oder zur Verfolgung von Gesetzwidrigkeiten oder zur Erfüllung von gesetzlich geregelten Aufgaben zum Schutz der Versicherten dem Träger der gesetzlichen Unfallversicherung oder zum Schutz der Umwelt den dafür zuständigen Behörden offenbaren. Soweit es sich bei Geschäfts- und Betriebsgeheimnissen um Informationen über die Umwelt im Sinne des Umweltinformationsgesetzes handelt, richtet sich die Befugnis zu ihrer Offenbarung nach dem Umweltinformationsgesetz.

(3) Ergeben sich im Einzelfall für die zuständigen Behörden konkrete Anhaltspunkte für

1. eine Beschäftigung oder Tätigkeit von Ausländern ohne den erforderlichen Aufenthaltstitel nach § 4 Abs. 3 des Aufenthaltsgesetzes, eine Aufenthaltsgestattung oder eine Duldung, die zur Ausübung der Beschäftigung berechtigen, oder eine Genehmigung nach § 284 Abs.1 des Dritten Buches Sozialgesetzbuch,
2. Verstöße gegen die Mitwirkungspflicht nach § 60 Abs. 1 Satz 1 Nr. 2 des Ersten Buches Sozialgesetzbuch gegenüber einer Dienststelle der Bundesagentur für Arbeit, einem Träger der gesetzlichen Kranken-, Pflege-, Unfall- oder Rentenversicherung

oder einem Träger der Sozialhilfe oder gegen die Meldepflicht nach § 8a des Asylbewerberleistungsgesetzes,
3. Verstöße gegen das Gesetz zur Bekämpfung der Schwarzarbeit,
4. Verstöße gegen das Arbeitnehmerüberlassungsgesetz,
5. Verstöße gegen die Vorschriften des Vierten und Siebten Buches Sozialgesetzbuch über die Verpflichtung zur Zahlung von Sozialversicherungsbeiträgen,
6. Verstöße gegen das Aufenthaltsgesetz,
7. Verstöße gegen die Steuergesetze,

unterrichten sie die für die Verfolgung und Ahndung der Verstöße nach den Nummern 1 bis 7 zuständigen Behörden, die Träger der Sozialhilfe sowie die Behörden nach § 71 des Aufenthaltsgesetzes. In den Fällen des Satzes 1 arbeiten die zuständigen Behörden insbesondere mit den Agenturen für Arbeit, den Hauptzollämtern, den Rentenversicherungsträgern, den Krankenkassen als Einzugsstellen für die Sozialversicherungsbeiträge, den Trägern der gesetzlichen Unfallversicherung, den nach Landesrecht für die Verfolgung und Ahndung von Verstößen gegen das Gesetz zur Bekämpfung der Schwarzarbeit zuständigen Behörden, den Trägern der Sozialhilfe, den in § 71 des Aufenthaltsgesetzes genannten Behörden und den Finanzbehörden zusammen.

(4) Die zuständigen obersten Landesbehörden haben über die Überwachungstätigkeit der ihnen unterstellten Behörden einen Jahresbericht zu veröffentlichen. Der Jahresbericht umfasst auch Angaben zur Erfüllung von Unterrichtungspflichten aus internationalen Übereinkommen oder Rechtsakten der Europäischen Gemeinschaften, soweit sie den Arbeitsschutz betreffen.

§ 24 Ermächtigung zum Erlaß von allgemeinen Verwaltungsvorschriften

Das Bundesministerium für Arbeit und Soziales kann mit Zustimmung des Bundesrates allgemeine Verwaltungsvorschriften erlassen

1. zur Durchführung dieses Gesetzes und der auf Grund dieses Gesetzes erlassenen Rechtsverordnungen, soweit die Bundesregierung zu ihrem Erlaß ermächtigt ist,
2. über die Gestaltung der Jahresberichte nach § 23 Abs. 4 und
3. über die Angaben, die die zuständigen obersten Landesbehörden dem Bundesministerium für Wirtschaft und Arbeit für den

Unfallverhütungsbericht nach § 25 Abs. 2 des Siebten Buches Sozialgesetzbuch bis zu einem bestimmten Zeitpunkt mitzuteilen haben. Verwaltungsvorschriften, die Bereiche des öffentlichen Dienstes einbeziehen, werden im Einvernehmen mit dem Bundesministerium des Innern erlassen.

§ 25 Bußgeldvorschriften

(1) Ordnungswidrig handelt, wer vorsätzlich oder fahrlässig

1. einer Rechtsverordnung nach § 18 Abs. 1 oder § 19 zuwiderhandelt, soweit sie für einen bestimmten Tatbestand auf diese Bußgeldvorschrift verweist, oder
2. a) als Arbeitgeber oder als verantwortliche Person einer vollziehbaren Anordnung nach § 22 Abs. 3 oder
   b) als Beschäftigter einer vollziehbaren Anordnung nach § 22 Abs. 3 Satz 1 Nr. 1 zuwiderhandelt.

(2) Die Ordnungswidrigkeit kann in den Fällen des Absatzes 1 Nr. 1 und 2 Buchstabe b mit einer Geldbuße bis zu fünftausend Euro, in den Fällen des Absatzes 1 Nr. 2 Buchstabe a mit einer Geldbuße bis zu fünfundzwanzigtausend Euro geahndet werden.

§ 26 Strafvorschriften

Mit Freiheitsstrafe bis zu einem Jahr oder mit Geldstrafe wird bestraft, wer

1. eine in § 25 Abs. 1 Nr. 2 Buchstabe a bezeichnete Handlung beharrlich wiederholt oder
2. durch eine in § 25 Abs.1 Nr. 1 oder Nr. 2 Buchstabe a bezeichnete vorsätzliche Handlung Leben oder Gesundheit eines Beschäftigten gefährdet.

Verordnung über Arbeitsstätten*
(Arbeitsstättenverordnung – ArbStättV)

Inhaltsübersicht

§ 1 Ziel, Anwendungsbereich

(1) Diese Verordnung dient der Sicherheit und dem Schutz der Gesundheit der Beschäftigten beim Einrichten und Betreiben von Arbeitsstätten.

(2) Für folgende Arbeitsstätten gelten nur § 5 und der Anhang Nummer 1.3:
1. Arbeitsstätten im Reisegewerbe und im Marktverkehr,
2. Transportmittel, die im öffentlichen Verkehr eingesetzt werden,

---

* Vom 12. August 2004 (BGBl. I, S. 2179), zuletzt geändert durch Artikel 5 der Verordnung vom 18. Oktober 2017 (BGBl. I, S. 3584 (3594)).
Diese Verordnung dient der Umsetzung
1. der EG-Richtlinie 89/654/EWG des Rates vom 30. November 1989 über Mindestvorschriften für Sicherheit und Gesundheitsschutz in Arbeitsstätten (Erste Einzelrichtlinie im Sinne des Artikels 16 Absatz 1 der Richtlinie 89/391/EWG) (ABl. EG Nr. L 393 S. 1) und
2. der Richtlinie 92/58/EWG des Rates vom 24. Juni 1992 über Mindestvorschriften für die Sicherheits- und/oder Gesundheitsschutzkennzeichnung am Arbeitsplatz (Neunte Einzelrichtlinie im Sinne des Artikels 16 Absatz 1 der Richtlinie 89/391 EWG) (ABl. EG Nr. L 245 S. 23) und
3. des Anhangs IV (Mindestvorschriften für Sicherheit und Gesundheitsschutz auf Baustellen) der Richtlinie 92/57/EWG des Rates vom 24. Juni 1992 über die auf zeitlich begrenzte oder ortsveränderliche Baustellen anzuwendenden Mindestvorschriften für die Sicherheit und den Gesundheitsschutz (Achte Einzelrichtlinie im Sinne des Artikels 16 Absatz 1 der Richtlinie 89/391/EWG) (ABl. EG Nr. L 245 S. 6).

3. Felder, Wälder und sonstige Flächen, die zu einem land- oder forstwirtschaftlichen Betrieb gehören, aber außerhalb der von ihm bebauten Fläche liegen.

(3) Für Telearbeitsplätze gelten nur
1. § 3 bei der erstmaligen Beurteilung der Arbeitsbedingungen und des Arbeitsplatzes,
2. § 6 und der Anhang Nummer 6,

soweit der Arbeitsplatz von dem im Betrieb abweicht. Die in Satz 1 genannten Vorschriften gelten, soweit Anforderungen unter Beachtung der Eigenart von Telearbeitsplätzen auf diese anwendbar sind.

(4) Der Anhang Nummer 6 gilt nicht für
1. Bedienerplätze von Maschinen oder Fahrerplätze von Fahrzeugen mit Bildschirmgeräten,
2. tragbare Bildschirmgeräte für die ortsveränderliche Verwendung, die nicht regelmäßig an einem Arbeitsplatz verwendet werden,
3. Rechenmaschinen, Registrierkassen oder andere Arbeitsmittel mit einer kleinen Daten- oder Messwertanzeigevorrichtung, die zur unmittelbaren Benutzung des Arbeitsmittels erforderlich ist und
4. Schreibmaschinen klassischer Bauart mit einem Display.

(5) Diese Verordnung ist für Arbeitsstätten in Betrieben, die dem Bundesberggesetz unterliegen, nur für Bildschirmarbeitsplätze einschließlich Telearbeitsplätze anzuwenden.

(6) Das Bundeskanzleramt, das Bundesministerium des Innern, das Bundesministerium für Verkehr und digitale Infrastruktur, das Bundesministerium für Umwelt, Naturschutz, Bau und Reaktorsicherheit, das Bundesministerium der Verteidigung oder das Bundesministerium der Finanzen können, soweit sie hierfür jeweils zuständig sind, im Einvernehmen mit dem Bundesministerium für Arbeit und Soziales und, soweit nicht das Bundesministerium des Innern selbst zuständig ist, im Einvernehmen mit dem Bundesministerium des Innern Ausnahmen von den Vorschriften dieser Verordnung zulassen, soweit öffentliche Belange dies zwingend erfordern, insbesondere zur Aufrechterhaltung oder Wiederherstellung der öffentlichen Sicherheit. In diesem Fall ist gleichzeitig festzulegen, wie die Sicher-

heit und der Schutz der Gesundheit der Beschäftigten nach dieser Verordnung auf andere Weise gewährleistet werden.

§ 2 Begriffsbestimmungen

(1) Arbeitsstätten sind:

1. Arbeitsräume oder andere Orte in Gebäuden auf dem Gelände eines Betriebes,
2. Orte im Freien auf dem Gelände eines Betriebes,
3. Orte auf Baustellen,

sofern sie zur Nutzung für Arbeitsplätze vorgesehen sind.

(2) Zur Arbeitsstätte gehören insbesondere auch:

1. Orte auf dem Gelände eines Betriebes oder einer Baustelle, zu denen Beschäftigte im Rahmen ihrer Arbeit Zugang haben,
2. Verkehrswege, Fluchtwege, Notausgänge, Lager-, Maschinen- und Nebenräume, Sanitärräume, Kantinen, Pausen- und Bereitschaftsräume, Erste-Hilfe-Räume, Unterkünfte sowie
3. Einrichtungen, die dem Betreiben der Arbeitsstätte dienen, insbesondere Sicherheitsbeleuchtungen, Feuerlöscheinrichtungen, Versorgungseinrichtungen, Beleuchtungsanlagen, raumlufttechnische Anlagen, Signalanlagen, Energieverteilungsanlagen, Türen und Tore, Fahrsteige, Fahrtreppen, Laderampen und Steigleitern.

(3) Arbeitsräume sind die Räume, in denen Arbeitsplätze innerhalb von Gebäuden dauerhaft eingerichtet sind.

(4) Arbeitsplätze sind Bereiche, in denen Beschäftigte im Rahmen ihrer Arbeit tätig sind.

(5) Bildschirmarbeitsplätze sind Arbeitsplätze, die sich in Arbeitsräumen befinden und die mit Bildschirmgeräten und sonstigen Arbeitsmitteln ausgestattet sind.

(6) Bildschirmgeräte sind Funktionseinheiten, zu denen insbesondere Bildschirme zur Darstellung von visuellen Informationen, Einrichtungen zur Datenein- und -ausgabe, sonstige Steuerungs- und Kommunikationseinheiten (Rechner) sowie eine Software zur Steuerung und Umsetzung der Arbeitsaufgabe gehören.

(7) Telearbeitsplätze sind vom Arbeitgeber fest eingerichtete Bildschirmarbeitsplätze im Privatbereich der Beschäftigten, für die der Arbeitgeber eine mit den Beschäftigten vereinbarte wöchentliche Arbeitszeit und die Dauer der Einrichtung festgelegt hat. Ein Telearbeitsplatz ist vom Arbeitgeber erst dann eingerichtet, wenn Arbeitgeber und Beschäftigte die Bedingungen der Telearbeit arbeitsvertraglich oder im Rahmen einer Vereinbarung festgelegt haben und die benötigte Ausstattung des Telearbeitsplatzes mit Mobiliar, Arbeitsmitteln einschließlich der Kommunikationseinrichtungen durch den Arbeitgeber oder eine von ihm beauftragte Person im Privatbereich des Beschäftigten bereitgestellt und installiert ist.

(8) Einrichten ist das Bereitstellen und Ausgestalten der Arbeitsstätte. Das Einrichten umfasst insbesondere:

1. bauliche Maßnahmen oder Veränderungen,
2. das Ausstatten mit Maschinen, Anlagen, anderen Arbeitsmitteln und Mobiliar sowie mit Beleuchtungs-, Lüftungs-, Heizungs-, Feuerlösch- und Versorgungseinrichtungen,
3. das Anlegen und Kennzeichnen von Verkehrs- und Fluchtwegen sowie das Kennzeichnen von Gefahrenstellen und brandschutztechnischen Ausrüstungen und
4. das Festlegen von Arbeitsplätzen.

(9) Das Betreiben von Arbeitsstätten umfasst das Benutzen, Instandhalten und Optimieren der Arbeitsstätten sowie die Organisation und Gestaltung der Arbeit einschließlich der Arbeitsabläufe in Arbeitsstätten.

(10) Instandhalten ist die Wartung, Inspektion, Instandsetzung oder Verbesserung der Arbeitsstätten zum Erhalt des baulichen und technischen Zustandes.

(11) Stand der Technik ist der Entwicklungsstand fortschrittlicher Verfahren, Einrichtungen oder Betriebsweisen, der die praktische Eignung einer Maßnahme zur Gewährleistung der Sicherheit und zum Schutz der Gesundheit der Beschäftigten gesichert erscheinen lässt. Bei der Bestimmung des Stands der Technik sind insbesondere vergleichbare Verfahren, Einrichtungen oder Betriebsweisen heranzuziehen, die mit Erfolg in der Praxis erprobt worden sind. Gleiches gilt für die Anforderungen an die Arbeitsmedizin und die Hygiene.

(12) Fachkundig ist, wer über die zur Ausübung einer in dieser Verordnung bestimmten Aufgabe erforderlichen Fachkenntnisse verfügt. Die Anforderungen an die Fachkunde sind abhängig von der jeweiligen Art der Aufgabe. Zu den Anforderungen zählen eine entsprechende Berufsausbildung, Berufserfahrung oder eine zeitnah ausgeübte entsprechende berufliche Tätigkeit. Die Fachkenntnisse sind durch Teilnahme an Schulungen auf aktuellem Stand zu halten.

§ 3 Gefährdungsbeurteilung

(1) Bei der Beurteilung der Arbeitsbedingungen nach § 5 des Arbeitsschutzgesetzes hat der Arbeitgeber zunächst festzustellen, ob die Beschäftigten Gefährdungen beim Einrichten und Betreiben von Arbeitsstätten ausgesetzt sind oder ausgesetzt sein können. Ist dies der Fall, hat er alle möglichen Gefährdungen der Sicherheit und der Gesundheit der Beschäftigten zu beurteilen und dabei die Auswirkungen der Arbeitsorganisation und der Arbeitsabläufe in der Arbeitsstätte zu berücksichtigen. Bei der Gefährdungsbeurteilung hat er die physischen und psychischen Belastungen sowie bei Bildschirmarbeitsplätzen insbesondere die Belastungen der Augen oder die Gefährdung des Sehvermögens der Beschäftigten zu berücksichtigen. Entsprechend dem Ergebnis der Gefährdungsbeurteilung hat der Arbeitgeber Maßnahmen zum Schutz der Beschäftigten gemäß den Vorschriften dieser Verordnung einschließlich ihres Anhangs nach dem Stand der Technik, Arbeitsmedizin und Hygiene festzulegen. Sonstige gesicherte arbeitswissenschaftliche Erkenntnisse sind zu berücksichtigen.

(2) Der Arbeitgeber hat sicherzustellen, dass die Gefährdungsbeurteilung fachkundig durchgeführt wird. Verfügt der Arbeitgeber nicht selbst über die entsprechenden Kenntnisse, hat er sich fachkundig beraten zu lassen.

(3) Der Arbeitgeber hat die Gefährdungsbeurteilung vor Aufnahme der Tätigkeit zu dokumentieren. In der Dokumentation ist anzugeben, welche Gefährdungen am Arbeitsplatz auftreten können und welche Maßnahmen nach Absatz 1 Satz 4 durchgeführt werden müssen.

§ 3a Einrichten und Betreiben von Arbeitsstätten

(1) Der Arbeitgeber hat dafür zu sorgen, dass Arbeitsstätten so eingerichtet und betrieben werden, dass Gefährdungen für die Sicherheit und die Gesundheit der Beschäftigten möglichst vermieden und verbleibende Gefährdungen möglichst gering gehalten werden. Beim Einrichten und Betreiben der Arbeitsstätten hat der Arbeitgeber die Maßnahmen nach § 3 Absatz 1 durchzuführen und dabei den Stand der Technik, Arbeitsmedizin und Hygiene, die ergonomischen Anforderungen sowie insbesondere die vom Bundesministerium für Arbeit und Soziales nach § 7 Absatz 4 bekannt gemachten Regeln und Erkenntnisse zu berücksichtigen. Bei Einhaltung der bekannt gemachten Regeln ist davon auszugehen, dass die in dieser Verordnung gestellten Anforderungen diesbezüglich erfüllt sind. Wendet der Arbeitgeber diese Regeln nicht an, so muss er durch andere Maßnahmen die gleiche Sicherheit und den gleichen Schutz der Gesundheit der Beschäftigten erreichen.

(2) Beschäftigt der Arbeitgeber Menschen mit Behinderungen, hat er die Arbeitsstätte so einzurichten und zu betreiben, dass die besonderen Belange dieser Beschäftigten im Hinblick auf die Sicherheit und den Schutz der Gesundheit berücksichtigt werden. Dies gilt insbesondere für die barrierefreie Gestaltung von Arbeitsplätzen, Sanitär-, Pausen- und Bereitschaftsräumen, Kantinen, Erste-Hilfe-Räumen und Unterkünften sowie den zugehörigen Türen, Verkehrswegen, Fluchtwegen, Notausgängen, Treppen und Orientierungssystemen, die von den Beschäftigten mit Behinderungen benutzt werden.

(3) Die zuständige Behörde kann auf schriftlichen Antrag des Arbeitgebers Ausnahmen von den Vorschriften dieser Verordnung einschließlich ihres Anhanges zulassen, wenn

1. der Arbeitgeber andere, ebenso wirksame Maßnahmen trifft oder
2. die Durchführung der Vorschrift im Einzelfall zu einer unverhältnismäßigen Härte führen würde und die Abweichung mit dem Schutz der Beschäftigten vereinbar ist. Der Antrag des Arbeitgebers kann in Papierform oder elektronisch übermittelt werden. Bei der Beurteilung sind die Belange der kleineren Betriebe besonders zu berücksichtigen.

(4) Anforderungen in anderen Rechtsvorschriften, insbesondere im Bauordnungsrecht der Länder, gelten vorrangig, soweit sie über die Anforderungen dieser Verordnung hinausgehen.

§ 4 Besondere Anforderungen an das Betreiben von Arbeitsstätten

(1) Der Arbeitgeber hat die Arbeitsstätte instand zu halten und dafür zu sorgen, dass festgestellte Mängel unverzüglich beseitigt werden. Können Mängel, mit denen eine unmittelbare erhebliche Gefahr verbunden ist, nicht sofort beseitigt werden, hat er dafür zu sorgen, dass die gefährdeten Beschäftigten ihre Tätigkeit unverzüglich einstellen.

(2) Der Arbeitgeber hat dafür zu sorgen, dass Arbeitsstätten den hygienischen Erfordernissen entsprechend gereinigt werden. Verunreinigungen und Ablagerungen, die zu Gefährdungen führen können, sind unverzüglich zu beseitigen.

(3) Der Arbeitgeber hat die Sicherheitseinrichtungen, insbesondere Sicherheitsbeleuchtung, Brandmelde- und Feuerlöscheinrichtungen, Signalanlagen, Notaggregate und Notschalter sowie raumlufttechnische Anlagen instand zu halten und in regelmäßigen Abständen auf ihre Funktionsfähigkeit prüfen zu lassen.

(4) Der Arbeitgeber hat dafür zu sorgen, dass Verkehrswege, Fluchtwege und Notausgänge ständig freigehalten werden, damit sie jederzeit benutzbar sind. Der Arbeitgeber hat Vorkehrungen so zu treffen, dass die Beschäftigten bei Gefahr sich unverzüglich in Sicherheit bringen und schnell gerettet werden können. Der Arbeitgeber hat einen Flucht- und Rettungsplan aufzustellen, wenn Lage, Ausdehnung und Art der Benutzung der Arbeitsstätte dies erfordern. Der Plan ist an geeigneten Stellen in der Arbeitsstätte auszulegen oder auszuhängen. In angemessenen Zeitabständen ist entsprechend diesem Plan zu üben.

(5) Der Arbeitgeber hat beim Einrichten und Betreiben von Arbeitsstätten Mittel und Einrichtungen zur Ersten Hilfe zur Verfügung zu stellen und regelmäßig auf ihre Vollständigkeit und Verwendungsfähigkeit prüfen zu lassen.

§ 5 Nichtraucherschutz

(1) Der Arbeitgeber hat die erforderlichen Maßnahmen zu treffen, damit die nicht rauchenden Beschäftigten in Arbeitsstätten wirksam vor den Gesundheitsgefahren durch Tabakrauch geschützt sind. Soweit erforderlich, hat der Arbeitgeber ein allgemeines oder auf einzelne Bereiche der Arbeitsstätte beschränktes Rauchverbot zu erlassen.

(2) In Arbeitsstätten mit Publikumsverkehr hat der Arbeitgeber beim Einrichten und Betreiben von Arbeitsräumen der Natur des Betriebes entsprechende und der Art der Beschäftigung angepasste technische oder organisatorische Maßnahmen nach Absatz 1 zum Schutz der nicht rauchenden Beschäftigten zu treffen.

§ 6 Unterweisung der Beschäftigten

(1) Der Arbeitgeber hat den Beschäftigten ausreichende und angemessene Informationen anhand der Gefährdungsbeurteilung in einer für die Beschäftigten verständlichen Form und Sprache zur Verfügung zu stellen über

1. das bestimmungsgemäße Betreiben der Arbeitsstätte,
2. alle gesundheits- und sicherheitsrelevanten Fragen im Zusammenhang mit ihrer Tätigkeit,
3. Maßnahmen, die zur Gewährleistung der Sicherheit und zum Schutz der Gesundheit der Beschäftigten durchgeführt werden müssen, und
4. arbeitsplatzspezifische Maßnahmen, insbesondere bei Tätigkeiten auf Baustellen oder an Bildschirmgeräten,

und sie anhand dieser Informationen zu unterweisen.

(2) Die Unterweisung nach Absatz 1 muss sich auf Maßnahmen im Gefahrenfall erstrecken, insbesondere auf

1. die Bedienung von Sicherheits- und Warneinrichtungen,
2. die Erste Hilfe und die dazu vorgehaltenen Mittel und Einrichtungen und
3. den innerbetrieblichen Verkehr.

(3) Die Unterweisung nach Absatz 1 muss sich auf Maßnahmen der Brandverhütung und Verhaltensmaßnahmen im Brandfall erstrecken, insbesondere auf die Nutzung der Fluchtwege und Notausgänge. Diejenigen Beschäftigten, die Aufgaben der Brandbe-

kämpfung übernehmen, hat der Arbeitgeber in der Bedienung der Feuerlöscheinrichtungen zu unterweisen.

(4) Die Unterweisungen müssen vor Aufnahme der Tätigkeit stattfinden. Danach sind sie mindestens jährlich zu wiederholen. Sie haben in einer für die Beschäftigten verständlichen Form und Sprache zu erfolgen. Unterweisungen sind unverzüglich zu wiederholen, wenn sich die Tätigkeiten der Beschäftigten, die Arbeitsorganisation, die Arbeits- und Fertigungsverfahren oder die Einrichtungen und Betriebsweisen in der Arbeitsstätte wesentlich verändern und die Veränderung mit zusätzlichen Gefährdungen verbunden ist.

§ 7 Ausschuss für Arbeitsstätten

(1) Beim Bundesministerium für Arbeit und Soziales wird ein Ausschuss für Arbeitsstätten gebildet, in dem fachkundige Vertreter der Arbeitgeber, der Gewerkschaften, der Länderbehörden, der gesetzlichen Unfallversicherung und weitere fachkundige Personen, insbesondere der Wissenschaft, in angemessener Zahl vertreten sein sollen. Die Gesamtzahl der Mitglieder soll 16 Personen nicht überschreiten. Für jedes Mitglied ist ein stellvertretendes Mitglied zu benennen. Die Mitgliedschaft im Ausschuss für Arbeitsstätten ist ehrenamtlich.

(2) Das Bundesministerium für Arbeit und Soziales beruft die Mitglieder des Ausschusses und die stellvertretenden Mitglieder. Der Ausschuss gibt sich eine Geschäftsordnung und wählt den Vorsitzenden aus seiner Mitte. Die Geschäftsordnung und die Wahl des Vorsitzenden bedürfen der Zustimmung des Bundesministeriums für Arbeit und Soziales.

(3) Zu den Aufgaben des Ausschusses gehört es,

1. dem Stand der Technik, Arbeitsmedizin und Hygiene entsprechende Regeln und sonstige gesicherte wissenschaftliche Erkenntnisse für die Sicherheit und Gesundheit der Beschäftigten in Arbeitsstätten zu ermitteln,
2. Regeln und Erkenntnisse zu ermitteln, wie die Anforderungen dieser Verordnung erfüllt werden können, sowie Empfehlungen für weitere Maßnahmen zur Gewährleistung der Sicherheit und zum Schutz der Gesundheit der Beschäftigten auszuarbeiten und

3. das Bundesministerium für Arbeit und Soziales in allen Fragen der Sicherheit und der Gesundheit der Beschäftigten in Arbeitsstätten zu beraten.

Bei der Wahrnehmung seiner Aufgaben soll der Ausschuss die allgemeinen Grundsätze des Arbeitsschutzes nach § 4 des Arbeitsschutzgesetzes berücksichtigen. Das Arbeitsprogramm des Ausschusses für Arbeitsstätten wird mit dem Bundesministerium für Arbeit und Soziales abgestimmt. Der Ausschuss arbeitet eng mit den anderen Ausschüssen beim Bundesministerium für Arbeit und Soziales zusammen. Die Sitzungen des Ausschusses sind nicht öffentlich. Beratungs- und Abstimmungsergebnisse des Ausschusses sowie Niederschriften der Untergremien sind vertraulich zu behandeln, soweit die Erfüllung der Aufgaben, die den Untergremien oder den Mitgliedern des Ausschusses obliegen, dem nicht entgegenstehen.

(4) Das Bundesministerium für Arbeit und Soziales kann die vom Ausschuss nach Absatz 3 ermittelten Regeln und Erkenntnisse sowie Empfehlungen im Gemeinsamen Ministerialblatt bekannt machen.

(5) Die Bundesministerien sowie die zuständigen obersten Landesbehörden können zu den Sitzungen des Ausschusses Vertreter entsenden. Diesen ist auf Verlangen in der Sitzung das Wort zu erteilen.

(6) Die Geschäfte des Ausschusses führt die Bundesanstalt für Arbeitsschutz und Arbeitsmedizin.

§ 8 Übergangsvorschriften

(1) Soweit für Arbeitsstätten,

1. die am 1. Mai 1976 eingerichtet waren oder mit deren Einrichtung vor diesem Zeitpunkt begonnen worden war oder
2. die am 20. Dezember 1996 eingerichtet waren oder mit deren Einrichtung vor diesem Zeitpunkt begonnen worden war und für die zum Zeitpunkt der Einrichtung die Gewerbeordnung keine Anwendung fand,

in dieser Verordnung Anforderungen gestellt werden, die umfangreiche Änderungen der Arbeitsstätte, der Betriebseinrichtungen, Arbeitsverfahren oder Arbeitsabläufe notwendig machen, gelten hierfür bis zum 31. Dezember 2020 mindestens die entsprechenden Anforderungen des Anhangs II der Richtlinie 89/654/EWG des Rates vom 30. November 1989 über Mindestvorschriften für Sicherheit und Gesundheitsschutz in Arbeitsstätten (ABl. EG Nr. L 393 S. 1). Soweit diese Arbeitsstätten oder ihre Betriebseinrichtungen wesentlich erweitert oder umgebaut oder die Arbeitsverfahren oder Arbeitsabläufe wesentlich umgestaltet werden, hat der Arbeitgeber die erforderlichen Maßnahmen zu treffen, damit diese Änderungen, Erweiterungen oder Umgestaltungen mit den Anforderungen dieser Verordnung übereinstimmen.

(2) Bestimmungen in den vom Ausschuss für Arbeitsstätten ermittelten und vom Bundesministerium für Arbeit und Soziales im Gemeinsamen Ministerialblatt bekannt gemachten Regeln für Arbeitsstätten, die Anforderungen an den Arbeitsplatz enthalten, gelten unter Berücksichtigung der Begriffsbestimmung des Arbeitsplatzes in § 2 Absatz 2 der Arbeitsstättenverordnung vom 12. August 2004 (BGBl. I S. 2179), die zuletzt durch Artikel 282 der Verordnung vom 31. August 2015 (BGBl. I S. 1474) geändert worden ist, solange fort, bis sie vom Ausschuss für Arbeitsstätten überprüft und erforderlichenfalls vom Bundesministerium für Arbeit und Soziales im Gemeinsamen Ministerialblatt neu bekannt gemacht worden sind.

§ 9 Straftaten und Ordnungswidrigkeiten

(1) Ordnungswidrig im Sinne des § 25 Absatz 1 Nummer 1 des Arbeitsschutzgesetzes handelt, wer vorsätzlich oder fahrlässig

1. entgegen § 3 Absatz 3 eine Gefährdungsbeurteilung nicht richtig, nicht vollständig oder nicht rechtzeitig dokumentiert,
2. entgegen § 3a Absatz 1 Satz 1 nicht dafür sorgt, dass eine Arbeitsstätte in der dort vorgeschriebenen Weise eingerichtet ist oder betrieben wird,
3. entgegen § 3a Absatz 1 Satz 2 in Verbindung mit Nummer 4.1 Absatz 1 des Anhangs einen dort genannten Toilettenraum oder eine dort genannte mobile, anschlussfreie Toilettenkabine nicht oder nicht in der vorgeschriebenen Weise zur Verfügung stellt,
4. entgegen § 3a Absatz 1 Satz 2 in Verbindung mit Nummer 4.2 Absatz 1 des Anhangs einen dort genannten Pausenraum oder einen dort genannten Pausenbereich nicht oder nicht in der vorgeschriebenen Weise zur Verfügung stellt,
5. entgegen § 3a Absatz 2 eine Arbeitsstätte nicht in der dort vorgeschriebenen Weise einrichtet oder betreibt,

6. entgegen § 4 Absatz 1 Satz 2 nicht dafür sorgt, dass die gefährdeten Beschäftigten ihre Tätigkeit unverzüglich einstellen,
7. entgegen § 4 Absatz 4 Satz 1 nicht dafür sorgt, dass Verkehrswege, Fluchtwege und Notausgänge freigehalten werden,
8. entgegen § 4 Absatz 5 ein Mittel oder eine Einrichtung zur Ersten Hilfe nicht zur Verfügung stellt,
9. entgegen § 6 Absatz 4 Satz 1 nicht sicherstellt, dass die Beschäftigten vor Aufnahme der Tätigkeit unterwiesen werden.

(2) Wer durch eine in Absatz 1 bezeichnete vorsätzliche Handlung das Leben oder die Gesundheit von Beschäftigten gefährdet, ist nach § 26 Nummer 2 des Arbeitsschutzgesetzes strafbar.

Anhang
Anforderungen und Maßnahmen für Arbeitsstätten nach § 3 Abs. 1

Inhaltsübersicht

1 Allgemeine Anforderungen

1.1 Anforderungen an Konstruktion und Festigkeit von Gebäuden

Gebäude für Arbeitsstätten müssen eine der Nutzungsart entsprechende Konstruktion und Festigkeit aufweisen.

1.2 Abmessungen von Räumen, Luftraum

(1) Arbeitsräume, Sanitär-, Pausen- und Bereitschaftsräume, Kantinen, Erste-Hilfe-Räume und Unterkünfte müssen eine ausreichende Grundfläche und eine, in Abhängigkeit von der Größe der Grundfläche der Räume, ausreichende lichte Höhe aufweisen, so dass die Beschäftigten ohne Beeinträchtigung ihrer Sicherheit, ihrer Gesundheit oder ihres Wohlbefindens die Räume nutzen oder ihre Arbeit verrichten können.

(2) Die Abmessungen der Räume richten sich nach der Art ihrer Nutzung.

(3) Die Größe des notwendigen Luftraumes ist in Abhängigkeit von der Art der physischen Belastung und der Anzahl der Beschäftigten sowie der sonstigen anwesenden Personen zu bemessen.

1.3 Sicherheits- und Gesundheitsschutzkennzeichnung

(1) Unberührt von den nachfolgenden Anforderungen sind Sicherheits- und Gesundheitsschutzkennzeichnungen einzusetzen, wenn Gefährdungen der Sicherheit und Gesundheit der Beschäftigten nicht durch technische oder organisatorische Maßnahmen vermie-

den oder ausreichend begrenzt werden können. Das Ergebnis der Gefährdungsbeurteilung und die Maßnahmen nach § 3 Absatz 1 sind dabei zu berücksichtigen.

(2) Die Kennzeichnung ist nach der Art der Gefährdung dauerhaft oder vorübergehend nach den Vorgaben der Richtlinie 92/58/EWG des Rates vom 24. Juni 1992 über Mindestvorschriften für die Sicherheits- und/oder Gesundheitsschutzkennzeichnung am Arbeitsplatz (Neunte Einzelrichtlinie im Sinne des Artikels 16 Absatz 1 der Richtlinie 89/391/EWG) (ABl. EG Nr. L 245 S. 23) auszuführen. Diese Richtlinie gilt in der jeweils aktuellen Fassung. Wird diese Richtlinie geändert oder nach den in dieser Richtlinie vorgesehenen Verfahren an den technischen Fortschritt angepasst, gilt sie in der geänderten im Amtsblatt der Europäischen Gemeinschaften veröffentlichten Fassung nach Ablauf der in der Änderungs- oder Anpassungsrichtlinie festgelegten Umsetzungsfrist. Die geänderte Fassung kann bereits ab Inkrafttreten der Änderungs- oder Anpassungsrichtlinie angewendet werden.

(3) (weggefallen)

1.4 Energieverteilungsanlagen

Anlagen, die der Versorgung der Arbeitsstätte mit Energie dienen, müssen so ausgewählt, installiert und betrieben werden, dass die Beschäftigten vor dem direkten oder indirekten Berühren spannungsführender Teile geschützt sind und dass von den Anlagen keine Brand- oder Explosionsgefahren ausgehen. Bei der Konzeption und der Ausführung sowie der Wahl des Materials und der Schutzvorrichtungen sind Art und Stärke der verteilten Energie, die äußeren Einwirkbedingungen und die Fachkenntnisse der Personen zu berücksichtigen, die zu Teilen der Anlage Zugang haben.

1.5 Fußböden, Wände, Decken, Dächer

(1) Die Oberflächen der Fußböden, Wände und Decken der Räume müssen so gestaltet sein, dass sie den Erfordernissen des sicheren Betreibens entsprechen sowie leicht und sicher zu reinigen sind. Arbeitsräume müssen unter Berücksichtigung der Art des Betriebes und der physischen Belastungen eine angemessene Dämmung gegen Wärme und Kälte sowie eine ausreichende Isolierung gegen Feuchtigkeit aufweisen. Auch Sanitär-, Pausen- und Bereitschafts-

räume, Kantinen, Erste-Hilfe-Räume und Unterkünfte müssen über eine angemessene Dämmung gegen Wärme und Kälte sowie eine ausreichende Isolierung gegen Feuchtigkeit verfügen.

(2) Die Fußböden der Räume dürfen keine Unebenheiten, Löcher, Stolperstellen oder gefährlichen Schrägen aufweisen. Sie müssen gegen Verrutschen gesichert, tragfähig, trittsicher und rutschhemmend sein.

(3) Durchsichtige oder lichtdurchlässige Wände, insbesondere Ganzglaswände in Arbeitsräumen oder im Bereich von Verkehrswegen, müssen deutlich gekennzeichnet sein. Sie müssen entweder aus bruchsicherem Werkstoff bestehen oder so gegen die Arbeitsplätze in Arbeitsräumen oder die Verkehrswege abgeschirmt sein, dass die Beschäftigten nicht mit den Wänden in Berührung kommen und beim Zersplittern der Wände nicht verletzt werden können.

(4) Dächer aus nicht durchtrittsicherem Material dürfen nur betreten werden, wenn Ausrüstungen benutzt werden, die ein sicheres Arbeiten ermöglichen.

1.6 Fenster, Oberlichter

(1) Fenster, Oberlichter und Lüftungsvorrichtungen müssen sich von den Beschäftigten sicher öffnen, schließen, verstellen und arretieren lassen. Sie dürfen nicht so angeordnet sein, dass sie in geöffnetem Zustand eine Gefahr für die Beschäftigten darstellen.

(2) Fenster und Oberlichter müssen so ausgewählt oder ausgerüstet und eingebaut sein, dass sie ohne Gefährdung der Ausführenden und anderer Personen gereinigt werden können.

1.7 Türen, Tore

(1) Die Lage, Anzahl, Abmessungen und Ausführung insbesondere hinsichtlich der verwendeten Werkstoffe von Türen und Toren müssen sich nach der Art und Nutzung der Räume oder Bereiche richten.

(2) Durchsichtige Türen müssen in Augenhöhe gekennzeichnet sein.

(3) Pendeltüren und -tore müssen durchsichtig sein oder ein Sichtfenster haben.

(4) Bestehen durchsichtige oder lichtdurchlässige Flächen von Türen und Toren nicht aus bruchsicherem Werkstoff und ist zu befürchten, dass sich die Beschäftigten beim Zersplittern verletzen können, sind diese Flächen gegen Eindrücken zu schützen.

(5) Schiebetüren und -tore müssen gegen Ausheben und Herausfallen gesichert sein. Türen und Tore, die sich nach oben öffnen, müssen gegen Herabfallen gesichert sein.

(6) In unmittelbarer Nähe von Toren, die vorwiegend für den Fahrzeugverkehr bestimmt sind, müssen gut sichtbar gekennzeichnete, stets zugängliche Türen für Fußgänger vorhanden sein. Diese Türen sind nicht erforderlich, wenn der Durchgang durch die Tore für Fußgänger gefahrlos möglich ist.

(7) Kraftbetätigte Türen und Tore müssen sicher benutzbar sein. Dazu gehört, dass sie
a) ohne Gefährdung der Beschäftigten bewegt werden oder zum Stillstand kommen können,
b) mit selbsttätig wirkenden Sicherungen ausgestattet sind,
c) auch von Hand zu öffnen sind, sofern sie sich bei Stromausfall nicht automatisch öffnen.

(8) Besondere Anforderungen gelten für Türen im Verlauf von Fluchtwegen (Nummer 2.3).

1.8 Verkehrswege

(1) Verkehrswege, einschließlich Treppen, fest angebrachte Steigleitern und Laderampen müssen so angelegt und bemessen sein, dass sie je nach ihrem Bestimmungszweck leicht und sicher begangen oder befahren werden können und in der Nähe Beschäftigte nicht gefährdet werden.

(2) Die Bemessung der Verkehrswege, die dem Personenverkehr, Güterverkehr oder Personen- und Güterverkehr dienen, muss sich nach der Anzahl der möglichen Benutzer und der Art des Betriebes richten.

(3) Werden Transportmittel auf Verkehrswegen eingesetzt, muss für Fußgänger ein ausreichender Sicherheitsabstand gewahrt werden.

(4) Verkehrswege für Fahrzeuge müssen an Türen und Toren, Durchgängen, Fußgängerwegen und Treppenaustritten in ausreichendem Abstand vorbeiführen.

(5) Soweit Nutzung und Einrichtung der Räume es zum Schutz der Beschäftigten erfordern, müssen die Begrenzungen der Verkehrswege gekennzeichnet sein.

(6) Besondere Anforderungen gelten für Fluchtwege (Nummer 2.3).

1.9 Fahrtreppen, Fahrsteige

Fahrtreppen und Fahrsteige müssen so ausgewählt und installiert sein, dass sie sicher funktionieren und sicher benutzbar sind. Dazu gehört, dass die Notbefehlseinrichtungen gut erkennbar und leicht zugänglich sind und nur solche Fahrtreppen und Fahrsteige eingesetzt werden, die mit den notwendigen Sicherheitsvorrichtungen ausgestattet sind.

1.10 Laderampen

(1) Laderampen sind entsprechend den Abmessungen der Transportmittel und der Ladung auszulegen.

(2) Sie müssen mindestens einen Abgang haben; lange Laderampen müssen, soweit betriebstechnisch möglich, an jedem Endbereich einen Abgang haben.

(3) Sie müssen einfach und sicher benutzbar sein. Dazu gehört, dass sie nach Möglichkeit mit Schutzvorrichtungen gegen Absturz auszurüsten sind; das gilt insbesondere in Bereichen von Laderampen, die keine ständigen Be- und Entladestellen sind.

1.11 Steigleitern, Steigeisengänge

Steigleitern und Steigeisengänge müssen sicher benutzbar sein. Dazu gehört, dass sie

a) nach Notwendigkeit über Schutzvorrichtungen gegen Absturz, vorzugsweise über Steigschutzeinrichtungen verfügen,
b) an ihren Austrittsstellen eine Haltevorrichtung haben,
c) nach Notwendigkeit in angemessenen Abständen mit Ruhebühnen ausgerüstet sind.

2 Maßnahmen zum Schutz vor besonderen Gefahren

2.1 Schutz vor Absturz und herabfallenden Gegenständen, Betreten von Gefahrenbereichen

(1) Arbeitsplätze und Verkehrswege, bei denen eine Absturzgefahr für Beschäftigte oder die Gefahr des Herabfallens von Gegenständen besteht, müssen mit Schutzvorrichtungen versehen sein, die verhindern, dass Beschäftigte abstürzen oder durch herabfallende Gegenstände verletzt werden können. Sind aufgrund der Eigenart des Arbeitsplatzes oder der durchzuführenden Arbeiten Schutzvorrichtungen gegen Absturz nicht geeignet, muss der Arbeitgeber die Sicherheit der Beschäftigten durch andere wirksame Maßnahmen gewährleisten. Eine Absturzgefahr besteht bei einer Absturzhöhe von mehr als 1 Meter.

(2) Arbeitsplätze und Verkehrswege, die an Gefahrenbereiche grenzen, müssen mit Schutzvorrichtungen versehen sein, die verhindern, dass Beschäftigte in die Gefahrenbereiche gelangen.

(3) Die Arbeitsplätze und Verkehrswege nach den Absätzen 1 und 2 müssen gegen unbefugtes Betreten gesichert und gut sichtbar als Gefahrenbereiche gekennzeichnet sein. Zum Schutz derjenigen, die diese Bereiche betreten müssen, sind geeignete Maßnahmen zu treffen.

2.2 Maßnahmen gegen Brände

(1) Arbeitsstätten müssen je nach
a) Abmessung und Nutzung,
b) der Brandgefährdung vorhandener Einrichtungen und Materialien,
c) der größtmöglichen Anzahl anwesender Personen
mit einer ausreichenden Anzahl geeigneter Feuerlöscheinrichtungen und erforderlichenfalls Brandmeldern und Alarmanlagen ausgestattet sein.

(2) Nicht selbsttätige Feuerlöscheinrichtungen müssen als solche dauerhaft gekennzeichnet, leicht zu erreichen und zu handhaben sein.

(3) Selbsttätig wirkende Feuerlöscheinrichtungen müssen mit Warneinrichtungen ausgerüstet sein, wenn bei ihrem Einsatz Gefahren für die Beschäftigten auftreten können.

2.3 Fluchtwege und Notausgänge

(1) Fluchtwege und Notausgänge müssen

a) sich in Anzahl, Anordnung und Abmessung nach der Nutzung, der Einrichtung und den Abmessungen der Arbeitsstätte sowie nach der höchstmöglichen Anzahl der dort anwesenden Personen richten,
b) auf möglichst kurzem Weg ins Freie oder, falls dies nicht möglich ist, in einen gesicherten Bereich führen,
c) in angemessener Form und dauerhaft gekennzeichnet sein. Sie sind mit einer Sicherheitsbeleuchtung auszurüsten, wenn das gefahrlose Verlassen der Arbeitsstätte für die Beschäftigten, insbesondere bei Ausfall der allgemeinen Beleuchtung, nicht gewährleistet ist.

(2) Türen im Verlauf von Fluchtwegen oder Türen von Notausgängen müssen

a) sich von innen ohne besondere Hilfsmittel jederzeit leicht öffnen lassen, solange sich Beschäftigte in der Arbeitsstätte befinden,
b) in angemessener Form und dauerhaft gekennzeichnet sein. Türen von Notausgängen müssen sich nach außen öffnen lassen. In Notausgängen, die ausschließlich für den Notfall konzipiert und ausschließlich im Notfall benutzt werden, sind Karussell- und Schiebetüren nicht zulässig.

3 Arbeitsbedingungen

3.1 Bewegungsfläche

(1) Die freie unverstellte Fläche am Arbeitsplatz muss so bemessen sein, dass sich die Beschäftigten bei ihrer Tätigkeit ungehindert bewegen können.

(2) Ist dies nicht möglich, muss den Beschäftigten in der Nähe des Arbeitsplatzes eine andere ausreichend große Bewegungsfläche zur Verfügung stehen.

3.2 Anordnung der Arbeitsplätze

Arbeitsplätze sind in der Arbeitsstätte so anzuordnen, dass Beschäftigte

a) sie sicher erreichen und verlassen können,
b) sich bei Gefahr schnell in Sicherheit bringen können,

c) durch benachbarte Arbeitsplätze, Transporte oder Einwirkungen von außerhalb nicht gefährdet werden.

3.3 Ausstattung

(1) Jedem Beschäftigten muss mindestens eine Kleiderablage zur Verfügung stehen, sofern keine Umkleideräume vorhanden sind.

(2) Kann die Arbeit ganz oder teilweise sitzend verrichtet werden oder lässt es der Arbeitsablauf zu, sich zeitweise zu setzen, sind den Beschäftigten am Arbeitsplatz Sitzgelegenheiten zur Verfügung zu stellen. Können aus betriebstechnischen Gründen keine Sitzgelegenheiten unmittelbar am Arbeitsplatz aufgestellt werden, obwohl es der Arbeitsablauf zulässt, sich zeitweise zu setzen, müssen den Beschäftigten in der Nähe der Arbeitsplätze Sitzgelegenheiten bereitgestellt werden.

3.4 Beleuchtung und Sichtverbindung

(1) Der Arbeitgeber darf als Arbeitsräume nur solche Räume betreiben, die möglichst ausreichend Tageslicht erhalten und die eine Sichtverbindung nach außen haben.
Dies gilt nicht für

1. Räume, bei denen betriebs-, produktions- oder bautechnische Gründe Tageslicht oder einer Sichtverbindung nach außen entgegenstehen,
2. Räume, in denen sich Beschäftigte zur Verrichtung ihrer Tätigkeit regelmäßig nicht über einen längeren Zeitraum oder im Verlauf der täglichen Arbeitszeit nur kurzzeitig aufhalten müssen, insbesondere Archive, Lager-, Maschinen- und Nebenräume, Teeküchen,
3. Räume, die vollständig unter Erdgleiche liegen, soweit es sich dabei um Tiefgaragen oder ähnliche Einrichtungen, um kulturelle Einrichtungen, um Verkaufsräume oder um Schank- und Speiseräume handelt,
4. Räume in Bahnhofs- oder Flughafenhallen, Passagen oder innerhalb von Kaufhäusern und Einkaufszentren,
5. Räume mit einer Grundfläche von mindestens 2000 Quadratmetern, sofern Oberlichter oder andere bauliche Vorrichtungen vorhanden sind, die Tageslicht in den Arbeitsraum lenken.

(2) Pausen- und Bereitschaftsräume sowie Unterkünfte müssen möglichst ausreichend mit Tageslicht beleuchtet sein und eine Sichtverbindung nach außen haben. Kantinen sollen möglichst ausreichend Tageslicht erhalten und eine Sichtverbindung nach außen haben.

(3) Räume, die bis zum 3. Dezember 2016 eingerichtet worden sind oder mit deren Einrichtung begonnen worden war und die die Anforderungen nach Absatz 1 Satz 1 oder Absatz 2 nicht erfüllen, dürfen ohne eine Sichtverbindung nach außen weiter betrieben werden, bis sie wesentlich erweitert oder umgebaut werden.

(4) In Arbeitsräumen muss die Stärke des Tageslichteinfalls am Arbeitsplatz je nach Art der Tätigkeit reguliert werden können.

(5) Arbeitsstätten müssen mit Einrichtungen ausgestattet sein, die eine angemessene künstliche Beleuchtung ermöglichen, so dass die Sicherheit und der Schutz der Gesundheit der Beschäftigten gewährleistet sind.

(6) Die Beleuchtungsanlagen sind so auszuwählen und anzuordnen, dass dadurch die Sicherheit und die Gesundheit der Beschäftigten nicht gefährdet werden.

(7) Arbeitsstätten, in denen bei Ausfall der Allgemeinbeleuchtung die Sicherheit der Beschäftigten gefährdet werden kann, müssen eine ausreichende Sicherheitsbeleuchtung haben.

3.5 Raumtemperatur

(1) Arbeitsräume, in denen aus betriebstechnischer Sicht keine spezifischen Anforderungen an die Raumtemperatur gestellt werden, müssen während der Nutzungsdauer unter Berücksichtigung der Arbeitsverfahren und der physischen Belastungen der Beschäftigten eine gesundheitlich zuträgliche Raumtemperatur haben.

(2) Sanitär-, Pausen- und Bereitschaftsräume, Kantinen, Erste-Hilfe-Räume und Unterkünfte müssen während der Nutzungsdauer unter Berücksichtigung des spezifischen Nutzungszwecks eine gesundheitlich zuträgliche Raumtemperatur haben.

(3) Fenster, Oberlichter und Glaswände müssen unter Berücksichtigung der Arbeitsverfahren und der Art der Arbeitsstätte eine Abschirmung gegen übermäßige Sonneneinstrahlung ermöglichen.

3.6 Lüftung

(1) In Arbeitsräumen, Sanitär-, Pausen- und Bereitschaftsräumen, Kantinen, Erste-Hilfe-Räumen und Unterkünften muss unter Berücksichtigung des spezifischen Nutzungszwecks, der Arbeitsverfahren, der physischen Belastungen und der Anzahl der Beschäftigten sowie der sonstigen anwesenden Personen während der Nutzungsdauer ausreichend gesundheitlich zuträgliche Atemluft vorhanden sein.

(2) Ist für das Betreiben von Arbeitsstätten eine raumlufttechnische Anlage erforderlich, muss diese jederzeit funktionsfähig sein. Bei raumlufttechnischen Anlagen muss eine Störung durch eine selbsttätige Warneinrichtung angezeigt werden. Es müssen Vorkehrungen getroffen sein, durch die die Beschäftigten im Fall einer Störung gegen Gesundheitsgefahren geschützt sind.

(3) Werden raumlufttechnische Anlagen verwendet, ist sicherzustellen, dass die Beschäftigten keinem störenden Luftzug ausgesetzt sind.

(4) Ablagerungen und Verunreinigungen in raumlufttechnischen Anlagen, die zu einer unmittelbaren Gesundheitsgefährdung durch die Raumluft führen können, müssen umgehend beseitigt werden.

3.7 Lärm

In Arbeitsstätten ist der Schalldruckpegel so niedrig zu halten, wie es nach der Art des Betriebes möglich ist. Der Schalldruckpegel am Arbeitsplatz in Arbeitsräumen ist in Abhängigkeit von der Nutzung und den zu verrichtenden Tätigkeiten so weit zu reduzieren, dass keine Beeinträchtigungen der Gesundheit der Beschäftigten entstehen.

4 Sanitär-, Pausen- und Bereitschaftsräume, Kantinen, Erste-Hilfe-Räume und Unterkünfte

4.1 Sanitärräume

(1) Der Arbeitgeber hat Toilettenräume zur Verfügung zu stellen. Toilettenräume sind für Männer und Frauen getrennt einzurichten oder es ist eine getrennte Nutzung zu ermöglichen. Toilettenräume sind mit verschließbaren Zugängen, einer ausreichenden Anzahl von Toilettenbecken und Handwaschgelegenheiten zur Verfügung zu stellen. Sie müssen sich sowohl in der Nähe der Arbeitsräume als auch in der Nähe von Kantinen, Pausen- und Bereitschaftsräumen, Wasch- und Umkleideräumen befinden. Bei Arbeiten im Freien und auf Baustellen mit wenigen Beschäftigten sind mobile, anschlussfreie Toilettenkabinen in der Nähe der Arbeitsplätze ausreichend.

(2) Der Arbeitgeber hat – wenn es die Art der Tätigkeit oder gesundheitliche Gründe erfordern – Waschräume zur Verfügung zu stellen. Diese sind für Männer und Frauen getrennt einzurichten oder es ist eine getrennte Nutzung zu ermöglichen. Bei Arbeiten im Freien und auf Baustellen mit wenigen Beschäftigten sind Waschgelegenheiten ausreichend. Waschräume sind

a) in der Nähe von Arbeitsräumen und sichtgeschützt einzurichten,
b) so zu bemessen, dass die Beschäftigten sich den hygienischen Erfordernissen entsprechend und ungehindert reinigen können; dazu müssen fließendes warmes und kaltes Wasser, Mittel zum Reinigen und gegebenenfalls zum Desinfizieren sowie zum Abtrocknen der Hände vorhanden sein,
c) mit einer ausreichenden Anzahl geeigneter Duschen zur Verfügung zu stellen, wenn es die Art der Tätigkeit oder gesundheitliche Gründe erfordern.

Sind Waschräume nicht erforderlich, müssen in der Nähe des Arbeitsplatzes und der Umkleideräume ausreichende und angemessene Waschgelegenheiten mit fließendem Wasser (erforderlichenfalls mit warmem Wasser), Mitteln zum Reinigen und zum Abtrocknen der Hände zur Verfügung stehen.

(3) Der Arbeitgeber hat geeignete Umkleideräume zur Verfügung zu stellen, wenn die Beschäftigten bei ihrer Tätigkeit besondere Arbeitskleidung tragen müssen und es ihnen nicht zuzumuten ist, sich in einem anderen Raum umzukleiden. Umkleideräume sind für

Männer und Frauen getrennt einzurichten oder es ist eine getrennte Nutzung zu ermöglichen. Umkleideräume müssen

a) leicht zugänglich und von ausreichender Größe und sichtgeschützt eingerichtet werden; entsprechend der Anzahl gleichzeitiger Benutzer muss genügend freie Bodenfläche für ungehindertes Umkleiden vorhanden sein,
b) mit Sitzgelegenheiten sowie mit verschließbaren Einrichtungen ausgestattet sein, in denen jeder Beschäftigte seine Kleidung aufbewahren kann.

Kleiderschränke für Arbeitskleidung und Schutzkleidung sind von Kleiderschränken für persönliche Kleidung und Gegenstände zu trennen, wenn die Umstände dies erfordern.

(4) Wasch- und Umkleideräume, die voneinander räumlich getrennt sind, müssen untereinander leicht erreichbar sein.

4.2 Pausen- und Bereitschaftsräume

(1) Bei mehr als zehn Beschäftigten oder wenn die Sicherheit und der Schutz der Gesundheit es erfordern, ist den Beschäftigten ein Pausenraum oder ein entsprechender Pausenbereich zur Verfügung zu stellen. Dies gilt nicht, wenn die Beschäftigten in Büroräumen oder vergleichbaren Arbeitsräumen beschäftigt sind und dort gleichwertige Voraussetzungen für eine Erholung während der Pause gegeben sind. Fallen in die Arbeitszeit regelmäßig und häufig Arbeitsbereitschaftszeiten oder Arbeitsunterbrechungen und sind keine Pausenräume vorhanden, so sind für die Beschäftigten Räume für Bereitschaftszeiten einzurichten. Schwangere Frauen und stillende Mütter müssen sich während der Pausen und, soweit es erforderlich ist, auch während der Arbeitszeit unter geeigneten Bedingungen hinlegen und ausruhen können.

(2) Pausenräume oder entsprechende Pausenbereiche sind

a) für die Beschäftigten leicht erreichbar an ungefährdeter Stelle und in ausreichender Größe bereitzustellen,
b) entsprechend der Anzahl der gleichzeitigen Benutzer mit leicht zu reinigenden Tischen und Sitzgelegenheiten mit Rückenlehne auszustatten,
c) als separate Räume zu gestalten, wenn die Beurteilung der Arbeitsbedingungen und der Arbeitsstätte dies erfordern.

(3) Bereitschaftsräume und Pausenräume, die als Bereitschaftsräume genutzt werden, müssen dem Zweck entsprechend ausgestattet sein.

4.3 Erste-Hilfe-Räume

(1) Erste-Hilfe-Räume oder vergleichbare Bereiche sind entsprechend der Art der Gefährdungen in der Arbeitsstätte oder der Anzahl der Beschäftigten, der Art der auszuübenden Tätigkeiten sowie der räumlichen Größe der Betriebe zur Verfügung zu stellen.

(2) Erste-Hilfe-Räume müssen an ihren Zugängen als solche gekennzeichnet und für Personen mit Rettungstransportmitteln leicht zugänglich sein.

(3) Sie sind mit den erforderlichen Mitteln und Einrichtungen zur Ersten Hilfe auszustatten. An einer deutlich gekennzeichneten Stelle müssen Anschrift und Telefonnummer der örtlichen Rettungsdienste angegeben sein.

(4) Darüber hinaus sind überall dort, wo es die Arbeitsbedingungen erfordern, Mittel und Einrichtungen zur Ersten Hilfe aufzubewahren. Sie müssen leicht zugänglich und einsatzbereit sein.

4.4 Unterkünfte

(1) Der Arbeitgeber hat angemessene Unterkünfte für Beschäftigte zur Verfügung zu stellen, gegebenenfalls auch außerhalb der Arbeitsstätte, wenn es aus Gründen der Sicherheit und zum Schutz der Gesundheit erforderlich ist. Die Bereitstellung angemessener Unterkünfte kann insbesondere wegen der Abgelegenheit der Arbeitsstätte, der Art der auszuübenden Tätigkeiten oder der Anzahl der im Betrieb beschäftigten Personen erforderlich sein. Kann der Arbeitgeber erforderliche Unterkünfte nicht zur Verfügung stellen, hat er für eine andere angemessene Unterbringung der Beschäftigten zu sorgen.

(2) Unterkünfte müssen entsprechend ihrer Belegungszahl ausgestattet sein mit:
a) Wohn- und Schlafbereich (Betten, Schränken, Tischen, Stühlen),
b) Essbereich,
c) Sanitäreinrichtungen.

(3) Wird die Unterkunft von Männern und Frauen gemeinsam genutzt, ist dies bei der Zuteilung der Räume zu berücksichtigen.

5 Ergänzende Anforderungen und Maßnahmen für besondere Arbeitsstätten und Arbeitsplätze

5.1 Arbeitsplätze in nicht allseits umschlossenen Arbeitsstätten und Arbeitsplätze im Freien

Arbeitsplätze in nicht allseits umschlossenen Arbeitsstätten und Arbeitsplätze im Freien sind so einzurichten und zu betreiben, dass sie von den Beschäftigten bei jeder Witterung sicher und ohne Gesundheitsgefährdung erreicht, benutzt und wieder verlassen werden können. Dazu gehört, dass diese Arbeitsplätze gegen Witterungseinflüsse geschützt sind oder den Beschäftigten geeignete persönliche Schutzausrüstungen zur Verfügung gestellt werden.

Werden die Beschäftigten auf Arbeitsplätzen im Freien beschäftigt, so sind die Arbeitsplätze nach Möglichkeit so einzurichten, dass die Beschäftigten nicht gesundheitsgefährdenden äußeren Einwirkungen ausgesetzt sind.

5.2 Baustellen

(1) Die Beschäftigten müssen

a) sich gegen Witterungseinflüsse geschützt umkleiden, waschen und wärmen können,
b) über Einrichtungen verfügen, um ihre Mahlzeiten einnehmen und gegebenenfalls auch zubereiten zu können,
c) in der Nähe der Arbeitsplätze über Trinkwasser oder ein anderes alkoholfreies Getränk verfügen können.

Weiterhin sind auf Baustellen folgende Anforderungen umzusetzen:

d) Sind Umkleideräume nicht erforderlich, muss für jeden regelmäßig auf der Baustelle anwesenden Beschäftigten eine Kleiderablage und ein abschließbares Fach vorhanden sein, damit persönliche Gegenstände unter Verschluss aufbewahrt werden können.
e) Unter Berücksichtigung der Arbeitsverfahren und der physischen Belastungen der Beschäftigten ist dafür zu sorgen, dass ausreichend gesundheitlich zuträgliche Atemluft vorhanden ist.
f) Beschäftigte müssen die Möglichkeit haben, Arbeitskleidung und Schutzkleidung außerhalb der Arbeitszeit zu lüften und zu trocknen.

g) In regelmäßigen Abständen sind geeignete Versuche und Übungen an Feuerlöscheinrichtungen und Brandmelde- und Alarmanlagen durchzuführen.

(2) Schutzvorrichtungen, die ein Abstürzen von Beschäftigten an Arbeitsplätzen und Verkehrswegen auf Baustellen verhindern, müssen vorhanden sein:

1. unabhängig von der Absturzhöhe bei
   a) Arbeitsplätzen am und über Wasser oder an und über anderen festen oder flüssigen Stoffen, in denen man versinken kann,
   b) Verkehrswegen über Wasser oder anderen festen oder flüssigen Stoffen, in denen man versinken kann,
2. bei mehr als 1 Meter Absturzhöhe an Wandöffnungen, an freiliegenden Treppenläufen und -absätzen sowie
3. bei mehr als 2 Meter Absturzhöhe an allen übrigen Arbeitsplätzen.

Bei einer Absturzhöhe bis zu 3 Metern ist eine Schutzvorrichtung entbehrlich an Arbeitsplätzen und Verkehrswegen auf Dächern und Geschossdecken von baulichen Anlagen mit bis zu 22,5 Grad Neigung und nicht mehr als 50 Quadratmeter Grundfläche, sofern die Arbeiten von hierfür fachlich qualifizierten und körperlich geeigneten Beschäftigten ausgeführt werden und diese Beschäftigten besonders unterwiesen sind. Die Absturzkante muss für die Beschäftigten deutlich erkennbar sein.

(3) Räumliche Begrenzungen der Arbeitsplätze, Materialien, Ausrüstungen und ganz allgemein alle Elemente, die durch Ortsveränderung die Sicherheit und die Gesundheit der Beschäftigten beeinträchtigen können, müssen auf geeignete Weise stabilisiert werden. Hierzu zählen auch Maßnahmen, die verhindern, dass Fahrzeuge, Erdbaumaschinen und Förderzeuge abstürzen, umstürzen, abrutschen oder einbrechen.

(4) Werden Beförderungsmittel auf Verkehrswegen verwendet, so müssen für andere, den Verkehrsweg nutzende Personen ein ausreichender Sicherheitsabstand oder geeignete Schutzvorrichtungen vorgesehen werden. Die Wege müssen regelmäßig überprüft und gewartet werden.

(5) Bei Arbeiten, aus denen sich im besonderen Maße Gefährdungen für die Beschäftigten ergeben können, müssen geeignete Sicherheitsvorkehrungen getroffen werden. Dies gilt insbesondere für Abbrucharbeiten sowie Montage- oder Demontagearbeiten. Zur Erfüllung der Schutzmaßnahmen des Satzes 1 sind

a) bei Arbeiten an erhöhten oder tiefer gelegenen Standorten Standsicherheit und Stabilität der Arbeitsplätze und ihrer Zugänge auf geeignete Weise zu gewährleisten und zu überprüfen, insbesondere nach einer Veränderung der Höhe oder Tiefe des Arbeitsplatzes,
b) bei Aushubarbeiten, Brunnenbauarbeiten, unterirdischen oder Tunnelarbeiten die Erd- oder Felswände so abzuböschen, zu verbauen oder anderweitig so zu sichern, dass sie während der einzelnen Bauzustände standsicher sind; vor Beginn von Erdarbeiten sind geeignete Maßnahmen durchzuführen, um die Gefährdung durch unterirdisch verlegte Kabel und andere Versorgungsleitungen festzustellen und auf ein Mindestmaß zu verringern,
c) bei Arbeiten, bei denen Sauerstoffmangel auftreten kann, geeignete Maßnahmen zu treffen, um einer Gefahr vorzubeugen und eine wirksame und sofortige Hilfeleistung zu ermöglichen; Einzelarbeitsplätze in Bereichen, in denen erhöhte Gefährdung durch Sauerstoffmangel besteht, sind nur zulässig, wenn diese ständig von außen überwacht werden und alle geeigneten Vorkehrungen getroffen sind, um eine wirksame und sofortige Hilfeleistung zu ermöglichen,
d) beim Auf-, Um- sowie Abbau von Spundwänden und Senkkästen angemessene Vorrichtungen vorzusehen, damit sich die Beschäftigten beim Eindringen von Wasser und Material retten können,
e) bei Laderampen Absturzsicherungen vorzusehen,
f) bei Arbeiten, bei denen mit Gefährdungen aus dem Verkehr von Land-, Wasser- oder Luftfahrzeugen zu rechnen ist, geeignete Vorkehrungen zu treffen.

Abbrucharbeiten, Montage- oder Demontagearbeiten, insbesondere der Auf- oder Abbau von Stahl- oder Betonkonstruktionen, die Montage oder Demontage von Verbau zur Sicherung von Erd- oder Felswänden oder Senkkästen sind fachkundig zu planen und nur unter fachkundiger Aufsicht sowie nach schriftlicher Abbruch-, Montage- oder Demontageanweisung durchzuführen; die Abbruch-, Montage- oder Demontageanweisung muss die erforderlichen sicherheitstechnischen Angaben enthalten; auf die Schriftform kann verzichtet werden„ wenn für die jeweiligen Abbruch-, Montage- oder Demontagearbeiten besondere sicherheitstechnische Angaben nicht erforderlich sind.

(6) Vorhandene elektrische Freileitungen müssen nach Möglichkeit außerhalb des Baustellengeländes verlegt oder freigeschaltet werden. Wenn dies nicht möglich ist, sind geeignete Abschrankungen, Abschirmungen oder Hinweise anzubringen, um Fahrzeuge und Einrichtungen von diesen Leitungen fern zu halten.

6 Maßnahmen zur Gestaltung von Bildschirmarbeitsplätzen

6.1 Allgemeine Anforderungen an Bildschirmarbeitsplätze

(1) Bildschirmarbeitsplätze sind so einzurichten und zu betreiben, dass die Sicherheit und der Schutz der Gesundheit der Beschäftigten gewährleistet sind. Die Grundsätze der Ergonomie sind auf die Bildschirmarbeitsplätze und die erforderlichen Arbeitsmittel sowie die für die Informationsverarbeitung durch die Beschäftigten erforderlichen Bildschirmgeräte entsprechend anzuwenden.

(2) Der Arbeitgeber hat dafür zu sorgen, dass die Tätigkeiten der Beschäftigten an Bildschirmgeräten insbesondere durch andere Tätigkeiten oder regelmäßige Erholungszeiten unterbrochen werden.

(3) Für die Beschäftigten ist ausreichend Raum für wechselnde Arbeitshaltungen und -bewegungen vorzusehen.

(4) Die Bildschirmgeräte sind so aufzustellen und zu betreiben, dass die Oberflächen frei von störenden Reflexionen und Blendungen sind.

(5) Die Arbeitstische oder Arbeitsflächen müssen eine reflexionsarme Oberfläche haben und so aufgestellt werden, dass die Oberflächen bei der Arbeit frei von störenden Reflexionen und Blendungen sind.

(6) Die Arbeitsflächen sind entsprechend der Arbeitsaufgabe so zu bemessen, dass alle Eingabemittel auf der Arbeitsfläche variabel angeordnet werden können und eine flexible Anordnung des Bildschirms, des Schriftguts und der sonstigen Arbeitsmittel möglich

ist. Die Arbeitsfläche vor der Tastatur muss ein Auflegen der Handballen ermöglichen.

(7) Auf Wunsch der Beschäftigten hat der Arbeitgeber eine Fußstütze und einen Manuskripthalter zur Verfügung zu stellen, wenn eine ergonomisch günstige Arbeitshaltung auf andere Art und Weise nicht erreicht werden kann.

(8) Die Beleuchtung muss der Art der Arbeitsaufgabe entsprechen und an das Sehvermögen der Beschäftigten angepasst sein; ein angemessener Kontrast zwischen Bildschirm und Arbeitsumgebung ist zu gewährleisten. Durch die Gestaltung des Bildschirmarbeitsplatzes sowie der Auslegung und der Anordnung der Beleuchtung sind störende Blendungen, Reflexionen oder Spiegelungen auf dem Bildschirm und den sonstigen Arbeitsmitteln zu vermeiden.

(9) Werden an einem Arbeitsplatz mehrere Bildschirmgeräte oder Bildschirme betrieben, müssen diese ergonomisch angeordnet sein. Die Eingabegeräte müssen sich eindeutig dem jeweiligen Bildschirmgerät zuordnen lassen.

(10) Die Arbeitsmittel dürfen nicht zu einer erhöhten, gesundheitlich unzuträglichen Wärmebelastung am Arbeitsplatz führen.

6.2 Allgemeine Anforderungen an Bildschirme und Bildschirmgeräte

(1) Die Text- und Grafikdarstellungen auf dem Bildschirm müssen entsprechend der Arbeitsaufgabe und dem Sehabstand scharf und deutlich sowie ausreichend groß sein. Der Zeichen- und der Zeilenabstand müssen angemessen sein. Die Zeichengröße und der Zeilenabstand müssen auf dem Bildschirm individuell eingestellt werden können.

(2) Das auf dem Bildschirm dargestellte Bild muss flimmerfrei sein. Das Bild darf keine Verzerrungen aufweisen.

(3) Die Helligkeit der Bildschirmanzeige und der Kontrast der Text- und Grafikdarstellungen auf dem Bildschirm müssen von den Beschäftigten einfach eingestellt werden können. Sie müssen den Verhältnissen der Arbeitsumgebung individuell angepasst werden können.

(4) Die Bildschirmgröße und -form müssen der Arbeitsaufgabe angemessen sein.

(5) Die von den Bildschirmgeräten ausgehende elektromagnetische Strahlung muss so niedrig gehalten werden, dass die Sicherheit und die Gesundheit der Beschäftigten nicht gefährdet werden.

6.3 Anforderungen an Bildschirmgeräte und Arbeitsmittel für die ortsgebundene Verwendung an Arbeitsplätzen

(1) Bildschirme müssen frei und leicht dreh- und neigbar sein sowie über reflexionsarme Oberflächen verfügen. Bildschirme, die über reflektierende Oberflächen verfügen, dürfen nur dann betrieben werden, wenn dies aus zwingenden aufgabenbezogenen Gründen erforderlich ist.

(2) Tastaturen müssen die folgenden Eigenschaften aufweisen:
1. sie müssen vom Bildschirm getrennte Einheiten sein,
2. sie müssen neigbar sein,
3. die Oberflächen müssen reflexionsarm sein,
4. die Form und der Anschlag der Tasten müssen den Arbeitsaufgaben angemessen sein und eine ergonomische Bedienung ermöglichen,
5. die Beschriftung der Tasten muss sich vom Untergrund deutlich abheben und bei normaler Arbeitshaltung gut lesbar sein.

(3) Alternative Eingabemittel (zum Beispiel Eingabe über den Bildschirm, Spracheingabe, Scanner) dürfen nur eingesetzt werden, wenn dadurch die Arbeitsaufgaben leichter ausgeführt werden können und keine zusätzlichen Belastungen für die Beschäftigten entstehen.

6.4 Anforderungen an tragbare Bildschirmgeräte für die ortsveränderliche Verwendung an Arbeitsplätzen

(1) Größe, Form und Gewicht tragbarer Bildschirmgeräte müssen der Arbeitsaufgabe entsprechend angemessen sein.

(2) Tragbare Bildschirmgeräte müssen
1. über Bildschirme mit reflexionsarmen Oberflächen verfügen und
2. so betrieben werden, dass der Bildschirm frei von störenden Reflexionen und Blendungen ist.

(3) Tragbare Bildschirmgeräte ohne Trennung zwischen Bildschirm und externem Eingabemittel (insbesondere Geräte ohne Tastatur) dürfen nur an Arbeitsplätzen betrieben werden, an denen die Geräte nur kurzzeitig verwendet werden oder an denen die Arbeitsaufgaben mit keinen anderen Bildschirmgeräten ausgeführt werden können.

(4) Tragbare Bildschirmgeräte mit alternativen Eingabemitteln sind den Arbeitsaufgaben angemessen und mit dem Ziel einer optimalen Entlastung der Beschäftigten zu betreiben.

(5) Werden tragbare Bildschirmgeräte ortsgebunden an Arbeitsplätzen verwendet, gelten zusätzlich die Anforderungen nach Nummer 6.1.

6.5 Anforderungen an die Benutzerfreundlichkeit von Bildschirmarbeitsplätzen

(1) Beim Betreiben der Bildschirmarbeitsplätze hat der Arbeitgeber dafür zu sorgen, dass der Arbeitsplatz den Arbeitsaufgaben angemessen gestaltet ist. Er hat insbesondere geeignete Softwaresysteme bereitzustellen.

(2) Die Bildschirmgeräte und die Software müssen entsprechend den Kenntnissen und Erfahrungen der Beschäftigten im Hinblick auf die jeweilige Arbeitsaufgabe angepasst werden können.

(3) Das Softwaresystem muss den Beschäftigten Angaben über die jeweiligen Dialogabläufe machen.

(4) Die Bildschirmgeräte und die Software müssen es den Beschäftigten ermöglichen, die Dialogabläufe zu beeinflussen. Sie müssen eventuelle Fehler bei der Handhabung beschreiben und eine Fehlerbeseitigung mit begrenztem Arbeitsaufwand erlauben.

(5) Eine Kontrolle der Arbeit hinsichtlich der qualitativen oder quantitativen Ergebnisse darf ohne Wissen der Beschäftigten nicht durchgeführt werden.

Verordnung über Sicherheit und Gesundheitsschutz bei der manuellen Handhabung von Lasten bei der Arbeit* (Lastenhandhabungsverordnung – LastenhandhabV)

§ 1 Anwendungsbereich

(1) Diese Verordnung gilt für die manuelle Handhabung von Lasten, die aufgrund ihrer Merkmale oder ungünstiger ergonomischer Bedingungen für die Beschäftigten eine Gefährdung für Sicherheit und Gesundheit, insbesondere der Lendenwirbelsäule, mit sich bringt.

(2) Manuelle Handhabung im Sinne dieser Verordnung ist jedes Befördern oder Abstützen einer Last durch menschliche Kraft, unter anderem das Heben, Absetzen, Schieben, Ziehen, Tragen oder Bewegen einer Last.

(3) Das Bundeskanzleramt, das Bundesministerium des Innern, das Bundesministerium für Verkehr und digitale Infrastruktur, das Bundesministerium der Verteidigung oder das Bundesministerium der Finanzen können, soweit sie hierfür jeweils zuständig sind, im Einvernehmen mit dem Bundesministerium für Arbeit und Soziales und, soweit nicht das Bundesministerium des Innern selbst zuständig ist, im Einvernehmen mit dem Bundesministerium des Innern bestimmen, daß für bestimmte Tätigkeiten im öffentlichen Dienst des Bundes, insbesondere bei der Bundeswehr, der Polizei, den Zivil- und Katastrophenschutzdiensten, dem Zoll oder den Nachrichtendiensten, Vorschriften dieser Verordnung ganz oder zum Teil nicht anzuwenden sind, soweit öffentliche Belange dies zwingend erfordern, insbesondere zur Aufrechterhaltung oder Wiederherstellung der öffentlichen Sicherheit. In diesem Fall ist gleichzeitig festzulegen, wie die Sicherheit und der Gesundheitsschutz der Beschäftigten nach dieser Verordnung auf andere Weise gewährleistet werden.

§ 2 Maßnahmen

(1) Der Arbeitgeber hat unter Zugrundelegung des Anhangs geeignete organisatorische Maßnahmen zu treffen oder geeignete Arbeitsmittel, insbesondere mechanische Ausrüstungen, einzusetzen, um manuelle Handhabungen von Lasten, die für die Beschäftigten

---

* Vom 4. Dezember 1996 (BGBl. I, S. 1841), zuletzt geändert durch Verordnung vom 18. Oktober 2017 (BGBl. I, S. 3584 (3594)).

eine Gefährdung für Sicherheit und Gesundheit, insbesondere der Lendenwirbelsäule mit sich bringen, zu vermeiden.

(2) Können diese manuellen Handhabungen von Lasten nicht vermieden werden, hat der Arbeitgeber bei der Beurteilung der Arbeitsbedingungen nach § 5 des Arbeitsschutzgesetzes die Arbeitsbedingungen insbesondere unter Zugrundelegung des Anhangs zu beurteilen. Aufgrund der Beurteilung hat der Arbeitgeber geeignete Maßnahmen zu treffen, damit eine Gefährdung von Sicherheit und Gesundheit der Beschäftigten möglichst gering gehalten wird.

§ 3 Übertragung von Aufgaben

Bei der Übertragung von Aufgaben der manuellen Handhabung von Lasten, die für die Beschäftigten zu einer Gefährdung für Sicherheit und Gesundheit führen, hat der Arbeitgeber die körperliche Eignung der Beschäftigten zur Ausführung der Aufgaben zu berücksichtigen.

§ 4 Unterweisung

Bei der Unterweisung nach § 12 des Arbeitsschutzgesetzes hat der Arbeitgeber insbesondere den Anhang und die körperliche Eignung der Beschäftigten zu berücksichtigen. Er hat den Beschäftigten, soweit dies möglich ist, genaue Angaben zu machen über die sachgemäße manuelle Handhabung von Lasten und über die Gefahren, denen die Beschäftigten insbesondere bei unsachgemäßer Ausführung der Tätigkeit ausgesetzt sind.

Anhang

Merkmale, aus denen sich eine Gefährdung von Sicherheit und Gesundheit, insbesondere der Lendenwirbelsäule, der Beschäftigten ergeben kann:

(1) Im Hinblick auf die zu handhabende Last insbesondere
1. ihr Gewicht, ihre Form und Größe,
2. die Lage der Zugriffsstellen,
3. die Schwerpunktlage und
4. die Möglichkeit einer unvorhergesehenen Bewegung.

(2) Im Hinblick auf die von den Beschäftigten zu erfüllende Arbeitsaufgabe insbesondere

1. die erforderliche Körperhaltung oder Körperbewegung, insbesondere Drehbewegung,
2. die Entfernung der Last vom Körper,
3. die durch das Heben, Senken oder Tragen der Last zu überbrückende Entfernung,
4. das Ausmaß, die Häufigkeit und die Dauer des erforderlichen Kraftaufwandes,
5. die erforderliche persönliche Schutzausrüstung,
6. das Arbeitstempo infolge eines nicht durch die Beschäftigten zu ändernden Arbeitsablaufs und
7. die zur Verfügung stehende Erholungs- oder Ruhezeit.

(3) Im Hinblick auf die Beschaffenheit des Arbeitsplatzes und der Arbeitsumgebung insbesondere

1. der in vertikaler Richtung zur Verfügung stehende Platz und Raum,
2. der Höhenunterschied über verschiedene Ebenen,
3. die Temperatur, Luftfeuchtigkeit und Luftgeschwindigkeit,
4. die Beleuchtung,
5. die Ebenheit, Rutschfestigkeit oder Stabilität der Standfläche und
6. die Bekleidung, insbesondere das Schuhwerk.

[illegible]

2. [illegible]

3. [illegible]

4. [illegible]

5. [illegible]

6. [illegible] nicht auf [illegible]

7. [illegible]

[illegible]

[illegible]

2. [illegible]

3. [illegible]

4. [illegible]

5. [illegible]

Gesetz über Betriebsärzte, Sicherheitsingenieure und andere Fachkräfte für Arbeitssicherheit*
(Arbeitssicherheitsgesetz – ASiG)

ERSTER ABSCHNITT

§ 1 Grundsatz

Der Arbeitgeber hat nach Maßgabe dieses Gesetzes Betriebsärzte und Fachkräfte für Arbeitssicherheit zu bestellen. Diese sollen ihn beim Arbeitsschutz und bei der Unfallverhütung unterstützen. Damit soll erreicht werden, daß

1. die dem Arbeitsschutz und der Unfallverhütung dienenden Vorschriften den besonderen Betriebsverhältnissen entsprechend angewandt werden,
2. gesicherte arbeitsmedizinische und sicherheitstechnische Erkenntnisse zur Verbesserung des Arbeitsschutzes und der Unfallverhütung verwirklicht werden können,
3. die dem Arbeitsschutz und der Unfallverhütung dienenden Maßnahmen einen möglichst hohen Wirkungsgrad erreichen.

ZWEITER ABSCHNITT
Betriebsärzte

§ 2 Bestellung von Betriebsärzten

(1) Der Arbeitgeber hat Betriebsärzte schriftlich zu bestellen und ihnen die in § 3 genannten Aufgaben zu übertragen, soweit dies erforderlich ist im Hinblick auf

1. die Betriebsart und die damit für die Arbeitnehmer verbundenen Unfall- und Gesundheitsgefahren,
2. die Zahl der beschäftigten Arbeitnehmer und die Zusammensetzung der Arbeitnehmerschaft und
3. die Betriebsorganisation, insbesondere im Hinblick auf die Zahl und die Art der für den Arbeitsschutz und die Unfallverhütung verantwortlichen Personen.

(2) Der Arbeitgeber hat dafür zu sorgen, daß die von ihm bestellten Betriebsärzte ihre Aufgaben erfüllen. Er hat sie bei der Erfüllung ihrer Aufgaben zu unterstützen; insbesondere ist er verpflich-

* Vom 12. Dezember 1973 (BGBl. I, S. 1885), zuletzt geändert durch Gesetz vom 20. April 2013 (BGBl. I, S. 868 (914)).

tet, ihnen, soweit dies zur Erfüllung ihrer Aufgaben erforderlich ist, Hilfspersonal sowie Räume, Einrichtungen, Geräte und Mittel zur Verfügung zu stellen. Er hat sie über den Einsatz von Personen zu unterrichten, die mit einem befristeten Arbeitsvertrag beschäftigt oder ihm zur Arbeitsleistung überlassen sind.

(3) Der Arbeitgeber hat den Betriebsärzten die zur Erfüllung ihrer Aufgaben erforderliche Fortbildung unter Berücksichtigung der betrieblichen Belange zu ermöglichen. Ist der Betriebsarzt als Arbeitnehmer eingestellt, so ist er für die Zeit der Fortbildung unter Fortentrichtung der Arbeitsvergütung von der Arbeit freizustellen. Die Kosten der Fortbildung trägt der Arbeitgeber. Ist der Betriebsarzt nicht als Arbeitnehmer eingestellt, so ist er für die Zeit der Fortbildung von der Erfüllung der ihm übertragenen Aufgaben freizustellen.

§ 3 Aufgaben der Betriebsärzte

(1) Die Betriebsärzte haben die Aufgabe, den Arbeitgeber beim Arbeitsschutz und bei der Unfallverhütung in allen Fragen des Gesundheitsschutzes zu unterstützen. Sie haben insbesondere

1. den Arbeitgeber und die sonst für den Arbeitsschutz und die Unfallverhütung verantwortlichen Personen zu beraten, insbesondere bei
   a) der Planung, Ausführung und Unterhaltung von Betriebsanlagen und von sozialen und sanitären Einrichtungen,
   b) der Beschaffung von technischen Arbeitsmitteln und der Einführung von Arbeitsverfahren und Arbeitsstoffen,
   c) der Auswahl und Erprobung von Körperschutzmitteln,
   d) arbeitsphysiologischen, arbeitspsychologischen und sonstigen ergonomischen sowie arbeitshygienischen Fragen, insbesondere des Arbeitsrhythmus, der Arbeitszeit und der Pausenregelung, der Gestaltung der Arbeitsplätze, des Arbeitsablaufs und der Arbeitsumgebung,
   e) der Organisation der „Ersten Hilfe" im Betrieb,
   f) Fragen des Arbeitsplatzwechsels sowie der Eingliederung und Wiedereingliederung Behinderter in den Arbeitsprozeß,
   g) der Beurteilung der Arbeitsbedingungen,
2. die Arbeitnehmer zu untersuchen, arbeitsmedizinisch zu beurteilen und zu beraten sowie die Untersuchungsergebnisse zu erfassen und auszuwerten,

3. die Durchführung des Arbeitsschutzes und der Unfallverhütung zu beobachten und im Zusammenhang damit
   a) die Arbeitsstätten in regelmäßigen Abständen zu begehen und festgestellte Mängel dem Arbeitgeber oder der sonst für den Arbeitsschutz und die Unfallverhütung verantwortlichen Person mitzuteilen, Maßnahmen zur Beseitigung dieser Mängel vorzuschlagen und auf deren Durchführung hinzuwirken,
   b) auf die Benutzung der Körperschutzmittel zu achten,
   c) Ursachen von arbeitsbedingten Erkrankungen zu untersuchen, die Untersuchungsergebnisse zu erfassen und auszuwerten und dem Arbeitgeber Maßnahmen zur Verhütung dieser Erkrankungen vorzuschlagen,
4. darauf hinzuwirken, daß sich alle im Betrieb Beschäftigten den Anforderungen des Arbeitsschutzes und der Unfallverhütung entsprechend verhalten, insbesondere sie über die Unfall- und Gesundheitsgefahren, denen sie bei der Arbeit ausgesetzt sind, sowie über die Einrichtungen und Maßnahmen zur Abwendung dieser Gefahren zu belehren und bei der Einsatzplanung und Schulung der Helfer in „Erster Hilfe" und des medizinischen Hilfspersonals mitzuwirken.

(2) Die Betriebsärzte haben auf Wunsch des Arbeitnehmers diesem das Ergebnis arbeitsmedizinischer Untersuchungen mitzuteilen; § 8 Abs. 1 Satz 3 bleibt unberührt.

(3) Zu den Aufgaben der Betriebsärzte gehört es nicht, Krankmeldungen der Arbeitnehmer auf ihre Berechtigung zu überprüfen.

§ 4 Anforderungen an Betriebsärzte

Der Arbeitgeber darf als Betriebsärzte nur Personen bestellen, die berechtigt sind, den ärztlichen Beruf auszuüben, und die über die zur Erfüllung der ihnen übertragenen Aufgaben erforderliche arbeitsmedizinische Fachkunde verfügen.

DRITTER ABSCHNITT
Fachkräfte für Arbeitssicherheit

§ 5 Bestellung von Fachkräften für Arbeitssicherheit

(1) Der Arbeitgeber hat Fachkräfte für Arbeitssicherheit (Sicherheitsingenieure, -techniker, -meister) schriftlich zu bestellen und ihnen

die in § 6 genannten Aufgaben zu übertragen, soweit dies erforderlich ist im Hinblick auf

1. die Betriebsart und die damit für die Arbeitnehmer verbundenen Unfall- und Gesundheitsgefahren,
2. die Zahl der beschäftigten Arbeitnehmer und die Zusammensetzung der Arbeitnehmerschaft,
3. die Betriebsorganisation, insbesondere im Hinblick auf die Zahl und Art der für den Arbeitsschutz und die Unfallverhütung verantwortlichen Personen,
4. die Kenntnisse und die Schulung des Arbeitgebers oder der nach § 13 Abs. 1 Nr. 1, 2 oder 3 des Arbeitsschutzgesetzes verantwortlichen Personen in Fragen des Arbeitsschutzes.

(2) Der Arbeitgeber hat dafür zu sorgen, daß die von ihm bestellten Fachkräfte für Arbeitssicherheit ihre Aufgaben erfüllen. Er hat sie bei der Erfüllung ihrer Aufgaben zu unterstützen; insbesondere ist er verpflichtet, ihnen, soweit dies zur Erfüllung ihrer Aufgaben erforderlich ist, Hilfspersonal sowie Räume, Einrichtungen, Geräte und Mittel zur Verfügung zu stellen. Er hat sie über den Einsatz von Personen zu unterrichten, die mit einem befristeten Arbeitsvertrag beschäftigt oder ihm zur Arbeitsleistung überlassen sind.

(3) Der Arbeitgeber hat den Fachkräften für Arbeitssicherheit die zur Erfüllung ihrer Aufgaben erforderliche Fortbildung unter Berücksichtigung der betrieblichen Belange zu ermöglichen. Ist die Fachkraft für Arbeitssicherheit als Arbeitnehmer eingestellt, so ist sie für die Zeit der Fortbildung unter Fortentrichtung der Arbeitsvergütung von der Arbeit freizustellen. Die Kosten der Fortbildung trägt der Arbeitgeber. Ist die Fachkraft für Arbeitssicherheit nicht als Arbeitnehmer eingestellt, so ist sie für die Zeit der Fortbildung von der Erfüllung der ihr übertragenen Aufgaben freizustellen.

§ 6 Aufgaben der Fachkräfte für Arbeitssicherheit

Die Fachkräfte für Arbeitssicherheit haben die Aufgabe, den Arbeitgeber beim Arbeitsschutz und bei der Unfallverhütung in allen Fragen der Arbeitssicherheit einschließlich der menschengerechten Gestaltung der Arbeit zu unterstützen. Sie haben insbesondere

1. den Arbeitgeber und die sonst für den Arbeitsschutz und die Unfallverhütung verantwortlichen Personen zu beraten, insbesondere bei

a) der Planung, Ausführung und Unterhaltung von Betriebsanlagen und von sozialen und sanitären Einrichtungen,
b) der Beschaffung von technischen Arbeitsmitteln und der Einführung von Arbeitsverfahren und Arbeitsstoffen,
c) der Auswahl und Erprobung von Körperschutzmitteln,
d) der Gestaltung der Arbeitsplätze, des Arbeitsablaufs, der Arbeitsumgebung und in sonstigen Fragen der Ergonomie,
e) der Beurteilung der Arbeitsbedingungen,

2. die Betriebsanlagen und die technischen Arbeitsmittel insbesondere vor der Inbetriebnahme und Arbeitsverfahren insbesondere vor ihrer Einführung sicherheitstechnisch zu überprüfen,
3. die Durchführung des Arbeitsschutzes und der Unfallverhütung zu beobachten und im Zusammenhang damit
   a) die Arbeitsstätten in regelmäßigen Abständen zu begehen und festgestellte Mängel dem Arbeitgeber oder der sonst für den Arbeitsschutz und die Unfallverhütung verantwortlichen Person mitzuteilen, Maßnahmen zur Beseitigung dieser Mängel vorzuschlagen und auf deren Durchführung hinzuwirken,
   b) auf die Benutzung der Körperschutzmittel zu achten,
   c) Ursachen von Arbeitsunfällen zu untersuchen, die Untersuchungsergebnisse zu erfassen und auszuwerten und dem Arbeitgeber Maßnahmen zur Verhütung dieser Arbeitsunfälle vorzuschlagen,
4. darauf hinzuwirken, daß sich alle im Betrieb Beschäftigten den Anforderungen des Arbeitsschutzes und der Unfallverhütung entsprechend verhalten, insbesondere sie über die Unfall- und Gesundheitsgefahren, denen sie bei der Arbeit ausgesetzt sind, sowie über die Einrichtungen und Maßnahmen zur Abwendung dieser Gefahren zu belehren und bei der Schulung der Sicherheitsbeauftragten mitzuwirken.

§ 7 Anforderungen an Fachkräfte für Arbeitssicherheit

(1) Der Arbeitgeber darf als Fachkräfte für Arbeitssicherheit nur Personen bestellen, die den nachstehenden Anforderungen genügen: Der Sicherheitsingenieur muß berechtigt sein, die Berufsbezeichnung Ingenieur zu führen und über die zur Erfüllung der ihm übertragenen Aufgaben erforderliche sicherheitstechnische Fachkunde verfügen. Der Sicherheitstechniker oder -meister muß über die zur Erfüllung der ihm übertragenen Aufgaben erforderliche sicherheitstechnische Fachkunde verfügen.

(2) Die zuständige Behörde kann es im Einzelfall zulassen, daß an Stelle eines Sicherheitsingenieurs, der berechtigt ist, die Berufsbezeichnung Ingenieur zu führen, jemand bestellt werden darf, der zur Erfüllung der sich aus § 6 ergebenden Aufgaben über entsprechende Fachkenntnisse verfügt.

VIERTER ABSCHNITT
Gemeinsame Vorschriften

§ 8 Unabhängigkeit bei der Anwendung der Fachkunde

(1) Betriebsärzte und Fachkräfte für Arbeitssicherheit sind bei der Anwendung ihrer arbeitsmedizinischen und sicherheitstechnischen Fachkunde weisungsfrei. Sie dürfen wegen der Erfüllung der ihnen übertragenen Aufgaben nicht benachteiligt werden. Betriebsärzte sind nur ihrem ärztlichen Gewissen unterworfen und haben die Regeln der ärztlichen Schweigepflicht zu beachten.

(2) Betriebsärzte und Fachkräfte für Arbeitssicherheit oder, wenn für einen Betrieb mehrere Betriebsärzte oder Fachkräfte für Arbeitssicherheit bestellt sind, der leitende Betriebsarzt und die leitende Fachkraft für Arbeitssicherheit, unterstehen unmittelbar dem Leiter des Betriebs.

(3) Können sich Betriebsärzte oder Fachkräfte für Arbeitssicherheit über eine von ihnen vorgeschlagene arbeitsmedizinische oder sicherheitstechnische Maßnahme mit dem Leiter des Betriebs nicht verständigen, so können sie ihren Vorschlag unmittelbar dem Arbeitgeber und, wenn dieser eine juristische Person ist, dem zuständigen Mitglied des zur gesetzlichen Vertretung berufenen Organs unterbreiten. Ist für einen Betrieb oder ein Unternehmen ein leitender Betriebsarzt oder eine leitende Fachkraft für Arbeitssicherheit bestellt, steht diesen das Vorschlagsrecht nach Satz 1 zu. Lehnt der Arbeitgeber oder das zuständige Mitglied des zur gesetzlichen Vertretung berufenen Organs den Vorschlag ab, so ist dies den Vorschlagenden schriftlich mitzuteilen und zu begründen; der Betriebsrat erhält eine Abschrift.

§ 9 Zusammenarbeit mit dem Betriebsrat

(1) Die Betriebsärzte und die Fachkräfte für Arbeitssicherheit haben bei der Erfüllung ihrer Aufgaben mit dem Betriebsrat zusammenzuarbeiten.

(2) Die Betriebsärzte und die Fachkräfte für Arbeitssicherheit haben den Betriebsrat über wichtige Angelegenheiten des Arbeitsschutzes und der Unfallverhütung zu unterrichten; sie haben ihm den Inhalt eines Vorschlags mitzuteilen, den sie nach § 8 Abs. 3 dem Arbeitgeber machen. Sie haben den Betriebsrat auf sein Verlangen in Angelegenheiten des Arbeitsschutzes und der Unfallverhütung zu beraten.

(3) Die Betriebsärzte und Fachkräfte für Arbeitssicherheit sind mit Zustimmung des Betriebsrats zu bestellen und abzuberufen. Das gleiche gilt, wenn deren Aufgaben erweitert oder eingeschränkt werden sollen; im übrigen gilt § 87 in Verbindung mit § 76 des Betriebsverfassungsgesetzes. Vor der Verpflichtung oder Entpflichtung eines freiberuflich tätigen Arztes, einer freiberuflich tätigen Fachkraft für Arbeitssicherheit oder eines überbetrieblichen Dienstes ist der Betriebsrat zu hören.

§ 10 Zusammenarbeit der Betriebsärzte und der Fachkräfte für Arbeitssicherheit

Die Betriebsärzte und die Fachkräfte für Arbeitssicherheit haben bei der Erfüllung ihrer Aufgaben zusammenzuarbeiten. Dazu gehört es insbesondere, gemeinsame Betriebsbegehungen vorzunehmen. Die Betriebsärzte und die Fachkräfte für Arbeitssicherheit arbeiten bei der Erfüllung ihrer Aufgaben mit den anderen im Betrieb für Angelegenheiten der technischen Sicherheit, des Gesundheits- und des Umweltschutzes beauftragten Personen zusammen.

§ 11 Arbeitsschutzausschuß

Soweit in einer sonstigen Rechtsvorschrift nichts anderes bestimmt ist, hat der Arbeitgeber in Betrieben mit mehr als zwanzig Beschäftigten einen Arbeitsschutzausschuß zu bilden; bei der Feststellung der Zahl der Beschäftigten sind Teilzeitbeschäftigte mit einer regelmäßigen wöchentlichen Arbeitszeit von nicht mehr als 20 Stunden mit 0,5 und nicht mehr als 30 Stunden mit 0,75 zu berücksichtigen. Dieser Ausschuß setzt sich zusammen aus:

dem Arbeitgeber oder einem von ihm Beauftragten,
zwei vom Betriebsrat bestimmten Betriebsratsmitgliedern,
Betriebsärzten,
Fachkräften für Arbeitssicherheit und
Sicherheitsbeauftragten nach § 22 des Siebten Buches Sozialgesetzbuch.

Der Arbeitsschutzausschuß hat die Aufgabe, Anliegen des Arbeitsschutzes und der Unfallverhütung zu beraten. Der Arbeitsschutzausschuß tritt mindestens einmal vierteljährlich zusammen.

§ 12 Behördliche Anordnungen

(1) Die zuständige Behörde kann im Einzelfall anordnen, welche Maßnahmen der Arbeitgeber zur Erfüllung der sich aus diesem Gesetz und den die gesetzlichen Pflichten näher bestimmenden Rechtsverordnungen und Unfallverhütungsvorschriften ergebenden Pflichten, insbesondere hinsichtlich der Bestellung von Betriebsärzten und Fachkräften für Arbeitssicherheit, zu treffen hat.

(2) Die zuständige Behörde hat, bevor sie eine Anordnung trifft,
1. den Arbeitgeber und den Betriebsrat zu hören und mit ihnen zu erörtern, welche Maßnahmen angebracht erscheinen und
2. dem zuständigen Träger der gesetzlichen Unfallversicherung Gelegenheit zu geben, an der Erörterung mit dem Arbeitgeber teilzunehmen und zu der von der Behörde in Aussicht genommenen Anordnung Stellung zu nehmen.

(3) Die zuständige Behörde hat dem Arbeitgeber zur Ausführung der Anordnung eine angemessene Frist zu setzen.

(4) Die zuständige Behörde hat den Betriebsrat über eine gegenüber dem Arbeitgeber getroffene Anordnung schriftlich in Kenntnis zu setzen.

§ 13 Auskunfts- und Besichtigungsrechte

(1) Der Arbeitgeber hat der zuständigen Behörde auf deren Verlangen die zur Durchführung des Gesetzes erforderlichen Auskünfte zu erteilen. Er kann die Auskunft auf solche Fragen verweigern, deren Beantwortung ihn selbst oder einen der in § 383 Abs. 1 Nr. 1 bis 3 der Zivilprozeßordnung bezeichneten Angehörigen der Gefahr strafgerichtlicher Verfolgung oder eines Verfahrens nach dem Gesetz über Ordnungswidrigkeiten aussetzen würde.

(2) Die Beauftragten der zuständigen Behörde sind berechtigt, die Arbeitsstätten während der üblichen Betriebs- und Arbeitszeit zu betreten und zu besichtigen; außerhalb dieser Zeit oder wenn sich die Arbeitsstätten in einer Wohnung befinden, dürfen sie nur zur

Verhütung von dringenden Gefahren für die öffentliche Sicherheit und Ordnung betreten und besichtigt werden. Das Grundrecht der Unverletzlichkeit der Wohnung (Artikel 13 des Grundgesetzes) wird insoweit eingeschränkt.

§ 14 Ermächtigung zum Erlaß von Rechtsverordnungen

(1) Das Bundesministerium für Arbeit und Soziales kann mit Zustimmung des Bundesrates durch Rechtsverordnung bestimmen, welche Maßnahmen der Arbeitgeber zur Erfüllung der sich aus diesem Gesetz ergebenden Pflichten zu treffen hat. Soweit die Träger der gesetzlichen Unfallversicherung ermächtigt sind, die gesetzlichen Pflichten durch Unfallverhütungsvorschriften näher zu bestimmen, macht das Bundesministerium für Arbeit und Soziales von der Ermächtigung erst Gebrauch, nachdem innerhalb einer von ihm gesetzten angemessenen Frist der Träger der gesetzlichen Unfallversicherung eine entsprechende Unfallverhütungsvorschrift nicht erlassen hat oder eine unzureichend gewordene Unfallverhütungsvorschrift nicht ändert.

(2) [weggefallen]

§ 15 Ermächtigung zum Erlaß von allgemeinen Verwaltungsvorschriften

Das Bundesministerium für Arbeit und Soziales erläßt mit Zustimmung des Bundesrates allgemeine Verwaltungsvorschriften zu diesem Gesetz und den auf Grund des Gesetzes erlassenen Rechtsverordnungen.

§ 16 Öffentliche Verwaltung

In Verwaltungen und Betrieben des Bundes, der Länder, der Gemeinden und der sonstigen Körperschaften, Anstalten und Stiftungen des öffentlichen Rechts ist ein den Grundsätzen dieses Gesetzes gleichwertiger arbeitsmedizinischer und sicherheitstechnischer Arbeitsschutz zu gewährleisten.

§ 17 Nichtanwendung des Gesetzes

(1) Dieses Gesetz ist nicht anzuwenden, soweit Arbeitnehmer im Haushalt beschäftigt werden.

(2) Soweit im Seearbeitsgesetz und in anderen Vorschriften im Bereich der Seeschifffahrt gleichwertige Regelungen enthalten sind,

gelten diese Regelungen für die Besatzungsmitglieder auf Kauffahrteischiffen unter deutscher Flagge. Soweit dieses Gesetz auf die Seeschiffahrt nicht anwendbar ist, wird das Nähere durch Rechtsverordnung geregelt.

(3) Soweit das Bergrecht diesem Gesetz gleichwertige Regelungen enthält, gelten diese Regelungen. Im übrigen gilt dieses Gesetz.

§ 18 Ausnahmen

Die zuständige Behörde kann dem Arbeitgeber gestatten, auch solche Betriebsärzte und Fachkräfte für Arbeitssicherheit zu bestellen, die noch nicht über die erforderliche Fachkunde im Sinne des § 4 oder § 7 verfügen, wenn der Arbeitgeber sich verpflichtet, in einer festzulegenden Frist den Betriebsarzt oder die Fachkraft für Arbeitssicherheit entsprechend fortbilden zu lassen.

§ 19 Überbetriebliche Dienste

Die Verpflichtung des Arbeitgebers, Betriebsärzte und Fachkräfte für Arbeitssicherheit zu bestellen, kann auch dadurch erfüllt werden, daß der Arbeitgeber einen überbetrieblichen Dienst von Betriebsärzten oder Fachkräften für Arbeitssicherheit zur Wahrnehmung der Aufgaben nach § 3 oder § 6 verpflichtet.

§ 20 Ordnungswidrigkeiten

(1) Ordnungswidrig handelt, wer vorsätzlich oder fahrlässig
1. einer vollziehbaren Anordnung nach § 12 Abs. 1 zuwiderhandelt,
2. entgegen § 13 Abs. 1 Satz 1 eine Auskunft nicht, nicht richtig oder nicht vollständig erteilt oder
3. entgegen § 13 Abs. 2 Satz 1 eine Besichtigung nicht duldet.

(2) Eine Ordnungswidrigkeit nach Absatz 1 Nr. 1 kann mit einer Geldbuße bis zu fünfundzwanzigtausend Euro, eine Ordnungswidrigkeit nach Absatz 1 Nr. 2 und 3 mit einer Geldbuße bis zu fünfhundert Euro geahndet werden.

§§ 21 – 23 [nicht abgedruckt]

Arbeitszeitgesetz* (ArbZG)

ERSTER ABSCHNITT
Allgemeine Vorschriften

§ 1 Zweck des Gesetzes

Zweck des Gesetzes ist es,

1. die Sicherheit und den Gesundheitsschutz der Arbeitnehmer in der Bundesrepublik Deutschland und in der ausschließlichen Wirtschaftszone bei der Arbeitszeitgestaltung zu gewährleisten und die Rahmenbedingungen für flexible Arbeitszeiten zu verbessern sowie
2. den Sonntag und die staatlich anerkannten Feiertage als Tage der Arbeitsruhe und der seelischen Erhebung der Arbeitnehmer zu schützen.

§ 2 Begriffsbestimmungen

(1) Arbeitszeit im Sinne dieses Gesetzes ist die Zeit vom Beginn bis zum Ende der Arbeit ohne die Ruhepausen; Arbeitszeiten bei mehreren Arbeitgebern sind zusammenzurechnen. Im Bergbau unter Tage zählen die Ruhepausen zur Arbeitszeit.

(2) Arbeitnehmer im Sinne dieses Gesetzes sind Arbeiter und Angestellte sowie die zu ihrer Berufsbildung Beschäftigten.

(3) Nachtzeit im Sinne dieses Gesetzes ist die Zeit von 23 bis 6 Uhr, in Bäckereien und Konditoreien die Zeit von 22 bis 5 Uhr.

(4) Nachtarbeit im Sinne dieses Gesetzes ist jede Arbeit, die mehr als zwei Stunden der Nachtzeit umfasst.

(5) Nachtarbeitnehmer im Sinne dieses Gesetzes sind Arbeitnehmer, die

1. auf Grund ihrer Arbeitszeitgestaltung normalerweise Nachtarbeit in Wechselschicht zu leisten haben oder
2. Nachtarbeit an mindestens 48 Tagen im Kalenderjahr leisten.

---

* Vom 6. Juni 1994 (BGBl. I, S. 1170, 1171), zuletzt geändert durch Gesetz vom 11. November 2016 (BGBl. I, S. 2500 (2512)).

ZWEITER ABSCHNITT
Werktägliche Arbeitszeit und arbeitsfreie Zeiten

§ 3 Arbeitszeit der Arbeitnehmer

Die werktägliche Arbeitszeit der Arbeitnehmer darf acht Stunden nicht überschreiten. Sie kann auf bis zu zehn Stunden nur verlängert werden, wenn innerhalb von sechs Kalendermonaten oder innerhalb von 24 Wochen im Durchschnitt acht Stunden werktäglich nicht überschritten werden.

§ 4 Ruhepausen

Die Arbeit ist durch im voraus feststehende Ruhepausen von mindestens 30 Minuten bei einer Arbeitszeit von mehr als sechs bis zu neun Stunden und 45 Minuten bei einer Arbeitszeit von mehr als neun Stunden insgesamt zu unterbrechen. Die Ruhepausen nach Satz 1 können in Zeitabschnitte von jeweils mindestens 15 Minuten aufgeteilt werden. Länger als sechs Stunden hintereinander dürfen Arbeitnehmer nicht ohne Ruhepause beschäftigt werden.

§ 5 Ruhezeit

(1) Die Arbeitnehmer müssen nach Beendigung der täglichen Arbeitszeit eine ununterbrochene Ruhezeit von mindestens elf Stunden haben.

(2) Die Dauer der Ruhezeit des Absatzes 1 kann in Krankenhäusern und anderen Einrichtungen zur Behandlung, Pflege und Betreuung von Personen, in Gaststätten und anderen Einrichtungen zur Bewirtung und Beherbergung, in Verkehrsbetrieben, beim Rundfunk sowie in der Landwirtschaft und in der Tierhaltung um bis zu eine Stunde verkürzt werden, wenn jede Verkürzung der Ruhezeit innerhalb eines Kalendermonats oder innerhalb von vier Wochen durch Verlängerung einer anderen Ruhezeit auf mindestens zwölf Stunden ausgeglichen wird.

(3) Abweichend von Absatz 1 können in Krankenhäusern und anderen Einrichtungen zur Behandlung, Pflege und Betreuung von Personen Kürzungen der Ruhezeit durch Inanspruchnahmen während der Rufbereitschaft, die nicht mehr als die Hälfte der Ruhezeit betragen, zu anderen Zeiten ausgeglichen werden.

(4) [aufgehoben]

§ 6 Nacht- und Schichtarbeit

(1) Die Arbeitszeit der Nacht- und Schichtarbeitnehmer ist nach den gesicherten arbeitswissenschaftlichen Erkenntnissen über die menschengerechte Gestaltung der Arbeit festzulegen.

(2) Die werktägliche Arbeitszeit der Nachtarbeitnehmer darf acht Stunden nicht überschreiten. Sie kann auf bis zu zehn Stunden nur verlängert werden, wenn abweichend von § 3 innerhalb von einem Kalendermonat oder innerhalb von vier Wochen im Durchschnitt acht Stunden werktäglich nicht überschritten werden. Für Zeiträume, in denen Nachtarbeitnehmer im Sinne des § 2 Abs. 5 Nr. 2 nicht zur Nachtarbeit herangezogen werden, findet § 3 Satz 2 Anwendung.

(3) Nachtarbeitnehmer sind berechtigt, sich vor Beginn der Beschäftigung und danach in regelmäßigen Zeitabständen von nicht weniger als drei Jahren arbeitsmedizinisch untersuchen zu lassen. Nach Vollendung des 50. Lebensjahres steht Nachtarbeitnehmern dieses Recht in Zeitabständen von einem Jahr zu. Die Kosten der Untersuchungen hat der Arbeitgeber zu tragen, sofern er die Untersuchungen den Nachtarbeitnehmern nicht kostenlos durch einen Betriebsarzt oder einen überbetrieblichen Dienst von Betriebsärzten anbietet.

(4) Der Arbeitgeber hat den Nachtarbeitnehmer auf dessen Verlangen auf einen für ihn geeigneten Tagesarbeitsplatz umzusetzen, wenn

a) nach arbeitsmedizinischer Feststellung die weitere Verrichtung von Nachtarbeit den Arbeitnehmer in seiner Gesundheit gefährdet oder
b) im Haushalt des Arbeitnehmers ein Kind unter zwölf Jahren lebt, das nicht von einer anderen im Haushalt lebenden Person betreut werden kann, oder
c) der Arbeitnehmer einen schwerpflegebedürftigen Angehörigen zu versorgen hat, der nicht von einem anderen im Haushalt lebenden Angehörigen versorgt werden kann,

sofern dem nicht dringende betriebliche Erfordernisse entgegenstehen. Stehen der Umsetzung des Nachtarbeitnehmers auf einen für ihn geeigneten Tagesarbeitsplatz nach Auffassung des Arbeitgebers dringende betriebliche Erfordernisse entgegen, so ist der Betriebs- oder Personalrat zu hören. Der Betriebs- oder Personalrat kann dem Arbeitgeber Vorschläge für eine Umsetzung unterbreiten.

(5) Soweit keine tarifvertraglichen Ausgleichsregelungen bestehen, hat der Arbeitgeber dem Nachtarbeitnehmer für die während der Nachtzeit geleisteten Arbeitsstunden eine angemessene Zahl bezahlter freier Tage oder einen angemessenen Zuschlag auf das ihm hierfür zustehende Bruttoarbeitsentgelt zu gewähren.

(6) Es ist sicherzustellen, dass Nachtarbeitnehmer den gleichen Zugang zur betrieblichen Weiterbildung und zu aufstiegsfördernden Maßnahmen haben wie die übrigen Arbeitnehmer.

§ 7 Abweichende Regelungen

(1) In einem Tarifvertrag oder auf Grund eines Tarifvertrags in einer Betriebs- oder Dienstvereinbarung kann zugelassen werden,

1. abweichend von § 3
   a) die Arbeitszeit über zehn Stunden werktäglich zu verlängern, wenn in die Arbeitszeit regelmäßig und in erheblichem Umfang Arbeitsbereitschaft oder Bereitschaftsdienst fällt,
   b) einen anderen Ausgleichszeitraum festzulegen,
2. abweichend von § 4 Satz 2 die Gesamtdauer der Ruhepausen in Schichtbetrieben und Verkehrsbetrieben auf Kurzpausen von angemessener Dauer aufzuteilen,
3. abweichend von § 5 Abs. 1 die Ruhezeit um bis zu zwei Stunden zu kürzen, wenn die Art der Arbeit dies erfordert und die Kürzung der Ruhezeit innerhalb eines festzulegenden Ausgleichszeitraums ausgeglichen wird,
4. abweichend von § 6 Abs. 2
   a) die Arbeitszeit über zehn Stunden werktäglich hinaus zu verlängern, wenn in die Arbeitszeit regelmäßig und in erheblichem Umfang Arbeitsbereitschaft oder Bereitschaftsdienst fällt,
   b) einen anderen Ausgleichszeitraum festzulegen,
5. den Beginn des siebenstündigen Nachtzeitraums des § 2 Abs. 3 auf die Zeit zwischen 22 und 24 Uhr festzulegen.

(2) Sofern der Gesundheitsschutz der Arbeitnehmer durch einen entsprechenden Zeitausgleich gewährleistet wird, kann in einem Tarifvertrag oder auf Grund eines Tarifvertrags in einer Betriebs- oder Dienstvereinbarung ferner zugelassen werden,

1. abweichend von § 5 Abs. 1 die Ruhezeiten bei Rufbereitschaft den Besonderheiten dieses Dienstes anzupassen, insbesondere Kürzungen der Ruhezeit infolge von Inanspruchnahmen während dieses Dienstes zu anderen Zeiten auszugleichen,
2. die Regelungen der §§ 3, 5 Abs. 1 und § 6 Abs. 2 in der Landwirtschaft der Bestellungs- und Erntezeit sowie den Witterungseinflüssen anzupassen,
3. die Regelungen der §§ 3, 4, 5 Abs. 1 und § 6 Abs. 2 bei der Behandlung, Pflege und Betreuung von Personen der Eigenart dieser Tätigkeit und dem Wohl dieser Personen entsprechend anzupassen,
4. die Regelungen der §§ 3, 4, 5 Abs. 1 und § 6 Abs. 2 bei Verwaltungen und Betrieben des Bundes, der Länder, der Gemeinden und sonstigen Körperschaften, Anstalten und Stiftungen des öffentlichen Rechts sowie bei anderen Arbeitgebern, die der Tarifbindung eines für den öffentlichen Dienst geltenden oder eines im Wesentlichen inhaltsgleichen Tarifvertrags unterliegen, der Eigenart der Tätigkeit bei diesen Stellen anzupassen.

(2a) In einem Tarifvertrag oder auf Grund eines Tarifvertrags in einer Betriebs- oder Dienstvereinbarung kann abweichend von den §§ 3, 5 Abs. 1 und § 6 Abs. 2 zugelassen werden, die werktägliche Arbeitszeit auch ohne Ausgleich über acht Stunden zu verlängern, wenn in die Arbeitszeit regelmäßig und in erheblichem Umfang Arbeitsbereitschaft oder Bereitschaftsdienst fällt und durch besondere Regelungen sichergestellt wird, dass die Gesundheit der Arbeitnehmer nicht gefährdet wird.

(3) Im Geltungsbereich eines Tarifvertrags nach Absatz 1, 2 oder 2a können abweichende tarifvertragliche Regelungen im Betrieb eines nicht tarifgebundenen Arbeitgebers durch Betriebs- oder Dienstvereinbarung oder, wenn ein Betriebsrat oder Personalrat nicht besteht, durch schriftliche Vereinbarung zwischen dem Arbeitgeber und dem Arbeitnehmer übernommen werden. Können auf Grund eines solchen Tarifvertrags abweichende Regelungen in einer Betriebs- oder Dienstvereinbarung getroffen werden, kann

auch in Betrieben eines nicht tarifgebundenen Arbeitgebers davon Gebrauch gemacht werden. Eine nach Absatz 2 Nr. 4 getroffene abweichende tarifvertragliche Regelung hat zwischen nicht tarifgebundenen Arbeitgebern und Arbeitnehmern Geltung, wenn zwischen ihnen die Anwendung der für den öffentlichen Dienst geltenden tarifvertraglichen Bestimmungen vereinbart ist und die Arbeitgeber die Kosten des Betriebs überwiegend mit Zuwendungen im Sinne des Haushaltsrechts decken.

(4) Die Kirchen und die öffentlich-rechtlichen Religionsgesellschaften können die in Absatz 1, 2 oder 2a genannten Abweichungen in ihren Regelungen vorsehen.

(5) In einem Bereich, in dem Regelungen durch Tarifvertrag üblicherweise nicht getroffen werden, können Ausnahmen im Rahmen des Absatzes 1, 2 oder 2a durch die Aufsichtsbehörde bewilligt werden, wenn dies aus betrieblichen Gründen erforderlich ist und die Gesundheit der Arbeitnehmer nicht gefährdet wird.

(6) Die Bundesregierung kann durch Rechtsverordnung mit Zustimmung des Bundesrates Ausnahmen im Rahmen des Absatzes 1 oder 2 zulassen, sofern dies aus betrieblichen Gründen erforderlich ist und die Gesundheit der Arbeitnehmer nicht gefährdet wird.

(7) Auf Grund einer Regelung nach Absatz 2a oder den Absätzen 3 bis 5 jeweils in Verbindung mit Absatz 2a darf die Arbeitszeit nur verlängert werden, wenn der Arbeitnehmer schriftlich eingewilligt hat. Der Arbeitnehmer kann die Einwilligung mit einer Frist von sechs Monaten schriftlich widerrufen. Der Arbeitgeber darf einen Arbeitnehmer nicht benachteiligen, weil dieser die Einwilligung zur Verlängerung der Arbeitszeit nicht erklärt oder die Einwilligung widerrufen hat.

(8) Werden Regelungen nach Absatz 1 Nr. 1 und 4, Absatz 2 Nr. 2 bis 4 oder solche Regelungen auf Grund der Absätze 3 und 4 zugelassen, darf die Arbeitszeit 48 Stunden wöchentlich im Durchschnitt von zwölf Kalendermonaten nicht überschreiten. Erfolgt die Zulassung auf Grund des Absatzes 5, darf die Arbeitszeit 48 Stunden wöchentlich im Durchschnitt von sechs Kalendermonaten oder 24 Wochen nicht überschreiten.

(9) Wird die werktägliche Arbeitszeit über zwölf Stunden hinaus verlängert, muss im unmittelbaren Anschluss an die Beendigung der Arbeitszeit eine Ruhezeit von mindestens elf Stunden gewährt werden.

§ 8 Gefährliche Arbeiten

Die Bundesregierung kann durch Rechtsverordnung mit Zustimmung des Bundesrates für einzelne Beschäftigungsbereiche, für bestimmte Arbeiten oder für bestimmte Arbeitnehmergruppen, bei denen besondere Gefahren für die Gesundheit der Arbeitnehmer zu erwarten sind, die Arbeitszeit über § 3 hinaus beschränken, die Ruhepausen und Ruhezeiten über die §§ 4 und 5 hinaus ausdehnen, die Regelungen zum Schutz der Nacht- und Schichtarbeitnehmer in § 6 erweitern und die Abweichungsmöglichkeiten nach § 7 beschränken, soweit dies zum Schutz der Gesundheit der Arbeitnehmer erforderlich ist. Satz 1 gilt nicht für Beschäftigungsbereiche und Arbeiten in Betrieben, die der Bergaufsicht unterliegen.

DRITTER ABSCHNITT
Sonn- und Feiertagsruhe

§ 9 Sonn- und Feiertagsruhe

(1) Arbeitnehmer dürfen an Sonn- und gesetzlichen Feiertagen von 0 bis 24 Uhr nicht beschäftigt werden.

(2) In mehrschichtigen Betrieben mit regelmäßiger Tag- und Nachtschicht kann Beginn oder Ende der Sonn- und Feiertagsruhe um bis zu sechs Stunden vor- oder zurückverlegt werden, wenn für die auf den Beginn der Ruhezeit folgenden 24 Stunden der Betrieb ruht.

(3) Für Kraftfahrer und Beifahrer kann der Beginn der 24stündigen Sonn- und Feiertagsruhe um bis zu zwei Stunden vorverlegt werden.

§ 10 Sonn- und Feiertagsbeschäftigung

(1) Sofern die Arbeiten nicht an Werktagen vorgenommen werden können, dürfen Arbeitnehmer an Sonn- und Feiertagen abweichend von § 9 beschäftigt werden

1. in Not- und Rettungsdiensten sowie bei der Feuerwehr,
2. zur Aufrechterhaltung der öffentlichen Sicherheit und Ordnung sowie der Funktionsfähigkeit von Gerichten und Behörden und für Zwecke der Verteidigung,

3. in Krankenhäusern und anderen Einrichtungen zur Behandlung, Pflege und Betreuung von Personen,
4. in Gaststätten und anderen Einrichtungen zur Bewirtung und Beherbergung sowie im Haushalt,
5. bei Musikaufführungen, Theatervorstellungen, Filmvorführungen, Schaustellungen, Darbietungen und anderen ähnlichen Veranstaltungen,
6. bei nicht gewerblichen Aktionen und Veranstaltungen der Kirchen, Religionsgesellschaften, Verbände, Vereine, Parteien und anderer ähnlicher Vereinigungen,
7. beim Sport und in Freizeit-, Erholungs- und Vergnügungseinrichtungen, beim Fremdenverkehr sowie in Museen und wissenschaftlichen Präsenzbibliotheken,
8. beim Rundfunk, bei der Tages- und Sportpresse, bei Nachrichtenagenturen sowie bei den der Tagesaktualität dienenden Tätigkeiten für andere Presseerzeugnisse einschließlich des Austragens, bei der Herstellung von Satz, Filmen und Druckformen für tagesaktuelle Nachrichten und Bilder, bei tagesaktuellen Aufnahmen auf Ton- und Bildträger sowie beim Transport und Kommissionieren von Presseerzeugnissen, deren Ersterscheinungstag am Montag oder am Tag nach einem Feiertag liegt,
9. bei Messen, Ausstellungen und Märkten im Sinne des Titels IV der Gewerbeordnung sowie bei Volksfesten,
10. in Verkehrsbetrieben sowie beim Transport und Kommissionieren von leicht verderblichen Waren im Sinne des § 30 Abs. 3 Nr. 2 der Straßenverkehrsordnung,
11. in den Energie- und Wasserversorgungsbetrieben sowie in Abfall- und Abwasserentsorgungsbetrieben,
12. in der Landwirtschaft und in der Tierhaltung sowie in Einrichtungen zur Behandlung und Pflege von Tieren,
13. im Bewachungsgewerbe und bei der Bewachung von Betriebsanlagen,
14. bei der Reinigung und Instandhaltung von Betriebseinrichtungen, soweit hierdurch der regelmäßige Fortgang des eigenen oder eines fremden Betriebs bedingt ist, bei der Vorbereitung der Wiederaufnahme des vollen werktägigen Betriebs sowie bei der Aufrechterhaltung der Funktionsfähigkeit von Datennetzen und Rechnersystemen,

15. zur Verhütung des Verderbens von Naturerzeugnissen oder Rohstoffen oder des Misslingens von Arbeitsergebnissen sowie bei kontinuierlich durchzuführenden Forschungsarbeiten,
16. zur Vermeidung einer Zerstörung oder erheblichen Beschädigung der Produktionseinrichtungen.

(2) Abweichend von § 9 dürfen Arbeitnehmer an Sonn- und Feiertagen mit den Produktionsarbeiten beschäftigt werden, wenn die infolge der Unterbrechung der Produktion nach Absatz 1 Nr. 14 zulässigen Arbeiten den Einsatz von mehr Arbeitnehmern als bei durchgehender Produktion erfordern.

(3) Abweichend von § 9 dürfen Arbeitnehmer an Sonn- und Feiertagen in Bäckereien und Konditoreien für bis zu drei Stunden mit der Herstellung und dem Austragen oder Ausfahren von Konditorwaren und an diesem Tag zum Verkauf kommenden Bäckerwaren beschäftigt werden.

(4) Sofern die Arbeiten nicht an Werktagen vorgenommen werden können, dürfen Arbeitnehmer zur Durchführung des Eil- und Großbetragszahlungsverkehrs und des Geld-, Devisen-, Wertpapier- und Derivatehandels abweichend von § 9 Abs. 1 an den auf einen Werktag fallenden Feiertagen beschäftigt werden, die nicht in allen Mitgliedsstaaten der Europäischen Union Feiertage sind.

§ 11 Ausgleich für Sonn- und Feiertagsbeschäftigung

(1) Mindestens 15 Sonntage im Jahr müssen beschäftigungsfrei bleiben.

(2) Für die Beschäftigung an Sonn- und Feiertagen gelten die §§ 3 bis 8 entsprechend, jedoch dürfen durch die Arbeitszeit an Sonn- und Feiertagen die in den §§ 3, 6 Abs. 2, §§ 7 und 21a Abs. 4 bestimmten Höchstarbeitszeiten und Ausgleichszeiträume nicht überschritten werden.

(3) Werden Arbeitnehmer an einem Sonntag beschäftigt, müssen sie einen Ersatzruhetag haben, der innerhalb eines den Beschäftigungstag einschließenden Zeitraums von zwei Wochen zu gewähren ist. Werden Arbeitnehmer an einem auf einen Werktag fallen-

den Feiertag beschäftigt, müssen sie einen Ersatzruhetag haben, der innerhalb eines den Beschäftigungstag einschließenden Zeitraums von acht Wochen zu gewähren ist.

(4) Die Sonn- oder Feiertagsruhe des § 9 oder der Ersatzruhetag des Absatzes 3 ist den Arbeitnehmern unmittelbar in Verbindung mit einer Ruhezeit nach § 5 zu gewähren, soweit dem technische oder arbeitsorganisatorische Gründe nicht entgegenstehen.

§ 12 Abweichende Regelungen

In einem Tarifvertrag oder auf Grund eines Tarifvertrags in einer Betriebs- oder Dienstvereinbarung kann zugelassen werden,

1. abweichend von § 11 Abs. 1 die Anzahl der beschäftigungsfreien Sonntage in den Einrichtungen des § 10 Abs. 1 Nr. 2, 3, 4 und 10 auf mindestens zehn Sonntage, im Rundfunk, in Theaterbetrieben, Orchestern sowie bei Schaustellungen auf mindestens acht Sonntage, in Filmtheatern und in der Tierhaltung auf mindestens sechs Sonntage im Jahr zu verringern,
2. abweichend von § 11 Abs. 3 den Wegfall von Ersatzruhetagen für auf Werktage fallende Feiertage zu vereinbaren oder Arbeitnehmer innerhalb eines festzulegenden Ausgleichszeitraums beschäftigungsfrei zu stellen,
3. abweichend von § 11 Abs. 1 bis 3 in der Seeschifffahrt die den Arbeitnehmern nach diesen Vorschriften zustehenden freien Tage zusammenhängend zu geben,
4. abweichend von § 11 Abs. 2 die Arbeitszeit in vollkontinuierlichen Schichtbetrieben an Sonn- und Feiertagen auf bis zu zwölf Stunden zu verlängern, wenn dadurch zusätzliche freie Schichten an Sonnund Feiertagen erreicht werden.

§ 7 Abs. 3 bis 6 findet Anwendung.

§ 13 Ermächtigung, Anordnung, Bewilligung

(1) Die Bundesregierung kann durch Rechtsverordnung mit Zustimmung des Bundesrates zur Vermeidung erheblicher Schäden unter Berücksichtigung des Schutzes der Arbeitnehmer und der Sonn- und Feiertagsruhe

1. die Bereiche mit Sonn- und Feiertagsbeschäftigung nach § 10 sowie die dort zugelassenen Arbeiten näher bestimmen,
2. über die Ausnahmen nach § 10 hinaus weitere Ausnahmen abweichend von § 9

a) für Betriebe, in denen die Beschäftigung von Arbeitnehmern an Sonn- oder Feiertagen zur Befriedigung täglicher oder an diesen Tagen besonders hervortretender Bedürfnisse der Bevölkerung erforderlich ist,
b) für Betriebe, in denen Arbeiten vorkommen, deren Unterbrechung oder Aufschub
   aa) nach dem Stand der Technik ihrer Art nach nicht oder nur mit erheblichen Schwierigkeiten möglich ist,
   bb) besondere Gefahren für Leben oder Gesundheit der Arbeitnehmer zur Folge hätte,
   cc) zu erheblichen Belastungen der Umwelt oder der Energie- oder Wasserversorgung führen würde,
c) aus Gründen des Gemeinwohls, insbesondere auch zur Sicherung der Beschäftigung,

zulassen und die zum Schutz der Arbeitnehmer und der Sonn- und Feiertagsruhe notwendigen Bedingungen bestimmen.

(2) Soweit die Bundesregierung von der Ermächtigung des Absatzes 1 Nr. 2 Buchstabe a keinen Gebrauch gemacht hat, können die Landesregierungen durch Rechtsverordnung entsprechende Bestimmungen erlassen. Die Landesregierungen können diese Ermächtigung durch Rechtsverordnung auf oberste Landesbehörden übertragen.

(3) Die Aufsichtsbehörde kann
1. feststellen, ob eine Beschäftigung nach § 10 zulässig ist,
2. abweichend von § 9 bewilligen, Arbeitnehmer zu beschäftigen
   a) im Handelsgewerbe an bis zu zehn Sonn- und Feiertagen im Jahr, an denen besondere Verhältnisse einen erweiterten Geschäftsverkehr erforderlich machen,
   b) an bis zu fünf Sonn- und Feiertagen im Jahr, wenn besondere Verhältnisse zur Verhütung eines unverhältnismäßigen Schadens dies erfordern,
   c) an einem Sonntag im Jahr zur Durchführung einer gesetzlich vorgeschriebenen Inventur,

und Anordnungen über die Beschäftigungszeit unter Berücksichtigung der für den öffentlichen Gottesdienst bestimmten Zeit treffen.

(4) Die Aufsichtsbehörde soll abweichend von § 9 bewilligen, dass Arbeitnehmer an Sonn- und Feiertagen mit Arbeiten beschäftigt

werden, die aus chemischen, biologischen, technischen oder physikalischen Gründen einen ununterbrochenen Fortgang auch an Sonn- und Feiertagen erfordern.

(5) Die Aufsichtsbehörde hat abweichend von § 9 die Beschäftigung von Arbeitnehmern an Sonn- und Feiertagen zu bewilligen, wenn bei einer weitgehenden Ausnutzung der gesetzlich zulässigen wöchentlichen Betriebszeiten und bei längeren Betriebszeiten im Ausland die Konkurrenzfähigkeit unzumutbar beeinträchtigt ist und durch die Genehmigung von Sonn- und Feiertagsarbeit die Beschäftigung gesichert werden kann.

VIERTER ABSCHNITT
Ausnahmen in besonderen Fällen

§ 14 Außergewöhnliche Fälle

(1) Von den §§ 3 bis 5, 6 Abs. 2, §§ 7, 9 bis 11 darf abgewichen werden bei vorübergehenden Arbeiten in Notfällen und in außergewöhnlichen Fällen, die unabhängig vom Willen der Betroffenen eintreten und deren Folgen nicht auf andere Weise zu beseitigen sind, besonders wenn Rohstoffe oder Lebensmittel zu verderben oder Arbeitsergebnisse zu misslingen drohen.

(2) Von den §§ 3 bis 5, 6 Abs. 2, §§ 7, 11 Abs. 1 bis 3 und § 12 darf ferner abgewichen werden,
1. wenn eine verhältnismäßig geringe Zahl von Arbeitnehmern vorübergehend mit Arbeiten beschäftigt wird, deren Nichterledigung das Ergebnis der Arbeiten gefährden oder einen unverhältnismäßigen Schaden zur Folge haben würden,
2. bei Forschung und Lehre, bei unaufschiebbaren Vor- und Abschlussarbeiten sowie bei unaufschiebbaren Arbeiten zur Behandlung, Pflege und Betreuung von Personen oder zur Behandlung und Pflege von Tieren an einzelnen Tagen,

wenn dem Arbeitgeber andere Vorkehrungen nicht zugemutet werden können.

(3) Wird von den Befugnissen nach Absatz 1 oder 2 Gebrauch gemacht, darf die Arbeitszeit 48 Stunden wöchentlich im Durchschnitt von sechs Kalendermonaten oder 24 Wochen nicht überschreiten.

§ 15 Bewilligung, Ermächtigung

(1) Die Aufsichtsbehörde kann

1. eine von den §§ 3, 6 Abs. 2 und § 11 Abs. 2 abweichende längere tägliche Arbeitszeit bewilligen
   a) für kontinuierliche Schichtbetriebe zur Erreichung zusätzlicher Freischichten,
   b) für Bau- und Montagestellen,
2. eine von den §§ 3, 6 Abs. 2 und § 11 Abs. 2 abweichende längere tägliche Arbeitszeit für Saison- und Kampagnebetriebe für die Zeit der Saison oder Kampagne bewilligen, wenn die Verlängerung der Arbeitszeit über acht Stunden werktäglich durch eine entsprechende Verkürzung der Arbeitszeit zu anderen Zeiten ausgeglichen wird,
3. eine von den §§ 5 und 11 Abs. 2 abweichende Dauer und Lage der Ruhezeit bei Arbeitsbereitschaft, Bereitschaftsdienst und Rufbereitschaft den Besonderheiten dieser Inanspruchnahmen im öffentlichen Dienst entsprechend bewilligen,
4. eine von den §§ 5 und 11 Abs. 2 abweichende Ruhezeit zur Herbeiführung eines regelmäßigen wöchentlichen Schichtwechsels zweimal innerhalb eines Zeitraums von drei Wochen bewilligen.

(2) Die Aufsichtsbehörde kann über die in diesem Gesetz vorgesehenen Ausnahmen hinaus weitergehende Ausnahmen zulassen, soweit sie im öffentlichen Interesse dringend nötig werden.

(2a) Die Bundesregierung kann durch Rechtsverordnung mit Zustimmung des Bundesrates

1. Ausnahmen von den §§ 3, 4, 5 und 6 Absatz 2 sowie von den §§ 9 und 11 für Arbeitnehmer, die besondere Tätigkeiten zur Errichtung, zur Änderung oder zum Betrieb von Bauwerken, künstlichen Inseln oder sonstigen Anlagen auf See (Offshore-Tätigkeiten) durchführen, zulassen und
2. die zum Schutz der in Nummer 1 genannten Arbeitnehmer sowie der Sonn- und Feiertagsruhe notwendigen Bedingungen bestimmen.

(3) Das Bundesministerium der Verteidigung kann in seinem Geschäftsbereich durch Rechtsverordnung mit Zustimmung des Bundesministeriums für Arbeit und Soziales aus zwingenden Gründen der Verteidigung Arbeitnehmer verpflichten, über die in diesem Ge-

setz und in den auf Grund dieses Gesetzes erlassenen Rechtsverordnungen und Tarifverträgen festgelegten Arbeitszeitgrenzen und -beschränkungen hinaus Arbeit zu leisten.

(3a) Das Bundesministerium der Verteidigung kann in seinem Geschäftsbereich durch Rechtsverordnung im Einvernehmen mit dem Bundesministerium für Arbeit und Soziales für besondere Tätigkeiten der Arbeitnehmer bei den Streitkräften Abweichungen von in diesem Gesetz sowie von in den auf Grund dieses Gesetzes erlassenen Rechtsverordnungen bestimmten Arbeitszeitgrenzen und -beschränkungen zulassen, soweit die Abweichungen aus zwingenden Gründen erforderlich sind und die größtmögliche Sicherheit und der bestmögliche Gesundheitsschutz der Arbeitnehmer gewährleistet werden.

(4) Werden Ausnahmen nach Absatz 1 oder 2 zugelassen, darf die Arbeitszeit 48 Stunden wöchentlich im Durchschnitt von sechs Kalendermonaten oder 24 Wochen nicht überschreiten.

FÜNFTER ABSCHNITT
Durchführung des Gesetzes

§ 16 Aushang und Arbeitszeitnachweise

(1) Der Arbeitgeber ist verpflichtet, einen Abdruck dieses Gesetzes, der auf Grund dieses Gesetzes erlassenen, für den Betrieb geltenden Rechtsverordnungen und der für den Betrieb geltenden Tarifverträge und Betriebs- oder Dienstvereinbarungen im Sinne des § 7 Abs. 1 bis 3, §§ 12 und 21a Abs. 6 an geeigneter Stelle im Betrieb zur Einsichtnahme auszulegen oder auszuhängen.

(2) Der Arbeitgeber ist verpflichtet, die über die werktägliche Arbeitszeit des § 3 Satz 1 hinausgehende Arbeitszeit der Arbeitnehmer aufzuzeichnen und ein Verzeichnis der Arbeitnehmer zu führen, die in eine Verlängerung der Arbeitszeit gemäß § 7 Abs. 7 eingewilligt haben. Die Nachweise sind mindestens zwei Jahre aufzubewahren.

§ 17 Aufsichtsbehörde

(1) Die Einhaltung dieses Gesetzes und der auf Grund dieses Gesetzes erlassenen Rechtsverordnungen wird von den nach Landesrecht zuständigen Behörden (Aufsichtsbehörden) überwacht.

(2) Die Aufsichtsbehörde kann die erforderlichen Maßnahmen anordnen, die der Arbeitgeber zur Erfüllung der sich aus diesem Gesetz und den auf Grund dieses Gesetzes erlassenen Rechtsverordnungen ergebenden Pflichten zu treffen hat.

(3) Für den öffentlichen Dienst des Bundes sowie für die bundesunmittelbaren Körperschaften, Anstalten und Stiftungen des öffentlichen Rechts werden die Aufgaben und Befugnisse der Aufsichtsbehörde vom zuständigen Bundesministerium oder den von ihm bestimmten Stellen wahrgenommen; das gleiche gilt für die Befugnisse nach § 15 Abs. 1 und 2.

(4) Die Aufsichtsbehörde kann vom Arbeitgeber die für die Durchführung dieses Gesetzes und der auf Grund dieses Gesetzes erlassenen Rechtsverordnungen erforderlichen Auskünfte verlangen. Sie kann ferner vom Arbeitgeber verlangen, die Arbeitszeitnachweise und Tarifverträge oder Betriebs- oder Dienstvereinbarungen im Sinne des § 7 Abs. 1 bis 3, §§ 12 und 21a Abs. 6 vorzulegen oder zur Einsicht einzusenden.

(5) Die Beauftragten der Aufsichtsbehörde sind berechtigt, die Arbeitsstätten während der Betriebs- und Arbeitszeit zu betreten und zu besichtigen; außerhalb dieser Zeit oder wenn sich die Arbeitsstätten in einer Wohnung befinden, dürfen sie ohne Einverständnis des Inhabers nur zur Verhütung von dringenden Gefahren für die öffentliche Sicherheit und Ordnung betreten und besichtigt werden. Der Arbeitgeber hat das Betreten und Besichtigen der Arbeitsstätten zu gestatten. Das Grundrecht der Unverletzlichkeit der Wohnung (Artikel 13 des Grundgesetzes) wird insoweit eingeschränkt.

(6) Der zur Auskunft Verpflichtete kann die Auskunft auf solche Fragen verweigern, deren Beantwortung ihn selbst oder einen der in § 383 Abs. 1 Nr. 1 bis 3 der Zivilprozessordnung bezeichneten Angehörigen der Gefahr strafgerichtlicher Verfolgung oder eines Verfahrens nach dem Gesetz über Ordnungswidrigkeiten aussetzen würde.

SECHSTER ABSCHNITT
Sonderregelungen

§ 18 Nichtanwendung des Gesetzes

(1) Dieses Gesetz ist nicht anzuwenden auf

1. leitende Angestellte im Sinne des § 5 Abs. 3 des Betriebsverfassungsgesetzes sowie Chefärzte,
2. Leiter von öffentlichen Dienststellen und deren Vertreter sowie Arbeitnehmer im öffentlichen Dienst, die zu selbständigen Entscheidungen in Personalangelegenheiten befugt sind,
3. Arbeitnehmer, die in häuslicher Gemeinschaft mit den ihnen anvertrauten Personen zusammenleben und sie eigenverantwortlich erziehen, pflegen oder betreuen,
4. den liturgischen Bereich der Kirchen und der Religionsgemeinschaften.

(2) Für die Beschäftigung von Personen unter 18 Jahren gilt anstelle dieses Gesetzes das Jugendarbeitsschutzgesetz.

(3) Für die Beschäftigung von Arbeitnehmern als Besatzungsmitglieder auf Kauffahrteischiffen im Sinne des § 3 des Seearbeitsgesetzes gilt anstelle dieses Gesetzes das Seearbeitsgesetz.

(4) [aufgehoben]

§ 19 Beschäftigung im öffentlichen Dienst

Bei der Wahrnehmung hoheitlicher Aufgaben im öffentlichen Dienst können, soweit keine tarifvertragliche Regelung besteht, durch die zuständige Dienstbehörde die für Beamte geltenden Bestimmungen über die Arbeitszeit auf die Arbeitnehmer übertragen werden; insoweit finden die §§ 3 bis 13 keine Anwendung.

§ 20 Beschäftigung in der Luftfahrt

Für die Beschäftigung von Arbeitnehmern als Besatzungsmitglieder von Luftfahrzeugen gelten anstelle der Vorschriften dieses Gesetzes über Arbeits- und Ruhezeiten die Vorschriften über Flug-, Flugdienst- und Ruhezeiten der Zweiten Durchführungsverordnung zur Betriebsordnung für Luftfahrtgerät in der jeweils geltenden Fassung.

§ 21 Beschäftigung in der Binnenschifffahrt

(1) Die Bundesregierung kann durch Rechtsverordnung mit Zustimmung des Bundesrates, auch zur Umsetzung zwischenstaatlicher Vereinbarungen oder Rechtsakten der Europäischen Union, abweichend von den Vorschriften dieses Gesetzes die Bedingungen für die Arbeitszeitgestaltung von Arbeitnehmern, die als Mitglied der Besatzung oder des Bordpersonals an Bord eines Fahrzeugs in der Binnenschifffahrt beschäftigt sind, regeln, soweit dies erforderlich ist, um den besonderen Bedingungen an Bord von Binnenschiffen Rechnung zu tragen. Insbesondere können in diesen Rechtsverordnungen die notwendigen Bedingungen für die Sicherheit und den Gesundheitsschutz im Sinne des § 1, einschließlich gesundheitlicher Untersuchungen hinsichtlich der Auswirkungen der Arbeitszeitbedingungen auf einem Schiff in der Binnenschifffahrt, sowie die notwendigen Bedingungen für den Schutz der Sonn- und Feiertagsruhe bestimmt werden. In Rechtsverordnungen nach Satz 1 kann ferner bestimmt werden, dass von den Vorschriften der Rechtsverordnung durch Tarifvertrag abgewichen werden kann.

(2) Soweit die Bundesregierung von der Ermächtigung des Absatzes 1 keinen Gebrauch macht, gelten die Vorschriften dieses Gesetzes für das Fahrpersonal auf Binnenschiffen, es sei denn, binnenschifffahrtsrechtliche Vorschriften über Ruhezeiten stehen dem entgegen. Bei Anwendung des Satzes 1 kann durch Tarifvertrag von den Vorschriften dieses Gesetzes abgewichen werden, um der Eigenart der Binnenschifffahrt Rechnung zu tragen.

§ 21a Beschäftigung im Straßentransport

(1) Für die Beschäftigung von Arbeitnehmern als Fahrer oder Beifahrer bei Straßenverkehrstätigkeiten im Sinne der Verordnung (EG) Nr. 561/2006 des Europäischen Parlaments und des Rates vom 15. März 2006 zur Harmonisierung bestimmter Sozialvorschriften im Straßenverkehr und zur Änderung der Verordnungen (EWG) Nr. 3821/85 und (EG) Nr. 2135/98 des Rates sowie zur Aufhebung der Verordnung (EWG) Nr. 3820/85 des Rates (ABl. EG Nr. L 102 S. 1) oder des Europäischen Übereinkommens über die Arbeit des im internationalen Straßenverkehr beschäftigten Fahrpersonals (AETR) vom 1. Juli 1970 (BGBl. II 1974 S. 1473) in ihren jeweiligen Fassungen gelten die Vorschriften dieses Gesetzes, soweit nicht die folgenden Absätze abweichende Regelungen enthalten. Die Vor-

schriften der Verordnung (EG) Nr. 561/2006 und des AETR bleiben unberührt.

(2) Eine Woche im Sinne dieser Vorschriften ist der Zeitraum von Montag 0 Uhr bis Sonntag 24 Uhr.

(3) Abweichend von § 2 Abs. 1 ist keine Arbeitszeit:
1. die Zeit, während derer sich ein Arbeitnehmer am Arbeitsplatz bereithalten muss, um seine Tätigkeit aufzunehmen,
2. die Zeit, während derer sich ein Arbeitnehmer bereithalten muss, um seine Tätigkeit auf Anweisung aufnehmen zu können, ohne sich an seinem Arbeitsplatz aufhalten zu müssen,
3. für Arbeitnehmer, die sich beim Fahren abwechseln, die während der Fahrt neben dem Fahrer oder in einer Schlafkabine verbrachte Zeit.

Für die Zeiten nach Satz 1 Nr. 1 und 2 gilt dies nur, wenn der Zeitraum und dessen voraussichtliche Dauer im Voraus, spätestens unmittelbar vor Beginn des betreffenden Zeitraums bekannt ist. Die in Satz 1 genannten Zeiten sind keine Ruhezeiten. Die in Satz 1 Nr. 1 und 2 genannten Zeiten sind keine Ruhepausen.

(4) Die Arbeitszeit darf 48 Stunden wöchentlich nicht überschreiten. Sie kann auf bis zu 60 Stunden verlängert werden, wenn innerhalb von vier Kalendermonaten oder 16 Wochen im Durchschnitt 48 Stunden wöchentlich nicht überschritten werden.

(5) Die Ruhezeiten bestimmen sich nach den Vorschriften der Europäischen Gemeinschaften für Kraftfahrer und Beifahrer sowie nach dem AETR. Dies gilt auch für Auszubildende und Praktikanten.

(6) In einem Tarifvertrag oder auf Grund eines Tarifvertrages in einer Betriebs- oder Dienstvereinbarung kann zugelassen werden,
1. nähere Einzelheiten zu den in Absatz 3 Satz 1 Nr. 1, 2 und Satz 2 genannten Voraussetzungen zu regeln,
2. abweichend von Absatz 4 sowie den §§ 3 und 6 Abs. 2 die Arbeitszeit festzulegen, wenn objektive, technische oder arbeitszeitorganisatorische Gründe vorliegen. Dabei darf die Arbeitszeit 48 Stunden wöchentlich im Durchschnitt von sechs Kalendermonaten nicht überschreiten.

§ 7 Abs. 1 Nr. 2 und Abs. 2a gilt nicht. § 7 Abs. 3 gilt entsprechend.

(7) Der Arbeitgeber ist verpflichtet, die Arbeitszeit der Arbeitnehmer aufzuzeichnen. Die Aufzeichnungen sind mindestens 2 Jahre aufzubewahren. Der Arbeitgeber hat dem Arbeitnehmer auf Verlangen eine Kopie der Aufzeichnungen seiner Arbeitszeit auszuhändigen.

(8) Zur Berechnung der Arbeitszeit fordert der Arbeitgeber den Arbeitnehmer schriftlich auf, ihm eine Aufstellung der bei einem anderen Arbeitgeber geleisteten Arbeitszeit vorzulegen. Der Arbeitnehmer legt diese Angaben schriftlich vor.

SIEBTER ABSCHNITT
Straf- und Bußgeldvorschriften

§ 22 Bußgeldvorschriften

(1) Ordnungswidrig handelt, wer als Arbeitgeber vorsätzlich oder fahrlässig

1. entgegen §§ 3, 6 Abs. 2 oder § 21a Abs. 4 jeweils auch in Verbindung mit § 11 Abs. 2, einen Arbeitnehmer über die Grenzen der Arbeitszeit hinaus beschäftigt,
2. entgegen § 4 Ruhepausen nicht, nicht mit der vorgeschriebenen Mindestdauer oder nicht rechtzeitig gewährt,
3. entgegen § 5 Abs. 1 die Mindestruhezeit nicht gewährt oder entgegen § 5 Abs. 2 die Verkürzung der Ruhezeit durch Verlängerung einer anderen Ruhezeit nicht oder nicht rechtzeitig ausgleicht,
4. einer Rechtsverordnung nach § 8 Satz 1, § 13 Abs. 1 oder 2, § 15 Absatz 2a Nummer 2, § 21 Absatz 1 oder § 24 zuwiderhandelt, soweit sie für einen bestimmten Tatbestand auf diese Bußgeldvorschrift verweist,
5. entgegen § 9 Abs. 1 einen Arbeitnehmer an Sonn- oder Feiertagen beschäftigt,
6. entgegen § 11 Abs. 1 einen Arbeitnehmer an allen Sonntagen beschäftigt oder entgegen § 11 Abs. 3 einen Ersatzruhetag nicht oder nicht rechtzeitig gewährt,
7. einer vollziehbaren Anordnung nach § 13 Abs. 3 Nr. 2 zuwiderhandelt,
8. entgegen § 16 Abs. 1 die dort bezeichnete Auslage oder den dort bezeichneten Aushang nicht vornimmt,

9. entgegen § 16 Abs. 2 oder § 21a Abs. 7 Aufzeichnungen nicht oder nicht richtig erstellt oder nicht für die vorgeschriebene Dauer aufbewahrt oder
10. entgegen § 17 Abs. 4 eine Auskunft nicht, nicht richtig oder nicht vollständig erteilt, Unterlagen nicht oder nicht vollständig vorlegt oder nicht einsendet oder entgegen § 17 Abs. 5 Satz 2 eine Maßnahme nicht gestattet.

(2) Die Ordnungswidrigkeit kann in den Fällen des Absatzes 1 Nr. 1 bis 7, 9 und 10 mit einer Geldbuße bis zu fünfzehntausend Euro, in den Fällen des Absatzes 1 Nr. 8 mit einer Geldbuße bis zu zweitausendfünfhundert Euro geahndet werden.

§ 23 Strafvorschriften

(1) Wer eine der in § 22 Abs. 1 Nr. 1 bis 3, 5 bis 7 bezeichneten Handlungen

1. vorsätzlich begeht und dadurch Gesundheit oder Arbeitskraft eines Arbeitnehmers gefährdet oder
2. beharrlich wiederholt,

wird mit Freiheitsstrafe bis zu einem Jahr oder mit Geldstrafe bestraft.

(2) Wer in den Fällen des Absatzes 1 Nr. 1 die Gefahr fahrlässig verursacht, wird mit Freiheitsstrafe bis zu sechs Monaten oder mit Geldstrafe bis zu 180 Tagessätzen bestraft.

ACHTER ABSCHNITT
Schlussvorschriften

§ 24 Umsetzung von zwischenstaatlichen Vereinbarungen und Rechtsakten der EG

Die Bundesregierung kann mit Zustimmung des Bundesrates zur Erfüllung von Verpflichtungen aus zwischenstaatlichen Vereinbarungen oder zur Umsetzung von Rechtsakten des Rates oder der Kommission der Europäischen Gemeinschaften, die Sachbereiche dieses Gesetzes betreffen, Rechtsverordnungen nach diesem Gesetz erlassen.

§ 25 Übergangsregelungen für Tarifverträge

Enthält ein am 1. Januar 2004 bestehender oder nachwirkender Tarifvertrag abweichende Regelungen nach § 7 Abs. 1 oder 2 oder § 12 Satz 1, die den in diesen Vorschriften festgelegten Höchstrahmen überschreiten, bleiben diese tarifvertraglichen Bestimmungen bis zum 31. Dezember 2006 unberührt. Tarifverträgen nach Satz 1 stehen durch Tarifvertrag zugelassene Betriebsvereinbarungen sowie Regelungen nach § 7 Abs. 4 gleich.

§ 26 [aufgehoben]

Berufsbildungsgesetz* (BBiG)

TEIL 1
Allgemeine Vorschriften

§ 1 Ziele und Begriffe der Berufsbildung

(1) Berufsbildung im Sinne dieses Gesetzes sind die Berufsausübungsvorbereitung, die Berufsausbildung, die berufliche Fortbildung und die berufliche Umschulung.

(2) Die Berufsausbildungsvorbereitung dient dem Ziel, durch die Vermittlung von Grundlagen für den Erwerb beruflicher Handlungsfähigkeit an eine Berufsausbildung in einem anerkannten Ausbildungsberuf heranzuführen.

(3) Die Berufsausbildung hat die für die Ausübung einer qualifizierten beruflichen Tätigkeit in einer sich wandelnden Arbeitswelt notwendigen beruflichen Fertigkeiten, Kenntnisse und Fähigkeiten (berufliche Handlungsfähigkeit) in einem geordneten Ausbildungsgang zu vermitteln. Sie hat ferner den Erwerb der erforderlichen Berufserfahrungen zu ermöglichen.

(4) Die berufliche Fortbildung soll es ermöglichen, die berufliche Handlungsfähigkeit zu erhalten und anzupassen oder zu erweitern und beruflich aufzusteigen.

(5) Die berufliche Umschulung soll zu einer anderen beruflichen Tätigkeit befähigen.

§ 2 Lernorte der Berufsbildung

(1) Berufsbildung wird durchgeführt
1. in Betrieben der Wirtschaft, in vergleichbaren Einrichtungen außerhalb der Wirtschaft, insbesondere des öffentlichen Dienstes, der Angehörigen freier Berufe und in Haushalten (betriebliche Berufsbildung),
2. in berufsbildenden Schulen (schulische Berufsbildung) und

---

* Vom 23. März 2005 (BGBl. I, S. 931), zuletzt geändert durch Gesetz vom 17. Juli 2017 (BGBl. I, S. 2581 (2613)).

3. in sonstigen Berufsbildungseinrichtungen außerhalb der schulischen und betrieblichen Berufsbildung (außerbetriebliche Berufsbildung).

(2) Die Lernorte nach Absatz 1 wirken bei der Durchführung der Berufsbildung zusammen (Lernortkooperation).

(3) Teile der Berufsausbildung können im Ausland durchgeführt werden, wenn dies dem Ausbildungsziel dient. Ihre Gesamtdauer soll ein Viertel der in der Ausbildungsordnung festgelegten Ausbildungsdauer nicht überschreiten.

§ 3 Anwendungsbereich

(1) Dieses Gesetz gilt für die Berufsbildung, soweit sie nicht in berufsbildenden Schulen durchgeführt wird, die den Schulgesetzen der Länder unterstehen.

(2) Dieses Gesetz gilt nicht für
1. die Berufsbildung, die in berufsqualifizierenden oder vergleichbaren Studiengängen an Hochschulen auf der Grundlage des Hochschulrahmengesetzes und der Hochschulgesetze der Länder durchgeführt wird,
2. die Berufsbildung in einem öffentlich-rechtlichen Dienstverhältnis,
3. die Berufsbildung auf Kauffahrteischiffen, die nach dem Flaggenrechtsgesetz die Bundesflagge führen, soweit es sich nicht um Schiffe der kleinen Hochseefischerei oder der Küstenfischerei handelt.

(3) Für die Berufsbildung in Berufen der Handwerksordnung gelten die §§ 4 bis 9, 27 bis 49, 53 bis 70, 76 bis 80 sowie 102 nicht; insoweit gilt die Handwerksordnung.

TEIL 2
Berufsbildung

KAPITEL 1
Berufsausbildung

ABSCHNITT 1
Ordnung der Berufsausbildung; Anerkennung von Ausbildungsberufen

§ 4 Anerkennung von Ausbildungsberufen

(1) Als Grundlage für eine geordnete und einheitliche Berufsausbildung kann das Bundesministerium für Wirtschaft und Energie oder das sonst zuständige Fachministerium im Einvernehmen mit dem Bundesministerium für Bildung und Forschung durch Rechtsverordnung, die nicht der Zustimmung des Bundesrates bedarf, Ausbildungsberufe staatlich anerkennen und hierfür Ausbildungsordnungen nach § 5 erlassen.

(2) Für einen anerkannten Ausbildungsberuf darf nur nach der Ausbildungsordnung ausgebildet werden.

(3) In anderen als anerkannten Ausbildungsberufen dürfen Jugendliche unter 18 Jahren nicht ausgebildet werden, soweit die Berufsausbildung nicht auf den Besuch weiterführender Bildungsgänge vorbereitet.

(4) Wird die Ausbildungsordnung eines Ausbildungsberufes aufgehoben, so gelten für bestehende Berufsausbildungsverhältnisse die bisherigen Vorschriften.

(5) Das zuständige Fachministerium informiert die Länder frühzeitig über Neuordnungskonzepte und bezieht sie in die Abstimmung ein.

§ 5 Ausbildungsordnung

(1) Die Ausbildungsordnung hat festzulegen
1. die Bezeichnung des Ausbildungsberufes, der anerkannt wird,
2. die Ausbildungsdauer; sie soll nicht mehr als drei und nicht weniger als zwei Jahre betragen,

3. die beruflichen Fertigkeiten, Kenntnisse und Fähigkeiten, die mindestens Gegenstand der Berufsausbildung sind (Ausbildungsberufsbild),
4. eine Anleitung zur sachlichen und zeitlichen Gliederung der Vermittlung der beruflichen Fertigkeiten, Kenntnisse und Fähigkeiten (Ausbildungsrahmenplan),
5. die Prüfungsanforderungen.

(2) Die Ausbildungsordnung kann vorsehen,
1. dass die Berufsausbildung in sachlich und zeitlich besonders gegliederten, aufeinander aufbauenden Stufen erfolgt; nach den einzelnen Stufen soll ein Ausbildungsabschluss vorgesehen werden, der sowohl zu einer qualifizierten beruflichen Tätigkeit im Sinne des § 1 Abs. 3 befähigt als auch die Fortsetzung der Berufsausbildung in weiteren Stufen ermöglicht (Stufenausbildung),
2. dass die Abschlussprüfung in zwei zeitlich auseinanderfallenden Teilen durchgeführt wird,
3. dass abweichend von § 4 Abs. 4 die Berufsausbildung in diesem Ausbildungsberuf unter Anrechnung der bereits zurückgelegten Ausbildungszeit fortgesetzt werden kann, wenn die Vertragsparteien dies vereinbaren,
4. dass auf die durch die Ausbildungsordnung geregelte Berufsausbildung eine andere, einschlägige Berufsausbildung unter Berücksichtigung der hierbei erworbenen beruflichen Fertigkeiten, Kenntnisse und Fähigkeiten angerechnet werden kann,
5. dass über das in Absatz 1 Nr. 3 beschriebene Ausbildungsberufsbild hinaus zusätzliche berufliche Fertigkeiten, Kenntnisse und Fähigkeiten vermittelt werden können, die die berufliche Handlungsfähigkeit ergänzen oder erweitern,
6. dass Teile der Berufsausbildung in geeigneten Einrichtungen außerhalb der Ausbildungsstätte durchgeführt werden, wenn und soweit es die Berufsausbildung erfordert (überbetriebliche Berufsausbildung).

Im Rahmen der Ordnungsverfahren soll stets geprüft werden, ob Regelungen nach Nummer 1, 2 und 4 sinnvoll und möglich sind.

§ 6 Erprobung neuer Ausbildungsberufe, Ausbildungs- und Prüfungsformen

Zur Entwicklung und Erprobung neuer Ausbildungsberufe sowie Ausbildungs- und Prüfungsformen kann das Bundesministerium für Wirtschaft und Energie oder das sonst zuständige Fachministerium im Einvernehmen mit dem Bundesministerium für Bildung und Forschung nach Anhörung des Hauptausschusses des Bundesinstituts für Berufsbildung durch Rechtsverordnung, die nicht der Zustimmung des Bundesrates bedarf, Ausnahmen von § 4 Abs. 2 und 3 sowie den §§ 5, 37 und 48 zulassen, die auch auf eine bestimmte Art und Zahl von Ausbildungsstätten beschränkt werden können.

§ 7 Anrechnung beruflicher Vorbildung auf die Ausbildungszeit

(1) Die Landesregierungen können nach Anhörung des Landesausschusses für Berufsbildung durch Rechtsverordnung bestimmen, dass der Besuch eines Bildungsganges berufsbildender Schulen oder die Berufsausbildung in einer sonstigen Einrichtung ganz oder teilweise auf die Ausbildungszeit angerechnet wird. Die Ermächtigung kann durch Rechtsverordnung auf oberste Landesbehörden weiter übertragen werden. Die Rechtsverordnung kann vorsehen, dass die Anrechnung eines gemeinsamen Antrags der Auszubildenden und Ausbildenden bedarf.

(2) Die Anrechnung nach Absatz 1 bedarf des gemeinsamen Antrags der Auszubildenden und Ausbildenden. Der Antrag ist an die zuständige Stelle zu richten. Er kann sich auf Teile des höchstzulässigen Anrechnungszeitraums beschränken.

§ 8 Abkürzung und Verlängerung der Ausbildungszeit

(1) Auf gemeinsamen Antrag der Auszubildenden und Ausbildenden hat die zuständige Stelle die Ausbildungszeit zu kürzen, wenn zu erwarten ist, dass das Ausbildungsziel in der gekürzten Zeit erreicht wird. Bei berechtigtem Interesse kann sich der Antrag auch auf die Verkürzung der täglichen oder wöchentlichen Ausbildungszeit richten (Teilzeitberufsausbildung).

(2) In Ausnahmefällen kann die zuständige Stelle auf Antrag Auszubildender die Ausbildungszeit verlängern, wenn die Verlängerung erforderlich ist, um das Ausbildungsziel zu erreichen. Vor der Entscheidung nach Satz 1 sind die Ausbildenden zu hören.

(3) Für die Entscheidung über die Verkürzung oder Verlängerung der Ausbildungszeit kann der Hauptausschuss des Bundesinstituts für Berufsbildung Richtlinien erlassen.

§ 9 Regelungsbefugnis
Soweit Vorschriften nicht bestehen, regelt die zuständige Stelle die Durchführung der Berufsausbildung im Rahmen dieses Gesetzes.

ABSCHNITT 2
Berufsausbildungsverhältnis

Unterabschnitt 1
Begründung des Ausbildungsverhältnisses

§ 10 Vertrag
(1) Wer andere Personen zur Berufsausbildung einstellt (Ausbildende), hat mit den Auszubildenden einen Berufsausbildungsvertrag zu schließen.

(2) Auf den Berufsausbildungsvertrag sind, soweit sich aus seinem Wesen und Zweck und aus diesem Gesetz nichts anderes ergibt, die für den Arbeitsvertrag geltenden Rechtsvorschriften und Rechtsgrundsätze anzuwenden.

(3) Schließen die gesetzlichen Vertreter oder Vertreterinnen mit ihrem Kind einen Berufsausbildungsvertrag, so sind sie von dem Verbot des § 181 des Bürgerlichen Gesetzbuchs befreit.

(4) Ein Mangel in der Berechtigung, Auszubildende einzustellen oder auszubilden, berührt die Wirksamkeit des Berufsausbildungsvertrages nicht.

(5) Zur Erfüllung der vertraglichen Verpflichtungen der Ausbildenden können mehrere natürliche oder juristische Personen in einem Ausbildungsverbund zusammenwirken, soweit die Verantwortlichkeit für die einzelnen Ausbildungsabschnitte sowie für die Ausbildungszeit insgesamt sichergestellt ist (Verbundausbildung).

§ 11 Vertragsniederschrift
(1) Ausbildende haben unverzüglich nach Abschluss des Berufsausbildungsvertrages, spätestens vor Beginn der Berufsausbildung, den wesentlichen Inhalt des Vertrages gemäß Satz 2 schriftlich niederzulegen; die elektronische Form ist ausgeschlossen. In die Niederschrift sind mindestens aufzunehmen

1. Art, sachliche und zeitliche Gliederung sowie Ziel der Berufsausbildung, insbesondere die Berufstätigkeit, für die ausgebildet werden soll,
2. Beginn und Dauer der Berufsausbildung,
3. Ausbildungsmaßnahmen außerhalb der Ausbildungsstätte,
4. Dauer der regelmäßigen täglichen Ausbildungszeit,
5. Dauer der Probezeit,
6. Zahlung und Höhe der Vergütung,
7. Dauer des Urlaubs,
8. Voraussetzungen, unter denen der Berufsausbildungsvertrag gekündigt werden kann,
9. ein in allgemeiner Form gehaltener Hinweis auf die Tarifverträge, Betriebs- oder Dienstvereinbarungen, die auf das Berufsausbildungsverhältnis anzuwenden sind,
10. die Form des Ausbildungsnachweises nach § 13 Satz 2 Nummer 7.

(2) Die Niederschrift ist von den Ausbildenden, den Auszubildenden und deren gesetzlichen Vertretern und Vertreterinnen zu unterzeichnen.

(3) Ausbildende haben den Auszubildenden und deren gesetzlichen Vertretern und Vertreterinnen eine Ausfertigung der unterzeichneten Niederschrift unverzüglich auszuhändigen.

(4) Bei Änderungen des Berufsausbildungsvertrages gelten die Absätze 1 bis 3 entsprechend.

§ 12 Nichtige Vereinbarungen

(1) Eine Vereinbarung, die Auszubildende für die Zeit nach Beendigung des Berufsausbildungsverhältnisses in der Ausübung ihrer beruflichen Tätigkeit beschränkt, ist nichtig. Dies gilt nicht, wenn sich Auszubildende innerhalb der letzten sechs Monate des Berufsausbildungsverhältnisses dazu verpflichten, nach dessen Beendigung mit den Ausbildenden ein Arbeitsverhältnis einzugehen.

(2) Nichtig ist eine Vereinbarung über
1. die Verpflichtung Auszubildender, für die Berufsausbildung eine Entschädigung zu zahlen,
2. Vertragsstrafen,

3. den Ausschluss oder die Beschränkung von Schadensersatzansprüchen,
4. die Festsetzung der Höhe eines Schadensersatzes in Pauschbeträgen.

Unterabschnitt 2
Pflichten der Auszubildenden

§ 13 Verhalten während der Berufsausbildung

Auszubildende haben sich zu bemühen, die berufliche Handlungsfähigkeit zu erwerben, die zum Erreichen des Ausbildungsziels erforderlich ist. Sie sind insbesondere verpflichtet,

1. die ihnen im Rahmen ihrer Berufsausbildung aufgetragenen Aufgaben sorgfältig auszuführen,
2. an Ausbildungsmaßnahmen teilzunehmen, für die sie nach § 15 freigestellt werden,
3. den Weisungen zu folgen, die ihnen im Rahmen der Berufsausbildung von Ausbildenden, von Ausbildern oder Ausbilderinnen oder von anderen weisungsberechtigten Personen erteilt werden,
4. die für die Ausbildungsstätte geltende Ordnung zu beachten,
5. Werkzeug, Maschinen und sonstige Einrichtungen pfleglich zu behandeln,
6. über Betriebs- und Geschäftsgeheimnisse Stillschweigen zu wahren,
7. einen schriftlichen oder elektronischen Ausbildungsnachweis zu führen.

Unterabschnitt 3
Pflichten der Ausbildenden

§ 14 Berufsausbildung

(1) Ausbildende haben

1. dafür zu sorgen, dass den Auszubildenden die berufliche Handlungsfähigkeit vermittelt wird, die zum Erreichen des Ausbildungsziels erforderlich ist, und die Berufsausbildung in einer durch ihren Zweck gebotenen Form planmäßig, zeitlich und sachlich gegliedert so durchzuführen, dass das Ausbildungsziel in der vorgesehenen Ausbildungszeit erreicht werden kann,
2. selbst auszubilden oder einen Ausbilder oder eine Ausbilderin ausdrücklich damit zu beauftragen,

3. Auszubildenden kostenlos die Ausbildungsmittel, insbesondere Werkzeuge und Werkstoffe zur Verfügung zu stellen, die zur Berufsausbildung und zum Ablegen von Zwischen- und Abschlussprüfungen, auch soweit solche nach Beendigung des Berufsausbildungsverhältnisses stattfinden, erforderlich sind,
4. Auszubildende zum Besuch der Berufsschule anzuhalten,
5. dafür zu sorgen, dass Auszubildende charakterlich gefördert sowie sittlich und körperlich nicht gefährdet werden.

(2) Ausbildende haben Auszubildende zum Führen der Ausbildungsnachweise nach § 13 Satz 2 Nummer 7 anzuhalten und diese regelmäßig durchzusehen. Den Auszubildenden ist Gelegenheit zu geben, den Ausbildungsnachweis am Arbeitsplatz zu führen.

(3) Auszubildenden dürfen nur Aufgaben übertragen werden, die dem Ausbildungszweck dienen und ihren körperlichen Kräften angemessen sind.

§ 15 Freistellung

Ausbildende haben Auszubildende für die Teilnahme am Berufsschulunterricht und an Prüfungen freizustellen. Das Gleiche gilt, wenn Ausbildungsmaßnahmen außerhalb der Ausbildungsstätte durchzuführen sind.

§ 16 Zeugnis

(1) Ausbildende haben den Auszubildenden bei Beendigung des Berufsausbildungsverhältnisses ein schriftliches Zeugnis auszustellen. Die elektronische Form ist ausgeschlossen. Haben Ausbildende die Berufsausbildung nicht selbst durchgeführt, so soll auch der Ausbilder oder die Ausbilderin das Zeugnis unterschreiben.

(2) Das Zeugnis muss Angaben enthalten über Art, Dauer und Ziel der Berufsausbildung sowie über die erworbenen beruflichen Fertigkeiten, Kenntnisse und Fähigkeiten der Auszubildenden. Auf Verlangen Auszubildender sind auch Angaben über Verhalten und Leistung aufzunehmen.

Unterabschnitt 4
Vergütung

§ 17 Vergütungsanspruch

(1) Ausbildende haben Auszubildenden eine angemessene Vergütung zu gewähren. Sie ist nach dem Lebensalter der Auszubildenden so zu bemessen, dass sie mit fortschreitender Berufsausbildung, mindestens jährlich, ansteigt.

(2) Sachleistungen können in Höhe der nach § 17 Abs. 1 Satz 1 Nr. 4 des Vierten Buches Sozialgesetzbuch festgesetzten Sachbezugswerte angerechnet werden, jedoch nicht über 75 Prozent der Bruttovergütung hinaus.

(3) Eine über die vereinbarte regelmäßige tägliche Ausbildungszeit hinausgehende Beschäftigung ist besonders zu vergüten oder durch entsprechende Freizeit auszugleichen.

§ 18 Bemessung und Fälligkeit der Vergütung

(1) Die Vergütung bemisst sich nach Monaten. Bei Berechnung der Vergütung für einzelne Tage wird der Monat zu 30 Tagen gerechnet.

(2) Die Vergütung für den laufenden Kalendermonat ist spätestens am letzten Arbeitstag des Monats zu zahlen.

§ 19 Fortzahlung der Vergütung

(1) Auszubildenden ist die Vergütung auch zu zahlen
1. für die Zeit der Freistellung (§ 15),
2. bis zur Dauer von sechs Wochen, wenn sie
   a) sich für die Berufsausbildung bereithalten, diese aber ausfällt oder
   b) aus einem sonstigen, in ihrer Person liegenden Grund unverschuldet verhindert sind, ihre Pflichten aus dem Berufsausbildungsverhältnis zu erfüllen.

(2) Können Auszubildende während der Zeit, für welche die Vergütung fortzuzahlen ist, aus berechtigtem Grund Sachleistungen nicht abnehmen, so sind diese nach den Sachbezugswerten (§ 17 Abs. 2) abzugelten.

Unterabschnitt 5
Beginn und Beendigung des Ausbildungsverhältnisses

§ 20 Probezeit

Das Berufsausbildungsverhältnis beginnt mit der Probezeit. Sie muss mindestens einen Monat und darf höchstens vier Monate betragen.

§ 21 Beendigung

(1) Das Berufsausbildungsverhältnis endet mit dem Ablauf der Ausbildungszeit. Im Falle der Stufenausbildung endet es mit Ablauf der letzten Stufe.

(2) Bestehen Auszubildende vor Ablauf der Ausbildungszeit die Abschlussprüfung, so endet das Berufsausbildungsverhältnis mit Bekanntgabe des Ergebnisses durch den Prüfungsausschuss.

(3) Bestehen Auszubildende die Abschlussprüfung nicht, so verlängert sich das Berufsausbildungsverhältnis auf ihr Verlangen bis zur nächstmöglichen Wiederholungsprüfung, höchstens um ein Jahr.

§ 22 Kündigung

(1) Während der Probezeit kann das Berufsausbildungsverhältnis jederzeit ohne Einhalten einer Kündigungsfrist gekündigt werden.

(2) Nach der Probezeit kann das Berufsausbildungsverhältnis nur gekündigt werden

1. aus einem wichtigen Grund ohne Einhalten einer Kündigungsfrist,
2. von Auszubildenden mit einer Kündigungsfrist von vier Wochen, wenn sie die Berufsausbildung aufgeben oder sich für eine andere Berufstätigkeit ausbilden lassen wollen.

(3) Die Kündigung muss schriftlich und in den Fällen des Absatzes 2 unter Angabe der Kündigungsgründe erfolgen.

(4) Eine Kündigung aus einem wichtigen Grund ist unwirksam, wenn die ihr zugrunde liegenden Tatsachen dem zur Kündigung Berechtigten länger als zwei Wochen bekannt sind. Ist ein vorgesehenes Güteverfahren vor einer außergerichtlichen Stelle eingeleitet, so wird bis zu dessen Beendigung der Lauf dieser Frist gehemmt.

§ 23 Schadensersatz bei vorzeitiger Beendigung
(1) Wird das Berufsausbildungsverhältnis nach der Probezeit vorzeitig gelöst, so können Ausbildende oder Auszubildende Ersatz des Schadens verlangen, wenn die andere Person den Grund für die Auflösung zu vertreten hat. Dies gilt nicht im Falle des § 22 Abs. 2 Nr. 2.

(2) Der Anspruch erlischt, wenn er nicht innerhalb von drei Monaten nach Beendigung des Berufsausbildungsverhältnisses geltend gemacht wird.

Unterabschnitt 6
Sonstige Vorschriften

§ 24 Weiterarbeit
Werden Auszubildende im Anschluss an das Berufsausbildungsverhältnis beschäftigt, ohne dass hierüber ausdrücklich etwas vereinbart worden ist, so gilt ein Arbeitsverhältnis auf unbestimmte Zeit als begründet.

§ 25 Unabdingbarkeit
Eine Vereinbarung, die zuungunsten Auszubildender von den Vorschriften dieses Teils des Gesetzes abweicht, ist nichtig.

§ 26 Andere Vertragsverhältnisse
Soweit nicht ein Arbeitsverhältnis vereinbart ist, gelten für Personen, die eingestellt werden, um berufliche Fertigkeiten, Kenntnisse, Fähigkeiten oder berufliche Erfahrungen zu erwerben, ohne dass es sich um eine Berufsausbildung im Sinne dieses Gesetzes handelt, die §§ 10 bis 23 und 25 mit der Maßgabe, dass die gesetzliche Probezeit abgekürzt, auf die Vertragsniederschrift verzichtet und bei vorzeitiger Lösung des Vertragsverhältnisses nach Ablauf der Probezeit abweichend von § 23 Abs. 1 Satz 1 Schadensersatz nicht verlangt werden kann.

ABSCHNITT 3
Eignung von Ausbildungsstätte und Ausbildungspersonal

§ 27 Eignung der Ausbildungsstätte
(1) Auszubildende dürfen nur eingestellt und ausgebildet werden, wenn

1. die Ausbildungsstätte nach Art und Einrichtung für die Berufsausbildung geeignet ist und
2. die Zahl der Auszubildenden in einem angemessenen Verhältnis zur Zahl der Ausbildungsplätze oder zur Zahl der beschäftigten Fachkräfte steht, es sei denn, dass anderenfalls die Berufsausbildung nicht gefährdet wird.

(2) Eine Ausbildungsstätte, in der die erforderlichen beruflichen Fertigkeiten, Kenntnisse und Fähigkeiten nicht im vollen Umfang vermittelt werden können, gilt als geeignet, wenn diese durch Ausbildungsmaßnahmen außerhalb der Ausbildungsstätte vermittelt werden.

(3) Eine Ausbildungsstätte ist nach Art und Einrichtung für die Berufsausbildung in Berufen der Landwirtschaft, einschließlich der ländlichen Hauswirtschaft, nur geeignet, wenn sie von der nach Landesrecht zuständigen Behörde als Ausbildungsstätte anerkannt ist. Das Bundesministerium für Ernährung und Landwirtschaft kann im Einvernehmen mit dem Bundesministerium für Bildung und Forschung nach Anhörung des Hauptausschusses des Bundesinstituts für Berufsbildung durch Rechtsverordnung, die nicht der Zustimmung des Bundesrates bedarf, Mindestanforderungen für die Größe, die Einrichtung und den Bewirtschaftungszustand der Ausbildungsstätte festsetzen.

(4) Eine Ausbildungsstätte ist nach Art und Einrichtung für die Berufsausbildung in Berufen der Hauswirtschaft nur geeignet, wenn sie von der nach Landesrecht zuständigen Behörde als Ausbildungsstätte anerkannt ist. Das Bundesministerium für Wirtschaft und Energie kann im Einvernehmen mit dem Bundesministerium für Bildung und Forschung nach Anhörung des Hauptausschusses des Bundesinstituts für Berufsbildung durch Rechtsverordnung, die nicht der Zustimmung des Bundesrates bedarf, Mindestanforderungen für die Größe, die Einrichtung und den Bewirtschaftungszustand der Ausbildungsstätte festsetzen.

§ 28 Eignung von Ausbildenden und Ausbildern oder Ausbilderinnen

(1) Auszubildende darf nur einstellen, wer persönlich geeignet ist. Auszubildende darf nur ausbilden, wer persönlich und fachlich geeignet ist.

(2) Wer fachlich nicht geeignet ist oder wer nicht selbst ausbildet, darf Auszubildende nur dann einstellen, wenn er persönlich und fachlich geeignete Ausbilder oder Ausbilderinnen bestellt, die die Ausbildungsinhalte in der Ausbildungsstätte unmittelbar, verantwortlich und in wesentlichem Umfang vermitteln.

(3) Unter der Verantwortung des Ausbilders oder der Ausbilderin kann bei der Berufsausbildung mitwirken, wer selbst nicht Ausbilder oder Ausbilderin ist, aber abweichend von den besonderen Voraussetzungen des § 30 die für die Vermittlung von Ausbildungsinhalten erforderlichen beruflichen Fertigkeiten, Kenntnisse und Fähigkeiten besitzt und persönlich geeignet ist.

§ 29 Persönliche Eignung

Persönlich nicht geeignet ist insbesondere, wer

1. Kinder und Jugendliche nicht beschäftigen darf oder
2. wiederholt oder schwer gegen dieses Gesetz oder die auf Grund dieses Gesetzes erlassenen Vorschriften und Bestimmungen verstoßen hat.

§ 30 Fachliche Eignung

(1) Fachlich geeignet ist, wer die beruflichen sowie die berufs- und arbeitspädagogischen Fertigkeiten, Kenntnisse und Fähigkeiten besitzt, die für die Vermittlung der Ausbildungsinhalte erforderlich sind.

(2) Die erforderlichen beruflichen Fertigkeiten, Kenntnisse und Fähigkeiten besitzt, wer

1. die Abschlussprüfung in einer dem Ausbildungsberuf entsprechenden Fachrichtung bestanden hat,
2. eine anerkannte Prüfung an einer Ausbildungsstätte oder vor einer Prüfungsbehörde oder eine Abschlussprüfung an einer staatlichen oder staatlich anerkannten Schule in einer dem Ausbildungsberuf entsprechenden Fachrichtung bestanden hat,
3. eine Abschlussprüfung an einer deutschen Hochschule in einer dem Ausbildungsberuf entsprechenden Fachrichtung bestanden hat oder
4. im Ausland einen Bildungsabschluss in einer dem Ausbildungsberuf entsprechenden Fachrichtung erworben hat, dessen Gleichwertigkeit nach dem Berufsqualifikationsfeststellungsgesetz oder anderen rechtlichen Regelungen festgestellt worden ist

und eine angemessene Zeit in seinem Beruf praktisch tätig gewesen ist.

(3) Das Bundesministerium für Wirtschaft und Energie oder das sonst zuständige Fachministerium kann im Einvernehmen mit dem Bundesministerium für Bildung und Forschung nach Anhörung des Hauptausschusses des Bundesinstituts für Berufsbildung durch Rechtsverordnung, die nicht der Zustimmung des Bundesrates bedarf, in den Fällen des Absatzes 2 Nr. 2 bestimmen, welche Prüfungen für welche Ausbildungsberufe anerkannt werden.

(4) Das Bundesministerium für Wirtschaft und Energie oder das sonst zuständige Fachministerium kann im Einvernehmen mit dem Bundesministerium für Bildung und Forschung nach Anhörung des Hauptausschusses des Bundesinstituts für Berufsbildung durch Rechtsverordnung, die nicht der Zustimmung des Bundesrates bedarf, für einzelne Ausbildungsberufe bestimmen, dass abweichend von Absatz 2 die für die fachliche Eignung erforderlichen beruflichen Fertigkeiten, Kenntnisse und Fähigkeiten nur besitzt, wer

1. die Voraussetzungen des Absatzes 2 Nr. 2 oder 3 erfüllt und eine angemessene Zeit in seinem Beruf praktisch tätig gewesen ist oder
2. die Voraussetzungen des Absatzes 2 Nr. 3 erfüllt und eine angemessene Zeit in seinem Beruf praktisch tätig gewesen ist oder
3. für die Ausübung eines freien Berufes zugelassen oder in ein öffentliches Amt bestellt ist.

(5) Das Bundesministerium für Bildung und Forschung kann nach Anhörung des Hauptausschusses des Bundesinstituts für Berufsbildung durch Rechtsverordnung, die nicht der Zustimmung des Bundesrates bedarf, bestimmen, dass der Erwerb berufs- und arbeitspädagogischer Fertigkeiten, Kenntnisse und Fähigkeiten gesondert nachzuweisen ist. Dabei können Inhalt, Umfang und Abschluss der Maßnahmen für den Nachweis geregelt werden.

(6) Die nach Landesrecht zuständige Behörde kann Personen, die die Voraussetzungen des Absatzes 2, 4 oder 5 nicht erfüllen, die fachliche Eignung nach Anhörung der zuständigen Stelle widerruflich zuerkennen.

§ 31 Europaklausel

(1) In den Fällen des § 30 Abs. 2 und 4 besitzt die für die fachliche Eignung erforderlichen beruflichen Fertigkeiten, Kenntnisse und Fähigkeiten auch, wer die Voraussetzungen für die Anerkennung seiner Berufsqualifikation nach der Richtlinie 2005/36/EG des Europäischen Parlaments und des Rates vom 7. September 2005 über die Anerkennung von Berufsqualifikationen (ABl. EU Nr. L 255 S. 22) erfüllt, sofern er eine angemessene Zeit in seinem Beruf praktisch tätig gewesen ist. § 30 Abs. 4 Nr. 3 bleibt unberührt.

(2) Die Anerkennung kann unter den in Artikel 14 der in Absatz 1 genannten Richtlinie aufgeführten Voraussetzungen davon abhängig gemacht werden, dass der Antragsteller oder die Antragstellerin zunächst einen höchstens dreijährigen Anpassungslehrgang ableistet oder eine Eignungsprüfung ablegt.

(3) Die Entscheidung über die Anerkennung trifft die zuständige Stelle. Sie kann die Durchführung von Anpassungslehrgängen und Eignungsprüfungen regeln.

§ 31a Sonstige ausländische Vorqualifikationen

In den Fällen des § 30 Absatz 2 und 4 besitzt die für die fachliche Eignung erforderlichen Fertigkeiten, Kenntnisse und Fähigkeiten, wer die Voraussetzungen von § 2 Absatz 1 in Verbindung mit § 9 des Berufsqualifikationsfeststellungsgesetzes erfüllt und nicht in einem anderen Mitgliedstaat der Europäischen Union oder einem anderen Vertragsstaat des Europäischen Wirtschaftsraums oder der Schweiz seinen Befähigungsnachweis erworben hat, sofern er eine angemessene Zeit in seinem Beruf praktisch tätig gewesen ist. § 30 Absatz 4 Nummer 3 bleibt unberührt.

§ 32 Überwachung der Eignung

(1) Die zuständige Stelle hat darüber zu wachen, dass die Eignung der Ausbildungsstätte sowie die persönliche und fachliche Eignung vorliegen.

(2) Werden Mängel der Eignung festgestellt, so hat die zuständige Stelle, falls der Mangel zu beheben und eine Gefährdung Auszubildender nicht zu erwarten ist, Ausbildende aufzufordern, innerhalb einer von ihr gesetzten Frist den Mangel zu beseitigen. Ist der Man-

gel der Eignung nicht zu beheben oder ist eine Gefährdung Auszubildender zu erwarten oder wird der Mangel nicht innerhalb der gesetzten Frist beseitigt, so hat die zuständige Stelle dies der nach Landesrecht zuständigen Behörde mitzuteilen.

§ 33 Untersagung des Einstellens und Ausbildens

(1) Die nach Landesrecht zuständige Behörde kann für eine bestimmte Ausbildungsstätte das Einstellen und Ausbilden untersagen, wenn die Voraussetzungen nach § 27 nicht oder nicht mehr vorliegen.

(2) Die nach Landesrecht zuständige Behörde hat das Einstellen und Ausbilden zu untersagen, wenn die persönliche oder fachliche Eignung nicht oder nicht mehr vorliegt.

(3) Vor der Untersagung sind die Beteiligten und die zuständige Stelle zu hören. Dies gilt nicht im Falle des § 29 Nr. 1.

ABSCHNITT 4
Verzeichnis der Berufsausbildungsverhältnisse

§ 34 Einrichten, Führen

(1) Die zuständige Stelle hat für anerkannte Ausbildungsberufe ein Verzeichnis der Berufsausbildungsverhältnisse einzurichten und zu führen, in das der Berufsausbildungsvertrag einzutragen ist. Die Eintragung ist für Auszubildende gebührenfrei.

(2) Die Eintragung umfasst für jedes Berufsausbildungsverhältnis
1. Name, Vorname, Geburtsdatum, Anschrift der Auszubildenden;
2. Geschlecht, Staatsangehörigkeit, allgemeinbildender Schulabschluss, vorausgegangene Teilnahme an berufsvorbereitender Qualifizierung oder beruflicher Grundbildung, berufliche Vorbildung;
3. erforderlichenfalls Name, Vorname und Anschrift der gesetzlichen Vertreter oder Vertreterinnen;
4. Ausbildungsberuf einschließlich Fachrichtung;
5. Datum des Abschlusses des Ausbildungsvertrages, Ausbildungsdauer, Dauer der Probezeit;
6. Datum des Beginns der Berufsausbildung;

7. Art der Förderung bei überwiegend öffentlich, insbesondere auf Grund des Dritten Buches Sozialgesetzbuch geförderten Berufsausbildungsverhältnissen;
8. Name und Anschrift der Ausbildenden, Anschrift der Ausbildungsstätte, Wirtschaftszweig, Zugehörigkeit zum öffentlichen Dienst;
9. Name, Vorname, Geschlecht und Art der fachlichen Eignung der Ausbilder und Ausbilderinnen.

§ 35 Eintragen, Ändern, Löschen

(1) Ein Berufsausbildungsvertrag und Änderungen seines wesentlichen Inhalts sind in das Verzeichnis einzutragen, wenn
1. der Berufsausbildungsvertrag diesem Gesetz und der Ausbildungsordnung entspricht,
2. die persönliche und fachliche Eignung sowie die Eignung der Ausbildungsstätte für das Einstellen und Ausbilden vorliegen und
3. für Auszubildende unter 18 Jahren die ärztliche Bescheinigung über die Erstuntersuchung nach § 32 Abs. 1 des Jugendarbeitsschutzgesetzes zur Einsicht vorgelegt wird.

(2) Die Eintragung ist abzulehnen oder zu löschen, wenn die Eintragungsvoraussetzungen nicht vorliegen und der Mangel nicht nach § 32 Abs. 2 behoben wird. Die Eintragung ist ferner zu löschen, wenn die ärztliche Bescheinigung über die erste Nachuntersuchung nach § 33 Abs. 1 des Jugendarbeitsschutzgesetzes nicht spätestens am Tage der Anmeldung der Auszubildenden zur Zwischenprüfung oder zum ersten Teil der Abschlussprüfung zur Einsicht vorgelegt und der Mangel nicht nach § 32 Abs. 2 behoben wird.

(3) Die nach § 34 Abs. 2 Nr. 1, 4, 6 und 8 erhobenen Daten dürfen zur Verbesserung der Ausbildungsvermittlung, zur Verbesserung der Zuverlässigkeit und Aktualität der Ausbildungsvermittlungsstatistik sowie zur Verbesserung der Feststellung von Angebot und Nachfrage auf dem Ausbildungsmarkt an die Bundesagentur für Arbeit übermittelt werden. Bei der Datenübermittlung sind dem jeweiligen Stand der Technik entsprechende Maßnahmen zur Sicherstellung von Datenschutz und Datensicherheit zu treffen, die insbesondere die Vertraulichkeit, Unversehrtheit und Zurechenbarkeit der Daten gewährleisten.

§ 36 Antrag und Mitteilungspflichten

(1) Ausbildende haben unverzüglich nach Abschluss des Berufsausbildungsvertrages die Eintragung in das Verzeichnis zu beantragen. Der Antrag kann schriftlich oder elektronisch gestellt werden; eine Kopie der Vertragsniederschrift ist jeweils beizufügen. Auf einen betrieblichen Ausbildungsplan im Sinne von § 11 Absatz 1 Satz 2 Nummer 1, der der zuständigen Stelle bereits vorliegt, kann dabei Bezug genommen werden. Entsprechendes gilt bei Änderungen des wesentlichen Vertragsinhalts.

(2) Ausbildende und Auszubildende sind verpflichtet, den zuständigen Stellen die zur Eintragung nach § 34 erforderlichen Tatsachen auf Verlangen mitzuteilen.

ABSCHNITT 5
Prüfungswesen

§ 37 Abschlussprüfung

(1) In den anerkannten Ausbildungsberufen sind Abschlussprüfungen durchzuführen. Die Abschlussprüfung kann im Falle des Nichtbestehens zweimal wiederholt werden. Sofern die Abschlussprüfung in zwei zeitlich auseinander fallenden Teilen durchgeführt wird, ist der erste Teil der Abschlussprüfung nicht eigenständig wiederholbar.

(2) Dem Prüfling ist ein Zeugnis auszustellen. Ausbildenden werden auf deren Verlangen die Ergebnisse der Abschlussprüfung der Auszubildenden übermittelt. Sofern die Abschlussprüfung in zwei zeitlich auseinander fallenden Teilen durchgeführt wird, ist das Ergebnis der Prüfungsleistungen im ersten Teil der Abschlussprüfung dem Prüfling schriftlich mitzuteilen.

(3) Dem Zeugnis ist auf Antrag der Auszubildenden eine englischsprachige und eine französischsprachige Übersetzung beizufügen. Auf Antrag der Auszubildenden kann das Ergebnis berufsschulischer Leistungsfeststellungen auf dem Zeugnis ausgewiesen werden.

(4) Die Abschlussprüfung ist für Auszubildende gebührenfrei.

§ 38 Prüfungsgegenstand

Durch die Abschlussprüfung ist festzustellen, ob der Prüfling die berufliche Handlungsfähigkeit erworben hat. In ihr soll der Prüfling nachweisen, dass er die erforderlichen beruflichen Fertigkeiten beherrscht, die notwendigen beruflichen Kenntnisse und Fähigkeiten besitzt und mit dem im Berufsschulunterricht zu vermittelnden, für die Berufsausbildung wesentlichen Lehrstoff vertraut ist. Die Ausbildungsordnung ist zugrunde zu legen.

§ 39 Prüfungsausschüsse

(1) Für die Abnahme der Abschlussprüfung errichtet die zuständige Stelle Prüfungsausschüsse. Mehrere zuständige Stellen können bei einer von ihnen gemeinsame Prüfungsausschüsse errichten.

(2) Der Prüfungsausschuss kann zur Bewertung einzelner, nicht mündlich zu erbringender Prüfungsleistungen gutachterliche Stellungnahmen Dritter, insbesondere berufsbildender Schulen, einholen.

(3) Im Rahmen der Begutachtung nach Absatz 2 sind die wesentlichen Abläufe zu dokumentieren und die für die Bewertung erheblichen Tatsachen festzuhalten.

§ 40 Zusammensetzung, Berufung

(1) Der Prüfungsausschuss besteht aus mindestens drei Mitgliedern. Die Mitglieder müssen für die Prüfungsgebiete sachkundig und für die Mitwirkung im Prüfungswesen geeignet sein.

(2) Dem Prüfungsausschuss müssen als Mitglieder Beauftragte der Arbeitgeber und der Arbeitnehmer in gleicher Zahl sowie mindestens eine Lehrkraft einer berufsbildenden Schule angehören. Mindestens zwei Drittel der Gesamtzahl der Mitglieder müssen Beauftragte der Arbeitgeber und der Arbeitnehmer sein. Die Mitglieder haben Stellvertreter oder Stellvertreterinnen.

(3) Die Mitglieder werden von der zuständigen Stelle längstens für fünf Jahre berufen. Die Beauftragten der Arbeitnehmer werden auf Vorschlag der im Bezirk der zuständigen Stelle bestehenden Gewerkschaften und selbständigen Vereinigungen von Arbeitnehmern mit sozial- oder berufspolitischer Zwecksetzung berufen. Die Lehrkraft einer berufsbildenden Schule wird im Einvernehmen mit

der Schulaufsichtsbehörde oder der von ihr bestimmten Stelle berufen. Werden Mitglieder nicht oder nicht in ausreichender Zahl innerhalb einer von der zuständigen Stelle gesetzten angemessenen Frist vorgeschlagen, so beruft die zuständige Stelle insoweit nach pflichtgemäßem Ermessen. Die Mitglieder der Prüfungsausschüsse können nach Anhören der an ihrer Berufung Beteiligten aus wichtigem Grund abberufen werden. Die Sätze 1 bis 5 gelten für die stellvertretenden Mitglieder entsprechend.

(4) Die Tätigkeit im Prüfungsausschuss ist ehrenamtlich. Für bare Auslagen und für Zeitversäumnis ist, soweit eine Entschädigung nicht von anderer Seite gewährt wird, eine angemessene Entschädigung zu zahlen, deren Höhe von der zuständigen Stelle mit Genehmigung der obersten Landesbehörde festgesetzt wird.

(5) Von Absatz 2 darf nur abgewichen werden, wenn anderenfalls die erforderliche Zahl von Mitgliedern des Prüfungsausschusses nicht berufen werden kann.

§ 41 Vorsitz, Beschlussfähigkeit, Abstimmung

(1) Der Prüfungsausschuss wählt ein Mitglied, das den Vorsitz führt, und ein weiteres Mitglied, das den Vorsitz stellvertretend übernimmt. Der Vorsitz und das ihn stellvertretende Mitglied sollen nicht derselben Mitgliedergruppe angehören.

(2) Der Prüfungsausschuss ist beschlussfähig, wenn zwei Drittel der Mitglieder, mindestens drei, mitwirken. Er beschließt mit der Mehrheit der abgegebenen Stimmen. Bei Stimmengleichheit gibt die Stimme des vorsitzenden Mitglieds den Ausschlag.

§ 42 Beschlussfassung, Bewertung der Abschlussprüfung

(1) Beschlüsse über die Noten zur Bewertung einzelner Prüfungsleistungen, der Prüfung insgesamt sowie über das Bestehen und Nichtbestehen der Abschlussprüfung werden durch den Prüfungsausschuss gefasst.

(2) Zur Vorbereitung der Beschlussfassung nach Absatz 1 kann der Vorsitz mindestens zwei Mitglieder mit der Bewertung einzelner, nicht mündlich zu erbringender Prüfungsleistungen beauftragen. Die Beauftragten sollen nicht derselben Mitgliedergruppe angehören.

(3) Die nach Absatz 2 beauftragten Mitglieder dokumentieren die wesentlichen Abläufe und halten die für die Bewertung erheblichen Tatsachen fest.

§ 43 Zulassung zur Abschlussprüfung

(1) Zur Abschlussprüfung ist zuzulassen,

1. wer die Ausbildungszeit zurückgelegt hat oder wessen Ausbildungszeit nicht später als zwei Monate nach dem Prüfungstermin endet,
2. wer an vorgeschriebenen Zwischenprüfungen teilgenommen sowie einen vom Ausbilder und Auszubildenden abgezeichneten Ausbildungsnachweis nach § 13 Satz 2 Nummer 7 vorgelegt hat und
3. wessen Berufsausbildungsverhältnis in das Verzeichnis der Berufsausbildungsverhältnisse eingetragen oder aus einem Grund nicht eingetragen ist, den weder die Auszubildenden noch deren gesetzliche Vertreter oder Vertreterinnen zu vertreten haben.

(2) Zur Abschlussprüfung ist ferner zuzulassen, wer in einer berufsbildenden Schule oder einer sonstigen Berufsbildungseinrichtung ausgebildet worden ist, wenn dieser Bildungsgang der Berufsausbildung in einem anerkannten Ausbildungsberuf entspricht. Ein Bildungsgang entspricht der Berufsausbildung in einem anerkannten Ausbildungsberuf, wenn er

1. nach Inhalt, Anforderung und zeitlichem Umfang der jeweiligen Ausbildungsordnung gleichwertig ist,
2. systematisch, insbesondere im Rahmen einer sachlichen und zeitlichen Gliederung, durchgeführt wird und
3. durch Lernortkooperation einen angemessenen Anteil an fachpraktischer Ausbildung gewährleistet.

Die Landesregierungen werden ermächtigt, im Benehmen mit dem Landesausschuss für Berufsbildung durch Rechtsverordnung zu bestimmen, welche Bildungsgänge die Voraussetzungen der Sätze 1 und 2 erfüllen. Die Ermächtigung kann durch Rechtsverordnung auf oberste Landesbehörden weiter übertragen werden.

§ 44 Zulassung zur Abschlussprüfung bei zeitlich auseinander fallenden Teilen

(1) Sofern die Abschlussprüfung in zwei zeitlich auseinander fallenden Teilen durchgeführt wird, ist über die Zulassung jeweils gesondert zu entscheiden.

(2) Zum ersten Teil der Abschlussprüfung ist zuzulassen, wer die in der Ausbildungsordnung vorgeschriebene, erforderliche Ausbildungszeit zurückgelegt hat und die Voraussetzungen des § 43 Abs. 1 Nr. 2 und 3 erfüllt.

(3) Zum zweiten Teil der Abschlussprüfung ist zuzulassen, wer über die Voraussetzungen in § 43 Abs. 1 hinaus am ersten Teil der Abschlussprüfung teilgenommen hat. Dies gilt nicht, wenn Auszubildende aus Gründen, die sie nicht zu vertreten haben, am ersten Teil der Abschlussprüfung nicht teilgenommen haben. In diesem Fall ist der erste Teil der Abschlussprüfung zusammen mit dem zweiten Teil abzulegen.

§ 45 Zulassung in besonderen Fällen

(1) Auszubildende können nach Anhörung der Ausbildenden und der Berufsschule vor Ablauf ihrer Ausbildungszeit zur Abschlussprüfung zugelassen werden, wenn ihre Leistungen dies rechtfertigen.

(2) Zur Abschlussprüfung ist auch zuzulassen, wer nachweist, dass er mindestens das Eineinhalbfache der Zeit, die als Ausbildungszeit vorgeschrieben ist, in dem Beruf tätig gewesen ist, in dem die Prüfung abgelegt werden soll. Als Zeiten der Berufstätigkeit gelten auch Ausbildungszeiten in einem anderen, einschlägigen Ausbildungsberuf. Vom Nachweis der Mindestzeit nach Satz 1 kann ganz oder teilweise abgesehen werden, wenn durch Vorlage von Zeugnissen oder auf andere Weise glaubhaft gemacht wird, dass der Bewerber oder die Bewerberin die berufliche Handlungsfähigkeit erworben hat, die die Zulassung zur Prüfung rechtfertigt. Ausländische Bildungsabschlüsse und Zeiten der Berufstätigkeit im Ausland sind dabei zu berücksichtigen.

(3) Soldaten oder Soldatinnen auf Zeit und ehemalige Soldaten oder Soldatinnen sind nach Absatz 2 Satz 3 zur Abschlussprüfung zuzulassen, wenn das Bundesministerium der Verteidigung oder die von ihm bestimmte Stelle bescheinigt, dass der Bewerber oder die Bewerberin berufliche Fertigkeiten, Kenntnisse und Fähigkeiten erworben hat, welche die Zulassung zur Prüfung rechtfertigen.

§ 46 Entscheidung über die Zulassung

(1) Über die Zulassung zur Abschlussprüfung entscheidet die zuständige Stelle. Hält sie die Zulassungsvoraussetzungen nicht für gegeben, so entscheidet der Prüfungsausschuss.

(2) Auszubildenden, die Elternzeit in Anspruch genommen haben, darf bei der Entscheidung über die Zulassung hieraus kein Nachteil erwachsen.

§ 47 Prüfungsordnung

(1) Die zuständige Stelle hat eine Prüfungsordnung für die Abschlussprüfung zu erlassen. Die Prüfungsordnung bedarf der Genehmigung der zuständigen obersten Landesbehörde.

(2) Die Prüfungsordnung muss die Zulassung, die Gliederung der Prüfung, die Bewertungsmaßstäbe, die Erteilung der Prüfungszeugnisse, die Folgen von Verstößen gegen die Prüfungsordnung und die Wiederholungsprüfung regeln. Sie kann vorsehen, dass Prüfungsaufgaben, die überregional oder von einem Aufgabenerstellungsausschuss bei der zuständigen Stelle erstellt oder ausgewählt werden, zu übernehmen sind, sofern diese Aufgaben von Gremien erstellt oder ausgewählt werden, die entsprechend § 40 Abs. 2 zusammengesetzt sind.

(3) Der Hauptausschuss des Bundesinstituts für Berufsbildung erlässt für die Prüfungsordnung Richtlinien.

§ 48 Zwischenprüfungen

(1) Während der Berufsausbildung ist zur Ermittlung des Ausbildungsstandes eine Zwischenprüfung entsprechend der Ausbildungsordnung durchzuführen. Die §§ 37 bis 39 gelten entsprechend.

(2) Sofern die Ausbildungsordnung vorsieht, dass die Abschlussprüfung in zwei zeitlich auseinander fallenden Teilen durchgeführt wird, findet Absatz 1 keine Anwendung.

§ 49 Zusatzqualifikationen

(1) Zusätzliche berufliche Fertigkeiten, Kenntnisse und Fähigkeiten nach § 5 Abs. 2 Nr. 5 werden gesondert geprüft und bescheinigt. Das Ergebnis der Prüfung nach § 37 bleibt unberührt.

(2) § 37 Abs. 3 und 4 sowie die §§ 39 bis 42 und 47 gelten entsprechend.

§ 50 Gleichstellung von Prüfungszeugnissen

(1) Das Bundesministerium für Wirtschaft und Energie oder das sonst zuständige Fachministerium kann im Einvernehmen mit dem Bundesministerium für Bildung und Forschung nach Anhörung des Hauptausschusses des Bundesinstituts für Berufsbildung durch Rechtsverordnung außerhalb des Anwendungsbereichs dieses Gesetzes erworbene Prüfungszeugnisse den entsprechenden Zeugnissen über das Bestehen der Abschlussprüfung gleichstellen, wenn die Berufsausbildung und die in der Prüfung nachzuweisenden beruflichen Fertigkeiten, Kenntnisse und Fähigkeiten gleichwertig sind.

(2) Das Bundesministerium für Wirtschaft und Energie oder das sonst zuständige Fachministerium kann im Einvernehmen mit dem Bundesministerium für Bildung und Forschung nach Anhörung des Hauptausschusses des Bundesinstituts für Berufsbildung durch Rechtsverordnung im Ausland erworbene Prüfungszeugnisse den entsprechenden Zeugnissen über das Bestehen der Abschlussprüfung gleichstellen, wenn die in der Prüfung nachzuweisenden beruflichen Fertigkeiten, Kenntnisse und Fähigkeiten gleichwertig sind.

§ 50a Gleichwertigkeit ausländischer Berufsqualifikationen

Ausländische Berufsqualifikationen stehen einer bestandenen Aus- oder Fortbildungsprüfung nach diesem Gesetz gleich, wenn die Gleichwertigkeit der beruflichen Fertigkeiten, Kenntnisse und Fähigkeiten nach dem Berufsqualifikationsfeststellungsgesetz festgestellt wurde.

ABSCHNITT 6
Interessenvertretung

§ 51 Interessenvertretung

(1) Auszubildende, deren praktische Berufsbildung in einer sonstigen Berufsbildungseinrichtung außerhalb der schulischen und betrieblichen Berufsbildung (§ 2 Abs. 1 Nr. 3) mit in der Regel mindestens fünf Auszubildenden stattfindet und die nicht wahlberechtigt zum Betriebsrat nach § 7 des Betriebsverfassungsgesetzes, zur Jugend- und Auszubildendenvertretung nach § 60 des Betriebs-

verfassungsgesetzes oder zur Mitwirkungsvertretung nach § 52 des Neunten Buches Sozialgesetzbuch sind (außerbetriebliche Auszubildende), wählen eine besondere Interessenvertretung.

(2) Absatz 1 findet keine Anwendung auf Berufsbildungseinrichtungen von Religionsgemeinschaften sowie auf andere Berufsbildungseinrichtungen, soweit sie eigene gleichwertige Regelungen getroffen haben.

§ 52 Verordnungsermächtigung

Das Bundesministerium für Bildung und Forschung kann durch Rechtsverordnung, die nicht der Zustimmung des Bundesrates bedarf, die Fragen bestimmen, auf die sich die Beteiligung erstreckt, die Zusammensetzung und die Amtszeit der Interessenvertretung, die Durchführung der Wahl, insbesondere die Feststellung der Wahlberechtigung und der Wählbarkeit sowie Art und Umfang der Beteiligung.

KAPITEL 2
Berufliche Fortbildung

§ 53 Fortbildungsordnung

(1) Als Grundlage für eine einheitliche berufliche Fortbildung kann das Bundesministerium für Bildung und Forschung im Einvernehmen mit dem Bundesministerium für Wirtschaft und Energie oder dem sonst zuständigen Fachministerium nach Anhörung des Hauptausschusses des Bundesinstituts für Berufsbildung durch Rechtsverordnung, die nicht der Zustimmung des Bundesrates bedarf, Fortbildungsabschlüsse anerkennen und hierfür Prüfungsregelungen erlassen (Fortbildungsordnung).

(2) Die Fortbildungsordnung hat festzulegen
1. die Bezeichnung des Fortbildungsabschlusses,
2. das Ziel, den Inhalt und die Anforderungen der Prüfung,
3. die Zulassungsvoraussetzungen sowie
4. das Prüfungsverfahren.

(3) Abweichend von Absatz 1 werden Fortbildungsordnungen in Berufen der Landwirtschaft, einschließlich der ländlichen Hauswirtschaft, durch das Bundesministerium für Ernährung und Landwirt-

schaft im Einvernehmen mit dem Bundesministerium für Bildung und Forschung, Fortbildungsordnungen in Berufen der Hauswirtschaft durch das Bundesministerium für Wirtschaft und Energie im Einvernehmen mit dem Bundesministerium für Bildung und Forschung erlassen.

§ 54 Fortbildungsprüfungsregelungen der zuständigen Stellen

Soweit Rechtsverordnungen nach § 53 nicht erlassen sind, kann die zuständige Stelle Fortbildungsprüfungsregelungen erlassen. Die zuständige Stelle regelt die Bezeichnung des Fortbildungsabschlusses, Ziel, Inhalt und Anforderungen der Prüfungen, die Zulassungsvoraussetzungen sowie das Prüfungsverfahren.

§ 55 Berücksichtigung ausländischer Vorqualifikationen

Sofern die Fortbildungsordnung (§ 53) oder eine Regelung der zuständigen Stelle (§ 54) Zulassungsvoraussetzungen vorsieht, sind ausländische Bildungsabschlüsse und Zeiten der Berufstätigkeit im Ausland zu berücksichtigen.

§ 56 Fortbildungsprüfungen

(1) Für die Durchführung von Prüfungen im Bereich der beruflichen Fortbildung errichtet die zuständige Stelle Prüfungsausschüsse. § 37 Abs. 2 und 3 sowie die §§ 40 bis 42, 46 und 47 gelten entsprechend.

(2) Der Prüfling ist auf Antrag von der Ablegung einzelner Prüfungsbestandteile durch die zuständige Stelle zu befreien, wenn er eine andere vergleichbare Prüfung vor einer öffentlichen oder staatlich anerkannten Bildungseinrichtung oder vor einem staatlichen Prüfungsausschuss erfolgreich abgelegt hat und die Anmeldung zur Fortbildungsprüfung innerhalb von fünf Jahren nach der Bekanntgabe des Bestehens der anderen Prüfung erfolgt.

§ 57 Gleichstellung von Prüfungszeugnissen

Das Bundesministerium für Wirtschaft und Energie oder das sonst zuständige Fachministerium kann im Einvernehmen mit dem Bundesministerium für Bildung und Forschung nach Anhörung des Hauptausschusses des Bundesinstituts für Berufsbildung durch Rechtsverordnung außerhalb des Anwendungsbereichs dieses Gesetzes oder im Ausland erworbene Prüfungszeugnisse den entsprechenden Zeugnissen über das Bestehen einer Fortbildungsprüfung auf der Grundlage der §§ 53 und 54 gleichstellen, wenn die in der Prüfung nachzuweisenden beruflichen Fertigkeiten, Kenntnisse und Fähigkeiten gleichwertig sind.

KAPITEL 3
Berufliche Umschulung

§ 58 Umschulungsordnung

Als Grundlage für eine geordnete und einheitliche berufliche Umschulung kann das Bundesministerium für Bildung und Forschung im Einvernehmen mit dem Bundesministerium für Wirtschaft und Energie oder dem sonst zuständigen Fachministerium nach Anhörung des Hauptausschusses des Bundesinstituts für Berufsbildung durch Rechtsverordnung, die nicht der Zustimmung des Bundesrates bedarf,

1. die Bezeichnung des Umschulungsabschlusses,
2. das Ziel, den Inhalt, die Art und Dauer der Umschulung,
3. die Anforderungen der Umschulungsprüfung und die Zulassungsvoraussetzungen sowie
4. das Prüfungsverfahren der Umschulung

unter Berücksichtigung der besonderen Erfordernisse der beruflichen Erwachsenenbildung bestimmen (Umschulungsordnung).

§ 59 Umschulungsprüfungsregelungen der zuständigen Stellen

Soweit Rechtsverordnungen nach § 58 nicht erlassen sind, kann die zuständige Stelle Umschulungsprüfungsregelungen erlassen. Die zuständige Stelle regelt die Bezeichnung des Umschulungsabschlusses, Ziel, Inhalt und Anforderungen der Prüfungen, die Zulassungsvoraussetzungen sowie das Prüfungsverfahren unter Berücksichtigung der besonderen Erfordernisse beruflicher Erwachsenenbildung.

§ 60 Umschulung für einen anerkannten Ausbildungsberuf

Sofern sich die Umschulungsordnung (§ 58) oder eine Regelung der zuständigen Stelle (§ 59) auf die Umschulung für einen anerkannten Ausbildungsberuf richtet, sind das Ausbildungsberufsbild (§ 5 Abs. 1 Nr. 3), der Ausbildungsrahmenplan (§ 5 Abs. 1 Nr. 4) und die Prüfungsanforderungen (§ 5 Abs. 1 Nr. 5) zugrunde zu legen. Die §§ 27 bis 33 gelten entsprechend.

§ 61 Berücksichtigung ausländischer Vorqualifikationen

Sofern die Umschulungsordnung (§ 58) oder eine Regelung der zuständigen Stelle (§ 59) Zulassungsvoraussetzungen vorsieht, sind ausländische Bildungsabschlüsse und Zeiten der Berufstätigkeit im Ausland zu berücksichtigen.

§ 62 Umschulungsmaßnahmen; Umschulungsprüfungen

(1) Maßnahmen der beruflichen Umschulung müssen nach Inhalt, Art, Ziel und Dauer den besonderen Erfordernissen der beruflichen Erwachsenenbildung entsprechen.

(2) Umschulende haben die Durchführung der beruflichen Umschulung vor Beginn der Maßnahme der zuständigen Stelle schriftlich anzuzeigen. Die Anzeigepflicht erstreckt sich auf den wesentlichen Inhalt des Umschulungsverhältnisses. Bei Abschluss eines Umschulungsvertrages ist eine Ausfertigung der Vertragsniederschrift beizufügen.

(3) Für die Durchführung von Prüfungen im Bereich der beruflichen Umschulung errichtet die zuständige Stelle Prüfungsausschüsse. § 37 Abs. 2 und 3 sowie die §§ 40 bis 42, 46 und 47 gelten entsprechend.

(4) Der Prüfling ist auf Antrag von der Ablegung einzelner Prüfungsbestandteile durch die zuständige Stelle zu befreien, wenn er eine andere vergleichbare Prüfung vor einer öffentlichen oder staatlich anerkannten Bildungseinrichtung oder vor einem staatlichen Prüfungsausschuss erfolgreich abgelegt hat und die Anmeldung zur Umschulungsprüfung innerhalb von fünf Jahren nach der Bekanntgabe des Bestehens der anderen Prüfung erfolgt.

§ 63 Gleichstellung von Prüfungszeugnissen

Das Bundesministerium für Wirtschaft und Energie oder das sonst zuständige Fachministerium kann im Einvernehmen mit dem Bundesministerium für Bildung und Forschung nach Anhörung des Hauptausschusses des Bundesinstituts für Berufsbildung durch Rechtsverordnung außerhalb des Anwendungsbereichs dieses Gesetzes oder im Ausland erworbene Prüfungszeugnisse den entsprechenden Zeugnissen über das Bestehen einer Umschulungsprüfung auf der Grundlage der §§ 58 und 59 gleichstellen, wenn die in der

Prüfung nachzuweisenden beruflichen Fertigkeiten, Kenntnisse und Fähigkeiten gleichwertig sind.

KAPITEL 4
Berufsbildung für besondere Personengruppen

ABSCHNITT 1
Berufsbildung behinderter Menschen

§ 64 Berufsausbildung

Behinderte Menschen (§ 2 Abs. 1 Satz 1 des Neunten Buches Sozialgesetzbuch) sollen in anerkannten Ausbildungsberufen ausgebildet werden.

§ 65 Berufsausbildung in anerkannten Ausbildungsberufen

(1) Regelungen nach den §§ 9 und 47 sollen die besonderen Verhältnisse behinderter Menschen berücksichtigen. Dies gilt insbesondere für die zeitliche und sachliche Gliederung der Ausbildung, die Dauer von Prüfungszeiten, die Zulassung von Hilfsmitteln und die Inanspruchnahme von Hilfeleistungen Dritter wie Gebärdensprachdolmetscher für hörbehinderte Menschen.

(2) Der Berufsausbildungsvertrag mit einem behinderten Menschen ist in das Verzeichnis der Berufsausbildungsverhältnisse (§ 34) einzutragen. Der behinderte Mensch ist zur Abschlussprüfung auch zuzulassen, wenn die Voraussetzungen des § 43 Abs. 1 Nr. 2 und 3 nicht vorliegen.

§ 66 Ausbildungsregelungen der zuständigen Stellen

(1) Für behinderte Menschen, für die wegen Art und Schwere ihrer Behinderung eine Ausbildung in einem anerkannten Ausbildungsberuf nicht in Betracht kommt, treffen die zuständigen Stellen auf Antrag der behinderten Menschen oder ihrer gesetzlichen Vertreter oder Vertreterinnen Ausbildungsregelungen entsprechend den Empfehlungen des Hauptausschusses des Bundesinstituts für Berufsbildung. Die Ausbildungsinhalte sollen unter Berücksichtigung von Lage und Entwicklung des allgemeinen Arbeitsmarktes aus den Inhalten anerkannter Ausbildungsberufe entwickelt werden. Im Antrag nach Satz 1 ist eine Ausbildungsmöglichkeit in dem angestrebten Ausbildungsgang nachzuweisen.

(2) § 65 Abs. 2 Satz 1 gilt entsprechend.

§ 67 Berufliche Fortbildung, berufliche Umschulung

Für die berufliche Fortbildung und die berufliche Umschulung behinderter Menschen gelten die §§ 64 bis 66 entsprechend, soweit es Art und Schwere der Behinderung erfordern.

ABSCHNITT 2
Berufsausbildungsvorbereitung

§ 68 Personenkreis und Anforderungen

(1) Die Berufsausbildungsvorbereitung richtet sich an lernbeeinträchtigte oder sozial benachteiligte Personen, deren Entwicklungsstand eine erfolgreiche Ausbildung in einem anerkannten Ausbildungsberuf noch nicht erwarten lässt. Sie muss nach Inhalt, Art, Ziel und Dauer den besonderen Erfordernissen des in Satz 1 genannten Personenkreises entsprechen und durch umfassende sozialpädagogische Betreuung und Unterstützung begleitet werden.

(2) Für die Berufsausbildungsvorbereitung, die nicht im Rahmen des Dritten Buches Sozialgesetzbuch oder anderer vergleichbarer, öffentlich geförderter Maßnahmen durchgeführt wird, gelten die §§ 27 bis 33 entsprechend.

§ 69 Qualifizierungsbausteine, Bescheinigung

(1) Die Vermittlung von Grundlagen für den Erwerb beruflicher Handlungsfähigkeit (§ 1 Abs. 2) kann insbesondere durch inhaltlich und zeitlich abgegrenzte Lerneinheiten erfolgen, die aus den Inhalten anerkannter Ausbildungsberufe entwickelt werden (Qualifizierungsbausteine).

(2) Über vermittelte Grundlagen für den Erwerb beruflicher Handlungsfähigkeit stellt der Anbieter der Berufsausbildungsvorbereitung eine Bescheinigung aus. Das Nähere regelt das Bundesministerium für Bildung und Forschung im Einvernehmen mit den für den Erlass von Ausbildungsordnungen zuständigen Fachministerien nach Anhörung des Hauptausschusses des Bundesinstituts für Berufsbildung durch Rechtsverordnung, die nicht der Zustimmung des Bundesrates bedarf.

§ 70 Überwachung, Beratung

(1) Die nach Landesrecht zuständige Behörde hat die Berufsausbildungsvorbereitung zu untersagen, wenn die Voraussetzungen des § 68 Abs. 1 nicht vorliegen.

(2) Der Anbieter hat die Durchführung von Maßnahmen der Berufsausbildungsvorbereitung vor Beginn der Maßnahme der zuständigen Stelle schriftlich anzuzeigen. Die Anzeigepflicht erstreckt sich auf den wesentlichen Inhalt des Qualifizierungsvertrages sowie die nach § 88 Abs. 1 Nr. 5 erforderlichen Angaben.

(3) Die Absätze 1 und 2 sowie § 76 finden keine Anwendung, soweit die Berufsausbildungsvorbereitung im Rahmen des Dritten Buches Sozialgesetzbuch oder anderer vergleichbarer, öffentlich geförderter Maßnahmen durchgeführt wird.

TEIL 3
Organisation der Berufsbildung

KAPITEL 1
Zuständige Stellen; zuständige Behörden

ABSCHNITT 1
Bestimmung der zuständigen Stelle

§ 71 Zuständige Stellen

(1) Für die Berufsbildung in Berufen der Handwerksordnung ist die Handwerkskammer zuständige Stelle im Sinne dieses Gesetzes.

(2) Für die Berufsbildung in nichthandwerklichen Gewerbeberufen ist die Industrie- und Handelskammer zuständige Stelle im Sinne dieses Gesetzes.

(3) Für die Berufsbildung in Berufen der Landwirtschaft, einschließlich der ländlichen Hauswirtschaft, ist die Landwirtschaftskammer zuständige Stelle im Sinne dieses Gesetzes.

(4) Für die Berufsbildung der Fachangestellten im Bereich der Rechtspflege sind jeweils für ihren Bereich die Rechtsanwalts-,

Patentanwalts- und Notarkammern und für ihren Tätigkeitsbereich die Notarkassen zuständige Stelle im Sinne dieses Gesetzes.

(5) Für die Berufsbildung der Fachangestellten im Bereich der Wirtschaftsprüfung und Steuerberatung sind jeweils für ihren Bereich die Wirtschaftsprüferkammern und die Steuerberaterkammern zuständige Stelle im Sinne dieses Gesetzes.

(6) Für die Berufsbildung der Fachangestellten im Bereich der Gesundheitsdienstberufe sind jeweils für ihren Bereich die Ärzte-, Zahnärzte-, Tierärzte- und Apothekerkammern zuständige Stelle im Sinne dieses Gesetzes.

(7) Soweit die Berufsausbildungsvorbereitung, die Berufsausbildung und die berufliche Umschulung in Betrieben zulassungspflichtiger Handwerke, zulassungsfreier Handwerke und handwerksähnlicher Gewerbe durchgeführt wird, ist abweichend von den Absätzen 2 bis 6 die Handwerkskammer zuständige Stelle im Sinne dieses Gesetzes.

(8) Soweit Kammern für einzelne Berufsbereiche der Absätze 1 bis 6 nicht bestehen, bestimmt das Land die zuständige Stelle.

(9) Mehrere Kammern können vereinbaren, dass die ihnen durch Gesetz zugewiesenen Aufgaben im Bereich der Berufsbildung durch eine von ihnen wahrgenommen wird. Die Vereinbarung bedarf der Genehmigung durch die zuständige oberste Bundes- oder Landesbehörde.

§ 72 Bestimmung durch Rechtsverordnung

Das zuständige Fachministerium kann im Einvernehmen mit dem Bundesministerium für Bildung und Forschung durch Rechtsverordnung mit Zustimmung des Bundesrates für Berufsbereiche, die durch § 71 nicht geregelt sind, die zuständige Stelle bestimmen.

§ 73 Zuständige Stellen im Bereich des öffentlichen Dienstes

(1)* Im öffentlichen Dienst bestimmt für den Bund die oberste Bundesbehörde für ihren Geschäftsbereich die zuständige Stelle

1. in den Fällen der §§ 32, 33 und 76 sowie der §§ 23, 24 und 41a der Handwerksordnung,
2. für die Berufsbildung in anderen als den durch die §§ 71 und 72 erfassten Berufsbereichen;

dies gilt auch für die der Aufsicht des Bundes unterstehenden Körperschaften, Anstalten und Stiftungen des öffentlichen Rechts.

(2) Im öffentlichen Dienst bestimmen die Länder für ihren Bereich sowie für die Gemeinden und Gemeindeverbände die zuständige Stelle für die Berufsbildung in anderen als den durch die §§ 71 und 72 erfassten Berufsbereichen. Dies gilt auch für die der Aufsicht der Länder unterstehenden Körperschaften, Anstalten und Stiftungen des öffentlichen Rechts.

§ 74 Erweiterte Zuständigkeit

§ 73 gilt entsprechend für Ausbildungsberufe, in denen im Bereich der Kirchen und sonstigen Religionsgemeinschaften des öffentlichen Rechts oder außerhalb des öffentlichen Dienstes nach Ausbildungsordnungen des öffentlichen Dienstes ausgebildet wird.

§ 75 Zuständige Stellen im Bereich der Kirchen und sonstigen Religionsgemeinschaften des öffentlichen Rechts

Die Kirchen und sonstigen Religionsgemeinschaften des öffentlichen Rechts bestimmen für ihren Bereich die zuständige Stelle für die Berufsbildung in anderen als den durch die §§ 71, 72 und 74 erfassten Berufsbereichen. Die §§ 77 bis 80 finden keine Anwendung.

---

* Anordnung über die Bestimmung der zuständigen Stelle nach § 73 des BBiG vom 26. April 2005 (BGBl. I, S. 1695). Auf Grund des § 73 Abs. 1 des Berufsbildungsgesetzes vom 23. März 2005 (BGBL. I, S. 931) sowie des § 1 Abs. 3 des Gesetzes über die Errichtung des Bundesverwaltungsamtes in der im Bundesgesetzblatt Teil III, Gliederungsnummer 200-2, veröffentlichten bereinigten Fassung bestimme ich im Einvernehmen mit dem Bundesministerium des Innern das Bundesverwaltungsamt zur zuständigen Stelle für das Sekretariat des Bundesrates.

ABSCHNITT 2
Überwachung der Berufsbildung

§ 76 Überwachung, Beratung

(1) Die zuständige Stelle überwacht die Durchführung
1. der Berufsausbildungsvorbereitung,
2. der Berufsausbildung und
3. der beruflichen Umschulung

und fördert diese durch Beratung der an der Berufsbildung beteiligten Personen. Sie hat zu diesem Zweck Berater oder Beraterinnen zu bestellen.

(2) Ausbildende, Umschulende und Anbieter von Maßnahmen der Berufsausbildungsvorbereitung sind auf Verlangen verpflichtet, die für die Überwachung notwendigen Auskünfte zu erteilen und Unterlagen vorzulegen sowie die Besichtigung der Ausbildungsstätten zu gestatten.

(3) Die Durchführung von Auslandsaufenthalten nach § 2 Abs. 3 überwacht und fördert die zuständige Stelle in geeigneter Weise. Beträgt die Dauer eines Ausbildungsabschnitts im Ausland mehr als vier Wochen, ist hierfür ein mit der zuständigen Stelle abgestimmter Plan erforderlich.

(4) Auskunftspflichtige können die Auskunft auf solche Fragen verweigern, deren Beantwortung sie selbst oder einen der in § 52 der Strafprozessordnung bezeichneten Angehörigen der Gefahr strafgerichtlicher Verfolgung oder eines Verfahrens nach dem Gesetz über Ordnungswidrigkeiten aussetzen würde.

(5) Die zuständige Stelle teilt der Aufsichtsbehörde nach dem Jugendarbeitsschutzgesetz Wahrnehmungen mit, die für die Durchführung des Jugendarbeitsschutzgesetzes von Bedeutung sein können.

ABSCHNITT 3
Berufsbildungsausschuss der zuständigen Stelle

§ 77 Errichtung

(1) Die zuständige Stelle errichtet einen Berufsbildungsausschuss. Ihm gehören sechs Beauftragte der Arbeitgeber, sechs Beauftragte

der Arbeitnehmer und sechs Lehrkräfte an berufsbildenden Schulen an, die Lehrkräfte mit beratender Stimme.

(2) Die Beauftragten der Arbeitgeber werden auf Vorschlag der zuständigen Stelle, die Beauftragten der Arbeitnehmer auf Vorschlag der im Bezirk der zuständigen Stelle bestehenden Gewerkschaften und selbständigen Vereinigungen von Arbeitnehmern mit sozial oder berufspolitischer Zwecksetzung, die Lehrkräfte an berufsbildenden Schulen von der nach Landesrecht zuständigen Behörde längstens für vier Jahre als Mitglieder berufen.

(3) Die Tätigkeit im Berufsbildungsausschuss ist ehrenamtlich. Für bare Auslagen und für Zeitversäumnis ist, soweit eine Entschädigung nicht von anderer Seite gewährt wird, eine angemessene Entschädigung zu zahlen, deren Höhe von der zuständigen Stelle mit Genehmigung der obersten Landesbehörde festgesetzt wird.

(4) Die Mitglieder können nach Anhören der an ihrer Berufung Beteiligten aus wichtigem Grund abberufen werden.

(5) Die Mitglieder haben Stellvertreter oder Stellvertreterinnen. Die Absätze 1 bis 4 gelten für die Stellvertreter und Stellvertreterinnen entsprechend.

(6) Der Berufsbildungsausschuss wählt ein Mitglied, das den Vorsitz führt, und ein weiteres Mitglied, das den Vorsitz stellvertretend übernimmt. Der Vorsitz und seine Stellvertretung sollen nicht derselben Mitgliedergruppe angehören.

§ 78 Beschlussfähigkeit, Abstimmung

(1) Der Berufsbildungsausschuss ist beschlussfähig, wenn mehr als die Hälfte seiner stimmberechtigten Mitglieder anwesend ist. Er beschließt mit der Mehrheit der abgegebenen Stimmen.

(2) Zur Wirksamkeit eines Beschlusses ist es erforderlich, dass der Gegenstand bei der Einberufung des Ausschusses bezeichnet ist, es sei denn, dass er mit Zustimmung von zwei Dritteln der stimmberechtigten Mitglieder nachträglich auf die Tagesordnung gesetzt wird.

§ 79 Aufgaben

(1) Der Berufsbildungsausschuss ist in allen wichtigen Angelegenheiten der beruflichen Bildung zu unterrichten und zu hören. Er hat im Rahmen seiner Aufgaben auf eine stetige Entwicklung der Qualität der beruflichen Bildung hinzuwirken.

(2) Wichtige Angelegenheiten, in denen der Berufsbildungsausschuss anzuhören ist, sind insbesondere:

1. Erlass von Verwaltungsgrundsätzen über die Eignung von Ausbildungs- und Umschulungsstätten, für das Führen von Ausbildungsnachweisen nach § 13 Satz 2 Nummer 7, für die Verkürzung der Ausbildungsdauer, für die vorzeitige Zulassung zur Abschlussprüfung, für die Durchführung der Prüfungen, zur Durchführung von über- und außerbetrieblicher Ausbildung sowie Verwaltungsrichtlinien zur beruflichen Bildung,
2. Umsetzung der vom Landesausschuss für Berufsbildung empfohlenen Maßnahmen,
3. wesentliche inhaltliche Änderungen des Ausbildungsvertragsmusters.

(3) Wichtige Angelegenheiten, in denen der Berufsbildungsausschuss zu unterrichten ist, sind insbesondere:

1. Zahl und Art der der zuständigen Stelle angezeigten Maßnahmen der Berufsausbildungsvorbereitung und beruflichen Umschulung sowie der eingetragenen Berufsausbildungsverhältnisse,
2. Zahl und Ergebnisse von durchgeführten Prüfungen sowie hierbei gewonnene Erfahrungen,
3. Tätigkeit der Berater und Beraterinnen nach § 76 Abs. 1 Satz 2,
4. für den räumlichen und fachlichen Zuständigkeitsbereich der zuständigen Stelle neue Formen, Inhalte und Methoden der Berufsbildung,
5. Stellungnahmen oder Vorschläge der zuständigen Stelle gegenüber anderen Stellen und Behörden, soweit sie sich auf die Durchführung dieses Gesetzes oder der auf Grund dieses Gesetzes erlassenen Rechtsvorschriften beziehen,
6. Bau eigener überbetrieblicher Berufsbildungsstätten,
7. Beschlüsse nach Absatz 5 sowie beschlossene Haushaltsansätze zur Durchführung der Berufsbildung mit Ausnahme der Personalkosten,

8. Verfahren zur Beilegung von Streitigkeiten aus Ausbildungsverhältnissen,
9. Arbeitsmarktfragen, soweit sie die Berufsbildung im Zuständigkeitsbereich der zuständigen Stelle berühren.

(4) Der Berufsbildungsausschuss hat die auf Grund dieses Gesetzes von der zuständigen Stelle zu erlassenden Rechtsvorschriften für die Durchführung der Berufsbildung zu beschließen. Gegen Beschlüsse, die gegen Gesetz oder Satzung verstoßen, kann die zur Vertretung der zuständigen Stelle berechtigte Person innerhalb einer Woche Einspruch einlegen. Der Einspruch ist zu begründen und hat aufschiebende Wirkung. Der Berufsbildungsausschuss hat seinen Beschluss zu überprüfen und erneut zu beschließen.

(5) Beschlüsse, zu deren Durchführung die für Berufsbildung im laufenden Haushalt vorgesehenen Mittel nicht ausreichen, bedürfen für ihre Wirksamkeit der Zustimmung der für den Haushaltsplan zuständigen Organe. Das Gleiche gilt für Beschlüsse, zu deren Durchführung in folgenden Haushaltsjahren Mittel bereitgestellt werden müssen, die die Ausgaben für Berufsbildung des laufenden Haushalts nicht unwesentlich übersteigen.

(6) Abweichend von § 77 Abs. 1 haben die Lehrkräfte Stimmrecht bei Beschlüssen zu Angelegenheiten der Berufsausbildungsvorbereitung und Berufsausbildung, soweit sich die Beschlüsse unmittelbar auf die Organisation der schulischen Berufsbildung auswirken.

§ 80 Geschäftsordnung

Der Berufsbildungsausschuss gibt sich eine Geschäftsordnung. Sie kann die Bildung von Unterausschüssen vorsehen und bestimmen, dass ihnen nicht nur Mitglieder des Ausschusses angehören. Für die Unterausschüsse gelten § 77 Abs. 2 bis 6 und § 78 entsprechend.

ABSCHNITT 4
Zuständige Behörden

§ 81 Zuständige Behörden

(1) Im Bereich des Bundes ist die oberste Bundesbehörde oder die von ihr bestimmte Behörde die zuständige Behörde im Sinne des § 30 Abs. 6, der §§ 32, 33, 40 Abs. 4 und der §§ 47, 77 Abs. 2 und 3.

(2) Ist eine oberste Bundesbehörde oder eine oberste Landesbehörde zuständige Stelle im Sinne dieses Gesetzes, so bedarf es im Falle des § 40 Abs. 4 sowie der §§ 47 und 77 Abs. 3 keiner Genehmigung.

KAPITEL 2
Landesausschüsse für Berufsbildung

§ 82 Errichtung, Geschäftsordnung, Abstimmung

(1) Bei der Landesregierung wird ein Landesausschuss für Berufsbildung errichtet. Er setzt sich zusammen aus einer gleichen Zahl von Beauftragten der Arbeitgeber, der Arbeitnehmer und der obersten Landesbehörden. Die Hälfte der Beauftragten der obersten Landesbehörden muss in Fragen des Schulwesens sachverständig sein.

(2) Die Mitglieder des Landesausschusses werden längstens für vier Jahre von der Landesregierung berufen, die Beauftragten der Arbeitgeber auf Vorschlag der auf Landesebene bestehenden Zusammenschlüsse der Kammern, der Arbeitgeberverbände und der Unternehmerverbände, die Beauftragten der Arbeitnehmer auf Vorschlag der auf Landesebene bestehenden Gewerkschaften und selbständigen Vereinigungen von Arbeitnehmern mit sozial- oder berufspolitischer Zwecksetzung. Die Tätigkeit im Landesausschuss ist ehrenamtlich. Für bare Auslagen und für Zeitversäumnis ist, soweit eine Entschädigung nicht von anderer Seite gewährt wird, eine angemessene Entschädigung zu zahlen, deren Höhe von der Landesregierung oder der von ihr bestimmten obersten Landesbehörde festgesetzt wird. Die Mitglieder können nach Anhören der an ihrer Berufung Beteiligten aus wichtigem Grund abberufen werden. Der Ausschuss wählt ein Mitglied, das den Vorsitz führt, und ein weiteres Mitglied, das den Vorsitz stellvertretend übernimmt. Der Vorsitz und seine Stellvertretung sollen nicht derselben Mitgliedergruppe angehören.

(3) Die Mitglieder haben Stellvertreter oder Stellvertreterinnen. Die Absätze 1 und 2 gelten für die Stellvertreter und Stellvertreterinnen entsprechend.

(4) Der Landesausschuss gibt sich eine Geschäftsordnung, die der Genehmigung der Landesregierung oder der von ihr bestimmten obersten Landesbehörde bedarf. Sie kann die Bildung von Unter-

ausschüssen vorsehen und bestimmen, dass ihnen nicht nur Mitglieder des Landesausschusses angehören. Absatz 2 Satz 2 gilt für die Unterausschüsse hinsichtlich der Entschädigung entsprechend. An den Sitzungen des Landesausschusses und der Unterausschüsse können Vertreter der beteiligten obersten Landesbehörden, der Gemeinden und Gemeindeverbände sowie der Agentur für Arbeit teilnehmen.

(5) Der Landesausschuss ist beschlussfähig, wenn mehr als die Hälfte seiner Mitglieder anwesend ist. Er beschließt mit der Mehrheit der abgegebenen Stimmen.

§ 83 Aufgaben

(1) Der Landesausschuss hat die Landesregierung in den Fragen der Berufsbildung zu beraten, die sich für das Land ergeben. Er hat im Rahmen seiner Aufgaben auf eine stetige Entwicklung der Qualität der beruflichen Bildung hinzuwirken.

(2) Er hat insbesondere im Interesse einer einheitlichen Berufsbildung auf eine Zusammenarbeit zwischen der schulischen Berufsbildung und der Berufsbildung nach diesem Gesetz sowie auf eine Berücksichtigung der Berufsbildung bei der Neuordnung und Weiterentwicklung des Schulwesens hinzuwirken. Der Landesausschuss kann zur Stärkung der regionalen Ausbildungs- und Beschäftigungssituation Empfehlungen zur inhaltlichen und organisatorischen Abstimmung und zur Verbesserung der Ausbildungsangebote aussprechen.

TEIL 4
Berufsbildungsforschung, Planung und Statistik

§ 84 Ziele der Berufsbildungsforschung

Die Berufsbildungsforschung soll

1. Grundlagen der Berufsbildung klären,
2. inländische, europäische und internationale Entwicklungen in der Berufsbildung beobachten,
3. Anforderungen an Inhalte und Ziele der Berufsbildung ermitteln,
4. Weiterentwicklungen der Berufsbildung in Hinblick auf gewandelte wirtschaftliche, gesellschaftliche und technische Erfordernisse vorbereiten,

5. Instrumente und Verfahren der Vermittlung von Berufsbildung sowie den Wissens- und Technologietransfer fördern.

§ 85 Ziele der Berufsbildungsplanung

(1) Durch die Berufsbildungsplanung sind Grundlagen für eine abgestimmte und den technischen, wirtschaftlichen und gesellschaftlichen Anforderungen entsprechende Entwicklung der beruflichen Bildung zu schaffen.

(2) Die Berufsbildungsplanung hat insbesondere dazu beizutragen, dass die Ausbildungsstätten nach Art, Zahl, Größe und Standort ein qualitativ und quantitativ ausreichendes Angebot an beruflichen Ausbildungsplätzen gewährleisten und dass sie unter Berücksichtigung der voraussehbaren Nachfrage und des langfristig zu erwartenden Bedarfs an Ausbildungsplätzen möglichst günstig genutzt werden.

§ 86 Berufsbildungsbericht

(1) Das Bundesministerium für Bildung und Forschung hat Entwicklungen in der beruflichen Bildung ständig zu beobachten und darüber bis zum 1. April jeden Jahres der Bundesregierung einen Bericht (Berufsbildungsbericht) vorzulegen. In dem Bericht sind Stand und voraussichtliche Weiterentwicklungen der Berufsbildung darzustellen. Erscheint die Sicherung eines regional und sektoral ausgewogenen Angebots an Ausbildungsplätzen als gefährdet, sollen in den Bericht Vorschläge für die Behebung aufgenommen werden.

(2) Der Bericht soll angeben
1. für das vergangene Kalenderjahr
   a) auf der Grundlage von Angaben der zuständigen Stellen die in das Verzeichnis der Berufsausbildungsverhältnisse nach diesem Gesetz oder der Handwerksordnung eingetragenen Berufsausbildungsverträge, die vor dem 1. Oktober des vergangenen Jahres in den vorangegangenen zwölf Monaten abgeschlossen worden sind und am 30. September des vergangenen Jahres noch bestehen, sowie
   b) die Zahl der am 30. September des vergangenen Jahres nicht besetzten, der Bundesagentur für Arbeit zur Vermittlung angebotenen Ausbildungsplätze und die Zahl der zu diesem Zeitpunkt bei der Bundesagentur für Arbeit gemeldeten Ausbildungsplätze suchenden Personen;

2. für das laufende Kalenderjahr
   a) die bis zum 30. September des laufenden Jahres zu erwartende Zahl der Ausbildungsplätze suchenden Personen,
   b) eine Einschätzung des bis zum 30. September des laufenden Jahres zu erwartenden Angebots an Ausbildungsplätzen.

§ 87 Zweck und Durchführung der Berufsbildungsstatistik
(1) Für Zwecke der Planung und Ordnung der Berufsbildung wird eine Bundesstatistik durchgeführt.

(2) Das Bundesinstitut für Berufsbildung und die Bundesagentur für Arbeit unterstützen das Statistische Bundesamt bei der technischen und methodischen Vorbereitung der Statistik.

(3) Das Erhebungs- und Aufbereitungsprogramm ist im Benehmen mit dem Bundesinstitut für Berufsbildung so zu gestalten, dass die erhobenen Daten für Zwecke der Planung und Ordnung der Berufsbildung im Rahmen der jeweiligen Zuständigkeiten Verwendung finden können.

§ 88 Erhebungen
(1) Die jährliche Bundesstatistik erfasst
1. für jeden Auszubildenden und jede Auszubildende:
   a) Geschlecht, Geburtsjahr, Staatsangehörigkeit;
   b) allgemeinbildender Schulabschluss, vorausgegangene Teilnahme an berufsvorbereitender Qualifizierung oder beruflicher Grundbildung, berufliche Vorbildung;
   c) Ausbildungsberuf einschließlich Fachrichtung;
   d) Ort der Ausbildungsstätte, Wirtschaftszweig, Zugehörigkeit zum öffentlichen Dienst;
   e) Ausbildungsjahr, Abkürzung der Ausbildungsdauer, Dauer der Probezeit;
   f) Monat und Jahr des Beginns der Berufsausbildung, Monat und Jahr der vorzeitigen Auflösung des Berufsausbildungsverhältnisses;
   g) Anschlussvertrag bei Stufenausbildung mit Angabe des Ausbildungsberufs;
   h) Art der Förderung bei überwiegend öffentlich, insbesondere auf Grund des Dritten Buches Sozialgesetzbuch geförderten Berufsausbildungsverhältnissen;

i) Monat und Jahr der Abschlussprüfung, Art der Zulassung zur Prüfung, Monat und Jahr der Wiederholungsprüfung, Prüfungserfolg;

2. für jeden Prüfungsteilnehmer und jede Prüfungsteilnehmerin in der beruflichen Bildung mit Ausnahme der durch Nummer 1 erfassten Auszubildenden:
   Geschlecht, Geburtsjahr, Berufsrichtung, Vorbildung, Wiederholungsprüfung, Art der Prüfung, Prüfungserfolg;
3. für jeden Ausbilder und jede Ausbilderin:
   Geschlecht, Geburtsjahr, Art der fachlichen Eignung;
4. für jeden Ausbildungsberater und jede Ausbildungsberaterin:
   Geschlecht, Geburtsjahr, Vorbildung, Art der Beratertätigkeit, fachliche Zuständigkeit, durchgeführte Besuche von Ausbildungsstätten;
5. für jeden Teilnehmer und jede Teilnehmerin an einer Berufsausbildungsvorbereitung, soweit der Anbieter der Anzeigepflicht des § 70 Abs. 2 unterliegt:
   Geschlecht, Geburtsjahr, Staatsangehörigkeit, Berufsrichtung.

(2) Hilfsmerkmale sind Name und Anschrift der Auskunftspflichtigen. Sie sind zum frühestmöglichen Zeitpunkt, spätestens nach Abschluss der wiederkehrenden Erhebung zu löschen.

(3) Auskunftspflichtig sind die zuständigen Stellen.

(4) Zu Zwecken der Erstellung des Berufsbildungsberichts sowie zur Durchführung der Berufsbildungsforschung nach § 84 sind die nach Absatz 1 Nr. 1 bis 5 erhobenen Einzelangaben vom Statistischen Bundesamt und den statistischen Ämtern der Länder an das Bundesinstitut für Berufsbildung zu übermitteln. Hierzu wird beim Bundesinstitut für Berufsbildung eine Organisationseinheit eingerichtet, die räumlich, organisatorisch und personell von anderen Aufgabenbereichen des Bundesinstituts für Berufsbildung zu trennen ist. Die in der Organisationseinheit tätigen Personen müssen Amtsträger oder für den öffentlichen Dienst besonders Verpflichtete sein. Sie dürfen die aus ihrer Tätigkeit gewonnenen Erkenntnisse nur zur Erstellung des Berufsbildungsberichts sowie zur Durchführung der Berufsbildungsforschung verwenden. Die nach Satz 2 übermittelten Daten dürfen nicht mit anderen personenbezogenen Daten zusammen geführt werden. Das Nähere zur Ausführung der

Sätze 2 und 3 regelt das Bundesministerium für Bildung und Forschung durch Erlass.

§ 89 Bundesinstitut für Berufsbildung

Das Bundesinstitut für Berufsbildung ist eine bundesunmittelbare rechtsfähige Anstalt des öffentlichen Rechts. Es hat seinen Sitz in Bonn.

§ 90 Aufgaben

(1) Das Bundesinstitut für Berufsbildung führt seine Aufgaben im Rahmen der Bildungspolitik der Bundesregierung durch.

(2) Das Bundesinstitut für Berufsbildung hat die Aufgabe, durch wissenschaftliche Forschung zur Berufsbildungsforschung beizutragen. Die Forschung wird auf der Grundlage eines jährlichen Forschungsprogramms durchgeführt; das Forschungsprogramm bedarf der Genehmigung des Bundesministeriums für Bildung und Forschung. Weitere Forschungsaufgaben können dem Bundesinstitut für Berufsbildung von obersten Bundesbehörden im Einvernehmen mit dem Bundesministerium für Bildung und Forschung übertragen werden. Die wesentlichen Ergebnisse der Forschungsarbeit des Bundesinstituts für Berufsbildung sind zu veröffentlichen.

(3) Das Bundesinstitut für Berufsbildung hat die sonstigen Aufgaben:
1. nach Weisung des zuständigen Bundesministeriums
   a) an der Vorbereitung von Ausbildungsordnungen und sonstigen Rechtsverordnungen, die nach diesem Gesetz oder nach dem zweiten Teil der Handwerksordnung zu erlassen sind, mitzuwirken,
   b) an der Vorbereitung des Berufsbildungsberichts mitzuwirken,
   c) an der Durchführung der Berufsbildungsstatistik nach Maßgabe des § 87 mitzuwirken,
   d) Modellversuche einschließlich wissenschaftlicher Begleituntersuchungen zu fördern,
   e) an der internationalen Zusammenarbeit in der beruflichen Bildung mitzuwirken,
   f) weitere Verwaltungsaufgaben des Bundes zur Förderung der Berufsbildung zu übernehmen;
2. nach allgemeinen Verwaltungsvorschriften des zuständigen Bundesministeriums die Förderung überbetrieblicher Berufsbildungs-

stätten durchzuführen und die Planung, Errichtung und Weiterentwicklung dieser Einrichtungen zu unterstützen;
3. das Verzeichnis der anerkannten Ausbildungsberufe zu führen und zu veröffentlichen;
4. die im Fernunterrichtsschutzgesetz beschriebenen Aufgaben nach den vom Hauptausschuss erlassenen und vom zuständigen Bundesministerium genehmigten Richtlinien wahrzunehmen und durch Förderung von Entwicklungsvorhaben zur Verbesserung und Ausbau des berufsbildenden Fernunterrichts beizutragen.

(3a) Das Bundesinstitut für Berufsbildung nimmt die Aufgaben nach § 53 Absatz 5 Satz 1 und § 54 des Pflegeberufegesetzes wahr.*

(4) Das Bundesinstitut für Berufsbildung kann mit Zustimmung des Bundesministeriums für Bildung und Forschung mit Stellen außerhalb der Bundesverwaltung Verträge zur Übernahme weiterer Aufgaben schließen.

§ 91 Organe

Die Organe des Bundesinstituts für Berufsbildung sind:
1. der Hauptausschuss,
2. der Präsident oder die Präsidentin.

§ 92 Hauptausschuss

(1) Der Hauptausschuss hat neben den ihm durch sonstige Vorschriften dieses Gesetzes zugewiesenen Aufgaben folgende weitere Aufgaben:
1. er beschließt über die Angelegenheiten des Bundesinstituts für Berufsbildung, soweit sie nicht dem Präsidenten oder der Präsidentin übertragen sind;
2. er berät die Bundesregierung in grundsätzlichen Fragen der Berufsbildung und kann eine Stellungnahme zu dem Entwurf des Berufsbildungsberichts abgeben;
3. er beschließt das jährliche Forschungsprogramm;
4. er kann Empfehlungen zur einheitlichen Anwendung dieses Gesetzes geben;
5. er kann zu den vom Bundesinstitut vorbereiteten Entwürfen der Verordnungen gemäß § 4 Abs. 1 unter Berücksichtigung der

* § 90 Abs. 3a BBiG tritt erst am 1.1.2020 in Kraft (BGBl. I 2017, S. 2581 (2613)).

entsprechenden Entwürfe der schulischen Rahmenlehrpläne Stellung nehmen;
6. er beschließt über die in § 90 Abs. 3 Nr. 3 und 4 sowie § 97 Abs. 4 genannten Angelegenheiten des Bundesinstituts für Berufsbildung.

(2) Der Präsident oder die Präsidentin unterrichtet den Hauptausschuss unverzüglich über erteilte Weisungen zur Durchführung von Aufgaben nach § 90 Abs. 3 Nr. 1 und erlassene Verwaltungsvorschriften nach § 90 Abs. 3 Nr. 2.

(3) Dem Hauptausschuss gehören je acht Beauftragte der Arbeitgeber, der Arbeitnehmer und der Länder sowie fünf Beauftragte des Bundes an. Die Beauftragten des Bundes führen acht Stimmen, die nur einheitlich abgegeben werden können; bei der Beratung der Bundesregierung in grundsätzlichen Fragen der Berufsbildung, bei der Stellungnahme zum Entwurf des Berufsbildungsberichts und im Rahmen von Anhörungen nach diesem Gesetz haben sie kein Stimmrecht. An den Sitzungen des Hauptausschusses können je ein Beauftragter oder eine Beauftragte der Bundesagentur für Arbeit, der auf Bundesebene bestehenden kommunalen Spitzenverbände sowie des wissenschaftlichen Beirats mit beratender Stimme teilnehmen.

(4) Die Beauftragten der Arbeitgeber werden auf Vorschlag der auf Bundesebene bestehenden Zusammenschlüsse der Kammern, Arbeitgeberverbände und Unternehmensverbände, die Beauftragten der Arbeitnehmer auf Vorschlag der auf Bundesebene bestehenden Gewerkschaften, die Beauftragten des Bundes auf Vorschlag der Bundesregierung und die Beauftragten der Länder auf Vorschlag des Bundesrates vom Bundesministerium für Bildung und Forschung längstens für vier Jahre berufen.

(5) Der Hauptausschuss wählt auf die Dauer eines Jahres ein Mitglied, das den Vorsitz führt, und ein weiteres Mitglied, das den Vorsitz stellvertretend übernimmt. Der oder die Vorsitzende wird der Reihe nach von den Beauftragten der Arbeitgeber, der Arbeitnehmer, der Länder und des Bundes vorgeschlagen.

(6) Die Tätigkeit im Hauptausschuss ist ehrenamtlich. Für bare Auslagen und Verdienstausfälle ist, soweit eine Entschädigung nicht von anderer Seite gewährt wird, eine angemessene Entschädigung zu zahlen, deren Höhe vom Bundesinstitut für Berufsbildung mit Genehmigung des Bundesministeriums für Bildung und Forschung festgesetzt wird. Die Genehmigung ergeht im Einvernehmen mit dem Bundesministerium der Finanzen.

(7) Die Mitglieder können nach Anhören der an ihrer Berufung Beteiligten aus wichtigem Grund abberufen werden.

(8) Die Beauftragten haben Stellvertreter oder Stellvertreterinnen. Die Absätze 4, 6 und 7 gelten entsprechend.

(9) Der Hauptausschuss kann nach näherer Regelung der Satzung Unterausschüsse einsetzen, denen auch andere als Mitglieder des Hauptausschusses angehören können. Den Unterausschüssen sollen Beauftragte der Arbeitgeber, der Arbeitnehmer, der Länder und des Bundes angehören. Die Absätze 4 bis 7 gelten für die Unterausschüsse entsprechend.

(10) Bei der Wahrnehmung seiner Aufgaben unterliegt der Hauptausschuss keinen Weisungen.

§ 93 Präsident oder Präsidentin

(1) Der Präsident oder die Präsidentin vertritt das Bundesinstitut für Berufsbildung gerichtlich und außergerichtlich. Er oder sie verwaltet das Bundesinstitut und führt dessen Aufgaben durch. Soweit er oder sie nicht Weisungen und allgemeine Verwaltungsvorschriften des zuständigen Bundesministeriums zu beachten hat (§ 90 Abs. 3 Nr. 1 und 2), führt er oder sie die Aufgaben nach Richtlinien des Hauptausschusses durch.

(2) Der Präsident oder die Präsidentin wird auf Vorschlag der Bundesregierung, der Ständige Vertreter oder die Ständige Vertreterin des Präsidenten oder der Präsidentin auf Vorschlag des Bundesministeriums für Bildung und Forschung im Benehmen mit dem Präsidenten oder der Präsidentin unter Berufung in das Beamtenverhältnis von dem Bundespräsidenten oder der Bundespräsidentin ernannt.

§ 94 Wissenschaftlicher Beirat

(1) Der wissenschaftliche Beirat berät die Organe des Bundesinstituts für Berufsbildung durch Stellungnahmen und Empfehlungen

1. zum Forschungsprogramm des Bundesinstituts für Berufsbildung,
2. zur Zusammenarbeit des Instituts mit Hochschulen und anderen Forschungseinrichtungen und
3. zu den jährlichen Berichten über die wissenschaftlichen Ergebnisse des Bundesinstituts für Berufsbildung.

(2) Zur Wahrnehmung seiner Aufgaben werden dem Beirat von dem Präsidenten oder der Präsidentin des Bundesinstituts für Berufsbildung die erforderlichen Auskünfte erteilt. Auf Wunsch werden ihm einmal jährlich im Rahmen von Kolloquien die wissenschaftlichen Arbeiten des Bundesinstituts für Berufsbildung erläutert.

(3) Dem Beirat gehören bis zu sieben anerkannte Fachleute auf dem Gebiet der Berufsbildungsforschung aus dem In- und Ausland an, die nicht Angehörige des Bundesinstituts für Berufsbildung sind. Sie werden von dem Präsidenten oder der Präsidentin des Bundesinstituts für Berufsbildung im Einvernehmen mit dem Bundesministerium für Bildung und Forschung auf vier Jahre bestellt. Einmalige Wiederberufung in Folge ist möglich. An den Sitzungen des wissenschaftlichen Beirats können vier Mitglieder des Hauptausschusses, und zwar je ein Beauftragter oder eine Beauftragte der Arbeitgeber, der Arbeitnehmer, der Länder und des Bundes ohne Stimmrecht teilnehmen.

(4) Der wissenschaftliche Beirat kann sich eine Geschäftsordnung geben.

(5) § 92 Abs. 6 gilt entsprechend.

§ 95 Ausschuss für Fragen behinderter Menschen

(1) Zur Beratung des Bundesinstituts für Berufsbildung bei seinen Aufgaben auf dem Gebiet der beruflichen Bildung behinderter Menschen wird ein ständiger Unterausschuss des Hauptausschusses errichtet. Der Ausschuss hat darauf hinzuwirken, dass die besonderen Belange der behinderten Menschen in der beruflichen Bildung berücksichtigt werden und die berufliche Bildung behinderter Menschen mit den übrigen Leistungen zur Teilhabe am Arbeitsleben koordiniert wird. Das Bundesinstitut für Berufsbildung trifft

Entscheidungen über die Durchführung von Forschungsvorhaben, die die berufliche Bildung behinderter Menschen betreffen, unter Berücksichtigung von Vorschlägen des Ausschusses.

(2) Der Ausschuss besteht aus 17 Mitgliedern, die von dem Präsidenten oder der Präsidentin längstens für vier Jahre berufen werden. Eine Wiederberufung ist zulässig. Die Mitglieder des Ausschusses werden auf Vorschlag des Beirats für die Teilhabe behinderter Menschen (§ 86 des Neunten Buches Sozialgesetzbuch) berufen, und zwar
ein Mitglied, das die Arbeitnehmer vertritt,
ein Mitglied, das die Arbeitgeber vertritt,
drei Mitglieder, die Organisationen behinderter Menschen vertreten,
ein Mitglied, das die Bundesagentur für Arbeit vertritt,
ein Mitglied, das die gesetzliche Rentenversicherung vertritt,
ein Mitglied, das die gesetzliche Unfallversicherung vertritt,
ein Mitglied, das die Freie Wohlfahrtspflege vertritt,
zwei Mitglieder, die Einrichtungen der beruflichen Rehabilitation vertreten,
sechs weitere für die berufliche Bildung behinderter Menschen sachkundige Personen, die in Bildungsstätten oder ambulanten Diensten für behinderte Menschen tätig sind.

(3) Der Ausschuss kann behinderte Menschen, die beruflich ausgebildet, fortgebildet oder umgeschult werden, zu den Beratungen hinzuziehen.

§ 96 Finanzierung des Bundesinstituts für Berufsbildung

(1) Die Ausgaben für die Errichtung und Verwaltung des Bundesinstituts für Berufsbildung werden durch Zuschüsse des Bundes gedeckt. Die Höhe der Zuschüsse des Bundes regelt das Haushaltsgesetz.

(2) Die Ausgaben zur Durchführung von Aufträgen nach § 90 Abs. 2 Satz 3 und von Aufgaben nach § 90 Abs. 3 Nr. 1 Buchstabe f werden durch das beauftragende Bundesministerium gedeckt. Die Ausgaben zur Durchführung von Verträgen nach § 90 Abs. 4 sind durch den Vertragspartner zu decken.

§ 97 Haushalt

(1) Der Haushaltsplan wird von dem Präsidenten oder der Präsidentin aufgestellt. Der Hauptausschuss stellt den Haushaltsplan fest.

(2) Der Haushaltsplan bedarf der Genehmigung des Bundesministeriums für Bildung und Forschung. Die Genehmigung erstreckt sich auch auf die Zweckmäßigkeit der Ansätze.

(3) Der Haushaltsplan soll rechtzeitig vor Einreichung der Voranschläge zum Bundeshaushalt, spätestens zum 15. Oktober des vorhergehenden Jahres, dem Bundesministerium für Bildung und Forschung vorgelegt werden.

(4) Über- und außerplanmäßige Ausgaben können vom Hauptausschuss auf Vorschlag des Präsidenten oder der Präsidentin bewilligt werden. Die Bewilligung bedarf der Einwilligung des Bundesministeriums für Bildung und Forschung und des Bundesministeriums der Finanzen. Die Sätze 1 und 2 gelten entsprechend für Maßnahmen, durch die für das Bundesinstitut für Berufsbildung Verpflichtungen entstehen können, für die Ausgaben im Haushaltsplan nicht veranschlagt sind.

(5) Nach Ende des Haushaltsjahres wird die Rechnung von dem Präsidenten oder der Präsidentin aufgestellt. Die Entlastung obliegt dem Hauptausschuss. Sie bedarf nicht der Genehmigung nach § 109 Abs. 3 der Bundeshaushaltsordnung.

§ 98 Satzung

(1) Durch die Satzung des Bundesinstituts für Berufsbildung sind
1. die Art und Weise der Aufgabenerfüllung (§ 90 Abs. 2 und 3) sowie
2. die Organisation

näher zu regeln.

(2) Der Hauptausschuss beschließt mit einer Mehrheit von vier Fünfteln der Stimmen seiner Mitglieder die Satzung. Sie bedarf der Genehmigung des Bundesministeriums für Bildung und Forschung und ist im Bundesanzeiger bekannt zu geben.

(3) Absatz 2 gilt für Satzungsänderungen entsprechend.

§ 99 Personal

(1) Die Aufgaben des Bundesinstituts für Berufsbildung werden von Beamten, Beamtinnen und Dienstkräften, die als Angestellte, Arbeiter und Arbeiterinnen beschäftigt sind, wahrgenommen. Es ist

Dienstherr im Sinne des § 2 des Bundesbeamtengesetzes. Die Beamten und Beamtinnen sind Bundesbeamte und Bundesbeamtinnen.

(2) Das Bundesministerium für Bildung und Forschung ernennt und entlässt die Beamten und Beamtinnen des Bundesinstituts, soweit das Recht zur Ernennung und Entlassung der Beamten und Beamtinnen, deren Amt in der Bundesbesoldungsordnung B aufgeführt ist, nicht von dem Bundespräsidenten oder der Bundespräsidentin ausgeübt wird. Das zuständige Bundesministerium kann seine Befugnisse auf den Präsidenten oder die Präsidentin übertragen.

(3) Oberste Dienstbehörde für die Beamten und Beamtinnen des Bundesinstituts ist das Bundesministerium für Bildung und Forschung. Es kann seine Befugnisse auf den Präsidenten oder die Präsidentin übertragen. § 144 Abs. 1 des Bundesbeamtengesetzes und § 83 Abs. 1 des Bundesdisziplinargesetzes bleiben unberührt.

(4) Auf die Angestellten, Arbeiter und Arbeiterinnen des Bundesinstituts sind die für Arbeitnehmer und Arbeitnehmerinnen des Bundes geltenden Tarifverträge und sonstigen Bestimmungen anzuwenden. Ausnahmen bedürfen der vorherigen Zustimmung des Bundesministeriums für Bildung und Forschung; die Zustimmung ergeht im Einvernehmen mit dem Bundesministerium des Innern und dem Bundesministerium der Finanzen.

§ 100 Aufsicht über das Bundesinstitut für Berufsbildung

Das Bundesinstitut für Berufsbildung unterliegt, soweit in diesem Gesetz nicht weitergehende Aufsichtsbefugnisse vorgesehen sind, der Rechtsaufsicht des Bundesministeriums für Bildung und Forschung.

§ 101 Auskunftspflicht

(1) Natürliche und juristische Personen sowie Behörden, die Berufsbildung durchführen, haben den Beauftragten des Bundesinstituts für Berufsbildung auf Verlangen die zur Durchführung ihrer Forschungsaufgaben erforderlichen Auskünfte zu erteilen, die dafür notwendigen Unterlagen vorzulegen und während der üblichen Betriebs- und Geschäftszeit Besichtigungen der Betriebsräume, der Betriebseinrichtungen und der Aus- und Weiterbildungsplätze zu gestatten. Arbeitsrechtliche und dienstrechtliche Verschwiegenheitspflichten bleiben unberührt.

(2) Auskunftspflichtige können die Auskunft über solche Fragen verweigern, deren Beantwortung sie selbst oder einen der in § 52 der Strafprozessordnung bezeichneten Angehörigen der Gefahr strafgerichtlicher Verfolgung oder eines Verfahrens nach dem Gesetz über Ordnungswidrigkeiten aussetzen würde.

(3) Die Auskunft ist unentgeltlich zu geben, soweit nichts anderes bestimmt ist.

(4) Einzelangaben über persönliche oder sachliche Verhältnisse, die dem Bundesinstitut auf Grund des Absatzes 1 bekannt werden, sind, soweit durch Rechtsvorschriften nichts anderes bestimmt ist, geheim zu halten. Veröffentlichungen von Ergebnissen auf Grund von Erhebungen und Untersuchungen dürfen keine Einzelangaben enthalten.

TEIL 6
Bußgeldvorschriften

§ 102 Bußgeldvorschriften

(1) Ordnungswidrig handelt, wer

1. entgegen § 11 Abs. 1 Satz 1, auch in Verbindung mit Abs. 4, den wesentlichen Inhalt des Vertrages oder eine wesentliche Änderung nicht, nicht richtig, nicht vollständig, nicht in der vorgeschriebenen Weise oder nicht rechtzeitig niederlegt,
2. entgegen § 11 Abs. 3, auch in Verbindung mit Abs. 4, eine Ausfertigung der Niederschrift nicht oder nicht rechtzeitig aushändigt,
3. entgegen § 14 Absatz 3 Auszubildenden eine Verrichtung überträgt, die dem Ausbildungszweck nicht dient,
4. entgegen § 15 Satz 1, auch in Verbindung mit Satz 2, Auszubildende nicht freistellt,
5. entgegen § 28 Abs. 1 oder 2 Auszubildende einstellt oder ausbildet,
6. einer vollziehbaren Anordnung nach § 33 Abs. 1 oder 2 zuwiderhandelt,
7. entgegen § 36 Abs. 1 Satz 1 oder 2, jeweils auch in Verbindung mit Satz 3, die Eintragung in das dort genannte Verzeichnis nicht oder nicht rechtzeitig beantragt oder eine Ausfertigung der Vertragsniederschrift nicht beifügt oder
8. entgegen § 76 Abs. 2 eine Auskunft nicht, nicht richtig, nicht vollständig oder nicht rechtzeitig erteilt, eine Unterlage nicht,

nicht richtig, nicht vollständig oder nicht rechtzeitig vorlegt oder eine Besichtigung nicht oder nicht rechtzeitig gestattet.

(2) Die Ordnungswidrigkeit kann in den Fällen des Absatzes 1 Nr. 3 bis 6 mit einer Geldbuße bis zu fünftausend Euro, in den übrigen Fällen mit einer Geldbuße bis zu tausend Euro geahndet werden.

TEIL 7
Übergangs- und Schlussvorschriften

§ 103 Gleichstellung von Abschlusszeugnissen im Rahmen der deutschen Einheit

Prüfungszeugnisse nach der Systematik der Ausbildungsberufe und der Systematik der Facharbeiterberufe und Prüfungszeugnisse nach § 37 Abs. 2 stehen einander gleich.

§ 104 Fortgeltung bestehender Regelungen

(1) Die vor dem 1. September 1969 anerkannten Lehrberufe und Anlernberufe oder vergleichbar geregelten Ausbildungsberufe gelten als Ausbildungsberufe im Sinne des § 4. Die Berufsbilder, die Berufsbildungspläne, die Prüfungsanforderungen und die Prüfungsordnungen für diese Berufe sind bis zum Erlass von Ausbildungsordnungen nach § 4 und der Prüfungsordnungen nach § 47 anzuwenden.

(2) Die vor dem 1. September 1969 erteilten Prüfungszeugnisse in Berufen, die nach Absatz 1 als anerkannte Ausbildungsberufe gelten, stehen Prüfungszeugnissen nach § 37 Abs. 2 gleich.

(3) Auf Ausbildungsverträge, die vor dem 30. September 2017 abgeschlossen wurden oder bis zu diesem Zeitpunkt abgeschlossen werden, sind § 5 Absatz 2 Satz 1, § 11 Absatz 1 Satz 2, § 13 Satz 2, die §§ 14, 43 Absatz 1 Nummer 2, § 79 Absatz 2 Nummer 1 sowie § 102 Absatz 1 Nummer 3 in ihrer bis zum 5. April 2017 geltenden Fassung weiter anzuwenden.

§ 105 Übertragung von Zuständigkeiten

Die Landesregierungen werden ermächtigt, durch Rechtsverordnung die nach diesem Gesetz den nach Landesrecht zuständigen Behörden übertragenen Zuständigkeiten nach den §§ 27, 30, 32, 33 und 70 auf zuständige Stellen zu übertragen.

Gesetz zur Verbesserung der betrieblichen Altersversorgung* (Betriebsrentengesetz – BetrAVG)

ERSTER TEIL
Arbeitsrechtliche Vorschriften

ERSTER ABSCHNITT
Durchführung der betrieblichen Altersversorgung

§ 1 Zusage des Arbeitgebers auf betriebliche Altersversorgung

(1) Werden einem Arbeitnehmer Leistungen der Alters-, Invaliditäts- oder Hinterbliebenenversorgung aus Anlass seines Arbeitsverhältnisses vom Arbeitgeber zugesagt (betriebliche Altersversorgung), gelten die Vorschriften dieses Gesetzes. Die Durchführung der betrieblichen Altersversorgung kann unmittelbar über den Arbeitgeber oder über einen der in § 1b Abs. 2 bis 4 genannten Versorgungsträger erfolgen. Der Arbeitgeber steht für die Erfüllung der von ihm zugesagten Leistungen auch dann ein, wenn die Durchführung nicht unmittelbar über ihn erfolgt.

(2) Betriebliche Altersversorgung liegt auch vor, wenn

1. der Arbeitgeber sich verpflichtet, bestimmte Beiträge in einer Anwartschaft auf Alters-, Invaliditäts- oder Hinterbliebenenversorgung umzuwandeln (beitragsorientierte Leistungszusage),
2. der Arbeitgeber sich verpflichtet, Beiträge zur Finanzierung von Leistungen der betrieblichen Altersversorgung an einen Pensionsfonds, eine Pensionskasse oder eine Direktversicherung zu zahlen und für Leistungen zur Altersversorgung das planmäßig zuzurechnende Versorgungskapital auf der Grundlage der gezahlten Beiträge (Beiträge und die daraus erzielten Erträge), mindestens die Summe der zugesagten Beiträge, soweit sie nicht rechnungsmäßig für einen biometrischen Risikoausgleich verbraucht wurden, hierfür zur Verfügung zu stellen (Beitragszusage mit Mindestleistung),

2a. der Arbeitgeber durch Tarifvertrag oder auf Grund eines Tarifvertrages in einer Betriebs- oder Dienstvereinbarung verpflichtet wird, Beiträge zur Finanzierung von Leistungen der betrieblichen Altersversorgung an einen Pensionsfonds, eine Pensionskasse

* Vom 19. Dezember 1974 (BGBl. I, S. 3610), zuletzt geändert durch Gesetz vom 19. Dezember 2018 (BGBl. I, S. 2672 (2692)).

oder eine Direktversicherung nach § 22 zu zahlen; die Pflichten des Arbeitgebers nach Absatz 1 Satz 3, § 1a Absatz 4 Satz 2, den §§ 1b bis 6 und 16 sowie die Insolvenzsicherungspflicht nach dem Vierten Abschnitt bestehen nicht (reine Beitragszusage),

3. künftige Entgeltansprüche in eine wertgleiche Anwartschaft auf Versorgungsleistungen umgewandelt werden (Entgeltumwandlung) oder
4. der Arbeitnehmer Beiträge aus seinem Arbeitsentgelt zur Finanzierung von Leistungen der betrieblichen Altersversorgung an einen Pensionsfonds, eine Pensionskasse oder eine Direktversicherung leistet und die Zusage des Arbeitgebers auch die Leistungen aus diesen Beiträgen umfasst; die Regelungen für Entgeltumwandlung sind hierbei entsprechend anzuwenden, soweit die zugesagten Leistungen aus diesen Beiträgen im Wege der Kapitaldeckung finanziert werden.

§ 1a Anspruch auf betriebliche Altersversorgung durch Entgeltumwandlung

(1) Der Arbeitnehmer kann vom Arbeitgeber verlangen, dass von seinen künftigen Entgeltansprüchen bis zu 4 vom Hundert der jeweiligen Beitragsbemessungsgrenze in der allgemeinen Rentenversicherung durch Entgeltumwandlung für seine betriebliche Altersversorgung verwendet werden. Die Durchführung des Anspruchs des Arbeitnehmers wird durch Vereinbarung geregelt. Ist der Arbeitgeber zu einer Durchführung über einen Pensionsfonds oder eine Pensionskasse (§ 1b Abs. 3) oder über eine Versorgungseinrichtung nach § 22 bereit, ist die betriebliche Altersversorgung dort durchzuführen; andernfalls kann der Arbeitnehmer verlangen, dass der Arbeitgeber für ihn eine Direktversicherung (§ 1b Abs. 2) abschließt. Soweit der Anspruch geltend gemacht wird, muss der Arbeitnehmer jährlich einen Betrag in Höhe von mindestens einem Hundertsechzigstel der Bezugsgröße nach § 18 Abs. 1 des Vierten Buches Sozialgesetzbuch für seine betriebliche Altersversorgung verwenden. Soweit der Arbeitnehmer Teile seines regelmäßigen Entgelts für betriebliche Altersversorgung verwendet, kann der Arbeitgeber verlangen, dass während eines laufenden Kalenderjahres gleich bleibende monatliche Beträge verwendet werden.

(1a) Der Arbeitgeber muss 15 Prozent des umgewandelten Entgelts zusätzlich als Arbeitgeberzuschuss an den Pensionsfonds, die Pensionskasse oder die Direktversicherung weiterleiten, soweit er durch die Entgeltumwandlung Sozialversicherungsbeiträge einspart.

(2) Soweit eine durch Entgeltumwandlung finanzierte betriebliche Altersversorgung besteht, ist der Anspruch des Arbeitnehmers auf Entgeltumwandlung ausgeschlossen.

(3) Soweit der Arbeitnehmer einen Anspruch auf Entgeltumwandlung für betriebliche Altersversorgung nach Abs. 1 hat, kann er verlangen, dass die Voraussetzungen für eine Förderung nach den §§ 10a, 82 Abs. 2 des Einkommensteuergesetzes erfüllt werden, wenn die betriebliche Altersversorgung über einen Pensionsfonds, eine Pensionskasse oder eine Direktversicherung durchgeführt wird.

(4) Falls der Arbeitnehmer bei fortbestehendem Arbeitsverhältnis kein Entgelt erhält, hat er das Recht, die Versicherung oder Versorgung mit eigenen Beiträgen fortzusetzen. Der Arbeitgeber steht auch für die Leistungen aus diesen Beiträgen ein. Die Regelungen über Entgeltumwandlung gelten entsprechend.

§ 1b Unverfallbarkeit und Durchführung der betrieblichen Altersversorgung

(1) Einem Arbeitnehmer, dem Leistungen aus der betrieblichen Altersversorgung zugesagt worden sind, bleibt die Anwartschaft erhalten, wenn das Arbeitsverhältnis vor Eintritt des Versorgungsfalls, jedoch nach Vollendung des 21. Lebensjahres endet und die Versorgungszusage zu diesem Zeitpunkt mindestens drei Jahre bestanden hat (unverfallbare Anwartschaft). Ein Arbeitnehmer behält seine Anwartschaft auch dann, wenn er aufgrund einer Vorruhestandsregelung ausscheidet und ohne das vorherige Ausscheiden die Wartezeit und die sonstigen Voraussetzungen für den Bezug von Leistungen der betrieblichen Altersversorgung hätte erfüllen können. Eine Änderung der Versorgungszusage oder ihre Übernahme durch eine andere Person unterbricht nicht den Ablauf der Fristen nach Satz 1. Der Verpflichtung aus einer Versorgungszusage stehen Versorgungsverpflichtungen gleich, die auf betrieblicher Übung oder dem Grundsatz der Gleichbehandlung beruhen. Der Ablauf einer vorgesehenen Wartezeit wird durch die Beendigung des Arbeitsverhältnisses nach Erfüllung der Voraussetzungen der Sätze 1

und 2 nicht berührt. Wechselt ein Arbeitnehmer vom Geltungsbereich dieses Gesetzes in einen anderen Mitgliedstaat der Europäischen Union, bleibt die Anwartschaft in gleichem Umfange wie für Personen erhalten, die auch nach Beendigung eines Arbeitsverhältnisses innerhalb des Geltungsbereichs dieses Gesetzes verbleiben.

(2) Wird für die betriebliche Altersversorgung eine Lebensversicherung auf das Leben des Arbeitnehmers durch den Arbeitgeber abgeschlossen und sind der Arbeitnehmer oder seine Hinterbliebenen hinsichtlich der Leistungen des Versicherers ganz oder teilweise bezugsberechtigt (Direktversicherung), so ist der Arbeitgeber verpflichtet, wegen Beendigung des Arbeitsverhältnisses nach Erfüllung der in Absatz 1 Satz 1 und 2 genannten Voraussetzungen das Bezugsrecht nicht mehr zu widerrufen. Eine Vereinbarung, nach der das Bezugsrecht durch die Beendigung des Arbeitsverhältnisses nach Erfüllung der in Absatz 1 Satz 1 und 2 genannten Voraussetzungen auflösend bedingt ist, ist unwirksam. Hat der Arbeitgeber die Ansprüche aus dem Versicherungsvertrag abgetreten oder beliehen, so ist er verpflichtet, den Arbeitnehmer, dessen Arbeitsverhältnis nach Erfüllung der in Absatz 1 Satz 1 und 2 genannten Voraussetzungen geendet hat, bei Eintritt des Versicherungsfalles so zu stellen, als ob die Abtretung oder Beleihung nicht erfolgt wäre. Als Zeitpunkt der Erteilung der Versorgungszusage im Sinne des Absatzes 1 gilt der Versicherungsbeginn, frühestens jedoch der Beginn der Betriebszugehörigkeit.

(3) Wird die betriebliche Altersversorgung von einer rechtsfähigen Versorgungseinrichtung durchgeführt, die dem Arbeitnehmer oder seinen Hinterbliebenen auf ihre Leistungen einen Rechtsanspruch gewährt (Pensionskasse und Pensionsfonds), so gilt Absatz 1 entsprechend. Als Zeitpunkt der Erteilung der Versorgungszusage im Sinne des Absatzes 1 gilt der Versicherungsbeginn, frühestens jedoch der Beginn der Betriebszugehörigkeit.

(4) Wird die betriebliche Altersversorgung von einer rechtsfähigen Versorgungseinrichtung durchgeführt, die auf ihre Leistungen keinen Rechtsanspruch gewährt (Unterstützungskasse), so sind die nach Erfüllung der in Absatz 1 Satz 1 und 2 genannten Voraussetzungen und vor Eintritt des Versorgungsfalles aus dem Unternehmen ausgeschiedenen Arbeitnehmer und ihre Hinterbliebenen den

bis zum Eintritt des Versorgungsfalles dem Unternehmen angehörenden Arbeitnehmern und deren Hinterbliebenen gleichgestellt. Die Versorgungszusage gilt in dem Zeitpunkt als erteilt im Sinne des Absatzes 1, von dem an der Arbeitnehmer zum Kreis der Begünstigten der Unterstützungskasse gehört.

(5) Soweit betriebliche Altersversorgung durch Entgeltumwandlung einschließlich eines möglichen Arbeitgeberzuschusses nach § 1a Absatz 1a erfolgt, behält der Arbeitnehmer seine Anwartschaft, wenn sein Arbeitsverhältnis vor Eintritt des Versorgungsfalles endet; in den Fällen der Absätze 2 und 3

1. dürfen die Überschussanteile nur zur Verbesserung der Leistung verwendet,
2. muss dem ausgeschiedenen Arbeitnehmer das Recht zur Fortsetzung der Versicherung oder Versorgung mit eigenen Beiträgen eingeräumt und
3. muss das Recht zur Verpfändung, Abtretung oder Beleihung durch den Arbeitgeber ausgeschlossen werden.

Im Fall einer Direktversicherung ist dem Arbeitnehmer darüber hinaus mit Beginn der Entgeltumwandlung ein unwiderrufliches Bezugsrecht einzuräumen.

§ 2 Höhe der unverfallbaren Anwartschaft

(1) Bei Eintritt des Versorgungsfalles wegen Erreichens der Altersgrenze, wegen Invalidität oder Tod haben ein vorher ausgeschiedener Arbeitnehmer, dessen Anwartschaft nach § 1b fortbesteht, und seine Hinterbliebenen einen Anspruch mindestens in Höhe des Teiles der ohne das vorherige Ausscheiden zustehenden Leistung, der dem Verhältnis der Dauer der Betriebszugehörigkeit zu der Zeit vom Beginn der Betriebszugehörigkeit bis zum Erreichen der Regelaltersgrenze in der gesetzlichen Rentenversicherung entspricht; an die Stelle des Erreichens der Regelaltersgrenze tritt ein früherer Zeitpunkt, wenn dieser in der Versorgungsregelung als feste Altersgrenze vorgesehen ist, spätestens der Zeitpunkt der Vollendung des 65. Lebensjahres, falls der Arbeitnehmer ausscheidet und gleichzeitig eine Altersrente aus der gesetzlichen Rentenversicherung für besonders langjährig Versicherte in Anspruch nimmt. Der Mindestanspruch auf Leistungen wegen Invalidität oder Tod vor Erreichen der Altersgrenze ist jedoch nicht höher als der Betrag, den der Arbeitnehmer oder seine Hinterbliebenen erhalten hätten, wenn im Zeit-

punkt des Ausscheidens der Versorgungsfall eingetreten wäre und die sonstigen Leistungsvoraussetzungen erfüllt gewesen wären.

(2) Ist bei einer Direktversicherung der Arbeitnehmer nach Erfüllung der Voraussetzungen des § 1b Abs. 1 und 5 vor Eintritt des Versorgungsfalls ausgeschieden, so gilt Absatz 1 mit der Maßgabe, daß sich der vom Arbeitgeber zu finanzierende Teilanspruch nach Absatz 1, soweit er über die von dem Versicherer nach dem Versicherungsvertrag auf Grund der Beiträge des Arbeitgebers zu erbringende Versicherungsleistung hinausgeht, gegen den Arbeitgeber richtet. An die Stelle der Ansprüche nach Satz 1 tritt auf Verlangen des Arbeitgebers die von dem Versicherer auf Grund des Versicherungsvertrags zu erbringende Versicherungsleistung, wenn

1. spätestens nach 3 Monaten seit dem Ausscheiden des Arbeitnehmers das Bezugsrecht unwiderruflich ist und eine Abtretung oder Beleihung des Rechts aus dem Versicherungsvertrag durch den Arbeitgeber und Beitragsrückstände nicht vorhanden sind,
2. vom Beginn der Versicherung, frühestens jedoch vom Beginn der Betriebszugehörigkeit an, nach dem Versicherungsvertrag die Überschußanteile nur zur Verbesserung der Versicherungsleistung zu verwenden sind und
3. der ausgeschiedene Arbeitnehmer nach dem Versicherungsvertrag das Recht zur Fortsetzung der Versicherung mit eigenen Beiträgen hat.

Der Arbeitgeber kann sein Verlangen nach Satz 2 nur innerhalb von 3 Monaten seit dem Ausscheiden des Arbeitnehmers diesem und dem Versicherer mitteilen. Der ausgeschiedene Arbeitnehmer darf die Ansprüche aus dem Versicherungsvertrag in Höhe des durch Beitragszahlungen des Arbeitgebers gebildeten geschäftsplanmäßigen Deckungskapitals oder, soweit die Berechnung des Deckungskapitals nicht zum Geschäftsplan gehört, des nach § 169 Abs. 3 und 4 des Versicherungsvertragsgesetzes berechneten Wertes weder abtreten noch beleihen. In dieser Höhe darf der Rückkaufswert auf Grund einer Kündigung des Versicherungsvertrags nicht in Anspruch genommen werden; im Falle einer Kündigung wird die Versicherung in eine prämienfreie Versicherung umgewandelt. § 169 Abs. 1 des Versicherungsvertragsgesetzes findet insoweit keine Anwendung. Eine Abfindung des Anspruchs nach § 3 ist weiterhin möglich.

(3) Für Pensionskassen gilt Absatz 1 mit der Maßgabe, daß sich der vom Arbeitgeber zu finanzierende Teilanspruch nach Absatz 1, soweit er über die von der Pensionskasse nach dem aufsichtsbehördlich genehmigten Geschäftsplan oder, soweit eine aufsichtsbehördliche Genehmigung nicht vorgeschrieben ist, nach den allgemeinen Versicherungsbedingungen und den fachlichen Geschäftsunterlagen im Sinne des § 9 Absatz 2 Nummer 2 in Verbindung mit § 219 Absatz 3 Nummer 1 Buchstabe b des Versicherungsaufsichtsgesetzes (Geschäftsunterlagen) auf Grund der Beiträge des Arbeitgebers zu erbringende Leistung hinausgeht, gegen den Arbeitgeber richtet. An die Stelle der Ansprüche nach Satz 1 tritt auf Verlangen des Arbeitgebers die von der Pensionskasse auf Grund des Geschäftsplanes oder der Geschäftsunterlagen zu erbringende Leistung, wenn nach dem aufsichtsbehördlich genehmigten Geschäftsplan oder den Geschäftsunterlagen

1. vom Beginn der Versicherung, frühestens jedoch vom Beginn der Betriebszugehörigkeit an, Überschußanteile, die auf Grund des Finanzierungsverfahrens regelmäßig entstehen, nur zur Verbesserung der Versicherungsleistung zu verwenden sind oder die Steigerung der Versorgungsanwartschaften des Arbeitnehmers der Entwicklung seines Arbeitsentgelts, soweit es unter den jeweiligen Beitragsbemessungsgrenzen der gesetzlichen Rentenversicherungen liegt, entspricht und
2. der ausgeschiedene Arbeitnehmer das Recht zur Fortsetzung der Versicherung mit eigenen Beiträgen hat.

Absatz 2 Satz 3 bis 7 gilt entsprechend.

(3a) Für Pensionsfonds gilt Absatz 1 mit der Maßgabe, dass sich der vom Arbeitgeber zu finanzierende Teilanspruch, soweit er über die vom Pensionsfonds auf der Grundlage der nach dem geltenden Pensionsplan im Sinne des § 237 Absatz 1 Satz 3 des Versicherungsaufsichtsgesetzes berechnete Deckungsrückstellung hinausgeht, gegen den Arbeitgeber richtet.

(4) Eine Unterstützungskasse hat bei Eintritt des Versorgungsfalls einem vorzeitig ausgeschiedenen Arbeitnehmer, der nach § 1b Abs. 4 gleichgestellt ist, und seinen Hinterbliebenen mindestens den nach Absatz 1 berechneten Teil der Versorgung zu gewähren.

(5) Bei einer unverfallbaren Anwartschaft aus Entgeltumwandlung tritt an die Stelle der Ansprüche nach Absatz 1, 3a oder 4 die vom Zeitpunkt der Zusage auf betriebliche Altersversorgung bis zum Ausscheiden des Arbeitnehmers erreichte Anwartschaft auf Leistungen aus den bis dahin umgewandelten Entgeltbestandteilen; dies gilt entsprechend für eine unverfallbare Anwartschaft aus Beiträgen im Rahmen einer beitragsorientierten Leistungszusage.

(6) An die Stelle der Ansprüche nach den Absätzen 2, 3, 3a und 5 tritt bei einer Beitragszusage mit Mindestleistung das dem Arbeitnehmer planmäßig zuzurechnende Versorgungskapital auf der Grundlage der bis zu seinem Ausscheiden geleisteten Beiträge (Beiträge und die bis zum Eintritt des Versorgungsfalls erzielten Erträge), mindestens die Summe der bis dahin zugesagten Beiträge, soweit sie nicht rechnungsmäßig für einen biometrischen Risikoausgleich verbraucht wurden.

(6) [weggefallen]

§ 2a Berechnung und Wahrung des Teilanspruchs

(1) Bei der Berechnung des Teilanspruchs eines mit unverfallbarer Anwartschaft ausgeschiedenen Arbeitnehmers nach § 2 sind die Versorgungsregelung und die Bemessungsgrundlagen im Zeitpunkt des Ausscheidens zugrunde zu legen; Veränderungen, die nach dem Ausscheiden eintreten, bleiben außer Betracht.

(2) Abweichend von Absatz 1 darf ein ausgeschiedener Arbeitnehmer im Hinblick auf den Wert seiner unverfallbaren Anwartschaft gegenüber vergleichbaren nicht ausgeschiedenen Arbeitnehmern nicht benachteiligt werden. Eine Benachteiligung gilt insbesondere als ausgeschlossen, wenn

1. die Anwartschaft
   a) als nominales Anrecht festgelegt ist,
   b) eine Verzinsung enthält, die auch dem ausgeschiedenen Arbeitnehmer zugutekommt, oder
   c) über einen Pensionsfonds, eine Pensionskasse oder eine Direktversicherung durchgeführt wird und die Erträge auch dem ausgeschiedenen Arbeitnehmer zugutekommen, oder
2. die Anwartschaft angepasst wird
   a) um 1 Prozent jährlich,

b) wie die Anwartschaften oder die Nettolöhne vergleichbarer nicht ausgeschiedener Arbeitnehmer,
c) wie die laufenden Leistungen, die an die Versorgungsempfänger des Arbeitgebers erbracht werden, oder
d) entsprechend dem Verbraucherpreisindex für Deutschland.

(3) Ist bei der Berechnung des Teilanspruchs eine Rente der gesetzlichen Rentenversicherung zu berücksichtigen, so kann bei einer unmittelbaren oder über eine Unterstützungskasse durchgeführten Versorgungszusage das bei der Berechnung von Pensionsrückstellungen allgemein zulässige Verfahren zugrunde gelegt werden, es sei denn, der ausgeschiedene Arbeitnehmer weist die bei der gesetzlichen Rentenversicherung im Zeitpunkt des Ausscheidens erreichten Entgeltpunkte nach. Bei einer Versorgungszusage, die über eine Pensionskasse oder einen Pensionsfonds durchgeführt wird, sind der aufsichtsbehördlich genehmigte Geschäftsplan, der Pensionsplan oder die sonstigen Geschäftsunterlagen zugrunde zu legen.

(4) Versorgungsanwartschaften, die der Arbeitnehmer nach seinem Ausscheiden erwirbt, dürfen nicht zu einer Kürzung des Teilanspruchs führen.

§ 3 Abfindung

(1) Unverfallbare Anwartschaften im Falle der Beendigung des Arbeitsverhältnisses und laufende Leistungen dürfen nur unter den Voraussetzungen der folgenden Absätze abgefunden werden.

(2) Der Arbeitgeber kann eine Anwartschaft ohne Zustimmung des Arbeitnehmers abfinden, wenn der Monatsbetrag der aus der Anwartschaft resultierenden laufenden Leistung bei Erreichen der vorgesehenen Altersgrenze 1 vom Hundert, bei Kapitalleistungen zwölf Zehntel der monatlichen Bezugsgröße nach § 18 des Vierten Buches Sozialgesetzbuch nicht übersteigen würde. Dies gilt entsprechend für die Abfindung einer laufenden Leistung. Die Abfindung einer Anwartschaft bedarf der Zustimmung des Arbeitnehmers, wenn dieser nach Beendigung des Arbeitsverhältnisses ein neues Arbeitsverhältnis in einem anderen Mitgliedstaat der Europäischen Union begründet und dies innerhalb von drei Monaten nach Beendigung des Arbeitsverhältnisses seinem ehemaligen Arbeitgeber mitteilt. Die Abfindung ist unzulässig, wenn der Arbeit-

nehmer von seinem Recht auf Übertragung der Anwartschaft Gebrauch macht.

(3) Die Anwartschaft ist auf Verlangen des Arbeitnehmers abzufinden, wenn die Beiträge zur gesetzlichen Rentenversicherung erstattet worden sind.

(4) Der Teil der Anwartschaft, der während eines Insolvenzverfahrens erdient worden ist, kann ohne Zustimmung des Arbeitnehmers abgefunden werden, wenn die Betriebstätigkeit vollständig eingestellt und das Unternehmen liquidiert wird.

(5) Für die Berechnung des Abfindungsbetrages gilt § 4 Abs. 5 entsprechend.

(6) Die Abfindung ist gesondert auszuweisen und einmalig zu zahlen.

§ 4 Übertragung

(1) Unverfallbare Anwartschaften und laufende Leistungen dürfen nur unter den Voraussetzungen der folgenden Absätze übertragen werden.

(2) Nach Beendigung des Arbeitsverhältnisses kann im Einvernehmen des ehemaligen mit dem neuen Arbeitgeber sowie dem Arbeitnehmer

1. die Zusage vom neuen Arbeitgeber übernommen werden oder
2. der Wert der vom Arbeitnehmer erworbenen unverfallbaren Anwartschaft auf betriebliche Altersversorgung (Übertragungswert) auf den neuen Arbeitgeber übertragen werden, wenn dieser eine wertgleiche Zusage erteilt; für die neue Anwartschaft gelten die Regelungen über Entgeltumwandlung entsprechend.

(3) Der Arbeitnehmer kann innerhalb eines Jahres nach Beendigung des Arbeitsverhältnisses von seinem ehemaligen Arbeitgeber verlangen, dass der Übertragungswert auf den neuen Arbeitgeber oder auf die Versorgungsseinrichtung nach § 22 des neuen Arbeitgebers übertragen wird, wenn

1. die betriebliche Altersversorgung über einen Pensionsfonds, eine Pensionskasse oder eine Direktversicherung durchgeführt worden ist und

2. der Übertragungswert die Beitragsbemessungsgrenze in der allgemeinen Rentenversicherung nicht übersteigt.

Der Anspruch richtet sich gegen den Versorgungsträger, wenn der ehemalige Arbeitgeber die versicherungsförmige Lösung nach § 2 Abs. 2 oder 3 gewählt hat oder soweit der Arbeitnehmer die Versicherung oder Versorgung mit eigenen Beiträgen fortgeführt hat. Der neue Arbeitgeber ist verpflichtet, eine dem Übertragungswert wertgleiche Zusage zu erteilen und über einen Pensionsfonds, eine Pensionskasse oder eine Direktversicherung durchzuführen. Für die neue Anwartschaft gelten die Regelungen über Entgeltumwandlung entsprechend. Ist der neue Arbeitgeber zu einer Durchführung über eine Versorgungseinrichtung nach § 22 bereit, ist die betriebliche Altersversorgung dort durchzuführen; die Sätze 3 und 4 sind in diesem Fall nicht anzuwenden.

(4) Wird die Betriebstätigkeit eingestellt und das Unternehmen liquidiert, kann eine Zusage von einer Pensionskasse oder einem Unternehmen der Lebensversicherung ohne Zustimmung des Arbeitnehmers oder Versorgungsempfängers übernommen werden, wenn sichergestellt ist, dass die Überschussanteile ab Rentenbeginn entsprechend § 16 Abs. 3 Nr. 2 verwendet werden. § 2 Abs. 2 Satz 4 bis 6 gilt entsprechend.

(5) Der Übertragungswert entspricht bei einer unmittelbar über den Arbeitgeber oder über eine Unterstützungskasse durchgeführten betrieblichen Altersversorgung dem Barwert der nach § 2 bemessenen künftigen Versorgungsleistung im Zeitpunkt der Übertragung; bei der Berechnung des Barwerts sind die Rechnungsgrundlagen sowie die anerkannten Regeln der Versicherungsmathematik maßgebend. Soweit die betriebliche Altersversorgung über einen Pensionsfonds, eine Pensionskasse oder eine Direktversicherung durchgeführt worden ist, entspricht der Übertragungswert dem gebildeten Kapital im Zeitpunkt der Übertragung.

(6) Mit der vollständigen Übertragung des Übertragungswerts erlischt die Zusage des ehemaligen Arbeitgebers.

§ 4a Auskunftspflichten

(1) Der Arbeitgeber oder der Versorgungsträger hat dem Arbeitnehmer auf dessen Verlangen mitzuteilen,

1. ob und wie eine Anwartschaft auf betriebliche Altersversorgung erworben wird,
2. wie hoch der Anspruch auf betriebliche Altersversorgung aus der bisher erworbenen Anwartschaft ist und bei Erreichen der in der Versorgungsregelung vorgesehenen Altersgrenze voraussichtlich sein wird,
3. wie sich eine Beendigung des Arbeitsverhältnisses auf die Anwartschaft auswirkt und
4. wie sich die Anwartschaft nach einer Beendigung des Arbeitsverhältnisses entwickeln wird.

(2) Der Arbeitgeber oder der Versorgungsträger hat dem Arbeitnehmer oder dem ausgeschiedenen Arbeitnehmer auf dessen Verlangen mitzuteilen, wie hoch bei einer Übertragung der Anwartschaft nach § 4 Absatz 3 der Übertragungswert ist. Der neue Arbeitgeber oder der Versorgungsträger hat dem Arbeitnehmer auf dessen Verlangen mitzuteilen, in welcher Höhe aus dem Übertragungswert ein Anspruch auf Altersversorgung bestehen würde und ob eine Invaliditäts- oder Hinterbliebenenversorgung bestehen würde.

(3) Der Arbeitgeber oder der Versorgungsträger hat dem ausgeschiedenen Arbeitnehmer auf dessen Verlangen mitzuteilen, wie hoch die Anwartschaft auf betriebliche Altersversorgung ist und wie sich die Anwartschaft künftig entwickeln wird. Satz 1 gilt entsprechend für Hinterbliebene im Versorgungsfall.

(4) Die Auskunft muss verständlich, in Textform und in angemessener Frist erteilt werden.

ZWEITER ABSCHNITT
Auszehrungsverbot

§ 5 Auszehrung und Anrechnung

(1) Die bei Eintritt des Versorgungsfalls festgesetzten Leistungen der betrieblichen Altersversorgung dürfen nicht mehr dadurch gemindert oder entzogen werden, daß Beträge, um die sich andere Versorgungsbezüge nach diesem Zeitpunkt durch Anpassung an die wirtschaftliche Entwicklung erhöhen, angerechnet oder bei der Begrenzung der Gesamtversorgung auf einen Höchstbetrag berücksichtigt werden.

(2) Leistungen der betrieblichen Altersversorgung dürfen durch Anrechnung oder Berücksichtigung anderer Versorgungsbezüge, soweit sie auf eigenen Beiträgen des Versorgungsempfängers beruhen, nicht gekürzt werden. Dies gilt nicht für Renten aus den gesetzlichen Rentenversicherungen, soweit sie auf Pflichtbeiträgen beruhen, sowie für sonstige Versorgungsbezüge, die mindestens zur Hälfte auf Beiträgen oder Zuschüssen des Arbeitgebers beruhen.

DRITTER ABSCHNITT
Altersgrenze

§ 6 Vorzeitige Altersleistung

Einem Arbeitnehmer, der die Altersrente aus der gesetzlichen Rentenversicherung als Vollrente in Anspruch nimmt, sind auf sein Verlangen nach Erfüllung der Wartezeit und sonstiger Leistungsvoraussetzungen Leistungen der betrieblichen Altersversorgung zu gewähren. Fällt die Altersrente aus der gesetzlichen Rentenversicherung wieder weg oder wird sie auf einen Teilbetrag beschränkt, so können auch die Leistungen der betrieblichen Altersversorgung eingestellt werden. Der ausgeschiedene Arbeitnehmer ist verpflichtet, die Aufnahme oder Ausübung einer Beschäftigung oder Erwerbstätigkeit, die zu einem Wegfall oder zu einer Beschränkung der Altersrente aus der gesetzlichen Rentenversicherung führt, dem Arbeitgeber oder sonstigen Versorgungsträger unverzüglich anzuzeigen.

VIERTER ABSCHNITT
Insolvenzsicherung

§ 7 Umfang des Versicherungsschutzes

(1) Versorgungsempfänger, deren Ansprüche aus einer unmittelbaren Versorgungszusage des Arbeitgebers nicht erfüllt werden, weil über das Vermögen des Arbeitgebers oder über seinen Nachlaß das Insolvenzverfahren eröffnet worden ist, und ihre Hinterbliebenen haben gegen den Träger der Insolvenzsicherung einen Anspruch in Höhe der Leistung, die der Arbeitgeber aufgrund der Versorgungszusage zu erbringen hätte, wenn das Insolvenzverfahren nicht eröffnet worden wäre. Satz 1 gilt entsprechend,

1. wenn Leistungen aus einer Direktversicherung aufgrund der in § 1b Abs. 2 Satz 3 genannten Tatbestände nicht gezahlt wer-

den und der Arbeitgeber seiner Verpflichtung nach § 1b Abs. 2 Satz 3 wegen der Eröffnung des Insolvenzverfahrens nicht nachkommt,

2. wenn eine Unterstützungskasse oder ein Pensionsfonds die nach ihrer Versorgungsregelung vorgesehene Versorgung nicht erbringt, weil über das Vermögen oder den Nachlass eines Arbeitgebers, der der Unterstützungskasse oder dem Pensionsfonds Zuwendungen leistet (Trägerunternehmen), das Insolvenzverfahren eröffnet worden ist.

§ 14 des Versicherungsvertragsgesetzes findet entsprechende Anwendung. Der Eröffnung des Insolvenzverfahrens stehen bei der Anwendung der Sätze 1 bis 3 gleich

1. die Abweisung des Antrags auf Eröffnung des Insolvenzverfahrens mangels Masse,
2. der außergerichtliche Vergleich (Stundungs-, Quoten- oder Liquidationsvergleich) des Arbeitgebers mit seinen Gläubigern zur Abwendung eines Insolvenzverfahrens, wenn ihm der Träger der Insolvenzsicherung zustimmt,
3. die vollständige Beendigung der Betriebstätigkeit im Geltungsbereich dieses Gesetzes, wenn ein Antrag auf Eröffnung des Insolvenzverfahrens nicht gestellt worden ist und ein Insolvenzverfahren offensichtlich mangels Masse nicht in Betracht kommt.

(1a) Der Anspruch gegen den Träger der Insolvenzsicherung entsteht mit dem Beginn des Kalendermonats, der auf den Eintritt des Sicherungsfalles folgt. Der Anspruch endet mit Ablauf des Sterbemonats des Begünstigten, soweit in der Versorgungszusage des Arbeitgebers nicht etwas anderen bestimmt ist. In den Fällen des Absatzes 1 Satz 1 und 4 Nr. 1 und 3 umfaßt der Anspruch auch rückständige Versorgungsleistungen, soweit diese bis zu zwölf Monaten vor Entstehen der Leistungspflicht des Trägers der Insolvenzsicherung entstanden sind.

(2) Personen, die bei Eröffnung des Insolvenzverfahrens oder bei Eintritt der nach Absatz 1 Satz 4 gleichstehenden Voraussetzungen (Sicherungsfall) eine nach § 1b unverfallbare Versorgungsanwartschaft haben, und ihre Hinterbliebenen haben bei Eintritt des Versorgungsfalls einen Anspruch gegen den Träger der Insolvenzsicherung, wenn die Anwartschaft beruht

1. auf einer unmittelbaren Versorgungszusage des Arbeitgebers oder

2. auf einer Direktversicherung und der Arbeitnehmer hinsichtlich der Leistungen des Versicherers widerruflich bezugsberechtigt ist oder die Leistungen aufgrund der in § 1b Abs. 2 Satz 3 genannten Tatbestände nicht gezahlt werden und der Arbeitgeber seiner Verpflichtung aus § 1b Abs. 2 Satz 3 wegen der Eröffnung des Insolvenzverfahrens nicht nachkommt.

Satz 1 gilt entsprechend für Personen, die zum Kreis der Begünstigten einer Unterstützungskasse oder eines Pensionsfonds gehören, wenn der Sicherungsfall bei einem Trägerunternehmen eingetreten ist. Die Höhe des Anspruchs richtet sich nach der Höhe der Leistungen nach § 2 Absatz 1 und 2 Satz 2, bei Unterstützungskassen nach dem Teil der nach der Versorgungsregelung vorgesehenen Versorgung, der dem Verhältnis der Dauer der Betriebszugehörigkeit zu der Zeit vom Beginn der Betriebszugehörigkeit bis zum Erreichen der in der Versorgungsregelung vorgesehenen festen Altersgrenze entspricht, es sei denn, § 2 Abs. 5 ist anwendbar. Für die Berechnung der Höhe des Anspruchs nach Satz 3 wird die Betriebszugehörigkeit bis zum Eintritt des Sicherungsfalles berücksichtigt. Bei Pensionsfonds mit Leistungszusagen gelten für die Höhe des Anspruchs die Bestimmungen für unmittelbare Versorgungszusagen entsprechend, bei Beitragszusagen mit Mindestleistung gilt für die Höhe des Anspruchs § 2 Absatz 6. Bei der Berechnung der Höhe des Anspruchs sind Veränderungen der Versorgungsregelung und der Bemessungsgrundlagen, die nach dem Eintritt des Sicherungsfalles eintreten, nicht zu berücksichtigen; § 2a Absatz 2 findet keine Anwendung.

(3) Ein Anspruch auf laufende Leistungen gegen den Träger der Insolvenzsicherung beträgt jedoch im Monat höchstens das Dreifache der im Zeitpunkt der ersten Fälligkeit maßgebenden monatlichen Bezugsgröße gemäß § 18 des Vierten Buches Sozialgesetzbuch. Satz 1 gilt entsprechend bei einem Anspruch auf Kapitalleistungen mit der Maßgabe, daß zehn vom Hundert der Leistung als Jahresbetrag einer laufenden Leistung anzusetzen sind.

(4) Ein Anspruch auf Leistungen gegen den Träger der Insolvenzsicherung vermindert sich in dem Umfang, in dem der Arbeitgeber oder sonstige Träger der Versorgung die Leistungen der betrieblichen Altersversorgung erbringt. Wird im Insolvenzverfahren ein Insolvenzplan bestätigt, vermindert sich der Anspruch auf Leistun-

gen gegen den Träger der Insolvenzsicherung insoweit, als nach dem Insolvenzplan der Arbeitgeber oder sonstige Träger der Versorgung einen Teil der Leistungen selbst zu erbringen hat. Sieht der Insolvenzplan vor, daß der Arbeitgeber oder sonstige Träger der Versorgung die Leistungen der betrieblichen Altersversorgung von einem bestimmten Zeitpunkt an selbst zu erbringen hat, entfällt der Anspruch auf Leistungen gegen den Träger der Insolvenzsicherung von diesem Zeitpunkt an. Die Sätze 2 und 3 sind für den außergerichtlichen Vergleich nach Absatz 1 Satz 4 Nr. 2 entsprechend anzuwenden. Im Insolvenzplan soll vorgesehen werden, daß bei einer nachhaltigen Besserung der wirtschaftlichen Lage des Arbeitgebers die vom Träger der Insolvenzsicherung zu erbringenden Leistungen ganz oder zum Teil vom Arbeitgeber oder sonstigen Träger der Versorgung wieder übernommen werden.

(5) Ein Anspruch gegen den Träger der Insolvenzsicherung besteht nicht, soweit nach den Umständen des Falles die Annahme gerechtfertigt ist, daß es der alleinige oder überwiegende Zweck der Versorgungszusage oder ihre Verbesserung oder der für die Direktversicherung in § 1b Abs. 2 Satz 3 genannten Tatbestände gewesen ist, den Träger der Insolvenzsicherung in Anspruch zu nehmen. Diese Annahme ist insbesondere dann gerechtfertigt, wenn bei Erteilung oder Verbesserung der Versorgungszusage wegen der wirtschaftlichen Lage des Arbeitgebers zu erwarten war, daß die Zusage nicht erfüllt werde. Ein Anspruch auf Leistungen gegen den Träger der Insolvenzsicherung besteht bei Zusagen und Verbesserungen von Zusagen, die in den beiden letzten Jahren vor dem Eintritt des Sicherungsfalls erfolgt sind, nur

1. für ab dem 1. Januar 2002 gegebene Zusagen, soweit bei Entgeltumwandlung Beträge von bis zu 4 vom Hundert der Beitragsbemessungsgrenze in der allgemeinen Rentenversicherung für eine betriebliche Altersversorgung verwendet werden oder
2. für im Rahmen von Übertragungen gegebene Zusagen, soweit der Übertragungswert die Beitragsbemessungsgrenze in der allgemeinen Rentenversicherung nicht übersteigt.

(6) Ist der Sicherungsfall durch kriegerische Ereignisse, innere Unruhen, Naturkatastrophen oder Kernenergie verursacht worden, kann der Träger der Insolvenzsicherung mit Zustimmung der Bundesan-

stalt für Finanzdienstleistungsaufsicht die Leistungen nach billigem Ermessen abweichend von den Absätzen 1 bis 5 festsetzen.

§ 8 Übertragung der Leistungspflicht

(1) Ein Anspruch gegen den Träger der Insolvenzsicherung auf Leistungen nach § 7 besteht nicht, wenn eine Pensionskasse oder ein Unternehmen der Lebensversicherung sich dem Träger der Insolvenzsicherung gegenüber verpflichtet, diese Leistungen zu erbringen, und die nach § 7 Berechtigten ein unmittelbares Recht erwerben, die Leistungen zu fordern.

(2) Der Träger der Insolvenzsicherung hat die gegen ihn gerichteten Ansprüche auf den Pensionsfonds, dessen Trägerunternehmen die Eintrittspflicht nach § 7 ausgelöst hat, im Sinne von Absatz 1 zu übertragen, wenn die Bundesanstalt für Finanzdienstleistungsaufsicht hierzu die Genehmigung erteilt. Die Genehmigung kann nur erteilt werden, wenn durch Auflagen der Bundesanstalt für Finanzdienstleistungsaufsicht die dauernde Erfüllbarkeit der Leistungen aus dem Pensionsplan sichergestellt werden kann. Die Genehmigung der Bundesanstalt für Finanzdienstleistungsaufsicht kann der Pensionsfonds nur innerhalb von drei Monaten nach Eintritt des Sicherungsfalles beantragen.

(3) An die Stelle des Anspruchs gegen den Träger der Insolvenzsicherung nach § 7 tritt auf Verlangen des Berechtigten die Versicherungsleistung aus einer auf sein Leben abgeschlossenen Rückdeckungsversicherung, wenn die Versorgungszusage auf die Leistungen der Rückdeckungsversicherung verweist. Das Wahlrecht des Berechtigten nach Satz 1 besteht nicht, sofern die Rückdeckungsversicherung in die Insolvenzmasse des Arbeitgebers fällt oder eine Übertragung des Anspruchs durch den Träger der Insolvenzsicherung nach Absatz 2 erfolgt. Der Berechtigte hat das Recht, als Versicherungsnehmer in die Versicherung einzutreten und die Versicherung mit eigenen Beiträgen fortzusetzen; § 1b Absatz 5 Satz 1 Nummer 1 und § 2 Absatz 2 Satz 4 bis 6 gelten entsprechend. Der Träger der Insolvenzsicherung informiert den Berechtigten über sein Wahlrecht nach Satz 1 und über die damit verbundenen Folgen für den Insolvenzschutz. Das Wahlrecht erlischt sechs Monate nach Information durch den Träger der Insol-

venzsicherung. Der Versicherer informiert den Träger der Insolvenzsicherung unverzüglich über den Versicherungsnehmerwechsel.

§ 8a Abfindung durch den Träger der Insolvenzsicherung

Der Träger der Insolvenzsicherung kann eine Anwartschaft ohne Zustimmung des Arbeitnehmers abfinden, wenn der Monatsbetrag der aus der Anwartschaft resultierenden laufenden Leistung bei Erreichen der vorgesehenen Altersgrenze 1 vom Hundert, bei Kapitalleistungen zwölf Zehntel der monatlichen Bezugsgröße nach § 18 des Vierten Buches Sozialgesetzbuch nicht übersteigen würde oder wenn dem Arbeitnehmer die Beiträge zur gesetzlichen Rentenversicherung erstattet worden sind. Dies gilt entsprechend für die Abfindung einer laufenden Leistung. Die Abfindung ist darüber hinaus möglich, wenn sie an ein Unternehmen der Lebensversicherung gezahlt wird, bei dem der Versorgungsberechtigte im Rahmen einer Direktversicherung versichert ist. § 2 Abs. 2 Satz 4 bis 6 und § 3 Abs. 5 gelten entsprechend.

§ 9 Mitteilungspflicht, Forderungs- und Vermögensübergang

(1) Der Träger der Insolvenzsicherung teilt dem Berechtigten die ihm nach § 7 oder § 8 zustehenden Ansprüche oder Anwartschaften schriftlich mit. Unterbleibt die Mitteilung, so ist der Anspruch oder die Anwartschaft spätestens ein Jahr nach dem Sicherungsfall bei dem Träger der Insolvenzsicherung anzumelden; erfolgt die Anmeldung später, so beginnen die Leistungen frühestens mit dem Ersten des Monats der Anmeldung, es sei denn, daß der Berechtigte an der rechtzeitigen Anmeldung ohne sein Verschulden verhindert war.

(2) Ansprüche oder Anwartschaften des Berechtigten gegen den Arbeitgeber auf Leistungen der betrieblichen Altersversorgung, die den Anspruch gegen den Träger der Insolvenzsicherung begründen, gehen im Falle eines Insolvenzverfahrens mit dessen Eröffnung, in den übrigen Sicherungsfällen dann auf den Träger der Insolvenzsicherung über, wenn dieser nach Absatz 1 Satz 1 dem Berechtigten die ihm zustehenden Ansprüche oder Anwartschaften mitteilt. Der Übergang kann nicht zum Nachteil des Berechtigten geltend gemacht werden. Die mit der Eröffnung des Insolvenzverfahrens übergegangenen Anwartschaften werden im Insolvenzverfahren als unbedingte Forderungen nach § 45 der Insolvenzordnung geltend gemacht.

(3) Ist der Träger der Insolvenzsicherung zu Leistungen verpflichtet, die ohne den Eintritt des Sicherungsfalls eine Unterstützungskasse erbringen würde, geht deren Vermögen einschließlich der Verbindlichkeiten auf ihn über; die Haftung für die Verbindlichkeiten beschränkt sich auf das übergegangene Vermögen. Wenn die übergegangenen Vermögenswerte den Barwert der Ansprüche und Anwartschaften gegen den Träger der Insolvenzsicherung übersteigen, hat dieser den übersteigenden Teil entsprechend der Satzung der Unterstützungskasse zu verwenden. Bei einer Unterstützungskasse mit mehreren Trägerunternehmen hat der Träger der Insolvenzsicherung einen Anspruch gegen die Unterstützungskasse auf einen Betrag, der dem Teil des Vermögens der Kasse entspricht, der auf das Unternehmen entfällt, bei dem der Sicherungsfall eingetreten ist. Die Sätze 1 bis 3 gelten nicht, wenn der Sicherungsfall auf den in § 7 Abs. 1 Satz 4 Nr. 2 genannten Gründen beruht, es sei denn, daß das Trägerunternehmen seine Betriebstätigkeit nach Eintritt des Sicherungsfall nicht fortsetzt und aufgelöst wird (Liquidationsvergleich).

(3a) Absatz 3 findet entsprechende Anwendung auf einen Pensionsfonds, wenn die Bundesanstalt für Finanzdienstleistungsaufsicht die Genehmigung für die Übertragung der Leistungspflicht durch den Träger der Insolvenzsicherung nach § 8 Absatz 2 nicht erteilt.

(4) In einem Insolvenzplan, der die Fortführung des Unternehmens oder eines Betriebes vorsieht, kann für den Träger der Insolvenzsicherung eine besondere Gruppe gebildet werden. Sofern im Insolvenzplan nichts anderes vorgesehen ist, kann der Träger der Insolvenzsicherung, wenn innerhalb von drei Jahren nach der Aufhebung des Insolvenzverfahrens ein Antrag auf Eröffnung eines neuen Insolvenzverfahrens über das Vermögen des Arbeitgebers gestellt wird, in diesem Verfahren als Insolvenzgläubiger Erstattung der von ihm erbrachten Leistungen verlangen.

(5) Dem Träger der Insolvenzsicherung steht gegen den Beschluß, durch den das Insolvenzverfahren eröffnet wird, die sofortige Beschwerde zu.

§ 10 Beitragspflicht und Beitragsbemessung

(1) Die Mittel für die Durchführung der Insolvenzsicherung werden auf Grund öffentlich-rechtlicher Verpflichtung durch Beiträge

aller Arbeitgeber aufgebracht, die Leistungen der betrieblichen Altersversorgung unmittelbar zugesagt haben oder eine betriebliche Altersversorgung über eine Unterstützungskasse, eine Direktversicherung der in § 7 Abs. 1 Satz 2 und Absatz 2 Satz 1 Nr. 2 bezeichneten Art oder einen Pensionsfonds durchführen.

(2) Die Beiträge müssen den Barwert der im laufenden Kalenderjahr entstehenden Ansprüche auf Leistungen der Insolvenzsicherung decken zuzüglich eines Betrages für die aufgrund eingetretener Insolvenzen zu sichernden Anwartschaften, der sich aus dem Unterschied der Barwerte dieser Anwartschaften am Ende des Kalenderjahres und am Ende des Vorjahres bemisst. Der Rechnungszinsfuß bei der Berechnung des Barwerts der Ansprüche auf Leistungen der Insolvenzsicherung bestimmt sich nach § 235 Absatz 1 Nummer 4 des Versicherungsaufsichtsgesetzes; soweit keine Übertragung nach § 8 Abs. 1 stattfindet, ist der Rechnungszinsfuß bei der Berechnung des Barwerts der Anwartschaften um ein Drittel höher. Darüber hinaus müssen die Beiträge die im gleichen Zeitraum entstehenden Verwaltungskosten und sonstigen Kosten, die mit der Gewährung der Leistungen zusammenhängen, und die Zuführung zu einem von der Bundesanstalt für Finanzdienstleistungsaufsicht festgesetzten Ausgleichsfonds decken; § 193 des Versicherungsaufsichtsgesetzes bleibt unberührt. Auf die am Ende des Kalenderjahres fälligen Beiträge können Vorschüsse erhoben werden. In Jahren, in denen sich außergewöhnlich hohe Beiträge ergeben würden, kann zu deren Ermäßigung der Ausgleichsfonds in einem von der Bundesanstalt für Finanzdienstleistungsaufsicht zu genehmigenden Umfang herangezogen werden; außerdem können die nach den Sätzen 1 bis 3 erforderlichen Beiträge auf das laufende und die bis zu vier folgenden Kalenderjahre verteilt werden.

(3) Die nach Absatz 2 erforderlichen Beiträge werden auf die Arbeitgeber nach Maßgabe der nachfolgenden Beträge umgelegt, soweit sie sich auf die laufenden Versorgungsleistungen und die nach § 1b unverfallbaren Versorgungsanwartschaften beziehen (Beitragsbemessungsgrundlage); diese Beträge sind festzustellen auf den Schluß des Wirtschaftsjahrs des Arbeitgebers, das im abgelaufenen Kalenderjahr geendet hat:

1. Bei Arbeitgebern, die Leistungen der betrieblichen Altersversorgung unmittelbar zugesagt haben, ist Beitragsbemessungs-

grundlage der Teilwert der Pensionsverpflichtung (§ 6a Abs. 3 des Einkommensteuergesetzes).

2. Bei Arbeitgebern, die eine betriebliche Altersversorgung über eine Direktversicherung mit widerruflichem Bezugsrecht durchführen, ist Beitragsbemessungsgrundlage das geschäftsplanmäßige Deckungskapital oder, soweit die Berechnung des Deckungskapitals nicht zum Geschäftsplan gehört, die Deckungsrückstellung. Für Versicherungen, bei denen der Versicherungsfall bereits eingetreten ist, und für Versicherungsanwartschaften, für die ein unwiderrufliches Bezugsrecht eingeräumt ist, ist das Deckungskapital oder die Deckungsrückstellung nur insoweit zu berücksichtigen, als die Versicherungen abgetreten oder beliehen sind.
3. Bei Arbeitgebern, die eine betriebliche Altersversorgung über eine Unterstützungskasse durchführen, ist Beitragsbemessungsgrundlage das Deckungskapital für die laufenden Leistungen (§ 4d Abs. 1 Nr. 1 Buchstabe a des Einkommensteuergesetzes) zuzüglich des Zwanzigfachen der nach § 4d Abs. 1 Nr. 1 Buchstabe b Satz 1 des Einkommensteuergesetzes errechneten jährlichen Zuwendungen für Leistungsanwärter im Sinne von § 4d Abs. 1 Nr. 1 Buchstabe b Satz 2 des Einkommensteuergesetzes.
4. Bei Arbeitgebern, soweit sie betriebliche Altersversorgung über einen Pensionsfonds durchführen, ist Beitragsbemessungsgrundlage 20 vom Hundert des entsprechend Nummer 1 ermittelten Betrages.

(4) Aus den Beitragsbescheiden des Trägers der Insolvenzsicherung findet die Zwangsvollstreckung in entsprechender Anwendung der Vorschriften der Zivilprozeßordnung statt. Die vollstreckbare Ausfertigung erteilt der Träger der Insolvenzsicherung.

§ 10a Säumniszuschläge, Zinsen, Verjährung

(1) Für Beiträge, die wegen Verstoßes des Arbeitgebers gegen die Meldepflicht erst nach Fälligkeit erhoben werden, kann der Träger der Insolvenzsicherung für jeden angefangenen Monat vom Zeitpunkt der Fälligkeit an einen Säumniszuschlag in Höhe von bis zu eins vom Hundert der nacherhobenen Beiträge erheben.

(2) Für festgesetzte Beiträge und Vorschüsse, die der Arbeitgeber nach Fälligkeit zahlt, erhebt der Träger der Insolvenzsicherung für

jeden Monat Verzugszinsen in Höhe von 0,5 vom Hundert der rückständigen Beiträge. Angefangene Monate bleiben außer Ansatz.

(3) Vom Träger der Insolvenzsicherung zu erstattende Beiträge werden vom Tage der Fälligkeit oder bei Feststellung des Erstattungsanspruchs durch gerichtliche Entscheidung vom Tage der Rechtshängigkeit an für jeden Monate mit 0,5 vom Hundert verzinst. Angefangene Monate bleiben außer Ansatz.

(4) Ansprüche auf Zahlung der Beiträge zur Insolvenzsicherung gemäß § 10 sowie Erstattungsansprüche nach Zahlung nicht geschuldeter Beiträge zur Insolvenzsicherung verjähren in sechs Jahren. Die Verjährungsfrist beginnt mit Ablauf des Kalenderjahres, in dem die Beitragspflicht entstanden oder der Erstattungsanspruch fällig geworden ist. Auf die Verjährung sind die Vorschriften des Bürgerlichen Gesetzbuchs anzuwenden.

§ 11 Melde-, Auskunfts- und Mitteilungspflichten

(1) Der Arbeitgeber hat dem Träger der Insolvenzsicherung eine betriebliche Altersversorgung nach § 1b Abs. 1 bis 4 für seine Arbeitnehmer innerhalb von 3 Monaten nach Erteilung der unmittelbaren Versorgungszusage, dem Abschluß einer Direktversicherung oder der Errichtung einer Unterstützungskasse oder eines Pensionsfonds mitzuteilen. Der Arbeitgeber, der sonstige Träger der Versorgung, der Insolvenzverwalter und die nach § 7 Berechtigten sind verpflichtet, dem Träger der Insolvenzsicherung alle Auskünfte zu erteilen, die zur Durchführung der Vorschriften dieses Abschnitts erforderlich sind, sowie Unterlagen vorzulegen, aus denen die erforderlichen Angaben ersichtlich sind.

(2) Ein beitragspflichtiger Arbeitgeber hat dem Träger der Insolvenzsicherung spätestens bis zum 30. September eines jeden Kalenderjahrs die Höhe des nach § 10 Abs. 3 für die Bemessung des Beitrages maßgebenden Betrages bei unmittelbaren Versorgungszusagen und Pensionsfonds auf Grund eines versicherungsmathematischen Gutachtens, bei Direktversicherungen auf Grund einer Bescheinigung des Versicherers und bei Unterstützungskassen auf Grund einer nachprüfbaren Berechnung mitzuteilen. Der Arbeitgeber hat die in Satz 1 bezeichneten Unterlagen mindestens 6 Jahre aufzubewahren.

(3) Der Insolvenzverwalter hat dem Träger der Insolvenzsicherung die Eröffnung des Insolvenzverfahrens, Namen und Anschriften der Versorgungsempfänger und die Höhe ihrer Versorgung nach § 7 unverzüglich mitzuteilen. Er hat zugleich Namen und Anschriften der Personen, die bei Eröffnung des Insolvenzverfahrens eine nach § 1 unverfallbare Versorgungsanwartschaft haben, sowie die Höhe ihrer Anwartschaft nach § 7 mitzuteilen.

(4) Der Arbeitgeber, der sonstige Träger der Versorgung und die nach § 7 Berechtigten sind verpflichtet, dem Insolvenzverwalter Auskünfte über alle Tatsachen zu erteilen, auf die sich die Mitteilungspflicht nach Absatz 3 bezieht.

(5) In den Fällen, in denen ein Insolvenzverfahren nicht eröffnet wird (§ 7 Abs. 1 Satz 4) oder nach § 207 der Insolvenzordnung eingestellt worden ist, sind die Pflichten des Insolvenzverwalters nach Absatz 3 vom Arbeitgeber oder dem sonstigen Träger der Versorgung zu erfüllen.

(6) Kammern und andere Zusammenschlüsse von Unternehmern oder anderen selbständigen Berufstätigen, die als Körperschaften des öffentlichen Rechts errichtet sind, ferner Verbände und andere Zusammenschlüsse, denen Unternehmer oder andere selbständige Berufstätige kraft Gesetzes angehören oder anzugehören haben, haben den Träger der Insolvenzsicherung bei der Ermittlung der nach § 10 beitragspflichtigen Arbeitgeber zu unterstützen.

(7) Die nach den Absätzen 1 bis 3 und 5 zu Mitteilungen und Auskünften und die nach Absatz 6 zur Unterstützung Verpflichteten haben die vom Träger der Insolvenzsicherung vorgesehenen Vordrucke zu verwenden.

(8) Zur Sicherung der vollständigen Erfassung der nach § 10 beitragspflichtigen Arbeitgeber können die Finanzämter dem Träger der Insolvenzsicherung mitteilen, welche Arbeitgeber für die Beitragspflicht in Betracht kommen. Die Bundesregierung wird ermächtigt, durch Rechtsverordnung mit Zustimmung des Bundesrates das Nähere zu bestimmen und Einzelheiten des Verfahrens zu regeln.

§ 12 Ordnungswidrigkeiten

(1) Ordnungswidrig handelt, wer vorsätzlich oder fahrlässig
1. entgegen § 11 Abs. 1 Satz 1, Abs. 2 Satz 1, Abs. 3 oder Abs. 5 eine Mitteilung nicht, nicht richtig, nicht vollständig oder nicht rechtzeitig vornimmt,
2. entgegen § 11 Abs. 1 Satz 2 oder Abs. 4 eine Auskunft nicht, nicht richtig, nicht vollständig oder nicht rechtzeitig erteilt oder
3. entgegen § 11 Abs. 1 Satz 2 Unterlagen nicht, nicht richtig, nicht vollständig oder nicht rechtzeitig vorlegt oder entgegen § 11 Abs. 2 Satz 2 Unterlagen nicht aufbewahrt.

(2) Die Ordnungswidrigkeit kann mit einer Geldbuße bis zu zweitausendfünfhundert Euro geahndet werden.

(3) Verwaltungsbehörde im Sinne des § 36 Abs. 1 Nr. 1 des Gesetzes über Ordnungswidrigkeiten ist die Bundesanstalt für Finanzdienstleistungsaufsicht.

§ 13 [weggefallen]

§ 14 Träger der Insolvenzsicherung

(1) Träger der Insolvenzsicherung ist der Pensions-Sicherungs-Verein Versicherungsverein auf Gegenseitigkeit. Er ist zugleich Träger der Insolvenzsicherung von Versorgungszusagen Luxemburger Unternehmen nach Maßgabe des Abkommens vom 22. September 2000 zwischen der Bundesrepublik Deutschland und dem Großherzogtum Luxemburg über Zusammenarbeit im Bereich der Insolvenzsicherung betrieblicher Altersversorgung.

(2) Der Pensions-Sicherungs-Verein Versicherungsverein auf Gegenseitigkeit unterliegt der Aufsicht durch die Bundesanstalt für Finanzdienstleistungsaufsicht. Soweit dieses Gesetz nichts anderes bestimmt, gelten für ihn die Vorschriften für kleine Versicherungsunternehmen nach den §§ 212 bis 216 des Versicherungsaufsichtsgesetzes und die auf Grund des § 217 des Versicherungsaufsichtsgesetzes erlassenen Rechtsverordnungen entsprechend. Die folgenden Vorschriften gelten mit folgenden Maßgaben:
1. § 212 Absatz 2 Nummer 1 des Versicherungsaufsichtsgesetzes gilt mit der Maßgabe, dass § 30 des Versicherungsaufsichtsgesetzes Anwendung findet;

2. § 212 Absatz 3 Nummer 6 des Versicherungsaufsichtsgesetzes gilt ohne Maßgabe; § 212 Absatz 3 Nummer 7, 10 und 12 des Versicherungsaufsichtsgesetzes gilt mit der Maßgabe, dass die dort genannten Vorschriften auch auf die interne Revision Anwendung finden; § 212 Absatz 3 Nummer 13 des Versicherungsaufsichtsgesetzes gilt mit der Maßgabe, dass die Bundesanstalt für Finanzdienstleistungsaufsicht bei Vorliegen der gesetzlichen Tatbestandsmerkmale die Erlaubnis zum Geschäftsbetrieb widerrufen kann;
3. § 214 Absatz 1 des Versicherungsaufsichtsgesetzes gilt mit der Maßgabe, dass grundsätzlich die Hälfte des Ausgleichsfonds den Eigenmitteln zugerechnet werden kann. Auf Antrag des Pensions-Sicherungs-Vereins Versicherungsverein auf Gegenseitigkeit kann die Bundesanstalt für Finanzdienstleistungsaufsicht im Fall einer Inanspruchnahme des Ausgleichsfonds nach § 10 Absatz 2 Satz 5 festsetzen, dass der Ausgleichsfonds vorübergehend zu einem hierüber hinausgehenden Anteil den Eigenmitteln zugerechnet werden kann; § 214 Absatz 6 des Versicherungsaufsichtsgesetzes findet keine Anwendung;
4. der Umfang des Sicherungsvermögens muss mindestens der Summe aus den Bilanzwerten der in § 125 Absatz 2 des Versicherungsaufsichtsgesetzes genannten Beträge und dem nicht den Eigenmitteln zuzurechnenden Teil des Ausgleichsfonds entsprechen;
5. § 134 Absatz 3 Satz 2 des Versicherungsaufsichtsgesetzes gilt mit der Maßgabe, dass die Aufsichtsbehörde die Frist für Maßnahmen des Pensions-Sicherungs-Vereins Versicherungsverein auf Gegenseitigkeit um einen angemessenen Zeitraum verlängern kann; § 134 Absatz 6 Satz 1 des Versicherungsaufsichtsgesetzes ist entsprechend anzuwenden;
6. § 135 Absatz 2 Satz 2 des Versicherungsaufsichtsgesetzes gilt mit der Maßgabe, dass die Aufsichtsbehörde die genannte Frist um einen angemessenen Zeitraum verlängern kann.

(3) Der Bundesminister für Arbeit und Sozialordnung weist durch Rechtsverordnung mit Zustimmung des Bundesrates die Stellung des Trägers der Insolvenzsicherung der Kreditanstalt für Wiederaufbau zu, bei der ein Fonds zur Insolvenzsicherung der betrieblichen Altersversorgung gebildet wird, wenn

1. bis zum 31. Dezember 1974 nicht nachgewiesen worden ist, daß der in Absatz 1 genannte Träger die Erlaubnis der Aufsichtsbehörde zum Geschäftsbetrieb erhalten hat,

2. der in Absatz 1 genannte Träger aufgelöst worden ist oder
3. die Aufsichtsbehörde den Geschäftsbetrieb des in Absatz 1 genannten Trägers untersagt oder die Erlaubnis zum Geschäftsbetrieb widerruft.

In den Fällen der Nummern 2 und 3 geht das Vermögen des in Absatz 1 genannten Trägers einschließlich der Verbindlichkeiten auf die Kreditanstalt für Wiederaufbau über, die es dem Fonds zur Insolvenzsicherung der betrieblichen Altersversorgung zuweist.

(4) Wird die Insolvenzsicherung von der Kreditanstalt für Wiederaufbau durchgeführt, gelten die Vorschriften dieses Abschnittes mit folgenden Abweichungen:
1. In § 7 Abs. 6 entfällt die Zustimmung der Bundesanstalt für Finanzdienstleistungsaufsicht.
2. § 10 Abs. 2 findet keine Anwendung. Die von der Kreditanstalt für Wiederaufbau zu erhebenden Beiträge müssen den Bedarf für die laufenden Leistungen der Insolvenzsicherung im laufenden Kalenderjahr und die im gleichen Zeitraum entstehenden Verwaltungskosten und sonstigen Kosten, die mit der Gewährung der Leistungen zusammenhängen, decken. Bei einer Zuweisung nach Absatz 2 Nr. 1 beträgt der Beitrag für die ersten 3 Jahre mindestens 0,1 vom Hundert der Beitragsbemessungsgrundlage gemäß § 10 Abs. 3; der nicht benötigte Teil dieses Beitragsaufkommens wird einer Betriebsmittelreserve zugeführt. Bei einer Zuweisung nach Absatz 2 Nr. 2 oder 3 wird in den ersten 3 Jahren zu dem Beitrag nach Nummer 2 Satz 2 ein Zuschlag von 0,08 vom Hundert der Beitragsbemessungsgrundlage gemäß § 10 Abs. 3 zur Bildung einer Betriebsmittelreserve erhoben. Auf die Beiträge können Vorschüsse erhoben werden.
3. In § 12 Abs. 3 tritt an die Stelle der Bundesanstalt für Finanzdienstleistungsaufsicht die Kreditanstalt für Wiederaufbau.

Die Kreditanstalt für Wiederaufbau verwaltet den Fonds im eigenen Namen. Für Verbindlichkeiten des Fonds haftet sie nur mit dem Vermögen des Fonds. Dieser haftet nicht für die sonstigen Verbindlichkeiten der Bank. § 11 Abs. 1 Satz 1 des Gesetzes über die Kreditanstalt für Wiederaufbau in der Fassung der Bekanntmachung vom 23. Juni 1969 (BGBl. I S. 573), das zuletzt durch Artikel 14 des Gesetzes vom 21. Juni 2002 (BGBl. I S. 2010) geändert worden ist, ist in der jeweils geltenden Fassung auch für den Fonds anzuwenden.

§ 15 Verschwiegenheitspflicht

Personen, die bei dem Träger der Insolvenzsicherung beschäftigt oder für ihn tätig sind, dürfen fremde Geheimnisse, insbesondere Betriebs- oder Geschäftsgeheimnisse, nicht unbefugt offenbaren oder verwerten. Sie sind nach dem Gesetz über die förmliche Verpflichtung nichtbeamteter Personen vom 2. März 1974 (Bundesgesetzbl. I S. 469, 547) von der Bundesanstalt für Finanzdienstleistungsaufsicht auf die gewissenhafte Erfüllung ihrer Obliegenheiten zu verpflichten.

FÜNFTER ABSCHNITT
Anpassung

§ 16 Anpassungsprüfungspflicht

(1) Der Arbeitgeber hat alle drei Jahre eine Anpassung der laufenden Leistungen der betrieblichen Altersversorgung zu prüfen und hierüber nach billigem Ermessen zu entscheiden; dabei sind insbesondere die Belange des Versorgungsempfängers und die wirtschaftliche Lage des Arbeitgebers zu berücksichtigen.

(2) Die Verpflichtung nach Absatz 1 gilt als erfüllt, wenn die Anpassung nicht geringer ist als der Anstieg
1. des Verbraucherpreisindexes für Deutschland oder
2. der Nettolöhne vergleichbarer Arbeitnehmergruppen des Unternehmens

im Prüfungszeitraum.

(3) Die Verpflichtung nach Absatz 1 entfällt, wenn
1. der Arbeitgeber sich verpflichtet, die laufenden Leistungen jährlich um wenigstens eins vom Hundert anzupassen,
2. die betriebliche Altersversorgung über eine Direktversicherung im Sinne des § 1b Abs. 2 oder über eine Pensionskasse im Sinne des § 1b Abs. 3 durchgeführt wird und ab Rentenbeginn sämtliche auf den Rentenbestand entfallende Überschußanteile zur Erhöhung der laufenden Leistungen verwendet werden oder
3. eine Beitragszusage mit Mindestleistung erteilt wurde; Absatz 5 findet insoweit keine Anwendung.

(4) Sind laufende Leistungen nach Absatz 1 nicht oder nicht in vollem Umfang anzupassen (zu Recht unterbliebene Anpassung), ist

der Arbeitgeber nicht verpflichtet, die Anpassung zu einem späteren Zeitpunkt nachzuholen. Eine Anpassung gilt als zu Recht unterblieben, wenn der Arbeitgeber dem Versorgungsempfänger die wirtschaftliche Lage des Unternehmens schriftlich dargelegt, der Versorgungsempfänger nicht binnen drei Kalendermonaten nach Zugang der Mitteilung schriftlich widersprochen hat und er auf die Rechtsfolgen eines nicht fristgemäßen Widerspruchs hingewiesen wurde.

(5) Soweit betriebliche Altersversorgung durch Entgeltumwandlung finanziert wird, ist der Arbeitgeber verpflichtet, die Leistungen mindestens entsprechend Absatz 3 Nr. 1 anzupassen oder im Falle der Durchführung über eine Direktversicherung oder eine Pensionskasse sämtliche Überschussanteile entsprechend Absatz 3 Nr. 2 zu verwenden.

(6) Eine Verpflichtung zur Anpassung besteht nicht für monatliche Raten im Rahmen eines Auszahlungsplans sowie für Renten ab Vollendung des 85. Lebensjahres im Anschluss an einen Auszahlungsplan.

SECHSTER ABSCHNITT
Geltungsbereich

§ 17 Persönlicher Geltungsbereich

(1) Arbeitnehmer im Sinne der §§ 1 bis 16 sind Arbeiter und Angestellte einschließlich der zu ihrer Berufsausbildung Beschäftigten; ein Berufsausbildungsverhältnis steht einem Arbeitsverhältnis gleich. Die §§ 1 bis 16 gelten entsprechend für Personen, die nicht Arbeitnehmer sind, wenn ihnen Leistungen der Alters-, Invaliditäts- oder Hinterbliebenenversorgung aus Anlaß ihrer Tätigkeit für ein Unternehmen zugesagt worden sind. Arbeitnehmer im Sinne von § 1a Abs. 1 sind nur Personen nach den Sätzen 1 und 2, soweit sie aufgrund der Beschäftigung oder Tätigkeit bei dem Arbeitgeber, gegen den sich der Anspruch nach § 1a richten würde, in der gesetzlichen Rentenversicherung pflichtversichert sind.

(2) Die §§ 7 bis 15 gelten nicht für den Bund, die Länder, die Gemeinden sowie die Körperschaften, Stiftungen und Anstalten des öffentlichen Rechts, bei denen das Insolvenzverfahren nicht zuläs-

sig ist, und solche juristische Personen des öffentlichen Rechts, bei denen der Bund, ein Land oder eine Gemeinde kraft Gesetzes die Zahlungsfähigkeit sichert.

(3) Gesetzliche Regelungen über Leistungen der betrieblichen Altersversorgung werden unbeschadet des § 18 durch die §§ 1 bis 16 und 26 bis 30 nicht berührt.

§ 18 Sonderregelungen für den öffentlichen Dienst

(1) Für Personen, die

1. bei der Versorgungsanstalt des Bundes und der Länder (VBL) oder einer kommunalen oder kirchlichen Zusatzversorgungseinrichtung versichert sind, oder
2. bei einer anderen Zusatzversorgungseinrichtung versichert sind, die mit einer der Zusatzversorgungseinrichtungen nach Nummer 1 ein Überleitungsabkommen abgeschlossen hat oder aufgrund satzungsrechtlicher Vorschriften von Zusatzversorgungseinrichtungen nach Nummer 1 ein solches Abkommen abschließen kann, oder
3. unter das Hamburgische Zusatzversorgungsgesetz oder unter das Bremische Ruhelohngesetz in ihren jeweiligen Fassungen fallen oder auf die diese Gesetze sonst Anwendung finden,

gelten die §§ 2, 2a Absatz 1, 3 und 4 sowie die §§ 5, 16, 27 und 28 nicht, soweit sich aus den nachfolgenden Regelungen nichts Abweichendes ergibt; § 4 gilt nicht, wenn die Anwartschaft oder die laufende Leistung ganz oder teilweise umlage- oder haushaltsfinanziert ist.

(2) Bei Eintritt des Versorgungsfalles vor dem 2. Januar 2002 erhalten die in Absatz 1 Nummer 1 und 2 bezeichneten Personen, deren Anwartschaft nach § 1b fortbesteht und deren Arbeitsverhältnis vor Eintritt des Versorgungsfalles geendet hat, von der Zusatzversorgungseinrichtung aus der Pflichtversicherung eine Zusatzrente nach folgenden Maßgaben:

1. Der monatliche Betrag der Zusatzrente beträgt für jedes Jahr der aufgrund des Arbeitsverhältnisses bestehenden Pflichtversicherung bei einer Zusatzversorgungseinrichtung 2,25 vom Hundert, höchstens jedoch 100 vom Hundert der Leistung, die bei dem höchstmöglichen Versorgungssatz zugestanden hätte (Voll-Leistung). Für die Berechnung der Voll-Leistung

a) ist der Versicherungsfall der Regelaltersrente maßgebend,
b) ist das Arbeitsentgelt maßgebend, das nach der Versorgungsregelung für die Leistungsbemessung maßgebend wäre, wenn im Zeitpunkt des Ausscheidens der Versicherungsfall im Sinne der Versorgungsregelung eingetreten wäre,
c) findet § 2a Absatz 1 entsprechend Anwendung,
d) ist im Rahmen einer Gesamtversorgung der im Falle einer Teilzeitbeschäftigung oder Beurlaubung nach der Versorgungsregelung für die gesamte Dauer des Arbeitsverhältnisses maßgebliche Beschäftigungsquotient nach der Versorgungsregelung als Beschäftigungsquotient auch für die übrige Zeit maßgebend,
e) finden die Vorschriften der Versorgungsregelung über eine Mindestleistung keine Anwendung und
f) ist eine anzurechnende Grundversorgung nach dem bei der Berechnung von Pensionsrückstellungen für die Berücksichtigung von Renten aus der gesetzlichen Rentenversicherung allgemein zulässigen Verfahren zu ermitteln. Hierbei ist das Arbeitsentgelt nach Buchstabe b zugrunde zu legen und – soweit während der Pflichtversicherung Teilzeitbeschäftigung bestand – diese nach Maßgabe der Versorgungsregelung zu berücksichtigen.

2. Die Zusatzrente vermindert sich um 0,3 vom Hundert für jeden vollen Kalendermonat, den der Versorgungsfall vor Vollendung des 65. Lebensjahres eintritt, höchstens jedoch um den in der Versorgungsregelung für die Voll-Leistung vorgesehenen Vomhundertsatz.
3. Übersteigt die Summe der Vomhundertsätze nach Nummer 1 aus unterschiedlichen Arbeitsverhältnissen 100, sind die einzelnen Leistungen im gleichen Verhältnis zu kürzen.
4. Die Zusatzrente muss monatlich mindestens den Betrag erreichen, der sich aufgrund des Arbeitsverhältnisses nach der Versorgungsregelung als Versicherungsrente aus den jeweils maßgeblichen Vomhundertsätzen der zusatzversorgungspflichtigen Entgelte oder der gezahlten Beiträge und Erhöhungsbeträge ergibt.
5. Die Vorschriften der Versorgungsregelung über das Erlöschen, das Ruhen und die Nichtleistung der Versorgungsrente gelten entsprechend. Soweit die Versorgungsregelung eine Mindestleistung in Ruhensfällen vorsieht, gilt dies nur, wenn die Mindestleistung der Leistung im Sinne der Nummer 4 entspricht.

6. Verstirbt die in Absatz 1 genannte Person und beginnt die Hinterbliebenenrente vor dem 2. Januar 2002, erhält eine Witwe oder ein Witwer 60 vom Hundert, eine Witwe oder ein Witwer im Sinne des § 46 Abs. 1 des Sechsten Buches Sozialgesetzbuch 42 vom Hundert, eine Halbwaise 12 vom Hundert und eine Vollwaise 20 vom Hundert der unter Berücksichtigung der in diesem Absatz genannten Maßgaben zu berechnenden Zusatzrente; die §§ 46, 48, 103 bis 105 des Sechsten Buches Sozialgesetzbuch sind entsprechend anzuwenden. Die Leistungen an mehrere Hinterbliebene dürfen den Betrag der Zusatzrente nicht übersteigen; gegebenenfalls sind die Leistungen im gleichen Verhältnis zu kürzen.
7. Versorgungsfall ist der Versicherungsfall im Sinne der Versorgungsregelung.

(2a) Bei Eintritt des Versorgungsfalles oder bei Beginn der Hinterbliebenenrente nach dem 1. Januar 2002 erhalten die in Absatz 1 Nummer 1 und 2 genannten Personen, deren Anwartschaft nach § 1b fortbesteht und deren Arbeitsverhältnis vor Eintritt des Versorgungsfalles geendet hat, von der Zusatzversorgungseinrichtung die nach der jeweils maßgebenden Versorgungsregelung vorgesehenen Leistungen.

(3) Personen, auf die bis zur Beendigung ihres Arbeitsverhältnisses die Regelungen des Hamburgischen Zusatzversorgungsgesetzes oder des Bremischen Ruhelohngesetzes in ihren jeweiligen Fassungen Anwendung gefunden haben, haben Anspruch gegenüber ihrem ehemaligen Arbeitgeber auf Leistungen in sinngemäßer Anwendung des Absatzes 2 mit Ausnahme von Absatz 2 Nummer 3 und 4 sowie Nummer 5 Satz 2; bei Anwendung des Hamburgischen Zusatzversorgungsgesetzes bestimmt sich der monatliche Betrag der Zusatzrente abweichend von Absatz 2 nach der nach dem Hamburgischen Zusatzversorgungsgesetz maßgebenden Berechnungsweise. An die Stelle des Stichtags 2. Januar 2002 tritt im Bereich des Hamburgischen Zusatzversorgungsgesetzes der 1. August 2003 und im Bereich des Bremischen Ruhelohngesetzes der 1. März 2007.

(4) Die Leistungen nach den Absätzen 2, 2a und 3 werden in der Pflichtversicherung jährlich zum 1. Juli um 1 Prozent erhöht. In der

freiwilligen Versicherung bestimmt sich die Anpassung der Leistungen nach der jeweils maßgebenden Versorgungsregelung.

(5) Besteht bei Eintritt des Versorgungsfalles neben dem Anspruch auf Zusatzrente nach Absatz 2 oder auf die in Absatz 3 oder Absatz 7 bezeichneten Leistungen auch Anspruch auf eine Versorgungsrente oder Versicherungsrente der in Absatz 1 Satz 1 Nr. 1 und 2 bezeichneten Zusatzversorgungseinrichtungen oder Anspruch auf entsprechende Versorgungsleistungen der Versorgungsanstalt der deutschen Kulturorchester oder der Versorgungsanstalt der deutschen Bühnen oder nach den Regelungen des Ersten Ruhegeldgesetzes, des Zweiten Ruhegeldgesetzes oder des Bremischen Ruhelohngesetzes, in deren Berechnung auch die der Zusatzrente nach Absatz 2 zugrunde liegenden Zeiten berücksichtigt sind, ist nur die im Zahlbetrag höhere Rente zu leisten.

(6) Eine Anwartschaft auf Versorgungsleistungen kann bei Übertritt der anwartschaftsberechtigten Person in ein Versorgungssystem einer überstaatlichen Einrichtung in das Versorgungssystem dieser Einrichtung übertragen werden, wenn ein entsprechendes Abkommen zwischen der Zusatzversorgungseinrichtung oder der Freien und Hansestadt Hamburg oder der Freien Hansestadt Bremen und der überstaatlichen Einrichtung besteht.

(7) Für Personen, die bei der Versorgungsanstalt der deutschen Kulturorchester oder der Versorgungsanstalt der deutschen Bühnen pflichtversichert sind, gelten die §§ 2 und 3, mit Ausnahme von § 3 Absatz 2 Satz 3, sowie die §§ 4, 5, 16, 27 und 28 nicht. Bei Eintritt des Versorgungsfalles treten an die Stelle der Zusatzrente und der Leistungen an Hinterbliebene nach Absatz 2 und an die Stelle der Regelung in Absatz 4 die satzungsgemäß vorgesehenen Leistungen; Absatz 2 Nr. 5 findet entsprechend Anwendung. Als pflichtversichert gelten auch die freiwillig Versicherten der Versorgungsanstalt der deutschen Kulturorchester und der Versorgungsanstalt der deutschen Bühnen.

(8) Gegen Entscheidungen der Zusatzversorgungseinrichtungen über Ansprüche nach diesem Gesetz ist der Rechtsweg gegeben, der für Versicherte der Einrichtung gilt.

(9) Bei Personen, die aus einem Arbeitsverhältnis ausscheiden, in dem sie nach § 5 Abs. 1 Satz 1 Nr. 2 des Sechsten Buches Sozialgesetzbuch versicherungsfrei waren, dürfen die Ansprüche nach § 2 Abs. 1 Satz 1 und 2 nicht hinter dem Rentenanspruch zurückbleiben, der sich ergeben hätte, wenn der Arbeitnehmer für die Zeit der versicherungsfreien Beschäftigung in der gesetzlichen Rentenversicherung nachversichert worden wäre; die Vergleichsberechnung ist im Versorgungsfall aufgrund einer Auskunft der Deutschen Rentenversicherung Bund vorzunehmen.

§ 18a Verjährung
Der Anspruch auf Leistungen aus der betrieblichen Altersversorgung verjährt in 30 Jahren. Ansprüche auf regelmäßig wiederkehrende Leistungen unterliegen der regelmäßigen Verjährungsfrist nach den Vorschriften des Bürgerlichen Gesetzbuchs.

SIEBTER ABSCHNITT
Betriebliche Altersversorgung und Tarifvertrag

UNTERABSCHNITT 1
Tariföffnung; Optionssysteme

§ 19 Allgemeine Tariföffnungsklausel
(1) Von den §§ 1a, 2, 2a Absatz 1, 3 und 4, § 3, mit Ausnahme des § 3 Absatz 2 Satz 3, von den §§ 4, 5, 16, 18a Satz 1, §§ 27 und 28 kann in Tarifverträgen abgewichen werden.

(2) Die abweichenden Bestimmungen haben zwischen nichttarifgebundenen Arbeitgebern und Arbeitnehmern Geltung, wenn zwischen diesen die Anwendung der einschlägigen tariflichen Regelung vereinbart ist.

(3) Im Übrigen kann von den Bestimmungen dieses Gesetzes nicht zuungunsten des Arbeitnehmers abgewichen werden.

§ 20 Tarifvertrag und Entgeltumwandlung; Optionssysteme
(1) Soweit Entgeltansprüche auf einem Tarifvertrag beruhen, kann für diese eine Entgeltumwandlung nur vorgenommen werden, soweit dies durch Tarifvertrag vorgesehen oder durch Tarifvertrag zugelassen ist.

(2) In einem Tarifvertrag oder auf Grund eines Tarifvertrages in einer Betriebs- oder Dienstvereinbarung kann geregelt werden, dass der Arbeitgeber für alle Arbeitnehmer oder für eine Gruppe von Arbeitnehmern des Unternehmens oder einzelner Betriebe eine automatische Entgeltumwandlung einführt, gegen die der Arbeitnehmer ein Widerspruchsrecht hat (Optionssystem). Das Angebot des Arbeitgebers auf Entgeltumwandlung gilt als vom Arbeitnehmer angenommen, wenn er nicht widersprochen hat und das Angebot
1. in Textform und mindestens drei Monate vor der ersten Fälligkeit des umzuwandelnden Entgelts gemacht worden ist und
2. deutlich darauf hinweist,
   a) welcher Betrag und welcher Vergütungsbestandteil umgewandelt werden sollen und
   b) dass der Arbeitnehmer ohne Angabe von Gründen innerhalb einer Frist von mindestens einem Monat nach dem Zugang des Angebots widersprechen und die Entgeltumwandlung mit einer Frist von höchstens einem Monat beenden kann.

Nichttarifgebundene Arbeitgeber können ein einschlägiges tarifvertragliches Optionssystem anwenden oder auf Grund eines einschlägigen Tarifvertrages durch Betriebs- oder Dienstvereinbarung die Einführung eines Optionssystems regeln; Satz 2 gilt entsprechend.

UNTERABSCHNITT 2
Tarifvertrag und reine Beitragszusage

§ 21 Tarifvertragsparteien

(1) Vereinbaren die Tarifvertragsparteien eine betriebliche Altersversorgung in Form der reinen Beitragszusage, müssen sie sich an deren Durchführung und Steuerung beteiligen.

(2) Die Tarifvertragsparteien sollen im Rahmen von Tarifverträgen nach Absatz 1 bereits bestehende Betriebsrentensysteme angemessen berücksichtigen. Die Tarifvertragsparteien müssen insbesondere prüfen, ob auf der Grundlage einer Betriebs- oder Dienstvereinbarung oder, wenn ein Betriebs- oder Personalrat nicht besteht, durch schriftliche Vereinbarung zwischen Arbeitgeber und Arbeitnehmer, tarifvertraglich vereinbarte Beiträge für eine reine Beitragszusage für eine andere nach diesem Gesetz zulässige Zusageart verwendet werden dürfen.

(3) Die Tarifvertragsparteien sollen nichttarifgebundenen Arbeitgebern und Arbeitnehmern den Zugang zur durchführenden Versorgungseinrichtung nicht verwehren. Der durchführenden Versorgungseinrichtung dürfen im Hinblick auf die Aufnahme und Verwaltung von Arbeitnehmern nichttarifgebundener Arbeitgeber keine sachlich unbegründeten Vorgaben gemacht werden.

(4) Wird eine reine Beitragszusage über eine Direktversicherung durchgeführt, kann eine gemeinsame Einrichtung nach § 4 des Tarifvertragsgesetzes als Versicherungsnehmer an die Stelle des Arbeitgebers treten.

§ 22 Arbeitnehmer und Versorgungseinrichtung

(1) Bei einer reinen Beitragszusage hat der Pensionsfonds, die Pensionskasse oder die Direktversicherung dem Versorgungsempfänger auf der Grundlage des planmäßig zuzurechnenden Versorgungskapitals laufende Leistungen der betrieblichen Altersversorgung zu erbringen. Die Höhe der Leistungen darf nicht garantiert werden.

(2) Die auf den gezahlten Beiträgen beruhende Anwartschaft auf Altersrente ist sofort unverfallbar. Die Erträge der Versorgungseinrichtung müssen auch dem ausgeschiedenen Arbeitnehmer zugutekommen.

(3) Der Arbeitnehmer hat gegenüber der Versorgungseinrichtung das Recht,

1. nach Beendigung des Arbeitsverhältnisses
   a) die Versorgung mit eigenen Beiträgen fortzusetzen oder
   b) innerhalb eines Jahres das gebildete Versorgungskapital auf die neue Versorgungseinrichtung, an die Beiträge auf der Grundlage einer reinen Beitragszusage gezahlt werden, zu übertragen,
2. entsprechend § 4a Auskunft zu verlangen und
3. entsprechend § 6 vorzeitige Altersleistungen in Anspruch zu nehmen.

(4) Die bei der Versorgungseinrichtung bestehende Anwartschaft ist nicht übertragbar, nicht beleihbar und nicht veräußerbar. Sie darf vorbehaltlich des Satzes 3 nicht vorzeitig verwertet werden. Die Versorgungseinrichtung kann Anwartschaften und laufende

Leistungen bis zu der Wertgrenze in § 3 Absatz 2 Satz 1 abfinden; § 3 Absatz 2 Satz 2 gilt entsprechend.

(5) Für die Verjährung der Ansprüche gilt § 18a entsprechend.

§ 23 Zusatzbeiträge des Arbeitgebers

(1) Zur Absicherung der reinen Beitragszusage soll im Tarifvertrag ein Sicherungsbeitrag vereinbart werden.

(2) Bei einer reinen Beitragszusage ist im Fall der Entgeltumwandlung im Tarifvertrag zu regeln, dass der Arbeitgeber 15 Prozent des umgewandelten Entgelts zusätzlich als Arbeitgeberzuschuss an die Versorgungseinrichtung weiterleiten muss, soweit der Arbeitgeber durch die Entgeltumwandlung Sozialversicherungsbeiträge einspart.

§ 24 Nichttarifgebundene Arbeitgeber und Arbeitnehmer

Nichttarifgebundene Arbeitgeber und Arbeitnehmer können die Anwendung der einschlägigen tariflichen Regelung vereinbaren.

§ 25 Verordnungsermächtigung

Das Bundesministerium für Arbeit und Soziales wird ermächtigt, im Einvernehmen mit dem Bundesministerium der Finanzen durch Rechtsverordnung Mindestanforderungen an die Verwendung der Beiträge nach § 1 Absatz 2 Nummer 2a festzulegen. Die Ermächtigung kann im Einvernehmen mit dem Bundesministerium der Finanzen auf die Bundesanstalt für Finanzdienstleistungsaufsicht übertragen werden. Rechtsverordnungen nach den Sätzen 1 und 2 bedürfen nicht der Zustimmung des Bundesrates.

ZWEITER TEIL
Übergangs- und Schlußvorschriften

§ 26

Die §§ 1 bis 4 und 18 gelten nicht, wenn das Arbeitsverhältnis oder Dienstverhältnis vor dem Inkrafttreten des Gesetzes beendet worden ist.

§ 27

§ 2 Abs. 2 Satz 2 Nr. 2 und 3 und Abs. 3 Satz 2 Nr. 1 und 2 gelten in Fällen, in denen vor dem Inkrafttreten des Gesetzes die Direktversicherung abgeschlossen worden ist oder die Versicherung des Arbeitnehmers bei einer Pensionskasse begonnen hat, mit der Maßgabe, daß die in diesen Vorschriften genannten Voraussetzungen spätestens für die Zeit nach Ablauf eines Jahres seit dem Inkrafttreten des Gesetzes erfüllt sein müssen.

§ 28
§ 5 gilt für Fälle, in denen der Versorgungsfall vor dem Inkrafttreten des Gesetzes eingetreten ist, mit der Maßgabe, daß diese Vorschrift bei der Berechnung der nach dem Inkrafttreten des Gesetzes fällig werdenden Versorgungsleistungen anzuwenden ist.

§ 29
§ 6 gilt für die Fälle, in denen das Altersruhegeld der gesetzlichen Rentenversicherung bereits vor dem Inkrafttreten des Gesetzes in Anspruch genommen worden ist, mit der Maßgabe, daß die Leistungen der betrieblichen Altersversorgung vom Inkrafttreten des Gesetzes an zu gewähren sind.

§ 30
Ein Anspruch gegen den Träger der Insolvenzsicherung nach § 7 besteht nur, wenn der Sicherungsfall nach dem Inkrafttreten der §§ 7 bis 15 eingetreten ist; er kann erstmals nach dem Ablauf von sechs Monaten nach diesem Zeitpunkt geltend gemacht werden. Die Beitragspflicht des Arbeitgebers beginnt mit dem Inkrafttreten der §§ 7 bis 15.

§ 30a [aufgehoben]

§ 30b
§ 4 Abs. 3 gilt nur für Zusagen, die nach dem 31. Dezember 2004 erteilt wurden.

§ 30c
(1) § 16 Abs. 3 Nr. 1 gilt nur für laufende Leistungen, die auf Zusagen beruhen, die nach dem 31. Dezember 1998 erteilt werden.

(1a) § 16 Absatz 3 Nummer 2 gilt auch für Anpassungszeiträume, die vor dem 1. Januar 2016 liegen; in diesen Zeiträumen bereits erfolgte Anpassungen oder unterbliebene Anpassungen, gegen die der Versorgungsberechtigte vor dem 1. Januar 2016 Klage erhoben hat, bleiben unberührt.

(2) § 16 Abs. 4 gilt nicht für vor dem 1. Januar 1999 zu Recht unterbliebene Anpassungen.

(3) § 16 Abs. 5 gilt nur für laufende Leistungen, die auf Zusagen beruhen, die nach dem 31. Dezember 2000 erteilt werden.

(4) Für die Erfüllung der Anpassungsprüfungspflicht für Zeiträume vor dem 1. Januar 2003 gilt § 16 Abs. 2 Nr. 1 mit der Maßgabe, dass an die Stelle des Verbraucherpreisindexes für Deutschland der Preisindex für die Lebenshaltung von 4-Personen-Haushalten von Arbeitern und Angestellten mit mittlerem Einkommen tritt.

§ 30d Übergangsregelung zu § 18

(1) Ist der Versorgungsfall vor dem 1. Januar 2001 eingetreten oder ist der Arbeitnehmer vor dem 1. Januar 2001 aus dem Beschäftigungsverhältnis bei einem öffentlichen Arbeitgeber ausgeschieden und der Versorgungsfall nach dem 31. Dezember 2000 und vor dem 2. Januar 2002 eingetreten, sind für die Berechnung der Voll-Leistung die Regelungen der Zusatzversorgungseinrichtungen nach § 18 Abs. 1 Satz 1 Nr. 1 und 2 oder die Gesetze im Sinne des § 18 Abs. 1 Satz 1 Nr. 3 sowie die weiteren Berechnungsfaktoren jeweils in der am 31. Dezember 2000 und vor dem 2. Januar 2002 geltenden Fassung maßgebend; § 18 Abs. 2 Nr. 1 Buchstabe b bleibt unberührt. Die Steuerklasse III/O ist zugrunde zu legen. Ist der Versorgungsfall vor dem 1. Januar 2001 eingetreten, besteht der Anspruch auf Zusatzrente mindestens in der Höhe, wie er sich aus § 18 in der Fassung vom 16. Dezember 1997 (BGBl. I S. 2998) ergibt.

(2) Die Anwendung des § 18 ist in den Fällen des Absatzes 1 ausgeschlossen, soweit eine Versorgungsrente der in § 18 Abs. 1 Satz 1 Nr. 1 und 2 bezeichneten Zusatzversorgungseinrichtungen oder eine entsprechende Leistung aufgrund der Regelungen des Ersten Ruhegeldgesetzes, des Zweiten Ruhegeldgesetzes oder des Bremischen Ruhelohngesetzes bezogen wird, oder eine Versicherungsrente abgefunden wurde.

(2a) Für Personen, deren Beschäftigungsverhältnis vor dem 1. Januar 2002 vor Eintritt des Versorgungsfalls geendet hat und deren Anwartschaft nach § 1b fortbesteht, haben die in § 18 Absatz 1 Satz 1 Nummer 1 und 2 bezeichneten Zusatzversorgungseinrichtungen bei Eintritt des Versorgungsfalls nach dem 1. Januar 2002 die Anwartschaft für Zeiten bis zum 1. Januar 2002 nach § 18 Absatz 2 unter Berücksichtigung des § 18 Absatz 5 zu ermitteln.

(3) Für Arbeitnehmer im Sinne des § 18 Abs. 1 Satz 1 Nr. 4, 5 und 6 in der bis zum 31. Dezember 1998 geltenden Fassung, für die bis zum 31. Dezember 1998 ein Anspruch auf Nachversicherung nach § 18 Abs. 6 entstanden ist, gilt Absatz 1 Satz 1 für die aufgrund der Nachversicherung zu ermittelnde Voll-Leistung entsprechend mit der Maßgabe, dass sich der nach § 2 zu ermittelnde Anspruch gegen den ehemaligen Arbeitgeber richtet. Für den nach § 2 zu ermittelnden Anspruch gilt § 18 Abs. 2 Nr. 1 Buchstabe b entsprechend; für die übrigen Bemessungsfaktoren ist auf die Rechtslage am 31. Dezember 2000 abzustellen. Leistungen der gesetzlichen Rentenversicherung, die auf einer Nachversicherung wegen Ausscheidens aus einem Dienstordnungsverhältnis beruhen, und Leistungen, die die zuständige Versorgungseinrichtung aufgrund von Nachversicherungen im Sinne des § 18 Abs. 6 in der am 31. Dezember 1998 geltenden Fassung gewährt, werden auf den Anspruch nach § 2 angerechnet. Hat das Arbeitsverhältnis im Sinne des § 18 Abs. 9 bereits am 31. Dezember 1998 bestanden, ist in die Vergleichsberechnung nach § 18 Abs. 9 auch die Zusatzrente nach § 18 in der bis zum 31. Dezember 1998 geltenden Fassung einzubeziehen.

§ 30e

(1) § 1 Abs. 2 Nr. 4 zweiter Halbsatz gilt für Zusagen, die nach dem 31. Dezember 2002 erteilt werden.

(2) § 1 Abs. 2 Nr. 4 zweiter Halbsatz findet auf Pensionskassen, deren Leistungen der betrieblichen Altersversorgung durch Beiträge der Arbeitnehmer und Arbeitgeber gemeinsam finanziert und die als beitragsorientierte Leistungszusage oder als Leistungszusage durchgeführt werden, mit der Maßgabe Anwendung, dass dem ausgeschiedenen Arbeitnehmer das Recht zur Fortführung mit eigenen Beiträgen nicht eingeräumt werden und eine Überschussverwendung gemäß § 1b Abs. 5 Nr. 1 nicht erfolgen muss. Wird dem

ausgeschiedenen Arbeitnehmer ein Recht zur Fortführung nicht eingeräumt, gilt für die Höhe der unverfallbaren Anwartschaft § 2 Absatz 5 entsprechend. Für die Anpassung laufender Leistungen gelten die Regelungen nach § 16 Abs. 1 bis 4. Die Regelung in Absatz 1 bleibt unberührt.

§ 30f

(1) Wenn Leistungen der betrieblichen Altersversorgung vor dem 1. Januar 2001 zugesagt worden sind, ist § 1b Abs. 1 mit der Maßgabe anzuwenden, dass die Anwartschaft erhalten bleibt, wenn das Arbeitsverhältnis vor Eintritt des Versorgungsfalles, jedoch nach Vollendung des 35. Lebensjahres endet und die Versorgungszusage zu diesem Zeitpunkt

1. mindestens zehn Jahre oder
2. bei mindestens zwölfjähriger Betriebszugehörigkeit mindestens drei Jahre

bestanden hat; in diesen Fällen bleibt die Anwartschaft auch erhalten, wenn die Zusage ab dem 1. Januar 2001 fünf Jahre bestanden hat und bei Beendigung des Arbeitsverhältnisses das 30. Lebensjahr vollendet ist. § 1b Abs. 5 findet für Anwartschaften aus diesen Zusagen keine Anwendung.

(2) Wenn Leistungen der betrieblichen Altersversorgung vor dem 1. Januar 2009 und nach dem 31. Dezember 2000 zugesagt worden sind, ist § 1b Abs. 1 Satz 1 mit der Maßgabe anzuwenden, dass die Anwartschaft erhalten bleibt, wenn das Arbeitsverhältnis vor Eintritt des Versorgungsfalls, jedoch nach Vollendung des 30. Lebensjahres endet und die Versorgungszusage zu diesem Zeitpunkt fünf Jahre bestanden hat; in diesen Fällen bleibt die Anwartschaft auch erhalten, wenn die Zusage ab dem 1. Januar 2009 fünf Jahre bestanden hat und bei Beendigung des Arbeitsverhältnisses das 25. Lebensjahr vollendet ist.

(3) Wenn Leistungen der betrieblichen Altersversorgung vor dem 1. Januar 2018 und nach dem 31. Dezember 2008 zugesagt worden sind, ist § 1b Absatz 1 Satz 1 mit der Maßgabe anzuwenden, dass die Anwartschaft erhalten bleibt, wenn das Arbeitsverhältnis vor Eintritt des Versorgungsfalls, jedoch nach Vollendung des 25. Lebensjahres endet und die Versorgungszusage zu diesem Zeitpunkt fünf Jahre bestanden hat; in diesen Fällen bleibt die Anwart-

schaft auch erhalten, wenn die Zusage ab dem 1. Januar 2018 drei Jahre bestanden hat und bei Beendigung des Arbeitsverhältnisses das 21. Lebensjahr vollendet ist.

§ 30g

(1) § 2a Absatz 2 gilt nicht für Beschäftigungszeiten vor dem 1. Januar 2018. Für Beschäftigungszeiten nach dem 31. Dezember 2017 gilt § 2a Absatz 2 nicht, wenn das Versorgungssystem vor dem 20. Mai 2014 für neue Arbeitnehmer geschlossen war.

(2) § 2 Absatz 5 gilt nur für Anwartschaften, die auf Zusagen beruhen, die nach dem 31. Dezember 2000 erteilt worden sind. Im Einvernehmen zwischen Arbeitgeber und Arbeitnehmer kann § 2 Absatz 5 auch auf Anwartschaften angewendet werden, die auf Zusagen beruhen, die vor dem 1. Januar 2001 erteilt worden sind.

(3) § 3 findet keine Anwendung auf laufende Leistungen, die vor dem 1. Januar 2005 erstmals gezahlt worden sind.

§ 30h

§ 20 Absatz 1 gilt für Entgeltumwandlungen, die auf Zusagen beruhen, die nach dem 29. Juni 2001 erteilt werden.

§ 30i

(1) Der Barwert der bis zum 31. Dezember 2005 aufgrund eingetretener Insolvenzen zu sichernden Anwartschaften wird einmalig auf die beitragspflichtigen Arbeitgeber entsprechend § 10 Abs. 3 umgelegt und vom Träger der Insolvenzsicherung nach Maßgabe der Beträge zum Schluss des Wirtschaftsjahres, das im Jahr 2004 geendet hat, erhoben. Der Rechnungszinsfuß bei der Berechnung des Barwerts beträgt 3,67 vom Hundert.

(2) Der Betrag ist in 15 gleichen Raten fällig. Die erste Rate wird am 31. März 2007 fällig, die weiteren zum 31. März der folgenden Kalenderjahre. Bei vorfälliger Zahlung erfolgt eine Diskontierung der einzelnen Jahresraten mit dem zum Zeitpunkt der Zahlung um ein Drittel erhöhten Rechnungszinsfuß nach § 235 Nummer 4 des Versicherungsaufsichtsgesetzes erlassenen Rechtsverordnung, wobei nur volle Monate berücksichtigt werden.

(3) Der abgezinste Gesamtbetrag ist gemäß Absatz 2 am 31. März 2007 fällig, wenn die sich ergebende Jahresrate nicht höher als 50 Euro ist.

(4) Insolvenzbedingte Zahlungsausfälle von ausstehenden Raten werden im Jahr der Insolvenz in die erforderlichen jährlichen Beiträge gemäß § 10 Abs. 2 eingerechnet.

§ 30j Übergangsregelung zu § 20 Absatz 2

§ 20 Absatz 2 gilt nicht für Optionssysteme, die auf der Grundlage von Betriebs- oder Dienstvereinbarungen vor dem 1. Juni 2017 eingeführt worden sind.

§ 31

Auf Sicherungsfälle, die vor dem 1. Januar 1999 eingetreten sind, ist dieses Gesetz in der bis zu diesem Zeitpunkt geltenden Fassung anzuwenden.

§ 32

Dieses Gesetz tritt vorbehaltlich des Satzes 2 am Tag nach seiner Verkündung in Kraft. Die §§ 7 bis 15 treten am 1. Januar 1975 in Kraft.

Bürgerliches Gesetzbuch* (BGB)
(Auszüge: §§ 113, 119–127a, 130, 164, 186–193, 241, 242, 305–310, 314–315, 320, 323, 324, 328, 611–631, 662–674)

§ 113 Dienst- oder Arbeitsverhältnis
(1) Ermächtigt der gesetzliche Vertreter den Minderjährigen, in Dienst oder in Arbeit zu treten, so ist der Minderjährige für solche Rechtsgeschäfte unbeschränkt geschäftsfähig, welche die Eingehung oder Aufhebung eines Dienst- oder Arbeitsverhältnisses der gestatteten Art oder die Erfüllung der sich aus einem solchen Verhältnis ergebenden Verpflichtungen betreffen. Ausgenommen sind Verträge, zu denen der Vertreter der Genehmigung des Vormundschaftsgerichts bedarf.

(2) Die Ermächtigung kann von dem Vertreter zurückgenommen oder eingeschränkt werden.

(3) Ist der gesetzliche Vertreter ein Vormund, so kann die Ermächtigung, wenn sie von ihm verweigert wird, auf Antrag des Minderjährigen durch das Vormundschaftsgericht ersetzt werden. Das Vormundschaftsgericht hat die Ermächtigung zu ersetzen, wenn sie im Interesse des Mündels liegt.

(4) Die für einen einzelnen Fall erteilte Ermächtigung gilt im Zweifel als allgemeine Ermächtigung zur Eingehung von Verhältnissen derselben Art.

§ 119 Anfechtbarkeit wegen Irrtums
(1) Wer bei der Abgabe einer Willenserklärung über deren Inhalt im Irrtum war oder eine Erklärung dieses Inhalts überhaupt nicht abgeben wollte, kann die Erklärung anfechten, wenn anzunehmen ist, dass er sie bei Kenntnis der Sachlage und bei verständiger Würdigung des Falles nicht abgegeben haben würde.

(2) Als Irrtum über den Inhalt der Erklärung gilt auch der Irrtum über solche Eigenschaften der Person oder der Sache, die im Verkehr als wesentlich angesehen werden.

---

* Vom 18. August 1896, in der Fassung der Bekanntmachung vom 2. Januar 2002 (BGBl. I, S. 42, ber. 2909; 2003 I, S. 738), zuletzt geändert durch Gesetz vom 18. Dezember 2018 (BGBl. I, S. 2651 (2655)).

§ 120 Anfechtbarkeit wegen falscher Übermittlung
Eine Willenserklärung, welche durch die zur Übermittelung verwendete Person oder Einrichtung unrichtig übermittelt worden ist, kann unter der gleichen Voraussetzung angefochten werden wie nach § 119 eine irrtümlich abgegebene Willenserklärung.

§ 121 Anfechtungsfrist
(1) Die Anfechtung muss in den Fällen der §§ 119, 120 ohne schuldhaftes Zögern (unverzüglich) erfolgen, nachdem der Anfechtungsberechtigte von dem Anfechtungsgrund Kenntnis erlangt hat. Die einem Abwesenden gegenüber erfolgte Anfechtung gilt als rechtzeitig erfolgt, wenn die Anfechtungserklärung unverzüglich abgesendet worden ist.

(2) Die Anfechtung ist ausgeschlossen, wenn seit der Abgabe der Willenserklärung zehn Jahre verstrichen sind.

§ 122 Schadensersatzpflicht des Anfechtenden
(1) Ist eine Willenserklärung nach § 118 nichtig oder auf Grund der §§ 119, 120 angefochten, so hat der Erklärende, wenn die Erklärung einem anderen gegenüber abzugeben war, diesem, andernfalls jedem Dritten den Schaden zu ersetzen, den der andere oder der Dritte dadurch erleidet, dass er auf die Gültigkeit der Erklärung vertraut, jedoch nicht über den Betrag des Interesses hinaus, welches der andere oder der Dritte an der Gültigkeit der Erklärung hat.

(2) Die Schadensersatzpflicht tritt nicht ein, wenn der Beschädigte den Grund der Nichtigkeit oder der Anfechtbarkeit kannte oder infolge von Fahrlässigkeit nicht kannte (kennen musste).

§ 123 Anfechtbarkeit wegen Täuschung oder Drohung
(1) Wer zur Abgabe einer Willenserklärung durch arglistige Täuschung oder widerrechtlich durch Drohung bestimmt worden ist, kann die Erklärung anfechten.

(2) Hat ein Dritter die Täuschung verübt, so ist eine Erklärung, die einem anderen gegenüber abzugeben war, nur dann anfechtbar, wenn dieser die Täuschung kannte oder kennen musste. Soweit ein anderer als derjenige, welchem gegenüber die Erklärung abzuge-

ben war, aus der Erklärung unmittelbar ein Recht erworben hat, ist die Erklärung ihm gegenüber anfechtbar, wenn er die Täuschung kannte oder kennen musste.

§ 124 Anfechtungsfrist
(1) Die Anfechtung einer nach § 123 anfechtbaren Willenserklärung kann nur binnen Jahresfrist erfolgen.

(2) Die Frist beginnt im Falle der arglistigen Täuschung mit dem Zeitpunkt, in welchem der Anfechtungsberechtigte die Täuschung entdeckt, im Falle der Drohung mit dem Zeitpunkt, in welchem die Zwangslage aufhört. Auf den Lauf der Frist finden die für die Verjährung geltenden Vorschriften der §§ 206, 210 und 211 entsprechende Anwendung.

(3) Die Anfechtung ist ausgeschlossen, wenn seit der Abgabe der Willenserklärung zehn Jahre verstrichen sind.

§ 125 Nichtigkeit wegen Formmangels
Ein Rechtsgeschäft, welches der durch Gesetz vorgeschriebenen Form ermangelt, ist nichtig. Der Mangel der durch Rechtsgeschäft bestimmten Form hat im Zweifel gleichfalls Nichtigkeit zur Folge.

§ 126 Schriftform
(1) Ist durch Gesetz schriftliche Form vorgeschrieben, so muss die Urkunde von dem Aussteller eigenhändig durch Namensunterschrift oder mittels notariell beglaubigten Handzeichens unterzeichnet werden.

(2) Bei einem Vertrag muss die Unterzeichnung der Parteien auf derselben Urkunde erfolgen. Werden über den Vertrag mehrere gleichlautende Urkunden aufgenommen, so genügt es, wenn jede Partei die für die andere Partei bestimmte Urkunde unterzeichnet.

(3) Die schriftliche Form kann durch die elektronische Form ersetzt werden, wenn sich nicht aus dem Gesetz ein anderes ergibt.

(4) Die schriftliche Form wird durch die notarielle Beurkundung ersetzt.

§ 126a Elektronische Form

(1) Soll die gesetzlich vorgeschriebene schriftliche Form durch die elektronische Form ersetzt werden, so muss der Aussteller der Erklärung dieser seinen Namen hinzufügen und das elektronische Dokument mit einer qualifizierten elektronischen Signatur versehen.

(2) Bei einem Vertrag müssen die Parteien jeweils ein gleichlautendes Dokument in der in Absatz 1 bezeichneten Weise elektronisch signieren.

§ 126b Textform

Ist durch Gesetz Textform vorgeschrieben, so muss eine lesbare Erklärung, in der die Person des Erklärenden genannt ist, auf einem dauerhaften Datenträger abgegeben werden. Ein dauerhafter Datenträger ist jedes Medium, das

1. es dem Empfänger ermöglicht, eine auf dem Datenträger befindliche, an ihn persönlich gerichtete Erklärung so aufzubewahren oder zu speichern, dass sie ihm während eines für ihren Zweck angemessenen Zeitraums zugänglich ist, und
2. geeignet ist, die Erklärung unverändert wiederzugeben.

§ 127 Vereinbarte Form

(1) Die Vorschriften des § 126, des § 126a oder des § 126b gelten im Zweifel auch für die durch Rechtsgeschäft bestimmte Form.

(2) Zur Wahrung der durch Rechtsgeschäft bestimmten schriftlichen Form genügt, soweit nicht ein anderer Wille anzunehmen ist, die telekommunikative Übermittlung und bei einem Vertrag der Briefwechsel. Wird eine solche Form gewählt, so kann nachträglich eine dem § 126 entsprechende Beurkundung verlangt werden.

(3) Zur Wahrung der durch Rechtsgeschäft bestimmten elektronischen Form genügt, soweit nicht ein anderer Wille anzunehmen ist, auch eine andere als die in § 126a bestimmte elektronische Signatur und bei einem Vertrag der Austausch von Angebots- und Annahmeerklärung, die jeweils mit einer elektronischen Signatur versehen sind. Wird eine solche Form gewählt, so kann nachträglich eine dem § 126a entsprechende elektronische Signierung oder, wenn diese einer der Parteien nicht möglich ist, eine dem § 126 entsprechende Beurkundung verlangt werden.

§ 127a Gerichtlicher Vergleich

Die notarielle Beurkundung wird bei einem gerichtlichen Vergleich durch die Aufnahme der Erklärungen in ein nach den Vorschriften der Zivilprozessordnung errichtetes Protokoll ersetzt.

§ 130 Wirksamwerden der Willenserklärung gegenüber Abwesenden

(1) Eine Willenserklärung, die einem anderen gegenüber abzugeben ist, wird, wenn sie in dessen Abwesenheit abgegeben wird, in dem Zeitpunkt wirksam, in welchem sie ihm zugeht. Sie wird nicht wirksam, wenn dem anderen vorher oder gleichzeitig ein Widerruf zugeht.

(2) Auf die Wirksamkeit der Willenserklärung ist es ohne Einfluss, wenn der Erklärende nach der Abgabe stirbt oder geschäftsunfähig wird.

(3) Diese Vorschriften finden auch dann Anwendung, wenn die Willenserklärung einer Behörde gegenüber abzugeben ist.

§ 164 Wirkung der Erklärung des Vertreters

(1) Eine Willenserklärung, die jemand innerhalb der ihm zustehenden Vertretungsmacht im Namen des Vertretenen abgibt, wirkt unmittelbar für und gegen den Vertretenen. Es macht keinen Unterschied, ob die Erklärung ausdrücklich im Namen des Vertretenen erfolgt oder ob die Umstände ergeben, dass sie in dessen Namen erfolgen soll.

(2) Tritt der Wille, in fremdem Namen zu handeln, nicht erkennbar hervor, so kommt der Mangel des Willens, im eigenen Namen zu handeln, nicht in Betracht.

(3) Die Vorschriften des Absatzes 1 finden entsprechende Anwendung, wenn eine gegenüber einem anderen abzugebende Willenserklärung dessen Vertreter gegenüber erfolgt.

§ 186 Geltungsbereich

Für die in Gesetzen, gerichtlichen Verfügungen und Rechtsgeschäften enthaltenen Frist- und Terminsbestimmungen gelten die Auslegungsvorschriften der §§ 187 bis 193.

§ 187 Fristbeginn

(1) Ist für den Anfang einer Frist ein Ereignis oder ein in den Lauf eines Tages fallender Zeitpunkt maßgebend, so wird bei der Berechnung der Frist der Tag nicht mitgerechnet, in welchen das Ereignis oder der Zeitpunkt fällt.

(2) Ist der Beginn eines Tages der für den Anfang einer Frist maßgebende Zeitpunkt, so wird dieser Tag bei der Berechnung der Frist mitgerechnet. Das Gleiche gilt von dem Tage der Geburt bei der Berechnung des Lebensalters.

§ 188 Fristende

(1) Eine nach Tagen bestimmte Frist endigt mit dem Ablaufe des letzten Tages der Frist.

(2) Eine Frist, die nach Wochen, nach Monaten oder nach einem mehrere Monate umfassenden Zeitraume – Jahr, halbes Jahr, Vierteljahr – bestimmt ist, endigt im Falle des § 187 Abs. 1 mit dem Ablaufe desjenigen Tages der letzten Woche oder des letzten Monats, welcher durch seine Benennung oder seine Zahl dem Tage entspricht, in den das Ereignis oder der Zeitpunkt fällt, im Falle des § 187 Abs. 2 mit dem Ablaufe desjenigen Tages der letzten Woche oder des letzten Monats, welcher dem Tage vorhergeht, der durch seine Benennung oder seine Zahl dem Anfangstag der Frist entspricht.

(3) Fehlt bei einer nach Monaten bestimmten Frist in dem letzten Monat der für ihren Ablauf maßgebende Tag, so endigt die Frist mit dem Ablauf des letzten Tages dieses Monats.

§ 189 Berechnung einzelner Fristen

(1) Unter einem halben Jahre wird eine Frist von sechs Monaten, unter einem Vierteljahre eine Frist von drei Monaten, unter einem halben Monat eine Frist von fünfzehn Tagen verstanden.

(2) Ist eine Frist auf einen oder mehrere ganze Monate und einen halben Monat gestellt, so sind die fünfzehn Tage zuletzt zu zählen.

§ 190 Fristverlängerung

Im Falle der Verlängerung einer Frist wird die neue Frist von dem Ablauf der vorigen Frist an berechnet.

§ 191 Berechnung von Zeiträumen

Ist ein Zeitraum nach Monaten oder nach Jahren in dem Sinne bestimmt, dass er nicht zusammenhängend zu verlaufen braucht, so wird der Monat zu dreißig, das Jahr zu dreihundertfünfundsechzig Tagen gerechnet.

§ 192 Anfang, Mitte, Ende des Monats

Unter Anfang des Monats wird der erste, unter Mitte des Monats der fünfzehnte, unter Ende des Monats der letzte Tag des Monats verstanden.

§ 193 Sonn- und Feiertag; Sonnabend

Ist an einem bestimmten Tage oder innerhalb einer Frist eine Willenserklärung abzugeben oder eine Leistung zu bewirken und fällt der bestimmte Tag oder der letzte Tag der Frist auf einen Sonntag, einen am Erklärungs- oder Leistungsort staatlich anerkannten allgemeinen Feiertag oder einen Sonnabend, so tritt an die Stelle eines solchen Tages der nächste Werktag.

§ 241 Pflichten aus dem Schuldverhältnis

(1) Kraft des Schuldverhältnisses ist der Gläubiger berechtigt, von dem Schuldner eine Leistung zu fordern. Die Leistung kann auch in einem Unterlassen bestehen.

(2) Das Schuldverhältnis kann nach seinem Inhalt jeden Teil zur Rücksicht auf die Rechte, Rechtsgüter und Interessen des anderen Teils verpflichten.

§ 242 Leistung nach Treu und Glauben

Der Schuldner ist verpflichtet, die Leistung so zu bewirken, wie Treu und Glauben mit Rücksicht auf die Verkehrssitte es erfordern.

§ 305 Einbeziehung Allgemeiner Geschäftsbedingungen in den Vertrag

(1) Allgemeine Geschäftsbedingungen sind alle für eine Vielzahl von Verträgen vorformulierten Vertragsbedingungen, die eine Vertragspartei (Verwender) der anderen Vertragspartei bei Abschluss eines Vertrags stellt. Gleichgültig ist, ob die Bestimmungen einen äußerlich gesonderten Bestandteil des Vertrags bilden oder in die Vertragsurkunde selbst aufgenommen werden, welchen Umfang

sie haben, in welcher Schriftart sie verfasst sind und welche Form der Vertrag hat. Allgemeine Geschäftsbedingungen liegen nicht vor, soweit die Vertragsbedingungen zwischen den Vertragsparteien im Einzelnen ausgehandelt sind.

(2) Allgemeine Geschäftsbedingungen werden nur dann Bestandteil eines Vertrags, wenn der Verwender bei Vertragsschluss
1. die andere Vertragspartei ausdrücklich oder, wenn ein ausdrücklicher Hinweis wegen der Art des Vertragsschlusses nur unter unverhältnismäßigen Schwierigkeiten möglich ist, durch deutlich sichtbaren Aushang am Orte des Vertragsschlusses auf sie hinweist und
2. der anderen Vertragspartei die Möglichkeit verschafft, in zumutbarer Weise, die auch eine für den Verwender erkennbare körperliche Behinderung der anderen Vertragspartei angemessen berücksichtigt, von ihrem Inhalt Kenntnis zu nehmen,

und wenn die andere Vertragspartei mit ihrer Geltung einverstanden ist.

(3) Die Vertragsparteien können für eine bestimmte Art von Rechtsgeschäften die Geltung bestimmter Allgemeiner Geschäftsbedingungen unter Beachtung der in Absatz 2 bezeichneten Erfordernisse im Voraus vereinbaren.

§ 305a Einbeziehung in besonderen Fällen

Auch ohne Einhaltung der in § 305 Abs. 2 Nr. 1 und 2 bezeichneten Erfordernisse werden einbezogen, wenn die andere Vertragspartei mit ihrer Geltung einverstanden ist,
1. die mit Genehmigung der zuständigen Verkehrsbehörde oder auf Grund von internationalen Übereinkommen erlassenen Tarife und Ausführungsbestimmungen der Eisenbahnen und die nach Maßgabe des Personenbeförderungsgesetzes genehmigten Beförderungsbedingungen der Straßenbahnen, Obusse und Kraftfahrzeuge im Linienverkehr in den Beförderungsvertrag,
2. die im Amtsblatt der Bundesnetzagentur für Elektrizität, Gas, Telekommunikation, Post und Eisenbahnen veröffentlichten und in den Geschäftsstellen des Verwenders bereitgehaltenen Allgemeinen Geschäftsbedingungen
   a) in Beförderungsverträge, die außerhalb von Geschäftsräumen durch den Einwurf von Postsendungen in Briefkästen abgeschlossen werden,

b) in Verträge über Telekommunikations-, Informations- und andere Dienstleistungen, die unmittelbar durch Einsatz von Fernkommunikationsmitteln und während der Erbringung einer Telekommunikationsdienstleistung in einem Mal erbracht werden, wenn die Allgemeinen Geschäftsbedingungen der anderen Vertragspartei nur unter unverhältnismäßigen Schwierigkeiten vor dem Vertragsschluss zugänglich gemacht werden können.

§ 305b Vorrang der Individualabrede

Individuelle Vertragsabreden haben Vorrang vor Allgemeinen Geschäftsbedingungen.

§ 305c Überraschende und mehrdeutige Klauseln

(1) Bestimmungen in Allgemeinen Geschäftsbedingungen, die nach den Umständen, insbesondere nach dem äußeren Erscheinungsbild des Vertrags, so ungewöhnlich sind, dass der Vertragspartner des Verwenders mit ihnen nicht zu rechnen braucht, werden nicht Vertragsbestandteil.

(2) Zweifel bei der Auslegung Allgemeiner Geschäftsbedingungen gehen zu Lasten des Verwenders.

§ 306 Rechtsfolgen bei Nichteinbeziehung und Unwirksamkeit

(1) Sind Allgemeine Geschäftsbedingungen ganz oder teilweise nicht Vertragsbestandteil geworden oder unwirksam, so bleibt der Vertrag im Übrigen wirksam.

(2) Soweit die Bestimmungen nicht Vertragsbestandteil geworden oder unwirksam sind, richtet sich der Inhalt des Vertrags nach den gesetzlichen Vorschriften.

(3) Der Vertrag ist unwirksam, wenn das Festhalten an ihm auch unter Berücksichtigung der nach Absatz 2 vorgesehenen Änderung eine unzumutbare Härte für eine Vertragspartei darstellen würde.

§ 306a Umgehungsverbot

Die Vorschriften dieses Abschnitts finden auch Anwendung, wenn sie durch anderweitige Gestaltungen umgangen werden.

§ 307 Inhaltskontrolle

(1) Bestimmungen in Allgemeinen Geschäftsbedingungen sind unwirksam, wenn sie den Vertragspartner des Verwenders entgegen den Geboten von Treu und Glauben unangemessen benachteiligen. Eine unangemessene Benachteiligung kann sich auch daraus ergeben, dass die Bestimmung nicht klar und verständlich ist.

(2) Eine unangemessene Benachteiligung ist im Zweifel anzunehmen, wenn eine Bestimmung
1. mit wesentlichen Grundgedanken der gesetzlichen Regelung, von der abgewichen wird, nicht zu vereinbaren ist oder
2. wesentliche Rechte oder Pflichten, die sich aus der Natur des Vertrags ergeben, so einschränkt, dass die Erreichung des Vertragszwecks gefährdet ist.

(3) Die Absätze 1 und 2 sowie die §§ 308 und 309 gelten nur für Bestimmungen in Allgemeinen Geschäftsbedingungen, durch die von Rechtsvorschriften abweichende oder diese ergänzende Regelungen vereinbart werden. Andere Bestimmungen können nach Absatz 1 Satz 2 in Verbindung mit Absatz 1 Satz 1 unwirksam sein.

§ 308 Klauselverbote mit Wertungsmöglichkeit

In Allgemeinen Geschäftsbedingungen ist insbesondere unwirksam

1. (Annahme- und Leistungsfrist)
   eine Bestimmung, durch die sich der Verwender unangemessen lange oder nicht hinreichend bestimmte Fristen für die Annahme oder Ablehnung eines Angebots oder die Erbringung einer Leistung vorbehält; ausgenommen hiervon ist der Vorbehalt, erst nach Ablauf der Widerrufsfrist nach § 355 Absatz 1 und 2 zu leisten;

1a. (Zahlungsfrist)
   eine Bestimmung, durch die sich der Verwender eine unangemessen lange Zeit für die Erfüllung einer Entgeltforderung des Vertragspartners vorbehält; ist der Verwender kein Verbraucher, ist im Zweifel anzunehmen, dass eine Zeit von mehr als 30 Tagen nach Empfang der Gegenleistung oder, wenn dem Schuldner nach Empfang der Gegenleistung eine Rechnung oder gleichwertige Zahlungsaufstellung zugeht, von mehr als 30 Tagen nach Zugang dieser Rechnung oder Zahlungsaufstellung unangemessen lang ist;

1b. (Überprüfungs- und Abnahmefrist)
eine Bestimmung, durch die sich der Verwender vorbehält, eine Entgeltforderung des Vertragspartners erst nach unangemessen langer Zeit für die Überprüfung oder Abnahme der Gegenleistung zu erfüllen; ist der Verwender kein Verbraucher, ist im Zweifel anzunehmen, dass eine Zeit von mehr als 15 Tagen nach Empfang der Gegenleistung unangemessen lang ist;

2. (Nachfrist)
eine Bestimmung, durch die sich der Verwender für die von ihm zu bewirkende Leistung abweichend von Rechtsvorschriften eine unangemessen lange oder nicht hinreichend bestimmte Nachfrist vorbehält;

3. (Rücktrittsvorbehalt)
die Vereinbarung eines Rechts des Verwenders, sich ohne sachlich gerechtfertigten und im Vertrag angegebenen Grund von seiner Leistungspflicht zu lösen; dies gilt nicht für Dauerschuldverhältnisse;

4. (Änderungsvorbehalt)
die Vereinbarung eines Rechts des Verwenders, die versprochene Leistung zu ändern oder von ihr abzuweichen, wenn nicht die Vereinbarung der Änderung oder Abweichung unter Berücksichtigung der Interessen des Verwenders für den anderen Vertragsteil zumutbar ist;

5. (Fingierte Erklärungen)
eine Bestimmung, wonach eine Erklärung des Vertragspartners des Verwenders bei Vornahme oder Unterlassung einer bestimmten Handlung als von ihm abgegeben oder nicht abgegeben gilt, es sei denn, dass
   a) dem Vertragspartner eine angemessene Frist zur Abgabe einer ausdrücklichen Erklärung eingeräumt ist und
   b) der Verwender sich verpflichtet, den Vertragspartner bei Beginn der Frist auf die vorgesehene Bedeutung seines Verhaltens besonders hinzuweisen;

6. (Fiktion des Zugangs)
eine Bestimmung, die vorsieht, dass eine Erklärung des Verwenders von besonderer Bedeutung dem anderen Vertragsteil als zugegangen gilt;

7. (Abwicklung von Verträgen)
eine Bestimmung, nach der der Verwender für den Fall, dass eine Vertragspartei vom Vertrag zurücktritt oder den Vertrag kündigt,

a) eine unangemessen hohe Vergütung für die Nutzung oder den Gebrauch einer Sache oder eines Rechts oder für erbrachte Leistungen oder
b) einen unangemessen hohen Ersatz von Aufwendungen verlangen kann;

8. (Nichtverfügbarkeit der Leistung)
die nach Nummer 3 zulässige Vereinbarung eines Vorbehalts des Verwenders, sich von der Verpflichtung zur Erfüllung des Vertrags bei Nichtverfügbarkeit der Leistung zu lösen, wenn sich der Verwender nicht verpflichtet,
a) den Vertragspartner unverzüglich über die Nichtverfügbarkeit zu informieren und
b) Gegenleistungen des Vertragspartners unverzüglich zu erstatten.

§ 309 Klauselverbote ohne Wertungsmöglichkeit

Auch soweit eine Abweichung von den gesetzlichen Vorschriften zulässig ist, ist in Allgemeinen Geschäftsbedingungen unwirksam

1. (Kurzfristige Preiserhöhungen)
eine Bestimmung, welche die Erhöhung des Entgelts für Waren oder Leistungen vorsieht, die innerhalb von vier Monaten nach Vertragsschluss geliefert oder erbracht werden sollen; dies gilt nicht bei Waren oder Leistungen, die im Rahmen von Dauerschuldverhältnissen geliefert oder erbracht werden;
2. (Leistungsverweigerungsrechte)
eine Bestimmung, durch die
a) das Leistungsverweigerungsrecht, das dem Vertragspartner des Verwenders nach § 320 zusteht, ausgeschlossen oder eingeschränkt wird oder
b) ein dem Vertragspartner des Verwenders zustehendes Zurückbehaltungsrecht, soweit es auf demselben Vertragsverhältnis beruht, ausgeschlossen oder eingeschränkt, insbesondere von der Anerkennung von Mängeln durch den Verwender abhängig gemacht wird;
3. (Aufrechnungsverbot)
eine Bestimmung, durch die dem Vertragspartner des Verwenders die Befugnis genommen wird, mit einer unbestrittenen oder rechtskräftig festgestellten Forderung aufzurechnen;
4. (Mahnung, Fristsetzung)
eine Bestimmung, durch die der Verwender von der gesetzli-

chen Obliegenheit freigestellt wird, den anderen Vertragsteil zu mahnen oder ihm eine Frist für die Leistung oder Nacherfüllung zu setzen;

5. (Pauschalierung von Schadensersatzansprüchen)
die Vereinbarung eines pauschalierten Anspruchs des Verwenders auf Schadensersatz oder Ersatz einer Wertminderung, wenn
a) die Pauschale den in den geregelten Fällen nach dem gewöhnlichen Lauf der Dinge zu erwartenden Schaden oder die gewöhnlich eintretende Wertminderung übersteigt oder
b) dem anderen Vertragsteil nicht ausdrücklich der Nachweis gestattet wird, ein Schaden oder eine Wertminderung sei überhaupt nicht entstanden oder wesentlich niedriger als die Pauschale;

6. (Vertragsstrafe)
eine Bestimmung, durch die dem Verwender für den Fall der Nichtabnahme oder verspäteten Abnahme der Leistung, des Zahlungsverzugs oder für den Fall, dass der andere Vertragsteil sich vom Vertrag löst, Zahlung einer Vertragsstrafe versprochen wird;

7. (Haftungsausschluss bei Verletzung von Leben, Körper, Gesundheit und bei grobem Verschulden)
a) (Verletzung von Leben, Körper, Gesundheit)
ein Ausschluss oder eine Begrenzung der Haftung für Schäden aus der Verletzung des Lebens, des Körpers oder der Gesundheit, die auf einer fahrlässigen Pflichtverletzung des Verwenders oder einer vorsätzlichen oder fahrlässigen Pflichtverletzung eines gesetzlichen Vertreters oder Erfüllungsgehilfen des Verwenders beruhen;
b) (Grobes Verschulden)
ein Ausschluss oder eine Begrenzung der Haftung für sonstige Schäden, die auf einer grob fahrlässigen Pflichtverletzung des Verwenders oder auf einer vorsätzlichen oder grob fahrlässigen Pflichtverletzung eines gesetzlichen Vertreters oder Erfüllungsgehilfen des Verwenders beruhen;

die Buchstaben a und b gelten nicht für Haftungsbeschränkungen in den nach Maßgabe des Personenbeförderungsgesetzes genehmigten Beförderungsbedingungen und Tarifvorschriften der Straßenbahnen, Obusse und Kraftfahrzeuge im Linienverkehr, soweit sie nicht zum Nachteil des Fahrgasts von der Verordnung über die Allgemeinen Beförderungsbedingungen für den Straßenbahn- und Obusverkehr sowie den Linienverkehr mit Kraftfahrzeugen vom 27. Februar 1970 abweichen; Buchstabe b gilt nicht für Haftungsbeschränkungen für staatlich genehmigte Lotterie- oder Ausspielverträge;

8. (Sonstige Haftungsausschlüsse bei Pflichtverletzung)
   a) (Ausschluss des Rechts, sich vom Vertrag zu lösen)
      eine Bestimmung, die bei einer vom Verwender zu vertretenden, nicht in einem Mangel der Kaufsache oder des Werkes bestehenden Pflichtverletzung das Recht des anderen Vertragsteils, sich vom Vertrag zu lösen, ausschließt oder einschränkt; dies gilt nicht für die in der Nummer 7 bezeichneten Beförderungsbedingungen und Tarifvorschriften unter den dortgenannten Voraussetzungen;
   b) (Mängel)
      eine Bestimmung, durch die bei Verträgen über Lieferungen neu hergestellter Sachen und über Werkleistungen
      aa) (Ausschluss und Verweisung auf Dritte)
          die Ansprüche gegen den Verwender wegen eines Mangels insgesamt oder bezüglich einzelner Teile ausgeschlossen, auf die Einräumung von Ansprüchen gegen Dritte beschränkt oder von der vorherigen gerichtlichen Inanspruchnahme Dritter abhängig gemacht werden;
      bb) (Beschränkung auf Nacherfüllung)
          die Ansprüche gegen den Verwender insgesamt oder bezüglich einzelner Teile auf ein Recht auf Nacherfüllung beschränkt werden, sofern dem anderen Vertragsteil nicht ausdrücklich das Recht vorbehalten wird, bei Fehlschlagen der Nacherfüllung zu mindern oder, wenn nicht eine Bauleistung Gegenstand der Mängelhaftung ist, nach seiner Wahl vom Vertrag zurückzutreten;
      cc) (Aufwendungen bei Nacherfüllung)
          die Verpflichtung des Verwenders ausgeschlossen oder beschränkt wird, die zum Zweck der Nacherfüllung erforderlichen Aufwendungen nach § 439 Absatz 2 und 3 oder § 635 Absatz 2 zu tragen oder zu ersetzen;
      dd) (Vorenthalten der Nacherfüllung)
          der Verwender die Nacherfüllung von der vorherigen Zahlung des vollständigen Entgelts oder eines unter Be-

rücksichtigung des Mangels unverhältnismäßig hohen Teils des Entgelts abhängig macht;

ee) (Ausschlussfrist für Mängelanzeige)
der Verwender dem anderen Vertragsteil für die Anzeige nicht offensichtlicher Mängel eine Ausschlussfrist setzt, die kürzer ist als die nach dem Doppelbuchstaben ff zulässige Frist;

ff) (Erleichterung der Verjährung)
die Verjährung von Ansprüchen gegen den Verwender wegen eines Mangels in den Fällen des § 438 Abs. 1 Nr. 2 und des § 634a Abs. 1 Nr. 2 erleichtert oder in den sonstigen Fällen eine weniger als ein Jahr betragende Verjährungsfrist ab dem gesetzlichen Verjährungsbeginn erreicht wird;

9. (Laufzeit bei Dauerschuldverhältnissen)
bei einem Vertragsverhältnis, das die regelmäßige Lieferung von Waren oder die regelmäßige Erbringung von Dienst- oder Werkleistungen durch den Verwender zum Gegenstand hat,
a) eine den anderen Vertragsteil länger als zwei Jahre bindende Laufzeit des Vertrags,
b) eine den anderen Vertragsteil bindende stillschweigende Verlängerung des Vertragsverhältnisses um jeweils mehr als ein Jahr oder
c) zu Lasten des anderen Vertragsteils eine längere Kündigungsfrist als drei Monate vor Ablauf der zunächst vorgesehenen oder stillschweigend verlängerten Vertragsdauer;

dies gilt nicht für Verträge über die Lieferung als zusammengehörig verkaufter Sachen sowie für Versicherungsverträge;

10. (Wechsel des Vertragspartners)
eine Bestimmung, wonach bei Kauf-, Darlehens-, Dienst- oder Werkverträgen ein Dritter anstelle des Verwenders in die sich aus dem Vertrag ergebenden Rechte und Pflichten eintritt oder eintreten kann, es sei denn, in der Bestimmung wird
a) der Dritte namentlich bezeichnet oder
b) dem anderen Vertragsteil das Recht eingeräumt, sich vom Vertrag zu lösen;

11. (Haftung des Abschlussvertreters)
eine Bestimmung, durch die der Verwender einem Vertreter, der den Vertrag für den anderen Vertragsteil abschließt,

a) ohne hierauf gerichtete ausdrückliche und gesonderte Erklärung eine eigene Haftung oder Einstandspflicht oder
b) im Falle vollmachtsloser Vertretung eine über § 179 hinaus gehende Haftung auferlegt;

12. (Beweislast)
eine Bestimmung, durch die der Verwender die Beweislast zum Nachteil des anderen Vertragsteils ändert, insbesondere indem er
a) diesem die Beweislast für Umstände auferlegt, die im Verantwortungsbereich des Verwenders liegen, oder
b) den anderen Vertragsteil bestimmte Tatsachen bestätigen lässt;
Buchstabe b gilt nicht für Empfangsbekenntnisse, die gesondert unterschrieben oder mit einer gesonderten qualifizierten elektronischen Signatur versehen sind;

13. (Form von Anzeigen und Erklärungen)
eine Bestimmung, durch die Anzeigen oder Erklärungen, die dem Verwender oder einem Dritten gegenüber abzugeben sind, gebunden werden
a) an eine strengere Form als die schriftliche Form in einem Vertrag, für den durch Gesetz notarielle Beurkundung vorgeschrieben ist oder
b) an eine strengere Form als die Textform in anderen als den in Buchstabe a genannten Verträgen oder
c) an besondere Zugangserfordernisse;

14. (Klageverzicht)
eine Bestimmung, wonach der andere Vertragsteil seine Ansprüche gegen den Verwender gerichtlich nur geltend machen darf, nachdem er eine gütliche Einigung in einem Verfahren zur außergerichtlichen Streitbeilegung versucht hat;

15. (Abschlagszahlungen und Sicherheitsleistung)
eine Bestimmung, nach der der Verwender bei einem Werkvertrag
a) für Teilleistungen Abschlagszahlungen vom anderen Vertragsteil verlangen kann, die wesentlich höher sind als die nach § 632a Absatz 1 und § 650m Absatz 1 zu leistenden Abschlagszahlungen, oder
b) die Sicherheitsleistung nach § 650m Absatz 2 nicht oder nur in geringerer Höhe leisten muss.

§ 310 Anwendungsbereich

(1) § 305 Absatz 2 und 3, § 308 Nr. 1, 2 bis 8 und 309 finden keine Anwendung auf Allgemeine Geschäftsbedingungen, die gegenüber einem Unternehmer, einer juristischen Person des öffentlichen Rechts oder einem öffentlich-rechtlichen Sondervermögen verwendet werden. § 307 Abs. 1 und 2 findet in den Fällen des Satzes 1 auch insoweit Anwendung, als dies zur Unwirksamkeit von in § 308 Nummer 1, 2 bis 8 und § 309 genannten Vertragsbestimmungen führt; auf die im Handelsverkehr geltenden Gewohnheiten und Gebräuche ist angemessen Rücksicht zu nehmen. In den Fällen des Satzes 1 finden § 307 Absatz 1 und 2 sowie § 308 Nummer 1a und 1b auf Verträge, in die die Vergabe- und Vertragsordnung für Bauleistungen Teil B (VOB/B) in der jeweils zum Zeitpunkt des Vertragsschlusses geltenden Fassung ohne inhaltliche Abweichungen insgesamt einbezogen ist, in Bezug auf eine Inhaltskontrolle einzelner Bestimmungen keine Anwendung.

(2) Die §§ 308 und 309 finden keine Anwendung auf Verträge der Elektrizitäts-, Gas-, Fernwärme- und Wasserversorgungsunternehmen über die Versorgung von Sonderabnehmern mit elektrischer Energie, Gas, Fernwärme und Wasser aus dem Versorgungsnetz, soweit die Versorgungsbedingungen nicht zum Nachteil der Abnehmer von Verordnungen über Allgemeine Bedingungen für die Versorgung von Tarifkunden mit elektrischer Energie, Gas, Fernwärme und Wasser abweichen. Satz 1 gilt entsprechend für Verträge über die Entsorgung von Abwasser.

(3) Bei Verträgen zwischen einem Unternehmer und einem Verbraucher (Verbraucherverträge) finden die Vorschriften dieses Abschnitts mit folgenden Maßgaben Anwendung:

1. Allgemeine Geschäftsbedingungen gelten als vom Unternehmer gestellt, es sei denn, dass sie durch den Verbraucher in den Vertrag eingeführt wurden;
2. § 305c Abs. 2 und die §§ 306 und 307 bis 309 dieses Gesetzes sowie Artikel 46b des Einführungsgesetzes zum Bürgerlichen Gesetzbuche finden auf vorformulierte Vertragsbedingungen auch dann Anwendung, wenn diese nur zur einmaligen Verwendung bestimmt sind und soweit der Verbraucher auf Grund der Vorformulierung auf ihren Inhalt keinen Einfluss nehmen konnte;

3. bei der Beurteilung der unangemessenen Benachteiligung nach § 307 Abs. 1 und 2 sind auch die den Vertragsschluss begleitenden Umstände zu berücksichtigen.

(4) Dieser Abschnitt findet keine Anwendung bei Verträgen auf dem Gebiet des Erb-, Familien- und Gesellschaftsrechts sowie auf Tarifverträge, Betriebs- und Dienstvereinbarungen. Bei der Anwendung auf Arbeitsverträge sind die im Arbeitsrecht geltenden Besonderheiten angemessen zu berücksichtigen; § 305 Abs. 2 und 3 ist nicht anzuwenden. Tarifverträge, Betriebs- und Dienstvereinbarungen stehen Rechtsvorschriften im Sinne von § 307 Abs. 3 gleich.

§ 314 Kündigung von Dauerschuldverhältnissen aus wichtigem Grund

(1) Dauerschuldverhältnisse kann jeder Vertragsteil aus wichtigem Grund ohne Einhaltung einer Kündigungsfrist kündigen. Ein wichtiger Grund liegt vor, wenn dem kündigenden Teil unter Berücksichtigung aller Umstände des Einzelfalls und unter Abwägung der beiderseitigen Interessen die Fortsetzung des Vertragsverhältnisses bis zur vereinbarten Beendigung oder bis zum Ablauf einer Kündigungsfrist nicht zugemutet werden kann.

(2) Besteht der wichtige Grund in der Verletzung einer Pflicht aus dem Vertrag, ist die Kündigung erst nach erfolglosem Ablauf einer zur Abhilfe bestimmten Frist oder nach erfolgloser Abmahnung zulässig. Für die Entbehrlichkeit einer Frist zur Abhilfe und für die Entbehrlichkeit einer Abmahnung findet § 323 Absatz 2 Nummer 1 und 2 entsprechende Anwendung. Die Bestimmung einer Frist zur Abhilfe und eine Abmahnung sind auch entbehrlich, wenn besondere Umstände vorliegen, die unter Abwägung der beiderseitigen Interessen die sofortige Kündigung rechtfertigen.

(3) Der Berechtigte kann nur innerhalb einer angemessenen Frist kündigen, nachdem er vom Kündigungsgrund Kenntnis erlangt hat.

(4) Die Berechtigung, Schadensersatz zu verlangen, wird durch die Kündigung nicht ausgeschlossen.

§ 315 Bestimmung der Leistung durch eine Partei

(1) Soll die Leistung durch einen der Vertragschließenden bestimmt werden, so ist im Zweifel anzunehmen, dass die Bestimmung nach billigem Ermessen zu treffen ist.

(2) Die Bestimmung erfolgt durch Erklärung gegenüber dem anderen Teil.

(3) Soll die Bestimmung nach billigem Ermessen erfolgen, so ist die getroffene Bestimmung für den anderen Teil nur verbindlich, wenn sie der Billigkeit entspricht. Entspricht sie nicht der Billigkeit, so wird die Bestimmung durch Urteil getroffen; das Gleiche gilt, wenn die Bestimmung verzögert wird.

§ 320 Einrede des nicht erfüllten Vertrages

(1) Wer aus einem gegenseitigen Vertrag verpflichtet ist, kann die ihm obliegende Leistung bis zur Bewirkung der Gegenleistung verweigern, es sei denn, dass er vorzuleisten verpflichtet ist. Hat die Leistung an mehrere zu erfolgen, so kann dem einzelnen der ihm gebührende Teil bis zur Bewirkung der ganzen Gegenleistung verweigert werden. Die Vorschrift des § 273 Abs. 3 findet keine Anwendung.

(2) Ist von der einen Seite teilweise geleistet worden, so kann die Gegenleistung insoweit nicht verweigert werden, als die Verweigerung nach den Umständen, insbesondere wegen verhältnismäßiger Geringfügigkeit des rückständigen Teils, gegen Treu und Glauben verstoßen würde.

§ 323 Rücktritt wegen nicht oder nicht vertragsgemäß erbrachter Leistung

(1) Erbringt bei einem gegenseitigen Vertrag der Schuldner eine fällige Leistung nicht oder nicht vertragsgemäß, so kann der Gläubiger, wenn er dem Schuldner erfolglos eine angemessene Frist zur Leistung oder Nacherfüllung bestimmt hat, vom Vertrag zurücktreten.

(2) Die Fristsetzung ist entbehrlich, wenn

1. der Schuldner die Leistung ernsthaft und endgültig verweigert,
2. der Schuldner die Leistung bis zu einem im Vertrag bestimmten Termin oder innerhalb einer im Vertrag bestimmten Frist nicht

bewirkt, obwohl die termin- und fristgerechte Leistung nach einer Mitteilung des Gläubigers an den Schuldner vor Vertragsschluss oder auf Grund anderer den Vertragsabschluss begleitenden Umstände für den Gläubiger wesentlich ist, oder

3. im Falle einer nicht vertragsgemäß erbrachten Leistung besondere Umstände vorliegen, die unter Abwägung der beiderseitigen Interessen den sofortigen Rücktritt rechtfertigen.

(3) Kommt nach der Art der Pflichtverletzung eine Fristsetzung nicht in Betracht, so tritt an deren Stelle eine Abmahnung.

(4) Der Gläubiger kann bereits vor dem Eintritt der Fälligkeit der Leistung zurücktreten, wenn offensichtlich ist, dass die Voraussetzungen des Rücktritts eintreten werden.

(5) Hat der Schuldner eine Teilleistung bewirkt, so kann der Gläubiger vom ganzen Vertrag nur zurücktreten, wenn er an der Teilleistung kein Interesse hat. Hat der Schuldner die Leistung nicht vertragsgemäß bewirkt, so kann der Gläubiger vom Vertrag nicht zurücktreten, wenn die Pflichtverletzung unerheblich ist.

(6) Der Rücktritt ist ausgeschlossen, wenn der Gläubiger für den Umstand, der ihn zum Rücktritt berechtigen würde, allein oder weit überwiegend verantwortlich ist oder wenn der vom Schuldner nicht zu vertretende Umstand zu einer Zeit eintritt, zu welcher der Gläubiger im Verzug der Annahme ist.

§ 324 Rücktritt wegen Verletzung einer Pflicht nach § 241 Abs. 2

Verletzt der Schuldner bei einem gegenseitigen Vertrag eine Pflicht nach § 241 Abs. 2, so kann der Gläubiger zurücktreten, wenn ihm ein Festhalten am Vertrag nicht mehr zuzumuten ist.

§ 328 Vertrag zugunsten Dritter

(1) Durch Vertrag kann eine Leistung an einen Dritten mit der Wirkung bedungen werden, dass der Dritte unmittelbar das Recht erwirbt, die Leistung zu fordern.

(2) In Ermangelung einer besonderen Bestimmung ist aus den Umständen, insbesondere aus dem Zweck des Vertrags, zu entnehmen, ob der Dritte das Recht erwerben, ob das Recht des Dritten sofort

oder nur unter gewissen Voraussetzungen entstehen und ob den Vertragschließenden die Befugnis vorbehalten sein soll, das Recht des Dritten ohne dessen Zustimmung aufzuheben oder zu ändern.

§ 611 Vertragstypische Pflichten beim Dienstvertrag

(1) Durch den Dienstvertrag wird derjenige, welcher Dienste zusagt, zur Leistung der versprochenen Dienste, der andere Teil zur Gewährung der vereinbarten Vergütung verpflichtet.

(2) Gegenstand des Dienstvertrags können Dienste jeder Art sein.

§ 611a Arbeitsvertrag

(1) Durch den Arbeitsvertrag wird der Arbeitnehmer im Dienste eines anderen zur Leistung weisungsgebundener, fremdbestimmter Arbeit in persönlicher Abhängigkeit verpflichtet. Das Weisungsrecht kann Inhalt, Durchführung, Zeit und Ort der Tätigkeit betreffen. Weisungsgebunden ist, wer nicht im Wesentlichen frei seine Tätigkeit gestalten und seine Arbeitszeit bestimmen kann. Der Grad der persönlichen Abhängigkeit hängt dabei auch von der Eigenart der jeweiligen Tätigkeit ab. Für die Feststellung, ob ein Arbeitsvertrag vorliegt, ist eine Gesamtbetrachtung aller Umstände vorzunehmen. Zeigt die tatsächliche Durchführung des Vertragsverhältnisses, dass es sich um ein Arbeitsverhältnis handelt, kommt es auf die Bezeichnung im Vertrag nicht an.

(2) Der Arbeitgeber ist zur Zahlung der vereinbarten Vergütung verpflichtet.

§ 611b [aufgehoben]

§ 612 Vergütung

(1) Eine Vergütung gilt als stillschweigend vereinbart, wenn die Dienstleistung den Umständen nach nur gegen eine Vergütung zu erwarten ist.

(2) Ist die Höhe der Vergütung nicht bestimmt, so ist bei dem Bestehen einer Taxe die taxmäßige Vergütung, in Ermangelung einer Taxe die übliche Vergütung als vereinbart anzusehen.

(3) [aufgehoben]

§ 612a Maßregelungsverbot

Der Arbeitgeber darf einen Arbeitnehmer bei einer Vereinbarung oder einer Maßnahme nicht benachteiligen, weil der Arbeitnehmer in zulässiger Weise seine Rechte ausübt.

§ 613 Unübertragbarkeit

Der zur Dienstleistung Verpflichtete hat die Dienste im Zweifel in Person zu leisten. Der Anspruch auf die Dienste ist im Zweifel nicht übertragbar.

§ 613a Rechte und Pflichten bei Betriebsübergang

(1) Geht ein Betrieb oder Betriebsteil durch Rechtsgeschäft auf einen anderen Inhaber über, so tritt dieser in die Rechte und Pflichten aus den im Zeitpunkt des Übergangs bestehenden Arbeitsverhältnissen ein. Sind diese Rechte und Pflichten durch Rechtsnormen eines Tarifvertrags oder durch eine Betriebsvereinbarung geregelt, so werden sie Inhalt des Arbeitsverhältnisses zwischen dem neuen Inhaber und dem Arbeitnehmer und dürfen nicht vor Ablauf eines Jahres nach dem Zeitpunkt des Übergangs zum Nachteil des Arbeitnehmers geändert werden. Satz 2 gilt nicht, wenn die Rechte und Pflichten bei dem neuen Inhaber durch Rechtsnormen eines anderen Tarifvertrags oder durch eine andere Betriebsvereinbarung geregelt werden. Vor Ablauf der Frist nach Satz 2 können die Rechte und Pflichten geändert werden, wenn der Tarifvertrag oder die Betriebsvereinbarung nicht mehr gilt oder bei fehlender beiderseitiger Tarifgebundenheit im Geltungsbereich eines anderen Tarifvertrags dessen Anwendung zwischen dem neuen Inhaber und dem Arbeitnehmer vereinbart wird.

(2) Der bisherige Arbeitgeber haftet neben dem neuen Inhaber für Verpflichtungen nach Absatz 1, soweit sie vor dem Zeitpunkt des Übergangs entstanden sind und vor Ablauf von einem Jahr nach diesem Zeitpunkt fällig werden, als Gesamtschuldner. Werden solche Verpflichtungen nach dem Zeitpunkt des Übergangs fällig, so haftet der bisherige Arbeitgeber für sie jedoch nur in dem Umfang, der dem im Zeitpunkt des Übergangs abgelaufenen Teil ihres Bemessungszeitraums entspricht.

(3) Absatz 2 gilt nicht, wenn eine juristische Person oder eine Personenhandelsgesellschaft durch Umwandlung erlischt.

(4) Die Kündigung des Arbeitsverhältnisses eines Arbeitnehmers durch den bisherigen Arbeitgeber oder durch den neuen Inhaber wegen des Übergangs eines Betriebs oder eines Betriebsteils ist unwirksam. Das Recht zur Kündigung des Arbeitsverhältnisses aus anderen Gründen bleibt unberührt.

(5) Der bisherige Arbeitgeber oder der neue Inhaber hat die von einem Übergang betroffenen Arbeitnehmer vor dem Übergang in Textform zu unterrichten über:
1. den Zeitpunkt oder den geplanten Zeitpunkt des Übergangs,
2. den Grund für den Übergang,
3. die rechtlichen, wirtschaftlichen und sozialen Folgen des Übergangs für die Arbeitnehmer und
4. die hinsichtlich der Arbeitnehmer in Aussicht genommenen Maßnahmen.

(6) Der Arbeitnehmer kann dem Übergang des Arbeitsverhältnisses innerhalb eines Monats nach Zugang der Unterrichtung nach Absatz 5 schriftlich widersprechen. Der Widerspruch kann gegenüber dem bisherigen Arbeitgeber oder dem neuen Inhaber erklärt werden.

§ 614 Fälligkeit der Vergütung

Die Vergütung ist nach der Leistung der Dienste zu entrichten. Ist die Vergütung nach Zeitabschnitten bemessen, so ist sie nach dem Ablauf der einzelnen Zeitabschnitte zu entrichten.

§ 615 Vergütung bei Annahmeverzug und bei Betriebsrisiko

Kommt der Dienstberechtigte mit der Annahme der Dienste in Verzug, so kann der Verpflichtete für die infolge des Verzugs nicht geleisteten Dienste die vereinbarte Vergütung verlangen, ohne zur Nachleistung verpflichtet zu sein. Er muss sich jedoch den Wert desjenigen anrechnen lassen, was er infolge des Unterbleibens der Dienstleistung erspart oder durch anderweitige Verwendung seiner Dienste erwirbt oder zu erwerben böswillig unterlässt. Die Sätze 1 und 2 gelten entsprechend in den Fällen, in denen der Arbeitgeber das Risiko des Arbeitsausfalls trägt.

§ 616 Vorübergehende Verhinderung

Der zur Dienstleistung Verpflichtete wird des Anspruchs auf die Vergütung nicht dadurch verlustig, dass er für eine verhältnismäßig nicht erhebliche Zeit durch einen in seiner Person liegenden Grund ohne sein Verschulden an der Dienstleistung verhindert wird. Er muss sich jedoch den Betrag anrechnen lassen, welcher ihm für die Zeit der Verhinderung aus einer auf Grund gesetzlicher Verpflichtung bestehenden Kranken- oder Unfallversicherung zukommt.

§ 617 Pflicht zur Krankenfürsorge

(1) Ist bei einem dauernden Dienstverhältnis, welches die Erwerbstätigkeit des Verpflichteten vollständig oder hauptsächlich in Anspruch nimmt, der Verpflichtete in die häusliche Gemeinschaft aufgenommen, so hat der Dienstberechtigte ihm im Falle der Erkrankung die erforderliche Verpflegung und ärztliche Behandlung bis zur Dauer von sechs Wochen, jedoch nicht über die Beendigung des Dienstverhältnisses hinaus, zu gewähren, sofern nicht die Erkrankung von dem Verpflichteten vorsätzlich oder durch grobe Fahrlässigkeit herbeigeführt worden ist. Die Verpflegung und ärztliche Behandlung kann durch Aufnahme des Verpflichteten in eine Krankenanstalt gewährt werden. Die Kosten können auf die für die Zeit der Erkrankung geschuldete Vergütung angerechnet werden. Wird das Dienstverhältnis wegen der Erkrankung von dem Dienstberechtigten nach § 626 gekündigt, so bleibt die dadurch herbeigeführte Beendigung des Dienstverhältnisses außer Betracht.

(2) Die Verpflichtung des Dienstberechtigten tritt nicht ein, wenn für die Verpflegung und ärztliche Behandlung durch eine Versicherung oder durch eine Einrichtung der öffentlichen Krankenpflege Vorsorge getroffen ist.

§ 618 Pflicht zu Schutzmaßnahmen

(1) Der Dienstberechtigte hat Räume, Vorrichtungen oder Gerätschaften, die er zur Verrichtung der Dienste zu beschaffen hat, so einzurichten und zu unterhalten und Dienstleistungen, die unter seiner Anordnung oder seiner Leitung vorzunehmen sind, so zu regeln, dass der Verpflichtete gegen Gefahr für Leben und Gesundheit soweit geschützt ist, als die Natur der Dienstleistung es gestattet.

(2) Ist der Verpflichtete in die häusliche Gemeinschaft aufgenommen, so hat der Dienstberechtigte in Ansehung des Wohn- und Schlafraums, der Verpflegung sowie der Arbeits- und Erholungszeit diejenigen Einrichtungen und Anordnungen zu treffen, welche mit Rücksicht auf die Gesundheit, die Sittlichkeit und die Religion des Verpflichteten erforderlich sind.

(3) Erfüllt der Dienstberechtigte die ihm in Ansehung des Lebens und der Gesundheit des Verpflichteten obliegenden Verpflichtungen nicht, so finden auf seine Verpflichtung zum Schadensersatz die für unerlaubte Handlungen geltenden Vorschriften der §§ 842 bis 846 entsprechende Anwendung.

§ 619 Unabdingbarkeit der Fürsorgepflichten
Die dem Dienstberechtigten nach den §§ 617, 618 obliegenden Verpflichtungen können nicht im Voraus durch Vertrag aufgehoben oder beschränkt werden.

§ 619a Beweislast bei Haftung des Arbeitnehmers
Abweichend von § 280 Abs. 1 hat der Arbeitnehmer dem Arbeitgeber Ersatz für den aus der Verletzung einer Pflicht aus dem Arbeitsverhältnis entstehenden Schaden nur zu leisten, wenn er die Pflichtverletzung zu vertreten hat.

§ 620 Beendigung des Dienstverhältnisses
(1) Das Dienstverhältnis endigt mit dem Ablauf der Zeit, für die es eingegangen ist.

(2) Ist die Dauer des Dienstverhältnisses weder bestimmt noch aus der Beschaffenheit oder dem Zwecke der Dienste zu entnehmen, so kann jeder Teil das Dienstverhältnis nach Maßgabe der §§ 621 bis 623 kündigen.

(3) Für Arbeitsverträge, die auf bestimmte Zeit abgeschlossen werden, gilt das Teilzeit- und Befristungsgesetz.

§ 621 Kündigungsfristen bei Dienstverhältnissen
Bei einem Dienstverhältnis, das kein Arbeitsverhältnis im Sinne des § 622 ist, ist die Kündigung zulässig,

1. wenn die Vergütung nach Tagen bemessen ist, an jedem Tag für den Ablauf des folgenden Tages;
2. wenn die Vergütung nach Wochen bemessen ist, spätestens am ersten Werktag einer Woche für den Ablauf des folgenden Sonnabends;
3. wenn die Vergütung nach Monaten bemessen ist, spätestens am Fünfzehnten eines Monats für den Schluss des Kalendermonats;
4. wenn die Vergütung nach Vierteljahren oder längeren Zeitabschnitten bemessen ist, unter Einhaltung einer Kündigungsfrist von sechs Wochen für den Schluss eines Kalendervierteljahrs;
5. wenn die Vergütung nicht nach Zeitabschnitten bemessen ist, jederzeit; bei einem die Erwerbstätigkeit des Verpflichteten vollständig oder hauptsächlich in Anspruch nehmenden Dienstverhältnis ist jedoch eine Kündigungsfrist von zwei Wochen einzuhalten.

§ 622 Kündigungsfristen bei Arbeitsverhältnissen

(1) Das Arbeitsverhältnis eines Arbeiters oder eines Angestellten (Arbeitnehmers) kann mit einer Frist von vier Wochen zum Fünfzehnten oder zum Ende eines Kalendermonats gekündigt werden.

(2) Für eine Kündigung durch den Arbeitgeber beträgt die Kündigungsfrist, wenn das Arbeitsverhältnis in dem Betrieb oder Unternehmen

1. zwei Jahre bestanden hat, einen Monat zum Ende eines Kalendermonats,
2. fünf Jahre bestanden hat, zwei Monate zum Ende eines Kalendermonats,
3. acht Jahre bestanden hat, drei Monate zum Ende eines Kalendermonats,
4. zehn Jahre bestanden hat, vier Monate zum Ende eines Kalendermonats,
5. zwölf Jahre bestanden hat, fünf Monate zum Ende eines Kalendermonats,
6. fünfzehn Jahre bestanden hat, sechs Monate zum Ende eines Kalendermonats,
7. zwanzig Jahre bestanden hat, sieben Monate zum Ende eines Kalendermonats.

(3) Während einer vereinbarten Probezeit, längstens für die Dauer von sechs Monaten, kann das Arbeitsverhältnis mit einer Frist von zwei Wochen gekündigt werden.

(4) Von den Absätzen 1 bis 3 abweichende Regelungen können durch Tarifvertrag vereinbart werden. Im Geltungsbereich eines solchen Tarifvertrags gelten die abweichenden tarifvertraglichen Bestimmungen zwischen nichttarifgebundenen Arbeitgebern und Arbeitnehmern, wenn ihre Anwendung zwischen ihnen vereinbart ist.

(5) Einzelvertraglich kann eine kürzere als die in Absatz 1 genannte Kündigungsfrist nur vereinbart werden,

1. wenn ein Arbeitnehmer zur vorübergehenden Aushilfe eingestellt ist; dies gilt nicht, wenn das Arbeitsverhältnis über die Zeit von drei Monaten hinaus fortgesetzt wird;
2. wenn der Arbeitgeber in der Regel nicht mehr als zwanzig Arbeitnehmer ausschließlich der zu ihrer Berufsbildung Beschäftigten beschäftigt und die Kündigungsfrist vier Wochen nicht unterschreitet. Bei der Feststellung der Zahl der beschäftigten Arbeitnehmer sind teilzeitbeschäftigte Arbeitnehmer mit einer regelmäßigen wöchentlichen Arbeitszeit von nicht mehr als 20 Stunden mit 0,5 und nicht mehr als 30 Stunden mit 0,75 zu berücksichtigen.

Die einzelvertragliche Vereinbarung längerer als der in den Absätzen 1 bis 3 genannten Kündigungsfristen bleibt hiervon unberührt.

(6) Für die Kündigung des Arbeitsverhältnisses durch den Arbeitnehmer darf keine längere Frist vereinbart werden als für die Kündigung durch den Arbeitgeber.

§ 623 Schriftform der Kündigung

Die Beendigung von Arbeitsverhältnissen durch Kündigung oder Auflösungsvertrag bedürfen zu ihrer Wirksamkeit der Schriftform; die elektronische Form ist ausgeschlossen.

§ 624 Kündigungsfrist bei Verträgen über mehr als 5 Jahre

Ist das Dienstverhältnis für die Lebenszeit einer Person oder für längere Zeit als fünf Jahre eingegangen, so kann es von dem Verpflichteten nach dem Ablaufe von fünf Jahren gekündigt werden. Die Kündigungsfrist beträgt sechs Monate.

§ 625 Stillschweigende Verlängerung

Wird das Dienstverhältnis nach dem Ablauf der Dienstzeit von dem Verpflichteten mit Wissen des anderen Teiles fortgesetzt, so gilt es als auf unbestimmte Zeit verlängert, sofern nicht der andere Teil unverzüglich widerspricht.

§ 626 Fristlose Kündigung aus wichtigem Grund

(1) Das Dienstverhältnis kann von jedem Vertragsteil aus wichtigem Grund ohne Einhaltung einer Kündigungsfrist gekündigt werden, wenn Tatsachen vorliegen, auf Grund derer dem Kündigenden unter Berücksichtigung aller Umstände des Einzelfalles und unter Abwägung der Interessen beider Vertragsteile die Fortsetzung des Dienstverhältnisses bis zum Ablauf der Kündigungsfrist oder bis zu der vereinbarten Beendigung des Dienstverhältnisses nicht zugemutet werden kann.

(2) Die Kündigung kann nur innerhalb von zwei Wochen erfolgen. Die Frist beginnt mit dem Zeitpunkt, in dem der Kündigungsberechtigte von den für die Kündigung maßgebenden Tatsachen Kenntnis erlangt. Der Kündigende muss dem anderen Teil auf Verlangen den Kündigungsgrund unverzüglich schriftlich mitteilen.

§ 627 Fristlose Kündigung bei Vertrauensstellung

(1) Bei einem Dienstverhältnis, das kein Arbeitsverhältnis im Sinne des § 622 ist, ist die Kündigung auch ohne die im § 626 bezeichnete Voraussetzung zulässig, wenn der zur Dienstleistung Verpflichtete, ohne in einem dauernden Dienstverhältnis mit festen Bezügen zu stehen, Dienste höherer Art zu leisten hat, die auf Grund besonderen Vertrauens übertragen zu werden pflegen.

(2) Der Verpflichtete darf nur in der Art kündigen, dass sich der Dienstberechtigte die Dienste anderweit beschaffen kann, es sei denn, dass ein wichtiger Grund für die unzeitige Kündigung vorliegt. Kündigt er ohne solchen Grund zur Unzeit, so hat er dem Dienstberechtigten den daraus entstehenden Schaden zu ersetzen.

§ 628 Teilvergütung und Schadensersatz bei fristloser Kündigung

(1) Wird nach dem Beginne der Dienstleistung das Dienstverhältnis auf Grund des § 626 oder des § 627 gekündigt, so kann der Ver-

pflichtete einen seinen bisherigen Leistungen entsprechenden Teil der Vergütung verlangen. Kündigt er, ohne durch vertragswidriges Verhalten des anderen Teiles dazu veranlasst zu sein, oder veranlasst er durch sein vertragswidriges Verhalten die Kündigung des anderen Teiles, so steht ihm ein Anspruch auf die Vergütung insoweit nicht zu, als seine bisherigen Leistungen infolge der Kündigung für den anderen Teil kein Interesse haben. Ist die Vergütung für eine spätere Zeit im Voraus entrichtet, so hat der Verpflichtete sie nach Maßgabe des § 346 oder, wenn die Kündigung wegen eines Umstandes erfolgt, den er nicht zu vertreten hat, nach den Vorschriften über die Herausgabe einer ungerechtfertigten Bereicherung zurückzuerstatten.

(2) Wird die Kündigung durch vertragswidriges Verhalten des anderen Teiles veranlasst, so ist dieser zum Ersatz des durch die Aufhebung des Dienstverhältnisses entstehenden Schadens verpflichtet.

§ 629 Freizeit zur Stellungssuche

Nach der Kündigung eines dauernden Dienstverhältnisses hat der Dienstberechtigte dem Verpflichteten auf Verlangen angemessene Zeit zum Aufsuchen eines anderen Dienstverhältnisses zu gewähren.

§ 630 Pflicht zur Zeugniserteilung

Bei der Beendigung eines dauernden Dienstverhältnisses kann der Verpflichtete von dem anderen Teil ein schriftliches Zeugnis über das Dienstverhältnis und dessen Dauer fordern. Das Zeugnis ist auf Verlangen auf die Leistungen und die Führung im Dienst zu erstrecken. Die Erteilung des Zeugnisses in elektronischer Form ist ausgeschlossen. Wenn der Verpflichtete ein Arbeitnehmer ist, findet § 109 der Gewerbeordnung Anwendung.

KAPITEL 1
Allgemeine Vorschriften

§ 631 Vertragstypische Pflichten beim Werkvertrag

(1) Durch den Werkvertrag wird der Unternehmer zur Herstellung des versprochenen Werkes, der Besteller zur Entrichtung der vereinbarten Vergütung verpflichtet.

(2) Gegenstand des Werkvertrags kann sowohl die Herstellung oder Veränderung einer Sache als auch ein anderer durch Arbeit oder Dienstleistung herbeizuführender Erfolg sein.

§ 662 Vertragstypische Pflichten beim Auftrag

Durch die Annahme eines Auftrags verpflichtet sich der Beauftragte, ein ihm von dem Auftraggeber übertragenes Geschäft für diesen unentgeltlich zu besorgen.

§ 663 Anzeigepflicht bei Ablehnung

Wer zur Besorgung gewisser Geschäfte öffentlich bestellt ist oder sich öffentlich erboten hat, ist, wenn er einen auf solche Geschäfte gerichteten Auftrag nicht annimmt, verpflichtet, die Ablehnung dem Auftraggeber unverzüglich anzuzeigen. Das Gleiche gilt, wenn sich jemand dem Auftraggeber gegenüber zur Besorgung gewisser Geschäfte erboten hat.

§ 664 Unübertragbarkeit; Haftung für Gehilfen

(1) Der Beauftragte darf im Zweifel die Ausführung des Auftrags nicht einem Dritten übertragen. Ist die Übertragung gestattet, so hat er nur ein ihm bei der Übertragung zur Last fallendes Verschulden zu vertreten. Für das Verschulden eines Gehilfen ist er nach § 278 verantwortlich.

(2) Der Anspruch auf Ausführung des Auftrags ist im Zweifel nicht übertragbar.

§ 665 Abweichung von Weisungen

Der Beauftragte ist berechtigt, von den Weisungen des Auftraggebers abzuweichen, wenn er den Umständen nach annehmen darf, dass der Auftraggeber bei Kenntnis der Sachlage die Abweichung billigen würde. Der Beauftragte hat vor der Abweichung dem Auftraggeber Anzeige zu machen und dessen Entschließung abzuwarten, wenn nicht mit dem Aufschub Gefahr verbunden ist.

§ 666 Auskunfts- und Rechenschaftspflicht

Der Beauftragte ist verpflichtet, dem Auftraggeber die erforderlichen Nachrichten zu geben, auf Verlangen über den Stand des Geschäfts Auskunft zu erteilen und nach der Ausführung des Auftrags Rechenschaft abzulegen.

§ 667 Herausgabepflicht

Der Beauftragte ist verpflichtet, dem Auftraggeber alles, was er zur Ausführung des Auftrags erhält und was er aus der Geschäftsbesorgung erlangt, herauszugeben.

§ 668 Verzinsung des verwendeten Geldes

Verwendet der Beauftragte Geld für sich, das er dem Auftraggeber herauszugeben oder für ihn zu verwenden hat, so ist er verpflichtet, es von der Zeit der Verwendung an zu verzinsen.

§ 669 Vorschusspflicht

Für die zur Ausführung des Auftrags erforderlichen Aufwendungen hat der Auftraggeber dem Beauftragten auf Verlangen Vorschuss zu leisten.

§ 670 Ersatz von Aufwendungen

Macht der Beauftragte zum Zwecke der Ausführung des Auftrags Aufwendungen, die er den Umständen nach für erforderlich halten darf, so ist der Auftraggeber zum Ersatz verpflichtet.

§ 671 Widerruf; Kündigung

(1) Der Auftrag kann von dem Auftraggeber jederzeit widerrufen, von dem Beauftragten jederzeit gekündigt werden.

(2) Der Beauftragte darf nur in der Art kündigen, dass der Auftraggeber für die Besorgung des Geschäfts anderweit Fürsorge treffen kann, es sei denn, dass ein wichtiger Grund für die unzeitige Kündigung vorliegt. Kündigt er ohne solchen Grund zur Unzeit, so hat er dem Auftraggeber den daraus entstehenden Schaden zu ersetzen.

(3) Liegt ein wichtiger Grund vor, so ist der Beauftragte zur Kündigung auch dann berechtigt, wenn er auf das Kündigungsrecht verzichtet hat.

§ 672 Tod oder Geschäftsunfähigkeit des Auftraggebers

Der Auftrag erlischt im Zweifel nicht durch den Tod oder den Eintritt der Geschäftsunfähigkeit des Auftraggebers. Erlischt der Auftrag, so hat der Beauftragte, wenn mit dem Aufschub Gefahr verbunden ist, die Besorgung des übertragenen Geschäfts fortzusetzen, bis der

Erbe oder der gesetzliche Vertreter des Auftraggebers anderweit Fürsorge treffen kann; der Auftrag gilt insoweit als fortbestehend.

§ 673 Tod des Beauftragten

Der Auftrag erlischt im Zweifel durch den Tod des Beauftragten. Erlischt der Auftrag, so hat der Erbe des Beauftragten den Tod dem Auftraggeber unverzüglich anzuzeigen und, wenn mit dem Aufschub Gefahr verbunden ist, die Besorgung des übertragenen Geschäfts fortzusetzen, bis der Auftraggeber anderweit Fürsorge treffen kann; der Auftrag gilt insoweit als fortbestehend.

§ 674 Fiktion des Fortbestehens

Erlischt der Auftrag in anderer Weise als durch Widerruf, so gilt er zugunsten des Beauftragten gleichwohl als fortbestehend, bis der Beauftragte von dem Erlöschen Kenntnis erlangt oder das Erlöschen kennen muss.

Bundesdatenschutzgesetz* (BDSG)
(Auszüge: §§ 1–16, 22–44)

TEIL 1
Gemeinsame Bestimmungen

KAPITEL 1
Anwendungsbereich und Begriffsbestimmungen

§ 1 Anwendungsbereich des Gesetzes

(1) Dieses Gesetz gilt für die Verarbeitung personenbezogener Daten durch
1. öffentliche Stellen des Bundes,
2. öffentliche Stellen der Länder, soweit der Datenschutz nicht durch Landesgesetz geregelt ist und soweit sie
   a) Bundesrecht ausführen oder
   b) als Organe der Rechtspflege tätig werden und es sich nicht um Verwaltungsangelegenheiten handelt.

Für nichtöffentliche Stellen gilt dieses Gesetz für die ganz oder teilweise automatisierte Verarbeitung personenbezogener Daten sowie die nicht automatisierte Verarbeitung personenbezogener Daten, die in einem Dateisystem gespeichert sind oder gespeichert werden sollen, es sei denn, die Verarbeitung durch natürliche Personen erfolgt zur Ausübung ausschließlich persönlicher oder familiärer Tätigkeiten.

(2) Andere Rechtsvorschriften des Bundes über den Datenschutz gehen den Vorschriften dieses Gesetzes vor. Regeln sie einen Sachverhalt, für den dieses Gesetz gilt, nicht oder nicht abschließend, finden die Vorschriften dieses Gesetzes Anwendung. Die Verpflichtung zur Wahrung gesetzlicher Geheimhaltungspflichten oder von Berufs- oder besonderen Amtsgeheimnissen, die nicht auf gesetzlichen Vorschriften beruhen, bleibt unberührt.

(3) Die Vorschriften dieses Gesetzes gehen denen des Verwaltungsverfahrensgesetzes vor, soweit bei der Ermittlung des Sachverhalts personenbezogene Daten verarbeitet werden.

* Vom 23. Mai 2017 (BGBl, S. 1228).

(4) Dieses Gesetz findet Anwendung auf öffentliche Stellen. Auf nichtöffentliche Stellen findet es Anwendung, sofern

1. der Verantwortliche oder Auftragsverarbeiter personenbezogene Daten im Inland verarbeitet,
2. die Verarbeitung personenbezogener Daten im Rahmen der Tätigkeiten einer inländischen Niederlassung des Verantwortlichen oder Auftragsverarbeiters erfolgt oder
3. der Verantwortliche oder Auftragsverarbeiter zwar keine Niederlassung in einem Mitgliedstaat der Europäischen Union oder in einem anderen Vertragsstaat des Abkommens über den Europäischen Wirtschaftsraum hat, er aber in den Anwendungsbereich der Verordnung (EU) 2016/679 des Europäischen Parlaments und des Rates vom 27. April 2016 zum Schutz natürlicher Personen bei der Verarbeitung personenbezogener Daten, zum freien Datenverkehr und zur Aufhebung der Richtlinie 95/46/EG (Datenschutz-Grundverordnung) (ABl. L 119 vom 4.5.2016, S. 1; L 314 vom 22.11.2016, S. 72) fällt.

Sofern dieses Gesetz nicht gemäß Satz 2 Anwendung findet, gelten für den Verantwortlichen oder Auftragsverarbeiter nur die §§ 8 bis 21, 39 bis 44.

(5) Die Vorschriften dieses Gesetzes finden keine Anwendung, soweit das Recht der Europäischen Union, im Besonderen die Verordnung (EU) 2016/679 in der jeweils geltenden Fassung, unmittelbar gilt.

(6) Bei Verarbeitungen zu Zwecken gemäß Artikel 2 der Verordnung (EU) 2016/679 stehen die Vertragsstaaten des Abkommens über den Europäischen Wirtschaftsraum und die Schweiz den Mitgliedstaaten der Europäischen Union gleich. Andere Staaten gelten insoweit als Drittstaaten.

(7) Bei Verarbeitungen zu Zwecken gemäß Artikel 1 Absatz 1 der Richtlinie (EU) 2016/680 des Europäischen Parlaments und des Rates vom 27. April 2016 zum Schutz natürlicher Personen bei der Verarbeitung personenbezogener Daten durch die zuständigen Behörden zum Zwecke der Verhütung, Ermittlung, Aufdeckung oder Verfolgung von Straftaten oder der Strafvollstreckung sowie zum freien Datenverkehr und zur Aufhebung des Rahmenbeschlusses 2008/977/JI des Rates (ABl. L 119 vom 4.5.2016, S. 89) stehen die bei der Umsetzung, Anwendung und Entwicklung des Schengen-Be-

sitzstands assoziierten Staaten den Mitgliedstaaten der Europäischen Union gleich. Andere Staaten gelten insoweit als Drittstaaten.

(8) Für Verarbeitungen personenbezogener Daten durch öffentliche Stellen im Rahmen von nicht in die Anwendungsbereiche der Verordnung (EU) 2016/679 und der Richtlinie (EU) 2016/680 fallenden Tätigkeiten finden die Verordnung (EU) 2016/679 und die Teile 1 und 2 dieses Gesetzes entsprechend Anwendung, soweit nicht in diesem Gesetz oder einem anderen Gesetz Abweichendes geregelt ist.

§ 2 Begriffsbestimmungen

(1) Öffentliche Stellen des Bundes sind die Behörden, die Organe der Rechtspflege und andere öffentlich-rechtlich organisierte Einrichtungen des Bundes, der bundesunmittelbaren Körperschaften, der Anstalten und Stiftungen des öffentlichen Rechts sowie deren Vereinigungen ungeachtet ihrer Rechtsform.

(2) Öffentliche Stellen der Länder sind die Behörden, die Organe der Rechtspflege und andere öffentlich-rechtlich organisierte Einrichtungen eines Landes, einer Gemeinde, eines Gemeindeverbandes oder sonstiger der Aufsicht des Landes unterstehender juristischer Personen des öffentlichen Rechts sowie deren Vereinigungen ungeachtet ihrer Rechtsform.

(3) Vereinigungen des privaten Rechts von öffentlichen Stellen des Bundes und der Länder, die Aufgaben der öffentlichen Verwaltung wahrnehmen, gelten ungeachtet der Beteiligung nichtöffentlicher Stellen als öffentliche Stellen des Bundes, wenn

1. sie über den Bereich eines Landes hinaus tätig werden oder
2. dem Bund die absolute Mehrheit der Anteile gehört oder die absolute Mehrheit der Stimmen zusteht.

Andernfalls gelten sie als öffentliche Stellen der Länder.

(4) Nichtöffentliche Stellen sind natürliche und juristische Personen, Gesellschaften und andere Personenvereinigungen des privaten Rechts, soweit sie nicht unter die Absätze 1 bis 3 fallen. Nimmt eine nichtöffentliche Stelle hoheitliche Aufgaben der öffentlichen Verwaltung wahr, ist sie insoweit öffentliche Stelle im Sinne dieses Gesetzes.

(5) Öffentliche Stellen des Bundes gelten als nichtöffentliche Stellen im Sinne dieses Gesetzes, soweit sie als öffentlich-rechtliche Unternehmen am Wettbewerb teilnehmen. Als nichtöffentliche Stellen im Sinne dieses Gesetzes gelten auch öffentliche Stellen der Länder, soweit sie als öffentlich-rechtliche Unternehmen am Wettbewerb teilnehmen, Bundesrecht ausführen und der Datenschutz nicht durch Landesgesetz geregelt ist.

KAPITEL 2
Rechtsgrundlagen der Verarbeitung personenbezogener Daten

§ 3 Verarbeitung personenbezogener Daten durch öffentliche Stellen

Die Verarbeitung personenbezogener Daten durch eine öffentliche Stelle ist zulässig, wenn sie zur Erfüllung der in der Zuständigkeit des Verantwortlichen liegenden Aufgabe oder in Ausübung öffentlicher Gewalt, die dem Verantwortlichen übertragen wurde, erforderlich ist.

§ 4 Videoüberwachung öffentlich zugänglicher Räume

(1) Die Beobachtung öffentlich zugänglicher Räume mit optisch-elektronischen Einrichtungen (Videoüberwachung) ist nur zulässig, soweit sie

1. zur Aufgabenerfüllung öffentlicher Stellen,
2. zur Wahrnehmung des Hausrechts oder
3. zur Wahrnehmung berechtigter Interessen für konkret festgelegte Zwecke

erforderlich ist und keine Anhaltspunkte bestehen, dass schutzwürdige Interessen der Betroffenen überwiegen. Bei der Videoüberwachung von

1. öffentlich zugänglichen großflächigen Anlagen, wie insbesondere Sport-, Versammlungs- und Vergnügungsstätten, Einkaufszentren oder Parkplätzen, oder
2. Fahrzeugen und öffentlich zugänglichen großflächigen Einrichtungen des öffentlichen Schienen-, Schiffs- und Busverkehrs

gilt der Schutz von Leben, Gesundheit oder Freiheit von dort aufhältigen Personen als ein besonders wichtiges Interesse.

(2) Der Umstand der Beobachtung und der Name und die Kontaktdaten des Verantwortlichen sind durch geeignete Maßnahmen zum frühestmöglichen Zeitpunkt erkennbar zu machen.

(3) Die Speicherung oder Verwendung von nach Absatz 1 erhobenen Daten ist zulässig, wenn sie zum Erreichen des verfolgten Zwecks erforderlich ist und keine Anhaltspunkte bestehen, dass schutzwürdige Interessen der Betroffenen überwiegen. Absatz 1 Satz 2 gilt entsprechend. Für einen anderen Zweck dürfen sie nur weiterverarbeitet werden, soweit dies zur Abwehr von Gefahren für die staatliche und öffentliche Sicherheit sowie zur Verfolgung von Straftaten erforderlich ist.

(4) Werden durch Videoüberwachung erhobene Daten einer bestimmten Person zugeordnet, so besteht die Pflicht zur Information der betroffenen Person über die Verarbeitung gemäß den Artikeln 13 und 14 der Verordnung (EU) 2016/679. § 32 gilt entsprechend.

(5) Die Daten sind unverzüglich zu löschen, wenn sie zur Erreichung des Zwecks nicht mehr erforderlich sind oder schutzwürdige Interessen der Betroffenen einer weiteren Speicherung entgegenstehen.

KAPITEL 3
Datenschutzbeauftragte öffentlicher Stellen

§ 5 Benennung

(1) Öffentliche Stellen benennen eine Datenschutzbeauftragte oder einen Datenschutzbeauftragten. Dies gilt auch für öffentliche Stellen nach § 2 Absatz 5, die am Wettbewerb teilnehmen.

(2) Für mehrere öffentliche Stellen kann unter Berücksichtigung ihrer Organisationsstruktur und ihrer Größe eine gemeinsame Datenschutzbeauftragte oder ein gemeinsamer Datenschutzbeauftragter benannt werden.

(3) Die oder der Datenschutzbeauftragte wird auf der Grundlage ihrer oder seiner beruflichen Qualifikation und insbesondere ihres oder seines Fachwissens benannt, das sie oder er auf dem Gebiet

des Datenschutzrechts und der Datenschutzpraxis besitzt, sowie auf der Grundlage ihrer oder seiner Fähigkeit zur Erfüllung der in § 7 genannten Aufgaben.

(4) Die oder der Datenschutzbeauftragte kann Beschäftigte oder Beschäftigter der öffentlichen Stelle sein oder ihre oder seine Aufgaben auf der Grundlage eines Dienstleistungsvertrags erfüllen.

(5) Die öffentliche Stelle veröffentlicht die Kontaktdaten der oder des Datenschutzbeauftragten und teilt diese Daten der oder dem Bundesbeauftragten für den Datenschutz und die Informationsfreiheit mit.

§ 6 Stellung

(1) Die öffentliche Stelle stellt sicher, dass die oder der Datenschutzbeauftragte ordnungsgemäß und frühzeitig in alle mit dem Schutz personenbezogener Daten zusammenhängenden Fragen eingebunden wird.

(2) Die öffentliche Stelle unterstützt die Datenschutzbeauftragte oder den Datenschutzbeauftragten bei der Erfüllung ihrer oder seiner Aufgaben gemäß § 7, indem sie die für die Erfüllung dieser Aufgaben erforderlichen Ressourcen und den Zugang zu personenbezogenen Daten und Verarbeitungsvorgängen sowie die zur Erhaltung ihres oder seines Fachwissens erforderlichen Ressourcen zur Verfügung stellt.

(3) Die öffentliche Stelle stellt sicher, dass die oder der Datenschutzbeauftragte bei der Erfüllung ihrer oder seiner Aufgaben keine Anweisungen bezüglich der Ausübung dieser Aufgaben erhält. Die oder der Datenschutzbeauftragte berichtet unmittelbar der höchsten Leitungsebene der öffentlichen Stelle. Die oder der Datenschutzbeauftragte darf von der öffentlichen Stelle wegen der Erfüllung ihrer oder seiner Aufgaben nicht abberufen oder benachteiligt werden.

(4) Die Abberufung der oder des Datenschutzbeauftragten ist nur in entsprechender Anwendung des § 626 des Bürgerlichen Gesetzbuchs zulässig. Die Kündigung des Arbeitsverhältnisses ist unzulässig, es sei denn, dass Tatsachen vorliegen, welche die öffentli-

che Stelle zur Kündigung aus wichtigem Grund ohne Einhaltung einer Kündigungsfrist berechtigen. Nach dem Ende der Tätigkeit als Datenschutzbeauftragte oder als Datenschutzbeauftragter ist die Kündigung des Arbeitsverhältnisses innerhalb eines Jahres unzulässig, es sei denn, dass die öffentliche Stelle zur Kündigung aus wichtigem Grund ohne Einhaltung einer Kündigungsfrist berechtigt ist.

(5) Betroffene Personen können die Datenschutzbeauftragte oder den Datenschutzbeauftragten zu allen mit der Verarbeitung ihrer personenbezogenen Daten und mit der Wahrnehmung ihrer Rechte gemäß der Verordnung (EU) 2016/679, diesem Gesetz sowie anderen Rechtsvorschriften über den Datenschutz im Zusammenhang stehenden Fragen zu Rate ziehen. Die oder der Datenschutzbeauftragte ist zur Verschwiegenheit über die Identität der betroffenen Person sowie über Umstände, die Rückschlüsse auf die betroffene Person zulassen, verpflichtet, soweit sie oder er nicht davon durch die betroffene Person befreit wird.

(6) Wenn die oder der Datenschutzbeauftragte bei ihrer oder seiner Tätigkeit Kenntnis von Daten erhält, für die der Leitung oder einer bei der öffentlichen Stelle beschäftigten Person aus beruflichen Gründen ein Zeugnisverweigerungsrecht zusteht, steht dieses Recht auch der oder dem Datenschutzbeauftragten und den ihr oder ihm unterstellten Beschäftigten zu. Über die Ausübung dieses Rechts entscheidet die Person, der das Zeugnisverweigerungsrecht aus beruflichen Gründen zusteht, es sei denn, dass diese Entscheidung in absehbarer Zeit nicht herbeigeführt werden kann. Soweit das Zeugnisverweigerungsrecht der oder des Datenschutzbeauftragten reicht, unterliegen ihre oder seine Akten und andere Dokumente einem Beschlagnahmeverbot.

§ 7 Aufgaben

(1) Der oder dem Datenschutzbeauftragten obliegen neben den in der Verordnung (EU) 2016/679 genannten Aufgaben zumindest folgende Aufgaben:

1. Unterrichtung und Beratung der öffentlichen Stelle und der Beschäftigten, die Verarbeitungen durchführen, hinsichtlich ihrer Pflichten nach diesem Gesetz und sonstigen Vorschriften über den Datenschutz, einschließlich der zur Umsetzung der Richtlinie (EU) 2016/680 erlassenen Rechtsvorschriften;

2. Überwachung der Einhaltung dieses Gesetzes und sonstiger Vorschriften über den Datenschutz, einschließlich der zur Umsetzung der Richtlinie (EU) 2016/680 erlassenen Rechtsvorschriften, sowie der Strategien der öffentlichen Stelle für den Schutz personenbezogener Daten, einschließlich der Zuweisung von Zuständigkeiten, der Sensibilisierung und der Schulung der an den Verarbeitungsvorgängen beteiligten Beschäftigten und der diesbezüglichen Überprüfungen;
3. Beratung im Zusammenhang mit der Datenschutz-Folgenabschätzung und Überwachung ihrer Durchführung gemäß § 67 dieses Gesetzes;
4. Zusammenarbeit mit der Aufsichtsbehörde;
5. Tätigkeit als Anlaufstelle für die Aufsichtsbehörde in mit der Verarbeitung zusammenhängenden Fragen, einschließlich der vorherigen Konsultation gemäß § 69 dieses Gesetzes, und gegebenenfalls Beratung zu allen sonstigen Fragen.

Im Fall einer oder eines bei einem Gericht bestellten Datenschutzbeauftragten beziehen sich diese Aufgaben nicht auf das Handeln des Gerichts im Rahmen seiner justiziellen Tätigkeit.

(2) Die oder der Datenschutzbeauftragte kann andere Aufgaben und Pflichten wahrnehmen. Die öffentliche Stelle stellt sicher, dass derartige Aufgaben und Pflichten nicht zu einem Interessenkonflikt führen.

(3) Die oder der Datenschutzbeauftragte trägt bei der Erfüllung ihrer oder seiner Aufgaben dem mit den Verarbeitungsvorgängen verbundenen Risiko gebührend Rechnung, wobei sie oder er die Art, den Umfang, die Umstände und die Zwecke der Verarbeitung berücksichtigt.

KAPITEL 4
Die oder der Bundesbeauftragte für den Datenschutz und die Informationsfreiheit

§ 8 Errichtung

(1) Die oder der Bundesbeauftragte für den Datenschutz und die Informationsfreiheit (Bundesbeauftragte) ist eine oberste Bundesbehörde. Der Dienstsitz ist Bonn.

(2) Die Beamtinnen und Beamten der oder des Bundesbeauftragten sind Beamtinnen und Beamte des Bundes.

(3) Die oder der Bundesbeauftragte kann Aufgaben der Personalverwaltung und Personalwirtschaft auf andere Stellen des Bundes übertragen, soweit hierdurch die Unabhängigkeit der oder des Bundesbeauftragten nicht beeinträchtigt wird. Diesen Stellen dürfen personenbezogene Daten der Beschäftigten übermittelt werden, soweit deren Kenntnis zur Erfüllung der übertragenen Aufgaben erforderlich ist.

§ 9 Zuständigkeit

(1) Die oder der Bundesbeauftragte ist zuständig für die Aufsicht über die öffentlichen Stellen des Bundes, auch soweit sie als öffentlich-rechtliche Unternehmen am Wettbewerb teilnehmen. Die Vorschriften dieses Kapitels gelten auch für Auftragsverarbeiter, soweit sie nichtöffentliche Stellen sind, bei denen dem Bund die Mehrheit der Anteile gehört oder die Mehrheit der Stimmen zusteht und der Auftraggeber eine öffentliche Stelle des Bundes ist.

(2) Die oder der Bundesbeauftragte ist nicht zuständig für die Aufsicht über die von den Bundesgerichten im Rahmen ihrer justiziellen Tätigkeit vorgenommenen Verarbeitungen.

§ 10 Unabhängigkeit

(1) Die oder der Bundesbeauftragte handelt bei der Erfüllung ihrer oder seiner Aufgaben und bei der Ausübung ihrer oder seiner Befugnisse völlig unabhängig. Sie oder er unterliegt weder direkter noch indirekter Beeinflussung von außen und ersucht weder um Weisung noch nimmt sie oder er Weisungen entgegen.

(2) Die oder der Bundesbeauftragte unterliegt der Rechnungsprüfung durch den Bundesrechnungshof, soweit hierdurch ihre oder seine Unabhängigkeit nicht beeinträchtigt wird.

§ 11 Ernennung und Amtszeit

(1) Der Deutsche Bundestag wählt ohne Aussprache auf Vorschlag der Bundesregierung die Bundesbeauftragte oder den Bundesbeauftragten mit mehr als der Hälfte der gesetzlichen Zahl seiner Mit-

glieder. Die oder der Gewählte ist von der Bundespräsidentin oder dem Bundespräsidenten zu ernennen. Die oder der Bundesbeauftragte muss bei ihrer oder seiner Wahl das 35. Lebensjahr vollendet haben. Sie oder er muss über die für die Erfüllung ihrer oder seiner Aufgaben und Ausübung ihrer oder seiner Befugnisse erforderliche Qualifikation, Erfahrung und Sachkunde insbesondere im Bereich des Schutzes personenbezogener Daten verfügen. Insbesondere muss die oder der Bundesbeauftragte über durch einschlägige Berufserfahrung erworbene Kenntnisse des Datenschutzrechts verfügen und die Befähigung zum Richteramt oder höheren Verwaltungsdienst haben.

(2) Die oder der Bundesbeauftragte leistet vor der Bundespräsidentin oder dem Bundespräsidenten folgenden Eid: „Ich schwöre, dass ich meine Kraft dem Wohle des deutschen Volkes widmen, seinen Nutzen mehren, Schaden von ihm wenden, das Grundgesetz und die Gesetze des Bundes wahren und verteidigen, meine Pflichten gewissenhaft erfüllen und Gerechtigkeit gegen jedermann üben werde. So wahr mir Gott helfe." Der Eid kann auch ohne religiöse Beteuerung geleistet werden.

(3) Die Amtszeit der oder des Bundesbeauftragten beträgt fünf Jahre. Einmalige Wiederwahl ist zulässig.

§ 12 Amtsverhältnis

(1) Die oder der Bundesbeauftragte steht nach Maßgabe dieses Gesetzes zum Bund in einem öffentlich-rechtlichen Amtsverhältnis.

(2) Das Amtsverhältnis beginnt mit der Aushändigung der Ernennungsurkunde. Es endet mit dem Ablauf der Amtszeit oder mit dem Rücktritt. Die Bundespräsidentin oder der Bundespräsident enthebt auf Vorschlag der Präsidentin oder des Präsidenten des Bundestages die Bundesbeauftragte ihres oder den Bundesbeauftragten seines Amtes, wenn die oder der Bundesbeauftragte eine schwere Verfehlung begangen hat oder die Voraussetzungen für die Wahrnehmung ihrer oder seiner Aufgaben nicht mehr erfüllt. Im Fall der Beendigung des Amtsverhältnisses oder der Amtsenthebung erhält die oder der Bundesbeauftragte eine von der Bundespräsidentin oder dem Bundespräsidenten vollzogene Urkunde. Eine Amtsenthebung wird mit der Aushändigung der Urkunde wirksam. Endet

das Amtsverhältnis mit Ablauf der Amtszeit, ist die oder der Bundesbeauftragte verpflichtet, auf Ersuchen der Präsidentin oder des Präsidenten des Bundestages die Geschäfte bis zur Ernennung einer Nachfolgerin oder eines Nachfolgers für die Dauer von höchstens sechs Monaten weiterzuführen.

(3) Die Leitende Beamtin oder der Leitende Beamte nimmt die Rechte der oder des Bundesbeauftragten wahr, wenn die oder der Bundesbeauftragte an der Ausübung ihres oder seines Amtes verhindert ist oder wenn ihr oder sein Amtsverhältnis endet und sie oder er nicht zur Weiterführung der Geschäfte verpflichtet ist. § 10 Absatz 1 ist entsprechend anzuwenden.

(4) Die oder der Bundesbeauftragte erhält vom Beginn des Kalendermonats an, in dem das Amtsverhältnis beginnt, bis zum Schluss des Kalendermonats, in dem das Amtsverhältnis endet, im Fall des Absatzes 2 Satz 6 bis zum Ende des Monats, in dem die Geschäftsführung endet, Amtsbezüge in Höhe der Besoldungsgruppe B 11 sowie den Familienzuschlag entsprechend Anlage V des Bundesbesoldungsgesetzes. Das Bundesreisekostengesetz und das Bundesumzugskostengesetz sind entsprechend anzuwenden. Im Übrigen sind § 12 Absatz 6 sowie die §§ 13 bis 20 und 21a Absatz 5 des Bundesministergesetzes mit den Maßgaben anzuwenden, dass an die Stelle der vierjährigen Amtszeit in § 15 Absatz 1 des Bundesministergesetzes eine Amtszeit von fünf Jahren tritt. Abweichend von Satz 3 in Verbindung mit den §§ 15 bis 17 und 21a Absatz 5 des Bundesministergesetzes berechnet sich das Ruhegehalt der oder des Bundesbeauftragten unter Hinzurechnung der Amtszeit als ruhegehaltsfähige Dienstzeit in entsprechender Anwendung des Beamtenversorgungsgesetzes, wenn dies günstiger ist und die oder der Bundesbeauftragte sich unmittelbar vor ihrer oder seiner Wahl zur oder zum Bundesbeauftragten als Beamtin oder Beamter oder als Richterin oder Richter mindestens in dem letzten gewöhnlich vor Erreichen der Besoldungsgruppe B 11 zu durchlaufenden Amt befunden hat.

§ 13 Rechte und Pflichten

(1) Die oder der Bundesbeauftragte sieht von allen mit den Aufgaben ihres oder seines Amtes nicht zu vereinbarenden Handlungen ab und übt während ihrer oder seiner Amtszeit keine andere mit

ihrem oder seinem Amt nicht zu vereinbarende entgeltliche oder unentgeltliche Tätigkeit aus. Insbesondere darf die oder der Bundesbeauftragte neben ihrem oder seinem Amt kein anderes besoldetes Amt, kein Gewerbe und keinen Beruf ausüben und weder der Leitung oder dem Aufsichtsrat oder Verwaltungsrat eines auf Erwerb gerichteten Unternehmens noch einer Regierung oder einer gesetzgebenden Körperschaft des Bundes oder eines Landes angehören. Sie oder er darf nicht gegen Entgelt außergerichtliche Gutachten abgeben.

(2) Die oder der Bundesbeauftragte hat der Präsidentin oder dem Präsidenten des Bundestages Mitteilung über Geschenke zu machen, die sie oder er in Bezug auf das Amt erhält. Die Präsidentin oder der Präsident des Bundestages entscheidet über die Verwendung der Geschenke. Sie oder er kann Verfahrensvorschriften erlassen.

(3) Die oder der Bundesbeauftragte ist berechtigt, über Personen, die ihr oder ihm in ihrer oder seiner Eigenschaft als Bundesbeauftragte oder Bundesbeauftragter Tatsachen anvertraut haben, sowie über diese Tatsachen selbst das Zeugnis zu verweigern. Dies gilt auch für die Mitarbeiterinnen und Mitarbeiter der oder des Bundesbeauftragten mit der Maßgabe, dass über die Ausübung dieses Rechts die oder der Bundesbeauftragte entscheidet. Soweit das Zeugnisverweigerungsrecht der oder des Bundesbeauftragten reicht, darf die Vorlegung oder Auslieferung von Akten oder anderen Dokumenten von ihr oder ihm nicht gefordert werden.

(4) Die oder der Bundesbeauftragte ist, auch nach Beendigung ihres oder seines Amtsverhältnisses, verpflichtet, über die ihr oder ihm amtlich bekanntgewordenen Angelegenheiten Verschwiegenheit zu bewahren. Dies gilt nicht für Mitteilungen im dienstlichen Verkehr oder über Tatsachen, die offenkundig sind oder ihrer Bedeutung nach keiner Geheimhaltung bedürfen. Die oder der Bundesbeauftragte entscheidet nach pflichtgemäßem Ermessen, ob und inwieweit sie oder er über solche Angelegenheiten vor Gericht oder außergerichtlich aussagt oder Erklärungen abgibt; wenn sie oder er nicht mehr im Amt ist, ist die Genehmigung der oder des amtierenden Bundesbeauftragten erforderlich. Unberührt bleibt die gesetzlich begründete Pflicht, Straftaten anzuzeigen und bei ei-

ner Gefährdung der freiheitlichen demokratischen Grundordnung für deren Erhaltung einzutreten. Für die Bundesbeauftragte oder den Bundesbeauftragten und ihre oder seine Mitarbeiterinnen und Mitarbeiter gelten die §§ 93, 97 und 105 Absatz 1, § 111 Absatz 5 in Verbindung mit § 105 Absatz 1 sowie § 116 Absatz 1 der Abgabenordnung nicht. Satz 5 findet keine Anwendung, soweit die Finanzbehörden die Kenntnis für die Durchführung eines Verfahrens wegen einer Steuerstraftat sowie eines damit zusammenhängenden Steuerverfahrens benötigen, an deren Verfolgung ein zwingendes öffentliches Interesse besteht, oder soweit es sich um vorsätzlich falsche Angaben der oder des Auskunftspflichtigen oder der für sie oder ihn tätigen Personen handelt. Stellt die oder der Bundesbeauftragte einen Datenschutzverstoß fest, ist sie oder er befugt, diesen anzuzeigen und die betroffene Person hierüber zu informieren.

(5) Die oder der Bundesbeauftragte darf als Zeugin oder Zeuge aussagen, es sei denn, die Aussage würde
1. dem Wohl des Bundes oder eines Landes Nachteile bereiten, insbesondere Nachteile für die Sicherheit der Bundesrepublik Deutschland oder ihre Beziehungen zu anderen Staaten, oder
2. Grundrechte verletzen.

Betrifft die Aussage laufende oder abgeschlossene Vorgänge, die dem Kernbereich exekutiver Eigenverantwortung der Bundesregierung zuzurechnen sind oder sein könnten, darf die oder der Bundesbeauftragte nur im Benehmen mit der Bundesregierung aussagen. § 28 des Bundesverfassungsgerichtsgesetzes bleibt unberührt.

(6) Die Absätze 3 und 4 Satz 5 bis 7 gelten entsprechend für die öffentlichen Stellen, die für die Kontrolle der Einhaltung der Vorschriften über den Datenschutz in den Ländern zuständig sind.

§ 14 Aufgaben

(1) Die oder der Bundesbeauftragte hat neben den in der Verordnung (EU) 2016/679 genannten Aufgaben die Aufgaben,
1. die Anwendung dieses Gesetzes und sonstiger Vorschriften über den Datenschutz, einschließlich der zur Umsetzung der Richtlinie (EU) 2016/680 erlassenen Rechtsvorschriften, zu überwachen und durchzusetzen,

2. die Öffentlichkeit für die Risiken, Vorschriften, Garantien und Rechte im Zusammenhang mit der Verarbeitung personenbezogener Daten zu sensibilisieren und sie darüber aufzuklären, wobei spezifische Maßnahmen für Kinder besondere Beachtung finden,
3. den Deutschen Bundestag und den Bundesrat, die Bundesregierung und andere Einrichtungen und Gremien über legislative und administrative Maßnahmen zum Schutz der Rechte und Freiheiten natürlicher Personen in Bezug auf die Verarbeitung personenbezogener Daten zu beraten,
4. die Verantwortlichen und die Auftragsverarbeiter für die ihnen aus diesem Gesetz und sonstigen Vorschriften über den Datenschutz, einschließlich den zur Umsetzung der Richtlinie (EU) 2016/680 erlassenen Rechtsvorschriften, entstehenden Pflichten zu sensibilisieren,
5. auf Anfrage jeder betroffenen Person Informationen über die Ausübung ihrer Rechte aufgrund dieses Gesetzes und sonstiger Vorschriften über den Datenschutz, einschließlich der zur Umsetzung der Richtlinie (EU) 2016/680 erlassenen Rechtsvorschriften, zur Verfügung zu stellen und gegebenenfalls zu diesem Zweck mit den Aufsichtsbehörden in anderen Mitgliedstaaten zusammenzuarbeiten,
6. sich mit Beschwerden einer betroffenen Person oder Beschwerden einer Stelle, einer Organisation oder eines Verbandes gemäß Artikel 55 der Richtlinie (EU) 2016/680 zu befassen, den Gegenstand der Beschwerde in angemessenem Umfang zu untersuchen und den Beschwerdeführer innerhalb einer angemessenen Frist über den Fortgang und das Ergebnis der Untersuchung zu unterrichten, insbesondere, wenn eine weitere Untersuchung oder Koordinierung mit einer anderen Aufsichtsbehörde notwendig ist,
7. mit anderen Aufsichtsbehörden zusammenzuarbeiten, auch durch Informationsaustausch, und ihnen Amtshilfe zu leisten, um die einheitliche Anwendung und Durchsetzung dieses Gesetzes und sonstiger Vorschriften über den Datenschutz, einschließlich der zur Umsetzung der Richtlinie (EU) 2016/680 erlassenen Rechtsvorschriften, zu gewährleisten,
8. Untersuchungen über die Anwendung dieses Gesetzes und sonstiger Vorschriften über den Datenschutz, einschließlich der

zur Umsetzung der Richtlinie (EU) 2016/680 erlassenen Rechtsvorschriften, durchzuführen, auch auf der Grundlage von Informationen einer anderen Aufsichtsbehörde oder einer anderen Behörde,

9. maßgebliche Entwicklungen zu verfolgen, soweit sie sich auf den Schutz personenbezogener Daten auswirken, insbesondere die Entwicklung der Informations- und Kommunikationstechnologie und der Geschäftspraktiken,
10. Beratung in Bezug auf die in § 69 genannten Verarbeitungsvorgänge zu leisten und
11. Beiträge zur Tätigkeit des Europäischen Datenschutzausschusses zu leisten.

Im Anwendungsbereich der Richtlinie (EU) 2016/680 nimmt die oder der Bundesbeauftragte zudem die Aufgabe nach § 60 wahr.

(2) Zur Erfüllung der in Absatz 1 Satz 1 Nummer 3 genannten Aufgabe kann die oder der Bundesbeauftragte zu allen Fragen, die im Zusammenhang mit dem Schutz personenbezogener Daten stehen, von sich aus oder auf Anfrage Stellungnahmen an den Deutschen Bundestag oder einen seiner Ausschüsse, den Bundesrat, die Bundesregierung, sonstige Einrichtungen und Stellen sowie an die Öffentlichkeit richten. Auf Ersuchen des Deutschen Bundestages, eines seiner Ausschüsse oder der Bundesregierung geht die oder der Bundesbeauftragte ferner Hinweisen auf Angelegenheiten und Vorgänge des Datenschutzes bei den öffentlichen Stellen des Bundes nach.

(3) Die oder der Bundesbeauftragte erleichtert das Einreichen der in Absatz 1 Satz 1 Nummer 6 genannten Beschwerden durch Maßnahmen wie etwa die Bereitstellung eines Beschwerdeformulars, das auch elektronisch ausgefüllt werden kann, ohne dass andere Kommunikationsmittel ausgeschlossen werden.

(4) Die Erfüllung der Aufgaben der oder des Bundesbeauftragten ist für die betroffene Person unentgeltlich. Bei offenkundig unbegründeten oder, insbesondere im Fall von häufiger Wiederholung, exzessiven Anfragen kann die oder der Bundesbeauftragte eine angemessene Gebühr auf der Grundlage der Verwaltungskosten verlangen oder sich weigern, aufgrund der Anfrage tätig zu werden.

In diesem Fall trägt die oder der Bundesbeauftragte die Beweislast für den offenkundig unbegründeten oder exzessiven Charakter der Anfrage.

§ 15 Tätigkeitsbericht

Die oder der Bundesbeauftragte erstellt einen Jahresbericht über ihre oder seine Tätigkeit, der eine Liste der Arten der gemeldeten Verstöße und der Arten der getroffenen Maßnahmen, einschließlich der verhängten Sanktionen und der Maßnahmen nach Artikel 58 Absatz 2 der Verordnung (EU) 2016/679, enthalten kann. Die oder der Bundesbeauftragte übermittelt den Bericht dem Deutschen Bundestag, dem Bundesrat und der Bundesregierung und macht ihn der Öffentlichkeit, der Europäischen Kommission und dem Europäischen Datenschutzausschuss zugänglich.

§ 16 Befugnisse

(1) Die oder der Bundesbeauftragte nimmt im Anwendungsbereich der Verordnung (EU) 2016/679 die Befugnisse gemäß Artikel 58 der Verordnung (EU) 2016/679 wahr. Kommt die oder der Bundesbeauftragte zu dem Ergebnis, dass Verstöße gegen die Vorschriften über den Datenschutz oder sonstige Mängel bei der Verarbeitung personenbezogener Daten vorliegen, teilt sie oder er dies der zuständigen Rechts- oder Fachaufsichtsbehörde mit und gibt dieser vor der Ausübung der Befugnisse des Artikels 58 Absatz 2 Buchstabe b bis g, i und j der Verordnung (EU) 2016/679 gegenüber dem Verantwortlichen Gelegenheit zur Stellungnahme innerhalb einer angemessenen Frist. Von der Einräumung der Gelegenheit zur Stellungnahme kann abgesehen werden, wenn eine sofortige Entscheidung wegen Gefahr im Verzug oder im öffentlichen Interesse notwendig erscheint oder ihr ein zwingendes öffentliches Interesse entgegensteht. Die Stellungnahme soll auch eine Darstellung der Maßnahmen enthalten, die aufgrund der Mitteilung der oder des Bundesbeauftragten getroffen worden sind.

(2) Stellt die oder der Bundesbeauftragte bei Datenverarbeitungen durch öffentliche Stellen des Bundes zu Zwecken außerhalb des Anwendungsbereichs der Verordnung (EU) 2016/679 Verstöße gegen die Vorschriften dieses Gesetzes oder gegen andere Vorschriften über den Datenschutz oder sonstige Mängel bei der Verarbeitung oder Nutzung personenbezogener Daten fest, so beanstandet sie

oder er dies gegenüber der zuständigen obersten Bundesbehörde und fordert diese zur Stellungnahme innerhalb einer von ihr oder ihm zu bestimmenden Frist auf. Die oder der Bundesbeauftragte kann von einer Beanstandung absehen oder auf eine Stellungnahme verzichten, insbesondere wenn es sich um unerhebliche oder inzwischen beseitigte Mängel handelt. Die Stellungnahme soll auch eine Darstellung der Maßnahmen enthalten, die aufgrund der Beanstandung der oder des Bundesbeauftragten getroffen worden sind. Die oder der Bundesbeauftragte kann den Verantwortlichen auch davor warnen, dass beabsichtigte Verarbeitungsvorgänge voraussichtlich gegen in diesem Gesetz enthaltene und andere auf die jeweilige Datenverarbeitung anzuwendende Vorschriften über den Datenschutz verstoßen.

(3) Die Befugnisse der oder des Bundesbeauftragten erstrecken sich auch auf

1. von öffentlichen Stellen des Bundes erlangte personenbezogene Daten über den Inhalt und die näheren Umstände des Brief-, Post- und Fernmeldeverkehrs und
2. personenbezogene Daten, die einem besonderen Amtsgeheimnis, insbesondere dem Steuergeheimnis nach § 30 der Abgabenordnung, unterliegen.

Das Grundrecht des Brief-, Post- und Fernmeldegeheimnisses des Artikels 10 des Grundgesetzes wird insoweit eingeschränkt.

(4) Die öffentlichen Stellen des Bundes sind verpflichtet, der oder dem Bundesbeauftragten und ihren oder seinen Beauftragten

1. jederzeit Zugang zu den Grundstücken und Diensträumen, einschließlich aller Datenverarbeitungsanlagen und -geräte, sowie zu allen personenbezogenen Daten und Informationen, die zur Erfüllung ihrer oder seiner Aufgaben notwendig sind, zu gewähren und
2. alle Informationen, die für die Erfüllung ihrer oder seiner Aufgaben erforderlich sind, bereitzustellen.

(5) Die oder der Bundesbeauftragte wirkt auf die Zusammenarbeit mit den öffentlichen Stellen, die für die Kontrolle der Einhaltung der Vorschriften über den Datenschutz in den Ländern zuständig sind, sowie mit den Aufsichtsbehörden nach § 40 hin. § 40 Absatz 3 Satz 1 zweiter Halbsatz gilt entsprechend.

TEIL 2
Durchführungsbestimmungen für Verarbeitungen zu Zwecken gemäß Artikel 2 der Verordnung (EU) 2016/679

KAPITEL 1
Rechtsgrundlagen der Verarbeitung personenbezogener Daten

ABSCHNITT 1
Verarbeitung besonderer Kategorien personenbezogener Daten und Verarbeitung zu anderen Zwecken

§ 22 Verarbeitung besonderer Kategorien personenbezogener Daten

(1) Abweichend von Artikel 9 Absatz 1 der Verordnung (EU) 2016/679 ist die Verarbeitung besonderer Kategorien personenbezogener Daten im Sinne des Artikels 9 Absatz 1 der Verordnung (EU) 2016/679 zulässig

1. durch öffentliche und nichtöffentliche Stellen, wenn sie
   a) erforderlich ist, um die aus dem Recht der sozialen Sicherheit und des Sozialschutzes erwachsenden Rechte auszuüben und den diesbezüglichen Pflichten nachzukommen,
   b) zum Zweck der Gesundheitsvorsorge, für die Beurteilung der Arbeitsfähigkeit des Beschäftigten, für die medizinische Diagnostik, die Versorgung oder Behandlung im Gesundheits- oder Sozialbereich oder für die Verwaltung von Systemen und Diensten im Gesundheits- und Sozialbereich oder aufgrund eines Vertrags der betroffenen Person mit einem Angehörigen eines Gesundheitsberufs erforderlich ist und diese Daten von ärztlichem Personal oder durch sonstige Personen, die einer entsprechenden Geheimhaltungspflicht unterliegen, oder unter deren Verantwortung verarbeitet werden, oder
   c) aus Gründen des öffentlichen Interesses im Bereich der öffentlichen Gesundheit, wie des Schutzes vor schwerwiegenden grenzüberschreitenden Gesundheitsgefahren oder zur Gewährleistung hoher Qualitäts- und Sicherheitsstandards bei der Gesundheitsversorgung und bei Arzneimitteln und Medizinprodukten erforderlich ist; ergänzend zu den in Absatz 2 genannten Maßnahmen sind insbesondere die berufsrechtlichen und strafrechtlichen Vorgaben zur Wahrung des Berufsgeheimnisses einzuhalten,

2. durch öffentliche Stellen, wenn sie
   a) aus Gründen eines erheblichen öffentlichen Interesses zwingend erforderlich ist,
   b) zur Abwehr einer erheblichen Gefahr für die öffentliche Sicherheit erforderlich ist,
   c) zur Abwehr erheblicher Nachteile für das Gemeinwohl oder zur Wahrung erheblicher Belange des Gemeinwohls zwingend erforderlich ist oder
   d) aus zwingenden Gründen der Verteidigung oder der Erfüllung über- oder zwischenstaatlicher Verpflichtungen einer öffentlichen Stelle des Bundes auf dem Gebiet der Krisenbewältigung oder Konfliktverhinderung oder für humanitäre Maßnahmen erforderlich ist

   und soweit die Interessen des Verantwortlichen an der Datenverarbeitung in den Fällen der Nummer 2 die Interessen der betroffenen Person überwiegen.

(2) In den Fällen des Absatzes 1 sind angemessene und spezifische Maßnahmen zur Wahrung der Interessen der betroffenen Person vorzusehen. Unter Berücksichtigung des Stands der Technik, der Implementierungskosten und der Art, des Umfangs, der Umstände und der Zwecke der Verarbeitung sowie der unterschiedlichen Eintrittswahrscheinlichkeit und Schwere der mit der Verarbeitung verbundenen Risiken für die Rechte und Freiheiten natürlicher Personen können dazu insbesondere gehören:
1. technisch organisatorische Maßnahmen, um sicherzustellen, dass die Verarbeitung gemäß der Verordnung (EU) 2016/679 erfolgt,
2. Maßnahmen, die gewährleisten, dass nachträglich überprüft und festgestellt werden kann, ob und von wem personenbezogene Daten eingegeben, verändert oder entfernt worden sind,
3. Sensibilisierung der an Verarbeitungsvorgängen Beteiligten,
4. Benennung einer oder eines Datenschutzbeauftragten,
5. Beschränkung des Zugangs zu den personenbezogenen Daten innerhalb der verantwortlichen Stelle und von Auftragsverarbeitern,
6. Pseudonymisierung personenbezogener Daten,
7. Verschlüsselung personenbezogener Daten,
8. Sicherstellung der Fähigkeit, Vertraulichkeit, Integrität, Verfügbarkeit und Belastbarkeit der Systeme und Dienste im Zusam-

menhang mit der Verarbeitung personenbezogener Daten, einschließlich der Fähigkeit, die Verfügbarkeit und den Zugang bei einem physischen oder technischen Zwischenfall rasch wiederherzustellen,
9. zur Gewährleistung der Sicherheit der Verarbeitung die Einrichtung eines Verfahrens zur regelmäßigen Überprüfung, Bewertung und Evaluierung der Wirksamkeit der technischen und organisatorischen Maßnahmen oder
10. spezifische Verfahrensregelungen, die im Fall einer Übermittlung oder Verarbeitung für andere Zwecke die Einhaltung der Vorgaben dieses Gesetzes sowie der Verordnung (EU) 2016/679 sicherstellen.

§ 23 Verarbeitung zu anderen Zwecken durch öffentliche Stellen

(1) Die Verarbeitung personenbezogener Daten zu einem anderen Zweck als zu demjenigen, zu dem die Daten erhoben wurden, durch öffentliche Stellen im Rahmen ihrer Aufgabenerfüllung ist zulässig, wenn
1. offensichtlich ist, dass sie im Interesse der betroffenen Person liegt und kein Grund zu der Annahme besteht, dass sie in Kenntnis des anderen Zwecks ihre Einwilligung verweigern würde,
2. Angaben der betroffenen Person überprüft werden müssen, weil tatsächliche Anhaltspunkte für deren Unrichtigkeit bestehen,
3. sie zur Abwehr erheblicher Nachteile für das Gemeinwohl oder einer Gefahr für die öffentliche Sicherheit, die Verteidigung oder die nationale Sicherheit, zur Wahrung erheblicher Belange des Gemeinwohls oder zur Sicherung des Steuer- und Zollaufkommens erforderlich ist,
4. sie zur Verfolgung von Straftaten oder Ordnungswidrigkeiten, zur Vollstreckung oder zum Vollzug von Strafen oder Maßnahmen im Sinne des § 11 Absatz 1 Nummer 8 des Strafgesetzbuchs oder von Erziehungsmaßregeln oder Zuchtmitteln im Sinne des Jugendgerichtsgesetzes oder zur Vollstreckung von Geldbußen erforderlich ist,
5. sie zur Abwehr einer schwerwiegenden Beeinträchtigung der Rechte einer anderen Person erforderlich ist oder
6. sie der Wahrnehmung von Aufsichts- und Kontrollbefugnissen, der Rechnungsprüfung oder der Durchführung von Organisationsuntersuchungen des Verantwortlichen dient; dies gilt auch für die Verarbeitung zu Ausbildungs- und Prüfungszwecken

durch den Verantwortlichen, soweit schutzwürdige Interessen der betroffenen Person dem nicht entgegenstehen.

(2) Die Verarbeitung besonderer Kategorien personenbezogener Daten im Sinne des Artikels 9 Absatz 1 der Verordnung (EU) 2016/679 zu einem anderen Zweck als zu demjenigen, zu dem die Daten erhoben wurden, ist zulässig, wenn die Voraussetzungen des Absatzes 1 und ein Ausnahmetatbestand nach Artikel 9 Absatz 2 der Verordnung (EU) 2016/679 oder nach § 22 vorliegen.

§ 24 Verarbeitung zu anderen Zwecken durch nichtöffentliche Stellen

(1) Die Verarbeitung personenbezogener Daten zu einem anderen Zweck als zu demjenigen, zu dem die Daten erhoben wurden, durch nichtöffentliche Stellen ist zulässig, wenn

1. sie zur Abwehr von Gefahren für die staatliche oder öffentliche Sicherheit oder zur Verfolgung von Straftaten erforderlich ist oder
2. sie zur Geltendmachung, Ausübung oder Verteidigung zivilrechtlicher Ansprüche erforderlich ist,

sofern nicht die Interessen der betroffenen Person an dem Ausschluss der Verarbeitung überwiegen.

(2) Die Verarbeitung besonderer Kategorien personenbezogener Daten im Sinne des Artikels 9 Absatz 1 der Verordnung (EU) 2016/679 zu einem anderen Zweck als zu demjenigen, zu dem die Daten erhoben wurden, ist zulässig, wenn die Voraussetzungen des Absatzes 1 und ein Ausnahmetatbestand nach Artikel 9 Absatz 2 der Verordnung (EU) 2016/679 oder nach § 22 vorliegen.

§ 25 Datenübermittlungen durch öffentliche Stellen

(1) Die Übermittlung personenbezogener Daten durch öffentliche Stellen an öffentliche Stellen ist zulässig, wenn sie zur Erfüllung der in der Zuständigkeit der übermittelnden Stelle oder des Dritten, an den die Daten übermittelt werden, liegenden Aufgaben erforderlich ist und die Voraussetzungen vorliegen, die eine Verarbeitung nach § 23 zulassen würden. Der Dritte, an den die Daten übermittelt werden, darf diese nur für den Zweck verarbeiten, zu dessen Erfüllung sie ihm übermittelt werden. Eine Verarbeitung für andere Zwecke ist unter den Voraussetzungen des § 23 zulässig.

(2) Die Übermittlung personenbezogener Daten durch öffentliche Stellen an nichtöffentliche Stellen ist zulässig, wenn

1. sie zur Erfüllung der in der Zuständigkeit der übermittelnden Stelle liegenden Aufgaben erforderlich ist und die Voraussetzungen vorliegen, die eine Verarbeitung nach § 23 zulassen würden,
2. der Dritte, an den die Daten übermittelt werden, ein berechtigtes Interesse an der Kenntnis der zu übermittelnden Daten glaubhaft darlegt und die betroffene Person kein schutzwürdiges Interesse an dem Ausschluss der Übermittlung hat oder
3. es zur Geltendmachung, Ausübung oder Verteidigung rechtlicher Ansprüche erforderlich ist

und der Dritte sich gegenüber der übermittelnden öffentlichen Stelle verpflichtet hat, die Daten nur für den Zweck zu verarbeiten, zu dessen Erfüllung sie ihm übermittelt werden. Eine Verarbeitung für andere Zwecke ist zulässig, wenn eine Übermittlung nach Satz 1 zulässig wäre und die übermittelnde Stelle zugestimmt hat.

(3) Die Übermittlung besonderer Kategorien personenbezogener Daten im Sinne des Artikels 9 Absatz 1 der Verordnung (EU) 2016/679 ist zulässig, wenn die Voraussetzungen des Absatzes 1 oder 2 und ein Ausnahmetatbestand nach Artikel 9 Absatz 2 der Verordnung (EU) 2016/679 oder nach § 22 vorliegen.

ABSCHNITT 2
Besondere Verarbeitungssituationen

§ 26 Datenverarbeitung für Zwecke des Beschäftigungsverhältnisses

(1) Personenbezogene Daten von Beschäftigten dürfen für Zwecke des Beschäftigungsverhältnisses verarbeitet werden, wenn dies für die Entscheidung über die Begründung eines Beschäftigungsverhältnisses oder nach Begründung des Beschäftigungsverhältnisses für dessen Durchführung oder Beendigung oder zur Ausübung oder Erfüllung der sich aus einem Gesetz oder einem Tarifvertrag, einer Betriebs- oder Dienstvereinbarung (Kollektivvereinbarung) ergebenden Rechte und Pflichten der Interessenvertretung der Beschäftigten erforderlich ist. Zur Aufdeckung von Straftaten dürfen personenbezogene Daten von Beschäftigten nur dann verarbeitet werden, wenn zu dokumentierende tatsächliche Anhaltspunkte den Verdacht begründen, dass die betroffene Person im Beschäf-

tigungsverhältnis eine Straftat begangen hat, die Verarbeitung zur Aufdeckung erforderlich ist und das schutzwürdige Interesse der oder des Beschäftigten an dem Ausschluss der Verarbeitung nicht überwiegt, insbesondere Art und Ausmaß im Hinblick auf den Anlass nicht unverhältnismäßig sind.

(2) Erfolgt die Verarbeitung personenbezogener Daten von Beschäftigten auf der Grundlage einer Einwilligung, so sind für die Beurteilung der Freiwilligkeit der Einwilligung insbesondere die im Beschäftigungsverhältnis bestehende Abhängigkeit der beschäftigten Person sowie die Umstände, unter denen die Einwilligung erteilt worden ist, zu berücksichtigen. Freiwilligkeit kann insbesondere vorliegen, wenn für die beschäftigte Person ein rechtlicher oder wirtschaftlicher Vorteil erreicht wird oder Arbeitgeber und beschäftigte Person gleichgelagerte Interessen verfolgen. Die Einwilligung bedarf der Schriftform, soweit nicht wegen besonderer Umstände eine andere Form angemessen ist. Der Arbeitgeber hat die beschäftigte Person über den Zweck der Datenverarbeitung und über ihr Widerrufsrecht nach Artikel 7 Absatz 3 der Verordnung (EU) 2016/679 in Textform aufzuklären.

(3) Abweichend von Artikel 9 Absatz 1 der Verordnung (EU) 2016/679 ist die Verarbeitung besonderer Kategorien personenbezogener Daten im Sinne des Artikels 9 Absatz 1 der Verordnung (EU) 2016/679 für Zwecke des Beschäftigungsverhältnisses zulässig, wenn sie zur Ausübung von Rechten oder zur Erfüllung rechtlicher Pflichten aus dem Arbeitsrecht, dem Recht der sozialen Sicherheit und des Sozialschutzes erforderlich ist und kein Grund zu der Annahme besteht, dass das schutzwürdige Interesse der betroffenen Person an dem Ausschluss der Verarbeitung überwiegt. Absatz 2 gilt auch für die Einwilligung in die Verarbeitung besonderer Kategorien personenbezogener Daten; die Einwilligung muss sich dabei ausdrücklich auf diese Daten beziehen. § 22 Absatz 2 gilt entsprechend.

(4) Die Verarbeitung personenbezogener Daten, einschließlich besonderer Kategorien personenbezogener Daten von Beschäftigten für Zwecke des Beschäftigungsverhältnisses, ist auf der Grundlage von Kollektivvereinbarungen zulässig. Dabei haben die Verhandlungspartner Artikel 88 Absatz 2 der Verordnung (EU) 2016/679 zu beachten.

(5) Der Verantwortliche muss geeignete Maßnahmen ergreifen, um sicherzustellen, dass insbesondere die in Artikel 5 der Verordnung (EU) 2016/679 dargelegten Grundsätze für die Verarbeitung personenbezogener Daten eingehalten werden.

(6) Die Beteiligungsrechte der Interessenvertretungen der Beschäftigten bleiben unberührt.

(7) Die Absätze 1 bis 6 sind auch anzuwenden, wenn personenbezogene Daten, einschließlich besonderer Kategorien personenbezogener Daten, von Beschäftigten verarbeitet werden, ohne dass sie in einem Dateisystem gespeichert sind oder gespeichert werden sollen.

(8) Beschäftigte im Sinne dieses Gesetzes sind:
1. Arbeitnehmerinnen und Arbeitnehmer, einschließlich der Leiharbeitnehmerinnen und Leiharbeitnehmer im Verhältnis zum Entleiher,
2. zu ihrer Berufsbildung Beschäftigte,
3. Teilnehmerinnen und Teilnehmer an Leistungen zur Teilhabe am Arbeitsleben sowie an Abklärungen der beruflichen Eignung oder Arbeitserprobung (Rehabilitandinnen und Rehabilitanden),
4. in anerkannten Werkstätten für behinderte Menschen Beschäftigte,
5. Freiwillige, die einen Dienst nach dem Jugendfreiwilligendienstegesetz oder dem Bundesfreiwilligendienstgesetz leisten,
6. Personen, die wegen ihrer wirtschaftlichen Unselbständigkeit als arbeitnehmerähnliche Personen anzusehen sind; zu diesen gehören auch die in Heimarbeit Beschäftigten und die ihnen Gleichgestellten,
7. Beamtinnen und Beamte des Bundes, Richterinnen und Richter des Bundes, Soldatinnen und Soldaten sowie Zivildienstleistende.

Bewerberinnen und Bewerber für ein Beschäftigungsverhältnis sowie Personen, deren Beschäftigungsverhältnis beendet ist, gelten als Beschäftigte.

§ 27 Datenverarbeitung zu wissenschaftlichen oder historischen Forschungszwecken und zu statistischen Zwecken

(1) Abweichend von Artikel 9 Absatz 1 der Verordnung (EU) 2016/679 ist die Verarbeitung besonderer Kategorien personenbe-

zogener Daten im Sinne des Artikels 9 Absatz 1 der Verordnung (EU) 2016/679 auch ohne Einwilligung für wissenschaftliche oder historische Forschungszwecke oder für statistische Zwecke zulässig, wenn die Verarbeitung zu diesen Zwecken erforderlich ist und die Interessen des Verantwortlichen an der Verarbeitung die Interessen der betroffenen Person an einem Ausschluss der Verarbeitung erheblich überwiegen. Der Verantwortliche sieht angemessene und spezifische Maßnahmen zur Wahrung der Interessen der betroffenen Person gemäß § 22 Absatz 2 Satz 2 vor.

(2) Die in den Artikeln 15, 16, 18 und 21 der Verordnung (EU) 2016/679 vorgesehenen Rechte der betroffenen Person sind insoweit beschränkt, als diese Rechte voraussichtlich die Verwirklichung der Forschungs- oder Statistikzwecke unmöglich machen oder ernsthaft beinträchtigen und die Beschränkung für die Erfüllung der Forschungs- oder Statistikzwecke notwendig ist. Das Recht auf Auskunft gemäß Artikel 15 der Verordnung (EU) 2016/679 besteht darüber hinaus nicht, wenn die Daten für Zwecke der wissenschaftlichen Forschung erforderlich sind und die Auskunftserteilung einen unverhältnismäßigen Aufwand erfordern würde.

(3) Ergänzend zu den in § 22 Absatz 2 genannten Maßnahmen sind zu wissenschaftlichen oder historischen Forschungszwecken oder zu statistischen Zwecken verarbeitete besondere Kategorien personenbezogener Daten im Sinne des Artikels 9 Absatz 1 der Verordnung (EU) 2016/679 zu anonymisieren, sobald dies nach dem Forschungs- oder Statistikzweck möglich ist, es sei denn, berechtigte Interessen der betroffenen Person stehen dem entgegen. Bis dahin sind die Merkmale gesondert zu speichern, mit denen Einzelangaben über persönliche oder sachliche Verhältnisse einer bestimmten oder bestimmbaren Person zugeordnet werden können. Sie dürfen mit den Einzelangaben nur zusammengeführt werden, soweit der Forschungs- oder Statistikzweck dies erfordert.

(4) Der Verantwortliche darf personenbezogene Daten nur veröffentlichen, wenn die betroffene Person eingewilligt hat oder dies für die Darstellung von Forschungsergebnissen über Ereignisse der Zeitgeschichte unerlässlich ist.

§ 28 Datenverarbeitung zu im öffentlichen Interesse liegenden Archivzwecken

(1) Abweichend von Artikel 9 Absatz 1 der Verordnung (EU) 2016/679 ist die Verarbeitung besonderer Kategorien personenbezogener Daten im Sinne des Artikels 9 Absatz 1 der Verordnung (EU) 2016/679 zulässig, wenn sie für im öffentlichen Interesse liegende Archivzwecke erforderlich ist. Der Verantwortliche sieht angemessene und spezifische Maßnahmen zur Wahrung der Interessen der betroffenen Person gemäß § 22 Absatz 2 Satz 2 vor.

(2) Das Recht auf Auskunft der betroffenen Person gemäß Artikel 15 der Verordnung (EU) 2016/679 besteht nicht, wenn das Archivgut nicht durch den Namen der Person erschlossen ist oder keine Angaben gemacht werden, die das Auffinden des betreffenden Archivguts mit vertretbarem Verwaltungsaufwand ermöglichen.

(3) Das Recht auf Berichtigung der betroffenen Person gemäß Artikel 16 der Verordnung (EU) 2016/679 besteht nicht, wenn die personenbezogenen Daten zu Archivzwecken im öffentlichen Interesse verarbeitet werden. Bestreitet die betroffene Person die Richtigkeit der personenbezogenen Daten, ist ihr die Möglichkeit einer Gegendarstellung einzuräumen. Das zuständige Archiv ist verpflichtet, die Gegendarstellung den Unterlagen hinzuzufügen.

(4) Die in Artikel 18 Absatz 1 Buchstabe a, b und d, den Artikeln 20 und 21 der Verordnung (EU) 2016/679 vorgesehenen Rechte bestehen nicht, soweit diese Rechte voraussichtlich die Verwirklichung der im öffentlichen Interesse liegenden Archivzwecke unmöglich machen oder ernsthaft beeinträchtigen und die Ausnahmen für die Erfüllung dieser Zwecke erforderlich sind.

§ 29 Rechte der betroffenen Person und aufsichtsbehördliche Befugnisse im Fall von Geheimhaltungspflichten

(1) Die Pflicht zur Information der betroffenen Person gemäß Artikel 14 Absatz 1 bis 4 der Verordnung (EU) 2016/679 besteht ergänzend zu den in Artikel 14 Absatz 5 der Verordnung (EU) 2016/679 genannten Ausnahmen nicht, soweit durch ihre Erfüllung Informationen offenbart würden, die ihrem Wesen nach, insbesondere wegen der überwiegenden berechtigten Interessen eines Dritten,

geheim gehalten werden müssen. Das Recht auf Auskunft der betroffenen Person gemäß Artikel 15 der Verordnung (EU) 2016/679 besteht nicht, soweit durch die Auskunft Informationen offenbart würden, die nach einer Rechtsvorschrift oder ihrem Wesen nach, insbesondere wegen der überwiegenden berechtigten Interessen eines Dritten, geheim gehalten werden müssen. Die Pflicht zur Benachrichtigung gemäß Artikel 34 der Verordnung (EU) 2016/679 besteht ergänzend zu der in Artikel 34 Absatz 3 der Verordnung (EU) 2016/679 genannten Ausnahme nicht, soweit durch die Benachrichtigung Informationen offenbart würden, die nach einer Rechtsvorschrift oder ihrem Wesen nach, insbesondere wegen der überwiegenden berechtigten Interessen eines Dritten, geheim gehalten werden müssen. Abweichend von der Ausnahme nach Satz 3 ist die betroffene Person nach Artikel 34 der Verordnung (EU) 2016/679 zu benachrichtigen, wenn die Interessen der betroffenen Person, insbesondere unter Berücksichtigung drohender Schäden, gegenüber dem Geheimhaltungsinteresse überwiegen.

(2) Werden Daten Dritter im Zuge der Aufnahme oder im Rahmen eines Mandatsverhältnisses an einen Berufsgeheimnisträger übermittelt, so besteht die Pflicht der übermittelnden Stelle zur Information der betroffenen Person gemäß Artikel 13 Absatz 3 der Verordnung (EU) 2016/679 nicht, sofern nicht das Interesse der betroffenen Person an der Informationserteilung überwiegt.

(3) Gegenüber den in § 203 Absatz 1, 2a und 3 des Strafgesetzbuchs genannten Personen oder deren Auftragsverarbeitern bestehen die Untersuchungsbefugnisse der Aufsichtsbehörden gemäß Artikel 58 Absatz 1 Buchstabe e und f der Verordnung (EU) 2016/679 nicht, soweit die Inanspruchnahme der Befugnisse zu einem Verstoß gegen die Geheimhaltungspflichten dieser Personen führen würde. Erlangt eine Aufsichtsbehörde im Rahmen einer Untersuchung Kenntnis von Daten, die einer Geheimhaltungspflicht im Sinne des Satzes 1 unterliegen, gilt die Geheimhaltungspflicht auch für die Aufsichtsbehörde.

§ 30 Verbraucherkredite

(1) Eine Stelle, die geschäftsmäßig personenbezogene Daten, die zur Bewertung der Kreditwürdigkeit von Verbrauchern genutzt

werden dürfen, zum Zweck der Übermittlung erhebt, speichert oder verändert, hat Auskunftsverlangen von Darlehensgebern aus anderen Mitgliedstaaten der Europäischen Union genauso zu behandeln wie Auskunftsverlangen inländischer Darlehensgeber.

(2) Wer den Abschluss eines Verbraucherdarlehensvertrags oder eines Vertrags über eine entgeltliche Finanzierungshilfe mit einem Verbraucher infolge einer Auskunft einer Stelle im Sinne des Absatzes 1 ablehnt, hat den Verbraucher unverzüglich hierüber sowie über die erhaltene Auskunft zu unterrichten. Die Unterrichtung unterbleibt, soweit hierdurch die öffentliche Sicherheit oder Ordnung gefährdet würde. § 37 bleibt unberührt.

§ 31 Schutz des Wirtschaftsverkehrs bei Scoring und Bonitätsauskünften

(1) Die Verwendung eines Wahrscheinlichkeitswerts über ein bestimmtes zukünftiges Verhalten einer natürlichen Person zum Zweck der Entscheidung über die Begründung, Durchführung oder Beendigung eines Vertragsverhältnisses mit dieser Person (Scoring) ist nur zulässig, wenn

1. die Vorschriften des Datenschutzrechts eingehalten wurden,
2. die zur Berechnung des Wahrscheinlichkeitswerts genutzten Daten unter Zugrundelegung eines wissenschaftlich anerkannten mathematisch-statistischen Verfahrens nachweisbar für die Berechnung der Wahrscheinlichkeit des bestimmten Verhaltens erheblich sind,
3. für die Berechnung des Wahrscheinlichkeitswerts nicht ausschließlich Anschriftendaten genutzt wurden und
4. im Fall der Nutzung von Anschriftendaten die betroffene Person vor Berechnung des Wahrscheinlichkeitswerts über die vorgesehene Nutzung dieser Daten unterrichtet worden ist; die Unterrichtung ist zu dokumentieren.

(2) Die Verwendung eines von Auskunfteien ermittelten Wahrscheinlichkeitswerts über die Zahlungsfähig- und Zahlungswilligkeit einer natürlichen Person ist im Fall der Einbeziehung von Informationen über Forderungen nur zulässig, soweit die Voraussetzungen nach Absatz 1 vorliegen und nur solche Forderungen über eine geschuldete Leistung, die trotz Fälligkeit nicht erbracht worden ist, berücksichtigt werden,

1. die durch ein rechtskräftiges oder für vorläufig vollstreckbar erklärtes Urteil festgestellt worden sind oder für die ein Schuldtitel nach § 794 der Zivilprozessordnung vorliegt,
2. die nach § 178 der Insolvenzordnung festgestellt und nicht vom Schuldner im Prüfungstermin bestritten worden sind,
3. die der Schuldner ausdrücklich anerkannt hat,
4. bei denen
   a) der Schuldner nach Eintritt der Fälligkeit der Forderung mindestens zweimal schriftlich gemahnt worden ist,
   b) die erste Mahnung mindestens vier Wochen zurückliegt,
   c) der Schuldner zuvor, jedoch frühestens bei der ersten Mahnung, über eine mögliche Berücksichtigung durch eine Auskunftei unterrichtet worden ist und
   d) der Schuldner die Forderung nicht bestritten hat oder
5. deren zugrunde liegendes Vertragsverhältnis aufgrund von Zahlungsrückständen fristlos gekündigt werden kann und bei denen der Schuldner zuvor über eine mögliche Berücksichtigung durch eine Auskunftei unterrichtet worden ist.

Die Zulässigkeit der Verarbeitung, einschließlich der Ermittlung von Wahrscheinlichkeitswerten, von anderen bonitätsrelevanten Daten nach allgemeinem Datenschutzrecht bleibt unberührt.

KAPITEL 2
Rechte der betroffenen Person

§ 32 Informationspflicht bei Erhebung von personenbezogenen Daten bei der betroffenen Person

(1) Die Pflicht zur Information der betroffenen Person gemäß Artikel 13 Absatz 3 der Verordnung (EU) 2016/679 besteht ergänzend zu der in Artikel 13 Absatz 4 der Verordnung (EU) 2016/679 genannten Ausnahme dann nicht, wenn die Erteilung der Information über die beabsichtigte Weiterverarbeitung

1. eine Weiterverarbeitung analog gespeicherter Daten betrifft, bei der sich der Verantwortliche durch die Weiterverarbeitung unmittelbar an die betroffene Person wendet, der Zweck mit dem ursprünglichen Erhebungszweck gemäß der Verordnung (EU) 2016/679 vereinbar ist, die Kommunikation mit der betroffenen Person nicht in digitaler Form erfolgt und das Interesse der betroffenen Person an der Informationserteilung nach den Um-

ständen des Einzelfalls, insbesondere mit Blick auf den Zusammenhang, in dem die Daten erhoben wurden, als gering anzusehen ist,

2. im Fall einer öffentlichen Stelle die ordnungsgemäße Erfüllung der in der Zuständigkeit des Verantwortlichen liegenden Aufgaben im Sinne des Artikels 23 Absatz 1 Buchstabe a bis e der Verordnung (EU) 2016/679 gefährden würde und die Interessen des Verantwortlichen an der Nichterteilung der Information die Interessen der betroffenen Person überwiegen,
3. die öffentliche Sicherheit oder Ordnung gefährden oder sonst dem Wohl des Bundes oder eines Landes Nachteile bereiten würde und die Interessen des Verantwortlichen an der Nichterteilung der Information die Interessen der betroffenen Person überwiegen,
4. die Geltendmachung, Ausübung oder Verteidigung rechtlicher Ansprüche beeinträchtigen würde und die Interessen des Verantwortlichen an der Nichterteilung der Information die Interessen der betroffenen Person überwiegen oder
5. eine vertrauliche Übermittlung von Daten an öffentliche Stellen gefährden würde.

(2) Unterbleibt eine Information der betroffenen Person nach Maßgabe des Absatzes 1, ergreift der Verantwortliche geeignete Maßnahmen zum Schutz der berechtigten Interessen der betroffenen Person, einschließlich der Bereitstellung der in Artikel 13 Absatz 1 und 2 der Verordnung (EU) 2016/679 genannten Informationen für die Öffentlichkeit in präziser, transparenter, verständlicher und leicht zugänglicher Form in einer klaren und einfachen Sprache. Der Verantwortliche hält schriftlich fest, aus welchen Gründen er von einer Information abgesehen hat. Die Sätze 1 und 2 finden in den Fällen des Absatzes 1 Nummer 4 und 5 keine Anwendung.

(3) Unterbleibt die Benachrichtigung in den Fällen des Absatzes 1 wegen eines vorübergehenden Hinderungsgrundes, kommt der Verantwortliche der Informationspflicht unter Berücksichtigung der spezifischen Umstände der Verarbeitung innerhalb einer angemessenen Frist nach Fortfall des Hinderungsgrundes, spätestens jedoch innerhalb von zwei Wochen, nach.

§ 33 Informationspflicht, wenn die personenbezogenen Daten nicht bei der betroffenen Person erhoben wurden

(1) Die Pflicht zur Information der betroffenen Person gemäß Artikel 14 Absatz 1, 2 und 4 der Verordnung (EU) 2016/679 besteht ergänzend zu den in Artikel 14 Absatz 5 der Verordnung (EU) 2016/679 und der in § 29 Absatz 1 Satz 1 genannten Ausnahme nicht, wenn die Erteilung der Information

1. im Fall einer öffentlichen Stelle
   a) die ordnungsgemäße Erfüllung der in der Zuständigkeit des Verantwortlichen liegenden Aufgaben im Sinne des Artikels 23 Absatz 1 Buchstabe a bis e der Verordnung (EU) 2016/679 gefährden würde oder
   b) die öffentliche Sicherheit oder Ordnung gefährden oder sonst dem Wohl des Bundes oder eines Landes Nachteile bereiten würde

   und deswegen das Interesse der betroffenen Person an der Informationserteilung zurücktreten muss,
2. im Fall einer nichtöffentlichen Stelle
   a) die Geltendmachung, Ausübung oder Verteidigung zivilrechtlicher Ansprüche beeinträchtigen würde oder die Verarbeitung Daten aus zivilrechtlichen Verträgen beinhaltet und der Verhütung von Schäden durch Straftaten dient, sofern nicht das berechtigte Interesse der betroffenen Person an der Informationserteilung überwiegt, oder
   b) die zuständige öffentliche Stelle gegenüber dem Verantwortlichen festgestellt hat, dass das Bekanntwerden der Daten die öffentliche Sicherheit oder Ordnung gefährden oder sonst dem Wohl des Bundes oder eines Landes Nachteile bereiten würde; im Fall der Datenverarbeitung für Zwecke der Strafverfolgung bedarf es keiner Feststellung nach dem ersten Halbsatz.

(2) Unterbleibt eine Information der betroffenen Person nach Maßgabe des Absatzes 1, ergreift der Verantwortliche geeignete Maßnahmen zum Schutz der berechtigten Interessen der betroffenen Person, einschließlich der Bereitstellung der in Artikel 14 Absatz 1 und 2 der Verordnung (EU) 2016/679 genannten Informationen für die Öffentlichkeit in präziser, transparenter, verständlicher und leicht zugänglicher Form in einer klaren und einfachen Sprache. Der Verantwortliche hält schriftlich fest, aus welchen Gründen er von einer Information abgesehen hat.

(3) Bezieht sich die Informationserteilung auf die Übermittlung personenbezogener Daten durch öffentliche Stellen an Verfassungsschutzbehörden, den Bundesnachrichtendienst, den Militärischen Abschirmdienst und, soweit die Sicherheit des Bundes berührt wird, andere Behörden des Bundesministeriums der Verteidigung, ist sie nur mit Zustimmung dieser Stellen zulässig.

§ 34 Auskunftsrecht der betroffenen Person

(1) Das Recht auf Auskunft der betroffenen Person gemäß Artikel 15 der Verordnung (EU) 2016/679 besteht ergänzend zu den in § 27 Absatz 2, § 28 Absatz 2 und § 29 Absatz 1 Satz 2 genannten Ausnahmen nicht, wenn

1. die betroffene Person nach § 33 Absatz 1 Nummer 1, 2 Buchstabe b oder Absatz 3 nicht zu informieren ist, oder
2. die Daten
   a) nur deshalb gespeichert sind, weil sie aufgrund gesetzlicher oder satzungsmäßiger Aufbewahrungsvorschriften nicht gelöscht werden dürfen, oder
   b) ausschließlich Zwecken der Datensicherung oder der Datenschutzkontrolle dienen

   und die Auskunftserteilung einen unverhältnismäßigen Aufwand erfordern würde sowie eine Verarbeitung zu anderen Zwecken durch geeignete technische und organisatorische Maßnahmen ausgeschlossen ist.

(2) Die Gründe der Auskunftsverweigerung sind zu dokumentieren. Die Ablehnung der Auskunftserteilung ist gegenüber der betroffenen Person zu begründen, soweit nicht durch die Mitteilung der tatsächlichen und rechtlichen Gründe, auf die die Entscheidung gestützt wird, der mit der Auskunftsverweigerung verfolgte Zweck gefährdet würde. Die zum Zweck der Auskunftserteilung an die betroffene Person und zu deren Vorbereitung gespeicherten Daten dürfen nur für diesen Zweck sowie für Zwecke der Datenschutzkontrolle verarbeitet werden; für andere Zwecke ist die Verarbeitung nach Maßgabe des Artikels 18 der Verordnung (EU) 2016/679 einzuschränken.

(3) Wird der betroffenen Person durch eine öffentliche Stelle des Bundes keine Auskunft erteilt, so ist sie auf ihr Verlangen der oder dem Bundesbeauftragten zu erteilen, soweit nicht die jeweils zu-

ständige oberste Bundesbehörde im Einzelfall feststellt, dass dadurch die Sicherheit des Bundes oder eines Landes gefährdet würde. Die Mitteilung der oder des Bundesbeauftragten an die betroffene Person über das Ergebnis der datenschutzrechtlichen Prüfung darf keine Rückschlüsse auf den Erkenntnisstand des Verantwortlichen zulassen, sofern dieser nicht einer weitergehenden Auskunft zustimmt.

(4) Das Recht der betroffenen Person auf Auskunft über personenbezogene Daten, die durch eine öffentliche Stelle weder automatisiert verarbeitet noch nicht automatisiert verarbeitet und in einem Dateisystem gespeichert werden, besteht nur, soweit die betroffene Person Angaben macht, die das Auffinden der Daten ermöglichen, und der für die Erteilung der Auskunft erforderliche Aufwand nicht außer Verhältnis zu dem von der betroffenen Person geltend gemachten Informationsinteresse steht.

§ 35 Recht auf Löschung

(1) Ist eine Löschung im Fall nicht automatisierter Datenverarbeitung wegen der besonderen Art der Speicherung nicht oder nur mit unverhältnismäßig hohem Aufwand möglich und ist das Interesse der betroffenen Person an der Löschung als gering anzusehen, besteht das Recht der betroffenen Person auf und die Pflicht des Verantwortlichen zur Löschung personenbezogener Daten gemäß Artikel 17 Absatz 1 der Verordnung (EU) 2016/679 ergänzend zu den in Artikel 17 Absatz 3 der Verordnung (EU) 2016/679 genannten Ausnahmen nicht. In diesem Fall tritt an die Stelle einer Löschung die Einschränkung der Verarbeitung gemäß Artikel 18 der Verordnung (EU) 2016/679. Die Sätze 1 und 2 finden keine Anwendung, wenn die personenbezogenen Daten unrechtmäßig verarbeitet wurden.

(2) Ergänzend zu Artikel 18 Absatz 1 Buchstabe b und c der Verordnung (EU) 2016/679 gilt Absatz 1 Satz 1 und 2 entsprechend im Fall des Artikels 17 Absatz 1 Buchstabe a und d der Verordnung (EU) 2016/679, solange und soweit der Verantwortliche Grund zu der Annahme hat, dass durch eine Löschung schutzwürdige Interessen der betroffenen Person beeinträchtigt würden. Der Verantwortliche unterrichtet die betroffene Person über die Einschränkung der Verarbeitung, sofern sich die Unterrichtung nicht als unmöglich erweist oder einen unverhältnismäßigen Aufwand erfordern würde.

(3) Ergänzend zu Artikel 17 Absatz 3 Buchstabe b der Verordnung (EU) 2016/679 gilt Absatz 1 entsprechend im Fall des Artikels 17 Absatz 1 Buchstabe a der Verordnung (EU) 2016/679, wenn einer Löschung satzungsgemäße oder vertragliche Aufbewahrungsfristen entgegenstehen.

§ 36 Widerspruchsrecht

Das Recht auf Widerspruch gemäß Artikel 21 Absatz 1 der Verordnung (EU) 2016/679 gegenüber einer öffentlichen Stelle besteht nicht, soweit an der Verarbeitung ein zwingendes öffentliches Interesse besteht, das die Interessen der betroffenen Person überwiegt, oder eine Rechtsvorschrift zur Verarbeitung verpflichtet.

§ 37 Automatisierte Entscheidungen im Einzelfall einschließlich Profiling

(1) Das Recht gemäß Artikel 22 Absatz 1 der Verordnung (EU) 2016/679, keiner ausschließlich auf einer automatisierten Verarbeitung beruhenden Entscheidung unterworfen zu werden, besteht über die in Artikel 22 Absatz 2 Buchstabe a und c der Verordnung (EU) 2016/679 genannten Ausnahmen hinaus nicht, wenn die Entscheidung im Rahmen der Leistungserbringung nach einem Versicherungsvertrag ergeht und

1. dem Begehren der betroffenen Person stattgegeben wurde oder
2. die Entscheidung auf der Anwendung verbindlicher Entgeltregelungen für Heilbehandlungen beruht und der Verantwortliche für den Fall, dass dem Antrag nicht vollumfänglich stattgegeben wird, angemessene Maßnahmen zur Wahrung der berechtigten Interessen der betroffenen Person trifft, wozu mindestens das Recht auf Erwirkung des Eingreifens einer Person seitens des Verantwortlichen, auf Darlegung des eigenen Standpunktes und auf Anfechtung der Entscheidung zählt; der Verantwortliche informiert die betroffene Person über diese Rechte spätestens zum Zeitpunkt der Mitteilung, aus der sich ergibt, dass dem Antrag der betroffenen Person nicht vollumfänglich stattgegeben wird.

(2) Entscheidungen nach Absatz 1 dürfen auf der Verarbeitung von Gesundheitsdaten im Sinne des Artikels 4 Nummer 15 der Verordnung (EU) 2016/679 beruhen. Der Verantwortliche sieht angemes-

sene und spezifische Maßnahmen zur Wahrung der Interessen der betroffenen Person gemäß § 22 Absatz 2 Satz 2 vor.

KAPITEL 3
Pflichten der Verantwortlichen und Auftragsverarbeiter

§ 38 Datenschutzbeauftragte nichtöffentlicher Stellen

(1) Ergänzend zu Artikel 37 Absatz 1 Buchstabe b und c der Verordnung (EU) 2016/679 benennen der Verantwortliche und der Auftragsverarbeiter eine Datenschutzbeauftragte oder einen Datenschutzbeauftragten, soweit sie in der Regel mindestens zehn Personen ständig mit der automatisierten Verarbeitung personenbezogener Daten beschäftigen. Nehmen der Verantwortliche oder der Auftragsverarbeiter Verarbeitungen vor, die einer Datenschutz-Folgenabschätzung nach Artikel 35 der Verordnung (EU) 2016/679 unterliegen, oder verarbeiten sie personenbezogene Daten geschäftsmäßig zum Zweck der Übermittlung, der anonymisierten Übermittlung oder für Zwecke der Markt- oder Meinungsforschung, haben sie unabhängig von der Anzahl der mit der Verarbeitung beschäftigten Personen eine Datenschutzbeauftragte oder einen Datenschutzbeauftragten zu benennen.

(2) § 6 Absatz 4, 5 Satz 2 und Absatz 6 finden Anwendung, § 6 Absatz 4 jedoch nur, wenn die Benennung einer oder eines Datenschutzbeauftragten verpflichtend ist.

§ 39 Akkreditierung

Die Erteilung der Befugnis, als Zertifizierungsstelle gemäß Artikel 43 Absatz 1 Satz 1 der Verordnung (EU) 2016/679 tätig zu werden, erfolgt durch die für die datenschutzrechtliche Aufsicht über die Zertifizierungsstelle zuständige Aufsichtsbehörde des Bundes oder der Länder auf der Grundlage einer Akkreditierung durch die Deutsche Akkreditierungsstelle. § 2 Absatz 3 Satz 2, § 4 Absatz 3 und § 10 Absatz 1 Satz 1 Nummer 3 des Akkreditierungsstellengesetzes finden mit der Maßgabe Anwendung, dass der Datenschutz als ein dem Anwendungsbereich des § 1 Absatz 2 Satz 2 unterfallender Bereich gilt.

KAPITEL 4
Aufsichtsbehörde für die Datenverarbeitung durch nichtöffentliche Stellen

§ 40 Aufsichtsbehörden der Länder

(1) Die nach Landesrecht zuständigen Behörden überwachen im Anwendungsbereich der Verordnung (EU) 2016/679 bei den nichtöffentlichen Stellen die Anwendung der Vorschriften über den Datenschutz.

(2) Hat der Verantwortliche oder Auftragsverarbeiter mehrere inländische Niederlassungen, findet für die Bestimmung der zuständigen Aufsichtsbehörde Artikel 4 Nummer 16 der Verordnung (EU) 2016/679 entsprechende Anwendung. Wenn sich mehrere Behörden für zuständig oder für unzuständig halten oder wenn die Zuständigkeit aus anderen Gründen zweifelhaft ist, treffen die Aufsichtsbehörden die Entscheidung gemeinsam nach Maßgabe des § 18 Absatz 2. § 3 Absatz 3 und 4 des Verwaltungsverfahrensgesetzes findet entsprechende Anwendung.

(3) Die Aufsichtsbehörde darf die von ihr gespeicherten Daten nur für Zwecke der Aufsicht verarbeiten; hierbei darf sie Daten an andere Aufsichtsbehörden übermitteln. Eine Verarbeitung zu einem anderen Zweck ist über Artikel 6 Absatz 4 der Verordnung (EU) 2016/679 hinaus zulässig, wenn

1. offensichtlich ist, dass sie im Interesse der betroffenen Person liegt und kein Grund zu der Annahme besteht, dass sie in Kenntnis des anderen Zwecks ihre Einwilligung verweigern würde,
2. sie zur Abwehr erheblicher Nachteile für das Gemeinwohl oder einer Gefahr für die öffentliche Sicherheit oder zur Wahrung erheblicher Belange des Gemeinwohls erforderlich ist oder
3. sie zur Verfolgung von Straftaten oder Ordnungswidrigkeiten, zur Vollstreckung oder zum Vollzug von Strafen oder Maßnahmen im Sinne des § 11 Absatz 1 Nummer 8 des Strafgesetzbuchs oder von Erziehungsmaßregeln oder Zuchtmitteln im Sinne des Jugendgerichtsgesetzes oder zur Vollstreckung von Geldbußen erforderlich ist.

Stellt die Aufsichtsbehörde einen Verstoß gegen die Vorschriften über den Datenschutz fest, so ist sie befugt, die betroffenen Personen hierüber zu unterrichten, den Verstoß anderen für die Verfolgung oder Ahndung zuständigen Stellen anzuzeigen sowie bei schwerwiegenden Verstößen die Gewerbeaufsichtsbehörde zur Durchführung gewerberechtlicher Maßnahmen zu unterrichten. § 13 Absatz 4 Satz 4 bis 7 gilt entsprechend.

(4) Die der Aufsicht unterliegenden Stellen sowie die mit deren Leitung beauftragten Personen haben einer Aufsichtsbehörde auf Verlangen die für die Erfüllung ihrer Aufgaben erforderlichen Auskünfte zu erteilen. Der Auskunftspflichtige kann die Auskunft auf solche Fragen verweigern, deren Beantwortung ihn selbst oder einen der in § 383 Absatz 1 Nummer 1 bis 3 der Zivilprozessordnung bezeichneten Angehörigen der Gefahr strafgerichtlicher Verfolgung oder eines Verfahrens nach dem Gesetz über Ordnungswidrigkeiten aussetzen würde. Der Auskunftspflichtige ist darauf hinzuweisen.

(5) Die von einer Aufsichtsbehörde mit der Überwachung der Einhaltung der Vorschriften über den Datenschutz beauftragten Personen sind befugt, zur Erfüllung ihrer Aufgaben Grundstücke und Geschäftsräume der Stelle zu betreten und Zugang zu allen Datenverarbeitungsanlagen und -geräten zu erhalten. Die Stelle ist insoweit zur Duldung verpflichtet. § 16 Absatz 4 gilt entsprechend.

(6) Die Aufsichtsbehörden beraten und unterstützen die Datenschutzbeauftragten mit Rücksicht auf deren typische Bedürfnisse. Sie können die Abberufung der oder des Datenschutzbeauftragten verlangen, wenn sie oder er die zur Erfüllung ihrer oder seiner Aufgaben erforderliche Fachkunde nicht besitzt oder im Fall des Artikels 38 Absatz 6 der Verordnung (EU) 2016/679 ein schwerwiegender Interessenkonflikt vorliegt.

(7) Die Anwendung der Gewerbeordnung bleibt unberührt.

KAPITEL 5
Sanktionen

§ 41 Anwendung der Vorschriften über das Bußgeld- und Strafverfahren

(1) Für Verstöße nach Artikel 83 Absatz 4 bis 6 der Verordnung (EU) 2016/679 gelten, soweit dieses Gesetz nichts anderes bestimmt, die Vorschriften des Gesetzes über Ordnungswidrigkeiten sinn-

gemäß. Die §§ 17, 35 und 36 des Gesetzes über Ordnungswidrigkeiten finden keine Anwendung. § 68 des Gesetzes über Ordnungswidrigkeiten findet mit der Maßgabe Anwendung, dass das Landgericht entscheidet, wenn die festgesetzte Geldbuße den Betrag von einhunderttausend Euro übersteigt.

(2) Für Verfahren wegen eines Verstoßes nach Artikel 83 Absatz 4 bis 6 der Verordnung (EU) 2016/679 gelten, soweit dieses Gesetz nichts anderes bestimmt, die Vorschriften des Gesetzes über Ordnungswidrigkeiten und der allgemeinen Gesetze über das Strafverfahren, namentlich der Strafprozessordnung und des Gerichtsverfassungsgesetzes, entsprechend. Die §§ 56 bis 58, 87, 88, 99 und 100 des Gesetzes über Ordnungswidrigkeiten finden keine Anwendung. § 69 Absatz 4 Satz 2 des Gesetzes über Ordnungswidrigkeiten findet mit der Maßgabe Anwendung, dass die Staatsanwaltschaft das Verfahren nur mit Zustimmung der Aufsichtsbehörde, die den Bußgeldbescheid erlassen hat, einstellen kann.

§ 42 Strafvorschriften

(1) Mit Freiheitsstrafe bis zu drei Jahren oder mit Geldstrafe wird bestraft, wer wissentlich nicht allgemein zugängliche personenbezogene Daten einer großen Zahl von Personen, ohne hierzu berechtigt zu sein,
1. einem Dritten übermittelt oder
2. auf andere Art und Weise zugänglich macht

und hierbei gewerbsmäßig handelt.

(2) Mit Freiheitsstrafe bis zu zwei Jahren oder mit Geldstrafe wird bestraft, wer personenbezogene Daten, die nicht allgemein zugänglich sind,
1. ohne hierzu berechtigt zu sein, verarbeitet oder
2. durch unrichtige Angaben erschleicht

und hierbei gegen Entgelt oder in der Absicht handelt, sich oder einen anderen zu bereichern oder einen anderen zu schädigen.

(3) Die Tat wird nur auf Antrag verfolgt. Antragsberechtigt sind die betroffene Person, der Verantwortliche, die oder der Bundesbeauftragte und die Aufsichtsbehörde.

(4) Eine Meldung nach Artikel 33 der Verordnung (EU) 2016/679 oder eine Benachrichtigung nach Artikel 34 Absatz 1 der Verordnung (EU) 2016/679 darf in einem Strafverfahren gegen den Meldepflichtigen oder Benachrichtigenden oder seine in § 52 Absatz 1 der Strafprozessordnung bezeichneten Angehörigen nur mit Zustimmung des Meldepflichtigen oder Benachrichtigenden verwendet werden.

§ 43 Bußgeldvorschriften

(1) Ordnungswidrig handelt, wer vorsätzlich oder fahrlässig

1. entgegen § 30 Absatz 1 ein Auskunftsverlangen nicht richtig behandelt oder
2. entgegen § 30 Absatz 2 Satz 1 einen Verbraucher nicht, nicht richtig, nicht vollständig oder nicht rechtzeitig unterrichtet.

(2) Die Ordnungswidrigkeit kann mit einer Geldbuße bis zu fünfzigtausend Euro geahndet werden.

(3) Gegen Behörden und sonstige öffentliche Stellen im Sinne des § 2 Absatz 1 werden keine Geldbußen verhängt.

(4) Eine Meldung nach Artikel 33 der Verordnung (EU) 2016/679 oder eine Benachrichtigung nach Artikel 34 Absatz 1 der Verordnung (EU) 2016/679 darf in einem Verfahren nach dem Gesetz über Ordnungswidrigkeiten gegen den Meldepflichtigen oder Benachrichtigenden oder seine in § 52 Absatz 1 der Strafprozessordnung bezeichneten Angehörigen nur mit Zustimmung des Meldepflichtigen oder Benachrichtigenden verwendet werden.

KAPITEL 6
Rechtsbehelfe

§ 44 Klagen gegen den Verantwortlichen oder Auftragsverarbeiter

(1) Klagen der betroffenen Person gegen einen Verantwortlichen oder einen Auftragsverarbeiter wegen eines Verstoßes gegen datenschutzrechtliche Bestimmungen im Anwendungsbereich der Verordnung (EU) 2016/679 oder der darin enthaltenen Rechte der betroffenen Person können bei dem Gericht des Ortes erhoben

werden, an dem sich eine Niederlassung des Verantwortlichen oder Auftragsverarbeiters befindet. Klagen nach Satz 1 können auch bei dem Gericht des Ortes erhoben werden, an dem die betroffene Person ihren gewöhnlichen Aufenthaltsort hat.

(2) Absatz 1 gilt nicht für Klagen gegen Behörden, die in Ausübung ihrer hoheitlichen Befugnisse tätig geworden sind.

(3) Hat der Verantwortliche oder Auftragsverarbeiter einen Vertreter nach Artikel 27 Absatz 1 der Verordnung (EU) 2016/679 benannt, gilt dieser auch als bevollmächtigt, Zustellungen in zivilgerichtlichen Verfahren nach Absatz 1 entgegenzunehmen. § 184 der Zivilprozessordnung bleibt unberührt.

VERORDNUNG (EU) 2016/679 DES EUROPÄISCHEN PARLAMENTS UND DES RATES* – zum Schutz natürlicher Personen bei der Verarbeitung personenbezogener Daten, zum freien Datenverkehr und zur Aufhebung der Richtlinie 95/46/EG

(Auszüge: Artikel 1–7, 9, 11–39, 44–50, 77–91)

KAPITEL I
Allgemeine Bestimmungen

Artikel 1 Gegenstand und Ziele

(1) Diese Verordnung enthält Vorschriften zum Schutz natürlicher Personen bei der Verarbeitung personenbezogener Daten und zum freien Verkehr solcher Daten.

(2) Diese Verordnung schützt die Grundrechte und Grundfreiheiten natürlicher Personen und insbesondere deren Recht auf Schutz personenbezogener Daten.

(3) Der freie Verkehr personenbezogener Daten in der Union darf aus Gründen des Schutzes natürlicher Personen bei der Verarbeitung personenbezogener Daten weder eingeschränkt noch verboten werden.

Artikel 2 Sachlicher Anwendungsbereich

(1) Diese Verordnung gilt für die ganz oder teilweise automatisierte Verarbeitung personenbezogener Daten sowie für die nichtautomatisierte Verarbeitung personenbezogener Daten, die in einem Dateisystem gespeichert sind oder gespeichert werden sollen.

(2) Diese Verordnung findet keine Anwendung auf die Verarbeitung personenbezogener Daten

a) im Rahmen einer Tätigkeit, die nicht in den Anwendungsbereich des Unionsrechts fällt,
b) durch die Mitgliedstaaten im Rahmen von Tätigkeiten, die in den Anwendungsbereich von Titel V Kapitel 2 EUV fallen,

* Vom 27. April 2016.

c) durch natürliche Personen zur Ausübung ausschließlich persönlicher oder familiärer Tätigkeiten,
d) durch die zuständigen Behörden zum Zwecke der Verhütung, Ermittlung, Aufdeckung oder Verfolgung von Straftaten oder der Strafvollstreckung, einschließlich des Schutzes vor und der Abwehr von Gefahren für die öffentliche Sicherheit.

(3) Für die Verarbeitung personenbezogener Daten durch die Organe, Einrichtungen, Ämter und Agenturen der Union gilt die Verordnung (EG) Nr. 45/2001. Die Verordnung (EG) Nr. 45/2001 und sonstige Rechtsakte der Union, die diese Verarbeitung personenbezogener Daten regeln, werden im Einklang mit Artikel 98 an die Grundsätze und Vorschriften der vorliegenden Verordnung angepasst.

(4) Die vorliegende Verordnung lässt die Anwendung der Richtlinie 2000/31/EG und speziell die Vorschriften der Artikel 12 bis 15 dieser Richtlinie zur Verantwortlichkeit der Vermittler unberührt.

Artikel 3 Räumlicher Anwendungsbereich

(1) Diese Verordnung findet Anwendung auf die Verarbeitung personenbezogener Daten, soweit diese im Rahmen der Tätigkeiten einer Niederlassung eines Verantwortlichen oder eines Auftragsverarbeiters in der Union erfolgt, unabhängig davon, ob die Verarbeitung in der Union stattfindet.

(2) Diese Verordnung findet Anwendung auf die Verarbeitung personenbezogener Daten von betroffenen Personen, die sich in der Union befinden, durch einen nicht in der Union niedergelassenen Verantwortlichen oder Auftragsverarbeiter, wenn die Datenverarbeitung im Zusammenhang damit steht
a) betroffenen Personen in der Union Waren oder Dienstleistungen anzubieten, unabhängig davon, ob von diesen betroffenen Personen eine Zahlung zu leisten ist;
b) das Verhalten betroffener Personen zu beobachten, soweit ihr Verhalten in der Union erfolgt.

(3) Diese Verordnung findet Anwendung auf die Verarbeitung personenbezogener Daten durch einen nicht in der Union niedergelassenen Verantwortlichen an einem Ort, der aufgrund Völkerrechts dem Recht eines Mitgliedstaats unterliegt.

Artikel 4 Begriffsbestimmungen

Im Sinne dieser Verordnung bezeichnet der Ausdruck:

1. „personenbezogene Daten" alle Informationen, die sich auf eine identifizierte oder identifizierbare natürliche Person (im Folgenden „betroffene Person") beziehen; als identifizierbar wird eine natürliche Person angesehen, die direkt oder indirekt, insbesondere mittels Zuordnung zu einer Kennung wie einem Namen, zu einer Kennnummer, zu Standortdaten, zu einer Online-Kennung oder zu einem oder mehreren besonderen Merkmalen, die Ausdruck der physischen, physiologischen, genetischen, psychischen, wirtschaftlichen, kulturellen oder sozialen Identität dieser natürlichen Person sind, identifiziert werden kann;
2. „Verarbeitung" jeden mit oder ohne Hilfe automatisierter Verfahren ausgeführten Vorgang oder jede solche Vorgangsreihe im Zusammenhang mit personenbezogenen Daten wie das Erheben, das Erfassen, die Organisation, das Ordnen, die Speicherung, die Anpassung oder Veränderung, das Auslesen, das Abfragen, die Verwendung, die Offenlegung durch Übermittlung, Verbreitung oder eine andere Form der Bereitstellung, den Abgleich oder die Verknüpfung, die Einschränkung, das Löschen oder die Vernichtung;
3. „Einschränkung der Verarbeitung" die Markierung gespeicherter personenbezogener Daten mit dem Ziel, ihre künftige Verarbeitung einzuschränken;
4. „Profiling" jede Art der automatisierten Verarbeitung personenbezogener Daten, die darin besteht, dass diese personenbezogenen Daten verwendet werden, um bestimmte persönliche Aspekte, die sich auf eine natürliche Person beziehen, zu bewerten, insbesondere um Aspekte bezüglich Arbeitsleistung, wirtschaftliche Lage, Gesundheit, persönliche Vorlieben, Interessen, Zuverlässigkeit, Verhalten, Aufenthaltsort oder Ortswechsel dieser natürlichen Person zu analysieren oder vorherzusagen;
5. „Pseudonymisierung" die Verarbeitung personenbezogener Daten in einer Weise, dass die personenbezogenen Daten ohne Hinzuziehung zusätzlicher Informationen nicht mehr einer spezifischen betroffenen Person zugeordnet werden können, sofern diese zusätzlichen Informationen gesondert aufbewahrt werden und technischen und organisatorischen Maßnahmen unterliegen, die gewährleisten, dass die personenbezogenen Daten nicht einer identifizierten oder identifizierbaren natürlichen Person zugewiesen werden;

6. „Dateisystem" jede strukturierte Sammlung personenbezogener Daten, die nach bestimmten Kriterien zugänglich sind, unabhängig davon, ob diese Sammlung zentral, dezentral oder nach funktionalen oder geografischen Gesichtspunkten geordnet geführt wird;
7. „Verantwortlicher" die natürliche oder juristische Person, Behörde, Einrichtung oder andere Stelle, die allein oder gemeinsam mit anderen über die Zwecke und Mittel der Verarbeitung von personenbezogenen Daten entscheidet; sind die Zwecke und Mittel dieser Verarbeitung durch das Unionsrecht oder das Recht der Mitgliedstaaten vorgegeben, so kann der Verantwortliche beziehungsweise können die bestimmten Kriterien seiner Benennung nach dem Unionsrecht oder dem Recht der Mitgliedstaaten vorgesehen werden;
8. „Auftragsverarbeiter" eine natürliche oder juristische Person, Behörde, Einrichtung oder andere Stelle, die personenbezogene Daten im Auftrag des Verantwortlichen verarbeitet;
9. „Empfänger" eine natürliche oder juristische Person, Behörde, Einrichtung oder andere Stelle, der personenbezogene Daten offengelegt werden, unabhängig davon, ob es sich bei ihr um einen Dritten handelt oder nicht. Behörden, die im Rahmen eines bestimmten Untersuchungsauftrags nach dem Unionsrecht oder dem Recht der Mitgliedstaaten möglicherweise personenbezogene Daten erhalten, gelten jedoch nicht als Empfänger; die Verarbeitung dieser Daten durch die genannten Behörden erfolgt im Einklang mit den geltenden Datenschutzvorschriften gemäß den Zwecken der Verarbeitung;
10. „Dritter" eine natürliche oder juristische Person, Behörde, Einrichtung oder andere Stelle, außer der betroffenen Person, dem Verantwortlichen, dem Auftragsverarbeiter und den Personen, die unter der unmittelbaren Verantwortung des Verantwortlichen oder des Auftragsverarbeiters befugt sind, die personenbezogenen Daten zu verarbeiten;
11. „Einwilligung" der betroffenen Person jede freiwillig für den bestimmten Fall, in informierter Weise und unmissverständlich abgegebene Willensbekundung in Form einer Erklärung oder einer sonstigen eindeutigen bestätigenden Handlung, mit der die betroffene Person zu verstehen gibt, dass sie mit der Verarbeitung der sie betreffenden personenbezogenen Daten einverstanden ist;

12. „Verletzung des Schutzes personenbezogener Daten" eine Verletzung der Sicherheit, die, ob unbeabsichtigt oder unrechtmäßig, zur Vernichtung, zum Verlust, zur Veränderung, oder zur unbefugten Offenlegung von beziehungsweise zum unbefugten Zugang zu personenbezogenen Daten führt, die übermittelt, gespeichert oder auf sonstige Weise verarbeitet wurden;
13. „genetische Daten" personenbezogene Daten zu den ererbten oder erworbenen genetischen Eigenschaften einer natürlichen Person, die eindeutige Informationen über die Physiologie oder die Gesundheit dieser natürlichen Person liefern und insbesondere aus der Analyse einer biologischen Probe der betreffenden natürlichen Person gewonnen wurden;
14. „biometrische Daten" mit speziellen technischen Verfahren gewonnene personenbezogene Daten zu den physischen, physiologischen oder verhaltenstypischen Merkmalen einer natürlichen Person, die die eindeutige Identifizierung dieser natürlichen Person ermöglichen oder bestätigen, wie Gesichtsbilder oder daktyloskopische Daten;
15. „Gesundheitsdaten" personenbezogene Daten, die sich auf die körperliche oder geistige Gesundheit einer natürlichen Person, einschließlich der Erbringung von Gesundheitsdienstleistungen, beziehen und aus denen Informationen über deren Gesundheitszustand hervorgehen;
16. „Hauptniederlassung"
    a) im Falle eines Verantwortlichen mit Niederlassungen in mehr als einem Mitgliedstaat den Ort seiner Hauptverwaltung in der Union, es sei denn, die Entscheidungen hinsichtlich der Zwecke und Mittel der Verarbeitung personenbezogener Daten werden in einer anderen Niederlassung des Verantwortlichen in der Union getroffen und diese Niederlassung ist befugt, diese Entscheidungen umsetzen zu lassen; in diesem Fall gilt die Niederlassung, die derartige Entscheidungen trifft, als Hauptniederlassung;
    b) im Falle eines Auftragsverarbeiters mit Niederlassungen in mehr als einem Mitgliedstaat den Ort seiner Hauptverwaltung in der Union oder, sofern der Auftragsverarbeiter keine Hauptverwaltung in der Union hat, die Niederlassung des Auftragsverarbeiters in der Union, in der die Verarbeitungstätigkeiten im Rahmen der Tätigkeiten einer Niederlassung eines Auftragsverarbeiters hauptsächlich stattfinden, soweit

der Auftragsverarbeiter spezifischen Pflichten aus dieser Verordnung unterliegt;

17. „Vertreter" eine in der Union niedergelassene natürliche oder juristische Person, die von dem Verantwortlichen oder Auftragsverarbeiter schriftlich gemäß Artikel 27 bestellt wurde und den Verantwortlichen oder Auftragsverarbeiter in Bezug auf die ihnen jeweils nach dieser Verordnung obliegenden Pflichten vertritt;
18. „Unternehmen" eine natürliche und juristische Person, die eine wirtschaftliche Tätigkeit ausübt, unabhängig von ihrer Rechtsform, einschließlich Personengesellschaften oder Vereinigungen, die regelmäßig einer wirtschaftlichen Tätigkeit nachgehen;
19. „Unternehmensgruppe" eine Gruppe, die aus einem herrschenden Unternehmen und den von diesem abhängigen Unternehmen besteht;
20. „verbindliche interne Datenschutzvorschriften" Maßnahmen zum Schutz personenbezogener Daten, zu deren Einhaltung sich ein im Hoheitsgebiet eines Mitgliedstaats niedergelassener Verantwortlicher oder Auftragsverarbeiter verpflichtet im Hinblick auf Datenübermittlungen oder eine Kategorie von Datenübermittlungen personenbezogener Daten an einen Verantwortlichen oder Auftragsverarbeiter derselben Unternehmensgruppe oder derselben Gruppe von Unternehmen, die eine gemeinsame Wirtschaftstätigkeit ausüben, in einem oder mehreren Drittländern;
21. „Aufsichtsbehörde" eine von einem Mitgliedstaat gemäß Artikel 51 eingerichtete unabhängige staatliche Stelle;
22. „betroffene Aufsichtsbehörde" eine Aufsichtsbehörde, die von der Verarbeitung personenbezogener Daten betroffen ist, weil
    a) der Verantwortliche oder der Auftragsverarbeiter im Hoheitsgebiet des Mitgliedstaats dieser Aufsichtsbehörde niedergelassen ist,
    b) diese Verarbeitung erhebliche Auswirkungen auf betroffene Personen mit Wohnsitz im Mitgliedstaat dieser Aufsichtsbehörde hat oder haben kann oder
    c) eine Beschwerde bei dieser Aufsichtsbehörde eingereicht wurde;
23. „grenzüberschreitende Verarbeitung" entweder
    a) eine Verarbeitung personenbezogener Daten, die im Rahmen der Tätigkeiten von Niederlassungen eines Verantwortlichen oder eines Auftragsverarbeiters in der Union in mehr als

einem Mitgliedstaat erfolgt, wenn der Verantwortliche oder Auftragsverarbeiter in mehr als einem Mitgliedstaat niedergelassen ist, oder

b) eine Verarbeitung personenbezogener Daten, die im Rahmen der Tätigkeiten einer einzelnen Niederlassung eines Verantwortlichen oder eines Auftragsverarbeiters in der Union erfolgt, die jedoch erhebliche Auswirkungen auf betroffene Personen in mehr als einem Mitgliedstaat hat oder haben kann;

24. „maßgeblicher und begründeter Einspruch" einen Einspruch gegen einen Beschlussentwurf im Hinblick darauf, ob ein Verstoß gegen diese Verordnung vorliegt oder ob beabsichtigte Maßnahmen gegen den Verantwortlichen oder den Auftragsverarbeiter im Einklang mit dieser Verordnung steht, wobei aus diesem Einspruch die Tragweite der Risiken klar hervorgeht, die von dem Beschlussentwurf in Bezug auf die Grundrechte und Grundfreiheiten der betroffenen Personen und gegebenenfalls den freien Verkehr personenbezogener Daten in der Union ausgehen;

25. „Dienst der Informationsgesellschaft" eine Dienstleistung im Sinne des Artikels 1 Nummer 1 Buchstabe b der Richtlinie (EU) 2015/1535 des Europäischen Parlaments und des Rates*;

26. „internationale Organisation" eine völkerrechtliche Organisation und ihre nachgeordneten Stellen oder jede sonstige Einrichtung, die durch eine zwischen zwei oder mehr Ländern geschlossene Übereinkunft oder auf der Grundlage einer solchen Übereinkunft geschaffen wurde.

KAPITEL II
Grundsätze

Artikel 5 Grundsätze für die Verarbeitung personenbezogener Daten

(1) Personenbezogene Daten müssen

a) auf rechtmäßige Weise, nach Treu und Glauben und in einer für die betroffene Person nachvollziehbaren Weise verarbeitet wer-

---

* Richtlinie (EU) 2015/1535 des Europäischen Parlaments und des Rates vom 9. September 2015 über ein Informationsverfahren auf dem Gebiet der technischen Vorschriften und der Vorschriften für die Dienste der Informationsgesellschaft (ABl. L 241 vom 17.9.2015, S. 1).

den („Rechtmäßigkeit, Verarbeitung nach Treu und Glauben, Transparenz");

b) für festgelegte, eindeutige und legitime Zwecke erhoben werden und dürfen nicht in einer mit diesen Zwecken nicht zu vereinbarenden Weise weiterverarbeitet werden; eine Weiterverarbeitung für im öffentlichen Interesse liegende Archivzwecke, für wissenschaftliche oder historische Forschungszwecke oder für statistische Zwecke gilt gemäß Artikel 89 Absatz 1 nicht als unvereinbar mit den ursprünglichen Zwecken („Zweckbindung");

c) dem Zweck angemessen und erheblich sowie auf das für die Zwecke der Verarbeitung notwendige Maß beschränkt sein („Datenminimierung");

d) sachlich richtig und erforderlichenfalls auf dem neuesten Stand sein; es sind alle angemessenen Maßnahmen zu treffen, damit personenbezogene Daten, die im Hinblick auf die Zwecke ihrer Verarbeitung unrichtig sind, unverzüglich gelöscht oder berichtigt werden („Richtigkeit");

e) in einer Form gespeichert werden, die die Identifizierung der betroffenen Personen nur so lange ermöglicht, wie es für die Zwecke, für die sie verarbeitet werden, erforderlich ist; personenbezogene Daten dürfen länger gespeichert werden, soweit die personenbezogenen Daten vorbehaltlich der Durchführung geeigneter technischer und organisatorischer Maßnahmen, die von dieser Verordnung zum Schutz der Rechte und Freiheiten der betroffenen Person gefordert werden, ausschließlich für im öffentlichen Interesse liegende Archivzwecke oder für wissenschaftliche und historische Forschungszwecke oder für statistische Zwecke gemäß Artikel 89 Absatz 1 verarbeitet werden („Speicherbegrenzung");

f) in einer Weise verarbeitet werden, die eine angemessene Sicherheit der personenbezogenen Daten gewährleistet, einschließlich Schutz vor unbefugter oder unrechtmäßiger Verarbeitung und vor unbeabsichtigtem Verlust, unbeabsichtigter Zerstörung oder unbeabsichtigter Schädigung durch geeignete technische und organisatorische Maßnahmen („Integrität und Vertraulichkeit");

(2) Der Verantwortliche ist für die Einhaltung des Absatzes 1 verantwortlich und muss dessen Einhaltung nachweisen können („Rechenschaftspflicht").

Artikel 6 Rechtmäßigkeit der Verarbeitung

(1) Die Verarbeitung ist nur rechtmäßig, wenn mindestens eine der nachstehenden Bedingungen erfüllt ist:

a) Die betroffene Person hat ihre Einwilligung zu der Verarbeitung der sie betreffenden personenbezogenen Daten für einen oder mehrere bestimmte Zwecke gegeben;
b) die Verarbeitung ist für die Erfüllung eines Vertrags, dessen Vertragspartei die betroffene Person ist, oder zur Durchführung vorvertraglicher Maßnahmen erforderlich, die auf Anfrage der betroffenen Person erfolgen;
c) die Verarbeitung ist zur Erfüllung einer rechtlichen Verpflichtung erforderlich, der der Verantwortliche unterliegt;
d) die Verarbeitung ist erforderlich, um lebenswichtige Interessen der betroffenen Person oder einer anderen natürlichen Person zu schützen;
e) die Verarbeitung ist für die Wahrnehmung einer Aufgabe erforderlich, die im öffentlichen Interesse liegt oder in Ausübung öffentlicher Gewalt erfolgt, die dem Verantwortlichen übertragen wurde;
f) die Verarbeitung ist zur Wahrung der berechtigten Interessen des Verantwortlichen oder eines Dritten erforderlich, sofern nicht die Interessen oder Grundrechte und Grundfreiheiten der betroffenen Person, die den Schutz personenbezogener Daten erfordern, überwiegen, insbesondere dann, wenn es sich bei der betroffenen Person um ein Kind handelt.

Unterabsatz 1 Buchstabe f gilt nicht für die von Behörden in Erfüllung ihrer Aufgaben vorgenommene Verarbeitung.

(2) Die Mitgliedstaaten können spezifischere Bestimmungen zur Anpassung der Anwendung der Vorschriften dieser Verordnung in Bezug auf die Verarbeitung zur Erfüllung von Absatz 1 Buchstaben c und e beibehalten oder einführen, indem sie spezifische Anforderungen für die Verarbeitung sowie sonstige Maßnahmen präziser bestimmen, um eine rechtmäßig und nach Treu und Glauben erfolgende Verarbeitung zu gewährleisten, einschließlich für andere besondere Verarbeitungssituationen gemäß Kapitel IX.

(3) Die Rechtsgrundlage für die Verarbeitungen gemäß Absatz 1 Buchstaben c und e wird festgelegt durch

a) Unionsrecht oder
b) das Recht der Mitgliedstaaten, dem der Verantwortliche unterliegt.

Der Zweck der Verarbeitung muss in dieser Rechtsgrundlage festgelegt oder hinsichtlich der Verarbeitung gemäß Absatz 1 Buchstabe e für die Erfüllung einer Aufgabe erforderlich sein, die im öffentlichen Interesse liegt oder in Ausübung öffentlicher Gewalt erfolgt, die dem Verantwortlichen übertragen wurde. Diese Rechtsgrundlage kann spezifische Bestimmungen zur Anpassung der Anwendung der Vorschriften dieser Verordnung enthalten, unter anderem Bestimmungen darüber, welche allgemeinen Bedingungen für die Regelung der Rechtmäßigkeit der Verarbeitung durch den Verantwortlichen gelten, welche Arten von Daten verarbeitet werden, welche Personen betroffen sind, an welche Einrichtungen und für welche Zwecke die personenbezogenen Daten offengelegt werden dürfen, welcher Zweckbindung sie unterliegen, wie lange sie gespeichert werden dürfen und welche Verarbeitungsvorgänge und -verfahren angewandt werden dürfen, einschließlich Maßnahmen zur Gewährleistung einer rechtmäßig und nach Treu und Glauben erfolgenden Verarbeitung, wie solche für sonstige besondere Verarbeitungssituationen gemäß Kapitel IX. Das Unionsrecht oder das Recht der Mitgliedstaaten müssen ein im öffentlichen Interesse liegendes Ziel verfolgen und in einem angemessenen Verhältnis zu dem verfolgten legitimen Zweck stehen.

(4) Beruht die Verarbeitung zu einem anderen Zweck als zu demjenigen, zu dem die personenbezogenen Daten erhoben wurden, nicht auf der Einwilligung der betroffenen Person oder auf einer Rechtsvorschrift der Union oder der Mitgliedstaaten, die in einer demokratischen Gesellschaft eine notwendige und verhältnismäßige Maßnahme zum Schutz der in Artikel 23 Absatz 1 genannten Ziele darstellt, so berücksichtigt der Verantwortliche – um festzustellen, ob die Verarbeitung zu einem anderen Zweck mit demjenigen, zu dem die personenbezogenen Daten ursprünglich erhoben wurden, vereinbar ist – unter anderem

a) jede Verbindung zwischen den Zwecken, für die die personenbezogenen Daten erhoben wurden, und den Zwecken der beabsichtigten Weiterverarbeitung,

b) den Zusammenhang, in dem die personenbezogenen Daten erhoben wurden, insbesondere hinsichtlich des Verhältnisses zwischen den betroffenen Personen und dem Verantwortlichen,
c) die Art der personenbezogenen Daten, insbesondere ob besondere Kategorien personenbezogener Daten gemäß Artikel 9 verarbeitet werden oder ob personenbezogene Daten über strafrechtliche Verurteilungen und Straftaten gemäß Artikel 10 verarbeitet werden,
d) die möglichen Folgen der beabsichtigten Weiterverarbeitung für die betroffenen Personen,
e) das Vorhandensein geeigneter Garantien, wozu Verschlüsselung oder Pseudonymisierung gehören kann.

Artikel 7 Bedingungen für die Einwilligung

(1) Beruht die Verarbeitung auf einer Einwilligung, muss der Verantwortliche nachweisen können, dass die betroffene Person in die Verarbeitung ihrer personenbezogenen Daten eingewilligt hat.

(2) Erfolgt die Einwilligung der betroffenen Person durch eine schriftliche Erklärung, die noch andere Sachverhalte betrifft, so muss das Ersuchen um Einwilligung in verständlicher und leicht zugänglicher Form in einer klaren und einfachen Sprache so erfolgen, dass es von den anderen Sachverhalten klar zu unterscheiden ist. Teile der Erklärung sind dann nicht verbindlich, wenn sie einen Verstoß gegen diese Verordnung darstellen.

(3) Die betroffene Person hat das Recht, ihre Einwilligung jederzeit zu widerrufen. Durch den Widerruf der Einwilligung wird die Rechtmäßigkeit der aufgrund der Einwilligung bis zum Widerruf erfolgten Verarbeitung nicht berührt. Die betroffene Person wird vor Abgabe der Einwilligung hiervon in Kenntnis gesetzt. Der Widerruf der Einwilligung muss so einfach wie die Erteilung der Einwilligung sein.

(4) Bei der Beurteilung, ob die Einwilligung freiwillig erteilt wurde, muss dem Umstand in größtmöglichem Umfang Rechnung getragen werden, ob unter anderem die Erfüllung eines Vertrags, einschließlich der Erbringung einer Dienstleistung, von der Einwilligung zu einer Verarbeitung von personenbezogenen Daten abhängig ist, die für die Erfüllung des Vertrags nicht erforderlich sind.

Artikel 9 Verarbeitung besonderer Kategorien personenbezogener Daten

(1) Die Verarbeitung personenbezogener Daten, aus denen die rassische und ethnische Herkunft, politische Meinungen, religiöse oder weltanschauliche Überzeugungen oder die Gewerkschaftszugehörigkeit hervorgehen, sowie die Verarbeitung von genetischen Daten, biometrischen Daten zur eindeutigen Identifizierung einer natürlichen Person, Gesundheitsdaten oder Daten zum Sexualleben oder der sexuellen Orientierung einer natürlichen Person ist untersagt.

(2) Absatz 1 gilt nicht in folgenden Fällen:

a) Die betroffene Person hat in die Verarbeitung der genannten personenbezogenen Daten für einen oder mehrere festgelegte Zwecke ausdrücklich eingewilligt, es sei denn, nach Unionsrecht oder dem Recht der Mitgliedstaaten kann das Verbot nach Absatz 1 durch die Einwilligung der betroffenen Person nicht aufgehoben werden,

b) die Verarbeitung ist erforderlich, damit der Verantwortliche oder die betroffene Person die ihm bzw. ihr aus dem Arbeitsrecht und dem Recht der sozialen Sicherheit und des Sozialschutzes erwachsenden Rechte ausüben und seinen bzw. ihren diesbezüglichen Pflichten nachkommen kann, soweit dies nach Unionsrecht oder dem Recht der Mitgliedstaaten oder einer Kollektivvereinbarung nach dem Recht der Mitgliedstaaten, das geeignete Garantien für die Grundrechte und die Interessen der betroffenen Person vorsieht, zulässig ist,

c) die Verarbeitung ist zum Schutz lebenswichtiger Interessen der betroffenen Person oder einer anderen natürlichen Person erforderlich und die betroffene Person ist aus körperlichen oder rechtlichen Gründen außerstande, ihre Einwilligung zu geben,

d) die Verarbeitung erfolgt auf der Grundlage geeigneter Garantien durch eine politisch, weltanschaulich, religiös oder gewerkschaftlich ausgerichtete Stiftung, Vereinigung oder sonstige Organisation ohne Gewinnerzielungsabsicht im Rahmen ihrer rechtmäßigen Tätigkeiten und unter der Voraussetzung, dass sich die Verarbeitung ausschließlich auf die Mitglieder oder ehemalige Mitglieder der Organisation oder auf Personen, die im Zusammenhang mit deren Tätigkeitszweck regelmäßige Kontakte mit ihr unterhalten, bezieht und die personenbezogenen Daten nicht ohne Einwilligung der betroffenen Personen nach außen offengelegt werden,

e) die Verarbeitung bezieht sich auf personenbezogene Daten, die die betroffene Person offensichtlich öffentlich gemacht hat,

f) die Verarbeitung ist zur Geltendmachung, Ausübung oder Verteidigung von Rechtsansprüchen oder bei Handlungen der Gerichte im Rahmen ihrer justiziellen Tätigkeit erforderlich,

g) die Verarbeitung ist auf der Grundlage des Unionsrechts oder des Rechts eines Mitgliedstaats, das in angemessenem Verhältnis zu dem verfolgten Ziel steht, den Wesensgehalt des Rechts auf Datenschutz wahrt und angemessene und spezifische Maßnahmen zur Wahrung der Grundrechte und Interessen der betroffenen Person vorsieht, aus Gründen eines erheblichen öffentlichen Interesses erforderlich,

h) die Verarbeitung ist für Zwecke der Gesundheitsvorsorge oder der Arbeitsmedizin, für die Beurteilung der Arbeitsfähigkeit des Beschäftigten, für die medizinische Diagnostik, die Versorgung oder Behandlung im Gesundheits- oder Sozialbereich oder für die Verwaltung von Systemen und Diensten im Gesundheits- oder Sozialbereich auf der Grundlage des Unionsrechts oder des Rechts eines Mitgliedstaats oder aufgrund eines Vertrags mit einem Angehörigen eines Gesundheitsberufs und vorbehaltlich der in Absatz 3 genannten Bedingungen und Garantien erforderlich,

i) die Verarbeitung ist aus Gründen des öffentlichen Interesses im Bereich der öffentlichen Gesundheit, wie dem Schutz vor schwerwiegenden grenzüberschreitenden Gesundheitsgefahren oder zur Gewährleistung hoher Qualitäts- und Sicherheitsstandards bei der Gesundheitsversorgung und bei Arzneimitteln und Medizinprodukten, auf der Grundlage des Unionsrechts oder des Rechts eines Mitgliedstaats, das angemessene und spezifische Maßnahmen zur Wahrung der Rechte und Freiheiten der betroffenen Person, insbesondere des Berufsgeheimnisses, vorsieht, erforderlich, oder

j) die Verarbeitung ist auf der Grundlage des Unionsrechts oder des Rechts eines Mitgliedstaats, das in angemessenem Verhältnis zu dem verfolgten Ziel steht, den Wesensgehalt des Rechts auf Datenschutz wahrt und angemessene und spezifische Maßnahmen zur Wahrung der Grundrechte und Interessen der betroffenen Person vorsieht, für im öffentlichen Interesse liegende

Archivzwecke, für wissenschaftliche oder historische Forschungszwecke oder für statistische Zwecke gemäß Artikel 89 Absatz 1 erforderlich.

(3) Die in Absatz 1 genannten personenbezogenen Daten dürfen zu den in Absatz 2 Buchstabe h genannten Zwecken verarbeitet werden, wenn diese Daten von Fachpersonal oder unter dessen Verantwortung verarbeitet werden und dieses Fachpersonal nach dem Unionsrecht oder dem Recht eines Mitgliedstaats oder den Vorschriften nationaler zuständiger Stellen dem Berufsgeheimnis unterliegt, oder wenn die Verarbeitung durch eine andere Person erfolgt, die ebenfalls nach dem Unionsrecht oder dem Recht eines Mitgliedstaats oder den Vorschriften nationaler zuständiger Stellen einer Geheimhaltungspflicht unterliegt.

(4) Die Mitgliedstaaten können zusätzliche Bedingungen, einschließlich Beschränkungen, einführen oder aufrechterhalten, soweit die Verarbeitung von genetischen, biometrischen oder Gesundheitsdaten betroffen ist.

Artikel 11 Verarbeitung, für die eine Identifizierung der betroffenen Person nicht erforderlich ist

(1) Ist für die Zwecke, für die ein Verantwortlicher personenbezogene Daten verarbeitet, die Identifizierung der betroffenen Person durch den Verantwortlichen nicht oder nicht mehr erforderlich, so ist dieser nicht verpflichtet, zur bloßen Einhaltung dieser Verordnung zusätzliche Informationen aufzubewahren, einzuholen oder zu verarbeiten, um die betroffene Person zu identifizieren.

(2) Kann der Verantwortliche in Fällen gemäß Absatz 1 des vorliegenden Artikels nachweisen, dass er nicht in der Lage ist, die betroffene Person zu identifizieren, so unterrichtet er die betroffene Person hierüber, sofern möglich. In diesen Fällen finden die Artikel 15 bis 20 keine Anwendung, es sei denn, die betroffene Person stellt zur Ausübung ihrer in diesen Artikeln niedergelegten Rechte zusätzliche Informationen bereit, die ihre Identifizierung ermöglichen.

KAPITEL III
Rechte der betroffenen Person

ABSCHNITT 1
Transparenz und Modalitäten

Artikel 12 Transparente Information, Kommunikation und Modalitäten für die Ausübung der Rechte der betroffenen Person

(1) Der Verantwortliche trifft geeignete Maßnahmen, um der betroffenen Person alle Informationen gemäß den Artikeln 13 und 14 und alle Mitteilungen gemäß den Artikeln 15 bis 22 und Artikel 34, die sich auf die Verarbeitung beziehen, in präziser, transparenter, verständlicher und leicht zugänglicher Form in einer klaren und einfachen Sprache zu übermitteln; dies gilt insbesondere für Informationen, die sich speziell an Kinder richten. Die Übermittlung der Informationen erfolgt schriftlich oder in anderer Form, gegebenenfalls auch elektronisch. Falls von der betroffenen Person verlangt, kann die Information mündlich erteilt werden, sofern die Identität der betroffenen Person in anderer Form nachgewiesen wurde.

(2) Der Verantwortliche erleichtert der betroffenen Person die Ausübung ihrer Rechte gemäß den Artikeln 15 bis 22. In den in Artikel 11 Absatz 2 genannten Fällen darf sich der Verantwortliche nur dann weigern, aufgrund des Antrags der betroffenen Person auf Wahrnehmung ihrer Rechte gemäß den Artikeln 15 bis 22 tätig zu werden, wenn er glaubhaft macht, dass er nicht in der Lage ist, die betroffene Person zu identifizieren.

(3) Der Verantwortliche stellt der betroffenen Person Informationen über die auf Antrag gemäß den Artikeln 15 bis 22 ergriffenen Maßnahmen unverzüglich, in jedem Fall aber innerhalb eines Monats nach Eingang des Antrags zur Verfügung. Diese Frist kann um weitere zwei Monate verlängert werden, wenn dies unter Berücksichtigung der Komplexität und der Anzahl von Anträgen erforderlich ist. Der Verantwortliche unterrichtet die betroffene Person innerhalb eines Monats nach Eingang des Antrags über eine Fristverlängerung, zusammen mit den Gründen für die Verzögerung. Stellt die betroffene Person den Antrag elektronisch, so ist sie nach Möglichkeit auf elektronischem Weg zu unterrichten, sofern sie nichts anderes angibt.

(4) Wird der Verantwortliche auf den Antrag der betroffenen Person hin nicht tätig, so unterrichtet er die betroffene Person ohne Verzögerung, spätestens aber innerhalb eines Monats nach Eingang des Antrags über die Gründe hierfür und über die Möglichkeit, bei einer Aufsichtsbehörde Beschwerde einzulegen oder einen gerichtlichen Rechtsbehelf einzulegen.

(5) Informationen gemäß den Artikeln 13 und 14 sowie alle Mitteilungen und Maßnahmen gemäß den Artikeln 15 bis 22 und Artikel 34 werden unentgeltlich zur Verfügung gestellt. Bei offenkundig unbegründeten oder – insbesondere im Fall von häufiger Wiederholung – exzessiven Anträgen einer betroffenen Person kann der Verantwortliche entweder

a) ein angemessenes Entgelt verlangen, bei dem die Verwaltungskosten für die Unterrichtung oder die Mitteilung oder die Durchführung der beantragten Maßnahme berücksichtigt werden, oder
b) sich weigern, aufgrund des Antrags tätig zu werden.

Der Verantwortliche hat den Nachweis für den offenkundig unbegründeten oder exzessiven Charakter des Antrags zu erbringen.

(6) Hat der Verantwortliche begründete Zweifel an der Identität der natürlichen Person, die den Antrag gemäß den Artikeln 15 bis 21 stellt, so kann er unbeschadet des Artikels 11 zusätzliche Informationen anfordern, die zur Bestätigung der Identität der betroffenen Person erforderlich sind.

(7) Die Informationen, die den betroffenen Personen gemäß den Artikeln 13 und 14 bereitzustellen sind, können in Kombination mit standardisierten Bildsymbolen bereitgestellt werden, um in leicht wahrnehmbarer, verständlicher und klar nachvollziehbarer Form einen aussagekräftigen Überblick über die beabsichtigte Verarbeitung zu vermitteln. Werden die Bildsymbole in elektronischer Form dargestellt, müssen sie maschinenlesbar sein.

(8) Der Kommission wird die Befugnis übertragen, gemäß Artikel 92 delegierte Rechtsakte zur Bestimmung der Informationen, die durch Bildsymbole darzustellen sind, und der Verfahren für die Bereitstellung standardisierter Bildsymbole zu erlassen.

ABSCHNITT 2
Informationspflicht und Recht auf Auskunft zu personenbezogenen Daten

Artikel 13 Informationspflicht bei Erhebung von personenbezogenen Daten bei der betroffenen Person

(1) Werden personenbezogene Daten bei der betroffenen Person erhoben, so teilt der Verantwortliche der betroffenen Person zum Zeitpunkt der Erhebung dieser Daten Folgendes mit:

a) den Namen und die Kontaktdaten des Verantwortlichen sowie gegebenenfalls seines Vertreters;
b) gegebenenfalls die Kontaktdaten des Datenschutzbeauftragten;
c) die Zwecke, für die die personenbezogenen Daten verarbeitet werden sollen, sowie die Rechtsgrundlage für die Verarbeitung;
d) wenn die Verarbeitung auf Artikel 6 Absatz 1 Buchstabe f beruht, die berechtigten Interessen, die von dem Verantwortlichen oder einem Dritten verfolgt werden;
e) gegebenenfalls die Empfänger oder Kategorien von Empfängern der personenbezogenen Daten und
f) gegebenenfalls die Absicht des Verantwortlichen, die personenbezogenen Daten an ein Drittland oder eine internationale Organisation zu übermitteln, sowie das Vorhandensein oder das Fehlen eines Angemessenheitsbeschlusses der Kommission oder im Falle von Übermittlungen gemäß Artikel 46 oder Artikel 47 oder Artikel 49 Absatz 1 Unterabsatz 2 einen Verweis auf die geeigneten oder angemessenen Garantien und die Möglichkeit, wie eine Kopie von ihnen zu erhalten ist, oder wo sie verfügbar sind.

(2) Zusätzlich zu den Informationen gemäß Absatz 1 stellt der Verantwortliche der betroffenen Person zum Zeitpunkt der Erhebung dieser Daten folgende weitere Informationen zur Verfügung, die notwendig sind, um eine faire und transparente Verarbeitung zu gewährleisten:

a) die Dauer, für die die personenbezogenen Daten gespeichert werden oder, falls dies nicht möglich ist, die Kriterien für die Festlegung dieser Dauer;
b) das Bestehen eines Rechts auf Auskunft seitens des Verantwortlichen über die betreffenden personenbezogenen Daten sowie auf Berichtigung oder Löschung oder auf Einschränkung der

Verarbeitung oder eines Widerspruchsrechts gegen die Verarbeitung sowie des Rechts auf Datenübertragbarkeit;

c) wenn die Verarbeitung auf Artikel 6 Absatz 1 Buchstabe a oder Artikel 9 Absatz 2 Buchstabe a beruht, das Bestehen eines Rechts, die Einwilligung jederzeit zu widerrufen, ohne dass die Rechtmäßigkeit der aufgrund der Einwilligung bis zum Widerruf erfolgten Verarbeitung berührt wird;

d) das Bestehen eines Beschwerderechts bei einer Aufsichtsbehörde;

e) ob die Bereitstellung der personenbezogenen Daten gesetzlich oder vertraglich vorgeschrieben oder für einen Vertragsabschluss erforderlich ist; ob die betroffene Person verpflichtet ist, die personenbezogenen Daten bereitzustellen, und welche mögliche Folgen die Nichtbereitstellung hätte und

f) das Bestehen einer automatisierten Entscheidungsfindung einschließlich Profiling gemäß Artikel 22 Absätze 1 und 4 und – zumindest in diesen Fällen – aussagekräftige Informationen über die involvierte Logik sowie die Tragweite und die angestrebten Auswirkungen einer derartigen Verarbeitung für die betroffene Person.

(3) Beabsichtigt der Verantwortliche, die personenbezogenen Daten für einen anderen Zweck weiterzuverarbeiten als den, für den die personenbezogenen Daten erhoben wurden, so stellt er der betroffenen Person vor dieser Weiterverarbeitung Informationen über diesen anderen Zweck und alle anderen maßgeblichen Informationen gemäß Absatz 2 zur Verfügung.

(4) Die Absätze 1, 2 und 3 finden keine Anwendung, wenn und soweit die betroffene Person bereits über die Informationen verfügt.

Artikel 14 Informationspflicht, wenn die personenbezogenen Daten nicht bei der betroffenen Person erhoben wurden

(1) Werden personenbezogene Daten nicht bei der betroffenen Person erhoben, so teilt der Verantwortliche der betroffenen Person Folgendes mit:

a) den Namen und die Kontaktdaten des Verantwortlichen sowie gegebenenfalls seines Vertreters;

b) zusätzlich die Kontaktdaten des Datenschutzbeauftragten;

c) die Zwecke, für die die personenbezogenen Daten verarbeitet werden sollen, sowie die Rechtsgrundlage für die Verarbeitung;

d) die Kategorien personenbezogener Daten, die verarbeitet werden;
e) gegebenenfalls die Empfänger oder Kategorien von Empfängern der personenbezogenen Daten;
f) gegebenenfalls die Absicht des Verantwortlichen, die personenbezogenen Daten an einen Empfänger in einem Drittland oder einer internationalen Organisation zu übermitteln, sowie das Vorhandensein oder das Fehlen eines Angemessenheitsbeschlusses der Kommission oder im Falle von Übermittlungen gemäß Artikel 46 oder Artikel 47 oder Artikel 49 Absatz 1 Unterabsatz 2 einen Verweis auf die geeigneten oder angemessenen Garantien und die Möglichkeit, eine Kopie von ihnen zu erhalten, oder wo sie verfügbar sind.

(2) Zusätzlich zu den Informationen gemäß Absatz 1 stellt der Verantwortliche der betroffenen Person die folgenden Informationen zur Verfügung, die erforderlich sind, um der betroffenen Person gegenüber eine faire und transparente Verarbeitung zu gewährleisten:
a) die Dauer, für die die personenbezogenen Daten gespeichert werden oder, falls dies nicht möglich ist, die Kriterien für die Festlegung dieser Dauer;
b) wenn die Verarbeitung auf Artikel 6 Absatz 1 Buchstabe f beruht, die berechtigten Interessen, die von dem Verantwortlichen oder einem Dritten verfolgt werden;
c) das Bestehen eines Rechts auf Auskunft seitens des Verantwortlichen über die betreffenden personenbezogenen Daten sowie auf Berichtigung oder Löschung oder auf Einschränkung der Verarbeitung und eines Widerspruchsrechts gegen die Verarbeitung sowie des Rechts auf Datenübertragbarkeit;
d) wenn die Verarbeitung auf Artikel 6 Absatz 1 Buchstabe a oder Artikel 9 Absatz 2 Buchstabe a beruht, das Bestehen eines Rechts, die Einwilligung jederzeit zu widerrufen, ohne dass die Rechtmäßigkeit der aufgrund der Einwilligung bis zum Widerruf erfolgten Verarbeitung berührt wird;
e) das Bestehen eines Beschwerderechts bei einer Aufsichtsbehörde;
f) aus welcher Quelle die personenbezogenen Daten stammen und gegebenenfalls ob sie aus öffentlich zugänglichen Quellen stammen;
g) das Bestehen einer automatisierten Entscheidungsfindung einschließlich Profiling gemäß Artikel 22 Absätze 1 und 4 und – zu-

mindest in diesen Fällen – aussagekräftige Informationen über die involvierte Logik sowie die Tragweite und die angestrebten Auswirkungen einer derartigen Verarbeitung für die betroffene Person.

(3) Der Verantwortliche erteilt die Informationen gemäß den Absätzen 1 und 2
a) unter Berücksichtigung der spezifischen Umstände der Verarbeitung der personenbezogenen Daten innerhalb einer angemessenen Frist nach Erlangung der personenbezogenen Daten, längstens jedoch innerhalb eines Monats,
b) falls die personenbezogenen Daten zur Kommunikation mit der betroffenen Person verwendet werden sollen, spätestens zum Zeitpunkt der ersten Mitteilung an sie, oder,
c) falls die Offenlegung an einen anderen Empfänger beabsichtigt ist, spätestens zum Zeitpunkt der ersten Offenlegung.

(4) Beabsichtigt der Verantwortliche, die personenbezogenen Daten für einen anderen Zweck weiterzuverarbeiten als den, für den die personenbezogenen Daten erlangt wurden, so stellt er der betroffenen Person vor dieser Weiterverarbeitung Informationen über diesen anderen Zweck und alle anderen maßgeblichen Informationen gemäß Absatz 2 zur Verfügung.

(5) Die Absätze 1 bis 4 finden keine Anwendung, wenn und soweit
a) die betroffene Person bereits über die Informationen verfügt,
b) die Erteilung dieser Informationen sich als unmöglich erweist oder einen unverhältnismäßigen Aufwand erfordern würde; dies gilt insbesondere für die Verarbeitung für im öffentlichen Interesse liegende Archivzwecke, für wissenschaftliche oder historische Forschungszwecke oder für statistische Zwecke vorbehaltlich der in Artikel 89 Absatz 1 genannten Bedingungen und Garantien oder soweit die in Absatz 1 des vorliegenden Artikels genannte Pflicht voraussichtlich die Verwirklichung der Ziele dieser Verarbeitung unmöglich macht oder ernsthaft beeinträchtigt In diesen Fällen ergreift der Verantwortliche geeignete Maßnahmen zum Schutz der Rechte und Freiheiten sowie der berechtigten Interessen der betroffenen Person, einschließlich der Bereitstellung dieser Informationen für die Öffentlichkeit,
c) die Erlangung oder Offenlegung durch Rechtsvorschriften der Union oder der Mitgliedstaaten, denen der Verantwortliche

unterliegt und die geeignete Maßnahmen zum Schutz der berechtigten Interessen der betroffenen Person vorsehen, ausdrücklich geregelt ist oder

d) die personenbezogenen Daten gemäß dem Unionsrecht oder dem Recht der Mitgliedstaaten dem Berufsgeheimnis, einschließlich einer satzungsmäßigen Geheimhaltungspflicht, unterliegen und daher vertraulich behandelt werden müssen.

Artikel 15 Auskunftsrecht der betroffenen Person

(1) Die betroffene Person hat das Recht, von dem Verantwortlichen eine Bestätigung darüber zu verlangen, ob sie betreffende personenbezogene Daten verarbeitet werden; ist dies der Fall, so hat sie ein Recht auf Auskunft über diese personenbezogenen Daten und auf folgende Informationen:

a) die Verarbeitungszwecke;

b) die Kategorien personenbezogener Daten, die verarbeitet werden;

c) die Empfänger oder Kategorien von Empfängern, gegenüber denen die personenbezogenen Daten offengelegt worden sind oder noch offengelegt werden, insbesondere bei Empfängern in Drittländern oder bei internationalen Organisationen;

d) falls möglich die geplante Dauer, für die die personenbezogenen Daten gespeichert werden, oder, falls dies nicht möglich ist, die Kriterien für die Festlegung dieser Dauer;

e) das Bestehen eines Rechts auf Berichtigung oder Löschung der sie betreffenden personenbezogenen Daten oder auf Einschränkung der Verarbeitung durch den Verantwortlichen oder eines Widerspruchsrechts gegen diese Verarbeitung;

f) das Bestehen eines Beschwerderechts bei einer Aufsichtsbehörde;

g) wenn die personenbezogenen Daten nicht bei der betroffenen Person erhoben werden, alle verfügbaren Informationen über die Herkunft der Daten;

h) das Bestehen einer automatisierten Entscheidungsfindung einschließlich Profiling gemäß Artikel 22 Absätze 1 und 4 und – zumindest in diesen Fällen – aussagekräftige Informationen über die involvierte Logik sowie die Tragweite und die angestrebten Auswirkungen einer derartigen Verarbeitung für die betroffene Person.

(2) Werden personenbezogene Daten an ein Drittland oder an eine internationale Organisation übermittelt, so hat die betroffene Per-

son das Recht, über die geeigneten Garantien gemäß Artikel 46 im Zusammenhang mit der Übermittlung unterrichtet zu werden.

(3) Der Verantwortliche stellt eine Kopie der personenbezogenen Daten, die Gegenstand der Verarbeitung sind, zur Verfügung. Für alle weiteren Kopien, die die betroffene Person beantragt, kann der Verantwortliche ein angemessenes Entgelt auf der Grundlage der Verwaltungskosten verlangen. Stellt die betroffene Person den Antrag elektronisch, so sind die Informationen in einem gängigen elektronischen Format zur Verfügung zu stellen, sofern sie nichts anderes angibt.

(4) Das Recht auf Erhalt einer Kopie gemäß Absatz 1b darf die Rechte und Freiheiten anderer Personen nicht beeinträchtigen.

ABSCHNITT 3
Berichtigung und Löschung

Artikel 16 Recht auf Berichtigung

Die betroffene Person hat das Recht, von dem Verantwortlichen unverzüglich die Berichtigung sie betreffender unrichtiger personenbezogener Daten zu verlangen. Unter Berücksichtigung der Zwecke der Verarbeitung hat die betroffene Person das Recht, die Vervollständigung unvollständiger personenbezogener Daten – auch mittels einer ergänzenden Erklärung – zu verlangen.

Artikel 17 Recht auf Löschung („Recht auf Vergessenwerden")

(1) Die betroffene Person hat das Recht, von dem Verantwortlichen zu verlangen, dass sie betreffende personenbezogene Daten unverzüglich gelöscht werden, und der Verantwortliche ist verpflichtet, personenbezogene Daten unverzüglich zu löschen, sofern einer der folgenden Gründe zutrifft:

a) Die personenbezogenen Daten sind für die Zwecke, für die sie erhoben oder auf sonstige Weise verarbeitet wurden, nicht mehr notwendig.

b) Die betroffene Person widerruft ihre Einwilligung, auf die sich die Verarbeitung gemäß Artikel 6 Absatz 1 Buchstabe a oder Artikel 9 Absatz 2 Buchstabe a stützte, und es fehlt an einer anderweitigen Rechtsgrundlage für die Verarbeitung.

c) Die betroffene Person legt gemäß Artikel 21 Absatz 1 Widerspruch gegen die Verarbeitung ein und es liegen keine vorrangigen berechtigten Gründe für die Verarbeitung vor, oder die betroffene Person legt gemäß Artikel 21 Absatz 2 Widerspruch gegen die Verarbeitung ein.
d) Die personenbezogenen Daten wurden unrechtmäßig verarbeitet.
e) Die Löschung der personenbezogenen Daten ist zur Erfüllung einer rechtlichen Verpflichtung nach dem Unionsrecht oder dem Recht der Mitgliedstaaten erforderlich, dem der Verantwortliche unterliegt.
f) Die personenbezogenen Daten wurden in Bezug auf angebotene Dienste der Informationsgesellschaft gemäß Artikel 8 Absatz 1 erhoben.

(2) Hat der Verantwortliche die personenbezogenen Daten öffentlich gemacht und ist er gemäß Absatz 1 zu deren Löschung verpflichtet, so trifft er unter Berücksichtigung der verfügbaren Technologie und der Implementierungskosten angemessene Maßnahmen, auch technischer Art, um für die Datenverarbeitung Verantwortliche, die die personenbezogenen Daten verarbeiten, darüber zu informieren, dass eine betroffene Person von ihnen die Löschung aller Links zu diesen personenbezogenen Daten oder von Kopien oder Replikationen dieser personenbezogenen Daten verlangt hat.

(3) Die Absätze 1 und 2 gelten nicht, soweit die Verarbeitung erforderlich ist
a) zur Ausübung des Rechts auf freie Meinungsäußerung und Information;
b) zur Erfüllung einer rechtlichen Verpflichtung, die die Verarbeitung nach dem Recht der Union oder der Mitgliedstaaten, dem der Verantwortliche unterliegt, erfordert, oder zur Wahrnehmung einer Aufgabe, die im öffentlichen Interesse liegt oder in Ausübung öffentlicher Gewalt erfolgt, die dem Verantwortlichen übertragen wurde;
c) aus Gründen des öffentlichen Interesses im Bereich der öffentlichen Gesundheit gemäß Artikel 9 Absatz 2 Buchstaben h und i sowie Artikel 9 Absatz 3;
d) für im öffentlichen Interesse liegende Archivzwecke, wissenschaftliche oder historische Forschungszwecke oder für statisti-

sche Zwecke gemäß Artikel 89 Absatz 1, soweit das in Absatz 1 genannte Recht voraussichtlich die Verwirklichung der Ziele dieser Verarbeitung unmöglich macht oder ernsthaft beeinträchtigt, oder
e) zur Geltendmachung, Ausübung oder Verteidigung von Rechtsansprüchen.

Artikel 18 Recht auf Einschränkung der Verarbeitung

(1) Die betroffene Person hat das Recht, von dem Verantwortlichen die Einschränkung der Verarbeitung zu verlangen, wenn eine der folgenden Voraussetzungen gegeben ist:
a) die Richtigkeit der personenbezogenen Daten von der betroffenen Person bestritten wird, und zwar für eine Dauer, die es dem Verantwortlichen ermöglicht, die Richtigkeit der personenbezogenen Daten zu überprüfen,
b) die Verarbeitung unrechtmäßig ist und die betroffene Person die Löschung der personenbezogenen Daten ablehnt und stattdessen die Einschränkung der Nutzung der personenbezogenen Daten verlangt;
c) der Verantwortliche die personenbezogenen Daten für die Zwecke der Verarbeitung nicht länger benötigt, die betroffene Person sie jedoch zur Geltendmachung, Ausübung oder Verteidigung von Rechtsansprüchen benötigt, oder
d) die betroffene Person Widerspruch gegen die Verarbeitung gemäß Artikel 21 Absatz 1 eingelegt hat, solange noch nicht feststeht, ob die berechtigten Gründe des Verantwortlichen gegenüber denen der betroffenen Person überwiegen.

(2) Wurde die Verarbeitung gemäß Absatz 1 eingeschränkt, so dürfen diese personenbezogenen Daten – von ihrer Speicherung abgesehen – nur mit Einwilligung der betroffenen Person oder zur Geltendmachung, Ausübung oder Verteidigung von Rechtsansprüchen oder zum Schutz der Rechte einer anderen natürlichen oder juristischen Person oder aus Gründen eines wichtigen öffentlichen Interesses der Union oder eines Mitgliedstaats verarbeitet werden.

(3) Eine betroffene Person, die eine Einschränkung der Verarbeitung gemäß Absatz 1 erwirkt hat, wird von dem Verantwortlichen unterrichtet, bevor die Einschränkung aufgehoben wird.

Artikel 19 Mitteilungspflicht im Zusammenhang mit der Berichtigung oder Löschung personenbezogener Daten oder der Einschränkung der Verarbeitung

Der Verantwortliche teilt allen Empfängern, denen personenbezogenen Daten offengelegt wurden, jede Berichtigung oder Löschung der personenbezogenen Daten oder eine Einschränkung der Verarbeitung nach Artikel 16, Artikel 17 Absatz 1 und Artikel 18 mit, es sei denn, dies erweist sich als unmöglich oder ist mit einem unverhältnismäßigen Aufwand verbunden. Der Verantwortliche unterrichtet die betroffene Person über diese Empfänger, wenn die betroffene Person dies verlangt.

Artikel 20 Recht auf Datenübertragbarkeit

(1) Die betroffene Person hat das Recht, die sie betreffenden personenbezogenen Daten, die sie einem Verantwortlichen bereitgestellt hat, in einem strukturierten, gängigen und maschinenlesbaren Format zu erhalten, und sie hat das Recht, diese Daten einem anderen Verantwortlichen ohne Behinderung durch den Verantwortlichen, dem die personenbezogenen Daten bereitgestellt wurden, zu übermitteln, sofern

a) die Verarbeitung auf einer Einwilligung gemäß Artikel 6 Absatz 1 Buchstabe a oder Artikel 9 Absatz 2 Buchstabe a oder auf einem Vertrag gemäß Artikel 6 Absatz 1 Buchstabe b beruht und
b) die Verarbeitung mithilfe automatisierter Verfahren erfolgt.

(2) Bei der Ausübung ihres Rechts auf Datenübertragbarkeit gemäß Absatz 1 hat die betroffene Person das Recht, zu erwirken, dass die personenbezogenen Daten direkt von einem Verantwortlichen einem anderen Verantwortlichen übermittelt werden, soweit dies technisch machbar ist.

(3) Die Ausübung des Rechts nach Absatz 1 des vorliegenden Artikels lässt Artikel 17 unberührt. Dieses Recht gilt nicht für eine Verarbeitung, die für die Wahrnehmung einer Aufgabe erforderlich ist, die im öffentlichen Interesse liegt oder in Ausübung öffentlicher Gewalt erfolgt, die dem Verantwortlichen übertragen wurde.

(4) Das Recht gemäß Absatz 2 darf die Rechte und Freiheiten anderer Personen nicht beeinträchtigen.

ABSCHNITT 4
Widerspruchsrecht und automatisierte Entscheidungsfindung im Einzelfall

Artikel 21 Widerspruchsrecht

(1) Die betroffene Person hat das Recht, aus Gründen, die sich aus ihrer besonderen Situation ergeben, jederzeit gegen die Verarbeitung sie betreffender personenbezogener Daten, die aufgrund von Artikel 6 Absatz 1 Buchstaben e oder f erfolgt, Widerspruch einzulegen; dies gilt auch für ein auf diese Bestimmungen gestütztes Profiling. Der Verantwortliche verarbeitet die personenbezogenen Daten nicht mehr, es sei denn, er kann zwingende schutzwürdige Gründe für die Verarbeitung nachweisen, die die Interessen, Rechte und Freiheiten der betroffenen Person überwiegen, oder die Verarbeitung dient der Geltendmachung, Ausübung oder Verteidigung von Rechtsansprüchen.

(2) Werden personenbezogene Daten verarbeitet, um Direktwerbung zu betreiben, so hat die betroffene Person das Recht, jederzeit Widerspruch gegen die Verarbeitung sie betreffender personenbezogener Daten zum Zwecke derartiger Werbung einzulegen; dies gilt auch für das Profiling, soweit es mit solcher Direktwerbung in Verbindung steht.

(3) Widerspricht die betroffene Person der Verarbeitung für Zwecke der Direktwerbung, so werden die personenbezogenen Daten nicht mehr für diese Zwecke verarbeitet.

(4) Die betroffene Person muss spätestens zum Zeitpunkt der ersten Kommunikation mit ihr ausdrücklich auf das in den Absätzen 1 und 2 genannte Recht hingewiesen werden; dieser Hinweis hat in einer verständlichen und von anderen Informationen getrennten Form zu erfolgen.

(5) Im Zusammenhang mit der Nutzung von Diensten der Informationsgesellschaft kann die betroffene Person ungeachtet der Richtlinie 2002/58/EG ihr Widerspruchsrecht mittels automatisierter Verfahren ausüben, bei denen technische Spezifikationen verwendet werden.

(6) Die betroffene Person hat das Recht, aus Gründen, die sich aus ihrer besonderen Situation ergeben, gegen die sie betreffende Verarbeitung sie betreffender personenbezogener Daten, die zu wissenschaftlichen oder historischen Forschungszwecken oder zu statistischen Zwecken gemäß Artikel 89 Absatz 1 erfolgt, Widerspruch einzulegen, es sei denn, die Verarbeitung ist zur Erfüllung einer im öffentlichen Interesse liegenden Aufgabe erforderlich.

Artikel 22 Automatisierte Entscheidungen im Einzelfall einschließlich Profiling

(1) Die betroffene Person hat das Recht, nicht einer ausschließlich auf einer automatisierten Verarbeitung – einschließlich Profiling – beruhenden Entscheidung unterworfen zu werden, die ihr gegenüber rechtliche Wirkung entfaltet oder sie in ähnlicher Weise erheblich beeinträchtigt.

(2) Absatz 1 gilt nicht, wenn die Entscheidung
a) für den Abschluss oder die Erfüllung eines Vertrags zwischen der betroffenen Person und dem Verantwortlichen erforderlich ist,
b) aufgrund von Rechtsvorschriften der Union oder der Mitgliedstaaten, denen der Verantwortliche unterliegt, zulässig ist und diese Rechtsvorschriften angemessene Maßnahmen zur Wahrung der Rechte und Freiheiten sowie der berechtigten Interessen der betroffenen Person enthalten oder
c) mit ausdrücklicher Einwilligung der betroffenen Person erfolgt.

(3) In den in Absatz 2 Buchstaben a und c genannten Fällen trifft der Verantwortliche angemessene Maßnahmen, um die Rechte und Freiheiten sowie die berechtigten Interessen der betroffenen Person zu wahren, wozu mindestens das Recht auf Erwirkung des Eingreifens einer Person seitens des Verantwortlichen, auf Darlegung des eigenen Standpunkts und auf Anfechtung der Entscheidung gehört.

(4) Entscheidungen nach Absatz 2 dürfen nicht auf besonderen Kategorien personenbezogener Daten nach Artikel 9 Absatz 1 beruhen, sofern nicht Artikel 9 Absatz 2 Buchstabe a oder g gilt und angemessene Maßnahmen zum Schutz der Rechte und Freiheiten sowie der berechtigten Interessen der betroffenen Person getroffen wurden.

ABSCHNITT 5
Beschränkungen

Artikel 23 Beschränkungen

(1) Durch Rechtsvorschriften der Union oder der Mitgliedstaaten, denen der Verantwortliche oder der Auftragsverarbeiter unterliegt, können die Pflichten und Rechte gemäß den Artikeln 12 bis 22 und Artikel 34 sowie Artikel 5, insofern dessen Bestimmungen den in den Artikeln 12 bis 22 vorgesehenen Rechten und Pflichten entsprechen, im Wege von Gesetzgebungsmaßnahmen beschränkt werden, sofern eine solche Beschränkung den Wesensgehalt der Grundrechte und Grundfreiheiten achtet und in einer demokratischen Gesellschaft eine notwendige und verhältnismäßige Maßnahme darstellt, die Folgendes sicherstellt:

a) die nationale Sicherheit;
b) die Landesverteidigung;
c) die öffentliche Sicherheit;
d) die Verhütung, Ermittlung, Aufdeckung oder Verfolgung von Straftaten oder die Strafvollstreckung, einschließlich des Schutzes vor und der Abwehr von Gefahren für die öffentliche Sicherheit;
e) den Schutz sonstiger wichtiger Ziele des allgemeinen öffentlichen Interesses der Union oder eines Mitgliedstaats, insbesondere eines wichtigen wirtschaftlichen oder finanziellen Interesses der Union oder eines Mitgliedstaats, etwa im Währungs-, Haushalts- und Steuerbereich sowie im Bereich der öffentlichen Gesundheit und der sozialen Sicherheit;
f) den Schutz der Unabhängigkeit der Justiz und den Schutz von Gerichtsverfahren;
g) die Verhütung, Aufdeckung, Ermittlung und Verfolgung von Verstößen gegen die berufsständischen Regeln reglementierter Berufe;
h) Kontroll-, Überwachungs- und Ordnungsfunktionen, die dauernd oder zeitweise mit der Ausübung öffentlicher Gewalt für die unter den Buchstaben a bis e und g genannten Zwecke verbunden sind;
i) den Schutz der betroffenen Person oder der Rechte und Freiheiten anderer Personen;
j) die Durchsetzung zivilrechtlicher Ansprüche.

(2) Jede Gesetzgebungsmaßnahme im Sinne des Absatzes 1 muss insbesondere gegebenenfalls spezifische Vorschriften enthalten zumindest in Bezug auf
a) die Zwecke der Verarbeitung oder die Verarbeitungskategorien,
b) die Kategorien personenbezogener Daten,
c) den Umfang der vorgenommenen Beschränkungen,
d) die Garantien gegen Missbrauch oder unrechtmäßigen Zugang oder unrechtmäßige Übermittlung;
e) die Angaben zu dem Verantwortlichen oder den Kategorien von Verantwortlichen,
f) die jeweiligen Speicherfristen sowie die geltenden Garantien unter Berücksichtigung von Art, Umfang und Zwecken der Verarbeitung oder der Verarbeitungskategorien,
g) die Risiken für die Rechte und Freiheiten der betroffenen Personen und
h) das Recht der betroffenen Personen auf Unterrichtung über die Beschränkung, sofern dies nicht dem Zweck der Beschränkung abträglich ist.

KAPITEL IV
Verantwortlicher und Auftragsverarbeiter

ABSCHNITT 1
Allgemeine Pflichten

Artikel 24 Verantwortung des für die Verarbeitung Verantwortlichen

(1) Der Verantwortliche setzt unter Berücksichtigung der Art, des Umfangs, der Umstände und der Zwecke der Verarbeitung sowie der unterschiedlichen Eintrittswahrscheinlichkeit und Schwere der Risiken für die Rechte und Freiheiten natürlicher Personen geeignete technische und organisatorische Maßnahmen um, um sicherzustellen und den Nachweis dafür erbringen zu können, dass die Verarbeitung gemäß dieser Verordnung erfolgt. Diese Maßnahmen werden erforderlichenfalls überprüft und aktualisiert.

(2) Sofern dies in einem angemessenen Verhältnis zu den Verarbeitungstätigkeiten steht, müssen die Maßnahmen gemäß Absatz 1 die Anwendung geeigneter Datenschutzvorkehrungen durch den Verantwortlichen umfassen.

(3) Die Einhaltung der genehmigten Verhaltensregeln gemäß Artikel 40 oder eines genehmigten Zertifizierungsverfahrens gemäß Artikel 42 kann als Gesichtspunkt herangezogen werden, um die Erfüllung der Pflichten des Verantwortlichen nachzuweisen.

Artikel 25 Datenschutz durch Technikgestaltung und durch datenschutzfreundliche Voreinstellungen

(1) Unter Berücksichtigung des Stands der Technik, der Implementierungskosten und der Art, des Umfangs, der Umstände und der Zwecke der Verarbeitung sowie der unterschiedlichen Eintrittswahrscheinlichkeit und Schwere der mit der Verarbeitung verbundenen Risiken für die Rechte und Freiheiten natürlicher Personen trifft der Verantwortliche sowohl zum Zeitpunkt der Festlegung der Mittel für die Verarbeitung als auch zum Zeitpunkt der eigentlichen Verarbeitung geeignete technische und organisatorische Maßnahmen – wie z. B. Pseudonymisierung – trifft, die dafür ausgelegt sind, die Datenschutzgrundsätze wie etwa Datenminimierung wirksam umzusetzen und die notwendigen Garantien in die Verarbeitung aufzunehmen, um den Anforderungen dieser Verordnung zu genügen und die Rechte der betroffenen Personen zu schützen.

(2) Der Verantwortliche trifft geeignete technische und organisatorische Maßnahmen, die sicherstellen, dass durch Voreinstellung grundsätzlich nur personenbezogene Daten, deren Verarbeitung für den jeweiligen bestimmten Verarbeitungszweck erforderlich ist, verarbeitet werden. Diese Verpflichtung gilt für die Menge der erhobenen personenbezogenen Daten, den Umfang ihrer Verarbeitung, ihre Speicherfrist und ihre Zugänglichkeit. Solche Maßnahmen müssen insbesondere sicherstellen, dass personenbezogene Daten durch Voreinstellungen nicht ohne Eingreifen der Person einer unbestimmten Zahl von natürlichen Personen zugänglich gemacht werden.

(3) Ein genehmigtes Zertifizierungsverfahren gemäß Artikel 42 kann als Faktor herangezogen werden, um die Erfüllung der in den Absätzen 1 und 2 des vorliegenden Artikels genannten Anforderungen nachzuweisen.

Artikel 26 Gemeinsam für die Verarbeitung Verantwortliche

(1) Legen zwei oder mehr Verantwortliche gemeinsam die Zwecke der und die Mittel zur Verarbeitung fest, so sind sie gemeinsam Ver-

antwortliche. Sie legen in einer Vereinbarung in transparenter Form fest, wer von ihnen welche Verpflichtung gemäß dieser Verordnung erfüllt, insbesondere was die Wahrnehmung der Rechte der betroffenen Person angeht, und wer welchen Informationspflichten gemäß den Artikeln 13 und 14 nachkommt, sofern und soweit die jeweiligen Aufgaben der Verantwortlichen nicht durch Rechtsvorschriften der Union oder der Mitgliedstaaten, denen die Verantwortlichen unterliegen, festgelegt sind. In der Vereinbarung kann eine Anlaufstelle für die betroffenen Personen angegeben werden.

(2) Die Vereinbarung gemäß Absatz 1 muss die jeweiligen tatsächlichen Funktionen und Beziehungen der gemeinsam Verantwortlichen gegenüber betroffenen Personen gebührend widerspiegeln. Das wesentliche der Vereinbarung wird der betroffenen Person zur Verfügung gestellt.

(3) Ungeachtet der Einzelheiten der Vereinbarung gemäß Absatz 1 kann die betroffene Person ihre Rechte im Rahmen dieser Verordnung bei und gegenüber jedem einzelnen der Verantwortlichen geltend machen.

Artikel 27 Vertreter von nicht in der Union niedergelassenen Verantwortlichen oder Auftragsverarbeitern

(1) In den Fällen gemäß Artikel 3 Absatz 2 benennt der Verantwortliche oder der Auftragsverarbeiter schriftlich einen Vertreter in der Union.

(2) Die Pflicht gemäß Absatz 1 des vorliegenden Artikels gilt nicht für
a) eine Verarbeitung, die gelegentlich erfolgt, nicht die umfangreiche Verarbeitung besonderer Datenkategorien im Sinne des Artikels 9 Absatz 1 oder die umfangreiche Verarbeitung von personenbezogenen Daten über strafrechtliche Verurteilungen und Straftaten im Sinne des Artikels 10 einschließt und unter Berücksichtigung der Art, der Umstände, des Umfangs und der Zwecke der Verarbeitung voraussichtlich nicht zu einem Risiko für die Rechte und Freiheiten natürlicher Personen führt, oder
b) Behörden oder öffentliche Stellen.

(3) Der Vertreter muss in einem der Mitgliedstaaten niedergelassen sein, in denen die betroffenen Personen, deren personenbezogene

Daten im Zusammenhang mit den ihnen angebotenen Waren oder Dienstleistungen verarbeitet werden oder deren Verhalten beobachtet wird, sich befinden.

(4) Der Vertreter wird durch den Verantwortlichen oder den Auftragsverarbeiter beauftragt, zusätzlich zu diesem oder an seiner Stelle insbesondere für Aufsichtsbehörden und betroffene Personen bei sämtlichen Fragen im Zusammenhang mit der Verarbeitung zur Gewährleistung der Einhaltung dieser Verordnung als Anlaufstelle zu dienen.

(5) Die Benennung eines Vertreters durch den Verantwortlichen oder den Auftragsverarbeiter erfolgt unbeschadet etwaiger rechtlicher Schritte gegen den Verantwortlichen oder den Auftragsverarbeiter selbst.

Artikel 28 Auftragsverarbeiter

(1) Erfolgt eine Verarbeitung im Auftrag eines Verantwortlichen, so arbeitet dieser nur mit Auftragsverarbeitern, die hinreichend Garantien dafür bieten, dass geeignete technische und organisatorische Maßnahmen so durchgeführt werden, dass die Verarbeitung im Einklang mit den Anforderungen dieser Verordnung erfolgt und den Schutz der Rechte der betroffenen Person gewährleistet.

(2) Der Auftragsverarbeiter nimmt keinen weiteren Auftragsverarbeiter ohne vorherige gesonderte oder allgemeine schriftliche Genehmigung des Verantwortlichen in Anspruch. Im Fall einer allgemeinen schriftlichen Genehmigung informiert der Auftragsverarbeiter den Verantwortlichen immer über jede beabsichtigte Änderung in Bezug auf die Hinzuziehung oder die Ersetzung anderer Auftragsverarbeiter, wodurch der Verantwortliche die Möglichkeit erhält, gegen derartige Änderungen Einspruch zu erheben.

(3) Die Verarbeitung durch einen Auftragsverarbeiter erfolgt auf der Grundlage eines Vertrags oder eines anderen Rechtsinstruments nach dem Unionsrecht oder dem Recht der Mitgliedstaaten, der bzw. das den Auftragsverarbeiter in Bezug auf den Verantwortlichen bindet und in dem Gegenstand und Dauer der Verarbeitung, Art und Zweck der Verarbeitung, die Art der personenbezogenen

Daten, die Kategorien betroffener Personen und die Pflichten und Rechte des Verantwortlichen festgelegt sind. Dieser Vertrag bzw. dieses andere Rechtsinstrument sieht insbesondere vor, dass der Auftragsverarbeiter

a) die personenbezogenen Daten nur auf dokumentierte Weisung des Verantwortlichen – auch in Bezug auf die Übermittlung personenbezogener Daten an ein Drittland oder eine internationale Organisation – verarbeitet, sofern er nicht durch das Recht der Union oder der Mitgliedstaaten, dem der Auftragsverarbeiter unterliegt, hierzu verpflichtet ist; in einem solchen Fall teilt der Auftragsverarbeiter dem Verantwortlichen diese rechtlichen Anforderungen vor der Verarbeitung mit, sofern das betreffende Recht eine solche Mitteilung nicht wegen eines wichtigen öffentlichen Interesses verbietet;
b) gewährleistet, dass sich die zur Verarbeitung der personenbezogenen Daten befugten Personen zur Vertraulichkeit verpflichtet haben oder einer angemessenen gesetzlichen Verschwiegenheitspflicht unterliegen;
c) alle gemäß Artikel 32 erforderlichen Maßnahmen ergreift;
d) die in den Absätzen 2 und 4 genannten Bedingungen für die Inanspruchnahme der Dienste eines weiteren Auftragsverarbeiters einhält;
e) angesichts der Art der Verarbeitung den Verantwortlichen nach Möglichkeit mit geeigneten technischen und organisatorischen Maßnahmen dabei unterstützt, seiner Pflicht zur Beantwortung von Anträgen auf Wahrnehmung der in Kapitel III genannten Rechte der betroffenen Person nachzukommen;
f) unter Berücksichtigung der Art der Verarbeitung und der ihm zur Verfügung stehenden Informationen den Verantwortlichen bei der Einhaltung der in den Artikeln 32 bis 36 genannten Pflichten unterstützt;
g) nach Abschluss der Erbringung der Verarbeitungsleistungen alle personenbezogenen Daten nach Wahl des Verantwortlichen entweder löscht oder zurückgibt, sofern nicht nach dem Unionsrecht oder dem Recht der Mitgliedstaaten eine Verpflichtung zur Speicherung der personenbezogenen Daten besteht;
h) dem Verantwortlichen alle erforderlichen Informationen zum Nachweis der Einhaltung der in diesem Artikel niedergelegten Pflichten zur Verfügung stellt und Überprüfungen – einschließlich Inspektionen –, die vom Verantwortlichen oder einem ande-

ren von diesem beauftragten Prüfer durchgeführt werden, ermöglicht und dazu beiträgt.

Mit Blick auf Unterabsatz 1 Buchstabe h informiert der Auftragsverarbeiter den Verantwortlichen unverzüglich, falls er der Auffassung ist, dass eine Weisung gegen diese Verordnung oder gegen andere Datenschutzbestimmungen der Union oder der Mitgliedstaaten verstößt.

(4) Nimmt der Auftragsverarbeiter die Dienste eines weiteren Auftragsverarbeiters in Anspruch, um bestimmte Verarbeitungstätigkeiten im Namen des Verantwortlichen auszuführen, so werden diesem weiteren Auftragsverarbeiter im Wege eines Vertrags oder eines anderen Rechtsinstruments nach dem Unionsrecht oder dem Recht des betreffenden Mitgliedstaats dieselben Datenschutzpflichten auferlegt, die in dem Vertrag oder anderen Rechtsinstrument zwischen dem Verantwortlichen und dem Auftragsverarbeiter gemäß Absatz 3 festgelegt sind, wobei insbesondere hinreichende Garantien dafür geboten werden muss, dass die geeigneten technischen und organisatorischen Maßnahmen so durchgeführt werden, dass die Verarbeitung entsprechend den Anforderungen dieser Verordnung erfolgt. Kommt der weitere Auftragsverarbeiter seinen Datenschutzpflichten nicht nach, so haftet der erste Auftragsverarbeiter gegenüber dem Verantwortlichen für die Einhaltung der Pflichten jenes anderen Auftragsverarbeiters.

(5) Die Einhaltung genehmigter Verhaltensregeln gemäß Artikel 40 oder eines genehmigten Zertifizierungsverfahrens gemäß Artikel 42 durch einen Auftragsverarbeiter kann als Faktor herangezogen werden, um hinreichende Garantien im Sinne der Absätze 1 und 4 des vorliegenden Artikels nachzuweisen.

(6) Unbeschadet eines individuellen Vertrags zwischen dem Verantwortlichen und dem Auftragsverarbeiter kann der Vertrag oder das andere Rechtsinstrument im Sinne der Absätze 3 und 4 des vorliegenden Artikels ganz oder teilweise auf den in den Absätzen 7 und 8 des vorliegenden Artikels genannten Standardvertragsklauseln beruhen, auch wenn diese Bestandteil einer dem Verantwortlichen oder dem Auftragsverarbeiter gemäß den Artikeln 42 und 43 erteilten Zertifizierung sind.

(7) Die Kommission kann im Einklang mit dem Prüfverfahren gemäß Artikel 93 Absatz 2 Standardvertragsklauseln zur Regelung der in den Absätzen 3 und 4 des vorliegenden Artikels genannten Fragen festlegen.

(8) Eine Aufsichtsbehörde kann im Einklang mit dem Kohärenzverfahren gemäß Artikel 63 Standardvertragsklauseln zur Regelung der in den Absätzen 3 und 4 des vorliegenden Artikels genannten Fragen festlegen.

(9) Der Vertrag oder das andere Rechtsinstrument im Sinne der Absätze 3 und 4 ist schriftlich abzufassen, was auch in einem elektronischen Format erfolgen kann.

(10) Unbeschadet der Artikel 82, 83 und 84 gilt ein Auftragsverarbeiter, der unter Verstoß gegen diese Verordnung die Zwecke und Mittel der Verarbeitung bestimmt, in Bezug auf diese Verarbeitung als Verantwortlicher.

Artikel 29 Verarbeitung unter der Aufsicht des Verantwortlichen oder des Auftragsverarbeiters

Der Auftragsverarbeiter und jede dem Verantwortlichen oder dem Auftragsverarbeiter unterstellte Person, die Zugang zu personenbezogenen Daten hat, dürfen diese Daten ausschließlich auf Weisung des Verantwortlichen verarbeiten, es sei denn, dass sie nach dem Unionsrecht oder dem Recht der Mitgliedstaaten zur Verarbeitung verpflichtet sind.

Artikel 30 Verzeichnis von Verarbeitungstätigkeiten

(1) Jeder Verantwortliche und gegebenenfalls sein Vertreter führen ein Verzeichnis aller Verarbeitungstätigkeiten, die ihrer Zuständigkeit unterliegen. Dieses Verzeichnis enthält sämtliche folgenden Angaben:

a) den Namen und die Kontaktdaten des Verantwortlichen und gegebenenfalls des gemeinsam mit ihm Verantwortlichen, des Vertreters des Verantwortlichen sowie eines etwaigen Datenschutzbeauftragten;
b) die Zwecke der Verarbeitung;
c) eine Beschreibung der Kategorien betroffener Personen und der Kategorien personenbezogener Daten;

d) die Kategorien von Empfängern, gegenüber denen die personenbezogenen Daten offengelegt worden sind oder noch offengelegt werden, einschließlich Empfänger in Drittländern oder internationalen Organisationen;
e) gegebenenfalls Übermittlungen von personenbezogenen Daten an ein Drittland oder an eine internationale Organisation, einschließlich der Angabe des betreffenden Drittlands oder der betreffenden internationalen Organisation, sowie bei den in Artikel 49 Absatz 1 Unterabsatz 2 genannten Datenübermittlungen die Dokumentierung geeigneter Garantien;
f) wenn möglich, die vorgesehenen Fristen für die Löschung der verschiedenen Datenkategorien;
g) wenn möglich, eine allgemeine Beschreibung der technischen und organisatorischen Maßnahmen gemäß Artikel 32 Absatz 1.

(2) Jeder Auftragsverarbeiter und gegebenenfalls sein Vertreter führen ein Verzeichnis zu allen Kategorien von im Auftrag eines Verantwortlichen durchgeführten Tätigkeiten der Verarbeitung, die Folgendes enthält:
a) den Namen und die Kontaktdaten des Auftragsverarbeiters oder der Auftragsverarbeiter und jedes Verantwortlichen, in dessen Auftrag der Auftragsverarbeiter tätig ist, sowie gegebenenfalls des Vertreters des Verantwortlichen oder des Auftragsverarbeiters und eines etwaigen Datenschutzbeauftragten;
b) die Kategorien von Verarbeitungen, die im Auftrag jedes Verantwortlichen durchgeführt werden;
c) gegebenenfalls Übermittlungen von personenbezogenen Daten an ein Drittland oder an eine internationale Organisation, einschließlich der Angabe des betreffenden Drittlands oder der betreffenden internationalen Organisation, sowie bei den in Artikel 49 Absatz 1 Unterabsatz 2 genannten Datenübermittlungen die Dokumentierung geeigneter Garantien;
d) wenn möglich, eine allgemeine Beschreibung der technischen und organisatorischen Maßnahmen gemäß Artikel 32 Absatz 1.

(3) Das in den Absätzen 1 und 2 genannte Verzeichnis ist schriftlich zu führen, was auch in einem elektronischen Format erfolgen kann.

(4) Der Verantwortliche oder der Auftragsverarbeiter sowie gegebenenfalls der Vertreter des Verantwortlichen oder des Auftragsver-

arbeiters stellen der Aufsichtsbehörde das Verzeichnis auf Anfrage zur Verfügung.

(5) Die in den Absätzen 1 und 2 genannten Pflichten gelten nicht für Unternehmen oder Einrichtungen, die weniger als 250 Mitarbeiter beschäftigen, es sei denn, die von ihnen vorgenommene Verarbeitung birgt ein Risiko für die Rechte und Freiheiten der betroffenen Personen, die Verarbeitung erfolgt nicht nur gelegentlich oder es erfolgt eine Verarbeitung besonderer Datenkategorien gemäß Artikel 9 Absatz 1 bzw. die Verarbeitung von personenbezogenen Daten über strafrechtliche Verurteilungen und Straftaten im Sinne des Artikels 10.

Artikel 31 Zusammenarbeit mit der Aufsichtsbehörde
Der Verantwortliche und der Auftragsverarbeiter und gegebenenfalls deren Vertreter arbeiten auf Anfrage mit der Aufsichtsbehörde bei der Erfüllung ihrer Aufgaben zusammen.

ABSCHNITT 2
Sicherheit personenbezogener Daten

Artikel 32 Sicherheit der Verarbeitung
(1) Unter Berücksichtigung des Stands der Technik, der Implementierungskosten und der Art, des Umfangs, der Umstände und der Zwecke der Verarbeitung sowie der unterschiedlichen Eintrittswahrscheinlichkeit und Schwere des Risikos für die Rechte und Freiheiten natürlicher Personen treffen der Verantwortliche und der Auftragsverarbeiter geeignete technische und organisatorische Maßnahmen, um ein dem Risiko angemessenes Schutzniveau zu gewährleisten; diese Maßnahmen schließen unter anderem Folgendes ein:
a) die Pseudonymisierung und Verschlüsselung personenbezogener Daten;
b) die Fähigkeit, die Vertraulichkeit, Integrität, Verfügbarkeit und Belastbarkeit der Systeme und Dienste im Zusammenhang mit der Verarbeitung auf Dauer sicherzustellen;
c) die Fähigkeit, die Verfügbarkeit der personenbezogenen Daten und den Zugang zu ihnen bei einem physischen oder technischen Zwischenfall rasch wiederherzustellen;
d) ein Verfahren zur regelmäßigen Überprüfung, Bewertung und Evaluierung der Wirksamkeit der technischen und organisatori-

schen Maßnahmen zur Gewährleistung der Sicherheit der Verarbeitung.

(2) Bei der Beurteilung des angemessenen Schutzniveaus sind insbesondere die Risiken zu berücksichtigen, die mit der Verarbeitung verbunden sind, insbesondere durch – ob unbeabsichtigt oder unrechtmäßig – Vernichtung, Verlust, Veränderung oder unbefugte Offenlegung von beziehungsweise unbefugten Zugang zu personenbezogenen Daten, die übermittelt, gespeichert oder auf andere Weise verarbeitet wurden.

(3) Die Einhaltung genehmigter Verhaltensregeln gemäß Artikel 40 oder eines genehmigten Zertifizierungsverfahrens gemäß Artikel 42 kann als Faktor herangezogen werden, um die Erfüllung der in Absatz 1 des vorliegenden Artikels genannten Anforderungen nachzuweisen.

(4) Der Verantwortliche und der Auftragsverarbeiter unternehmen Schritte, um sicherzustellen, dass ihnen unterstellte natürliche Personen, die Zugang zu personenbezogenen Daten haben, diese nur auf Anweisung des Verantwortlichen verarbeiten, es sei denn, sie sind nach dem Recht der Union oder der Mitgliedstaaten zur Verarbeitung verpflichtet.

Artikel 33 Meldung von Verletzungen des Schutzes personenbezogener Daten an die Aufsichtsbehörde

(1) Im Falle einer Verletzung des Schutzes personenbezogener Daten meldet der Verantwortliche unverzüglich und möglichst binnen 72 Stunden, nachdem ihm die Verletzung bekannt wurde, diese der gemäß Artikel 55 zuständigen Aufsichtsbehörde, es sei denn, dass die Verletzung des Schutzes personenbezogener Daten voraussichtlich nicht zu einem Risiko für die Rechte und Freiheiten natürlicher Personen führt. Erfolgt die Meldung an die Aufsichtsbehörde nicht binnen 72 Stunden, so ist ihr eine Begründung für die Verzögerung beizufügen.

(2) Wenn dem Auftragsverarbeiter eine Verletzung des Schutzes personenbezogener Daten bekannt wird, meldet er diese dem Verantwortlichen unverzüglich.

(3) Die Meldung gemäß Absatz 1 enthält zumindest folgende Informationen:

a) eine Beschreibung der Art der Verletzung des Schutzes personenbezogener Daten, soweit möglich mit Angabe der Kategorien und der ungefähren Zahl der betroffenen Personen, der betroffenen Kategorien und der ungefähren Zahl der betroffenen personenbezogenen Datensätze;
b) den Namen und die Kontaktdaten des Datenschutzbeauftragten oder einer sonstigen Anlaufstelle für weitere Informationen;
c) eine Beschreibung der wahrscheinlichen Folgen der Verletzung des Schutzes personenbezogener Daten;
d) eine Beschreibung der von dem Verantwortlichen ergriffenen oder vorgeschlagenen Maßnahmen zur Behebung der Verletzung des Schutzes personenbezogener Daten und gegebenenfalls Maßnahmen zur Abmilderung ihrer möglichen nachteiligen Auswirkungen.

(4) Wenn und soweit die Informationen nicht zur gleichen Zeit bereitgestellt werden können, kann der Verantwortliche diese Informationen ohne unangemessene weitere Verzögerung schrittweise zur Verfügung stellen.

(5) Der Verantwortliche dokumentiert Verletzungen des Schutzes personenbezogener Daten einschließlich aller im Zusammenhang mit der Verletzung des Schutzes personenbezogener Daten stehenden Fakten, von deren Auswirkungen und der ergriffenen Abhilfemaßnahmen. Diese Dokumentation muss der Aufsichtsbehörde die Überprüfung der Einhaltung der Bestimmungen dieses Artikels ermöglichen.

Artikel 34 Benachrichtigung der von einer Verletzung des Schutzes personenbezogener Daten betroffenen Person

(1) Hat die Verletzung des Schutzes personenbezogener Daten voraussichtlich ein hohes Risiko für die persönlichen Rechte und Freiheiten natürlicher Personen zur Folge, so benachrichtigt der Verantwortliche die betroffene Person unverzüglich von der Verletzung.

(2) Die in Absatz 1 genannte Benachrichtigung der betroffenen Person beschreibt in klarer und einfacher Sprache die Art der Verletzung des Schutzes personenbezogener Daten und enthält zu-

mindest die in Artikel 33 Absatz 3 Buchstaben b, c und d genannten Informationen und Maßnahmen.

(3) Die Benachrichtigung der betroffenen Person gemäß Absatz 1 ist nicht erforderlich, wenn eine der folgenden Bedingungen erfüllt ist:

a) der Verantwortliche geeignete technische und organisatorische Sicherheitsvorkehrungen getroffen hat und diese Vorkehrungen auf die von der Verletzung betroffenen personenbezogenen Daten angewandt wurden, insbesondere solche, durch die die personenbezogenen Daten für alle Personen, die nicht zum Zugang zu den personenbezogenen Daten befugt sind, unzugänglich gemacht werden, etwa durch Verschlüsselung;
b) der Verantwortliche durch nachfolgende Maßnahmen sichergestellt hat, dass das hohe Risiko für die Rechte und Freiheiten der betroffenen Personen gemäß Absatz 1 aller Wahrscheinlichkeit nach nicht mehr besteht;
c) dies mit einem unverhältnismäßigen Aufwand verbunden wäre. In diesem Fall hat stattdessen eine öffentliche Bekanntmachung oder eine ähnliche Maßnahme zu erfolgen, durch die die betroffenen Personen vergleichbar wirksam informiert werden.

(4) Wenn der Verantwortliche die betroffene Person nicht bereits über die Verletzung des Schutzes personenbezogener Daten benachrichtigt hat, kann die Aufsichtsbehörde unter Berücksichtigung der Wahrscheinlichkeit, mit der die Verletzung des Schutzes personenbezogener Daten zu einem hohen Risiko führt, von dem Verantwortlichen verlangen, dies nachzuholen, oder sie kann mit einem Beschluss feststellen, dass bestimmte der in Absatz 3 genannten Voraussetzungen erfüllt sind.

ABSCHNITT 3
Datenschutz-Folgenabschätzung und vorherige Konsultation

Artikel 35 Datenschutz-Folgenabschätzung

(1) Hat eine Form der Verarbeitung, insbesondere bei Verwendung neuer Technologien, aufgrund der Art, des Umfangs, der Umstände und der Zwecke der Verarbeitung voraussichtlich ein hohes Risiko für die Rechte und Freiheiten natürlicher Personen zur Folge, so führt der Verantwortliche vorab eine Abschätzung der Folgen der

vorgesehenen Verarbeitungsvorgänge für den Schutz personenbezogener Daten durch. Für die Untersuchung mehrerer ähnlicher Verarbeitungsvorgänge mit ähnlich hohen Risiken kann eine einzige Abschätzung vorgenommen werden.

(2) Der Verantwortliche holt bei der Durchführung einer Datenschutz-Folgenabschätzung den Rat des Datenschutzbeauftragten, sofern ein solcher benannt wurde, ein.

(3) Eine Datenschutz-Folgenabschätzung gemäß Absatz 1 ist insbesondere in folgenden Fällen erforderlich:
a) systematische und umfassende Bewertung persönlicher Aspekte natürlicher Personen, die sich auf automatisierte Verarbeitung einschließlich Profiling gründet und die ihrerseits als Grundlage für Entscheidungen dient, die Rechtswirkung gegenüber natürlichen Personen entfalten oder diese in ähnlich erheblicher Weise beeinträchtigen;
b) umfangreiche Verarbeitung besonderer Kategorien von personenbezogenen Daten gemäß Artikel 9 Absatz 1 oder von personenbezogenen Daten über strafrechtliche Verurteilungen und Straftaten gemäß Artikel 10 oder
c) systematische umfangreiche Überwachung öffentlich zugänglicher Bereiche.

(4) Die Aufsichtsbehörde erstellt eine Liste der Verarbeitungsvorgänge, für die gemäß Absatz 1 eine Datenschutz-Folgenabschätzung durchzuführen ist, und veröffentlicht diese. Die Aufsichtsbehörde übermittelt diese Listen dem in Artikel 68 genannten Ausschuss.

(5) Die Aufsichtsbehörde kann des Weiteren eine Liste der Arten von Verarbeitungsvorgängen erstellen und veröffentlichen, für die keine Datenschutz-Folgenabschätzung erforderlich ist. Die Aufsichtsbehörde übermittelt diese Listen dem Ausschuss.

(6) Vor Festlegung der in den Absätzen 4 und 5 genannten Listen wendet die zuständige Aufsichtsbehörde das Kohärenzverfahren gemäß Artikel 63 an, wenn solche Listen Verarbeitungstätigkeiten umfassen, die mit dem Angebot von Waren oder Dienstleistungen für betroffene Personen oder der Beobachtung des Verhaltens die-

ser Personen in mehreren Mitgliedstaaten im Zusammenhang stehen oder die den freien Verkehr personenbezogener Daten innerhalb der Union erheblich beeinträchtigen könnten.

(7) Die Folgenabschätzung enthält zumindest Folgendes:
a) eine systematische Beschreibung der geplanten Verarbeitungsvorgänge und der Zwecke der Verarbeitung, gegebenenfalls einschließlich der von dem Verantwortlichen verfolgten berechtigten Interessen;
b) eine Bewertung der Notwendigkeit und Verhältnismäßigkeit der Verarbeitungsvorgänge in Bezug auf den Zweck;
c) eine Bewertung der Risiken für die Rechte und Freiheiten der betroffenen Personen gemäß Absatz 1 und
d) die zur Bewältigung der Risiken geplanten Abhilfemaßnahmen, einschließlich Garantien, Sicherheitsvorkehrungen und Verfahren, durch die der Schutz personenbezogener Daten sichergestellt und der Nachweis dafür erbracht wird, dass diese Verordnung eingehalten wird, wobei den Rechten und berechtigten Interessen der betroffenen Personen und sonstiger Betroffener Rechnung getragen wird.

(8) Die Einhaltung genehmigter Verhaltensregeln gemäß Artikel 40 durch die zuständigen Verantwortlichen oder die zuständigen Auftragsverarbeiter ist bei der Beurteilung der Auswirkungen der von diesen durchgeführten Verarbeitungsvorgänge, insbesondere für die Zwecke einer Datenschutz-Folgenabschätzung, gebührend zu berücksichtigen.

(9) Der Verantwortliche holt gegebenenfalls den Standpunkt der betroffenen Personen oder ihrer Vertreter zu der beabsichtigten Verarbeitung unbeschadet des Schutzes gewerblicher oder öffentlicher Interessen oder der Sicherheit der Verarbeitungsvorgänge ein.

(10) Falls die Verarbeitung gemäß Artikel 6 Absatz 1 Buchstabe c oder e auf einer Rechtsgrundlage im Unionsrecht oder im Recht des Mitgliedstaats, dem der Verantwortliche unterliegt, beruht und falls diese Rechtsvorschriften den konkreten Verarbeitungsvorgang oder die konkreten Verarbeitungsvorgänge regeln und bereits im Rahmen der allgemeinen Folgenabschätzung im Zusammenhang mit dem Erlass dieser Rechtsgrundlage eine Datenschutz-Folgenab-

schätzung erfolgte, gelten die Absätze 1 bis 7 nur, wenn es nach dem Ermessen der Mitgliedstaaten erforderlich ist, vor den betreffenden Verarbeitungstätigkeiten eine solche Folgenabschätzung durchzuführen.

(11) Erforderlichenfalls führt der Verantwortliche eine Überprüfung durch, um zu bewerten, ob die Verarbeitung gemäß der Datenschutz-Folgenabschätzung durchgeführt wird; dies gilt zumindest, wenn hinsichtlich des mit den Verarbeitungsvorgängen verbundenen Risikos Änderungen eingetreten sind.

Artikel 36 Vorherige Konsultation

(1) Der Verantwortliche konsultiert vor der Verarbeitung die Aufsichtsbehörde, wenn aus einer Datenschutz-Folgenabschätzung gemäß Artikel 35 hervorgeht, dass die Verarbeitung ein hohes Risiko zur Folge hätte, sofern der Verantwortliche keine Maßnahmen zur Eindämmung des Risikos trifft.

(2) Falls die Aufsichtsbehörde der Auffassung ist, dass die geplante Verarbeitung gemäß Absatz 1 nicht im Einklang mit dieser Verordnung stünde, insbesondere weil der Verantwortliche das Risiko nicht ausreichend ermittelt oder nicht ausreichend eingedämmt hat, unterbreitet sie dem Verantwortlichen und gegebenenfalls dem Auftragsverarbeiter innerhalb eines Zeitraums von bis zu acht Wochen nach Erhalt des Ersuchens um Konsultation entsprechende schriftliche Empfehlungen und kann ihre in Artikel 58 genannten Befugnisse ausüben. Diese Frist kann unter Berücksichtigung der Komplexität der geplanten Verarbeitung um sechs Wochen verlängert werden. Die Aufsichtsbehörde unterrichtet den Verantwortlichen oder gegebenenfalls den Auftragsverarbeiter über eine solche Fristverlängerung innerhalb eines Monats nach Eingang des Antrags auf Konsultation zusammen mit den Gründen für die Verzögerung. Diese Fristen können ausgesetzt werden, bis die Aufsichtsbehörde die für die Zwecke der Konsultation angeforderten Informationen erhalten hat.

(3) Der Verantwortliche stellt der Aufsichtsbehörde bei einer Konsultation gemäß Absatz 1 folgende Informationen zur Verfügung:

a) gegebenenfalls Angaben zu den jeweiligen Zuständigkeiten des Verantwortlichen, der gemeinsam Verantwortlichen und der an

der Verarbeitung beteiligten Auftragsverarbeiter, insbesondere bei einer Verarbeitung innerhalb einer Gruppe von Unternehmen;
b) die Zwecke und die Mittel der beabsichtigten Verarbeitung;
c) die zum Schutz der Rechte und Freiheiten der betroffenen Personen gemäß dieser Verordnung vorgesehenen Maßnahmen und Garantien;
d) gegebenenfalls die Kontaktdaten des Datenschutzbeauftragten;
e) die Datenschutz-Folgenabschätzung gemäß Artikel 35 und
f) alle sonstigen von der Aufsichtsbehörde angeforderten Informationen.

(4) Die Mitgliedstaaten konsultieren die Aufsichtsbehörde bei der Ausarbeitung eines Vorschlags für von einem nationalen Parlament zu erlassende Gesetzgebungsmaßnahmen oder von auf solchen Gesetzgebungsmaßnahmen basierenden Regelungsmaßnahmen, die die Verarbeitung betreffen.

(5) Ungeachtet des Absatzes 1 können Verantwortliche durch das Recht der Mitgliedstaaten verpflichtet werden, bei der Verarbeitung zur Erfüllung einer im öffentlichen Interesse liegenden Aufgabe, einschließlich der Verarbeitung zu Zwecken der sozialen Sicherheit und der öffentlichen Gesundheit, die Aufsichtsbehörde zu konsultieren und deren vorherige Genehmigung einzuholen.

ABSCHNITT 4
Datenschutzbeauftragter

Artikel 37 Benennung eines Datenschutzbeauftragten

(1) Der Verantwortliche und der Auftragsverarbeiter benennen auf jeden Fall einen Datenschutzbeauftragten, wenn
a) die Verarbeitung von einer Behörde oder öffentlichen Stelle durchgeführt wird, mit Ausnahme von Gerichten, die im Rahmen ihrer justiziellen Tätigkeit handeln,
b) die Kerntätigkeit des Verantwortlichen oder des Auftragsverarbeiters in der Durchführung von Verarbeitungsvorgängen besteht, welche aufgrund ihrer Art, ihres Umfangs und/oder ihrer Zwecke eine umfangreiche regelmäßige und systematische Überwachung von betroffenen Personen erforderlich machen, oder

c) die Kerntätigkeit des Verantwortlichen oder des Auftragsverarbeiters in der umfangreichen Verarbeitung besonderer Kategorien von Daten gemäß Artikel 9 oder von personenbezogenen Daten über strafrechtliche Verurteilungen und Straftaten gemäß Artikel 10 besteht.

(2) Eine Unternehmensgruppe darf einen gemeinsamen Datenschutzbeauftragten ernennen, sofern von jeder Niederlassung aus der Datenschutzbeauftragte leicht erreicht werden kann.

(3) Falls es sich bei dem Verantwortlichen oder dem Auftragsverarbeiter um eine Behörde oder öffentliche Stelle handelt, kann für mehrere solcher Behörden oder Stellen unter Berücksichtigung ihrer Organisationsstruktur und ihrer Größe ein gemeinsamer Datenschutzbeauftragter benannt werden.

(4) In anderen als den in Absatz 1 genannten Fällen können der Verantwortliche oder der Auftragsverarbeiter oder Verbände und andere Vereinigungen, die Kategorien von Verantwortlichen oder Auftragsverarbeitern vertreten, einen Datenschutzbeauftragten benennen; falls dies nach dem Recht der Union oder der Mitgliedstaaten vorgeschrieben ist, müssen sie einen solchen benennen. Der Datenschutzbeauftragte kann für derartige Verbände und andere Vereinigungen, die Verantwortliche oder Auftragsverarbeiter vertreten, handeln.

(5) Der Datenschutzbeauftragte wird auf der Grundlage seiner beruflichen Qualifikation und insbesondere des Fachwissens benannt, das er auf dem Gebiet des Datenschutzrechts und der Datenschutzpraxis besitzt, sowie auf der Grundlage seiner Fähigkeit zur Erfüllung der in Artikel 39 genannten Aufgaben.

(6) Der Datenschutzbeauftragte kann Beschäftigter des Verantwortlichen oder des Auftragsverarbeiters sein oder seine Aufgaben auf der Grundlage eines Dienstleistungsvertrags erfüllen.

(7) Der Verantwortliche oder der Auftragsverarbeiter veröffentlicht die Kontaktdaten des Datenschutzbeauftragten und teilt diese Daten der Aufsichtsbehörde mit.

Artikel 38 Stellung des Datenschutzbeauftragten

(1) Der Verantwortliche und der Auftragsverarbeiter stellen sicher, dass der Datenschutzbeauftragte ordnungsgemäß und frühzeitig in alle mit dem Schutz personenbezogener Daten zusammenhängenden Fragen eingebunden wird.

(2) Der Verantwortliche und der Auftragsverarbeiter unterstützen den Datenschutzbeauftragten bei der Erfüllung seiner Aufgaben gemäß Artikel 39, indem sie die für die Erfüllung dieser Aufgaben erforderlichen Ressourcen und den Zugang zu personenbezogenen Daten und Verarbeitungsvorgängen sowie die zur Erhaltung seines Fachwissens erforderlichen Ressourcen zur Verfügung stellen.

(3) Der Verantwortliche und der Auftragsverarbeiter stellen sicher, dass der Datenschutzbeauftragte bei der Erfüllung seiner Aufgaben keine Anweisungen bezüglich der Ausübung dieser Aufgaben erhält. Der Datenschutzbeauftragte darf von dem Verantwortlichen oder dem Auftragsverarbeiter wegen der Erfüllung seiner Aufgaben nicht abberufen oder benachteiligt werden. Der Datenschutzbeauftragte berichtet unmittelbar der höchsten Managementebene des Verantwortlichen oder des Auftragsverarbeiters.

(4) Betroffene Personen können den Datenschutzbeauftragten zu allen mit der Verarbeitung ihrer personenbezogenen Daten und mit der Wahrnehmung ihrer Rechte gemäß dieser Verordnung im Zusammenhang stehenden Fragen zu Rate ziehen.

(5) Der Datenschutzbeauftragte ist nach dem Recht der Union oder der Mitgliedstaaten bei der Erfüllung seiner Aufgaben an die Wahrung der Geheimhaltung oder der Vertraulichkeit gebunden.

(6) Der Datenschutzbeauftragte kann andere Aufgaben und Pflichten wahrnehmen. Der Verantwortliche oder der Auftragsverarbeiter stellt sicher, dass derartige Aufgaben und Pflichten nicht zu einem Interessenkonflikt führen.

Artikel 39 Aufgaben des Datenschutzbeauftragten

(1) Dem Datenschutzbeauftragten obliegen zumindest folgende Aufgaben:

a) Unterrichtung und Beratung des Verantwortlichen oder des Auftragsverarbeiters und der Beschäftigten, die Verarbeitungen durchführen, hinsichtlich ihrer Pflichten nach dieser Verordnung sowie nach sonstigen Datenschutzvorschriften der Union bzw. der Mitgliedstaaten;
b) Überwachung der Einhaltung dieser Verordnung, anderer Datenschutzvorschriften der Union bzw. der Mitgliedstaaten sowie der Strategien des Verantwortlichen oder des Auftragsverarbeiters für den Schutz personenbezogener Daten einschließlich der Zuweisung von Zuständigkeiten, der Sensibilisierung und Schulung der an den Verarbeitungsvorgängen beteiligten Mitarbeiter und der diesbezüglichen Überprüfungen;
c) Beratung – auf Anfrage – im Zusammenhang mit der Datenschutz-Folgenabschätzung und Überwachung ihrer Durchführung gemäß Artikel 35;
d) Zusammenarbeit mit der Aufsichtsbehörde;
e) Tätigkeit als Anlaufstelle für die Aufsichtsbehörde in mit der Verarbeitung zusammenhängenden Fragen, einschließlich der vorherigen Konsultation gemäß Artikel 36, und gegebenenfalls Beratung zu allen sonstigen Fragen.

(2) Der Datenschutzbeauftragte trägt bei der Erfüllung seiner Aufgaben dem mit den Verarbeitungsvorgängen verbundenen Risiko gebührend Rechnung, wobei er die Art, den Umfang, die Umstände und die Zwecke der Verarbeitung berücksichtigt.

KAPITEL V
Übermittlungen personenbezogener Daten an Drittländer oder an internationale Organisationen

Artikel 44 Allgemeine Grundsätze der Datenübermittlung

Jedwede Übermittlung personenbezogener Daten, die bereits verarbeitet werden oder nach ihrer Übermittlung an ein Drittland oder eine internationale Organisation verarbeitet werden sollen, ist nur zulässig, wenn der Verantwortliche und der Auftragsverarbeiter die in diesem Kapitel niedergelegten Bedingungen einhalten und auch die sonstigen Bestimmungen dieser Verordnung eingehalten werden; dies gilt auch für die etwaige Weiterübermittlung personenbezogener Daten durch das betreffende Drittland oder die betreffende internationale Organisation an ein anderes Drittland oder eine andere internationale Organisation. Alle Bestimmungen dieses Kapitels sind anzuwenden, um sicherzustellen, dass das durch diese Verordnung gewährleistete Schutzniveau für natürliche Personen nicht untergraben wird.

Artikel 45 Datenübermittlung auf der Grundlage eines Angemessenheitsbeschlusses

(1) Eine Übermittlung personenbezogener Daten an ein Drittland oder eine internationale Organisation darf vorgenommen werden, wenn die Kommission beschlossen hat, dass das betreffende Drittland, ein Gebiet oder ein oder mehrere spezifische Sektoren in diesem Drittland oder die betreffende internationale Organisation ein angemessenes Schutzniveau bietet. Eine solche Datenübermittlung bedarf keiner besonderen Genehmigung.

(2) Bei der Prüfung der Angemessenheit des gebotenen Schutzniveaus berücksichtigt die Kommission insbesondere das Folgende:

a) die Rechtsstaatlichkeit, die Achtung der Menschenrechte und Grundfreiheiten, die in dem betreffenden Land bzw. bei der betreffenden internationalen Organisation geltenden einschlägigen Rechtsvorschriften sowohl allgemeiner als auch sektoraler Art – auch in Bezug auf öffentliche Sicherheit, Verteidigung, nationale Sicherheit und Strafrecht sowie Zugang der Behörden zu personenbezogenen Daten – sowie die Anwendung dieser Rechtsvorschriften, Datenschutzvorschriften, Berufsregeln und Sicherheitsvorschriften einschließlich der Vorschriften für die Weiterübermittlung personenbezogener Daten an ein anderes Drittland bzw. eine andere internationale Organisation, die Rechtsprechung sowie wirksame und durchsetzbare Rechte der betroffenen Person und wirksame verwaltungsrechtliche und gerichtliche Rechtsbehelfe für betroffene Personen, deren personenbezogene Daten übermittelt werden,

b) die Existenz und die wirksame Funktionsweise einer oder mehrerer unabhängiger Aufsichtsbehörden in dem betreffenden Drittland oder denen eine internationale Organisation untersteht und die für die Einhaltung und Durchsetzung der Datenschutzvorschriften, einschließlich angemessener Durchsetzungsbefugnisse, für die Unterstützung und Beratung der betroffenen Personen bei der Ausübung ihrer Rechte und für die Zusammenarbeit mit den Aufsichtsbehörden der Mitgliedstaaten zuständig sind, und

c) die von dem betreffenden Drittland bzw. der betreffenden internationalen Organisation eingegangenen internationalen Verpflichtungen oder andere Verpflichtungen, die sich aus rechtsverbindlichen Übereinkünften oder Instrumenten sowie aus der Teilnahme des Drittlands oder der internationalen Organisation an multilateralen oder regionalen Systemen insbesondere in Bezug auf den Schutz personenbezogener Daten ergeben.

(3) Nach der Beurteilung der Angemessenheit des Schutzniveaus kann die Kommission im Wege eines Durchführungsrechtsaktes beschließen, dass ein Drittland, ein Gebiet oder ein oder mehrere spezifische Sektoren in einem Drittland oder eine internationale Organisation ein angemessenes Schutzniveau im Sinne des Absatzes 2 des vorliegenden Artikels bieten. In dem Durchführungsrechtsakt ist ein Mechanismus für eine regelmäßige Überprüfung, die mindestens alle vier Jahre erfolgt, vorzusehen, bei der allen maßgeblichen Entwicklungen in dem Drittland oder bei der internationalen Organisation Rechnung getragen wird. Im Durchführungsrechtsakt werden der territoriale und der sektorale Anwendungsbereich sowie gegebenenfalls die in Absatz 2 Buchstabe b des vorliegenden Artikels genannte Aufsichtsbehörde bzw. genannten Aufsichtsbehörden angegeben. Der Durchführungsrechtsakt wird gemäß dem in Artikel 93 Absatz 2 genannten Prüfverfahren erlassen.

(4) Die Kommission überwacht fortlaufend die Entwicklungen in Drittländern und bei internationalen Organisationen, die die Wirkungsweise der nach Absatz 3 des vorliegenden Artikels erlassenen Beschlüsse und der nach Artikel 25 Absatz 6 der Richtlinie 95/46/EG erlassenen Feststellungen beeinträchtigen könnten.

(5) Die Kommission widerruft, ändert oder setzt die in Absatz 3 des vorliegenden Artikels genannten Beschlüsse im Wege von Durchführungsrechtsakten aus, soweit dies nötig ist und ohne rückwirkende Kraft, soweit entsprechende Informationen – insbesondere im Anschluss an die in Absatz 3 des vorliegenden Artikels genannte Überprüfung – dahingehend vorliegen, dass ein Drittland, ein Gebiet oder ein oder mehrere spezifischer Sektor in einem Drittland oder eine internationale Organisation kein angemessenes Schutz-

niveau im Sinne des Absatzes 2 des vorliegenden Artikels mehr gewährleistet. Diese Durchführungsrechtsakte werden gemäß dem Prüfverfahren nach Artikel 93 Absatz 2 erlassen. In hinreichend begründeten Fällen äußerster Dringlichkeit erlässt die Kommission gemäß dem in Artikel 93 Absatz 3 genannten Verfahren sofort geltende Durchführungsrechtsakte.

(6) Die Kommission nimmt Beratungen mit dem betreffenden Drittland bzw. der betreffenden internationalen Organisation auf, um Abhilfe für die Situation zu schaffen, die zu dem gemäß Absatz 5 erlassenen Beschluss geführt hat.

(7) Übermittlungen personenbezogener Daten an das betreffende Drittland, das Gebiet oder einen oder mehrere spezifische Sektoren in diesem Drittland oder an die betreffende internationale Organisation gemäß den Artikeln 46 bis 49 werden durch einen Beschluss nach Absatz 5 des vorliegenden Artikels nicht berührt.

(8) Die Kommission veröffentlicht im Amtsblatt der Europäischen Union und auf ihrer Website eine Liste aller Drittländer beziehungsweise Gebiete und spezifischen Sektoren in einem Drittland und aller internationalen Organisationen, für die sie durch Beschluss festgestellt hat, dass sie ein angemessenes Schutzniveau gewährleisten bzw. nicht mehr gewährleisten.

(9) Von der Kommission auf der Grundlage von Artikel 25 Absatz 6 der Richtlinie 95/46/EG erlassene Feststellungen bleiben so lange in Kraft, bis sie durch einen nach dem Prüfverfahren gemäß den Absätzen 3 oder 5 des vorliegenden Artikels erlassenen Beschluss der Kommission geändert, ersetzt oder aufgehoben werden.

Artikel 46 Datenübermittlung vorbehaltlich geeigneter Garantien

(1) Falls kein Beschluss nach Artikel 45 Absatz 3 vorliegt, darf ein Verantwortlicher oder ein Auftragsverarbeiter personenbezogene Daten an ein Drittland oder eine internationale Organisation nur übermitteln, sofern der Verantwortliche oder der Auftragsverarbeiter geeignete Garantien vorgesehen hat und sofern den betroffenen Personen durchsetzbare Rechte und wirksame Rechtsbehelfe zur Verfügung stehen.

(2) Die in Absatz 1 genannten geeigneten Garantien können, ohne dass hierzu eine besondere Genehmigung einer Aufsichtsbehörde erforderlich wäre, bestehen in

a) einem rechtlich bindenden und durchsetzbaren Dokument zwischen den Behörden oder öffentlichen Stellen,
b) verbindlichen internen Datenschutzvorschriften gemäß Artikel 47,
c) Standarddatenschutzklauseln, die von der Kommission gemäß dem Prüfverfahren nach Artikel 93 Absatz 2 erlassen werden,
d) von einer Aufsichtsbehörde angenommenen Standarddatenschutzklauseln, die von der Kommission gemäß dem Prüfverfahren nach Artikel 93 Absatz 2 genehmigt wurden,
e) genehmigten Verhaltensregeln gemäß Artikel 40 zusammen mit rechtsverbindlichen und durchsetzbaren Verpflichtungen des Verantwortlichen oder des Auftragsverarbeiters in dem Drittland zur Anwendung der geeigneten Garantien, einschließlich in Bezug auf die Rechte der betroffenen Personen, oder
f) einem genehmigten Zertifizierungsmechanismus gemäß Artikel 42 zusammen mit rechtsverbindlichen und durchsetzbaren Verpflichtungen des Verantwortlichen oder des Auftragsverarbeiters in dem Drittland zur Anwendung der geeigneten Garantien, einschließlich in Bezug auf die Rechte der betroffenen Personen.

(3) Vorbehaltlich der Genehmigung durch die zuständige Aufsichtsbehörde können die geeigneten Garantien gemäß Absatz 1 auch insbesondere bestehen in

a) Vertragsklauseln, die zwischen dem Verantwortlichen oder dem Auftragsverarbeiter und dem Verantwortlichen, dem Auftragsverarbeiter oder dem Empfänger der personenbezogenen Daten im Drittland oder der internationalen Organisation vereinbart wurden, oder
b) Bestimmungen, die in Verwaltungsvereinbarungen zwischen Behörden oder öffentlichen Stellen aufzunehmen sind und durchsetzbare und wirksame Rechte für die betroffenen Personen einschließen.

(4) Die Aufsichtsbehörde wendet das Kohärenzverfahren nach Artikel 63 an, wenn ein Fall gemäß Absatz 3 des vorliegenden Artikels vorliegt.

(5) Von einem Mitgliedstaat oder einer Aufsichtsbehörde auf der Grundlage von Artikel 26 Absatz 2 der Richtlinie 95/46/EG erteilte Genehmigungen bleiben so lange gültig, bis sie erforderlichenfalls von dieser Aufsichtsbehörde geändert, ersetzt oder aufgehoben werden. Von der Kommission auf der Grundlage von Artikel 26 Absatz 4 der Richtlinie 95/46/EG erlassene Feststellungen bleiben so lange in Kraft, bis sie erforderlichenfalls mit einem nach Absatz 2 des vorliegenden Artikels erlassenen Beschluss der Kommission geändert, ersetzt oder aufgehoben werden.

Artikel 47 Verbindliche interne Datenschutzvorschriften

(1) Die zuständige Aufsichtsbehörde genehmigt gemäß dem Kohärenzverfahren nach Artikel 63 verbindliche interne Datenschutzvorschriften, sofern diese

a) rechtlich bindend sind, für alle betreffenden Mitglieder der Unternehmensgruppe oder einer Gruppe von Unternehmen, die eine gemeinsame Wirtschaftstätigkeit ausüben, gelten und von diesen Mitgliedern durchgesetzt werden, und dies auch für ihre Beschäftigten gilt,
b) den betroffenen Personen ausdrücklich durchsetzbare Rechte in Bezug auf die Verarbeitung ihrer personenbezogenen Daten übertragen und
c) die in Absatz 2 festgelegten Anforderungen erfüllen.

(2) Die verbindlichen internen Datenschutzvorschriften nach Absatz 1 enthalten mindestens folgende Angaben:

a) Struktur und Kontaktdaten der Unternehmensgruppe oder Gruppe von Unternehmen, die eine gemeinsame Wirtschaftstätigkeit ausüben, und jedes ihrer Mitglieder;
b) die betreffenden Datenübermittlungen oder Reihen von Datenübermittlungen einschließlich der betreffenden Arten personenbezogener Daten, Art und Zweck der Datenverarbeitung, Art der betroffenen Personen und das betreffende Drittland beziehungsweise die betreffenden Drittländer;
c) interne und externe Rechtsverbindlichkeit der betreffenden internen Datenschutzvorschriften;
d) die Anwendung der allgemeinen Datenschutzgrundsätze, insbesondere Zweckbindung, Datenminimierung, begrenzte Speicherfristen, Datenqualität, Datenschutz durch Technikgestaltung und durch datenschutzfreundliche Voreinstellungen, Rechtsgrundlage

für die Verarbeitung, Verarbeitung besonderer Kategorien von personenbezogenen Daten, Maßnahmen zur Sicherstellung der Datensicherheit und Anforderungen für die Weiterübermittlung an nicht an diese internen Datenschutzvorschriften gebundene Stellen;

e) die Rechte der betroffenen Personen in Bezug auf die Verarbeitung und die diesen offenstehenden Mittel zur Wahrnehmung dieser Rechte einschließlich des Rechts, nicht einer ausschließlich auf einer automatisierten Verarbeitung – einschließlich Profiling – beruhenden Entscheidung nach Artikel 22 unterworfen zu werden sowie des in Artikel 79 niedergelegten Rechts auf Beschwerde bei der zuständigen Aufsichtsbehörde beziehungsweise auf Einlegung eines Rechtsbehelfs bei den zuständigen Gerichten der Mitgliedstaaten und im Falle einer Verletzung der verbindlichen internen Datenschutzvorschriften Wiedergutmachung und gegebenenfalls Schadenersatz zu erhalten;

f) die von dem in einem Mitgliedstaat niedergelassenen Verantwortlichen oder Auftragsverarbeiter übernommene Haftung für etwaige Verstöße eines nicht in der Union niedergelassenen betreffenden Mitglieds der Unternehmensgruppe gegen die verbindlichen internen Datenschutzvorschriften; der Verantwortliche oder der Auftragsverarbeiter ist nur dann teilweise oder vollständig von dieser Haftung befreit, wenn er nachweist, dass der Umstand, durch den der Schaden eingetreten ist, dem betreffenden Mitglied nicht zur Last gelegt werden kann;

g) die Art und Weise, wie die betroffenen Personen über die Bestimmungen der Artikel 13 und 14 hinaus über die verbindlichen internen Datenschutzvorschriften und insbesondere über die unter den Buchstaben d, e und f dieses Absatzes genannten Aspekte informiert werden;

h) die Aufgaben jedes gemäß Artikel 37 benannten Datenschutzbeauftragten oder jeder anderen Person oder Einrichtung, die mit der Überwachung der Einhaltung der verbindlichen internen Datenschutzvorschriften in der Unternehmensgruppe oder Gruppe von Unternehmen, die eine gemeinsame Wirtschaftstätigkeit ausüben, sowie mit der Überwachung der Schulungsmaßnahmen und dem Umgang mit Beschwerden befasst ist;

i) die Beschwerdeverfahren;

j) die innerhalb der Unternehmensgruppe oder Gruppe von Unternehmen, die eine gemeinsame Wirtschaftstätigkeit ausüben, bestehenden Verfahren zur Überprüfung der Einhaltung der verbindlichen internen Datenschutzvorschriften. Derartige Verfahren beinhalten Datenschutzüberprüfungen und Verfahren zur Gewährleistung von Abhilfemaßnahmen zum Schutz der Rechte der betroffenen Person. Die Ergebnisse derartiger Überprüfungen sollten der in Buchstabe h genannten Person oder Einrichtung sowie dem Verwaltungsrat des herrschenden Unternehmens einer Unternehmensgruppe oder der Gruppe von Unternehmen, die eine gemeinsame Wirtschaftstätigkeit ausüben, mitgeteilt werden und sollten der zuständigen Aufsichtsbehörde auf Anfrage zur Verfügung gestellt werden;

k) die Verfahren für die Meldung und Erfassung von Änderungen der Vorschriften und ihre Meldung an die Aufsichtsbehörde;

l) die Verfahren für die Zusammenarbeit mit der Aufsichtsbehörde, die die Befolgung der Vorschriften durch sämtliche Mitglieder der Unternehmensgruppe oder Gruppe von Unternehmen, die eine gemeinsame Wirtschaftstätigkeit ausüben, gewährleisten, insbesondere durch Offenlegung der Ergebnisse von Überprüfungen der unter Buchstabe j genannten Maßnahmen gegenüber der Aufsichtsbehörde;

m) die Meldeverfahren zur Unterrichtung der zuständigen Aufsichtsbehörde über jegliche für ein Mitglied der Unternehmensgruppe oder Gruppe von Unternehmen, die eine gemeinsame Wirtschaftstätigkeit ausüben, in einem Drittland geltenden rechtlichen Bestimmungen, die sich nachteilig auf die Garantien auswirken könnten, die die verbindlichen internen Datenschutzvorschriften bieten, und

n) geeignete Datenschutzschulungen für Personal mit ständigem oder regelmäßigem Zugang zu personenbezogenen Daten.

(3) Die Kommission kann das Format und die Verfahren für den Informationsaustausch über verbindliche interne Datenschutzvorschriften im Sinne des vorliegenden Artikels zwischen Verantwortlichen, Auftragsverarbeitern und Aufsichtsbehörden festlegen. Diese Durchführungsrechtsakte werden gemäß dem Prüfverfahren nach Artikel 93 Absatz 2 erlassen.

Artikel 48 Nach dem Unionsrecht nicht zulässige Übermittlung oder Offenlegung

Jegliches Urteil eines Gerichts eines Drittlands und jegliche Entscheidung einer Verwaltungsbehörde eines Drittlands, mit denen von einem Verantwortlichen oder einem Auftragsverarbeiter die Übermittlung oder Offenlegung personenbezogener Daten verlangt wird, dürfen unbeschadet anderer Gründe für die Übermittlung gemäß diesem Kapitel jedenfalls nur dann anerkannt oder vollstreckbar werden, wenn sie auf eine in Kraft befindliche internationale Übereinkunft wie etwa ein Rechtshilfeabkommen zwischen dem ersuchenden Drittland und der Union oder einem Mitgliedstaat gestützt sind.

Artikel 49 Ausnahmen für bestimmte Fälle

(1) Falls weder ein Angemessenheitsbeschluss nach Artikel 45 Absatz 3 vorliegt noch geeignete Garantien nach Artikel 46, einschließlich verbindlicher interner Datenschutzvorschriften, bestehen, ist eine Übermittlung oder eine Reihe von Übermittlungen personenbezogener Daten an ein Drittland oder an eine internationale Organisation nur unter einer der folgenden Bedingungen zulässig:

a) die betroffene Person hat in die vorgeschlagene Datenübermittlung ausdrücklich eingewilligt, nachdem sie über die für sie bestehenden möglichen Risiken derartiger Datenübermittlungen ohne Vorliegen eines Angemessenheitsbeschlusses und ohne geeignete Garantien unterrichtet wurde,
b) die Übermittlung ist für die Erfüllung eines Vertrags zwischen der betroffenen Person und dem Verantwortlichen oder zur Durchführung von vorvertraglichen Maßnahmen auf Antrag der betroffenen Person erforderlich,
c) die Übermittlung ist zum Abschluss oder zur Erfüllung eines im Interesse der betroffenen Person von dem Verantwortlichen mit einer anderen natürlichen oder juristischen Person geschlossenen Vertrags erforderlich,
d) die Übermittlung ist aus wichtigen Gründen des öffentlichen Interesses notwendig,
e) die Übermittlung ist zur Geltendmachung, Ausübung oder Verteidigung von Rechtsansprüchen erforderlich,
f) die Übermittlung ist zum Schutz lebenswichtiger Interessen der betroffenen Person oder anderer Personen erforderlich, sofern

die betroffene Person aus physischen oder rechtlichen Gründen außerstande ist, ihre Einwilligung zu geben,

g) die Übermittlung erfolgt aus einem Register, das gemäß dem Recht der Union oder der Mitgliedstaaten zur Information der Öffentlichkeit bestimmt ist und entweder der gesamten Öffentlichkeit oder allen Personen, die ein berechtigtes Interesse nachweisen können, zur Einsichtnahme offensteht, aber nur soweit die im Recht der Union oder der Mitgliedstaaten festgelegten Voraussetzungen für die Einsichtnahme im Einzelfall gegeben sind.

Falls die Übermittlung nicht auf eine Bestimmung der Artikel 45 oder 46 – einschließlich der verbindlichen internen Datenschutzvorschriften – gestützt werden könnte und keine der Ausnahmen für einen bestimmten Fall gemäß dem ersten Unterabsatz anwendbar ist, darf eine Übermittlung an ein Drittland oder eine internationale Organisation nur dann erfolgen, wenn die Übermittlung nicht wiederholt erfolgt, nur eine begrenzte Zahl von betroffenen Personen betrifft, für die Wahrung der zwingenden berechtigten Interessen des Verantwortlichen erforderlich ist, sofern die Interessen oder die Rechte und Freiheiten der betroffenen Person nicht überwiegen, und der Verantwortliche alle Umstände der Datenübermittlung beurteilt und auf der Grundlage dieser Beurteilung geeignete Garantien in Bezug auf den Schutz personenbezogener Daten vorgesehen hat. Der Verantwortliche setzt die Aufsichtsbehörde von der Übermittlung in Kenntnis. Der Verantwortliche unterrichtet die betroffene Person über die Übermittlung und seine zwingenden berechtigten Interessen; dies erfolgt zusätzlich zu den der betroffenen Person nach den Artikeln 13 und 14 mitgeteilten Informationen.

(2) Datenübermittlungen gemäß Absatz 1 Unterabsatz 1 Buchstabe g dürfen nicht die Gesamtheit oder ganze Kategorien der im Register enthaltenen personenbezogenen Daten umfassen. Wenn das Register der Einsichtnahme durch Personen mit berechtigtem Interesse dient, darf die Übermittlung nur auf Anfrage dieser Personen oder nur dann erfolgen, wenn diese Personen die Adressaten der Übermittlung sind.

(3) Absatz 1 Unterabsatz 1 Buchstaben a, b und c und sowie Absatz 1 Unterabsatz 2 gelten nicht für Tätigkeiten, die Behörden in Ausübung ihrer hoheitlichen Befugnisse durchführen.

(4) Das öffentliche Interesse im Sinne des Absatzes 1 Unterabsatz 1 Buchstabe d muss im Unionsrecht oder im Recht des Mitgliedstaats, dem der Verantwortliche unterliegt, anerkannt sein.

(5) Liegt kein Angemessenheitsbeschluss vor, so können im Unionsrecht oder im Recht der Mitgliedstaaten aus wichtigen Gründen des öffentlichen Interesses ausdrücklich Beschränkungen der Übermittlung bestimmter Kategorien von personenbezogenen Daten an Drittländer oder internationale Organisationen vorgesehen werden. Die Mitgliedstaaten teilen der Kommission derartige Bestimmungen mit.

(6) Der Verantwortliche oder der Auftragsverarbeiter erfasst die von ihm vorgenommene Beurteilung sowie die angemessenen Garantien im Sinne des Absatzes 1 Unterabsatz 2 des vorliegenden Artikels in der Dokumentation gemäß Artikel 30.

Artikel 50 Internationale Zusammenarbeit zum Schutz personenbezogener Daten

In Bezug auf Drittländer und internationale Organisationen treffen die Kommission und die Aufsichtsbehörden geeignete Maßnahmen zur

a) Entwicklung von Mechanismen der internationalen Zusammenarbeit, durch die die wirksame Durchsetzung von Rechtsvorschriften zum Schutz personenbezogener Daten erleichtert wird,
b) gegenseitigen Leistung internationaler Amtshilfe bei der Durchsetzung von Rechtsvorschriften zum Schutz personenbezogener Daten, unter anderem durch Meldungen, Beschwerdeverweisungen, Amtshilfe bei Untersuchungen und Informationsaustausch, sofern geeignete Garantien für den Schutz personenbezogener Daten und anderer Grundrechte und Grundfreiheiten bestehen,
c) Einbindung maßgeblicher Interessenträger in Diskussionen und Tätigkeiten, die zum Ausbau der internationalen Zusammenarbeit bei der Durchsetzung von Rechtsvorschriften zum Schutz personenbezogener Daten dienen,
d) Förderung des Austauschs und der Dokumentation von Rechtsvorschriften und Praktiken zum Schutz personenbezogener Daten einschließlich Zuständigkeitskonflikten mit Drittländern.

KAPITEL VIII
Rechtsbehelfe, Haftung und Sanktionen

Artikel 77 Recht auf Beschwerde bei einer Aufsichtsbehörde

(1) Jede betroffene Person hat unbeschadet eines anderweitigen verwaltungsrechtlichen oder gerichtlichen Rechtsbehelfs das Recht auf Beschwerde bei einer Aufsichtsbehörde, insbesondere in dem Mitgliedstaat ihres Aufenthaltsorts, ihres Arbeitsplatzes oder des Orts des mutmaßlichen Verstoßes, wenn die betroffene Person der Ansicht ist, dass die Verarbeitung der sie betreffenden personenbezogenen Daten gegen diese Verordnung verstößt.

(2) Die Aufsichtsbehörde, bei der die Beschwerde eingereicht wurde, unterrichtet den Beschwerdeführer über den Stand und die Ergebnisse der Beschwerde einschließlich der Möglichkeit eines gerichtlichen Rechtsbehelfs nach Artikel 78.

Artikel 78 Recht auf wirksamen gerichtlichen Rechtsbehelf gegen eine Aufsichtsbehörde

(1) Jede natürliche oder juristische Person hat unbeschadet eines anderweitigen verwaltungsrechtlichen oder außergerichtlichen Rechtsbehelfs das Recht auf einen wirksamen gerichtlichen Rechtsbehelf gegen einen sie betreffenden rechtsverbindlichen Beschluss einer Aufsichtsbehörde.

(2) Jede betroffene Person hat unbeschadet eines anderweitigen verwaltungsrechtlichen oder außergerichtlichen Rechtbehelfs das Recht auf einen wirksamen gerichtlichen Rechtsbehelf, wenn die nach den Artikeln 55 und 56 zuständige Aufsichtsbehörde sich nicht mit einer Beschwerde befasst oder die betroffene Person nicht innerhalb von drei Monaten über den Stand oder das Ergebnis der gemäß Artikel 77 erhobenen Beschwerde in Kenntnis gesetzt hat.

(3) Für Verfahren gegen eine Aufsichtsbehörde sind die Gerichte des Mitgliedstaats zuständig, in dem die Aufsichtsbehörde ihren Sitz hat.

(4) Kommt es zu einem Verfahren gegen den Beschluss einer Aufsichtsbehörde, dem eine Stellungnahme oder ein Beschluss des Ausschusses im Rahmen des Kohärenzverfahrens vorangegangen

ist, so leitet die Aufsichtsbehörde diese Stellungnahme oder diesen Beschluss dem Gericht zu.

Artikel 79 Recht auf wirksamen gerichtlichen Rechtsbehelf gegen Verantwortliche oder Auftragsverarbeiter

(1) Jede betroffene Person hat unbeschadet eines verfügbaren verwaltungsrechtlichen oder außergerichtlichen Rechtsbehelfs einschließlich des Rechts auf Beschwerde bei einer Aufsichtsbehörde gemäß Artikel 77 das Recht auf einen wirksamen gerichtlichen Rechtsbehelf, wenn sie der Ansicht ist, dass die ihr aufgrund dieser Verordnung zustehenden Rechte infolge einer nicht im Einklang mit dieser Verordnung stehenden Verarbeitung ihrer personenbezogenen Daten verletzt wurden.

(2) Für Klagen gegen einen Verantwortlichen oder gegen einen Auftragsverarbeiter sind die Gerichte des Mitgliedstaats zuständig, in dem der Verantwortliche oder der Auftragsverarbeiter eine Niederlassung hat. Wahlweise können solche Klagen auch bei den Gerichten des Mitgliedstaats erhoben werden, in dem die betroffene Person ihren Aufenthaltsort hat, es sei denn, es handelt sich bei dem Verantwortlichen oder dem Auftragsverarbeiter um eine Behörde eines Mitgliedstaats, die in Ausübung ihrer hoheitlichen Befugnisse tätig geworden ist.

Artikel 80 Vertretung von betroffenen Personen

(1) Die betroffene Person hat das Recht, eine Einrichtung, Organisationen oder Vereinigung ohne Gewinnerzielungsabsicht, die ordnungsgemäß nach dem Recht eines Mitgliedstaats gegründet ist, deren satzungsmäßige Ziele im öffentlichem Interesse liegen und die im Bereich des Schutzes der Rechte und Freiheiten von betroffenen Personen in Bezug auf den Schutz ihrer personenbezogenen Daten tätig ist, zu beauftragen, in ihrem Namen eine Beschwerde einzureichen, in ihrem Namen die in den Artikeln 77, 78 und 79 genannten Rechte wahrzunehmen und das Recht auf Schadensersatz gemäß Artikel 82 in Anspruch zu nehmen, sofern dieses im Recht der Mitgliedstaaten vorgesehen ist.

(2) Die Mitgliedstaaten können vorsehen, dass jede der in Absatz 1 des vorliegenden Artikels genannten Einrichtungen, Organisationen oder Vereinigungen unabhängig von einem Auftrag der be-

troffenen Person in diesem Mitgliedstaat das Recht hat, bei der gemäß Artikel 77 zuständigen Aufsichtsbehörde eine Beschwerde einzulegen und die in den Artikeln 78 und 79 aufgeführten Rechte in Anspruch zu nehmen, wenn ihres Erachtens die Rechte einer betroffenen Person gemäß dieser Verordnung infolge einer Verarbeitung verletzt worden sind.

Artikel 81 Aussetzung des Verfahrens

(1) Erhält ein zuständiges Gericht in einem Mitgliedstaat Kenntnis von einem Verfahren zu demselben Gegenstand in Bezug auf die Verarbeitung durch denselben Verantwortlichen oder Auftragsverarbeiter, das vor einem Gericht in einem anderen Mitgliedstaat anhängig ist, so nimmt es mit diesem Gericht Kontakt auf, um sich zu vergewissern, dass ein solches Verfahren existiert.

(2) Ist ein Verfahren zu demselben Gegenstand in Bezug auf die Verarbeitung durch denselben Verantwortlichen oder Auftragsverarbeiter vor einem Gericht in einem anderen Mitgliedstaat anhängig, so kann jedes später angerufene zuständige Gericht das bei ihm anhängige Verfahren aussetzen.

(3) Sind diese Verfahren in erster Instanz anhängig, so kann sich jedes später angerufene Gericht auf Antrag einer Partei auch für unzuständig erklären, wenn das zuerst angerufene Gericht für die betreffenden Klagen zuständig ist und die Verbindung der Klagen nach seinem Recht zulässig ist.

Artikel 82 Haftung und Recht auf Schadenersatz

(1) Jede Person, der wegen eines Verstoßes gegen diese Verordnung ein materieller oder immaterieller Schaden entstanden ist, hat Anspruch auf Schadenersatz gegen den Verantwortlichen oder gegen den Auftragsverarbeiter.

(2) Jeder an einer Verarbeitung beteiligte Verantwortliche haftet für den Schaden, der durch eine nicht dieser Verordnung entsprechende Verarbeitung verursacht wurde. Ein Auftragsverarbeiter haftet für den durch eine Verarbeitung verursachten Schaden nur dann, wenn er seinen speziell den Auftragsverarbeitern auferlegten Pflichten aus dieser Verordnung nicht nachgekommen ist oder unter Nichtbeachtung der rechtmäßig erteilten Anweisungen des für

die Datenverarbeitung Verantwortlichen oder gegen diese Anweisungen gehandelt hat.

(3) Der Verantwortliche oder der Auftragsverarbeiter wird von der Haftung gemäß Absatz 2 befreit, wenn er nachweist, dass er in keinerlei Hinsicht für den Umstand, durch den der Schaden eingetreten ist, verantwortlich ist.

(4) Ist mehr als ein Verantwortlicher oder mehr als ein Auftragsverarbeiter bzw. sowohl ein Verantwortlicher als auch ein Auftragsverarbeiter an derselben Verarbeitung beteiligt und sind sie gemäß den Absätzen 2 und 3 für einen durch die Verarbeitung verursachten Schaden verantwortlich, so haftet jeder Verantwortliche oder jeder Auftragsverarbeiter für den gesamten Schaden, damit ein wirksamer Schadensersatz für die betroffene Person sichergestellt ist.

(5) Hat ein Verantwortlicher oder Auftragsverarbeiter gemäß Absatz 4 vollständigen Schadenersatz für den erlittenen Schaden gezahlt, so ist dieser Verantwortliche oder Auftragsverarbeiter berechtigt, von den übrigen an derselben Verarbeitung beteiligten für die Datenverarbeitung Verantwortlichen oder Auftragsverarbeitern den Teil des Schadenersatzes zurückzufordern, der unter den in Absatz 2 festgelegten Bedingungen ihrem Anteil an der Verantwortung für den Schaden entspricht.

(6) Mit Gerichtsverfahren zur Inanspruchnahme des Rechts auf Schadenersatz sind die Gerichte zu befassen, die nach den in Artikel 79 Absatz 2 genannten Rechtsvorschriften des Mitgliedstaats zuständig sind.

Artikel 83 Allgemeine Bedingungen für die Verhängung von Geldbußen

(1) Jede Aufsichtsbehörde stellt sicher, dass die Verhängung von Geldbußen gemäß diesem Artikel für Verstöße gegen diese Verordnung gemäß den Absätzen 5 und 6 in jedem Einzelfall wirksam, verhältnismäßig und abschreckend ist.

(2) Geldbußen werden je nach den Umständen des Einzelfalls zusätzlich zu oder anstelle von Maßnahmen nach Artikel 58 Absatz 2

Buchstaben a bis h und i verhängt. Bei der Entscheidung über die Verhängung einer Geldbuße und über deren Betrag wird in jedem Einzelfall Folgendes gebührend berücksichtigt:

a) Art, Schwere und Dauer des Verstoßes unter Berücksichtigung der Art, des Umfangs oder des Zwecks der betreffenden Verarbeitung sowie der Zahl der von der Verarbeitung betroffenen Personen und des Ausmaßes des von ihnen erlittenen Schadens;
b) Vorsätzlichkeit oder Fahrlässigkeit des Verstoßes;
c) jegliche von dem Verantwortlichen oder dem Auftragsverarbeiter getroffenen Maßnahmen zur Minderung des den betroffenen Personen entstandenen Schadens;
d) Grad der Verantwortung des Verantwortlichen oder des Auftragsverarbeiters unter Berücksichtigung der von ihnen gemäß den Artikeln 25 und 32 getroffenen technischen und organisatorischen Maßnahmen;
e) etwaige einschlägige frühere Verstöße des Verantwortlichen oder des Auftragsverarbeiters;
f) Umfang der Zusammenarbeit mit der Aufsichtsbehörde, um dem Verstoß abzuhelfen und seine möglichen nachteiligen Auswirkungen zu mindern;
g) Kategorien personenbezogener Daten, die von dem Verstoß betroffen sind;
h) Art und Weise, wie der Verstoß der Aufsichtsbehörde bekannt wurde, insbesondere ob und gegebenenfalls in welchem Umfang der Verantwortliche oder der Auftragsverarbeiter den Verstoß mitgeteilt hat;
i) Einhaltung der nach Artikel 58 Absatz 2 früher gegen den für den betreffenden Verantwortlichen oder Auftragsverarbeiter in Bezug auf denselben Gegenstand angeordneten Maßnahmen, wenn solche Maßnahmen angeordnet wurden;
j) Einhaltung von genehmigten Verhaltensregeln nach Artikel 40 oder genehmigten Zertifizierungsverfahren nach Artikel 42 und
k) jegliche anderen erschwerenden oder mildernden Umstände im jeweiligen Fall, wie unmittelbar oder mittelbar durch den Verstoß erlangte finanzielle Vorteile oder vermiedene Verluste.

(3) Verstößt ein Verantwortlicher oder ein Auftragsverarbeiter bei gleichen oder miteinander verbundenen Verarbeitungsvorgängen vorsätzlich oder fahrlässig gegen mehrere Bestimmungen dieser

Verordnung, so übersteigt der Gesamtbetrag der Geldbuße nicht den Betrag für den schwerwiegendsten Verstoß.

(4) Bei Verstößen gegen die folgenden Bestimmungen werden im Einklang mit Absatz 2 Geldbußen von bis zu 10 000 000 EUR oder im Fall eines Unternehmens von bis zu 2 % seines gesamten weltweit erzielten Jahresumsatzes des vorangegangenen Geschäftsjahrs verhängt, je nachdem, welcher der Beträge höher ist:
a) die Pflichten der Verantwortlichen und der Auftragsverarbeiter gemäß den Artikeln 8, 11, 25 bis 39, 42 und 43;
b) die Pflichten der Zertifizierungsstelle gemäß den Artikeln 42 und 43;
c) die Pflichten der Überwachungsstelle gemäß Artikel 41 Absatz 4.

(5) Bei Verstößen gegen die folgenden Bestimmungen werden im Einklang mit Absatz 2 Geldbußen von bis zu 20 000 000 EUR oder im Fall eines Unternehmens von bis zu 4 % seines gesamten weltweit erzielten Jahresumsatzes des vorangegangenen Geschäftsjahrs verhängt, je nachdem, welcher der Beträge höher ist:
a) die Grundsätze für die Verarbeitung, einschließlich der Bedingungen für die Einwilligung, gemäß den Artikeln 5, 6, 7 und 9;
b) die Rechte der betroffenen Person gemäß den Artikeln 12 bis 22;
c) die Übermittlung personenbezogener Daten an einen Empfänger in einem Drittland oder an eine internationale Organisation gemäß den Artikeln 44 bis 49;
d) alle Pflichten gemäß den Rechtsvorschriften der Mitgliedstaaten, die im Rahmen des Kapitels IX erlassen wurden;
e) Nichtbefolgung einer Anweisung oder einer vorübergehenden oder endgültigen Beschränkung oder Aussetzung der Datenübermittlung durch die Aufsichtsbehörde gemäß Artikel 58 Absatz 2 oder Nichtgewährung des Zugangs unter Verstoß gegen Artikel 58 Absatz 1.

(6) Bei Nichtbefolgung einer Anweisung der Aufsichtsbehörde gemäß Artikel 58 Absatz 2 werden im Einklang mit Absatz 2 des vorliegenden Artikels Geldbußen von bis zu 20 000 000 EUR oder im Fall eines Unternehmens von bis zu 4 % seines gesamten weltweit erzielten Jahresumsatzes des vorangegangenen Geschäftsjahrs verhängt, je nachdem, welcher der Beträge höher ist.

(7) Unbeschadet der Abhilfebefugnisse der Aufsichtsbehörden gemäß Artikel 58 Absatz 2 kann jeder Mitgliedstaat Vorschriften dafür festlegen, ob und in welchem Umfang gegen Behörden und öffentliche Stellen, die in dem betreffenden Mitgliedstaat niedergelassen sind, Geldbußen verhängt werden können.

(8) Die Ausübung der eigenen Befugnisse durch eine Aufsichtsbehörde gemäß diesem Artikel muss angemessenen Verfahrensgarantien gemäß dem Unionsrecht und dem Recht der Mitgliedstaaten, einschließlich wirksamer gerichtlicher Rechtsbehelfe und ordnungsgemäßer Verfahren, unterliegen.

(9) Sieht die Rechtsordnung eines Mitgliedstaats keine Geldbußen vor, kann dieser Artikel so angewandt werden, dass die Geldbuße von der zuständigen Aufsichtsbehörde in die Wege geleitet und von den zuständigen nationalen Gerichten verhängt wird, wobei sicherzustellen ist, dass diese Rechtsbehelfe wirksam sind und die gleiche Wirkung wie die von Aufsichtsbehörden verhängten Geldbußen haben. In jeden Fall müssen die verhängten Geldbußen wirksam, verhältnismäßig und abschreckend sein. Die betreffenden Mitgliedstaaten teilen der Kommission bis zum 25. Mai 2018 die Rechtsvorschriften mit, die sie aufgrund dieses Absatzes erlassen, sowie unverzüglich alle späteren Änderungsgesetze oder Änderungen dieser Vorschriften.

Artikel 84 Sanktionen

(1) Die Mitgliedstaaten legen die Vorschriften über andere Sanktionen für Verstöße gegen diese Verordnung – insbesondere für Verstöße, die keiner Geldbuße gemäß Artikel 83 unterliegen – fest und treffen alle zu deren Anwendung erforderlichen Maßnahmen. Diese Sanktionen müssen wirksam, verhältnismäßig und abschreckend sein.

(2) Jeder Mitgliedstaat teilt der Kommission bis zum 25. Mai 2018 die Rechtsvorschriften, die er aufgrund von Absatz 1 erlässt, sowie unverzüglich alle späteren Änderungen dieser Vorschriften mit.

KAPITEL IX
Vorschriften für besondere Verarbeitungssituationen

Artikel 85 Verarbeitung und Freiheit der Meinungsäußerung und Informationsfreiheit

(1) Die Mitgliedstaaten bringen durch Rechtsvorschriften das Recht auf den Schutz personenbezogener Daten gemäß dieser Verordnung mit dem Recht auf freie Meinungsäußerung und Informationsfreiheit, einschließlich der Verarbeitung zu journalistischen Zwecken und zu wissenschaftlichen, künstlerischen oder literarischen Zwecken, in Einklang.

(2) Für die Verarbeitung, die zu journalistischen Zwecken oder zu wissenschaftlichen, künstlerischen oder literarischen Zwecken erfolgt, sehen die Mitgliedstaaten Abweichungen oder Ausnahmen von Kapitel II (Grundsätze), Kapitel III (Rechte der betroffenen Person), Kapitel IV (Verantwortlicher und Auftragsverarbeiter), Kapitel V (Übermittlung personenbezogener Daten an Drittländer oder an internationale Organisationen), Kapitel VI (Unabhängige Aufsichtsbehörden), Kapitel VII (Zusammenarbeit und Kohärenz) und Kapitel IX (Vorschriften für besondere Verarbeitungssituationen) vor, wenn dies erforderlich ist, um das Recht auf Schutz der personenbezogenen Daten mit der Freiheit der Meinungsäußerung und der Informationsfreiheit in Einklang zu bringen.

(3) Jeder Mitgliedstaat teilt der Kommission die Rechtsvorschriften, die er aufgrund von Absatz 2 erlassen hat, sowie unverzüglich alle späteren Änderungsgesetze oder Änderungen dieser Vorschriften mit.

Artikel 86 Verarbeitung und Zugang der Öffentlichkeit zu amtlichen Dokumenten

Personenbezogene Daten in amtlichen Dokumenten, die sich im Besitz einer Behörde oder einer öffentlichen Einrichtung oder einer privaten Einrichtung zur Erfüllung einer im öffentlichen Interesse liegenden Aufgabe befinden, können von der Behörde oder der Einrichtung gemäß dem Unionsrecht oder dem Recht des Mitgliedstaats, dem die Behörde oder Einrichtung unterliegt, offengelegt werden, um den Zugang der Öffentlichkeit zu amtlichen Dokumenten mit dem Recht auf Schutz personenbezogener Daten gemäß dieser Verordnung in Einklang zu bringen.

Artikel 87 Verarbeitung der nationalen Kennziffer

Die Mitgliedstaaten können näher bestimmen, unter welchen spezifischen Bedingungen eine nationale Kennziffer oder andere Kennzeichen von allgemeiner Bedeutung Gegenstand einer Verarbeitung sein dürfen. In diesem Fall darf die nationale Kennziffer oder das andere Kennzeichen von allgemeiner Bedeutung nur unter Wahrung geeigneter Garantien für die Rechte und Freiheiten der betroffenen Person gemäß dieser Verordnung verwendet werden.

Artikel 88 Datenverarbeitung im Beschäftigungskontext

(1) Die Mitgliedstaaten können durch Rechtsvorschriften oder durch Kollektivvereinbarungen spezifischere Vorschriften zur Gewährleistung des Schutzes der Rechte und Freiheiten hinsichtlich der Verarbeitung personenbezogener Beschäftigtendaten im Beschäftigungskontext, insbesondere für Zwecke der Einstellung, der Erfüllung des Arbeitsvertrags einschließlich der Erfüllung von durch Rechtsvorschriften oder durch Kollektivvereinbarung en festgelegten Pflichten, des Managements, der Planung und der Organisation der Arbeit, der Gleichheit und Diversität am Arbeitsplatz, der Gesundheit und Sicherheit am Arbeitsplatz, des Schutzes des Eigentums der Arbeitgeber oder der Kunden sowie für Zwecke der Inanspruchnahme der mit der Beschäftigung zusammenhängenden individuellen oder kollektiven Rechte und Leistungen und für Zwecke der Beendigung des Beschäftigungsverhältnisses vorsehen.

(2) Diese Vorschriften umfassen angemessene und besondere Maßnahmen zur Wahrung der menschlichen Würde, der berechtigten Interessen und der Grundrechte der betroffenen Person, insbesondere im Hinblick auf die Transparenz der Verarbeitung, die Übermittlung personenbezogener Daten innerhalb einer Unternehmensgruppe oder einer Gruppe von Unternehmen, die eine gemeinsame Wirtschaftstätigkeit ausüben, und die Überwachungssysteme am Arbeitsplatz.

(3) Jeder Mitgliedstaat teilt der Kommission bis zum 25. Mai 2018 die Rechtsvorschriften, die er aufgrund von Absatz 1 erlässt, sowie unverzüglich alle späteren Änderungen dieser Vorschriften mit.

Artikel 89 Garantien und Ausnahmen in Bezug auf die Verarbeitung zu im öffentlichen Interesse liegenden Archivzwecken, zu wissenschaftlichen oder historischen Forschungszwecken und zu statistischen Zwecken

(1) Die Verarbeitung zu im öffentlichen Interesse liegenden Archivzwecken, zu wissenschaftlichen oder historischen Forschungszwecken oder zu statistischen Zwecken unterliegt geeigneten Garantien für die Rechte und Freiheiten der betroffenen Person gemäß dieser Verordnung. Mit diesen Garantien wird sichergestellt, dass technische und organisatorische Maßnahmen bestehen, mit denen insbesondere die Achtung des Grundsatzes der Datenminimierung gewährleistet wird. Zu diesen Maßnahmen kann die Pseudonymisierung gehören, sofern es möglich ist, diese Zwecke auf diese Weise zu erfüllen. In allen Fällen, in denen diese Zwecke durch die Weiterverarbeitung, bei der die Identifizierung von betroffenen Personen nicht oder nicht mehr möglich ist, erfüllt werden können, werden diese Zwecke auf diese Weise erfüllt.

(2) Werden personenbezogene Daten zu wissenschaftlichen oder historischen Forschungszwecken oder zu statistischen Zwecken verarbeitet, können vorbehaltlich der Bedingungen und Garantien gemäß Absatz 1 des vorliegenden Artikels im Unionsrecht oder im Recht der Mitgliedstaaten insoweit Ausnahmen von den Rechten gemäß der Artikel 15, 16, 18 und 21 vorgesehen werden, als diese Rechte voraussichtlich die Verwirklichung der spezifischen Zwecke unmöglich machen oder ernsthaft beeinträchtigen und solche Ausnahmen für die Erfüllung dieser Zwecke notwendig sind.

(3) Werden personenbezogene Daten für im öffentlichen Interesse liegende Archivzwecke verarbeitet, können vorbehaltlich der Bedingungen und Garantien gemäß Absatz 1 des vorliegenden Artikels im Unionsrecht oder im Recht der Mitgliedstaaten insoweit Ausnahmen von den Rechten gemäß der Artikel 15, 16, 18, 19, 20 und 21 vorgesehen werden, als diese Rechte voraussichtlich die Verwirklichung der spezifischen Zwecke unmöglich machen oder ernsthaft beeinträchtigen und solche Ausnahmen für die Erfüllung dieser Zwecke notwendig sind.

(4) Dient die in den Absätzen 2 und 3 genannte Verarbeitung gleichzeitig einem anderen Zweck, gelten die Ausnahmen nur für die Verarbeitung zu den in diesen Absätzen genannten Zwecken.

Artikel 90 Geheimhaltungspflichten

(1) Die Mitgliedstaaten können die Befugnisse der Aufsichtsbehörden im Sinne des Artikels 58 Absatz 1 Buchstaben e und f gegenüber den Verantwortlichen oder den Auftragsverarbeitern, die nach Unionsrecht oder dem Recht der Mitgliedstaaten oder nach einer von den zuständigen nationalen Stellen erlassenen Verpflichtung dem Berufsgeheimnis oder einer gleichwertigen Geheimhaltungspflicht unterliegen, regeln, soweit dies notwendig und verhältnismäßig ist, um das Recht auf Schutz der personenbezogenen Daten mit der Pflicht zur Geheimhaltung in Einklang zu bringen. Diese Vorschriften gelten nur in Bezug auf personenbezogene Daten, die der Verantwortliche oder der Auftragsverarbeiter bei einer Tätigkeit erlangt oder erhoben hat, die einer solchen Geheimhaltungspflicht unterliegt.

(2) Jeder Mitgliedstaat teilt der Kommission bis zum 25. Mai 2018 die Vorschriften mit, die er aufgrund von Absatz 1 erlässt, und setzt sie unverzüglich von allen weiteren Änderungen dieser Vorschriften in Kenntnis.

Artikel 91 Bestehende Datenschutzvorschriften von Kirchen und religiösen Vereinigungen oder Gemeinschaften

(1) Wendet eine Kirche oder eine religiöse Vereinigung oder Gemeinschaft in einem Mitgliedstaat zum Zeitpunkt des Inkrafttretens dieser Verordnung umfassende Regeln zum Schutz natürlicher Personen bei der Verarbeitung an, so dürfen diese Regeln weiter angewandt werden, sofern sie mit dieser Verordnung in Einklang gebracht werden.

(2) Kirchen und religiöse Vereinigungen oder Gemeinschaften, die gemäß Absatz 1 umfassende Datenschutzregeln anwenden, unterliegen der Aufsicht durch eine unabhängige Aufsichtsbehörde, die spezifischer Art sein kann, sofern sie die in Kapitel VI niedergelegten Bedingungen erfüllt.

Gesetz zum Elterngeld und zur Elternzeit*
(Bundeselterngeld- und Elternzeitgesetz – BEEG)

ABSCHNITT 1
Elterngeld

§ 1 Berechtigte

(1) Anspruch auf Elterngeld hat, wer

1. einen Wohnsitz oder seinen gewöhnlichen Aufenthalt in Deutschland hat,
2. mit seinem Kind in einem Haushalt lebt,
3. dieses Kind selbst betreut und erzieht und
4. keine oder keine volle Erwerbstätigkeit ausübt.

Bei Mehrlingsgeburten besteht nur ein Anspruch auf Elterngeld.

(2) Anspruch auf Elterngeld hat auch, wer, ohne eine der Voraussetzungen des Absatzes 1 Satz 1 Nummer 1 zu erfüllen,

1. nach § 4 des Vierten Buches Sozialgesetzbuch dem deutschen Sozialversicherungsrecht unterliegt oder im Rahmen seines in Deutschland bestehenden öffentlich-rechtlichen Dienst- oder Amtsverhältnisses vorübergehend ins Ausland abgeordnet, versetzt oder kommandiert ist,
2. Entwicklungshelfer oder Entwicklungshelferin im Sinne des § 1 des Entwicklungshelfer-Gesetzes ist oder als Missionar oder Missionarin der Missionswerke und -gesellschaften, die Mitglieder oder Vereinbarungspartner des Evangelischen Missionswerkes Hamburg, der Arbeitsgemeinschaft Evangelikaler Missionen e. V., des Deutschen katholischen Missionsrates oder der Arbeitsgemeinschaft pfingstlichcharismatischer Missionen sind, tätig ist oder
3. die deutsche Staatsangehörigkeit besitzt und nur vorübergehend bei einer zwischen- oder überstaatlichen Einrichtung tätig ist, insbesondere nach den Entsenderichtlinien des Bundes beurlaubte Beamte und Beamtinnen, oder wer vorübergehend eine nach § 123a des Beamtenrechtsrahmengesetzes oder § 29 des Bundesbeamtengesetzes zugewiesene Tätigkeit im Ausland wahrnimmt.

---

* Vom 5. Dezember 2006 (BGBl. I, S. 2748), in der Fassung der Bekanntmachung vom 27. Januar 2015 (BGBl. I, S. 2325), zuletzt geändert durch Gesetz vom 23. Mai 2017 (BGBl. I, S. 1228 (1241)).

Dies gilt auch für mit der nach Satz 1 berechtigten Person in einem Haushalt lebende Ehegatten, Ehegattinnen, Lebenspartner oder Lebenspartnerinnen.

(3) Anspruch auf Elterngeld hat abweichend von Absatz 1 Satz 1 Nummer 2 auch, wer

1. mit einem Kind in einem Haushalt lebt, das er mit dem Ziel der Annahme als Kind aufgenommen hat,
2. ein Kind des Ehegatten, der Ehegattin, des Lebenspartners oder der Lebenspartnerin in seinen Haushalt aufgenommen hat oder
3. mit einem Kind in einem Haushalt lebt und die von ihm erklärte Anerkennung der Vaterschaft nach § 1594 Absatz 2 des Bürgerlichen Gesetzbuchs noch nicht wirksam oder über die von ihm beantragte Vaterschaftsfeststellung nach § 1600d des Bürgerlichen Gesetzbuchs noch nicht entschieden ist.

Für angenommene Kinder und Kinder im Sinne des Satzes 1 Nummer 1 sind die Vorschriften dieses Gesetzes mit der Maßgabe anzuwenden, dass statt des Zeitpunktes der Geburt der Zeitpunkt der Aufnahme des Kindes bei der berechtigten Person maßgeblich ist.

(4) Können die Eltern wegen einer schweren Krankheit, Schwerbehinderung oder Tod der Eltern ihr Kind nicht betreuen, haben Verwandte bis zum dritten Grad und ihre Ehegatten, Ehegattinnen, Lebenspartner oder Lebenspartnerinnen Anspruch auf Elterngeld, wenn sie die übrigen Voraussetzungen nach Absatz 1 erfüllen und von anderen Berechtigten Elterngeld nicht in Anspruch genommen wird.

(5) Der Anspruch auf Elterngeld bleibt unberührt, wenn die Betreuung und Erziehung des Kindes aus einem wichtigen Grund nicht sofort aufgenommen werden kann oder wenn sie unterbrochen werden muss.

(6) Eine Person ist nicht voll erwerbstätig, wenn ihre Arbeitszeit 30 Wochenstunden im Durchschnitt des Monats nicht übersteigt, sie eine Beschäftigung zur Berufsbildung ausübt oder sie eine geeignete Tagespflegeperson im Sinne des § 23 des Achten Buches Sozialgesetzbuch ist und nicht mehr als fünf Kinder in Tagespflege betreut.

(7) Ein nicht freizügigkeitsberechtigter Ausländer oder eine nicht freizügigkeitsberechtigte Ausländerin ist nur anspruchsberechtigt, wenn diese Person

1. eine Niederlassungserlaubnis besitzt,
2. eine Aufenthaltserlaubnis besitzt, die zur Ausübung einer Erwerbstätigkeit berechtigt oder berechtigt hat, es sei denn, die Aufenthaltserlaubnis wurde
   a) nach § 16 oder § 17 des Aufenthaltsgesetzes erteilt,
   b) nach § 18 Absatz 2 des Aufenthaltsgesetzes erteilt und die Zustimmung der Bundesagentur für Arbeit darf nach der Beschäftigungsverordnung nur für einen bestimmten Höchstzeitraum erteilt werden,
   c) nach § 23 Absatz 1 des Aufenthaltsgesetzes wegen eines Krieges in ihrem Heimatland oder nach den §§ 23a, 24, 25 Absatz 3 bis 5 des Aufenthaltsgesetzes erteilt,
   d) nach § 104a des Aufenthaltsgesetzes erteilt oder
3. eine in Nummer 2 Buchstabe c genannte Aufenthaltserlaubnis besitzt und
   a) sich seit mindestens drei Jahren rechtmäßig, gestattet oder geduldet im Bundesgebiet aufhält und
   b) im Bundesgebiet berechtigt erwerbstätig ist, laufende Geldleistungen nach dem Dritten Buch Sozialgesetzbuch bezieht oder Elternzeit in Anspruch nimmt.

(8) Ein Anspruch entfällt, wenn die berechtigte Person im letzten abgeschlossenen Veranlagungszeitraum vor der Geburt des Kindes ein zu versteuerndes Einkommen nach § 2 Absatz 5 des Einkommensteuergesetzes in Höhe von mehr als 250 000 Euro erzielt hat. Erfüllt auch eine andere Person die Voraussetzungen des Absatzes 1 Satz 1 Nummer 2 oder der Absätze 3 oder 4, entfällt abweichend von Satz 1 der Anspruch, wenn die Summe des zu versteuernden Einkommens beider Personen mehr als 500 000 Euro beträgt.

§ 2 Höhe des Elterngeldes

(1) Elterngeld wird in Höhe von 67 Prozent des Einkommens aus Erwerbstätigkeit vor der Geburt des Kindes gewährt. Es wird bis zu einem Höchstbetrag von 1 800 Euro monatlich für volle Monate gezahlt, in denen die berechtigte Person kein Einkommen aus Erwerbstätigkeit hat. Das Einkommen aus Erwerbstätigkeit errechnet sich nach Maßgabe der §§ 2c bis 2f aus der um die Abzüge

für Steuern und Sozialabgaben verminderten Summe der positiven Einkünfte aus

1. nichtselbständiger Arbeit nach § 2 Absatz 1 Satz 1 Nummer 4 des Einkommensteuergesetzes sowie
2. Land- und Forstwirtschaft, Gewerbebetrieb und selbständiger Arbeit nach § 2 Absatz 1 Satz 1 Nummer 1 bis 3 des Einkommensteuergesetzes,

die im Inland zu versteuern sind und die die berechtigte Person durchschnittlich monatlich im Bemessungszeitraum nach § 2b oder in Monaten der Bezugszeit nach § 2 Absatz 3 hat.

(2) In den Fällen, in denen das Einkommen aus Erwerbstätigkeit vor der Geburt geringer als 1 000 Euro war, erhöht sich der Prozentsatz von 67 Prozent um 0,1 Prozentpunkte für je 2 Euro, um die dieses Einkommen den Betrag von 1 000 Euro unterschreitet, auf bis zu 100 Prozent. In den Fällen, in denen das Einkommen aus Erwerbstätigkeit vor der Geburt höher als 1 200 Euro war, sinkt der Prozentsatz von 67 Prozent um 0,1 Prozentpunkte für je 2 Euro, um die dieses Einkommen den Betrag von 1 200 Euro überschreitet, auf bis zu 65 Prozent.

(3) Für Monate nach der Geburt des Kindes, in denen die berechtigte Person ein Einkommen aus Erwerbstätigkeit hat, das durchschnittlich geringer ist als das Einkommen aus Erwerbstätigkeit vor der Geburt, wird Elterngeld in Höhe des nach Absatz 1 oder 2 maßgeblichen Prozentsatzes des Unterschiedsbetrages dieser Einkommen aus Erwerbstätigkeit gezahlt. Als Einkommen aus Erwerbstätigkeit vor der Geburt ist dabei höchstens der Betrag von 2 770 Euro anzusetzen. Der Unterschiedsbetrag nach Satz 1 ist für das Einkommen aus Erwerbstätigkeit in Monaten, in denen die berechtigte Person Elterngeld im Sinne des § 4 Absatz 2 Satz 2 in Anspruch nimmt, und in Monaten, in denen sie Elterngeld Plus im Sinne des § 4 Absatz 3 Satz 1 in Anspruch nimmt, getrennt zu berechnen.

(4) Elterngeld wird mindestens in Höhe von 300 Euro gezahlt. Dies gilt auch, wenn die berechtigte Person vor der Geburt des Kindes kein Einkommen aus Erwerbstätigkeit hat.

§ 2a Geschwisterbonus und Mehrlingszuschlag

(1) Lebt die berechtigte Person in einem Haushalt mit
1. zwei Kindern, die noch nicht drei Jahre alt sind, oder
2. drei oder mehr Kindern, die noch nicht sechs Jahre alt sind,
wird das Elterngeld um 10 Prozent, mindestens jedoch um 75 Euro erhöht (Geschwisterbonus). Zu berücksichtigen sind alle Kinder, für die die berechtigte Person die Voraussetzungen des § 1 Absatz 1 und 3 erfüllt und für die sich das Elterngeld nicht nach Absatz 4 erhöht.

(2) Für angenommene Kinder, die noch nicht 14 Jahre alt sind, gilt als Alter des Kindes der Zeitraum seit der Aufnahme des Kindes in den Haushalt der berechtigten Person. Dies gilt auch für Kinder, die die berechtigte Person entsprechend § 1 Absatz 3 Satz 1 Nummer 1 mit dem Ziel der Annahme als Kind in ihren Haushalt aufgenommen hat. Für Kinder mit Behinderung im Sinne von § 2 Absatz 1 Satz 1 des Neunten Buches Sozialgesetzbuch liegt die Altersgrenze nach Absatz 1 Satz 1 bei 14 Jahren.

(3) Der Anspruch auf den Geschwisterbonus endet mit Ablauf des Monats, in dem eine der in Absatz 1 genannten Anspruchsvoraussetzungen entfällt.

(4) Bei Mehrlingsgeburten erhöht sich das Elterngeld um je 300 Euro für das zweite und jedes weitere Kind (Mehrlingszuschlag). Dies gilt auch, wenn ein Geschwisterbonus nach Absatz 1 gezahlt wird.

§ 2b Bemessungszeitraum

(1) Für die Ermittlung des Einkommens aus nichtselbstständiger Erwerbstätigkeit im Sinne von § 2c vor der Geburt sind die zwölf Kalendermonate vor dem Monat der Geburt des Kindes maßgeblich. Bei der Bestimmung des Bemessungszeitraums nach Satz 1 bleiben Kalendermonate unberücksichtigt, in denen die berechtigte Person
1. im Zeitraum nach § 4 Absatz 1 Satz 1 Elterngeld für ein älteres Kind bezogen hat,
2. während der Schutzfristen nach § 3 des Mutterschutzgesetzes nicht beschäftigt werden durfte oder Mutterschaftsgeld nach dem Fünften Buch Sozialgesetzbuch oder nach dem Zweiten Gesetz über die Krankenversicherung der Landwirte bezogen hat,

3. eine Krankheit hatte, die maßgeblich durch eine Schwangerschaft bedingt war, oder
4. Wehrdienst nach dem Wehrpflichtgesetz in der bis zum 31. Mai 2011 geltenden Fassung oder nach dem Vierten Abschnitt des Soldatengesetzes oder Zivildienst nach dem Zivildienstgesetz geleistet hat

und in den Fällen der Nummern 3 und 4 dadurch ein geringeres Einkommen aus Erwerbstätigkeit hatte.

(2) Für die Ermittlung des Einkommens aus selbstständiger Erwerbstätigkeit im Sinne von § 2d vor der Geburt sind die jeweiligen steuerlichen Gewinnermittlungszeiträume maßgeblich, die dem letzten abgeschlossenen steuerlichen Veranlagungszeitraum vor der Geburt des Kindes zugrunde liegen. Haben in einem Gewinnermittlungszeitraum die Voraussetzungen des Absatzes 1 Satz 2 vorgelegen, sind auf Antrag die Gewinnermittlungszeiträume maßgeblich, die dem diesen Ereignissen vorangegangenen abgeschlossenen steuerlichen Veranlagungszeitraum zugrunde liegen.

(3) Abweichend von Absatz 1 ist für die Ermittlung des Einkommens aus nichtselbstständiger Erwerbstätigkeit vor der Geburt der steuerliche Veranlagungszeitraum maßgeblich, der den Gewinnermittlungszeiträumen nach Absatz 2 zugrunde liegt, wenn die berechtigte Person in den Zeiträumen nach Absatz 1 oder Absatz 2 Einkommen aus selbstständiger Erwerbstätigkeit hatte. Haben im Bemessungszeitraum nach Satz 1 die Voraussetzungen des Absatzes 1 Satz 2 vorgelegen, ist Absatz 2 Satz 2 mit der zusätzlichen Maßgabe anzuwenden, dass für die Ermittlung des Einkommens aus nichtselbstständiger Erwerbstätigkeit vor der Geburt der vorangegangene steuerliche Veranlagungszeitraum maßgeblich ist.

§ 2c Einkommen aus nichtselbstständiger Erwerbstätigkeit

(1) Der monatlich durchschnittlich zu berücksichtigende Überschuss der Einnahmen aus nichtselbstständiger Arbeit in Geld oder Geldeswert über ein Zwölftel des Arbeitnehmer-Pauschbetrags, vermindert um die Abzüge für Steuern und Sozialabgaben nach den §§ 2e und 2f, ergibt das Einkommen aus nichtselbstständiger Erwerbstätigkeit. Nicht berücksichtigt werden Einnahmen, die im Lohnsteuerabzugsverfahren nach den lohnsteuerlichen Vorgaben

als sonstige Bezüge zu behandeln sind. Maßgeblich ist der Arbeitnehmer-Pauschbetrag nach § 9a Satz 1 Nummer 1 Buchstabe a des Einkommensteuergesetzes in der am 1. Januar des Kalenderjahres vor der Geburt des Kindes für dieses Jahr geltenden Fassung.

(2) Grundlage der Ermittlung der Einnahmen sind die Angaben in den für die maßgeblichen Monate erstellten Lohn- und Gehaltsbescheinigungen des Arbeitgebers. Die Richtigkeit und Vollständigkeit der Angaben in den maßgeblichen Lohn- und Gehaltsbescheinigungen wird vermutet.

(3) Grundlage der Ermittlung der nach den §§ 2e und 2f erforderlichen Abzugsmerkmale für Steuern und Sozialabgaben sind die Angaben in der Lohn und Gehaltsbescheinigung, die für den letzten Monat im Bemessungszeitraum mit Einnahmen nach Absatz 1 erstellt wurde. Soweit sich in den Lohn- und Gehaltsbescheinigungen des Bemessungszeitraums eine Angabe zu einem Abzugsmerkmal geändert hat, ist die von der Angabe nach Satz 1 abweichende Angabe maßgeblich, wenn sie in der überwiegenden Zahl der Monate des Bemessungszeitraums gegolten hat. § 2c Absatz 2 Satz 2 gilt entsprechend.

§ 2d Einkommen aus selbstständiger Erwerbstätigkeit

(1) Die monatlich durchschnittlich zu berücksichtigende Summe der positiven Einkünfte aus Land- und Forstwirtschaft, Gewerbebetrieb und selbstständiger Arbeit (Gewinneinkünfte), vermindert um die Abzüge für Steuern und Sozialabgaben nach den §§ 2e und 2f, ergibt das Einkommen aus selbstständiger Erwerbstätigkeit.

(2) Bei der Ermittlung der im Bemessungszeitraum zu berücksichtigenden Gewinneinkünfte sind die entsprechenden im Einkommensteuerbescheid ausgewiesenen Gewinne anzusetzen. Ist kein Einkommensteuerbescheid zu erstellen, werden die Gewinneinkünfte in entsprechender Anwendung des Absatzes 3 ermittelt.

(3) Grundlage der Ermittlung der in den Bezugsmonaten zu berücksichtigenden Gewinneinkünfte ist eine Gewinnermittlung, die mindestens den Anforderungen des § 4 Absatz 3 des Einkommensteuergesetzes entspricht. Als Betriebsausgaben sind 25 Prozent der zugrunde gelegten Einnahmen oder auf Antrag die da-

mit zusammenhängenden tatsächlichen Betriebsausgaben anzusetzen.

(4) Soweit nicht in § 2c Absatz 3 etwas anderes bestimmt ist, sind bei der Ermittlung der n ach § 2e erforderlichen Abzugsmerkmale für Steuern die Angaben im Einkommensteuerbescheid maßgeblich. § 2c Absatz 3 Satz 2 gilt entsprechend.

§ 2e Abzüge für Steuern

(1) Als Abzüge für Steuern sind Beträge für die Einkommensteuer, den Solidaritätszuschlag und, wenn die berechtigte Person kirchensteuerpflichtig ist, die Kirchensteuer zu berücksichtigen. Die Abzüge für Steuern werden einheitlich für Einkommen aus nichtselbstständiger und selbstständiger Erwerbstätigkeit auf Grundlage einer Berechnung anhand des am 1. Januar des Kalenderjahres vor der Geburt des Kindes für dieses Jahr geltenden Programmablaufplans für die maschinelle Berechnung der vom Arbeitslohn einzubehaltenden Lohnsteuer, des Solidaritätszuschlags und der Maßstabsteuer für die Kirchenlohnsteuer im Sinne von § 39b Absatz 6 des Einkommensteuergesetzes nach den Maßgaben der Absätze 2 bis 5 ermittelt.

(2) Bemessungsgrundlage für die Ermittlung der Abzüge für Steuern ist die monatlich durchschnittlich zu berücksichtigende Summe der Einnahmen nach § 2c, soweit sie von der berechtigten Person zu versteuern sind, und der Gewinneinkünfte nach § 2d. Bei der Ermittlung der Abzüge für Steuern nach Absatz 1 werden folgende Pauschalen berücksichtigt:

1. der Arbeitnehmer-Pauschbetrag nach § 9a Satz 1 Nummer 1 Buchstabe a des Einkommensteuergesetzes, wenn die berechtigte Person von ihr zu versteuernde Einnahmen hat, die unter § 2c fallen, und
2. eine Vorsorgepauschale
   a) mit den Teilbeträgen nach § 39b Absatz 2 Satz 5 Nummer 3 Buchstabe b und c des Einkommensteuergesetzes, falls die berechtigte Person von ihr zu versteuernde Einnahmen nach § 2c hat, ohne in der gesetzlichen Rentenversicherung oder einer vergleichbaren Einrichtung versicherungspflichtig gewesen zu sein, oder

b) mit den Teilbeträgen nach § 39b Absatz 2 Satz 5 Nummer 3 Buchstabe a bis c des Einkommensteuergesetzes in allen übrigen Fällen,

wobei die Höhe der Teilbeträge ohne Berücksichtigung der besonderen Regelungen zur Berechnung der Beiträge nach § 55 Absatz 3 und § 58 Absatz 3 des Elften Buches Sozialgesetzbuch bestimmt wird.

(3) Als Abzug für die Einkommensteuer ist der Betrag anzusetzen, der sich unter Berücksichtigung der Steuerklasse und des Faktors nach § 39f des Einkommensteuergesetzes nach § 2c Absatz 3 ergibt; die Steuerklasse VI bleibt unberücksichtigt. War die berechtigte Person im Bemessungszeitraum nach § 2b in keine Steuerklasse eingereiht oder ist ihr nach § 2d zu berücksichtigender Gewinn höher als ihr nach § 2c zu berücksichtigender Überschuss der Einnahmen über ein Zwölftel des Arbeitnehmer-Pauschbetrags, ist als Abzug für die Einkommensteuer der Betrag anzusetzen, der sich unter Berücksichtigung der Steuerklasse IV ohne Berücksichtigung eines Faktors nach § 39f des Einkommensteuergesetzes ergibt.

(4) Als Abzug für den Solidaritätszuschlag ist der Betrag anzusetzen, der sich nach den Maßgaben des Solidaritätszuschlagsgesetzes 1995 für die Einkommensteuer nach Absatz 3 ergibt. Freibeträge für Kinder werden nach den Maßgaben des § 3 Absatz 2a des Solidaritätszuschlagsgesetzes 1995 berücksichtigt.

(5) Als Abzug für die Kirchensteuer ist der Betrag anzusetzen, der sich unter Anwendung eines Kirchensteuersatzes von 8 Prozent für die Einkommensteuer nach Absatz 3 ergibt. Freibeträge für Kinder werden nach den Maßgaben des § 51a Absatz 2a des Einkommensteuergesetzes berücksichtigt.

(6) Vorbehaltlich der Absätze 2 bis 5 werden Freibeträge und Pauschalen nur berücksichtigt, wenn sie ohne weitere Voraussetzung jeder berechtigten Person zustehen.

§ 2f Abzüge für Sozialabgaben

(1) Als Abzüge für Sozialabgaben sind Beträge für die gesetzliche Sozialversicherung oder für eine vergleichbare Einrichtung sowie für die Arbeitsförderung zu berücksichtigen. Die Abzüge für Sozial-

abgaben werden einheitlich für Einkommen aus nichtselbstständiger und selbstständiger Erwerbstätigkeit anhand folgender Beitragssatzpauschalen ermittelt:
1. 9 Prozent für die Kranken- und Pflegeversicherung, falls die berechtigte Person in der gesetzlichen Krankenversicherung nach § 5 Absatz 1 Nummer 1 bis 12 des Fünften Buches Sozialgesetzbuch versicherungspflichtig gewesen ist,
2. 10 Prozent für die Rentenversicherung, falls die berechtigte Person in der gesetzlichen Rentenversicherung oder einer vergleichbaren Einrichtung versicherungspflichtig gewesen ist, und
3. 2 Prozent für die Arbeitsförderung, falls die berechtigte Person nach dem Dritten Buch Sozialgesetzbuch versicherungspflichtig gewesen ist.

(2) Bemessungsgrundlage für die Ermittlung der Abzüge für Sozialabgaben ist die monatlich durchschnittlich zu berücksichtigende Summe der Einnahmen nach § 2c und der Gewinneinkünfte nach § 2d. Einnahmen aus Beschäftigungen im Sinne des § 8, des § 8a oder des § 20 Absatz 3 Satz 1 des Vierten Buches Sozialgesetzbuch werden nicht berücksichtigt. Für Einnahmen aus Beschäftigungsverhältnissen im Sinne des § 20 Absatz 2 des Vierten Buches Sozialgesetzbuch ist der Betrag anzusetzen, der sich nach § 344 Absatz 4 des Dritten Buches Sozialgesetzbuch für diese Einnahmen ergibt, wobei der Faktor im Sinne des § 163 Absatz 10 Satz 2 des Sechsten Buches Sozialgesetzbuch unter Zugrundelegung der Beitragssatzpauschalen nach Absatz 1 bestimmt wird.

(3) Andere Maßgaben zur Bestimmung der sozialversicherungsrechtlichen Beitragsbemessungsgrundlagen werden nicht berücksichtigt.

§ 3 Anrechnung von anderen Einnahmen

(1) Auf das der berechtigten Person nach § 2 oder nach § 2 in Verbindung mit § 2a zustehende Elterngeld werden folgende Einnahmen angerechnet:
1. Mutterschaftsleistungen
   a) in Form des Mutterschaftsgeldes nach dem Fünften Buch Sozialgesetzbuch oder nach dem Zweiten Gesetz über die Krankenversicherung der Landwirte mit Ausnahme des Mutterschaftsgeldes nach § 19 Absatz 2 des Mutterschutzgesetzes oder

b) in Form des Zuschusses zum Mutterschaftsgeld nach § 20 des Mutterschutzgesetzes, die der berechtigten Person für die Zeit ab dem Tag der Geburt des Kindes zustehen,
2. Dienst- und Anwärterbezüge sowie Zuschüsse, die der berechtigten Person nach beamten- oder soldatenrechtlichen Vorschriften für die Zeit eines Beschäftigungsverbots ab dem Tag der Geburt des Kindes zustehen,
3. dem Elterngeld oder dem Betreuungsgeld vergleichbare Leistungen, auf die eine nach § 1 berechtigte Person außerhalb Deutschlands oder gegenüber einer über- oder zwischenstaatlichen Einrichtung Anspruch hat,
4. Elterngeld, das der berechtigten Person für ein älteres Kind zusteht, sowie
5. Einnahmen, die der berechtigten Person als Ersatz für Erwerbseinkommen zustehen und
   a) die nicht bereits für die Berechnung des Elterngeldes nach § 2 berücksichtigt werden oder
   b) bei deren Berechnung das Elterngeld nicht berücksichtigt wird.

Stehen der berechtigten Person die Einnahmen nur für einen Teil des Lebensmonats des Kindes zu, sind sie nur auf den entsprechenden Teil des Elterngeldes anzurechnen. Für jeden Kalendermonat, in dem Einnahmen nach Satz 1 Nummer 4 oder Nummer 5 im Bemessungszeitraum bezogen worden sind, wird der Anrechnungsbetrag um ein Zwölftel gemindert.

(2) Bis zu einem Betrag von 300 Euro ist das Elterngeld von der Anrechnung nach Absatz 1 frei, soweit nicht Einnahmen nach Absatz 1 Satz 1 Nummer 1 bis 3 auf das Elterngeld anzurechnen sind. Dieser Betrag erhöht sich bei Mehrlingsgeburten um je 300 Euro für das zweite und jedes weitere Kind.

(3) Solange kein Antrag auf die in Absatz 1 Satz 1 Nummer 3 genannten vergleichbaren Leistungen gestellt wird, ruht der Anspruch auf Elterngeld bis zur möglichen Höhe der vergleichbaren Leistung.

§ 4 Art und Dauer des Bezugs

(1) Elterngeld kann in der Zeit vom Tag der Geburt bis zur Vollendung des 14. Lebensmonats des Kindes bezogen werden. Abweichend von Satz 1 kann Elterngeld Plus nach Absatz 3 auch nach dem 14. Lebensmonat bezogen werden, solange es ab dem 15. Lebensmo-

nat in aufeinander folgenden Lebensmonaten von zumindest einem Elternteil in Anspruch genommen wird. Für angenommene Kinder und Kinder im Sinne des § 1 Absatz 3 Satz 1 Nummer 1 kann Elterngeld ab Aufnahme bei der berechtigten Person längstens bis zur Vollendung des achten Lebensjahres des Kindes bezogen werden.

(2) Elterngeld wird in Monatsbeträgen für Lebensmonate des Kindes gezahlt. Es wird allein nach den Vorgaben der §§ 2 bis 3 ermittelt (Basiselterngeld), soweit nicht Elterngeld nach Absatz 3 in Anspruch genommen wird. Der Anspruch endet mit dem Ablauf des Monats, in dem eine Anspruchsvoraussetzung entfallen ist. Die Eltern können die jeweiligen Monatsbeträge abwechselnd oder gleichzeitig beziehen.

(3) Statt für einen Monat Elterngeld im Sinne des Absatzes 2 Satz 2 zu beanspruchen, kann die berechtigte Person jeweils zwei Monate lang ein Elterngeld beziehen, das nach den §§ 2 bis 3 und den zusätzlichen Vorgaben der Sätze 2 und 3 ermittelt wird (Elterngeld Plus). Das Elterngeld Plus beträgt monatlich höchstens die Hälfte des Elterngeldes nach Absatz 2 Satz 2, das der berechtigten Person zustünde, wenn sie während des Elterngeldbezugs keine Einnahmen im Sinne des § 2 oder des § 3 hätte oder hat. Für die Berechnung des Elterngeld Plus halbieren sich:
1. der Mindestbetrag für das Elterngeld nach § 2 Absatz 4 Satz 1,
2. der Mindestgeschwisterbonus nach § 2a Absatz 1 Satz 1,
3. der Mehrlingszuschlag nach § 2a Absatz 4 sowie
4. die von der Anrechnung freigestellten Elterngeldbeträge nach § 3 Absatz 2.

(4) Die Eltern haben gemeinsam Anspruch auf zwölf Monatsbeträge Elterngeld im Sinne des Absatzes 2 Satz 2. Erfolgt für zwei Monate eine Minderung des Einkommens aus Erwerbstätigkeit, können sie für zwei weitere Monate Elterngeld im Sinne des Absatzes 2 Satz 2 beanspruchen (Partnermonate). Wenn beide Elternteile in vier aufeinander folgenden Lebensmonaten gleichzeitig
1. nicht weniger als 25 und nicht mehr als 30 Wochenstunden im Durchschnitt des Monats erwerbstätig sind und
2. die Voraussetzungen des § 1 erfüllen,

hat jeder Elternteil für diese Monate Anspruch auf vier weitere Monatsbeträge Elterngeld Plus (Partnerschaftsbonus).

(5) Ein Elternteil kann höchstens zwölf Monatsbeträge Elterngeld im Sinne des Absatzes 2 Satz 2 zuzüglich der vier nach Absatz 4 Satz 3 zustehenden Monatsbeträge Elterngeld Plus beziehen. Er kann Elterngeld nur beziehen, wenn er es mindestens für zwei Monate in Anspruch nimmt. Lebensmonate des Kindes, in denen einem Elternteil nach § 3 Absatz 1 Satz 1 Nummer 1 bis 3 anzurechnende Leistungen oder nach § 192 Absatz 5 Satz 2 Versicherungsvertragsgesetzes Versicherungsleistungen zustehen, gelten als Monate, für die dieser Elternteil Elterngeld im Sinne des Absatzes 2 Satz 2 bezieht.

(6) Ein Elternteil kann abweichend von Absatz 5 Satz 1 zusätzlich auch die weiteren Monatsbeträge Elterngeld nach Absatz 4 Satz 2 beziehen, wenn für zwei Monate eine Minderung des Einkommens aus Erwerbstätigkeit erfolgt und wenn

1. bei ihm die Voraussetzungen für den Entlastungsbetrag für Alleinerziehende nach § 24b Absatz 1 und 3 des Einkommensteuergesetzes vorliegen und der andere Elternteil weder mit ihm noch mit dem Kind in einer Wohnung lebt,
2. mit der Betreuung durch den anderen Elternteil eine Gefährdung des Kindeswohls im Sinne von § 1666 Absatz 1 und 2 des Bürgerlichen Gesetzbuchs verbunden wäre oder
3. die Betreuung durch den anderen Elternteil unmöglich ist, insbesondere weil er wegen einer schweren Krankheit oder Schwerbehinderung sein Kind nicht betreuen kann; für die Feststellung der Unmöglichkeit der Betreuung bleiben wirtschaftliche Gründe und Gründe einer Verhinderung wegen anderweitiger Tätigkeiten außer Betracht.

Ist ein Elternteil im Sinne des Satzes 1 Nummer 1 bis 3 in vier aufeinander folgenden Lebensmonaten nicht weniger als 25 und nicht mehr als 30 Wochenstunden im Durchschnitt des Monats erwerbstätig, kann er für diese Monate abweichend von Absatz 5 Satz 1 vier weitere Monatsbeträge Elterngeld Plus beziehen.

(7) Die Absätze 1 bis 6 gelten in den Fällen des § 1 Absatz 3 und 4 entsprechend. Nicht sorgeberechtigte Elternteile und Personen, die nach § 1 Absatz 3 Satz 1 Nummer 2 und 3 Elterngeld beziehen können, bedürfen der Zustimmung des sorgeberechtigten Elternteils.

ABSCHNITT 2
Betreuungsgeld*

§ 4a Berechtigte

(1) Anspruch auf Betreuungsgeld hat, wer

1. die Voraussetzungen des § 1 Absatz 1 Nummer 1 bis 3, Absatz 2 bis 5, 7 und 8 erfüllt und
2. für das Kind keine Leistungen nach § 24 Absatz 2 in Verbindung mit den §§ 22 bis 23 des Achten Buches Sozialgesetzbuch in Anspruch nimmt.

(2) Können die Eltern ihr Kind wegen einer schweren Krankheit, Schwerbehinderung oder Tod der Eltern nicht betreuen, haben Berechtigte im Sinne von Absatz 1 Nummer 1 in Verbindung mit § 1 Absatz 4 einen Anspruch auf Betreuungsgeld abweichend von Absatz 1 Nummer 2, wenn für das Kind nicht mehr als 20 Wochenstunden im Durchschnitt des Monats Leistungen nach § 24 Absatz 2 in Verbindung mit den §§ 22 bis 23 des Achten Buches Sozialgesetzbuch in Anspruch genommen werden.

§ 4b Höhe des Betreuungsgeldes

Das Betreuungsgeld beträgt für jedes Kind 150 Euro pro Monat.

§ 4c Anrechnung von anderen Leistungen

Dem Betreuungsgeld oder dem Elterngeld vergleichbare Leistungen, auf die eine nach § 4a berechtigte Person außerhalb Deutschlands oder gegenüber einer über- oder zwischenstaatlichen Einrichtung Anspruch hat, werden auf das Betreuungsgeld angerechnet, soweit sie den Betrag übersteigen, der für denselben Zeitraum nach § 3 Absatz 1 Satz 1 Nummer 3 auf das Elterngeld anzurechnen ist. Stehen der berechtigten Person die Leistungen nur für einen Teil des Lebensmonats des Kindes zu, sind sie nur auf den entsprechenden Teil des Betreuungsgeldes anzurechnen. Solange kein Antrag auf die in Satz 1 genannten vergleichbaren Leistungen gestellt wird, ruht der Anspruch auf Betreuungsgeld bis zur möglichen Höhe der vergleichbaren Leistung.

---

* Anmerkung des Herausgebers: Das BVerfG hat mit Urteil vom 21.7.2015 –1 BvF 2/13– entschieden, dass die §§ 4a bis 4d verfassungswidrig sind.

§ 4d Bezugszeitraum

(1) Betreuungsgeld kann in der Zeit vom ersten Tag des 15. Lebensmonats bis zur Vollendung des 36. Lebensmonats des Kindes bezogen werden. Vor dem 15. Lebensmonat wird Betreuungsgeld nur gewährt, wenn die Eltern die Monatsbeträge des Elterngeldes, die ihnen für ihr Kind nach § 4 Absatz 4 Satz 1 und 2 und nach § 4 Absatz 6 Satz 1 zustehen, bereits bezogen haben. Für jedes Kind wird höchstens für 22 Lebensmonate Betreuungsgeld gezahlt.

(2) Für angenommene Kinder und Kinder im Sinne des § 1 Absatz 3 Satz 1 Nummer 1 kann Betreuungsgeld ab dem ersten Tag des 15. Monats nach Aufnahme bei der berechtigten Person längstens bis zur Vollendung des dritten Lebensjahres des Kindes bezogen werden. Absatz 1 Satz 2 und 3 ist entsprechend anzuwenden.

(3) Für einen Lebensmonat eines Kindes kann nur ein Elternteil Betreuungsgeld beziehen. Lebensmonate des Kindes, in denen einem Elternteil nach § 4c anzurechnende Leistungen zustehen, gelten als Monate, für die dieser Elternteil Betreuungsgeld bezieht.

(4) Der Anspruch endet mit dem Ablauf des Monats, in dem eine Anspruchsvoraussetzung entfallen ist.

(5) Absatz 1 Satz 2 und Absatz 3 gelten in den Fällen des § 4a Absatz 1 Nummer 1 in Verbindung mit § 1 Absatz 3 und 4 entsprechend. Nicht sorgeberechtigte Elternteile und Personen, die nach § 4a Absatz 1 Nummer 1 in Verbindung mit § 1 Absatz 3 Satz 1 Nummer 2 und 3 Betreuungsgeld beziehen können, bedürfen der Zustimmung des sorgeberechtigten Elternteils.

ABSCHNITT 3
Verfahren und Organisation

§ 5 Zusammentreffen von Ansprüchen

(1) Erfüllen beide Elternteile die Anspruchsvoraussetzungen für Elterngeld oder Betreuungsgeld, bestimmen sie, wer von ihnen welche Monatsbeträge der jeweiligen Leistung in Anspruch nimmt.

(2) Beanspruchen beide Elternteile zusammen mehr als die ihnen nach § 4 Absatz 4 oder nach § 4 Absatz 4 in Verbindung mit § 4

Absatz 7 zustehenden Monatsbeträge Elterngeld oder mehr als die ihnen zustehenden 22 Monatsbeträge Betreuungsgeld, besteht der Anspruch eines Elternteils auf die jeweilige Leistung, der nicht über die Hälfte der Monatsbeträge hinausgeht, ungekürzt; der Anspruch des anderen Elternteils wird gekürzt auf die verbleibenden Monatsbeträge. Beanspruchen beide Elternteile mehr als die Hälfte der Monatsbeträge Elterngeld oder Betreuungsgeld, steht ihnen jeweils die Hälfte der Monatsbeträge der jeweiligen Leistung zu.

(3) Die Absätze 1 und 2 gelten in den Fällen des § 1 Absatz 3 und 4 oder des § 4a Absatz 1 Nummer 1 in Verbindung mit § 1 Absatz 3 und 4 entsprechend. Wird eine Einigung mit einem nicht sorgeberechtigten Elternteil oder einer Person, die nach § 1 Absatz 3 Satz 1 Nummer 2 und 3 Elterngeld oder nach § 4a Absatz 1 Nummer 1 in Verbindung mit § 1 Absatz 3 Satz 1 Nummer 2 und 3 Betreuungsgeld beziehen kann, nicht erzielt, kommt es abweichend von Absatz 2 allein auf die Entscheidung des sorgeberechtigten Elternteils an.

§ 6 Auszahlung

Elterngeld und Betreuungsgeld werden im Laufe des Monats gezahlt, für den sie bestimmt sind.

§ 7 Antragstellung

(1) Elterngeld oder Betreuungsgeld ist schriftlich zu beantragen. Sie werden rückwirkend nur für die letzten drei Monate vor Beginn des Monats geleistet, in dem der Antrag auf die jeweilige Leistung eingegangen ist. In dem Antrag auf Elterngeld oder Betreuungsgeld ist anzugeben, für welche Monate Elterngeld im Sinne des § 4 Absatz 2 Satz 2, für welche Monate Elterngeld Plus oder für welche Monate Betreuungsgeld beantragt wird.

(2) Die im Antrag getroffenen Entscheidungen können bis zum Ende des Bezugszeitraums geändert werden. Eine Änderung kann rückwirkend nur für die letzten drei Monate vor Beginn des Monats verlangt werden, in dem der Änderungsantrag eingegangen ist. Sie ist außer in den Fällen besonderer Härte unzulässig, soweit Monatsbeträge bereits ausgezahlt sind. Abweichend von den Sätzen 2 und 3 kann für einen Monat, in dem bereits Elterngeld Plus bezogen wurde, nachträglich Elterngeld nach § 4 Absatz 2 Satz 2 beantragt

werden. Im Übrigen finden die für die Antragstellung geltenden Vorschriften auch auf den Änderungsantrag Anwendung.

(3) Der Antrag ist außer in den Fällen des § 4 Absatz 6 und der Antragstellung durch eine allein sorgeberechtigte Person von der Person, die ihn stellt, und zur Bestätigung der Kenntnisnahme auch von der anderen berechtigten Person zu unterschreiben. Die andere berechtigte Person kann gleichzeitig einen Antrag auf das von ihr beanspruchte Elterngeld oder Betreuungsgeld stellen oder der Behörde anzeigen, wie viele Monatsbeträge sie für die jeweilige Leistung beansprucht, wenn mit ihrem Anspruch die Höchstgrenzen nach § 4 Absatz 4 überschritten würden. Liegt der Behörde weder ein Antrag auf Elterngeld oder Betreuungsgeld noch eine Anzeige der anderen berechtigten Person nach Satz 2 vor, erhält der Antragsteller oder die Antragstellerin die Monatsbeträge der jeweiligen Leistung ausgezahlt; die andere berechtigte Person kann bei einem späteren Antrag abweichend von § 5 Absatz 2 nur die unter Berücksichtigung von § 4 Absatz 4 oder § 4d Absatz 1 Satz 3 verbleibenden Monatsbeträge der jeweiligen Leistung erhalten.

§ 8 Auskunftspflicht, Nebenbestimmungen

(1) Soweit im Antrag auf Elterngeld Angaben zum voraussichtlichen Einkommen aus Erwerbstätigkeit gemacht wurden, sind nach Ablauf des Bezugszeitraums für diese Zeit das tatsächliche Einkommen aus Erwerbstätigkeit und die Arbeitszeit nachzuweisen.

(1a) Die Mitwirkungspflichten nach § 60 des Ersten Buches Sozialgesetzbuch gelten

1. im Falle des § 1 Absatz 8 Satz 2 auch für die andere Person im Sinne des § 1 Absatz 8 Satz 2 und
2. im Falle des § 4 Absatz 4 Satz 3 oder des § 4 Absatz 4 Satz 3 in Verbindung mit § 4 Absatz 7 Satz 1 für beide Personen, die den Partnerschaftsbonus beantragt haben.

§ 65 Absatz 1 und 3 des Ersten Buches Sozialgesetzbuch gilt entsprechend.

(2) Elterngeld wird in den Fällen, in denen die berechtigte Person nach ihren Angaben im Antrag im Bezugszeitraum voraussichtlich kein Einkommen aus Erwerbstätigkeit haben wird, unter dem Vor-

behalt des Widerrufs für den Fall gezahlt, dass sie entgegen ihren Angaben im Antrag Einkommen aus Erwerbstätigkeit hat. In den Fällen, in denen zum Zeitpunkt der Antragstellung der Steuerbescheid für den letzten abgeschlossenen Veranlagungszeitraum vor der Geburt des Kindes nicht vorliegt und nach den Angaben im Antrag auf Elterngeld oder Betreuungsgeld die Beträge nach § 1 Absatz 8 oder nach § 4a Absatz 1 Nummer 1 in Verbindung mit § 1 Absatz 8 voraussichtlich nicht überschritten werden, wird die jeweilige Leistung unter dem Vorbehalt des Widerrufs für den Fall gezahlt, dass entgegen den Angaben im Antrag auf die jeweilige Leistung die Beträge nach § 1 Absatz 8 oder nach § 4a Absatz 1 Nummer 1 in Verbindung mit § 1 Absatz 8 überschritten werden.

(3) Das Elterngeld wird bis zum Nachweis der jeweils erforderlichen Angaben vorläufig unter Berücksichtigung der glaubhaft gemachten Angaben gezahlt, wenn
1. zum Zeitpunkt der Antragstellung der Steuerbescheid für den letzten abgeschlossenen Veranlagungszeitraum vor der Geburt des Kindes nicht vorliegt und noch nicht angegeben werden kann, ob die Beträge nach § 1 Absatz 8 oder nach § 4a Absatz 1 Nummer 1 in Verbindung mit § 1 Absatz 8 überschritten werden,
2. das Einkommen aus Erwerbstätigkeit vor der Geburt nicht ermittelt werden kann,
3. die berechtigte Person nach den Angaben im Antrag auf Elterngeld im Bezugszeitraum voraussichtlich Einkommen aus Erwerbstätigkeit hat oder
4. die berechtigte Person weitere Monatsbeträge Elterngeld Plus nach § 4 Absatz 4 Satz 3 oder nach § 4 Absatz 6 Satz 2 beantragt.

Satz 1 Nummer 1 gilt entsprechend bei der Beantragung von Betreuungsgeld.

§ 9 Einkommens- und Arbeitszeitnachweis, Auskunftspflicht des Arbeitgebers

Soweit es zum Nachweis des Einkommens aus Erwerbstätigkeit oder der wöchentlichen Arbeitszeit erforderlich ist, hat der Arbeitgeber der nach § 12 zuständigen Behörde für bei ihm Beschäftigte das Arbeitsentgelt, die für die Ermittlung der nach den §§ 2e und 2f erforderlichen Abzugsmerkmale für Steuern und Sozialabgaben sowie die Arbeitszeit auf Verlangen zu bescheinigen; das Gleiche gilt für ehemalige Arbeitgeber. Für die in Heimarbeit Beschäftigten und die ihnen Gleichgestellten (§ 1 Absatz 1 und 2 des Heimarbeitsgesetzes) tritt an die Stelle des Arbeitgebers der Auftraggeber oder Zwischenmeister.

§ 10 Verhältnis zu anderen Sozialleistungen

(1) Das Elterngeld, das Betreuungsgeld und jeweils vergleichbare Leistungen der Länder sowie die nach § 3 oder § 4c auf die jeweilige Leistung angerechneten Einnahmen oder Leistungen bleiben bei Sozialleistungen, deren Zahlung von anderen Einkommen abhängig ist, bis zu einer Höhe von insgesamt 300 Euro im Monat als Einkommen unberücksichtigt.

(2) Das Elterngeld, das Betreuungsgeld und jeweils vergleichbare Leistungen der Länder sowie die nach § 3 oder § 4c auf die jeweilige Leistung angerechneten Einnahmen oder Leistungen dürfen bis zu einer Höhe von insgesamt 300 Euro nicht dafür herangezogen werden, um auf Rechtsvorschriften beruhende Leistungen anderer, auf die kein Anspruch besteht, zu versagen.

(3) Soweit die berechtigte Person Elterngeld Plus bezieht, bleibt das Elterngeld nur bis zur Hälfte des Anrechnungsfreibetrags, der nach Abzug der anderen nach Absatz 1 nicht zu berücksichtigenden Einnahmen für das Elterngeld verbleibt, als Einkommen unberücksichtigt und darf nur bis zu dieser Höhe nicht dafür herangezogen werden, um auf Rechtsvorschriften beruhende Leistungen anderer, auf die kein Anspruch besteht, zu versagen.

(4) Die nach den Absätzen 1 bis 3 nicht zu berücksichtigenden oder nicht heranzuziehenden Beträge vervielfachen sich bei Mehrlingsgeburten mit der Zahl der geborenen Kinder.

(5) Die Absätze 1 bis 4 gelten nicht bei Leistungen nach dem Zweiten Buch Sozialgesetzbuch, dem Zwölften Buch Sozialgesetzbuch und § 6a des Bundeskindergeldgesetzes. Bei den in Satz 1 bezeichneten Leistungen bleiben das Elterngeld und vergleichbare Leistungen der Länder sowie die nach § 3 auf das Elterngeld angerechneten Einnahmen in Höhe des nach § 2 Absatz 1 berücksichtigten Einkommens aus Erwerbstätigkeit vor der Geburt bis zu 300 Euro

im Monat als Einkommen unberücksichtigt. Soweit die berechtigte Person Elterngeld Plus bezieht, verringern sich die Beträge nach Satz 2 um die Hälfte.

(6) Die Absätze 1 bis 4 gelten entsprechend, soweit für eine Sozialleistung ein Kostenbeitrag erhoben werden kann, der einkommensabhängig ist.

§ 11 Unterhaltspflichten

Unterhaltsverpflichtungen werden durch die Zahlung des Elterngeldes, des Betreuungsgeldes und jeweils vergleichbarer Leistungen der Länder nur insoweit berührt, als die Zahlung 300 Euro monatlich übersteigt. Soweit die berechtigte Person Elterngeld Plus bezieht, werden die Unterhaltspflichten insoweit berührt, als die Zahlung 150 Euro übersteigt. Die in den Sätzen 1 und 2 genannten Beträge vervielfachen sich bei Mehrlingsgeburten mit der Zahl der geborenen Kinder. Die Sätze 1 bis 3 gelten nicht in den Fällen des § 1361 Absatz 3, der §§ 1579, 1603 Absatz 2 und des § 1611 Absatz 1 des Bürgerlichen Gesetzbuchs.

§ 12 Zuständigkeit; Aufbringung der Mittel

(1) Die Landesregierungen oder die von ihnen beauftragten Stellen bestimmen die für die Ausführung dieses Gesetzes zuständigen Behörden. Diesen Behörden obliegt auch die Beratung zur Elternzeit. In den Fällen des § 1 Absatz 2 oder des § 4a Absatz 1 Nummer 1 in Verbindung mit § 1 Absatz 2 ist die von den Ländern für die Durchführung dieses Gesetzes bestimmte Behörde des Bezirks zuständig, in dem die berechtigte Person ihren letzten inländischen Wohnsitz hatte; hilfsweise ist die Behörde des Bezirks zuständig, in dem der entsendende Dienstherr oder Arbeitgeber der berechtigten Person oder der Arbeitgeber des Ehegatten, der Ehegattin, des Lebenspartners oder der Lebenspartnerin der berechtigten Person den inländischen Sitz hat.

(2) Der Bund trägt die Ausgaben für das Elterngeld und das Betreuungsgeld.

§ 13 Rechtsweg

(1) Über öffentlich-rechtliche Streitigkeiten in Angelegenheiten der §§ 1 bis 12 entscheiden die Gerichte der Sozialgerichtsbarkeit. § 85

Absatz 2 Nummer 2 des Sozialgerichtsgesetzes gilt mit der Maßgabe, dass die zuständige Stelle nach § 12 bestimmt wird.

(2) Widerspruch und Anfechtungsklage haben keine aufschiebende Wirkung.

§ 14 Bußgeldvorschriften

(1) Ordnungswidrig handelt, wer vorsätzlich oder fahrlässig
1. entgegen § 8 Absatz 1 einen Nachweis nicht, nicht richtig, nicht vollständig oder nicht rechtzeitig erbringt,
2. entgegen § 9 eine dort genannte Angabe nicht, nicht richtig, nicht vollständig oder nicht rechtzeitig bescheinigt,
3. entgegen § 60 Absatz 1 Satz 1 Nummer 1 des Ersten Buches Sozialgesetzbuch, auch in Verbindung mit § 8 Absatz 1a Satz 1, eine Angabe nicht, nicht richtig, nicht vollständig oder nicht rechtzeitig macht,
4. entgegen § 60 Absatz 1 Satz 1 Nummer 2 des Ersten Buches Sozialgesetzbuch, auch in Verbindung mit § 8 Absatz 1a Satz 1, eine Mitteilung nicht, nicht richtig, nicht vollständig oder nicht rechtzeitig macht oder
5. entgegen § 60 Absatz 1 Satz 1 Nummer 3 des Ersten Buches Sozialgesetzbuch, auch in Verbindung mit § 8 Absatz 1a Satz 1, eine Beweisurkunde nicht, nicht richtig, nicht vollständig oder nicht rechtzeitig vorlegt.

(2) Die Ordnungswidrigkeit kann mit einer Geldbuße von bis zu zweitausend Euro geahndet werden.

(3) Verwaltungsbehörden im Sinne des § 36 Absatz 1 Nummer 1 des Gesetzes über Ordnungswidrigkeiten sind die in § 12 Absatz 1 Satz 1 und 3 genannten Behörden.

ABSCHNITT 4
Elternzeit für Arbeitnehmerinnen und Arbeitnehmer

§ 15 Anspruch auf Elternzeit

(1) Arbeitnehmerinnen und Arbeitnehmer haben Anspruch auf Elternzeit, wenn sie
1. a) mit ihrem Kind,

b) mit einem Kind, für das sie die Anspruchsvoraussetzungen nach § 1 Absatz 3 oder 4 erfüllen, oder
c) mit einem Kind, das sie in Vollzeitpflege nach § 33 des Achten Buches Sozialgesetzbuch aufgenommen haben,

in einem Haushalt leben und

2. dieses Kind selbst betreuen und erziehen.

Nicht sorgeberechtigte Elternteile und Personen, die nach Satz 1 Nummer 1 Buchstabe b und c Elternzeit nehmen können, bedürfen der Zustimmung des sorgeberechtigten Elternteils.

(1a) Anspruch auf Elternzeit haben Arbeitnehmerinnen und Arbeitnehmer auch, wenn sie mit ihrem Enkelkind in einem Haushalt leben und dieses Kind selbst betreuen und erziehen und

1. ein Elternteil des Kindes minderjährig ist oder
2. ein Elternteil des Kindes sich in einer Ausbildung befindet, die vor Vollendung des 18. Lebensjahres begonnen wurde und die Arbeitskraft des Elternteils im Allgemeinen voll in Anspruch nimmt.

Der Anspruch besteht nur für Zeiten, in denen keiner der Elternteile des Kindes selbst Elternzeit beansprucht.

(2) Der Anspruch auf Elternzeit besteht bis zur Vollendung des dritten Lebensjahres eines Kindes. Ein Anteil von bis zu 24 Monaten kann zwischen dem dritten Geburtstag und dem vollendeten achten Lebensjahr des Kindes in Anspruch genommen werden. Die Zeit der Mutterschutzfrist nach § 3 Absatz 2 und 3 des Mutterschutzgesetzes wird für die Elternzeit der Mutter auf die Begrenzung nach den Sätzen 1 und 2 angerechnet. Bei mehreren Kindern besteht der Anspruch auf Elternzeit für jedes Kind, auch wenn sich die Zeiträume im Sinne der Sätze 1 und 2 überschneiden. Bei einem angenommenen Kind und bei einem Kind in Vollzeit- oder Adoptionspflege kann Elternzeit von insgesamt bis zu drei Jahren ab der Aufnahme bei der berechtigten Person, längstens bis zur Vollendung des achten Lebensjahres des Kindes genommen werden; die Sätze 2 und 4 sind entsprechend anwendbar, soweit sie die zeitliche Aufteilung regeln. Der Anspruch kann nicht durch Vertrag ausgeschlossen oder beschränkt werden.

(3) Die Elternzeit kann, auch anteilig, von jedem Elternteil allein oder von beiden Elternteilen gemeinsam genommen werden. Satz 1

gilt in den Fällen des Absatzes 1 Satz 1 Nummer 1 Buchstabe b und c entsprechend.

(4) Der Arbeitnehmer oder die Arbeitnehmerin darf während der Elternzeit nicht mehr als 30 Wochenstunden im Durchschnitt des Monats erwerbstätig sein. Eine im Sinne des § 23 des Achten Buches Sozialgesetzbuch geeignete Tagespflegeperson kann bis zu fünf Kinder in Tagespflege betreuen, auch wenn die wöchentliche Betreuungszeit 30 Stunden übersteigt. Teilzeitarbeit bei einem anderen Arbeitgeber oder selbstständige Tätigkeit nach Satz 1 bedürfen der Zustimmung des Arbeitgebers. Dieser kann sie nur innerhalb von vier Wochen aus dringenden betrieblichen Gründen schriftlich ablehnen.

(5) Der Arbeitnehmer oder die Arbeitnehmerin kann eine Verringerung der Arbeitszeit und ihre Verteilung beantragen. Über den Antrag sollen sich der Arbeitgeber und der Arbeitnehmer oder die Arbeitnehmerin innerhalb von vier Wochen einigen. Der Antrag kann mit der schriftlichen Mitteilung nach Absatz 7 Satz 1 Nummer 5 verbunden werden. Unberührt bleibt das Recht, sowohl die vor der Elternzeit bestehende Teilzeitarbeit unverändert während der Elternzeit fortzusetzen, soweit Absatz 4 beachtet ist, als auch nach der Elternzeit zu der Arbeitszeit zurückzukehren, die vor Beginn der Elternzeit vereinbart war.

(6) Der Arbeitnehmer oder die Arbeitnehmerin kann gegenüber dem Arbeitgeber, soweit eine Einigung nach Absatz 5 nicht möglich ist, unter den Voraussetzungen des Absatzes 7 während der Gesamtdauer der Elternzeit zweimal eine Verringerung seiner oder ihrer Arbeitszeit beanspruchen.

(7) Für den Anspruch auf Verringerung der Arbeitszeit gelten folgende Voraussetzungen:
1. Der Arbeitgeber beschäftigt, unabhängig von der Anzahl der Personen in Berufsbildung, in der Regel mehr als 15 Arbeitnehmer und Arbeitnehmerinnen,
2. das Arbeitsverhältnis in demselben Betrieb oder Unternehmen besteht ohne Unterbrechung länger als sechs Monate,
3. die vertraglich vereinbarte regelmäßige Arbeitszeit soll für mindestens zwei Monate auf einen Umfang von nicht weniger als

15 und nicht mehr als 30 Wochenstunden im Durchschnitt des Monats verringert werden,
4. dem Anspruch stehen keine dringenden betrieblichen Gründe entgegen und
5. der Anspruch auf Teilzeit wurde dem Arbeitgeber
   a) für den Zeitraum bis zum vollendeten dritten Lebensjahr des Kindes sieben Wochen und
   b) für den Zeitraum zwischen dem dritten Geburtstag und dem vollendeten achten Lebensjahr des Kindes 13 Wochen

   vor Beginn der Teilzeittätigkeit schriftlich mitgeteilt.

Der Antrag muss den Beginn und den Umfang der verringerten Arbeitszeit enthalten. Die gewünschte Verteilung der verringerten Arbeitszeit soll im Antrag angegeben werden. Falls der Arbeitgeber die beanspruchte Verringerung oder Verteilung der Arbeitszeit ablehnen will, muss er dies innerhalb der in Satz 5 genannten Frist mit schriftlicher Begründung tun. Hat ein Arbeitgeber die Verringerung der Arbeitszeit
1. in einer Elternzeit zwischen der Geburt und dem vollendeten dritten Lebensjahr des Kindes nicht spätestens vier Wochen nach Zugang des Antrags oder
2. in einer Elternzeit zwischen dem dritten Geburtstag und dem vollendeten achten Lebensjahr des Kindes nicht spätestens acht Wochen nach Zugang des Antrags

schriftlich abgelehnt, gilt die Zustimmung als erteilt und die Verringerung der Arbeitszeit entsprechend den Wünschen der Arbeitnehmerin oder des Arbeitnehmers als festgelegt. Haben Arbeitgeber und Arbeitnehmerin oder Arbeitnehmer über die Verteilung der Arbeitszeit kein Einvernehmen nach Absatz 5 Satz 2 erzielt und hat der Arbeitgeber nicht innerhalb der in Satz 5 genannten Fristen die gewünschte Verteilung schriftlich abgelehnt, gilt die Verteilung der Arbeitszeit entsprechend den Wünschen der Arbeitnehmerin oder des Arbeitnehmers als festgelegt. Soweit der Arbeitgeber den Antrag auf Verringerung oder Verteilung der Arbeitszeit rechtzeitig ablehnt, kann die Arbeitnehmerin oder der Arbeitnehmer Klage vor dem Gericht für Arbeitssachen erheben.

§ 16 Inanspruchnahme der Elternzeit

(1) Wer Elternzeit beanspruchen will, muss sie
1. für den Zeitraum bis zum vollendeten dritten Lebensjahr des Kindes spätestens sieben Wochen und

2. für den Zeitraum zwischen dem dritten Geburtstag und dem vollendeten achten Lebensjahr des Kindes spätestens 13 Wochen

vor Beginn der Elternzeit schriftlich vom Arbeitgeber verlangen. Verlangt die Arbeitnehmerin oder der Arbeitnehmer Elternzeit nach Satz 1 Nummer 1, muss sie oder er gleichzeitig erklären, für welche Zeiten innerhalb von zwei Jahren Elternzeit genommen werden soll. Bei dringenden Gründen ist ausnahmsweise eine angemessene kürzere Frist möglich. Nimmt die Mutter die Elternzeit im Anschluss an die Mutterschutzfrist, wird die Zeit der Mutterschutzfrist nach § 3 Absatz 2 und 3 des Mutterschutzgesetzes auf den Zeitraum nach Satz 2 angerechnet. Nimmt die Mutter die Elternzeit im Anschluss an einen auf die Mutterschutzfrist folgenden Erholungsurlaub, werden die Zeit der Mutterschutzfrist nach § 3 Absatz 2 und 3 des Mutterschutzgesetzes und die Zeit des Erholungsurlaubs auf den Zweijahreszeitraum nach Satz 2 angerechnet. Jeder Elternteil kann seine Elternzeit auf drei Zeitabschnitte verteilen; eine Verteilung auf weitere Zeitabschnitte ist nur mit der Zustimmung des Arbeitgebers möglich. Der Arbeitgeber kann die Inanspruchnahme eines dritten Abschnitts einer Elternzeit innerhalb von acht Wochen nach Zugang des Antrags aus dringenden betrieblichen Gründen ablehnen, wenn dieser Abschnitt im Zeitraum zwischen dem dritten Geburtstag und dem vollendeten achten Lebensjahr des Kindes liegen soll. Der Arbeitgeber hat dem Arbeitnehmer oder der Arbeitnehmerin die Elternzeit zu bescheinigen. Bei einem Arbeitgeberwechsel ist bei der Anmeldung der Elternzeit auf Verlangen des neuen Arbeitgebers eine Bescheinigung des früheren Arbeitgebers über bereits genommene Elternzeit durch die Arbeitnehmerin oder den Arbeitnehmer vorzulegen.

(2) Können Arbeitnehmerinnen aus einem von ihnen nicht zu vertretenden Grund eine sich unmittelbar an die Mutterschutzfrist des § 3 Absatz 2 und 3 des Mutterschutzgesetzes anschließende Elternzeit nicht rechtzeitig verlangen, können sie dies innerhalb einer Woche nach Wegfall des Grundes nachholen.

(3) Die Elternzeit kann vorzeitig beendet oder im Rahmen des § 15 Absatz 2 verlängert werden, wenn der Arbeitgeber zustimmt. Die vorzeitige Beendigung wegen der Geburt eines weiteren Kindes oder in Fällen besonderer Härte, insbesondere bei Eintritt einer schweren Krankheit, Schwerbehinderung oder Tod eines Elternteils

oder eines Kindes der berechtigten Person oder bei erheblich gefährdeter wirtschaftlicher Existenz der Eltern nach Inanspruchnahme der Elternzeit, kann der Arbeitgeber unbeschadet von Satz 3 nur innerhalb von vier Wochen aus dringenden betrieblichen Gründen schriftlich ablehnen. Die Elternzeit kann zur Inanspruchnahme der Schutzfristen des § 3 des Mutterschutzgesetzes auch ohne Zustimmung des Arbeitgebers vorzeitig beendet werden; in diesen Fällen soll die Arbeitnehmerin dem Arbeitgeber die Beendigung der Elternzeit rechtzeitig mitteilen. Eine Verlängerung der Elternzeit kann verlangt werden, wenn ein vorgesehener Wechsel der Anspruchsberechtigten aus einem wichtigen Grund nicht erfolgen kann.

(4) Stirbt das Kind während der Elternzeit, endet diese spätestens drei Wochen nach dem Tod des Kindes.

(5) Eine Änderung in der Anspruchsberechtigung hat der Arbeitnehmer oder die Arbeitnehmerin dem Arbeitgeber unverzüglich mitzuteilen.

§ 17 Urlaub

(1) Der Arbeitgeber kann den Erholungsurlaub, der dem Arbeitnehmer oder der Arbeitnehmerin für das Urlaubsjahr zusteht, für jeden vollen Kalendermonat der Elternzeit um ein Zwölftel kürzen. Dies gilt nicht, wenn der Arbeitnehmer oder die Arbeitnehmerin während der Elternzeit bei seinem oder ihrem Arbeitgeber Teilzeitarbeit leistet.

(2) Hat der Arbeitnehmer oder die Arbeitnehmerin den ihm oder ihr zustehenden Urlaub vor dem Beginn der Elternzeit nicht oder nicht vollständig erhalten, hat der Arbeitgeber den Resturlaub nach der Elternzeit im laufenden oder im nächsten Urlaubsjahr zu gewähren.

(3) Endet das Arbeitsverhältnis während der Elternzeit oder wird es im Anschluss an die Elternzeit nicht fortgesetzt, so hat der Arbeitgeber den noch nicht gewährten Urlaub abzugelten.

(4) Hat der Arbeitnehmer oder die Arbeitnehmerin vor Beginn der Elternzeit mehr Urlaub erhalten, als ihm oder ihr nach Absatz 1 zusteht, kann der Arbeitgeber den Urlaub, der dem Arbeitnehmer

oder der Arbeitnehmerin nach dem Ende der Elternzeit zusteht, um die zu viel gewährten Urlaubstage kürzen.

§ 18 Kündigungsschutz

(1) Der Arbeitgeber darf das Arbeitsverhältnis ab dem Zeitpunkt, von dem an Elternzeit verlangt worden ist, nicht kündigen. Der Kündigungsschutz nach Satz 1 beginnt

1. frühestens acht Wochen vor Beginn einer Elternzeit bis zum vollendeten dritten Lebensjahr des Kindes und
2. frühestens 14 Wochen vor Beginn einer Elternzeit zwischen dem dritten Geburtstag und dem vollendeten achten Lebensjahr des Kindes.

Während der Elternzeit darf der Arbeitgeber das Arbeitsverhältnis nicht kündigen. In besonderen Fällen kann ausnahmsweise eine Kündigung für zulässig erklärt werden. Die Zulässigkeitserklärung erfolgt durch die für den Arbeitsschutz zuständige oberste Landesbehörde oder die von ihr bestimmte Stelle. Die Bundesregierung kann mit Zustimmung des Bundesrates allgemeine Verwaltungsvorschriften zur Durchführung des Satzes 4 erlassen.

(2) Absatz 1 gilt entsprechend, wenn Arbeitnehmer oder Arbeitnehmerinnen

1. während der Elternzeit bei demselben Arbeitgeber Teilzeitarbeit leisten oder
2. ohne Elternzeit in Anspruch zu nehmen, Teilzeitarbeit leisten und Anspruch auf Elterngeld nach § 1 während des Zeitraums nach § 4 Absatz 1 Satz 1 und 3 haben.

§ 19 Kündigung zum Ende der Elternzeit

Der Arbeitnehmer oder die Arbeitnehmerin kann das Arbeitsverhältnis zum Ende der Elternzeit nur unter Einhaltung einer Kündigungsfrist von drei Monaten kündigen.

§ 20 Zur Berufsbildung Beschäftigte, in Heimarbeit Beschäftigte

(1) Die zu ihrer Berufsbildung Beschäftigten gelten als Arbeitnehmer oder Arbeitnehmerinnen im Sinne dieses Gesetzes. Die Elternzeit wird auf Berufsbildungszeiten nicht angerechnet.

(2) Anspruch auf Elternzeit haben auch die in Heimarbeit Beschäftigten und die ihnen Gleichgestellten (§ 1 Absatz 1 und 2 des Heim-

arbeitsgesetzes), soweit sie am Stück mitarbeiten. Für sie tritt an die Stelle des Arbeitgebers der Auftraggeber oder Zwischenmeister und an die Stelle des Arbeitsverhältnisses das Beschäftigungsverhältnis.

§ 21 Befristete Arbeitsverträge

(1) Ein sachlicher Grund, der die Befristung eines Arbeitsverhältnisses rechtfertigt, liegt vor, wenn ein Arbeitnehmer oder eine Arbeitnehmerin zur Vertretung eines anderen Arbeitnehmers oder einer anderen Arbeitnehmerin für die Dauer eines Beschäftigungsverbotes nach dem Mutterschutzgesetz, einer Elternzeit, einer auf Tarifvertrag, Betriebsvereinbarung oder einzelvertraglicher Vereinbarung beruhenden Arbeitsfreistellung zur Betreuung eines Kindes oder für diese Zeiten zusammen oder für Teile davon eingestellt wird.

(2) Über die Dauer der Vertretung nach Absatz 1 hinaus ist die Befristung für notwendige Zeiten einer Einarbeitung zulässig.

(3) Die Dauer der Befristung des Arbeitsvertrags muss kalendermäßig bestimmt oder bestimmbar oder den in den Absätzen 1 und 2 genannten Zwecken zu entnehmen sein.

(4) Der Arbeitgeber kann den befristeten Arbeitsvertrag unter Einhaltung einer Frist von mindestens drei Wochen, jedoch frühestens zum Ende der Elternzeit, kündigen, wenn die Elternzeit ohne Zustimmung des Arbeitgebers vorzeitig endet und der Arbeitnehmer oder die Arbeitnehmerin die vorzeitige Beendigung der Elternzeit mitgeteilt hat. Satz 1 gilt entsprechend, wenn der Arbeitgeber die vorzeitige Beendigung der Elternzeit in den Fällen des § 16 Absatz 3 Satz 2 nicht ablehnen darf.

(5) Das Kündigungsschutzgesetz ist im Falle des Absatzes 4 nicht anzuwenden.

(6) Absatz 4 gilt nicht, soweit seine Anwendung vertraglich ausgeschlossen ist.

(7) Wird im Rahmen arbeitsrechtlicher Gesetze oder Verordnungen auf die Zahl der beschäftigten Arbeitnehmer und Arbeitnehmerinnen abgestellt, so sind bei der Ermittlung dieser Zahl Arbeitnehmer und Arbeitnehmerinnen, die sich in der Elternzeit befinden oder zur

Betreuung eines Kindes freigestellt sind, nicht mitzuzählen, solange für sie aufgrund von Absatz 1 ein Vertreter oder eine Vertreterin eingestellt ist. Dies gilt nicht, wenn der Vertreter oder die Vertreterin nicht mitzuzählen ist. Die Sätze 1 und 2 gelten entsprechend, wenn im Rahmen arbeitsrechtlicher Gesetze oder Verordnungen auf die Zahl der Arbeitsplätze abgestellt wird.

ABSCHNITT 5
Statistik und Schlussvorschriften

§ 22 Bundesstatistik

(1) Zur Beurteilung der Auswirkungen dieses Gesetzes sowie zu seiner Fortentwicklung sind laufende Erhebungen zum Bezug von Elterngeld und Betreuungsgeld als Bundesstatistiken durchzuführen. Die Erhebungen erfolgen zentral beim Statistischen Bundesamt.

(2) Die Statistik zum Bezug von Elterngeld erfasst vierteljährlich zum jeweils letzten Tag des aktuellen und der vorangegangenen zwei Kalendermonate für Personen, die in einem dieser Kalendermonate Elterngeld bezogen haben, für jedes den Anspruch auslösende Kind folgende Erhebungsmerkmale:

1. Art der Berechtigung nach § 1,
2. Grundlagen der Berechnung des zustehenden Monatsbetrags nach Art und Höhe (§ 2 Absatz 1, 2, 3 oder 4, § 2a Absatz 1 oder 4, § 2c, die §§ 2d, 2e oder § 2f),
3. Höhe und Art des zustehenden Monatsbetrags (§ 4 Absatz 2 Satz 2 und Absatz 3 Satz 1) ohne die Berücksichtigung der Einnahmen nach § 3,
4. Art und Höhe der Einnahmen nach § 3,
5. Inanspruchnahme der als Partnerschaftsbonus gewährten Monatsbeträge nach § 4 Absatz 4 Satz 3 und der weiteren Monatsbeträge Elterngeld Plus nach § 4 Absatz 6 Satz 2,
6. Höhe des monatlichen Auszahlungsbetrags,
7. Geburtstag des Kindes,
8. für die Elterngeld beziehende Person:
   a) Geschlecht, Geburtsjahr und -monat,
   b) Staatsangehörigkeit,
   c) Wohnsitz oder gewöhnlicher Aufenthalt,
   d) Familienstand und unverheiratetes Zusammenleben mit dem anderen Elternteil und

e) Anzahl der im Haushalt lebenden Kinder.

Die Angaben nach den Nummern 2, 3, 5 und 6 sind für jeden Lebensmonat des Kindes bezogen auf den nach § 4 Absatz 1 möglichen Zeitraum des Leistungsbezugs zu melden.

(3) Die Statistik zum Bezug von Betreuungsgeld erfasst vierteljährlich zum jeweils letzten Tag des aktuellen und der vorangegangenen zwei Kalendermonate erstmalig zum 30. September 2013 für Personen, die in einem dieser Kalendermonate Betreuungsgeld bezogen haben, für jedes den Anspruch auslösende Kind folgende Erhebungsmerkmale:

1. Art der Berechtigung nach § 4a,
2. Höhe des monatlichen Auszahlungsbetrags,
3. Geburtstag des Kindes,
4. für die Betreuungsgeld beziehende Person:
   a) Geschlecht, Geburtsjahr und -monat,
   b) Staatsangehörigkeit,
   c) Wohnsitz oder gewöhnlicher Aufenthalt,
   d) Familienstand und unverheiratetes Zusammenleben mit dem anderen Elternteil und
   e) Anzahl der im Haushalt lebenden Kinder.

Die Angaben nach Nummer 2 sind für jeden Lebensmonat des Kindes bezogen auf den nach § 4d Absatz 1 möglichen Zeitraum des Leistungsbezugs zu melden.

(4) Hilfsmerkmale sind:

1. Name und Anschrift der zuständigen Behörde,
2. Name und Telefonnummer sowie Adresse für elektronische Post der für eventuelle Rückfragen zur Verfügung stehenden Person und
3. Kennnummer des Antragstellers oder der Antragstellerin.

§ 23 Auskunftspflicht; Datenübermittlung an das Statistische Bundesamt

(1) Für die Erhebung nach § 22 besteht Auskunftspflicht. Die Angaben nach § 22 Absatz 4 Nummer 2 sind freiwillig. Auskunftspflichtig sind die nach § 12 Absatz 1 zuständigen Stellen.

(2) Der Antragsteller oder die Antragstellerin ist gegenüber den nach § 12 Absatz 1 zuständigen Stellen zu den Erhebungsmerkma-

len nach § 22 Absatz 2 und 3 auskunftspflichtig. Die zuständigen Stellen nach § 12 Absatz 1 dürfen die Angaben nach § 22 Absatz 2 Satz 1 Nummer 8 und Absatz 3 Satz 1 Nummer 4, soweit sie für den Vollzug dieses Gesetzes nicht erforderlich sind, nur durch technische und organisatorische Maßnahmen getrennt von den übrigen Daten nach § 22 Absatz 2 und 3 und nur für die Übermittlung an das Statistische Bundesamt verwenden und haben diese unverzüglich nach Übermittlung an das Statistische Bundesamt zu löschen.

(3) Die in sich schlüssigen Angaben sind als Einzeldatensätze elektronisch bis zum Ablauf von 30 Arbeitstagen nach Ablauf des Berichtszeitraums an das Statistische Bundesamt zu übermitteln.

§ 24 Übermittlung von Tabellen mit statistischen Ergebnissen durch das Statistische Bundesamt

Zur Verwendung gegenüber den gesetzgebenden Körperschaften und zu Zwecken der Planung, jedoch nicht zur Regelung von Einzelfällen, übermittelt das Statistische Bundesamt Tabellen mit statistischen Ergebnissen, auch soweit Tabellenfelder nur einen einzigen Fall ausweisen, an die fachlich zuständigen obersten Bundes- oder Landesbehörden. Tabellen, deren Tabellenfelder nur einen einzigen Fall ausweisen, dürfen nur dann übermittelt werden, wenn sie nicht differenzierter als auf Regierungsbezirksebene, im Falle der Stadtstaaten auf Bezirksebene, aufbereitet sind.

§ 24a Übermittlung von Einzelangaben durch das Statistische Bundesamt

(1) Zur Abschätzung von Auswirkungen der Änderungen dieses Gesetzes im Rahmen der Zwecke nach § 24 übermittelt das Statistische Bundesamt auf Anforderung des fachlich zuständigen Bundesministeriums diesem oder von ihm beauftragten Forschungseinrichtungen Einzelangaben ab dem Jahr 2007 ohne Hilfsmerkmale mit Ausnahme des Merkmals nach § 22 Absatz 4 Nummer 3 für die Entwicklung und den Betrieb von Mikrosimulationsmodellen. Die Einzelangaben dürfen nur im hierfür erforderlichen Umfang und mittels eines sicheren Datentransfers übermittelt werden.

(2) Bei der Verarbeitung und Nutzung der Daten nach Absatz 1 ist das Statistikgeheimnis nach § 16 des Bundesstatistikgesetzes zu

wahren. Dafür ist die Trennung von statistischen und nichtstatistischen Aufgaben durch Organisation und Verfahren zu gewährleisten. Die nach Absatz 1 übermittelten Daten dürfen nur für die Zwecke verwendet werden, für die sie übermittelt wurden. Die übermittelten Einzeldaten sind nach dem Erreichen des Zweckes zu löschen, zu dem sie übermittelt wurden.

(3) Personen, die Empfängerinnen und Empfänger von Einzelangaben nach Absatz 1 Satz 1 sind, unterliegen der Pflicht zur Geheimhaltung nach § 16 Absatz 1 und 10 des Bundesstatistikgesetzes. Personen, die Einzelangaben nach Absatz 1 Satz 1 erhalten sollen, müssen Amtsträger oder für den öffentlichen Dienst besonders Verpflichtete sein. Personen, die Einzelangaben erhalten sollen und die nicht Amtsträger oder für den öffentlichen Dienst besonders Verpflichtete sind, sind vor der Übermittlung zur Geheimhaltung zu verpflichten. § 1 Absatz 2, 3 und 4 Nummer 2 des Verpflichtungsgesetzes vom 2. März 1974 (BGBl. I S. 469, 547), das durch § 1 Nummer 4 des Gesetzes vom 15. August 1974 (BGBl. I S. 1942) geändert worden ist, gilt in der jeweils geltenden Fassung entsprechend. Die Empfängerinnen und Empfänger von Einzelangaben dürfen aus ihrer Tätigkeit gewonnene Erkenntnisse nur für die in Absatz 1 genannten Zwecke verwenden.

§ 25 Bericht

Die Bundesregierung legt dem Deutschen Bundestag bis zum 31. Dezember 2015 einen Bericht über die Auswirkungen des Betreuungsgeldes vor. Bis zum 31. Dezember 2017 legt sie einen Bericht über die Auswirkungen der Regelungen zum Elterngeld Plus und zum Partnerschaftsbonus sowie zur Elternzeit vor. Die Berichte dürfen keine personenbezogenen Daten enthalten.

§ 26 Anwendung der Bücher des Sozialgesetzbuches

(1) Soweit dieses Gesetz zum Elterngeld oder Betreuungsgeld keine ausdrückliche Regelung trifft, ist bei der Ausführung des Ersten, Zweiten und Dritten Abschnitts das Erste Kapitel des Zehnten Buches Sozialgesetzbuch anzuwenden.

(2) § 328 Absatz 3 und § 331 des Dritten Buches Sozialgesetzbuch gelten entsprechend.

§ 27 Übergangsvorschrift

(1) Für die vor dem 1. Januar 2015 geborenen oder mit dem Ziel der Adoption aufgenommenen Kinder ist § 1 in der bis zum 31. Dezember 2014 geltenden Fassung weiter anzuwenden. Für die vor dem 1. Juli 2015 geborenen oder mit dem Ziel der Adoption aufgenommenen Kinder sind die §§ 2 bis 22 in der bis zum 31. Dezember 2014 geltenden Fassung weiter anzuwenden. Satz 2 gilt nicht für § 2c Absatz 1 Satz 2 und § 22 Absatz 2 Satz 1 Nummer 2.

(1a) Soweit dieses Gesetz Mutterschaftsgeld nach dem Fünften Buch Sozialgesetzbuch oder nach dem Zweiten Gesetz über die Krankenversicherung der Landwirte in Bezug nimmt, gelten die betreffenden Regelungen für Mutterschaftsgeld nach der Reichsversicherungsordnung oder nach dem Gesetz über die Krankenversicherung der Landwirte entsprechend.

(2) Für die dem Erziehungsgeld vergleichbaren Leistungen der Länder sind § 8 Absatz 1 und § 9 des Bundeserziehungsgeldgesetzes in der bis zum 31. Dezember 2006 geltenden Fassung weiter anzuwenden.

(3) Betreuungsgeld wird nicht für vor dem 1. August 2012 geborene Kinder gezahlt. Bis zum 31. Juli 2014 beträgt das Betreuungsgeld abweichend von § 4b 100 Euro pro Monat.

Mindesturlaubsgesetz für Arbeitnehmer*
(Bundesurlaubsgesetz – BUrlG)

§ 1 Urlaubsanspruch

Jeder Arbeitnehmer hat in jedem Kalenderjahr Anspruch auf bezahlten Erholungsurlaub.

§ 2 Geltungsbereich

Arbeitnehmer im Sinne des Gesetzes sind Arbeiter und Angestellte sowie die zu ihrer Berufsausbildung Beschäftigten. Als Arbeitnehmer gelten auch Personen, die wegen ihrer wirtschaftlichen Unselbstständigkeit als arbeitnehmerähnliche Personen anzusehen sind; für den Bereich der Heimarbeit gilt § 12.

§ 3 Dauer des Urlaubs

(1) Der Urlaub beträgt jährlich mindestens 24 Werktage.

(2) Als Werktage gelten alle Kalendertage, die nicht Sonn- oder gesetzliche Feiertage sind.

§ 4 Wartezeit

Der volle Urlaubsanspruch wird erstmalig nach sechsmonatigem Bestehen des Arbeitsverhältnisses erworben.

§ 5 Teilurlaub

(1) Anspruch auf ein Zwölftel des Jahresurlaubs für jeden vollen Monat des Bestehens des Arbeitsverhältnisses hat der Arbeitnehmer

a) für Zeiten eines Kalenderjahres, für die er wegen Nichterfüllung der Wartezeit in diesem Kalenderjahr keinen vollen Urlaubsanspruch erwirbt;
b) wenn er vor erfüllter Wartezeit aus dem Arbeitsverhältnis ausscheidet;
c) wenn er nach erfüllter Wartezeit in der ersten Hälfte eines Kalenderjahres aus dem Arbeitsverhältnis ausscheidet.

(2) Bruchteile von Urlaubstagen, die mindestens einen halben Tag ergeben, sind auf volle Urlaubstage aufzurunden.

---

* Vom 8. Januar 1963 (BGBl. I, S. 2) in der Fassung des Gesetzes vom 27. Juli 1969 (BGBl. I, S. 946), zuletzt geändert durch Gesetz vom 20. April 2013 (BGBl. I, S. 868 (914)).

(3) Hat der Arbeitnehmer im Falle des Absatzes 1 Buchstabe c bereits Urlaub über den ihm zustehenden Umfang hinaus erhalten, so kann das dafür gezahlte Urlaubsentgelt nicht zurückgefordert werden.

§ 6 Ausschluß von Doppelansprüchen

(1) Der Anspruch auf Urlaub besteht nicht, soweit dem Arbeitnehmer für das laufende Kalenderjahr bereits von einem früheren Arbeitgeber Urlaub gewährt worden ist.

(2) Der Arbeitgeber ist verpflichtet, bei Beendigung des Arbeitsverhältnisses dem Arbeitnehmer eine Bescheinigung über den im laufenden Kalenderjahr gewährten oder abgegoltenen Urlaub auszuhändigen.

§ 7 Zeitpunkt, Übertragbarkeit und Abgeltung des Urlaubs

(1) Bei der zeitlichen Festlegung des Urlaubs sind die Urlaubswünsche des Arbeitnehmers zu berücksichtigen, es sei denn, daß ihrer Berücksichtigung dringende betriebliche Belange oder Urlaubswünsche anderer Arbeitnehmer, die unter sozialen Gesichtspunkten den Vorrang verdienen, entgegenstehen. Der Urlaub ist zu gewähren, wenn der Arbeitnehmer dies im Anschluß an eine Maßnahme der medizinischen Vorsorge oder Rehabilitation verlangt.

(2) Der Urlaub ist zusammenhängend zu gewähren, es sei denn, daß dringende betriebliche oder in der Person des Arbeitnehmers liegende Gründe eine Teilung des Urlaubs erforderlich machen. Kann der Urlaub aus diesen Gründen nicht zusammenhängend gewährt werden, und hat der Arbeitnehmer Anspruch auf Urlaub von mehr als zwölf Werktagen, so muß einer der Urlaubsteile mindestens zwölf aufeinanderfolgende Werktage umfassen.

(3) Der Urlaub muß im laufenden Kalenderjahr gewährt und genommen werden. Eine Übertragung des Urlaubs auf das nächste Kalenderjahr ist nur statthaft, wenn dringende betriebliche oder in der Person des Arbeitnehmers liegende Gründe dies rechtfertigen. Im Fall der Übertragung muß der Urlaub in den ersten drei Monaten des folgenden Kalenderjahres gewährt und genommen werden. Auf Verlangen des Arbeitnehmers ist ein nach § 5 Abs. 1 Buchstabe a entstehender Teilurlaub jedoch auf das nächste Kalenderjahr zu übertragen.

(4) Kann der Urlaub wegen Beendigung des Arbeitsverhältnisses ganz oder teilweise nicht mehr gewährt werden, so ist er abzugelten.

§ 8 Erwerbstätigkeit während des Urlaubs

Während des Urlaubs darf der Arbeitnehmer keine dem Urlaubszweck widersprechende Erwerbstätigkeit leisten.

§ 9 Erkrankung während des Urlaubs

Erkrankt ein Arbeitnehmer während des Urlaubs, so werden die durch ärztliches Zeugnis nachgewiesenen Tage der Arbeitsunfähigkeit auf den Jahresurlaub nicht angerechnet.

§ 10 Maßnahmen der medizinischen Vorsorge oder Rehabilitation

Maßnahmen der medizinischen Vorsorge oder Rehabilitation dürfen nicht auf den Urlaub angerechnet werden, soweit ein Anspruch auf Fortzahlung des Arbeitsentgelts nach den gesetzlichen Vorschriften über die Entgeltfortzahlung im Krankheitsfall besteht.

§ 11 Urlaubsentgelt

(1) Das Urlaubsentgelt bemißt sich nach dem durchschnittlichen Arbeitsverdienst, das der Arbeitnehmer in den letzten dreizehn Wochen vor dem Beginn des Urlaubs erhalten hat, mit Ausnahme des zusätzlich für Überstunden gezahlten Arbeitsverdienstes. Bei Verdiensterhöhungen nicht nur vorübergehender Natur, die während des Berechnungszeitraums oder des Urlaubs eintreten, ist von dem erhöhten Verdienst auszugehen. Verdienstkürzungen, die im Berechnungszeitraum infolge von Kurzarbeit, Arbeitsausfällen oder unverschuldeter Arbeitsversäumnis eintreten, bleiben für die Berechnung des Urlaubsentgelts außer Betracht. Zum Arbeitsentgelt gehörende Sachbezüge, die während des Urlaubs nicht weitergewährt werden, sind für die Dauer des Urlaubs angemessen in bar abzugelten.

(2) Das Urlaubsentgelt ist vor Antritt des Urlaubs auszuzahlen.

§ 12 Urlaub im Bereich der Heimarbeit

Für die in Heimarbeit Beschäftigten und die ihnen nach § 1 Abs. 2 Buchstaben a bis c des Heimarbeitsgesetzes Gleichgestellten, für die die Urlaubsregelung nicht ausdrücklich von der Gleichstellung ausgenommen ist, gelten die vorstehenden Bestimmungen mit Ausnahme der §§ 4 bis 6, 7 Abs. 3 und 4 und § 11 nach Maßgabe der folgenden Bestimmungen:

1. Heimarbeiter (§ 1 Abs. 1 Buchstabe a des Heimarbeitsgesetzes) und nach § 1 Abs. 2 Buchstabe a des Heimarbeitsgesetzes Gleichgestellte erhalten von ihrem Auftraggeber oder, falls sie von einem Zwischenmeister beschäftigt werden, von diesem bei einem Anspruch auf 24 Werktage ein Urlaubsentgelt von 9,1 vom Hundert des in der Zeit vom 1. Mai bis zum 30. April des folgenden Jahres oder bis zur Beendigung des Beschäftigungsverhältnisses verdienten Arbeitsentgelts vor Abzug der Steuern und Sozialversicherungsbeiträge ohne Unkostenzuschlag und ohne die für den Lohnausfall an Feiertagen, den Arbeitsausfall infolge Krankheit und den Urlaub zu leistenden Zahlungen.
2. War der Anspruchsberechtigte im Berechnungszeitraum nicht ständig beschäftigt, so brauchen unbeschadet des Anspruches auf Urlaubsentgelt nach Nummer 1 nur so viele Urlaubstage gegeben zu werden, wie durchschnittliche Tagesverdienste, die er in der Regel erzielt hat, in dem Urlaubsentgelt nach Nummer 1 enthalten sind.
3. Das Urlaubsentgelt für die in Nummer 1 bezeichneten Personen soll erst bei der letzten Entgeltzahlung vor Antritt des Urlaubs ausgezahlt werden.
4. Hausgewerbetreibende (§ 1 Abs. 1 Buchstabe b des Heimarbeitsgesetzes) und nach § 1 Abs. 2 Buchstaben b und c des Heimarbeitsgesetzes Gleichgestellte erhalten von ihrem Auftraggeber oder, falls sie von einem Zwischenmeister beschäftigt werden, von diesem als eigenes Urlaubsentgelt und zur Sicherung der Urlaubsansprüche der von ihnen Beschäftigten einen Betrag von 9,1 vom Hundert des an sie ausgezahlten Arbeitsentgelts vor Abzug der Steuern und Sozialversicherungsbeiträge ohne Unkostenzuschlag und ohne die für den Lohnausfall an Feiertagen, den Arbeitsausfall infolge Krankheit und den Urlaub zu leistenden Zahlungen.
5. Zwischenmeister, die den in Heimarbeit Beschäftigten nach § 1 Abs. 2 Buchstabe d des Heimarbeitsgesetzes gleichgestellt sind, haben gegen ihren Auftraggeber Anspruch auf die von ihnen nach den Nummern 1 und 4 nachweislich zu zahlenden Beträge.
6. Die Beträge nach den Nummern 1, 4 und 5 sind gesondert im Entgeltbeleg auszuweisen.

7. Durch Tarifvertrag kann bestimmt werden, daß Heimarbeiter (§ 1 Abs. 1 Buchstabe a des Heimarbeitsgesetzes), die nur für einen Auftraggeber tätig sind und tariflich allgemein wie Betriebsarbeiter behandelt werden, Urlaub nach den allgemeinen Urlaubsbestimmungen erhalten.
8. Auf die in den Nummern 1, 4 und 5 vorgesehenen Beträge finden die §§ 23 bis 25, 27 und 28 und auf die in den Nummern 1 und 4 vorgesehenen Beträge außerdem § 21 Abs. 2 des Heimarbeitsgesetzes entsprechende Anwendung. Für die Urlaubsansprüche der fremden Hilfskräfte der in Nummer 4 genannten Personen gilt § 26 des Heimarbeitsgesetzes entsprechend.

§ 13 Unabdingbarkeit

(1) Von den vorstehenden Vorschriften mit Ausnahme der §§ 1, 2 und 3 Abs. 1 kann in Tarifverträgen abgewichen werden. Die abweichenden Bestimmungen haben zwischen nichttarifgebundenen Arbeitgebern und Arbeitnehmern Geltung, wenn zwischen diesen die Anwendung der einschlägigen tariflichen Urlaubsregelung vereinbart ist. Im Übrigen kann, abgesehen von § 7 Abs. 2 Satz 2, von den Bestimmungen dieses Gesetzes nicht zu Ungunsten des Arbeitnehmers abgewichen werden.

(2) Für das Baugewerbe oder sonstige Wirtschaftszweige, in denen als Folge häufigen Ortswechsels der von den Betrieben zu leistenden Arbeit Arbeitsverhältnisse von kürzerer Dauer als einem Jahr in erheblichem Umfange üblich sind, kann durch Tarifvertrag von den vorstehenden Vorschriften über die in Absatz 1 Satz 1 vorgesehene Grenze hinaus abgewichen werden, soweit dies zur Sicherung eines zusammenhängenden Jahresurlaubs für alle Arbeitnehmer erforderlich ist. Absatz 1 Satz 2 findet entsprechende Anwendung.

(3) Für den Bereich der Deutsche Bahn Aktiengesellschaft sowie einer gemäß § 2 Abs. 1 und § 3 Abs. 3 des Deutsche Bahn Gründungsgesetzes vom 27. Dezember 1993 (BGBl. I, S. 2378, 2386) ausgegliederten Gesellschaft und für den Bereich der Nachfolgeunternehmen der Deutschen Bundespost kann von der Vorschrift über das Kalenderjahr als Urlaubsjahr (§ 1) in Tarifverträgen abgewichen werden.

§ 14 Berlin-Klausel

Dieses Gesetz gilt nach Maßgabe des § 13 Abs. 1 des Dritten Überleitungsgesetzes vom 4. Januar 1952 (Bundesgesetzblatt I S. 1) auch im Land Berlin.

§ 15 Änderung und Aufhebung von Gesetzen

(1) Unberührt bleiben die urlaubsrechtlichen Bestimmungen des Arbeitsplatzschutzgesetzes vom 30. März 1957 (Bundesgesetzbl. I S. 293), geändert durch Gesetz vom 22. März 1962 (Bundesgesetzbl. I S. 169), des Neunten Buches Sozialgesetzbuch, des Jugendarbeitsschutzgesetzes vom 9. August 1960 (Bundesgesetzbl. I S. 665), geändert durch Gesetz vom 20. Juli 1962 (Bundesgesetzbl. I S. 449), und des Seearbeitsgesetzes vom 20. April 2013 (BGBl. I, S. 868), jedoch wird a) und b) ...

(2) Mit dem Inkrafttreten dieses Gesetzes treten die landesrechtlichen Vorschriften über den Erholungsurlaub außer Kraft. In Kraft bleiben jedoch die landesrechtlichen Bestimmungen über den Urlaub für Opfer des Nationalsozialismus und für solche Arbeitnehmer, die geistig oder körperlich in ihrer Erwerbsfähigkeit behindert sind.

§ 15a Übergangsvorschrift

Befindet sich der Arbeitnehmer von einem Tag nach dem 9. Dezember 1998 bis zum 1.1.1999 oder darüber hinaus in einer Maßnahme der medizinischen Vorsorge oder Rehabilitation, sind für diesen Zeitraum die seit dem 1.1.1999 geltenden Vorschriften maßgebend, es sei denn, daß diese für den Arbeitnehmer ungünstiger sind.

§ 16 Inkrafttreten

Dieses Gesetz tritt mit Wirkung vom 1. Januar 1963 in Kraft.

Gesetz über die Drittelbeteiligung der Arbeitnehmer im Aufsichtsrat*
(Drittelbeteiligungsgesetz – DrittelbG)

TEIL 1
Geltungsbereich

§ 1 Erfasste Unternehmen

(1) Die Arbeitnehmer haben ein Mitbestimmungsrecht im Aufsichtsrat nach Maßgabe dieses Gesetzes in

1. einer Aktiengesellschaft mit in der Regel mehr als 500 Arbeitnehmern. Ein Mitbestimmungsrecht im Aufsichtsrat besteht auch in einer Aktiengesellschaft mit in der Regel weniger als 500 Arbeitnehmern, die vor dem 10. August 1994 eingetragen worden ist und keine Familiengesellschaft ist. Als Familiengesellschaften gelten solche Aktiengesellschaften, deren Aktionär eine einzelne natürliche Person ist oder deren Aktionäre untereinander im Sinne von § 15 Abs. 1 Nr. 2 bis 8, Abs. 2 der Abgabenordnung verwandt oder verschwägert sind;
2. einer Kommanditgesellschaft auf Aktien mit in der Regel mehr als 500 Arbeitnehmern. Nummer 1 Satz 2 und 3 gilt entsprechend;
3. einer Gesellschaft mit beschränkter Haftung mit in der Regel mehr als 500 Arbeitnehmern. Die Gesellschaft hat einen Aufsichtsrat zu bilden; seine Zusammensetzung sowie seine Rechte und Pflichten bestimmen sich nach § 90 Abs. 3, 4, 5 Satz 1 und 2, nach den §§ 95 bis 114, 116, 118 Abs. 3, § 125 Abs. 3 und 4 und nach den §§ 170, 171, 268 Abs. 2 des Aktiengesetzes;
4. einem Versicherungsverein auf Gegenseitigkeit mit in der Regel mehr als 500 Arbeitnehmern, wenn dort ein Aufsichtsrat besteht;
5. einer Genossenschaft mit in der Regel mehr als 500 Arbeitnehmern. § 96 Abs. 4 und die §§ 97 bis 99 des Aktiengesetzes sind entsprechend anzuwenden. Die Satzung kann nur eine durch drei teilbare Zahl von Aufsichtsratsmitgliedern festsetzen. Der Aufsichtsrat muss zwei Sitzungen im Kalenderhalbjahr abhalten.

(2) Dieses Gesetz findet keine Anwendung auf

1. die in § 1 Abs. 1 des Mitbestimmungsgesetzes, die in § 1 des Montan-Mitbestimmungsgesetzes und die in den §§ 1 und 3

---

* Vom 18. Mai 2004 (BGBl. I, S. 974), zuletzt geändert durch Gesetz vom 24. April 2015 (BGBl. I, S. 642 (658)).

Abs. 1 des Montan-Mitbestimmungsergänzungsgesetzes bezeichneten Unternehmen;

2. Unternehmen, die unmittelbar und überwiegend
   a) politischen, koalitionspolitischen, konfessionellen, karitativen, erzieherischen, wissenschaftlichen oder künstlerischen Bestimmungen oder
   b) Zwecken der Berichterstattung oder Meinungsäußerung, auf die Artikel 5 Abs. 1 Satz 2 des Grundgesetzes anzuwenden ist,

   dienen. Dieses Gesetz ist nicht anzuwenden auf Religionsgemeinschaften und ihre karitativen und erzieherischen Einrichtungen unbeschadet deren Rechtsform.

(3) Die Vorschriften des Genossenschaftsgesetzes über die Zusammensetzung des Aufsichtsrats sowie über die Wahl und die Abberufung von Aufsichtsratsmitgliedern gelten insoweit nicht, als sie den Vorschriften dieses Gesetzes widersprechen.

§ 2 Konzern

(1) An der Wahl der Aufsichtsratsmitglieder der Arbeitnehmer des herrschenden Unternehmens eines Konzerns (§ 18 Abs. 1 des Aktiengesetzes) nehmen auch die Arbeitnehmer der übrigen Konzernunternehmen teil.

(2) Soweit nach § 1 die Beteiligung der Arbeitnehmer im Aufsichtsrat eines herrschenden Unternehmens von dem Vorhandensein oder der Zahl von Arbeitnehmern abhängt, gelten die Arbeitnehmer eines Konzernunternehmens als solche des herrschenden Unternehmens, wenn zwischen den Unternehmen ein Beherrschungsvertrag besteht oder das abhängige Unternehmen in das herrschende Unternehmen eingegliedert ist.

§ 3 Arbeitnehmer, Betrieb

(1) Arbeitnehmer im Sinne dieses Gesetzes sind die in § 5 Abs. 1 des Betriebsverfassungsgesetzes bezeichneten Personen mit Ausnahme der in § 5 Abs. 3 des Betriebsverfassungsgesetzes bezeichneten leitenden Angestellten.

(2) Betriebe im Sinne dieses Gesetzes sind solche des Betriebsverfassungsgesetzes. § 4 Abs. 2 des Betriebsverfassungsgesetzes ist anzuwenden.

(3) Die Gesamtheit der Schiffe eines Unternehmens gilt für die Anwendung dieses Gesetzes als ein Betrieb. Schiffe im Sinne dieses Gesetzes sind Kauffahrteischiffe, die nach dem Flaggenrechtsgesetz die Bundesflagge führen. Schiffe, die in der Regel binnen 48 Stunden nach dem Auslaufen an den Sitz eines Landbetriebs zurückkehren, gelten als Teil dieses Landbetriebs.

TEIL 2
Aufsichtsrat

§ 4 Zusammensetzung

(1) Der Aufsichtsrat eines in § 1 Abs. 1 bezeichneten Unternehmens muss zu einem Drittel aus Arbeitnehmervertretern bestehen.

(2) Ist ein Aufsichtsratsmitglied der Arbeitnehmer oder sind zwei Aufsichtsratsmitglieder der Arbeitnehmer zu wählen, so müssen diese als Arbeitnehmer im Unternehmen beschäftigt sein. Sind mehr als zwei Aufsichtsratsmitglieder der Arbeitnehmer zu wählen, so müssen mindestens zwei Aufsichtsratsmitglieder als Arbeitnehmer im Unternehmen beschäftigt sein.

(3) Die Aufsichtsratsmitglieder der Arbeitnehmer, die Arbeitnehmer des Unternehmens sind, müssen das 18. Lebensjahr vollendet haben und ein Jahr dem Unternehmen angehören. Auf die einjährige Unternehmensangehörigkeit werden Zeiten der Angehörigkeit zu einem anderen Unternehmen, dessen Arbeitnehmer nach diesem Gesetz an der Wahl von Aufsichtsratsmitgliedern des Unternehmens teilnehmen, angerechnet. Diese Zeiten müssen unmittelbar vor dem Zeitpunkt liegen, ab dem die Arbeitnehmer zur Wahl von Aufsichtsratsmitgliedern des Unternehmens berechtigt sind. Die weiteren Wählbarkeitsvoraussetzungen des § 8 Abs. 1 des Betriebsverfassungsgesetzes müssen erfüllt sein.

(4) Unter den Aufsichtsratsmitgliedern der Arbeitnehmer sollen Frauen und Männer entsprechend ihrem zahlenmäßigen Verhältnis im Unternehmen vertreten sein.

§ 5 Wahl der Aufsichtsratsmitglieder der Arbeitnehmer

(1) Die Aufsichtsratsmitglieder der Arbeitnehmer werden nach den Grundsätzen der Mehrheitswahl in allgemeiner, geheimer, gleicher

und unmittelbarer Wahl für die Zeit gewählt, die im Gesetz oder in der Satzung für die von der Hauptversammlung zu wählenden Aufsichtsratsmitglieder bestimmt ist.

(2) Wahlberechtigt sind die Arbeitnehmer des Unternehmens, die das 18. Lebensjahr vollendet haben. § 7 Satz 2 des Betriebsverfassungsgesetzes gilt entsprechend.

§ 6 Wahlvorschläge

Die Wahl erfolgt auf Grund von Wahlvorschlägen der Betriebsräte und der Arbeitnehmer. Die Wahlvorschläge der Arbeitnehmer müssen von mindestens einem Zehntel der Wahlberechtigten oder von mindestens 100 Wahlberechtigten unterzeichnet sein.

§ 7 Ersatzmitglieder

(1) In jedem Wahlvorschlag kann zusammen mit jedem Bewerber für diesen ein Ersatzmitglied des Aufsichtsrats vorgeschlagen werden. Ein Bewerber kann nicht zugleich als Ersatzmitglied vorgeschlagen werden.

(2) Wird ein Bewerber als Aufsichtsratsmitglied gewählt, so ist auch das zusammen mit ihm vorgeschlagene Ersatzmitglied gewählt.

§ 8 Bekanntmachung der Mitglieder des Aufsichtsrats

Das zur gesetzlichen Vertretung des Unternehmens befugte Organ hat die Namen der Mitglieder und der Ersatzmitglieder des Aufsichtsrats unverzüglich nach ihrer Bestellung in den Betrieben des Unternehmens bekannt zu machen und im Bundesanzeiger zu veröffentlichen. Nehmen an der Wahl der Aufsichtsratsmitglieder des Unternehmens auch die Arbeitnehmer eines anderen Unternehmens teil, so ist daneben das zur gesetzlichen Vertretung des anderen Unternehmens befugte Organ zur Bekanntmachung in seinen Betrieben verpflichtet.

§ 9 Schutz von Aufsichtsratsmitgliedern vor Benachteiligung

Aufsichtsratsmitglieder der Arbeitnehmer dürfen in der Ausübung ihrer Tätigkeit nicht gestört oder behindert werden. Sie dürfen wegen ihrer Tätigkeit im Aufsichtsrat nicht benachteiligt oder begünstigt werden. Dies gilt auch für ihre berufliche Entwicklung.

§ 10 Wahlschutz und Wahlkosten

(1) Niemand darf die Wahl der Aufsichtsratsmitglieder der Arbeitnehmer behindern. Insbesondere darf niemand in der Ausübung des aktiven und passiven Wahlrechts beschränkt werden.

(2) Niemand darf die Wahlen durch Zufügung oder Androhung von Nachteilen oder durch Gewährung oder Versprechen von Vorteilen beeinflussen.

(3) Die Kosten der Wahlen trägt das Unternehmen. Versäumnis von Arbeitszeit, die zur Ausübung des Wahlrechts oder der Betätigung im Wahlvorstand erforderlich ist, berechtigt nicht zur Minderung des Arbeitsentgelts.

§ 11 Anfechtung der Wahl von Aufsichtsratsmitgliedern der Arbeitnehmer

(1) Die Wahl eines Aufsichtsratsmitglieds oder eines Ersatzmitglieds der Arbeitnehmer kann beim Arbeitsgericht angefochten werden, wenn gegen wesentliche Vorschriften über das Wahlrecht, die Wählbarkeit oder das Wahlverfahren verstoßen worden und eine Berichtigung nicht erfolgt ist, es sei denn, dass durch den Verstoß das Wahlergebnis nicht geändert oder beeinflusst werden konnte.

(2) Zur Anfechtung berechtigt sind
1. mindestens drei Wahlberechtigte,
2. die Betriebsräte,
3. das zur gesetzlichen Vertretung des Unternehmens befugte Organ.

Die Anfechtung ist nur binnen einer Frist von zwei Wochen, vom Tag der Veröffentlichung im Bundesanzeiger an gerechnet, zulässig.

§ 12 Abberufung von Aufsichtsratsmitgliedern der Arbeitnehmer

(1) Ein Aufsichtsratsmitglied der Arbeitnehmer kann vor Ablauf der Amtszeit auf Antrag eines Betriebsrats oder von mindestens einem Fünftel der Wahlberechtigten durch Beschluss abberufen werden. Der Beschluss der Wahlberechtigten wird in allgemeiner, geheimer, gleicher und unmittelbarer Abstimmung gefasst; er bedarf einer Mehrheit von drei Vierteln der abgegebenen Stimmen. Auf die Beschlussfassung findet § 2 Abs. 1 Anwendung.

(2) Absatz 1 ist für die Abberufung von Ersatzmitgliedern entsprechend anzuwenden.

TEIL 3
Übergangs- und Schlussvorschriften

§ 13 Ermächtigung zum Erlass von Rechtsverordnungen
Die Bundesregierung wird ermächtigt, durch Rechtsverordnung Vorschriften über das Verfahren für die Wahl und die Abberufung von Aufsichtsratsmitgliedern der Arbeitnehmer zu erlassen, insbesondere über
1. die Vorbereitung der Wahl, insbesondere die Aufstellung der Wählerlisten und die Errechnung der Zahl der Aufsichtsratsmitglieder der Arbeitnehmer;
2. die Frist für die Einsichtnahme in die Wählerlisten und die Erhebung von Einsprüchen gegen sie;
3. die Wahlvorschläge und die Frist für ihre Einreichung;
4. das Wahlausschreiben und die Frist für seine Bekanntmachung;
5. die Teilnahme von Arbeitnehmern eines in § 3 Abs. 3 bezeichneten Betriebs an der Wahl;
6. die Stimmabgabe;
7. die Feststellung des Wahlergebnisses und die Fristen für seine Bekanntmachung;
8. die Anfechtung der Wahl;
9. die Aufbewahrung der Wahlakten.

§ 14 Verweisungen
Soweit in anderen Gesetzen auf Vorschriften verwiesen wird, die durch Artikel 6 Abs. 2 des Zweiten Gesetzes zur Vereinfachung der Wahl der Arbeitnehmervertreter in den Aufsichtsrat aufgehoben werden, treten an ihre Stelle die entsprechenden Vorschriften dieses Gesetzes.

§ 15 Übergangsregelung
[aufgehoben]

Gesetz über die Zahlung des Arbeitsentgelts an Feiertagen und im Krankheitsfall* (Entgeltfortzahlungsgesetz – EntgeltfortzG)

§ 1 Anwendungsbereich

(1) Dieses Gesetz regelt die Zahlung des Arbeitsentgelts an gesetzlichen Feiertagen und die Fortzahlung des Arbeitsentgelts im Krankheitsfall an Arbeitnehmer sowie die wirtschaftliche Sicherung im Bereich der Heimarbeit für gesetzliche Feiertage und im Krankheitsfall.

(2) Arbeitnehmer im Sinne dieses Gesetzes sind Arbeiter und Angestellte sowie die zu ihrer Berufsbildung Beschäftigten.

§ 2 Entgeltzahlung an Feiertagen

(1) Für Arbeitszeit, die infolge eines gesetzlichen Feiertages ausfällt, hat der Arbeitgeber dem Arbeitnehmer das Arbeitsentgelt zu zahlen, das er ohne den Arbeitsausfall erhalten hätte.

(2) Die Arbeitszeit, die an einem gesetzlichen Feiertag gleichzeitig infolge von Kurzarbeit ausfällt und für die an anderen Tagen als an gesetzlichen Feiertagen Kurzarbeitergeld geleistet wird, gilt als infolge eines gesetzlichen Feiertages nach Absatz 1 ausgefallen.

(3) Arbeitnehmer, die am letzten Arbeitstag vor oder am ersten Arbeitstag nach Feiertagen unentschuldigt der Arbeit fernbleiben, haben keinen Anspruch auf Bezahlung für diese Feiertage.

§ 3 Anspruch auf Entgeltfortzahlung im Krankheitsfall

(1) Wird ein Arbeitnehmer durch Arbeitsunfähigkeit infolge Krankheit an seiner Arbeitsleistung verhindert, ohne daß ihn ein Verschulden trifft, so hat er Anspruch auf Entgeltfortzahlung im Krankheitsfall durch den Arbeitgeber für die Zeit der Arbeitsunfähigkeit bis zur Dauer von sechs Wochen. Wird der Arbeitnehmer infolge derselben Krankheit erneut arbeitsunfähig, so verliert er wegen der erneuten Arbeitsunfähigkeit den Anspruch nach Satz 1 für einen weiteren Zeitraum von höchstens sechs Wochen nicht, wenn

1. er vor der erneuten Arbeitsunfähigkeit mindestens sechs Monate nicht infolge derselben Krankheit arbeitsunfähig war oder

---

* Vom 26. Mai 1994 (BGBl. I, S. 1014 (1065)), zuletzt geändert durch Gesetz vom 16. Juli 2015 (BGBl. I, S. 1211 (1240)).

2. seit Beginn der ersten Arbeitsunfähigkeit infolge derselben Krankheit eine Frist von zwölf Monaten abgelaufen ist.

(2) Als unverschuldete Arbeitsunfähigkeit im Sinne des Absatzes 1 gilt auch eine Arbeitsverhinderung, die infolge einer nicht rechtswidrigen Sterilisation oder eines nicht rechtswidrigen Abbruchs der Schwangerschaft eintritt. Dasselbe gilt für einen Abbruch der Schwangerschaft, wenn die Schwangerschaft innerhalb von zwölf Wochen nach der Empfängnis durch einen Arzt abgebrochen wird, die schwangere Frau den Abbruch verlangt und dem Arzt durch eine Bescheinigung nachgewiesen hat, daß sie sich mindestens drei Tage vor dem Eingriff von einer anerkannten Beratungsstelle hat beraten lassen.

(3) Der Anspruch nach Absatz 1 entsteht nach vierwöchiger ununterbrochener Dauer des Arbeitsverhältnisses.

§ 3a Anspruch auf Entgeltfortzahlung bei Spende von Organen, Geweben oder Blut zur Separation von Blutstammzellen oder anderen Blutbestandteilen

(1) Ist ein Arbeitnehmer durch Arbeitsunfähigkeit infolge der Spende von Organen oder Geweben, die nach den §§ 8 und 8a des Transplantationsgesetzes erfolgt, oder einer Blutspende zur Separation von Blutstammzellen oder anderen Blutbestandteilen im Sinne von § 9 des Transfusionsgesetzes an seiner Arbeitsleistung verhindert, hat er Anspruch auf Entgeltfortzahlung durch den Arbeitgeber für die Zeit der Arbeitsunfähigkeit bis zur Dauer von sechs Wochen. § 3 Absatz 1 Satz 2 gilt entsprechend.

(2) Dem Arbeitgeber sind von der gesetzlichen Krankenkasse des Empfängers von Organen oder Geweben oder Blut zur Separation von Blutstammzellen oder anderen Blutbestandteilen das an den Arbeitnehmer nach Absatz 1 fortgezahlte Arbeitsentgelt sowie die hierauf entfallenden vom Arbeitgeber zu tragenden Beiträge zur Sozialversicherung und zur betrieblichen Alters- und Hinterbliebenenversorgung auf Antrag zu erstatten. Ist der Empfänger von Organen oder Geweben oder Blut zur Separation von Blutstammzellen oder anderen Blutbestandteilen gemäß § 193 Absatz 3 des Versicherungsvertragsgesetzes bei einem privaten Krankenversicherungsunternehmen versichert, erstattet dieses dem Arbeitgeber auf Antrag

die Kosten nach Satz 1 in Höhe des tariflichen Erstattungssatzes. Ist der Empfänger von Organen oder Geweben oder Blut zur Separation von Blutstammzellen oder anderen Blutbestandteilen bei einem Beihilfeträger des Bundes beihilfeberechtigt oder berücksichtigungsfähiger Angehöriger, erstattet der zuständige Beihilfeträger dem Arbeitgeber auf Antrag die Kosten nach Satz 1 zum jeweiligen Bemessungssatz des Empfängers von Organen oder Geweben oder Blut zur Separation von Blutstammzellen oder anderen Blutbestandteilen; dies gilt entsprechend für sonstige öffentlich-rechtliche Träger von Kosten in Krankheitsfällen auf Bundesebene. Unterliegt der Empfänger von Organen oder Geweben oder Blut zur Separation von Blutstammzellen oder anderen Blutbestandteilen der Heilfürsorge im Bereich des Bundes oder der truppenärztlichen Versorgung, erstatten die zuständigen Träger auf Antrag die Kosten nach Satz 1. Mehrere Erstattungspflichtige haben die Kosten nach Satz 1 anteilig zu tragen. Der Arbeitnehmer hat dem Arbeitgeber unverzüglich die zur Geltendmachung des Erstattungsanspruches erforderlichen Angaben zu machen.

§ 4 Höhe des fortzuzahlenden Arbeitsentgelts

(1) Für den in § 3 Abs. 1 oder in § 3a Absatz 1 bezeichneten Zeitraum ist dem Arbeitnehmer das ihm bei der für ihn maßgebenden regelmäßigen Arbeitszeit zustehende Arbeitsentgelt fortzuzahlen.

(1a) Zum Arbeitsentgelt nach Abs. 1 gehören nicht das zusätzlich für Überstunden gezahlte Arbeitsentgelt und Leistungen für Aufwendungen des Arbeitnehmers, soweit der Anspruch auf sie im Falle der Arbeitsfähigkeit davon abhängig ist, daß dem Arbeitnehmer entsprechende Aufwendungen tatsächlich entstanden sind, und dem Arbeitnehmer solche Aufwendungen während der Arbeitsunfähigkeit nicht entstehen. Erhält der Arbeitnehmer eine auf das Ergebnis der Arbeit abgestellte Vergütung, so ist der von dem Arbeitnehmer in der für ihn maßgebenden regelmäßigen Arbeitszeit erzielbare Durchschnittsverdienst der Berechnung zu Grunde zu legen.

(2) Ist der Arbeitgeber für Arbeitszeit, die gleichzeitig infolge eines gesetzlichen Feiertages ausgefallen ist, zur Fortzahlung des Arbeitsentgelts nach § 3 oder nach § 3a verpflichtet, bemißt sich die Höhe des fortzuzahlenden Arbeitsentgelts für diesen Feiertag nach § 2.

(3) Wird in dem Betrieb verkürzt gearbeitet und würde deshalb das Arbeitsentgelt des Arbeitnehmers im Falle seiner Arbeitsfähigkeit gemindert, so ist die verkürzte Arbeitszeit für ihre Dauer als die für den Arbeitnehmer maßgebende regelmäßige Arbeitszeit im Sinne des Absatzes 1 anzusehen. Dies gilt nicht im Falle des § 2 Abs. 2.

(4) Durch Tarifvertrag kann eine von den Absätzen 1, 1a und 3 abweichende Bemessungsgrundlage des fortzuzahlenden Arbeitsentgelts festgelegt werden. Im Geltungsbereich eines solchen Tarifvertrages kann zwischen nichttarifgebundenen Arbeitgebern und Arbeitnehmern die Anwendung der tarifvertraglichen Regelung über die Fortzahlung des Arbeitsentgelts im Krankheitsfalle vereinbart werden.

§ 4a Kürzung von Sondervergütungen

Eine Vereinbarung über die Kürzung von Leistungen, die der Arbeitgeber zusätzlich zum laufenden Arbeitsentgelt erbringt (Sondervergütungen), ist auch für Zeiten der Arbeitsunfähigkeit infolge Krankheit zulässig. Die Kürzung darf für jeden Tag der Arbeitsunfähigkeit infolge Krankheit ein Viertel des Arbeitsentgelts, das im Jahresdurchschnitt auf einen Arbeitstag entfällt, nicht überschreiten.

§ 5 Anzeige- und Nachweispflichten

(1) Der Arbeitnehmer ist verpflichtet, dem Arbeitgeber die Arbeitsunfähigkeit und deren voraussichtliche Dauer unverzüglich mitzuteilen. Dauert die Arbeitsunfähigkeit länger als drei Kalendertage, hat der Arbeitnehmer eine ärztliche Bescheinigung über das Bestehen der Arbeitsunfähigkeit sowie deren voraussichtliche Dauer spätestens an dem darauffolgenden Arbeitstag vorzulegen. Der Arbeitgeber ist berechtigt, die Vorlage der ärztlichen Bescheinigung früher zu verlangen. Dauert die Arbeitsunfähigkeit länger als in der Bescheinigung angegeben, ist der Arbeitnehmer verpflichtet, eine neue ärztliche Bescheinigung vorzulegen. Ist der Arbeitnehmer Mitglied einer gesetzlichen Krankenkasse, muß die ärztliche Bescheinigung einen Vermerk des behandelnden Arztes darüber enthalten, daß der Krankenkasse unverzüglich eine Bescheinigung über die Arbeitsunfähigkeit mit Angaben über den Befund und die voraussichtliche Dauer der Arbeitsunfähigkeit übersandt wird.

(2) Hält sich der Arbeitnehmer bei Beginn der Arbeitsunfähigkeit im Ausland auf, so ist er verpflichtet, dem Arbeitgeber die Arbeitsunfähigkeit, deren voraussichtliche Dauer und die Adresse am Aufenthaltsort in der schnellstmöglichen Art der Übermittlung mitzuteilen. Die durch die Mitteilung entstehenden Kosten hat der Arbeitgeber zu tragen. Darüber hinaus ist der Arbeitnehmer, wenn er Mitglied einer gesetzlichen Krankenkasse ist, verpflichtet, auch dieser die Arbeitsunfähigkeit und deren voraussichtliche Dauer unverzüglich anzuzeigen. Dauert die Arbeitsunfähigkeit länger als angezeigt, so ist der Arbeitnehmer verpflichtet, der gesetzlichen Krankenkasse die voraussichtliche Fortdauer der Arbeitsunfähigkeit mitzuteilen. Die gesetzlichen Krankenkassen können festlegen, daß der Arbeitnehmer Anzeige- und Mitteilungspflichten nach den Sätzen 3 und 4 auch gegenüber einem ausländischen Sozialversicherungsträger erfüllen kann. Absatz 1 Satz 5 gilt nicht. Kehrt ein arbeitsunfähig erkrankter Arbeitnehmer in das Inland zurück, so ist er verpflichtet, dem Arbeitgeber und der Krankenkasse seine Rückkehr unverzüglich anzuzeigen.

§ 6 Forderungsübergang bei Dritthaftung

(1) Kann der Arbeitnehmer auf Grund gesetzlicher Vorschriften von einem Dritten Schadensersatz wegen des Verdienstausfalls beanspruchen, der ihm durch die Arbeitsunfähigkeit entstanden ist, so geht dieser Anspruch insoweit auf den Arbeitgeber über, als dieser dem Arbeitnehmer nach diesem Gesetz Arbeitsentgelt fortgezahlt und darauf entfallende vom Arbeitgeber zu tragende Beiträge zur Bundesagentur für Arbeit, Arbeitgeberanteile an Beiträgen zur Sozialversicherung und zur Pflegeversicherung sowie zu Einrichtungen der zusätzlichen Alters- und Hinterbliebenenversorgung abgeführt hat.

(2) Der Arbeitnehmer hat dem Arbeitgeber unverzüglich die zur Geltendmachung des Schadensersatzanspruchs erforderlichen Angaben zu machen.

(3) Der Forderungsübergang nach Absatz 1 kann nicht zum Nachteil des Arbeitnehmers geltend gemacht werden.

§ 7 Leistungsverweigerungsrecht des Arbeitgebers

(1) Der Arbeitgeber ist berechtigt, die Fortzahlung des Arbeitsentgelts zu verweigern,

1. solange der Arbeitnehmer die von ihm nach § 5 Abs. 1 vorzulegende ärztliche Bescheinigung nicht vorlegt oder den ihm nach § 5 Abs. 2 obliegenden Verpflichtungen nicht nachkommt;
2. wenn der Arbeitnehmer den Übergang eines Schadensersatzanspruchs gegen einen Dritten auf den Arbeitgeber (§ 6) verhindert.

(2) Absatz 1 gilt nicht, wenn der Arbeitnehmer die Verletzung dieser ihm obliegenden Verpflichtungen nicht zu vertreten hat.

§ 8 Beendigung des Arbeitsverhältnisses

(1) Der Anspruch auf Fortzahlung des Arbeitsentgelts wird nicht dadurch berührt, daß der Arbeitgeber das Arbeitsverhältnis aus Anlaß der Arbeitsunfähigkeit kündigt. Das Gleiche gilt, wenn der Arbeitnehmer das Arbeitsverhältnis aus einem vom Arbeitgeber zu vertretenden Grunde kündigt, der den Arbeitnehmer zur Kündigung aus wichtigem Grund ohne Einhaltung einer Kündigungsfrist berechtigt.

(2) Endet das Arbeitsverhältnis vor Ablauf der in § 3 Abs. 1 oder in § 3a Absatz 1 bezeichneten Zeit nach dem Beginn der Arbeitsunfähigkeit, ohne daß es einer Kündigung bedarf, oder infolge einer Kündigung aus anderen als den in Absatz 1 bezeichneten Gründen, so endet der Anspruch mit dem Ende des Arbeitsverhältnisses.

§ 9 Maßnahmen der medizinischen Vorsorge und Rehabilitation

(1) Die Vorschriften der §§ 3 bis 4a und 6 bis 8 gelten entsprechend für die Arbeitsverhinderung infolge einer Maßnahme der medizinischen Vorsorge oder Rehabilitation, die ein Träger der gesetzlichen Renten-, Kranken- oder Unfallversicherung, eine Verwaltungsbehörde der Kriegsopferversorgung oder ein sonstiger Sozialleistungsträger bewilligt hat und die in einer Einrichtung der medizinischen Vorsorge oder Rehabilitation durchgeführt wird. Ist der Arbeitnehmer nicht Mitglied einer gesetzlichen Krankenkasse oder nicht in der gesetzlichen Rentenversicherung versichert, gelten die §§ 3 bis 4a und 6 bis 8 entsprechend, wenn eine Maßnahme der medizinischen Vorsorge oder Rehabilitation ärztlich verordnet worden ist und in einer Einrichtung der medizinischen Vorsorge oder Rehabilitation oder einer vergleichbaren Einrichtung durchgeführt wird.

(2) Der Arbeitnehmer ist verpflichtet, dem Arbeitgeber den Zeitpunkt des Antritts der Maßnahme, die voraussichtliche Dauer und die Verlängerung der Maßnahme im Sinne des Absatzes 1 unverzüglich mitzuteilen und ihm

a) eine Bescheinigung über die Bewilligung der Maßnahme durch einen Sozialleistungsträger nach Absatz 1 Satz 1 oder
b) eine ärztliche Bescheinigung über die Erforderlichkeit der Maßnahme im Sinne des Absatzes 1 Satz 2

unverzüglich vorzulegen.

§ 10 Wirtschaftliche Sicherung für den Krankheitsfall im Bereich der Heimarbeit

(1) In Heimarbeit Beschäftigte (§ 1 Abs. 1 des Heimarbeitsgesetzes) und ihnen nach § 1 Abs. 2 Buchstabe a bis c des Heimarbeitergesetzes Gleichgestellte haben gegen ihren Auftraggeber oder, falls sie von einem Zwischenmeister beschäftigt werden, gegen diesen Anspruch auf Zahlung eines Zuschlags zum Arbeitsentgelt. Der Zuschlag beträgt

1. für Heimarbeiter, für Hausgewerbetreibende ohne fremde Hilfskräfte und die nach § 1 Abs. 2 Buchstabe a des Heimarbeitsgesetzes Gleichgestellten 3,4 vom Hundert,
2. für Hausgewerbetreibende mit nicht mehr als zwei fremden Hilfskräften und die nach § 1 Abs. 2 Buchstabe b und c des Heimarbeitsgesetzes Gleichgestellten 6,4 vom Hundert

des Arbeitsentgelts vor Abzug der Steuern, des Beitrags zur Bundesagentur für Arbeit und der Sozialversicherungsbeiträge ohne Unkostenzuschlag und ohne die für den Lohnausfall an gesetzlichen Feiertagen, den Urlaub und den Arbeitsausfall infolge Krankheit zu leistenden Zahlungen. Der Zuschlag für die unter Nummer 2 aufgeführten Personen dient zugleich zur Sicherung der Ansprüche der von ihnen Beschäftigten.

(2) Zwischenmeister, die den in Heimarbeit Beschäftigten nach § 1 Abs. 2 Buchstabe d des Heimarbeitsgesetzes gleichgestellt sind, haben gegen ihren Auftraggeber Anspruch auf Vergütung der von ihnen nach Absatz 1 nachweislich zu zahlenden Zuschläge.

(3) Die nach den Absätzen 1 und 2 in Betracht kommenden Zuschläge sind gesondert in den Entgeltbeleg einzutragen.

(4) Für Heimarbeiter (§ 1 Abs. 1 Buchstabe a des Heimarbeitsgesetzes) kann durch Tarifvertrag bestimmt werden, daß sie statt der in Absatz 1 Satz 2 Nr. 1 bezeichneten Leistungen die den Arbeitnehmern im Falle ihrer Arbeitsunfähigkeit nach diesem Gesetz zustehenden Leistungen erhalten. Bei der Bemessung des Anspruchs auf Arbeitsentgelt bleibt der Unkostenzuschlag außer Betracht.

(5) Auf die in den Absätzen 1 und 2 vorgesehenen Zuschläge sind die §§ 23 bis 25, 27 und 28 des Heimarbeitsgesetzes, auf die in Absatz 1 dem Zwischenmeister gegenüber vorgesehenen Zuschläge außerdem § 21 Abs. 2 des Heimarbeitsgesetzes entsprechend anzuwenden. Auf die Ansprüche der fremden Hilfskräfte der in Absatz 1 unter Nummer 2 genannten Personen auf Entgeltfortzahlung im Krankheitsfall ist § 26 des Heimarbeitsgesetzes entsprechend anzuwenden.

§ 11 Feiertagsbezahlung der in Heimarbeit Beschäftigten

(1) Die in Heimarbeit Beschäftigten (§ 1 Abs. 1 des Heimarbeitsgesetzes) haben gegen den Auftraggeber oder Zwischenmeister Anspruch auf Feiertagsbezahlung nach Maßgabe der Absätze 2 bis 5. Den gleichen Anspruch haben die in § 1 Abs. 2 Buchstabe a bis d des Heimarbeitsgesetzes bezeichneten Personen, wenn sie hinsichtlich der Feiertagsbezahlung gleichgestellt werden; die Vorschriften des § 1 Abs. 3 Satz 3 und Abs. 4 und 5 des Heimarbeitsgesetzes finden Anwendung. Eine Gleichstellung, die sich auf die Entgeltregelung erstreckt, gilt auch für die Feiertagsbezahlung, wenn diese nicht ausdrücklich von der Gleichstellung ausgenommen ist.

(2) Das Feiertagsgeld beträgt für jeden Feiertag im Sinne des § 2 Abs. 1 0,72 vom Hundert des in einem Zeitraum von sechs Monaten ausgezahlten reinen Arbeitsentgelts ohne Unkostenzuschläge. Bei der Berechnung des Feiertagsgeldes ist für die Feiertage, die in den Zeitraum vom 1. Mai bis 31. Oktober fallen, der vorhergehende Zeitraum vom 1. November bis 30. April und für die Feiertage, die in den Zeitraum vom 1. November bis 30. April fallen, der vorhergehende Zeitraum vom 1. Mai bis 31. Oktober zu Grunde zu legen. Der Anspruch auf Feiertagsgeld ist unabhängig davon, ob im laufenden Halbjahreszeitraum noch eine Beschäftigung in Heimarbeit für den Auftraggeber stattfindet.

(3) Das Feiertagsgeld ist jeweils bei der Entgeltzahlung vor dem Feiertag zu zahlen. Ist die Beschäftigung vor dem Feiertag unterbrochen worden, so ist das Feiertagsgeld spätestens drei Tage vor dem Feiertag auszuzahlen. Besteht bei der Einstellung der Ausgabe von Heimarbeit zwischen den Beteiligten Einvernehmen, das Heimarbeitsverhältnis nicht wieder fortzusetzen, so ist dem Berechtigten bei der letzten Entgeltzahlung das Feiertagsgeld für die noch übrigen Feiertage des laufenden sowie für die Feiertage des folgenden Halbjahreszeitraumes zu zahlen. Das Feiertagsgeld ist jeweils bei der Auszahlung in die Entgeltbelege (§ 9 des Heimarbeitsgesetzes) einzutragen.

(4) Übersteigt das Feiertagsgeld, das der nach Absatz 1 anspruchsberechtigte Hausgewerbetreibende oder im Lohnauftrag arbeitende Gewerbetreibende (Anspruchsberechtigte) für einen Feiertag auf Grund des § 2 seinen fremden Hilfskräften (§ 2 Abs. 6 des Heimarbeitsgesetzes) gezahlt hat, den Betrag, den er auf Grund der Absätze 2 und 3 für diesen Feiertag erhalten hat, so haben ihm auf Verlangen seine Auftraggeber oder Zwischenmeister den Mehrbetrag anteilig zu erstatten. Ist der Anspruchsberechtigte gleichzeitig Zwischenmeister, so bleibt hierbei das für die Heimarbeiter oder Hausgewerbetreibenden empfangene und weitergezahlte Feiertagsgeld außer Ansatz. Nimmt ein Anspruchsberechtigter eine Erstattung nach Satz 1 in Anspruch, so können ihm bei Einstellung der Ausgabe von Heimarbeit die erstatteten Beträge auf das Feiertagsgeld angerechnet werden, das ihm auf Grund des Absatzes 2 und des Absatzes 3 Satz 3 für die dann noch übrigen Feiertage des laufenden sowie für die Feiertage des folgenden Halbjahreszeitraumes zu zahlen ist.

(5) Das Feiertagsgeld gilt als Entgelt im Sinne der Vorschriften des Heimarbeitsgesetzes über Mithaftung des Auftraggebers (§ 21 Abs. 2), über Entgeltschutz (§§ 23 bis 27) und über Auskunftspflicht über Entgelte (§ 28); hierbei finden die §§ 24 bis 26 des Heimarbeitsgesetzes Anwendung, wenn ein Feiertagsgeld gezahlt ist, das niedriger ist als das in diesem Gesetz festgesetzte.

§ 12 Unabdingbarkeit

Abgesehen von § 4 Abs. 4 kann von den Vorschriften dieses Gesetzes nicht zu Ungunsten des Arbeitnehmers oder der nach § 10 berechtigten Personen abgewichen werden.

§ 13 Übergangsvorschrift

Ist der Arbeitnehmer von einem Tag nach dem 9. Dezember 1998 bis zum 1. Januar 1999 oder darüber hinaus durch Arbeitsunfähigkeit infolge Krankheit oder infolge einer Maßnahme der medizinischen Vorsorge oder Rehabilitation an seiner Arbeitsleistung verhindert, sind für diesen Zeitraum die seit dem 1. Januar 1999 geltenden Vorschriften maßgebend, es sei denn, daß diese für den Arbeitnehmer ungünstiger sind.

Gesetz zur Förderung der Entgelttransparenz zwischen Frauen und Männern* (Entgelttransparenzgesetz – EntgTranspG)

ABSCHNITT 1
Allgemeine Bestimmungen

§ 1 Ziel des Gesetzes
Ziel des Gesetzes ist es, das Gebot des gleichen Entgelts für Frauen und Männer bei gleicher oder gleichwertiger Arbeit durchzusetzen.

§ 2 Anwendungsbereich
(1) Dieses Gesetz gilt für das Entgelt von Beschäftigten nach § 5 Absatz 2, die bei Arbeitgebern nach § 5 Absatz 3 beschäftigt sind, soweit durch dieses Gesetz nichts anderes bestimmt wird.

(2) Das Allgemeine Gleichbehandlungsgesetz bleibt unberührt. Ebenfalls unberührt bleiben sonstige Benachteiligungsverbote und Gebote der Gleichbehandlung sowie öffentlich-rechtliche Vorschriften, die dem Schutz oder der Förderung bestimmter Personengruppen dienen.

§ 3 Verbot der unmittelbaren und mittelbaren Entgeltbenachteiligung wegen des Geschlechts
(1) Bei gleicher oder gleichwertiger Arbeit ist eine unmittelbare oder mittelbare Benachteiligung wegen des Geschlechts im Hinblick auf sämtliche Entgeltbestandteile und Entgeltbedingungen verboten.

(2) Eine unmittelbare Entgeltbenachteiligung liegt vor, wenn eine Beschäftigte oder ein Beschäftigter wegen des Geschlechts bei gleicher oder gleichwertiger Arbeit ein geringeres Entgelt erhält, als eine Beschäftigte oder ein Beschäftigter des jeweils anderen Geschlechts erhält, erhalten hat oder erhalten würde. Eine unmittelbare Benachteiligung liegt auch im Falle eines geringeren Entgelts einer Frau wegen Schwangerschaft oder Mutterschaft vor.

(3) Eine mittelbare Entgeltbenachteiligung liegt vor, wenn dem Anschein nach neutrale Vorschriften, Kriterien oder Verfahren Be-

* Gesetz vom 30. Juni 2017 (BGBl. I, S. 2152).

schäftigte wegen des Geschlechts gegenüber Beschäftigten des jeweils anderen Geschlechts in Bezug auf das Entgelt in besonderer Weise benachteiligen können, es sei denn, die betreffenden Vorschriften, Kriterien oder Verfahren sind durch ein rechtmäßiges Ziel sachlich gerechtfertigt und die Mittel sind zur Erreichung dieses Ziels angemessen und erforderlich. Insbesondere arbeitsmarkt-, leistungs- und arbeitsergebnisbezogene Kriterien können ein unterschiedliches Entgelt rechtfertigen, sofern der Grundsatz der Verhältnismäßigkeit beachtet wurde.

(4) Die §§ 5 und 8 des Allgemeinen Gleichbehandlungsgesetzes bleiben unberührt.

§ 4 Feststellung von gleicher oder gleichwertiger Arbeit, benachteiligungsfreie Entgeltsysteme

(1) Weibliche und männliche Beschäftigte üben eine gleiche Arbeit aus, wenn sie an verschiedenen Arbeitsplätzen oder nacheinander an demselben Arbeitsplatz eine identische oder gleichartige Tätigkeit ausführen.

(2) Weibliche und männliche Beschäftigte üben eine gleichwertige Arbeit im Sinne dieses Gesetzes aus, wenn sie unter Zugrundelegung einer Gesamtheit von Faktoren als in einer vergleichbaren Situation befindlich angesehen werden können. Zu den zu berücksichtigenden Faktoren gehören unter anderem die Art der Arbeit, die Ausbildungsanforderungen und die Arbeitsbedingungen. Es ist von den tatsächlichen, für die jeweilige Tätigkeit wesentlichen Anforderungen auszugehen, die von den ausübenden Beschäftigten und deren Leistungen unabhängig sind.

(3) Beschäftigte in unterschiedlichen Rechtsverhältnissen nach § 5 Absatz 2 können untereinander nicht als vergleichbar nach Absatz 1 oder als in einer vergleichbaren Situation nach Absatz 2 befindlich angesehen werden.

(4) Verwendet der Arbeitgeber für das Entgelt, das den Beschäftigten zusteht, ein Entgeltsystem, müssen dieses Entgeltsystem als Ganzes und auch die einzelnen Entgeltbestandteile so ausgestaltet sein, dass eine Benachteiligung wegen des Geschlechts ausgeschlossen ist. Dazu muss es insbesondere

1. die Art der zu verrichtenden Tätigkeit objektiv berücksichtigen,
2. auf für weibliche und männliche Beschäftigte gemeinsamen Kriterien beruhen,
3. die einzelnen Differenzierungskriterien diskriminierungsfrei gewichten sowie
4. insgesamt durchschaubar sein.

(5) Für tarifvertragliche Entgeltregelungen sowie für Entgeltregelungen, die auf einer bindenden Festsetzung nach § 19 Absatz 3 des Heimarbeitsgesetzes beruhen, gilt eine Angemessenheitsvermutung. Tätigkeiten, die aufgrund dieser Regelungen unterschiedlichen Entgeltgruppen zugewiesen werden, werden als nicht gleichwertig angesehen, sofern die Regelungen nicht gegen höherrangiges Recht verstoßen.

(6) Absatz 5 ist sinngemäß auch auf gesetzliche Entgeltregelungen anzuwenden.

§ 5 Allgemeine Begriffsbestimmungen

(1) Entgelt im Sinne dieses Gesetzes sind alle Grund- oder Mindestarbeitsentgelte sowie alle sonstigen Vergütungen, die unmittelbar oder mittelbar in bar oder in Sachleistungen aufgrund eines Beschäftigungsverhältnisses gewährt werden.

(2) Beschäftigte im Sinne dieses Gesetzes sind
1. Arbeitnehmerinnen und Arbeitnehmer,
2. Beamtinnen und Beamte des Bundes sowie der sonstigen der Aufsicht des Bundes unterstehenden Körperschaften, Anstalten und Stiftungen des öffentlichen Rechts,
3. Richterinnen und Richter des Bundes,
4. Soldatinnen und Soldaten,
5. die zu ihrer Berufsbildung Beschäftigten sowie
6. die in Heimarbeit Beschäftigten sowie die ihnen Gleichgestellten.

(3) Arbeitgeber im Sinne dieses Gesetzes sind natürliche und juristische Personen sowie rechtsfähige Personengesellschaften, die Personen nach Absatz 2 beschäftigen, soweit durch dieses Gesetz nichts anderes bestimmt wird. Für die in Heimarbeit Beschäftigten und die ihnen Gleichgestellten tritt an die Stelle des Arbeitgebers der Auftraggeber oder Zwischenmeister.

(4) Tarifgebundene Arbeitgeber im Sinne dieses Gesetzes sind Arbeitgeber, die einen Entgelttarifvertrag oder Entgeltrahmentarifvertrag aufgrund von § 3 Absatz 1 des Tarifvertragsgesetzes anwenden. Von Satz 1 erfasst werden auch Arbeitgeber, die einen Entgelttarifvertrag aufgrund der Tarifgeltung einer Allgemeinverbindlichkeitserklärung nach § 5 des Tarifvertragsgesetzes oder Entgeltregelungen aufgrund einer bindenden Festsetzung nach § 19 Absatz 3 des Heimarbeitsgesetzes anwenden.

(5) Tarifanwendende Arbeitgeber im Sinne dieses Gesetzes sind Arbeitgeber, die im Geltungsbereich eines Entgelttarifvertrages oder Entgeltrahmentarifvertrages die tariflichen Regelungen zum Entgelt durch schriftliche Vereinbarung zwischen Arbeitgeber und Beschäftigten verbindlich und inhaltsgleich für alle Tätigkeiten und Beschäftigten übernommen haben, für die diese tariflichen Regelungen zum Entgelt angewendet werden.

§ 6 Aufgaben von Arbeitgebern, Tarifvertragsparteien und betrieblichen Interessenvertretungen

(1) Arbeitgeber, Tarifvertragsparteien und die betrieblichen Interessenvertretungen sind aufgefordert, im Rahmen ihrer Aufgaben und Handlungsmöglichkeiten an der Verwirklichung der Entgeltgleichheit zwischen Frauen und Männern mitzuwirken. Die zuständigen Tarifvertragsparteien benennen Vertreterinnen und Vertreter zur Einhaltung des Entgeltgleichheitsgebots im Sinne dieses Gesetzes und zur Wahrnehmung der Aufgaben nach § 14 Absatz 3.

(2) Arbeitgeber sind verpflichtet, die erforderlichen Maßnahmen zu treffen, um die Beschäftigten vor Benachteiligungen wegen des Geschlechts in Bezug auf das Entgelt zu schützen. Dieser Schutz umfasst auch vorbeugende Maßnahmen.

§ 7 Entgeltgleichheitsgebot

Bei Beschäftigungsverhältnissen darf für gleiche oder für gleichwertige Arbeit nicht wegen des Geschlechts der oder des Beschäftigten ein geringeres Entgelt vereinbart oder gezahlt werden als bei einer oder einem Beschäftigten des anderen Geschlechts.

§ 8 Unwirksamkeit von Vereinbarungen

(1) Bestimmungen in Vereinbarungen, die gegen § 3 oder § 7 verstoßen, sind unwirksam.

(2) Die Nutzung der in einem Auskunftsverlangen erlangten Informationen ist auf die Geltendmachung von Rechten im Sinne dieses Gesetzes beschränkt. Die Veröffentlichung personenbezogener Gehaltsangaben und die Weitergabe an Dritte sind von dem Nutzungsrecht nicht umfasst.

§ 9 Maßregelungsverbot

Der Arbeitgeber darf Beschäftigte nicht wegen der Inanspruchnahme von Rechten nach diesem Gesetz benachteiligen. Gleiches gilt für Personen, welche die Beschäftigten hierbei unterstützen oder als Zeuginnen oder Zeugen aussagen. § 16 des Allgemeinen Gleichbehandlungsgesetzes bleibt unberührt.

ABSCHNITT 2
Individuelle Verfahren zur Überprüfung von Entgeltgleichheit

§ 10 Individueller Auskunftsanspruch

(1) Zur Überprüfung der Einhaltung des Entgeltgleichheitsgebots im Sinne dieses Gesetzes haben Beschäftigte einen Auskunftsanspruch nach Maßgabe der §§ 11 bis 16. Dazu haben die Beschäftigten in zumutbarer Weise eine gleiche oder gleichwertige Tätigkeit (Vergleichstätigkeit) zu benennen. Sie können Auskunft zu dem durchschnittlichen monatlichen Bruttoentgelt nach § 5 Absatz 1 und zu bis zu zwei einzelnen Entgeltbestandteilen verlangen.

(2) Das Auskunftsverlangen hat in Textform zu erfolgen. Vor Ablauf von zwei Jahren nach Einreichen des letzten Auskunftsverlangens können Beschäftigte nur dann erneut Auskunft verlangen, wenn sie darlegen, dass sich die Voraussetzungen wesentlich verändert haben.

(3) Das Auskunftsverlangen ist mit der Antwort nach Maßgabe der §§ 11 bis 16 erfüllt.

(4) Sonstige Auskunftsansprüche bleiben von diesem Gesetz unberührt.

§ 11 Angabe zu Vergleichstätigkeit und Vergleichsentgelt

(1) Die Auskunftsverpflichtung erstreckt sich auf die Angabe zu den Kriterien und Verfahren der Entgeltfindung nach Absatz 2 und auf die Angabe zum Vergleichsentgelt nach Absatz 3.

(2) Die Auskunftsverpflichtung zu den Kriterien und Verfahren der Entgeltfindung erstreckt sich auf die Information über die Festlegung des eigenen Entgelts sowie des Entgelts für die Vergleichstätigkeit. Soweit die Kriterien und Verfahren der Entgeltfindung auf gesetzlichen Regelungen, auf tarifvertraglichen Entgeltregelungen oder auf einer bindenden Festsetzung nach § 19 Absatz 3 des Heimarbeitsgesetzes beruhen, sind als Antwort auf das Auskunftsverlangen die Nennung dieser Regelungen und die Angabe, wo die Regelungen einzusehen sind, ausreichend.

(3) Die Auskunftsverpflichtung in Bezug auf das Vergleichsentgelt erstreckt sich auf die Angabe des Entgelts für die Vergleichstätigkeit (Vergleichsentgelt). Das Vergleichsentgelt ist anzugeben als auf Vollzeitäquivalente hochgerechneter statistischer Median des durchschnittlichen monatlichen Bruttoentgelts sowie der benannten Entgeltbestandteile, jeweils bezogen auf ein Kalenderjahr, nach folgenden Vorgaben:

1. in den Fällen des § 14 sowie in den Fällen einer gesetzlichen Entgeltregelung ist das Vergleichsentgelt der Beschäftigten des jeweils anderen Geschlechts anzugeben, die in die gleiche Entgelt- oder Besoldungsgruppe eingruppiert sind wie der oder die auskunftverlangende Beschäftigte;
2. in den Fällen des § 15 ist das Vergleichsentgelt aller Beschäftigten des jeweils anderen Geschlechts anzugeben, die die erfragte Vergleichstätigkeit oder die nach § 15 Absatz 4 ermittelte Vergleichstätigkeit ausüben.

(4) Auf kollektiv-rechtliche Entgeltregelungen der Kirchen oder der öffentlich-rechtlichen Religionsgesellschaften ist Absatz 2 Satz 2 und Absatz 3 Nummer 1 entsprechend anzuwenden.

§ 12 Reichweite

(1) Der Anspruch nach § 10 besteht für Beschäftigte nach § 5 Absatz 2 in Betrieben mit in der Regel mehr als 200 Beschäftigten bei demselben Arbeitgeber.

(2) Die Auskunftspflicht nach § 10 umfasst

1. nur Entgeltregelungen, die in demselben Betrieb und bei demselben Arbeitgeber angewendet werden,
2. keine regional unterschiedlichen Entgeltregelungen bei demselben Arbeitgeber und
3. keinen Vergleich der Beschäftigtengruppen nach § 5 Absatz 2 untereinander.

(3) Bei der Beantwortung eines Auskunftsverlangens ist der Schutz personenbezogener Daten der auskunftverlangenden Beschäftigten sowie der vom Auskunftsverlangen betroffenen Beschäftigten zu wahren. Insbesondere ist das Vergleichsentgelt nicht anzugeben, wenn die Vergleichstätigkeit von weniger als sechs Beschäftigten des jeweils anderen Geschlechts ausgeübt wird. Es ist sicherzustellen, dass nur die mit der Beantwortung betrauten Personen Kenntnis von den hierfür notwendigen Daten erlangen.

§ 13 Aufgaben und Rechte des Betriebsrates

(1) Im Rahmen seiner Aufgabe nach § 80 Absatz 1 Nummer 2a des Betriebsverfassungsgesetzes fördert der Betriebsrat die Durchsetzung der Entgeltgleichheit von Frauen und Männern im Betrieb. Dabei nimmt der Betriebsrat insbesondere die Aufgaben nach § 14 Absatz 1 und § 15 Absatz 2 wahr. Betriebsverfassungsrechtliche, tarifrechtliche oder betrieblich geregelte Verfahren bleiben unberührt.

(2) Der Betriebsausschuss nach § 27 des Betriebsverfassungsgesetzes oder ein nach § 28 Absatz 1 Satz 3 des Betriebsverfassungsgesetzes beauftragter Ausschuss hat für die Erfüllung seiner Aufgaben nach Absatz 1 das Recht, die Listen über die Bruttolöhne und -gehälter im Sinne des § 80 Absatz 2 Satz 2 des Betriebsverfassungsgesetzes einzusehen und auszuwerten. Er kann mehrere Auskunftsverlangen bündeln und gemeinsam behandeln.

(3) Der Arbeitgeber hat dem Betriebsausschuss Einblick in die Listen über die Bruttolöhne und -gehälter der Beschäftigten zu gewähren und diese aufzuschlüsseln. Die Entgeltlisten müssen nach Geschlecht aufgeschlüsselt alle Entgeltbestandteile enthalten einschließlich übertariflicher Zulagen und solcher Zahlungen, die individuell ausgehandelt und gezahlt werden. Die Entgeltlisten sind so

aufzubereiten, dass der Betriebsausschuss im Rahmen seines Einblicksrechts die Auskunft ordnungsgemäß erfüllen kann.

(4) Leitende Angestellte wenden sich für ihr Auskunftsverlangen nach § 10, abweichend von den §§ 14 und 15, an den Arbeitgeber.

(5) Der Arbeitgeber erklärt schriftlich oder in Textform gegenüber dem Betriebsrat für dessen Beantwortung des Auskunftsverlangens, ob eine § 5 Absatz 5 entsprechende Anwendung der tariflichen Regelungen zum Entgelt erfolgt. Der Betriebsrat bestätigt gegenüber den Beschäftigten schriftlich oder in Textform die Abgabe dieser Erklärung. Die Sätze 1 und 2 gelten in den Fällen des § 14 Absatz 3 Satz 3 entsprechend.

(6) Gesetzliche und sonstige kollektiv-rechtlich geregelte Beteiligungsrechte des Betriebsrates bleiben von diesem Gesetz unberührt.

§ 14 Verfahren bei tarifgebundenen und tarifanwendenden Arbeitgebern

(1) Beschäftigte tarifgebundener und tarifanwendender Arbeitgeber wenden sich für ihr Auskunftsverlangen nach § 10 an den Betriebsrat. Die Vorgaben bestimmen sich nach § 13. Der Betriebsrat hat den Arbeitgeber über eingehende Auskunftsverlangen in anonymisierter Form umfassend zu informieren. Abweichend von Satz 1 kann der Betriebsrat verlangen, dass der Arbeitgeber die Auskunftsverpflichtung übernimmt.

(2) Abweichend von Absatz 1 Satz 1 kann der Arbeitgeber die Erfüllung der Auskunftsverpflichtung generell oder in bestimmten Fällen übernehmen, wenn er dies zuvor gegenüber dem Betriebsrat erläutert hat. Die Übernahme kann jeweils längstens für die Dauer der Amtszeit des jeweils amtierenden Betriebsrates erfolgen. Übernimmt der Arbeitgeber die Erfüllung der Auskunftsverpflichtung, hat er den Betriebsrat umfassend und rechtzeitig über eingehende Auskunftsverlangen sowie über seine Antwort zu informieren. Die Beschäftigten sind jeweils darüber zu informieren, wer die Auskunft erteilt.

(3) Besteht kein Betriebsrat, wenden sich die Beschäftigten an den Arbeitgeber. Der Arbeitgeber informiert die Vertreterinnen und

Vertreter der zuständigen Tarifvertragsparteien nach § 6 Absatz 1 Satz 2 über seine Antwort zu eingegangenen Auskunftsverlangen. Der Arbeitgeber sowie die Vertreterinnen und Vertreter der zuständigen Tarifvertragsparteien können vereinbaren, dass die Vertreterinnen und Vertreter der zuständigen Tarifvertragsparteien die Beantwortung von Auskunftsverlangen übernehmen. In diesem Fall informiert der Arbeitgeber diese umfassend und rechtzeitig über eingehende Auskunftsverlangen. Die Beschäftigten sind jeweils darüber zu informieren, wer die Auskunft erteilt.

(4) Soweit die Vertreterinnen und Vertreter der zuständigen Tarifvertragsparteien nach Absatz 3 Satz 3 das Auskunftsverlangen beantworten, hat der Arbeitgeber diesen auf Verlangen die zur Erfüllung ihrer Aufgaben erforderlichen Informationen bereitzustellen. Diese unterliegen im Rahmen ihrer Aufgaben der Verschwiegenheitspflicht.

§ 15 Verfahren bei nicht tarifgebundenen und nicht tarifanwendenden Arbeitgebern

(1) Beschäftigte nicht tarifgebundener und nicht tarifanwendender Arbeitgeber wenden sich für ihr Auskunftsverlangen nach § 10 an den Arbeitgeber.

(2) Besteht ein Betriebsrat, gilt § 14 Absatz 1 und 2 entsprechend.

(3) Der Arbeitgeber oder der Betriebsrat ist verpflichtet, die nach § 10 verlangten Auskünfte innerhalb von drei Monaten nach Zugang des Auskunftsverlangens in Textform zu erteilen. Droht Fristversäumnis, hat der Arbeitgeber oder der Betriebsrat die auskunftverlangende Beschäftigte oder den auskunftverlangenden Beschäftigten darüber zu informieren und die Antwort ohne weiteres Verzögern zu erteilen.

(4) Der Arbeitgeber oder der Betriebsrat gibt an, inwiefern die benannte Vergleichstätigkeit überwiegend von Beschäftigten des jeweils anderen Geschlechts ausgeübt wird. Hält der Arbeitgeber oder der Betriebsrat die erfragte Vergleichstätigkeit nach den im Betrieb angewendeten Maßstäben für nicht gleich oder nicht gleichwertig, hat er dies anhand dieser Maßstäbe nachvollziehbar zu begründen. Dabei sind die in § 4 genannten Kriterien zu berücksichtigen. Der

Arbeitgeber oder der Betriebsrat hat in diesem Fall seine Auskunft auf eine seines Erachtens nach gleiche oder gleichwertige Tätigkeit zu beziehen. Soweit der Betriebsrat für die Beantwortung des Auskunftsverlangens zuständig ist, hat der Arbeitgeber dem Betriebsrat auf Verlangen die zur Erfüllung seiner Aufgaben erforderlichen Informationen bereitzustellen.

(5) Unterlässt der Arbeitgeber die Erfüllung seiner Auskunftspflicht, trägt er im Streitfall die Beweislast dafür, dass kein Verstoß gegen das Entgeltgleichheitsgebot im Sinne dieses Gesetzes vorliegt. Dies gilt auch, wenn der Betriebsrat aus Gründen, die der Arbeitgeber zu vertreten hat, die Auskunft nicht erteilen konnte.

§ 16 Öffentlicher Dienst

Der Anspruch nach § 10 besteht auch für Beschäftigte des öffentlichen Dienstes nach § 5 Absatz 2 Nummer 1 bis 5 in Dienststellen mit in der Regel mehr als 200 Beschäftigten. Die §§ 11 bis 14 sind sinngemäß anzuwenden.

ABSCHNITT 3
Betriebliche Verfahren zur Überprüfung und Herstellung von Entgeltgleichheit

§ 17 Betriebliche Prüfverfahren

(1) Private Arbeitgeber mit in der Regel mehr als 500 Beschäftigten sind aufgefordert, mithilfe betrieblicher Prüfverfahren ihre Entgeltregelungen und die verschiedenen gezahlten Entgeltbestandteile sowie deren Anwendung regelmäßig auf die Einhaltung des Entgeltgleichheitsgebots im Sinne dieses Gesetzes zu überprüfen. Nimmt in einem Konzern das herrschende Unternehmen auf die Entgeltbedingungen mindestens eines Konzernunternehmens entscheidenden Einfluss, kann das herrschende Unternehmen das betriebliche Prüfverfahren nach Satz 1 für alle Konzernunternehmen durchführen.

(2) Wird ein betriebliches Prüfverfahren durchgeführt, hat dies in eigener Verantwortung der Arbeitgeber mithilfe der Verfahren nach § 18 und unter Beteiligung der betrieblichen Interessenvertretungen zu erfolgen.

§ 18 Durchführung betrieblicher Prüfverfahren

(1) In das betriebliche Prüfverfahren sind die Tätigkeiten einzubeziehen, die demselben Entgeltsystem unterliegen, unabhängig davon, welche individualrechtlichen, tarifvertraglichen und betrieblichen Rechtsgrundlagen zusammenwirken.

(2) Betriebliche Prüfverfahren haben aus Bestandsaufnahme, Analyse und Ergebnisbericht zu bestehen. Der Arbeitgeber ist unter Berücksichtigung betrieblicher Mitwirkungsrechte frei in der Wahl von Analysemethoden und Arbeitsbewertungsverfahren. Es sind valide statistische Methoden zu verwenden. Die Daten sind nach Geschlecht aufzuschlüsseln. Dabei ist der Schutz personenbezogener Daten zu wahren.

(3) Bestandsaufnahme und Analyse haben die aktuellen Entgeltregelungen, Entgeltbestandteile und Arbeitsbewertungsverfahren zu erfassen und diese und deren Anwendung im Hinblick auf die Einhaltung des Entgeltgleichheitsgebots im Sinne dieses Gesetzes auszuwerten. Dabei ist § 4 zu beachten. § 12 Absatz 1 und 2 ist sinngemäß anzuwenden. Bei gesetzlichen, bei tarifvertraglichen Entgeltregelungen und bei Entgeltregelungen, die auf einer bindenden Festsetzung nach § 19 Absatz 3 des Heimarbeitsgesetzes beruhen, besteht keine Verpflichtung zur Überprüfung der Gleichwertigkeit von Tätigkeiten. Auf kollektiv-rechtliche Entgeltregelungen der Kirchen oder der öffentlich-rechtlichen Religionsgesellschaften ist Satz 4 entsprechend anzuwenden.

(4) Die Ergebnisse von Bestandsaufnahme und Analyse werden zusammengefasst und können betriebsintern veröffentlicht werden.

§ 19 Beseitigung von Entgeltbenachteiligungen

Ergeben sich aus einem betrieblichen Prüfverfahren Benachteiligungen wegen des Geschlechts in Bezug auf das Entgelt, ergreift der Arbeitgeber die geeigneten Maßnahmen zur Beseitigung der Benachteiligung.

§ 20 Mitwirkung und Information

(1) Der Arbeitgeber hat den Betriebsrat über die Planung des betrieblichen Prüfverfahrens rechtzeitig unter Vorlage der erforderlichen Unterlagen zu unterrichten.

(2) Die Beschäftigten sind über die Ergebnisse des betrieblichen Prüfverfahrens zu informieren. § 43 Absatz 2 und § 53 Absatz 2 des Betriebsverfassungsgesetzes sind zu beachten.

ABSCHNITT 4
Berichtspflichten für Arbeitgeber

§ 21 Bericht zur Gleichstellung und Entgeltgleichheit

(1) Arbeitgeber mit in der Regel mehr als 500 Beschäftigten, die zur Erstellung eines Lageberichts nach den §§ 264 und 289 des Handelsgesetzbuches verpflichtet sind, erstellen einen Bericht zur Gleichstellung und Entgeltgleichheit, in dem sie Folgendes darstellen:

1. ihre Maßnahmen zur Förderung der Gleichstellung von Frauen und Männern und deren Wirkungen sowie
2. ihre Maßnahmen zur Herstellung von Entgeltgleichheit für Frauen und Männer.

Arbeitgeber, die keine Maßnahmen im Sinne des Satzes 1 Nummer 1 oder 2 durchführen, haben dies in ihrem Bericht zu begründen.

(2) Der Bericht enthält außerdem nach Geschlecht aufgeschlüsselte Angaben

1. zu der durchschnittlichen Gesamtzahl der Beschäftigten sowie
2. zu der durchschnittlichen Zahl der Vollzeit- und Teilzeitbeschäftigten.

§ 22 Berichtszeitraum und Veröffentlichung

(1) Arbeitgeber nach § 21 Absatz 1, die tarifgebunden nach § 5 Absatz 4 sind oder die tarifanwendend nach § 5 Absatz 5 sind und die gemäß § 13 Absatz 5 erklärt haben, tarifliche Regelungen zum Entgelt nach § 5 Absatz 5 anzuwenden, erstellen den Bericht alle fünf Jahre. Der Berichtszeitraum umfasst die vergangenen fünf Jahre.

(2) Alle anderen Arbeitgeber nach § 21 Absatz 1 erstellen den Bericht alle drei Jahre. Der Berichtszeitraum umfasst die vergangenen drei Jahre.

(3) Die Angaben nach § 21 Absatz 2 beziehen sich nur auf das jeweils letzte Kalenderjahr im Berichtszeitraum. Ab dem zweiten

Bericht sind für die genannten Angaben die Veränderungen im Vergleich zum letzten Bericht anzugeben.

(4) Der Bericht nach § 21 ist dem nächsten Lagebericht nach § 289 des Handelsgesetzbuches, der dem jeweiligen Berichtszeitraum folgt, als Anlage beizufügen und im Bundesanzeiger zu veröffentlichen.

ABSCHNITT 5
Evaluation, Aufgabe der Gleichstellungsbeauftragten, Übergangsbestimmungen

§ 23 Evaluation und Berichterstattung

(1) Die Bundesregierung evaluiert nach Inkrafttreten dieses Gesetzes laufend die Wirksamkeit dieses Gesetzes und informiert alle vier Jahre, erstmals zwei Jahre nach Inkrafttreten, über die Ergebnisse. Die Evaluation hat die Umsetzung des Gebots des gleichen Entgelts für Frauen und Männer bei gleicher oder gleichwertiger Arbeit in allen Betriebs- und Unternehmensformen und -größen darzustellen, die unter den Anwendungsbereich des Abschnittes 2 dieses Gesetzes unterfallen.

(2) Über die Entwicklung des Gebots des gleichen Entgelts für Frauen und Männer bei gleicher oder gleichwertiger Arbeit in Betrieben mit in der Regel weniger als 200 Beschäftigten berichtet die Bundesregierung alle vier Jahre, erstmals zwei Jahre nach Inkrafttreten dieses Gesetzes.

(3) Die Bundesregierung hat in die Evaluation nach Absatz 1 und in die Berichterstattung nach Absatz 2 die Stellungnahme der Sozialpartner miteinzubeziehen.

§ 24 Aufgabe der Gleichstellungsbeauftragten

Die Gleichstellungsbeauftragten in der Bundesverwaltung und in den Unternehmen und den Gerichten des Bundes sowie die Beauftragten, die in Unternehmen für die Gleichstellung von Frauen und Männern zuständig sind, haben die Aufgabe, den Vollzug dieses Gesetzes in Bezug auf die Durchsetzung des Gebots des gleichen Entgelts bei gleicher oder gleichwertiger Arbeit für Frauen und Männer zu fördern.

§ 25 Übergangsbestimmungen

(1) Der Auskunftsanspruch nach § 10 kann erstmals sechs Kalendermonate nach dem 6. Juli 2017 geltend gemacht werden. Soweit der Auskunftsanspruch nach Satz 1 dann innerhalb von drei Kalenderjahren erstmals geltend gemacht wird, können Beschäftigte abweichend von § 10 Absatz 2 Satz 2 erst nach Ablauf von drei Kalenderjahren erneut Auskunft verlangen. Satz 2 gilt nicht, soweit die Beschäftigten darlegen, dass sich die Voraussetzungen wesentlich verändert haben.

(2) Der Bericht nach § 21 ist erstmals im Jahr 2018 zu erstellen.

(3) Abweichend von § 22 Absatz 1 Satz 2 und Absatz 2 Satz 2 umfasst der Berichtszeitraum für den ersten Bericht nur das letzte abgeschlossene Kalenderjahr, das dem Jahr 2017 vorausgeht.

Gesetz über Europäische Betriebsräte*
(Europäische Betriebsräte-Gesetz – EBRG)

ERSTER TEIL
Allgemeine Vorschriften

§ 1 Grenzübergreifende Unterrichtung und Anhörung

(1) Zur Stärkung des Rechts auf grenzübergreifende Unterrichtung und Anhörung der Arbeitnehmer in gemeinschaftsweit tätigen Unternehmen und Unternehmensgruppen werden Europäische Betriebsräte oder Verfahren zur Unterrichtung und Anhörung der Arbeitnehmer vereinbart. Kommt es nicht zu einer Vereinbarung, wird ein Europäischer Betriebsrat kraft Gesetzes errichtet.

(2) Der Europäische Betriebsrat ist zuständig in Angelegenheiten, die das gemeinschaftsweit tätige Unternehmen oder die gemeinschaftsweit tätige Unternehmensgruppe insgesamt oder mindestens zwei Betriebe oder zwei Unternehmen in verschiedenen Mitgliedstaaten betreffen. Bei Unternehmen und Unternehmensgruppen nach § 2 Absatz 2 ist der Europäische Betriebsrat nur in solchen Angelegenheiten zuständig, die sich auf das Hoheitsgebiet der Mitgliedstaaten erstrecken, soweit kein größerer Geltungsbereich vereinbart wird.

(3) Die grenzübergreifende Unterrichtung und Anhörung der Arbeitnehmer erstreckt sich in einem Unternehmen auf alle in einem Mitgliedstaat liegenden Betriebe sowie in einer Unternehmensgruppe auf alle Unternehmen, die ihren Sitz in einem Mitgliedstaat haben, soweit kein größerer Geltungsbereich vereinbart wird.

(4) Unterrichtung im Sinne dieses Gesetzes bezeichnet die Übermittlung von Informationen durch die zentrale Leitung oder eine andere geeignete Leitungsebene an die Arbeitnehmervertreter, um ihnen Gelegenheit zur Kenntnisnahme und Prüfung der behandelten Frage zu geben. Die Unterrichtung erfolgt zu einem Zeitpunkt, in einer Weise und in einer inhaltlichen Ausgestaltung, die dem Zweck angemessen sind und es den Arbeitnehmervertretern er-

* Vom 28. Oktober 1996 (BGBl. I, S. 1548), in der Fassung der Bekanntmachung vom 7. Dezember 2011 (BGBl. I, S. 2650), zuletzt geändert durch Gesetz vom 17. Juli 2017 (BGBl. I, S. 2509 (2512)).

möglichen, die möglichen Auswirkungen eingehend zu bewerten und gegebenenfalls Anhörungen mit dem zuständigen Organ des gemeinschaftsweit tätigen Unternehmens oder der gemeinschaftsweit tätigen Unternehmensgruppe vorzubereiten.

(5) Anhörung im Sinne dieses Gesetzes bezeichnet den Meinungsaustausch und die Einrichtung eines Dialogs zwischen den Arbeitnehmervertretern und der zentralen Leitung oder einer anderen geeigneten Leitungsebene zu einem Zeitpunkt, in einer Weise und in einer inhaltlichen Ausgestaltung, die es den Arbeitnehmervertretern auf der Grundlage der erhaltenen Informationen ermöglichen, innerhalb einer angemessenen Frist zu den vorgeschlagenen Maßnahmen, die Gegenstand der Anhörung sind, eine Stellungnahme abzugeben, die innerhalb des gemeinschaftsweit tätigen Unternehmens oder der gemeinschaftsweit tätigen Unternehmensgruppe berücksichtigt werden kann. Die Anhörung muss den Arbeitnehmervertretern gestatten, mit der zentralen Leitung zusammenzukommen und eine mit Gründen versehene Antwort auf ihre etwaige Stellungnahme zu erhalten.

(6) Zentrale Leitung im Sinne dieses Gesetzes ist ein gemeinschaftsweit tätiges Unternehmen oder das herrschende Unternehmen einer gemeinschaftsweit tätigen Unternehmensgruppe.

(7) Unterrichtung und Anhörung des Europäischen Betriebsrats sind spätestens gleichzeitig mit der der nationalen Arbeitnehmervertretungen durchzuführen.

§ 2 Geltungsbereich

(1) Dieses Gesetz gilt für gemeinschaftsweit tätige Unternehmen mit Sitz im Inland und für gemeinschaftsweit tätige Unternehmensgruppen mit Sitz des herrschenden Unternehmens im Inland.

(2) Liegt die zentrale Leitung nicht in einem Mitgliedstaat, besteht jedoch eine nachgeordnete Leitung für in Mitgliedstaaten liegende Betriebe oder Unternehmen, findet dieses Gesetz Anwendung, wenn die nachgeordnete Leitung im Inland liegt. Gibt es keine nachgeordnete Leitung, findet das Gesetz Anwendung, wenn die zentrale Leitung einen Betrieb oder ein Unternehmen im Inland als ihren Vertreter benennt. Wird kein Vertreter benannt, findet das

Gesetz Anwendung, wenn der Betrieb oder das Unternehmen im Inland liegt, in dem verglichen mit anderen in den Mitgliedstaaten liegenden Betrieben des Unternehmens oder Unternehmen der Unternehmensgruppe die meisten Arbeitnehmer beschäftigt sind. Die vorgenannten Stellen gelten als zentrale Leitung.

(3) Mitgliedstaaten im Sinne dieses Gesetzes sind die Mitgliedstaaten der Europäischen Union sowie die anderen Vertragsstaaten des Abkommens über den Europäischen Wirtschaftsraum.

(4) Für die Berechnung der Anzahl der im Inland beschäftigten Arbeitnehmer (§ 4), den Auskunftsanspruch (§ 5 Absatz 2 und 3), die Bestimmung des herrschenden Unternehmens (§ 6), die Weiterleitung des Antrags (§ 9 Absatz 2 Satz 3), die gesamtschuldnerische Haftung des Arbeitgebers (§ 16 Absatz 2), die Bestellung der auf das Inland entfallenden Arbeitnehmervertreter (§§ 11, 23 Absatz 1 bis 5 und § 18 Absatz 2 in Verbindung mit § 23) und die für sie geltenden Schutzbestimmungen (§ 40) sowie für den Bericht gegenüber den örtlichen Arbeitnehmervertretungen im Inland (§ 36 Absatz 2) gilt dieses Gesetz auch dann, wenn die zentrale Leitung nicht im Inland liegt.

§ 3 Gemeinschaftsweite Tätigkeit

(1) Ein Unternehmen ist gemeinschaftsweit tätig, wenn es mindestens 1000 Arbeitnehmer in den Mitgliedstaaten und davon jeweils mindestens 150 Arbeitnehmer in mindestens zwei Mitgliedstaaten beschäftigt.

(2) Eine Unternehmensgruppe ist gemeinschaftsweit tätig, wenn sie mindestens 1000 Arbeitnehmer in den Mitgliedstaaten beschäftigt und ihr mindestens zwei Unternehmen mit Sitz in verschiedenen Mitgliedstaaten angehören, die jeweils mindestens je 150 Arbeitnehmer in verschiedenen Mitgliedstaaten beschäftigen.

§ 4 Berechnung der Arbeitnehmerzahlen

In Betrieben und Unternehmen des Inlands errechnen sich die im Rahmen des § 3 zu berücksichtigenden Arbeitnehmerzahlen nach der Anzahl der im Durchschnitt während der letzten zwei Jahre beschäftigten Arbeitnehmer im Sinne des § 5 Absatz 1 des Betriebsverfassungsgesetzes. Maßgebend für den Beginn der Frist nach

Satz 1 ist der Zeitpunkt, in dem die zentrale Leitung die Initiative zur Bildung des besonderen Verhandlungsgremiums ergreift oder der zentralen Leitung ein den Voraussetzungen des § 9 Absatz 2 entsprechender Antrag der Arbeitnehmer oder ihrer Vertreter zugeht.

§ 5 Auskunftsanspruch

(1) Die zentrale Leitung hat auf Verlangen einer Arbeitnehmervertretung die für die Aufnahme von Verhandlungen zur Bildung eines Europäischen Betriebsrats erforderlichen Informationen zu erheben und an die Arbeitnehmervertretung weiterzuleiten. Zu den erforderlichen Informationen gehören insbesondere die durchschnittliche Gesamtzahl der Arbeitnehmer und ihre Verteilung auf die Mitgliedstaaten, die Unternehmen und Betriebe sowie über die Struktur des Unternehmens oder der Unternehmensgruppe.

(2) Ein Betriebsrat oder ein Gesamtbetriebsrat kann den Anspruch nach Absatz 1 gegenüber der örtlichen Betriebs- oder Unternehmensleitung geltend machen; diese ist verpflichtet, die erforderlichen Informationen und Unterlagen bei der zentralen Leitung einzuholen.

(3) Jede Leitung eines Unternehmens einer gemeinschaftsweit tätigen Unternehmensgruppe sowie die zentrale Leitung sind verpflichtet, die Informationen nach Absatz 1 zu erheben und zur Verfügung zu stellen.

§ 6 Herrschendes Unternehmen

(1) Ein Unternehmen, das zu einer gemeinschaftsweit tätigen Unternehmensgruppe gehört, ist herrschendes Unternehmen, wenn es unmittelbar oder mittelbar einen beherrschenden Einfluss auf ein anderes Unternehmen derselben Gruppe (abhängiges Unternehmen) ausüben kann.

(2) Ein beherrschender Einfluss wird vermutet, wenn ein Unternehmen in Bezug auf ein anderes Unternehmen unmittelbar oder mittelbar

1. mehr als die Hälfte der Mitglieder des Verwaltungs-, Leitungs- oder Aufsichtsorgans des anderen Unternehmens bestellen kann oder
2. über die Mehrheit der mit den Anteilen am anderen Unternehmen verbundenen Stimmrechte verfügt oder

3. die Mehrheit des gezeichneten Kapitals dieses Unternehmens besitzt.

Erfüllen mehrere Unternehmen eines der in Satz 1 Nr. 1 bis 3 genannten Kriterien, bestimmt sich das herrschende Unternehmen nach Maßgabe der dort bestimmten Rangfolge.

(3) Bei der Anwendung des Absatzes 2 müssen den Stimm- und Ernennungsrechten eines Unternehmens die Rechte aller von ihm abhängigen Unternehmen sowie aller natürlichen oder juristischen Personen, die zwar im eigenen Namen, aber für Rechnung des Unternehmens oder eines von ihm abhängigen Unternehmens handeln, hinzugerechnet werden..

(4) Investment- und Beteiligungsgesellschaften im Sinne des Artikels 3 Absatz 5 Buchstabe a oder c der Verordnung (EG) Nr. 139/2004 des Rates vom 20. Januar 2004 über die Kontrolle von Unternehmenszusammenschlüssen (ABl. L 24 vom 29.1.2004, S. 1) gelten nicht als herrschendes Unternehmen gegenüber einem anderen Unternehmen, an dem sie Anteile halten, an dessen Leitung sie jedoch nicht beteiligt sind.

§ 7 Europäischer Betriebsrat in Unternehmensgruppen

Gehören einer gemeinschaftsweit tätigen Unternehmensgruppe ein oder mehrere gemeinschaftsweit tätige Unternehmen an, wird ein Europäischer Betriebsrat nur bei dem herrschenden Unternehmen errichtet, sofern nichts anderes vereinbart wird.

ZWEITER TEIL
Besonderes Verhandlungsgremium

§ 8 Aufgabe

(1) Das besondere Verhandlungsgremium hat die Aufgabe, mit der zentralen Leitung eine Vereinbarung über eine grenzübergreifende Unterrichtung und Anhörung der Arbeitnehmer abzuschließen.

(2) Die zentrale Leitung hat dem besonderen Verhandlungsgremium rechtzeitig alle zur Durchführung seiner Aufgaben erforderlichen Auskünfte zu erteilen und die erforderlichen Unterlagen zur Verfügung zu stellen.

(3) Die zentrale Leitung und das besondere Verhandlungsgremium arbeiten vertrauensvoll zusammen. Zeitpunkt, Häufigkeit und Ort der Verhandlungen werden zwischen der zentralen Leitung und dem besonderen Verhandlungsgremium einvernehmlich festgelegt.

§ 9 Bildung

(1) Die Bildung des besonderen Verhandlungsgremiums ist von den Arbeitnehmern oder ihren Vertretern schriftlich bei der zentralen Leitung zu beantragen oder erfolgt auf Initiative der zentralen Leitung.

(2) Der Antrag ist wirksam gestellt, wenn er von mindestens 100 Arbeitnehmern oder ihren Vertretern aus mindestens zwei Betrieben oder Unternehmen, die in verschiedenen Mitgliedstaaten liegen, unterzeichnet ist und der zentralen Leitung zugeht. Werden mehrere Anträge gestellt, sind die Unterschriften zusammenzuzählen. Wird ein Antrag bei einer im Inland liegenden Betriebs- oder Unternehmensleitung eingereicht, hat diese den Antrag unverzüglich an die zentrale Leitung weiterzuleiten und die Antragsteller darüber zu unterrichten.

(3) Die zentrale Leitung hat die Antragsteller, die örtlichen Betriebs- oder Unternehmensleitungen, die dort bestehenden Arbeitnehmervertretungen sowie die in inländischen Betrieben vertretenen Gewerkschaften über die Bildung eines besonderen Verhandlungsgremiums und seine Zusammensetzung zu unterrichten.

§ 10 Zusammensetzung

(1) Für jeden Anteil der in einem Mitgliedstaat beschäftigten Arbeitnehmer, der 10 Prozent der Gesamtzahl der in allen Mitgliedstaaten beschäftigten Arbeitnehmer der gemeinschaftsweit tätigen Unternehmen oder Unternehmensgruppen oder einen Bruchteil davon beträgt, wird ein Mitglied aus diesem Mitgliedstaat in das besondere Verhandlungsgremium entsandt.

(2) Es können Ersatzmitglieder bestellt werden.

§ 11 Bestellung inländischer Arbeitnehmervertreter

(1) Die nach diesem Gesetz oder dem Gesetz eines anderen Mitgliedstaates auf die im Inland beschäftigten Arbeitnehmer entfal-

lenden Mitglieder des besonderen Verhandlungsgremiums werden in gemeinschaftsweit tätigen Unternehmen vom Gesamtbetriebsrat (§ 47 des Betriebsverfassungsgesetzes) bestellt. Besteht nur ein Betriebsrat, so bestellt dieser die Mitglieder des besonderen Verhandlungsgremiums.

(2) Die in Absatz 1 Satz 1 genannten Mitglieder des besonderen Verhandlungsgremiums werden in gemeinschaftsweit tätigen Unternehmensgruppen vom Konzernbetriebsrat (§ 54 des Betriebsverfassungsgesetzes) bestellt. Besteht neben dem Konzernbetriebsrat noch ein in ihm nicht vertretener Gesamtbetriebsrat oder Betriebsrat, ist der Konzernbetriebsrat um deren Vorsitzende und um deren Stellvertreter zu erweitern; die Vorsitzenden und ihre Stellvertreter gelten insoweit als Konzernbetriebsratsmitglieder.

(3) Besteht kein Konzernbetriebsrat, werden die in Absatz 1 Satz 1 genannten Mitglieder des besonderen Verhandlungsgremiums wie folgt bestellt:

a) Bestehen mehrere Gesamtbetriebsräte, werden die Mitglieder des besonderen Verhandlungsgremiums auf einer gemeinsamen Sitzung der Gesamtbetriebsräte bestellt, zu welcher der Gesamtbetriebsratsvorsitzende des nach der Zahl der wahlberechtigten Arbeitnehmer größten inländischen Unternehmens einzuladen hat. Besteht daneben noch mindestens ein in den Gesamtbetriebsräten nicht vertretener Betriebsrat, sind der Betriebsratsvorsitzende und dessen Stellvertreter zu dieser Sitzung einzuladen; sie gelten insoweit als Gesamtbetriebsratsmitglieder.
b) Besteht neben einem Gesamtbetriebsrat noch mindestens ein in ihm nicht vertretener Betriebsrat, ist der Gesamtbetriebsrat um den Vorsitzenden des Betriebsrats und dessen Stellvertreter zu erweitern; der Betriebsratsvorsitzende und sein Stellvertreter gelten insoweit als Gesamtbetriebsratsmitglieder. Der Gesamtbetriebsrat bestellt die Mitglieder des besonderen Verhandlungsgremiums. Besteht nur ein Gesamtbetriebsrat, so hat dieser die Mitglieder des besonderen Verhandlungsgremiums zu bestellen.
c) Bestehen mehrere Betriebsräte, werden die Mitglieder des besonderen Verhandlungsgremiums auf einer gemeinsamen Sitzung bestellt, zu welcher der Betriebsratsvorsitzende des nach der Zahl der wahlberechtigten Arbeitnehmer größten inländischen

Betriebs einzuladen hat. Zur Teilnahme an dieser Sitzung sind die Betriebsratsvorsitzenden und deren Stellvertreter berechtigt; § 47 Absatz 7 des Betriebsverfassungsgesetzes gilt entsprechend.

d) Besteht nur ein Betriebsrat, so hat dieser die Mitglieder des besonderen Verhandlungsgremiums zu bestellen.

(4) Zu Mitgliedern des besonderen Verhandlungsgremiums können auch die in § 5 Absatz 3 des Betriebsverfassungsgesetzes genannten Angestellten bestellt werden.

(5) Frauen und Männer sollen entsprechend ihrem zahlenmäßigen Verhältnis bestellt werden.

§ 12 Unterrichtung über die Mitglieder des besonderen Verhandlungsgremiums

Der zentralen Leitung sind unverzüglich die Namen der Mitglieder des besonderen Verhandlungsgremiums, ihre Anschriften sowie die jeweilige Betriebszugehörigkeit mitzuteilen. Die zentrale Leitung hat die örtlichen Betriebs- oder Unternehmensleitungen, die dort bestehenden Arbeitnehmervertretungen sowie die in inländischen Betrieben vertretenen Gewerkschaften über diese Angaben zu unterrichten.

§ 13 Sitzungen, Geschäftsordnung, Sachverständige

(1) Die zentrale Leitung lädt unverzüglich nach Benennung der Mitglieder zur konstituierenden Sitzung des besonderen Verhandlungsgremiums ein und unterrichtet die örtlichen Betriebs- oder Unternehmensleitungen. Die zentrale Leitung unterrichtet zugleich die zuständigen europäischen Gewerkschaften und Arbeitgeberverbände über den Beginn der Verhandlungen und die Zusammensetzung des besonderen Verhandlungsgremiums nach § 12 Satz 1. Das besondere Verhandlungsgremium wählt aus seiner Mitte einen Vorsitzenden und kann sich eine Geschäftsordnung geben.

(2) Vor und nach jeder Verhandlung mit der zentralen Leitung hat das besondere Verhandlungsgremium das Recht, eine Sitzung durchzuführen und zu dieser einzuladen; § 8 Absatz 3 Satz 2 gilt entsprechend.

(3) Beschlüsse des besonderen Verhandlungsgremiums werden, soweit in diesem Gesetz nichts anderes bestimmt ist, mit der Mehrheit der Stimmen seiner Mitglieder gefasst.

(4) Das besondere Verhandlungsgremium kann sich durch Sachverständige seiner Wahl unterstützen lassen, soweit dies zur ordnungsgemäßen Erfüllung seiner Aufgaben erforderlich ist. Sachverständige können auch Beauftragte von Gewerkschaften sein. Die Sachverständigen und Gewerkschaftsvertreter können auf Wunsch des besonderen Verhandlungsgremiums beratend an den Verhandlungen teilnehmen.

§ 14 Einbeziehung von Arbeitnehmervertretern aus Drittstaaten
Kommen die zentrale Leitung und das besondere Verhandlungsgremium überein, die nach § 17 auszuhandelnde Vereinbarung auf nicht in einem Mitgliedstaat (Drittstaat) liegende Betriebe oder Unternehmen zu erstrecken, können sie vereinbaren, Arbeitnehmervertreter aus diesen Staaten in das besondere Verhandlungsgremium einzubeziehen und die Anzahl der auf den jeweiligen Drittstaat entfallenden Mitglieder sowie deren Rechtsstellung festlegen.

§ 15 Beschluss über Beendigung der Verhandlungen
(1) Das besondere Verhandlungsgremium kann mit mindestens zwei Dritteln der Stimmen seiner Mitglieder beschließen, keine Verhandlungen aufzunehmen oder diese zu beenden. Der Beschluss und das Abstimmungsergebnis sind in eine Niederschrift aufzunehmen, die vom Vorsitzenden und einem weiteren Mitglied zu unterzeichnen ist. Eine Abschrift der Niederschrift ist der zentralen Leitung zuzuleiten.

(2) Ein neuer Antrag auf Bildung eines besonderen Verhandlungsgremiums (§ 9) kann frühestens zwei Jahre nach dem Beschluss gemäß Absatz 1 gestellt werden, sofern das besondere Verhandlungsgremium und die zentrale Leitung nicht schriftlich eine kürzere Frist festlegen.

§ 16 Kosten und Sachaufwand
(1) Die durch die Bildung und Tätigkeit des besonderen Verhandlungsgremiums entstehenden Kosten trägt die zentrale Leitung. Werden Sachverständige nach § 13 Absatz 4 hinzugezogen, beschränkt

sich die Kostentragungspflicht auf einen Sachverständigen. Die zentrale Leitung hat für die Sitzungen in erforderlichem Umfang Räume, sachliche Mittel, Dolmetscher und Büropersonal zur Verfügung zu stellen sowie die erforderlichen Reise- und Aufenthaltskosten der Mitglieder des besonderen Verhandlungsgremiums zu tragen.

(2) Der Arbeitgeber eines aus dem Inland entsandten Mitglieds des besonderen Verhandlungsgremiums haftet neben der zentralen Leitung für dessen Anspruch auf Kostenerstattung als Gesamtschuldner.

DRITTER TEIL
Vereinbarungen über grenzübergreifende Unterrichtung und Anhörung

§ 17 Gestaltungsfreiheit

Die zentrale Leitung und das besondere Verhandlungsgremium können frei vereinbaren, wie die grenzübergreifende Unterrichtung und Anhörung der Arbeitnehmer ausgestaltet wird; sie sind nicht an die Bestimmungen des Vierten Teils dieses Gesetzes gebunden. Die Vereinbarung muss sich auf alle in den Mitgliedstaaten beschäftigten Arbeitnehmer erstrecken, in denen das Unternehmen oder die Unternehmensgruppe einen Betrieb hat. Die Parteien verständigen sich darauf, ob die grenzübergreifende Unterrichtung und Anhörung durch die Errichtung eines Europäischen Betriebsrats oder mehrerer Europäischer Betriebsräte nach § 18 oder durch ein Verfahren zur Unterrichtung und Anhörung der Arbeitnehmer nach § 19 erfolgen soll.

§ 18 Europäischer Betriebsrat kraft Vereinbarung

(1) Soll ein Europäischer Betriebsrat errichtet werden, ist schriftlich zu vereinbaren, wie dieser ausgestaltet werden soll. Dabei soll insbesondere Folgendes geregelt werden:

1. Bezeichnung der erfassten Betriebe und Unternehmen, einschließlich der außerhalb des Hoheitsgebietes der Mitgliedstaaten liegenden Niederlassungen, sofern diese in den Geltungsbereich einbezogen werden,
2. Zusammensetzung des Europäischen Betriebsrats, Anzahl der Mitglieder, Ersatzmitglieder, Sitzverteilung und Mandatsdauer,
3. Aufgaben und Befugnisse des Europäischen Betriebsrats sowie das Verfahren zu seiner Unterrichtung und Anhörung; dieses

Verfahren kann auf die Beteiligungsrechte der nationalen Arbeitnehmervertretungen abgestimmt werden, soweit deren Rechte hierdurch nicht beeinträchtigt werden,
4. Ort, Häufigkeit und Dauer der Sitzungen,
5. die Einrichtung eines Ausschusses des Europäischen Betriebsrats einschließlich seiner Zusammensetzung, der Bestellung seiner Mitglieder, seiner Befugnisse und Arbeitsweise,
6. die für den Europäischen Betriebsrat zur Verfügung zu stellenden finanziellen und sachlichen Mittel,
7. Klausel zur Anpassung der Vereinbarung an Strukturänderungen, die Geltungsdauer der Vereinbarung und das bei ihrer Neuverhandlung, Änderung oder Kündigung anzuwendende Verfahren, einschließlich einer Übergangsregelung.

(2) § 23 gilt entsprechend.

§ 19 Verfahren zur Unterrichtung und Anhörung

Soll ein Verfahren zur Unterrichtung und Anhörung der Arbeitnehmer eingeführt werden, ist schriftlich zu vereinbaren, unter welchen Voraussetzungen die Arbeitnehmervertreter das Recht haben, die ihnen übermittelten Informationen gemeinsam zu beraten und wie sie ihre Vorschläge oder Bedenken mit der zentralen Leitung oder einer anderen geeigneten Leitungsebene erörtern können. Die Unterrichtung muss sich insbesondere auf grenzübergreifende Angelegenheiten erstrecken, die erhebliche Auswirkungen auf die Interessen der Arbeitnehmer haben.

§ 20 Übergangsbestimmung

Eine nach §§ 18 oder 19 bestehende Vereinbarung gilt fort, wenn vor ihrer Beendigung das Antrags- oder Initiativrecht nach § 9 Absatz 1 ausgeübt worden ist. Das Antragsrecht kann auch ein auf Grund einer Vereinbarung bestehendes Arbeitnehmervertretungsgremium ausüben. Die Fortgeltung endet, wenn die Vereinbarung durch eine neue Vereinbarung ersetzt oder ein Europäischer Betriebsrat kraft Gesetzes errichtet worden ist. Die Fortgeltung endet auch dann, wenn das besondere Verhandlungsgremium einen Beschluss nach § 15 Absatz 1 fasst; § 15 Absatz 2 gilt entsprechend. Die Sätze 1 bis 4 finden keine Anwendung, wenn in der bestehenden Vereinbarung eine Übergangsregelung enthalten ist.

VIERTER TEIL
Europäischer Betriebsrat kraft Gesetzes

ERSTER ABSCHNITT
Errichtung des Europäischen Betriebsrats

§ 21 Voraussetzungen

(1) Verweigert die zentrale Leitung die Aufnahme von Verhandlungen innerhalb von sechs Monaten nach Antragstellung (§ 9), ist ein Europäischer Betriebsrat gemäß den §§ 22 und 23 zu errichten. Das Gleiche gilt, wenn innerhalb von drei Jahren nach Antragstellung keine Vereinbarung nach §§ 18 oder 19 zustande kommt oder die zentrale Leitung und das besondere Verhandlungsgremium das vorzeitige Scheitern der Verhandlungen erklären. Die Sätze 1 und 2 gelten entsprechend, wenn die Bildung des besonderen Verhandlungsgremiums auf Initiative der zentralen Leitung erfolgt.

(2) Ein Europäischer Betriebsrat ist nicht zu errichten, wenn das besondere Verhandlungsgremium vor Ablauf der in Absatz 1 genannten Fristen einen Beschluss nach § 15 Absatz 1 faßt.

§ 22 Zusammensetzung des Europäischen Betriebsrats

(1) Der Europäische Betriebsrat setzt sich aus Arbeitnehmern des gemeinschaftsweit tätigen Unternehmens oder der gemeinschaftsweit tätigen Unternehmensgruppe zusammen. Es können Ersatzmitglieder bestellt werden.

(2) Für jeden Anteil der in einem Mitgliedstaat beschäftigten Arbeitnehmer, der 10 Prozent der Gesamtzahl der in allen Mitgliedstaaten beschäftigten Arbeitnehmer der gemeinschaftsweit tätigen Unternehmen oder Unternehmensgruppen oder einen Bruchteil davon beträgt, wird ein Mitglied aus diesem Mitgliedstaat in den Europäischen Betriebsrat entsandt.

§ 23 Bestellung inländischer Arbeitnehmervertreter

(1) Die nach diesem Gesetz oder dem Gesetz eines anderen Mitgliedstaates auf die im Inland beschäftigten Arbeitnehmer entfallenden Mitglieder des Europäischen Betriebsrats werden in gemeinschaftsweit tätigen Unternehmen vom Gesamtbetriebsrat (§ 47 des Betriebsverfassungsgesetzes) bestellt. Besteht nur ein

Betriebsrat, so bestellt dieser die Mitglieder des Europäischen Betriebsrats.

(2) Die in Absatz 1 Satz 1 genannten Mitglieder des Europäischen Betriebsrats werden in gemeinschaftsweit tätigen Unternehmensgruppen vom Konzernbetriebsrat (§ 54 des Betriebsverfassungsgesetzes) bestellt. Besteht neben dem Konzernbetriebsrat noch ein in ihm nicht vertretener Gesamtbetriebsrat oder Betriebsrat, ist der Konzernbetriebsrat um deren Vorsitzende und um deren Stellvertreter zu erweitern; die Vorsitzenden und ihre Stellvertreter gelten insoweit als Konzernbetriebsratsmitglieder.

(3) Besteht kein Konzernbetriebsrat, werden die in Absatz 1 Satz 1 genannten Mitglieder des Europäischen Betriebsrats wie folgt bestellt:

a) Bestehen mehrere Gesamtbetriebsräte, werden die Mitglieder des Europäischen Betriebsrats auf einer gemeinsamen Sitzung der Gesamtbetriebsräte bestellt, zu welcher der Gesamtbetriebsratsvorsitzende des nach der Zahl der wahlberechtigten Arbeitnehmer größten inländischen Unternehmens einzuladen hat. Besteht daneben noch mindestens ein in den Gesamtbetriebsräten nicht vertretener Betriebsrat, sind der Betriebsratsvorsitzende und dessen Stellvertreter zu dieser Sitzung einzuladen; sie gelten insoweit als Gesamtbetriebsratsmitglieder.
b) Besteht neben einem Gesamtbetriebsrat noch mindestens ein in ihm nicht vertretener Betriebsrat, ist der Gesamtbetriebsrat um den Vorsitzenden des Betriebsrats und dessen Stellvertreter zu erweitern; der Betriebsratsvorsitzende und sein Stellvertreter gelten insoweit als Gesamtbetriebsratsmitglieder. Der Gesamtbetriebsrat bestellt die Mitglieder des Europäischen Betriebsrats. Besteht nur ein Gesamtbetriebsrat, so hat dieser die Mitglieder des Europäischen Betriebsrats zu bestellen.
c) Bestehen mehrere Betriebsräte, werden die Mitglieder des Europäischen Betriebsrats auf einer gemeinsamen Sitzung bestellt, zu welcher der Betriebsratsvorsitzende des nach der Zahl der wahlberechtigten Arbeitnehmer größten inländischen Betriebs einzuladen hat. Zur Teilnahme an dieser Sitzung sind die Betriebsratsvorsitzenden und deren Stellvertreter berechtigt; § 47 Absatz 7 des Betriebsverfassungsgesetzes gilt entsprechend.

d) Besteht nur ein Betriebsrat, so hat dieser die Mitglieder des Europäischen Betriebsrats zu bestellen.

(4) Die Absätze 1 bis 3 gelten entsprechend für die Abberufung.

(5) Eine ausgewogene Vertretung der Arbeitnehmer nach ihrer Tätigkeit sollte so weit als möglich berücksichtigt werden; Frauen und Männer sollen entsprechend ihrem zahlenmäßigen Verhältnis bestellt werden.

(6) Das zuständige Sprecherausschussgremium eines gemeinschaftsweit tätigen Unternehmens oder einer gemeinschaftsweit tätigen Unternehmensgruppe mit Sitz der zentralen Leitung im Inland kann einen der in § 5 Absatz 3 des Betriebsverfassungsgesetzes genannten Angestellten bestimmen, der mit Rederecht an den Sitzungen zur Unterrichtung und Anhörung des Europäischen Betriebsrats teilnimmt, sofern nach § 22 Absatz 2 mindestens fünf inländische Vertreter entsandt werden. Die § 35 Absatz 2 und 39 gelten entsprechend.

§ 24 Unterrichtung über die Mitglieder des Europäischen Betriebsrats

Der zentralen Leitung sind unverzüglich die Namen der Mitglieder des Europäischen Betriebsrats, ihre Anschriften sowie die jeweilige Betriebszugehörigkeit mitzuteilen. Die zentrale Leitung hat die örtlichen Betriebs- oder Unternehmensleitungen, die dort bestehenden Arbeitnehmervertretungen sowie die in inländischen Betrieben vertretenen Gewerkschaften über diese Angaben zu unterrichten.

ZWEITER ABSCHNITT
Geschäftsführung des Europäischen Betriebsrats

§ 25 Konstituierende Sitzung, Vorsitzender

(1) Die zentrale Leitung lädt unverzüglich nach Benennung der Mitglieder zur konstituierenden Sitzung des Europäischen Betriebsrats ein. Der Europäische Betriebsrat wählt aus seiner Mitte einen Vorsitzenden und dessen Stellvertreter.

(2) Der Vorsitzende des Europäischen Betriebsrats oder im Falle seiner Verhinderung der Stellvertreter vertritt den Europäischen Be-

triebsrat im Rahmen der von ihm gefassten Beschlüsse. Zur Entgegennahme von Erklärungen, die dem Europäischen Betriebsrat gegenüber abzugeben sind, ist der Vorsitzende oder im Falle seiner Verhinderung der Stellvertreter berechtigt.

§ 26 Ausschuss

Der Europäische Betriebsrat bildet aus seiner Mitte einen Ausschuss. Der Ausschuss besteht aus dem Vorsitzenden und mindestens zwei, höchstens vier weiteren zu wählenden Ausschussmitgliedern. Die weiteren Ausschussmitglieder sollen in verschiedenen Mitgliedstaaten beschäftigt sein. Der Ausschuss führt die laufenden Geschäfte des Europäischen Betriebsrats.

§ 27 Sitzungen

(1) Der Europäische Betriebsrat hat das Recht, im Zusammenhang mit der Unterrichtung durch die zentrale Leitung nach § 29 eine Sitzung durchzuführen und zu dieser einzuladen. Das gleiche gilt bei einer Unterrichtung über außergewöhnliche Umstände nach § 30. Der Zeitpunkt und der Ort der Sitzungen sind mit der zentralen Leitung abzustimmen. Mit Einverständnis der zentralen Leitung kann der Europäische Betriebsrat weitere Sitzungen durchführen. Die Sitzungen des Europäischen Betriebsrats sind nicht öffentlich.

(2) Absatz 1 gilt entsprechend für die Wahrnehmung der Mitwirkungsrechte des Europäischen Betriebsrats durch den Ausschuss nach § 26.

§ 28 Beschlüsse, Geschäftsordnung

Die Beschlüsse des Europäischen Betriebsrats werden, soweit in diesem Gesetz nichts anderes bestimmt ist, mit der Mehrheit der Stimmen der anwesenden Mitglieder gefasst. Sonstige Bestimmungen über die Geschäftsführung sollen in einer schriftlichen Geschäftsordnung getroffen werden, die der Europäische Betriebsrat mit der Mehrheit der Stimmen seiner Mitglieder beschließt.

DRITTER ABSCHNITT
Mitwirkungsrechte

§ 29 Jährliche Unterrichtung und Anhörung

(1) Die zentrale Leitung hat den Europäischen Betriebsrat einmal im Kalenderjahr über die Entwicklung der Geschäftslage und die Perspektiven des gemeinschaftsweit tätigen Unternehmens oder der gemeinschaftsweit tätigen Unternehmensgruppe unter rechtzeitiger Vorlage der erforderlichen Unterlagen zu unterrichten und ihn anzuhören.

(2) Zu der Entwicklung der Geschäftslage und den Perspektiven im Sinne des Absatzes 1 gehören insbesondere

1. Struktur des Unternehmens oder der Unternehmensgruppe sowie die wirtschaftliche und finanzielle Lage,
2. die voraussichtliche Entwicklung der Geschäfts-, Produktions- und Absatzlage,
3. die Beschäftigungslage und ihre voraussichtliche Entwicklung,
4. Investitionen (Investitionsprogramme),
5. grundlegende Änderungen der Organisation,
6. die Einführung neuer Arbeits- und Fertigungsverfahren,
7. die Verlegung von Unternehmen, Betrieben oder wesentlichen Betriebsteilen sowie Verlagerungen der Produktion,
8. Zusammenschlüsse oder Spaltungen von Unternehmen oder Betrieben,
9. die Einschränkung oder Stilllegung von Unternehmen, Betrieben oder wesentlichen Betriebsteilen,
10. Massenentlassungen.

§ 30 Unterrichtung und Anhörung

(1) Über außergewöhnliche Umstände oder Entscheidungen, die erhebliche Auswirkungen auf die Interessen der Arbeitnehmer haben, hat die zentrale Leitung den Europäischen Betriebsrat rechtzeitig unter Vorlage der erforderlichen Unterlagen zu unterrichten und auf Verlangen anzuhören. Als außergewöhnliche Umstände gelten insbesondere

1. die Verlegung von Unternehmen, Betrieben oder wesentlichen Betriebsteilen,
2. die Stilllegung von Unternehmen, Betrieben oder wesentlichen Betriebsteilen,
3. Massenentlassungen.

(2) Besteht ein Ausschuss nach § 26, so ist dieser anstelle des Europäischen Betriebsrats nach Absatz 1 Satz 1 zu beteiligen. § 27 Absatz 1 Satz 2 bis 5 gilt entsprechend. Zu den Sitzungen des Ausschusses sind auch diejenigen Mitglieder des Europäischen Betriebsrats zu laden, die für die Betriebe oder Unternehmen bestellt worden sind, die unmittelbar von den geplanten Maßnahmen oder Entscheidungen betroffen sind; sie gelten insoweit als Ausschussmitglieder.

§ 31 Tendenzunternehmen

Auf Unternehmen und herrschende Unternehmen von Unternehmensgruppen, die unmittelbar und überwiegend den in § 118 Absatz 1 Satz 1 Nummer 1 und 2 des Betriebsverfassungsgesetzes genannten Bestimmungen oder Zwecken dienen, finden nur § 29 Absatz 2 Nummer 5 bis 10 und § 30 Anwendung mit der Maßgabe, dass eine Unterrichtung und Anhörung nur über den Ausgleich oder die Milderung der wirtschaftlichen Nachteile erfolgen muß, die den Arbeitnehmern infolge der Unternehmens- oder Betriebsänderungen entstehen.

VIERTER ABSCHNITT
Änderung der Zusammensetzung, Übergang zu einer Vereinbarung

§ 32 Dauer der Mitgliedschaft, Neubestellung von Mitgliedern

(1) Die Dauer der Mitgliedschaft im Europäischen Betriebsrat beträgt vier Jahre, wenn sie nicht durch Abberufung oder aus anderen Gründen vorzeitig endet. Die Mitgliedschaft beginnt mit der Bestellung.

(2) Alle zwei Jahre, vom Tage der konstituierenden Sitzung des Europäischen Betriebsrats (§ 25 Absatz 1) an gerechnet, hat die zentrale Leitung zu prüfen, ob sich die Arbeitnehmerzahlen in den einzelnen Mitgliedstaaten derart geändert haben, dass sich eine andere Zusammensetzung des Europäischen Betriebsrats nach § 22 Absatz 2 bis 4 errechnet. Sie hat das Ergebnis dem Europäischen Betriebsrat mitzuteilen. Ist danach eine andere Zusammensetzung des Europäischen Betriebsrats erforderlich, veranlasst dieser bei den zuständigen Stellen, dass die Mitglieder des Europäischen Betriebsrats in den Mitgliedstaaten neu bestellt werden, in denen sich eine

gegenüber dem vorhergehenden Zeitraum abweichende Anzahl der Arbeitnehmervertreter ergibt; mit der Neubestellung endet die Mitgliedschaft der bisher aus diesen Mitgliedstaaten stammenden Arbeitnehmervertreter im Europäischen Betriebsrat. Die Sätze 1 bis 3 gelten entsprechend bei Berücksichtigung eines bisher im Europäischen Betriebsrat nicht vertretenen Mitgliedstaats.

§ 33 Aufnahme von Verhandlungen

Vier Jahre nach der konstituierenden Sitzung (§ 25 Absatz 1) hat der Europäische Betriebsrat mit der Mehrheit der Stimmen seiner Mitglieder einen Beschluß darüber zu fassen, ob mit der zentralen Leitung eine Vereinbarung nach § 17 ausgehandelt werden soll. Beschließt der Europäische Betriebsrat die Aufnahme von Verhandlungen, hat er die Rechte und Pflichten des besonderen Verhandlungsgremiums; die §§ 8, 13, 14 und 15 Absatz 1 sowie die §§ 16 bis 19 gelten entsprechend. Das Amt des Europäischen Betriebsrats endet, wenn eine Vereinbarung nach § 17 geschlossen worden ist.

FÜNFTER TEIL
Gemeinsame Bestimmungen

§ 34 Vertrauensvolle Zusammenarbeit

Zentrale Leitung und Europäischer Betriebsrat arbeiten vertrauensvoll zum Wohl der Arbeitnehmer und des Unternehmens oder der Unternehmensgruppe zusammen. Satz 1 gilt entsprechend für die Zusammenarbeit zwischen zentraler Leitung und Arbeitnehmervertretern im Rahmen eines Verfahrens zur Unterrichtung und Anhörung.

§ 35 Geheimhaltung, Vertraulichkeit

(1) Die Pflicht der zentralen Leitung, über die im Rahmen der §§ 18 und 19 vereinbarten oder die sich aus den §§ 29 und 30 Absatz 1 ergebenden Angelegenheiten zu unterrichten, besteht nur, soweit dadurch nicht Betriebs- oder Geschäftsgeheimnisse des Unternehmens oder der Unternehmensgruppe gefährdet werden.

(2) Die Mitglieder und Ersatzmitglieder eines Europäischen Betriebsrats sind verpflichtet, Betriebs- oder Geschäftsgeheimnisse, die ihnen wegen ihrer Zugehörigkeit zum Europäischen Betriebsrat bekannt geworden und von der zentralen Leitung ausdrücklich als

geheimhaltungsbedürftig bezeichnet worden sind, nicht zu offenbaren und nicht zu verwerten. Dies gilt auch nach dem Ausscheiden aus dem Europäischen Betriebsrat. Die Verpflichtung gilt nicht gegenüber Mitgliedern eines Europäischen Betriebsrats. Sie gilt ferner nicht gegenüber den örtlichen Arbeitnehmervertretern der Betriebe oder Unternehmen, wenn diese auf Grund einer Vereinbarung nach § 18 oder nach § 36 über den Inhalt der Unterrichtungen und die Ergebnisse der Anhörungen zu unterrichten sind, den Arbeitnehmervertretern im Aufsichtsrat sowie gegenüber Dolmetschern und Sachverständigen, die zur Unterstützung herangezogen werden.

(3) Die Pflicht zur Vertraulichkeit nach Absatz 2 Satz 1 und 2 gilt entsprechend für

1. die Mitglieder und Ersatzmitglieder des besonderen Verhandlungsgremiums,
2. die Arbeitnehmervertreter im Rahmen eines Verfahrens zur Unterrichtung und Anhörung (§ 19),
3. die Sachverständigen und Dolmetscher sowie
4. die örtlichen Arbeitnehmervertreter.

(4) Die Ausnahmen von der Pflicht zur Vertraulichkeit nach Absatz 2 Satz 3 und 4 gelten entsprechend für

1. das besondere Verhandlungsgremium gegenüber Sachverständigen und Dolmetschern,
2. die Arbeitnehmervertreter im Rahmen eines Verfahrens zur Unterrichtung und Anhörung gegenüber Dolmetschern und Sachverständigen, die vereinbarungsgemäß zur Unterstützung herangezogen werden und gegenüber örtlichen Arbeitnehmervertretern, sofern diese nach der Vereinbarung (§ 19) über die Inhalte der Unterrichtungen und die Ergebnisse der Anhörungen zu unterrichten sind.

§ 36 Unterrichtung der örtlichen Arbeitnehmervertreter

(1) Der Europäische Betriebsrat oder der Ausschuss (§ 30 Absatz 2) berichtet den örtlichen Arbeitnehmervertretern oder, wenn es diese nicht gibt, den Arbeitnehmern der Betriebe oder Unternehmen über die Unterrichtung und Anhörung.

(2) Das Mitglied des Europäischen Betriebsrats oder des Ausschusses, das den örtlichen Arbeitnehmervertretungen im Inland berichtet,

hat den Bericht in Betrieben oder Unternehmen, in denen Sprecherausschüsse der leitenden Angestellten bestehen, auf einer gemeinsamen Sitzung im Sinne des § 2 Absatz 2 des Sprecherausschussgesetzes zu erstatten. Dies gilt nicht, wenn ein nach § 23 Absatz 6 bestimmter Angestellter an der Sitzung zur Unterrichtung und Anhörung des Europäischen Betriebsrats teilgenommen hat. Wird der Bericht nach Absatz 1 nur schriftlich erstattet, ist er auch dem zuständigen Sprecherausschuss zuzuleiten.

§ 37 Wesentliche Strukturänderung

(1) Ändert sich die Struktur des gemeinschaftsweit tätigen Unternehmens oder der gemeinschaftsweit tätigen Unternehmensgruppe wesentlich und bestehen hierzu keine Regelungen in geltenden Vereinbarungen oder widersprechen sich diese, nimmt die zentrale Leitung von sich aus oder auf Antrag der Arbeitnehmer oder ihrer Vertreter (§ 9 Absatz 1) die Verhandlung über eine Vereinbarung nach § 18 oder § 19 auf. Als wesentliche Strukturänderungen im Sinne des Satzes 1 gelten insbesondere

1. Zusammenschluss von Unternehmen oder Unternehmensgruppen,
2. Spaltung von Unternehmen oder der Unternehmensgruppe,
3. Verlegung von Unternehmen oder der Unternehmensgruppe in einen anderen Mitgliedstaat oder Drittstaat oder Stilllegung von Unternehmen oder der Unternehmensgruppe,
4. Verlegung oder Stilllegung von Betrieben, soweit sie Auswirkungen auf die Zusammensetzung des Europäischen Betriebsrats haben können.

(2) Abweichend von § 10 entsendet jeder von der Strukturänderung betroffene Europäische Betriebsrat aus seiner Mitte drei weitere Mitglieder in das besondere Verhandlungsgremium.

(3) Für die Dauer der Verhandlung bleibt jeder von der Strukturänderung betroffene Europäische Betriebsrat bis zur Errichtung eines neuen Europäischen Betriebsrats im Amt (Übergangsmandat). Mit der zentralen Leitung kann vereinbart werden, nach welchen Bestimmungen und in welcher Zusammensetzung das Übergangsmandat wahrgenommen wird. Kommt es nicht zu einer Vereinbarung mit der zentralen Leitung nach Satz 2, wird das Übergangsmandat durch den jeweiligen Europäischen Betriebsrat entsprechend der für ihn im Unternehmen oder der Unternehmensgruppe geltenden Re-

gelung wahrgenommen. Das Übergangsmandat endet auch, wenn das besondere Verhandlungsgremium einen Beschluss nach § 15 Absatz 1 fasst.

(4) Kommt es nicht zu einer Vereinbarung nach § 18 oder § 19, ist in den Fällen des § 21 Absatz 1 ein Europäischer Betriebsrat nach den §§ 22 und 23 zu errichten.

§ 38 Fortbildung

(1) Der Europäische Betriebsrat kann Mitglieder zur Teilnahme an Schulungs- und Bildungsveranstaltungen bestimmen, soweit diese Kenntnisse vermitteln, die für die Arbeit des Europäischen Betriebsrats erforderlich sind. Der Europäische Betriebsrat hat die Teilnahme und zeitliche Lage rechtzeitig der zentralen Leitung mitzuteilen. Bei der Festlegung der zeitlichen Lage sind die betrieblichen Notwendigkeiten zu berücksichtigen. Der Europäische Betriebsrat kann die Aufgaben nach diesem Absatz auf den Ausschuss nach § 26 übertragen.

(2) Für das besondere Verhandlungsgremium und dessen Mitglieder gilt Absatz 1 Satz 1 bis 3 entsprechend.

§ 39 Kosten, Sachaufwand und Sachverständige

(1) Die durch die Bildung und Tätigkeit des Europäischen Betriebsrats und des Ausschusses entstehenden Kosten trägt die zentrale Leitung. Die zentrale Leitung hat insbesondere für die Sitzungen und die laufende Geschäftsführung in erforderlichem Umfang Räume, sachliche Mittel und Büropersonal, für die Sitzungen außerdem Dolmetscher zur Verfügung zu stellen. Sie trägt die erforderlichen Reise- und Aufenthaltskosten der Mitglieder des Europäischen Betriebsrats und des Ausschusses. § 16 Absatz 2 gilt entsprechend.

(2) Der Europäische Betriebsrat und der Ausschuss können sich durch Sachverständige ihrer Wahl unterstützen lassen, soweit dies zur ordnungsgemäßen Erfüllung ihrer Aufgaben erforderlich ist. Sachverständige können auch Beauftragte von Gewerkschaften sein. Werden Sachverständige hinzugezogen, beschränkt sich die Kostentragungspflicht auf einen Sachverständigen, es sei denn, eine Vereinbarung nach § 18 oder § 19 sieht etwas anderes vor.

§ 40 Schutz inländischer Arbeitnehmervertreter

(1) Für die Mitglieder eines Europäischen Betriebsrats, die im Inland beschäftigt sind, gelten § 37 Absatz 1 bis 5 und die §§ 78 und 103 des Betriebsverfassungsgesetzes sowie § 15 Absatz 1 und 3 bis 5 des Kündigungsschutzgesetzes entsprechend. Für nach § 38 erforderliche Fortbildungen gilt § 37 Absatz 6 Satz 1 und 2 des Betriebsverfassungsgesetzes entsprechend.

(2) Absatz 1 gilt entsprechend für die Mitglieder des besonderen Verhandlungsgremiums und die Arbeitnehmervertreter im Rahmen eines Verfahrens zur Unterrichtung und Anhörung.

SECHSTER TEIL
Bestehende Vereinbarungen

§ 41 Fortgeltung

(1) Auf die in den §§ 2 und 3 genannten Unternehmen und Unternehmensgruppen, in denen vor dem 22. September 1996 eine Vereinbarung über grenzübergreifende Unterrichtung und Anhörung besteht, sind die Bestimmungen dieses Gesetzes außer in den Fällen des § 37 nicht anwendbar, solange die Vereinbarung wirksam ist. Die Vereinbarung muss sich auf alle in den Mitgliedstaaten beschäftigten Arbeitnehmer erstrecken und den Arbeitnehmern aus denjenigen Mitgliedstaaten eine angemessene Beteiligung an der Unterrichtung und Anhörung ermöglichen, in denen das Unternehmen oder die Unternehmensgruppe einen Betrieb hat.

(2) Der Anwendung des Absatzes 1 steht nicht entgegen, daß die Vereinbarung auf Seiten der Arbeitnehmer nur von einer im Betriebsverfassungsgesetz vorgesehenen Arbeitnehmervertretung geschlossen worden ist. Das Gleiche gilt, wenn für ein Unternehmen oder eine Unternehmensgruppe anstelle einer Vereinbarung mehrere Vereinbarungen geschlossen worden sind.

(3) Sind die Voraussetzungen des Absatzes 1 deshalb nicht erfüllt, weil die an dem in Absatz 1 Satz 1 genannten Stichtag bestehende Vereinbarung nicht alle Arbeitnehmer erfasst, können die Parteien deren Einbeziehung innerhalb einer Frist von sechs Monaten nachholen.

(4) Bestehende Vereinbarungen können auch nach dem in Absatz 1 Satz 1 genannten Stichtag an Änderungen der Struktur des Unternehmens oder der Unternehmensgruppe sowie der Zahl der beschäftigten Arbeitnehmer angepasst werden, soweit es sich nicht um wesentliche Strukturänderungen im Sinne des § 37 handelt.

(5) Ist eine Vereinbarung befristet geschlossen worden, können die Parteien ihre Fortgeltung unter Berücksichtigung der Absätze 1, 3 und 4 beschließen.

(6) Eine Vereinbarung gilt fort, wenn vor ihrer Beendigung das Antrags- oder Initiativrecht nach § 9 Absatz 1 ausgeübt worden ist. Das Antragsrecht kann auch ein auf Grund der Vereinbarung bestehendes Arbeitnehmervertretungsgremium ausüben. Die Fortgeltung endet, wenn die Vereinbarung durch eine grenzübergreifende Unterrichtung und Anhörung nach §§ 18 oder 19 ersetzt oder ein Europäischer Betriebsrat kraft Gesetzes errichtet worden ist. Die Fortgeltung endet auch dann, wenn das besondere Verhandlungsgremium einen Beschluss nach § 15 Absatz 1 faßt; § 15 Absatz 2 gilt entsprechend.

(7) Auf Unternehmen und Unternehmensgruppen, die auf Grund der Berücksichtigung von im Vereinigten Königreich Großbritannien und Nordirland liegenden Betrieben und Unternehmen erstmalig die in den §§ 2 und 3 genannten Voraussetzungen erfüllen, sind die Bestimmungen dieses Gesetzes außer in den Fällen des § 37 nicht anwendbar, wenn in diesen Unternehmen und Unternehmensgruppen vor dem 15. Dezember 1999 eine Vereinbarung über grenzübergreifende Unterrichtung und Anhörung besteht. Die Absätze 1 bis 6 gelten entsprechend.

(8) Auf die in den §§ 2 und 3 genannten Unternehmen und Unternehmensgruppen, in denen zwischen dem 5. Juni 2009 und dem 5. Juni 2011 eine Vereinbarung über die grenzübergreifende Unterrichtung und Anhörung unterzeichnet oder überarbeitet wurde, sind außer in den Fällen des § 37 die Bestimmungen dieses Gesetzes in der Fassung vom 28. Oktober 1996 (BGBl. I S. 1548, 2022), zuletzt geändert durch Artikel 30 des Gesetzes vom 21. Dezember 2000 (BGBl. I S. 1983), anzuwenden. Ist eine Vereinbarung nach Satz 1 befristet geschlossen worden, können die Parteien ihre Fort-

geltung beschließen, solange die Vereinbarung wirksam ist; Absatz 4 gilt entsprechend.

SIEBTER TEIL
Besondere Vorschriften, Straf- und Bußgeldvorschriften

§ 41a Besondere Regelungen für Besatzungsmitglieder von Seeschiffen

(1) Ist ein Mitglied des besonderen Verhandlungsgremiums, eines Europäischen Betriebsrats oder einer Arbeitnehmervertretung im Sinne des § 19 oder dessen Stellvertreter Besatzungsmitglied eines Seeschiffs, so sollen die Sitzungen so angesetzt werden, dass die Teilnahme des Besatzungsmitglieds erleichtert wird.

(2) Befindet sich ein Besatzungsmitglied auf See oder in einem Hafen, der sich in einem anderen Land als dem befindet, in dem die Reederei ihren Geschäftssitz hat, und kann deshalb nicht an einer Sitzung nach Absatz 1 teilnehmen, so kann eine Teilnahme an der Sitzung mittels neuer Informations- und Kommunikationstechnologien erfolgen, wenn

1. dies in der Geschäftsordnung des zuständigen Gremiums vorgesehen ist und
2. sichergestellt ist, dass Dritte vom Inhalt der Sitzung keine Kenntnis nehmen können.

§ 42 Errichtungs- und Tätigkeitsschutz

Niemand darf

1. die Bildung des besonderen Verhandlungsgremiums (§ 9) oder die Errichtung eines Europäischen Betriebsrats (§§ 18, 21 Absatz 1) oder die Einführung eines Verfahrens zur Unterrichtung und Anhörung (§ 19) behindern oder durch Zufügung oder Androhung von Nachteilen oder durch Gewährung oder Versprechen von Vorteilen beeinflussen,
2. die Tätigkeit des besonderen Verhandlungsgremiums, eines Europäischen Betriebsrats oder der Arbeitnehmervertreter im Rahmen eines Verfahrens zur Unterrichtung und Anhörung behindern oder stören oder
3. ein Mitglied oder Ersatzmitglied des besonderen Verhandlungsgremiums oder eines Europäischen Betriebsrats oder einen Arbeitnehmervertreter im Rahmen eines Verfahrens zur Unterrich-

tung und Anhörung um seiner Tätigkeit willen benachteiligen oder begünstigen.

§ 43 Strafvorschriften

(1) Mit Freiheitsstrafe bis zu zwei Jahren oder mit Geldstrafe wird bestraft, wer entgegen § 35 Absatz 2 Satz 1 oder 2, jeweils auch in Verbindung mit Absatz 3, ein Betriebs- oder Geschäftsgeheimnis verwertet.

(2) Die Tat wird nur auf Antrag verfolgt.

§ 44 Strafvorschriften

(1) Mit Freiheitsstrafe bis zu einem Jahr oder mit Geldstrafe wird bestraft, wer

1. entgegen § 35 Absatz 2 Satz 1 oder 2, jeweils auch in Verbindung mit Absatz 3, ein Betriebs- oder Geschäftsgeheimnis offenbart oder
2. einer Vorschrift des § 42 über die Errichtung der dort genannten Gremien oder die Einführung des dort genannten Verfahrens, die Tätigkeit der dort genannten Gremien oder der Arbeitnehmervertreter oder über die Benachteiligung oder Begünstigung eines Mitglieds oder Ersatzmitglieds der dort genannten Gremien oder eines Arbeitnehmervertreters zuwiderhandelt.

(2) Handelt der Täter in den Fällen des Absatzes 1 Nr. 1 gegen Entgelt oder in der Absicht, sich oder einen anderen zu bereichern oder einen anderen zu schädigen, so ist die Strafe Freiheitsstrafe bis zu zwei Jahren oder Geldstrafe.

(3) Die Tat wird nur auf Antrag verfolgt. In den Fällen des Absatzes 1 Nr. 2 sind das besondere Verhandlungsgremium, der Europäische Betriebsrat, die Mehrheit der Arbeitnehmervertreter im Rahmen eines Verfahrens zur Unterrichtung und Anhörung, die zentrale Leitung oder eine im Betrieb vertretene Gewerkschaft antragsberechtigt.

§ 45 Bußgeldvorschriften

(1) Ordnungswidrig handelt, wer

1. entgegen § 5 Absatz 1 die Informationen nicht, nicht richtig, nicht vollständig oder nicht rechtzeitig erhebt oder weiterleitet oder

2. entgegen § 29 Absatz 1 oder § 33 Absatz 1 Satz 1 oder Absatz 2 Satz 1 den Europäischen Betriebsrat oder den Ausschuss nach § 26 nicht, nicht richtig, nicht vollständig, nicht in der vorgeschriebenen Weise oder nicht rechtzeitig unterrichtet.

(2) Die Ordnungswidrigkeit kann mit einer Geldbuße bis zu fünfzehntausend Euro geahndet werden.

Gesetz über die Familienpflegezeit*
(Familienpflegezeitgesetz – FPfZG)

§ 1 Ziel des Gesetzes

Durch die Einführung der Familienpflegezeit werden die Möglichkeiten zur Vereinbarkeit von Beruf und familiärer Pflege verbessert.

§ 2 Familienpflegezeit

(1) Beschäftigte sind von der Arbeitsleistung für längstens 24 Monate (Höchstdauer) teilweise freizustellen, wenn sie einen pflegebedürftigen nahen Angehörigen in häuslicher Umgebung pflegen (Familienpflegezeit). Während der Familienpflegezeit muss die verringerte Arbeitszeit wöchentlich mindestens 15 Stunden betragen. Bei unterschiedlichen wöchentlichen Arbeitszeiten oder einer unterschiedlichen Verteilung der wöchentlichen Arbeitszeit darf die wöchentliche Arbeitszeit im Durchschnitt eines Zeitraums von bis zu einem Jahr 15 Stunden nicht unterschreiten (Mindestarbeitszeit). Der Anspruch nach Satz 1 besteht nicht gegenüber Arbeitgebern mit in der Regel 25 oder weniger Beschäftigten ausschließlich der zu ihrer Berufsbildung Beschäftigten.

(2) Pflegezeit und Familienpflegezeit dürfen gemeinsam 24 Monate je pflegebedürftigem nahen Angehörigen nicht überschreiten (Gesamtdauer).

(3) Die §§ 5 bis 8 des Pflegezeitgesetzes gelten entsprechend.

(4) Die Familienpflegezeit wird auf Berufsbildungszeiten nicht angerechnet.

(5) Beschäftigte sind von der Arbeitsleistung für längstens 24 Monate (Höchstdauer) teilweise freizustellen, wenn sie einen minderjährigen pflegebedürftigen nahen Angehörigen in häuslicher oder außerhäuslicher Umgebung betreuen. Die Inanspruchnahme dieser Freistellung ist jederzeit im Wechsel mit der Freistellung nach Absatz 1 im Rahmen der Gesamtdauer nach Absatz 2 möglich. Absatz 1 Satz 2 bis 4 und die Absätze 2 bis 4 gelten entsprechend.

* Vom 6. Dezember 2012 (BGBl. I, S. 2564), zuletzt geändert durch Gesetz vom 23. Dezember 2014 (BGBl. I, S. 2462).

Beschäftigte können diesen Anspruch wahlweise statt des Anspruchs auf Familienpflegezeit nach Absatz 1 geltend machen.

§ 2a Inanspruchnahme der Familienpflegezeit

(1) Wer Familienpflegezeit nach § 2 beanspruchen will, muss dies dem Arbeitgeber spätestens acht Wochen vor dem gewünschten Beginn schriftlich ankündigen und gleichzeitig erklären, für welchen Zeitraum und in welchem Umfang innerhalb der Gesamtdauer nach § 2 Absatz 2 die Freistellung von der Arbeitsleistung in Anspruch genommen werden soll. Dabei ist auch die gewünschte Verteilung der Arbeitszeit anzugeben. Enthält die Ankündigung keine eindeutige Festlegung, ob die oder der Beschäftigte Pflegezeit nach § 3 des Pflegezeitgesetzes oder Familienpflegezeit in Anspruch nehmen will, und liegen die Voraussetzungen beider Freistellungsansprüche vor, gilt die Erklärung als Ankündigung von Pflegezeit. Wird die Familienpflegezeit nach einer Freistellung nach § 3 Absatz 1 oder Absatz 5 des Pflegezeitgesetzes zur Pflege oder Betreuung desselben pflegebedürftigen Angehörigen in Anspruch genommen, muss sich die Familienpflegezeit unmittelbar an die Freistellung nach § 3 Absatz 1 oder Absatz 5 des Pflegezeitgesetzes anschließen. In diesem Fall soll die oder der Beschäftigte möglichst frühzeitig erklären, ob sie oder er Familienpflegezeit in Anspruch nehmen wird; abweichend von Satz 1 muss die Ankündigung spätestens drei Monate vor Beginn der Familienpflegezeit erfolgen. Wird eine Freistellung nach § 3 Absatz 1 oder Absatz 5 des Pflegezeitgesetzes nach einer Familienpflegezeit in Anspruch genommen, ist die Freistellung nach § 3 Absatz 1 oder Absatz 5 des Pflegezeitgesetzes in unmittelbarem Anschluss an die Familienpflegezeit zu beanspruchen und dem Arbeitgeber spätestens acht Wochen vor Beginn der Freistellung nach § 3 Absatz 1 oder Absatz 5 des Pflegezeitgesetzes schriftlich anzukündigen.

(2) Arbeitgeber und Beschäftigte haben über die Verringerung und Verteilung der Arbeitszeit eine schriftliche Vereinbarung zu treffen. Hierbei hat der Arbeitgeber den Wünschen der Beschäftigten zu entsprechen, es sei denn, dass dringende betriebliche Gründe entgegenstehen.

(3) Für einen kürzeren Zeitraum in Anspruch genommene Familienpflegezeit kann bis zur Gesamtdauer nach § 2 Absatz 2 verlängert

werden, wenn der Arbeitgeber zustimmt. Eine Verlängerung bis zur Gesamtdauer kann verlangt werden, wenn ein vorgesehener Wechsel in der Person der oder des Pflegenden aus einem wichtigen Grund nicht erfolgen kann.

(4) Die Beschäftigten haben die Pflegebedürftigkeit der oder des nahen Angehörigen durch Vorlage einer Bescheinigung der Pflegekasse oder des Medizinischen Dienstes der Krankenversicherung nachzuweisen. Bei in der privaten Pflege-Pflichtversicherung versicherten Pflegebedürftigen ist ein entsprechender Nachweis zu erbringen.

(5) Ist die oder der nahe Angehörige nicht mehr pflegebedürftig oder die häusliche Pflege der oder des nahen Angehörigen unmöglich oder unzumutbar, endet die Familienpflegezeit vier Wochen nach Eintritt der veränderten Umstände. Der Arbeitgeber ist hierüber unverzüglich zu unterrichten. Im Übrigen kann die Familienpflegezeit nur vorzeitig beendet werden, wenn der Arbeitgeber zustimmt.

(6) Die Absätze 1 bis 5 gelten entsprechend für die Freistellung von der Arbeitsleistung nach § 2 Absatz 5.

§ 3 Förderung der pflegebedingten Freistellung von der Arbeitsleistung

(1) Für die Dauer der Freistellungen nach § 2 dieses Gesetzes oder nach § 3 des Pflegezeitgesetzes gewährt das Bundesamt für Familie und zivilgesellschaftliche Aufgaben Beschäftigten auf Antrag ein in monatlichen Raten zu zahlendes zinsloses Darlehen nach Maßgabe der Absätze 2 bis 5. Der Anspruch gilt auch für alle Vereinbarungen über Freistellungen von der Arbeitsleistung, die die Voraussetzungen von § 2 Absatz 1 Satz 1 bis 3 dieses Gesetzes oder des § 3 Absatz 1 Satz 1, Absatz 5 Satz 1 oder Absatz 6 Satz 1 des Pflegezeitgesetzes erfüllen.

(2) Die monatlichen Darlehensraten werden in Höhe der Hälfte der Differenz zwischen den pauschalierten monatlichen Nettoentgelten vor und während der Freistellung nach Absatz 1 gewährt.

(3) Das pauschalierte monatliche Nettoentgelt vor der Freistellung nach Absatz 1 ist das nach der im jeweiligen Kalenderjahr geltenden Verordnung über die pauschalierten Nettoentgelte für das

Kurzarbeitergeld maßgebliche Entgelt, bezogen auf das auf den nächsten durch zwanzig teilbaren Eurobetrag gerundete regelmäßige durchschnittliche monatliche Bruttoarbeitsentgelt ausschließlich der Sachbezüge der letzten zwölf Kalendermonate vor Beginn der Freistellung. Das pauschalierte monatliche Nettoentgelt während der Freistellung ist das nach der im jeweiligen Kalenderjahr geltenden Verordnung über die pauschalierten Nettoentgelte für das Kurzarbeitergeld maßgebliche Entgelt, bezogen auf das auf den nächsten durch zwanzig teilbaren Eurobetrag gerundete Produkt aus der vereinbarten durchschnittlichen monatlichen Stundenzahl während der Freistellung und dem durchschnittlichen Entgelt je Arbeitsstunde. Durchschnittliches Entgelt je Arbeitsstunde ist das Verhältnis des regelmäßigen gesamten Bruttoarbeitsentgelts ausschließlich der Sachbezüge der letzten zwölf Kalendermonate vor Beginn der Freistellung zur arbeitsvertraglichen Gesamtstundenzahl der letzten zwölf Kalendermonate vor Beginn der Freistellung. Bei einem weniger als zwölf Monate vor Beginn der Freistellung bestehenden Beschäftigungsverhältnis verkürzt sich der der Berechnung zugrunde zu legende Zeitraum entsprechend. Für die Berechnung des durchschnittlichen Entgelts je Arbeitsstunde bleiben Mutterschutzfristen, kurzzeitige Arbeitsverhinderungen nach § 2 des Pflegezeitgesetzes und Freistellungen nach § 3 des Pflegezeitgesetzes sowie die Einbringung von Arbeitsentgelt in und die Entnahme von Arbeitsentgelt aus Wertguthaben nach § 7b des Vierten Buches Sozialgesetzbuch außer Betracht.

(4) In den Fällen der Freistellung nach § 3 des Pflegezeitgesetzes ist die monatliche Darlehensrate auf den Betrag begrenzt, der bei einer durchschnittlichen Arbeitszeit während der Familienpflegezeit von 15 Wochenstunden zu gewähren ist.

(5) Abweichend von Absatz 2 können Beschäftigte auch einen geringeren Darlehensbetrag in Anspruch nehmen, wobei die monatliche Darlehensrate mindestens 50 Euro betragen muss.

(6) Das Darlehen ist in der in Absatz 2 genannten Höhe, in den Fällen der Pflegezeit in der in Absatz 4 genannten Höhe, vorrangig vor dem Bezug von bedürftigkeitsabhängigen Sozialleistungen in Anspruch zu nehmen und von den Beschäftigten zu beantragen; Absatz 5 ist insoweit nicht anzuwenden. Bei der Berechnung von

Sozialleistungen nach Satz 1 sind die Zuflüsse aus dem Darlehen als Einkommen zu berücksichtigen.

§ 4 Mitwirkungspflicht des Arbeitgebers

Der Arbeitgeber hat dem Bundesamt für Familie und zivilgesellschaftliche Aufgaben für bei ihm Beschäftigte den Arbeitsumfang sowie das Arbeitsentgelt vor der Freistellung nach § 3 Absatz 1 zu bescheinigen, soweit dies zum Nachweis des Einkommens aus Erwerbstätigkeit oder der wöchentlichen Arbeitszeit der die Förderung beantragenden Beschäftigten erforderlich ist. Für die in Heimarbeit Beschäftigten und die ihnen Gleichgestellten tritt an die Stelle des Arbeitgebers der Auftraggeber oder Zwischenmeister.

§ 5 Ende der Förderfähigkeit

(1) Die Förderfähigkeit endet mit dem Ende der Freistellung nach § 3 Absatz 1. Die Förderfähigkeit endet auch dann, wenn die oder der Beschäftigte während der Freistellung nach § 2 den Mindestumfang der wöchentlichen Arbeitszeit aufgrund gesetzlicher oder kollektivvertraglicher Bestimmungen oder aufgrund von Bestimmungen, die in Arbeitsrechtsregelungen der Kirchen enthalten sind, unterschreitet. Die Unterschreitung der Mindestarbeitszeit aufgrund von Kurzarbeit oder eines Beschäftigungsverbotes lässt die Förderfähigkeit unberührt.

(2) Die Darlehensnehmerin oder der Darlehensnehmer hat dem Bundesamt für Familie und zivilgesellschaftliche Aufgaben unverzüglich jede Änderung in den Verhältnissen, die für den Anspruch nach § 3 Absatz 1 erheblich sind, mitzuteilen, insbesondere die Beendigung der häuslichen Pflege der oder des nahen Angehörigen, die Beendigung der Betreuung nach § 2 Absatz 5 dieses Gesetzes oder § 3 Absatz 5 des Pflegezeitgesetzes, die Beendigung der Freistellung nach § 3 Absatz 6 des Pflegezeitgesetzes, die vorzeitige Beendigung der Freistellung nach § 3 Absatz 1 sowie die Unterschreitung des Mindestumfangs der wöchentlichen Arbeitszeit während der Freistellung nach § 2 aus anderen als den in Absatz 1 Satz 2 genannten Gründen.

§ 6 Rückzahlung des Darlehens

(1) Im Anschluss an die Freistellung nach § 3 Absatz 1 ist die Darlehensnehmerin oder der Darlehensnehmer verpflichtet, das Darle-

hen innerhalb von 48 Monaten nach Beginn der Freistellung nach § 3 Absatz 1 zurückzuzahlen. Die Rückzahlung erfolgt in möglichst gleichbleibenden monatlichen Raten in Höhe des im Bescheid nach § 9 festgesetzten monatlichen Betrags jeweils spätestens zum letzten Bankarbeitstag des laufenden Monats. Für die Rückzahlung gelten alle nach § 3 an die Darlehensnehmerin oder den Darlehensnehmer geleisteten Darlehensbeträge als ein Darlehen.

(2) Die Rückzahlung beginnt in dem Monat, der auf das Ende der Förderung der Freistellung nach § 3 Absatz 1 folgt. Das Bundesamt für Familie und zivilgesellschaftliche Aufgaben kann auf Antrag der Darlehensnehmerin oder des Darlehensnehmers den Beginn der Rückzahlung auf einen späteren Zeitpunkt, spätestens jedoch auf den 25. Monat nach Beginn der Förderung festsetzen, wenn die übrigen Voraussetzungen für den Anspruch nach den §§ 2 und 3 weiterhin vorliegen. Befindet sich die Darlehensnehmerin oder der Darlehensnehmer während des Rückzahlungszeitraums in einer Freistellung nach § 3 Absatz 1, setzt das Bundesamt für Familie und zivilgesellschaftliche Aufgaben auf Antrag der oder des Beschäftigten die monatlichen Rückzahlungsraten bis zur Beendigung der Freistellung von der Arbeitsleistung aus. Der Rückzahlungszeitraum verlängert sich um den Zeitraum der Aussetzung.

§ 7 Härtefallregelung

(1) Zur Vermeidung einer besonderen Härte stundet das Bundesamt für Familie und zivilgesellschaftliche Aufgaben der Darlehensnehmerin oder dem Darlehensnehmer auf Antrag die Rückzahlung des Darlehens, ohne dass hierfür Zinsen anfallen. Als besondere Härte gelten insbesondere der Bezug von Entgeltersatzleistungen nach dem Dritten und dem Fünften Buch Sozialgesetzbuch, Leistungen zur Sicherung des Lebensunterhalts nach dem Zweiten Buch Sozialgesetzbuch und Leistungen nach dem Dritten und Vierten Kapitel des Zwölften Buches Sozialgesetzbuch oder eine mehr als 180 Tage ununterbrochene Arbeitsunfähigkeit. Eine besondere Härte liegt auch vor, wenn sich die Darlehensnehmerin oder der Darlehensnehmer wegen unverschuldeter finanzieller Belastungen vorübergehend in ernsthaften Zahlungsschwierigkeiten befindet oder zu erwarten ist, dass sie oder er durch die Rückzahlung des Darlehens in der vorgesehenen Form in solche Schwierigkeiten gerät.

(2) Für den über die Gesamtdauer der Freistellungen nach § 2 dieses Gesetzes oder nach § 3 Absatz 1 oder 5 des Pflegezeitgesetzes hinausgehenden Zeitraum, in dem die Pflegebedürftigkeit desselben nahen Angehörigen fortbesteht, die Pflege durch die oder den Beschäftigten in häuslicher Umgebung andauert und die Freistellung von der Arbeitsleistung fortgeführt wird, sind auf Antrag die fälligen Rückzahlungsraten zu einem Viertel zu erlassen (Teildarlehenserlass) und die restliche Darlehensschuld für diesen Zeitraum bis zur Beendigung der häuslichen Pflege auf Antrag zu stunden, ohne dass hierfür Zinsen anfallen, sofern eine besondere Härte im Sinne von Absatz 1 Satz 3 vorliegt.

(3) Die Darlehensschuld erlischt, soweit sie noch nicht fällig ist, wenn die Darlehensnehmerin oder der Darlehensnehmer

1. Leistungen nach dem Dritten und Vierten Kapitel des Zwölften Buches Sozialgesetzbuch oder Leistungen zur Sicherung des Lebensunterhalts nach dem Zweiten Buch Sozialgesetzbuch ununterbrochen seit mindestens zwei Jahren nach dem Ende der Freistellung bezieht oder
2. verstirbt.

(4) Der Abschluss von Vergleichen sowie die Stundung, Niederschlagung und der Erlass von Ansprüchen richten sich, sofern in diesem Gesetz nicht abweichende Regelungen getroffen werden, nach den §§ 58 und 59 der Bundeshaushaltsordnung.

§ 8 Antrag auf Förderung

(1) Das Bundesamt für Familie und zivilgesellschaftliche Aufgaben entscheidet auf schriftlichen Antrag über das Darlehen nach § 3 und dessen Rückzahlung nach § 6.

(2) Der Antrag wirkt vom Zeitpunkt des Vorliegens der Anspruchsvoraussetzungen, wenn er innerhalb von drei Monaten nach deren Vorliegen gestellt wird, andernfalls wirkt er vom Beginn des Monats der Antragstellung.

(3) Der Antrag muss enthalten:

1. Name und Anschrift der oder des das Darlehen beantragenden Beschäftigten,

2. Name, Anschrift und Angehörigenstatus der gepflegten Person,
3. Bescheinigung über die Pflegebedürftigkeit oder im Fall des § 3 Absatz 6 des Pflegezeitgesetzes das dort genannte ärztliche Zeugnis über die Erkrankung des oder der nahen Angehörigen,
4. Dauer der Freistellung nach § 3 Absatz 1 sowie Mitteilung, ob zuvor eine Freistellung nach § 3 Absatz 1 in Anspruch genommen wurde, sowie
5. Höhe, Dauer und Angabe der Zeitabschnitte des beantragten Darlehens.

(4) Dem Antrag sind beizufügen:
1. Entgeltbescheinigungen mit Angabe der arbeitsvertraglichen Wochenstunden der letzten zwölf Monate vor Beginn der Freistellung nach § 3 Absatz 1,
2. in den Fällen der vollständigen Freistellung nach § 3 des Pflegezeitgesetzes eine Bescheinigung des Arbeitgebers über die Freistellung und in den Fällen der teilweisen Freistellung die hierüber getroffene schriftliche Vereinbarung zwischen dem Arbeitgeber und der oder dem Beschäftigten.

§ 9 Darlehensbescheid und Zahlweise

(1) In dem Bescheid nach § 8 Absatz 1 sind anzugeben:
1. Höhe des Darlehens,
2. Höhe der monatlichen Darlehensraten sowie Dauer der Leistung der Darlehensraten,
3. Höhe und Dauer der Rückzahlungsraten und
4. Fälligkeit der ersten Rückzahlungsrate.

Wurde dem Antragsteller für eine vor dem Antrag liegende Freistellung nach § 3 Absatz 1 ein Darlehen gewährt, sind für die Ermittlung der Beträge nach Satz 1 Nummer 3 und 4 das zurückliegende und das aktuell gewährte Darlehen wie ein Darlehen zu behandeln. Der das erste Darlehen betreffende Bescheid nach Satz 1 wird hinsichtlich Höhe, Dauer und Fälligkeit der Rückzahlungsraten geändert.

(2) Die Höhe der Darlehensraten wird zu Beginn der Leistungsgewährung in monatlichen Festbeträgen für die gesamte Förderdauer festgelegt.

(3) Die Darlehensraten werden unbar zu Beginn jeweils für den Kalendermonat ausgezahlt, in dem die Anspruchsvoraussetzungen vorliegen. Monatliche Förderungsbeträge, die nicht volle Euro ergeben, sind bei Restbeträgen bis zu 0,49 Euro abzurunden und von 0,50 Euro an aufzurunden.

§ 10 Antrag und Nachweis in weiteren Fällen

(1) Das Bundesamt für Familie und zivilgesellschaftliche Aufgaben entscheidet auch in den Fällen des § 7 auf schriftlichen Antrag, der Name und Anschrift der Darlehensnehmerin oder des Darlehensnehmers enthalten muss.

(2) Die Voraussetzungen des § 7 sind nachzuweisen
1. in den Fällen des Absatzes 1 durch Glaubhaftmachung der dort genannten Voraussetzungen, insbesondere durch Darlegung der persönlichen wirtschaftlichen Verhältnisse oder bei Arbeitsunfähigkeit durch Vorlage einer Arbeitsunfähigkeitsbescheinigung der Darlehensnehmerin oder des Darlehensnehmers,
2. in den Fällen des Absatzes 2 durch Vorlage einer Bescheinigung über die fortbestehende Pflegebedürftigkeit der oder des nahen Angehörigen und die Fortdauer der Freistellung von der Arbeitsleistung sowie Glaubhaftmachung der dort genannten Voraussetzungen, insbesondere durch Darlegung der persönlichen wirtschaftlichen Verhältnisse,
3. in den Fällen des Absatzes 3 durch Vorlage der entsprechenden Leistungsbescheide der Darlehensnehmerin oder des Darlehensnehmers oder durch Vorlage einer Sterbeurkunde durch die Rechtsnachfolger.

(3) Anträge auf Teildarlehenserlass nach § 7 Absatz 2 sind bis spätestens 48 Monate nach Beginn der Freistellungen nach § 2 dieses Gesetzes oder nach § 3 Absatz 1 oder 5 des Pflegezeitgesetzes zu stellen.

§ 11 Allgemeine Verwaltungsvorschriften

Zur Durchführung des Verfahrens nach den §§ 8 und 10 kann das Bundesministerium für Familie, Senioren, Frauen und Jugend allgemeine Verwaltungsvorschriften erlassen.

§ 12 Bußgeldvorschriften

(1) Ordnungswidrig handelt, wer vorsätzlich oder fahrlässig

1. entgegen § 4 Satz 1 eine dort genannte Bescheinigung nicht, nicht richtig, nicht vollständig oder nicht rechtzeitig erstellt,
2. entgegen § 5 Absatz 2 eine Mitteilung nicht, nicht richtig, nicht vollständig oder nicht rechtzeitig macht oder
3. entgegen § 8 Absatz 3 Nummer 4 eine Mitteilung nicht, nicht richtig, nicht vollständig oder nicht rechtzeitig macht.

(2) Verwaltungsbehörde im Sinne des § 36 Absatz 1 Nummer 1 des Gesetzes über Ordnungswidrigkeiten ist das Bundesamt für Familie und zivilgesellschaftliche Aufgaben.

(3) Die Ordnungswidrigkeit kann in den Fällen des Absatzes 1 Nummer 1 mit einer Geldbuße bis zu fünftausend Euro und in den Fällen des Absatzes 1 Nummer 2 mit einer Geldbuße bis zu tausend Euro geahndet werden.

(4) Die Geldbußen fließen in die Kasse des Bundesamtes für Familie und zivilgesellschaftliche Aufgaben. Diese trägt abweichend von § 105 Absatz 2 des Gesetzes über Ordnungswidrigkeiten die notwendigen Auslagen. Sie ist auch ersatzpflichtig im Sinne des § 110 Absatz 4 des Gesetzes über Ordnungswidrigkeiten.

§ 13 Aufbringung der Mittel

Die für die Ausführung dieses Gesetzes erforderlichen Mittel trägt der Bund.

§ 14 Beirat

(1) Das Bundesministerium für Familie, Senioren, Frauen und Jugend setzt einen unabhängigen Beirat für die Vereinbarkeit von Pflege und Beruf ein.

(2) Der Beirat befasst sich mit Fragen zur Vereinbarkeit von Pflege und Beruf, er begleitet die Umsetzung der einschlägigen gesetzlichen Regelungen und berät über deren Auswirkungen. Das Bundesministerium für Familie, Senioren, Frauen und Jugend kann dem Beirat Themenstellungen zur Beratung vorgeben.

(3) Der Beirat legt dem Bundesministerium für Familie, Senioren, Frauen und Jugend alle vier Jahre, erstmals zum 1. Juni 2019, einen Bericht vor und kann hierin Handlungsempfehlungen aussprechen.

(4) Der Beirat besteht aus einundzwanzig Mitgliedern, die vom Bundesministerium für Familie, Senioren, Frauen und Jugend im Einvernehmen mit dem Bundesministerium für Arbeit und Soziales und dem Bundesministerium für Gesundheit berufen werden. Stellvertretung ist zulässig. Die oder der Vorsitzende und die oder der stellvertretende Vorsitzende werden vom Bundesministerium für Familie, Senioren, Frauen und Jugend ernannt. Der Beirat setzt sich zusammen aus sechs Vertreterinnen oder Vertretern von fachlich betroffenen Interessenverbänden, je zwei Vertreterinnen oder Vertretern der Gewerkschaften, der Arbeitgeber, der Wohlfahrtsverbände und der Seniorenorganisationen sowie aus je einer Vertreterin oder einem Vertreter der sozialen und der privaten Pflege-Pflichtversicherung. Des Weiteren gehören dem Beirat zwei Wissenschaftlerinnen oder Wissenschaftler mit Schwerpunkt in der Forschung der Vereinbarkeit von Pflege und Beruf sowie je eine Vertreterin oder ein Vertreter der Konferenz der Ministerinnen und Minister, Senatorinnen und Senatoren für Jugend und Familie, der Konferenz der Ministerinnen und Minister, Senatorinnen und Senatoren für Arbeit und Soziales sowie der kommunalen Spitzenverbände an. Die Besetzung des Beirats muss geschlechterparitätisch erfolgen.

(5) Die Amtszeit der Mitglieder des Beirats und ihrer Stellvertreterinnen oder Stellvertreter beträgt fünf Jahre und kann einmalig um fünf Jahre verlängert werden. Scheidet ein Mitglied oder dessen Stellvertreterin oder Stellvertreter vorzeitig aus, wird für den Rest der Amtszeit eine Nachfolgerin oder ein Nachfolger berufen.

(6) Die Mitglieder des Beirats sind ehrenamtlich tätig. Sie haben Anspruch auf Erstattung ihrer notwendigen Auslagen.

(7) Der Beirat arbeitet auf der Grundlage einer durch das Bundesministerium für Familie, Senioren, Frauen und Jugend zu erlassenden Geschäftsordnung.

§ 15 Übergangsvorschrift

Die Vorschriften des Familienpflegezeitgesetzes in der Fassung vom 6. Dezember 2011 gelten in den Fällen fort, in denen die Voraussetzungen für die Gewährung eines Darlehens nach § 3 Absatz 1 in Verbindung mit § 12 Absatz 1 Satz 1 bis einschließlich 31. Dezember 2014 vorlagen.

Gewerbeordnung* (GewO) (Auszüge: §§ 6 ff., 105 – 110)

§ 6 Anwendungsbereich

(1) Dieses Gesetz findet keine Anwendung auf die Fischerei, die Errichtung und Verlegung von Apotheken, die Erziehung von Kindern gegen Entgelt, das Unterrichtswesen, auf die Tätigkeit der Rechtsanwälte, Patentanwälte und Notare, der nach § 16 des Rechtsdienstleistungsgesetzes im Rechtsdienstleistungsregister eingetragenen Personen, der Wirtschaftsprüfer und Wirtschaftsprüfungsgesellschaften, der vereidigten Buchprüfer und Buchprüfungsgesellschaften, der Steuerberater und Steuerberatungsgesellschaften sowie der Steuerbevollmächtigten, auf den Gewerbebetrieb der Auswandererberater, das Seelotswesen und die Tätigkeit der Prostituierten. Auf das Bergwesen findet dieses Gesetz nur insoweit Anwendung, als es ausdrückliche Bestimmungen enthält; das gleiche gilt für den Gewerbebetrieb der Versicherungsunternehmen, die Ausübung der ärztlichen und anderen Heilberufe, den Verkauf von Arzneimitteln, den Vertrieb von Lotterielosen und die Viehzucht. Ferner findet dieses Gesetz mit Ausnahme des Titels XI auf Beförderungen mit Krankenkraftwagen im Sinne des § 1 Abs. 2 Nr. 2 in Verbindung mit Abs. 1 des Personenbeförderungsgesetzes keine Anwendung.

(2) Die Bestimmungen des Abschnitts I des Titels VII finden auf alle Arbeitnehmer Anwendung.

§ 6a Entscheidungsfrist, Genehmigungsfiktion

(1) Hat die Behörde über einen Antrag auf Erlaubnis zur Ausübung eines Gewerbes nach § 34b Absatz 1, 3, 4, § 34c Absatz 1 Satz 1 Nummer 1, 3 und 4 oder § 55 Absatz 2 nicht innerhalb einer Frist von drei Monaten entschieden, gilt die Erlaubnis als erteilt.

(2) Absatz 1 gilt auch für Verfahren nach § 33a Absatz 1 und § 69 Absatz 1 und für Verfahren nach dem Gaststättengesetz, solange keine landesrechtlichen Regelungen bestehen.

---

* Vom 22. Februar 1999 (BGBl. I, S. 202), zuletzt geändert durch Gesetz vom 11. Dezember 2018 (BGBl. I, S. 2354).

§ 6b Verfahren über eine einheitliche Stelle, Europäischer Berufsausweis; Verordnungsermächtigung

(1) Verwaltungsverfahren nach diesem Gesetz oder nach einer auf Grund dieses Gesetzes erlassenen Rechtsverordnung können über eine einheitliche Stelle nach den Vorschriften des Verwaltungsverfahrensgesetzes abgewickelt werden. Die Landesregierungen werden ermächtigt, durch Rechtsverordnung im Einklang mit Artikel 2 Absatz 2 der Richtlinie 2006/123/EG bestimmte Verfahren von der Abwicklung über eine einheitliche Stelle auszuschließen.

(2) Die Bundesregierung wird ermächtigt, durch Rechtsverordnung mit Zustimmung des Bundesrates zur Umsetzung der Richtlinie 2005/36/EG des Europäischen Parlaments und des Rates vom 7. September 2005 über die Anerkennung von Berufsqualifikationen (ABl. L 255 vom 30.9.2005, S. 22), die zuletzt durch die Richtlinie 2013/55/EU (ABl. L 354 vom 28.12.2013, S. 132) geändert worden ist, Regelungen zur Ausstellung eines Europäischen Berufsausweises und zur Durchführung des Verfahrens zur Anerkennung einer beruflichen Qualifikation auf der Grundlage eines Europäischen Berufsausweises zu erlassen.

§ 6c Informationspflichten für Dienstleistungserbringer

Die Bundesregierung wird ermächtigt, durch Rechtsverordnung mit Zustimmung des Bundesrates zur Umsetzung der Richtlinie 2006/123/EG Vorschriften über Informationen, insbesondere deren Inhalt, Umfang und Art zu erlassen, die ein Dienstleistungserbringer den Dienstleistungsempfängern zur Verfügung zu stellen hat oder zur Verfügung stellt. Die Rechtsverordnung kann auch Regelungen enthalten über die Art und Weise, in der die Informationen zur Verfügung zu stellen sind.

§ 105 Freie Gestaltung des Arbeitsvertrages

Arbeitgeber und Arbeitnehmer können Abschluss, Inhalt und Form des Arbeitsvertrages frei vereinbaren, soweit nicht zwingende gesetzliche Vorschriften, Bestimmungen eines anwendbaren Tarifvertrages oder einer Betriebsvereinbarung entgegenstehen. Soweit die Vertragsbedingungen wesentlich sind, richtet sich ihr Nachweis nach den Bestimmungen des Nachweisgesetzes.

§ 106 Weisungsrecht des Arbeitgebers

Der Arbeitgeber kann Inhalt, Ort und Zeit der Arbeitsleistung nach billigem Ermessen näher bestimmen, soweit diese Arbeitsbedingungen nicht durch den Arbeitsvertrag, Bestimmungen einer Betriebsvereinbarung, eines anwendbaren Tarifvertrages oder gesetzliche Vorschriften festgelegt sind. Dies gilt auch hinsichtlich der Ordnung und des Verhaltens der Arbeitnehmer im Betrieb. Bei der Ausübung des Ermessens hat der Arbeitgeber auch auf Behinderungen des Arbeitnehmers Rücksicht zu nehmen.

§ 107 Berechnung und Zahlung des Arbeitsentgelts

(1) Das Arbeitsentgelt ist in Euro zu berechnen und auszuzahlen.

(2) Arbeitgeber und Arbeitnehmer können Sachbezüge als Teil des Arbeitsentgelts vereinbaren, wenn dies dem Interesse des Arbeitnehmers oder der Eigenart des Arbeitsverhältnisses entspricht. Der Arbeitgeber darf dem Arbeitnehmer keine Waren auf Kredit überlassen. Er darf ihm nach Vereinbarung Waren in Anrechnung auf das Arbeitsentgelt überlassen, wenn die Anrechnung zu den durchschnittlichen Selbstkosten erfolgt. Die geleisteten Gegenstände müssen mittlerer Art und Güte sein, soweit nicht ausdrücklich eine andere Vereinbarung getroffen worden ist. Der Wert der vereinbarten Sachbezüge oder die Anrechnung der überlassenen Waren auf das Arbeitsentgelt darf die Höhe des pfändbaren Teils des Arbeitsentgelts nicht übersteigen.

(3) Die Zahlung eines regelmäßigen Arbeitsentgelts kann nicht für die Fälle ausgeschlossen werden, in denen der Arbeitnehmer für seine Tätigkeit von Dritten ein Trinkgeld erhält. Trinkgeld ist ein Geldbetrag, den ein Dritter ohne rechtliche Verpflichtung dem Arbeitnehmer zusätzlich zu einer dem Arbeitgeber geschuldeten Leistung zahlt.

§ 108 Abrechnung des Arbeitsentgelts

(1) Dem Arbeitnehmer ist bei Zahlung des Arbeitsentgelts eine Abrechnung in Textform zu erteilen. Die Abrechnung muss mindestens Angaben über Abrechnungszeitraum und Zusammensetzung des Arbeitsentgelts enthalten. Hinsichtlich der Zusammensetzung sind insbesondere Angaben über Art und Höhe der Zuschläge, Zulagen,

sonstige Vergütungen, Art und Höhe der Abzüge, Abschlagszahlungen sowie Vorschüsse erforderlich.

(2) Die Verpflichtung zur Abrechnung entfällt, wenn sich die Angaben gegenüber der letzten ordnungsgemäßen Abrechnung nicht geändert haben.

(3) Das Bundesministerium für Arbeit und Soziales wird ermächtigt, das Nähere zum Inhalt und Verfahren der Entgeltbescheinigung, die zu Zwecken nach dem Sozialgesetzbuch sowie zur Vorlage bei den Sozial- und Familiengerichten verwendet werden kann, durch Rechtsverordnung zu bestimmen. Besoldungsmitteilungen für Beamte, Richter oder Soldaten, die inhaltlich der Entgeltbescheinigung nach Satz 1 entsprechen, können für die in Satz 1 genannten Zwecke verwendet werden. Der Arbeitnehmer kann vom Arbeitgeber zu anderen Zwecken eine weitere Entgeltbescheinigung verlangen, die sich auf die Angaben nach Absatz 1 beschränkt.

§ 109 Zeugnis

(1) Der Arbeitnehmer hat bei Beendigung eines Arbeitsverhältnisses Anspruch auf ein schriftliches Zeugnis. Das Zeugnis muss mindestens Angaben zu Art und Dauer der Tätigkeit (einfaches Zeugnis) enthalten. Der Arbeitnehmer kann verlangen, dass sich die Angaben darüber hinaus auf Leistung und Verhalten im Arbeitsverhältnis (qualifiziertes Zeugnis) erstrecken.

(2) Das Zeugnis muss klar und verständlich formuliert sein. Es darf keine Merkmale oder Formulierungen enthalten, die den Zweck haben, eine andere als aus der äußeren Form oder aus dem Wortlaut ersichtliche Aussage über den Arbeitnehmer zu treffen.

(3) Die Erteilung des Zeugnisses in elektronischer Form ist ausgeschlossen.

§ 110 Wettbewerbsverbot

Arbeitgeber und Arbeitnehmer können die berufliche Tätigkeit des Arbeitnehmers für die Zeit nach Beendigung des Arbeitsverhältnisses durch Vereinbarung beschränken (Wettbewerbsverbot). Die §§ 74 bis 75f des Handelsgesetzbuches sind entsprechend anzuwenden.

Grundgesetz für die Bundesrepublik Deutschland* (GG) (Auszüge: Präambel, Art. 1 – 20)

Präambel

Im Bewußtsein seiner Verantwortung vor Gott und den Menschen, von dem Willen beseelt, als gleichberechtigtes Glied in einem vereinten Europa dem Frieden der Welt zu dienen, hat sich das Deutsche Volk kraft seiner verfassungsgebenden Gewalt dieses Grundgesetz gegeben.
Die Deutschen in den Ländern Baden-Württemberg, Bayern, Berlin, Brandenburg, Bremen, Hamburg, Hessen, Mecklenburg-Vorpommern, Niedersachsen, Nordrhein-Westfalen, Rheinland-Pfalz, Saarland, Sachsen, Sachsen-Anhalt, Schleswig-Holstein und Thüringen haben in freier Selbstbestimmung die Einheit und Freiheit Deutschlands vollendet. Damit gilt dieses Grundgesetz für das gesamte Deutsche Volk.

I. Die Grundrechte

Art. 1 Schutz der Menschenwürde

(1) Die Würde des Menschen ist unantastbar. Sie zu achten und zu schützen, ist Verpflichtung aller staatlichen Gewalt.

(2) Das Deutsche Volk bekennt sich darum zu unverletzlichen und unveräußerlichen Menschenrechten als Grundlage jeder menschlichen Gemeinschaft, des Friedens und der Gerechtigkeit in der Welt.

(3) Die nachfolgenden Grundrechte binden Gesetzgebung, vollziehende Gewalt und Rechtsprechung als unmittelbar geltendes Recht.

Art. 2 Allgemeines Persönlichkeitsrecht

(1) Jeder hat das Recht auf die freie Entfaltung seiner Persönlichkeit, soweit er nicht die Rechte anderer verletzt und nicht gegen die verfassungsmäßige Ordnung oder das Sittengesetz verstößt.

* Vom 23. Mai 1949, zuletzt geändert durch Gesetz vom 13. Juli 2017 (BGBl. I, S. 2347).

(2) Jeder hat das Recht auf Leben und körperliche Unversehrtheit. Die Freiheit der Person ist unverletzlich. In diese Rechte darf nur auf Grund eines Gesetzes eingegriffen werden.

Art. 3 Gleichheit vor dem Gesetz
(1) Alle Menschen sind vor dem Gesetz gleich.

(2) Männer und Frauen sind gleichberechtigt. Der Staat fördert die tatsächliche Durchsetzung der Gleichberechtigung von Frauen und Männern und wirkt auf die Beseitigung bestehender Nachteile hin.

(3) Niemand darf wegen seines Geschlechtes, seiner Abstammung, seiner Rasse, seiner Sprache, seiner Heimat und Herkunft, seines Glaubens, seiner religiösen oder politischen Anschauungen benachteiligt oder bevorzugt werden. Niemand darf wegen seiner Behinderung benachteiligt werden.

Art. 4 Glaubens-, Gewissens- und Bekenntnisfreiheit
(1) Die Freiheit des Glaubens, des Gewissens und die Freiheit des religiösen und weltanschaulichen Bekenntnisses sind unverletzlich.

(2) Die ungestörte Religionsausübung wird gewährleistet.

(3) Niemand darf gegen sein Gewissen zum Kriegsdienst mit der Waffe gezwungen werden. Das Nähere regelt ein Bundesgesetz.

Art. 5 Recht der freien Meinungsäußerung
(1) Jeder hat das Recht, seine Meinung in Wort, Schrift und Bild frei zu äußern und zu verbreiten und sich aus allgemein zugänglichen Quellen ungehindert zu unterrichten. Die Pressefreiheit und die Freiheit der Berichterstattung durch Rundfunk und Film werden gewährleistet. Eine Zensur findet nicht statt.

(2) Diese Rechte finden ihre Schranken in den Vorschriften der allgemeinen Gesetze, den gesetzlichen Bestimmungen zum Schutze der Jugend und in dem Recht der persönlichen Ehre.

(3) Kunst und Wissenschaft, Forschung und Lehre sind frei. Die Freiheit der Lehre entbindet nicht von der Treue zur Verfassung.

Art. 6 Ehe, Familie, nichteheliche Kinder

(1) Ehe und Familie stehen unter dem besonderen Schutze der staatlichen Ordnung.

(2) Pflege und Erziehung der Kinder sind das natürliche Recht der Eltern und die zuvörderst ihnen obliegende Pflicht. Über ihre Betätigung wacht die staatliche Gemeinschaft.

(3) Gegen den Willen der Erziehungsberechtigten dürfen Kinder nur auf Grund eines Gesetzes von der Familie getrennt werden, wenn die Erziehungsberechtigten versagen oder wenn die Kinder aus anderen Gründen zu verwahrlosen drohen.

(4) Jede Mutter hat Anspruch auf den Schutz und die Fürsorge der Gemeinschaft.

(5) Den unehelichen Kindern sind durch die Gesetzgebung die gleichen Bedingungen für ihre leibliche und seelische Entwicklung und ihre Stellung in der Gesellschaft zu schaffen wie den ehelichen Kindern.

Art. 7 Schulwesen

(1) Das gesamte Schulwesen steht unter der Aufsicht des Staates.

(2) Die Erziehungsberechtigten haben das Recht, über die Teilnahme des Kindes am Religionsunterricht zu bestimmen.

(3) Der Religionsunterricht ist in den öffentlichen Schulen mit Ausnahme der bekenntnisfreien Schulen ordentliches Lehrfach. Unbeschadet des staatlichen Aufsichtsrechtes wird der Religionsunterricht in Übereinstimmung mit den Grundsätzen der Religionsgemeinschaften erteilt. Kein Lehrer darf gegen seinen Willen verpflichtet werden, Religionsunterricht zu erteilen.

(4) Das Recht zur Errichtung von privaten Schulen wird gewährleistet. Private Schulen als Ersatz für öffentliche Schulen bedürfen der Genehmigung des Staates und unterstehen den Landesgesetzen. Die Genehmigung ist zu erteilen, wenn die privaten Schulen in ihren Lehrzielen und Einrichtungen sowie in der wissenschaftlichen Ausbildung ihrer Lehrkräfte nicht hinter den öffentlichen Schulen

zurückstehen und eine Sonderung der Schüler nach den Besitzverhältnissen der Eltern nicht gefördert wird. Die Genehmigung ist zu versagen, wenn die wirtschaftliche und rechtliche Stellung der Lehrkräfte nicht genügend gesichert ist.

(5) Eine private Volksschule ist nur zuzulassen, wenn die Unterrichtsverwaltung ein besonderes pädagogisches Interesse anerkennt oder, auf Antrag von Erziehungsberechtigten, wenn sie als Gemeinschaftsschule, als Bekenntnis- oder Weltanschauungsschule errichtet werden soll und eine öffentliche Volksschule dieser Art in der Gemeinde nicht besteht.

(6) Vorschulen bleiben aufgehoben.

Art. 8 Versammlungsfreiheit

(1) Alle Deutschen haben das Recht, sich ohne Anmeldung oder Erlaubnis friedlich und ohne Waffen zu versammeln.

(2) Für Versammlungen unter freiem Himmel kann dieses Recht durch Gesetz oder auf Grund eines Gesetzes beschränkt werden.

Art. 9 Vereinigungsfreiheit

(1) Alle Deutschen haben das Recht, Vereine und Gesellschaften zu bilden.

(2) Vereinigungen, deren Zwecke oder deren Tätigkeit den Strafgesetzen zuwiderlaufen oder die sich gegen die verfassungsmäßige Ordnung oder gegen den Gedanken der Völkerverständigung richten, sind verboten.

(3) Das Recht, zur Wahrung und Förderung der Arbeits- und Wirtschaftsbedingungen Vereinigungen zu bilden, ist für jedermann und für alle Berufe gewährleistet. Abreden, die dieses Recht einschränken oder zu behindern suchen, sind nichtig, hierauf gerichtete Maßnahmen sind rechtswidrig. Maßnahmen nach den Artikeln 12a, 35 Abs. 2 und 3, Artikel 87a Abs. 4 und Artikel 91 dürfen sich nicht gegen Arbeitskämpfe richten, die zur Wahrung und Förderung der Arbeits- und Wirtschaftsbedingungen von Vereinigungen im Sinne des Satzes 1 geführt werden.

Art. 10 Brief-, Post- und Fernmeldegeheimnis

(1) Das Briefgeheimnis sowie das Post- und Fernmeldegeheimnis sind unverletzlich.

(2) Beschränkungen dürfen nur auf Grund eines Gesetzes angeordnet werden. Dient die Beschränkung dem Schutze der freiheitlichen demokratischen Grundordnung oder des Bestandes oder der Sicherung des Bundes oder eines Landes, so kann das Gesetz bestimmen, daß sie dem Betroffenen nicht mitgeteilt wird und daß an die Stelle des Rechtsweges die Nachprüfung durch von der Volksvertretung bestellte Organe und Hilfsorgane tritt.

Art. 11 Freizügigkeit

(1) Alle Deutschen genießen Freizügigkeit im ganzen Bundesgebiet.

(2) Dieses Recht darf nur durch Gesetz oder auf Grund eines Gesetzes und nur für die Fälle eingeschränkt werden, in denen eine ausreichende Lebensgrundlage nicht vorhanden ist und der Allgemeinheit daraus besondere Lasten entstehen würden oder in denen es zur Abwehr einer drohenden Gefahr für den Bestand oder die freiheitliche demokratische Grundordnung des Bundes oder eines Landes, zur Bekämpfung von Seuchengefahr, Naturkatastrophen oder besonders schweren Unglücksfällen, zum Schutze der Jugend vor Verwahrlosung oder um strafbaren Handlungen vorzubeugen, erforderlich ist.

Art. 12 Berufsfreiheit

(1) Alle Deutschen haben das Recht, Beruf, Arbeitsplatz und Ausbildungsstätte frei zu wählen. Die Berufsausübung kann durch Gesetz oder auf Grund eines Gesetzes geregelt werden.

(2) Niemand darf zu einer bestimmten Arbeit gezwungen werden, außer im Rahmen einer herkömmlichen allgemeinen, für alle gleichen öffentlichen Dienstleistungspflicht.

(3) Zwangsarbeit ist nur bei einer gerichtlich angeordneten Freiheitsentziehung zulässig.

Art. 12a Wehrdienst- und andere Dienstverpflichtungen

(1) Männer können vom vollendeten achtzehnten Lebensjahr an zum Dienst in den Streitkräften, im Bundesgrenzschutz oder in einem Zivilschutzverband verpflichtet werden.

(2) Wer aus Gewissensgründen den Kriegsdienst mit der Waffe verweigert, kann zu einem Ersatzdienst verpflichtet werden. Die Dauer des Ersatzdienstes darf die Dauer des Wehrdienstes nicht übersteigen. Das Nähere regelt ein Gesetz, das die Freiheit der Gewissensentscheidung nicht beeinträchtigen darf und auch eine Möglichkeit des Ersatzdienstes vorsehen muß, die in keinem Zusammenhang mit den Verbänden der Streitkräfte und des Bundesgrenzschutzes steht.

(3) Wehrpflichtige, die nicht zu einem Dienst nach Absatz 1 oder 2 herangezogen sind, können im Verteidigungsfalle durch Gesetz oder auf Grund eines Gesetzes zu zivilen Dienstleistungen für Zwecke der Verteidigung einschließlich des Schutzes der Zivilbevölkerung in Arbeitsverhältnisse verpflichtet werden; Verpflichtungen in öffentlich-rechtliche Dienstverhältnisse sind nur zur Wahrnehmung polizeilicher Aufgaben oder solcher hoheitlichen Aufgaben der öffentlichen Verwaltung, die nur in einem öffentlich-rechtlichen Dienstverhältnis erfüllt werden können, zulässig. Arbeitsverhältnisse nach Satz 1 können bei den Streitkräften, im Bereich ihrer Versorgung sowie bei der öffentlichen Verwaltung begründet werden; Verpflichtungen in Arbeitsverhältnisse im Bereiche der Versorgung der Zivilbevölkerung sind nur zulässig, um ihren lebensnotwendigen Bedarf zu decken oder ihren Schutz sicherzustellen.

(4) Kann im Verteidigungsfalle der Bedarf an zivilen Dienstleistungen im zivilen Sanitäts- und Heilwesen sowie in der ortsfesten militärischen Lazarettorganisation nicht auf freiwilliger Grundlage gedeckt werden, so können Frauen vom vollendeten achtzehnten bis zum vollendeten fünfundfünfzigsten Lebensjahr durch Gesetz oder auf Grund eines Gesetzes zu derartigen Dienstleistungen herangezogen werden. Sie dürfen auf keinen Fall zum Dienst mit der Waffe verpflichtet werden.

(5) Für die Zeit vor dem Verteidigungsfalle können Verpflichtungen nach Absatz 3 nur nach Maßgabe des Artikels 80a Abs. 1 begrün-

det werden. Zur Vorbereitung auf Dienstleistungen nach Absatz 3, für die besondere Kenntnisse oder Fertigkeiten erforderlich sind, kann durch Gesetz oder auf Grund eines Gesetzes die Teilnahme an Ausbildungsveranstaltungen zur Pflicht gemacht werden. Satz 1 findet insoweit keine Anwendung.

(6) Kann im Verteidigungsfalle der Bedarf an Arbeitskräften für die in Absatz 3 Satz 2 genannten Bereiche auf freiwilliger Grundlage nicht gedeckt werden, so kann zur Sicherung dieses Bedarfs die Freiheit der Deutschen, die Ausübung eines Berufs oder den Arbeitsplatz aufzugeben, durch Gesetz oder auf Grund eines Gesetzes eingeschränkt werden. Vor Eintritt des Verteidigungsfalles gilt Absatz 5 Satz 1 entsprechend.

Art. 13 Unverletzlichkeit der Wohnung

(1) Die Wohnung ist unverletzlich.

(2) Durchsuchungen dürfen nur durch den Richter, bei Gefahr im Verzuge auch durch die in den Gesetzen vorgesehenen anderen Organe angeordnet und nur in der dort vorgeschriebenen Form durchgeführt werden.

(3) Begründen bestimmte Tatsachen den Verdacht, daß jemand eine durch Gesetz einzeln bestimmte besonders schwere Straftat begangen hat, so dürfen zur Verfolgung der Tat auf Grund richterlicher Anordnung technische Mittel zur akustischen Überwachung von Wohnungen, in denen der Beschuldigte sich vermutlich aufhält, eingesetzt werden, wenn die Erforschung des Sachverhalts auf andere Weise unverhältnismäßig erschwert oder aussichtslos wäre. Die Maßnahme ist zu befristen. Die Anordnung erfolgt durch einen mit drei Richtern besetzten Spruchkörper. Bei Gefahr im Verzuge kann sie auch durch einen einzelnen Richter getroffen werden.

(4) Zur Abwehr dringender Gefahren für die öffentliche Sicherheit, insbesondere einer gemeinen Gefahr oder einer Lebensgefahr, dürfen technische Mittel zur Überwachung von Wohnungen nur auf Grund richterlicher Anordnung eingesetzt werden. Bei Gefahr im Verzuge kann die Maßnahme auch durch eine andere gesetzlich bestimmte Stelle angeordnet werden; eine richterliche Entscheidung ist unverzüglich nachzuholen.

(5) Sind technische Mittel ausschließlich zum Schutze der bei einem Einsatz in Wohnungen tätigen Personen vorgesehen, kann die Maßnahme durch eine gesetzlich bestimmte Stelle angeordnet werden. Eine anderweitige Verwertung der hierbei erlangten Erkenntnisse ist nur zum Zwecke der Strafverfolgung oder der Gefahrenabwehr und nur zulässig, wenn zuvor die Rechtmäßigkeit der Maßnahme richterlich festgestellt ist; bei Gefahr im Verzuge ist die richterliche Entscheidung unverzüglich nachzuholen.

(6) Die Bundesregierung unterrichtet den Bundestag jährlich über den nach Absatz 3 sowie über den im Zuständigkeitsbereich des Bundes nach Absatz 4 und, soweit richterlich überprüfungsbedürftig, nach Absatz 5 erfolgten Einsatz technischer Mittel. Ein vom Bundestag gewähltes Gremium übt auf der Grundlage dieses Berichts die parlamentarische Kontrolle aus. Die Länder gewährleisten eine gleichwertige parlamentarische Kontrolle.

(7) Eingriffe und Beschränkungen dürfen im übrigen nur zur Abwehr einer gemeinen Gefahr oder einer Lebensgefahr für einzelne Personen, auf Grund eines Gesetzes auch zur Verhütung dringender Gefahren für die öffentliche Sicherheit und Ordnung, insbesondere zur Behebung der Raumnot, zur Bekämpfung von Seuchengefahr oder zum Schutze gefährdeter Jugendlicher vorgenommen werden.

Art. 14 Eigentum, Erbrecht und Enteignung

(1) Das Eigentum und das Erbrecht werden gewährleistet. Inhalt und Schranken werden durch die Gesetze bestimmt.

(2) Eigentum verpflichtet. Sein Gebrauch soll zugleich dem Wohle der Allgemeinheit dienen.

(3) Eine Enteignung ist nur zum Wohle der Allgemeinheit zulässig. Sie darf nur durch Gesetz oder auf Grund eines Gesetzes erfolgen, das Art und Ausmaß der Entschädigung regelt. Die Entschädigung ist unter gerechter Abwägung der Interessen der Allgemeinheit und der Beteiligten zu bestimmen. Wegen der Höhe der Entschädigung steht im Streitfalle der Rechtsweg vor den ordentlichen Gerichten offen.

Art. 15 Sozialisierung
Grund und Boden, Naturschätze und Produktionsmittel können zum Zwecke der Vergesellschaftung durch ein Gesetz, das Art und Ausmaß der Entschädigung regelt, in Gemeineigentum oder in andere Formen der Gemeinwirtschaft überführt werden. Für die Entschädigung gilt Artikel 14 Abs. 3 Satz 3 und 4 entsprechend.

Art. 16 Ausbürgerung, Auslieferung
(1) Die deutsche Staatsangehörigkeit darf nicht entzogen werden. Der Verlust der Staatsangehörigkeit darf nur auf Grund eines Gesetzes und gegen den Willen des Betroffenen nur dann eintreten, wenn der Betroffene dadurch nicht staatenlos wird.

(2) Kein Deutscher darf an das Ausland ausgeliefert werden. Durch Gesetz kann eine abweichende Regelung für Auslieferungen an einen Mitgliedstaat der Europäischen Union oder an einen internationalen Gerichtshof getroffen werden, soweit rechtsstaatliche Grundsätze gewahrt sind.

Art. 16a Asylrecht
(1) Politisch Verfolgte genießen Asylrecht.

(2) Auf Absatz 1 kann sich nicht berufen, wer aus einem Mitgliedstaat der Europäischen Gemeinschaften oder aus einem anderen Drittstaat einreist, in dem die Anwendung des Abkommens über die Rechtsstellung der Flüchtlinge und der Konvention zum Schutze der Menschenrechte und Grundfreiheiten sichergestellt ist. Die Staaten außerhalb der Europäischen Gemeinschaften, auf die die Voraussetzungen des Satzes 1 zutreffen, werden durch Gesetz, das der Zustimmung des Bundesrates bedarf, bestimmt. In den Fällen des Satzes 1 können aufenthaltsbeendende Maßnahmen unabhängig von einem hiergegen eingelegten Rechtsbehelf vollzogen werden.

(3) Durch Gesetz, das der Zustimmung des Bundesrates bedarf, können Staaten bestimmt werden, bei denen auf Grund der Rechtslage, der Rechtsanwendung und der allgemeinen politischen Verhältnisse gewährleistet erscheint, daß dort weder politische Verfolgung noch unmenschliche oder erniedrigende Bestrafung oder Behandlung stattfindet. Es wird vermutet, daß ein Ausländer aus einem solchen Staat nicht verfolgt wird, solange er nicht Tatsachen vorträgt, die die

Annahme begründen, daß er entgegen dieser Vermutung politisch verfolgt wird.

(4) Die Vollziehung aufenthaltsbeendender Maßnahmen wird in den Fällen des Absatzes 3 und in anderen Fällen, die offensichtlich unbegründet sind oder als offensichtlich unbegründet gelten, durch das Gericht nur ausgesetzt, wenn ernstliche Zweifel an der Rechtmäßigkeit der Maßnahme bestehen; der Prüfungsumfang kann eingeschränkt werden und verspätetes Vorbringen unberücksichtigt bleiben. Das Nähere ist durch Gesetz zu bestimmen.

(5) Die Absätze 1 bis 4 stehen völkerrechtlichen Verträgen von Mitgliedstaaten der Europäischen Gemeinschaften untereinander und mit dritten Staaten nicht entgegen, die unter Beachtung der Verpflichtungen aus dem Abkommen über die Rechtsstellung der Flüchtlinge und der Konvention zum Schutze der Menschenrechte und Grundfreiheiten, deren Anwendung in den Vertragsstaaten sichergestellt sein muß, Zuständigkeitsregelungen für die Prüfung von Asylbegehren einschließlich der gegenseitigen Anerkennung von Asylentscheidungen treffen.

Art. 17 Petitionsrecht

Jedermann hat das Recht, sich einzeln oder in Gemeinschaft mit anderen schriftlich mit Bitten oder Beschwerden an die zuständigen Stellen und an die Volksvertretung zu wenden.

Art. 17a Einschränkung von Grundrechten bei Soldaten

(1) Gesetze über Wehrdienst und Ersatzdienst können bestimmen, daß für die Angehörigen der Streitkräfte und des Ersatzdienstes während der Zeit des Wehr- oder Ersatzdienstes das Grundrecht, seine Meinung in Wort, Schrift und Bild frei zu äußern und zu verbreiten (Artikel 5 Abs. 1 Satz 1 erster Halbsatz), das Grundrecht der Versammlungsfreiheit (Artikel 8) und das Petitionsrecht (Artikel 17), soweit es das Recht gewährt, Bitten oder Beschwerden in Gemeinschaft mit anderen vorzubringen, eingeschränkt werden.

(2) Gesetze, die der Verteidigung einschließlich des Schutzes der Zivilbevölkerung dienen, können bestimmen, daß die Grundrechte der Freizügigkeit (Artikel 11) und der Unverletzlichkeit der Wohnung (Artikel 13) eingeschränkt werden.

Art. 18 Verwirkung von Grundrechten

Wer die Freiheit der Meinungsäußerung, insbesondere die Pressefreiheit (Artikel 5 Abs. 1), die Lehrfreiheit (Artikel 5 Abs. 3), die Versammlungsfreiheit (Artikel 8), die Vereinigungsfreiheit (Artikel 9), das Brief-, Post- und Fernmeldegeheimnis (Artikel 10), das Eigentum (Artikel 14) oder das Asylrecht (Artikel 16a) zum Kampfe gegen die freiheitliche demokratische Grundordnung mißbraucht, verwirkt diese Grundrechte. Die Verwirkung und ihr Ausmaß werden durch das Bundesverfassungsgericht ausgesprochen.

Art. 19 Einschränkung von Grundrechten

(1) Soweit nach diesem Grundgesetz ein Grundrecht durch Gesetz oder auf Grund eines Gesetzes eingeschränkt werden kann, muß das Gesetz allgemein und nicht nur für den Einzelfall gelten. Außerdem muß das Gesetz das Grundrecht unter Angabe des Artikels nennen.

(2) In keinem Falle darf ein Grundrecht in seinem Wesensgehalt angetastet werden.

(3) Die Grundrechte gelten auch für inländische juristische Personen, soweit sie ihrem Wesen nach auf diese anwendbar sind.

(4) Wird jemand durch die öffentliche Gewalt in seinen Rechten verletzt, so steht ihm der Rechtsweg offen. Soweit eine andere Zuständigkeit nicht begründet ist, ist der ordentliche Rechtsweg gegeben. Artikel 10 Abs. 2 Satz 2 bleibt unberührt.

II. Der Bund und die Länder

Art. 20 Bundesstaatliche Verfassung; Widerstandsrecht

(1) Die Bundesrepublik Deutschland ist ein demokratischer und sozialer Bundesstaat.

(2) Alle Staatsgewalt geht vom Volke aus. Sie wird vom Volke in Wahlen und Abstimmungen und durch besondere Organe der Gesetzgebung, der vollziehenden Gewalt und der Rechtsprechung ausgeübt.

(3) Die Gesetzgebung ist an die verfassungsmäßige Ordnung, die vollziehende Gewalt und die Rechtsprechung sind an Gesetz und Recht gebunden.

(4) Gegen jeden, der es unternimmt, diese Ordnung zu beseitigen, haben alle Deutschen das Recht zum Widerstand, wenn andere Abhilfe nicht möglich ist.

Insolvenzordnung* (InsO)
(Auszüge: §§ 113, 120–128)

§ 113 Kündigung eines Dienstverhältnisses

Ein Dienstverhältnis, bei dem der Schuldner der Dienstberechtigte ist, kann vom Insolvenzverwalter und vom anderen Teil ohne Rücksicht auf eine vereinbarte Vertragsdauer oder einen vereinbarten Ausschluß des Rechts zur ordentlichen Kündigung gekündigt werden. Die Kündigungsfrist beträgt drei Monate zum Monatsende, wenn nicht eine kürzere Frist maßgeblich ist. Kündigt der Verwalter, so kann der andere Teil wegen der vorzeitigen Beendigung des Dienstverhältnisses als Insolvenzgläubiger Schadenersatz verlangen.

§ 120 Kündigung von Betriebsvereinbarungen

(1) Sind in Betriebsvereinbarungen Leistungen vorgesehen, welche die Insolvenzmasse belasten, so sollen Insolvenzverwalter und Betriebsrat über eine einvernehmliche Herabsetzung der Leistungen beraten. Diese Betriebsvereinbarungen können auch dann mit einer Frist von drei Monaten gekündigt werden, wenn eine längere Frist vereinbart ist.

(2) Unberührt bleibt das Recht, eine Betriebsvereinbarung aus wichtigem Grund ohne Einhaltung einer Kündigungsfrist zu kündigen.

§ 121 Betriebsänderungen und Vermittlungsverfahren

Im Insolvenzverfahren über das Vermögen des Unternehmers gilt § 112 Abs. 2 Satz 1 des Betriebsverfassungsgesetzes mit der Maßgabe, daß dem Verfahren vor der Einigungsstelle nur dann ein Vermittlungsversuch vorangeht, wenn der Insolvenzverwalter und der Betriebsrat gemeinsam um eine solche Vermittlung ersuchen.

§ 122 Gerichtliche Zustimmung zur Durchführung einer Betriebsänderung

(1) Ist eine Betriebsänderung geplant und kommt zwischen Insolvenzverwalter und Betriebsrat der Interessenausgleich nach § 112 des Betriebsverfassungsgesetzes nicht innerhalb von drei Wochen nach Verhandlungsbeginn oder schriftlicher Aufforderung zur Auf-

* Vom 5. Oktober 1994 (BGBl. I, S. 2866), zuletzt geändert durch Gesetz vom 23. Juni 2017 (BGBl. I, S. 1693 (1817)).

nahme von Verhandlungen zustande, obwohl der Verwalter den Betriebsrat rechtzeitig und umfassend unterrichtet hat, so kann der Verwalter die Zustimmung des Arbeitsgerichts dazu beantragen, daß die Betriebsänderung durchgeführt wird, ohne daß das Verfahren nach § 112 Abs. 2 des Betriebsverfassungsgesetzes vorangegangen ist. § 113 Abs. 3 des Betriebsverfassungsgesetzes ist insoweit nicht anzuwenden. Unberührt bleibt das Recht des Verwalters, einen Interessenausgleich nach § 125 zustande zu bringen oder einen Feststellungsantrag nach § 126 zu stellen.

(2) Das Gericht erteilt die Zustimmung, wenn die wirtschaftliche Lage des Unternehmens auch unter Berücksichtigung der sozialen Belange der Arbeitnehmer erfordert, daß die Betriebsänderung ohne vorheriges Verfahren nach § 112 Abs. 2 des Betriebsverfassungsgesetzes durchgeführt wird. Die Vorschriften des Arbeitsgerichtsgesetzes über das Beschlußverfahren gelten entsprechend; Beteiligte sind der Insolvenzverwalter und der Betriebsrat. Der Antrag ist nach Maßgabe des § 61a Abs. 3 bis 6 des Arbeitsgerichtsgesetzes vorrangig zu erledigen.

(3) Gegen den Beschluß des Gerichts findet die Beschwerde an das Landesarbeitsgericht nicht statt. Die Rechtsbeschwerde an das Bundesarbeitsgericht findet statt, wenn sie in dem Beschluß des Arbeitsgerichts zugelassen wird; § 72 Abs. 2 und 3 des Arbeitsgerichtsgesetzes gilt entsprechend. Die Rechtsbeschwerde ist innerhalb eines Monats nach Zustellung der in vollständiger Form abgefaßten Entscheidung des Arbeitsgerichts beim Bundesarbeitsgericht einzulegen und zu begründen.

§ 123 Umfang des Sozialplans

(1) In einem Sozialplan, der nach der Eröffnung des Insolvenzverfahrens aufgestellt wird, kann für den Ausgleich oder die Milderung der wirtschaftlichen Nachteile, die den Arbeitnehmern infolge der geplanten Betriebsänderung entstehen, ein Gesamtbetrag von bis zu zweieinhalb Monatsverdiensten (§ 10 Abs. 3 des Kündigungsschutzgesetzes) der von einer Entlassung betroffenen Arbeitnehmer vorgesehen werden.

(2) Die Verbindlichkeiten aus einem solchen Sozialplan sind Masseverbindlichkeiten. Jedoch darf, wenn nicht ein Insolvenzplan zu-

stande kommt, für die Berichtigung von Sozialplanforderungen nicht mehr als ein Drittel der Masse verwendet werden, die ohne einen Sozialplan für die Verteilung an die Insolvenzgläubiger zur Verfügung stünde. Übersteigt der Gesamtbetrag aller Sozialplanforderungen diese Grenze, so sind die einzelnen Forderungen anteilig zu kürzen.

(3) Sooft hinreichende Barmittel in der Masse vorhanden sind, soll der Insolvenzverwalter mit Zustimmung des Insolvenzgerichts Abschlagszahlungen auf die Sozialplanforderungen leisten. Eine Zwangsvollstreckung in die Masse wegen einer Sozialplanforderung ist unzulässig.

§ 124 Sozialplan vor Verfahrenseröffnung

(1) Ein Sozialplan, der vor der Eröffnung des Insolvenzverfahrens, jedoch nicht früher als drei Monate vor dem Eröffnungsantrag aufgestellt worden ist, kann sowohl vom Insolvenzverwalter als auch vom Betriebsrat widerrufen werden.

(2) Wird der Sozialplan widerrufen, so können die Arbeitnehmer, denen Forderungen aus dem Sozialplan zustanden, bei der Aufstellung eines Sozialplans im Insolvenzverfahren berücksichtigt werden.

(3) Leistungen, die ein Arbeitnehmer vor der Eröffnung des Verfahrens auf seine Forderung aus dem widerrufenen Sozialplan erhalten hat, können nicht wegen des Widerrufs zurückgefordert werden. Bei der Aufstellung eines neuen Sozialplans sind derartige Leistungen an einen von einer Entlassung betroffenen Arbeitnehmer bei der Berechnung des Gesamtbetrags der Sozialplanforderungen nach § 123 Abs. 1 bis zur Höhe von zweieinhalb Monatsverdiensten abzusetzen.

§ 125 Interessenausgleich und Kündigungsschutz

(1) Ist eine Betriebsänderung (§ 111 des Betriebsverfassungsgesetzes) geplant und kommt zwischen Insolvenzverwalter und Betriebsrat ein Interessenausgleich zustande, in dem die Arbeitnehmer, denen gekündigt werden soll, namentlich bezeichnet sind, so ist § 1 des Kündigungsschutzgesetzes mit folgenden Maßgaben anzuwenden:

1. Es wird vermutet, daß die Kündigung der Arbeitsverhältnisse der bezeichneten Arbeitnehmer durch dringende betriebliche Erfordernisse, die einer Weiterbeschäftigung in diesem Betrieb oder einer Weiterbeschäftigung zu unveränderten Arbeitsbedingungen entgegenstehen, bedingt ist;
2. die soziale Auswahl der Arbeitnehmer kann nur im Hinblick auf die Dauer der Betriebszugehörigkeit, das Lebensalter und die Unterhaltspflichten und auch insoweit nur auf grobe Fehlerhaftigkeit nachgeprüft werden; sie ist nicht als grob fehlerhaft anzusehen, wenn eine ausgewogene Personalstruktur erhalten oder geschaffen wird.

Satz 1 gilt nicht, soweit sich die Sachlage nach Zustandekommen des Interessenausgleichs wesentlich geändert hat.

(2) Der Interessenausgleich nach Absatz 1 ersetzt die Stellungnahme des Betriebsrats nach § 17 Abs. 3 Satz 2 des Kündigungsschutzgesetzes.

§ 126 Beschlußverfahren zum Kündigungsschutz

(1) Hat der Betrieb keinen Betriebsrat oder kommt aus anderen Gründen innerhalb von drei Wochen nach Verhandlungsbeginn oder schriftlicher Aufforderung zur Aufnahme von Verhandlungen ein Interessenausgleich nach § 125 Abs. 1 nicht zustande, obwohl der Verwalter den Betriebsrat rechtzeitig und umfassend unterrichtet hat, so kann der Insolvenzverwalter beim Arbeitsgericht beantragen festzustellen, daß die Kündigung der Arbeitsverhältnisse bestimmter, im Antrag bezeichneter Arbeitnehmer durch dringende betriebliche Erfordernisse bedingt und sozial gerechtfertigt ist. Die soziale Auswahl der Arbeitnehmer kann nur im Hinblick auf die Dauer der Betriebszugehörigkeit, das Lebensalter und die Unterhaltspflichten nachgeprüft werden.

(2) Die Vorschriften des Arbeitsgerichtsgesetzes über das Beschlußverfahren gelten entsprechend; Beteiligte sind der Insolvenzverwalter, der Betriebsrat und die bezeichneten Arbeitnehmer, soweit sie nicht mit der Beendigung der Arbeitsverhältnisse oder mit den geänderten Arbeitsbedingungen einverstanden sind. § 122 Absatz 2 Satz 3, Absatz 3 gilt entsprechend.

(3) Für die Kosten, die den Beteiligten im Verfahren des ersten Rechtszugs entstehen, gilt § 12a Abs. 1 Satz 1 und 2 des Arbeitsgerichtsgesetzes entsprechend. Im Verfahren vor dem Bundesarbeitsgericht gelten die Vorschriften der Zivilprozeßordnung über die Erstattung der Kosten des Rechtsstreits entsprechend.

§ 127 Klage des Arbeitnehmers

(1) Kündigt der Insolvenzverwalter einem Arbeitnehmer, der in dem Antrag nach § 126 Abs. 1 bezeichnet ist, und erhebt der Arbeitnehmer Klage auf Feststellung, daß das Arbeitsverhältnis durch die Kündigung nicht aufgelöst oder die Änderung der Arbeitsbedingungen sozial ungerechtfertigt ist, so ist die rechtskräftige Entscheidung im Verfahren nach § 126 für die Parteien bindend. Dies gilt nicht, soweit sich die Sachlage nach dem Schluß der letzten mündlichen Verhandlung wesentlich geändert hat.

(2) Hat der Arbeitnehmer schon vor der Rechtskraft der Entscheidung im Verfahren nach § 126 Klage erhoben, so ist die Verhandlung über die Klage auf Antrag des Verwalters bis zu diesem Zeitpunkt auszusetzen.

§ 128 Betriebsveräußerung

(1) Die Anwendung der §§ 125 bis 127 wird nicht dadurch ausgeschlossen, daß die Betriebsänderung, die dem Interessenausgleich oder dem Feststellungsantrag zugrunde liegt, erst nach einer Betriebsveräußerung durchgeführt werden soll. An dem Verfahren nach § 126 ist der Erwerber des Betriebs beteiligt.

(2) Im Falle eines Betriebsübergangs erstreckt sich die Vermutung nach § 125 Absatz 1 Satz 1 Nr. 1 oder die gerichtliche Feststellung nach § 126 Absatz 1 Satz 1 auch darauf, daß die Kündigung der Arbeitsverhältnisse nicht wegen des Betriebsübergangs erfolgt.

Gesetz zum Schutze der arbeitenden Jugend*
(Jugendarbeitsschutzgesetz – JArbSchG)

ERSTER ABSCHNITT
Allgemeine Vorschriften

§ 1 Geltungsbereich
(1) Dieses Gesetz gilt in der Bundesrepublik Deutschland und in der ausschließlichen Wirtschaftszone für die Beschäftigung von Personen, die noch nicht 18 Jahre alt sind,
1. in der Berufsausbildung,
2. als Arbeitnehmer oder Heimarbeiter,
3. mit sonstigen Dienstleistungen, die der Arbeitsleistung von Arbeitnehmern oder Heimarbeitern ähnlich sind,
4. in einem der Berufsausbildung ähnlichen Ausbildungsverhältnis.

(2) Dieses Gesetz gilt nicht
1. für geringfügige Hilfeleistungen, soweit sie gelegentlich
   a) aus Gefälligkeit,
   b) auf Grund familienrechtlicher Vorschriften,
   c) in Einrichtungen der Jugendhilfe,
   d) in Einrichtungen zur Eingliederung Behinderter
   erbracht werden,
2. für die Beschäftigung durch die Personensorgeberechtigten im Familienhaushalt.

§ 2 Kind, Jugendlicher
(1) Kind im Sinne dieses Gesetzes ist, wer noch nicht 15 Jahre alt ist.

(2) Jugendlicher im Sinne dieses Gesetzes ist, wer 15, aber noch nicht 18 Jahre alt ist.

(3) Auf Jugendliche, die der Vollzeitschulpflicht unterliegen, finden die für Kinder geltenden Vorschriften Anwendung.

§ 3 Arbeitgeber
Arbeitgeber im Sinne dieses Gesetzes ist, wer ein Kind oder einen Jugendlichen gemäß § 1 beschäftigt.

---

* Vom 12. April 1976 (BGBl. I, S. 965), zuletzt geändert durch Gesetz vom 10. März 2017 (BGBl. I, S. 420 (422)).

§ 4 Arbeitszeit

(1) Tägliche Arbeitszeit ist die Zeit vom Beginn bis zum Ende der täglichen Beschäftigung ohne die Ruhepausen (§ 11).

(2) Schichtzeit ist die tägliche Arbeitszeit unter Hinzurechnung der Ruhepausen (§ 11).

(3) Im Bergbau unter Tage gilt die Schichtzeit als Arbeitszeit. Sie wird gerechnet vom Betreten des Förderkorbes bei der Einfahrt bis zum Verlassen des Förderkorbes bei der Ausfahrt oder vom Eintritt des einzelnen Beschäftigten in das Stollenmundloch bis zu seinem Wiederaustritt.

(4) Für die Berechnung der wöchentlichen Arbeitszeit ist als Woche die Zeit von Montag bis einschließlich Sonntag zugrunde zu legen. Die Arbeitszeit, die an einem Werktag infolge eines gesetzlichen Feiertags ausfällt, wird auf die wöchentliche Arbeitszeit angerechnet.

(5) Wird ein Kind oder ein Jugendlicher von mehreren Arbeitgebern beschäftigt, so werden die Arbeits- und Schichtzeiten sowie die Arbeitstage zusammengerechnet.

ZWEITER ABSCHNITT
Beschäftigung von Kindern

§ 5 Verbot der Beschäftigung von Kindern

(1) Die Beschäftigung von Kindern (§ 2 Abs. 1) ist verboten.

(2) Das Verbot des Absatzes 1 gilt nicht für die Beschäftigung von Kindern

1. zum Zwecke der Beschäftigungs- und Arbeitstherapie,
2. im Rahmen des Betriebspraktikums während der Vollzeitschulpflicht,
3. in Erfüllung einer richterlichen Weisung.

Auf die Beschäftigung finden § 7 Satz 1 Nr. 2 und die §§ 9 bis 46 entsprechende Anwendung.

(3) Das Verbot des Absatzes 1 gilt ferner nicht für die Beschäftigung von Kindern über 13 Jahre mit Einwilligung des Personen-

sorgeberechtigten, soweit die Beschäftigung leicht und für Kinder geeignet ist. Die Beschäftigung ist leicht, wenn sie auf Grund ihrer Beschaffenheit und der besonderen Bedingungen, unter denen sie ausgeführt wird,

1. die Sicherheit, Gesundheit und Entwicklung der Kinder,
2. ihren Schulbesuch, ihre Beteiligung an Maßnahmen zur Berufswahlvorbereitung oder Berufsausbildung, die von der zuständigen Stelle anerkannt sind, und
3. ihre Fähigkeit, dem Unterricht mit Nutzen zu folgen,

nicht nachteilig beeinflußt. Die Kinder dürfen nicht mehr als zwei Stunden täglich, in landwirtschaftlichen Familienbetrieben nicht mehr als drei Stunden täglich, nicht zwischen 18 und 8 Uhr, nicht vor dem Schulunterricht und nicht während des Schulunterrichts beschäftigt werden. Auf die Beschäftigung finden die §§ 15 bis 31 entsprechende Anwendung.

(4) Das Verbot des Absatzes 1 gilt ferner nicht für die Beschäftigung von Jugendlichen (§ 2 Abs. 3) während der Schulferien für höchstens vier Wochen im Kalenderjahr. Auf die Beschäftigung finden die §§ 8 bis 31 entsprechende Anwendung.

(4a) Die Bundesregierung hat durch Rechtsverordnung mit Zustimmung des Bundesrates die Beschäftigung nach Absatz 3 näher zu bestimmen.

(4b) Der Arbeitgeber unterrichtet die Personensorgeberechtigten der von ihm beschäftigten Kinder über mögliche Gefahren sowie über alle zu ihrer Sicherheit und ihrem Gesundheitsschutz getroffenen Maßnahmen.

(5) Für Veranstaltungen kann die Aufsichtsbehörde Ausnahmen gemäß § 6 bewilligen.

§ 6 Behördliche Ausnahmen für Veranstaltungen

(1) Die Aufsichtsbehörde kann auf Antrag bewilligen, daß

1. bei Theatervorstellungen Kinder über sechs Jahre bis zu vier Stunden täglich in der Zeit von 10 bis 23 Uhr,
2. bei Musikaufführungen und anderen Aufführungen, bei Werbeveranstaltungen sowie bei Aufnahmen im Rundfunk (Hörfunk

und Fernsehen), auf Ton- und Bildträger sowie bei Film- und Fotoaufnahmen
a) Kinder über drei bis sechs Jahre bis zu zwei Stunden täglich in der Zeit von 8 bis 17 Uhr,
b) Kinder über sechs Jahre bis zu drei Stunden täglich in der Zeit von 8 bis 22 Uhr

gestaltend mitwirken und an den erforderlichen Proben teilnehmen. Eine Ausnahme darf nicht bewilligt werden für die Mitwirkung in Kabaretts, Tanzlokalen und ähnlichen Betrieben sowie auf Vergnügungsparks, Kirmessen, Jahrmärkten und bei ähnlichen Veranstaltungen, Schaustellungen oder Darbietungen.

(2) Die Aufsichtsbehörde darf nach Anhörung des zuständigen Jugendamtes die Beschäftigung nur bewilligen, wenn
1. die Personensorgeberechtigten in die Beschäftigung schriftlich eingewilligt haben,
2. der Aufsichtsbehörde eine nicht länger als vor drei Monaten ausgestellte ärztliche Bescheinigung vorgelegt wird, nach der gesundheitliche Bedenken gegen die Beschäftigung nicht bestehen,
3. die erforderlichen Vorkehrungen und Maßnahmen zum Schutze des Kindes gegen Gefahren für Leben und Gesundheit sowie zur Vermeidung einer Beeinträchtigung der körperlichen oder seelisch-geistigen Entwicklung getroffen sind,
4. Betreuung und Beaufsichtigung des Kindes bei der Beschäftigung sichergestellt sind,
5. nach Beendigung der Beschäftigung eine ununterbrochene Freizeit von mindestens 14 Stunden eingehalten wird,
6. das Fortkommen in der Schule nicht beeinträchtigt wird.

(3) Die Aufsichtsbehörde bestimmt,
1. wie lange, zu welcher Zeit und an welchem Tage das Kind beschäftigt werden darf,
2. Dauer und Lage der Ruhepausen,
3. die Höchstdauer des täglichen Aufenthalts an der Beschäftigungsstätte.

(4) Die Entscheidung der Aufsichtsbehörde ist dem Arbeitgeber schriftlich bekanntzugeben. Er darf das Kind erst nach Empfang des Bewilligungsbescheides beschäftigen.

§ 7 Beschäftigung von nicht vollzeitschulpflichtigen Kindern

Kinder, die der Vollzeitschulpflicht nicht mehr unterliegen, dürfen
1. im Berufsausbildungsverhältnis,
2. außerhalb eines Berufsausbildungsverhältnisses

nur mit leichten und für sie geeigneten Tätigkeiten bis zu sieben Stunden täglich und 35 Stunden wöchentlich beschäftigt werden. Auf die Beschäftigung finden die §§ 8 bis 46 entsprechende Anwendung.

DRITTER ABSCHNITT
Beschäftigung Jugendlicher

ERSTER TITEL
Arbeitszeit und Freizeit

§ 8 Dauer der Arbeitszeit

(1) Jugendliche dürfen nicht mehr als acht Stunden täglich und nicht mehr als 40 Stunden wöchentlich beschäftigt werden.

(2) Wenn in Verbindung mit Feiertagen an Werktagen nicht gearbeitet wird, damit die Beschäftigten eine längere zusammenhängende Freizeit haben, so darf die ausfallende Arbeitszeit auf die Werktage von fünf zusammenhängenden, die Ausfalltage einschließenden Wochen nur dergestalt verteilt werden, daß die Wochenarbeitszeit im Durchschnitt dieser fünf Wochen 40 Stunden nicht überschreitet. Die tägliche Arbeitszeit darf hierbei achteinhalb Stunden nicht überschreiten.

(2a) Wenn an einzelnen Werktagen die Arbeitszeit auf weniger als acht Stunden verkürzt ist, können Jugendliche an den übrigen Werktagen derselben Woche achteinhalb Stunden beschäftigt werden.

(3) In der Landwirtschaft dürfen Jugendliche über 16 Jahre während der Erntezeit nicht mehr als neun Stunden täglich und nicht mehr als 85 Stunden in der Doppelwoche beschäftigt werden.

§ 9 Berufsschule

(1) Der Arbeitgeber hat den Jugendlichen für die Teilnahme am Berufsschulunterricht freizustellen. Er darf den Jugendlichen nicht beschäftigen

1. vor einem vor 9 Uhr beginnenden Unterricht; dies gilt auch für Personen, die über 18 Jahre alt und noch berufsschulpflichtig sind,
2. an einem Berufsschultag mit mehr als fünf Unterrichtsstunden von mindestens je 45 Minuten, einmal in der Woche,
3. in Berufsschulwochen mit einem planmäßigen Blockunterricht von mindestens 25 Stunden an mindestens fünf Tagen; zusätzliche betriebliche Ausbildungsveranstaltungen bis zu zwei Stunden wöchentlich sind zulässig.

(2) Auf die Arbeitszeit werden angerechnet
1. Berufsschultage nach Absatz 1 Nr. 2 mit acht Stunden,
2. Berufsschulwochen nach Absatz 1 Nr. 3 mit 40 Stunden,
3. im übrigen die Unterrichtszeit einschließlich der Pausen.

(3) Ein Entgeltausfall darf durch den Besuch der Berufsschule nicht eintreten.

(4) [aufgehoben]

§ 10 Prüfungen und außerbetriebliche Ausbildungsmaßnahmen

(1) Der Arbeitgeber hat den Jugendlichen
1. für die Teilnahme an Prüfungen und Ausbildungsmaßnahmen, die auf Grund öffentlich-rechtlicher oder vertraglicher Bestimmungen außerhalb der Ausbildungsstätte durchzuführen sind,
2. an dem Arbeitstag, der der schriftlichen Abschlußprüfung unmittelbar vorangeht,

freizustellen.

(2) Auf die Arbeitszeit werden angerechnet
1. die Freistellung nach Absatz 1 Nr. 1 mit der Zeit der Teilnahme einschließlich der Pausen,
2. die Freistellung nach Absatz 1 Nr. 2 mit acht Stunden.

Ein Entgeltausfall darf nicht eintreten.

§ 11 Ruhepausen, Aufenthaltsräume

(1) Jugendlichen müssen im voraus feststehende Ruhepausen von angemessener Dauer gewährt werden. Die Ruhepausen müssen mindestens betragen
1. 30 Minuten bei einer Arbeitszeit von mehr als viereinhalb bis zu sechs Stunden,

2. 60 Minuten bei einer Arbeitszeit von mehr als sechs Stunden.
Als Ruhepause gilt nur eine Arbeitsunterbrechung von mindestens 15 Minuten.

(2) Die Ruhepausen müssen in angemessener zeitlicher Lage gewährt werden, frühestens eine Stunde nach Beginn und spätestens eine Stunde vor Ende der Arbeitszeit. Länger als viereinhalb Stunden hintereinander dürfen Jugendliche nicht ohne Ruhepause beschäftigt werden.

(3) Der Aufenthalt während der Ruhepausen in Arbeitsräumen darf den Jugendlichen nur gestattet werden, wenn die Arbeit in diesen Räumen während dieser Zeit eingestellt ist und auch sonst die notwendige Erholung nicht beeinträchtigt wird.

(4) Absatz 3 gilt nicht für den Bergbau unter Tage.

§ 12 Schichtzeit

Bei der Beschäftigung Jugendlicher darf die Schichtzeit (§ 4 Abs. 2) 10 Stunden, im Bergbau unter Tage 8 Stunden, im Gaststättengewerbe, in der Landwirtschaft, in der Tierhaltung, auf Bau- und Montagestellen 11 Stunden nicht überschreiten.

§ 13 Tägliche Freizeit

Nach Beendigung der täglichen Arbeitszeit dürfen Jugendliche nicht vor Ablauf einer ununterbrochenen Freizeit von mindestens 12 Stunden beschäftigt werden.

§ 14 Nachtruhe

(1) Jugendliche dürfen nur in der Zeit von 6 bis 20 Uhr beschäftigt werden.

(2) Jugendliche über 16 Jahre dürfen
1. im Gaststätten- und Schaustellergewerbe bis 22 Uhr,
2. in mehrschichtigen Betrieben bis 23 Uhr,
3. in der Landwirtschaft ab 5 Uhr oder bis 21 Uhr,
4. in Bäckereien und Konditoreien ab 5 Uhr

beschäftigt werden.

(3) Jugendliche über 17 Jahre dürfen in Bäckereien ab 4 Uhr beschäftigt werden.

(4) An dem einem Berufsschultag unmittelbar vorangehenden Tag dürfen Jugendliche auch nach Absatz 2 Nr. 1 bis 3 nicht nach 20 Uhr beschäftigt werden, wenn der Berufsschulunterricht am Berufsschultag vor 9 Uhr beginnt.

(5) Nach vorheriger Anzeige an die Aufsichtsbehörde dürfen in Betrieben, in denen die übliche Arbeitszeit aus verkehrstechnischen Gründen nach 20 Uhr endet, Jugendliche bis 21 Uhr beschäftigt werden, soweit sie hierdurch unnötige Wartezeiten vermeiden können. Nach vorheriger Anzeige an die Aufsichtsbehörde dürfen ferner in mehrschichtigen Betrieben Jugendliche über 16 Jahre ab 5.30 Uhr oder bis 23.30 Uhr beschäftigt werden, soweit sie hierdurch unnötige Wartezeiten vermeiden können.

(6) Jugendliche dürfen in Betrieben, in denen die Beschäftigten in außergewöhnlichem Grade der Einwirkung von Hitze ausgesetzt sind, in der warmen Jahreszeit ab 5 Uhr beschäftigt werden. Die Jugendlichen sind berechtigt, sich vor Beginn der Beschäftigung und danach in regelmäßigen Zeitabständen arbeitsmedizinisch untersuchen zu lassen. Die Kosten der Untersuchungen hat der Arbeitgeber zu tragen, sofern er diese nicht kostenlos durch einen Betriebsarzt oder einen überbetrieblichen Dienst von Betriebsärzten anbietet.

(7) Jugendliche dürfen bei Musikaufführungen, Theatervorstellungen und anderen Aufführungen, bei Aufnahmen im Rundfunk (Hörfunk und Fernsehen), auf Ton- und Bildträger sowie bei Film- und Fotoaufnahmen bis 23 Uhr gestaltend mitwirken. Eine Mitwirkung ist nicht zulässig bei Veranstaltungen, Schaustellungen oder Darbietungen, bei denen die Anwesenheit Jugendlicher nach den Vorschriften des Jugendschutzgesetzes verboten ist. Nach Beendigung der Tätigkeit dürfen Jugendliche nicht vor Ablauf einer ununterbrochenen Freizeit von mindestens 14 Stunden beschäftigt werden.

§ 15 Fünf-Tage-Woche

Jugendliche dürfen nur an fünf Tagen in der Woche beschäftigt werden. Die beiden wöchentlichen Ruhetage sollen nach Möglichkeit aufeinander folgen.

§ 16 Samstagsruhe

(1) An Samstagen dürfen Jugendliche nicht beschäftigt werden.

(2) Zulässig ist die Beschäftigung Jugendlicher an Samstagen nur
1. in Krankenanstalten sowie in Alten-, Pflege- und Kinderheimen,
2. in offenen Verkaufsstellen, in Betrieben mit offenen Verkaufsstellen, in Bäckereien und Konditoreien, im Friseurhandwerk und im Marktverkehr,
3. im Verkehrswesen,
4. in der Landwirtschaft und Tierhaltung,
5. im Familienhaushalt,
6. im Gaststätten- und Schaustellergewerbe,
7. bei Musikaufführungen, Theatervorstellungen und anderen Aufführungen, bei Aufnahmen im Rundfunk (Hörfunk und Fernsehen), auf Ton- und Bildträger sowie bei Film- und Fotoaufnahmen,
8. bei außerbetrieblichen Ausbildungsmaßnahmen,
9. beim Sport,
10. im ärztlichen Notdienst,
11. in Reparaturwerkstätten für Kraftfahrzeuge.

Mindestens zwei Samstage im Monat sollen beschäftigungsfrei bleiben.

(3) Werden Jugendliche am Samstag beschäftigt, ist ihnen die Fünf-Tage-Woche (§ 15) durch Freistellung an einem anderen berufsschulfreien Arbeitstag derselben Woche sicherzustellen. In Betrieben mit einem Betriebsruhetag in der Woche kann die Freistellung auch an diesem Tage erfolgen, wenn die Jugendlichen an diesem Tage keinen Berufsschulunterricht haben.

(4) Können Jugendliche in den Fällen des Absatzes 2 Nr. 2 am Samstag nicht acht Stunden beschäftigt werden, kann der Unterschied zwischen der tatsächlichen und der nach § 8 Abs. 1 höchstzulässigen Arbeitszeit an dem Tage bis 13 Uhr ausgeglichen werden, an dem die Jugendlichen nach Absatz 3 Satz 1 freizustellen sind.

§ 17 Sonntagsruhe

(1) An Sonntagen dürfen Jugendliche nicht beschäftigt werden.

(2) Zulässig ist die Beschäftigung Jugendlicher an Sonntagen nur
1. in Krankenanstalten sowie in Alten-, Pflege- und Kinderheimen,
2. in der Landwirtschaft und Tierhaltung mit Arbeiten, die auch an Sonn- und Feiertagen naturnotwendig vorgenommen werden müssen,
3. im Familienhaushalt, wenn der Jugendliche in die häusliche Gemeinschaft aufgenommen ist,
4. im Schaustellergewerbe,
5. bei Musikaufführungen, Theatervorstellungen und anderen Aufführungen sowie bei Direktsendungen im Rundfunk (Hörfunk und Fernsehen),
6. beim Sport,
7. im ärztlichen Notdienst,
8. im Gaststättengewerbe.

Jeder zweite Sonntag soll, mindestens zwei Sonntage im Monat müssen beschäftigungsfrei bleiben.

(3) Werden Jugendliche am Sonntag beschäftigt, ist ihnen die Fünf-Tage-Woche (§ 15) durch Freistellung an einem anderen berufsschulfreien Arbeitstag derselben Woche sicherzustellen. In Betrieben mit einem Betriebsruhetag in der Woche kann die Freistellung auch an diesem Tage erfolgen, wenn die Jugendlichen an diesem Tage keinen Berufsschulunterricht haben.

§ 18 Feiertagsruhe

(1) Am 24. und 31. Dezember nach 14 Uhr und an gesetzlichen Feiertagen dürfen Jugendliche nicht beschäftigt werden.

(2) Zulässig ist die Beschäftigung Jugendlicher an gesetzlichen Feiertagen in den Fällen des § 17 Abs. 2, ausgenommen am 25. Dezember, am 1. Januar, am ersten Osterfeiertag und am 1. Mai.

(3) Für die Beschäftigung an einem gesetzlichen Feiertag, der auf einen Werktag fällt, ist der Jugendliche an einem anderen berufsschulfreien Arbeitstag derselben oder der folgenden Woche freizustellen. In Betrieben mit einem Betriebsruhetag in der Woche kann die Freistellung auch an diesem Tage erfolgen, wenn die Jugendlichen an diesem Tage keinen Berufsschulunterricht haben.

§ 19 Urlaub

(1) Der Arbeitgeber hat Jugendlichen für jedes Kalenderjahr einen bezahlten Erholungsurlaub zu gewähren.

(2) Der Urlaub beträgt jährlich
1. mindestens 30 Werktage, wenn der Jugendliche zu Beginn des Kalenderjahres noch nicht 16 Jahre alt ist,
2. mindestens 27 Werktage, wenn der Jugendliche zu Beginn des Kalenderjahres noch nicht 17 Jahre alt ist,
3. mindestens 25 Werktage, wenn der Jugendliche zu Beginn des Kalenderjahres noch nicht 18 Jahre alt ist.

Jugendliche, die im Bergbau unter Tage beschäftigt werden, erhalten in jeder Altersgruppe einen zusätzlichen Urlaub von drei Werktagen.

(3) Der Urlaub soll Berufsschülern in der Zeit der Berufsschulferien gegeben werden. Soweit er nicht in den Berufsschulferien gegeben wird, ist für jeden Berufsschultag, an dem die Berufsschule während des Urlaubs besucht wird, ein weiterer Urlaubstag zu gewähren.

(4) Im übrigen gelten für den Urlaub der Jugendlichen § 3 Abs. 2, §§ 4 bis 12 und § 13 Abs. 3 des Bundesurlaubsgesetzes. Der Auftraggeber oder Zwischenmeister hat jedoch abweichend von § 12 Nr. 1 des Bundesurlaubsgesetzes den jugendlichen Heimarbeitern für jedes Kalenderjahr einen bezahlten Erholungsurlaub entsprechend Absatz 2 zu gewähren; das Urlaubsentgelt der jugendlichen Heimarbeiter beträgt bei einem Urlaub von 30 Werktagen 11,6 vom Hundert, bei einem Urlaub von 27 Werktagen 10,3 vom Hundert und bei einem Urlaub von 25 Werktagen 9,5 vom Hundert.

§ 20 Binnenschiffahrt

(1) In der Binnenschiffahrt gelten folgende Abweichungen:
1. Abweichend von § 12 darf die Schichtzeit Jugendlicher über 16 Jahre während der Fahrt bis auf 14 Stunden täglich ausgedehnt werden, wenn ihre Arbeitszeit sechs Stunden täglich nicht überschreitet. Ihre tägliche Freizeit kann abweichend von § 13 der Ausdehnung der Schichtzeit entsprechend bis auf 10 Stunden verkürzt werden.

2. Abweichend von § 14 Abs. 1 dürfen Jugendliche über 16 Jahre während der Fahrt bis 22 Uhr beschäftigt werden.
3. Abweichend von §§ 15, 16 Abs. 1, § 17 Abs. 1 und § 18 Abs. 1 dürfen Jugendliche an jedem Tag der Woche beschäftigt werden, jedoch nicht am 24. Dezember, an den Weihnachtsfeiertagen, am 31. Dezember, am 1. Januar, an den Osterfeiertagen und am 1. Mai. Für die Beschäftigung an einem Samstag, Sonntag und an einem gesetzlichen Feiertag, der auf einen Werktag fällt, ist ihnen je ein freier Tag zu gewähren. Diese freien Tage sind den Jugendlichen in Verbindung mit anderen freien Tagen zu gewähren, spätestens, wenn ihnen 10 freie Tage zustehen.

(2) In der gewerblichen Binnenschifffahrt hat der Arbeitgeber Aufzeichnungen nach Absatz 3 über die tägliche Arbeits- oder Freizeit jedes Jugendlichen zu führen, um eine Kontrolle der Einhaltung der §§ 8 bis 21a dieses Gesetzes zu ermöglichen. Die Aufzeichnungen sind in geeigneten Zeitabständen, spätestens bis zum nächsten Monatsende, gemeinsam vom Arbeitgeber oder seinem Vertreter und von dem Jugendlichen zu prüfen und zu bestätigen. Im Anschluss müssen die Aufzeichnungen für mindestens zwölf Monate an Bord aufbewahrt werden und dem Jugendlichen ist eine Kopie der bestätigten Aufzeichnungen auszuhändigen. Der Jugendliche hat die Kopien daraufhin zwölf Monate für eine Kontrolle bereitzuhalten.

(3) Die Aufzeichnungen nach Absatz 2 müssen mindestens folgende Angaben enthalten:
1. Name des Schiffes,
2. Name des Jugendlichen,
3. Name des verantwortlichen Schiffsführers,
4. Datum des jeweiligen Arbeits- oder Ruhetages,
5. für jeden Tag der Beschäftigung, ob es sich um einen Arbeits- oder um einen Ruhetag handelt sowie
6. Beginn und Ende der täglichen Arbeitszeit oder der täglichen Freizeit.

§ 21 Ausnahmen in besonderen Fällen

(1) Die §§ 8 und 11 bis 18 finden keine Anwendung auf die Beschäftigung Jugendlicher mit vorübergehenden und unaufschiebbaren Arbeiten in Notfällen, soweit erwachsene Beschäftigte nicht zur Verfügung stehen.

(2) Wird in den Fällen des Absatzes 1 über die Arbeitszeit des § 8 hinaus Mehrarbeit geleistet, so ist sie durch entsprechende Verkürzung der Arbeitszeit innerhalb der folgenden drei Wochen auszugleichen.

(3) [aufgehoben]

§ 21a Abweichende Regelungen

(1) In einem Tarifvertrag oder auf Grund eines Tarifvertrages in einer Betriebsvereinbarung kann zugelassen werden

1. abweichend von den §§ 8, 15, 16 Abs. 3 und 4, § 17 Abs. 3 und § 18 Abs. 3 die Arbeitszeit bis zu neun Stunden täglich, 44 Stunden wöchentlich und bis zu fünfeinhalb Tagen in der Woche anders zu verteilen, jedoch nur unter Einhaltung einer durchschnittlichen Wochenarbeitszeit von 40 Stunden in einem Ausgleichszeitraum von zwei Monaten,
2. abweichend von § 11 Abs. 1 Satz 2 Nr. 2 und Abs. 2 die Ruhepausen bis zu 15 Minuten zu kürzen und die Lage der Pausen anders zu bestimmen,
3. abweichend von § 12 die Schichtzeit mit Ausnahme des Bergbaus unter Tage bis zu einer Stunde täglich zu verlängern,
4. abweichend von § 16 Abs. 1 und 2 Jugendliche an 26 Samstagen im Jahr oder an jedem Samstag zu beschäftigen, wenn statt dessen der Jugendliche an einem anderen Werktag derselben Woche von der Beschäftigung freigestellt wird,
5. abweichend von den §§ 15, 16 Abs. 3 und 4, § 17 Abs. 3 und § 18 Abs. 3 Jugendliche bei einer Beschäftigung an einem Samstag oder an einem Sonn- oder Feiertag unter vier Stunden an einem anderen Arbeitstag derselben oder der folgenden Woche vor- oder nachmittags von der Beschäftigung freizustellen,
6. abweichend von § 17 Abs. 2 Satz 2 Jugendliche im Gaststätten- und Schaustellergewerbe sowie in der Landwirtschaft während der Saison oder der Erntezeit an drei Sonntagen im Monat zu beschäftigen.

(2) Im Geltungsbereich eines Tarifvertrages nach Absatz 1 kann die abweichende tarifvertragliche Regelung im Betrieb eines nicht tarifgebundenen Arbeitgebers durch Betriebsvereinbarung oder, wenn ein Betriebsrat nicht besteht, durch schriftliche Vereinbarung zwischen dem Arbeitgeber und dem Jugendlichen übernommen werden.

(3) Die Kirchen und die öffentlich-rechtlichen Religionsgesellschaften können die in Absatz 1 genannten Abweichungen in ihren Regelungen vorsehen.

§ 21b Ermächtigung

Das Bundesministerium für Arbeit und Soziales kann im Interesse der Berufsausbildung oder der Zusammenarbeit von Jugendlichen und Erwachsenen durch Rechtsverordnung mit Zustimmung des Bundesrates Ausnahmen von den Vorschriften

1. des § 8, der §§ 11 und 12, der §§ 15 und 16, des § 17 Abs. 2 und 3 sowie des § 18 Abs. 3 im Rahmen des § 21a Abs. 1,
2. des § 14, jedoch nicht vor 5 Uhr und nicht nach 23 Uhr, sowie
3. des § 17 Abs. 1 und des § 18 Abs. 1 an höchstens 26 Sonn- und Feiertagen im Jahr

zulassen, soweit eine Beeinträchtigung der Gesundheit oder der körperlichen oder seelisch-geistigen Entwicklung der Jugendlichen nicht zu befürchten ist.

ZWEITER TITEL
Beschäftigungsverbote und -beschränkungen

§ 22 Gefährliche Arbeiten

(1) Jugendliche dürfen nicht beschäftigt werden

1. mit Arbeiten, die ihre physische oder psychische Leistungsfähigkeit übersteigen,
2. mit Arbeiten, bei denen sie sittlichen Gefahren ausgesetzt sind,
3. mit Arbeiten, die mit Unfallgefahren verbunden sind, von denen anzunehmen ist, daß Jugendliche sie wegen mangelnden Sicherheitsbewußtseins oder mangelnder Erfahrung nicht erkennen oder nicht abwenden können,
4. mit Arbeiten, bei denen ihre Gesundheit durch außergewöhnliche Hitze oder Kälte oder starke Nässe gefährdet wird,
5. mit Arbeiten, bei denen sie schädlichen Einwirkungen von Lärm, Erschütterungen oder Strahlen ausgesetzt sind,
6. mit Arbeiten, bei denen sie schädlichen Einwirkungen von Gefahrstoffen im Sinne der Gefahrstoffverordnung ausgesetzt sind,
7. mit Arbeiten, bei denen sie schädlichen Einwirkungen von biologischen Arbeitsstoffen im Sinne der Biostoffverordnung ausgesetzt sind.

(2) Absatz 1 Nr. 3 bis 7 gilt nicht für die Beschäftigung Jugendlicher, soweit
1. dies zur Erreichung ihres Ausbildungszieles erforderlich ist,
2. ihr Schutz durch die Aufsicht eines Fachkundigen gewährleistet ist und
3. der Luftgrenzwert bei gefährlichen Stoffen (Absatz 1 Nr. 6) unterschritten wird.

Satz 1 findet keine Anwendung auf gezielte Tätigkeiten mit biologischen Arbeitsstoffen der Risikogruppen 3 und 4 im Sinne der Biostoffverordnung sowie auf nicht gezielte Tätigkeiten, die nach der Biostoffverordnung der Schutzstufe 3 oder 4 zuzuordnen sind.

(3) Werden Jugendliche in einem Betrieb beschäftigt, für den ein Betriebsarzt oder eine Fachkraft für Arbeitssicherheit verpflichtet ist, muß ihre betriebsärztliche oder sicherheitstechnische Betreuung sichergestellt sein.

§ 23 Akkordarbeit, tempoabhängige Arbeiten

(1) Jugendliche dürfen nicht beschäftigt werden
1. mit Akkordarbeit und sonstigen Arbeiten, bei denen durch ein gesteigertes Arbeitstempo ein höheres Entgelt erzielt werden kann,
2. in einer Arbeitsgruppe mit erwachsenen Arbeitnehmern, die mit Arbeiten nach Nummer 1 beschäftigt werden,
3. mit Arbeiten, bei denen ihr Arbeitstempo nicht nur gelegentlich vorgeschrieben, vorgegeben oder auf andere Weise erzwungen wird.

(2) Absatz 1 Nr. 2 gilt nicht für die Beschäftigung Jugendlicher,
1. soweit dies zur Erreichung ihres Ausbildungszieles erforderlich ist oder
2. wenn sie eine Berufsausbildung für diese Beschäftigung abgeschlossen haben und ihr Schutz durch die Aufsicht eines Fachkundigen gewährleistet ist.

§ 24 Arbeiten unter Tage

(1) Jugendliche dürfen nicht mit Arbeiten unter Tage beschäftigt werden.

(2) Absatz 1 gilt nicht für die Beschäftigung Jugendlicher über 16 Jahre,

1. soweit dies zur Erreichung ihres Ausbildungsziels erforderlich ist,
2. wenn sie eine Berufsausbildung für die Beschäftigung unter Tage abgeschlossen haben oder
3. wenn sie an einer von der Bergbehörde genehmigten Ausbildungsmaßnahme für Bergjungarbeiter teilnehmen oder teilgenommen haben und ihr Schutz durch die Aufsicht eines Fachkundigen gewährleistet ist.

§ 25 Verbot der Beschäftigung durch bestimmte Personen

(1) Personen, die

1. wegen eines Verbrechens zu einer Freiheitsstrafe von mindestens zwei Jahren,
2. wegen einer vorsätzlichen Straftat, die sie unter Verletzung der ihnen als Arbeitgeber, Ausbildender oder Ausbilder obliegenden Pflichten zum Nachteil von Kindern oder Jugendlichen begangen haben, zu einer Freiheitsstrafe von mehr als drei Monaten,
3. wegen einer Straftat nach den §§ 109h, 171, 174 bis 184i, 225, 232 bis 233a des Strafgesetzbuches,
4. wegen einer Straftat nach dem Betäubungsmittelgesetz oder
5. wegen einer Straftat nach dem Jugendschutzgesetz oder nach dem Gesetz über die Verbreitung jugendgefährdender Schriften wenigstens zweimal

rechtskräftig verurteilt worden sind, dürfen Jugendliche nicht beschäftigen sowie im Rahmen eines Rechtsverhältnisses im Sinne des § 1 nicht beaufsichtigen, nicht anweisen, nicht ausbilden und nicht mit der Beaufsichtigung, Anweisung oder Ausbildung von Jugendlichen beauftragt werden. Eine Verurteilung bleibt außer Betracht, wenn seit dem Tage ihrer Rechtskraft fünf Jahre verstrichen sind. Die Zeit, in welcher der Täter auf behördliche Anordnung in einer Anstalt verwahrt worden ist, wird nicht eingerechnet.

(2) Das Verbot des Absatzes 1 Satz 1 gilt auch für Personen, gegen die wegen einer Ordnungswidrigkeit nach § 58 Abs. 1 bis 4 wenigstens dreimal eine Geldbuße rechtskräftig festgesetzt worden ist. Eine Geldbuße bleibt außer Betracht, wenn seit dem Tage ihrer rechtskräftigen Festsetzung fünf Jahre verstrichen sind.

(3) Das Verbot des Absatzes 1 und 2 gilt nicht für die Beschäftigung durch die Personensorgeberechtigten.

§ 26 Ermächtigungen

Das Bundesministerium für Arbeit und Soziales kann zum Schutze der Jugendlichen gegen Gefahren für Leben und Gesundheit sowie zur Vermeidung einer Beeinträchtigung der körperlichen oder seelisch-geistigen Entwicklung durch Rechtsverordnung mit Zustimmung des Bundesrates

1. die für Kinder, die der Vollzeitschulpflicht nicht mehr unterliegen, geeigneten und leichten Tätigkeiten nach § 7 Satz 1 Nr. 2 und die Arbeiten nach § 22 Abs. 1 und den §§ 23 und 24 näher bestimmen,
2. über die Beschäftigungsverbote in den §§ 22 bis 25 hinaus die Beschäftigung Jugendlicher in bestimmten Betriebsarten oder mit bestimmten Arbeiten verbieten oder beschränken, wenn sie bei diesen Arbeiten infolge ihres Entwicklungsstandes in besonderem Maß Gefahren ausgesetzt sind oder wenn das Verbot oder die Beschränkung der Beschäftigung infolge der technischen Entwicklung oder neuer arbeitsmedizinischer oder sicherheitstechnischer Erkenntnisse notwendig ist.

§ 27 Behördliche Anordnungen und Ausnahmen

(1) Die Aufsichtsbehörde kann in Einzelfällen feststellen, ob eine Arbeit unter die Beschäftigungsverbote oder -beschränkungen der §§ 22 bis 24 oder einer Rechtsverordnung nach § 26 fällt. Sie kann in Einzelfällen die Beschäftigung Jugendlicher mit bestimmten Arbeiten über die Beschäftigungsverbote und -beschränkungen der §§ 22 bis 24 und einer Rechtsverordnung nach § 26 hinaus verbieten oder beschränken, wenn diese Arbeiten mit Gefahren für Leben, Gesundheit oder für die körperliche oder seelisch-geistige Entwicklung der Jugendlichen verbunden sind.

(2) Die zuständige Behörde kann

1. den Personen, die die Pflichten, die ihnen kraft Gesetzes zugunsten der von ihnen beschäftigten, beaufsichtigten, angewiesenen oder auszubildenden Kinder und Jugendlichen obliegen, wiederholt oder gröblich verletzt haben,

2. den Personen, gegen die Tatsachen vorliegen, die sie in sittlicher Beziehung zur Beschäftigung, Beaufsichtigung, Anweisung oder Ausbildung von Kindern und Jugendlichen ungeeignet erscheinen lassen,

verbieten, Kinder und Jugendliche zu beschäftigen oder im Rahmen eines Rechtsverhältnisses im Sinne des § 1 zu beaufsichtigen, anzuweisen oder auszubilden.

(3) Die Aufsichtsbehörde kann auf Antrag Ausnahmen von § 23 Abs. 1 Nr. 2 und 3 für Jugendliche über 16 Jahre bewilligen,
1. wenn die Art der Arbeit oder das Arbeitstempo eine Beeinträchtigung der Gesundheit oder der körperlichen oder seelisch-geistigen Entwicklung des Jugendlichen nicht befürchten lassen und
2. wenn eine nicht länger als vor drei Monaten ausgestellte ärztliche Bescheinigung vorgelegt wird, nach der gesundheitliche Bedenken gegen die Beschäftigung nicht bestehen.

DRITTER TITEL
Sonstige Pflichten des Arbeitgebers

§ 28 Menschengerechte Gestaltung der Arbeit

(1) Der Arbeitgeber hat bei der Einrichtung und der Unterhaltung der Arbeitsstätte einschließlich der Maschinen, Werkzeuge und Geräte und bei der Regelung der Beschäftigung die Vorkehrungen und Maßnahmen zu treffen, die zum Schutze der Jugendlichen gegen Gefahren für Leben und Gesundheit sowie zur Vermeidung einer Beeinträchtigung der körperlichen oder seelisch-geistigen Entwicklung der Jugendlichen erforderlich sind. Hierbei sind das mangelnde Sicherheitsbewußtsein, die mangelnde Erfahrung und der Entwicklungsstand der Jugendlichen zu berücksichtigen und die allgemein anerkannten sicherheitstechnischen und arbeitsmedizinischen Regeln sowie die sonstigen gesicherten arbeitswissenschaftlichen Erkenntnisse zu beachten.

(2) Das Bundesministerium für Arbeit und Soziales kann durch Rechtsverordnung mit Zustimmung des Bundesrates bestimmen, welche Vorkehrungen und Maßnahmen der Arbeitgeber zur Erfüllung der sich aus Absatz 1 ergebenden Pflichten zu treffen hat.

(3) Die Aufsichtsbehörde kann in Einzelfällen anordnen, welche Vorkehrungen und Maßnahmen zur Durchführung des Absatzes 1 oder einer vom Bundesministerium für Arbeit und Soziales gemäß Absatz 2 erlassenen Verordnung zu treffen sind.

§ 28a Beurteilung der Arbeitsbedingungen

Vor Beginn der Beschäftigung Jugendlicher und bei wesentlicher Änderung der Arbeitsbedingungen hat der Arbeitgeber die mit der Beschäftigung verbundenen Gefährdungen Jugendlicher zu beurteilen. Im übrigen gelten die Vorschriften des Arbeitsschutzgesetzes.

§ 29 Unterweisung über Gefahren

(1) Der Arbeitgeber hat die Jugendlichen vor Beginn der Beschäftigung und bei wesentlicher Änderung der Arbeitsbedingungen über die Unfall- und Gesundheitsgefahren, denen sie bei der Beschäftigung ausgesetzt sind, sowie über die Einrichtungen und Maßnahmen zur Abwendung dieser Gefahren zu unterweisen. Er hat die Jugendlichen vor der erstmaligen Beschäftigung an Maschinen oder gefährlichen Arbeitsstellen oder mit Arbeiten, bei denen sie mit gesundheitsgefährdenden Stoffen in Berührung kommen, über die besonderen Gefahren dieser Arbeiten sowie über das bei ihrer Verrichtung erforderliche Verhalten zu unterweisen.

(2) Die Unterweisungen sind in angemessenen Zeitabständen, mindestens aber halbjährlich, zu wiederholen.

(3) Der Arbeitgeber beteiligt die Betriebsärzte und die Fachkräfte für Arbeitssicherheit an der Planung, Durchführung und Überwachung der für die Sicherheit und den Gesundheitsschutz bei der Beschäftigung Jugendlicher geltenden Vorschriften.

§ 30 Häusliche Gemeinschaft

(1) Hat der Arbeitgeber einen Jugendlichen in die häusliche Gemeinschaft aufgenommen, so muß er

1. ihm eine Unterkunft zur Verfügung stellen und dafür sorgen, daß sie so beschaffen, ausgestattet und belegt ist und so benutzt wird, daß die Gesundheit des Jugendlichen nicht beeinträchtigt wird, und
2. ihm bei einer Erkrankung, jedoch nicht über die Beendigung der Beschäftigung hinaus, die erforderliche Pflege und ärztliche Be-

handlung zuteil werden lassen, soweit diese nicht von einem Sozialversicherungsträger geleistet wird.

(2) Die Aufsichtsbehörde kann im Einzelfall anordnen, welchen Anforderungen die Unterkunft (Absatz 1 Nr. 1) und die Pflege bei Erkrankungen (Absatz 1 Nr. 2) genügen müssen.

§ 31 Züchtigungsverbot, Verbot der Abgabe von Alkohol und Tabak

(1) Wer Jugendliche beschäftigt oder im Rahmen eines Rechtsverhältnisses im Sinne des § 1 beaufsichtigt, anweist oder ausbildet, darf sie nicht körperlich züchtigen.

(2) Wer Jugendliche beschäftigt, muß sie vor körperlicher Züchtigung und Mißhandlung und vor sittlicher Gefährdung durch andere bei ihm Beschäftigte und durch Mitglieder seines Haushalts an der Arbeitsstätte und in seinem Hause schützen. Soweit deren Abgabe nach § 9 Absatz 1 oder § 10 Absatz 1 und 4 des Jugendschutzgesetzes verboten ist, darf der Arbeitgeber Jugendlichen keine alkoholischen Getränke, Tabakwaren oder anderen dort genannten Erzeugnisse geben.

VIERTER TITEL
Gesundheitliche Betreuung

§ 32 Erstuntersuchung

(1) Ein Jugendlicher, der in das Berufsleben eintritt, darf nur beschäftigt werden, wenn

1. er innerhalb der letzten vierzehn Monate von einem Arzt untersucht worden ist (Erstuntersuchung) und
2. dem Arbeitgeber eine von diesem Arzt ausgestellte Bescheinigung vorliegt.

(2) Absatz 1 gilt nicht für eine nur geringfügige oder eine nicht länger als zwei Monate dauernde Beschäftigung mit leichten Arbeiten, von denen keine gesundheitlichen Nachteile für den Jugendlichen zu befürchten sind.

§ 33 Erste Nachuntersuchung

(1) Ein Jahr nach Aufnahme der ersten Beschäftigung hat sich der Arbeitgeber die Bescheinigung eines Arztes darüber vorlegen zu lassen, daß der Jugendliche nachuntersucht worden ist (erste Nachuntersuchung). Die Nachuntersuchung darf nicht länger als drei Monate zurückliegen. Der Arbeitgeber soll den Jugendlichen neun Monate nach Aufnahme der ersten Beschäftigung nachdrücklich auf den Zeitpunkt, bis zu dem der Jugendliche ihm die ärztliche Bescheinigung nach Satz 1 vorzulegen hat, hinweisen und ihn auffordern, die Nachuntersuchung bis dahin durchführen zu lassen.

(2) Legt der Jugendliche die Bescheinigung nicht nach Ablauf eines Jahres vor, hat ihn der Arbeitgeber innerhalb eines Monats unter Hinweis auf das Beschäftigungsverbot nach Absatz 3 schriftlich aufzufordern, ihm die Bescheinigung vorzulegen. Je eine Durchschrift des Aufforderungsschreibens hat der Arbeitgeber dem Personensorgeberechtigten und dem Betriebs- oder Personalrat zuzusenden.

(3) Der Jugendliche darf nach Ablauf von 14 Monaten nach Aufnahme der ersten Beschäftigung nicht weiterbeschäftigt werden, solange er die Bescheinigung nicht vorgelegt hat.

§ 34 Weitere Nachuntersuchungen

Nach Ablauf jedes weiteren Jahres nach der ersten Nachuntersuchung kann sich der Jugendliche erneut nachuntersuchen lassen (weitere Nachuntersuchungen). Der Arbeitgeber soll ihn auf diese Möglichkeit rechtzeitig hinweisen und darauf hinwirken, daß der Jugendliche ihm die Bescheinigung über die weitere Nachuntersuchung vorlegt.

§ 35 Außerordentliche Nachuntersuchung

(1) Der Arzt soll eine außerordentliche Nachuntersuchung anordnen, wenn eine Untersuchung ergibt, daß

1. ein Jugendlicher hinter dem seinem Alter entsprechenden Entwicklungsstand zurückgeblieben ist,
2. gesundheitliche Schwächen oder Schäden vorhanden sind,
3. die Auswirkungen der Beschäftigung auf die Gesundheit oder Entwicklung des Jugendlichen noch nicht zu übersehen sind.

(2) Die in § 33 Abs. 1 festgelegten Fristen werden durch die Anordnung einer außerordentlichen Nachuntersuchung nicht berührt.

§ 36 Ärztliche Untersuchungen und Wechsel des Arbeitgebers

Wechselt der Jugendliche den Arbeitgeber, so darf ihn der neue Arbeitgeber erst beschäftigen, wenn ihm die Bescheinigung über die Erstuntersuchung (§ 32 Abs. 1) und, falls seit der Aufnahme der Beschäftigung ein Jahr vergangen ist, die Bescheinigung über die erste Nachuntersuchung (§ 33) vorliegen.

§ 37 Inhalt und Durchführung der ärztlichen Untersuchungen

(1) Die ärztlichen Untersuchungen haben sich auf den Gesundheits- und Entwicklungsstand und die körperliche Beschaffenheit, die Nachuntersuchungen außerdem auf die Auswirkungen der Beschäftigung auf Gesundheit und Entwicklung des Jugendlichen zu erstrecken.

(2) Der Arzt hat unter Berücksichtigung der Krankheitsvorgeschichte des Jugendlichen auf Grund der Untersuchungen zu beurteilen,

1. ob die Gesundheit oder die Entwicklung des Jugendlichen durch die Ausführung bestimmter Arbeiten oder durch die Beschäftigung während bestimmter Zeiten gefährdet wird,
2. ob besondere der Gesundheit dienende Maßnahmen einschließlich Maßnahmen zur Verbesserung des Impfstatus erforderlich sind,
3. ob eine außerordentliche Nachuntersuchung (§ 35 Abs. 1) erforderlich ist.

(3) Der Arzt hat schriftlich festzuhalten:

1. den Untersuchungsbefund,
2. die Arbeiten, durch deren Ausführung er die Gesundheit oder die Entwicklung des Jugendlichen für gefährdet hält,
3. die besonderen der Gesundheit dienenden Maßnahmen einschließlich Maßnahmen zur Verbesserung des Impfstatus,
4. die Anordnung einer außerordentlichen Nachuntersuchung (§ 35 Abs. 1).

§ 38 Ergänzungsuntersuchung

Kann der Arzt den Gesundheits- und Entwicklungsstand des Jugendlichen nur beurteilen, wenn das Ergebnis einer Ergänzungsuntersuchung durch einen anderen Arzt oder einen Zahnarzt vorliegt, so hat er die Ergänzungsuntersuchung zu veranlassen und ihre Notwendigkeit schriftlich zu begründen.

§ 39 Mitteilung, Bescheinigung

(1) Der Arzt hat dem Personensorgeberechtigten schriftlich mitzuteilen:

1. das wesentliche Ergebnis der Untersuchung,
2. die Arbeiten, durch deren Ausführung er die Gesundheit oder die Entwicklung des Jugendlichen für gefährdet hält,
3. die besonderen der Gesundheit dienenden Maßnahmen einschließlich Maßnahmen zur Verbesserung des Impfstatus,
4. die Anordnung einer außerordentlichen Nachuntersuchung (§ 35 Abs. 1).

(2) Der Arzt hat eine für den Arbeitgeber bestimmte Bescheinigung darüber auszustellen, daß die Untersuchung stattgefunden hat und darin die Arbeiten zu vermerken, durch deren Ausführung er die Gesundheit oder die Entwicklung des Jugendlichen für gefährdet hält.

§ 40 Bescheinigung mit Gefährdungsvermerk

(1) Enthält die Bescheinigung des Arztes (§ 39 Abs. 2) einen Vermerk über Arbeiten, durch deren Ausführung er die Gesundheit oder die Entwicklung des Jugendlichen für gefährdet hält, so darf der Jugendliche mit solchen Arbeiten nicht beschäftigt werden.

(2) Die Aufsichtsbehörde kann die Beschäftigung des Jugendlichen mit den in der Bescheinigung des Arztes (§ 39 Abs. 2) vermerkten Arbeiten im Einvernehmen mit einem Arzt zulassen und die Zulassung mit Auflagen verbinden.

§ 41 Aufbewahren der ärztlichen Bescheinigungen

(1) Der Arbeitgeber hat die ärztlichen Bescheinigungen bis zur Beendigung der Beschäftigung, längstens jedoch bis zur Vollendung des 18. Lebensjahres des Jugendlichen aufzubewahren und der Aufsichtsbehörde sowie der Berufsgenossenschaft auf Verlangen zur Einsicht vorzulegen oder einzusenden.

(2) Scheidet der Jugendliche aus dem Beschäftigungsverhältnis aus, so hat ihm der Arbeitgeber die Bescheinigungen auszuhändigen.

§ 42 Eingreifen der Aufsichtsbehörde

Die Aufsichtsbehörde hat, wenn die dem Jugendlichen übertragenen Arbeiten Gefahren für seine Gesundheit befürchten lassen, dies dem Personensorgeberechtigten und dem Arbeitgeber mitzuteilen und den Jugendlichen aufzufordern, sich durch einen von ihr ermächtigten Arzt untersuchen zu lassen.

§ 43 Freistellung für Untersuchungen

Der Arbeitgeber hat den Jugendlichen für die Durchführung der ärztlichen Untersuchungen nach diesem Abschnitt freizustellen. Ein Entgeltausfall darf hierdurch nicht eintreten.

§ 44 Kosten der Untersuchungen

Die Kosten der Untersuchungen trägt das Land.

§ 45 Gegenseitige Unterrichtung der Ärzte

(1) Die Ärzte, die Untersuchungen nach diesem Abschnitt vorgenommen haben, müssen, wenn der Personensorgeberechtigte und der Jugendliche damit einverstanden sind,

1. dem staatlichen Gewerbearzt,
2. dem Arzt, der einen Jugendlichen nach diesem Abschnitt nachuntersucht,

auf Verlangen die Aufzeichnungen über die Untersuchungsbefunde zur Einsicht aushändigen.

(2) Unter den Voraussetzungen des Absatzes 1 kann der Amtsarzt des Gesundheitsamtes einem Arzt, der einen Jugendlichen nach diesem Abschnitt untersucht, Einsicht in andere in seiner Dienststelle vorhandene Unterlagen über Gesundheit und Entwicklung des Jugendlichen gewähren.

§ 46 Ermächtigungen

(1) Das Bundesministerium für Arbeit und Soziales kann zum Zwecke einer gleichmäßigen und wirksamen gesundheitlichen Betreuung durch Rechtsverordnung mit Zustimmung des Bundesrates Vorschriften über die Durchführung der ärztlichen Untersuchungen und über die für die Aufzeichnungen der Untersuchungsbefunde, die Bescheinigungen und Mitteilungen zu verwendenden Vordrucke erlassen.

(2) Die Landesregierung kann durch Rechtsverordnung

1. zur Vermeidung von mehreren Untersuchungen innerhalb eines kurzen Zeitraumes aus verschiedenen Anlässen bestimmen, daß die Untersuchungen nach den §§ 32 bis 34 zusammen mit Untersuchungen nach anderen Vorschriften durchzuführen sind, und hierbei von der Frist des § 32 Abs. 1 Nr. 1 bis zu drei Monaten abweichen,
2. zur Vereinfachung der Abrechnung
   a) Pauschbeträge für die Kosten der ärztlichen Untersuchungen im Rahmen der geltenden Gebührenordnungen festsetzen,
   b) Vorschriften über die Erstattung der Kosten beim Zusammentreffen mehrerer Untersuchungen nach Nummer 1 erlassen.

VIERTER ABSCHNITT
Durchführung des Gesetzes

ERSTER TITEL
Aushänge und Verzeichnisse

§ 47 Bekanntgabe des Gesetzes und der Aufsichtsbehörde

Arbeitgeber, die regelmäßig mindestens einen Jugendlichen beschäftigen, haben einen Abdruck dieses Gesetzes und die Anschrift der zuständigen Aufsichtsbehörde an geeigneter Stelle im Betrieb zur Einsicht auszulegen oder auszuhängen.

§ 48 Aushang über Arbeitszeit und Pausen

Arbeitgeber, die regelmäßig mindestens drei Jugendliche beschäftigen, haben einen Aushang über Beginn und Ende der regelmäßigen täglichen Arbeitszeit und der Pausen der Jugendlichen an geeigneter Stelle im Betrieb anzubringen.

§ 49 Verzeichnisse der Jugendlichen

Arbeitgeber haben Verzeichnisse der bei ihnen beschäftigten Jugendlichen unter Angabe des Vor- und Familiennamens, des Geburtsdatums und der Wohnanschrift zu führen, in denen das Datum des Beginns der Beschäftigung bei ihnen, bei einer Beschäftigung unter Tage auch das Datum des Beginns dieser Beschäftigung, enthalten ist.

§ 50 Auskunft, Vorlage der Verzeichnisse

(1) Der Arbeitgeber ist verpflichtet, der Aufsichtsbehörde auf Verlangen

1. die zur Erfüllung ihrer Aufgaben erforderlichen Angaben wahrheitsgemäß und vollständig zu machen,
2. die Verzeichnisse gemäß § 49, die Unterlagen, aus denen Name, Beschäftigungsart und -zeiten der Jugendlichen sowie Lohn- und Gehaltszahlungen ersichtlich sind, und alle sonstigen Unterlagen, die sich auf die nach Nummer 1 zu machenden Angaben beziehen, zur Einsicht vorzulegen oder einzusenden.

(2) Die Verzeichnisse und Unterlagen sind mindestens bis zum Ablauf von zwei Jahren nach der letzten Eintragung aufzubewahren.

ZWEITER TITEL
Aufsicht

§ 51 Aufsichtsbehörde, Besichtigungsrechte und Berichtspflicht

(1) Die Aufsicht über die Ausführung dieses Gesetzes und der auf Grund dieses Gesetzes erlassenen Rechtsverordnungen obliegt der nach Landesrecht zuständigen Behörde (Aufsichtsbehörde). Die Landesregierung kann durch Rechtsverordnung die Aufsicht über die Ausführung dieser Vorschriften in Familienhaushalten auf gelegentliche Prüfungen beschränken.

(2) Die Beauftragten der Aufsichtsbehörde sind berechtigt, die Arbeitsstätten während der üblichen Betriebs- und Arbeitszeit zu betreten und zu besichtigen; außerhalb dieser Zeit oder wenn sich die Arbeitsstätten in einer Wohnung befinden, dürfen sie nur zur Verhütung von dringenden Gefahren für die öffentliche Sicherheit und Ordnung betreten und besichtigt werden. Der Arbeitgeber hat das Betreten und Besichtigen der Arbeitsstätten zu gestatten. Das Grundrecht der Unverletzlichkeit der Wohnung (Artikel 13 des Grundgesetzes) wird insoweit eingeschränkt.

(3) Die Aufsichtsbehörden haben im Rahmen der Jahresberichte nach § 139b Abs. 3 der Gewerbeordnung über ihre Aufsichtstätigkeit gemäß Absatz 1 zu berichten.

§ 52 [aufgehoben]

§ 53 Mitteilung über Verstöße

Die Aufsichtsbehörde teilt schwerwiegende Verstöße gegen die Vorschriften dieses Gesetzes oder gegen die auf Grund dieses Gesetzes erlassenen Rechtsverordnungen der nach dem Berufsbildungsgesetz oder der Handwerksordnung zuständigen Stelle mit. Die zuständige Agentur für Arbeit erhält eine Durchschrift dieser Mitteilung.

§ 54 Ausnahmebewilligungen

(1) Ausnahmen, die die Aufsichtsbehörde nach diesem Gesetz oder den auf Grund dieses Gesetzes erlassenen Rechtsverordnungen bewilligen kann, sind zu befristen. Die Ausnahmebewilligungen können

1. mit einer Bedingung erlassen werden,
2. mit einer Auflage oder mit einem Vorbehalt der nachträglichen Aufnahme, Änderung oder Ergänzung einer Auflage verbunden werden und
3. jederzeit widerrufen werden.

(2) Ausnahmen können nur für einzelne Beschäftigte, einzelne Betriebe oder einzelne Teile des Betriebs bewilligt werden.

(3) Ist eine Ausnahme für einen Betrieb oder einen Teil des Betriebs bewilligt worden, so hat der Arbeitgeber hierüber an geeigneter Stelle im Betrieb einen Aushang anzubringen.

DRITTER TITEL
Ausschüsse für Jugendarbeitsschutz

§ 55 Bildung des Landesausschusses für Jugendarbeitsschutz

(1) Bei der von der Landesregierung bestimmten obersten Landesbehörde wird ein Landesausschuß für Jugendarbeitsschutz gebildet.

(2) Dem Landesausschuß gehören als Mitglieder an:

1. je sechs Vertreter der Arbeitgeber und der Arbeitnehmer,
2. ein Vertreter des Landesjugendringes,
3. ein von der Bundesagentur für Arbeit benannter Vertreter und je ein Vertreter des Landesjugendamts, der für das Gesundheitswesen zuständigen obersten Landesbehörde und der für die berufsbildenden Schulen zuständigen obersten Landesbehörde und
4. ein Arzt.

(3) Die Mitglieder des Landesausschusses werden von der von der Landesregierung bestimmten obersten Landesbehörde berufen, die Vertreter der Arbeitgeber und Arbeitnehmer auf Vorschlag der auf Landesebene bestehenden Arbeitgeberverbände und Gewerkschaften, der Arzt auf Vorschlag der Landesärztekammer, die übrigen Vertreter auf Vorschlag der in Absatz 2 Nr. 2 und 3 genannten Stellen.

(4) Die Tätigkeit im Landesausschuß ist ehrenamtlich. Für bare Auslagen und für Entgeltausfall ist, soweit eine Entschädigung nicht von anderer Seite gewährt wird, eine angemessene Entschädigung zu zahlen, deren Höhe nach Landesrecht oder von der von der Landesregierung bestimmten obersten Landesbehörde festgesetzt wird.

(5) Die Mitglieder können nach Anhören der an ihrer Berufung beteiligten Stellen aus wichtigem Grund abberufen werden.

(6) Die Mitglieder haben Stellvertreter. Die Absätze 2 bis 5 gelten für die Stellvertreter entsprechend.

(7) Der Landesausschuß wählt aus seiner Mitte einen Vorsitzenden und dessen Stellvertreter. Der Vorsitzende und sein Stellvertreter sollen nicht derselben Mitgliedergruppe angehören.

(8) Der Landesausschuß gibt sich eine Geschäftsordnung. Die Geschäftsordnung kann die Bildung von Unterausschüssen vorsehen und bestimmen, daß ihnen ausnahmsweise nicht nur Mitglieder des Landesausschusses angehören. Absatz 4 Satz 2 gilt für die Unterausschüsse hinsichtlich der Entschädigung entsprechend. An den Sitzungen des Landesausschusses und der Unterausschüsse können Vertreter der beteiligten obersten Landesbehörden teilnehmen.

§ 56 Bildung des Ausschusses für Jugendarbeitsschutz bei der Aufsichtsbehörde

(1) Bei der Aufsichtsbehörde wird ein Ausschuß für Jugendarbeitsschutz gebildet. In Städten, in denen mehrere Aufsichtsbehörden ihren Sitz haben, wird ein gemeinsamer Ausschuß für Jugendarbeitsschutz gebildet. In Ländern, in denen nicht mehr als zwei Auf-

sichtsbehörden eingerichtet sind, übernimmt der Landesausschuß für Jugendarbeitsschutz die Aufgaben dieses Ausschusses.

(2) Dem Ausschuß gehören als Mitglieder an:
1. je sechs Vertreter der Arbeitgeber und der Arbeitnehmer,
2. ein Vertreter des im Bezirk der Aufsichtsbehörde wirkenden Jugendringes,
3. je ein Vertreter eines Arbeits-, Jugend- und Gesundheitsamtes,
4. ein Arzt und ein Lehrer an einer berufsbildenden Schule.

(3) Die Mitglieder des Jugendarbeitsschutzausschusses werden von der Aufsichtsbehörde berufen, die Vertreter der Arbeitgeber und Arbeitnehmer auf Vorschlag der im Aufsichtsbezirk bestehenden Arbeitgeberverbände und Gewerkschaften, der Arzt auf Vorschlag der Ärztekammer, der Lehrer auf Vorschlag der nach Landesrecht zuständigen Behörde, die übrigen Vertreter auf Vorschlag der in Absatz 2 Nr. 2 und 3 genannten Stellen. § 55 Abs. 4 bis 8 gilt mit der Maßgabe entsprechend, daß die Entschädigung von der Aufsichtsbehörde mit Genehmigung der von der Landesregierung bestimmten obersten Landesbehörde festgesetzt wird.

§ 57 Aufgaben der Ausschüsse

(1) Der Landesausschuß berät die oberste Landesbehörde in allen allgemeinen Angelegenheiten des Jugendarbeitsschutzes und macht Vorschläge für die Durchführung dieses Gesetzes. Er klärt über Inhalt und Ziel des Jugendarbeitsschutzes auf.

(2) Die oberste Landesbehörde beteiligt den Landesausschuß in Angelegenheiten von besonderer Bedeutung, insbesondere vor Erlaß von Rechtsvorschriften zur Durchführung dieses Gesetzes.

(3) Der Landesausschuß hat über seine Tätigkeit im Zusammenhang mit dem Bericht der Aufsichtsbehörden nach § 51 Abs. 3 zu berichten.

(4) Der Ausschuß für Jugendarbeitsschutz bei der Aufsichtsbehörde berät diese in allen allgemeinen Angelegenheiten des Jugendarbeitsschutzes und macht dem Landesausschuß Vorschläge für die Durchführung dieses Gesetzes. Er klärt über Inhalt und Ziel des Jugendarbeitsschutzes auf.

FÜNFTER ABSCHNITT
Straf- und Bußgeldvorschriften

§ 58 Bußgeld- und Strafvorschriften

(1) Ordnungswidrig handelt, wer als Arbeitgeber vorsätzlich oder fahrlässig

1. entgegen § 5 Abs. 1, auch in Verbindung mit § 2 Abs. 3, ein Kind oder einen Jugendlichen, der der Vollzeitschulpflicht unterliegt, beschäftigt,
2. entgegen § 5 Abs. 3 Satz 1 oder Satz 3, jeweils auch in Verbindung mit § 2 Abs. 3, ein Kind über 13 Jahre oder einen Jugendlichen, der der Vollzeitschulpflicht unterliegt, in anderer als der zugelassenen Weise beschäftigt,
3. [aufgehoben]
4. entgegen § 7 Satz 1 Nr. 2, auch in Verbindung mit einer Rechtsverordnung nach § 26 Nr. 1, ein Kind, das der Vollzeitschulpflicht nicht mehr unterliegt, in anderer als der zugelassenen Weise beschäftigt,
5. entgegen § 8 einen Jugendlichen über die zulässige Dauer der Arbeitszeit hinaus beschäftigt,
6. entgegen § 9 Abs. 1 eine dort bezeichnete Person an Berufsschultagen oder in Berufsschulwochen nicht freistellt,
7. entgegen § 10 Abs. 1 einen Jugendlichen für die Teilnahme an Prüfungen oder Ausbildungsmaßnahmen oder an dem Arbeitstag, der der schriftlichen Abschlußprüfung unmittelbar vorangeht, nicht freistellt,
8. entgegen § 11 Abs. 1 oder 2 Ruhepausen nicht, nicht mit der vorgeschriebenen Mindestdauer oder nicht in der vorgeschriebenen zeitlichen Lage gewährt,
9. entgegen § 12 einen Jugendlichen über die zulässige Schichtzeit hinaus beschäftigt,
10. entgegen § 13 die Mindestfreizeit nicht gewährt,
11. entgegen § 14 Abs. 1 einen Jugendlichen außerhalb der Zeit von 6 bis 20 Uhr oder entgegen § 14 Abs. 7 Satz 3 vor Ablauf der Mindestfreizeit beschäftigt,
12. entgegen § 15 einen Jugendlichen an mehr als fünf Tagen in der Woche beschäftigt,
13. entgegen § 16 Abs. 1 einen Jugendlichen an Samstagen beschäftigt oder entgegen § 16 Abs. 3 Satz 1 den Jugendlichen nicht freistellt,

14. entgegen § 17 Abs. 1 einen Jugendlichen an Sonntagen beschäftigt oder entgegen § 17 Abs. 2 Satz 2 Halbsatz 2 oder Abs. 3 Satz 1 den Jugendlichen nicht freistellt,
15. entgegen § 18 Abs. 1 einen Jugendlichen am 24. oder 31. Dezember nach 14 Uhr oder an gesetzlichen Feiertagen beschäftigt oder entgegen § 18 Abs. 3 nicht freistellt,
16. entgegen § 19 Abs. 1, auch in Verbindung mit Abs. 2 Satz 1 oder 2, oder entgegen § 19 Abs. 3 Satz 2 oder Abs. 4 Satz 2 Urlaub nicht oder nicht mit der vorgeschriebenen Dauer gewährt,
17. entgegen § 21 Abs. 2 die geleistete Mehrarbeit durch Verkürzung der Arbeitszeit nicht ausgleicht,
18. entgegen § 22 Abs. 1, auch in Verbindung mit einer Rechtsverordnung nach § 26 Nr. 1, einen Jugendlichen mit den dort genannten Arbeiten beschäftigt,
19. entgegen § 23 Abs. 1, auch in Verbindung mit einer Rechtsverordnung nach § 26 Nr. 1, einen Jugendlichen mit Arbeiten mit Lohnanreiz, in einer Arbeitsgruppe mit Erwachsenen, deren Entgelt vom Ergebnis ihrer Arbeit abhängt, oder mit tempoabhängigen Arbeiten beschäftigt,
20. entgegen § 24 Abs. 1, auch in Verbindung mit einer Rechtsverordnung nach § 26 Nr. 1, einen Jugendlichen mit Arbeiten unter Tage beschäftigt,
21. entgegen § 31 Abs. 2 Satz 2, einem Jugendlichen ein dort genanntes Getränk, Tabakwaren oder ein dort genanntes Erzeugnis gibt,
22. entgegen § 32 Abs. 1 einen Jugendlichen ohne ärztliche Bescheinigung über die Erstuntersuchung beschäftigt,
23. entgegen § 33 Abs. 3 einen Jugendlichen ohne ärztliche Bescheinigung über die erste Nachuntersuchung weiterbeschäftigt,
24. entgegen § 36 einen Jugendlichen ohne Vorlage der erforderlichen ärztlichen Bescheinigungen beschäftigt,
25. entgegen § 40 Abs. 1 einen Jugendlichen mit Arbeiten beschäftigt, durch deren Ausführung der Arzt nach der von ihm erteilten Bescheinigung die Gesundheit oder die Entwicklung des Jugendlichen für gefährdet hält,
26. einer Rechtsverordnung nach
    a) § 26 Nr. 2 oder
    b) § 28 Abs. 2

    zuwiderhandelt, soweit sie für einen bestimmten Tatbestand auf diese Bußgeldvorschrift verweist,

27. einer vollziehbaren Anordnung der Aufsichtsbehörde nach § 6 Abs. 3, § 27 Abs. 1 Satz 2 oder Abs. 2, § 28 Abs. 3 oder § 30 Abs. 2 zuwiderhandelt,
28. einer vollziehbaren Auflage der Aufsichtsbehörde nach § 6 Abs. 1, § 14 Abs. 7, § 27 Abs. 3 oder § 40 Abs. 2, jeweils in Verbindung mit § 54 Abs. 1, zuwiderhandelt,
29. einer vollziehbaren Anordnung oder Auflage der Aufsichtsbehörde auf Grund einer Rechtsverordnung nach § 26 Nr. 2 oder § 28 Abs. 2 zuwiderhandelt, soweit die Rechtsverordnung für einen bestimmten Tatbestand auf die Bußgeldvorschrift verweist.

(2) Ordnungswidrig handelt, wer vorsätzlich oder fahrlässig entgegen § 25 Abs. 1 Satz 1 oder Abs. 2 Satz 1 einen Jugendlichen beschäftigt, beaufsichtigt, anweist oder ausbildet, obwohl ihm dies verboten ist, oder einen anderen, dem dies verboten ist, mit der Beaufsichtigung, Anweisung oder Ausbildung eines Jugendlichen beauftragt.

(3) Absatz 1 Nr. 4, 6 bis 29 und Absatz 2 gelten auch für die Beschäftigung von Kindern (§ 2 Abs. 1) oder Jugendlichen, die der Vollzeitschulpflicht unterliegen (§ 2 Abs. 3), nach § 5 Abs. 2 Absatz 1 Nr. 6 bis 29 und Absatz 2 gelten auch für die Beschäftigung von Kindern, die der Vollzeitschulpflicht nicht mehr unterliegen, nach § 7.

(4) Die Ordnungswidrigkeit kann mit einer Geldbuße bis zu fünfzehntausend Euro geahndet werden.

(5) Wer vorsätzlich eine in Absatz 1, 2 oder 3 bezeichnete Handlung begeht und dadurch ein Kind, einen Jugendlichen oder im Fall des Absatzes 1 Nr. 6 eine Person, die noch nicht 21 Jahre alt ist, in ihrer Gesundheit oder Arbeitskraft gefährdet, wird mit Freiheitsstrafe bis zu einem Jahr oder mit Geldstrafe bestraft. Ebenso wird bestraft, wer eine in Absatz 1, 2 oder 3 bezeichnete Handlung beharrlich wiederholt.

(6) Wer in den Fällen des Absatzes 5 Satz 1 die Gefahr fahrlässig verursacht, wird mit Freiheitsstrafe bis zu sechs Monaten oder mit Geldstrafe bis zu einhundertachtzig Tagessätzen bestraft.

§ 59 Bußgeldvorschriften

(1) Ordnungswidrig handelt, wer als Arbeitgeber vorsätzlich oder fahrlässig

1. entgegen § 6 Abs. 4 Satz 2 ein Kind vor Erhalt des Bewilligungsbescheides beschäftigt,
2. entgegen § 11 Abs. 3 den Aufenthalt in Arbeitsräumen gestattet,

2a. entgegen § 20 Absatz 2 Satz 1 eine Aufzeichnung nicht oder nicht richtig führt,

2b. entgegen § 20 Absatz 2 Satz 3 eine Aufzeichnung nicht oder nicht mindestens zwölf Monate aufbewahrt,

3. entgegen § 29 einen Jugendlichen über Gefahren nicht, nicht richtig oder nicht rechtzeitig unterweist,
4. entgegen § 33 Abs. 2 Satz 1 einen Jugendlichen nicht oder nicht rechtzeitig zur Vorlage einer ärztlichen Bescheinigung auffordert,
5. entgegen § 41 die ärztliche Bescheinigung nicht aufbewahrt, vorlegt, einsendet oder aushändigt,
6. entgegen § 43 Satz 1 einen Jugendlichen für ärztliche Untersuchungen nicht freistellt,
7. entgegen § 47 einen Abdruck des Gesetzes oder die Anschrift der zuständigen Aufsichtsbehörde nicht auslegt oder aushängt,
8. entgegen § 48 Arbeitszeit und Pausen nicht oder nicht in der vorgeschriebenen Weise aushängt,
9. entgegen § 49 ein Verzeichnis nicht oder nicht in der vorgeschriebenen Weise führt,
10. entgegen § 50 Abs. 1 Angaben nicht, nicht richtig oder nicht vollständig macht oder Verzeichnisse oder Unterlagen nicht vorlegt oder einsendet oder entgegen § 50 Abs. 2 Verzeichnisse oder Unterlagen nicht oder nicht vorschriftsmäßig aufbewahrt,
11. entgegen § 51 Abs. 2 Satz 2 das Betreten oder Besichtigen der Arbeitsstätten nicht gestattet,
12. entgegen § 54 Abs. 3 einen Aushang nicht anbringt.

(2) Absatz 1 Nr. 2 bis 6 gilt auch für die Beschäftigung von Kindern (§ 2 Abs. 1 und 3) nach § 5 Abs. 2 Satz 1.

(3) Die Ordnungswidrigkeit kann mit einer Geldbuße bis zu zweitausendfünfhundert Euro geahndet werden.

§ 60 Verwaltungsvorschriften für die Verfolgung und Ahndung von Ordnungswidrigkeiten
Der Bundesminister für Arbeit und Sozialordnung kann mit Zustimmung des Bundesrates allgemeine Verwaltungsvorschriften für die Verfolgung und Ahndung von Ordnungswidrigkeiten nach §§ 58 und 59 durch die Verwaltungsbehörde (§ 35 des Gesetzes über Ordnungswidrigkeiten) und über die Erteilung einer Verwarnung (§§ 56, 58 Abs. 2 des Gesetzes über Ordnungswidrigkeiten) wegen einer Ordnungswidrigkeit nach §§ 58 und 59 erlassen.

SECHSTER ABSCHNITT
Schlußvorschriften

§ 61 Beschäftigung von Jugendlichen auf Kauffahrteischiffen
Für die Beschäftigung von Jugendlichen als Besatzungsmitglieder auf Kauffahrteischiffen im Sinne des § 3 des Seearbeitsgesetzes gilt anstelle dieses Gesetzes das Seearbeitsgesetz.

§ 62 Beschäftigung im Vollzug einer Freiheitsentziehung
(1) Die Vorschriften dieses Gesetzes gelten für die Beschäftigung Jugendlicher (§ 2 Abs. 2) im Vollzuge einer gerichtlich angeordneten Freiheitsentziehung entsprechend, soweit es sich nicht nur um gelegentliche, geringfügige Hilfeleistungen handelt und soweit in den Absätzen 2 bis 4 nichts anderes bestimmt ist.

(2) Im Vollzug einer gerichtlich angeordneten Freiheitsentziehung finden § 19, §§ 47 bis 50 keine Anwendung.

(3) Die §§ 13, 14, 15, 16, 17 und 18 Abs. 1 und 2 gelten im Vollzug einer gerichtlich angeordneten Freiheitsentziehung nicht für die Beschäftigung jugendlicher Anstaltsinsassen mit der Zubereitung und Ausgabe der Anstaltsverpflegung.

(4) § 18 Abs. 1 und 2 gilt nicht für die Beschäftigung jugendlicher Anstaltsinsassen in landwirtschaftlichen Betrieben der Vollzugsanstalten mit Arbeiten, die auch an Sonn- und Feiertagen naturnotwendig vorgenommen werden müssen.

§§ 63–70 (Änderung von Gesetzen und Verordnungen)
[nicht abgedruckt]

§ 71 Berlin-Klausel

Dieses Gesetz gilt nach Maßgabe des § 13 Abs. 1 des Dritten Überleitungsgesetzes vom 4. Januar 1952 (Bundesgesetzbl. I S. 1) auch im Land Berlin. Rechtsverordnungen, die auf Grund dieses Gesetzes erlassen werden, gelten im Land Berlin nach § 14 des Dritten Überleitungsgesetzes.

§ 72 Inkrafttreten

(1) Dieses Gesetz tritt am 1. Mai 1976 in Kraft.

(2) Zum gleichen Zeitpunkt treten außer Kraft: ...

(3) Die auf Grund des § 37 Abs. 2 und des § 53 des Jugendarbeitsschutzgesetzes vom 9. August 1960, des § 20 Abs. 1 des Jugendschutzgesetzes vom 30. April 1938 und des § 120e der Gewerbeordnung erlassenen Vorschriften bleiben unberührt. Sie können, soweit sie den Geltungsbereich dieses Gesetzes betreffen, durch Rechtsverordnungen auf Grund des § 26 oder des § 46 geändert oder aufgehoben werden.

(4) Vorschriften in Rechtsverordnungen, die durch § 69 dieses Gesetzes geändert werden, können vom Bundesministerium für Arbeit und Soziales im Rahmen der bestehenden Ermächtigungen geändert oder aufgehoben werden.

(5) Verweisungen auf Vorschriften des Jugendarbeitsschutzgesetzes vom 9. August 1960 gelten als Verweisungen auf die entsprechenden Vorschriften dieses Gesetzes oder der auf Grund dieses Gesetzes erlassenen Rechtsverordnungen.

Gesetz über die Berufe in der Krankenpflege* (Krankenpflegegesetz – KrPflG)

ABSCHNITT 1
Erlaubnis zum Führen von Berufsbezeichnungen

§ 1 Führen der Berufsbezeichnungen

(1) Wer eine der Berufsbezeichnungen

1. „Gesundheits- und Krankenpflegerin" oder „Gesundheits- und Krankenpfleger" oder
2. „Gesundheits- und Kinderkrankenpflegerin" oder „Gesundheits- und Kinderkrankenpfleger"

führen will, bedarf der Erlaubnis. Personen mit einer Erlaubnis nach Satz 1, die über eine Ausbildung nach § 4 Abs. 7 verfügen, sind im Rahmen der ihnen in dieser Ausbildung vermittelten erweiterten Kompetenzen zur Ausübung heilkundlicher Tätigkeiten berechtigt.

(2) Krankenschwestern und Krankenpfleger, die für die allgemeine Pflege verantwortlich und Staatsangehörige eines Vertragsstaates des Europäischen Wirtschaftsraumes sind, führen die Berufsbezeichnungen nach Absatz 1 Nr. 1 im Geltungsbereich dieses Gesetzes ohne Erlaubnis, sofern sie ihre Berufstätigkeit als vorübergehende und gelegentliche Dienstleistung im Sinne des Artikels 50 des EG-Vertrages im Geltungsbereich dieses Gesetzes ausüben. Sie unterliegen jedoch der Meldepflicht nach diesem Gesetz.

(3) Gesundheits- und Kinderkrankenpflegerinnen und Gesundheits- und Kinderkrankenpfleger, die Staatsangehörige eines Vertragsstaates des Europäischen Wirtschaftsraumes sind, führen die Berufsbezeichnungen nach Absatz 1 Nr. 2 im Geltungsbereich dieses Gesetzes ohne Erlaubnis, sofern sie ihre Berufstätigkeit als vorübergehende und gelegentliche Dienstleistung im Sinne des Artikels 50 des EG-Vertrages im Geltungsbereich dieses Gesetzes ausüben. Sie unterliegen jedoch der Meldepflicht und Nachprüfung nach diesem Gesetz.

(4) Die Absätze 2 und 3 gelten entsprechend für Drittstaaten und Drittstaatsangehörige, soweit sich hinsichtlich der Diplomaner-

* Vom 16. Juli 2003 (BGBl. I, S. 1442), zuletzt geändert durch Gesetz vom 17. Juli 2017 (BGBl. I, S. 2581 (2611)).

kennung nach dem Recht der Europäischen Gemeinschaften eine Gleichstellung ergibt.

§ 2 Voraussetzungen für die Erteilung der Erlaubnis

(1) Eine Erlaubnis nach § 1 Abs. 1 ist auf Antrag zu erteilen, wenn die Antragstellerin oder der Antragsteller

1. die durch dieses Gesetz vorgeschriebene Ausbildungszeit abgeleistet und die staatliche Prüfung bestanden hat,
2. sich nicht eines Verhaltens schuldig gemacht hat, aus dem sich die Unzuverlässigkeit zur Ausübung des Berufs ergibt,
3. nicht in gesundheitlicher Hinsicht zur Ausübung des Berufs ungeeignet ist und
4. über die für die Ausübung der Berufstätigkeit erforderlichen Kenntnisse der deutschen Sprache verfügt.

(2) Die Erlaubnis ist zurückzunehmen, wenn bei Erteilung der Erlaubnis eine der Voraussetzungen nach Absatz 1 Nr. 1 bis 3 nicht vorgelegen hat oder die Ausbildung nach den Absätzen 3 bis 6 oder die nach § 25 nachzuweisende Ausbildung nicht abgeschlossen war. Die Erlaubnis ist zu widerrufen, wenn nachträglich die Voraussetzung nach Absatz 1 Nr. 2 weggefallen ist. Die Erlaubnis kann widerrufen werden, wenn nachträglich die Voraussetzung nach Absatz 1 Nr. 3 weggefallen ist.

(3) Vorbehaltlich der Absätze 4 bis 6 und des § 25 erfüllt eine außerhalb des Geltungsbereichs dieses Gesetzes und außerhalb eines anderen Vertragsstaats des Europäischen Wirtschaftsraums erworbene abgeschlossene Ausbildung die Voraussetzungen des Absatzes 1 Nummer 1, wenn die Gleichwertigkeit des Ausbildungsstandes gegeben ist. Der Ausbildungsstand ist als gleichwertig anzusehen, wenn die Ausbildung der Antragsteller keine wesentlichen Unterschiede gegenüber der in diesem Gesetz und in der Ausbildungs- und Prüfungsverordnung für die Berufe in der Krankenpflege geregelten Ausbildung aufweist. Wesentliche Unterschiede im Sinne des Satzes 2 liegen vor, wenn

1. die Ausbildung der Antragsteller hinsichtlich der beruflichen Tätigkeit Fächer oder Bereiche der praktischen Ausbildung umfasst, die sich wesentlich von denen unterscheiden, die nach diesem Gesetz und nach der Ausbildungs- und Prüfungsverordnung für die Berufe in der Krankenpflege vorgeschrieben sind, oder

2. der Beruf des Gesundheits- und Krankenpflegers oder des Gesundheits- und Kinderkrankenpflegers eine oder mehrere reglementierte Tätigkeiten umfasst, die im Herkunftsstaat der Antragsteller nicht Bestandteil des Berufs sind, der dem des Gesundheits- und Krankenpflegers oder des Gesundheits- und Kinderkrankenpflegers entspricht, und wenn sich die Ausbildung für diese Tätigkeiten auf Themenbereiche oder Bereiche der praktischen Ausbildung nach diesem Gesetz und nach der Ausbildungs- und Prüfungsverordnung für die Berufe in der Krankenpflege bezieht, die sich wesentlich von denen unterscheiden, die von der Ausbildung der Antragsteller abgedeckt sind, und

die Antragsteller diese Unterschiede nicht durch Kenntnisse und Fähigkeiten ausgleichen können, die sie im Rahmen ihrer Berufspraxis als Gesundheits- und Krankenpfleger oder als Gesundheits- und Kinderkrankenpfleger in Voll- oder Teilzeit oder durch lebenslanges Lernen erworben haben, sofern die durch lebenslanges Lernen erworbenen Kenntnisse und Fähigkeiten von einer dafür in dem jeweiligen Staat zuständigen Stelle formell als gültig anerkannt wurden; dabei ist nicht entscheidend, in welchem Staat diese Kenntnisse und Fähigkeiten erworben worden sind. Themenbereiche oder Bereiche der praktischen Ausbildung unterscheiden sich wesentlich, wenn die nachgewiesene Ausbildung der Antragsteller wesentliche inhaltliche Abweichungen hinsichtlich der Kenntnisse und Fähigkeiten aufweist, die eine wesentliche Voraussetzung für die Ausübung des Berufs des Gesundheits- und Krankenpflegers oder des Gesundheits- und Kinderkrankenpflegers in Deutschland sind; Satz 3 letzter Teilsatz gilt entsprechend. Ist die Gleichwertigkeit des Ausbildungsstandes nach Satz 1 nicht gegeben oder kann sie nur mit unangemessenem zeitlichem oder sachlichem Aufwand festgestellt werden, weil die erforderlichen Unterlagen und Nachweise aus Gründen, die nicht in der Person der Antragsteller liegen, von diesen nicht vorgelegt werden können, ist ein gleichwertiger Kenntnisstand nachzuweisen. Dieser Nachweis wird durch eine Kenntnisprüfung, die sich auf den Inhalt der staatlichen Abschlussprüfung erstreckt, oder einen höchstens dreijährigen Anpassungslehrgang erbracht, der mit einer Prüfung über den Inhalt des Anpassungslehrgangs abschließt. Die Antragsteller haben das Recht, zwischen der Kenntnisprüfung und dem Anpassungslehrgang zu wählen.

(3a) Absatz 3 Satz 1 bis 4 gilt entsprechend für Antragsteller, die ihre Ausbildung in einem anderen Vertragsstaat des Europäischen Wirtschaftsraums abgeschlossen haben und nicht unter Absatz 4 oder § 25 fallen, sowie Antragsteller, die über einen Ausbildungsnachweis als Krankenschwester oder Krankenpfleger, die für die allgemeine Pflege verantwortlich sind, aus einem Staat, der nicht Vertragsstaat des Europäischen Wirtschaftsraums (Drittstaat) ist, verfügen, der in einem anderen Vertragsstaat des Europäischen Wirtschaftsraums anerkannt wurde. Zum Ausgleich der festgestellten wesentlichen Unterschiede haben die Antragsteller in einem höchstens dreijährigen Anpassungslehrgang oder einer Eignungsprüfung, die sich auf die festgestellten wesentlichen Unterschiede erstrecken, nachzuweisen, dass sie über die zur Ausübung des Berufs der Krankenschwester oder des Krankenpflegers, die für die allgemeine Pflege verantwortlich sind, in Deutschland erforderlichen Kenntnisse und Fähigkeiten verfügen. Sie haben das Recht, zwischen dem Anpassungslehrgang und der Eignungsprüfung zu wählen.

(4) Für Personen, die eine Erlaubnis nach § 1 Abs. 1 Nr. 1 beantragen, gilt die Voraussetzung des Absatzes 1 Nr. 1 als erfüllt, wenn sie in einem anderen Vertragsstaat des Europäischen Wirtschaftsraumes eine Ausbildung als Krankenschwester oder Krankenpfleger, die für die allgemeine Pflege verantwortlich sind, abgeschlossen haben und dies durch Vorlage eines in der Anlage zu diesem Gesetz aufgeführten und nach dem dort genannten Stichtag ausgestellten Ausbildungsnachweises eines der übrigen Mitgliedstaaten der Europäischen Union nachweisen. Satz 1 gilt entsprechend für in der Anlage zu diesem Gesetz aufgeführte und nach dem 31. Dezember 1992 ausgestellte Ausbildungsnachweise eines anderen Vertragsstaates des Abkommens über den Europäischen Wirtschaftsraum. Das Bundesministerium für Gesundheit wird ermächtigt, durch Rechtsverordnung, die nicht der Zustimmung des Bundesrates bedarf, die Anlage zu diesem Gesetz späteren Änderungen des Anhangs zur Richtlinie 2005/36/EG anzupassen. Gleichwertig den in Satz 1 genannten Ausbildungsnachweisen sind nach einem der in der Anlage aufgeführten Stichtag von den übrigen Vertragsstaaten des Europäischen Wirtschaftsraumes ausgestellte Ausbildungsnachweise der Krankenschwestern und der Krankenpfleger, die für die allgemeine Pflege verantwortlich sind, die den in der Anlage zu Satz 1 für den betreffenden Staat aufgeführten Bezeichnungen

nicht entsprechen, aber mit einer Bescheinigung der zuständigen Behörde oder Stelle des Staates darüber vorgelegt werden, dass sie eine Ausbildung abschließen, die den Mindestanforderungen des Artikels 31 in Verbindung mit dem Anhang V Nummer 5.2.1 der Richtlinie 2005/36/EG in der jeweils geltenden Fassung entspricht, und den für diesen Staat in der Anlage zu Satz 1 genannten Nachweisen gleichsteht. Inhaber eines bulgarischen Befähigungsnachweises für den Beruf des „**фелдшер**" („Feldscher") haben keinen Anspruch auf Anerkennung ihres beruflichen Befähigungsnachweises in anderen Mitgliedstaaten im Rahmen dieses Absatzes.

(5) Für Antragsteller, die eine Erlaubnis nach § 1 Abs. 1 Nr. 2 anstreben, gilt die Voraussetzung des Absatzes 1 Nr. 1 als erfüllt, wenn aus einem Europäischen Berufsausweis oder aus einem in einem anderen Vertragsstaat des Europäischen Wirtschaftsraumes erworbenen Diplom hervorgeht, dass der Inhaber eine Ausbildung erworben hat, die in diesem Staat für den unmittelbaren Zugang zu einem dem Beruf des Gesundheits- und Kinderkrankenpflegers entsprechenden Beruf erforderlich ist. Diplome im Sinne dieses Gesetzes sind Ausbildungsnachweise gemäß Artikel 3 Abs. 1 Buchstabe c der Richtlinie 2005/36/EG des Europäischen Parlaments und des Rates vom 7. September 2005 über die Anerkennung von Berufsqualifikationen (ABl. EU Nr. L 255 S. 22, 2007 Nr. L 271 S. 18) in der jeweils geltenden Fassung, die mindestens dem in Artikel 11 Buchstabe b der Richtlinie 2005/36/EG genannten Niveau entsprechen und denen eine Bescheinigung des Herkunftsmitgliedstaats über das Ausbildungsniveau beigefügt ist. Satz 2 gilt auch für einen Ausbildungsnachweis oder eine Gesamtheit von Ausbildungsnachweisen, die von einer zuständigen Behörde in einem Mitgliedstaat ausgestellt wurden, sofern sie den erfolgreichen Abschluss einer in der Europäischen Union auf Voll- oder Teilzeitbasis im Rahmen formaler oder nichtformaler Ausbildungsprogramme erworbenen Ausbildung bescheinigen, von diesem Mitgliedstaat als gleichwertig anerkannt wurden und in Bezug auf die Aufnahme oder Ausübung des Berufs des Gesundheits- und Kinderkrankenpflegers dieselben Rechte verleihen oder auf die Ausübung des Berufs des Gesundheits- und Kinderkrankenpflegers vorbereiten. Satz 2 gilt ferner für Berufsqualifikationen, die zwar nicht den Erfordernissen der Rechts- oder Verwaltungsvorschriften des Herkunftsmitgliedstaats für die Aufnahme oder Ausübung des Berufs des Gesundheits- und Kin-

derkrankenpflegers entsprechen, ihrem Inhaber jedoch nach dem Recht des Herkunftsmitgliedstaats erworbene Rechte nach den dort maßgeblichen Vorschriften verleihen. Antragsteller mit einem Ausbildungsnachweis aus einem Vertragsstaat des Europäischen Wirtschaftsraums haben einen höchstens dreijährigen Anpassungslehrgang zu absolvieren oder eine Eignungsprüfung abzulegen, wenn

1. die Ausbildung der Antragsteller hinsichtlich der beruflichen Tätigkeit Themenbereiche oder Bereiche der praktischen Ausbildung umfasst, die sich wesentlich von denen unterscheiden, die nach diesem Gesetz und nach der Ausbildungs- und Prüfungsverordnung für die Berufe in der Krankenpflege vorgeschrieben sind, oder
2. der Beruf des Gesundheits- und Kinderkrankenpflegers eine oder mehrere reglementierte Tätigkeiten umfasst, die im Herkunftsstaat der Antragsteller nicht Bestandteil des Berufs sind, der dem des Gesundheits- und Kinderkrankenpflegers entspricht, und wenn sich die Ausbildung für diese Tätigkeiten auf Themenbereiche oder Bereiche der praktischen Ausbildung nach diesem Gesetz und nach der Ausbildungs- und Prüfungsverordnung für die Berufe in der Krankenpflege bezieht, die sich wesentlich von denen unterscheiden, die von der Ausbildung der Antragsteller abgedeckt sind.

Themenbereiche oder Bereiche der praktischen Ausbildung unterscheiden sich wesentlich, wenn die nachgewiesene Ausbildung der Antragsteller wesentliche inhaltliche Abweichungen hinsichtlich der Kenntnisse und Fähigkeiten aufweist, die eine wesentliche Voraussetzung für die Ausübung des Berufs des Gesundheits- und Kinderkrankenpflegers in Deutschland sind. Wesentliche Unterschiede können ganz oder teilweise durch Kenntnisse und Fähigkeiten ausgeglichen werden, die die Antragsteller im Rahmen ihrer tatsächlichen und rechtmäßigen Ausübung des Berufs des Gesundheits- und Kinderkrankenpflegers in Voll- oder Teilzeit oder durch lebenslanges Lernen erworben haben, sofern die durch lebenslanges Lernen erworbenen Kenntnisse und Fähigkeiten von einer dafür in dem jeweiligen Staat zuständigen Stelle formell als gültig anerkannt wurden; dabei ist nicht entscheidend, in welchem Staat diese Kenntnisse und Fähigkeiten erworben worden sind. Die Antragsteller haben das Recht, zwischen dem Anpassungslehrgang und der Eignungsprüfung zu wählen.

(5a) Absatz 5 gilt entsprechend für Personen,

1. die eine Erlaubnis nach § 1 Abs. 1 Nr. 1 beantragen und über einen in einem anderen Vertragsstaat des Europäischen Wirtschaftsraumes ausgestellten Ausbildungsnachweis oder eine Gesamtheit von Ausbildungsnachweisen verfügen, die eine Ausbildung zur spezialisierten Krankenschwester oder zum spezialisierten Krankenpfleger bescheinigen, die nicht die allgemeine Pflege umfasst, oder
2. die eine Erlaubnis nach § 1 Abs. 1 Nr. 2 beantragen und über eine in einem anderen Vertragsstaat des Europäischen Wirtschaftsraumes ausgestellten Ausbildungsnachweis oder eine Gesamtheit von Ausbildungsnachweisen, die den Mindestanforderungen des Artikels 31 in Verbindung mit dem Anhang V Nummer 5.2.1 der Richtlinie 2005/36/EG in der jeweils geltenden Fassung entsprechen, und eine darauf aufbauende Spezialisierung in der Gesundheits- und Kinderkrankenpflege verfügen.

(5b) Die Regelungen der Absätze 3 bis 5a gelten entsprechend für den Fall der Einführung eines Europäischen Berufsausweises für den Beruf des Gesundheits- und Krankenpflegers und den Beruf des Gesundheits- und Kinderkrankenpflegers.

(5c) Für Antragsteller, die über einen Ausbildungsnachweis verfügen, der dem in Artikel 11 Buchstabe a der Richtlinie 2005/36/EG genannten Niveau entspricht, gelten die Absätze 3, 3a und 5 mit der Maßgabe, dass die erforderliche Ausgleichsmaßnahme abweichend von Absatz 3 Satz 7, Absatz 3a Satz 3 oder Absatz 5 Satz 8 aus einer Eignungsprüfung besteht.

(5d) Wird die Voraussetzung des Absatzes 1 Nummer 1 auf eine Ausbildung gestützt, die außerhalb des Geltungsbereichs dieses Gesetzes abgeschlossen worden ist, soll die Gleichwertigkeit der Berufsqualifikation nach den Absätzen 3, 3a, 4, 5, 5a oder 5b vor den Voraussetzungen nach Absatz 1 Nummer 2 bis 4 geprüft werden. Auf Antrag ist dem Antragsteller ein gesonderter Bescheid über die Feststellung seiner Berufsqualifikation zu erteilen.

(6) Die Absätze 3a bis 5c gelten entsprechend für Drittstaatdiplome, für deren Anerkennung sich nach dem Recht der Europäischen Gemeinschaften eine Gleichstellung ergibt.

(7) Das Berufsqualifikationsfeststellungsgesetz findet mit Ausnahme des § 17 keine Anwendung.

(8) Die Länder können vereinbaren, dass die Aufgaben nach den Absätzen 3 bis 6 von einem anderen Land oder einer gemeinsamen Einrichtung wahrgenommen werden.

(9) Die Bundesregierung überprüft die Regelungen zu den Anerkennungsverfahren nach diesem Gesetz und berichtet nach Ablauf von drei Jahren dem Deutschen Bundestag.

§ 2a Unterrichtungspflichten

(1) Die zuständigen Behörden des Landes, in dem der Beruf des Gesundheits- und Krankenpflegers oder des Gesundheits- und Kinderkrankenpflegers ausgeübt wird oder zuletzt ausgeübt worden ist, unterrichten die zuständigen Behörden des Herkunftsmitgliedstaats über das Vorliegen strafrechtlicher Sanktionen, über die Rücknahme, den Widerruf und die Anordnung des Ruhens der Erlaubnis, über die Untersagung der Ausübung der Tätigkeit und über Tatsachen, die eine dieser Sanktionen oder Maßnahmen rechtfertigen würden; dabei sind die Vorschriften zum Schutz personenbezogener Daten einzuhalten. Erhalten die zuständigen Behörden der Länder Auskünfte der zuständigen Behörden von Aufnahmemitgliedstaaten, die sich auf die Ausübung des Berufs des Gesundheits- und Krankenpflegers oder des Gesundheits- und Kinderkrankenpflegers auswirken könnten, so prüfen sie die Richtigkeit der Sachverhalte, befinden über Art und Umfang der durchzuführenden Prüfungen und unterrichten den Aufnahmemitgliedstaat über die Konsequenzen, die aus den übermittelten Auskünften zu ziehen sind. Die Länder können zur Wahrnehmung der Aufgaben nach den Sätzen 1 und 2 gemeinsame Stellen bestimmen.

(2) Das Bundesministerium für Gesundheit benennt nach Mitteilung der Länder die Behörden und Stellen, die für die Ausstellung oder Entgegennahme der in der Richtlinie 2005/36/EG genannten Ausbildungsnachweise und sonstigen Unterlagen oder Informationen zuständig sind, sowie die Behörden und Stellen, die die Anträge annehmen und die Entscheidungen treffen können, die im Zusammenhang mit dieser Richtlinie stehen. Es unterrichtet unverzüglich die anderen Mitgliedstaaten und die Europäische Kommission.

(3) Die für die Entscheidungen nach diesem Gesetz zuständigen Behörden und Stellen übermitteln dem Bundesministerium für Gesundheit statistische Aufstellungen über die getroffenen Entscheidungen, die die Europäische Kommission für den nach Artikel 60 Abs. 1 der Richtlinie 2005/36/EG erforderlichen Bericht benötigt, zur Weiterleitung an die Kommission.

§ 2b Vorwarnmechanismus

(1) Die jeweils zuständige Stelle unterrichtet die zuständigen Behörden der anderen Mitgliedstaaten der Europäischen Union, der anderen Vertragsstaaten des Abkommens über den Europäischen Wirtschaftsraum und der Schweiz über

1. den Widerruf oder die Rücknahme der Erlaubnis nach § 1 Absatz 1, die sofort vollziehbar oder unanfechtbar sind,
2. den Verzicht auf die Erlaubnis,
3. das Verbot der Ausübung des Berufs des Gesundheits- und Krankenpflegers oder des Gesundheits- und Kinderkrankenpflegers durch unanfechtbare gerichtliche Entscheidung oder
4. das vorläufige Berufsverbot durch gerichtliche Entscheidung.

(2) Die Mitteilung nach Absatz 1 (Warnmitteilung) enthält folgende Angaben:

1. die zur Identifizierung der betroffenen Person erforderlichen Angaben, insbesondere Name, Vorname, Geburtsdatum und Geburtsort,
2. Beruf der betroffenen Person,
3. Angaben über die Behörde oder das Gericht, die oder das die Entscheidung getroffen hat,
4. Umfang der Entscheidung oder des Verzichts und
5. Zeitraum, in dem die Entscheidung oder der Verzicht gilt.

Die Warnmitteilung erfolgt unverzüglich, spätestens jedoch drei Tage nach Eintritt der Unanfechtbarkeit einer Entscheidung nach Absatz 1 Nummer 1 oder Nummer 3, nach Bekanntgabe einer Entscheidung nach Absatz 1 Nummer 4 oder nach einem Verzicht nach Absatz 1 Nummer 2. Sie ist über das durch die Verordnung (EU) Nr. 1024/2012 des Europäischen Parlaments und des Rates vom 25. Oktober 2012 über die Verwaltungszusammenarbeit mit Hilfe des Binnenmarkt-Informationssystems und zur Aufhebung der Entscheidung 2008/49/EG der Kommission (ABl. L 316 vom 14.11.2012, S. 1) eingerichtete Binnenmarkt-Informationssystem (IMI) zu übermitteln. Zeitgleich mit der Warnmitteilung unterrichtet die Stelle, die die Warnmitteilung getätigt hat, die betroffene Person über die Warnmitteilung und deren Inhalt schriftlich unter Beifügung einer Rechtsbehelfsbelehrung. Wird ein Rechtsbehelf gegen die Warnmitteilung eingelegt, ergänzt die Stelle, die die Warnmitteilung getätigt hat, die Warnmitteilung um einen entsprechenden Hinweis.

(3) Im Fall der Aufhebung einer in Absatz 1 genannten Entscheidung oder eines Widerrufs des Verzichts unterrichtet jeweils die zuständige Stelle die zuständigen Behörden der anderen Mitgliedstaaten der Europäischen Union, der anderen Vertragsstaaten des Abkommens über den Europäischen Wirtschaftsraum und der Schweiz unverzüglich unter Angabe des Datums über die Aufhebung der Entscheidung oder den Widerruf des Verzichts. Die zuständige Stelle unterrichtet die zuständigen Behörden der anderen Mitgliedstaaten der Europäischen Union, der anderen Vertragsstaaten des Abkommens über den Europäischen Wirtschaftsraum und der Schweiz ebenfalls unverzüglich über jede Änderung des nach Absatz 2 Satz 1 Nummer 5 angegebenen Zeitraums. Die zuständige Stelle löscht Warnmitteilungen nach Absatz 1 im IMI unverzüglich, spätestens jedoch drei Tage nach Aufhebung der Entscheidung oder Widerruf des Verzichts.

(4) Wird gerichtlich festgestellt, dass eine Person, die die Erteilung der Erlaubnis oder die Feststellung der Gleichwertigkeit ihrer Berufsqualifikation nach diesem Gesetz beantragt hat, dabei gefälschte Berufsqualifikationsnachweise verwendet hat, unterrichtet die zuständige Stelle die zuständigen Behörden der anderen Mitgliedstaaten der Europäischen Union, der anderen Vertragsstaaten des Abkommens über den Europäischen Wirtschaftsraum und der Schweiz über die Identität dieser Person, insbesondere über Name, Vorname, Geburtsdatum und Geburtsort, und den Umstand, dass diese Person gefälschte Berufsqualifikationsnachweise verwendet hat. Die Unterrichtung erfolgt unverzüglich, spätestens jedoch drei Tage nach Unanfechtbarkeit der Feststellung über das IMI. Absatz 2 Satz 4 und 5 gilt für die Unterrichtung nach Satz 1 entsprechend.

(5) Ergänzend zu den Absätzen 1 bis 4 ist die Durchführungsverordnung (EU) 2015/983 der Kommission vom 24. Juni 2015 betreffend

das Verfahren zur Ausstellung des Europäischen Berufsausweises und die Anwendung des Vorwarnmechanismus gemäß der Richtlinie 2005/36/EG des Europäischen Parlaments und des Rates (ABl. L 159 vom 25.6.2015, S. 27) in der jeweils geltenden Fassung zu beachten.

ABSCHNITT 2
Ausbildung

§ 3 Ausbildungsziel

(1) Die Ausbildung für Personen nach § 1 Abs. 1 Nr. 1 und 2 soll entsprechend dem allgemein anerkannten Stand pflegewissenschaftlicher, medizinischer und weiterer bezugswissenschaftlicher Erkenntnisse fachliche, personale, soziale und methodische Kompetenzen zur verantwortlichen Mitwirkung insbesondere bei der Heilung, Erkennung und Verhütung von Krankheiten vermitteln. Die Pflege im Sinne von Satz 1 ist dabei unter Einbeziehung präventiver, rehabilitativer und palliativer Maßnahmen auf die Wiedererlangung, Verbesserung, Erhaltung und Förderung der physischen und psychischen Gesundheit der zu pflegenden Menschen auszurichten. Dabei sind die unterschiedlichen Pflege- und Lebenssituationen sowie Lebensphasen und die Selbständigkeit und Selbstbestimmung der Menschen zu berücksichtigen (Ausbildungsziel).

(2) Die Ausbildung für die Pflege nach Absatz 1 soll insbesondere dazu befähigen,

1. die folgenden Aufgaben eigenverantwortlich auszuführen:
   a) Erhebung und Feststellung des Pflegebedarfs, Planung, Organisation, Durchführung und Dokumentation der Pflege,
   b) Evaluation der Pflege, Sicherung und Entwicklung der Qualität der Pflege,
   c) Beratung, Anleitung und Unterstützung von zu pflegenden Menschen und ihrer Bezugspersonen in der individuellen Auseinandersetzung mit Gesundheit und Krankheit,
   d) Einleitung lebenserhaltender Sofortmaßnahmen bis zum Eintreffen der Ärztin oder des Arztes,
2. die folgenden Aufgaben im Rahmen der Mitwirkung auszuführen:
   a) eigenständige Durchführung ärztlich veranlasster Maßnahmen,
   b) Maßnahmen der medizinischen Diagnostik, Therapie oder Rehabilitation,

c) Maßnahmen in Krisen- und Katastrophensituationen,
3. interdisziplinär mit anderen Berufsgruppen zusammenzuarbeiten und dabei multidisziplinäre und berufsübergreifende Lösungen von Gesundheitsproblemen zu entwickeln.

Bei der Durchführung der Ausbildung nach Satz 1 ist sicherzustellen, dass die Kenntnisse und Fähigkeiten vermittelt werden, die die Krankenschwestern und Krankenpfleger, die für allgemeine Pflege verantwortlich sind, befähigen, mindestens die in Artikel 31 Absatz 7 der Richtlinie 2005/36/EG aufgeführten Tätigkeiten und Aufgaben in eigener Verantwortung durchzuführen.

(3) Soweit in Modellvorhaben nach § 4 Abs. 7 erweiterte Kompetenzen zur Ausübung heilkundlicher Tätigkeiten erprobt werden, hat sich die Ausbildung auch auf die Befähigung zur Ausübung der Tätigkeiten zu erstrecken, für die das Modellvorhaben qualifizieren soll. Das Nähere regeln die Ausbildungspläne der Ausbildungsstätten.

§ 4 Dauer und Struktur der Ausbildung

(1) Die Ausbildung für Gesundheits- und Krankenpflegerinnen und Gesundheits- und Krankenpfleger, für Gesundheits- und Kinderkrankenpflegerinnen und Gesundheits- und Kinderkrankenpfleger schließt mit der staatlichen Prüfung ab; sie dauert unabhängig vom Zeitpunkt der staatlichen Prüfung in Vollzeitform drei Jahre, in Teilzeitform höchstens fünf Jahre. Sie besteht aus theoretischem und praktischem Unterricht und einer praktischen Ausbildung. Bei Modellvorhaben nach Absatz 7 ist die Ausbildungsdauer nach Satz 1 entsprechend zu verlängern. Das Nähere regeln die Ausbildungspläne der Ausbildungsstätten.

(2) Der Unterricht wird in staatlich anerkannten Schulen an Krankenhäusern oder in staatlich anerkannten Schulen, die mit Krankenhäusern verbunden sind, vermittelt. In den Ländern, in denen die Ausbildungen in der Krankenpflege dem Schulrecht unterliegen, erfolgt die Genehmigung der Schulen nach dem Schulrecht der Länder und nach Maßgabe von Absatz 3. Die praktische Ausbildung wird an einem Krankenhaus oder mehreren Krankenhäusern und ambulanten Pflegeeinrichtungen sowie weiteren an der Ausbildung beteiligten, geeigneten Einrichtungen, insbesondere stationären Pflegeeinrichtungen oder Rehabilitationseinrichtungen, durchgeführt.

(3) Die staatliche Anerkennung der Schulen nach Absatz 2 Satz 1 erfolgt durch die zuständige Behörde, wenn sie folgende Mindestanforderungen erfüllen:

1. Hauptberufliche Leitung der Schule durch eine entsprechend qualifizierte Fachkraft mit einer abgeschlossenen Hochschulausbildung,
2. Nachweis einer im Verhältnis zur Zahl der Ausbildungsplätze ausreichenden Zahl fachlich und pädagogisch qualifizierter Lehrkräfte mit entsprechender, abgeschlossener Hochschulausbildung für den theoretischen und praktischen Unterricht,
3. Vorhaltung der für die Ausbildung erforderlichen Räume und Einrichtungen sowie ausreichender Lehr- und Lernmittel,
4. Sicherstellung der Durchführung der praktischen Ausbildung nach der Ausbildungs- und Prüfungsverordnung für die Berufe in der Krankenpflege durch Vereinbarungen mit Einrichtungen nach Absatz 2 Satz 3, die von der zuständigen Behörde für die Durchführung von Teilen der praktischen Ausbildung als geeignet beurteilt werden.

Über Satz 1 hinausgehende, landesrechtliche Regelungen bleiben unberührt. Die Länder können durch Landesrecht das Nähere zu den Mindestanforderungen nach Satz 1 bestimmen.

(4) Die Landesregierungen können durch Rechtsverordnung Regelungen zur Beschränkung der Hochschulausbildung nach Absatz 3 Satz 1 Nr. 1 und 2 auf bestimmte Hochschularten und Studiengänge treffen.

(5) Die Gesamtverantwortung für die Organisation und Koordination des theoretischen und praktischen Unterrichts und der praktischen Ausbildung entsprechend dem Ausbildungsziel trägt die Schule. Die Schule unterstützt die praktische Ausbildung durch Praxisbegleitung. Die Praxisanleitung ist durch die Einrichtungen nach Absatz 2 Satz 3 sicherzustellen. Bei Modellvorhaben nach Absatz 7, die an Hochschulen stattfinden, tritt an die Stelle der Schule die Hochschule.

(6) Zur zeitlich befristeten Erprobung von Ausbildungsangeboten, die der Weiterentwicklung der Pflegeberufe unter Berücksichtigung der berufsfeldspezifischen Anforderungen dienen sollen, können die Länder von Absatz 2 Satz 1 sowie von der Ausbildungs- und Prü-

fungsverordnung nach § 8 abweichen, sofern das Ausbildungsziel nicht gefährdet wird und die Vereinbarkeit der Ausbildung mit der Richtlinie 2005/36/EG gewährleistet ist.

(7) Zur zeitlich befristeten Erprobung von Ausbildungsangeboten, die der Weiterentwicklung der nach diesem Gesetz geregelten Berufe im Rahmen von Modellvorhaben nach § 63 Abs. 3c des Fünften Buches Sozialgesetzbuch dienen, können über die in § 3 Abs. 1 und 2 beschriebenen Aufgaben hinausgehende erweiterte Kompetenzen zur Ausübung heilkundlicher Tätigkeiten vermittelt werden. Dabei darf die Erreichung des Ausbildungsziels nicht gefährdet sein. Die Vereinbarkeit der Ausbildung mit der Richtlinie 2005/36 EG ist zu gewährleisten. Abweichend von Absatz 2 Satz 1 kann die Ausbildung, die zum Erwerb der erweiterten Kompetenzen führt, an Hochschulen erfolgen. Soweit die Ausbildung nach Satz 1 über die in diesem Gesetz und die in der Ausbildungs- und Prüfungsverordnung für die Berufe in der Krankenpflege geregelten Ausbildungsinhalte hinausgeht, wird sie in Ausbildungsplänen der Ausbildungsstätten inhaltlich ausgestaltet, die vom Bundesministerium für Gesundheit im Einvernehmen mit dem Bundesministerium für Familie, Senioren, Frauen und Jugend zu genehmigen sind. Die Genehmigung setzt voraus, dass sich die erweiterte Ausbildung auf ein vereinbartes Modellvorhaben nach § 63 Abs. 3c des Fünften Buches Sozialgesetzbuch bezieht und die Ausbildung geeignet ist, die zur Durchführung dieses Modellvorhabens erforderliche Qualifikation zu vermitteln. § 4 Abs. 1 Satz 1 erster Halbsatz gilt mit der Maßgabe, dass die staatliche Prüfung sich auch auf die mit der zusätzlichen Ausbildung erworbenen erweiterten Kompetenzen zu erstrecken hat. Abweichend von Satz 5 kann der Gemeinsame Bundesausschuss für die Tätigkeiten, die er in der Richtlinie nach § 63 Absatz 3c des Fünften Buches Sozialgesetzbuch festgelegt hat, für die zusätzliche Ausbildung standardisierte Module entwickeln, die vom Bundesministerium für Gesundheit im Einvernehmen mit dem Bundesministerium für Familie, Senioren, Frauen und Jugend auch ohne Vorliegen eines vereinbarten Modellvorhabens nach § 63 Absatz 3c des Fünften Buches Sozialgesetzbuch genehmigt werden können. Der Gemeinsame Bundesausschuss hat vor seiner Entscheidung pflegewissenschaftlichen und pflegepädagogischen Sachverstand hinzuzuziehen sowie der Bundesärztekammer und den maßgeblichen Verbänden der Pflegeberufe Gelegenheit

zur Stellungnahme zu geben; die Stellungnahmen sind in die Entscheidung einzubeziehen. Die Genehmigung der standardisierten Module nach Satz 8 erfolgt einmalig; Änderungen bedürfen einer erneuten Genehmigung.

(8) Absatz 7 gilt entsprechend für Personen, die bereits zur Führung der Berufsbezeichnung nach § 1 Satz 1 berechtigt sind.

§ 4a Staatliche Prüfung bei Ausbildungen nach § 4 Abs. 7

(1) § 3 Abs. 2 der Ausbildungs- und Prüfungsverordnung für die Berufe in der Krankenpflege gilt bei Ausbildungen nach § 4 Abs. 7, die an Hochschulen stattfinden, mit der Maßgabe, dass die Prüfung an der Hochschule abzulegen ist.

(2) § 4 Abs. 1 der Ausbildungs- und Prüfungsverordnung für die Berufe in der Krankenpflege gilt bei Ausbildungen nach § 4 Abs. 7 mit der Maßgabe, dass dem Prüfungsausschuss zusätzlich zu § 4 Abs. 1 Satz 1 Nr. 1 bis 4 der Ausbildungs- und Prüfungsverordnung für die Berufe in der Krankenpflege die ärztlichen Fachprüferinnen und Fachprüfer anzugehören haben, die die Ausbildungsteilnehmerinnen und Ausbildungsteilnehmer in den erweiterten Kompetenzen zur Ausübung heilkundlicher Tätigkeiten unterrichtet haben, die Gegenstand der staatlichen Prüfung sind. Abweichend von § 4 Abs. 1 Satz 1 der Ausbildungs- und Prüfungsverordnung für die Berufe in der Krankenpflege wird bei diesen Ausbildungen, soweit sie an Hochschulen stattfinden, der Prüfungsausschuss an der Hochschule gebildet.

(3) Dem Zeugnis nach § 8 Abs. 2 Satz 1 der Ausbildungs- und Prüfungsverordnung für die Berufe in der Krankenpflege ist bei Ausbildungen im Rahmen von Modellvorhaben nach § 4 Abs. 7 eine Bescheinigung der Ausbildungsstätte beizufügen, aus der sich die heilkundlichen Tätigkeiten ergeben, die Gegenstand der zusätzlichen Ausbildung und der erweiterten staatlichen Prüfung waren.

(4) Der schriftliche Teil der Prüfung erstreckt sich bei Ausbildungen im Rahmen von Modellvorhaben nach § 4 Abs. 7 zusätzlich zu den Themenbereichen nach § 13 Abs. 1 Satz 1 der Ausbildungs- und Prüfungsverordnung für die Berufe in der Krankenpflege auf den Themenbereich zur Ausübung von heilkundlichen Tätigkeiten, der

entsprechend dem Ausbildungsplan der Ausbildungsstätte Gegenstand der zusätzlichen Ausbildung war. Der Prüfling hat zu diesem Themenbereich in einer Aufsichtsarbeit schriftlich gestellte Fragen zu bearbeiten. Die Aufsichtsarbeit dauert 120 Minuten und ist an einem gesonderten Tag durchzuführen. § 13 Abs. 1 Satz 5 der Ausbildungs- und Prüfungsverordnung für die Berufe in der Krankenpflege gilt entsprechend. Die Aufgaben für die Aufsichtsarbeit werden von der oder dem Vorsitzenden des Prüfungsausschusses auf Vorschlag der Schule oder Hochschule ausgewählt, an der die Ausbildung stattgefunden hat. § 13 Abs. 2 Satz 3 und 4 der Ausbildungs- und Prüfungsverordnung für die Berufe in der Krankenpflege gilt entsprechend. § 13 Abs. 2 Satz 5 und 6 der Ausbildungs- und Prüfungsverordnung für die Berufe in der Krankenpflege gilt mit der Maßgabe entsprechend, dass die Note für den schriftlichen Teil der Prüfung aus den vier Aufsichtsarbeiten zu bilden ist, die Gegenstand der Prüfung waren, und der schriftliche Teil der Prüfung bestanden ist, wenn jede der vier Aufsichtsarbeiten mindestens mit „ausreichend" benotet wird.

(5) Der mündliche Teil der Prüfung erstreckt sich bei Ausbildungen im Rahmen von Modellvorhaben nach § 4 Abs. 7 zusätzlich zu den Themenbereichen nach § 14 Abs. 1 Satz 1 der Ausbildungs- und Prüfungsverordnung für die Berufe in der Krankenpflege auf den Themenbereich zur Ausübung von heilkundlichen Tätigkeiten, der entsprechend dem Ausbildungsplan der Ausbildungsstätte Gegenstand der zusätzlichen Ausbildung war. § 14 Abs. 1 Satz 2, Abs. 2 Satz 1, Abs. 3 Satz 1, 3 bis 6 und Abs. 4 der Ausbildungs- und Prüfungsverordnung für die Berufe in der Krankenpflege gilt entsprechend. Die Prüfung im zusätzlichen Themenbereich nach Satz 1 soll für den einzelnen Prüfling mindestens 15 Minuten und nicht länger als 30 Minuten dauern. Für die Prüfung sind die ärztlichen Fachprüferinnen oder Fachprüfer nach § 4 Abs. 1 Satz 1 Nr. 3 der Ausbildungs- und Prüfungsverordnung für die Berufe in der Krankenpflege vorzusehen.

(6) Der praktische Teil der Prüfung erstreckt sich bei Ausbildungen im Rahmen von Modellvorhaben nach § 4 Abs. 7 zusätzlich zu § 15 Abs. 1 der Ausbildungs- und Prüfungsverordnung für die Berufe in der Krankenpflege auf eine Aufgabe zur Anwendung der in § 3 Abs. 3 beschriebenen erweiterten Kompetenzen zur Aus-

übung heilkundlicher Tätigkeiten bei Patientinnen oder Patienten, die entsprechend dem Ausbildungsplan der Ausbildungsstätte Gegenstand der zusätzlichen Ausbildung waren. Der Prüfling übernimmt dabei alle Aufgaben, die Gegenstand der Behandlung sind, einschließlich der Dokumentation. In einem Prüfungsgespräch hat der Prüfling seine Diagnose und Behandlungsmaßnahmen zu erläutern und zu begründen sowie die Prüfungssituation zu reflektieren. Dabei hat er nachzuweisen, dass er in der Lage ist, die während der Ausbildung erworbenen erweiterten Kompetenzen in der beruflichen Praxis anzuwenden, und dass er befähigt ist, die Aufgaben gemäß § 3 Abs. 3, die Gegenstand seiner zusätzlichen Ausbildung waren, eigenverantwortlich zu lösen. Die Auswahl der Patientinnen oder Patienten erfolgt durch eine Fachprüferin oder einen Fachprüfer nach § 4 Abs. 1 Satz 1 Nr. 3 der Ausbildungs- und Prüfungsverordnung für die Berufe in der Krankenpflege im Einvernehmen mit der Patientin oder dem Patienten. Die Prüfung soll für den einzelnen Prüfling in der Regel nicht länger als drei Stunden dauern. § 15 Abs. 2 Satz 2 der Ausbildungs- und Prüfungsverordnung für die Berufe in der Krankenpflege bleibt unberührt. Die Prüfung wird von zwei Fachprüferinnen oder Fachprüfern nach § 4 Abs. 1 Satz 3 der Ausbildungs- und Prüfungsverordnung für die Berufe in der Krankenpflege abgenommen und benotet. Aus den Noten der Fachprüferinnen oder Fachprüfer bildet die oder der Vorsitzende des Prüfungsausschusses die Note für die zusätzliche Aufgabe der praktischen Prüfung. § 15 Abs. 3 Satz 3 der Ausbildungs- und Prüfungsverordnung für die Berufe in der Krankenpflege gilt mit der Maßgabe, dass der praktische Teil der Prüfung bestanden ist, wenn die Prüfungsnote für die Prüfung nach § 15 Abs. 1 und 4 der Ausbildungs- und Prüfungsverordnung für die Berufe in der Krankenpflege jeweils mindestens „ausreichend" ist.

(7) Die Absätze 4 bis 6 gelten entsprechend im Hinblick auf den schriftlichen, mündlichen und praktischen Teil der Prüfung nach den §§ 16 bis 18 der Ausbildungs- und Prüfungsverordnung für die Berufe in der Krankenpflege, soweit Modellvorhaben nach § 4 Abs. 7 sich auf zusätzliche Ausbildungen in der Gesundheits- und Kinderkrankenpflege erstrecken.

(8) § 2 Abs. 5 gilt entsprechend für Personen, die Staatsangehörige eines Vertragsstaates des Europäischen Wirtschaftsraumes sind und

über einen Ausbildungsnachweis verfügen, der eine einem Modellvorhaben nach § 4 Abs. 7 entsprechende Ausbildung bestätigt und zur Ausübung heilkundlicher Tätigkeit berechtigt.

§ 5 Voraussetzungen für den Zugang zur Ausbildung

Voraussetzung für den Zugang zu einer Ausbildung nach § 4 Abs. 1 ist,

1. dass die Bewerberin oder der Bewerber nicht in gesundheitlicher Hinsicht zur Ausübung des Berufs nach § 2 Abs. 1 Nr. 3 ungeeignet ist und
2. der Realschulabschluss oder eine andere gleichwertige, abgeschlossene Schulbildung oder

2a. den erfolgreichen Abschluss einer sonstigen zehnjährigen allgemeinen Schulausbildung oder

3. der Hauptschulabschluss oder eine gleichwertige Schulbildung, zusammen mit
   a) einer erfolgreich abgeschlossenen Berufsausbildung mit einer vorgesehenen Ausbildungsdauer von mindestens zwei Jahren oder
   b) einer Erlaubnis als Krankenpflegehelferin oder Krankenpflegehelfer oder einer erfolgreich abgeschlossenen landesrechtlich geregelten Ausbildung von mindestens einjähriger Dauer in der Krankenpflegehilfe oder Altenpflegehilfe.

§ 6 Anrechnung gleichwertiger Ausbildungen

Die zuständige Behörde kann auf Antrag eine andere Ausbildung im Umfange ihrer Gleichwertigkeit bis zu zwei Dritteln der Gesamtstunden der Ausbildung nach Maßgabe der nach § 8 erlassenen Ausbildungs- und Prüfungsverordnung für die Berufe in der Krankenpfleger auf die Dauer einer Ausbildung nach § 4 Abs. 1 anrechnen.

§ 7 Anrechnung von Fehlzeiten

Auf die Dauer einer Ausbildung nach § 4 Abs. 1 werden angerechnet

1. Urlaub, einschließlich Bildungsurlaub, oder Ferien,
2. Unterbrechungen durch Krankheit oder aus anderen, von der Schülerin oder dem Schüler nicht zu vertretenden Gründen bis zu 10 Prozent der Stunden des Unterrichts sowie bis zu 10 Prozent der Stunden der praktischen Ausbildung nach Maßgabe

der nach § 8 erlassenen Ausbildungs- und Prüfungsverordnung für die Berufe in der Krankenpflege und

3. Unterbrechungen wegen Schwangerschaft bei Schülerinnen; die Unterbrechung der Ausbildung darf einschließlich der Fehlzeiten nach Nummer 2 eine Gesamtdauer von 14 Wochen nicht überschreiten. Die zuständige Behörde kann auf Antrag auch über Satz 1 hinausgehende Fehlzeiten berücksichtigen, soweit eine besondere Härte vorliegt und das Erreichen des Ausbildungsziels durch die Anrechnung nicht gefährdet wird. Freistellungsansprüche nach dem Betriebsverfassungsgesetz, dem Bundespersonalvertretungsgesetz oder den Landespersonalvertretungsgesetzen bleiben unberührt.

§ 8 Verordnungsermächtigung

(1) Das Bundesministerium für Gesundheit wird ermächtigt, im Einvernehmen mit dem Bundesministerium für Familie, Senioren, Frauen und Jugend und im Benehmen mit dem Bundesministerium für Bildung und Forschung durch Rechtsverordnung mit Zustimmung des Bundesrates in einer Ausbildungs- und Prüfungsverordnung für die Berufe in der Krankenpflege die Mindestanforderungen an die Ausbildungen nach § 4 Abs. 1 sowie das Nähere über die staatlichen Prüfungen und die Urkunden für die Erlaubnisse nach § 1 Abs. 1 Nr. 1 und 2 zu regeln. Bei der Festlegung der Mindestanforderungen für die Ausbildung zur Gesundheits- und Krankenpflegerin oder zum Gesundheits- und Krankenpfleger sind Artikel 31 in Verbindung mit Anhang V Nummer 5.2.1 der Richtlinie 2005/36/EG und das Europäische Übereinkommen vom 25. Oktober 1967 über die theoretische und praktische Ausbildung von Krankenschwestern und Krankenpflegern (BGBl. 1972 II S. 629) zu berücksichtigen. Insbesondere ist eine Mindeststundenzahl von 4.600 Stunden vorzusehen, von denen mindestens die Hälfte auf die praktische Ausbildung und nicht weniger als ein Drittel auf den theoretischen und praktischen Unterricht entfallen; dasselbe ist für die Ausbildung zur Gesundheits- und Kinderkrankenpflegerin oder zum Gesundheits- und Kinderkrankenpfleger vorzuschreiben.

(2) In der Rechtsverordnung nach Absatz 1 ist für Personen, die einen Ausbildungsnachweis haben und eine Erlaubnis nach § 2 Abs. 1 in Verbindung mit § 2 Absatz 3, 3a, 3b, 4, 5a, 5b oder Absatz 6 beantragen, zu regeln:

1. das Verfahren bei der Prüfung der Voraussetzungen des § 2 Abs. 1 Nr. 2 und 3, insbesondere die von den Antragstellern vorzulegenden, erforderlichen Nachweise und die Ermittlung durch die zuständige Behörde entsprechend dem Artikel 50 Absatz 1 bis 3a in Verbindung mit Anhang VII der Richtlinie 2005/36/EG,
2. die Pflicht von Ausbildungsnachweisinhabern, nach Maßgabe des Artikels 52 Abs. 1 der Richtlinie 2005/36/EG die Berufsbezeichnung des Aufnahmemitgliedstaats zu führen und deren etwaige Abkürzung zu verwenden,
3. die Fristen für die Erteilung der Erlaubnis,
4. das Verfahren über die Voraussetzungen zur Dienstleistungserbringung gemäß § 1 Abs. 2 in Verbindung mit § 19 dieses Gesetzes,
5. die Regelungen zu Durchführung und Inhalt der Anpassungsmaßnahmen nach § 2 Absatz 3 Satz 6, Absatz 3a Satz 2 und Absatz 5 Satz 8,
6. das Verfahren bei der Ausstellung eines europäischen Berufsausweises.

(3) Abweichungen von den in den Absätzen 1 und 2 sowie der auf dieser Grundlage erlassenen Rechtsverordnung enthaltenen Regelungen des Verwaltungsverfahrens durch Landesrecht sind ausgeschlossen.

ABSCHNITT 3
Ausbildungsverhältnis

§ 9 Ausbildungsvertrag

(1) Zwischen dem Träger der Ausbildung und der Schülerin oder dem Schüler ist ein schriftlicher Ausbildungsvertrag nach Maßgabe der Vorschriften dieses Abschnitts zu schließen.

(2) Der Ausbildungsvertrag muss mindestens enthalten

1. die Bezeichnung des Berufs, zu dem nach den Vorschriften dieses Gesetzes ausgebildet wird,
2. den Beginn und die Dauer der Ausbildung,
3. Angaben über die der Ausbildung zugrunde liegende Ausbildungs- und Prüfungsverordnung sowie über die inhaltliche und zeitliche Gliederung der praktischen Ausbildung,

4. die Dauer der regelmäßigen täglichen oder wöchentlichen Ausbildungszeit,
5. die Dauer der Probezeit,
6. Angaben über Zahlung und Höhe der Ausbildungsvergütung,
7. die Dauer des Urlaubs und
8. die Voraussetzungen, unter denen der Ausbildungsvertrag gekündigt werden kann.

(3) Der Ausbildungsvertrag ist von einer Person, die zur Vertretung des Trägers der Ausbildung berechtigt ist, und der Schülerin oder dem Schüler, bei Minderjährigen auch von deren gesetzlichen Vertretern zu unterzeichnen. Eine Ausfertigung des unterzeichneten Ausbildungsvertrages ist der Schülerin oder dem Schüler und deren gesetzlichen Vertretern auszuhändigen.

(4) Änderungen des Ausbildungsvertrages bedürfen der Schriftform.

§ 10 Pflichten des Trägers der Ausbildung

(1) Der Träger der Ausbildung hat
1. die Ausbildung in einer durch ihren Zweck gebotenen Form planmäßig, zeitlich und sachlich gegliedert so durchzuführen, dass das Ausbildungsziel (§ 3) in der vorgesehenen Ausbildungszeit erreicht werden kann und
2. der Schülerin und dem Schüler kostenlos die Ausbildungsmittel einschließlich der Fachbücher, Instrumente und Apparate zur Verfügung zu stellen, die zur Ausbildung und zum Ablegen der staatlichen Prüfung erforderlich sind.

(2) Den Schülerinnen und Schülern dürfen nur Verrichtungen übertragen werden, die dem Ausbildungszweck und dem Ausbildungsstand entsprechen; sie sollen ihren physischen und psychischen Kräften angemessen sein.

§ 11 Pflichten der Schülerin und des Schülers

Die Schülerin und der Schüler haben sich zu bemühen, die in § 3 genannten Kompetenzen zu erwerben, die erforderlich sind, um das Ausbildungsziel zu erreichen. Sie sind insbesondere verpflichtet,
1. an den vorgeschriebenen Ausbildungsveranstaltungen teilzunehmen,

2. die ihnen im Rahmen der Ausbildung übertragenen Aufgaben und Verrichtungen sorgfältig auszuführen und
3. die für Beschäftigte in Einrichtungen nach § 4 Abs. 2 Satz 3 geltenden Bestimmungen über die Schweigepflicht einzuhalten und über Betriebsgeheimnisse Stillschweigen zu wahren.

§ 12 Ausbildungsvergütung

(1) Der Träger der Ausbildung hat der Schülerin und dem Schüler eine angemessene Ausbildungsvergütung zu gewähren.

(2) Sachbezüge können in der Höhe der durch Rechtsverordnung nach § 17 Abs. 1 Satz 1 Nr. 4 des Vierten Buches Sozialgesetzbuch bestimmten Werte angerechnet werden, jedoch nicht über 75 Prozent der Bruttovergütung hinaus. Können die Schülerin und der Schüler während der Zeit, für welche die Ausbildungsvergütung fortzuzahlen ist, aus berechtigtem Grund Sachbezüge nicht abnehmen, so sind diese nach den Sachbezugswerten abzugelten.

(3) Eine über die vereinbarte regelmäßige tägliche oder wöchentliche Ausbildungszeit hinausgehende Beschäftigung ist nur ausnahmsweise zulässig und besonders zu vergüten.

§ 13 Probezeit

Das Ausbildungsverhältnis beginnt mit der Probezeit. Die Probezeit beträgt bei Gesundheits- und Krankenpflegerinnen, Gesundheits- und Krankenpflegern, Gesundheits- und Kinderkrankenpflegerinnen und Gesundheits- und Kinderkrankenpflegern sechs Monate.

§ 14 Ende des Ausbildungsverhältnisses

(1) Das Ausbildungsverhältnis endet mit dem Ablauf der Ausbildungszeit. Bei Ausbildungen im Rahmen von Modellvorhaben nach § 4 Abs. 7, die an Schulen stattfinden, endet es mit Ablauf der nach § 4 Abs. 1 Satz 3 verlängerten Ausbildungszeit.

(2) Besteht die Schülerin oder der Schüler die staatliche Prüfung nicht oder kann sie oder er ohne eigenes Verschulden die staatliche Prüfung vor Ablauf der Ausbildungszeit nicht ablegen, so verlängert sich das Ausbildungsverhältnis auf ihren schriftlichen Antrag bis zur nächstmöglichen Wiederholungsprüfung, höchstens jedoch um ein Jahr.

§ 15 Kündigung des Ausbildungsverhältnisses

(1) Während der Probezeit kann das Ausbildungsverhältnis von jedem Vertragspartner jederzeit ohne Einhaltung einer Kündigungsfrist gekündigt werden.

(2) Nach der Probezeit kann das Ausbildungsverhältnis nur gekündigt werden

1. von jedem Vertragspartner ohne Einhalten einer Kündigungsfrist,
   a) wenn die Voraussetzungen des § 2 Abs. 1 Nr. 2 und 3 nicht oder nicht mehr vorliegen oder
   b) aus einem sonstigen wichtigen Grund sowie
2. von Schülerinnen und Schülern mit einer Kündigungsfrist von vier Wochen.

(3) Die Kündigung muss schriftlich und in den Fällen des Absatzes 2 Nr. 1 unter Angabe der Kündigungsgründe erfolgen.

(4) Eine Kündigung aus einem wichtigen Grund ist unwirksam, wenn die ihr zugrunde liegenden Tatsachen dem zur Kündigung Berechtigten länger als zwei Wochen bekannt sind. Ist ein vorgesehenes Güteverfahren vor einer außergerichtlichen Stelle eingeleitet, so wird bis zu dessen Beendigung der Lauf dieser Frist gehemmt.

§ 16 Beschäftigung im Anschluss an das Ausbildungsverhältnis

Werden die Schülerin und der Schüler im Anschluss an das Ausbildungsverhältnis beschäftigt, ohne dass hierüber ausdrücklich etwas vereinbart worden ist, so gilt ein Arbeitsverhältnis auf unbestimmte Zeit als begründet.

§ 17 Nichtigkeit von Vereinbarungen

(1) Eine Vereinbarung, die zuungunsten der Schülerin oder des Schülers von den übrigen Vorschriften dieses Abschnitts abweicht, ist nichtig.

(2) Eine Vereinbarung, die Schülerinnen oder Schüler für die Zeit nach Beendigung des Ausbildungsverhältnisses in der Ausübung ihrer beruflichen Tätigkeit beschränkt, ist nichtig. Dies gilt nicht, wenn die Schülerin oder der Schüler innerhalb der letzten drei Mo-

nate des Ausbildungsverhältnisses für die Zeit nach dessen Beendigung ein Arbeitsverhältnis auf unbestimmte Zeit eingeht.

(3) Nichtig ist auch eine Vereinbarung über
1. die Verpflichtung der Schülerin oder des Schülers, für die Ausbildung eine Entschädigung zu zahlen,
2. Vertragsstrafen,
3. den Ausschluss oder die Beschränkung von Schadensersatzansprüchen und
4. die Festsetzung der Höhe eines Schadenersatzes in Pauschbeträgen.

§ 18 Mitglieder geistlicher Gemeinschaften, Diakonissen, Diakonieschwestern

Die §§ 9 bis 17 finden keine Anwendung auf Schülerinnen und Schüler, die Mitglieder geistlicher Gemeinschaften oder Diakonissen oder Diakonieschwestern sind.

§ 18a Modellvorhaben nach § 4 Abs. 7

(1) Die §§ 9 bis 17 finden keine Anwendung auf Ausbildungsteilnehmerinnen und Ausbildungsteilnehmer, die im Rahmen von Modellvorhaben nach § 4 Abs. 7 die Ausbildung an einer Hochschule ableisten.

(2) § 10 Abs. 1 Nr. 2 sowie § 12 Abs. 1 und 3 finden keine Anwendung auf Ausbildungsteilnehmerinnen und Ausbildungsteilnehmer, die im Rahmen von Modellvorhaben nach § 4 Abs. 7 die Ausbildung an einer Schule ableisten, soweit die nach § 4 Abs. 1 Satz 1 vorgesehene Ausbildungsdauer überschritten ist.

ABSCHNITT 4
Erbringen von Dienstleistungen

§ 19 Dienstleistungserbringer

(1) Staatsangehörige eines Vertragsstaates des Europäischen Wirtschaftsraumes, die zur Ausübung des Berufs der Krankenschwester oder des Krankenpflegers, die für die allgemeine Pflege verantwortlich sind, in einem anderen Vertragsstaat des Europäischen Wirtschaftsraumes auf Grund einer nach deutschen Rechtsvorschriften abgeschlossenen Ausbildung oder auf Grund eines den

Anforderungen des § 2 Abs. 4, 5a oder Absatz 5b entsprechenden Ausbildungsnachweises berechtigt und in einem Mitgliedstaat rechtmäßig niedergelassen sind, dürfen als Dienstleistungserbringer im Sinne des Artikels 50 des EG-Vertrages vorübergehend und gelegentlich ihren Beruf im Geltungsbereich dieses Gesetzes ausüben. Der vorübergehende und gelegentliche Charakter der Dienstleistungserbringung wird im Einzelfall beurteilt. In die Beurteilung sind die Dauer, Häufigkeit, regelmäßige Wiederkehr und Kontinuität der Dienstleistung einzubeziehen. Die Berechtigung nach Satz 1 besteht nicht, wenn die Voraussetzungen einer Rücknahme oder eines Widerrufs, die sich auf die Tatbestände nach § 2 Abs. 1 Nr. 2 oder Nr. 3 beziehen, vorliegen, eine entsprechende Maßnahme mangels deutscher Berufserlaubnis jedoch nicht erlassen werden kann. § 1 Abs. 4 gilt entsprechend.

(2) Staatsangehörige eines Vertragsstaates des Europäischen Wirtschaftsraumes, die zur Ausübung des Berufs des Gesundheits- und Kinderkrankenpflegers in einem anderen Vertragsstaat des Europäischen Wirtschaftsraumes auf Grund einer nach deutschen Rechtsvorschriften abgeschlossenen Ausbildung oder auf Grund eines den Anforderungen des § 2 Abs. 5, 5a oder Absatz 5b entsprechenden Ausbildungsnachweises berechtigt sind und

1. die in einem Mitgliedstaat rechtmäßig niedergelassen sind oder,
2. wenn der Beruf des Gesundheits- und Kinderkrankenpflegers oder die Ausbildung zu diesem Beruf im Niederlassungsmitgliedstaat nicht reglementiert ist, diesen Beruf während der vorhergehenden zehn Jahre mindestens ein Jahr im Niederlassungsmitgliedstaat rechtmäßig ausgeübt haben,

dürfen als Dienstleistungserbringer im Sinne des Artikels 50 des EG-Vertrages vorübergehend und gelegentlich ihren Beruf im Geltungsbereich dieses Gesetzes ausüben. Absatz 1 Satz 2 bis 5 gilt entsprechend.

(3) Wer im Sinne des Absatzes 1 oder des Absatzes 2 Dienstleistungen erbringen will, hat dies der zuständigen Behörde vorher zu melden. Sofern im Falle des Absatzes 1 eine vorherige Meldung wegen der Dringlichkeit des Tätigwerdens nicht möglich ist, hat die Meldung unverzüglich nach Erbringen der Dienstleistung zu erfolgen. Die Meldung hat schriftlich zu erfolgen. Sie ist einmal jährlich zu erneuern, wenn der Dienstleister beabsichtigt, während des be-

treffenden Jahres vorübergehend und gelegentlich Dienstleistungen im Geltungsbereich dieses Gesetzes zu erbringen. Wird die Meldung nach Satz 1 mittels eines Europäischen Berufsausweises vorgenommen, ist abweichend von Satz 4 die Meldung 18 Monate nach Ausstellung des Europäischen Berufsausweises zu erneuern.

(4) Bei der erstmaligen Meldung der Dienstleistungserbringung oder im Falle wesentlicher Änderungen gegenüber der in den bisher vorgelegten Dokumenten bescheinigten Situation hat der Dienstleistungserbringer folgende Bescheinigungen nach den Nummern 1 bis 3 sowie die Erklärung nach Nummer 4 vorzulegen:
1. Staatsangehörigkeitsnachweis,
2. Berufsqualifikationsnachweis,
3. im Falle der Dienstleistungserbringung
   a) nach Absatz 1 eine Bescheinigung über die rechtmäßige Niederlassung in einem anderen Mitgliedstaat im Beruf der Krankenschwester oder des Krankenpflegers, die für die allgemeine Pflege verantwortlich sind, die sich auch darauf erstreckt, dass dem Dienstleister die Ausübung der genannten Tätigkeiten zum Zeitpunkt der Vorlage der Bescheinigung nicht, auch nicht vorübergehend, untersagt ist oder
   b) nach Absatz 2 eine Bescheinigung über die rechtmäßige Niederlassung im Beruf des Gesundheits- und Kinderkrankenpflegers in einem anderen Mitgliedstaat, die sich auch darauf erstreckt, dass dem Dienstleister die Ausübung seiner Tätigkeit zum Zeitpunkt der Vorlage der Bescheinigung nicht, auch nicht vorübergehend, untersagt ist und keine Vorstrafen vorliegen, oder im Fall des Absatzes 2 Satz 1 Nummer 2 einen Nachweis in beliebiger Form darüber, dass der Dienstleister eine dem Beruf des Gesundheits- und Kinderkrankenpflegers entsprechende Tätigkeit während der vorhergehenden zehn Jahre mindestens ein Jahr lang rechtmäßig ausgeübt hat und
4. eine Erklärung des Dienstleisters, dass er über die zur Erbringung der Dienstleistung erforderlichen Kenntnisse der deutschen Sprache verfügt.

Die für die Ausübung der Dienstleistung erforderlichen Kenntnisse der deutschen Sprache müssen vorliegen. Die zuständige Behörde prüft im Fall der erstmaligen Dienstleistungserbringung nach Absatz 2 den Berufsqualifikationsnachweis nach Satz 1 Nummer 2 nach. § 2 Abs. 5 und 5a oder Absatz 5b gilt entsprechend mit der

Maßgabe, dass für wesentliche Unterschiede zwischen der beruflichen Qualifikation des Dienstleistungserbringers und der nach diesem Gesetz und der Ausbildungs- und Prüfungsverordnung für die Berufe in der Krankenpflege geforderten Ausbildung Ausgleichsmaßnahmen nur gefordert werden dürfen, wenn die Unterschiede so groß sind, dass ohne den Nachweis der fehlenden Kenntnisse und Fähigkeiten die öffentliche Gesundheit gefährdet wäre. Soweit dies für die Beurteilung der Frage, ob wesentliche Unterschiede vorliegen, erforderlich ist, kann die zuständige Behörde bei der zuständigen Behörde des Niederlassungsmitgliedstaats Informationen über die Ausbildungsgänge des Dienstleisters anfordern. Der Ausgleich der fehlenden Kenntnisse und Fähigkeiten erfolgt durch eine Eignungsprüfung.

(5) Staatsangehörigen eines Vertragsstaates des Europäischen Wirtschaftsraumes, die im Geltungsbereich dieses Gesetzes den Beruf des Gesundheits- und Krankenpflegers oder des Gesundheits- und Kinderkrankenpflegers auf Grund einer Erlaubnis nach § 1 Abs. 1 ausüben, sind für Zwecke der Dienstleistungserbringung in einem anderen Vertragsstaat des Europäischen Wirtschaftsraumes Bescheinigungen darüber auszustellen, dass

1. sie als „Gesundheits- und Krankenpflegerin" oder „Gesundheits- und Krankenpfleger" oder als „Gesundheits- und Kinderkrankenpflegerin" oder „Gesundheits- und Kinderkrankenpfleger" rechtmäßig niedergelassen sind und ihnen die Ausübung ihrer Tätigkeiten nicht, auch nicht vorübergehend, untersagt ist,
2. sie über die zur Ausübung der jeweiligen Tätigkeit erforderliche berufliche Qualifikation verfügen.

(6) Die Absätze 1 bis 5 gelten entsprechend für Drittstaaten und Drittstaatsangehörige, soweit sich hinsichtlich der Anerkennung von Ausbildungsnachweisen nach dem Recht der Europäischen Gemeinschaften eine Gleichstellung ergibt.

§ 19a Verwaltungszusammenarbeit

Im Fall von berechtigten Zweifeln sind die zuständigen Behörden berechtigt, für jede Dienstleistungserbringung von den zuständigen Behörden des Niederlassungsmitgliedstaats Informationen über die Rechtmäßigkeit der Niederlassung sowie darüber anzufordern, dass keine berufsbezogenen disziplinarischen oder strafrechtlichen Sanktionen vorliegen. Auf Anforderung der zuständigen Behörden eines Vertragsstaates des Europäischen Wirtschaftsraumes haben die zuständigen Behörden in Deutschland nach Artikel 56 der Richtlinie 2005/36/EG der anfordernden Behörde alle Informationen über die Rechtmäßigkeit der Niederlassung und die gute Führung des Dienstleisters sowie Informationen darüber, dass keine berufsbezogenen disziplinarischen oder strafrechtlichen Sanktionen vorliegen, zu übermitteln.

§ 19b Pflichten des Dienstleistungserbringers

Gesundheits- und Krankenpflegerinnen, Gesundheits- und Krankenpfleger, Gesundheits- und Kinderkrankenpflegerinnen oder Gesundheits- und Kinderkrankenpfleger im Sinne des § 19 haben beim Erbringen der Dienstleistung im Geltungsbereich dieses Gesetzes die Rechte und Pflichten von Personen mit einer Erlaubnis nach § 1 Abs. 1. Wird gegen diese Pflichten verstoßen, so hat die zuständige Behörde unverzüglich die zuständige Behörde des Niederlassungsmitgliedstaats dieses Dienstleistungserbringers hierüber zu unterrichten.

ABSCHNITT 5
Zuständigkeiten

§ 20 Aufgaben der zuständigen Behörden

(1) Die Entscheidungen nach § 2 Abs. 1 trifft die zuständige Behörde des Landes, in dem die Antragstellerin oder der Antragsteller die Prüfung abgelegt hat.

(2) Die Entscheidungen nach den §§ 6 und 7 trifft die zuständige Behörde des Landes, in dem die Ausbildung durchgeführt wird oder dem Antrag entsprechend durchgeführt werden soll.

(2a) Die Meldung nach § 19 Abs. 3 und 4 nimmt die zuständige Behörde des Landes entgegen, in dem die Dienstleistung erbracht werden soll oder erbracht worden ist. Sie fordert die Informationen nach § 19a Satz 1 an. Die Informationen nach § 19a Satz 2 werden durch die zuständige Behörde des Landes übermittelt, in dem der Beruf des Gesundheits- und Krankenpflegers oder des Gesundheits- und Kinderkrankenpflegers ausgeübt wird oder zuletzt ausgeübt worden ist. Die Unterrichtung des Herkunftsmitgliedstaats gemäß § 19b erfolgt durch die zuständige Behörde des Landes, in dem die Dienstleistung erbracht wird oder erbracht worden ist. Die Bescheinigungen nach § 19a Abs. 5 stellt die zuständige Behörde des Landes aus, in dem der Antragsteller den Beruf des Gesundheits- und Krankenpflegers oder des Gesundheits- und Kinderkrankenpflegers ausübt.

(3) Die Länder bestimmen die zur Durchführung dieses Gesetzes zuständigen Behörden.

ABSCHNITT 6
Bußgeldvorschriften

§ 21 Ordnungswidrigkeiten

(1) Ordnungswidrig handelt, wer

1. ohne Erlaubnis nach § 1 Abs. 1 eine der folgenden Berufsbezeichnungen führt:
   a) „Gesundheits- und Krankenpflegerin" oder „Gesundheits- und Krankenpfleger" oder
   b) „Gesundheits- und Kinderkrankenpflegerin" oder „Gesundheits- und Kinderkrankenpfleger" oder
2. entgegen § 23 Abs. 2 Satz 2 die Berufsbezeichnung
   a) „Krankenschwester" oder „Krankenpfleger",
   b) „Kinderkrankenschwester" oder „Kinderkrankenpfleger"führt.

(2) Die Ordnungswidrigkeit kann mit einer Geldbuße bis zu dreitausend Euro geahndet werden.

ABSCHNITT 7
Anwendungsvorschriften

§ 22 Nichtanwendung des Berufsbildungsgesetzes

Für die Ausbildung zu den in diesem Gesetz geregelten Berufen findet das Berufsbildungsgesetz keine Anwendung.

§ 23 Weitergeltung der Erlaubnis zur Führung der Berufsbezeichnungen

(1) Eine vor Inkrafttreten dieses Gesetzes erteilte Erlaubnis als „Krankenschwester" oder „Krankenpfleger" oder als „Kinderkrankenschwester" oder „Kinderkrankenpfleger" oder eine einer solchen Erlaubnis durch das Krankenpflegegesetz vom 4. Juni 1985

(BGBl. I S. 893), zuletzt geändert durch Artikel 20 des Gesetzes vom 27. April 2002 (BGBl. I S. 1467), gleichgestellte staatliche Anerkennung als „Krankenschwester" oder „Krankenpfleger" oder „Kinderkrankenschwester" oder „Kinderkrankenpfleger" nach den Vorschriften der Deutschen Demokratischen Republik gilt als Erlaubnis nach § 1 Abs. 1 Nr. 1 oder 2.

(2) „Krankenschwestern", „Krankenpfleger", „Kinderkrankenschwestern", „Kinderkrankenpfleger", die eine Erlaubnis oder eine einer solchen Erlaubnis gleichgestellte staatliche Anerkennung nach dem in Absatz 1 genannten Gesetz besitzen, dürfen die Berufsbezeichnung weiterführen. Die Berufsbezeichnung „Krankenschwester", „Krankenpfleger", „Kinderkrankenschwester", „Kinderkrankenpfleger" darf nur unter den Voraussetzungen des Satzes 1 geführt werden.

(3) Eine vor Inkrafttreten dieses Gesetzes begonnene Ausbildung als „Krankenschwester" oder „Krankenpfleger", als „Kinderkrankenschwester" oder „Kinderkrankenpfleger" und als „Krankenpflegehelferin" oder „Krankenpflegehelfer" wird nach den bisher geltenden Vorschriften abgeschlossen. Nach Abschluss der Ausbildung in der Krankenpflege oder Kinderkrankenpflege erhält die Antragstellerin oder der Antragsteller, wenn die Voraussetzungen des § 2 Abs. 1 Nr. 2 und 3 vorliegen, eine Erlaubnis nach § 1 Abs. 1 Nr. 1 oder 2. Nach Abschluss der Ausbildung in der Krankenpflegehilfe erhält die Antragstellerin oder der Antragsteller, wenn die Voraussetzungen des § 2 Abs. 1 Nr. 2 und 3 vorliegen, eine Erlaubnis nach § 1 Abs. 1 Nr. 3 des Krankenpflegegesetzes vom 4. Juni 1985 (BGBl. I S. 893), das zuletzt durch Artikel 20 des Gesetzes vom 27. April 2002 (BGBl. I S. 1467) geändert worden ist.

§ 24 Weitergeltung staatlicher Anerkennungen von Schulen

(1) Schulen entsprechend § 4 Abs. 2 Satz 1, die vor Inkrafttreten dieses Gesetzes auf Grund des Krankenpflegegesetzes vom 4. Juni 1985 (BGBl. I S. 893), zuletzt geändert durch Artikel 20 des Gesetzes vom 27. April 2002 (BGBl. I S. 1467), die staatliche Anerkennung erhalten haben, gelten weiterhin als staatlich anerkannt nach § 4 Abs. 2 und 3, sofern die Anerkennung nicht zurückgenommen wird. Die Anerkennung ist zurückzunehmen, falls das Vorliegen der Voraussetzungen nach § 4 Abs. 3 Satz 1 Nr. 1 und 2 nicht inner-

halb von fünf Jahren nach dem Inkrafttreten des Gesetzes nachgewiesen wird.

(2) Die Voraussetzungen des § 4 Abs. 3 Satz 1 Nr. 1 und 2 gelten als erfüllt, wenn als Schulleitung oder Lehrkräfte Personen eingesetzt werden, die bei Inkrafttreten dieses Gesetzes

1. eine Schule leiten oder als Lehrkräfte an einer Schule unterrichten oder
2. die für die in Nummer 1 genannten Tätigkeiten nach dem Krankenpflegegesetz vom 4. Juni 1985 (BGBl. I S. 893), zuletzt geändert durch Artikel 20 des Gesetzes vom 27. April 2002 (BGBl. I S. 1467), erforderlichen Voraussetzungen erfüllen und nicht als Schulleitung oder als Lehrkräfte erwerbstätig sind oder
3. an einer für die in Nummer 1 genannten Tätigkeiten nach dem in Nummer 2 genannten Gesetz erforderlichen Weiterbildung teilnehmen und diese erfolgreich abschließen.

§ 25 Erlaubnis bei Vorlage von Nachweisen anderer EWR-Vertragsstaaten

(1) Antragstellern, die die Voraussetzungen nach § 2 Abs. 1 Nr. 2 bis 4 erfüllen und eine Erlaubnis nach § 1 Abs. 1 auf Grund der Vorlage eines Ausbildungsnachweises beantragen,

1. der von der früheren Tschechoslowakei verliehen wurde und die Aufnahme des Berufs der Krankenschwester oder des Krankenpflegers, die für die allgemeine Pflege verantwortlich sind, gestattet oder aus dem hervorgeht, dass die Ausbildung zum Beruf der Krankenschwester oder des Krankenpflegers, die für die allgemeine Pflege verantwortlich sind, im Falle der Tschechischen Republik oder der Slowakei vor dem 1. Januar 1993 begonnen wurde, oder
2. der von der früheren Sowjetunion verliehen wurde und die Aufnahme des Berufs der Krankenschwester oder des Krankenpflegers, die für die allgemeine Pflege verantwortlich sind, gestattet oder aus dem hervorgeht, dass die Ausbildung zum Beruf der Krankenschwester oder des Krankenpflegers, die für die allgemeine Pflege verantwortlich sind, im Falle Estlands vor dem 20. August 1991, im Falle Lettlands vor dem 21. August 1991, im Falle Litauens vor dem 11. März 1990 begonnen wurde, oder
3. der vom früheren Jugoslawien verliehen wurde und die Aufnahme des Berufs der Krankenschwester oder des Krankenpflegers,

die für die allgemeine Pflege verantwortlich sind, gestattet oder aus dem hervorgeht, dass die Ausbildung zum Beruf der Krankenschwester oder des Krankenpflegers, die für die allgemeine Pflege verantwortlich sind, im Falle Sloweniens vor dem 25. Juni 1991 begonnen wurde,

ist die Erlaubnis zu erteilen, wenn die zuständigen Behörden der jeweiligen Mitgliedstaaten bescheinigen, dass dieser Ausbildungsnachweis hinsichtlich der Aufnahme und Ausübung des Berufs der Krankenschwester oder des Krankenpflegers, die für die allgemeine Pflege verantwortlich sind, in ihrem Hoheitsgebiet die gleiche Gültigkeit hat wie der von ihnen verliehene Ausbildungsnachweis und eine von den gleichen Behörden ausgestellte Bescheinigung darüber vorgelegt wird, dass die betreffende Person in den fünf Jahren vor Ausstellung der Bescheinigung mindestens drei Jahre ununterbrochen tatsächlich und rechtmäßig die Tätigkeit der Krankenschwester oder des Krankenpflegers, die für die allgemeine Pflege verantwortlich sind, in ihrem Hoheitsgebiet ausgeübt hat. Die Tätigkeit muss die volle Verantwortung für die Planung, die Organisation und die Ausführung der Krankenpflege des Patienten umfasst haben.

(2) Antragstellern, die die Voraussetzungen nach § 2 Absatz 1 Nummer 1 bis 4 erfüllen und die eine Erlaubnis nach § 1 Absatz 1 Nummer 1 auf Grund der Vorlage eines Ausbildungsnachweises beantragen, der in Polen für Krankenschwestern und Krankenpfleger verliehen worden ist, deren Ausbildung vor dem 1. Mai 2004 abgeschlossen wurde und den Mindestanforderungen an die Berufsausbildung gemäß Artikel 31 der Richtlinie 2005/36/EG nicht genügte, ist die Erlaubnis zu erteilen, wenn dem Ausbildungsnachweis ein Bakkalaureat-Diplom beigefügt ist, das auf der Grundlage eines Aufstiegsfortbildungsprogramms erworben wurde, das in einem der in Artikel 33 Absatz 3 Buchstabe b Ziffer i oder Ziffer ii der Richtlinie 2005/36/EG genannten Gesetze enthalten ist.

(3) (weggefallen)

(4) Antragsteller, die eine Erlaubnis nach § 1 Absatz 1 Nummer 1 auf Grund einer in Rumänien abgeleisteten Ausbildung im Beruf der Krankenschwester oder des Krankenpflegers, die für die allgemeine Pflege verantwortlich sind, beantragen, die den Mindestan-

forderungen an die Berufsausbildung des Artikels 31 der Richtlinie 2005/36/EG nicht genügt, erhalten die Erlaubnis, wenn sie über ein

1. **‚Certificat de competenţe profesionale de asistent medical generalist'** mit einer postsekundären Ausbildung an einer **‚şcoală postliceală'**, dem eine Bescheinigung beigefügt ist, dass die Ausbildung vor dem 1. Januar 2007 begonnen wurde,
2. **‚Diplomă des absolvire des asistent medical generalist'** mit einer Hochschulausbildung von kurzer Dauer, dem eine Bescheinigung beigefügt ist, dass die Ausbildung vor dem 1. Oktober 2003 begonnen wurde, oder
3. **‚Diplomă de licenţă de asistent medical generalist'** mit einer Hochschulausbildung von langer Dauer, dem eine Bescheinigung beigefügt ist, dass die Ausbildung vor dem 1. Oktober 2003 begonnen wurde, verfügen, dem eine Bescheinigung beigefügt ist, aus der hervorgeht, dass die Antragsteller während der letzten fünf Jahre vor Ausstellung der Bescheinigung mindestens drei Jahre lang den Beruf der Krankenschwester und des Krankenpflegers, die für die allgemeine Pflege verantwortlich sind, in Rumänien ununterbrochen tatsächlich und rechtmäßig ausgeübt haben und sie die Voraussetzungen nach § 2 Absatz 1 Nummer 2 bis 4 erfüllen. Absatz 1 Satz 2 gilt entsprechend.

(5) Antragstellern, die nicht unter die Absätze 1 bis 4 fallen, die Voraussetzungen nach § 2 Abs. 1 Nr. 2 bis 4 erfüllen und eine Erlaubnis nach § 1 Abs. 1 Nr. 1 auf Grund der Vorlage eines vor dem nach § 2 Absatz 4 oder Satz 2 in Verbindung mit der Anlage zu diesem Gesetz genannten Stichtag ausgestellten Ausbildungsnachweises eines der übrigen Mitgliedstaaten der Europäischen Union beantragen, ist die Erlaubnis zu erteilen, auch wenn dieser Ausbildungsnachweis nicht alle Anforderungen an die Ausbildung nach Artikel 31 der Richtlinie 2005/36/EG erfüllt, sofern dem Antrag eine Bescheinigung darüber beigefügt ist, dass der Inhaber während der letzten fünf Jahre vor Ausstellung der Bescheinigung mindestens drei Jahre lang ununterbrochen tatsächlich und rechtmäßig den Beruf der Krankenschwester oder des Krankenpflegers, die für die allgemeine Pflege verantwortlich sind, ausgeübt hat. Absatz 1 Satz 2 gilt entsprechend.

(6) Bei Antragstellern, für die einer der Absätze 1 bis 5 gilt und die die dort genannten Voraussetzungen mit Ausnahme der geforder-

ten Dauer der Berufserfahrung erfüllen, wird das Anerkennungsverfahren nach § 2 Absatz 3a durchgeführt.

§ 26 Befristung

§ 5 Nummer 2a tritt am 31. Dezember 2019 außer Kraft.

§ 27 Evaluation

Das Bundesministerium für Gesundheit erstattet dem Deutschen Bundestag bis zum 31. Dezember 2015 über die Erfahrungen, die mit der Anwendung des § 5 Nummer 2a gemacht wurden, Bericht.

Kündigungsschutzgesetz* (KSchG)

ERSTER ABSCHNITT
Allgemeiner Kündigungsschutz

§ 1 Sozial ungerechtfertigte Kündigungen

(1) Die Kündigung des Arbeitsverhältnisses gegenüber einem Arbeitnehmer, dessen Arbeitsverhältnis in demselben Betrieb oder Unternehmen ohne Unterbrechung länger als sechs Monate bestanden hat, ist rechtsunwirksam, wenn sie sozial ungerechtfertigt ist.

(2) Sozial ungerechtfertigt ist die Kündigung, wenn sie nicht durch Gründe, die in der Person oder in dem Verhalten des Arbeitnehmers liegen, oder durch dringende betriebliche Erfordernisse, die einer Weiterbeschäftigung des Arbeitnehmers in diesem Betrieb entgegenstehen, bedingt ist. Die Kündigung ist auch sozial ungerechtfertigt, wenn

1. in Betrieben des privaten Rechts
   a) die Kündigung gegen eine Richtlinie nach § 95 des Betriebsverfassungsgesetzes verstößt,
   b) der Arbeitnehmer an einem anderen Arbeitsplatz in demselben Betrieb oder in einem anderen Betrieb des Unternehmens weiterbeschäftigt werden kann

   und der Betriebsrat oder eine andere nach dem Betriebsverfassungsgesetz insoweit zuständige Vertretung der Arbeitnehmer aus einem dieser Gründe der Kündigung innerhalb der Frist des § 102 Abs. 2 Satz 1 des Betriebsverfassungsgesetzes schriftlich widersprochen hat,
2. in Betrieben und Verwaltungen des öffentlichen Rechts
   a) die Kündigung gegen eine Richtlinie über die personelle Auswahl bei Kündigungen verstößt,
   b) der Arbeitnehmer an einem anderen Arbeitsplatz in derselben Dienststelle oder in einer anderen Dienststelle desselben Verwaltungszweiges an demselben Dienstort einschließlich seines Einzugsgebietes weiterbeschäftigt werden kann

   und die zuständige Personalvertretung aus einem dieser Gründe fristgerecht gegen die Kündigung Einwendungen erhoben hat,

---

* Vom 10. August 1951 in der Fassung vom 25. August 1969 (BGBl. I, S. 1317), zuletzt geändert durch Gesetz vom 17. Juli 2017 (BGBl. I, S. 2509 (2511)).

es sei denn, daß die Stufenvertretung in der Verhandlung mit der übergeordneten Dienststelle die Einwendungen nicht aufrechterhalten hat.

Satz 2 gilt entsprechend, wenn die Weiterbeschäftigung des Arbeitnehmers nach zumutbaren Umschulungs- oder Fortbildungsmaßnahmen oder eine Weiterbeschäftigung des Arbeitnehmers unter geänderten Arbeitsbedingungen möglich ist und der Arbeitnehmer sein Einverständnis hiermit erklärt hat. Der Arbeitgeber hat die Tatsachen zu beweisen, die die Kündigung bedingen.

(3) Ist einem Arbeitnehmer aus dringenden betrieblichen Erfordernissen im Sinne des Absatzes 2 gekündigt worden, so ist die Kündigung trotzdem sozial ungerechtfertigt, wenn der Arbeitgeber bei der Auswahl des Arbeitnehmers die Dauer der Betriebszugehörigkeit, das Lebensalter, die Unterhaltspflichten und die Schwerbehinderung des Arbeitnehmers nicht oder nicht ausreichend berücksichtigt hat; auf Verlangen des Arbeitnehmers hat der Arbeitgeber dem Arbeitnehmer die Gründe anzugeben, die zu der getroffenen sozialen Auswahl geführt haben. In die soziale Auswahl nach Satz 1 sind Arbeitnehmer nicht einzubeziehen, deren Weiterbeschäftigung, insbesondere wegen ihrer Kenntnisse, Fähigkeiten und Leistungen oder zur Sicherung einer ausgewogenen Personalstruktur des Betriebes, im berechtigten betrieblichen Interesse liegt. Der Arbeitnehmer hat die Tatsachen zu beweisen, die die Kündigung als sozial ungerechtfertigt im Sinne des Satzes 1 erscheinen lassen.

(4) Ist in einem Tarifvertrag, in einer Betriebsvereinbarung nach § 95 des Betriebsverfassungsgesetzes oder in einer entsprechenden Richtlinie nach den Personalvertretungsgesetzen festgelegt, wie die sozialen Gesichtspunkte nach Absatz 3 Satz 1 im Verhältnis zueinander zu bewerten sind, so kann die Bewertung nur auf grobe Fehlerhaftigkeit überprüft werden.

(5) Sind bei einer Kündigung auf Grund einer Betriebsänderung nach § 111 des Betriebsverfassungsgesetzes die Arbeitnehmer, denen gekündigt werden soll, in einem Interessenausgleich zwischen Arbeitgeber und Betriebsrat namentlich bezeichnet, so wird vermutet, daß die Kündigung durch dringende betriebliche Erfordernisse im Sinne des Absatzes 2 bedingt ist. Die soziale Auswahl der Arbeitnehmer kann nur auf grobe Fehlerhaftigkeit überprüft werden.

Die Sätze 1 und 2 gelten nicht, soweit sich die Sachlage nach Zustandekommen des Interessenausgleichs wesentlich geändert hat. Der Interessenausgleich nach Satz 1 ersetzt die Stellungnahme des Betriebsrates nach § 17 Abs. 3 Satz 2.

§ 1a Abfindungsanspruch bei betriebsbedingter Kündigung

(1) Kündigt der Arbeitgeber wegen dringender betrieblicher Erfordernisse nach § 1 Abs. 2 Satz 1 und erhebt der Arbeitnehmer bis zum Ablauf der Frist des § 4 Satz 1 keine Klage auf Feststellung, dass das Arbeitsverhältnis durch die Kündigung nicht aufgelöst ist, hat der Arbeitnehmer mit dem Ablauf der Kündigungsfrist Anspruch auf eine Abfindung. Der Anspruch setzt den Hinweis des Arbeitgebers in der Kündigungserklärung voraus, dass die Kündigung auf dringende betriebliche Erfordernisse gestützt ist und der Arbeitnehmer bei Verstreichenlassen der Klagefrist die Abfindung beanspruchen kann.

(2) Die Höhe der Abfindung beträgt 0,5 Monatsverdienste für jedes Jahr des Bestehens des Arbeitsverhältnisses. § 10 Abs. 3 gilt entsprechend. Bei der Ermittlung der Dauer des Arbeitsverhältnisses ist ein Zeitraum von mehr als sechs Monaten auf ein volles Jahr aufzurunden.

§ 2 Änderungskündigung

Kündigt der Arbeitgeber das Arbeitsverhältnis und bietet er dem Arbeitnehmer im Zusammenhang mit der Kündigung die Fortsetzung des Arbeitsverhältnisses zu geänderten Arbeitsbedingungen an, so kann der Arbeitnehmer dieses Angebot unter dem Vorbehalt annehmen, daß die Änderung der Arbeitsbedingungen nicht sozial ungerechtfertigt ist (§ 1 Abs. 2 Satz 1 bis 3, Abs. 3 Satz 1 und 2). Diesen Vorbehalt muß der Arbeitnehmer dem Arbeitgeber innerhalb der Kündigungsfrist, spätestens jedoch innerhalb von drei Wochen nach Zugang der Kündigung erklären.

§ 3 Kündigungseinspruch

Hält der Arbeitnehmer eine Kündigung für sozial ungerechtfertigt, so kann er binnen einer Woche nach der Kündigung Einspruch beim Betriebsrat einlegen. Erachtet der Betriebsrat den Einspruch für begründet, so hat er zu versuchen, eine Verständigung mit dem Arbeitgeber herbeizuführen. Er hat seine Stellungnahme zu dem

Einspruch dem Arbeitnehmer und dem Arbeitgeber auf Verlangen schriftlich mitzuteilen.

§ 4 Anrufung des Arbeitsgerichtes

Will ein Arbeitnehmer geltend machen, dass eine Kündigung sozial ungerechtfertigt oder aus anderen Gründen rechtsunwirksam ist, so muss er innerhalb von drei Wochen nach Zugang der schriftlichen Kündigung Klage beim Arbeitsgericht auf Feststellung erheben, dass das Arbeitsverhältnis durch die Kündigung nicht aufgelöst ist. Im Falle des § 2 ist die Klage auf Feststellung zu erheben, daß die Änderung der Arbeitsbedingungen sozial ungerechtfertigt oder aus anderen Gründen rechtsunwirksam ist. Hat der Arbeitnehmer Einspruch beim Betriebsrat eingelegt (§ 3), so soll er der Klage die Stellungnahme des Betriebsrates beifügen. Soweit die Kündigung der Zustimmung einer Behörde bedarf, läuft die Frist zur Anrufung des Arbeitsgerichtes erst von der Bekanntgabe der Entscheidung der Behörde an den Arbeitnehmer ab.

§ 5 Zulassung verspäteter Klagen

(1) War ein Arbeitnehmer nach erfolgter Kündigung trotz Anwendung aller ihm nach Lage der Umstände zuzumutenden Sorgfalt verhindert, die Klage innerhalb von drei Wochen nach Zugang der schriftlichen Kündigung zu erheben, so ist auf seinen Antrag die Klage nachträglich zuzulassen. Gleiches gilt, wenn eine Frau von ihrer Schwangerschaft aus einem von ihr nicht zu vertretenden Grund erst nach Ablauf der Frist des § 4 Satz 1 Kenntnis erlangt hat.

(2) Mit dem Antrag ist die Klageerhebung zu verbinden; ist die Klage bereits eingereicht, so ist auf sie im Antrag Bezug zu nehmen. Der Antrag muß ferner die Angabe der die nachträgliche Zulassung begründenden Tatsachen und der Mittel für deren Glaubhaftmachung enthalten.

(3) Der Antrag ist nur innerhalb von zwei Wochen nach Behebung des Hindernisses zulässig. Nach Ablauf von sechs Monaten, vom Ende der versäumten Frist an gerechnet, kann der Antrag nicht mehr gestellt werden.

(4) Das Verfahren über den Antrag auf nachträgliche Zulassung ist mit dem Verfahren über die Klage zu verbinden. Das Arbeitsgericht

kann das Verfahren zunächst auf die Verhandlung und Entscheidung über den Antrag beschränken. In diesem Fall ergeht die Entscheidung durch Zwischenurteil, das wie ein Endurteil angefochten werden kann.

(5) Hat das Arbeitsgericht über einen Antrag auf nachträgliche Klagezulassung nicht entschieden oder wird ein solcher Antrag erstmals vor dem Landesarbeitsgericht gestellt, entscheidet hierüber die Kammer des Landesarbeitsgerichts. Absatz 4 gilt entsprechend.

§ 6 Verlängerte Anrufungsfrist

Hat ein Arbeitnehmer innerhalb von drei Wochen nach Zugang der schriftlichen Kündigung im Klagewege geltend gemacht, dass eine rechtswirksame Kündigung nicht vorliege, so kann er sich in diesem Verfahren bis zum Schluss der mündlichen Verhandlung erster Instanz zur Begründung der Unwirksamkeit der Kündigung auch auf innerhalb der Klagefrist nicht geltend gemachte Gründe berufen. Das Arbeitsgericht soll ihn hierauf hinweisen.

§ 7 Wirksamwerden der Kündigung

Wird die Rechtsunwirksamkeit einer Kündigung nicht rechtzeitig geltend gemacht (§ 4 Satz 1, §§ 5 und 6), so gilt die Kündigung als von Anfang an rechtswirksam; ein vom Arbeitnehmer nach § 2 erklärter Vorbehalt erlischt.

§ 8 Wiederherstellung der früheren Arbeitsbedingungen

Stellt das Gericht im Falle des § 2 fest, daß die Änderung der Arbeitsbedingungen sozial ungerechtfertigt ist, so gilt die Änderungskündigung als von Anfang an rechtsunwirksam.

§ 9 Auflösung des Arbeitsverhältnisses durch Urteil des Gerichts; Abfindung des Arbeitnehmers

(1) Stellt das Gericht fest, daß das Arbeitsverhältnis durch die Kündigung nicht aufgelöst ist, ist jedoch dem Arbeitnehmer die Fortsetzung des Arbeitsverhältnisses nicht zuzumuten, so hat das Gericht auf Antrag des Arbeitnehmers das Arbeitsverhältnis aufzulösen und den Arbeitgeber zur Zahlung einer angemessenen Abfindung zu verurteilen. Die gleiche Entscheidung hat das Gericht auf Antrag des Arbeitgebers zu treffen, wenn Gründe vorliegen, die eine den Betriebszwecken dienliche weitere Zusammenarbeit zwischen

Arbeitgeber und Arbeitnehmer nicht erwarten lassen. Arbeitnehmer und Arbeitgeber können den Antrag auf Auflösung des Arbeitsverhältnisses bis zum Schluß der letzten mündlichen Verhandlung in der Berufungsinstanz stellen.

(2) Das Gericht hat für die Auflösung des Arbeitsverhältnisses den Zeitpunkt festzusetzen, an dem es bei sozial gerechtfertigter Kündigung geendet hätte.

§ 10 Höhe der Abfindung

(1) Als Abfindung ist ein Betrag bis zu zwölf Monatsverdiensten festzusetzen.

(2) Hat der Arbeitnehmer das fünfzigste Lebensjahr vollendet und hat das Arbeitsverhältnis mindestens fünfzehn Jahre bestanden, so ist ein Betrag bis zu fünfzehn Monatsverdiensten, hat der Arbeitnehmer das fünfundfünfzigste Lebensjahr vollendet und hat das Arbeitsverhältnis mindestens zwanzig Jahre bestanden, so ist ein Betrag bis zu achtzehn Monatsverdiensten festzusetzen. Dies gilt nicht, wenn der Arbeitnehmer in dem Zeitpunkt, den das Gericht nach § 9 Abs. 2 für die Auflösung des Arbeitsverhältnisses festsetzt, das in der Vorschrift des Sechsten Buches Sozialgesetzbuch über die Regelaltersrente bezeichnete Lebensalter erreicht hat.

(3) Als Monatsverdienst gilt, was dem Arbeitnehmer bei der für ihn maßgebenden regelmäßigen Arbeitszeit in dem Monat, in dem das Arbeitsverhältnis endet (§ 9 Abs. 2), an Geld und Sachbezügen zusteht.

§ 11 Anrechnung auf entgangenen Zwischenverdienst

Besteht nach der Entscheidung des Gerichts das Arbeitsverhältnis fort, so muß sich der Arbeitnehmer auf das Arbeitsentgelt, das ihm der Arbeitgeber für die Zeit nach der Entlassung schuldet, anrechnen lassen,

1. was er durch anderweitige Arbeit verdient hat,
2. was er hätte verdienen können, wenn er es nicht böswillig unterlassen hätte, eine ihm zumutbare Arbeit anzunehmen,
3. was ihm an öffentlich-rechtlichen Leistungen infolge Arbeitslosigkeit aus der Sozialversicherung, der Arbeitslosenversicherung, der Sicherung des Lebensunterhalts nach dem Zweiten Buch

Sozialgesetzbuch oder der Sozialhilfe für die Zwischenzeit gezahlt worden ist. Diese Beträge hat der Arbeitgeber der Stelle zu erstatten, die sie geleistet hat.

§ 12 Neues Arbeitsverhältnis des Arbeitnehmers; Auflösung des alten Arbeitsverhältnisses

Besteht nach der Entscheidung des Gerichts das Arbeitsverhältnis fort, ist jedoch der Arbeitnehmer inzwischen ein neues Arbeitsverhältnis eingegangen, so kann er binnen einer Woche nach der Rechtskraft des Urteils durch Erklärung gegenüber dem alten Arbeitgeber die Fortsetzung des Arbeitsverhältnisses bei diesem verweigern. Die Frist wird auch durch eine vor ihrem Ablauf zur Post gegebene schriftliche Erklärung gewahrt. Mit dem Zugang der Erklärung erlischt das Arbeitsverhältnis. Macht der Arbeitnehmer von seinem Verweigerungsrecht Gebrauch, so ist ihm entgangener Verdienst nur für die Zeit zwischen der Entlassung und dem Tage des Eintritts in das neue Arbeitsverhältnis zu gewähren. § 11 findet entsprechende Anwendung.

§ 13 Außerordentliche, sittenwidrige und sonstige Kündigungen

(1) Die Vorschriften über das Recht zur außerordentlichen Kündigung eines Arbeitsverhältnisses werden durch das vorliegende Gesetz nicht berührt. Die Rechtsunwirksamkeit einer außerordentlichen Kündigung kann jedoch nur nach Maßgabe des § 4 Satz 1 und der §§ 5 bis 7 geltend gemacht werden. Stellt das Gericht fest, dass die außerordentliche Kündigung unbegründet ist, ist jedoch dem Arbeitnehmer die Fortsetzung des Arbeitsverhältnisses nicht zuzumuten, so hat auf seinen Antrag das Gericht das Arbeitsverhältnis aufzulösen und den Arbeitgeber zur Zahlung einer angemessenen Abfindung zu verurteilen. Das Gericht hat für die Auflösung des Arbeitsverhältnisses den Zeitpunkt festzulegen, zu dem die außerordentliche Kündigung ausgesprochen wurde. Die Vorschriften der §§ 10 bis 12 gelten entsprechend.

(2) Verstößt eine Kündigung gegen die guten Sitten, so finden die Vorschriften des § 9 Abs. 1 Satz 1 und Abs. 2 und der §§ 10 bis 12 entsprechende Anwendung.

(3) Im Übrigen finden die Vorschriften dieses Abschnitts mit Ausnahme der §§ 4 bis 7 auf eine Kündigung, die bereits aus anderen

als den in § 1 Abs. 2 und 3 bezeichneten Gründen rechtsunwirksam ist, keine Anwendung.

§ 14 Angestellte in leitender Stellung

(1) Die Vorschriften dieses Abschnitts gelten nicht

1. in Betrieben einer juristischen Person für die Mitglieder des Organs, das zur gesetzlichen Vertretung der juristischen Person berufen ist,
2. in Betrieben einer Personengesamtheit für die durch Gesetz, Satzung oder Gesellschaftsvertrag zur Vertretung der Personengesamtheit berufenen Personen.

(2) Auf Geschäftsführer, Betriebsleiter und ähnliche leitende Angestellte, soweit diese zur selbstständigen Einstellung oder Entlassung von Arbeitnehmern berechtigt sind, finden die Vorschriften dieses Abschnitts mit Ausnahme des § 3 Anwendung. § 9 Abs. 1 Satz 2 findet mit der Maßgabe Anwendung, daß der Antrag des Arbeitgebers auf Auflösung des Arbeitsverhältnisses keiner Begründung bedarf.

ZWEITER ABSCHNITT
Kündigungsschutz im Rahmen der Betriebsverfassung und Personalvertretung

§ 15 Unzulässigkeit der Kündigung

(1) Die Kündigung eines Mitglieds eines Betriebsrats, einer Jugend- und Auszubildendenvertretung, einer Bordvertretung oder eines Seebetriebsrats ist unzulässig, es sei denn, daß Tatsachen vorliegen, die den Arbeitgeber zur Kündigung aus wichtigem Grund ohne Einhaltung einer Kündigungsfrist berechtigen, und daß die nach § 103 des Betriebsverfassungsgesetzes erforderliche Zustimmung vorliegt oder durch gerichtliche Entscheidung ersetzt ist. Nach Beendigung der Amtszeit ist die Kündigung eines Mitglieds eines Betriebsrats, einer Jugend- und Auszubildendenvertretung oder eines Seebetriebsrats innerhalb eines Jahres, die Kündigung eines Mitglieds einer Bordvertretung innerhalb von sechs Monaten, jeweils vom Zeitpunkt der Beendigung der Amtszeit an gerechnet, unzulässig, es sei denn, daß Tatsachen vorliegen, die den Arbeitgeber zur Kündigung aus wichtigem Grund ohne Einhaltung einer Kündigungsfrist berechtigen; dies gilt nicht, wenn die Beendigung der Mitgliedschaft auf einer gerichtlichen Entscheidung beruht.

(2) Die Kündigung eines Mitglieds einer Personalvertretung, einer Jugend- und Auszubildendenvertretung oder einer Jugendvertretung ist unzulässig, es sei denn, daß Tatsachen vorliegen, die den Arbeitgeber zur Kündigung aus wichtigem Grund ohne Einhaltung einer Kündigungsfrist berechtigen, und daß die nach dem Personalvertretungsrecht erforderliche Zustimmung vorliegt oder durch gerichtliche Entscheidung ersetzt ist. Nach Beendigung der Amtszeit der in Satz 1 genannten Personen ist ihre Kündigung innerhalb eines Jahres, vom Zeitpunkt der Beendigung der Amtszeit an gerechnet, unzulässig, es sei denn, daß Tatsachen vorliegen, die den Arbeitgeber zur Kündigung aus wichtigem Grund ohne Einhaltung einer Kündigungsfrist berechtigen; dies gilt nicht, wenn die Beendigung der Mitgliedschaft auf einer gerichtlichen Entscheidung beruht.

(3) Die Kündigung eines Mitglieds eines Wahlvorstands ist vom Zeitpunkt seiner Bestellung an, die Kündigung eines Wahlbewerbers vom Zeitpunkt der Aufstellung des Wahlvorschlags an, jeweils bis zur Bekanntgabe des Wahlergebnisses unzulässig, es sei denn, daß Tatsachen vorliegen, die den Arbeitgeber zur Kündigung aus wichtigem Grund ohne Einhaltung einer Kündigungsfrist berechtigen, und daß die nach § 103 des Betriebsverfassungsgesetzes oder nach dem Personalvertretungsrecht erforderliche Zustimmung vorliegt oder durch eine gerichtliche Entscheidung ersetzt ist. Innerhalb von sechs Monaten nach Bekanntgabe des Wahlergebnisses ist die Kündigung unzulässig, es sei denn, daß Tatsachen vorliegen, die den Arbeitgeber zur Kündigung aus wichtigem Grund ohne Einhaltung einer Kündigungsfrist berechtigen; dies gilt nicht für Mitglieder des Wahlvorstands, wenn dieser durch gerichtliche Entscheidung durch einen anderen Wahlvorstand ersetzt worden ist.

(3a) Die Kündigung eines Arbeitnehmers, der zu einer Betriebs-, Wahl- oder Bordversammlung nach § 17 Abs. 3, § 17a Nr. 3 Satz 2, § 115 Abs. 2 Nr. 8 Satz 1 des Betriebsverfassungsgesetzes einlädt oder die Bestellung eines Wahlvorstands nach § 16 Abs. 2 Satz 1, § 17 Abs. 4, § 17a Nr. 4, § 63 Abs. 3, § 115 Abs. 2 Nr. 8 Satz 2 oder § 116 Abs. 2 Nr. 7 Satz 5 des Betriebsverfassungsgesetzes beantragt, ist vom Zeitpunkt der Einladung oder Antragstellung an bis zur Bekanntgabe des Wahlergebnisses unzulässig, es sei denn, dass Tatsachen vorliegen, die den Arbeitgeber zur Kündigung aus wichtigem Grund ohne Einhaltung einer Kündigungsfrist berechtigen;

der Kündigungsschutz gilt für die ersten drei in der Einladung oder Antragstellung aufgeführten Arbeitnehmer. Wird ein Betriebsrat, eine Jugend- und Auszubildendenvertretung, eine Bordvertretung oder ein Seebetriebsrat nicht gewählt, besteht der Kündigungsschutz nach Satz 1 vom Zeitpunkt der Einladung oder Antragstellung an drei Monate.

(4) Wird der Betrieb stillgelegt, so ist die Kündigung der in den Absätzen 1 bis 3 genannten Personen frühestens zum Zeitpunkt der Stilllegung zulässig, es sei denn, daß ihre Kündigung zu einem früheren Zeitpunkt durch zwingende betriebliche Erfordernisse bedingt ist.

(5) Wird eine der in den Absätzen 1 bis 3 genannten Personen in einer Betriebsabteilung beschäftigt, die stillgelegt wird, so ist sie in eine andere Betriebsabteilung zu übernehmen. Ist dies aus betrieblichen Gründen nicht möglich, so findet auf ihre Kündigung die Vorschrift des Absatzes 4 über die Kündigung bei Stilllegung des Betriebs sinngemäß Anwendung.

§ 16 Neues Arbeitsverhältnis; Auflösung des alten Arbeitsverhältnisses

Stellt das Gericht die Unwirksamkeit der Kündigung einer der in § 15 Abs. 1 bis 3a genannten Personen fest, so kann diese Person, falls sie inzwischen ein neues Arbeitsverhältnis eingegangen ist, binnen einer Woche nach Rechtskraft des Urteils durch Erklärung gegenüber dem alten Arbeitgeber die Weiterbeschäftigung bei diesem verweigern. Im Übrigen finden die Vorschriften des § 11 und des § 12 Satz 2 bis 4 entsprechende Anwendung.

DRITTER ABSCHNITT
Anzeigepflichtige Entlassungen

§ 17 Anzeigepflicht

(1) Der Arbeitgeber ist verpflichtet, der Agentur für Arbeit Anzeige zu erstatten, bevor er

1. in Betrieben mit in der Regel mehr als 20 und weniger als 60 Arbeitnehmern mehr als 5 Arbeitnehmer,
2. in Betrieben mit in der Regel mindestens 60 und weniger als 500 Arbeitnehmern 10 vom Hundert der im Betrieb regelmäßig beschäftigten Arbeitnehmer oder aber mehr als 25 Arbeitnehmer,

3. in Betrieben mit in der Regel mindestens 500 Arbeitnehmern mindestens 30 Arbeitnehmer

innerhalb von 30 Kalendertagen entläßt. Den Entlassungen stehen andere Beendigungen des Arbeitsverhältnisses gleich, die vom Arbeitgeber veranlaßt werden.

(2) Beabsichtigt der Arbeitgeber, nach Absatz 1 anzeigepflichtige Entlassungen vorzunehmen, hat er dem Betriebsrat rechtzeitig die zweckdienlichen Auskünfte zu erteilen und ihn schriftlich insbesondere zu unterrichten über

1. die Gründe für die geplanten Entlassungen,
2. die Zahl und die Berufsgruppen der zu entlassenden Arbeitnehmer,
3. die Zahl und die Berufsgruppen der in der Regel beschäftigten Arbeitnehmer,
4. den Zeitraum, in dem die Entlassungen vorgenommen werden sollen,
5. die vorgesehenen Kriterien für die Auswahl der zu entlassenden Arbeitnehmer,
6. die für die Berechnung etwaiger Abfindungen vorgesehenen Kriterien.

Arbeitgeber und Betriebsrat haben insbesondere die Möglichkeiten zu beraten, Entlassungen zu vermeiden oder einzuschränken und ihre Folgen zu mildern.

(3) Der Arbeitgeber hat gleichzeitig der Agentur für Arbeit eine Abschrift der Mitteilung an den Betriebsrat zuzuleiten; sie muß zumindest die in Absatz 2 Satz 1 Nr. 1 bis 5 vorgeschriebenen Angaben enthalten. Die Anzeige nach Absatz 1 ist schriftlich unter Beifügung der Stellungnahme des Betriebsrates zu den Entlassungen zu erstatten. Liegt eine Stellungnahme des Betriebsrates nicht vor, so ist die Anzeige wirksam, wenn der Arbeitgeber glaubhaft macht, daß er den Betriebsrat mindestens zwei Wochen vor Erstattung der Anzeige nach Absatz 2 Satz 1 unterrichtet hat, und er den Stand der Beratungen darlegt. Die Anzeige muß Angaben über den Namen des Arbeitgebers, den Sitz und die Art des Betriebes enthalten, ferner die Gründe für die geplanten Entlassungen, die Zahl und die Berufsgruppen der zu entlassenden und der in der Regel beschäftigten Arbeitnehmer, den Zeitraum, in dem die Entlassungen vorgenommen werden sollen und die vorgesehenen Kriterien

für die Auswahl der zu entlassenden Arbeitnehmer. In der Anzeige sollen ferner im Einvernehmen mit dem Betriebsrat für die Arbeitsvermittlung Angaben über Geschlecht, Alter, Beruf und Staatsangehörigkeit der zu entlassenden Arbeitnehmer gemacht werden. Der Arbeitgeber hat dem Betriebsrat eine Abschrift der Anzeige zuzuleiten. Der Betriebsrat kann gegenüber der Agentur für Arbeit weitere Stellungnahmen abgeben. Er hat dem Arbeitgeber eine Abschrift der Stellungnahme zuzuleiten.

(3a) Die Auskunfts-, Beratungs- und Anzeigepflichten nach den Absätzen 1 bis 3 gelten auch dann, wenn die Entscheidung über die Entlassungen von einem den Arbeitgeber beherrschenden Unternehmen getroffen wurde. Der Arbeitgeber kann sich nicht darauf berufen, daß das für die Entlassungen verantwortliche Unternehmen die notwendigen Auskünfte nicht übermittelt hat.

(4) Das Recht zur fristlosen Entlassung bleibt unberührt. Fristlose Entlassungen werden bei Berechnung der Mindestzahl der Entlassungen nach Absatz 1 nicht mitgerechnet.

(5) Als Arbeitnehmer im Sinne dieser Vorschrift gelten nicht
1. in Betrieben einer juristischen Person die Mitglieder des Organs, das zur gesetzlichen Vertretung der juristischen Person berufen ist,
2. in Betrieben einer Personengesamtheit die durch Gesetz, Satzung oder Gesellschaftsvertrag zur Vertretung der Personengesamtheit berufenen Personen,
3. Geschäftsführer, Betriebsleiter und ähnliche leitende Personen, soweit diese zur selbständigen Einstellung oder Entlassung von Arbeitnehmern berechtigt sind.

§ 18 Entlassungssperre

(1) Entlassungen, die nach § 17 anzuzeigen sind, werden vor Ablauf eines Monats nach Eingang der Anzeige bei der Agentur für Arbeit nur mit deren Zustimmung wirksam; die Zustimmung kann auch rückwirkend bis zum Tage der Antragstellung erteilt werden.

(2) Die Agentur für Arbeit kann im Einzelfall bestimmen, daß die Entlassungen nicht vor Ablauf von längstens zwei Monaten nach Eingang der Anzeige wirksam werden.

(3) [weggefallen]

(4) Soweit die Entlassungen nicht innerhalb von 90 Tagen nach dem Zeitpunkt, zu dem sie nach den Absätzen 1 und 2 zulässig sind, durchgeführt werden, bedarf es unter den Voraussetzungen des § 17 Abs. 1 einer erneuten Anzeige.

§ 19 Zulässigkeit von Kurzarbeit

(1) Ist der Arbeitgeber nicht in der Lage, die Arbeitnehmer bis zu dem in § 18 Abs. 1 und 2 bezeichneten Zeitpunkt voll zu beschäftigen, so kann die Bundesagentur für Arbeit zulassen, daß der Arbeitgeber für die Zwischenzeit Kurzarbeit einführt.

(2) Der Arbeitgeber ist im Falle der Kurzarbeit berechtigt, Lohn oder Gehalt der mit verkürzter Arbeitszeit beschäftigten Arbeitnehmer entsprechend zu kürzen; die Kürzung des Arbeitsentgelts wird jedoch erst von dem Zeitpunkt an wirksam, an dem das Arbeitsverhältnis nach den allgemeinen gesetzlichen oder den vereinbarten Bestimmungen enden würde.

(3) Tarifvertragliche Bestimmungen über die Einführung, das Ausmaß und die Bezahlung von Kurzarbeit werden durch die Absätze 1 und 2 nicht berührt.

§ 20 Entscheidungen der Agentur für Arbeit

(1) Die Entscheidungen der Agentur für Arbeit nach § 18 Abs. 1 und 2 trifft deren Geschäftsführung oder ein Ausschuß (Entscheidungsträger). Die Geschäftsführung darf nur dann entscheiden, wenn die Zahl der Entlassungen weniger als 50 beträgt.

(2) Der Ausschuß setzt sich aus dem Geschäftsführer, der Geschäftsführerin oder dem oder der Vorsitzenden der Geschäftsführung der Agentur für Arbeit oder einem von ihm oder ihr beauftragten Angehörigen der Agentur für Arbeit als Vorsitzenden und je zwei Vertretern der Arbeitnehmer, der Arbeitgeber und der öffentlichen Körperschaften zusammen, die von dem Verwaltungsausschuss der Agentur für Arbeit benannt werden. Er trifft seine Entscheidungen mit Stimmenmehrheit.

(3) Der Entscheidungsträger hat vor seiner Entscheidung den Arbeitgeber und den Betriebsrat anzuhören. Dem Entscheidungsträger sind, insbesondere vom Arbeitgeber und Betriebsrat, die von ihm für die Beurteilung des Falles erforderlich gehaltenen Auskünfte zu erteilen.

(4) Der Entscheidungsträger hat sowohl das Interesse des Arbeitgebers als auch das der zu entlassenden Arbeitnehmer, das öffentliche Interesse und die Lage des gesamten Arbeitsmarktes unter besonderer Beachtung des Wirtschaftszweiges, dem der Betrieb angehört, zu berücksichtigen.

§ 21 Entscheidungen der Zentrale der Bundesagentur für Arbeit

Für Betriebe, die zum Geschäftsbereich des Bundesministers für Verkehr oder des Bundesministers für Post und Telekommunikation gehören, trifft, wenn mehr als 500 Arbeitnehmer entlassen werden sollen, ein gemäß § 20 Abs. 1 bei der Zentrale der Bundesagentur für Arbeit zu bildender Ausschuß die Entscheidungen nach § 18 Abs. 1 und 2. Der zuständige Bundesminister kann zwei Vertreter mit beratender Stimme in den Ausschuß entsenden. Die Anzeigen nach § 17 sind in diesem Falle an die Zentrale der Bundesagentur für Arbeit zu erstatten. Im übrigen gilt § 20 Abs. 1 bis 3 entsprechend.

§ 22 Ausnahmebetriebe

(1) Auf Saisonbetriebe und Kampagne-Betriebe finden die Vorschriften dieses Abschnitts bei Entlassungen, die durch diese Eigenart der Betriebe bedingt sind, keine Anwendung.

(2) Keine Saisonbetriebe oder Kampagne-Betriebe sind Betriebe des Baugewerbes, in denen die ganzjährige Beschäftigung nach dem Dritten Buch Sozialgesetzbuch gefördert wird. Das Bundesministerium für Arbeit und Soziales wird ermächtigt, durch Rechtsverordnung Vorschriften zu erlassen, welche Betriebe als Saisonbetriebe oder Kampagne-Betriebe im Sinne des Absatzes 1 gelten.

VIERTER ABSCHNITT
Schlußbestimmungen

§ 23 Geltungsbereich

(1) Die Vorschriften des Ersten und Zweiten Abschnitts gelten für Betriebe und Verwaltungen des privaten und des öffentlichen Rechts, vorbehaltlich der Vorschriften des § 24 für die Seeschiffahrts-, Binnenschiffahrts- und Luftverkehrsbetriebe. Die Vorschriften des Ersten Abschnitts gelten mit Ausnahme der §§ 4 bis 7 und des § 13 Abs. 1 Satz 1 und 2 nicht für Betriebe und Verwaltungen, in denen in der Regel fünf oder weniger Arbeitnehmer ausschließlich der zu ihrer Berufsbildung Beschäftigten beschäftigt werden. In Betrieben und Verwaltungen, in denen in der Regel zehn oder weniger Arbeitnehmer ausschließlich der zu ihrer Berufsbildung Beschäftigten beschäftigt werden, gelten die Vorschriften des Ersten Abschnitts mit Ausnahme der §§ 4 bis 7 und des § 13 Abs. 1 Satz 1 und 2 nicht für Arbeitnehmer, deren Arbeitsverhältnis nach dem 31. Dezember 2003 begonnen hat; diese Arbeitnehmer sind bei der Feststellung der Zahl der beschäftigten Arbeitnehmer nach Satz 2 bis zur Beschäftigung von in der Regel zehn Arbeitnehmern nicht zu berücksichtigen. Bei der Feststellung der Zahl der beschäftigten Arbeitnehmer nach den Sätzen 2 und 3 sind teilzeitbeschäftigte Arbeitnehmer mit einer regelmäßigen wöchentlichen Arbeitszeit von nicht mehr als 20 Stunden mit 0,5 und nicht mehr als 30 Stunden mit 0,75 zu berücksichtigen.

(2) Die Vorschriften des Dritten Abschnitts gelten für Betriebe und Verwaltungen des privaten Rechts sowie für Betriebe, die von einer öffentlichen Verwaltung geführt werden, soweit sie wirtschaftliche Zwecke verfolgen.

§ 24 Anwendung des Gesetzes auf Betriebe der Schifffahrt und des Luftverkehrs

(1) Die Vorschriften des Ersten und Zweiten Abschnitts finden nach Maßgabe der Absätze 2 bis 4 auf Arbeitsverhältnisse der Besatzung von Seeschiffen, Binnenschiffen und Luftfahrzeugen Anwendung.

(2) Als Betrieb im Sinne dieses Gesetzes gilt jeweils die Gesamtheit der Seeschiffe oder der Binnenschiffe eines Schifffahrtsbetriebs oder der Luftfahrzeuge eines Luftverkehrsbetriebs.

(3) Dauert die erste Reise eines Besatzungsmitglieds eines Seeschiffes oder Binnenschiffes länger als sechs Monate, so verlängert sich die Sechsmonatsfrist des § 1 Absatz 1 bis drei Tage nach Beendigung dieser Reise.

(4) Die Klage nach § 4 ist binnen drei Wochen zu erheben, nachdem die Kündigung dem Besatzungsmitglied an Land zugegangen ist. Geht dem Besatzungsmitglied eines Seeschiffes oder eines Binnenschiffes die Kündigung während der Fahrt des Schiffes zu, ist die Klage innerhalb von sechs Wochen nach dem Dienstende an Bord zu erheben. An die Stelle der Dreiwochenfrist in § 5 Absatz 1 und § 6 treten die hier in den Sätzen 1 und 2 genannten Fristen.

(5) Die Vorschriften des Dritten Abschnitts finden nach Maßgabe der folgenden Sätze Anwendung auf die Besatzung von Seeschiffen. Bei Schiffen nach § 114 Absatz 4 Satz 1 des Betriebsverfassungsgesetzes tritt, soweit sie nicht als Teil des Landbetriebs gelten, an die Stelle des Betriebsrats der Seebetriebsrat. Betrifft eine anzeigepflichtige Entlassung die Besatzung eines Seeschiffes, welches unter der Flagge eines anderen Mitgliedstaates der Europäischen Union fährt, so ist die Anzeige an die Behörde des Staates zu richten, unter dessen Flagge das Schiff fährt.

§ 25 Kündigung in Arbeitskämpfen

Die Vorschriften dieses Gesetzes finden keine Anwendung auf Kündigungen und Entlassungen, die lediglich als Maßnahmen in wirtschaftlichen Kämpfen zwischen Arbeitgebern und Arbeitnehmern vorgenommen werden.

§ 25a Berlin-Klausel

Dieses Gesetz gilt nach Maßgabe des § 13 Abs. 1 des Dritten Überleitungsgesetzes auch im Land Berlin. Rechtsverordnungen, die auf Grund dieses Gesetzes erlassen werden, gelten im Land Berlin nach § 14 des Dritten Überleitungsgesetzes.

§ 26 Inkrafttreten

Dieses Gesetz tritt am Tag nach seiner Verkündung in Kraft.

Gesetz zur Regelung eines allgemeinen Mindestlohns* (Mindestlohngesetz – MiLoG)

ABSCHNITT 1
Festsetzung des allgemeinen Mindestlohns

Unterabschnitt 1
Inhalt des Mindestlohns

§ 1 Mindestlohn

(1) Jede Arbeitnehmerin und jeder Arbeitnehmer hat Anspruch auf Zahlung eines Arbeitsentgelts mindestens in Höhe des Mindestlohns durch den Arbeitgeber.

(2) Die Höhe des Mindestlohns beträgt ab dem 1. Januar 2015 brutto 8,50 Euro je Zeitstunde. Die Höhe des Mindestlohns kann auf Vorschlag einer ständigen Kommission der Tarifpartner (Mindestlohnkommission) durch Rechtsverordnung der Bundesregierung geändert werden.

(3) Die Regelungen des Arbeitnehmer-Entsendegesetzes, des Arbeitnehmerüberlassungsgesetzes und der auf ihrer Grundlage erlassenen Rechtsverordnungen gehen den Regelungen dieses Gesetzes vor, soweit die Höhe der auf ihrer Grundlage festgesetzten Branchenmindestlöhne die Höhe des Mindestlohns nicht unterschreitet. Der Vorrang nach Satz 1 gilt entsprechend für einen auf der Grundlage von § 5 des Tarifvertragsgesetzes für allgemeinverbindlich erklärten Tarifvertrag im Sinne von § 4 Absatz 1 Nummer 1 sowie §§ 5 und 6 Absatz 2 des Arbeitnehmer-Entsendegesetzes.

§ 2 Fälligkeit des Mindestlohns

(1) Der Arbeitgeber ist verpflichtet, der Arbeitnehmerin oder dem Arbeitnehmer den Mindestlohn

1. zum Zeitpunkt der vereinbarten Fälligkeit,
2. spätestens am letzten Bankarbeitstag (Frankfurt am Main) des Monats, der auf den Monat folgt, in dem die Arbeitsleistung erbracht wurde,

* Vom 11. August 2014 (BGBl. I, S. 1348), zuletzt geändert durch Gesetz vom 18. Juli 2017 (BGBl. I, S. 2739).

zu zahlen. Für den Fall, dass keine Vereinbarung über die Fälligkeit getroffen worden ist, bleibt § 614 des Bürgerlichen Gesetzbuchs unberührt.

(2) Abweichend von Absatz 1 Satz 1 sind bei Arbeitnehmerinnen und Arbeitnehmern die über die vertraglich vereinbarte Arbeitszeit hinausgehenden und auf einem schriftlich vereinbarten Arbeitszeitkonto eingestellten Arbeitsstunden spätestens innerhalb von zwölf Kalendermonaten nach ihrer monatlichen Erfassung durch bezahlte Freizeitgewährung oder Zahlung des Mindestlohns auszugleichen, soweit der Anspruch auf den Mindestlohn für die geleisteten Arbeitsstunden nach § 1 Absatz 1 nicht bereits durch Zahlung des verstetigten Arbeitsentgelts erfüllt ist. Im Falle der Beendigung des Arbeitsverhältnisses hat der Arbeitgeber nicht ausgeglichene Arbeitsstunden spätestens in dem auf die Beendigung des Arbeitsverhältnisses folgenden Kalendermonat auszugleichen. Die auf das Arbeitszeitkonto eingestellten Arbeitsstunden dürfen monatlich jeweils 50 Prozent der vertraglich vereinbarten Arbeitszeit nicht übersteigen.

(3) Die Absätze 1 und 2 gelten nicht für Wertguthabenvereinbarungen im Sinne des Vierten Buches Sozialgesetzbuch. Satz 1 gilt entsprechend für eine im Hinblick auf den Schutz der Arbeitnehmerinnen und Arbeitnehmer vergleichbare ausländische Regelung.

§ 3 Unabdingbarkeit des Mindestlohns

Vereinbarungen, die den Anspruch auf Mindestlohn unterschreiten oder seine Geltendmachung beschränken oder ausschließen, sind insoweit unwirksam. Die Arbeitnehmerin oder der Arbeitnehmer kann auf den entstandenen Anspruch nach § 1 Absatz 1 nur durch gerichtlichen Vergleich verzichten; im Übrigen ist ein Verzicht ausgeschlossen. Die Verwirkung des Anspruchs ist ausgeschlossen.

Unterabschnitt 2
Mindestlohnkommission

§ 4 Aufgabe und Zusammensetzung

(1) Die Bundesregierung errichtet eine ständige Mindestlohnkommission, die über die Anpassung der Höhe des Mindestlohns befindet.

(2) Die Mindestlohnkommission wird alle fünf Jahre neu berufen. Sie besteht aus einer oder einem Vorsitzenden, sechs weiteren stimmberechtigten ständigen Mitgliedern und zwei Mitgliedern aus Kreisen der Wissenschaft ohne Stimmrecht (beratende Mitglieder).

§ 5 Stimmberechtigte Mitglieder

(1) Die Bundesregierung beruft je drei stimmberechtigte Mitglieder auf Vorschlag der Spitzenorganisationen der Arbeitgeber und der Arbeitnehmer aus Kreisen der Vereinigungen von Arbeitgebern und Gewerkschaften. Die Spitzenorganisationen der Arbeitgeber und Arbeitnehmer sollen jeweils mindestens eine Frau und einen Mann als stimmberechtigte Mitglieder vorschlagen. Werden auf Arbeitgeber- oder auf Arbeitnehmerseite von den Spitzenorganisationen mehr als drei Personen vorgeschlagen, erfolgt die Auswahl zwischen den Vorschlägen im Verhältnis zur Bedeutung der jeweiligen Spitzenorganisationen für die Vertretung der Arbeitgeber- oder Arbeitnehmerinteressen im Arbeitsleben des Bundesgebietes. Übt eine Seite ihr Vorschlagsrecht nicht aus, werden die Mitglieder dieser Seite durch die Bundesregierung aus Kreisen der Vereinigungen von Arbeitgebern oder Gewerkschaften berufen.

(2) Scheidet ein Mitglied aus, wird nach Maßgabe des Absatzes 1 Satz 1 und 4 ein neues Mitglied berufen.

§ 6 Vorsitz

(1) Die Bundesregierung beruft die Vorsitzende oder den Vorsitzenden auf gemeinsamen Vorschlag der Spitzenorganisationen der Arbeitgeber und der Arbeitnehmer.

(2) Wird von den Spitzenorganisationen kein gemeinsamer Vorschlag unterbreitet, beruft die Bundesregierung jeweils eine Vorsitzende oder einen Vorsitzende auf Vorschlag der Spitzenorganisationen der Arbeitgeber und der Arbeitnehmer. Der Vorsitz wechselt zwischen den Vorsitzenden nach jeder Beschlussfassung nach § 9. Über den erstmaligen Vorsitz entscheidet das Los. § 5 Absatz 1 Satz 3 und 4 gilt entsprechend.

(3) Scheidet die Vorsitzende oder der Vorsitzende aus, wird nach Maßgabe der Absätze 1 und 2 eine neue Vorsitzende oder ein neuer Vorsitzender berufen.

§ 7 Beratende Mitglieder

(1) Die Bundesregierung beruft auf Vorschlag der Spitzenorganisationen der Arbeitgeber und Arbeitnehmer zusätzlich je ein beratendes Mitglied aus Kreisen der Wissenschaft. Die Bundesregierung soll darauf hinwirken, dass die Spitzenorganisationen der Arbeitgeber und Arbeitnehmer eine Frau und einen Mann als beratendes Mitglied vorschlagen. Das beratende Mitglied soll in keinem Beschäftigungsverhältnis stehen zu

1. einer Spitzenorganisation der Arbeitgeber oder Arbeitnehmer,
2. einer Vereinigung der Arbeitgeber oder einer Gewerkschaft oder
3. einer Einrichtung, die von den in der Nummer 1 oder Nummer 2 genannten Vereinigungen getragen wird.

§ 5 Absatz 1 Satz 3 und 4 und Absatz 2 gilt entsprechend.

(2) Die beratenden Mitglieder unterstützen die Mindestlohnkommission insbesondere bei der Prüfung nach § 9 Absatz 2 durch die Einbringung wissenschaftlichen Sachverstands. Sie haben das Recht, an den Beratungen der Mindestlohnkommission teilzunehmen.

§ 8 Rechtsstellung der Mitglieder

(1) Die Mitglieder der Mindestlohnkommission unterliegen bei der Wahrnehmung ihrer Tätigkeit keinen Weisungen.

(2) Die Tätigkeit der Mitglieder der Mindestlohnkommission ist ehrenamtlich.

(3) Die Mitglieder der Mindestlohnkommission erhalten eine angemessene Entschädigung für den ihnen bei der Wahrnehmung ihrer Tätigkeit erwachsenden Verdienstausfall und Aufwand sowie Ersatz der Fahrtkosten entsprechend den für ehrenamtliche Richterinnen und Richter der Arbeitsgerichte geltenden Vorschriften. Die Entschädigung und die erstattungsfähigen Fahrtkosten setzt im Einzelfall die oder der Vorsitzende der Mindestlohnkommission fest.

§ 9 Beschluss der Mindestlohnkommission

(1) Die Mindestlohnkommission hat über eine Anpassung der Höhe des Mindestlohns erstmals bis zum 30. Juni 2016 mit Wirkung zum 1. Januar 2017 zu beschließen. Danach hat die Mindestlohnkommission alle zwei Jahre über Anpassungen der Höhe des Mindestlohns zu beschließen.

(2) Die Mindestlohnkommission prüft im Rahmen einer Gesamtabwägung, welche Höhe des Mindestlohns geeignet ist, zu einem angemessenen Mindestschutz der Arbeitnehmerinnen und Arbeitnehmer beizutragen, faire und funktionierende Wettbewerbsbedingungen zu ermöglichen sowie Beschäftigung nicht zu gefährden. Die Mindestlohnkommission orientiert sich bei der Festsetzung des Mindestlohns nachlaufend an der Tarifentwicklung.

(3) Die Mindestlohnkommission hat ihren Beschluss schriftlich zu begründen.

(4) Die Mindestlohnkommission evaluiert laufend die Auswirkungen des Mindestlohns auf den Schutz der Arbeitnehmerinnen und Arbeitnehmer, die Wettbewerbsbedingungen und die Beschäftigung im Bezug auf bestimmte Branchen und Regionen sowie die Produktivität und stellt ihre Erkenntnisse der Bundesregierung in einem Bericht alle zwei Jahre gemeinsam mit ihrem Beschluss zur Verfügung.

§ 10 Verfahren der Mindestlohnkommission

(1) Die Mindestlohnkommission ist beschlussfähig, wenn mindestens die Hälfte ihrer stimmberechtigten Mitglieder anwesend ist.

(2) Die Beschlüsse der Mindestlohnkommission werden mit einfacher Mehrheit der Stimmen der anwesenden Mitglieder gefasst. Bei der Beschlussfassung hat sich die oder der Vorsitzende zunächst der Stimme zu enthalten. Kommt eine Stimmenmehrheit nicht zustande, macht die oder der Vorsitzende einen Vermittlungsvorschlag. Kommt nach Beratung über den Vermittlungsvorschlag keine Stimmenmehrheit zustande, übt die oder der Vorsitzende ihr oder sein Stimmrecht aus.

(3) Die Mindestlohnkommission kann Spitzenorganisationen der Arbeitgeber und Arbeitnehmer, Vereinigungen von Arbeitgebern und Gewerkschaften, öffentlich-rechtliche Religionsgesellschaften, Wohlfahrtsverbände, Verbände, die wirtschaftliche und soziale Interessen organisieren, sowie sonstige von der Anpassung des Mindestlohns Betroffene vor Beschlussfassung anhören. Sie kann Informationen und fachliche Einschätzungen von externen Stellen einholen.

(4) Die Sitzungen der Mindestlohnkommission sind nicht öffentlich; der Inhalt ihrer Beratungen ist vertraulich. Die übrigen Verfahrensregelungen trifft die Mindestlohnkommission in einer Geschäftsordnung.

§ 11 Rechtsverordnung

(1) Die Bundesregierung kann die von der Mindestlohnkommission vorgeschlagene Anpassung des Mindestlohns durch Rechtsverordnung ohne Zustimmung des Bundesrates für alle Arbeitgeber sowie Arbeitnehmerinnen und Arbeitnehmer verbindlich machen. Die Rechtsverordnung tritt am im Beschluss der Mindestlohnkommission bezeichneten Tag, frühestens aber am Tag nach Verkündung in Kraft. Die Rechtsverordnung gilt, bis sie durch eine neue Rechtsverordnung abgelöst wird.

(2) Vor Erlass der Rechtsverordnung erhalten die Spitzenorganisationen der Arbeitgeber und Arbeitnehmer, die Vereinigungen von Arbeitgebern und Gewerkschaften, die öffentlich-rechtlichen Religionsgesellschaften, die Wohlfahrtsverbände sowie die Verbände, die wirtschaftliche und soziale Interessen organisieren, Gelegenheit zur schriftlichen Stellungnahme. Die Frist zur Stellungnahme beträgt drei Wochen; sie beginnt mit der Bekanntmachung des Verordnungsentwurfs.

§ 12 Geschäfts- und Informationsstelle für den Mindestlohn; Kostenträgerschaft

(1) Die Mindestlohnkommission wird bei der Durchführung ihrer Aufgaben von einer Geschäftsstelle unterstützt. Die Geschäftsstelle untersteht insoweit fachlich der oder dem Vorsitzenden der Mindestlohnkommission.

(2) Die Geschäftsstelle wird bei der Bundesanstalt für Arbeitsschutz und Arbeitsmedizin als selbständige Organisationeinheit eingerichtet.

(3) Die Geschäftsstelle informiert und berät als Informationsstelle für den Mindestlohn Arbeitnehmerinnen und Arbeitnehmer sowie Unternehmen zum Thema Mindestlohn.

(4) Die durch die Tätigkeit der Mindestlohnkommission und der Geschäftsstelle anfallenden Kosten trägt der Bund.

ABSCHNITT 2
Zivilrechtliche Durchsetzung

§ 13 Haftung des Auftraggebers

§ 14 des Arbeitnehmer-Entsendegesetzes findet entsprechende Anwendung.

ABSCHNITT 3
Kontrolle und Durchsetzung durch staatliche Behörden

§ 14 Zuständigkeit

Für die Prüfung der Einhaltung der Pflichten eines Arbeitgebers nach § 20 sind die Behörden der Zollverwaltung zuständig.

§ 15 Befugnisse der Behörden der Zollverwaltung und anderer Behörden; Mitwirkungspflichten des Arbeitgebers

Die §§ 2 bis 6, 14, 15, 20, 22 und 23 des Schwarzarbeitsbekämpfungsgesetzes sind entsprechend anzuwenden mit der Maßgabe, dass

1. die dort genannten Behörden auch Einsicht in Arbeitsverträge, Niederschriften nach § 2 des Nachweisgesetzes und andere Geschäftsunterlagen nehmen können, die mittelbar oder unmittelbar Auskunft über die Einhaltung des Mindestlohns nach § 20 geben, und
2. die nach § 5 Absatz 1 des Schwarzarbeitsbekämpfungsgesetzes zur Mitwirkung Verpflichteten diese Unterlagen vorzulegen haben.

§ 6 Absatz 3 sowie die §§ 16 bis 19 des Schwarzarbeitsbekämpfungsgesetzes finden entsprechende Anwendung.

§ 16 Meldepflicht

(1) Ein Arbeitgeber mit Sitz im Ausland, der eine Arbeitnehmerin oder einen Arbeitnehmer oder mehrere Arbeitnehmerinnen oder Arbeitnehmer in den in § 2a des Schwarzarbeitsbekämpfungsgesetzes genannten Wirtschaftsbereichen oder Wirtschaftszweigen im Anwendungsbereich dieses Gesetzes beschäftigt, ist verpflichtet, vor Beginn jeder Werk- oder Dienstleistung eine schriftliche Anmeldung in deutscher Sprache bei der zuständigen Behörde der Zollverwaltung nach Absatz 6 vorzulegen, die die für die Prüfung wesentlichen Angaben enthält. Wesentlich sind die Angaben über

1. den Familiennamen, den Vornamen und das Geburtsdatum der von ihm im Geltungsbereich dieses Gesetzes beschäftigten Arbeitnehmerinnen und Arbeitnehmer,
2. den Beginn und die voraussichtliche Dauer der Beschäftigung,
3. den Ort der Beschäftigung,
4. den Ort im Inland, an dem die nach § 17 erforderlichen Unterlagen bereitgehalten werden,
5. den Familiennamen, den Vornamen, das Geburtsdatum und die Anschrift in Deutschland der oder des verantwortlich Handelnden und
6. den Familiennamen, den Vornamen und die Anschrift in Deutschland einer oder eines Zustellungsbevollmächtigten, soweit diese oder dieser nicht mit der oder dem in Nummer 5 genannten verantwortlich Handelnden identisch ist.

Änderungen bezüglich dieser Angaben hat der Arbeitgeber im Sinne des Satzes 1 unverzüglich zu melden.

(2) Der Arbeitgeber hat der Anmeldung eine Versicherung beizufügen, dass er die Verpflichtungen nach § 20 einhält.

(3) Überlässt ein Verleiher mit Sitz im Ausland eine Arbeitnehmerin oder einen Arbeitnehmer oder mehrere Arbeitnehmerinnen oder Arbeitnehmer zur Arbeitsleistung einem Entleiher, hat der Entleiher in den in § 2a des Schwarzarbeitsbekämpfungsgesetzes genannten Wirtschaftsbereichen oder Wirtschaftszweigen unter den Voraussetzungen des Absatzes 1 Satz 1 vor Beginn jeder Werk- oder Dienstleistung der zuständigen Behörde der Zollverwaltung eine schriftliche Anmeldung in deutscher Sprache mit folgenden Angaben zuzuleiten:

1. den Familiennamen, den Vornamen und das Geburtsdatum der überlassenen Arbeitnehmerinnen und Arbeitnehmer,
2. den Beginn und die Dauer der Überlassung,
3. den Ort der Beschäftigung,
4. den Ort im Inland, an dem die nach § 17 erforderlichen Unterlagen bereitgehalten werden,
5. den Familiennamen, den Vornamen und die Anschrift in Deutschland einer oder eines Zustellungsbevollmächtigten des Verleihers,
6. den Familiennamen, den Vornamen oder die Firma sowie die Anschrift des Verleihers.

Absatz 1 Satz 3 gilt entsprechend.

(4) Der Entleiher hat der Anmeldung eine Versicherung des Verleihers beizufügen, dass dieser die Verpflichtungen nach § 20 einhält.

(5) Das Bundesministerium der Finanzen kann durch Rechtsverordnung im Einvernehmen mit dem Bundesministerium für Arbeit und Soziales ohne Zustimmung des Bundesrates bestimmen,

1. dass, auf welche Weise und unter welchen technischen und organisatorischen Voraussetzungen eine Anmeldung, eine Änderungsmeldung und die Versicherung abweichend von Absatz 1 Satz 1 und 3, Absatz 2 und 3 Satz 1 und 2 und Absatz 4 elektronisch übermittelt werden kann,
2. unter welchen Voraussetzungen eine Änderungsmeldung ausnahmsweise entfallen kann, und
3. wie das Meldeverfahren vereinfacht oder abgewandelt werden kann, sofern die entsandten Arbeitnehmerinnen und Arbeitnehmer im Rahmen einer regelmäßig wiederkehrenden Werk- oder Dienstleistung eingesetzt werden oder sonstige Besonderheiten der zu erbringenden Werk- oder Dienstleistungen dies erfordern.

(6) Das Bundesministerium der Finanzen kann durch Rechtsverordnung ohne Zustimmung des Bundesrates die zuständige Behörde nach Absatz 1 Satz 1 und Absatz 3 Satz 1 bestimmen.

§ 17 Erstellen und Bereithalten von Dokumenten

(1) Ein Arbeitgeber, der Arbeitnehmerinnen und Arbeitnehmer nach § 8 Absatz 1 des Vierten Buches Sozialgesetzbuch oder in den in § 2a des Schwarzarbeitsbekämpfungsgesetzes genannten Wirtschaftsbereichen oder Wirtschaftszweigen beschäftigt, ist verpflichtet, Beginn, Ende und Dauer der täglichen Arbeitszeit dieser Arbeitnehmerinnen und Arbeitnehmer spätestens bis zum Ablauf des siebten auf den Tag der Arbeitsleistung folgenden Kalendertages aufzuzeichnen und diese Aufzeichnungen mindestens zwei Jahre beginnend ab dem für die Aufzeichnung maßgeblichen Zeitpunkt aufzubewahren. Satz 1 gilt entsprechend für einen Entleiher, dem ein Verleiher eine Arbeitnehmerin oder einen Arbeitnehmer oder mehrere Arbeitnehmerinnen oder Arbeitnehmer zur Arbeitsleistung in einem der in § 2a des Schwarzarbeitsbekämpfungsgesetzes genannten Wirtschaftszweige überlässt. Satz 1 gilt nicht für Beschäftigungsverhältnisse nach § 8a des Vierten Buches Sozialgesetzbuch.

(2) Arbeitgeber im Sinne des Absatzes 1 haben die für die Kontrolle der Einhaltung der Verpflichtungen nach § 20 in Verbindung mit § 2 erforderlichen Unterlagen im Inland in deutscher Sprache für die gesamte Dauer der tatsächlichen Beschäftigung der Arbeitnehmerinnen und Arbeitnehmer im Geltungsbereich dieses Gesetzes, mindestens für die Dauer der gesamten Werk- oder Dienstleistung, insgesamt jedoch nicht länger als zwei Jahre, bereitzuhalten. Auf Verlangen der Prüfbehörde sind die Unterlagen auch am Ort der Beschäftigung bereitzuhalten.

(3) Das Bundesministerium für Arbeit und Soziales kann durch Rechtsverordnung ohne Zustimmung des Bundesrates die Verpflichtungen des Arbeitgebers oder eines Entleihers nach § 16 und den Absätzen 1 und 2 hinsichtlich bestimmter Gruppen von Arbeitnehmerinnen und Arbeitnehmern oder der Wirtschaftsbereiche oder den Wirtschaftszweigen einschränken oder erweitern.

(4) Das Bundesministerium der Finanzen kann durch Rechtsverordnung im Einvernehmen mit dem Bundesministerium für Arbeit und Soziales ohne Zustimmung des Bundesrates bestimmen, wie die Verpflichtung des Arbeitgebers, die tägliche Arbeitszeit bei ihm beschäftigter Arbeitnehmerinnen und Arbeitnehmer aufzuzeichnen und diese Aufzeichnungen aufzubewahren, vereinfacht oder abgewandelt werden kann, sofern Besonderheiten der zu erbringenden Werk- oder Dienstleistungen oder Besonderheiten des jeweiligen Wirtschaftsbereiches oder Wirtschaftszweiges dies erfordern.

§ 18 Zusammenarbeit der in- und ausländischen Behörden

(1) Die Behörden der Zollverwaltung unterrichten die zuständigen örtlichen Landesfinanzbehörden über Meldungen nach § 16 Absatz 1 und 3.

(2) Die Behörden der Zollverwaltung und die übrigen in § 2 des Schwarzarbeitsbekämpfungsgesetzes genannten Behörden dürfen nach Maßgabe der datenschutzrechtlichen Vorschriften auch mit Behörden anderer Vertragsstaaten des Abkommens über den Europäischen Wirtschaftsraum zusammenarbeiten, die diesem Gesetz entsprechende Aufgaben durchführen oder für die Bekämpfung illegaler Beschäftigung zuständig sind oder Auskünfte geben können, ob ein Arbeitgeber seine Verpflichtungen nach § 20 erfüllt.

Die Regelungen über die internationale Rechtshilfe in Strafsachen bleiben hiervon unberührt.

(3) Die Behörden der Zollverwaltung unterrichten das Gewerbezentralregister über rechtskräftige Bußgeldentscheidungen nach § 21 Absatz 1 bis 3, sofern die Geldbuße mehr als zweihundert Euro beträgt.

§ 19 Ausschluss von der Vergabe öffentlicher Aufträge

(1) Von der Teilnahme an einem Wettbewerb um einen Liefer-, Bau- oder Dienstleistungsauftrag der in den §§ 99 und 100 des Gesetzes gegen Wettbewerbsbeschränkungen genannten Auftraggeber sollen Bewerberinnen oder Bewerber für eine angemessene Zeit bis zur nachgewiesenen Wiederherstellung ihrer Zuverlässigkeit ausgeschlossen werden, die wegen eines Verstoßes nach § 21 mit einer Geldbuße von wenigstens zweitausendfünfhundert Euro belegt worden sind.

(2) Die für die Verfolgung oder Ahndung der Ordnungswidrigkeiten nach § 21 zuständigen Behörden dürfen öffentlichen Auftraggebern nach § 99 des Gesetzes gegen Wettbewerbsbeschränkungen und solchen Stellen, die von öffentlichen Auftraggebern zugelassene Präqualifikationsverzeichnisse oder Unternehmer- und Lieferantenverzeichnisse führen, auf Verlangen die erforderlichen Auskünfte geben.

(3) Öffentliche Auftraggeber nach Absatz 2 fordern im Rahmen ihrer Tätigkeit beim Wettbewerbsregister Auskünfte über rechtskräftige Bußgeldentscheidungen wegen einer Ordnungswidrigkeit nach § 21 Absatz 1 oder Absatz 2 an oder verlangen von Bewerberinnen oder Bewerbern eine Erklärung, dass die Voraussetzungen für einen Ausschluss nach Absatz 1 nicht vorliegen. Im Falle einer Erklärung der Bewerberin oder des Bewerbers können öffentliche Auftraggeber nach Absatz 2 jederzeit zusätzlich Auskünfte des Wettbewerbsregisters anfordern.

(4) Bei Aufträgen ab einer Höhe von 30 000 Euro fordert der öffentliche Auftraggeber nach Absatz 2 für die Bewerberin oder den Bewerber, die oder der den Zuschlag erhalten soll, vor der Zuschlagserteilung eine Auskunft aus dem Wettbewerbsregister an.

(5) Vor der Entscheidung über den Ausschluss ist die Bewerberin oder der Bewerber zu hören.

§ 20 Pflichten des Arbeitgebers zur Zahlung des Mindestlohns

Arbeitgeber mit Sitz im In- oder Ausland sind verpflichtet, ihren im Inland beschäftigten Arbeitnehmerinnen und Arbeitnehmern ein Arbeitsentgelt mindestens in Höhe des Mindestlohns nach § 1 Absatz 2 spätestens zu dem in § 2 Absatz 1 Satz 1 Nummer 2 genannten Zeitpunkt zu zahlen.

§ 21 Bußgeldvorschriften

(1) Ordnungswidrig handelt, wer vorsätzlich oder fahrlässig

1. entgegen § 15 Satz 1 in Verbindung mit § 5 Absatz 1 Satz 1 des Schwarzarbeitsbekämpfungsgesetzes eine Prüfung nicht duldet oder bei einer Prüfung nicht mitwirkt,
2. entgegen § 15 Satz 1 in Verbindung mit § 5 Absatz 1 Satz 2 des Schwarzarbeitsbekämpfungsgesetzes das Betreten eines Grundstücks oder Geschäftsraums nicht duldet,
3. entgegen § 15 Satz 1 in Verbindung mit § 5 Absatz 3 Satz 1 des Schwarzarbeitsbekämpfungsgesetzes Daten nicht, nicht richtig, nicht vollständig, nicht in der vorgeschriebenen Weise oder nicht rechtzeitig übermittelt,
4. entgegen § 16 Absatz 1 Satz 1 oder Absatz 3 Satz 1 eine Anmeldung nicht, nicht richtig, nicht vollständig, nicht in der vorgeschriebenen Weise oder nicht rechtzeitig vorlegt oder nicht, nicht richtig, nicht vollständig, nicht in der vorgeschriebenen Weise oder nicht rechtzeitig zuleitet,
5. entgegen § 16 Absatz 1 Satz 3, auch in Verbindung mit Absatz 3 Satz 2, eine Änderungsmeldung nicht, nicht richtig, nicht vollständig, nicht in der vorgeschriebenen Weise oder nicht rechtzeitig macht,
6. entgegen § 16 Absatz 2 oder 4 eine Versicherung nicht, nicht richtig oder nicht rechtzeitig beifügt,
7. entgegen § 17 Absatz 1 Satz 1, auch in Verbindung mit Satz 2, eine Aufzeichnung nicht, nicht richtig, nicht vollständig oder nicht rechtzeitig erstellt oder nicht oder nicht mindestens zwei Jahre aufbewahrt,
8. entgegen § 17 Absatz 2 eine Unterlage nicht, nicht richtig, nicht vollständig oder nicht in der vorgeschriebenen Weise bereithält oder

9. entgegen § 20 das dort genannte Arbeitsentgelt nicht oder nicht rechtzeitig zahlt.

(2) Ordnungswidrig handelt, wer Werk- oder Dienstleistungen in erheblichem Umfang ausführen lässt, indem er als Unternehmer einen anderen Unternehmer beauftragt, von dem er weiß oder fahrlässig nicht weiß, dass dieser bei der Erfüllung dieses Auftrags
1. entgegen § 20 das dort genannte Arbeitsentgelt nicht oder nicht rechtzeitig zahlt oder
2. einen Nachunternehmer einsetzt oder zulässt, dass ein Nachunternehmer tätig wird, der entgegen § 20 das dort genannte Arbeitsentgelt nicht oder nicht rechtzeitig zahlt.

(3) Die Ordnungswidrigkeit kann in den Fällen des Absatzes 1 Nummer 9 und des Absatzes 2 mit einer Geldbuße bis zu fünfhunderttausend Euro, in den übrigen Fällen mit einer Geldbuße bis zu dreißigtausend Euro geahndet werden.

(4) Verwaltungsbehörden im Sinne des § 36 Absatz 1 Nummer 1 des Gesetzes über Ordnungswidrigkeiten sind die in § 14 genannten Behörden jeweils für ihren Geschäftsbereich.

(5) Für die Vollstreckung zugunsten der Behörden des Bundes und der bundesunmittelbaren juristischen Personen des öffentlichen Rechts sowie für die Vollziehung des Vermögensarrestes nach § 111e der Strafprozessordnung in Verbindung mit § 46 des Gesetzes über Ordnungswidrigkeiten durch die in § 14 genannten Behörden gilt das Verwaltungs-Vollstreckungsgesetz des Bundes.

ABSCHNITT 4
Schlussvorschriften

§ 22 Persönlicher Anwendungsbereich

(1) Dieses Gesetz gilt für Arbeitnehmerinnen und Arbeitnehmer. Praktikantinnen und Praktikanten im Sinne des § 26 des Berufsbildungsgesetzes gelten als Arbeitnehmerinnen und Arbeitnehmer im Sinne dieses Gesetzes, es sei denn, dass sie
1. ein Praktikum verpflichtend auf Grund einer schulrechtlichen Bestimmung, einer Ausbildungsordnung, einer hochschulrecht-

lichen Bestimmung oder im Rahmen einer Ausbildung an einer gesetzlich geregelten Berufsakademie leisten,
2. ein Praktikum von bis zu drei Monaten zur Orientierung für eine Berufsausbildung oder für die Aufnahme eines Studiums leisten,
3. ein Praktikum von bis zu drei Monaten begleitend zu einer Berufs- oder Hochschulausbildung leisten, wenn nicht zuvor ein solches Praktikumsverhältnis mit demselben Ausbildenden bestanden hat, oder
4. an einer Einstiegsqualifizierung nach § 54a des Dritten Buches Sozialgesetzbuch oder an einer Berufsausbildungsvorbereitung nach §§ 68 bis 70 des Berufsbildungsgesetzes teilnehmen.

Praktikantin oder Praktikant ist unabhängig von der Bezeichnung des Rechtsverhältnisses, wer sich nach der tatsächlichen Ausgestaltung und Durchführung des Vertragsverhältnisses für eine begrenzte Dauer zum Erwerb praktischer Kenntnisse und Erfahrungen einer bestimmten betrieblichen Tätigkeit zur Vorbereitung auf eine berufliche Tätigkeit unterzieht, ohne dass es sich dabei um eine Berufsausbildung im Sinne des Berufsbildungsgesetzes oder um eine damit vergleichbare praktische Ausbildung handelt.

(2) Personen im Sinne von § 2 Absatz 1 und 2 des Jugendarbeitsschutzgesetzes ohne abgeschlossene Berufsausbildung gelten nicht als Arbeitnehmerinnen und Arbeitnehmer im Sinne dieses Gesetzes.

(3) Von diesem Gesetz nicht geregelt wird die Vergütung von zu ihrer Berufsausbildung Beschäftigten sowie ehrenamtlich Tätigen.

(4) Für Arbeitsverhältnisse von Arbeitnehmerinnen und Arbeitnehmern, die unmittelbar vor Beginn der Beschäftigung langzeitarbeitslos im Sinne des § 18 Absatz 1 des Dritten Buches Sozialgesetzbuch waren, gilt der Mindestlohn in den ersten sechs Monaten der Beschäftigung nicht. Die Bundesregierung hat den gesetzgebenden Körperschaften zum 1. Juni 2016 darüber zu berichten, inwieweit die Regelung nach Satz 1 die Wiedereingliederung von Langzeitarbeitslosen in den Arbeitsmarkt gefördert hat, und eine Einschätzung darüber abzugeben, ob diese Regelung fortbestehen soll.

§ 23 Evaluation

Dieses Gesetz ist im Jahr 2020 zu evaluieren.

§ 24 Übergangsregelung

(1) Bis zum 31. Dezember 2017 gehen abweichende Regelungen eines Tarifvertrages repräsentativer Tarifvertragsparteien dem Mindestlohn vor, wenn sie für alle unter den Geltungsbereich des Tarifvertrages fallenden Arbeitgeber mit Sitz im In- oder Ausland sowie deren Arbeitnehmerinnen und Arbeitnehmer verbindlich gemacht worden sind; ab dem 1. Januar 2017 müssen abweichende Regelungen in diesem Sinne mindestens ein Entgelt von brutto 8,50 Euro je Zeitstunde vorsehen. Satz 1 gilt entsprechend für Rechtsverordnungen, die auf der Grundlage von § 11 des Arbeitnehmer-Entsendegesetzes sowie § 3a des Arbeitnehmerüberlassungsgesetzes erlassen worden sind.

(2) Zeitungszustellerinnen und Zeitungszusteller haben ab dem 1. Januar 2015 einen Anspruch auf 75 Prozent und ab dem 1. Januar 2016 auf 85 Prozent des Mindestlohns nach § 1 Absatz 2 Satz 1. Vom 1. Januar 2017 bis zum 31. Dezember 2017 beträgt der Mindestlohn für Zeitungszustellerinnen und Zeitungszusteller brutto 8,50 Euro je Zeitstunde. Zeitungszustellerinnen und Zeitungszusteller im Sinne der Sätze 1 und 2 sind Personen, die in einem Arbeitsverhältnis ausschließlich periodische Zeitungen oder Zeitschriften an Endkunden zustellen; dies umfasst auch Zustellerinnen und Zusteller von Anzeigenblättern mit redaktionellem Inhalt.

Zweite Verordnung zur Anpassung der Höhe des Mindestlohns* (Zweite Mindestlohnanpassungsverordnung – MiLoV2)

Auf Grund des § 11 des Mindestlohngesetzes vom 11. August 2014 (BGBl. I, S. 1348) verordnet die Bundesregierung:

§ 1 Höhe des Mindestlohns

Der Mindestlohn beträgt ab

a) 1. Januar 2019 9,19 Euro brutto je Zeitstunde

b) 1. Januar 2020 9,35 Euro brutto je Zeitstunde.

§ 2 Inkrafttreten, Außerkrafttreten

Diese Verordnung tritt am 1. Januar 2019 in Kraft. Gleichzeitig tritt die Mindestlohnanpassungsverordnung vom 15. November 2016 (BGBl. I S. 2530) außer Kraft.

* Vom 13. November 2018.

Verordnung zur Abwandlung der Pflicht zur Arbeitszeitaufzeichnung** nach dem Mindestlohngesetz und dem Arbeitnehmer-Entsendegesetz (Mindestlohnaufzeichnungsverordnung – MiLoAufzV)

§ 1 Vereinfachung und Abwandlung der Pflicht zur Arbeitszeitaufzeichnung

(1) Abweichend von § 17 Absatz 1 Satz 1 des Mindestlohngesetzes und § 19 Absatz 1 Satz 1 des Arbeitnehmer-Entsendegesetzes genügt ein Arbeitgeber,

1. soweit er Arbeitnehmerinnen und Arbeitnehmer mit ausschließlich mobilen Tätigkeiten beschäftigt,
2. diese keinen Vorgaben zur konkreten täglichen Arbeitszeit (Beginn und Ende) unterliegen und
3. sich ihre tägliche Arbeitszeit eigenverantwortlich einteilen,

seiner Aufzeichnungspflicht, wenn für diese Arbeitnehmerinnen und Arbeitnehmer nur die Dauer der tatsächlichen täglichen Arbeitszeit aufgezeichnet wird.

(2) Bei einer ausschließlich mobilen Tätigkeit im Sinne des Absatzes 1 handelt es sich um eine Tätigkeit, die nicht an Beschäftigungsorte gebunden ist. Eine ausschließlich mobile Tätigkeit liegt insbesondere bei der Zustellung von Briefen, Paketen und Druckerzeugnissen, der Abfallsammlung, der Straßenreinigung, dem Winterdienst, dem Gütertransport und der Personenbeförderung vor. Arbeitnehmerinnen und Arbeitnehmer unterliegen im Sinne des Absatzes 1 keinen Vorgaben zur konkreten täglichen Arbeitszeit, wenn die Arbeit lediglich innerhalb eines bestimmten zeitlichen Rahmens geleistet werden muss, ohne dass die konkrete Lage (Beginn und Ende) der Arbeitszeit durch den Arbeitgeber festgelegt wird. Eine eigenverantwortliche Einteilung der Arbeitszeit im Sinne des Absatzes 1 liegt vor, wenn Arbeitnehmerinnen oder Arbeitnehmer während ihrer täglichen Arbeitszeit regelmäßig nicht durch ihren Arbeitgeber oder Dritte Arbeitsaufträge entgegennehmen oder für entsprechende Arbeitsaufträge zur Verfügung stehen müssen. Die zeitliche Ausführung des täglichen Arbeitsauftrages muss in der Verantwortung der Arbeitnehmerinnen und Arbeitnehmer liegen.

** Vom 26. November 2014 (BGBl. I, S. 1824).

§ 2 Inkrafttreten

Diese Verordnung tritt am 1. Januar 2015 in Kraft.

Verordnung über Meldepflichten nach dem Mindestlohngesetz, dem Arbeitnehmer-Entsendegesetz und dem Arbeitnehmerüberlassungsgesetz* (Mindestlohnmeldeverordnung – MiLoMeldV)

§ 1 Meldungen

(1) Der Arbeitgeber mit Sitz im Ausland soll die Meldungen nach § 16 Absatz 1 des Mindestlohngesetzes und § 18 Absatz 1 des Arbeitnehmer-Entsendegesetzes sowie die Versicherung nach § 16 Absatz 2 des Mindestlohngesetzes und § 18 Absatz 2 des Arbeitnehmer-Entsendegesetzes elektronisch übermitteln. Für die elektronische Übermittlung hat er das Internetportal zu nutzen, das die Zollverwaltung zur Verfügung stellt.

(2) Absatz 1 gilt entsprechend für Entleiher

1. bei Meldungen
   a) nach § 16 Absatz 3 des Mindestlohngesetzes,
   b) nach § 18 Absatz 3 des Arbeitnehmer-Entsendegesetzes und
   c) nach § 17b Absatz 1 des Arbeitnehmerüberlassungsgesetzes sowie
2. bei der Versicherung
   a) nach § 16 Absatz 4 des Mindestlohngesetzes,
   b) nach § 18 Absatz 4 des Arbeitnehmer-Entsendegesetzes und
   c) nach § 17b Absatz 2 des Arbeitnehmerüberlassungsgesetzes.

(3) Bei der elektronischen Übermittlung nach den Absätzen 1 und 2 hat die Zollverwaltung Verfahren einzusetzen, die dem jeweiligen Stand der Technik entsprechen sowie die Vertraulichkeit und Integrität der Daten gewährleisten. Bei Nutzung allgemein zugänglicher Netze sind die Daten über das Internetportal Ende-zu-Ende zu verschlüsseln. Jede Meldung sowie die darin enthaltenen Datensätze sind systemseitig mit einem eindeutigen Kennzeichen zur Identifizierung zu versehen.

§ 2 Abwandlung der Anmeldung

(1) Abweichend von der Meldepflicht nach § 16 Absatz 1 Satz 1 und 2 des Mindestlohngesetzes und § 18 Absatz 1 Satz 1 und 2

* Vom 26. November 2014 (BGBl. I, S. 1825), zuletzt geändert durch Gesetz vom 31. Oktober 2016 (BGBl. I S. 2494).

des Arbeitnehmer-Entsendegesetzes ist in den Fällen, in denen ein Arbeitgeber mit Sitz im Ausland Arbeitnehmerinnen und Arbeitnehmer

1. an einem Beschäftigungsort
   a) zumindest teilweise vor 6 Uhr oder nach 22 Uhr oder
   b) in Schichtarbeit,
2. an mehreren Beschäftigungsorten am selben Tag oder
3. in ausschließlich mobiler Tätigkeit

beschäftigt, eine Einsatzplanung vorzulegen.

(2) In den Fällen des Absatzes 1 Nummer 1 und 2 hat der Arbeitgeber in der Einsatzplanung für jeden Beschäftigungsort die dort eingesetzten Arbeitnehmerinnen und Arbeitnehmer mit Geburtsdatum auszuweisen. Die Angaben zum Beschäftigungsort müssen die Ortsbezeichnung, die Postleitzahl und, soweit vorhanden, den Straßennamen sowie die Hausnummer enthalten. Der Einsatz der Arbeitnehmerinnen und Arbeitnehmer am Beschäftigungsort wird durch die Angabe von Datum und Uhrzeiten konkretisiert. Die Einsatzplanung kann einen Zeitraum von bis zu drei Monaten umfassen. Beim Einsatz von Arbeitnehmerinnen und Arbeitnehmern im Geltungsbereich von Tarifverträgen für Bergbauspezialarbeiten auf Steinkohlebergwerken gilt der Schacht als Ort der Beschäftigung.

(3) In den Fällen des Absatzes 1 Nummer 3 hat der Arbeitgeber in der Einsatzplanung den Beginn und die voraussichtliche Dauer der Werk- oder Dienstleistung, die voraussichtlich eingesetzten Arbeitnehmerinnen und Arbeitnehmer mit Geburtsdatum sowie die Anschrift, an der Unterlagen bereitgehalten werden, zu melden. Die Einsatzplanung kann je nach Auftragssicherheit einen Zeitraum von bis zu sechs Monaten umfassen. Sofern die Unterlagen im Ausland bereitgehalten werden, ist der Einsatzplanung eine Versicherung beizufügen, dass die Unterlagen auf Anforderung der Behörden der Zollverwaltung für die Prüfung in deutscher Sprache im Inland bereitgestellt werden. Diesen Unterlagen sind auch Angaben zu den im gemeldeten Zeitraum tatsächlich erbrachten Werk- oder Dienstleistungen sowie den jeweiligen Auftraggebern beizufügen.

(4) Bei einer ausschließlich mobilen Tätigkeit im Sinne des Absatzes 1 Nummer 3 handelt es sich um eine Tätigkeit, die nicht an Beschäftigungsorte gebunden ist. Eine ausschließlich mobile Tätig-

keit liegt insbesondere bei der Zustellung von Briefen, Paketen und Druckerzeugnissen, der Abfallsammlung, der Straßenreinigung, dem Winterdienst, dem Gütertransport und der Personenbeförderung vor. Das Erbringen ambulanter Pflegeleistungen wird einer ausschließlich mobilen Tätigkeit gleichgestellt.

(5) Die Absätze 1 bis 4 gelten entsprechend für Angaben des Entleihers auf Grund des § 16 Absatz 3 des Mindestlohngesetzes, des § 18 Absatz 3 des Arbeitnehmer-Entsendegesetzes und des § 17b Absatz 1 des Arbeitnehmerüberlassungsgesetzes.

§ 3 Änderungsmeldung

(1) Eine Abweichung der Beschäftigung von den in der gemeldeten Einsatzplanung nach § 2 Absatz 2 gemachten Angaben müssen Arbeitgeber oder Entleiher entgegen § 16 Absatz 1 Satz 3 und Absatz 3 Satz 2 des Mindestlohngesetzes, § 18 Absatz 1 Satz 3 und Absatz 3 Satz 2 des Arbeitnehmer-Entsendegesetzes und § 17b Absatz 1 Satz 2 des Arbeitnehmerüberlassungsgesetzes nur melden, wenn der Einsatz am gemeldeten Ort um mindestens acht Stunden verschoben wird.

(2) Eine Abweichung der Beschäftigung von den in der gemeldeten Einsatzplanung nach § 2 Absatz 3 gemachten Angaben müssen Arbeitgeber oder Entleiher entgegen § 16 Absatz 1 Satz 3 und Absatz 3 Satz 2 des Mindestlohngesetzes, § 18 Absatz 1 Satz 3 und Absatz 3 Satz 2 des Arbeitnehmer-Entsendegesetzes und § 17b Absatz 1 Satz 2 des Arbeitnehmerüberlassungsgesetzes nicht melden.

§ 4 Übergangsregelung

Abweichend von § 1 Absatz 1 und 2 kann bis zum Ablauf des 30. Juni 2017 für die Meldung auch der von der Zollverwaltung hierfür bisher vorgesehene Vordruck verwendet und der zuständigen Behörde der Zollverwaltung vorgelegt werden.

§ 5 Inkrafttreten, Außerkrafttreten

Diese Verordnung tritt am 1. Januar 2015 in Kraft. Gleichzeitig tritt die Arbeitnehmer-Entsendegesetz-Meldeverordnung vom 10. September 2010 (BGBl. I S. 1304) außer Kraft.

Gesetz über die Mitbestimmung der Arbeitnehmer*
(Mitbestimmungsgesetz – MitbestG)

ERSTER TEIL
Geltungsbereich

§ 1 Erfasste Unternehmen

(1) In Unternehmen, die

1. in der Rechtsform einer Aktiengesellschaft, einer Kommanditgesellschaft auf Aktien, einer Gesellschaft mit beschränkter Haftung oder einer Genossenschaft betrieben werden und
2. in der Regel mehr als 2.000 Arbeitnehmer beschäftigen, haben die Arbeitnehmer ein Mitbestimmungsrecht nach Maßgabe dieses Gesetzes.

(2) Dieses Gesetz ist nicht anzuwenden auf die Mitbestimmung in Organen von Unternehmen, in denen die Arbeitnehmer nach

1. dem Gesetz über die Mitbestimmung der Arbeitnehmer in den Aufsichtsräten und Vorständen der Unternehmen des Bergbaus und der Eisen und Stahl erzeugenden Industrie vom 21. Mai 1951 (Bundesgesetzbl. I S. 347) – Montan-Mitbestimmungsgesetz –, oder
2. dem Gesetz zur Ergänzung des Gesetzes über die Mitbestimmung der Arbeitnehmer in den Aufsichtsräten und Vorständen der Unternehmen des Bergbaus und der Eisen und Stahl erzeugenden Industrie vom 7. August 1956 (Bundesgesetzbl. I S. 707) – Mitbestimmungsergänzungsgesetz –

ein Mitbestimmungsrecht haben.

(3) Die Vertretung der Arbeitnehmer in den Aufsichtsräten von Unternehmen, in denen die Arbeitnehmer nicht nach Absatz 1 oder nach den in Absatz 2 bezeichneten Gesetzen ein Mitbestimmungsrecht haben, bestimmt sich nach den Vorschriften des Drittelbeteiligungsgesetzes (BGBl. 2004 I S. 974).

(4) Dieses Gesetz ist nicht anzuwenden auf Unternehmen, die unmittelbar und überwiegend

---

* Vom 4. Mai 1976 (BGBl. I, S. 1153), zuletzt geändert durch Gesetz vom 24. April 2015 (BGBl. I, S. 642 (657)).

1. politischen, koalitionspolitischen, konfessionellen, karitativen, erzieherischen, wissenschaftlichen oder künstlerischen Bestimmungen oder
2. Zwecken der Berichterstattung oder Meinungsäußerung, auf die Artikel 5 Abs. 1 Satz 2 des Grundgesetzes anzuwenden ist,

dienen. Dieses Gesetz ist nicht anzuwenden auf Religionsgemeinschaften und ihre karitativen und erzieherischen Einrichtungen unbeschadet deren Rechtsform.

§ 2 Anteilseigner

Anteilseigner im Sinne dieses Gesetzes sind je nach der Rechtsform der in § 1 Abs. 1 Nr. 1 bezeichneten Unternehmen Aktionäre, Gesellschafter oder Mitglieder einer Genossenschaft.

§ 3 Arbeitnehmer und Betrieb

(1) Arbeitnehmer im Sinne dieses Gesetzes sind

1. die in § 5 Abs. 1 des Betriebsverfassungsgesetzes bezeichneten Personen mit Ausnahme der in § 5 Abs. 3 des Betriebsverfassungsgesetzes bezeichneten leitenden Angestellten,
2. die in § 5 Abs. 3 des Betriebsverfassungsgesetzes bezeichneten leitenden Angestellten.

Keine Arbeitnehmer im Sinne dieses Gesetzes sind die in § 5 Abs. 2 des Betriebsverfassungsgesetzes bezeichneten Personen.

(2) Betriebe im Sinne dieses Gesetzes sind solche des Betriebsverfassungsgesetzes. § 4 Abs. 2 des Betriebsverfassungsgesetzes ist anzuwenden.

§ 4 Kommanditgesellschaft

(1) Ist ein in § 1 Abs. 1 Nr. 1 bezeichnetes Unternehmen persönlich haftender Gesellschafter eine Kommanditgesellschaft und hat die Mehrheit der Kommanditisten dieser Kommanditgesellschaft, berechnet nach der Mehrheit der Anteile oder der Stimmen, die Mehrheit der Anteile oder der Stimmen in dem Unternehmen des persönlich haftenden Gesellschafters inne, so gelten für die Anwendung dieses Gesetzes auf den persönlich haftenden Gesellschafter die Arbeitnehmer der Kommanditgesellschaft als Arbeitnehmer des persönlich haftenden Gesellschafters, sofern nicht der persönlich haftende Gesellschafter einen eigenen Geschäftsbetrieb mit in der Regel mehr als 500 Arbeitnehmern hat. Ist die Kom-

manditgesellschaft persönlich haftender Gesellschafter einer anderen Kommanditgesellschaft, so gelten auch deren Arbeitnehmer als Arbeitnehmer des in § 1 Abs. 1 Nr. 1 bezeichneten Unternehmens. Dies gilt entsprechend, wenn sich die Verbindung von Kommanditgesellschaften in dieser Weise fortsetzt.

(2) Das Unternehmen kann von der Führung der Geschäfte der Kommanditgesellschaft nicht ausgeschlossen werden.

§ 5 Konzern

(1) Ist ein in § 1 Abs. 1 Nr. 1 bezeichnetes Unternehmen herrschendes Unternehmen eines Konzerns (§ 18 Abs. 1 des Aktiengesetzes), so gelten für die Anwendung dieses Gesetzes auf das herrschende Unternehmen die Arbeitnehmer der Konzernunternehmen als Arbeitnehmer des herrschenden Unternehmens. Dies gilt auch für die Arbeitnehmer eines in § 1 Abs. 1 Nr. 1 bezeichneten Unternehmens, das persönlich haftender Gesellschafter eines abhängigen Unternehmens (§ 18 Abs. 1 des Aktiengesetzes) in der Rechtsform einer Kommanditgesellschaft ist.

(2) Ist eine Kommanditgesellschaft, bei der für die Anwendung dieses Gesetzes auf den persönlich haftenden Gesellschafter die Arbeitnehmer der Kommanditgesellschaft nach § 4 Abs. 1 als Arbeitnehmer des persönlich haftenden Gesellschafters gelten, herrschendes Unternehmen eines Konzerns (§ 18 Abs. 1 des Aktiengesetzes), so gelten für die Anwendung dieses Gesetzes auf den persönlich haftenden Gesellschafter der Kommanditgesellschaft die Arbeitnehmer der Konzernunternehmen als Arbeitnehmer des persönlich haftenden Gesellschafters. Absatz 1 Satz 2 sowie § 4 Abs. 2 sind entsprechend anzuwenden.

(3) Stehen in einem Konzern die Konzernunternehmen unter der einheitlichen Leitung eines anderen als eines in Absatz 1 oder 2 bezeichneten Unternehmens, beherrscht aber die Konzernleitung über ein in Absatz 1 oder 2 bezeichnetes Unternehmen oder über mehrere solcher Unternehmen andere Konzernunternehmen, so gelten die in Absatz 1 oder 2 bezeichneten und der Konzernleitung am nächsten stehenden Unternehmen, über die die Konzernleitung andere Konzernunternehmen beherrscht, für die Anwendung dieses Gesetzes als herrschende Unternehmen.

ZWEITER TEIL
Aufsichtsrat

ERSTER ABSCHNITT
Bildung und Zusammensetzung

§ 6 Grundsatz

(1) Bei den in § 1 Abs. 1 bezeichneten Unternehmen ist ein Aufsichtsrat zu bilden, soweit sich dies nicht schon aus anderen gesetzlichen Vorschriften ergibt.

(2) Die Bildung und die Zusammensetzung des Aufsichtsrats sowie die Bestellung und die Abberufung seiner Mitglieder bestimmen sich nach den §§ 7 bis 24 dieses Gesetzes und, soweit sich dies nicht schon aus anderen gesetzlichen Vorschriften ergibt, nach § 96 Abs. 4, den §§ 97 bis 101 Abs. 1 und 3 und den §§ 102 bis 106 des Aktiengesetzes mit der Maßgabe, daß die Wählbarkeit eines Prokuristen als Aufsichtsratsmitglied der Arbeitnehmer nur ausgeschlossen ist, wenn dieser dem zur gesetzlichen Vertretung des Unternehmens befugten Organ unmittelbar unterstellt und zur Ausübung der Prokura für den gesamten Geschäftsbereich des Organs ermächtigt ist. Andere gesetzliche Vorschriften und Bestimmungen der Satzung (des Gesellschaftsvertrags, des Statuts) über die Zusammensetzung des Aufsichtsrats sowie über die Bestellung und die Abberufung seiner Mitglieder bleiben unberührt, soweit Vorschriften dieses Gesetzes dem nicht entgegenstehen.

(3) Auf Genossenschaften sind die §§ 100, 101 Abs. 1 und 3 und die §§ 103 und 106 des Aktiengesetzes nicht anzuwenden. Auf die Aufsichtsratsmitglieder der Arbeitnehmer ist § 9 Abs. 2 des Genossenschaftsgesetzes nicht anzuwenden.

§ 7 Zusammensetzung des Aufsichtsrats

(1) Der Aufsichtsrat eines Unternehmens

1. mit in der Regel nicht mehr als 10.000 Arbeitnehmern setzt sich zusammen aus je sechs Aufsichtsratsmitgliedern der Anteilseigner und der Arbeitnehmer;
2. mit in der Regel mehr als 10.000, jedoch nicht mehr als 20.000 Arbeitnehmern setzt sich zusammen aus je acht Aufsichtsratsmitgliedern der Anteilseigner und der Arbeitnehmer;

3. mit in der Regel mehr als 20.000 Arbeitnehmern setzt sich zusammen aus je zehn Aufsichtsratsmitgliedern der Anteilseigner und der Arbeitnehmer.

Bei den in Satz 1 Nr. 1 bezeichneten Unternehmen kann die Satzung (der Gesellschaftsvertrag) bestimmen, daß Satz 1 Nr. 2 oder 3 anzuwenden ist. Bei den in Satz 1 Nr. 2 bezeichneten Unternehmen kann die Satzung (der Gesellschaftsvertrag) bestimmen, daß Satz 1 Nr. 3 anzuwenden ist.

(2) Unter den Aufsichtsratsmitgliedern der Arbeitnehmer müssen sich befinden

1. in einem Aufsichtsrat, dem sechs Aufsichtsratsmitglieder der Arbeitnehmer angehören, vier Arbeitnehmer des Unternehmens und zwei Vertreter von Gewerkschaften;
2. in einem Aufsichtsrat, dem acht Aufsichtsratsmitglieder der Arbeitnehmer angehören, sechs Arbeitnehmer des Unternehmens und zwei Vertreter von Gewerkschaften;
3. in einem Aufsichtsrat, dem zehn Aufsichtsratsmitglieder der Arbeitnehmer angehören, sieben Arbeitnehmer des Unternehmens und drei Vertreter von Gewerkschaften.

(3) Unter den Aufsichtsratsmitgliedern der Arbeitnehmer eines in § 1 Absatz 1 genannten, börsennotierten Unternehmens müssen im Fall des § 96 Absatz 2 Satz 3 des Aktiengesetzes Frauen und Männer jeweils mit einem Anteil von mindestens 30 Prozent vertreten sein.

(4) Die in Absatz 2 bezeichneten Arbeitnehmer des Unternehmens müssen das 18. Lebensjahr vollendet haben und ein Jahr dem Unternehmen angehören. Auf die einjährige Unternehmensangehörigkeit werden Zeiten der Angehörigkeit zu einem anderen Unternehmen, dessen Arbeitnehmer nach diesem Gesetz an der Wahl von Aufsichtsratsmitgliedern des Unternehmens teilnehmen, angerechnet. Diese Zeiten müssen unmittelbar vor dem Zeitpunkt liegen, ab dem die Arbeitnehmer zur Wahl von Aufsichtsratsmitgliedern des Unternehmens berechtigt sind. Die weiteren Wählbarkeitsvoraussetzungen des § 8 Abs. 1 des Betriebsverfassungsgesetzes müssen erfüllt sein.

(5) Die in Absatz 2 bezeichneten Gewerkschaften müssen in dem Unternehmen selbst oder in einem anderen Unternehmen vertre-

ten sein, dessen Arbeitnehmer nach diesem Gesetz an der Wahl von Aufsichtsratsmitgliedern des Unternehmens teilnehmen.

ZWEITER ABSCHNITT
Bestellung der Aufsichtsratsmitglieder

Erster Unterabschnitt
Aufsichtsratsmitglieder der Anteilseigner

§ 8

(1) Die Aufsichtsratsmitglieder der Anteilseigner werden durch das nach Gesetz, Satzung oder Gesellschaftsvertrag zur Wahl von Mitgliedern des Aufsichtsrats befugte Organ (Wahlorgan) und, soweit gesetzliche Vorschriften dem nicht entgegenstehen, nach Maßgabe der Satzung oder des Gesellschaftsvertrags bestellt.

(2) § 101 Abs. 2 des Aktiengesetzes bleibt unberührt.

Zweiter Unterabschnitt
Aufsichtsratsmitglieder der Arbeitnehmer, Grundsatz

§ 9

(1) Die Aufsichtsratsmitglieder der Arbeitnehmer (§ 7 Abs. 2) eines Unternehmens mit in der Regel mehr als 8000 Arbeitnehmern werden durch Delegierte gewählt, sofern nicht die wahlberechtigten Arbeitnehmer die unmittelbare Wahl beschließen.

(2) Die Aufsichtsratsmitglieder der Arbeitnehmer (§ 7 Abs. 2) eines Unternehmens mit in der Regel nicht mehr als 8000 Arbeitnehmern werden in unmittelbarer Wahl gewählt, sofern nicht die wahlberechtigten Arbeitnehmer die Wahl durch Delegierte beschließen.

(3) Zur Abstimmung darüber, ob die Wahl durch Delegierte oder unmittelbar erfolgen soll, bedarf es eines Antrags, der von einem Zwanzigstel der wahlberechtigten Arbeitnehmer des Unternehmens unterzeichnet sein muß. Die Abstimmung ist geheim. Ein Beschluß nach Absatz 1 oder 2 kann nur unter Beteiligung von mindestens der Hälfte der wahlberechtigten Arbeitnehmer und nur mit der Mehrheit der abgegebenen Stimmen gefaßt werden.

Dritter Unterabschnitt
Wahl der Aufsichtsratsmitglieder der Arbeitnehmer durch Delegierte

§ 10 Wahl der Delegierten

(1) In jedem Betrieb des Unternehmens wählen die Arbeitnehmer in geheimer Wahl und nach den Grundsätzen der Verhältniswahl Delegierte.

(2) Wahlberechtigt für die Wahl von Delegierten sind die Arbeitnehmer des Unternehmens, die das 18. Lebensjahr vollendet haben. § 7 Satz 2 des Betriebsverfassungsgesetzes gilt entsprechend.

(3) Zu Delegierten wählbar sind die in Absatz 2 Satz 1 bezeichneten Arbeitnehmer, die die weiteren Wählbarkeitsvoraussetzungen des § 8 des Betriebsverfassungsgesetzes erfüllen.

(4) Wird für einen Wahlgang nur ein Wahlvorschlag gemacht, so gelten die darin aufgeführten Arbeitnehmer in der angegebenen Reihenfolge als gewählt. § 11 Abs. 2 ist anzuwenden.

§ 11 Errechnung der Zahl der Delegierten

(1) In jedem Betrieb entfällt auf je 90 wahlberechtigte Arbeitnehmer ein Delegierter. Ergibt die Errechnung nach Satz 1 in einem Betrieb mehr als

1. 25 Delegierte, so vermindert sich die Zahl der zu wählenden Delegierten auf die Hälfte; diese Delegierten erhalten je zwei Stimmen;
2. 50 Delegierte, so vermindert sich die Zahl der zu wählenden Delegierten auf ein Drittel; diese Delegierten erhalten je drei Stimmen;
3. 75 Delegierte, so vermindert sich die Zahl der zu wählenden Delegierten auf ein Viertel; diese Delegierten erhalten je vier Stimmen;
4. 100 Delegierte, so vermindert sich die Zahl der zu wählenden Delegierten auf ein Fünftel; diese Delegierten erhalten je fünf Stimmen;
5. 125 Delegierte, so vermindert sich die Zahl der zu wählenden Delegierten auf ein Sechstel; diese Delegierten erhalten je sechs Stimmen;

6. 150 Delegierte, so vermindert sich die Zahl der zu wählenden Delegierten auf ein Siebtel; diese Delegierten erhalten je sieben Stimmen.

Bei der Errechnung der Zahl der Delegierten werden Teilzahlen voll gezählt, wenn sie mindestens die Hälfte der vollen Zahl betragen.

(2) Unter den Delegierten müssen in jedem Betrieb die in § 3 Abs. 1 Nr. 1 bezeichneten Arbeitnehmer und die leitenden Angestellten entsprechend ihrem zahlenmäßigen Verhältnis vertreten sein. Sind in einem Betrieb mindestens neun Delegierte zu wählen, so entfällt auf die in § 3 Abs. 1 Nr. 1 bezeichneten Arbeitnehmer und die leitenden Angestellten mindestens je ein Delegierter; dies gilt nicht, soweit in dem Betrieb nicht mehr als fünf in § 3 Abs. 1 Nr. 1 bezeichnete Arbeitnehmer oder leitende Angestellte wahlberechtigt sind. Soweit auf die in § 3 Abs. 1 Nr. 1 bezeichneten Arbeitnehmer und die leitenden Angestellten lediglich nach Satz 2 Delegierte entfallen, vermehrt sich die nach Absatz 1 errechnete Zahl der Delegierten des Betriebs entsprechend.

(3) Soweit nach Absatz 2 auf die in § 3 Abs. 1 Nr. 1 bezeichneten Arbeitnehmer und die leitenden Angestellten eines Betriebs nicht mindestens je ein Delegierter entfällt, gelten diese für die Wahl der Delegierten als Arbeitnehmer des Betriebs der Hauptniederlassung des Unternehmens. Soweit nach Absatz 2 und nach Satz 1 auf die in § 3 Abs. 1 Nr. 1 bezeichneten Arbeitnehmer und die leitenden Angestellten des Betriebs der Hauptniederlassung nicht mindestens je ein Delegierter entfällt, gelten diese für die Wahl der Delegierten als Arbeitnehmer des nach der Zahl der wahlberechtigten Arbeitnehmer größten Betriebs des Unternehmens.

(4) Entfällt auf einen Betrieb oder auf ein Unternehmen, dessen Arbeitnehmer nach diesem Gesetz an der Wahl von Aufsichtsratsmitgliedern des Unternehmens teilnehmen, kein Delegierter, so ist Absatz 3 entsprechend anzuwenden.

(5) Die Eigenschaft eines Delegierten als Delegierter der Arbeitnehmer nach § 3 Abs. 1 Nr. 1 oder § 3 Abs. 1 Nr. 2 bleibt bei einem Wechsel der Eigenschaft als Arbeitnehmer nach § 3 Abs. 1 Nr. 1 oder § 3 Abs. 1 Nr. 2 erhalten.

§ 12 Wahlvorschläge für Delegierte

(1) Zur Wahl der Delegierten können die wahlberechtigten Arbeitnehmer des Betriebs Wahlvorschläge machen. Jeder Wahlvorschlag muss von einem Zwanzigstel oder 50 der jeweils wahlberechtigten in § 3 Abs. 1 Nr. 1 bezeichneten Arbeitnehmer oder der leitenden Angestellten des Betriebs unterzeichnet sein.

(2) Jeder Wahlvorschlag soll mindestens doppelt so viele Bewerber enthalten, wie in dem Wahlgang Delegierte zu wählen sind.

§ 13 Amtszeit der Delegierten

(1) Die Delegierten werden für eine Zeit gewählt, die der Amtszeit der von ihnen zu wählenden Aufsichtsratsmitglieder entspricht. Sie nehmen die ihnen nach den Vorschriften dieses Gesetzes zustehenden Aufgaben und Befugnisse bis zur Einleitung der Neuwahl der Aufsichtsratsmitglieder der Arbeitnehmer wahr.

(2) In den Fällen des § 9 Abs. 1 endet die Amtszeit der Delegierten, wenn

1. die wahlberechtigten Arbeitnehmer nach § 9 Abs. 1 die unmittelbare Wahl beschließen;
2. das Unternehmen nicht mehr die Voraussetzungen für die Anwendung des § 9 Abs. 1 erfüllt, es sei denn, die wahlberechtigten Arbeitnehmer beschließen, daß die Amtszeit bis zu dem in Absatz 1 genannten Zeitpunkt fortdauern soll; § 9 Abs. 3 ist entsprechend anzuwenden.

(3) In den Fällen des § 9 Abs. 2 endet die Amtszeit der Delegierten, wenn die wahlberechtigten Arbeitnehmer die unmittelbare Wahl beschließen; § 9 Abs. 3 ist anzuwenden.

(4) Abweichend von Absatz 1 endet die Amtszeit der Delegierten eines Betriebs, wenn nach Eintreten aller Ersatzdelegierten des Wahlvorschlags, dem die zu ersetzenden Delegierten angehören, die Gesamtzahl der Delegierten des Betriebs unter die im Zeitpunkt ihrer Wahl vorgeschriebene Zahl der auf den Betrieb entfallenden Delegierten gesunken ist.

§ 14 Vorzeitige Beendigung der Amtszeit oder Verhinderung von Delegierten

(1) Die Amtszeit eines Delegierten endet vor dem in § 13 bezeichneten Zeitpunkt

1. durch Niederlegung des Amtes,
2. durch Beendigung der Beschäftigung des Delegierten in dem Betrieb, dessen Delegierter er ist,
3. durch Verlust der Wählbarkeit.

(2) Endet die Amtszeit eines Delegierten vorzeitig oder ist er verhindert, so tritt an seine Stelle ein Ersatzdelegierter. Die Ersatzdelegierten werden der Reihe nach aus den nicht gewählten Arbeitnehmern derjenigen Wahlvorschläge entnommen, denen die zu ersetzenden Delegierten angehören.

§ 15 Wahl der unternehmensangehörigen Aufsichtsratsmitglieder der Arbeitnehmer

(1) Die Delegierten wählen die Aufsichtsratsmitglieder, die nach § 7 Abs. 2 Arbeitnehmer des Unternehmens sein müssen, geheim und nach den Grundsätzen der Verhältniswahl für die Zeit, die im Gesetz oder in der Satzung (im Gesellschaftsvertrag) für die durch das Wahlorgan der Anteilseigner zu wählenden Mitglieder des Aufsichtsrats bestimmt ist. Dem Aufsichtsrat muss ein leitender Angestellter angehören.

(2) Die Wahl erfolgt auf Grund von Wahlvorschlägen. Jeder Wahlvorschlag für

1. Aufsichtsratsmitglieder der Arbeitnehmer nach § 3 Abs. 1 Nr. 1 muss von einem Fünftel oder 100 der wahlberechtigten Arbeitnehmer des Unternehmens unterzeichnet sein;
2. das Aufsichtsratsmitglied der leitenden Angestellten wird auf Grund von Abstimmungsvorschlägen durch Beschluß der wahlberechtigten leitenden Angestellten aufgestellt. Jeder Abstimmungsvorschlag muß von einem Zwanzigstel oder 50 der wahlberechtigten leitenden Angestellten unterzeichnet sein. Der Beschluß wird in geheimer Abstimmung gefaßt. Jeder leitende Angestellte hat so viele Stimmen, wie für den Wahlvorschlag nach Absatz 3 Satz 2 Bewerber zu benennen sind. In den Wahlvorschlag ist die nach Absatz 3 Satz 2 vorgeschriebene Anzahl von Bewerbern in der Reihenfolge der auf sie entfallenden Stimmenzahlen aufzunehmen.

(3) Abweichend von Absatz 1 findet Mehrheitswahl statt, soweit nur ein Wahlvorschlag gemacht wird. In diesem Fall muss der Wahlvorschlag doppelt so viele Bewerber enthalten, wie Aufsichtsratsmitglieder auf die Arbeitnehmer nach § 3 Abs. 1 Nr. 1 und auf die leitenden Angestellten entfallen.

§ 16 Wahl der Vertreter von Gewerkschaften in den Aufsichtsrat

(1) Die Delegierten wählen die Aufsichtsratsmitglieder, die nach § 7 Abs. 2 Vertreter von Gewerkschaften sind, in geheimer Wahl und nach den Grundsätzen der Verhältniswahl für die in § 15 Abs. 1 bestimmte Zeit.

(2) Die Wahl erfolgt auf Grund von Wahlvorschlägen der Gewerkschaften, die in dem Unternehmen selbst oder in einem anderen Unternehmen vertreten sind, dessen Arbeitnehmer nach diesem Gesetz an der Wahl von Aufsichtsratsmitgliedern des Unternehmens teilnehmen. Wird nur ein Wahlvorschlag gemacht, so findet abweichend von Absatz 1 Mehrheitswahl statt. In diesem Falle muß der Wahlvorschlag mindestens doppelt so viele Bewerber enthalten, wie Vertreter von Gewerkschaften in den Aufsichtsrat zu wählen sind.

§ 17 Ersatzmitglieder

(1) In jedem Wahlvorschlag kann zusammen mit jedem Bewerber für diesen ein Ersatzmitglied des Aufsichtsrats vorgeschlagen werden. Für einen Bewerber, der Arbeitnehmer nach § 3 Abs. 1 Nr. 1 ist, kann nur ein Arbeitnehmer nach § 3 Abs. 1 Nr. 1 und für einen leitenden Angestellten nach § 3 Abs. 1 Nr. 2 nur ein leitender Angestellter als Ersatzmitglied vorgeschlagen werden. Ein Bewerber kann nicht zugleich als Ersatzmitglied vorgeschlagen werden.

(2) Wird ein Bewerber als Aufsichtsratsmitglied gewählt, so ist auch das zusammen mit ihm vorgeschlagene Ersatzmitglied gewählt.

(3) Im Fall des § 96 Absatz 2 Satz 3 des Aktiengesetzes ist das Nachrücken eines Ersatzmitgliedes ausgeschlossen, wenn dadurch der Anteil von Frauen und Männern unter den Aufsichtsratsmitgliedern der Arbeitnehmer nicht mehr den Vorgaben des § 7 Absatz 3 entspricht; § 18a Absatz 2 Satz 2 gilt entsprechend.

Vierter Unterabschnitt
Unmittelbare Wahl der Aufsichtsratsmitglieder der Arbeitnehmer

§ 18
Sind nach § 9 die Aufsichtsratsmitglieder der Arbeitnehmer in unmittelbarer Wahl zu wählen, so sind die Arbeitnehmer des Unternehmens, die das 18. Lebensjahr vollendet haben, wahlberechtigt. § 7 Satz 2 des Betriebsverfassungsgesetzes gilt entsprechend. Für die Wahl sind die §§ 15 bis 17 mit der Maßgabe anzuwenden, daß an die Stelle der Delegierten die wahlberechtigten Arbeitnehmer des Unternehmens treten.

Fünfter Unterabschnitt
Nichterreichen des Geschlechteranteils durch die Wahl

§ 18a
(1) Ergibt im Fall des § 96 Absatz 2 Satz 3 des Aktiengesetzes die Auszählung der Stimmen und ihre Verteilung auf die Bewerber, dass die Vorgaben des § 7 Absatz 3 nicht erreicht worden sind, ist folgendes Geschlechterverhältnis für die Aufsichtsratssitze der Arbeitnehmer herzustellen:
1. in Aufsichtsräten nach § 7 Absatz 2 Nummer 1 und 2 müssen unter den Aufsichtsratsmitgliedern der Arbeitnehmer nach § 3 Absatz 1 Nummer 1 jeweils mindestens eine Frau und mindestens ein Mann und unter den Aufsichtsratsmitgliedern der Gewerkschaften jeweils eine Frau und ein Mann vertreten sein;
2. in einem Aufsichtsrat nach § 7 Absatz 2 Nummer 3 müssen unter den Aufsichtsratsmitgliedern der Arbeitnehmer nach § 3 Absatz 1 Nummer 1 mindestens zwei Frauen und mindestens zwei Männer und unter den Aufsichtsratsmitgliedern der Gewerkschaften eine Frau und ein Mann vertreten sein.

(2) Um die Verteilung der Geschlechter nach Absatz 1 zu erreichen, ist die Wahl derjenigen Bewerber um einen Aufsichtsratssitz der Arbeitnehmer unwirksam, deren Geschlecht in dem jeweiligen Wahlgang nach der Verteilung der Stimmen auf die Bewerber mehrheitlich vertreten ist und die
1. bei einer Mehrheitswahl in dem jeweiligen Wahlgang nach der Reihenfolge der auf die Bewerber entfallenden Stimmenzahlen die niedrigsten Stimmenzahlen erhalten haben oder

2. bei einer Verhältniswahl in dem jeweiligen Wahlgang nach der Reihenfolge der auf die Bewerber entfallenden Höchstzahlen die niedrigsten Höchstzahlen erhalten haben.

Die durch unwirksame Wahl nach Satz 1 nicht besetzten Aufsichtsratssitze werden im Wege der gerichtlichen Ersatzbestellung nach § 104 des Aktiengesetzes oder der Nachwahl besetzt.

Sechster Unterabschnitt
Weitere Vorschriften über das Wahlverfahren sowie über die Bestellung und Abberufung von Aufsichtsratsmitgliedern

§ 19 Bekanntmachung der Mitglieder des Aufsichtsrats

Das zur gesetzlichen Vertretung des Unternehmens befugte Organ hat die Namen der Mitglieder und der Ersatzmitglieder des Aufsichtsrats unverzüglich nach ihrer Bestellung in den Betrieben des Unternehmens bekanntzumachen und im Bundesanzeiger zu veröffentlichen. Nehmen an der Wahl der Aufsichtsratsmitglieder des Unternehmens auch die Arbeitnehmer eines anderen Unternehmens teil, so ist daneben das zur gesetzlichen Vertretung des anderen Unternehmens befugte Organ zur Bekanntmachung in seinen Betrieben verpflichtet.

§ 20 Wahlschutz und Wahlkosten

(1) Niemand darf die Wahlen nach den §§ 10, 15, 16 und 18 behindern. Insbesondere darf niemand in der Ausübung des aktiven und passiven Wahlrechts beschränkt werden.

(2) Niemand darf die Wahlen durch Zufügung oder Androhung von Nachteilen oder durch Gewährung oder Versprechen von Vorteilen beeinflussen.

(3) Die Kosten der Wahlen trägt das Unternehmen. Versäumnis von Arbeitszeit, die zur Ausübung des Wahlrechts oder der Betätigung im Wahlvorstand erforderlich ist, berechtigt den Arbeitgeber nicht zur Minderung des Arbeitsentgelts.

§ 21 Anfechtung der Wahl von Delegierten

(1) Die Wahl der Delegierten eines Betriebs kann beim Arbeitsgericht angefochten werden, wenn gegen wesentliche Vorschriften

über das Wahlrecht, die Wählbarkeit oder das Wahlverfahren verstoßen worden und eine Berichtigung nicht erfolgt ist, es sei denn, daß durch den Verstoß das Wahlergebnis nicht geändert oder beeinflußt werden konnte.

(2) Zur Anfechtung berechtigt sind
1. mindestens drei wahlberechtigte Arbeitnehmer des Betriebs,
2. der Betriebsrat,
3. der Sprecherausschuss,
4. das zur gesetzlichen Vertretung des Unternehmens befugte Organ.

Die Anfechtung ist nur binnen einer Frist von zwei Wochen, vom Tage der Bekanntgabe des Wahlergebnisses an gerechnet, zulässig.

§ 22 Anfechtung der Wahl von Aufsichtsratsmitgliedern der Arbeitnehmer

(1) Die Wahl eines Aufsichtsratsmitglieds oder eines Ersatzmitglieds der Arbeitnehmer kann beim Arbeitsgericht angefochten werden, wenn gegen wesentliche Vorschriften über das Wahlrecht, die Wählbarkeit oder das Wahlverfahren verstoßen worden und eine Berichtigung nicht erfolgt ist, es sei denn, daß durch den Verstoß das Wahlergebnis nicht geändert oder beeinflußt werden konnte.

(2) Zur Anfechtung berechtigt sind
1. mindestens drei wahlberechtigte Arbeitnehmer des Unternehmens,
2. der Gesamtbetriebsrat des Unternehmens oder, wenn in dem Unternehmen nur ein Betriebsrat besteht, der Betriebsrat sowie, wenn das Unternehmen herrschendes Unternehmen eines Konzerns ist, der Konzernbetriebsrat, soweit ein solcher besteht,
3. der Gesamt- oder Unternehmenssprecherausschuss des Unternehmens oder, wenn in dem Unternehmen nur ein Sprecherausschuss besteht, der Sprecherausschuss sowie, wenn das Unternehmen herrschendes Unternehmen eines Konzerns ist, der Konzernsprecherausschuss, soweit ein solcher besteht,
4. der Gesamtbetriebsrat eines anderen Unternehmens, dessen Arbeitnehmer nach diesem Gesetz an der Wahl der Aufsichtsratsmitglieder des Unternehmens teilnehmen, oder, wenn in dem anderen Unternehmen nur ein Betriebsrat besteht, der Betriebsrat,
5. der Gesamt- oder Unternehmenssprecherausschuss eines anderen Unternehmens, dessen Arbeitnehmer nach diesem Gesetz an

der Wahl der Aufsichtsratsmitglieder des Unternehmens teilnehmen, oder, wenn in dem anderen Unternehmen nur ein Sprecherausschuss besteht, der Sprecherausschuss;
6. jede nach § 16 Abs. 2 vorschlagsberechtigte Gewerkschaft,
7. das zur gesetzlichen Vertretung des Unternehmens befugte Organ.

Die Anfechtung ist nur binnen einer Frist von zwei Wochen, vom Tage der Veröffentlichung im Bundesanzeiger an gerechnet, zulässig.

§ 23 Abberufung von Aufsichtsratsmitgliedern der Arbeitnehmer

(1) Ein Aufsichtsratsmitglied der Arbeitnehmer kann vor Ablauf der Amtszeit auf Antrag abberufen werden. Antragsberechtigt sind für die Abberufung eines
1. Aufsichtsratsmitglieds der Arbeitnehmer nach § 3 Abs. 1 Nr. 1 drei Viertel der wahlberechtigten Arbeitnehmer nach § 3 Abs. 1 Nr. 1,
2. Aufsichtsratsmitglieds der leitenden Angestellten drei Viertel der wahlberechtigten leitenden Angestellten,
3. Aufsichtsratsmitglieds, das nach § 7 Abs. 2 Vertreter einer Gewerkschaft ist, die Gewerkschaft, die das Mitglied vorgeschlagen hat.

(2) Ein durch Delegierte gewähltes Aufsichtsratsmitglied wird durch Beschluß der Delegierten abberufen. Dieser Beschluss wird in geheimer, unmittelbarer Abstimmung gefasst; er bedarf einer Mehrheit von drei Vierteln der abgegebenen Stimmen.

(3) Ein von den Arbeitnehmern unmittelbar gewähltes Aufsichtsratsmitglied wird durch Beschluß der wahlberechtigten Arbeitnehmer abberufen. Dieser Beschluss wird in geheimer, unmittelbarer Abstimmung gefasst; er bedarf einer Mehrheit von drei Vierteln der abgegebenen Stimmen.

(4) Die Absätze 1 bis 3 sind für die Abberufung von Ersatzmitgliedern entsprechend anzuwenden.

§ 24 Verlust der Wählbarkeit und Änderung der Zuordnung unternehmensangehöriger Aufsichtsratsmitglieder

(1) Verliert ein Aufsichtsratsmitglied, das nach § 7 Abs. 2 Arbeitnehmer des Unternehmens sein muß, die Wählbarkeit, so erlischt sein Amt.

(2) Die Änderung der Zuordnung eines Aufsichtsratsmitglieds zu den in § 3 Abs. 1 Nr. 1 oder § 3 Abs. 1 Nr. 2 genannten Arbeitnehmern führt nicht zum Erlöschen seines Amtes.

DRITTER ABSCHNITT
Innere Ordnung, Rechte und Pflichten des Aufsichtsrats

§ 25 Grundsatz

(1) Die innere Ordnung, die Beschlußfassung sowie die Rechte und Pflichten des Aufsichtsrats bestimmen sich nach den §§ 27 bis 29, den §§ 31 und 32 und, soweit diese Vorschriften dem nicht entgegenstehen,

1. für Aktiengesellschaften und Kommanditgesellschaften auf Aktien nach dem Aktiengesetz,
2. für Gesellschaften mit beschränkter Haftung nach § 90 Abs. 3, 4 und 5 Satz 1 und 2, den §§ 107 bis 116, 118 Abs. 3, § 125 Abs. 3 und 4 und den §§ 170, 171 und 268 Abs. 2 des Aktiengesetzes,
3. für Genossenschaften nach dem Genossenschaftsgesetz.

§ 4 Abs. 2 des Gesetzes über die Überführung der Anteilsrechte an der Volkswagenwerk Gesellschaft mit beschränkter Haftung in private Hand vom 21. Juli 1960 (BGBl. I S. 585), zuletzt geändert durch das Zweite Gesetz zur Änderung des Gesetzes über die Überführung der Anteilsrechte an der Volkswagenwerk Gesellschaft mit beschränkter Haftung in private Hand vom 31. Juli 1970 (BGBl. I S. 1149), bleibt unberührt.

(2) Andere gesetzliche Vorschriften und Bestimmungen der Satzung (des Gesellschaftsvertrags) oder der Geschäftsordnung des Aufsichtsrats über die innere Ordnung, die Beschlußfassung sowie die Rechte und Pflichten des Aufsichtsrats bleiben unberührt, soweit Absatz 1 dem nicht entgegensteht.

§ 26 Schutz von Aufsichtsratsmitgliedern vor Benachteiligung

Aufsichtsratsmitglieder der Arbeitnehmer dürfen in der Ausübung ihrer Tätigkeit nicht gestört oder behindert werden. Sie dürfen wegen ihrer Tätigkeit im Aufsichtsrat eines Unternehmens, dessen Arbeitnehmer sie sind oder als dessen Arbeitnehmer sie nach § 4 oder § 5 gelten, nicht benachteiligt werden. Dies gilt auch für ihre berufliche Entwicklung.

§ 27 Vorsitz im Aufsichtsrat

(1) Der Aufsichtsrat wählt mit einer Mehrheit von zwei Dritteln der Mitglieder, aus denen er insgesamt zu bestehen hat, aus seiner Mitte einen Aufsichtsratsvorsitzenden und einen Stellvertreter.

(2) Wird bei der Wahl des Aufsichtsratsvorsitzenden oder seines Stellvertreters die nach Absatz 1 erforderliche Mehrheit nicht erreicht, so findet für die Wahl des Aufsichtsratsvorsitzenden und seines Stellvertreters ein zweiter Wahlgang statt. In diesem Wahlgang wählen die Aufsichtsratsmitglieder der Anteilseigner den Aufsichtsratsvorsitzenden und die Aufsichtsratsmitglieder der Arbeitnehmer den Stellvertreter jeweils mit der Mehrheit der abgegebenen Stimmen.

(3) Unmittelbar nach der Wahl des Aufsichtsratsvorsitzenden und seines Stellvertreters bildet der Aufsichtsrat zur Wahrnehmung der in § 31 Abs. 3 Satz 1 bezeichneten Aufgabe einen Ausschuß, dem der Aufsichtsratsvorsitzende, sein Stellvertreter sowie je ein von den Aufsichtsratsmitgliedern der Arbeitnehmer und von den Aufsichtsratsmitgliedern der Anteilseigner mit der Mehrheit der abgegebenen Stimmen gewähltes Mitglied angehören.

§ 28 Beschlußfähigkeit

Der Aufsichtsrat ist nur beschlußfähig, wenn mindestens die Hälfte der Mitglieder, aus denen er insgesamt zu bestehen hat, an der Beschlußfassung teilnimmt. § 108 Abs. 2 Satz 4 des Aktiengesetzes ist anzuwenden.

§ 29 Abstimmungen

(1) Beschlüsse des Aufsichtsrats bedürfen der Mehrheit der abgegebenen Stimmen, soweit nicht in Absatz 2 und in den §§ 27, 31 und 32 etwas anderes bestimmt ist.

(2) Ergibt eine Abstimmung im Aufsichtsrat Stimmengleichheit, so hat bei einer erneuten Abstimmung über denselben Gegenstand, wenn auch sie Stimmengleichheit ergibt, der Aufsichtsratsvorsitzende zwei Stimmen. § 108 Abs. 3 des Aktiengesetzes ist auch auf die Abgabe der zweiten Stimme anzuwenden. Dem Stellvertreter steht die zweite Stimme nicht zu.

DRITTER TEIL
Gesetzliches Vertretungsorgan

§ 30 Grundsatz

Die Zusammensetzung, die Rechte und Pflichten des zur gesetzlichen Vertretung des Unternehmens befugten Organs sowie die Bestellung seiner Mitglieder bestimmen sich nach den für die Rechtsform des Unternehmens geltenden Vorschriften, soweit sich aus den §§ 31 bis 33 nichts anderes ergibt.

§ 31 Bestellung und Widerruf

(1) Die Bestellung der Mitglieder des zur gesetzlichen Vertretung des Unternehmens befugten Organs und der Widerruf der Bestellung bestimmen sich nach den §§ 84 und 85 des Aktiengesetzes, soweit sich nicht aus den Absätzen 2 bis 5 etwas anderes ergibt. Dies gilt nicht für Kommanditgesellschaften auf Aktien.

(2) Der Aufsichtsrat bestellt die Mitglieder des zur gesetzlichen Vertretung des Unternehmens befugten Organs mit einer Mehrheit, die mindestens zwei Drittel der Stimmen seiner Mitglieder umfaßt.

(3) Kommt eine Bestellung nach Absatz 2 nicht zustande, so hat der in § 27 Abs. 3 bezeichnete Ausschuß des Aufsichtsrats innerhalb eines Monats nach der Abstimmung, in der die in Absatz 2 vorgeschriebene Mehrheit nicht erreicht worden ist, dem Aufsichtsrat einen Vorschlag für die Bestellung zu machen; dieser Vorschlag schließt andere Vorschläge nicht aus. Der Aufsichtsrat bestellt die Mitglieder des zur gesetzlichen Vertretung des Unternehmens befugten Organs mit der Mehrheit der Stimmen seiner Mitglieder.

(4) Kommt eine Bestellung nach Absatz 3 nicht zustande, so hat bei einer erneuten Abstimmung der Aufsichtsratsvorsitzende zwei Stimmen; Absatz 3 Satz 2 ist anzuwenden. Auf die Abgabe der zweiten Stimme ist § 108 Abs. 3 des Aktiengesetzes anzuwenden. Dem Stellvertreter steht die zweite Stimme nicht zu.

(5) Die Absätze 2 bis 4 sind für den Widerruf der Bestellung eines Mitglieds des zur gesetzlichen Vertretung des Unternehmens befugten Organs entsprechend anzuwenden.

§ 32 Ausübung von Beteiligungsrechten

(1) Die einem Unternehmen, in dem die Arbeitnehmer nach diesem Gesetz ein Mitbestimmungsrecht haben, auf Grund von Beteiligungen an einem anderen Unternehmen, in dem die Arbeitnehmer nach diesem Gesetz ein Mitbestimmungsrecht haben, zustehenden Rechte bei der Bestellung, dem Widerruf der Bestellung oder der Entlastung von Verwaltungsträgern sowie bei der Beschlußfassung über die Auflösung oder Umwandlung des anderen Unternehmens, den Abschluß von Unternehmensverträgen (§§ 291, 292 des Aktiengesetzes) mit dem anderen Unternehmen, über dessen Fortsetzung nach seiner Auflösung oder über die Übertragung seines Vermögens können durch das zur gesetzlichen Vertretung des Unternehmens befugte Organ nur auf Grund von Beschlüssen des Aufsichtsrats ausgeübt werden. Diese Beschlüsse bedürfen nur der Mehrheit der Stimmen der Aufsichtsratsmitglieder der Anteilseigner; sie sind für das zur gesetzlichen Vertretung des Unternehmens befugte Organ verbindlich.

(2) Absatz 1 ist nicht anzuwenden, wenn die Beteiligung des Unternehmens an dem anderen Unternehmen weniger als ein Viertel beträgt.

§ 33 Arbeitsdirektor

(1) Als gleichberechtigtes Mitglied des zur gesetzlichen Vertretung des Unternehmens befugten Organs wird ein Arbeitsdirektor bestellt. Dies gilt nicht für Kommanditgesellschaften auf Aktien.

(2) Der Arbeitsdirektor hat wie die übrigen Mitglieder des zur gesetzlichen Vertretung des Unternehmens befugten Organs seine Aufgaben im engsten Einvernehmen mit dem Gesamtorgan auszuüben. Das Nähere bestimmt die Geschäftsordnung.

(3) Bei Genossenschaften ist auf den Arbeitsdirektor § 9 Abs. 2 des Genossenschaftsgesetzes nicht anzuwenden.

VIERTER TEIL
Seeschiffahrt

§ 34

(1) Die Gesamtheit der Schiffe eines Unternehmens gilt für die Anwendung dieses Gesetzes als ein Betrieb.

(2) Schiffe im Sinne dieses Gesetzes sind Kauffahrteischiffe, die nach dem Flaggenrechtsgesetz die Bundesflagge führen. Schiffe, die in der Regel binnen 48 Stunden nach dem Auslaufen an den Sitz eines Landbetriebs zurückkehren, gelten als Teil dieses Landbetriebs.

(3) Leitende Angestellte im Sinne des § 3 Abs. 1 Nr. 2 dieses Gesetzes sind in einem in Absatz 1 bezeichneten Betrieb nur die Kapitäne.

(4) Die Arbeitnehmer eines in Absatz 1 bezeichneten Betriebs nehmen an einer Abstimmung nach § 9 nicht teil und bleiben für die Errechnung der für die Antragstellung und für die Beschlußfassung erforderlichen Zahl von Arbeitnehmern außer Betracht.

(5) Werden die Aufsichtsratsmitglieder der Arbeitnehmer durch Delegierte gewählt, so werden abweichend von § 10 in einem in Absatz 1 bezeichneten Betrieb keine Delegierten gewählt. Abweichend von § 15 Abs. 1 nehmen die Arbeitnehmer dieses Betriebs unmittelbar an der Wahl der Aufsichtsratsmitglieder der Arbeitnehmer teil mit der Maßgabe, daß die Stimme eines dieser Arbeitnehmer als ein Neunzigstel der Stimme eines Delegierten zu zählen ist; § 11 Abs. 1 Satz 3 ist entsprechend anzuwenden.

(6) [aufgehoben]

FÜNFTER TEIL
Übergangs- und Schlußvorschriften

§ 35 [aufgehoben]

§ 36 Verweisungen

(1) Soweit in anderen Vorschriften auf Vorschriften des Betriebsverfassungsgesetzes 1952 über die Vertretung der Arbeitnehmer in den Aufsichtsräten von Unternehmen verwiesen wird, gelten diese Verweisungen für die in § 1 Abs. 1 dieses Gesetzes bezeichneten Unternehmen als Verweisungen auf dieses Gesetz.

(2) Soweit in anderen Vorschriften für das Gesetz über die Mitbestimmung der Arbeitnehmer in den Aufsichtsräten und Vorständen der Unternehmen des Bergbaus und der Eisen und Stahl erzeugenden Industrie vom 21. Mai 1951 (BGBl. I S. 347) die Bezeichnung

„Mitbestimmungsgesetz" verwendet wird, tritt an ihre Stelle die Bezeichnung „Montan-Mitbestimmungsgesetz".

§ 37 Erstmalige Anwendung des Gesetzes auf ein Unternehmen

(1) Andere als die in § 97 Abs. 2 Satz 2 des Aktiengesetzes bezeichneten Bestimmungen der Satzung (des Gesellschaftsvertrags), die mit den Vorschriften dieses Gesetzes nicht vereinbar sind, treten mit dem in § 97 Abs. 2 Satz 2 des Aktiengesetzes bezeichneten Zeitpunkt oder, im Falle einer gerichtlichen Entscheidung, mit dem in § 98 Abs. 4 Satz 2 des Aktiengesetzes bezeichneten Zeitpunkt außer Kraft. Eine Hauptversammlung (Gesellschafterversammlung, Generalversammlung), die bis zu diesem Zeitpunkt stattfindet, kann an Stelle der außer Kraft tretenden Satzungsbestimmungen mit einfacher Mehrheit neue Satzungsbestimmungen beschließen.

(2) Die §§ 25 bis 29, 31 bis 33 sind erstmalig anzuwenden, wenn der Aufsichtsrat nach den Vorschriften dieses Gesetzes zusammengesetzt ist.

(3) Die Bestellung eines vor dem Inkrafttreten dieses Gesetzes bestellten Mitglieds des zur gesetzlichen Vertretung befugten Organs eines Unternehmens, auf das dieses Gesetz bereits bei seinem Inkrafttreten anzuwenden ist, kann, sofern die Amtszeit dieses Mitglieds nicht aus anderen Gründen früher endet, nach Ablauf von fünf Jahren seit dem Inkrafttreten dieses Gesetzes von dem nach diesem Gesetz gebildeten Aufsichtsrat jederzeit widerrufen werden. Für den Widerruf bedarf es der Mehrheit der abgegebenen Stimmen der Aufsichtsratsmitglieder, aller Stimmen der Aufsichtsratsmitglieder der Anteilseigner oder aller Stimmen der Aufsichtsratsmitglieder der Arbeitnehmer. Für die Ansprüche aus dem Anstellungsvertrag gelten die allgemeinen Vorschriften. Bis zum Widerruf bleiben für diese Mitglieder Satzungsbestimmungen über die Amtszeit abweichend von Absatz 1 Satz 1 in Kraft. Diese Vorschriften sind entsprechend anzuwenden, wenn dieses Gesetz auf ein Unternehmen erst nach dem Zeitpunkt des Inkrafttretens dieses Gesetzes erstmalig anzuwenden ist.

(4) Absatz 3 gilt nicht für persönlich haftende Gesellschafter einer Kommanditgesellschaft auf Aktien.

§ 38 [aufgehoben]

§ 39 Ermächtigung zum Erlaß von Rechtsverordnungen

Die Bundesregierung wird ermächtigt, durch Rechtsverordnung Vorschriften über das Verfahren für die Wahl und die Abberufung von Aufsichtsratsmitgliedern der Arbeitnehmer zu erlassen, insbesondere über

1. die Vorbereitung der Wahl oder Abstimmung, die Bestellung der Wahlvorstände und Abstimmungsvorstände sowie die Aufstellung der Wählerlisten,
2. die Abstimmungen darüber, ob die Wahl der Aufsichtsratsmitglieder in unmittelbarer Wahl oder durch Delegierte erfolgen soll,
3. die Frist für die Einsichtnahme in die Wählerlisten und die Erhebung von Einsprüchen,
4. die Errechnung der Zahl der Aufsichtsratsmitglieder der Arbeitnehmer sowie ihre Verteilung auf die in § 3 Abs. 1 Nr. 1 bezeichneten Arbeitnehmer, die leitenden Angestellten und die Gewerkschaftsvertreter sowie das Verfahren zur Berücksichtigung der Geschlechter,
5. die Errechnung der Zahl der Delegierten,
6. die Wahlvorschläge und die Frist für ihre Einreichung,
7. die Ausschreibung der Wahl oder der Abstimmung und die Fristen für die Bekanntmachung des Ausschreibens,
8. die Teilnahme von Arbeitnehmern eines in § 34 Abs. 1 bezeichneten Betriebs an Wahlen und Abstimmungen,
9. die Stimmabgabe,
10. die Feststellung des Ergebnisses der Wahl oder der Abstimmung und die Fristen für seine Bekanntmachung,
11. die Aufbewahrung der Wahlakten und der Abstimmungsakten.

§ 40 Übergangsregelung

(1) Auf Wahlen von Aufsichtsratsmitgliedern der Arbeitnehmer, die bis zum 31. Dezember 2015 abgeschlossen sind, ist das Mitbestimmungsgesetz vom 4. Mai 1976 (BGBl. I S. 1153) in der Fassung des Artikels 2 Absatz 113 des Gesetzes vom 22. Dezember 2011 (BGBl. I S. 3044) anzuwenden.

(2) Auf Wahlen von Aufsichtsratsmitgliedern der Arbeitnehmer, die bis zum 31. Dezember 2015 nicht abgeschlossen sind, ist im Fall des § 96 Absatz 2 Satz 3 des Aktiengesetzes das Mitbestimmungs-

gesetz in der durch Artikel 7 des Gesetzes vom 24. April 2015 (BGBl. I S. 642) geänderten Fassung anzuwenden.

(3) Eine Wahl von Aufsichtsratsmitgliedern der Arbeitnehmer gilt als abgeschlossen, wenn die Bekanntmachung der Mitglieder des Aufsichtsrates nach § 19 Satz 1 durch das zur gesetzlichen Vertretung des Unternehmens befugte Organ erfolgt ist.

§ 41 [nicht abgedruckt]

Gesetz zum Schutz von Müttern bei der Arbeit, in der Ausbildung und im Studium (Mutterschutzgesetz – MuSchG)*

Inhaltsübersicht

* Vom 23. Mai 2017 (BGBl I, S. 1228).

ABSCHNITT 1
Allgemeine Vorschriften

§ 1 Anwendungsbereich, Ziel des Mutterschutzes

(1) Dieses Gesetz schützt die Gesundheit der Frau und ihres Kindes am Arbeits-, Ausbildungs- und Studienplatz während der Schwangerschaft, nach der Entbindung und in der Stillzeit. Das Gesetz ermöglicht es der Frau, ihre Beschäftigung oder sonstige Tätigkeit in dieser Zeit ohne Gefährdung ihrer Gesundheit oder der ihres Kindes fortzusetzen und wirkt Benachteiligungen während der Schwangerschaft, nach der Entbindung und in der Stillzeit entgegen. Regelungen in anderen Arbeitsschutzgesetzen bleiben unberührt.

(2) Dieses Gesetz gilt für Frauen in einer Beschäftigung im Sinne von § 7 Absatz 1 des Vierten Buches Sozialgesetzbuch. Unabhängig davon, ob ein solches Beschäftigungsverhältnis vorliegt, gilt dieses Gesetz auch für

1. Frauen in betrieblicher Berufsbildung und Praktikantinnen im Sinne von § 26 des Berufsbildungsgesetzes,
2. Frauen mit Behinderung, die in einer Werkstatt für behinderte Menschen beschäftigt sind,
3. Frauen, die als Entwicklungshelferinnen im Sinne des Entwicklungshelfer-Gesetzes tätig sind, jedoch mit der Maßgabe, dass die §§ 18 bis 22 auf sie nicht anzuwenden sind,
4. Frauen, die als Freiwillige im Sinne des Jugendfreiwilligendienstegesetzes oder des Bundesfreiwilligendienstgesetzes tätig sind,
5. Frauen, die als Mitglieder einer geistlichen Genossenschaft, Diakonissen oder Angehörige einer ähnlichen Gemeinschaft auf einer Planstelle oder aufgrund eines Gestellungsvertrages für diese tätig werden, auch während der Zeit ihrer dortigen außerschulischen Ausbildung,
6. Frauen, die in Heimarbeit beschäftigt sind, und ihnen Gleichgestellte im Sinne von § 1 Absatz 1 und 2 des Heimarbeitsgesetzes, soweit sie am Stück mitarbeiten, jedoch mit der Maßgabe, dass die §§ 10 und 14 auf sie nicht anzuwenden sind und § 9 Absatz 1 bis 5 auf sie entsprechend anzuwenden ist,
7. Frauen, die wegen ihrer wirtschaftlichen Unselbstständigkeit als arbeitnehmerähnliche Person anzusehen sind, jedoch mit der Maßgabe, dass die §§ 18, 19 Absatz 2 und § 20 auf sie nicht anzuwenden sind, und

8. Schülerinnen und Studentinnen, soweit die Ausbildungsstelle Ort, Zeit und Ablauf der Ausbildungsveranstaltung verpflichtend vorgibt oder die ein im Rahmen der schulischen oder hochschulischen Ausbildung verpflichtend vorgegebenes Praktikum ableisten, jedoch mit der Maßgabe, dass die §§ 17 bis 24 auf sie nicht anzuwenden sind.

(3) Das Gesetz gilt nicht für Beamtinnen und Richterinnen. Das Gesetz gilt ebenso nicht für Soldatinnen, auch soweit die Voraussetzungen des Absatzes 2 erfüllt sind, es sei denn, sie werden aufgrund dienstlicher Anordnung oder Gestattung außerhalb des Geschäftsbereiches des Bundesministeriums der Verteidigung tätig.

(4) Dieses Gesetz gilt für jede Person, die schwanger ist, ein Kind geboren hat oder stillt. Die Absätze 2 und 3 gelten entsprechend.

§ 2 Begriffsbestimmungen

(1) Arbeitgeber im Sinne dieses Gesetzes ist die natürliche oder juristische Person oder die rechtsfähige Personengesellschaft, die Personen nach § 1 Absatz 2 Satz 1 beschäftigt. Dem Arbeitgeber stehen gleich:

1. die natürliche oder juristische Person oder die rechtsfähige Personengesellschaft, die Frauen im Fall von § 1 Absatz 2 Satz 2 Nummer 1 ausbildet oder für die Praktikantinnen im Fall von § 1 Absatz 2 Satz 2 Nummer 1 tätig sind,
2. der Träger der Werkstatt für behinderte Menschen im Fall von § 1 Absatz 2 Satz 2 Nummer 2,
3. der Träger des Entwicklungsdienstes im Fall von § 1 Absatz 2 Satz 2 Nummer 3,
4. die Einrichtung, in der der Freiwilligendienst nach dem Jugendfreiwilligendienstegesetz oder nach dem Bundesfreiwilligendienstgesetz im Fall von § 1 Absatz 2 Satz 2 Nummer 4 geleistet wird,
5. die geistliche Genossenschaft und ähnliche Gemeinschaft im Fall von § 1 Absatz 2 Satz 2 Nummer 5,
6. der Auftraggeber und der Zwischenmeister von Frauen im Fall von § 1 Absatz 2 Satz 2 Nummer 6,
7. die natürliche oder juristische Person oder die rechtsfähige Personengesellschaft, für die Frauen im Sinne von § 1 Absatz 2 Satz 2 Nummer 7 tätig sind, und

8. die natürliche oder juristische Person oder die rechtsfähige Personengesellschaft, mit der das Ausbildungs- oder Praktikumsverhältnis im Fall von § 1 Absatz 2 Satz 2 Nummer 8 besteht (Ausbildungsstelle).

(2) Eine Beschäftigung im Sinne der nachfolgenden Vorschriften erfasst jede Form der Betätigung, die eine Frau im Rahmen eines Beschäftigungsverhältnisses nach § 1 Absatz 2 Satz 1 oder die eine Frau im Sinne von § 1 Absatz 2 Satz 2 im Rahmen ihres Rechtsverhältnisses zu ihrem Arbeitgeber nach § 2 Absatz 1 Satz 2 ausübt.

(3) Ein Beschäftigungsverbot im Sinne dieses Gesetzes ist nur ein Beschäftigungsverbot nach den §§ 3 bis 6, 10 Absatz 3, § 13 Absatz 1 Nummer 3 und § 16. Für eine in Heimarbeit beschäftigte Frau und eine ihr Gleichgestellte tritt an die Stelle des Beschäftigungsverbots das Verbot der Ausgabe von Heimarbeit nach den §§ 3, 8, 13 Absatz 2 und § 16. Für eine Frau, die wegen ihrer wirtschaftlichen Unselbstständigkeit als arbeitnehmerähnliche Person anzusehen ist, tritt an die Stelle des Beschäftigungsverbots nach Satz 1 die Befreiung von der vertraglich vereinbarten Leistungspflicht; die Frau kann sich jedoch gegenüber der dem Arbeitgeber gleichgestellten Person oder Gesellschaft im Sinne von Absatz 1 Satz 2 Nummer 7 dazu bereit erklären, die vertraglich vereinbarte Leistung zu erbringen.

(4) Alleinarbeit im Sinne dieses Gesetzes liegt vor, wenn der Arbeitgeber eine Frau an einem Arbeitsplatz in seinem räumlichen Verantwortungsbereich beschäftigt, ohne dass gewährleistet ist, dass sie jederzeit den Arbeitsplatz verlassen oder Hilfe erreichen kann.

(5) Arbeitsentgelt im Sinne dieses Gesetzes ist das Arbeitsentgelt, das nach § 14 des Vierten Buches Sozialgesetzbuch in Verbindung mit einer aufgrund des § 17 des Vierten Buches Sozialgesetzbuch erlassenen Verordnung bestimmt wird. Für Frauen im Sinne von § 1 Absatz 2 Satz 2 gilt als Arbeitsentgelt ihre jeweilige Vergütung.

ABSCHNITT 2
Gesundheitsschutz

Unterabschnitt 1
Arbeitszeitlicher Gesundheitsschutz

§ 3 Schutzfristen vor und nach der Entbindung

(1) Der Arbeitgeber darf eine schwangere Frau in den letzten sechs Wochen vor der Entbindung nicht beschäftigen (Schutzfrist vor der Entbindung), soweit sie sich nicht zur Arbeitsleistung ausdrücklich bereit erklärt. Sie kann die Erklärung nach Satz 1 jederzeit mit Wirkung für die Zukunft widerrufen. Für die Berechnung der Schutzfrist vor der Entbindung ist der voraussichtliche Tag der Entbindung maßgeblich, wie er sich aus dem ärztlichen Zeugnis oder dem Zeugnis einer Hebamme oder eines Entbindungspflegers ergibt. Entbindet eine Frau nicht am voraussichtlichen Tag, verkürzt oder verlängert sich die Schutzfrist vor der Entbindung entsprechend.

(2) Der Arbeitgeber darf eine Frau bis zum Ablauf von acht Wochen nach der Entbindung nicht beschäftigen (Schutzfrist nach der Entbindung). Die Schutzfrist nach der Entbindung verlängert sich auf zwölf Wochen

1. bei Frühgeburten,
2. bei Mehrlingsgeburten und,
3. wenn vor Ablauf von acht Wochen nach der Entbindung bei dem Kind eine Behinderung im Sinne von § 2 Absatz 1 Satz 1 des Neunten Buches Sozialgesetzbuch ärztlich festgestellt wird.

Bei vorzeitiger Entbindung verlängert sich die Schutzfrist nach der Entbindung nach Satz 1 oder nach Satz 2 um den Zeitraum der Verkürzung der Schutzfrist vor der Entbindung nach Absatz 1 Satz 4. Nach Satz 2 Nummer 3 verlängert sich die Schutzfrist nach der Entbindung nur, wenn die Frau dies beantragt.

(3) Die Ausbildungsstelle darf eine Frau im Sinne von § 1 Absatz 2 Satz 2 Nummer 8 bereits in der Schutzfrist nach der Entbindung im Rahmen der schulischen oder hochschulischen Ausbildung tätig werden lassen, wenn die Frau dies ausdrücklich gegenüber ihrer Ausbildungsstelle verlangt. Die Frau kann ihre Erklärung jederzeit mit Wirkung für die Zukunft widerrufen.

(4) Der Arbeitgeber darf eine Frau nach dem Tod ihres Kindes bereits nach Ablauf der ersten zwei Wochen nach der Entbindung beschäftigen, wenn
1. die Frau dies ausdrücklich verlangt und
2. nach ärztlichem Zeugnis nichts dagegen spricht.
Sie kann ihre Erklärung nach Satz 1 Nummer 1 jederzeit mit Wirkung für die Zukunft widerrufen.

§ 4 Verbot der Mehrarbeit; Ruhezeit

(1) Der Arbeitgeber darf eine schwangere oder stillende Frau, die 18 Jahre oder älter ist, nicht mit einer Arbeit beschäftigen, die die Frau über achteinhalb Stunden täglich oder über 90 Stunden in der Doppelwoche hinaus zu leisten hat. Eine schwangere oder stillende Frau unter 18 Jahren darf der Arbeitgeber nicht mit einer Arbeit beschäftigen, die die Frau über acht Stunden täglich oder über 80 Stunden in der Doppelwoche hinaus zu leisten hat. In die Doppelwoche werden die Sonntage eingerechnet. Der Arbeitgeber darf eine schwangere oder stillende Frau nicht in einem Umfang beschäftigen, der die vertraglich vereinbarte wöchentliche Arbeitszeit im Durchschnitt des Monats übersteigt. Bei mehreren Arbeitgebern sind die Arbeitszeiten zusammenzurechnen.

(2) Der Arbeitgeber muss der schwangeren oder stillenden Frau nach Beendigung der täglichen Arbeitszeit eine ununterbrochene Ruhezeit von mindestens elf Stunden gewähren.

§ 5 Verbot der Nachtarbeit

(1) Der Arbeitgeber darf eine schwangere oder stillende Frau nicht zwischen 20 Uhr und 6 Uhr beschäftigen. Er darf sie bis 22 Uhr beschäftigen, wenn die Voraussetzungen des § 28 erfüllt sind.

(2) Die Ausbildungsstelle darf eine schwangere oder stillende Frau im Sinne von § 1 Absatz 2 Satz 2 Nummer 8 nicht zwischen 20 Uhr und 6 Uhr im Rahmen der schulischen oder hochschulischen Ausbildung tätig werden lassen. Die Ausbildungsstelle darf sie an Ausbildungsveranstaltungen bis 22 Uhr teilnehmen lassen, wenn
1. sich die Frau dazu ausdrücklich bereit erklärt,
2. die Teilnahme zu Ausbildungszwecken zu dieser Zeit erforderlich ist und

3. insbesondere eine unverantwortbare Gefährdung für die schwangere Frau oder ihr Kind durch Alleinarbeit ausgeschlossen ist.

Die schwangere oder stillende Frau kann ihre Erklärung nach Satz 2 Nummer 1 jederzeit mit Wirkung für die Zukunft widerrufen.

§ 6 Verbot der Sonn- und Feiertagsarbeit

(1) Der Arbeitgeber darf eine schwangere oder stillende Frau nicht an Sonn- und Feiertagen beschäftigen. Er darf sie an Sonn- und Feiertagen nur dann beschäftigen, wenn

1. sich die Frau dazu ausdrücklich bereit erklärt,
2. eine Ausnahme vom allgemeinen Verbot der Arbeit an Sonn- und Feiertagen nach § 10 des Arbeitszeitgesetzes zugelassen ist,
3. der Frau in jeder Woche im Anschluss an eine ununterbrochene Nachtruhezeit von mindestens elf Stunden ein Ersatzruhetag gewährt wird und
4. insbesondere eine unverantwortbare Gefährdung für die schwangere Frau oder ihr Kind durch Alleinarbeit ausgeschlossen ist.

Die schwangere oder stillende Frau kann ihre Erklärung nach Satz 2 Nummer 1 jederzeit mit Wirkung für die Zukunft widerrufen.

(2) Die Ausbildungsstelle darf eine schwangere oder stillende Frau im Sinne von § 1 Absatz 2 Satz 2 Nummer 8 nicht an Sonn- und Feiertagen im Rahmen der schulischen oder hochschulischen Ausbildung tätig werden lassen. Die Ausbildungsstelle darf sie an Ausbildungsveranstaltungen an Sonn- und Feiertagen teilnehmen lassen, wenn

1. sich die Frau dazu ausdrücklich bereit erklärt,
2. die Teilnahme zu Ausbildungszwecken zu dieser Zeit erforderlich ist,
3. der Frau in jeder Woche im Anschluss an eine ununterbrochene Nachtruhezeit von mindestens elf Stunden ein Ersatzruhetag gewährt wird und
4. insbesondere eine unverantwortbare Gefährdung für die schwangere Frau oder ihr Kind durch Alleinarbeit ausgeschlossen ist.

Die schwangere oder stillende Frau kann ihre Erklärung nach Satz 2 Nummer 1 jederzeit mit Wirkung für die Zukunft widerrufen.

§ 7 Freistellung für Untersuchungen und zum Stillen

(1) Der Arbeitgeber hat eine Frau für die Zeit freizustellen, die zur Durchführung der Untersuchungen im Rahmen der Leistungen der

gesetzlichen Krankenversicherung bei Schwangerschaft und Mutterschaft erforderlich sind. Entsprechendes gilt zugunsten einer Frau, die nicht in der gesetzlichen Krankenversicherung versichert ist.

(2) Der Arbeitgeber hat eine stillende Frau auf ihr Verlangen während der ersten zwölf Monate nach der Entbindung für die zum Stillen erforderliche Zeit freizustellen, mindestens aber zweimal täglich für eine halbe Stunde oder einmal täglich für eine Stunde. Bei einer zusammenhängenden Arbeitszeit von mehr als acht Stunden soll auf Verlangen der Frau zweimal eine Stillzeit von mindestens 45 Minuten oder, wenn in der Nähe der Arbeitsstätte keine Stillgelegenheit vorhanden ist, einmal eine Stillzeit von mindestens 90 Minuten gewährt werden. Die Arbeitszeit gilt als zusammenhängend, wenn sie nicht durch eine Ruhepause von mehr als zwei Stunden unterbrochen wird.

§ 8 Beschränkung von Heimarbeit

(1) Der Auftraggeber oder Zwischenmeister darf Heimarbeit an eine schwangere in Heimarbeit beschäftigte Frau oder an eine ihr Gleichgestellte nur in solchem Umfang und mit solchen Fertigungsfristen ausgeben, dass die Arbeit werktags während einer achtstündigen Tagesarbeitszeit ausgeführt werden kann.

(2) Der Auftraggeber oder Zwischenmeister darf Heimarbeit an eine stillende in Heimarbeit beschäftigte Frau oder an eine ihr Gleichgestellte nur in solchem Umfang und mit solchen Fertigungsfristen ausgeben, dass die Arbeit werktags während einer siebenstündigen Tagesarbeitszeit ausgeführt werden kann.

Unterabschnitt 2
Betrieblicher Gesundheitsschutz

§ 9 Gestaltung der Arbeitsbedingungen; unverantwortbare Gefährdung

(1) Der Arbeitgeber hat bei der Gestaltung der Arbeitsbedingungen einer schwangeren oder stillenden Frau alle aufgrund der Gefährdungsbeurteilung nach § 10 erforderlichen Maßnahmen für den Schutz ihrer physischen und psychischen Gesundheit sowie der ihres Kindes zu treffen. Er hat die Maßnahmen auf ihre Wirksamkeit zu überprüfen und erforderlichenfalls den sich ändernden

Gegebenheiten anzupassen. Soweit es nach den Vorschriften dieses Gesetzes verantwortbar ist, ist der Frau auch während der Schwangerschaft, nach der Entbindung und in der Stillzeit die Fortführung ihrer Tätigkeiten zu ermöglichen. Nachteile aufgrund der Schwangerschaft, der Entbindung oder der Stillzeit sollen vermieden oder ausgeglichen werden.

(2) Der Arbeitgeber hat die Arbeitsbedingungen so zu gestalten, dass Gefährdungen einer schwangeren oder stillenden Frau oder ihres Kindes möglichst vermieden werden und eine unverantwortbare Gefährdung ausgeschlossen wird. Eine Gefährdung ist unverantwortbar, wenn die Eintrittswahrscheinlichkeit einer Gesundheitsbeeinträchtigung angesichts der zu erwartenden Schwere des möglichen Gesundheitsschadens nicht hinnehmbar ist. Eine unverantwortbare Gefährdung gilt als ausgeschlossen, wenn der Arbeitgeber alle Vorgaben einhält, die aller Wahrscheinlichkeit nach dazu führen, dass die Gesundheit einer schwangeren oder stillenden Frau oder ihres Kindes nicht beeinträchtigt wird.

(3) Der Arbeitgeber hat sicherzustellen, dass die schwangere oder stillende Frau ihre Tätigkeit am Arbeitsplatz, soweit es für sie erforderlich ist, kurz unterbrechen kann. Er hat darüber hinaus sicherzustellen, dass sich die schwangere oder stillende Frau während der Pausen und Arbeitsunterbrechungen unter geeigneten Bedingungen hinlegen, hinsetzen und ausruhen kann.

(4) Alle Maßnahmen des Arbeitgebers nach diesem Unterabschnitt sowie die Beurteilung der Arbeitsbedingungen nach § 10 müssen dem Stand der Technik, der Arbeitsmedizin und der Hygiene sowie den sonstigen gesicherten wissenschaftlichen Erkenntnissen entsprechen. Der Arbeitgeber hat bei seinen Maßnahmen die vom Ausschuss für Mutterschutz ermittelten und nach § 30 Absatz 4 im Gemeinsamen Ministerialblatt veröffentlichten Regeln und Erkenntnisse zu berücksichtigen; bei Einhaltung dieser Regeln und bei Beachtung dieser Erkenntnisse ist davon auszugehen, dass die in diesem Gesetz gestellten Anforderungen erfüllt sind.

(5) Der Arbeitgeber kann zuverlässige und fachkundige Personen schriftlich damit beauftragen, ihm obliegende Aufgaben nach diesem Unterabschnitt in eigener Verantwortung wahrzunehmen.

(6) Kosten für Maßnahmen nach diesem Gesetz darf der Arbeitgeber nicht den Personen auferlegen, die bei ihm beschäftigt sind. Die Kosten für Zeugnisse und Bescheinigungen, die die schwangere oder stillende Frau auf Verlangen des Arbeitgebers vorzulegen hat, trägt der Arbeitgeber.

§ 10 Beurteilung der Arbeitsbedingungen; Schutzmaßnahmen

(1) Im Rahmen der Beurteilung der Arbeitsbedingungen nach § 5 des Arbeitsschutzgesetzes hat der Arbeitgeber für jede Tätigkeit

1. die Gefährdungen nach Art, Ausmaß und Dauer zu beurteilen, denen eine schwangere oder stillende Frau oder ihr Kind ausgesetzt ist oder sein kann, und
2. unter Berücksichtigung des Ergebnisses der Beurteilung der Gefährdung nach Nummer 1 zu ermitteln, ob für eine schwangere oder stillende Frau oder ihr Kind voraussichtlich
   a) keine Schutzmaßnahmen erforderlich sein werden,
   b) eine Umgestaltung der Arbeitsbedingungen nach § 13 Absatz 1 Nummer 1 erforderlich sein wird oder
   c) eine Fortführung der Tätigkeit der Frau an diesem Arbeitsplatz nicht möglich sein wird.

Bei gleichartigen Arbeitsbedingungen ist die Beurteilung eines Arbeitsplatzes oder einer Tätigkeit ausreichend.

(2) Sobald eine Frau dem Arbeitgeber mitgeteilt hat, dass sie schwanger ist oder stillt, hat der Arbeitgeber unverzüglich die nach Maßgabe der Gefährdungsbeurteilung nach Absatz 1 erforderlichen Schutzmaßnahmen festzulegen. Zusätzlich hat der Arbeitgeber der Frau ein Gespräch über weitere Anpassungen ihrer Arbeitsbedingungen anzubieten.

(3) Der Arbeitgeber darf eine schwangere oder stillende Frau nur diejenigen Tätigkeiten ausüben lassen, für die er die erforderlichen Schutzmaßnahmen nach Absatz 2 Satz 1 getroffen hat.

§ 11 Unzulässige Tätigkeiten und Arbeitsbedingungen für schwangere Frauen

(1) Der Arbeitgeber darf eine schwangere Frau keine Tätigkeiten ausüben lassen und sie keinen Arbeitsbedingungen aussetzen, bei denen sie in einem Maß Gefahrstoffen ausgesetzt ist oder sein kann, dass dies für sie oder für ihr Kind eine unverantwortbare Ge-

fährdung darstellt. Eine unverantwortbare Gefährdung im Sinne von Satz 1 liegt insbesondere vor, wenn die schwangere Frau Tätigkeiten ausübt oder Arbeitsbedingungen ausgesetzt ist, bei denen sie folgenden Gefahrstoffen ausgesetzt ist oder sein kann:

1. Gefahrstoffen, die nach den Kriterien des Anhangs I zur Verordnung (EG) Nr. 1272/2008 des Europäischen Parlaments und des Rates vom 16. Dezember 2008 über die Einstufung, Kennzeichnung und Verpackung von Stoffen und Gemischen, zur Änderung und Aufhebung der Richtlinien 67/548/EWG und 1999/45/EG und zur Änderung der Verordnung (EG) Nr. 1907/2006 (ABl. L 353 vom 31.12.2008, S. 1) zu bewerten sind
   a) als reproduktionstoxisch nach der Kategorie 1A, 1B oder 2 oder nach der Zusatzkategorie für Wirkungen auf oder über die Laktation,
   b) als keimzellmutagen nach der Kategorie 1A oder 1B,
   c) als karzinogen nach der Kategorie 1A oder 1B,
   d) als spezifisch zielorgantoxisch nach einmaliger Exposition nach der Kategorie 1 oder
   e) als akut toxisch nach der Kategorie 1, 2 oder 3,
2. Blei und Bleiderivaten, soweit die Gefahr besteht, dass diese Stoffe vom menschlichen Körper aufgenommen werden, oder
3. Gefahrstoffen, die als Stoffe ausgewiesen sind, die auch bei Einhaltung der arbeitsplatzbezogenen Vorgaben möglicherweise zu einer Fruchtschädigung führen können.

Eine unverantwortbare Gefährdung im Sinne von Satz 1 oder 2 gilt insbesondere als ausgeschlossen,

1. wenn
   a) für den jeweiligen Gefahrstoff die arbeitsplatzbezogenen Vorgaben eingehalten werden und es sich um einen Gefahrstoff handelt, der als Stoff ausgewiesen ist, der bei Einhaltung der arbeitsplatzbezogenen Vorgaben hinsichtlich einer Fruchtschädigung als sicher bewertet wird, oder
   b) der Gefahrstoff nicht in der Lage ist, die Plazentaschranke zu überwinden, oder aus anderen Gründen ausgeschlossen ist, dass eine Fruchtschädigung eintritt, und
2. wenn der Gefahrstoff nach den Kriterien des Anhangs I zur Verordnung (EG) Nr. 1272/2008 nicht als reproduktionstoxisch nach der Zusatzkategorie für Wirkungen auf oder über die Laktation zu bewerten ist.

Die vom Ausschuss für Mutterschutz ermittelten wissenschaftlichen Erkenntnisse sind zu beachten.

(2) Der Arbeitgeber darf eine schwangere Frau keine Tätigkeiten ausüben lassen und sie keinen Arbeitsbedingungen aussetzen, bei denen sie in einem Maß mit Biostoffen der Risikogruppe 2, 3 oder 4 im Sinne von § 3 Absatz 1 der Biostoffverordnung in Kontakt kommt oder kommen kann, dass dies für sie oder für ihr Kind eine unverantwortbare Gefährdung darstellt. Eine unverantwortbare Gefährdung im Sinne von Satz 1 liegt insbesondere vor, wenn die schwangere Frau Tätigkeiten ausübt oder Arbeitsbedingungen ausgesetzt ist, bei denen sie mit folgenden Biostoffen in Kontakt kommt oder kommen kann:
1. mit Biostoffen, die in die Risikogruppe 4 im Sinne von § 3 Absatz 1 der Biostoffverordnung einzustufen sind, oder
2. mit Rötelnvirus oder mit Toxoplasma.

Die Sätze 1 und 2 gelten auch, wenn der Kontakt mit Biostoffen im Sinne von Satz 1 oder 2 therapeutische Maßnahmen erforderlich macht oder machen kann, die selbst eine unverantwortbare Gefährdung darstellen. Eine unverantwortbare Gefährdung im Sinne von Satz 1 oder 2 gilt insbesondere als ausgeschlossen, wenn die schwangere Frau über einen ausreichenden Immunschutz verfügt.

(3) Der Arbeitgeber darf eine schwangere Frau keine Tätigkeiten ausüben lassen und sie keinen Arbeitsbedingungen aussetzen, bei denen sie physikalischen Einwirkungen in einem Maß ausgesetzt ist oder sein kann, dass dies für sie oder für ihr Kind eine unverantwortbare Gefährdung darstellt. Als physikalische Einwirkungen im Sinne von Satz 1 sind insbesondere zu berücksichtigen:
1. ionisierende und nicht ionisierende Strahlungen,
2. Erschütterungen, Vibrationen und Lärm sowie
3. Hitze, Kälte und Nässe.

(4) Der Arbeitgeber darf eine schwangere Frau keine Tätigkeiten ausüben lassen und sie keinen Arbeitsbedingungen aussetzen, bei denen sie einer belastenden Arbeitsumgebung in einem Maß ausgesetzt ist oder sein kann, dass dies für sie oder für ihr Kind eine unverantwortbare Gefährdung darstellt. Der Arbeitgeber darf eine schwangere Frau insbesondere keine Tätigkeiten ausüben lassen

1. in Räumen mit einem Überdruck im Sinne von § 2 der Druckluftverordnung,
2. in Räumen mit sauerstoffreduzierter Atmosphäre oder
3. im Bergbau unter Tage.

(5) Der Arbeitgeber darf eine schwangere Frau keine Tätigkeiten ausüben lassen und sie keinen Arbeitsbedingungen aussetzen, bei denen sie körperlichen Belastungen oder mechanischen Einwirkungen in einem Maß ausgesetzt ist oder sein kann, dass dies für sie oder für ihr Kind eine unverantwortbare Gefährdung darstellt. Der Arbeitgeber darf eine schwangere Frau insbesondere keine Tätigkeiten ausüben lassen, bei denen

1. sie ohne mechanische Hilfsmittel regelmäßig Lasten von mehr als 5 Kilogramm Gewicht oder gelegentlich Lasten von mehr als 10 Kilogramm Gewicht von Hand heben, halten, bewegen oder befördern muss,
2. sie mit mechanischen Hilfsmitteln Lasten von Hand heben, halten, bewegen oder befördern muss und dabei ihre körperliche Beanspruchung der von Arbeiten nach Nummer 1 entspricht,
3. sie nach Ablauf des fünften Monats der Schwangerschaft überwiegend bewegungsarm ständig stehen muss und wenn diese Tätigkeit täglich vier Stunden überschreitet,
4. sie sich häufig erheblich strecken, beugen, dauernd hocken, sich gebückt halten oder sonstige Zwangshaltungen einnehmen muss,
5. sie auf Beförderungsmitteln eingesetzt wird, wenn dies für sie oder für ihr Kind eine unverantwortbare Gefährdung darstellt,
6. Unfälle, insbesondere durch Ausgleiten, Fallen oder Stürzen, oder Tätlichkeiten zu befürchten sind, die für sie oder für ihr Kind eine unverantwortbare Gefährdung darstellen,
7. sie eine Schutzausrüstung tragen muss und das Tragen eine Belastung darstellt oder
8. eine Erhöhung des Drucks im Bauchraum zu befürchten ist, insbesondere bei Tätigkeiten mit besonderer Fußbeanspruchung.

(6) Der Arbeitgeber darf eine schwangere Frau folgende Arbeiten nicht ausüben lassen:

1. Akkordarbeit oder sonstige Arbeiten, bei denen durch ein gesteigertes Arbeitstempo ein höheres Entgelt erzielt werden kann,
2. Fließarbeit oder

3. getaktete Arbeit mit vorgeschriebenem Arbeitstempo, wenn die Art der Arbeit oder das Arbeitstempo für die schwangere Frau oder für ihr Kind eine unverantwortbare Gefährdung darstellt.

§ 12 Unzulässige Tätigkeiten und Arbeitsbedingungen für stillende Frauen

(1) Der Arbeitgeber darf eine stillende Frau keine Tätigkeiten ausüben lassen und sie keinen Arbeitsbedingungen aussetzen, bei denen sie in einem Maß Gefahrstoffen ausgesetzt ist oder sein kann, dass dies für sie oder für ihr Kind eine unverantwortbare Gefährdung darstellt. Eine unverantwortbare Gefährdung im Sinne von Satz 1 liegt insbesondere vor, wenn die stillende Frau Tätigkeiten ausübt oder Arbeitsbedingungen ausgesetzt ist, bei denen sie folgenden Gefahrstoffen ausgesetzt ist oder sein kann:

1. Gefahrstoffen, die nach den Kriterien des Anhangs I zur Verordnung (EG) Nr. 1272/2008 als reproduktionstoxisch nach der Zusatzkategorie für Wirkungen auf oder über die Laktation zu bewerten sind oder
2. Blei und Bleiderivaten, soweit die Gefahr besteht, dass diese Stoffe vom menschlichen Körper aufgenommen werden.

(2) Der Arbeitgeber darf eine stillende Frau keine Tätigkeiten ausüben lassen und sie keinen Arbeitsbedingungen aussetzen, bei denen sie in einem Maß mit Biostoffen der Risikogruppe 2, 3 oder 4 im Sinne von § 3 Absatz 1 der Biostoffverordnung in Kontakt kommt oder kommen kann, dass dies für sie oder für ihr Kind eine unverantwortbare Gefährdung darstellt. Eine unverantwortbare Gefährdung im Sinne von Satz 1 liegt insbesondere vor, wenn die stillende Frau Tätigkeiten ausübt oder Arbeitsbedingungen ausgesetzt ist, bei denen sie mit Biostoffen in Kontakt kommt oder kommen kann, die in die Risikogruppe 4 im Sinne von § 3 Absatz 1 der Biostoffverordnung einzustufen sind. Die Sätze 1 und 2 gelten auch, wenn der Kontakt mit Biostoffen im Sinne von Satz 1 oder 2 therapeutische Maßnahmen erforderlich macht oder machen kann, die selbst eine unverantwortbare Gefährdung darstellen. Eine unverantwortbare Gefährdung im Sinne von Satz 1 oder 2 gilt als ausgeschlossen, wenn die stillende Frau über einen ausreichenden Immunschutz verfügt.

(3) Der Arbeitgeber darf eine stillende Frau keine Tätigkeiten ausüben lassen und sie keinen Arbeitsbedingungen aussetzen, bei denen sie physikalischen Einwirkungen in einem Maß ausgesetzt ist oder sein kann, dass dies für sie oder für ihr Kind eine unverantwortbare Gefährdung darstellt. Als physikalische Einwirkungen im Sinne von Satz 1 sind insbesondere ionisierende und nicht ionisierende Strahlungen zu berücksichtigen.

(4) Der Arbeitgeber darf eine stillende Frau keine Tätigkeiten ausüben lassen und sie keinen Arbeitsbedingungen aussetzen, bei denen sie einer belastenden Arbeitsumgebung in einem Maß ausgesetzt ist oder sein kann, dass dies für sie oder für ihr Kind eine unverantwortbare Gefährdung darstellt. Der Arbeitgeber darf eine stillende Frau insbesondere keine Tätigkeiten ausüben lassen
1. in Räumen mit einem Überdruck im Sinne von § 2 der Druckluftverordnung oder
2. im Bergbau unter Tage.

(5) Der Arbeitgeber darf eine stillende Frau folgende Arbeiten nicht ausüben lassen:
1. Akkordarbeit oder sonstige Arbeiten, bei denen durch ein gesteigertes Arbeitstempo ein höheres Entgelt erzielt werden kann,
2. Fließarbeit oder
3. getaktete Arbeit mit vorgeschriebenem Arbeitstempo, wenn die Art der Arbeit oder das Arbeitstempo für die stillende Frau oder für ihr Kind eine unverantwortbare Gefährdung darstellt.

§ 13 Rangfolge der Schutzmaßnahmen: Umgestaltung der Arbeitsbedingungen, Arbeitsplatzwechsel und betriebliches Beschäftigungsverbot

(1) Werden unverantwortbare Gefährdungen im Sinne von § 9, § 11 oder § 12 festgestellt, hat der Arbeitgeber für jede Tätigkeit einer schwangeren oder stillenden Frau Schutzmaßnahmen in folgender Rangfolge zu treffen:
1. Der Arbeitgeber hat die Arbeitsbedingungen für die schwangere oder stillende Frau durch Schutzmaßnahmen nach Maßgabe des § 9 Absatz 2 umzugestalten.
2. Kann der Arbeitgeber unverantwortbare Gefährdungen für die schwangere oder stillende Frau nicht durch die Umgestaltung der Arbeitsbedingungen nach Nummer 1 ausschließen oder ist

eine Umgestaltung wegen des nachweislich unverhältnismäßigen Aufwandes nicht zumutbar, hat der Arbeitgeber die Frau an einem anderen geeigneten Arbeitsplatz einzusetzen, wenn er einen solchen Arbeitsplatz zur Verfügung stellen kann und dieser Arbeitsplatz der schwangeren oder stillenden Frau zumutbar ist.

3. Kann der Arbeitgeber unverantwortbare Gefährdungen für die schwangere oder stillende Frau weder durch Schutzmaßnahmen nach Nummer 1 noch durch einen Arbeitsplatzwechsel nach Nummer 2 ausschließen, darf er die schwangere oder stillende Frau nicht weiter beschäftigen.

(2) Der Auftraggeber oder Zwischenmeister darf keine Heimarbeit an schwangere oder stillende Frauen ausgeben, wenn unverantwortbare Gefährdungen nicht durch Schutzmaßnahmen nach Absatz 1 Nummer 1 ausgeschlossen werden können.

§ 14 Dokumentation und Information durch den Arbeitgeber

(1) Der Arbeitgeber hat die Beurteilung der Arbeitsbedingungen nach § 10 durch Unterlagen zu dokumentieren, aus denen Folgendes ersichtlich ist:

1. das Ergebnis der Gefährdungsbeurteilung nach § 10 Absatz 1 Satz 1 Nummer 1 und der Bedarf an Schutzmaßnahmen nach § 10 Absatz 1 Satz 1 Nummer 2,
2. die Festlegung der erforderlichen Schutzmaßnahmen nach § 10 Absatz 2 Satz 1 sowie das Ergebnis ihrer Überprüfung nach § 9 Absatz 1 Satz 2 und
3. das Angebot eines Gesprächs mit der Frau über weitere Anpassungen ihrer Arbeitsbedingungen nach § 10 Absatz 2 Satz 2 oder der Zeitpunkt eines solchen Gesprächs.

Wenn die Beurteilung nach § 10 Absatz 1 ergibt, dass die schwangere oder stillende Frau oder ihr Kind keiner Gefährdung im Sinne von § 9 Absatz 2 ausgesetzt ist oder sein kann, reicht es aus, diese Feststellung in einer für den Arbeitsplatz der Frau oder für die Tätigkeit der Frau bereits erstellten Dokumentation der Beurteilung der Arbeitsbedingungen nach § 5 des Arbeitsschutzgesetzes zu vermerken.

(2) Der Arbeitgeber hat alle Personen, die bei ihm beschäftigt sind, über das Ergebnis der Gefährdungsbeurteilung nach § 10 Absatz 1 Satz 1 Nummer 1 und über den Bedarf an Schutzmaßnahmen nach § 10 Absatz 1 Satz 1 Nummer 2 zu informieren.

(3) Der Arbeitgeber hat eine schwangere oder stillende Frau über die Gefährdungsbeurteilung nach § 10 Absatz 1 Satz 1 Nummer 1 und über die damit verbundenen für sie erforderlichen Schutzmaßnahmen nach § 10 Absatz 2 Satz 1 in Verbindung mit § 13 zu informieren.

§ 15 Mitteilungen und Nachweise der schwangeren und stillenden Frauen

(1) Eine schwangere Frau soll ihrem Arbeitgeber ihre Schwangerschaft und den voraussichtlichen Tag der Entbindung mitteilen, sobald sie weiß, dass sie schwanger ist. Eine stillende Frau soll ihrem Arbeitgeber so früh wie möglich mitteilen, dass sie stillt.

(2) Auf Verlangen des Arbeitgebers soll eine schwangere Frau als Nachweis über ihre Schwangerschaft ein ärztliches Zeugnis oder das Zeugnis einer Hebamme oder eines Entbindungspflegers vorlegen. Das Zeugnis über die Schwangerschaft soll den voraussichtlichen Tag der Entbindung enthalten.

Unterabschnitt 3
Ärztlicher Gesundheitsschutz

§ 16 Ärztliches Beschäftigungsverbot

(1) Der Arbeitgeber darf eine schwangere Frau nicht beschäftigen, soweit nach einem ärztlichen Zeugnis ihre Gesundheit oder die ihres Kindes bei Fortdauer der Beschäftigung gefährdet ist.

(2) Der Arbeitgeber darf eine Frau, die nach einem ärztlichen Zeugnis in den ersten Monaten nach der Entbindung nicht voll leistungsfähig ist, nicht mit Arbeiten beschäftigen, die ihre Leistungsfähigkeit übersteigen.

ABSCHNITT 3
Kündigungsschutz

§ 17 Kündigungsverbot

(1) Die Kündigung gegenüber einer Frau ist unzulässig
1. während ihrer Schwangerschaft,
2. bis zum Ablauf von vier Monaten nach einer Fehlgeburt nach der zwölften Schwangerschaftswoche und

3. bis zum Ende ihrer Schutzfrist nach der Entbindung, mindestens jedoch bis zum Ablauf von vier Monaten nach der Entbindung,

wenn dem Arbeitgeber zum Zeitpunkt der Kündigung die Schwangerschaft, die Fehlgeburt nach der zwölften Schwangerschaftswoche oder die Entbindung bekannt ist oder wenn sie ihm innerhalb von zwei Wochen nach Zugang der Kündigung mitgeteilt wird. Das Überschreiten dieser Frist ist unschädlich, wenn die Überschreitung auf einem von der Frau nicht zu vertretenden Grund beruht und die Mitteilung unverzüglich nachgeholt wird. Die Sätze 1 und 2 gelten entsprechend für Vorbereitungsmaßnahmen des Arbeitgebers, die er im Hinblick auf eine Kündigung der Frau trifft.

(2) Die für den Arbeitsschutz zuständige oberste Landesbehörde oder die von ihr bestimmte Stelle kann in besonderen Fällen, die nicht mit dem Zustand der Frau in der Schwangerschaft, nach einer Fehlgeburt nach der zwölften Schwangerschaftswoche oder nach der Entbindung in Zusammenhang stehen, ausnahmsweise die Kündigung für zulässig erklären. Die Kündigung bedarf der Schriftform und muss den Kündigungsgrund angeben.

(3) Der Auftraggeber oder Zwischenmeister darf eine in Heimarbeit beschäftigte Frau in den Fristen nach Absatz 1 Satz 1 nicht gegen ihren Willen bei der Ausgabe von Heimarbeit ausschließen; die §§ 3, 8, 11, 12, 13 Absatz 2 und § 16 bleiben unberührt. Absatz 1 gilt auch für eine Frau, die der in Heimarbeit beschäftigten Frau gleichgestellt ist und deren Gleichstellung sich auch auf § 29 des Heimarbeitsgesetzes erstreckt. Absatz 2 gilt für eine in Heimarbeit beschäftigte Frau und eine ihr Gleichgestellte entsprechend.

ABSCHNITT 4
Leistungen

§ 18 Mutterschutzlohn

Eine Frau, die wegen eines Beschäftigungsverbots außerhalb der Schutzfristen vor oder nach der Entbindung teilweise oder gar nicht beschäftigt werden darf, erhält von ihrem Arbeitgeber Mutterschutzlohn. Als Mutterschutzlohn wird das durchschnittliche Arbeitsentgelt der letzten drei abgerechneten Kalendermonate vor dem Eintritt der Schwangerschaft gezahlt. Dies gilt auch, wenn wegen dieses Verbots die Beschäftigung oder die Entlohnungsart wechselt. Beginnt das Beschäftigungsverhältnis erst nach Eintritt der Schwangerschaft, ist das durchschnittliche Arbeitsentgelt aus dem Arbeitsentgelt der ersten drei Monate der Beschäftigung zu berechnen.

§ 19 Mutterschaftsgeld

(1) Eine Frau, die Mitglied einer gesetzlichen Krankenkasse ist, erhält für die Zeit der Schutzfristen vor und nach der Entbindung sowie für den Entbindungstag Mutterschaftsgeld nach den Vorschriften des Fünften Buches Sozialgesetzbuch oder nach den Vorschriften des Zweiten Gesetzes über die Krankenversicherung der Landwirte.

(2) Eine Frau, die nicht Mitglied einer gesetzlichen Krankenkasse ist, erhält für die Zeit der Schutzfristen vor und nach der Entbindung sowie für den Entbindungstag Mutterschaftsgeld zu Lasten des Bundes in entsprechender Anwendung der Vorschriften des Fünften Buches Sozialgesetzbuch über das Mutterschaftsgeld, jedoch insgesamt höchstens 210 Euro. Das Mutterschaftsgeld wird dieser Frau auf Antrag vom Bundesversicherungsamt gezahlt. Endet das Beschäftigungsverhältnis nach Maßgabe von § 17 Absatz 2 durch eine Kündigung, erhält die Frau Mutterschaftsgeld in entsprechender Anwendung der Sätze 1 und 2 für die Zeit nach dem Ende des Beschäftigungsverhältnisses.

§ 20 Zuschuss zum Mutterschaftsgeld

(1) Eine Frau erhält während ihres bestehenden Beschäftigungsverhältnisses für die Zeit der Schutzfristen vor und nach der Entbindung sowie für den Entbindungstag von ihrem Arbeitgeber einen Zuschuss zum Mutterschaftsgeld. Als Zuschuss zum Mutterschaftsgeld wird der Unterschiedsbetrag zwischen 13 Euro und dem um die gesetzlichen Abzüge verminderten durchschnittlichen kalendertäglichen Arbeitsentgelt der letzten drei abgerechneten Kalendermonate vor Beginn der Schutzfrist vor der Entbindung gezahlt. Einer Frau, deren Beschäftigungsverhältnis während der Schutzfristen vor oder nach der Entbindung beginnt, wird der Zuschuss zum Mutterschaftsgeld von Beginn des Beschäftigungsverhältnisses an gezahlt.

(2) Ist eine Frau für mehrere Arbeitgeber tätig, sind für die Berechnung des Arbeitgeberzuschusses nach Absatz 1 die durchschnittlichen kalendertäglichen Arbeitsentgelte aus diesen Beschäftigungs-

verhältnissen zusammenzurechnen. Den sich daraus ergebenden Betrag zahlen die Arbeitgeber anteilig im Verhältnis der von ihnen gezahlten durchschnittlichen kalendertäglichen Arbeitsentgelte.

(3) Endet das Beschäftigungsverhältnis nach Maßgabe von § 17 Absatz 2 durch eine Kündigung, erhält die Frau für die Zeit nach dem Ende des Beschäftigungsverhältnisses den Zuschuss zum Mutterschaftsgeld nach Absatz 1 von der für die Zahlung des Mutterschaftsgeldes zuständigen Stelle. Satz 1 gilt entsprechend, wenn der Arbeitgeber wegen eines Insolvenzereignisses im Sinne von § 165 Absatz 1 Satz 2 des Dritten Buches Sozialgesetzbuch den Zuschuss nach Absatz 1 nicht zahlen kann.

§ 21 Ermittlung des durchschnittlichen Arbeitsentgelts

(1) Bei der Bestimmung des Berechnungszeitraumes für die Ermittlung des durchschnittlichen Arbeitsentgelts für die Leistungen nach den §§ 18 bis 20 bleiben Zeiten unberücksichtigt, in denen die Frau infolge unverschuldeter Fehlzeiten kein Arbeitsentgelt erzielt hat. War das Beschäftigungsverhältnis kürzer als drei Monate, ist der Berechnung der tatsächliche Zeitraum des Beschäftigungsverhältnisses zugrunde zu legen.

(2) Für die Ermittlung des durchschnittlichen Arbeitsentgelts für die Leistungen nach den §§ 18 bis 20 bleiben unberücksichtigt:

1. einmalig gezahltes Arbeitsentgelt im Sinne von § 23a des Vierten Buches Sozialgesetzbuch,
2. Kürzungen des Arbeitsentgelts, die im Berechnungszeitraum infolge von Kurzarbeit, Arbeitsausfällen oder unverschuldetem Arbeitsversäumnis eintreten, und
3. im Fall der Beendigung der Elternzeit nach dem Bundeselterngeld- und Elternzeitgesetz das Arbeitsentgelt aus Teilzeitbeschäftigung, das vor der Beendigung der Elternzeit während der Elternzeit erzielt wurde, soweit das durchschnittliche Arbeitsentgelt ohne die Berücksichtigung der Zeiten, in denen dieses Arbeitsentgelt erzielt wurde, höher ist.

(3) Ist die Ermittlung des durchschnittlichen Arbeitsentgelts entsprechend den Absätzen 1 und 2 nicht möglich, ist das durchschnittliche kalendertägliche Arbeitsentgelt einer vergleichbar beschäftigten Person zugrunde zu legen.

(4) Bei einer dauerhaften Änderung der Arbeitsentgelthöhe ist die geänderte Arbeitsentgelthöhe bei der Ermittlung des durchschnittlichen Arbeitsentgelts für die Leistungen nach den §§ 18 bis 20 zugrunde zu legen, und zwar

1. für den gesamten Berechnungszeitraum, wenn die Änderung während des Berechnungszeitraums wirksam wird,
2. ab Wirksamkeit der Änderung der Arbeitsentgelthöhe, wenn die Änderung der Arbeitsentgelthöhe nach dem Berechnungszeitraum wirksam wird.

§ 22 Leistungen während der Elternzeit

Während der Elternzeit sind Ansprüche auf Leistungen nach den §§ 18 und 20 aus dem wegen der Elternzeit ruhenden Arbeitsverhältnis ausgeschlossen. Übt die Frau während der Elternzeit eine Teilzeitarbeit aus, ist für die Ermittlung des durchschnittlichen Arbeitsentgelts nur das Arbeitsentgelt aus dieser Teilzeitarbeit zugrunde zu legen.

§ 23 Entgelt bei Freistellung für Untersuchungen und zum Stillen

(1) Durch die Gewährung der Freistellung nach § 7 darf bei der schwangeren oder stillenden Frau kein Entgeltausfall eintreten. Freistellungszeiten sind weder vor- noch nachzuarbeiten. Sie werden nicht auf Ruhepausen angerechnet, die im Arbeitszeitgesetz oder in anderen Vorschriften festgelegt sind.

(2) Der Auftraggeber oder Zwischenmeister hat einer in Heimarbeit beschäftigten Frau und der ihr Gleichgestellten für die Stillzeit ein Entgelt zu zahlen, das nach der Höhe des durchschnittlichen Stundenentgelts für jeden Werktag zu berechnen ist. Ist eine Frau für mehrere Auftraggeber oder Zwischenmeister tätig, haben diese das Entgelt für die Stillzeit zu gleichen Teilen zu zahlen. Auf das Entgelt finden die Vorschriften der §§ 23 bis 25 des Heimarbeitsgesetzes über den Entgeltschutz Anwendung.

§ 24 Fortbestehen des Erholungsurlaubs bei Beschäftigungsverboten

Für die Berechnung des Anspruchs auf bezahlten Erholungsurlaub gelten die Ausfallzeiten wegen eines Beschäftigungsverbots als Beschäftigungszeiten. Hat eine Frau ihren Urlaub vor Beginn eines Beschäftigungsverbots nicht oder nicht vollständig erhalten, kann sie nach dem Ende des Beschäftigungsverbots den Resturlaub im laufenden oder im nächsten Urlaubsjahr beanspruchen.

§ 25 Beschäftigung nach dem Ende des Beschäftigungsverbots
Mit dem Ende eines Beschäftigungsverbots im Sinne von § 2 Absatz 3 hat eine Frau das Recht, entsprechend den vertraglich vereinbarten Bedingungen beschäftigt zu werden.

ABSCHNITT 5
Durchführung des Gesetzes

§ 26 Aushang des Gesetzes
(1) In Betrieben und Verwaltungen, in denen regelmäßig mehr als drei Frauen beschäftigt werden, hat der Arbeitgeber eine Kopie dieses Gesetzes an geeigneter Stelle zur Einsicht auszulegen oder auszuhängen. Dies gilt nicht, wenn er das Gesetz für die Personen, die bei ihm beschäftigt sind, in einem elektronischen Verzeichnis jederzeit zugänglich gemacht hat.

(2) Für eine in Heimarbeit beschäftigte Frau oder eine ihr Gleichgestellte muss der Auftraggeber oder Zwischenmeister in den Räumen der Ausgabe oder Abnahme von Heimarbeit eine Kopie dieses Gesetzes an geeigneter Stelle zur Einsicht auslegen oder aushängen. Absatz 1 Satz 2 gilt entsprechend.

§ 27 Mitteilungs- und Aufbewahrungspflichten des Arbeitgebers, Offenbarungsverbot der mit der Überwachung beauftragten Personen
(1) Der Arbeitgeber hat die Aufsichtsbehörde unverzüglich zu benachrichtigen,
1. wenn eine Frau ihm mitgeteilt hat,
   a) dass sie schwanger ist oder
   b) dass sie stillt, es sei denn, er hat die Aufsichtsbehörde bereits über die Schwangerschaft dieser Frau benachrichtigt, oder
2. wenn er beabsichtigt, eine schwangere oder stillende Frau zu beschäftigen
   a) bis 22 Uhr nach den Vorgaben des § 5 Absatz 2 Satz 2 und 3,
   b) an Sonn- und Feiertagen nach den Vorgaben des § 6 Absatz 1 Satz 2 und 3 oder Absatz 2 Satz 2 und 3 oder

c) mit getakteter Arbeit im Sinne von § 11 Absatz 6 Nummer 3 oder § 12 Absatz 5 Nummer 3.

Er darf diese Informationen nicht unbefugt an Dritte weitergeben.

(2) Der Arbeitgeber hat der Aufsichtsbehörde auf Verlangen die Angaben zu machen, die zur Erfüllung der Aufgaben dieser Behörde erforderlich sind. Er hat die Angaben wahrheitsgemäß, vollständig und rechtzeitig zu machen.

(3) Der Arbeitgeber hat der Aufsichtsbehörde auf Verlangen die Unterlagen zur Einsicht vorzulegen oder einzusenden, aus denen Folgendes ersichtlich ist:

1. die Namen der schwangeren oder stillenden Frauen, die bei ihm beschäftigt sind,
2. die Art und der zeitliche Umfang ihrer Beschäftigung,
3. die Entgelte, die an sie gezahlt worden sind,
4. die Ergebnisse der Beurteilung der Arbeitsbedingungen nach § 10 und
5. alle sonstigen nach Absatz 2 erforderlichen Angaben.

(4) Die auskunftspflichtige Person kann die Auskunft auf solche Fragen oder die Vorlage derjenigen Unterlagen verweigern, deren Beantwortung oder Vorlage sie selbst oder einen ihrer in § 383 Absatz 1 Nummer 1 bis 3 der Zivilprozessordung bezeichneten Angehörigen der Gefahr der Verfolgung wegen einer Straftat oder Ordnungswidrigkeit aussetzen würde. Die auskunftspflichtige Person ist darauf hinzuweisen.

(5) Der Arbeitgeber hat die in Absatz 3 genannten Unterlagen mindestens bis zum Ablauf von zwei Jahren nach der letzten Eintragung aufzubewahren.

(6) Die mit der Überwachung beauftragten Personen der Aufsichtsbehörde dürfen die ihnen bei ihrer Überwachungstätigkeit zur Kenntnis gelangten Geschäfts- und Betriebsgeheimnisse nur in den gesetzlich geregelten Fällen oder zur Verfolgung von Rechtsverstößen oder zur Erfüllung von gesetzlich geregelten Aufgaben zum Schutz der Umwelt den dafür zuständigen Behörden offenbaren. Soweit es sich bei Geschäfts- und Betriebsgeheimnissen um Informationen über die Umwelt im Sinne des Umweltinformationsge-

setzes handelt, richtet sich die Befugnis zu ihrer Offenbarung nach dem Umweltinformationsgesetz.

§ 28 Behördliches Genehmigungsverfahren für eine Beschäftigung zwischen 20 Uhr und 22 Uhr

(1) Die Aufsichtsbehörde kann abweichend von § 5 Absatz 1 Satz 1 auf Antrag des Arbeitgebers genehmigen, dass eine schwangere oder stillende Frau zwischen 20 Uhr und 22 Uhr beschäftigt wird, wenn

1. sich die Frau dazu ausdrücklich bereit erklärt,
2. nach ärztlichem Zeugnis nichts gegen die Beschäftigung der Frau bis 22 Uhr spricht und
3. insbesondere eine unverantwortbare Gefährdung für die schwangere Frau oder ihr Kind durch Alleinarbeit ausgeschlossen ist.

Dem Antrag ist die Dokumentation der Beurteilung der Arbeitsbedingungen nach § 14 Absatz 1 beizufügen. Die schwangere oder stillende Frau kann ihre Erklärung nach Satz 1 Nummer 1 jederzeit mit Wirkung für die Zukunft widerrufen.

(2) Solange die Aufsichtsbehörde den Antrag nicht ablehnt oder die Beschäftigung zwischen 20 Uhr und 22 Uhr nicht vorläufig untersagt, darf der Arbeitgeber die Frau unter den Voraussetzungen des Absatzes 1 beschäftigen. Die Aufsichtsbehörde hat dem Arbeitgeber nach Eingang des Antrags unverzüglich eine Mitteilung zu machen, wenn die für den Antrag nach Absatz 1 erforderlichen Unterlagen unvollständig sind. Die Aufsichtsbehörde kann die Beschäftigung vorläufig untersagen, soweit dies erforderlich ist, um den Schutz der Gesundheit der Frau oder ihres Kindes sicherzustellen.

(3) Lehnt die Aufsichtsbehörde den Antrag nicht innerhalb von sechs Wochen nach Eingang des vollständigen Antrags ab, gilt die Genehmigung als erteilt. Auf Verlangen ist dem Arbeitgeber der Eintritt der Genehmigungsfiktion (§ 42a des Verwaltungsverfahrensgesetzes) zu bescheinigen.

(4) Im Übrigen gelten die Vorschriften des Verwaltungsverfahrensgesetzes.

§ 29 Zuständigkeit und Befugnisse der Aufsichtsbehörden, Jahresbericht

(1) Die Aufsicht über die Ausführung der Vorschriften dieses Gesetzes und der aufgrund dieses Gesetzes erlassenen Vorschriften obliegt den nach Landesrecht zuständigen Behörden (Aufsichtsbehörden).

(2) Die Aufsichtsbehörden haben dieselben Befugnisse wie die nach § 22 Absatz 2 und 3 des Arbeitsschutzgesetzes mit der Überwachung beauftragten Personen. Das Grundrecht der Unverletzlichkeit der Wohnung (Artikel 13 des Grundgesetzes) wird insoweit eingeschränkt.

(3) Die Aufsichtsbehörde kann in Einzelfällen die erforderlichen Maßnahmen anordnen, die der Arbeitgeber zur Erfüllung derjenigen Pflichten zu treffen hat, die sich aus Abschnitt 2 dieses Gesetzes und aus den aufgrund des § 31 Nummer 1 bis 5 erlassenen Rechtsverordnungen ergeben. Insbesondere kann die Aufsichtsbehörde:

1. in besonders begründeten Einzelfällen Ausnahmen vom Verbot der Mehrarbeit nach § 4 Absatz 1 Satz 1, 2 oder 4 sowie vom Verbot der Nachtarbeit auch zwischen 22 Uhr und 6 Uhr nach § 5 Absatz 1 Satz 1 oder Absatz 2 Satz 1 bewilligen, wenn
   a) sich die Frau dazu ausdrücklich bereit erklärt,
   b) nach ärztlichem Zeugnis nichts gegen die Beschäftigung spricht und
   c) in den Fällen des § 5 Absatz 1 Satz 1 oder Absatz 2 Satz 1 insbesondere eine unverantwortbare Gefährdung für die schwangere Frau oder ihr Kind durch Alleinarbeit ausgeschlossen ist,
2. verbieten, dass ein Arbeitgeber eine schwangere oder stillende Frau
   a) nach § 5 Absatz 2 Satz 2 zwischen 20 Uhr und 22 Uhr beschäftigt oder
   b) nach § 6 Absatz 1 Satz 2 oder nach § 6 Absatz 2 Satz 2 an Sonn- und Feiertagen beschäftigt,
3. Einzelheiten zur Freistellung zum Stillen nach § 7 Absatz 2 und zur Bereithaltung von Räumlichkeiten, die zum Stillen geeignet sind, anordnen,
4. Einzelheiten zur zulässigen Arbeitsmenge nach § 8 anordnen,
5. Schutzmaßnahmen nach § 9 Absatz 1 bis 3 und nach § 13 anordnen,

6. Einzelheiten zu Art und Umfang der Beurteilung der Arbeitsbedingungen nach § 10 anordnen,
7. bestimmte Tätigkeiten oder Arbeitsbedingungen nach § 11 oder nach § 12 verbieten,
8. Ausnahmen von den Vorschriften des § 11 Absatz 6 Nummer 1 und 2 und des § 12 Absatz 5 Nummer 1 und 2 bewilligen, wenn die Art der Arbeit und das Arbeitstempo keine unverantwortbare Gefährdung für die schwangere oder stillende Frau oder für ihr Kind darstellen, und
9. Einzelheiten zu Art und Umfang der Dokumentation und Information nach § 14 anordnen.

Die schwangere oder stillende Frau kann ihre Erklärung nach Satz 2 Nummer 1 Buchstabe a jederzeit mit Wirkung für die Zukunft widerrufen.

(4) Die Aufsichtsbehörde berät den Arbeitgeber bei der Erfüllung seiner Pflichten nach diesem Gesetz sowie die bei ihm beschäftigten Personen zu ihren Rechten und Pflichten nach diesem Gesetz; dies gilt nicht für die Rechte und Pflichten nach den §§ 18 bis 22.

(5) Für Betriebe und Verwaltungen im Geschäftsbereich des Bundesministeriums der Verteidigung wird die Aufsicht nach Absatz 1 durch das Bundesministerium der Verteidigung oder die von ihm bestimmte Stelle in eigener Zuständigkeit durchgeführt.

(6) Die zuständigen obersten Landesbehörden haben über die Überwachungstätigkeit der ihnen unterstellten Behörden einen Jahresbericht zu veröffentlichen. Der Jahresbericht umfasst auch Angaben zur Erfüllung von Unterrichtungspflichten aus internationalen Übereinkommen oder Rechtsakten der Europäischen Union, soweit sie den Mutterschutz betreffen.

§ 30 Ausschuss für Mutterschutz

(1) Beim Bundesministerium für Familie, Senioren, Frauen und Jugend wird ein Ausschuss für Mutterschutz gebildet, in dem geeignete Personen vonseiten der öffentlichen und privaten Arbeitgeber, der Ausbildungsstellen, der Gewerkschaften, der Studierendenvertretungen und der Landesbehörden sowie weitere geeignete Personen, insbesondere aus der Wissenschaft, vertreten sein sollen. Dem Ausschuss sollen nicht mehr als 15 Mitglieder angehören. Für jedes

Mitglied ist ein stellvertretendes Mitglied zu benennen. Die Mitgliedschaft im Ausschuss für Mutterschutz ist ehrenamtlich.

(2) Das Bundesministerium für Familie, Senioren, Frauen und Jugend beruft im Einvernehmen mit dem Bundesministerium für Arbeit und Soziales, dem Bundesministerium für Gesundheit und dem Bundesministerium für Bildung und Forschung die Mitglieder des Ausschusses für Mutterschutz und die stellvertretenden Mitglieder. Der Ausschuss gibt sich eine Geschäftsordnung und wählt die Vorsitzende oder den Vorsitzenden aus seiner Mitte. Die Geschäftsordnung und die Wahl der oder des Vorsitzenden bedürfen der Zustimmung des Bundesministeriums für Familie, Senioren, Frauen und Jugend. Die Zustimmung erfolgt im Einvernehmen mit dem Bundesministerium für Arbeit und Soziales und dem Bundesministerium für Gesundheit.

(3) Zu den Aufgaben des Ausschusses für Mutterschutz gehört es,
1. Art, Ausmaß und Dauer der möglichen unverantwortbaren Gefährdungen einer schwangeren oder stillenden Frau und ihres Kindes nach wissenschaftlichen Erkenntnissen zu ermitteln und zu begründen,
2. sicherheitstechnische, arbeitsmedizinische und arbeitshygienische Regeln zum Schutz der schwangeren oder stillenden Frau und ihres Kindes aufzustellen und
3. das Bundesministerium für Familie, Senioren, Frauen und Jugend in allen mutterschutzbezogenen Fragen zu beraten.

Der Ausschuss arbeitet eng mit den Ausschüssen nach § 18 Absatz 2 Nummer 5 des Arbeitsschutzgesetzes zusammen.

(4) Nach Prüfung durch das Bundesministerium für Familie, Senioren, Frauen und Jugend, durch das Bundesministerium für Arbeit und Soziales, durch das Bundesministerium für Gesundheit und durch das Bundesministerium für Bildung und Forschung kann das Bundesministerium für Familie, Senioren, Frauen und Jugend im Einvernehmen mit den anderen in diesem Absatz genannten Bundesministerien die vom Ausschuss für Mutterschutz nach Absatz 3 aufgestellten Regeln und Erkenntnisse im Gemeinsamen Ministerialblatt veröffentlichen.

(5) Die Bundesministerien sowie die obersten Landesbehörden können zu den Sitzungen des Ausschusses für Mutterschutz Vertreterinnen oder Vertreter entsenden. Auf Verlangen ist ihnen in der Sitzung das Wort zu erteilen.

(6) Die Geschäfte des Ausschusses für Mutterschutz werden vom Bundesamt für Familie und zivilgesellschaftliche Aufgaben geführt.

§ 31 Erlass von Rechtsverordnungen

Die Bundesregierung wird ermächtigt, durch Rechtsverordnung mit Zustimmung des Bundesrates Folgendes zu regeln:

1. nähere Bestimmungen zum Begriff der unverantwortbaren Gefährdung nach § 9 Absatz 2 Satz 2 und 3,
2. nähere Bestimmungen zur Durchführung der erforderlichen Schutzmaßnahmen nach § 9 Absatz 1 und 2 und nach § 13,
3. nähere Bestimmungen zu Art und Umfang der Beurteilung der Arbeitsbedingungen nach § 10,
4. Festlegungen von unzulässigen Tätigkeiten und Arbeitsbedingungen im Sinne von § 11 oder § 12 oder von anderen nach diesem Gesetz unzulässigen Tätigkeiten und Arbeitsbedingungen,
5. nähere Bestimmungen zur Dokumentation und Information nach § 14,
6. nähere Bestimmungen zur Ermittlung des durchschnittlichen Arbeitsentgelts im Sinne der §§ 18 bis 22 und
7. nähere Bestimmungen zum erforderlichen Inhalt der Benachrichtigung, ihrer Form, der Art und Weise der Übermittlung sowie die Empfänger der vom Arbeitgeber nach § 27 zu meldenden Informationen.

ABSCHNITT 6
Bußgeldvorschriften, Strafvorschriften

§ 32 Bußgeldvorschriften

(1) Ordnungswidrig handelt, wer vorsätzlich oder fahrlässig

1. entgegen § 3 Absatz 1 Satz 1, auch in Verbindung mit Satz 4, entgegen § 3 Absatz 2 Satz 1, auch in Verbindung mit Satz 2 oder 3, entgegen § 3 Absatz 3 Satz 1, § 4 Absatz 1 Satz 1, 2 oder 4 oder § 5 Absatz 1 Satz 1, § 6 Absatz 1 Satz 1, § 13 Absatz 1 Nummer 3 oder § 16 eine Frau beschäftigt,

2. entgegen § 4 Absatz 2 eine Ruhezeit nicht, nicht richtig oder nicht rechtzeitig gewährt,
3. entgegen § 5 Absatz 2 Satz 1 oder § 6 Absatz 2 Satz 1 eine Frau tätig werden lässt,
4. entgegen § 7 Absatz 1 Satz 1, auch in Verbindung mit Satz 2, oder entgegen § 7 Absatz 2 Satz 1 eine Frau nicht freistellt,
5. entgegen § 8 oder § 13 Absatz 2 Heimarbeit ausgibt,
6. entgegen § 10 Absatz 1 Satz 1, auch in Verbindung mit einer Rechtsverordnung nach § 31 Nummer 3, eine Gefährdung nicht, nicht richtig oder nicht rechtzeitig beurteilt oder eine Ermittlung nicht, nicht richtig oder nicht rechtzeitig durchführt,
7. entgegen § 10 Absatz 2 Satz 1, auch in Verbindung mit einer Rechtsverordnung nach § 31 Nummer 3, eine Schutzmaßnahme nicht, nicht richtig oder nicht rechtzeitig festlegt,
8. entgegen § 10 Absatz 3 eine Frau eine andere als die dort bezeichnete Tätigkeit ausüben lässt,
9. entgegen § 14 Absatz 1 Satz 1 in Verbindung mit einer Rechtsverordnung nach § 31 Nummer 5 eine Dokumentation nicht, nicht richtig, nicht vollständig oder nicht rechtzeitig erstellt,
10. entgegen § 14 Absatz 2 oder 3, jeweils in Verbindung mit einer Rechtsverordnung nach § 31 Nummer 5, eine Information nicht, nicht richtig, nicht vollständig oder nicht rechtzeitig gibt,
11. entgegen § 27 Absatz 1 Satz 1 die Aufsichtsbehörde nicht, nicht richtig oder nicht rechtzeitig benachrichtigt,
12. entgegen § 27 Absatz 1 Satz 2 eine Information weitergibt,
13. entgegen § 27 Absatz 2 eine Angabe nicht, nicht richtig, nicht vollständig oder nicht rechtzeitig macht,
14. entgegen § 27 Absatz 3 eine Unterlage nicht, nicht richtig oder nicht rechtzeitig vorlegt oder nicht oder nicht rechtzeitig einsendet,
15. entgegen § 27 Absatz 5 eine Unterlage nicht oder nicht mindestens zwei Jahre aufbewahrt,
16. einer vollziehbaren Anordnung nach § 29 Absatz 3 Satz 1 zuwiderhandelt oder
17. einer Rechtsverordnung nach § 31 Nummer 4 oder einer vollziehbaren Anordnung aufgrund einer solchen Rechtsverordnung zuwiderhandelt, soweit die Rechtsverordnung für einen bestimmten Tatbestand auf diese Bußgeldvorschrift verweist.

(2) Die Ordnungswidrigkeit kann in den Fällen des Absatzes 1 Nummer 1 bis 5, 8, 16 und 17 mit einer Geldbuße bis zu dreißigtausend Euro, in den übrigen Fällen mit einer Geldbuße bis zu fünftausend Euro geahndet werden.

§ 33 Strafvorschriften

Wer eine in § 32 Absatz 1 Nummer 1 bis 5, 8, 16 und 17 bezeichnete vorsätzliche Handlung begeht und dadurch die Gesundheit der Frau oder ihres Kindes gefährdet, wird mit Freiheitsstrafe bis zu einem Jahr oder mit Geldstrafe bestraft.

ABSCHNITT 7
Schlussvorschriften

§ 34 Evaluationsbericht

Die Bundesregierung legt dem Deutschen Bundestag zum 1. Januar 2021 einen Evaluationsbericht über die Auswirkungen des Gesetzes vor. Schwerpunkte des Berichts sollen die Handhabbarkeit der gesetzlichen Regelung in der betrieblichen und behördlichen Praxis, die Wirksamkeit und die Auswirkungen des Gesetzes im Hinblick auf seinen Anwendungsbereich, die Auswirkungen der Regelungen zum Verbot der Mehr- und Nachtarbeit sowie zum Verbot der Sonn- und Feiertagsarbeit und die Arbeit des Ausschusses für Mutterschutz sein. Der Bericht darf keine personenbezogenen Daten enthalten.

Gesetz über den Nachweis der für ein Arbeitsverhältnis geltenden wesentlichen Bedingungen*
(Nachweisgesetz – NachwG)

§ 1 Anwendungsbereich

Dieses Gesetz gilt für alle Arbeitnehmer, es sei denn, dass sie nur zur vorübergehenden Aushilfe von höchstens einem Monat eingestellt werden. Praktikanten, die gemäß § 22 Absatz 1 des Mindestlohngesetzes als Arbeitnehmer gelten, sind Arbeitnehmer im Sinne dieses Gesetzes.

§ 2 Nachweispflicht

(1) Der Arbeitgeber hat spätestens einen Monat nach dem vereinbarten Beginn des Arbeitsverhältnisses die wesentlichen Vertragsbedingungen schriftlich niederzulegen, die Niederschrift zu unterzeichnen und dem Arbeitnehmer auszuhändigen. In die Niederschrift sind mindestens aufzunehmen:

1. der Name und die Anschrift der Vertragsparteien,
2. der Zeitpunkt des Beginns des Arbeitsverhältnisses,
3. bei befristeten Arbeitsverhältnissen: die vorhersehbare Dauer des Arbeitsverhältnisses,
4. der Arbeitsort oder, falls der Arbeitnehmer nicht nur an einem bestimmten Arbeitsort tätig sein soll, ein Hinweis darauf, dass der Arbeitnehmer an verschiedenen Orten beschäftigt werden kann,
5. eine kurze Charakterisierung oder Beschreibung der vom Arbeitnehmer zu leistenden Tätigkeit,
6. die Zusammensetzung und die Höhe des Arbeitsentgelts einschließlich der Zuschläge, der Zulagen, Prämien und Sonderzahlungen sowie anderer Bestandteile des Arbeitsentgelts und deren Fälligkeit,
7. die vereinbarte Arbeitszeit,
8. die Dauer des jährlichen Erholungsurlaubs,
9. die Fristen für die Kündigung des Arbeitsverhältnisses,
10. ein in allgemeiner Form gehaltener Hinweis auf die Tarifverträge, Betriebs- oder Dienstvereinbarungen, die auf das Arbeitsverhältnis anzuwenden sind.

Der Nachweis der wesentlichen Vertragsbedingungen in elektronischer Form ist ausgeschlossen.

---

* Vom 20. Juli 1995 (BGBl. I, S. 946), zuletzt geändert durch Gesetz vom 11. August 2014 (BGBl. I, S. 1348 (1355)).

(1a) Wer einen Praktikanten einstellt, hat unverzüglich nach Abschluss des Praktikumsvertrages, spätestens vor Aufnahme der Praktikantentätigkeit, die wesentlichen Vertragsbedingungen schriftlich niederzulegen, die Niederschrift zu unterzeichnen und dem Praktikanten auszuhändigen. In die Niederschrift sind mindestens aufzunehmen:

1. der Name und die Anschrift der Vertragsparteien,
2. die mit dem Praktikum verfolgten Lern- und Ausbildungsziele,
3. Beginn und Dauer des Praktikums,
4. Dauer der regelmäßigen täglichen Praktikumszeit,
5. Zahlung und Höhe der Vergütung,
6. Dauer des Urlaubs,
7. ein in allgemeiner Form gehaltener Hinweis auf die Tarifverträge, Betriebs- oder Dienstvereinbarungen, die auf das Praktikumsverhältnis anzuwenden sind.

Absatz 1 Satz 3 gilt entsprechend.

(2) Hat der Arbeitnehmer seine Arbeitsleistung länger als einen Monat außerhalb der Bundesrepublik Deutschland zu erbringen, so muss die Niederschrift dem Arbeitnehmer vor seiner Abreise ausgehändigt werden und folgende zusätzliche Angaben enthalten:

1. die Dauer der im Ausland auszuübenden Tätigkeit,
2. die Währung, in der das Arbeitsentgelt ausgezahlt wird,
3. ein zusätzliches mit dem Auslandsaufenthalt verbundenes Arbeitsentgelt und damit verbundene zusätzliche Sachleistungen,
4. die vereinbarten Bedingungen für die Rückkehr des Arbeitnehmers.

(3) Die Angaben nach Absatz 1 Satz 2 Nr. 6 bis 9 und Absatz 2 Nr. 2 und 3 können ersetzt werden durch einen Hinweis auf die einschlägigen Tarifverträge, Betriebs- oder Dienstvereinbarungen und ähnliche Regelungen, die für das Arbeitsverhältnis gelten. Ist in den Fällen des Absatzes 1 Satz 2 Nr. 8 und 9 die jeweilige gesetzliche Regelung maßgebend, so kann hierauf verwiesen werden.

(4) Wenn dem Arbeitnehmer ein schriftlicher Arbeitsvertrag ausgehändigt worden ist, entfällt die Verpflichtung nach den Absätzen 1 und 2, soweit der Vertrag die in den Absätzen 1 bis 3 geforderten Angaben enthält.

§ 3 Änderungen der Angaben

Eine Änderung der wesentlichen Vertragsbedingungen ist dem Arbeitnehmer spätestens einen Monat nach der Änderung schriftlich mitzuteilen. Satz 1 gilt nicht bei einer Änderung der gesetzlichen Vorschriften, Tarifverträge, Betriebs- oder Dienstvereinbarungen und ähnlichen Regelungen, die für das Arbeitsverhältnis gelten.

§ 4 Übergangsvorschrift

Hat das Arbeitsverhältnis bereits bei Inkrafttreten dieses Gesetzes bestanden, so ist dem Arbeitnehmer auf sein Verlangen innerhalb von zwei Monaten eine Niederschrift im Sinne des § 2 auszuhändigen. Soweit eine früher ausgestellte Niederschrift oder ein schriftlicher Arbeitsvertrag die nach diesem Gesetz erforderlichen Angaben enthält, entfällt diese Verpflichtung.

§ 5 Unabdingbarkeit

Von den Vorschriften dieses Gesetzes kann nicht zu Ungunsten des Arbeitnehmers abgewichen werden.

Gesetz über die Pflegezeit*
(Pflegezeitgesetz – PflegeZG)

§ 1 Ziel des Gesetzes

Ziel des Gesetzes ist, Beschäftigten die Möglichkeit zu eröffnen, pflegebedürftige nahe Angehörige in häuslicher Umgebung zu pflegen und damit die Vereinbarkeit von Beruf und familiärer Pflege zu verbessern.

§ 2 Kurzzeitige Arbeitsverhinderung

(1) Beschäftigte haben das Recht, bis zu zehn Arbeitstage der Arbeit fernzubleiben, wenn dies erforderlich ist, um für einen pflegebedürftigen nahen Angehörigen in einer akut aufgetretenen Pflegesituation eine bedarfsgerechte Pflege zu organisieren oder eine pflegerische Versorgung in dieser Zeit sicherzustellen.

(2) Beschäftigte sind verpflichtet, dem Arbeitgeber ihre Verhinderung an der Arbeitsleistung und deren voraussichtliche Dauer unverzüglich mitzuteilen. Dem Arbeitgeber ist auf Verlangen eine ärztliche Bescheinigung über die Pflegebedürftigkeit des nahen Angehörigen und die Erforderlichkeit der in Absatz 1 genannten Maßnahmen vorzulegen.

(3) Der Arbeitgeber ist zur Fortzahlung der Vergütung nur verpflichtet, soweit sich eine solche Verpflichtung aus anderen gesetzlichen Vorschriften oder auf Grund einer Vereinbarung ergibt. Ein Anspruch der Beschäftigten auf Zahlung von Pflegeunterstützungsgeld richtet sich nach § 44a Absatz 3 des Elften Buches Sozialgesetzbuch.

§ 3 Pflegezeit und sonstige Freistellungen

(1) Beschäftigte sind von der Arbeitsleistung vollständig oder teilweise freizustellen, wenn sie einen pflegebedürftigen nahen Angehörigen in häuslicher Umgebung pflegen (Pflegezeit). Der Anspruch nach Satz 1 besteht nicht gegenüber Arbeitgebern mit in der Regel 15 oder weniger Beschäftigten.

(2) Die Beschäftigten haben die Pflegebedürftigkeit des nahen Angehörigen durch Vorlage einer Bescheinigung der Pflegekasse oder

* Vom 28. Mai 2008 (BGBl. I, S. 874), zuletzt geändert durch Gesetz vom 21. Dezember 2015 (BGBl. I, S. 2424 (2463)).

des Medizinischen Dienstes der Krankenversicherung nachzuweisen. Bei in der privaten Pflege-Pflichtversicherung versicherten Pflegebedürftigen ist ein entsprechender Nachweis zu erbringen.

(3) Wer Pflegezeit beanspruchen will, muss dies dem Arbeitgeber spätestens zehn Arbeitstage vor Beginn schriftlich ankündigen und gleichzeitig erklären, für welchen Zeitraum und in welchem Umfang die Freistellung von der Arbeitsleistung in Anspruch genommen werden soll. Wenn nur teilweise Freistellung in Anspruch genommen wird, ist auch die gewünschte Verteilung der Arbeitszeit anzugeben. Enthält die Ankündigung keine eindeutige Festlegung, ob die oder der Beschäftigte Pflegezeit oder Familienpflegezeit nach § 2 des Familienpflegezeitgesetzes in Anspruch nehmen will, und liegen die Voraussetzungen beider Freistellungsansprüche vor, gilt die Erklärung als Ankündigung von Pflegezeit. Beansprucht die oder der Beschäftigte nach der Pflegezeit Familienpflegezeit oder eine Freistellung nach § 2 Absatz 5 des Familienpflegezeitgesetzes zur Pflege oder Betreuung desselben pflegebedürftigen Angehörigen, muss sich die Familienpflegezeit oder die Freistellung nach § 2 Absatz 5 des Familienpflegezeitgesetzes unmittelbar an die Pflegezeit anschließen. In diesem Fall soll die oder der Beschäftigte möglichst frühzeitig erklären, ob sie oder er Familienpflegezeit oder eine Freistellung nach § 2 Absatz 5 des Familienpflegezeitgesetzes in Anspruch nehmen wird; abweichend von § 2a Absatz 1 Satz 1 des Familienpflegezeitgesetzes muss die Ankündigung spätestens drei Monate vor Beginn der Familienpflegezeit erfolgen. Wird Pflegezeit nach einer Familienpflegezeit oder einer Freistellung nach § 2 Absatz 5 des Familienpflegezeitgesetzes in Anspruch genommen, ist die Pflegezeit in unmittelbarem Anschluss an die Familienpflegezeit oder die Freistellung nach § 2 Absatz 5 des Familienpflegezeitgesetzes zu beanspruchen und abweichend von Satz 1 dem Arbeitgeber spätestens acht Wochen vor Beginn der Pflegezeit schriftlich anzukündigen.

(4) Wenn nur teilweise Freistellung in Anspruch genommen wird, haben Arbeitgeber und Beschäftigte über die Verringerung und die Verteilung der Arbeitszeit eine schriftliche Vereinbarung zu treffen. Hierbei hat der Arbeitgeber den Wünschen der Beschäftigten zu entsprechen, es sei denn, dass dringende betriebliche Gründe entgegenstehen.

(5) Beschäftigte sind von der Arbeitsleistung vollständig oder teilweise freizustellen, wenn sie einen minderjährigen pflegebedürftigen nahen Angehörigen in häuslicher oder außerhäuslicher Umgebung betreuen. Die Inanspruchnahme dieser Freistellung ist jederzeit im Wechsel mit der Freistellung nach Absatz 1 im Rahmen der Gesamtdauer nach § 4 Absatz 1 Satz 4 möglich. Absatz 1 Satz 2 und die Absätze 2 bis 4 gelten entsprechend. Beschäftigte können diesen Anspruch wahlweise statt des Anspruchs auf Pflegezeit nach Absatz 1 geltend machen.

(6) Beschäftigte sind zur Begleitung eines nahen Angehörigen von der Arbeitsleistung vollständig oder teilweise freizustellen, wenn dieser an einer Erkrankung leidet, die progredient verläuft und bereits ein weit fortgeschrittenes Stadium erreicht hat, bei der eine Heilung ausgeschlossen und eine palliativmedizinische Behandlung notwendig ist und die lediglich eine begrenzte Lebenserwartung von Wochen oder wenigen Monaten erwarten lässt. Beschäftigte haben diese gegenüber dem Arbeitgeber durch ein ärztliches Zeugnis nachzuweisen. Absatz 1 Satz 2, Absatz 3 Satz 1 und 2 und Absatz 4 gelten entsprechend. § 45 des Fünften Buches Sozialgesetzbuch bleibt unberührt.

(7) Ein Anspruch auf Förderung richtet sich nach den §§ 3, 4, 5 Absatz 1 Satz 1 und Absatz 2 sowie den §§ 6 bis 10 des Familienpflegezeitgesetzes.

§ 4 Dauer der Inanspruchnahme

(1) Die Pflegezeit nach § 3 beträgt für jeden pflegebedürftigen nahen Angehörigen längstens sechs Monate (Höchstdauer). Für einen kürzeren Zeitraum in Anspruch genommene Pflegezeit kann bis zur Höchstdauer verlängert werden, wenn der Arbeitgeber zustimmt. Eine Verlängerung bis zur Höchstdauer kann verlangt werden, wenn ein vorgesehener Wechsel in der Person des Pflegenden aus einem wichtigen Grund nicht erfolgen kann. Pflegezeit und Familienpflegezeit nach § 2 des Familienpflegezeitgesetzes dürfen gemeinsam die Gesamtdauer von 24 Monaten je pflegebedürftigem nahen Angehörigen nicht überschreiten. Die Pflegezeit wird auf Berufsbildungszeiten nicht angerechnet.

(2) Ist der nahe Angehörige nicht mehr pflegebedürftig oder die häusliche Pflege des nahen Angehörigen unmöglich oder unzumutbar, endet die Pflegezeit vier Wochen nach Eintritt der veränderten Umstände. Der Arbeitgeber ist über die veränderten Umstände unverzüglich zu unterrichten. Im Übrigen kann die Pflegezeit nur vorzeitig beendet werden, wenn der Arbeitgeber zustimmt.

(3) Für die Betreuung nach § 3 Absatz 5 gelten die Absätze 1 und 2 entsprechend. Für die Freistellung nach § 3 Absatz 6 gilt eine Höchstdauer von drei Monaten je nahem Angehörigen. Für die Freistellung nach § 3 Absatz 6 gelten Absatz 1 Satz 2, 3 und 5 sowie Absatz 2 entsprechend; bei zusätzlicher Inanspruchnahme von Pflegezeit oder einer Freistellung nach § 3 Absatz 5 oder Familienpflegezeit oder einer Freistellung nach § 2 Absatz 5 des Familienpflegezeitgesetzes dürfen die Freistellungen insgesamt 24 Monate je nahem Angehörigen nicht überschreiten.

(4) Der Arbeitgeber kann den Erholungsurlaub, der der oder dem Beschäftigten für das Urlaubsjahr zusteht, für jeden vollen Kalendermonat der vollständigen Freistellung von der Arbeitsleistung um ein Zwölftel kürzen.

§ 5 Kündigungsschutz

(1) Der Arbeitgeber darf das Beschäftigungsverhältnis von der Ankündigung, höchstens jedoch zwölf Wochen vor dem angekündigten Beginn, bis zur Beendigung der kurzzeitigen Arbeitsverhinderung nach § 2 oder der Freistellung nach § 3 nicht kündigen.

(2) In besonderen Fällen kann eine Kündigung von der für den Arbeitsschutz zuständigen obersten Landesbehörde oder der von ihr bestimmten Stelle ausnahmsweise für zulässig erklärt werden. Die Bundesregierung kann hierzu mit Zustimmung des Bundesrates allgemeine Verwaltungsvorschriften erlassen.

§ 6 Befristete Verträge

(1) Wenn zur Vertretung einer Beschäftigten oder eines Beschäftigten für die Dauer der kurzzeitigen Arbeitsverhinderung nach § 2 oder der Freistellung nach § 3 eine Arbeitnehmerin oder ein Arbeitnehmer eingestellt wird, liegt hierin ein sachlicher Grund für die Befristung des Arbeitsverhältnisses. Über die Dauer der Vertretung

nach Satz 1 hinaus ist die Befristung für notwendige Zeiten einer Einarbeitung zulässig.

(2) Die Dauer der Befristung des Arbeitsvertrages muss kalendermäßig bestimmt oder bestimmbar sein oder den in Absatz 1 genannten Zwecken zu entnehmen sein.

(3) Der Arbeitgeber kann den befristeten Arbeitsvertrag unter Einhaltung einer Frist von zwei Wochen kündigen, wenn die Freistellung nach § 4 Abs. 2 Satz 1 vorzeitig endet. Das Kündigungsschutzgesetz ist in diesen Fällen nicht anzuwenden. Satz 1 gilt nicht, soweit seine Anwendung vertraglich ausgeschlossen ist.

(4) Wird im Rahmen arbeitsrechtlicher Gesetze oder Verordnungen auf die Zahl der beschäftigten Arbeitnehmerinnen und Arbeitnehmer abgestellt, sind bei der Ermittlung dieser Zahl Arbeitnehmerinnen und Arbeitnehmer, die nach § 2 kurzzeitig an der Arbeitsleistung verhindert oder nach § 3 freigestellt sind, nicht mitzuzählen, solange für sie auf Grund von Absatz 1 eine Vertreterin oder ein Vertreter eingestellt ist. Dies gilt nicht, wenn die Vertreterin oder der Vertreter nicht mitzuzählen ist. Die Sätze 1 und 2 gelten entsprechend, wenn im Rahmen arbeitsrechtlicher Gesetze oder Verordnungen auf die Zahl der Arbeitsplätze abgestellt wird.

§ 7 Begriffsbestimmungen

(1) Beschäftigte im Sinne dieses Gesetzes sind

1. Arbeitnehmerinnen und Arbeitnehmer,
2. die zu ihrer Berufsbildung Beschäftigten,
3. Personen, die wegen ihrer wirtschaftlichen Unselbständigkeit als arbeitnehmerähnliche Personen anzusehen sind; zu diesen gehören auch die in Heimarbeit Beschäftigten und die ihnen Gleichgestellten.

(2) Arbeitgeber im Sinne dieses Gesetzes sind natürliche und juristische Personen sowie rechtsfähige Personengesellschaften, die Personen nach Absatz 1 beschäftigen. Für die arbeitnehmerähnlichen Personen, insbesondere für die in Heimarbeit Beschäftigten und die ihnen Gleichgestellten, tritt an die Stelle des Arbeitgebers der Auftraggeber oder Zwischenmeister.

(3) Nahe Angehörige im Sinne dieses Gesetzes sind
1. Großeltern, Eltern, Schwiegereltern, Stiefeltern,
2. Ehegatten, Lebenspartner, Partner einer eheähnlichen oder lebenspartnerschaftsähnlichen Gemeinschaft, Geschwister, Ehegatten der Geschwister und Geschwister der Ehegatten, Lebenspartner der Geschwister und Geschwister der Lebenspartner,
3. Kinder, Adoptiv- oder Pflegekinder, die Kinder, Adoptiv- oder Pflegekinder des Ehegatten oder Lebenspartners, Schwiegerkinder und Enkelkinder.

(4) Pflegebedürftig im Sinne dieses Gesetzes sind Personen, die die Voraussetzungen nach den §§ 14 und 15 des Elften Buches Sozialgesetzbuch erfüllen. Pflegebedürftig im Sinne von § 2 sind auch Personen, die die Voraussetzungen nach den §§ 14 und 15 des Elften Buches Sozialgesetzbuch voraussichtlich erfüllen.

§ 8 Unabdingbarkeit

Von den Vorschriften dieses Gesetzes kann nicht zuungunsten der Beschäftigten abgewichen werden.

Sozialgesetzbuch III*
(Arbeitsförderung – SGB III)

(Auszüge: §§ 38, 95–114, 136–138, 140, 141, 147, 148, 155–160, 165–172, 421t)

§ 38 Rechte und Pflichten der Ausbildung- und Arbeitsuchenden

(1) Personen, deren Ausbildungs- oder Arbeitsverhältnis endet, sind verpflichtet, sich spätestens drei Monate vor dessen Beendigung persönlich bei der Agentur für Arbeit arbeitsuchend zu melden. Liegen zwischen der Kenntnis des Beendigungszeitpunktes und der Beendigung des Ausbildungs- oder Arbeitsverhältnisses weniger als drei Monate, haben sie sich innerhalb von drei Tagen nach Kenntnis des Beendigungszeitpunktes zu melden. Zur Wahrung der Frist nach den Sätzen 1 und 2 reicht eine Anzeige unter Angabe der persönlichen Daten und des Beendigungszeitpunktes aus, wenn die persönliche Meldung nach terminlicher Vereinbarung nachgeholt wird. Die Pflicht zur Meldung besteht unabhängig davon, ob der Fortbestand des Ausbildungs- oder Arbeitsverhältnisses gerichtlich geltend gemacht oder vom Arbeitgeber in Aussicht gestellt wird. Die Pflicht zur Meldung gilt nicht bei einem betrieblichen Ausbildungsverhältnis. Im Übrigen gelten für Ausbildung- und Arbeitsuchende die Meldepflichten im Leistungsverfahren nach den §§ 309 und 310 entsprechend.

(2) Die Agentur für Arbeit hat unverzüglich nach der Meldung nach Absatz 1 auch Berufsberatung durchzuführen.

(3) Ausbildung- und Arbeitsuchende, die Dienstleistungen der Bundesagentur in Anspruch nehmen, haben dieser die für eine Vermittlung erforderlichen Auskünfte zu erteilen, Unterlagen vorzulegen und den Abschluss eines Ausbildungs- oder Arbeitsverhältnisses unter Benennung des Arbeitgebers und seines Sitzes unverzüglich mitzuteilen. Sie können die Weitergabe ihrer Unterlagen von deren Rückgabe an die Agentur für Arbeit abhängig machen oder ihre Weitergabe an namentlich benannte Arbeitgeber ausschließen. Die Anzeige- und Bescheinigungspflichten im Leistungsverfahren bei Arbeitsunfähigkeit nach § 311 gelten entsprechend.

---

* Vom 24. März 1997 (BGBl. I, S. 594, 595), zuletzt geändert durch Gesetz vom 18. Dezember 2018 (BGBl. I, S. 2651).

(4) Die Arbeitsvermittlung ist durchzuführen,
1. solange die oder der Arbeitsuchende Leistungen zum Ersatz des Arbeitsentgelts bei Arbeitslosigkeit oder Transferkurzarbeitergeld beansprucht oder
2. bis bei Meldepflichtigen nach Absatz 1 der angegebene Beendigungszeitpunkt des Ausbildungs- oder Arbeitsverhältnisses erreicht ist.

Im Übrigen kann die Agentur für Arbeit die Arbeitsvermittlung einstellen, wenn die oder der Arbeitsuchende die ihr oder ihm nach Absatz 2 oder der Eingliederungsvereinbarung oder dem Verwaltungsakt nach § 37 Absatz 3 Satz 4 obliegenden Pflichten nicht erfüllt, ohne dafür einen wichtigen Grund zu haben. Die oder der Arbeitsuchende kann die Arbeitsvermittlung erneut nach Ablauf von zwölf Wochen in Anspruch nehmen.

(5) Die Ausbildungsvermittlung ist durchzuführen,
1. bis die oder der Ausbildungsuchende in Ausbildung, schulische Bildung oder Arbeit einmündet oder sich die Vermittlung anderweitig erledigt oder
2. solange die oder der Ausbildungsuchende dies verlangt.

Absatz 3 Satz 2 gilt entsprechend.

§ 95 Anspruch

Arbeitnehmerinnen und Arbeitnehmer haben Anspruch auf Kurzarbeitergeld, wenn
1. ein erheblicher Arbeitsausfall mit Entgeltausfall vorliegt,
2. die betrieblichen Voraussetzungen erfüllt sind,
3. die persönlichen Voraussetzungen erfüllt sind und
4. der Arbeitsausfall der Agentur für Arbeit angezeigt worden ist.

Arbeitnehmerinnen und Arbeitnehmer in Betrieben nach § 101 Absatz 1 Nummer 1 haben in der Schlechtwetterzeit Anspruch auf Kurzarbeitergeld in Form des Saison-Kurzarbeitergeldes.

§ 96 Erheblicher Arbeitsausfall

(1) Ein Arbeitsausfall ist erheblich, wenn
1. er auf wirtschaftlichen Gründen oder einem unabwendbaren Ereignis beruht,
2. er vorübergehend ist,
3. er nicht vermeidbar ist und

4. im jeweiligen Kalendermonat (Anspruchszeitraum) mindestens ein Drittel der in dem Betrieb beschäftigten Arbeitnehmerinnen und Arbeitnehmer von einem Entgeltausfall von jeweils mehr als 10 Prozent ihres monatlichen Bruttoentgelts betroffen ist; der Entgeltausfall kann auch jeweils 100 Prozent des monatlichen Bruttoentgelts betragen.

Bei den Berechnungen nach Satz 1 Nummer 4 sind Auszubildende nicht mitzuzählen.

(2) Ein Arbeitsausfall beruht auch auf wirtschaftlichen Gründen, wenn er durch eine Veränderung der betrieblichen Strukturen verursacht wird, die durch die allgemeine wirtschaftliche Entwicklung bedingt ist.

(3) Ein unabwendbares Ereignis liegt insbesondere vor, wenn ein Arbeitsausfall auf ungewöhnlichen, von dem üblichen Witterungsverlauf abweichenden Witterungsverhältnissen beruht. Ein unabwendbares Ereignis liegt auch vor, wenn ein Arbeitsausfall durch behördliche oder behördlich anerkannte Maßnahmen verursacht ist, die vom Arbeitgeber nicht zu vertreten sind.

(4) Ein Arbeitsausfall ist nicht vermeidbar, wenn in einem Betrieb alle zumutbaren Vorkehrungen getroffen wurden, um den Eintritt des Arbeitsausfalls zu verhindern. Als vermeidbar gilt insbesondere ein Arbeitsausfall, der

1. überwiegend branchenüblich, betriebsüblich oder saisonbedingt ist oder ausschließlich auf betriebsorganisatorischen Gründen beruht,
2. durch die Gewährung von bezahltem Erholungsurlaub ganz oder teilweise verhindert werden kann, soweit vorrangige Urlaubswünsche der Arbeitnehmerinnen und Arbeitnehmer der Urlaubsgewährung nicht entgegenstehen, oder
3. durch die Nutzung von im Betrieb zulässigen Arbeitszeitschwankungen ganz oder teilweise vermieden werden kann.

Die Auflösung eines Arbeitszeitguthabens kann von der Arbeitnehmerin oder dem Arbeitnehmer nicht verlangt werden, soweit es

1. vertraglich ausschließlich zur Überbrückung von Arbeitsausfällen außerhalb der Schlechtwetterzeit (§ 101 Absatz 1) bestimmt ist und den Umfang von 50 Stunden nicht übersteigt,

2. ausschließlich für die in § 7c Absatz 1 des Vierten Buches genannten Zwecke bestimmt ist,
3. zur Vermeidung der Inanspruchnahme von Saison-Kurzarbeitergeld angespart worden ist und den Umfang von 150 Stunden nicht übersteigt,
4. den Umfang von 10 Prozent der ohne Mehrarbeit geschuldeten Jahresarbeitszeit einer Arbeitnehmerin oder eines Arbeitnehmers übersteigt oder
5. länger als ein Jahr unverändert bestanden hat.

In einem Betrieb, in dem eine Vereinbarung über Arbeitszeitschwankungen gilt, nach der mindestens 10 Prozent der ohne Mehrarbeit geschuldeten Jahresarbeitszeit je nach Arbeitsanfall eingesetzt werden, gilt ein Arbeitsausfall, der im Rahmen dieser Arbeitszeitschwankungen nicht mehr ausgeglichen werden kann, als nicht vermeidbar.

§ 97 Betriebliche Voraussetzungen

Die betrieblichen Voraussetzungen sind erfüllt, wenn in dem Betrieb mindestens eine Arbeitnehmerin oder ein Arbeitnehmer beschäftigt ist. Betrieb im Sinne der Vorschriften über das Kurzarbeitergeld ist auch eine Betriebsabteilung.

§ 98 Persönliche Voraussetzungen

(1) Die persönlichen Voraussetzungen sind erfüllt, wenn
1. die Arbeitnehmerin oder der Arbeitnehmer nach Beginn des Arbeitsausfalls eine versicherungspflichtige Beschäftigung
   a) fortsetzt,
   b) aus zwingenden Gründen aufnimmt oder
   c) im Anschluss an die Beendigung eines Berufsausbildungsverhältnisses aufnimmt,
2. das Arbeitsverhältnis nicht gekündigt oder durch Aufhebungsvertrag aufgelöst ist und
3. die Arbeitnehmerin oder der Arbeitnehmer nicht vom Kurzarbeitergeldbezug ausgeschlossen ist.

(2) Die persönlichen Voraussetzungen sind auch erfüllt, wenn die Arbeitnehmerin oder der Arbeitnehmer während des Bezugs von Kurzarbeitergeld arbeitsunfähig wird, solange Anspruch auf Fortzahlung des Arbeitsentgelts im Krankheitsfall besteht oder ohne den Arbeitsausfall bestehen würde.

(3) Die persönlichen Voraussetzungen sind nicht erfüllt bei Arbeitnehmerinnen und Arbeitnehmern

1. während der Teilnahme an einer beruflichen Weiterbildungsmaßnahme mit Bezug von Arbeitslosengeld oder Übergangsgeld, wenn diese Leistung nicht für eine neben der Beschäftigung durchgeführte Teilzeitmaßnahme gezahlt wird,
2. während des Bezugs von Krankengeld, sowie
3. während der Zeit, in der sie von einem privaten Krankenversicherungsunternehmen, von einem Beihilfeträger des Bundes, von einem sonstigen öffentlich-rechtlichen Träger von Kosten in Krankheitsfällen auf Bundesebene, von dem Träger der Heilfürsorge im Bereich des Bundes, von dem Träger der truppenärztlichen Versorgung oder von einem öffentlich-rechtlichen Träger von Kosten in Krankheitsfällen auf Landesebene, soweit Landesrecht dies vorsieht, Leistungen für den Ausfall von Arbeitseinkünften im Zusammenhang mit einer nach den §§ 8 und 8a des Transplantationsgesetzes erfolgenden Spende von Organen oder Geweben oder im Zusammenhang mit einer im Sinne von § 9 des Transfusionsgesetzes erfolgenden Spende von Blut zur Separation von Blutstammzellen oder anderen Blutbestandteilen beziehen.

(4) Die persönlichen Voraussetzungen sind auch nicht erfüllt, wenn und solange Arbeitnehmerinnen und Arbeitnehmer bei einer Vermittlung nicht in der von der Agentur für Arbeit verlangten und gebotenen Weise mitwirken. Arbeitnehmerinnen und Arbeitnehmer, die von einem erheblichen Arbeitsausfall mit Entgeltausfall betroffen sind, sind in die Vermittlungsbemühungen der Agentur für Arbeit einzubeziehen. Hat die Arbeitnehmerin oder der Arbeitnehmer trotz Belehrung über die Rechtsfolgen eine von der Agentur für Arbeit angebotene zumutbare Beschäftigung nicht angenommen oder nicht angetreten, ohne für dieses Verhalten einen wichtigen Grund zu haben, sind die Vorschriften über die Sperrzeit beim Arbeitslosengeld entsprechend anzuwenden.

§ 99 Anzeige des Arbeitsausfalls

(1) Der Arbeitsausfall ist bei der Agentur für Arbeit, in deren Bezirk der Betrieb seinen Sitz hat, schriftlich oder elektronisch anzuzeigen. Die Anzeige kann nur vom Arbeitgeber oder der Betriebsvertretung erstattet werden. Der Anzeige des Arbeitgebers ist eine Stellungnahme der Betriebsvertretung beizufügen. Mit der Anzeige ist glaub-

haft zu machen, dass ein erheblicher Arbeitsausfall besteht und die betrieblichen Voraussetzungen für das Kurzarbeitergeld erfüllt sind.

(2) Kurzarbeitergeld wird frühestens von dem Kalendermonat an geleistet, in dem die Anzeige über den Arbeitsausfall bei der Agentur für Arbeit eingegangen ist. Beruht der Arbeitsausfall auf einem unabwendbaren Ereignis, gilt die Anzeige für den entsprechenden Kalendermonat als erstattet, wenn sie unverzüglich erstattet worden ist.

(3) Die Agentur für Arbeit hat der oder dem Anzeigenden unverzüglich einen schriftlichen Bescheid darüber zu erteilen, ob auf Grund der vorgetragenen und glaubhaft gemachten Tatsachen ein erheblicher Arbeitsausfall vorliegt und die betrieblichen Voraussetzungen erfüllt sind.

§ 100 Kurzarbeitergeld bei Arbeitskämpfen

(1) § 160 über das Ruhen des Anspruchs auf Arbeitslosengeld bei Arbeitskämpfen gilt entsprechend für den Anspruch auf Kurzarbeitergeld bei Arbeitnehmerinnen und Arbeitnehmern, deren Arbeitsausfall Folge eines inländischen Arbeitskampfes ist, an dem sie nicht beteiligt sind.

(2) Macht der Arbeitgeber geltend, der Arbeitsausfall sei die Folge eines Arbeitskampfes, so hat er dies darzulegen und glaubhaft zu machen. Der Erklärung ist eine Stellungnahme der Betriebsvertretung beizufügen. Der Arbeitgeber hat der Betriebsvertretung die für die Stellungnahme erforderlichen Angaben zu machen. Bei der Feststellung des Sachverhalts kann die Agentur für Arbeit insbesondere auch Feststellungen im Betrieb treffen.

(3) Stellt die Agentur für Arbeit fest, dass ein Arbeitsausfall entgegen der Erklärung des Arbeitgebers nicht Folge eines Arbeitskampfes ist, und liegen die Voraussetzungen für einen Anspruch auf Kurzarbeitergeld allein deshalb nicht vor, weil der Arbeitsausfall vermeidbar ist, wird das Kurzarbeitergeld insoweit geleistet, als die Arbeitnehmerin oder der Arbeitnehmer Arbeitsentgelt (Arbeitsentgelt im Sinne des § 115 des Zehnten Buches) tatsächlich nicht erhält. Bei der Feststellung nach Satz 1 hat die Agentur für Arbeit auch die wirtschaftliche Vertretbarkeit einer Fortführung der Arbeit

zu berücksichtigen. Hat der Arbeitgeber das Arbeitsentgelt trotz des Rechtsübergangs mit befreiender Wirkung an die Arbeitnehmerin oder den Arbeitnehmer oder an einen Dritten gezahlt, hat die Empfängerin oder der Empfänger des Kurzarbeitergeldes dieses insoweit zu erstatten.

§ 101 Saison-Kurzarbeitergeld

(1) Arbeitnehmerinnen und Arbeitnehmer haben in der Zeit vom 1. Dezember bis zum 31. März (Schlechtwetterzeit) Anspruch auf Saison-Kurzarbeitergeld, wenn

1. sie in einem Betrieb beschäftigt sind, der dem Baugewerbe oder einem Wirtschaftszweig angehört, der von saisonbedingtem Arbeitsausfall betroffen ist,
2. der Arbeitsausfall nach Absatz 5 erheblich ist und
3. die betrieblichen Voraussetzungen des § 97 sowie die persönlichen Voraussetzungen des § 98 erfüllt sind.

(2) Ein Betrieb des Baugewerbes ist ein Betrieb, der gewerblich überwiegend Bauleistungen auf dem Baumarkt erbringt. Bauleistungen sind alle Leistungen, die der Herstellung, Instandsetzung, Instandhaltung, Änderung oder Beseitigung von Bauwerken dienen. Ein Betrieb, der überwiegend Bauvorrichtungen, Baumaschinen, Baugeräte oder sonstige Baubetriebsmittel ohne Personal Betrieben des Baugewerbes gewerblich zur Verfügung stellt oder überwiegend Baustoffe oder Bauteile für den Markt herstellt, sowie ein Betrieb, der Betonentladegeräte gewerblich zur Verfügung stellt, ist kein Betrieb des Baugewerbes.

(3) Erbringt ein Betrieb Bauleistungen auf dem Baumarkt, wird vermutet, dass er ein Betrieb des Baugewerbes im Sinne des Absatzes 2 Satz 1 ist. Satz 1 gilt nicht, wenn gegenüber der Bundesagentur nachgewiesen wird, dass Bauleistungen arbeitszeitlich nicht überwiegen.

(4) Ein Wirtschaftszweig ist von saisonbedingtem Arbeitsausfall betroffen, wenn der Arbeitsausfall regelmäßig in der Schlechtwetterzeit auf witterungsbedingten oder wirtschaftlichen Gründen beruht.

(5) Ein Arbeitsausfall ist erheblich, wenn er auf witterungsbedingten oder wirtschaftlichen Gründen oder einem unabwendbaren Er-

eignis beruht, vorübergehend und nicht vermeidbar ist. Als nicht vermeidbar gilt auch ein Arbeitsausfall, der überwiegend branchenüblich, betriebsüblich oder saisonbedingt ist. Wurden seit der letzten Schlechtwetterzeit Arbeitszeitguthaben, die nicht mindestens ein Jahr bestanden haben, zu anderen Zwecken als zum Ausgleich für einen verstetigten Monatslohn, bei witterungsbedingtem Arbeitsausfall oder der Freistellung zum Zwecke der Qualifizierung aufgelöst, gelten im Umfang der aufgelösten Arbeitszeitguthaben Arbeitsausfälle als vermeidbar.

(6) Ein Arbeitsausfall ist witterungsbedingt, wenn
1. er ausschließlich durch zwingende Witterungsgründe verursacht ist und
2. an einem Arbeitstag mindestens eine Stunde der regelmäßigen betrieblichen Arbeitszeit ausfällt (Ausfalltag).

Zwingende Witterungsgründe liegen nur vor, wenn es auf Grund von atmosphärischen Einwirkungen (insbesondere Regen, Schnee, Frost) oder deren Folgewirkungen technisch unmöglich, wirtschaftlich unvertretbar oder für die Arbeitnehmerinnen und Arbeitnehmer unzumutbar ist, die Arbeiten fortzuführen. Der Arbeitsausfall ist nicht ausschließlich durch zwingende Witterungsgründe verursacht, wenn er durch Beachtung der besonderen arbeitsschutzrechtlichen Anforderungen an witterungsabhängige Arbeitsplätze vermieden werden kann.

(7) Die weiteren Vorschriften über das Kurzarbeitergeld sind mit Ausnahme der Anzeige des Arbeitsausfalls nach § 99 anzuwenden.

§ 102 Ergänzende Leistungen

(1) Arbeitnehmerinnen und Arbeitnehmer haben Anspruch auf Wintergeld als Zuschuss-Wintergeld und Mehraufwands-Wintergeld und Arbeitgeber haben Anspruch auf Erstattung der von ihnen zu tragenden Beiträge zur Sozialversicherung, soweit für diese Zwecke Mittel durch eine Umlage aufgebracht werden.

(2) Zuschuss-Wintergeld wird in Höhe von bis zu 2,50 Euro je ausgefallener Arbeitsstunde gezahlt, wenn zu deren Ausgleich Arbeitszeitguthaben aufgelöst und die Inanspruchnahme des Saison-Kurzarbeitergeldes vermieden wird.

(3) Mehraufwands-Wintergeld wird in Höhe von 1,00 Euro für jede in der Zeit vom 15. Dezember bis zum letzten Kalendertag des Monats Februar geleistete berücksichtigungsfähige Arbeitsstunde an Arbeitnehmerinnen und Arbeitnehmer gezahlt, die auf einem witterungsabhängigen Arbeitsplatz beschäftigt sind. Berücksichtigungsfähig sind im Dezember bis zu 90 Arbeitsstunden, im Januar und Februar jeweils bis zu 180 Arbeitsstunden.

(4) Die von den Arbeitgebern allein zu tragenden Beiträge zur Sozialversicherung für Bezieherinnen und Bezieher von Saison-Kurzarbeitergeld werden auf Antrag erstattet.

(5) Die Absätze 1 bis 4 gelten im Baugewerbe ausschließlich für solche Arbeitnehmerinnen und Arbeitnehmer, deren Arbeitsverhältnis in der Schlechtwetterzeit nicht aus witterungsbedingten Gründen gekündigt werden kann.

§ 103 Kurzarbeitergeld für Heimarbeiterinnen und Heimarbeiter

(1) Anspruch auf Kurzarbeitergeld haben auch Heimarbeiterinnen und Heimarbeiter, wenn sie ihren Lebensunterhalt ausschließlich oder weitaus überwiegend aus dem Beschäftigungsverhältnis als Heimarbeiterin oder Heimarbeiter beziehen und soweit nicht nachfolgend Abweichendes bestimmt ist.

(2) An die Stelle der im Betrieb beschäftigten Arbeitnehmerinnen und Arbeitnehmer treten die für den Auftraggeber beschäftigten Heimarbeiterinnen und Heimarbeiter. Im Übrigen tritt an die Stelle des erheblichen Arbeitsausfalls mit Entgeltausfall der erhebliche Entgeltausfall und an die Stelle des Betriebs und des Arbeitgebers der Auftraggeber; Auftraggeber kann eine Gewerbetreibende oder ein Gewerbetreibender oder eine Zwischenmeisterin oder ein Zwischenmeister sein. Ein Entgeltausfall ist erheblich, wenn das Entgelt der Heimarbeiterin oder des Heimarbeiters im Anspruchszeitraum um mehr als 20 Prozent gegenüber dem durchschnittlichen monatlichen Bruttoentgelt der letzten sechs Kalendermonate vermindert ist.

(3) Eine versicherungspflichtige Beschäftigung als Heimarbeiterin oder Heimarbeiter gilt während des Entgeltausfalls als fortbestehend, solange

1. der Auftraggeber bereit ist, der Heimarbeiterin oder dem Heimarbeiter so bald wie möglich Aufträge in dem vor Eintritt der Kurzarbeit üblichen Umfang zu erteilen, und
2. die Heimarbeiterin oder der Heimarbeiter bereit ist, Aufträge im Sinne der Nummer 1 zu übernehmen.

§ 104 Dauer

(1) Kurzarbeitergeld wird für den Arbeitsausfall für eine Dauer von längstens zwölf Monaten von der Agentur für Arbeit geleistet. Die Bezugsdauer gilt einheitlich für alle in einem Betrieb beschäftigten Arbeitnehmerinnen und Arbeitnehmer. Sie beginnt mit dem ersten Kalendermonat, für den in einem Betrieb Kurzarbeitergeld vom Arbeitgeber gezahlt wird.*

(2) Wird innerhalb der Bezugsdauer für einen zusammenhängenden Zeitraum von mindestens einem Monat kein Kurzarbeitergeld gezahlt, verlängert sich die Bezugsdauer um diesen Zeitraum.

(3) Sind seit dem letzten Kalendermonat, für den Kurzarbeitergeld gezahlt worden ist, drei Monate vergangen und liegen die Voraussetzungen für einen Anspruch auf Kurzarbeitergeld erneut vor, beginnt eine neue Bezugsdauer.

(4) Saison-Kurzarbeitergeld wird abweichend von den Absätzen 1 bis 3 für die Dauer des Arbeitsausfalls während der Schlechtwetterzeit von der Agentur für Arbeit geleistet. Zeiten des Bezugs von Saison-Kurzarbeitergeld werden nicht auf die Bezugsdauer für das Kurzarbeitergeld angerechnet. Sie gelten nicht als Zeiten der Unterbrechung im Sinne des Absatzes 3.

---

* Auszug aus der Verordnung über die Bezugsdauer für das Kurzarbeitergeld vom 7. Dezember 2012 (BGBl. I S. 2570), die durch Artikel 1 der Verordnung vom 13. November 2014 (BGBl. I S. 1749) geändert worden ist.

§ 1 Bezugsdauer
Die Bezugsdauer für das Kurzarbeitergeld wird bei Arbeitnehmerinnen und Arbeitnehmern, deren Anspruch auf Kurzarbeitergeld bis zum 31. Dezember 2015 entstanden ist, über die Bezugsdauer nach § 104 Absatz 1 Satz 1 des Dritten Buches Sozialgesetzbuch hinaus auf längstens zwölf Monate verlängert.

§ 105 Höhe

Das Kurzarbeitergeld beträgt

1. für Arbeitnehmerinnen und Arbeitnehmer, die beim Arbeitslosengeld die Voraussetzungen für den erhöhten Leistungssatz erfüllen würden, 67 Prozent,
2. für die übrigen Arbeitnehmerinnen und Arbeitnehmer 60 Prozent der Nettoentgeltdifferenz im Anspruchszeitraum.

§ 106 Nettoentgeltdifferenz

(1) Die Nettoentgeltdifferenz entspricht der Differenz zwischen

1. dem pauschalierten Nettoentgelt aus dem Soll-Entgelt und
2. dem pauschalierten Nettoentgelt aus dem Ist-Entgelt.

Soll-Entgelt ist das Bruttoarbeitsentgelt, das die Arbeitnehmerin oder der Arbeitnehmer ohne den Arbeitsausfall in dem Anspruchszeitraum erzielt hätte, vermindert um Entgelt für Mehrarbeit. Ist-Entgelt ist das Bruttoarbeitsentgelt, das die Arbeitnehmerin oder der Arbeitnehmer in dem Anspruchszeitraum tatsächlich erzielt hat, zuzüglich aller zustehenden Entgeltanteile. Arbeitsentgelt, das einmalig gezahlt wird, bleibt bei der Berechnung von Soll-Entgelt und Ist-Entgelt außer Betracht. Soll-Entgelt und Ist-Entgelt sind auf den nächsten durch 20 teilbaren Euro-Betrag zu runden. § 153 über die Berechnung des Leistungsentgelts beim Arbeitslosengeld gilt mit Ausnahme der Regelungen über den Zeitpunkt der Zuordnung der Lohnsteuerklassen und den Steuerklassenwechsel für die Berechnung der pauschalierten Nettoentgelte beim Kurzarbeitergeld entsprechend.

(2) Erzielt die Arbeitnehmerin oder der Arbeitnehmer aus anderen als wirtschaftlichen Gründen kein Arbeitsentgelt, ist das Ist-Entgelt um den Betrag zu erhöhen, um den das Arbeitsentgelt aus diesen Gründen gemindert ist. Arbeitsentgelt, das unter Anrechnung des Kurzarbeitergeldes gezahlt wird, bleibt bei der Berechnung des Ist-Entgelts außer Betracht. Bei der Berechnung der Nettoentgeltdifferenz nach Absatz 1 bleiben auf Grund von kollektivrechtlichen Beschäftigungssicherungsvereinbarungen durchgeführte vorübergehende Änderungen der vertraglich vereinbarten Arbeitszeit außer Betracht; die Sätze 1 und 2 sind insoweit nicht anzuwenden.

(3) Erzielt die Arbeitnehmerin oder der Arbeitnehmer für Zeiten des Arbeitsausfalls ein Entgelt aus einer anderen während des Bezugs

von Kurzarbeitergeld aufgenommenen Beschäftigung, selbständigen Tätigkeit oder Tätigkeit als mithelfende Familienangehörige oder mithelfender Familienangehöriger, ist das Ist-Entgelt um dieses Entgelt zu erhöhen.

(4) Lässt sich das Soll-Entgelt einer Arbeitnehmerin oder eines Arbeitnehmers in dem Anspruchszeitraum nicht hinreichend bestimmt feststellen, ist als Soll-Entgelt das Arbeitsentgelt maßgebend, das die Arbeitnehmerin oder der Arbeitnehmer in den letzten drei abgerechneten Kalendermonaten vor Beginn des Arbeitsausfalls in dem Betrieb durchschnittlich erzielt hat, vermindert um Entgelt für Mehrarbeit. Ist eine Berechnung nach Satz 1 nicht möglich, ist das durchschnittliche Soll-Entgelt einer vergleichbaren Arbeitnehmerin oder eines vergleichbaren Arbeitnehmers zugrunde zu legen. Änderungen der Grundlage für die Berechnung des Arbeitsentgelts sind zu berücksichtigen, wenn und solange sie auch während des Arbeitsausfalls wirksam sind.

(5) Die Absätze 1 bis 4 gelten für Heimarbeiterinnen und Heimarbeiter mit der Maßgabe, dass als Soll-Entgelt das durchschnittliche Bruttoarbeitsentgelt der letzten sechs abgerechneten Kalendermonate vor Beginn des Entgeltausfalls zugrunde zu legen ist. War die Heimarbeiterin oder der Heimarbeiter noch nicht sechs Kalendermonate für den Auftraggeber tätig, so ist das in der kürzeren Zeit erzielte Arbeitsentgelt maßgebend.

§ 107 Anwendung anderer Vorschriften

(1) § 159 Absatz 1 Satz 2 Nummer 6 über das Ruhen des Anspruchs auf Arbeitslosengeld wegen Sperrzeiten bei Meldeversäumnis gilt für den Anspruch auf Kurzarbeitergeld entsprechend.

(2) § 156 über das Ruhen des Anspruchs auf Arbeitslosengeld bei Zusammentreffen mit anderen Sozialleistungen gilt für den Anspruch auf Kurzarbeitergeld entsprechend für die Fälle, in denen eine Altersrente als Vollrente zuerkannt ist.

§ 108 Verfügung über das Kurzarbeitergeld

(1) § 48 des Ersten Buches zur Auszahlung von Leistungen bei Verletzung der Unterhaltspflicht ist nicht anzuwenden.

(2) Für die Zwangsvollstreckung in den Anspruch auf Kurzarbeitergeld gilt der Arbeitgeber als Drittschuldner. Die Abtretung oder Verpfändung des Anspruchs ist nur wirksam, wenn der Gläubiger sie dem Arbeitgeber anzeigt.

(3) Hat ein Arbeitgeber oder eine von ihm bestellte Person durch eine der in § 45 Absatz 2 Satz 3 des Zehnten Buches bezeichneten Handlungen bewirkt, dass Kurzarbeitergeld zu Unrecht geleistet worden ist, so ist der zu Unrecht geleistete Betrag vom Arbeitgeber zu ersetzen. Sind die zu Unrecht geleisteten Beträge sowohl vom Arbeitgeber zu ersetzen als auch von der Bezieherin oder dem Bezieher der Leistung zu erstatten, so haften beide als Gesamtschuldner.

(4) Wird über das Vermögen eines Arbeitgebers, der von der Agentur für Arbeit Beträge zur Auszahlung an die Arbeitnehmerinnen und Arbeitnehmer erhalten hat, diese aber noch nicht ausgezahlt hat, das Insolvenzverfahren eröffnet, so kann die Agentur für Arbeit diese Beträge als Insolvenzgläubigerin zurückverlangen.

§ 109 Verordnungsermächtigung

(1) Das Bundesministerium für Arbeit und Soziales wird ermächtigt, durch Rechtsverordnung, die nicht der Zustimmung des Bundesrates bedarf,

1. jeweils für ein Kalenderjahr die pauschalierten monatlichen Nettoentgelte festzulegen, die für die Berechnungen des Kurzarbeitergeldes maßgeblich sind,
2. die Bezugsdauer für das Kurzarbeitergeld über die gesetzliche Bezugsdauer hinaus bis zur Dauer von 24 Monaten zu verlängern, wenn außergewöhnliche Verhältnisse auf dem gesamten Arbeitsmarkt vorliegen.

(2) Das Bundesministerium für Arbeit und Soziales wird ermächtigt, durch Rechtsverordnung, die nicht der Zustimmung des Bundesrates bedarf, die Wirtschaftszweige nach § 101 Absatz 1 Nummer 1 festzulegen. In der Regel sollen hierbei der fachliche Geltungsbereich tarifvertraglicher Regelungen berücksichtigt und die Tarifvertragsparteien vorher angehört werden.

(3) Das Bundesministerium für Arbeit und Soziales wird ermächtigt, auf Grundlage von Vereinbarungen der Tarifvertragsparteien durch Rechtsverordnung, die nicht der Zustimmung des Bundesrates bedarf, festzulegen, ob, in welcher Höhe und für welche Arbeitnehmerinnen und Arbeitnehmer die ergänzenden Leistungen nach § 102 Absatz 2 bis 4 in den Zweigen des Baugewerbes und den einzelnen Wirtschaftszweigen erbracht werden.

(4) Bei den Festlegungen nach den Absätzen 2 und 3 ist zu berücksichtigen, ob diese voraussichtlich in besonderem Maße dazu beitragen, die wirtschaftliche Tätigkeit in der Schlechtwetterzeit zu beleben oder die Beschäftigungsverhältnisse der von saisonbedingten Arbeitsausfällen betroffenen Arbeitnehmerinnen und Arbeitnehmer zu stabilisieren.

§ 110 Transfermaßnahmen

(1) Nehmen Arbeitnehmerinnen und Arbeitnehmer, die auf Grund einer Betriebsänderung oder im Anschluss an die Beendigung eines Berufsausbildungsverhältnisses von Arbeitslosigkeit bedroht sind, an Transfermaßnahmen teil, wird diese Teilnahme gefördert, wenn

1. sich die Betriebsparteien im Vorfeld der Entscheidung über die Einführung von Transfermaßnahmen, insbesondere im Rahmen ihrer Verhandlungen über einen die Integration der Arbeitnehmerinnen und Arbeitnehmer fördernden Interessenausgleich oder Sozialplan nach § 112 des Betriebsverfassungsgesetzes, von der Agentur für Arbeit beraten lassen haben,
2. die Maßnahme von einem Dritten durchgeführt wird,
3. die Maßnahme der Eingliederung der Arbeitnehmerinnen und Arbeitnehmer in den Arbeitsmarkt dienen soll und
4. die Durchführung der Maßnahme gesichert ist. Transfermaßnahmen sind alle Maßnahmen zur Eingliederung von Arbeitnehmerinnen und Arbeitnehmern in den Arbeitsmarkt, an deren Finanzierung sich Arbeitgeber angemessen beteiligen. Als Betriebsänderung gilt eine Betriebsänderung im Sinne des § 111 des Betriebsverfassungsgesetzes, unabhängig von der Unternehmensgröße und unabhängig davon, ob im jeweiligen Betrieb das Betriebsverfassungsgesetz anzuwenden ist.

(2) Die Förderung wird als Zuschuss geleistet. Der Zuschuss beträgt 50 Prozent der erforderlichen und angemessenen Maßnahmekos-

ten, jedoch höchstens 2500 Euro je geförderter Arbeitnehmerin oder gefördertem Arbeitnehmer.

(3) Eine Förderung ist ausgeschlossen, wenn die Maßnahme dazu dient, die Arbeitnehmerin oder den Arbeitnehmer auf eine Anschlussbeschäftigung im gleichen Betrieb oder in einem anderen Betrieb des gleichen Unternehmens vorzubereiten oder, falls das Unternehmen einem Konzern angehört, auf eine Anschlussbeschäftigung in einem Betrieb eines anderen Konzernunternehmens des Konzerns vorzubereiten. Durch die Förderung darf der Arbeitgeber nicht von bestehenden Verpflichtungen entlastet werden. Von der Förderung ausgeschlossen sind Arbeitnehmerinnen und Arbeitnehmer des öffentlichen Dienstes mit Ausnahme der Beschäftigten von Unternehmen, die in selbständiger Rechtsform erwerbswirtschaftlich betrieben werden.

(4) Während der Teilnahme an Transfermaßnahmen sind andere Leistungen der aktiven Arbeitsförderung mit gleichartiger Zielsetzung ausgeschlossen.

§ 111 Transferkurzarbeitergeld

(1) Um Entlassungen von Arbeitnehmerinnen und Arbeitnehmern zu vermeiden und ihre Vermittlungsaussichten zu verbessern, haben diese Anspruch auf Kurzarbeitergeld zur Förderung der Eingliederung bei betrieblichen Restrukturierungen (Transferkurzarbeitergeld), wenn

1. und solange sie von einem dauerhaften nicht vermeidbaren Arbeitsausfall mit Entgeltausfall betroffen sind,
2. die betrieblichen Voraussetzungen erfüllt sind,
3. die persönlichen Voraussetzungen erfüllt sind,
4. sich die Betriebsparteien im Vorfeld der Entscheidung über die Inanspruchnahme von Transferkurzarbeitergeld, insbesondere im Rahmen ihrer Verhandlungen über einen die Integration der Arbeitnehmerinnen und Arbeitnehmer fördernden Interessenausgleich oder Sozialplan nach § 112 des Betriebsverfassungsgesetzes, von der Agentur für Arbeit beraten lassen haben und
5. der dauerhafte Arbeitsausfall der Agentur für Arbeit angezeigt worden ist.

Die Agentur für Arbeit leistet Transferkurzarbeitergeld für längstens zwölf Monate.

(2) Ein dauerhafter Arbeitsausfall liegt vor, wenn auf Grund einer Betriebsänderung im Sinne des § 110 Absatz 1 Satz 3 die Beschäftigungsmöglichkeiten für die Arbeitnehmerinnen und Arbeitnehmer nicht nur vorübergehend entfallen. Der Entgeltausfall kann auch jeweils 100 Prozent des monatlichen Bruttoentgelts betragen.

(3) Die betrieblichen Voraussetzungen für die Gewährung von Transferkurzarbeitergeld sind erfüllt, wenn
1. in einem Betrieb Personalanpassungsmaßnahmen auf Grund einer Betriebsänderung durchgeführt werden,
2. die von Arbeitsausfall betroffenen Arbeitnehmerinnen und Arbeitnehmer in einer betriebsorganisatorisch eigenständigen Einheit zusammengefasst werden, um Entlassungen zu vermeiden und ihre Eingliederungschancen zu verbessern,
3. die Organisation und Mittelausstattung der betriebsorganisatorisch eigenständigen Einheit den angestrebten Integrationserfolg erwarten lassen und
4. ein System zur Sicherung der Qualität angewendet wird.

Wird die betriebsorganisatorisch eigenständige Einheit von einem Dritten durchgeführt, tritt an die Stelle der Voraussetzung nach Satz 1 Nummer 4 die Trägerzulassung nach § 178.

(4) Die persönlichen Voraussetzungen sind erfüllt, wenn die Arbeitnehmerin oder der Arbeitnehmer
1. von Arbeitslosigkeit bedroht ist,
2. nach Beginn des Arbeitsausfalls eine versicherungspflichtige Beschäftigung fortsetzt oder im Anschluss an die Beendigung eines Berufsausbildungsverhältnisses aufnimmt,
3. nicht vom Kurzarbeitergeldbezug ausgeschlossen ist und
4. vor der Überleitung in die betriebsorganisatorisch eigenständige Einheit aus Anlass der Betriebsänderung
   a) sich bei der Agentur für Arbeit arbeitsuchend meldet und
   b) an einer arbeitsmarktlich zweckmäßigen Maßnahme zur Feststellung der Eingliederungsaussichten teilgenommen hat; können in berechtigten Ausnahmefällen trotz Mithilfe der Agentur für Arbeit die notwendigen Feststellungsmaßnahmen nicht rechtzeitig durchgeführt werden, sind diese im unmittelbaren Anschluss an die Überleitung innerhalb eines Monats nachzuholen.

§ 98 Absatz 2 bis 4 gilt entsprechend.

(5) Arbeitnehmerinnen und Arbeitnehmer des Steinkohlenbergbaus, denen Anpassungsgeld nach § 5 des Steinkohlefinanzierungsgesetzes gezahlt werden kann, haben vor der Inanspruchnahme des Anpassungsgeldes Anspruch auf Transferkurzarbeitergeld.

(6) Für die Anzeige des Arbeitsausfalls gilt § 99 Absatz 1, 2 Satz 1 und Absatz 3 entsprechend. Der Arbeitsausfall ist bei der Agentur für Arbeit anzuzeigen, in deren Bezirk der personalabgebende Betrieb seinen Sitz hat.

(7) Während des Bezugs von Transferkurzarbeitergeld hat der Arbeitgeber den geförderten Arbeitnehmerinnen und Arbeitnehmern Vermittlungsvorschläge zu unterbreiten. Stellt der Arbeitgeber oder die Agentur für Arbeit fest, dass Arbeitnehmerinnen oder Arbeitnehmer Qualifizierungsdefizite aufweisen, soll der Arbeitgeber geeignete Maßnahmen zur Verbesserung der Eingliederungsaussichten anbieten. Als geeignet gelten insbesondere
1. Maßnahmen der beruflichen Weiterbildung, für die und für deren Träger eine Zulassung nach dem Fünften Kapitel vorliegt, oder
2. eine zeitlich begrenzte, längstens sechs Monate dauernde Beschäftigung zum Zwecke der Qualifizierung bei einem anderen Arbeitgeber.

Bei der Festlegung von Maßnahmen nach Satz 3 ist die Agentur für Arbeit zu beteiligen. Nimmt die Arbeitnehmerin oder der Arbeitnehmer während der Beschäftigung in einer betriebsorganisatorisch eigenständigen Einheit an einer Qualifizierungsmaßnahme teil, deren Ziel die anschließende Beschäftigung bei einem anderen Arbeitgeber ist, und wurde das Ziel der Maßnahme nicht erreicht, steht die Rückkehr der Arbeitnehmerin oder des Arbeitnehmers in den bisherigen Betrieb dem Anspruch auf Transferkurzarbeitergeld nicht entgegen.

(8) Der Anspruch ist ausgeschlossen, wenn Arbeitnehmerinnen und Arbeitnehmer nur vorübergehend in der betriebsorganisatorisch eigenständigen Einheit zusammengefasst werden, um anschließend einen anderen Arbeitsplatz in dem gleichen oder einem anderen Betrieb des Unternehmens zu besetzen, oder, falls das Unternehmen einem Konzern angehört, einen Arbeitsplatz in einem Betrieb eines anderen Konzernunternehmens des Konzerns zu besetzen. § 110 Absatz 3 Satz 3 gilt entsprechend.

(9) Soweit nichts Abweichendes geregelt ist, sind die für das Kurzarbeitergeld geltenden Vorschriften des Ersten Unterabschnitts anzuwenden, mit Ausnahme der ersten beiden Titel und des § 109 Absatz 1 Nummer 2 und Absatz 2 bis 4.

§ 111a Förderung der beruflichen Weiterbildung bei Transferkurzarbeitergeld

(1) Arbeitnehmerinnen und Arbeitnehmer, die einen Anspruch auf Transferkurzarbeitergeld nach § 111 haben, können bei Teilnahme an Maßnahmen der beruflichen Weiterbildung durch die Übernahme der Weiterbildungskosten nach § 83 gefördert werden, wenn

1. ihnen im Sinne des § 81 Absatz 2 ein Berufsabschluss fehlt oder sie bei Beginn der Teilnahme das 45. Lebensjahr vollendet haben,
2. die Agentur für Arbeit sie vor Beginn der Teilnahme beraten hat,
3. der Träger der Maßnahme und die Maßnahme für die Förderung zugelassen sind,
4. die Maßnahme während des Bezugs von Transferkurzarbeitergeld endet und
5. der Arbeitgeber mindestens 50 Prozent der Lehrgangskosten trägt.

Die Grundsätze für die berufliche Weiterbildung nach § 81 Absatz 1 Satz 2 und Absatz 3 bis 4 gelten entsprechend.

(2) Arbeitnehmerinnen und Arbeitnehmer, die einen Anspruch auf Transferkurzarbeitergeld nach § 111 haben und denen im Sinne des § 81 Absatz 2 ein Berufsabschluss fehlt, können bei Teilnahme an Maßnahmen der beruflichen Weiterbildung, die zu einem Abschluss in einem Ausbildungsberuf führen, nach § 81 gefördert werden, wenn der Arbeitgeber mindestens 50 Prozent der Lehrgangskosten während des Bezugs von Transferkurzarbeitergeld trägt. Ein Anspruch auf Arbeitslosengeld bei beruflicher Weiterbildung nach § 144 ruht während der Zeit, für die ein Anspruch auf Transferkurzarbeitergeld zuerkannt ist.

(3) Wenn ein Insolvenzereignis im Sinne des § 165 Absatz 1 Satz 2 vorliegt, kann die Agentur für Arbeit abweichend von Absatz 1 Satz 1 Nummer 5 oder Absatz 2 Satz 1 eine niedrigere Beteiligung des Arbeitgebers an den Lehrgangskosten festlegen.

§ 112 Teilhabe am Arbeitsleben

(1) Für behinderte Menschen können Leistungen zur Förderung der Teilhabe am Arbeitsleben erbracht werden, um ihre Erwerbsfähigkeit zu erhalten, zu verbessern, herzustellen oder wieder herzustellen und ihre Teilhabe am Arbeitsleben zu sichern, soweit Art oder Schwere der Behinderung dies erfordern.

(2) Bei der Auswahl der Leistungen sind Eignung, Neigung, bisherige Tätigkeit sowie Lage und Entwicklung des Arbeitsmarktes angemessen zu berücksichtigen. Soweit erforderlich, ist auch die berufliche Eignung abzuklären oder eine Arbeitserprobung durchzuführen.

§ 113 Leistungen zur Teilhabe

(1) Für behinderte Menschen können erbracht werden

1. allgemeine Leistungen sowie
2. besondere Leistungen zur Teilhabe am Arbeitsleben und diese ergänzende Leistungen.

(2) Besondere Leistungen zur Teilhabe am Arbeitsleben werden nur erbracht, soweit nicht bereits durch die allgemeinen Leistungen eine Teilhabe am Arbeitsleben erreicht werden kann.

§ 114 Leistungsrahmen

Die allgemeinen und besonderen Leistungen richten sich nach den Vorschriften des Zweiten bis Fünften Abschnitts, soweit nachfolgend nichts Abweichendes bestimmt ist.

§ 136 Anspruch auf Arbeitslosengeld

(1) Arbeitnehmerinnen und Arbeitnehmer haben Anspruch auf Arbeitslosengeld

1. bei Arbeitslosigkeit oder
2. bei beruflicher Weiterbildung.

(2) Wer das für die Regelaltersrente im Sinne des Sechsten Buches erforderliche Lebensjahr vollendet hat, hat vom Beginn des folgenden Monats an keinen Anspruch auf Arbeitslosengeld.

§ 137 Anspruchsvoraussetzungen bei Arbeitslosigkeit

(1) Anspruch auf Arbeitslosengeld bei Arbeitslosigkeit hat, wer

1. arbeitslos ist,
2. sich bei der Agentur für Arbeit arbeitslos gemeldet und
3. die Anwartschaftszeit erfüllt hat.

(2) Bis zur Entscheidung über den Anspruch kann die antragstellende Person bestimmen, dass der Anspruch nicht oder zu einem späteren Zeitpunkt entstehen soll.

§ 138 Arbeitslosigkeit

(1) Arbeitslos ist, wer Arbeitnehmerin oder Arbeitnehmer ist und

1. nicht in einem Beschäftigungsverhältnis steht (Beschäftigungslosigkeit),
2. sich bemüht, die eigene Beschäftigungslosigkeit zu beenden (Eigenbemühungen), und
3. den Vermittlungsbemühungen der Agentur für Arbeit zur Verfügung steht (Verfügbarkeit).

(2) Eine ehrenamtliche Betätigung schließt Arbeitslosigkeit nicht aus, wenn dadurch die berufliche Eingliederung der oder des Arbeitslosen nicht beeinträchtigt wird.

(3) Die Ausübung einer Beschäftigung, selbständigen Tätigkeit, Tätigkeit als mithelfende Familienangehörige oder mithelfender Familienangehöriger (Erwerbstätigkeit) schließt die Beschäftigungslosigkeit nicht aus, wenn die Arbeits- oder Tätigkeitszeit (Arbeitszeit) weniger als 15 Stunden wöchentlich umfasst; gelegentliche Abweichungen von geringer Dauer bleiben unberücksichtigt. Die Arbeitszeiten mehrerer Erwerbstätigkeiten werden zusammengerechnet.

(4) Im Rahmen der Eigenbemühungen hat die oder der Arbeitslose alle Möglichkeiten zur beruflichen Eingliederung zu nutzen. Hierzu gehören insbesondere

1. die Wahrnehmung der Verpflichtungen aus der Eingliederungsvereinbarung,
2. die Mitwirkung bei der Vermittlung durch Dritte und
3. die Inanspruchnahme der Selbstinformationseinrichtungen der Agentur für Arbeit.

(5) Den Vermittlungsbemühungen der Agentur für Arbeit steht zur Verfügung, wer

1. eine versicherungspflichtige, mindestens 15 Stunden wöchentlich umfassende zumutbare Beschäftigung unter den üblichen Bedingungen des für sie oder ihn in Betracht kommenden Arbeitsmarktes ausüben kann und darf,
2. Vorschlägen der Agentur für Arbeit zur beruflichen Eingliederung zeit- und ortsnah Folge leisten kann,
3. bereit ist, jede Beschäftigung im Sinne der Nummer 1 anzunehmen und auszuüben, und
4. bereit ist, an Maßnahmen zur beruflichen Eingliederung in das Erwerbsleben teilzunehmen.

§ 140 Zumutbare Beschäftigungen

(1) Einer arbeitslosen Person sind alle ihrer Arbeitsfähigkeit entsprechenden Beschäftigungen zumutbar, soweit allgemeine oder personenbezogene Gründe der Zumutbarkeit einer Beschäftigung nicht entgegenstehen.

(2) Aus allgemeinen Gründen ist eine Beschäftigung einer arbeitslosen Person insbesondere nicht zumutbar, wenn die Beschäftigung gegen gesetzliche, tarifliche oder in Betriebsvereinbarungen festgelegte Bestimmungen über Arbeitsbedingungen oder gegen Bestimmungen des Arbeitsschutzes verstößt.

(3) Aus personenbezogenen Gründen ist eine Beschäftigung einer arbeitslosen Person insbesondere nicht zumutbar, wenn das daraus erzielbare Arbeitsentgelt erheblich niedriger ist als das der Bemessung des Arbeitslosengeldes zugrunde liegende Arbeitsentgelt. In den ersten drei Monaten der Arbeitslosigkeit ist eine Minderung um mehr als 20 Prozent und in den folgenden drei Monaten um mehr als 30 Prozent dieses Arbeitsentgelts nicht zumutbar. Vom siebten Monat der Arbeitslosigkeit an ist einer arbeitslosen Person eine Beschäftigung nur dann nicht zumutbar, wenn das daraus erzielbare Nettoeinkommen unter Berücksichtigung der mit der Beschäftigung zusammenhängenden Aufwendungen niedriger ist als das Arbeitslosengeld.

(4) Aus personenbezogenen Gründen ist einer arbeitslosen Person eine Beschäftigung auch nicht zumutbar, wenn die täglichen Pen-

delzeiten zwischen ihrer Wohnung und der Arbeitsstätte im Vergleich zur Arbeitszeit unverhältnismäßig lang sind. Als unverhältnismäßig lang sind im Regelfall Pendelzeiten von insgesamt mehr als zweieinhalb Stunden bei einer Arbeitszeit von mehr als sechs Stunden und Pendelzeiten von mehr als zwei Stunden bei einer Arbeitszeit von sechs Stunden und weniger anzusehen. Sind in einer Region unter vergleichbaren Beschäftigten längere Pendelzeiten üblich, bilden diese den Maßstab. Ein Umzug zur Aufnahme einer Beschäftigung außerhalb des zumutbaren Pendelbereichs ist einer arbeitslosen Person zumutbar, wenn nicht zu erwarten ist, dass sie innerhalb der ersten drei Monate der Arbeitslosigkeit eine Beschäftigung innerhalb des zumutbaren Pendelbereichs aufnehmen wird. Vom vierten Monat der Arbeitslosigkeit an ist einer arbeitslosen Person ein Umzug zur Aufnahme einer Beschäftigung außerhalb des zumutbaren Pendelbereichs in der Regel zumutbar. Die Sätze 4 und 5 sind nicht anzuwenden, wenn dem Umzug ein wichtiger Grund entgegensteht. Ein wichtiger Grund kann sich insbesondere aus familiären Bindungen ergeben.

(5) Eine Beschäftigung ist nicht schon deshalb unzumutbar, weil sie befristet ist, vorübergehend eine getrennte Haushaltsführung erfordert oder nicht zum Kreis der Beschäftigungen gehört, für die die Arbeitnehmerin oder der Arbeitnehmer ausgebildet ist oder die sie oder er bisher ausgeübt hat.

§ 141 Persönliche Arbeitslosmeldung

(1) Die oder der Arbeitslose hat sich persönlich bei der zuständigen Agentur für Arbeit arbeitslos zu melden. Eine Meldung ist auch zulässig, wenn die Arbeitslosigkeit noch nicht eingetreten, der Eintritt der Arbeitslosigkeit aber innerhalb der nächsten drei Monate zu erwarten ist.

(2) Die Wirkung der Meldung erlischt

1. bei einer mehr als sechswöchigen Unterbrechung der Arbeitslosigkeit,
2. mit der Aufnahme der Beschäftigung, selbständigen Tätigkeit, Tätigkeit als mithelfende Familienangehörige oder als mithelfender Familienangehöriger, wenn die oder der Arbeitslose diese der Agentur für Arbeit nicht unverzüglich mitgeteilt hat.

(3) Ist die zuständige Agentur für Arbeit am ersten Tag der Beschäftigungslosigkeit der oder des Arbeitslosen nicht dienstbereit, so wirkt eine persönliche Meldung an dem nächsten Tag, an dem die Agentur für Arbeit dienstbereit ist, auf den Tag zurück, an dem die Agentur für Arbeit nicht dienstbereit war.

§ 147 Grundsatz

(1) Die Dauer des Anspruchs auf Arbeitslosengeld richtet sich nach
1. der Dauer der Versicherungspflichtverhältnisse innerhalb der um 30 Monate erweiterten Rahmenfrist und
2. dem Lebensalter, das die oder der Arbeitslose bei der Entstehung des Anspruchs vollendet hat.

Die Vorschriften des Ersten Unterabschnitts zum Ausschluss von Zeiten bei der Erfüllung der Anwartschaftszeit und zur Begrenzung der Rahmenfrist durch eine vorangegangene Rahmenfrist gelten entsprechend.

(2) Die Dauer des Anspruchs auf Arbeitslosengeld beträgt

nach Versicherungspflichtverhältnissen mit einer Dauer von insgesamt mindestens ... Monaten	und nach Vollendung des ... Lebensjahres	... Monate
12		6
16		8
20		10
24		12
30	50.	15
36	55.	18
48	58.	24

(3) Bei Erfüllung der Anwartschaftszeit nach § 142 Absatz 2 beträgt die Dauer des Anspruchs auf Arbeitslosengeld unabhängig vom Lebensalter

nach Versicherungspflichtverhältnissen mit einer Dauer von insgesamt mindestens ... Monaten	... Monate
6	3
8	4
10	5

Abweichend von Absatz 1 sind nur die Versicherungspflichtverhältnisse innerhalb der Rahmenfrist des § 143 zu berücksichtigen.

(4) Die Dauer des Anspruchs verlängert sich um die Restdauer des wegen Entstehung eines neuen Anspruchs erloschenen Anspruchs, wenn nach der Entstehung des erloschenen Anspruchs noch nicht fünf Jahre verstrichen sind; sie verlängert sich längstens bis zu der dem Lebensalter der oder des Arbeitslosen zugeordneten Höchstdauer.

§ 148 Minderung der Anspruchsdauer

(1) Die Dauer des Anspruchs auf Arbeitslosengeld mindert sich um

1. die Anzahl von Tagen, für die der Anspruch auf Arbeitslosengeld bei Arbeitslosigkeit erfüllt worden ist,
2. jeweils einen Tag für jeweils zwei Tage, für die ein Anspruch auf Teilarbeitslosengeld innerhalb der letzten zwei Jahre vor der Entstehung des Anspruchs erfüllt worden ist,
3. die Anzahl von Tagen einer Sperrzeit wegen Arbeitsablehnung, unzureichender Eigenbemühungen, Ablehnung oder Abbruch einer beruflichen Eingliederungsmaßnahme, Meldeversäumnis oder verspäteter Arbeitsuchendmeldung,
4. die Anzahl von Tagen einer Sperrzeit wegen Arbeitsaufgabe; in Fällen einer Sperrzeit von zwölf Wochen mindestens jedoch um ein Viertel der Anspruchsdauer, die der oder dem Arbeitslosen bei erstmaliger Erfüllung der Voraussetzungen für den Anspruch auf Arbeitslosengeld nach dem Ereignis, das die Sperrzeit begründet, zusteht,
5. die Anzahl von Tagen, für die der oder dem Arbeitslosen das Arbeitslosengeld wegen fehlender Mitwirkung (§ 66 des Ersten Buches) versagt oder entzogen worden ist,
6. die Anzahl von Tagen der Beschäftigungslosigkeit nach der Erfüllung der Voraussetzungen für den Anspruch auf Arbeitslosengeld, an denen die oder der Arbeitslose nicht arbeitsbereit ist, ohne für sein Verhalten einen wichtigen Grund zu haben,
7. jeweils einen Tag für jeweils zwei Tage, für die ein Anspruch auf Arbeitslosengeld bei beruflicher Weiterbildung nach diesem Buch erfüllt worden ist,
8. die Anzahl von Tagen, für die ein Gründungszuschuss in der Höhe des zuletzt bezogenen Arbeitslosengeldes geleistet worden ist.

(2) In den Fällen des Absatzes 1 Nr. 5 und 6 mindert sich die Dauer des Anspruchs auf Arbeitslosengeld höchstens um vier Wochen. In den Fällen des Absatzes 1 Nr. 3 und 4 entfällt die Minderung für Sperrzeiten bei Abbruch einer beruflichen Eingliederungsmaßnahme oder Arbeitsaufgabe, wenn das Ereignis, das die Sperrzeit begründet, bei Erfüllung der Voraussetzungen für den Anspruch auf Arbeitslosengeld länger als ein Jahr zurückliegt. In den Fällen des Absatzes 1 Nr. 7 unterbleibt eine Minderung, soweit sich dadurch eine Anspruchsdauer von weniger als einem Monat ergibt. Ist ein neuer Anspruch entstanden, erstreckt sich die Minderung nur auf die Restdauer des erloschenen Anspruches (§ 147 Abs. 4).

(3) In den Fällen des Absatzes 1 Nummer 1, 2 und 7 entfällt die Minderung für Tage, für die der Bundesagentur das nach den §§ 145, 157 Absatz 3 oder nach § 158 Absatz 4 geleistete Arbeitslosengeld einschließlich der darauf entfallenden Beiträge zur Kranken-, Renten- und Pflegeversicherung erstattet oder ersetzt wurde; Bruchteile von Tagen sind auf volle Tage aufzurunden.

§ 155 Anrechnung von Nebeneinkommen

(1) Übt die oder der Arbeitslose während einer Zeit, für die ihr oder ihm Arbeitslosengeld zusteht, eine Erwerbstätigkeit im Sinne des § 138 Absatz 3 aus, ist das daraus erzielte Einkommen nach Abzug der Steuern, der Sozialversicherungsbeiträge und der Werbungskosten sowie eines Freibetrags in Höhe von 165 Euro in dem Kalendermonat der Ausübung anzurechnen. Handelt es sich um eine selbständige Tätigkeit, eine Tätigkeit als mithelfende Familienangehörige oder mithelfender Familienangehöriger, sind pauschal 30 Prozent der Betriebseinnahmen als Betriebsausgaben abzusetzen, es sei denn, die oder der Arbeitslose weist höhere Betriebsausgaben nach.

(2) Hat die oder der Arbeitslose in den letzten 18 Monaten vor der Entstehung des Anspruchs neben einem Versicherungspflichtverhältnis eine Erwerbstätigkeit (§ 138 Absatz 3) mindestens zwölf Monate lang ausgeübt, so bleibt das Einkommen bis zu dem Betrag anrechnungsfrei, der in den letzten zwölf Monaten vor der Entstehung des Anspruchs aus einer Erwerbstätigkeit (§ 138 Absatz 3) durchschnittlich auf den Monat entfällt, mindestens jedoch ein Betrag in Höhe des Freibetrags, der sich nach Absatz 1 ergeben würde.

(3) Leistungen, die eine Bezieherin oder ein Bezieher von Arbeitslosengeld bei beruflicher Weiterbildung

1. vom Arbeitgeber oder dem Träger der Weiterbildung wegen der Teilnahme oder
2. auf Grund eines früheren oder bestehenden Arbeitsverhältnisses ohne Ausübung einer Beschäftigung für die Zeit der Teilnahme

erhält, werden nach Abzug der Steuern, des auf die Arbeitnehmerin oder den Arbeitnehmer entfallenden Anteils der Sozialversicherungsbeiträge und eines Freibetrags von 400 Euro monatlich auf das Arbeitslosengeld angerechnet.

§ 156 Ruhen des Anspruchs bei anderen Sozialleistungen

(1) Der Anspruch auf Arbeitslosengeld ruht während der Zeit, für die ein Anspruch auf eine der folgenden Leistungen zuerkannt ist:

1. Berufsausbildungsbeihilfe für Arbeitslose,
2. Krankengeld, Versorgungskrankengeld, Verletztengeld, Mutterschaftsgeld oder Übergangsgeld nach diesem oder einem anderen Gesetz, dem eine Leistung zur Teilhabe zugrunde liegt, wegen der keine ganztägige Erwerbstätigkeit ausgeübt wird,
3. Rente wegen voller Erwerbsminderung aus der gesetzlichen Rentenversicherung oder
4. Altersrente aus der gesetzlichen Rentenversicherung oder Knappschaftsausgleichsleistung oder ähnliche Leistungen öffentlich-rechtlicher Art.

Ist der oder dem Arbeitslosen eine Rente wegen teilweiser Erwerbsminderung zuerkannt, kann sie ihr oder er sein Restleistungsvermögen jedoch unter den üblichen Bedingungen des allgemeinen Arbeitsmarktes nicht mehr verwerten, hat die Agentur für Arbeit die Arbeitslose oder den Arbeitslosen unverzüglich aufzufordern, innerhalb eines Monats einen Antrag auf Rente wegen voller Erwerbsminderung zu stellen. Wird der Antrag nicht gestellt, ruht der Anspruch auf Arbeitslosengeld vom Tag nach Ablauf der Frist an bis zu dem Tag, an dem der Antrag gestellt wird.

(2) Abweichend von Absatz 1 ruht der Anspruch

1. im Fall der Nummer 2 nicht, wenn für denselben Zeitraum Anspruch auf Verletztengeld und Arbeitslosengeld nach § 146 besteht,
2. im Fall der Nummer 3 vom Beginn der laufenden Zahlung der Rente an und

3. im Fall der Nummer 4
   a) mit Ablauf des dritten Kalendermonats nach Erfüllung der Voraussetzungen für den Anspruch auf Arbeitslosengeld, wenn der oder dem Arbeitslosen für die letzten sechs Monate einer versicherungspflichtigen Beschäftigung eine Teilrente oder eine ähnliche Leistung öffentlich-rechtlicher Art zuerkannt ist,
   b) nur bis zur Höhe der zuerkannten Leistung, wenn die Leistung auch während einer Beschäftigung und ohne Rücksicht auf die Höhe des Arbeitsentgelts gewährt wird.

Im Fall des Satzes 1 Nummer 2 gilt § 145 Absatz 3 entsprechend.

(3) Die Absätze 1 und 2 gelten auch für einen vergleichbaren Anspruch auf eine andere Sozialleistung, den ein ausländischer Träger zuerkannt hat.

(4) Der Anspruch auf Arbeitslosengeld ruht auch während der Zeit, für die die oder der Arbeitslose wegen ihres oder seines Ausscheidens aus dem Erwerbsleben Vorruhestandsgeld oder eine vergleichbare Leistung des Arbeitgebers mindestens in Höhe von 65 Prozent des Bemessungsentgelts bezieht.

§ 157 Ruhen des Anspruchs bei Arbeitsentgelt und Urlaubsabgeltung

(1) Der Anspruch auf Arbeitslosengeld ruht während der Zeit, für die die oder der Arbeitslose Arbeitsentgelt erhält oder zu beanspruchen hat.

(2) Hat die oder der Arbeitslose wegen Beendigung des Arbeitsverhältnisses eine Urlaubsabgeltung erhalten oder zu beanspruchen, so ruht der Anspruch auf Arbeitslosengeld für die Zeit des abgegoltenen Urlaubs. Der Ruhenszeitraum beginnt mit dem Ende des die Urlaubsabgeltung begründenden Arbeitsverhältnisses.

(3) Soweit die oder der Arbeitslose die in den Absätzen 1 und 2 genannten Leistungen (Arbeitsentgelt im Sinne des § 115 des Zehnten Buches) tatsächlich nicht erhält, wird das Arbeitslosengeld auch für die Zeit geleistet, in der der Anspruch auf Arbeitslosengeld ruht. Hat der Arbeitgeber die in den Absätzen 1 und 2 genannten Leistungen trotz des Rechtsübergangs mit befreiender Wirkung an die Arbeitslose, den Arbeitslosen oder an eine dritte Person gezahlt,

hat die Bezieherin oder der Bezieher des Arbeitslosengeldes dieses insoweit zu erstatten.

§ 158 Ruhen des Anspruchs bei Entlassungsentschädigung

(1) Hat die oder der Arbeitslose wegen der Beendigung des Arbeitsverhältnisses eine Abfindung, Entschädigung oder ähnliche Leistung (Entlassungsentschädigung) erhalten oder zu beanspruchen und ist das Arbeitsverhältnis ohne Einhaltung einer der ordentlichen Kündigungsfrist des Arbeitgebers entsprechenden Frist beendet worden, so ruht der Anspruch auf Arbeitslosengeld von dem Ende des Arbeitsverhältnisses an bis zu dem Tag, an dem das Arbeitsverhältnis bei Einhaltung dieser Frist geendet hätte. Diese Frist beginnt mit der Kündigung, die der Beendigung des Arbeitsverhältnisses vorausgegangen ist, bei Fehlen einer solchen Kündigung mit dem Tag der Vereinbarung über die Beendigung des Arbeitsverhältnisses. Ist die ordentliche Kündigung des Arbeitsverhältnisses durch den Arbeitgeber ausgeschlossen, so gilt bei

1. zeitlich unbegrenztem Ausschluss eine Kündigungsfrist von 18 Monaten,
2. zeitlich begrenztem Ausschluss oder Vorliegen der Voraussetzungen für eine fristgebundene Kündigung aus wichtigem Grund die Kündigungsfrist, die ohne den Ausschluss der ordentlichen Kündigung maßgebend gewesen wäre.

Kann der Arbeitnehmerin oder dem Arbeitnehmer nur bei Zahlung einer Entlassungsentschädigung ordentlich gekündigt werden, so gilt eine Kündigungsfrist von einem Jahr. Hat die oder der Arbeitslose auch eine Urlaubsabgeltung (§ 157 Absatz 2) erhalten oder zu beanspruchen, verlängert sich der Ruhenszeitraum nach Satz 1 um die Zeit des abgegoltenen Urlaubs. Leistungen, die der Arbeitgeber für eine arbeitslose Person, deren Arbeitsverhältnis frühestens mit Vollendung des 50. Lebensjahres beendet wird, unmittelbar für deren Rentenversicherung nach § 187a Absatz 1 des Sechsten Buches aufwendet, bleiben unberücksichtigt. Satz 6 gilt entsprechend für Beiträge des Arbeitgebers zu einer berufsständischen Versorgungseinrichtung.

(2) Der Anspruch auf Arbeitslosengeld ruht nach Absatz 1 längstens ein Jahr. Er ruht nicht über den Tag hinaus,

1. bis zu dem die oder der Arbeitslose bei Weiterzahlung des während der letzten Beschäftigungszeit kalendertäglich verdienten

Arbeitsentgelts einen Betrag in Höhe von 60 Prozent der nach Absatz 1 zu berücksichtigenden Entlassungsentschädigung als Arbeitsentgelt verdient hätte,
2. an dem das Arbeitsverhältnis infolge einer Befristung, die unabhängig von der Vereinbarung über die Beendigung des Arbeitsverhältnisses bestanden hat, geendet hätte, oder
3. an dem der Arbeitgeber das Arbeitsverhältnis aus wichtigem Grund ohne Einhaltung einer Kündigungsfrist hätte kündigen können. Der nach Satz 2 Nummer 1 zu berücksichtigende Anteil der Entlassungsentschädigung vermindert sich sowohl für je fünf Jahre des Arbeitsverhältnisses in demselben Betrieb oder Unternehmen als auch für je fünf Lebensjahre nach Vollendung des 35. Lebensjahres um je 5 Prozent; er beträgt nicht weniger als 25 Prozent der nach Absatz 1 zu berücksichtigenden Entlassungsentschädigung. Letzte Beschäftigungszeit sind die am Tag des Ausscheidens aus dem Beschäftigungsverhältnis abgerechneten Entgeltabrechnungszeiträume der letzten zwölf Monate; § 150 Absatz 2 Satz 1 Nummer 3 und Absatz 3 gilt entsprechend. Arbeitsentgeltkürzungen infolge von Krankheit, Kurzarbeit, Arbeitsausfall oder Arbeitsversäumnis bleiben außer Betracht.

(3) Hat die oder der Arbeitslose wegen Beendigung des Beschäftigungsverhältnisses unter Aufrechterhaltung des Arbeitsverhältnisses eine Entlassungsentschädigung erhalten oder zu beanspruchen, gelten die Absätze 1 und 2 entsprechend.

(4) Soweit die oder der Arbeitslose die Entlassungsentschädigung (Arbeitsentgelt im Sinne des § 115 des Zehnten Buches) tatsächlich nicht erhält, wird das Arbeitslosengeld auch für die Zeit geleistet, in der der Anspruch auf Arbeitslosengeld ruht. Hat der Verpflichtete die Entlassungsentschädigung trotz des Rechtsübergangs mit befreiender Wirkung an die Arbeitslose, den Arbeitslosen oder an eine dritte Person gezahlt, hat die Bezieherin oder der Bezieher des Arbeitslosengeldes dieses insoweit zu erstatten.

§ 159 Ruhen bei Sperrzeit

(1) Hat die Arbeitnehmerin oder der Arbeitnehmer sich versicherungswidrig verhalten, ohne dafür einen wichtigen Grund zu haben, ruht der Anspruch für die Dauer einer Sperrzeit. Versicherungswidriges Verhalten liegt vor, wenn

1. die oder der Arbeitslose das Beschäftigungsverhältnis gelöst oder durch ein arbeitsvertragswidriges Verhalten Anlass für die Lösung des Beschäftigungsverhältnisses gegeben und dadurch vorsätzlich oder grob fahrlässig die Arbeitslosigkeit herbeigeführt hat (Sperrzeit bei Arbeitsaufgabe),
2. die bei der Agentur für Arbeit als arbeitsuchend gemeldete (§ 38 Absatz 1) oder die arbeitslose Person trotz Belehrung über die Rechtsfolgen eine von der Agentur für Arbeit unter Benennung des Arbeitgebers und der Art der Tätigkeit angebotene Beschäftigung nicht annimmt oder nicht antritt oder die Anbahnung eines solchen Beschäftigungsverhältnisses, insbesondere das Zustandekommen eines Vorstellungsgespräches, durch ihr Verhalten verhindert (Sperrzeit bei Arbeitsablehnung),
3. die oder der Arbeitslose trotz Belehrung über die Rechtsfolgen die von der Agentur für Arbeit geforderten Eigenbemühungen nicht nachweist (Sperrzeit bei unzureichenden Eigenbemühungen),
4. die oder der Arbeitslose sich weigert, trotz Belehrung über die Rechtsfolgen an einer Maßnahme zur Aktivierung und beruflichen Eingliederung (§ 45) oder einer Maßnahme zur beruflichen Ausbildung oder Weiterbildung oder einer Maßnahme zur Teilhabe am Arbeitsleben teilzunehmen (Sperrzeit bei Ablehnung einer beruflichen Eingliederungsmaßnahme),
5. die oder der Arbeitslose die Teilnahme an einer in Nummer 4 genannten Maßnahme abbricht oder durch maßnahmewidriges Verhalten Anlass für den Ausschluss aus einer dieser Maßnahmen gibt (Sperrzeit bei Abbruch einer beruflichen Eingliederungsmaßnahme),
6. die oder der Arbeitslose einer Aufforderung der Agentur für Arbeit, sich zu melden oder zu einem ärztlichen oder psychologischen Untersuchungstermin zu erscheinen (§ 309), trotz Belehrung über die Rechtsfolgen nicht nachkommt oder nicht nachgekommen ist (Sperrzeit bei Meldeversäumnis),
7. die oder der Arbeitslose der Meldepflicht nach § 38 Absatz 1 nicht nachgekommen ist (Sperrzeit bei verspäteter Arbeitsuchendmeldung).

Die Person, die sich versicherungswidrig verhalten hat, hat die für die Beurteilung eines wichtigen Grundes maßgebenden Tatsachen darzulegen und nachzuweisen, wenn diese Tatsachen in ihrer Sphäre oder in ihrem Verantwortungsbereich liegen.

(2) Die Sperrzeit beginnt mit dem Tag nach dem Ereignis, das die Sperrzeit begründet, oder, wenn dieser Tag in eine Sperrzeit fällt, mit dem Ende dieser Sperrzeit. Werden mehrere Sperrzeiten durch dasselbe Ereignis begründet, folgen sie in der Reihenfolge des Absatzes 1 Satz 2 Nummer 1 bis 7 einander nach.

(3) Die Dauer der Sperrzeit bei Arbeitsaufgabe beträgt zwölf Wochen. Sie verkürzt sich

1. auf drei Wochen, wenn das Arbeitsverhältnis innerhalb von sechs Wochen nach dem Ereignis, das die Sperrzeit begründet, ohne eine Sperrzeit geendet hätte,
2. auf sechs Wochen, wenn
   a) das Arbeitsverhältnis innerhalb von zwölf Wochen nach dem Ereignis, das die Sperrzeit begründet, ohne eine Sperrzeit geendet hätte oder
   b) eine Sperrzeit von zwölf Wochen für die arbeitslose Person nach den für den Eintritt der Sperrzeit maßgebenden Tatsachen eine besondere Härte bedeuten würde.

(4) Die Dauer der Sperrzeit bei Arbeitsablehnung, bei Ablehnung einer beruflichen Eingliederungsmaßnahme oder bei Abbruch einer beruflichen Eingliederungsmaßnahme beträgt

1. im Fall des erstmaligen versicherungswidrigen Verhaltens dieser Art drei Wochen,
2. im Fall des zweiten versicherungswidrigen Verhaltens dieser Art sechs Wochen,
3. in den übrigen Fällen zwölf Wochen.

Im Fall der Arbeitsablehnung oder der Ablehnung einer beruflichen Eingliederungsmaßnahme nach der Meldung zur frühzeitigen Arbeitsuche (§ 38 Absatz 1) im Zusammenhang mit der Entstehung des Anspruchs gilt Satz 1 entsprechend.

(5) Die Dauer einer Sperrzeit bei unzureichenden Eigenbemühungen beträgt zwei Wochen.

(6) Die Dauer einer Sperrzeit bei Meldeversäumnis oder bei verspäteter Arbeitsuchendmeldung beträgt eine Woche.

§ 160 Ruhen bei Arbeitskämpfen

(1) Durch die Leistung von Arbeitslosengeld darf nicht in Arbeitskämpfe eingegriffen werden. Ein Eingriff in den Arbeitskampf liegt

nicht vor, wenn Arbeitslosengeld Arbeitslosen geleistet wird, die zuletzt in einem Betrieb beschäftigt waren, der nicht dem fachlichen Geltungsbereich des umkämpften Tarifvertrags zuzuordnen ist.

(2) Ist die Arbeitnehmerin oder der Arbeitnehmer durch Beteiligung an einem inländischen Arbeitskampf arbeitslos geworden, so ruht der Anspruch auf Arbeitslosengeld bis zur Beendigung des Arbeitskampfes.

(3) Ist die Arbeitnehmerin oder der Arbeitnehmer durch einen inländischen Arbeitskampf arbeitslos geworden, ohne an dem Arbeitskampf beteiligt gewesen zu sein, so ruht der Anspruch auf Arbeitslosengeld bis zur Beendigung des Arbeitskampfes nur, wenn der Betrieb, in dem die oder der Arbeitslose zuletzt beschäftigt war,

1. dem räumlichen und fachlichen Geltungsbereich des umkämpften Tarifvertrags zuzuordnen ist oder
2. nicht dem räumlichen, aber dem fachlichen Geltungsbereich des umkämpften Tarifvertrags zuzuordnen ist und im räumlichen Geltungsbereich des Tarifvertrags, dem der Betrieb zuzuordnen ist,
   a) eine Forderung erhoben worden ist, die einer Hauptforderung des Arbeitskampfes nach Art und Umfang gleich ist, ohne mit ihr übereinstimmen zu müssen, und
   b) das Arbeitskampfergebnis aller Voraussicht nach in dem räumlichen Geltungsbereich des nicht umkämpften Tarifvertrags im Wesentlichen übernommen wird. Eine Forderung ist erhoben, wenn sie von der zur Entscheidung berufenen Stelle beschlossen worden ist oder auf Grund des Verhaltens der Tarifvertragspartei im Zusammenhang mit dem angestrebten Abschluss des Tarifvertrags als beschlossen anzusehen ist. Der Anspruch auf Arbeitslosengeld ruht nach Satz 1 nur, wenn die umkämpften oder geforderten Arbeitsbedingungen nach Abschluss eines entsprechenden Tarifvertrags für die Arbeitnehmerin oder den Arbeitnehmer gelten oder auf sie oder ihn angewendet würden.

(4) Ist bei einem Arbeitskampf das Ruhen des Anspruchs nach Absatz 3 für eine bestimmte Gruppe von Arbeitslosen ausnahmsweise nicht gerechtfertigt, so kann der Verwaltungsrat bestimmen, dass ihnen Arbeitslosengeld zu leisten ist.

(5) Die Feststellung, ob die Voraussetzungen nach Absatz 3 Satz 1 Nummer 2 Buchstabe a und b erfüllt sind, trifft der Neutralitätsausschuss (§ 380). Er hat vor seiner Entscheidung den Fachspitzenverbänden der am Arbeitskampf beteiligten Tarifvertragsparteien Gelegenheit zur Stellungnahme zu geben.

(6) Die Fachspitzenverbände der am Arbeitskampf beteiligten Tarifvertragsparteien können durch Klage die Aufhebung der Entscheidung des Neutralitätsausschusses nach Absatz 5 und eine andere Feststellung begehren. Die Klage ist gegen die Bundesagentur zu richten. Ein Vorverfahren findet nicht statt. Über die Klage entscheidet das Bundessozialgericht im ersten und letzten Rechtszug. Das Verfahren ist vorrangig zu erledigen. Auf Antrag eines Fachspitzenverbandes kann das Bundessozialgericht eine einstweilige Anordnung erlassen.

ZWEITER ABSCHNITT
Insolvenzgeld

§ 165 Anspruch

(1) Arbeitnehmerinnen und Arbeitnehmer haben Anspruch auf Insolvenzgeld, wenn sie im Inland beschäftigt waren und bei einem Insolvenzereignis für die vorausgegangenen drei Monate des Arbeitsverhältnisses noch Ansprüche auf Arbeitsentgelt haben. Als Insolvenzereignis gilt
1. die Eröffnung des Insolvenzverfahrens über das Vermögen des Arbeitgebers,
2. die Abweisung des Antrags auf Eröffnung des Insolvenzverfahrens mangels Masse oder
3. die vollständige Beendigung der Betriebstätigkeit im Inland, wenn ein Antrag auf Eröffnung des Insolvenzverfahrens nicht gestellt worden ist und ein Insolvenzverfahren offensichtlich mangels Masse nicht in Betracht kommt.

Auch bei einem ausländischen Insolvenzereignis haben im Inland beschäftigte Arbeitnehmerinnen und Arbeitnehmer einen Anspruch auf Insolvenzgeld.

(2) Zu den Ansprüchen auf Arbeitsentgelt gehören alle Ansprüche auf Bezüge aus dem Arbeitsverhältnis. Als Arbeitsentgelt für Zeiten,

in denen auch während der Freistellung eine Beschäftigung gegen Arbeitsentgelt besteht (§ 7 Absatz 1a des Vierten Buches), gilt der Betrag, der auf Grund der schriftlichen Vereinbarung zur Bestreitung des Lebensunterhalts im jeweiligen Zeitraum bestimmt war. Hat die Arbeitnehmerin oder der Arbeitnehmer einen Teil ihres oder seines Arbeitsentgelts nach § 1 Absatz 2 Nummer 3 des Betriebsrentengesetzes umgewandelt und wird dieser Entgeltteil in einem Pensionsfonds, in einer Pensionskasse oder in einer Direktversicherung angelegt, gilt die Entgeltumwandlung für die Berechnung des Insolvenzgeldes als nicht vereinbart, soweit der Arbeitgeber keine Beiträge an den Versorgungsträger abgeführt hat.

(3) Hat eine Arbeitnehmerin oder ein Arbeitnehmer in Unkenntnis eines Insolvenzereignisses weitergearbeitet oder die Arbeit aufgenommen, besteht der Anspruch auf Insolvenzgeld für die dem Tag der Kenntnisnahme vorausgegangenen drei Monate des Arbeitsverhältnisses.

(4) Anspruch auf Insolvenzgeld hat auch der Erbe der Arbeitnehmerin oder des Arbeitnehmers.

(5) Der Arbeitgeber ist verpflichtet, einen Beschluss des Insolvenzgerichts über die Abweisung des Antrags auf Insolvenzeröffnung mangels Masse dem Betriebsrat oder, wenn kein Betriebsrat besteht, den Arbeitnehmerinnen und Arbeitnehmern unverzüglich bekannt zu geben.

§ 166 Anspruchsausschluss

(1) Arbeitnehmerinnen und Arbeitnehmer haben keinen Anspruch auf Insolvenzgeld für Ansprüche auf Arbeitsentgelt, die

1. sie wegen der Beendigung des Arbeitsverhältnisses oder für die Zeit nach der Beendigung des Arbeitsverhältnisses haben,
2. sie durch eine nach der Insolvenzordnung angefochtene Rechtshandlung oder eine Rechtshandlung, die im Fall der Eröffnung des Insolvenzverfahrens anfechtbar wäre, erworben haben oder
3. die Insolvenzverwalterin oder der Insolvenzverwalter wegen eines Rechts zur Leistungsverweigerung nicht erfüllt.

(2) Soweit Insolvenzgeld gezahlt worden ist, obwohl dies nach Absatz 1 ausgeschlossen ist, ist es zu erstatten.

§ 167 Höhe

(1) Insolvenzgeld wird in Höhe des Nettoarbeitsentgelts gezahlt, das sich ergibt, wenn das auf die monatliche Beitragsbemessungsgrenze (§ 341 Absatz 4) begrenzte Bruttoarbeitsentgelt um die gesetzlichen Abzüge vermindert wird.

(2) Ist die Arbeitnehmerin oder der Arbeitnehmer
1. im Inland einkommensteuerpflichtig, ohne dass Steuern durch Abzug vom Arbeitsentgelt erhoben werden, oder
2. im Inland nicht einkommensteuerpflichtig und unterliegt das Insolvenzgeld nach den für sie oder ihn maßgebenden Vorschriften nicht der Steuer,

sind vom Arbeitsentgelt die Steuern abzuziehen, die bei einer Einkommensteuerpflicht im Inland durch Abzug vom Arbeitsentgelt erhoben würden.

§ 168 Vorschuss

Die Agentur für Arbeit kann einen Vorschuss auf das Insolvenzgeld leisten, wenn
1. die Eröffnung des Insolvenzverfahrens über das Vermögen des Arbeitgebers beantragt ist,
2. das Arbeitsverhältnis beendet ist und
3. die Voraussetzungen für den Anspruch auf Insolvenzgeld mit hinreichender Wahrscheinlichkeit erfüllt werden.

Die Agentur für Arbeit bestimmt die Höhe des Vorschusses nach pflichtgemäßem Ermessen. Der Vorschuss ist auf das Insolvenzgeld anzurechnen. Er ist zu erstatten,
1. wenn ein Anspruch auf Insolvenzgeld nicht zuerkannt wird oder
2. soweit ein Anspruch auf Insolvenzgeld nur in geringerer Höhe zuerkannt wird.

§ 169 Anspruchsübergang

Ansprüche auf Arbeitsentgelt, die einen Anspruch auf Insolvenzgeld begründen, gehen mit dem Antrag auf Insolvenzgeld auf die Bundesagentur über. § 165 Absatz 2 Satz 3 gilt entsprechend.
Die gegen die Arbeitnehmerin oder den Arbeitnehmer begründete Anfechtung nach der Insolvenzordnung findet gegen die Bundesagentur statt.

§ 170 Verfügungen über das Arbeitsentgelt

(1) Soweit die Arbeitnehmerin oder der Arbeitnehmer vor Antragstellung auf Insolvenzgeld Ansprüche auf Arbeitsentgelt einem Dritten übertragen hat, steht der Anspruch auf Insolvenzgeld diesem zu.

(2) Von einer vor dem Antrag auf Insolvenzgeld vorgenommenen Pfändung oder Verpfändung des Anspruchs auf Arbeitsentgelt wird auch der Anspruch auf Insolvenzgeld erfasst.

(3) Die an den Ansprüchen auf Arbeitsentgelt bestehenden Pfandrechte erlöschen, wenn die Ansprüche auf die Bundesagentur übergegangen sind und diese Insolvenzgeld an die berechtigte Person erbracht hat.

(4) Der neue Gläubiger oder Pfandgläubiger hat keinen Anspruch auf Insolvenzgeld für Ansprüche auf Arbeitsentgelt, die ihm vor dem Insolvenzereignis ohne Zustimmung der Agentur für Arbeit zur Vorfinanzierung der Arbeitsentgelte übertragen oder verpfändet wurden. Die Agentur für Arbeit darf der Übertragung oder Verpfändung nur zustimmen, wenn Tatsachen die Annahme rechtfertigen, dass durch die Vorfinanzierung der Arbeitsentgelte ein erheblicher Teil der Arbeitsstellen erhalten bleibt.

§ 171 Verfügungen über das Insolvenzgeld

Nachdem das Insolvenzgeld beantragt worden ist, kann der Anspruch auf Insolvenzgeld wie Arbeitseinkommen gepfändet, verpfändet oder übertragen werden. Eine Pfändung des Anspruchs vor diesem Zeitpunkt wird erst mit dem Antrag wirksam.

§ 172 Datenaustausch und Datenübermittlung

(1) Ist der insolvente Arbeitgeber auch in einem anderen Mitgliedstaat der Europäischen Union tätig, teilt die Bundesagentur dem zuständigen ausländischen Träger von Leistungen bei Zahlungsunfähigkeit des Arbeitgebers das Insolvenzereignis und die im Zusammenhang mit der Erbringung von Insolvenzgeld getroffenen Entscheidungen mit, soweit dies für die Aufgabenwahrnehmung dieses ausländischen Trägers erforderlich ist. Übermittelt ein ausländischer Träger der Bundesagentur entsprechende Daten, darf sie diese Daten zwecks Zahlung von Insolvenzgeld nutzen.

(2) Die Bundesagentur ist berechtigt, Daten über gezahltes Insolvenzgeld für jede Empfängerin und jeden Empfänger durch Datenfernübertragung an die in § 32b Absatz 3 des Einkommensteuergesetzes bezeichnete Übermittlungsstelle der Finanzverwaltung zu übermitteln.

§ 421t Sonderregelungen zu Kurzarbeitergeld, Qualifizierung und Arbeitslosengeld
[weggefallen]

Sozialgesetzbuch IV*
(Gemeinsame Vorschriften für die Sozialversicherung – SGB IV)

(Auszüge: §§ 7 – 8a, 23b)

§ 7 Beschäftigung

(1) Beschäftigung ist die nichtselbständige Arbeit, insbesondere in einem Arbeitsverhältnis. Anhaltspunkte für eine Beschäftigung sind eine Tätigkeit nach Weisungen und eine Eingliederung in die Arbeitsorganisation des Weisungsgebers.

(1a) Eine Beschäftigung besteht auch in Zeiten der Freistellung von der Arbeitsleistung von mehr als einem Monat, wenn

1. während der Freistellung Arbeitsentgelt aus einem Wertguthaben nach § 7b fällig ist und
2. das monatlich fällige Arbeitsentgelt in der Zeit der Freistellung nicht unangemessen von dem für die vorausgegangenen zwölf Kalendermonate abweicht, in denen Arbeitsentgelt bezogen wurde.

Satz 1 gilt entsprechend, wenn während einer bis zu dreimonatigen Freistellung Arbeitsentgelt aus einer Vereinbarung zur flexiblen Gestaltung der werktäglichen oder wöchentlichen Arbeitszeit oder dem Ausgleich betrieblicher Produktions- und Arbeitszyklen fällig ist. Beginnt ein Beschäftigungsverhältnis mit einer Zeit der Freistellung, gilt Satz 1 Nr. 2 mit der Maßgabe, dass das monatlich fällige Arbeitsentgelt in der Zeit der Freistellung nicht unangemessen von dem für die Zeit der Arbeitsleistung abweichen darf, mit der das Arbeitsentgelt später erzielt werden soll. Eine Beschäftigung gegen Arbeitsentgelt besteht während der Zeit der Freistellung auch, wenn die Arbeitsleistung, mit der das Arbeitsentgelt später erzielt werden soll, wegen einer im Zeitpunkt der Vereinbarung nicht vorhersehbaren vorzeitigen Beendigung des Beschäftigungsverhältnisses nicht mehr erbracht werden kann. Die Vertragsparteien können beim Abschluss der Vereinbarung nur für den Fall, dass Wertguthaben wegen der Beendigung der Beschäftigung auf Grund verminderter Erwerbsfähigkeit, des Erreichens einer Altersgrenze, zu der eine Rente wegen Alters beansprucht werden kann, oder des Todes des Beschäftigten nicht mehr für Zeiten einer Freistellung von der Arbeitsleistung verwendet werden können, einen anderen Verwendungs-

* Vom 23. Januar 2006 (BGBl. I, S. 86), zuletzt geändert durch Gesetz vom 18. Dezember 2018 (BGBl. I, S. 2651 (2654)).

zweck vereinbaren. Die Sätze 1 bis 4 gelten nicht für Beschäftigte, auf die Wertguthaben übertragen werden. Bis zum 31. Dezember 2024 werden Wertguthaben, die durch Arbeitsleistung im Beitrittsgebiet erzielt werden, getrennt erfasst; sind für die Beitrags- oder Leistungsberechnung im Beitrittsgebiet und im übrigen Bundesgebiet unterschiedliche Werte vorgeschrieben, sind die Werte maßgebend, die für den Teil des Inlandes gelten, in dem das Wertguthaben erzielt worden ist.

(1b) Die Möglichkeit eines Arbeitnehmers zur Vereinbarung flexibler Arbeitszeiten gilt nicht als eine die Kündigung des Arbeitsverhältnisses durch den Arbeitgeber begründende Tatsache im Sinne des § 1 Abs. 2 Satz 1 des Kündigungsschutzgesetzes.

(2) Als Beschäftigung gilt auch der Erwerb beruflicher Kenntnisse, Fertigkeiten oder Erfahrungen im Rahmen betrieblicher Berufsbildung.

(3) Eine Beschäftigung gegen Arbeitsentgelt gilt als fortbestehend, solange das Beschäftigungsverhältnis ohne Anspruch auf Arbeitsentgelt fortdauert, jedoch nicht länger als einen Monat. Eine Beschäftigung gilt auch als fortbestehend, wenn Arbeitsentgelt aus einem der Rentenversicherung Bund übertragenen Wertguthaben bezogen wird. Satz 1 gilt nicht, wenn Krankengeld, Krankentagegeld, Verletztengeld, Versorgungskrankengeld, Übergangsgeld, Pflegeunterstützungsgeld oder Mutterschaftsgeld oder nach gesetzlichen Vorschriften Erziehungsgeld oder Elterngeld bezogen oder Elternzeit in Anspruch genommen oder Wehrdienst oder Zivildienst geleistet wird. Satz 1 gilt auch nicht für die Freistellung nach § 3 des Pflegezeitgesetzes.

(4) Beschäftigt ein Arbeitgeber einen Ausländer ohne die nach § 284 Absatz 1 des Dritten Buches erforderliche Genehmigung oder ohne die nach § 4 Absatz 3 des Aufenthaltsgesetzes erforderliche Berechtigung zur Erwerbstätigkeit, wird vermutet, dass ein Beschäftigungsverhältnis gegen Arbeitsentgelt für den Zeitraum von drei Monaten bestanden hat.

§ 7a Anfrageverfahren

(1) Die Beteiligten können schriftlich oder elektronisch eine Entscheidung beantragen, ob eine Beschäftigung vorliegt, es sei denn,

die Einzugsstelle oder ein anderer Versicherungsträger hatte im Zeitpunkt der Antragstellung bereits ein Verfahren zur Feststellung einer Beschäftigung eingeleitet. Die Einzugsstelle hat einen Antrag nach Satz 1 zu stellen, wenn sich aus der Meldung des Arbeitgebers (§ 28a) ergibt, dass der Beschäftigte Ehegatte, Lebenspartner oder Abkömmling des Arbeitgebers oder geschäftsführender Gesellschafter einer Gesellschaft mit beschränkter Haftung ist. Über den Antrag entscheidet abweichend von § 28h Abs. 2 die Deutsche Rentenversicherung Bund.

(2) Die Deutsche Rentenversicherung Bund entscheidet auf Grund einer Gesamtwürdigung aller Umstände des Einzelfalles, ob eine Beschäftigung vorliegt.

(3) Die Deutsche Rentenversicherung Bund teilt den Beteiligten schriftlich oder elektronisch mit, welche Angaben und Unterlagen sie für ihre Entscheidung benötigt. Sie setzt den Beteiligten eine angemessene Frist, innerhalb der diese die Angaben zu machen und die Unterlagen vorzulegen haben.

(4) Die Deutsche Rentenversicherung Bund teilt den Beteiligten mit, welche Entscheidung sie zu treffen beabsichtigt, bezeichnet die Tatsachen, auf die sie ihre Entscheidung stützen will, und gibt den Beteiligten Gelegenheit, sich zu der beabsichtigten Entscheidung zu äußern.

(5) Die Deutsche Rentenversicherung Bund fordert die Beteiligten auf, innerhalb einer angemessenen Frist die Tatsachen anzugeben, die eine Widerlegung begründen, wenn diese die Vermutung widerlegen wollen.

(6) Wird der Antrag nach Absatz 1 innerhalb eines Monats nach Aufnahme der Tätigkeit gestellt und stellt die Deutsche Rentenversicherung Bund ein versicherungspflichtiges Beschäftigungsverhältnis fest, tritt die Versicherungspflicht mit der Bekanntgabe der Entscheidung ein, wenn der Beschäftigte

1. zustimmt und
2. er für den Zeitraum zwischen Aufnahme der Beschäftigung und der Entscheidung eine Absicherung gegen das finanzielle Risiko von Krankheit und zur Altersvorsorge vorgenommen hat, die der

Art nach den Leistungen der gesetzlichen Krankenversicherung und der gesetzlichen Rentenversicherung entspricht.

Der Gesamtsozialversicherungsbeitrag wird erst zu dem Zeitpunkt fällig, zu dem die Entscheidung, dass eine Beschäftigung vorliegt, unanfechtbar geworden ist.

(7) Widerspruch und Klage gegen Entscheidungen, dass eine Beschäftigung vorliegt, haben aufschiebende Wirkung. Eine Klage auf Erlass der Entscheidung ist abweichend von § 88 Abs. 1 des Sozialgerichtsgesetzes nach Ablauf von drei Monaten zulässig.

§ 7b Wertguthabenvereinbarungen

Eine Wertguthabenvereinbarung liegt vor, wenn

1. der Aufbau des Wertguthabens auf Grund einer schriftlichen Vereinbarung erfolgt,
2. diese Vereinbarung nicht das Ziel der flexiblen Gestaltung der werktäglichen oder wöchentlichen Arbeitszeit oder den Ausgleich betrieblicher Produktions- und Arbeitszeitzyklen verfolgt,
3. Arbeitsentgelt in das Wertguthaben eingebracht wird, um es für Zeiten der Freistellung von der Arbeitsleistung oder der Verringerung der vertraglich vereinbarten Arbeitszeit zu entnehmen,
4. das aus dem Wertguthaben fällige Arbeitsentgelt mit einer vor oder nach der Freistellung von der Arbeitsleistung oder der Verringerung der vertraglich vereinbarten Arbeitszeit erbrachten Arbeitsleistung erzielt wird und
5. das fällige Arbeitsentgelt insgesamt 450 Euro monatlich übersteigt, es sei denn, die Beschäftigung wurde vor der Freistellung als geringfügige Beschäftigung ausgeübt.

§ 7c Verwendung von Wertguthaben

(1) Das Wertguthaben auf Grund einer Vereinbarung nach § 7b kann in Anspruch genommen werden

1. für gesetzlich geregelte vollständige oder teilweise Freistellungen von der Arbeitsleistung oder gesetzlich geregelte Verringerungen der Arbeitszeit, insbesondere für Zeiten,
   a) in denen der Beschäftigte eine Freistellung nach § 3 des Pflegezeitgesetzes oder nach § 2 des Familienpflegezeitgesetzes verlangen kann,
   b) in denen der Beschäftigte nach § 15 des Bundeselterngeld- und Elternzeitgesetzes ein Kind selbst betreut und erzieht,

c) für die der Beschäftigte eine Verringerung seiner vertraglich vereinbarten Arbeitszeit nach § 8 des Teilzeit- und Befristungsgesetzes verlangen kann; § 8 oder 9a des Teilzeit- und Befristungsgesetzes gilt mit der Maßgabe, dass die Verringerung der Arbeitszeit auf die Dauer der Entnahme aus dem Wertguthaben befristet werden kann,

2. für vertraglich vereinbarte vollständige oder teilweise Freistellungen von der Arbeitsleistung oder vertraglich vereinbarte Verringerungen der Arbeitszeit, insbesondere für Zeiten,
   a) die unmittelbar vor dem Zeitpunkt liegen, zu dem der Beschäftigte eine Rente wegen Alters nach dem Sechsten Buch bezieht oder beziehen könnte oder
   b) in denen der Beschäftigte an beruflichen Qualifizierungsmaßnahmen teilnimmt.

(2) Die Vertragsparteien können die Zwecke, für die das Wertguthaben in Anspruch genommen werden kann, in der Vereinbarung nach § 7b abweichend von Absatz 1 auf bestimmte Zwecke beschränken.

§ 7d Führung und Verwaltung von Wertguthaben

(1) Wertguthaben sind als Arbeitsentgeltguthaben einschließlich des darauf entfallenden Arbeitgeberanteils am Gesamtsozialversicherungsbeitrag zu führen. Die Arbeitszeitguthaben sind in Arbeitsentgelt umzurechnen.

(2) Arbeitgeber haben Beschäftigte mindestens einmal jährlich in Textform über die Höhe ihres im Wertguthaben enthaltenen Arbeitsentgeltguthabens zu unterrichten.

(3) Für die Anlage von Wertguthaben gelten die Vorschriften über die Anlage der Mittel von Versicherungsträgern nach dem Vierten Titel des Vierten Abschnitts entsprechend, mit der Maßgabe, dass eine Anlage in Aktien oder Aktienfonds bis zu einer Höhe von 20 Prozent zulässig und ein Rückfluss zum Zeitpunkt der Inanspruchnahme des Wertguthabens mindestens in der Höhe des angelegten Betrages gewährleistet ist. Ein höherer Anlageanteil in Aktien oder Aktienfonds ist zulässig, wenn

1. dies in einem Tarifvertrag oder auf Grund eines Tarifvertrages in einer Betriebsvereinbarung vereinbart ist oder

2. das Wertguthaben nach der Wertguthabenvereinbarung ausschließlich für Freistellungen nach § 7c Abs. 1 Nr. 2 Buchstabe a in Anspruch genommen werden kann.

§ 7e Insolvenzschutz

(1) Die Vertragsparteien treffen im Rahmen ihrer Vereinbarung nach § 7b durch den Arbeitgeber zu erfüllende Vorkehrungen, um das Wertguthaben einschließlich des darin enthaltenen Gesamtsozialversicherungsbeitrages gegen das Risiko der Insolvenz des Arbeitgebers vollständig abzusichern, soweit

1. ein Anspruch auf Insolvenzgeld nicht besteht und wenn
2. das Wertguthaben des Beschäftigten einschließlich des darin enthaltenen Gesamtsozialversicherungsbeitrages einen Betrag in Höhe der monatlichen Bezugsgröße übersteigt.

In einem Tarifvertrag oder auf Grund eines Tarifvertrages in einer Betriebsvereinbarung kann ein von Satz 1 Nr. 2 abweichender Betrag vereinbart werden.

(2) Zur Erfüllung der Verpflichtung nach Absatz 1 sind Wertguthaben unter Ausschluss der Rückführung durch einen Dritten zu führen, der im Fall der Insolvenz des Arbeitgebers für die Erfüllung der Ansprüche aus dem Wertguthaben für den Arbeitgeber einsteht, insbesondere in einem Treuhandverhältnis, das die unmittelbare Übertragung des Wertguthabens in das Vermögen des Dritten und die Anlage des Wertguthabens auf einem offenen Treuhandkonto oder in anderer geeigneter Weise sicherstellt. Die Vertragsparteien können in der Vereinbarung nach § 7b ein anderes, einem Treuhandverhältnis im Sinne des Satzes 1 gleichwertiges Sicherungsmittel vereinbaren, insbesondere ein Versicherungsmodell oder ein schuldrechtliches Verpfändungs- oder Bürgschaftsmodell mit ausreichender Sicherung gegen Kündigung.

(3) Keine geeigneten Vorkehrungen sind bilanzielle Rückstellungen sowie zwischen Konzernunternehmen (§ 18 des Aktiengesetzes) begründete Einstandspflichten, insbesondere Bürgschaften, Patronatserklärungen oder Schuldbeitritte.

(4) Der Arbeitgeber hat den Beschäftigten unverzüglich über die Vorkehrungen zum Insolvenzschutz in geeigneter Weise schriftlich

zu unterrichten, wenn das Wertguthaben die in Absatz 1 Satz 1 Nr. 2 genannten Voraussetzungen erfüllt.

(5) Hat der Beschäftigte den Arbeitgeber schriftlich aufgefordert, seinen Verpflichtungen nach den Absätzen 1 bis 3 nachzukommen und weist der Arbeitgeber dem Beschäftigten nicht innerhalb von zwei Monaten nach der Aufforderung die Erfüllung seiner Verpflichtung zur Insolvenzsicherung des Wertguthabens nach, kann der Beschäftigte die Vereinbarung nach § 7b mit sofortiger Wirkung kündigen; das Wertguthaben ist nach Maßgabe des § 23b Abs. 2 aufzulösen.

(6) Stellt der Träger der Rentenversicherung bei der Prüfung des Arbeitgebers nach § 28p fest, dass
1. für ein Wertguthaben keine Insolvenzschutzregelung getroffen worden ist,
2. die gewählten Sicherungsmittel nicht geeignet sind im Sinne des Absatzes 3,
3. die Sicherungsmittel in ihrem Umfang das Wertguthaben um mehr als 30 Prozent unterschreiten oder
4. die Sicherungsmittel den im Wertguthaben enthaltenen Gesamtsozialversicherungsbeitrag nicht umfassen,

weist er in dem Verwaltungsakt nach § 28p Abs. 1 Satz 5 den in dem Wertguthaben enthaltenen und vom Arbeitgeber zu zahlenden Gesamtsozialversicherungsbeitrag aus. Weist der Arbeitgeber dem Träger der Rentenversicherung innerhalb von zwei Monaten nach der Feststellung nach Satz 1 nach, dass er seiner Verpflichtung nach Absatz 1 nachgekommen ist, entfällt die Verpflichtung zur sofortigen Zahlung des Gesamtsozialversicherungsbeitrages. Hat der Arbeitgeber den Nachweis nach Satz 2 nicht innerhalb der dort vorgesehenen Frist erbracht, ist die Vereinbarung nach § 7b als von Anfang an unwirksam anzusehen; das Wertguthaben ist aufzulösen.

(7) Kommt es wegen eines nicht geeigneten oder nicht ausreichenden Insolvenzschutzes zu einer Verringerung oder einem Verlust des Wertguthabens, haftet der Arbeitgeber für den entstandenen Schaden. Ist der Arbeitgeber eine juristische Person oder eine Gesellschaft ohne Rechtspersönlichkeit haften auch die organschaftlichen Vertreter gesamtschuldnerisch für den Schaden. Der Arbeit-

geber oder ein organschaftlicher Vertreter haften nicht, wenn sie den Schaden nicht zu vertreten haben.

(8) Eine Beendigung, Auflösung oder Kündigung der Vorkehrungen zum Insolvenzschutz vor der bestimmungsgemäßen Auflösung des Wertguthabens ist unzulässig, es sei denn, die Vorkehrungen werden mit Zustimmung des Beschäftigten durch einen mindestens gleichwertigen Insolvenzschutz abgelöst.

(9) Die Absätze 1 bis 8 finden keine Anwendung gegenüber dem Bund, den Ländern, Gemeinden, Körperschaften, Stiftungen und Anstalten des öffentlichen Rechts, über deren Vermögen die Eröffnung des Insolvenzverfahrens nicht zulässig ist, sowie solchen juristischen Personen des öffentlichen Rechts, bei denen der Bund, ein Land oder eine Gemeinde kraft Gesetzes die Zahlungsfähigkeit sichert.

§ 7f Übertragung von Wertguthaben

(1) Bei Beendigung der Beschäftigung kann der Beschäftigte durch schriftliche Erklärung gegenüber dem bisherigen Arbeitgeber verlangen, dass das Wertguthaben nach § 7b

1. auf den neuen Arbeitgeber übertragen wird, wenn dieser mit dem Beschäftigten eine Wertguthabenvereinbarung nach § 7b abgeschlossen und der Übertragung zugestimmt hat,
2. auf die Deutsche Rentenversicherung Bund übertragen wird, wenn das Wertguthaben einschließlich des Gesamtsozialversicherungsbeitrages einen Betrag in Höhe des Sechsfachen der monatlichen Bezugsgröße übersteigt; die Rückübertragung ist ausgeschlossen.

Nach der Übertragung sind die mit dem Wertguthaben verbundenen Arbeitgeberpflichten vom neuen Arbeitgeber oder von der Deutschen Rentenversicherung Bund zu erfüllen.

(2) Im Fall der Übertragung auf die Deutsche Rentenversicherung Bund kann der Beschäftigte das Wertguthaben für Zeiten der Freistellung von der Arbeitsleistung und Zeiten der Verringerung der vertraglich vereinbarten Arbeitszeit nach § 7c Abs. 1 sowie auch außerhalb eines Arbeitsverhältnisses für die in § 7c Abs. 1 Nr. 2 Buchstabe a genannten Zeiten in Anspruch nehmen. Der Antrag ist spätestens einen Monat vor der begehrten Freistellung

schriftlich bei der Deutschen Rentenversicherung Bund zu stellen; in dem Antrag ist auch anzugeben, in welcher Höhe Arbeitsentgelt aus dem Wertguthaben entnommen werden soll; dabei ist § 7 Abs. 1a Satz 1 Nr. 2 zu berücksichtigen.

(3) Die Deutsche Rentenversicherung Bund verwaltet die ihr übertragenen Wertguthaben einschließlich des darin enthaltenen Gesamtsozialversicherungsbeitrages als ihr übertragene Aufgabe bis zu deren endgültiger Auflösung getrennt von ihrem sonstigen Vermögen treuhänderisch. Die Wertguthaben sind nach den Vorschriften über die Anlage der Mittel von Versicherungsträgern nach dem Vierten Titel des Vierten Abschnitts anzulegen. Die der Deutschen Rentenversicherung Bund durch die Übertragung, Verwaltung und Verwendung von Wertguthaben entstehenden Kosten sind vollständig vom Wertguthaben in Abzug zu bringen und in der Mitteilung an den Beschäftigten nach § 7d Abs. 2 gesondert auszuweisen.

§ 8 Geringfügige Beschäftigung und geringfügige selbständige Tätigkeit*

(1) Eine geringfügige Beschäftigung liegt vor, wenn
1. das Arbeitsentgelt aus dieser Beschäftigung regelmäßig im Monat 450 Euro nicht übersteigt,
2. die Beschäftigung innerhalb eines Kalenderjahres auf längstens drei Monate oder 70 Arbeitstage nach ihrer Eigenart begrenzt zu sein pflegt oder im Voraus vertraglich begrenzt ist, es sei denn, dass die Beschäftigung berufsmäßig ausgeübt wird und ihr Entgelt 450 Euro im Monat übersteigt.

(2) Bei der Anwendung des Absatzes 1 sind mehrere geringfügige Beschäftigungen nach Nummer 1 oder Nummer 2 sowie geringfügige Beschäftigungen nach Nummer 1 mit Ausnahme einer geringfügigen Beschäftigung nach Nummer 1 und nicht geringfügige Beschäftigungen zusammenzurechnen. Eine geringfügige Beschäf-

---

* **§ 115 Geringfügige Beschäftigung und geringfügige selbständige Tätigkeit** Vom 1. Januar 2015 bis einschließlich 31. Dezember 2018 gilt § 8 Absatz 1 Nummer 2 mit der Maßgabe, dass die Beschäftigung innerhalb eines Kalenderjahres auf längstens drei Monate oder 70 Arbeitstage nach ihrer Eigenart begrenzt zu sein pflegt oder im Voraus vertraglich begrenzt ist, es sei denn, dass die Beschäftigung berufsmäßig ausgeübt wird und ihr Entgelt 450 Euro im Monat übersteigt. § 115: Eingef. durch Art. 9 Nr. 3 iVm Art. 15 Abs. 3 G v. 11.8.2014 I 1348.

tigung liegt nicht mehr vor, sobald die Voraussetzungen des Absatzes 1 entfallen. Wird beim Zusammenrechnen nach Satz 1 festgestellt, dass die Voraussetzungen einer geringfügigen Beschäftigung nicht mehr vorliegen, tritt die Versicherungspflicht erst mit dem Tag ein, an dem die Entscheidung über die Versicherungspflicht nach § 37 des Zehnten Buches durch die Einzugsstelle nach § 28i Satz 5 oder einen anderen Träger der Rentenversicherung bekannt gegeben wird. Dies gilt nicht, wenn der Arbeitgeber vorsätzlich oder grob fahrlässig versäumt hat, den Sachverhalt für die versicherungsrechtliche Beurteilung der Beschäftigung aufzuklären.

(3) Die Absätze 1 und 2 gelten entsprechend, soweit anstelle einer Beschäftigung eine selbständige Tätigkeit ausgeübt wird. Dies gilt nicht für das Recht der Arbeitsförderung.

§ 8a Geringfügige Beschäftigung in Privathaushalten

Werden geringfügige Beschäftigungen ausschließlich in Privathaushalten ausgeübt, gilt § 8. Eine geringfügige Beschäftigung im Privathaushalt liegt vor, wenn diese durch einen privaten Haushalt begründet ist und die Tätigkeit sonst gewöhnlich durch Mitglieder des privaten Haushalts erledigt wird.

§ 23b Beitragspflichtige Einnahmen bei flexiblen Arbeitszeitregelungen

(1) Bei Vereinbarungen nach § 7b ist für Zeiten der tatsächlichen Arbeitsleistung und für Zeiten der Inanspruchnahme des Wertguthabens nach § 7c das in dem jeweiligen Zeitraum fällige Arbeitsentgelt als Arbeitsentgelt im Sinne des § 23 Abs. 1 maßgebend. Im Falle des § 23a Abs. 3 und 4 gilt das in dem jeweils maßgebenden Zeitraum erzielte Arbeitsentgelt bis zu einem Betrag in Höhe der Beitragsbemessungsgrenze als bisher gezahltes beitragspflichtiges Arbeitsentgelt; in Zeiten einer Freistellung von der Arbeitsleistung tritt an die Stelle des erzielten Arbeitsentgelts das fällige Arbeitsentgelt.

(2) Soweit das Wertguthaben nicht gemäß § 7c verwendet wird, insbesondere

1. nicht laufend für eine Zeit der Freistellung von der Arbeitsleistung oder der Verringerung der vertraglich vereinbarten Arbeitszeit in Anspruch genommen wird oder

2. nicht mehr für solche Zeiten gezahlt werden kann, da das Beschäftigungsverhältnis vorzeitig beendet wurde,

ist als Arbeitsentgelt im Sinne des § 23 Abs. 1 ohne Berücksichtigung einer Beitragsbemessungsgrenze die Summe der Arbeitsentgelte maßgebend, die zum Zeitpunkt der tatsächlichen Arbeitsleistung ohne Berücksichtigung der Vereinbarung nach § 7b beitragspflichtig gewesen wäre. Maßgebend ist jedoch höchstens der Betrag des Wertguthabens aus diesen Arbeitsentgelten zum Zeitpunkt der nicht zweckentsprechenden Verwendung des Arbeitsentgelts. Zugrunde zu legen ist der Zeitraum ab dem Abrechnungsmonat der ersten Gutschrift auf einem Wertguthaben bis zum Zeitpunkt der nicht zweckentsprechenden Verwendung des Arbeitsentgelts. Bei einem nach § 7f Abs. 1 Satz 1 Nr. 2 auf die Deutsche Rentenversicherung Bund übertragenen Wertguthaben gelten die Sätze 1 bis 3 entsprechend, soweit das Wertguthaben wegen der Inanspruchnahme einer Rente wegen verminderter Erwerbsfähigkeit, einer Rente wegen Alters oder wegen des Todes des Versicherten nicht mehr in Anspruch genommen werden kann. Wird das Wertguthaben vereinbarungsgemäß an einen bestimmten Wertmaßstab gebunden, ist der im Zeitpunkt der nicht zweckentsprechenden Verwendung des Arbeitsentgelts maßgebende angepasste Betrag als Höchstbetrag der Berechnung zugrunde zu legen. Im Falle der Insolvenz des Arbeitgebers gilt auch als beitragspflichtiges Arbeitsentgelt höchstens der Betrag, der als Arbeitsentgelt den gezahlten Beiträgen zugrunde liegt. Für die Berechnung der Beiträge sind der für den Entgeltabrechnungszeitraum nach den Sätzen 8 und 9 für den einzelnen Versicherungszweig geltende Beitragssatz und die für diesen Zeitraum für den Einzug des Gesamtsozialversicherungsbeitrags zuständige Einzugsstelle maßgebend; für Beschäftigte, die bei keiner Krankenkasse versichert sind, gilt § 28i Satz 2 entsprechend. Die Beiträge sind mit den Beiträgen der Entgeltabrechnung für den Kalendermonat fällig, der dem Kalendermonat folgt, in dem

1. im Fall der Insolvenz die Mittel für die Beitragszahlung verfügbar sind,
2. das Arbeitsentgelt nicht zweckentsprechend verwendet wird.

Wird durch einen Bescheid eines Trägers der Rentenversicherung der Eintritt von verminderter Erwerbsfähigkeit festgestellt, gilt der Zeitpunkt des Eintritts der verminderten Erwerbsfähigkeit als Zeitpunkt der nicht zweckentsprechenden Verwendung des bis dahin erzielten Wertguthabens; in diesem Fall sind die Beiträge mit den Beiträgen der auf das Ende des Beschäftigungsverhältnisses folgenden Entgeltabrechnung fällig. Wird eine Rente wegen verminderter Erwerbsfähigkeit in Anspruch genommen und besteht ein nach § 7f Abs. 1 Satz 1 Nr. 2 an die Deutsche Rentenversicherung Bund übertragenes Wertguthaben, kann der Versicherte der Auflösung dieses Wertguthabens widersprechen. Ist für den Fall der Insolvenz des Arbeitgebers ein Dritter Schuldner des Arbeitsentgelts, erfüllt dieser insoweit die Pflichten des Arbeitgebers.

(2a) Als Arbeitsentgelt im Sinne des § 23 Abs. 1 gilt im Falle des Absatzes 2 auch der positive Betrag, der sich ergibt, wenn die Summe der ab dem Abrechnungsmonat der ersten Gutschrift auf einem Wertguthaben für die Zeit der Arbeitsleistung maßgebenden Beträge der jeweiligen Beitragsbemessungsgrenze um die Summe der in dieser Zeit der Arbeitsleistung abgerechneten beitragspflichtigen Arbeitsentgelte gemindert wird, höchstens der Betrag des Wertguthabens im Zeitpunkt der nicht zweckentsprechenden Verwendung des Arbeitsentgelts. Absatz 2 Satz 5 bis 11 findet Anwendung, Absatz 1 Satz 2 findet keine Anwendung.

(3) Kann das Wertguthaben wegen Beendigung des Beschäftigungsverhältnisses nicht mehr nach § 7c oder § 7f Abs. 2 Satz 1 verwendet werden und ist der Versicherte unmittelbar anschließend wegen Arbeitslosigkeit bei einer deutschen Agentur für Arbeit als Arbeitsuchender gemeldet und bezieht eine öffentlich-rechtliche Leistung oder nur wegen des zu berücksichtigenden Einkommens oder Vermögens nicht, sind die Beiträge spätestens sieben Kalendermonate nach dem Kalendermonat, in dem das Arbeitsentgelt nicht zweckentsprechend verwendet worden ist, oder bei Aufnahme einer Beschäftigung in diesem Zeitraum zum Zeitpunkt des Beschäftigungsbeginns fällig, es sei denn, eine zweckentsprechende Verwendung wird vereinbart; beginnt in diesem Zeitraum eine Rente wegen Alters oder Todes oder tritt verminderte Erwerbsfähigkeit ein, gelten diese Zeitpunkte als Zeitpunkt der nicht zweckentsprechenden Verwendung.

(3a) Sieht die Vereinbarung nach § 7b bereits bei ihrem Abschluss für den Fall, dass Wertguthaben wegen der Beendigung der Beschäftigung auf Grund verminderter Erwerbsfähigkeit, des Erreichens einer Altersgrenze, zu der eine Rente wegen Alters beansprucht werden kann, oder des Todes des Beschäftigten nicht mehr für Zeiten einer Freistellung von der Arbeitsleistung oder der Verringerung der vertraglich vereinbarten Arbeitszeit verwendet werden können, deren Verwendung für Zwecke der betrieblichen Altersversorgung vor, gilt das bei Eintritt dieser Fälle für Zwecke der betrieblichen Altersversorgung verwendete Wertguthaben nicht als beitragspflichtiges Arbeitsentgelt; dies gilt nicht,

1. wenn die Vereinbarung über die betriebliche Altersversorgung eine Abfindung vorsieht oder zulässt oder Leistungen im Falle des Todes, der Invalidität und des Erreichens einer Altersgrenze, zu der eine Rente wegen Alters beansprucht werden kann, nicht gewährleistet sind oder
2. soweit bereits im Zeitpunkt der Ansammlung des Wertguthabens vorhersehbar ist, dass es nicht für Zwecke nach § 7c oder § 7f Abs. 2 Satz 1 verwendet werden kann.

Die Bestimmungen dieses Absatzes finden keine Anwendung auf Vereinbarungen, die nach dem 13. November 2008 geschlossen worden sind.

(4) Werden Wertguthaben auf Dritte übertragen, gelten die Absätze 2 bis 3a nur für den Übertragenden, der die Arbeitsleistung tatsächlich erbringt.

Sozialgesetzbuch V*
(Gesetzliche Krankenversicherung – SGB V)

(Auszüge: §§ 44–51)

§ 44 Krankengeld

(1) Versicherte haben Anspruch auf Krankengeld, wenn die Krankheit sie arbeitsunfähig macht oder sie auf Kosten der Krankenkasse stationär in einem Krankenhaus, einer Vorsorge- oder Rehabilitationseinrichtung (§ 23 Abs. 4, §§ 24, 40 Abs. 2 und § 41) behandelt werden.

(2) Keinen Anspruch auf Krankengeld haben

1. die nach § 5 Abs. 1 Nr. 2a, 5, 6, 9, 10 oder 13 sowie die nach § 10 Versicherten; dies gilt nicht für die nach § 5 Abs. 1 Nr. 6 Versicherten, wenn sie einen Anspruch auf Übergangsgeld haben, und für Versicherte nach § 5 Abs. 1 Nr. 13, soweit sie abhängig beschäftigt und nicht nach den §§ 8 und 8a des Vierten Buches geringfügig beschäftigt sind,
2. hauptberuflich selbständig Erwerbstätige, es sei denn, das Mitglied erklärt gegenüber der Krankenkasse, dass die Mitgliedschaft den Anspruch auf Krankengeld umfassen soll (Wahlerklärung),
3. Versicherte nach § 5 Abs. 1 Nummer 1, die bei Arbeitsunfähigkeit nicht mindestens sechs Wochen Anspruch auf Fortzahlung des Arbeitsentgelts auf Grund des Entgeltfortzahlungsgesetzes, eines Tarifvertrags, einer Betriebsvereinbarung oder anderer vertraglicher Zusagen oder auf Zahlung einer die Versicherungspflicht begründenden Sozialleistung haben, es sei denn, das Mitglied gibt eine Wahlerklärung ab, dass die Mitgliedschaft den Anspruch auf Krankengeld umfassen soll. Dies gilt nicht für Versicherte, die nach § 10 des Entgeltfortzahlungsgesetzes Anspruch auf Zahlung eines Zuschlags zum Arbeitsentgelt haben,
4. Versicherte, die eine Rente aus einer öffentlich-rechtlichen Versicherungseinrichtung oder Versorgungseinrichtung ihrer Berufsgruppe oder von anderen vergleichbaren Stellen beziehen, die ihrer Art nach den in § 50 Abs. 1 genannten Leistungen entspricht. Für Versicherte nach Satz 1 Nr. 4 gilt § 50 Abs. 2 entspre-

* Vom 20. Dezember 1988 (BGBl. I, S. 2477), zuletzt geändert durch Gesetz vom 11. Dezember 2018 (BGBl. I, S. 2394 (2402)).

chend, soweit sie eine Leistung beziehen, die ihrer Art nach den in dieser Vorschrift aufgeführten Leistungen entspricht.

Für die Wahlerklärung nach Satz 1 Nummer 2 und 3 gilt § 53 Absatz 8 Satz 1 entsprechend. Für die nach Nr. 2 und 3 aufgeführten Versicherten bleibt § 53 Abs. 6 unberührt.

(3) Der Anspruch auf Fortzahlung des Arbeitsentgelts bei Arbeitsunfähigkeit richtet sich nach arbeitsrechtlichen Vorschriften.

(4) Versicherte haben Anspruch auf individuelle Beratung und Hilfestellung durch die Krankenkasse, welche Leistungen und unterstützende Angebote zur Wiederherstellung der Arbeitsfähigkeit erforderlich sind. Maßnahmen nach Satz 1 und die dazu erforderliche Erhebung, Verarbeitung und Nutzung personenbezogener Daten dürfen nur mit schriftlicher Einwilligung und nach vorheriger schriftlicher Information des Versicherten erfolgen. Die Einwilligung kann jederzeit schriftlich widerrufen werden. Die Krankenkassen dürfen ihre Aufgaben nach Satz 1 an die in § 35 des Ersten Buches genannten Stellen übertragen. Das Bundesministerium für Gesundheit legt dem Deutschen Bundestag bis zum 31. Dezember 2018 einen Bericht über die Umsetzung des Anspruchs auf individuelle Beratung und Hilfestellung durch die Krankenkassen nach diesem Absatz vor.

§ 44a Krankengeld bei Spende von Organen, Geweben oder Blut zur Separation von Blutstammzellen oder anderen Blutbestandteilen

Spender von Organen, Geweben oder Blut zur Separation von Blutstammzellen oder anderen Blutbestandteilen nach § 27 Absatz 1a haben Anspruch auf Krankengeld, wenn die Spende an Versicherte sie arbeitsunfähig macht. Das Krankengeld wird den Spendern von der Krankenkasse der Empfänger in Höhe des vor Beginn der Arbeitsunfähigkeit regelmäßig erzielten Nettoarbeitsentgelts oder Arbeitseinkommens bis zur Höhe des Betrages der kalendertäglichen Beitragsbemessungsgrenze geleistet. Für nach dem Künstlersozialversicherungsgesetz versicherungspflichtige Spender ist das ausgefallene Arbeitseinkommen im Sinne von Satz 2 aus demjenigen Arbeitseinkommen zu berechnen, das der Beitragsbemessung für die letzten zwölf Kalendermonate vor Beginn der Arbeitsunfähigkeit im Hinblick auf die Spende zugrunde gelegen hat. § 44 Absatz 3, § 47 Absatz 2 bis 4, die §§ 47b, 49 und 50 gelten entsprechend; Ansprüche nach § 44 sind gegenüber Ansprüchen nach dieser Vorschrift ausgeschlossen. Ansprüche nach dieser Vorschrift haben auch nicht gesetzlich krankenversicherte Personen.

§ 45 Krankengeld bei Erkrankung des Kindes

(1) Versicherte haben Anspruch auf Krankengeld, wenn es nach ärztlichem Zeugnis erforderlich ist, daß sie zur Beaufsichtigung, Betreuung oder Pflege ihres erkrankten und versicherten Kindes der Arbeit fernbleiben, eine andere in ihrem Haushalt lebende Person das Kind nicht beaufsichtigen, betreuen oder pflegen kann und das Kind das zwölfte Lebensjahr noch nicht vollendet hat oder behindert und auf Hilfe angewiesen ist. § 10 Abs. 4 und § 44 Abs. 2 gelten.

(2) Anspruch auf Krankengeld nach Absatz 1 besteht in jedem Kalenderjahr für jedes Kind längstens für zehn Arbeitstage, für allein erziehende Versicherte längstens für 20 Arbeitstage. Der Anspruch nach Satz 1 besteht für Versicherte für nicht mehr als 25 Arbeitstage, für allein erziehende Versicherte für nicht mehr als 50 Arbeitstage je Kalenderjahr. Das Krankengeld nach Absatz 1 beträgt 90 Prozent des ausgefallenen Nettoarbeitsentgelts aus beitragspflichtigem Arbeitsentgelt der Versicherten, bei Bezug von beitragspflichtigem einmalig gezahltem Arbeitsentgelt (§ 23a des Vierten Buches) in den der Freistellung von Arbeitsleistung nach Absatz 3 vorangegangenen zwölf Kalendermonaten 100 Prozent des ausgefallenen Nettoarbeitsentgelts aus beitragspflichtigem Arbeitsentgelt; es darf 70 Prozent der Beitragsbemessungsgrenze nach § 223 Absatz 3 nicht überschreiten. Erfolgt die Berechnung des Krankengeldes nach Absatz 1 aus Arbeitseinkommen, beträgt dies 70 Prozent des erzielten regelmäßigen Arbeitseinkommens, soweit es der Beitragsberechnung unterliegt. § 47 Absatz 1 Satz 6 bis 8 und Absatz 4 Satz 3 bis 5 gilt entsprechend.

(3) Versicherte mit Anspruch auf Krankengeld nach Absatz 1 haben für die Dauer dieses Anspruchs gegen ihren Arbeitgeber Anspruch auf unbezahlte Freistellung von der Arbeitsleistung, soweit nicht aus dem gleichen Grund Anspruch auf bezahlte Freistellung besteht. Wird der Freistellungsanspruch nach Satz 1 geltend gemacht, bevor die Krankenkasse ihre Leistungsverpflichtung nach Absatz 1 anerkannt hat, und sind die Voraussetzungen dafür nicht erfüllt,

ist der Arbeitgeber berechtigt, die gewährte Freistellung von der Arbeitsleistung auf einen späteren Freistellungsanspruch zur Beaufsichtigung, Betreuung oder Pflege eines erkrankten Kindes anzurechnen. Der Freistellungsanspruch nach Satz 1 kann nicht durch Vertrag ausgeschlossen oder beschränkt werden.

(4) Versicherte haben ferner Anspruch auf Krankengeld, wenn sie zur Beaufsichtigung, Betreuung oder Pflege ihres erkrankten und versicherten Kindes der Arbeit fernbleiben, sofern das Kind das zwölfte Lebensjahr noch nicht vollendet hat oder behindert und auf Hilfe angewiesen ist und nach ärztlichem Zeugnis an einer Erkrankung leidet,

a) die progredient verläuft und bereits ein weit fortgeschrittenes Stadium erreicht hat,
b) bei der eine Heilung ausgeschlossen und eine palliativ-medizinische Behandlung notwendig oder von einem Elternteil erwünscht ist und
c) die lediglich eine begrenzte Lebenserwartung von Wochen oder wenigen Monaten erwarten lässt.

Der Anspruch besteht nur für ein Elternteil. Absatz 1 Satz 2, Absatz 3 und § 47 gelten entsprechend.

(5) Anspruch auf unbezahlte Freistellung nach den Absätzen 3 und 4 haben auch Arbeitnehmer, die nicht Versicherte mit Anspruch auf Krankengeld nach Absatz 1 sind.

§ 46 Entstehen des Anspruchs auf Krankengeld

Der Anspruch auf Krankengeld entsteht

1. bei Krankenhausbehandlung oder Behandlung in einer Vorsorge- oder Rehabilitationseinrichtung (§ 23 Abs. 4, §§ 24, 40 Abs. 2 und § 41) von ihrem Beginn an,
2. im übrigen von dem Tag der Feststellung der ärztlichen Arbeitsunfähigkeit an.

Der Anspruch auf Krankengeld bleibt jeweils bis zu dem Tag bestehen, an dem die weitere Arbeitsunfähigkeit wegen derselben Krankheit ärztlich festgestellt wird, wenn diese ärztliche Feststellung spätestens am nächsten Werktag nach dem zuletzt bescheinigten Ende der Arbeitsunfähigkeit erfolgt; Samstage gelten insoweit nicht als Werktage. Für die nach dem Künstlersozialversicherungsgesetz Versicherten sowie für Versicherte, die eine Wahlerklärung nach § 44 Absatz 2 Satz 1 Nummer 2 abgegeben haben, entsteht der Anspruch von der siebten Woche der Arbeitsunfähigkeit an. Der Anspruch auf Krankengeld für die in Satz 3 genannten Versicherten nach dem Künstlersozialversicherungsgesetz entsteht bereits vor der siebten Woche der Arbeitsunfähigkeit zu dem von der Satzung bestimmten Zeitpunkt, spätestens jedoch mit Beginn der dritten Woche der Arbeitsunfähigkeit, wenn der Versicherte bei seiner Krankenkasse einen Tarif nach § 53 Abs. 6 gewählt hat.

§ 47 Höhe und Berechnung des Krankengeldes

(1) Das Krankengeld beträgt 70 vom Hundert des erzielten regelmäßigen Arbeitsentgelts und Arbeitseinkommens, soweit es der Beitragsberechnung unterliegt (Regelentgelt). Das aus dem Arbeitsentgelt berechnete Krankengeld darf 90 vom Hundert des bei entsprechender Anwendung des Absatzes 2 berechneten Nettoarbeitsentgelts nicht übersteigen. Für die Berechnung des Nettoarbeitsentgelts nach Satz 2 ist der sich aus dem kalendertäglichen Hinzurechnungsbetrag nach Absatz 2 Satz 6 ergebende Anteil am Nettoarbeitsentgelt mit dem Vomhundertsatz anzusetzen, der sich aus dem Verhältnis des kalendertäglichen Regelentgeltbetrages nach Absatz 2 Satz 1 bis 5 zu dem sich aus diesem Regelentgeltbetrag ergebenden Nettoarbeitsentgelt ergibt. Das nach Satz 1 bis 3 berechnete kalendertägliche Krankengeld darf das sich aus dem Arbeitsentgelt nach Absatz 2 Satz 1 bis 5 ergebende kalendertägliche Nettoarbeitsentgelt nicht übersteigen. Das Regelentgelt wird nach den Absätzen 2, 4 und 6 berechnet. Das Krankengeld wird für Kalendertage gezahlt. Ist es für einen ganzen Kalendermonat zu zahlen, ist dieser mit dreißig Tagen anzusetzen. Bei der Berechnung des Regelentgelts nach Satz 1 und des Nettoarbeitsentgelts nach den Sätzen 2 und 4 sind die für die jeweilige Beitragsbemessung und Beitragstragung geltenden Besonderheiten des Übergangsbereichs nach § 20 Abs. 2 des Vierten Buches nicht zu berücksichtigen.

(2) Für die Berechnung des Regelentgelts ist das von dem Versicherten im letzten vor Beginn der Arbeitsunfähigkeit abgerechneten Entgeltabrechnungszeitraum, mindestens das während der letzten abgerechneten vier Wochen (Bemessungszeitraum) erzielte und um einmalig gezahltes Arbeitsentgelt verminderte Arbeitsentgelt durch die Zahl der Stunden zu teilen, für die es gezahlt wurde. Das Ergebnis ist mit der Zahl der sich aus dem Inhalt des

Arbeitsverhältnisses ergebenden regelmäßigen wöchentlichen Arbeitsstunden zu vervielfachen und durch sieben zu teilen. Ist das Arbeitsentgelt nach Monaten bemessen oder ist eine Berechnung des Regelentgelts nach den Sätzen 1 und 2 nicht möglich, gilt der dreißigste Teil des im letzten vor Beginn der Arbeitsunfähigkeit abgerechneten Kalendermonat erzielten und um einmalig gezahltes Arbeitsentgelt verminderten Arbeitsentgelts als Regelentgelt. Wenn mit einer Arbeitsleistung Arbeitsentgelt erzielt wird, das für Zeiten einer Freistellung vor oder nach dieser Arbeitsleistung fällig wird (Wertguthaben nach § 7 Abs. 1a des Vierten Buches), ist für die Berechnung des Regelentgelts das im Bemessungszeitraum der Beitragsberechnung zugrundeliegende und um einmalig gezahltes Arbeitsentgelt verminderte Arbeitsentgelt maßgebend; Wertguthaben, die nicht gemäß einer Vereinbarung über flexible Arbeitszeitregelungen verwendet werden (§ 23b Abs. 2 des Vierten Buches), bleiben außer Betracht. Bei der Anwendung des Satzes 1 gilt als regelmäßige wöchentliche Arbeitszeit die Arbeitszeit, die dem gezahlten Arbeitsentgelt entspricht. Für die Berechnung des Regelentgelts ist der dreihundertsechzigste Teil des einmalig gezahlten Arbeitsentgelts, das in den letzten zwölf Kalendermonaten vor Beginn der Arbeitsunfähigkeit nach § 23a des Vierten Buches der Beitragsberechnung zugrunde gelegen hat, dem nach Satz 1 bis 5 berechneten Arbeitsentgelt hinzuzurechnen.

(3) Die Satzung kann bei nicht kontinuierlicher Arbeitsverrichtung und -vergütung abweichende Bestimmungen zur Zahlung und Berechnung des Krankengeldes vorsehen, die sicherstellen, daß das Krankengeld seine Entgeltersatzfunktion erfüllt.

(4) Für Seeleute gelten als Regelentgelt die beitragspflichtigen Einnahmen nach § 233 Abs. 1. Für Versicherte, die nicht Arbeitnehmer sind, gilt als Regelentgelt der kalendertägliche Betrag, der zuletzt vor Beginn der Arbeitsunfähigkeit für die Beitragsbemessung aus Arbeitseinkommen maßgebend war. Für nach dem Künstlersozialversicherungsgesetz Versicherte ist das Regelentgelt aus dem Arbeitseinkommen zu berechnen, das der Beitragsbemessung für die letzten zwölf Kalendermonate vor Beginn der Arbeitsunfähigkeit zugrunde gelegen hat; dabei ist für den Kalendertag der dreihundertsechzigste Teil dieses Betrages anzusetzen. Die Zahl dreihundertsechzig ist um die Zahl der Kalendertage zu vermindern, in denen eine Ver-

sicherungspflicht nach dem Künstlersozialversicherungsgesetz nicht bestand oder für die nach § 234 Abs. 1 Satz 3 Arbeitseinkommen nicht zugrunde zu legen ist. Die Beträge nach § 226 Abs. 1 Satz 1 Nr. 2 und 3 bleiben außer Betracht.

(5) [aufgehoben]

(6) Das Regelentgelt wird bis zur Höhe des Betrages der kalendertäglichen Beitragsbemessungsgrenze berücksichtigt.

§ 47a Beitragszahlungen der Krankenkassen an berufsständische Versorgungseinrichtungen

(1) Für Bezieher von Krankengeld, die wegen einer Pflichtmitgliedschaft in einer berufsständischen Versorgungseinrichtung von der Versicherungspflicht in der gesetzlichen Rentenversicherung befreit sind, zahlen die Krankenkassen auf Antrag des Mitglieds diejenigen Beiträge an die zuständige berufsständische Versorgungseinrichtung, wie sie bei Eintritt von Versicherungspflicht nach § 3 Satz 1 Nummer 3 des Sechsten Buches an die gesetzliche Rentenversicherung zu entrichten wären. Die von der Krankenkasse zu zahlenden Beiträge sind auf die Höhe der Beiträge begrenzt, die die Krankenkasse ohne die Befreiung von der Versicherungspflicht in der gesetzlichen Rentenversicherung für die Dauer des Leistungsbezugs zu tragen hätte; sie dürfen die Hälfte der in der Zeit des Leistungsbezugs vom Mitglied an die berufsständische Versorgungseinrichtung zu zahlenden Beiträge nicht übersteigen.

(2) Die Krankenkassen haben der zuständigen berufsständischen Versorgungseinrichtung den Beginn und das Ende der Beitragszahlung sowie die Höhe der der Beitragsberechnung zugrunde liegenden beitragspflichtigen Einnahmen und den zu zahlenden Beitrag für das Mitglied zu übermitteln; ab dem 1. Januar 2017 erfolgt die Übermittlung durch elektronischen Nachweis. Das Nähere zum Verfahren, zu notwendigen weiteren Angaben und den Datensatz regeln der Spitzenverband Bund der Krankenkassen und die Arbeitsgemeinschaft berufsständischer Versorgungseinrichtungen bis zum 31. Juli 2016 in gemeinsamen Grundsätzen, die vom Bundesministerium für Gesundheit zu genehmigen sind.

§ 47b Höhe und Berechnung des Krankengeldes bei Beziehern von Arbeitslosengeld, Unterhaltsgeld oder Kurzarbeitergeld

(1) Das Krankengeld für Versicherte nach § 5 Abs. 1 Nr. 2 wird in Höhe des Betrages des Arbeitslosengeldes oder des Unterhaltsgeldes gewährt, den der Versicherte zuletzt bezogen hat. Das Krankengeld wird vom ersten Tage der Arbeitsunfähigkeit an gewährt.

(2) Ändern sich während des Bezuges von Krankengeld die für den Anspruch auf Arbeitslosengeld oder Unterhaltsgeld maßgeblichen Verhältnisse des Versicherten, so ist auf Antrag des Versicherten als Krankengeld derjenige Betrag zu gewähren, den der Versicherte als Arbeitslosengeld oder Unterhaltsgeld erhalten würde, wenn er nicht erkrankt wäre. Änderungen, die zu einer Erhöhung des Krankengeldes um weniger als zehn vom Hundert führen würden, werden nicht berücksichtigt.

(3) Für Versicherte, die während des Bezuges von Kurzarbeitergeld arbeitsunfähig erkranken, wird das Krankengeld nach dem regelmäßigen Arbeitsentgelt, das zuletzt vor Eintritt des Arbeitsausfalls erzielt wurde (Regelentgelt), berechnet.

(4) Für Versicherte, die arbeitsunfähig erkranken, bevor in ihrem Betrieb die Voraussetzungen für den Bezug von Kurzarbeitergeld nach dem Dritten Buch erfüllt sind, wird, solange Anspruch auf Fortzahlung des Arbeitsentgelts im Krankheitsfalle besteht, neben dem Arbeitsentgelt als Krankengeld der Betrag des Kurzarbeitergeldes gewährt, den der Versicherte erhielte, wenn er nicht arbeitsunfähig wäre. Der Arbeitgeber hat das Krankengeld kostenlos zu errechnen und auszuzahlen. Der Arbeitnehmer hat die erforderlichen Angaben zu machen.

(5) Bei der Ermittlung der Bemessungsgrundlage für die Leistungen der gesetzlichen Krankenversicherung ist von dem Arbeitsentgelt auszugehen, das bei der Bemessung der Beiträge zur gesetzlichen Krankenversicherung zugrunde gelegt wurde.

(6) In den Fällen des § 232a Abs. 3 wird das Krankengeld abweichend von Absatz 3 nach dem Arbeitsentgelt unter Hinzurechnung des Winterausfallgeldes berechnet. Die Absätze 4 und 5 gelten entsprechend.

§ 48 Dauer des Krankengeldes

(1) Versicherte erhalten Krankengeld ohne zeitliche Begrenzung, für den Fall der Arbeitsunfähigkeit wegen derselben Krankheit jedoch für längstens achtundsiebzig Wochen innerhalb von je drei Jahren, gerechnet vom Tage des Beginns der Arbeitsunfähigkeit an. Tritt während der Arbeitsunfähigkeit eine weitere Krankheit hinzu, wird die Leistungsdauer nicht verlängert.

(2) Für Versicherte, die im letzten Dreijahreszeitraum wegen derselben Krankheit für achtundsiebzig Wochen Krankengeld bezogen haben, besteht nach Beginn eines neuen Dreijahreszeitraums ein neuer Anspruch auf Krankengeld wegen derselben Krankheit, wenn sie bei Eintritt der erneuten Arbeitsunfähigkeit mit Anspruch auf Krankengeld versichert sind und in der Zwischenzeit mindestens sechs Monate

1. nicht wegen dieser Krankheit arbeitsunfähig waren und
2. erwerbstätig waren oder der Arbeitsvermittlung zur Verfügung standen.

(3) Bei der Feststellung der Leistungsdauer des Krankengeldes werden Zeiten, in denen der Anspruch auf Krankengeld ruht oder für die das Krankengeld versagt wird, wie Zeiten des Bezugs von Krankengeld berücksichtigt. Zeiten, für die kein Anspruch auf Krankengeld besteht, bleiben unberücksichtigt.

§ 49 Ruhen des Krankengeldes

(1) Der Anspruch auf Krankengeld ruht,

1. soweit und solange Versicherte beitragspflichtiges Arbeitsentgelt oder Arbeitseinkommen erhalten; dies gilt nicht für einmalig gezahltes Arbeitsentgelt,
2. solange Versicherte Elternzeit nach dem Bundeselterngeld- und Elternzeitgesetz in Anspruch nehmen; dies gilt nicht, wenn die Arbeitsunfähigkeit vor Beginn der Elternzeit eingetreten ist oder das Krankengeld aus dem Arbeitsentgelt zu berechnen ist, das aus einer versicherungspflichtigen Beschäftigung während der Elternzeit erzielt worden ist,
3. soweit und solange Versicherte Versorgungskrankengeld, Übergangsgeld, Unterhaltsgeld oder Kurzarbeitergeld beziehen,

3a. solange Versicherte Mutterschaftsgeld oder Arbeitslosengeld beziehen oder der Anspruch wegen einer Sperrzeit nach dem Dritten Buch ruht,

4. soweit und solange Versicherte Entgeltersatzleistungen, die ihrer Art nach den in Nummer 3 genannten Leistungen vergleichbar sind, von einem Träger der Sozialversicherung oder einer staatlichen Stelle im Ausland erhalten,
5. solange die Arbeitsunfähigkeit der Krankenkasse nicht gemeldet wird; dies gilt nicht, wenn die Meldung innerhalb einer Woche nach Beginn der Arbeitsunfähigkeit erfolgt,
6. soweit und solange für Zeiten einer Freistellung von der Arbeitsleistung (§ 7 Abs. 1a des Vierten Buches) eine Arbeitsleistung nicht geschuldet wird,
7. während der ersten sechs Wochen der Arbeitsunfähigkeit für Versicherte, die eine Wahlerklärung nach § 44 Absatz 2 Satz 1 Nummer 3 abgegeben haben.

(2) [aufgehoben]

(3) Auf Grund gesetzlicher Bestimmungen gesenkte Entgelt- oder Entgeltersatzleistungen dürfen bei der Anwendung des Absatzes 1 nicht aufgestockt werden.

(4) [aufgehoben]

§ 50 Ausschluß und Kürzung des Krankengeldes

(1) Für Versicherte, die
1. Rente wegen voller Erwerbsminderung, Erwerbsunfähigkeit oder Vollrente wegen Alters aus der gesetzlichen Rentenversicherung,
2. Ruhegehalt, das nach beamtenrechtlichen Vorschriften oder Grundsätzen gezahlt wird,
3. Vorruhestandsgeld nach § 5 Abs. 3,
4. Leistungen, die ihrer Art nach den in den Nummern 1 und 2 genannten Leistungen vergleichbar sind, wenn sie von einem Träger der gesetzlichen Rentenversicherung oder einer staatlichen Stelle im Ausland gezahlt werden,
5. Leistungen, die ihrer Art nach den in den Nummern 1 und 2 genannten Leistungen vergleichbar sind, wenn sie nach den ausschließlich für das in Artikel 3 des Einigungsvertrages genannte Gebiet geltenden Bestimmungen gezahlt werden,

beziehen, endet ein Anspruch auf Krankengeld vom Beginn dieser Leistungen an; nach Beginn dieser Leistungen entsteht ein neuer Krankengeldanspruch nicht. Ist über den Beginn der in Satz 1 genannten Leistungen hinaus Krankengeld gezahlt worden und übersteigt dieses den Betrag der Leistungen, kann die Krankenkasse den überschießenden Betrag vom Versicherten nicht zurückfordern. In den Fällen der Nummer 4 gilt das überzahlte Krankengeld bis zur Höhe der dort genannten Leistungen als Vorschuß des Trägers oder der Stelle; es ist zurückzuzahlen. Wird eine der in Satz 1 genannten Leistungen nicht mehr gezahlt, entsteht ein Anspruch auf Krankengeld, wenn das Mitglied bei Eintritt einer erneuten Arbeitsunfähigkeit mit Anspruch auf Krankengeld versichert ist.

(2) Das Krankengeld wird um den Zahlbetrag
1. der Altersrente, der Rente wegen Erwerbsminderung oder der Landabgaberente aus der Alterssicherung der Landwirte,
2. der Rente wegen teilweiser Erwerbsminderung oder Berufsunfähigkeit oder der Teilrente wegen Alters aus der gesetzlichen Rentenversicherung,
3. der Knappschaftsausgleichsleistung oder der Rente für Bergleute oder
4. einer vergleichbaren Leistung, die von einem Träger oder einer staatlichen Stelle im Ausland gezahlt wird,
5. von Leistungen, die ihrer Art nach den in den Nummern 1 bis 3 genannten Leistungen vergleichbar sind, wenn sie nach den ausschließlich für das in dem in Artikel 3 des Einigungsvertrages genannten Gebiets geltenden Bestimmungen gezahlt werden,

gekürzt, wenn die Leistung von einem Zeitpunkt nach dem Beginn der Arbeitsunfähigkeit oder der stationären Behandlung an zuerkannt wird.

§ 51 Wegfall des Krankengeldes, Antrag auf Leistungen zur Teilhabe

(1) Versicherten, deren Erwerbsfähigkeit nach ärztlichem Gutachten erheblich gefährdet oder gemindert ist, kann die Krankenkasse eine Frist von zehn Wochen setzen, innerhalb der sie einen Antrag auf Leistungen zur medizinischen Rehabilitation und zur Teilhabe am Arbeitsleben zu stellen haben. Haben diese Versicherten ihren Wohnsitz oder gewöhnlichen Aufenthalt im Ausland, kann ihnen die Krankenkasse eine Frist von zehn Wochen setzen, innerhalb der sie entweder einen Antrag auf Leistungen zur medizinischen Rehabilitation und zur Teilhabe am Arbeitsleben bei einem Leistungsträger mit Sitz im Inland oder einen Antrag auf Rente wegen voller

Erwerbsminderung bei einem Träger der gesetzlichen Rentenversicherung mit Sitz im Inland zu stellen haben.

(2) Erfüllen Versicherte die Voraussetzungen für den Bezug der Regelaltersrente oder Altersrente aus der Alterssicherung der Landwirte bei Vollendung des 65. Lebensjahres, kann ihnen die Krankenkasse eine Frist von zehn Wochen setzen, innerhalb der sie den Antrag auf diese Leistung zu stellen haben.

(3) Stellen Versicherte innerhalb der Frist den Antrag nicht, entfällt der Anspruch auf Krankengeld mit Ablauf der Frist. Wird der Antrag später gestellt, lebt der Anspruch auf Krankengeld mit dem Tag der Antragstellung wieder auf.

Sozialgesetzbuch VII*
(Gesetzliche Unfallversicherung – SGB VII)

(Auszüge: §§ 7–10, 21–23)

§ 7 Begriff

(1) Versicherungsfälle sind Arbeitsunfälle und Berufskrankheiten.

(2) Verbotswidriges Handeln schließt einen Versicherungsfall nicht aus.

§ 8 Arbeitsunfall

(1) Arbeitsunfälle sind Unfälle von Versicherten infolge einer den Versicherungsschutz nach § 2, 3 oder 6 begründenden Tätigkeit (versicherte Tätigkeit). Unfälle sind zeitlich begrenzte, von außen auf den Körper einwirkende Ereignisse, die zu einem Gesundheitsschaden oder zum Tod führen.

(2) Versicherte Tätigkeiten sind auch

1. das Zurücklegen des mit der versicherten Tätigkeit zusammenhängenden unmittelbaren Weges nach und von dem Ort der Tätigkeit,
2. das Zurücklegen des von einem unmittelbaren Weg nach und von dem Ort der Tätigkeit abweichenden Weges, um
   a) Kinder von Versicherten (§ 56 des Ersten Buches), die mit ihnen in einem gemeinsamen Haushalt leben, wegen ihrer, ihrer Ehegatten oder ihrer Lebenspartner beruflichen Tätigkeit fremder Obhut anzuvertrauen oder
   b) mit anderen Berufstätigen oder Versicherten gemeinsam ein Fahrzeug zu benutzen,
3. das Zurücklegen des von einem unmittelbaren Weg nach und von dem Ort der Tätigkeit abweichenden Weges der Kinder von Personen (§ 56 des Ersten Buches), die mit ihnen in einem gemeinsamen Haushalt leben, wenn die Abweichung darauf beruht, daß die Kinder wegen der beruflichen Tätigkeit dieser Personen oder deren Ehegatten oder deren Lebenspartner fremder Obhut anvertraut werden,

---

* Vom 7. August 1996, zuletzt geändert durch Gesetz vom 11. Dezember 2018 (BGBl. I, S. 2387 (2390)).

4. das Zurücklegen des mit der versicherten Tätigkeit zusammenhängenden Weges von und nach der ständigen Familienwohnung, wenn die Versicherten wegen der Entfernung ihrer Familienwohnung von dem Ort der Tätigkeit an diesem oder in dessen Nähe eine Unterkunft haben,
5. das mit einer versicherten Tätigkeit zusammenhängende Verwahren, Befördern, Instandhalten und Erneuern eines Arbeitsgeräts oder einer Schutzausrüstung sowie deren Erstbeschaffung, wenn diese auf Veranlassung der Unternehmer erfolgt.

(3) Als Gesundheitsschaden gilt auch die Beschädigung oder der Verlust eines Hilfsmittels.

§ 9 Berufskrankheit

(1) Berufskrankheiten sind Krankheiten, die die Bundesregierung durch Rechtsverordnung mit Zustimmung des Bundesrates als Berufskrankheiten bezeichnet und die Versicherte infolge einer den Versicherungsschutz nach § 2, 3 oder 6 begründenden Tätigkeit erleiden. Die Bundesregierung wird ermächtigt, in der Rechtsverordnung solche Krankheiten als Berufskrankheiten zu bezeichnen, die nach den Erkenntnissen der medizinischen Wissenschaft durch besondere Einwirkungen verursacht sind, denen bestimmte Personengruppen durch ihre versicherte Tätigkeit in erheblich höherem Grade als die übrige Bevölkerung ausgesetzt sind; sie kann dabei bestimmen, daß die Krankheiten nur dann Berufskrankheiten sind, wenn sie durch Tätigkeiten in bestimmten Gefährdungsbereichen verursacht worden sind oder wenn sie zur Unterlassung aller Tätigkeiten geführt haben, die für die Entstehung, die Verschlimmerung oder das Wiederaufleben der Krankheit ursächlich waren oder sein können. In der Rechtsverordnung kann ferner bestimmt werden, inwieweit Versicherte in Unternehmen der Seefahrt auch in der Zeit gegen Berufskrankheiten versichert sind, in der sie an Land beurlaubt sind.

(2) Die Unfallversicherungsträger haben eine Krankheit, die nicht in der Rechtsverordnung bezeichnet ist oder bei der die dort bestimmten Voraussetzungen nicht vorliegen, wie eine Berufskrankheit als Versicherungsfall anzuerkennen, sofern im Zeitpunkt der Entscheidung nach neuen Erkenntnissen der medizinischen Wissenschaft die Voraussetzungen für eine Bezeichnung nach Absatz 1 Satz 2 erfüllt sind.

(3) Erkranken Versicherte, die infolge der besonderen Bedingungen ihrer versicherten Tätigkeit in erhöhtem Maße der Gefahr der Erkrankung an einer in der Rechtsverordnung nach Absatz 1 genannten Berufskrankheit ausgesetzt waren, an einer solchen Krankheit und können Anhaltspunkte für eine Verursachung außerhalb der versicherten Tätigkeit nicht festgestellt werden, wird vermutet, daß diese infolge der versicherten Tätigkeit verursacht worden ist.

(4) Setzt die Anerkennung einer Krankheit als Berufskrankheit die Unterlassung aller Tätigkeiten voraus, die für die Entstehung, die Verschlimmerung oder das Wiederaufleben der Krankheit ursächlich waren oder sein können, haben die Unfallversicherungsträger vor Unterlassung einer noch verrichteten gefährdenden Tätigkeit darüber zu entscheiden, ob die übrigen Voraussetzungen für die Anerkennung einer Berufskrankheit erfüllt sind.

(5) Soweit Vorschriften über Leistungen auf den Zeitpunkt des Versicherungsfalls abstellen, ist bei Berufskrankheiten auf den Beginn der Arbeitsunfähigkeit oder der Behandlungsbedürftigkeit oder, wenn dies für den Versicherten günstiger ist, auf den Beginn der rentenberechtigenden Minderung der Erwerbsfähigkeit abzustellen.

(6) Die Bundesregierung regelt durch Rechtsverordnung mit Zustimmung des Bundesrates

1. Voraussetzungen, Art und Umfang von Leistungen zur Verhütung des Entstehens, der Verschlimmerung oder des Wiederauflebens von Berufskrankheiten,
2. die Mitwirkung der für den medizinischen Arbeitsschutz zuständigen Stellen bei der Feststellung von Berufskrankheiten sowie von Krankheiten, die nach Absatz 2 wie Berufskrankheiten zu entschädigen sind; dabei kann bestimmt werden, daß die für den medizinischen Arbeitsschutz zuständigen Stellen berechtigt sind, Zusammenhangsgutachten zu erstellen sowie zur Vorbereitung ihrer Gutachten Versicherte zu untersuchen oder auf Kosten der Unfallversicherungsträger andere Ärzte mit der Vornahme der Untersuchungen zu beauftragen,
3. die von den Unfallversicherungsträgern für die Tätigkeit der Stellen nach Nummer 2 zu entrichtenden Gebühren; diese Gebühren richten sich nach dem für die Begutachtung erforderlichen Aufwand und den dadurch entstehenden Kosten.

(7) Die Unfallversicherungsträger haben die für den medizinischen Arbeitsschutz zuständige Stelle über den Ausgang des Berufskrankheitenverfahrens zu unterrichten, soweit ihre Entscheidung von der gutachterlichen Stellungnahme der zuständigen Stelle abweicht.

(8) Die Unfallversicherungsträger wirken bei der Gewinnung neuer medizinisch-wissenschaftlicher Erkenntnisse insbesondere zur Fortentwicklung des Berufskrankheitenrechts mit; sie sollen durch eigene Forschung oder durch Beteiligung an fremden Forschungsvorhaben dazu beitragen, den Ursachenzusammenhang zwischen Erkrankungshäufigkeiten in einer bestimmten Personengruppe und gesundheitsschädlichen Einwirkungen im Zusammenhang mit der versicherten Tätigkeit aufzuklären.

(9) Die für den medizinischen Arbeitsschutz zuständigen Stellen dürfen zur Feststellung von Berufskrankheiten sowie von Krankheiten, die nach Absatz 2 wie Berufskrankheiten zu entschädigen sind, Daten erheben, verarbeiten oder nutzen sowie zur Vorbereitung von Gutachten Versicherte untersuchen, soweit dies im Rahmen ihrer Mitwirkung nach Absatz 6 Nr. 2 erforderlich ist; sie dürfen diese Daten insbesondere an den zuständigen Unfallversicherungsträger übermitteln. Die erhobenen Daten dürfen auch zur Verhütung von Arbeitsunfällen, Berufskrankheiten und arbeitsbedingten Gesundheitsgefahren verarbeitet oder genutzt werden. Soweit die in Satz 1 genannten Stellen andere Ärzte mit der Vornahme von Untersuchungen beauftragen, ist die Übermittlung von Daten zwischen diesen Stellen und den beauftragten Ärzten zulässig, soweit dies im Rahmen des Untersuchungsauftrages erforderlich ist.

§ 10 Erweiterung in der See- und Binnenschiffahrt

(1) In der See- und Binnenschiffahrt sind Versicherungsfälle auch Unfälle infolge

1. von Elementarereignissen,
2. der einem Hafen oder dem Liegeplatz eines Fahrzeugs eigentümlichen Gefahren,
3. der Beförderung von Land zum Fahrzeug oder vom Fahrzeug zum Land.

(2) In Unternehmen der Seefahrt gilt als versicherte Tätigkeit auch die freie Rückbeförderung nach dem Seearbeitsgesetz oder tariflichen Vorschriften.

§ 21 Verantwortung des Unternehmers, Mitwirkung der Versicherten

(1) Der Unternehmer ist für die Durchführung der Maßnahmen zur Verhütung von Arbeitsunfällen und Berufskrankheiten, für die Verhütung von arbeitsbedingten Gesundheitsgefahren sowie für eine wirksame Erste Hilfe verantwortlich.

(2) Ist bei einer Schule der Unternehmer nicht Schulhoheitsträger, ist auch der Schulhoheitsträger in seinem Zuständigkeitsbereich für die Durchführung der in Absatz 1 genannten Maßnahmen verantwortlich. Der Schulhoheitsträger ist verpflichtet, im Benehmen mit dem für die Versicherten nach § 2 Abs. 1 Nr. 8 Buchstabe b zuständigen Unfallversicherungsträger Regelungen über die Durchführung der in Absatz 1 genannten Maßnahmen im inneren Schulbereich zu treffen.

(3) Die Versicherten haben nach ihren Möglichkeiten alle Maßnahmen zur Verhütung von Arbeitsunfällen, Berufskrankheiten und arbeitsbedingten Gesundheitsgefahren sowie für eine wirksame Erste Hilfe zu unterstützen und die entsprechenden Anweisungen des Unternehmers zu befolgen.

§ 22 Sicherheitsbeauftragte

(1) In Unternehmen mit regelmäßig mehr als 20 Beschäftigten hat der Unternehmer unter Beteiligung des Betriebsrates oder Personalrates Sicherheitsbeauftragte unter Berücksichtigung der im Unternehmen für die Beschäftigten bestehenden Unfall- und Gesundheitsgefahren und der Zahl der Beschäftigten zu bestellen. Als Beschäftigte gelten auch die nach § 2 Abs. 1 Nr. 2, 8 und 12 Versicherten. In Unternehmen mit besonderen Gefahren für Leben und Gesundheit kann der Unfallversicherungsträger anordnen, daß Sicherheitsbeauftragte auch dann zu bestellen sind, wenn die Mindestbeschäftigtenzahl nach Satz 1 nicht erreicht wird. Für Unternehmen mit geringen Gefahren für Leben und Gesundheit kann der Unfallversicherungsträger die Zahl 20 in seiner Unfallverhütungsvorschrift erhöhen.

(2) Die Sicherheitsbeauftragten haben den Unternehmer bei der Durchführung der Maßnahmen zur Verhütung von Arbeitsunfällen und Berufskrankheiten zu unterstützen, insbesondere sich von dem Vorhandensein und der ordnungsgemäßen Benutzung der vorgeschriebenen Schutzeinrichtungen und persönlichen Schutzausrüstungen zu überzeugen und auf Unfall- und Gesundheitsgefahren für die Versicherten aufmerksam zu machen.

(3) Die Sicherheitsbeauftragten dürfen wegen der Erfüllung der ihnen übertragenen Aufgaben nicht benachteiligt werden.

§ 23 Aus- und Fortbildung

(1) Die Unfallversicherungsträger haben für die erforderliche Aus- und Fortbildung der Personen in den Unternehmen zu sorgen, die mit der Durchführung der Maßnahmen zur Verhütung von Arbeitsunfällen, Berufskrankheiten und arbeitsbedingten Gesundheitsgefahren sowie mit der Ersten Hilfe betraut sind. Für nach dem Gesetz über Betriebsärzte, Sicherheitsingenieure und andere Fachkräfte für Arbeitssicherheit zu verpflichtende Betriebsärzte und Fachkräfte für Arbeitssicherheit, die nicht dem Unternehmen angehören, können die Unfallversicherungsträger entsprechende Maßnahmen durchführen. Die Unfallversicherungsträger haben Unternehmer und Versicherte zur Teilnahme an Aus- und Fortbildungslehrgängen anzuhalten.

(2) Die Unfallversicherungsträger haben die unmittelbaren Kosten ihrer Aus- und Fortbildungsmaßnahmen sowie die erforderlichen Fahr-, Verpflegungs- und Unterbringungskosten zu tragen. Bei Aus- und Fortbildungsmaßnahmen für Ersthelfer, die von Dritten durchgeführt werden, haben die Unfallversicherungsträger nur die Lehrgangsgebühren zu tragen.

(3) Für die Arbeitszeit, die wegen der Teilnahme an einem Lehrgang ausgefallen ist, besteht gegen den Unternehmer ein Anspruch auf Fortzahlung des Arbeitsentgelts.

(4) Bei der Ausbildung von Sicherheitsbeauftragten und Fachkräften für Arbeitssicherheit sind die für den Arbeitsschutz zuständigen Landesbehörden zu beteiligen.

Sozialgesetzbuch IX*
(Rehabilitation und Teilhabe von Menschen mit Behinderungen – SGB IX)

Auszüge (§§ 1–5, 44, 49–63, 151–183, 205–209)

TEIL 1
Regelungen für Menschen mit Behinderungen und von Behinderung bedrohte Menschen

KAPITEL 1
Allgemeine Vorschriften

§ 1 Selbstbestimmung und Teilhabe am Leben in der Gesellschaft

Menschen mit Behinderungen oder von Behinderung bedrohte Menschen erhalten Leistungen nach diesem Buch und den für die Rehabilitationsträger geltenden Leistungsgesetzen, um ihre Selbstbestimmung und ihre volle, wirksame und gleichberechtigte Teilhabe am Leben in der Gesellschaft zu fördern, Benachteiligungen zu vermeiden oder ihnen entgegenzuwirken. Dabei wird den besonderen Bedürfnissen von Frauen und Kindern mit Behinderungen und von Behinderung bedrohter Frauen und Kinder sowie Menschen mit seelischen Behinderungen oder von einer solchen Behinderung bedrohter Menschen Rechnung getragen.

§ 2 Begriffsbestimmungen

(1) Menschen mit Behinderungen sind Menschen, die körperliche, seelische, geistige oder Sinnesbeeinträchtigungen haben, die sie in Wechselwirkung mit einstellungs- und umweltbedingten Barrieren an der gleichberechtigten Teilhabe an der Gesellschaft mit hoher Wahrscheinlichkeit länger als sechs Monate hindern können. Eine Beeinträchtigung nach Satz 1 liegt vor, wenn der Körper- und Gesundheitszustand von dem für das Lebensalter typischen Zustand abweicht. Menschen sind von Behinderung bedroht, wenn eine Beeinträchtigung nach Satz 1 zu erwarten ist.

(2) Menschen sind im Sinne des Teils 3 schwerbehindert, wenn bei ihnen ein Grad der Behinderung von wenigstens 50 vorliegt und sie

* Vom 23. Dezember 2016 (BGBL. I, S. 3234), zuletzt geändert durch Gesetz vom 28. November 2018 (BGBl. I, S. 2016 (2022)).

ihren Wohnsitz, ihren gewöhnlichen Aufenthalt oder ihre Beschäftigung auf einem Arbeitsplatz im Sinne des § 156 rechtmäßig im Geltungsbereich dieses Gesetzbuches haben.

(3) Schwerbehinderten Menschen gleichgestellt werden sollen Menschen mit Behinderungen mit einem Grad der Behinderung von weniger als 50, aber wenigstens 30, bei denen die übrigen Voraussetzungen des Absatzes 2 vorliegen, wenn sie infolge ihrer Behinderung ohne die Gleichstellung einen geeigneten Arbeitsplatz im Sinne des § 156 nicht erlangen oder nicht behalten können (gleichgestellte behinderte Menschen).

§ 3 Vorrang von Prävention

(1) Die Rehabilitationsträger und die Integrationsämter wirken bei der Aufklärung, Beratung, Auskunft und Ausführung von Leistungen im Sinne des Ersten Buches sowie im Rahmen der Zusammenarbeit mit den Arbeitgebern nach § 167 darauf hin, dass der Eintritt einer Behinderung einschließlich einer chronischen Krankheit vermieden wird.

(2) Die Rehabilitationsträger nach § 6 Absatz 1 Nummer 1 bis 4 und 6 und ihre Verbände wirken bei der Entwicklung und Umsetzung der Nationalen Präventionsstrategie nach den Bestimmungen der §§ 20d bis 20g des Fünften Buches mit, insbesondere mit der Zielsetzung der Vermeidung von Beeinträchtigungen bei der Teilhabe am Leben in der Gesellschaft.

(3) Bei der Erbringung von Leistungen für Personen, deren berufliche Eingliederung auf Grund gesundheitlicher Einschränkungen besonders erschwert ist, arbeiten die Krankenkassen mit der Bundesagentur für Arbeit und mit den kommunalen Trägern der Grundsicherung für Arbeitsuchende nach § 20a des Fünften Buches eng zusammen.

§ 4 Leistungen zur Teilhabe

(1) Die Leistungen zur Teilhabe umfassen die notwendigen Sozialleistungen, um unabhängig von der Ursache der Behinderung

1. die Behinderung abzuwenden, zu beseitigen, zu mindern, ihre Verschlimmerung zu verhüten oder ihre Folgen zu mildern,

2. Einschränkungen der Erwerbsfähigkeit oder Pflegebedürftigkeit zu vermeiden, zu überwinden, zu mindern oder eine Verschlimmerung zu verhüten sowie den vorzeitigen Bezug anderer Sozialleistungen zu vermeiden oder laufende Sozialleistungen zu mindern,
3. die Teilhabe am Arbeitsleben entsprechend den Neigungen und Fähigkeiten dauerhaft zu sichern oder
4. die persönliche Entwicklung ganzheitlich zu fördern und die Teilhabe am Leben in der Gesellschaft sowie eine möglichst selbständige und selbstbestimmte Lebensführung zu ermöglichen oder zu erleichtern.

(2) Die Leistungen zur Teilhabe werden zur Erreichung der in Absatz 1 genannten Ziele nach Maßgabe dieses Buches und der für die zuständigen Leistungsträger geltenden besonderen Vorschriften neben anderen Sozialleistungen erbracht. Die Leistungsträger erbringen die Leistungen im Rahmen der für sie geltenden Rechtsvorschriften nach Lage des Einzelfalles so vollständig, umfassend und in gleicher Qualität, dass Leistungen eines anderen Trägers möglichst nicht erforderlich werden.

(3) Leistungen für Kinder mit Behinderungen oder von Behinderung bedrohte Kinder werden so geplant und gestaltet, dass nach Möglichkeit Kinder nicht von ihrem sozialen Umfeld getrennt und gemeinsam mit Kindern ohne Behinderungen betreut werden können. Dabei werden Kinder mit Behinderungen alters- und entwicklungsentsprechend an der Planung und Ausgestaltung der einzelnen Hilfen beteiligt und ihre Sorgeberechtigten intensiv in Planung und Gestaltung der Hilfen einbezogen.

(4) Leistungen für Mütter und Väter mit Behinderungen werden gewährt, um diese bei der Versorgung und Betreuung ihrer Kinder zu unterstützen.

§ 5 Leistungsgruppen

Zur Teilhabe am Leben in der Gesellschaft werden erbracht:
1. Leistungen zur medizinischen Rehabilitation,
2. Leistungen zur Teilhabe am Arbeitsleben,
3. unterhaltssichernde und andere ergänzende Leistungen,

4. Leistungen zur Teilhabe an Bildung und
5. Leistungen zur sozialen Teilhabe.

§ 44 Stufenweise Wiedereingliederung

Können arbeitsunfähige Leistungsberechtigte nach ärztlicher Feststellung ihre bisherige Tätigkeit teilweise ausüben und können sie durch eine stufenweise Wiederaufnahme ihrer Tätigkeit voraussichtlich besser wieder in das Erwerbsleben eingegliedert werden, sollen die medizinischen und die sie ergänzenden Leistungen mit dieser Zielrichtung erbracht werden.

KAPITEL 10
Leistungen zur Teilhabe am Arbeitsleben

§ 49 Leistungen zur Teilhabe am Arbeitsleben, Verordnungsermächtigung

(1) Zur Teilhabe am Arbeitsleben werden die erforderlichen Leistungen erbracht, um die Erwerbsfähigkeit von Menschen mit Behinderungen oder von Behinderung bedrohter Menschen entsprechend ihrer Leistungsfähigkeit zu erhalten, zu verbessern, herzustellen oder wiederherzustellen und ihre Teilhabe am Arbeitsleben möglichst auf Dauer zu sichern.

(2) Frauen mit Behinderungen werden gleiche Chancen im Erwerbsleben zugesichert, insbesondere durch in der beruflichen Zielsetzung geeignete, wohnortnahe und auch in Teilzeit nutzbare Angebote.

(3) Die Leistungen zur Teilhabe am Arbeitsleben umfassen insbesondere

1. Hilfen zur Erhaltung oder Erlangung eines Arbeitsplatzes einschließlich Leistungen zur Aktivierung und beruflichen Eingliederung,
2. eine Berufsvorbereitung einschließlich einer wegen der Behinderung erforderlichen Grundausbildung,
3. die individuelle betriebliche Qualifizierung im Rahmen Unterstützter Beschäftigung,
4. die berufliche Anpassung und Weiterbildung, auch soweit die Leistungen einen zur Teilnahme erforderlichen schulischen Abschluss einschließen,

5. die berufliche Ausbildung, auch soweit die Leistungen in einem zeitlich nicht überwiegenden Abschnitt schulisch durchgeführt werden,
6. die Förderung der Aufnahme einer selbständigen Tätigkeit durch die Rehabilitationsträger nach § 6 Absatz 1 Nummer 2 bis 5 und
7. sonstige Hilfen zur Förderung der Teilhabe am Arbeitsleben, um Menschen mit Behinderungen eine angemessene und geeignete Beschäftigung oder eine selbständige Tätigkeit zu ermöglichen und zu erhalten.

(4) Bei der Auswahl der Leistungen werden Eignung, Neigung, bisherige Tätigkeit sowie Lage und Entwicklung auf dem Arbeitsmarkt angemessen berücksichtigt. Soweit erforderlich, wird dabei die berufliche Eignung abgeklärt oder eine Arbeitserprobung durchgeführt; in diesem Fall werden die Kosten nach Absatz 7, Reisekosten nach § 73 sowie Haushaltshilfe und Kinderbetreuungskosten nach § 74 übernommen.

(5) Die Leistungen werden auch für Zeiten notwendiger Praktika erbracht.

(6) Die Leistungen umfassen auch medizinische, psychologische und pädagogische Hilfen, soweit diese Leistungen im Einzelfall erforderlich sind, um die in Absatz 1 genannten Ziele zu erreichen oder zu sichern und Krankheitsfolgen zu vermeiden, zu überwinden, zu mindern oder ihre Verschlimmerung zu verhüten. Leistungen sind insbesondere
1. Hilfen zur Unterstützung bei der Krankheits- und Behinderungsverarbeitung,
2. Hilfen zur Aktivierung von Selbsthilfepotentialen,
3. die Information und Beratung von Partnern und Angehörigen sowie von Vorgesetzten und Kollegen, wenn die Leistungsberechtigten dem zustimmen,
4. die Vermittlung von Kontakten zu örtlichen Selbsthilfe- und Beratungsmöglichkeiten,
5. Hilfen zur seelischen Stabilisierung und zur Förderung der sozialen Kompetenz, unter anderem durch Training sozialer und kommunikativer Fähigkeiten und im Umgang mit Krisensituationen,
6. das Training lebenspraktischer Fähigkeiten,
7. das Training motorischer Fähigkeiten,

8. die Anleitung und Motivation zur Inanspruchnahme von Leistungen zur Teilhabe am Arbeitsleben und
9. die Beteiligung von Integrationsfachdiensten im Rahmen ihrer Aufgabenstellung (§ 193).

(7) Zu den Leistungen gehört auch die Übernahme
1. der erforderlichen Kosten für Unterkunft und Verpflegung, wenn für die Ausführung einer Leistung eine Unterbringung außerhalb des eigenen oder des elterlichen Haushalts wegen Art oder Schwere der Behinderung oder zur Sicherung des Erfolges der Teilhabe am Arbeitsleben notwendig ist sowie
2. der erforderlichen Kosten, die mit der Ausführung einer Leistung in unmittelbarem Zusammenhang stehen, insbesondere für Lehrgangskosten, Prüfungsgebühren, Lernmittel, Leistungen zur Aktivierung und beruflichen Eingliederung.

(8) Leistungen nach Absatz 3 Nummer 1 und 7 umfassen auch
1. die Kraftfahrzeughilfe nach der Kraftfahrzeughilfe-Verordnung,
2. den Ausgleich für unvermeidbare Verdienstausfälle des Leistungsberechtigten oder einer erforderlichen Begleitperson wegen Fahrten der An- und Abreise zu einer Bildungsmaßnahme und zur Vorstellung bei einem Arbeitgeber, bei einem Träger oder einer Einrichtung für Menschen mit Behinderungen, durch die Rehabilitationsträger nach § 6 Absatz 1 Nummer 2 bis 5,
3. die Kosten einer notwendigen Arbeitsassistenz für schwerbehinderte Menschen als Hilfe zur Erlangung eines Arbeitsplatzes,
4. die Kosten für Hilfsmittel, die wegen Art oder Schwere der Behinderung erforderlich sind
   a) zur Berufsausübung,
   b) zur Teilhabe an einer Leistung zur Teilhabe am Arbeitsleben oder zur Erhöhung der Sicherheit auf dem Weg vom und zum Arbeitsplatz und am Arbeitsplatz selbst, es sei denn, dass eine Verpflichtung des Arbeitgebers besteht oder solche Leistungen als medizinische Leistung erbracht werden können,
5. die Kosten technischer Arbeitshilfen, die wegen Art oder Schwere der Behinderung zur Berufsausübung erforderlich sind und
6. die Kosten der Beschaffung, der Ausstattung und der Erhaltung einer behinderungsgerechten Wohnung in angemessenem Umfang.

Die Leistung nach Satz 1 Nummer 3 wird für die Dauer von bis zu drei Jahren bewilligt und in Abstimmung mit dem Rehabilitationsträger nach § 6 Absatz 1 Nummer 1 bis 5 durch das Integrationsamt nach § 185 Absatz 4 ausgeführt. Der Rehabilitationsträger erstattet dem Integrationsamt seine Aufwendungen. Der Anspruch nach § 185 Absatz 4 bleibt unberührt.

(9) Die Bundesregierung kann durch Rechtsverordnung mit Zustimmung des Bundesrates Näheres über Voraussetzungen, Gegenstand und Umfang der Leistungen der Kraftfahrzeughilfe zur Teilhabe am Arbeitsleben regeln.

§ 50 Leistungen an Arbeitgeber

(1) Die Rehabilitationsträger nach § 6 Absatz 1 Nummer 2 bis 5 können Leistungen zur Teilhabe am Arbeitsleben auch an Arbeitgeber erbringen, insbesondere als

1. Ausbildungszuschüsse zur betrieblichen Ausführung von Bildungsleistungen,
2. Eingliederungszuschüsse,
3. Zuschüsse für Arbeitshilfen im Betrieb und
4. teilweise oder volle Kostenerstattung für eine befristete Probebeschäftigung.

(2) Die Leistungen können unter Bedingungen und Auflagen erbracht werden.

(3) Ausbildungszuschüsse nach Absatz 1 Nummer 1 können für die gesamte Dauer der Maßnahme geleistet werden. Die Ausbildungszuschüsse sollen bei Ausbildungsmaßnahmen die monatlichen Ausbildungsvergütungen nicht übersteigen, die von den Arbeitgebern im letzten Ausbildungsjahr gezahlt wurden.

(4) Eingliederungszuschüsse nach Absatz 1 Nummer 2 betragen höchstens 50 Prozent der vom Arbeitgeber regelmäßig gezahlten Entgelte, soweit sie die tariflichen Arbeitsentgelte oder, wenn eine tarifliche Regelung nicht besteht, die für vergleichbare Tätigkeiten ortsüblichen Arbeitsentgelte im Rahmen der Beitragsbemessungsgrenze in der Arbeitsförderung nicht übersteigen. Die Eingliederungszuschüsse sollen im Regelfall für höchstens ein Jahr gezahlt werden. Soweit es für die Teilhabe am Arbeitsleben erforderlich ist,

können die Eingliederungszuschüsse um bis zu 20 Prozentpunkte höher festgelegt und bis zu einer Förderungshöchstdauer von zwei Jahren gezahlt werden. Werden die Eingliederungszuschüsse länger als ein Jahr gezahlt, sind sie um mindestens 10 Prozentpunkte zu vermindern, entsprechend der zu erwartenden Zunahme der Leistungsfähigkeit der Leistungsberechtigten und den abnehmenden Eingliederungserfordernissen gegenüber der bisherigen Förderungshöhe. Bei der Berechnung der Eingliederungszuschüsse nach Satz 1 wird auch der Anteil des Arbeitgebers am Gesamtsozialversicherungsbeitrag berücksichtigt. Eingliederungszuschüsse sind zurückzuzahlen, wenn die Arbeitsverhältnisse während des Förderungszeitraums oder innerhalb eines Zeitraums, der der Förderungsdauer entspricht, längstens jedoch von einem Jahr, nach dem Ende der Leistungen beendet werden. Der Eingliederungszuschuss muss nicht zurückgezahlt werden, wenn

1. die Leistungsberechtigten die Arbeitsverhältnisse durch Kündigung beenden oder das Mindestalter für den Bezug der gesetzlichen Altersrente erreicht haben oder
2. die Arbeitgeber berechtigt waren, aus wichtigem Grund ohne Einhaltung einer Kündigungsfrist oder aus Gründen, die in der Person oder dem Verhalten des Arbeitnehmers liegen, oder aus dringenden betrieblichen Erfordernissen, die einer Weiterbeschäftigung in diesem Betrieb entgegenstehen, zu kündigen.

Die Rückzahlung ist auf die Hälfte des Förderungsbetrages, höchstens aber den im letzten Jahr vor der Beendigung des Beschäftigungsverhältnisses gewährten Förderungsbetrag begrenzt; nicht geförderte Nachbeschäftigungszeiten werden anteilig berücksichtigt.

§ 51 Einrichtungen der beruflichen Rehabilitation

(1) Leistungen werden durch Berufsbildungswerke, Berufsförderungswerke und vergleichbare Einrichtungen der beruflichen Rehabilitation ausgeführt, wenn Art oder Schwere der Behinderung der Leistungsberechtigten oder die Sicherung des Erfolges die besonderen Hilfen dieser Einrichtungen erforderlich machen. Die Einrichtung muss

1. eine erfolgreiche Ausführung der Leistung erwarten lassen nach Dauer, Inhalt und Gestaltung der Leistungen, nach der Unterrichtsmethode, Ausbildung und Berufserfahrung der Leitung und der Lehrkräfte sowie nach der Ausgestaltung der Fachdienste,

2. angemessene Teilnahmebedingungen bieten und behinderungsgerecht sein, insbesondere auch die Beachtung der Erfordernisse des Arbeitsschutzes und der Unfallverhütung gewährleisten,
3. den Teilnehmenden und den von ihnen zu wählenden Vertretungen angemessene Mitwirkungsmöglichkeiten an der Ausführung der Leistungen bieten sowie
4. die Leistung nach den Grundsätzen der Wirtschaftlichkeit und Sparsamkeit, insbesondere zu angemessenen Vergütungssätzen, ausführen.

Die zuständigen Rehabilitationsträger vereinbaren hierüber gemeinsame Empfehlungen nach den §§ 26 und 37.

(2) Werden Leistungen zur beruflichen Ausbildung in Einrichtungen der beruflichen Rehabilitation ausgeführt, sollen die Einrichtungen bei Eignung der Leistungsberechtigten darauf hinwirken, dass diese Ausbildung teilweise auch in Betrieben und Dienststellen durchgeführt wird. Die Einrichtungen der beruflichen Rehabilitation unterstützen die Arbeitgeber bei der betrieblichen Ausbildung und bei der Betreuung der auszubildenden Jugendlichen mit Behinderungen.

§ 52 Rechtsstellung der Teilnehmenden

Werden Leistungen in Einrichtungen der beruflichen Rehabilitation ausgeführt, werden die Teilnehmenden nicht in den Betrieb der Einrichtungen eingegliedert. Sie sind keine Arbeitnehmer im Sinne des Betriebsverfassungsgesetzes und wählen zu ihrer Mitwirkung besondere Vertreter. Bei der Ausführung werden die arbeitsrechtlichen Grundsätze über den Persönlichkeitsschutz, die Haftungsbeschränkung sowie die gesetzlichen Vorschriften über den Arbeitsschutz, den Schutz vor Diskriminierungen in Beschäftigung und Beruf, den Erholungsurlaub und die Gleichberechtigung von Männern und Frauen entsprechend angewendet.

§ 53 Dauer von Leistungen

(1) Leistungen werden für die Zeit erbracht, die vorgeschrieben oder allgemein üblich ist, um das angestrebte Teilhabeziel zu erreichen. Eine Förderung kann darüber hinaus erfolgen, wenn besondere Umstände dies rechtfertigen.

(2) Leistungen zur beruflichen Weiterbildung sollen in der Regel bei ganztägigem Unterricht nicht länger als zwei Jahre dauern, es sei denn, dass das Teilhabeziel nur über eine länger andauernde Leistung erreicht werden kann oder die Eingliederungsaussichten nur durch eine länger andauernde Leistung wesentlich verbessert werden. Abweichend von Satz 1 erster Teilsatz sollen Leistungen zur beruflichen Weiterbildung, die zu einem Abschluss in einem allgemein anerkannten Ausbildungsberuf führen und für die eine allgemeine Ausbildungsdauer von mehr als zwei Jahren vorgeschrieben ist, nicht länger als zwei Drittel der üblichen Ausbildungszeit dauern.

§ 54 Beteiligung der Bundesagentur für Arbeit

Die Bundesagentur für Arbeit nimmt auf Anforderung eines anderen Rehabilitationsträgers gutachterlich Stellung zu Notwendigkeit, Art und Umfang von Leistungen unter Berücksichtigung arbeitsmarktlicher Zweckmäßigkeit. Dies gilt auch, wenn sich die Leistungsberechtigten in einem Krankenhaus oder einer Einrichtung der medizinischen oder der medizinisch-beruflichen Rehabilitation aufhalten.

§ 55 Unterstützte Beschäftigung

(1) Ziel der Unterstützten Beschäftigung ist es, Leistungsberechtigten mit besonderem Unterstützungsbedarf eine angemessene, geeignete und sozialversicherungspflichtige Beschäftigung zu ermöglichen und zu erhalten. Unterstützte Beschäftigung umfasst eine individuelle betriebliche Qualifizierung und bei Bedarf Berufsbegleitung.

(2) Leistungen zur individuellen betrieblichen Qualifizierung erhalten Menschen mit Behinderungen insbesondere, um sie für geeignete betriebliche Tätigkeiten zu erproben, auf ein sozialversicherungspflichtiges Beschäftigungsverhältnis vorzubereiten und bei der Einarbeitung und Qualifizierung auf einem betrieblichen Arbeitsplatz zu unterstützen. Die Leistungen umfassen auch die Vermittlung von berufsübergreifenden Lerninhalten und Schlüsselqualifikationen sowie die Weiterentwicklung der Persönlichkeit der Menschen mit Behinderungen. Die Leistungen werden vom zuständigen Rehabilitationsträger nach § 6 Absatz 1 Nummer 2 bis 5 für bis zu zwei Jahre erbracht, soweit sie wegen Art oder

Schwere der Behinderung erforderlich sind. Sie können bis zu einer Dauer von weiteren zwölf Monaten verlängert werden, wenn auf Grund der Art oder Schwere der Behinderung der gewünschte nachhaltige Qualifizierungserfolg im Einzelfall nicht anders erreicht werden kann und hinreichend gewährleistet ist, dass eine weitere Qualifizierung zur Aufnahme einer sozialversicherungspflichtigen Beschäftigung führt.

(3) Leistungen der Berufsbegleitung erhalten Menschen mit Behinderungen insbesondere, um nach Begründung eines sozialversicherungspflichtigen Beschäftigungsverhältnisses die zu dessen Stabilisierung erforderliche Unterstützung und Krisenintervention zu gewährleisten. Die Leistungen werden bei Zuständigkeit eines Rehabilitationsträgers nach § 6 Absatz 1 Nummer 3 oder 5 von diesem, im Übrigen von dem Integrationsamt im Rahmen seiner Zuständigkeit erbracht, solange und soweit sie wegen Art oder Schwere der Behinderung zur Sicherung des Beschäftigungsverhältnisses erforderlich sind.

(4) Stellt der Rehabilitationsträger während der individuellen betrieblichen Qualifizierung fest, dass voraussichtlich eine anschließende Berufsbegleitung erforderlich ist, für die ein anderer Leistungsträger zuständig ist, beteiligt er diesen frühzeitig.

(5) Die Unterstützte Beschäftigung kann von Integrationsfachdiensten oder anderen Trägern durchgeführt werden. Mit der Durchführung kann nur beauftragt werden, wer über die erforderliche Leistungsfähigkeit verfügt, um seine Aufgaben entsprechend den individuellen Bedürfnissen der Menschen mit Behinderungen erfüllen zu können. Insbesondere müssen die Beauftragten

1. über Fachkräfte verfügen, die eine geeignete Berufsqualifikation, eine psychosoziale oder arbeitspädagogische Zusatzqualifikation und eine ausreichende Berufserfahrung besitzen,
2. in der Lage sein, den Menschen mit Behinderungen geeignete individuelle betriebliche Qualifizierungsplätze zur Verfügung zu stellen und ihre berufliche Eingliederung zu unterstützen,
3. über die erforderliche räumliche und sächliche Ausstattung verfügen sowie
4. ein System des Qualitätsmanagements im Sinne des § 37 Absatz 2 Satz 1 anwenden.

(6) Zur Konkretisierung und Weiterentwicklung der in Absatz 5 genannten Qualitätsanforderungen vereinbaren die Rehabilitationsträger nach § 6 Absatz 1 Nummer 2 bis 5 sowie die Bundesarbeitsgemeinschaft der Integrationsämter und Hauptfürsorgestellen im Rahmen der Bundesarbeitsgemeinschaft für Rehabilitation eine gemeinsame Empfehlung. Die gemeinsame Empfehlung kann auch Ausführungen zu möglichen Leistungsinhalten und zur Zusammenarbeit enthalten. § 26 Absatz 4, 6 und 7 sowie § 27 gelten entsprechend.

§ 56 Leistungen in Werkstätten für behinderte Menschen
Leistungen in anerkannten Werkstätten für behinderte Menschen (§ 219) werden erbracht, um die Leistungs- oder Erwerbsfähigkeit der Menschen mit Behinderungen zu erhalten, zu entwickeln, zu verbessern oder wiederherzustellen, die Persönlichkeit dieser Menschen weiterzuentwickeln und ihre Beschäftigung zu ermöglichen oder zu sichern.

§ 57 Leistungen im Eingangsverfahren und im Berufsbildungsbereich
(1) Leistungen im Eingangsverfahren und im Berufsbildungsbereich einer anerkannten Werkstatt für behinderte Menschen erhalten Menschen mit Behinderungen
1. im Eingangsverfahren zur Feststellung, ob die Werkstatt die geeignete Einrichtung für die Teilhabe des Menschen mit Behinderungen am Arbeitsleben ist sowie welche Bereiche der Werkstatt und welche Leistungen zur Teilhabe am Arbeitsleben für die Menschen mit Behinderungen in Betracht kommen, und um einen Eingliederungsplan zu erstellen;
2. im Berufsbildungsbereich, wenn die Leistungen erforderlich sind, um die Leistungs- oder Erwerbsfähigkeit des Menschen mit Behinderungen so weit wie möglich zu entwickeln, zu verbessern oder wiederherzustellen und erwartet werden kann, dass der Mensch mit Behinderungen nach Teilnahme an diesen Leistungen in der Lage ist, wenigstens ein Mindestmaß wirtschaftlich verwertbarer Arbeitsleistung im Sinne des § 219 zu erbringen.

(2) Die Leistungen im Eingangsverfahren werden für drei Monate erbracht. Die Leistungsdauer kann auf bis zu vier Wochen verkürzt

werden, wenn während des Eingangsverfahrens im Einzelfall festgestellt wird, dass eine kürzere Leistungsdauer ausreichend ist.

(3) Die Leistungen im Berufsbildungsbereich werden für zwei Jahre erbracht. Sie werden in der Regel zunächst für ein Jahr bewilligt. Sie werden für ein weiteres Jahr bewilligt, wenn auf Grund einer fachlichen Stellungnahme, die rechtzeitig vor Ablauf des Förderzeitraums nach Satz 2 abzugeben ist, angenommen wird, dass die Leistungsfähigkeit des Menschen mit Behinderungen weiterentwickelt oder wiedergewonnen werden kann.

(4) Zeiten der individuellen betrieblichen Qualifizierung im Rahmen einer Unterstützten Beschäftigung nach § 55 werden zur Hälfte auf die Dauer des Berufsbildungsbereichs angerechnet. Allerdings dürfen die Zeiten individueller betrieblicher Qualifizierung und die Zeiten des Berufsbildungsbereichs insgesamt nicht mehr als 36 Monate betragen.

§ 58 Leistungen im Arbeitsbereich

(1) Leistungen im Arbeitsbereich einer anerkannten Werkstatt für behinderte Menschen erhalten Menschen mit Behinderungen, bei denen wegen Art oder Schwere der Behinderung

1. eine Beschäftigung auf dem allgemeinen Arbeitsmarkt einschließlich einer Beschäftigung in einem Inklusionsbetrieb (§ 215) oder
2. eine Berufsvorbereitung, eine individuelle betriebliche Qualifizierung im Rahmen Unterstützter Beschäftigung, eine berufliche Anpassung und Weiterbildung oder eine berufliche Ausbildung (§ 49 Absatz 3 Nummer 2 bis 6)

nicht, noch nicht oder noch nicht wieder in Betracht kommt und die in der Lage sind, wenigstens ein Mindestmaß wirtschaftlich verwertbarer Arbeitsleistung zu erbringen. Leistungen im Arbeitsbereich werden im Anschluss an Leistungen im Berufsbildungsbereich (§ 57) oder an entsprechende Leistungen bei einem anderen Leistungsanbieter (§ 60) erbracht; hiervon kann abgewichen werden, wenn der Mensch mit Behinderungen bereits über die für die in Aussicht genommene Beschäftigung erforderliche Leistungsfähigkeit verfügt, die er durch eine Beschäftigung auf dem allgemeinen Arbeitsmarkt erworben hat. Die Leistungen sollen in der Regel längstens bis zum Ablauf des Monats erbracht werden, in dem das für die Regelaltersrente im Sinne des Sechsten Buches erforderliche Lebensalter erreicht wird.

(2) Die Leistungen im Arbeitsbereich sind gerichtet auf
1. die Aufnahme, Ausübung und Sicherung einer der Eignung und Neigung des Menschen mit Behinderungen entsprechenden Beschäftigung,
2. die Teilnahme an arbeitsbegleitenden Maßnahmen zur Erhaltung und Verbesserung der im Berufsbildungsbereich erworbenen Leistungsfähigkeit und zur Weiterentwicklung der Persönlichkeit sowie
3. die Förderung des Übergangs geeigneter Menschen mit Behinderungen auf den allgemeinen Arbeitsmarkt durch geeignete Maßnahmen.

(3) Die Werkstätten erhalten für die Leistungen nach Absatz 2 vom zuständigen Rehabilitationsträger angemessene Vergütungen, die den Grundsätzen der Wirtschaftlichkeit, Sparsamkeit und Leistungsfähigkeit entsprechen. Die Vergütungen berücksichtigen
1. alle für die Erfüllung der Aufgaben und der fachlichen Anforderungen der Werkstatt notwendigen Kosten sowie
2. die mit der wirtschaftlichen Betätigung der Werkstatt in Zusammenhang stehenden Kosten, soweit diese unter Berücksichtigung der besonderen Verhältnisse in der Werkstatt und der dort beschäftigten Menschen mit Behinderungen nach Art und Umfang über die in einem Wirtschaftsunternehmen üblicherweise entstehenden Kosten hinausgehen.

Können die Kosten der Werkstatt nach Satz 2 Nummer 2 im Einzelfall nicht ermittelt werden, kann eine Vergütungspauschale für diese werkstattspezifischen Kosten der wirtschaftlichen Betätigung der Werkstatt vereinbart werden.

(4) Bei der Ermittlung des Arbeitsergebnisses der Werkstatt nach § 12 Absatz 4 der Werkstättenverordnung werden die Auswirkungen der Vergütungen auf die Höhe des Arbeitsergebnisses dargestellt. Dabei wird getrennt ausgewiesen, ob sich durch die Vergütung Verluste oder Gewinne ergeben. Das Arbeitsergebnis der Werkstatt darf nicht zur Minderung der Vergütungen nach Absatz 3 verwendet werden.

§ 59 Arbeitsförderungsgeld

(1) Die Werkstätten für behinderte Menschen erhalten von dem zuständigen Rehabilitationsträger zur Auszahlung an die im Arbeitsbereich beschäftigten Menschen mit Behinderungen zusätzlich zu den Vergütungen nach § 58 Absatz 3 ein Arbeitsförderungsgeld. Das Arbeitsförderungsgeld beträgt monatlich 52 Euro für jeden im Arbeitsbereich beschäftigten Menschen mit Behinderungen, dessen Arbeitsentgelt zusammen mit dem Arbeitsförderungsgeld den Betrag von 351 Euro nicht übersteigt. Ist das Arbeitsentgelt höher als 299 Euro, beträgt das Arbeitsförderungsgeld monatlich den Differenzbetrag zwischen dem Arbeitsentgelt und 351 Euro.

(2) Das Arbeitsförderungsgeld bleibt bei Sozialleistungen, deren Zahlung von anderen Einkommen abhängig ist, als Einkommen unberücksichtigt.

§ 60 Andere Leistungsanbieter

(1) Menschen mit Behinderungen, die Anspruch auf Leistungen nach den §§ 57 und 58 haben, können diese auch bei einem anderen Leistungsanbieter in Anspruch nehmen.

(2) Die Vorschriften für Werkstätten für behinderte Menschen gelten mit folgenden Maßgaben für andere Leistungsanbieter:
1. sie bedürfen nicht der förmlichen Anerkennung,
2. sie müssen nicht über eine Mindestplatzzahl und die für die Erbringung der Leistungen in Werkstätten erforderliche räumliche und sächliche Ausstattung verfügen,
3. sie können ihr Angebot auf Leistungen nach § 57 oder § 58 oder Teile solcher Leistungen beschränken,
4. sie sind nicht verpflichtet, Menschen mit Behinderungen Leistungen nach § 57 oder § 58 zu erbringen, wenn und solange die Leistungsvoraussetzungen vorliegen,
5. eine dem Werkstattrat vergleichbare Vertretung wird ab fünf Wahlberechtigten gewählt. Sie besteht bei bis zu 20 Wahlberechtigten aus einem Mitglied und
6. eine Frauenbeauftragte wird ab fünf wahlberechtigten Frauen gewählt, eine Stellvertreterin ab 20 wahlberechtigten Frauen.

(3) Eine Verpflichtung des Leistungsträgers, Leistungen durch andere Leistungsanbieter zu ermöglichen, besteht nicht.

(4) Für das Rechtsverhältnis zwischen dem anderen Leistungsanbieter und dem Menschen mit Behinderungen gilt § 221 entsprechend.

§ 61 Budget für Arbeit

(1) Menschen mit Behinderungen, die Anspruch auf Leistungen nach § 58 haben und denen von einem privaten oder öffentlichen Arbeitgeber ein sozialversicherungspflichtiges Arbeitsverhältnis mit einer tarifvertraglichen oder ortsüblichen Entlohnung angeboten wird, erhalten mit Abschluss dieses Arbeitsvertrages als Leistungen zur Teilhabe am Arbeitsleben ein Budget für Arbeit.

(2) Das Budget für Arbeit umfasst einen Lohnkostenzuschuss an den Arbeitgeber zum Ausgleich der Leistungsminderung des Beschäftigten und die Aufwendungen für die wegen der Behinderung erforderliche Anleitung und Begleitung am Arbeitsplatz. Der Lohnkostenzuschuss beträgt bis zu 75 Prozent des vom Arbeitgeber regelmäßig gezahlten Arbeitsentgelts, höchstens jedoch 40 Prozent der monatlichen Bezugsgröße nach § 18 Absatz 1 des Vierten Buches. Dauer und Umfang der Leistungen bestimmen sich nach den Umständen des Einzelfalles. Durch Landesrecht kann von dem Prozentsatz der Bezugsgröße nach Satz 2 zweiter Halbsatz nach oben abgewichen werden.

(3) Ein Lohnkostenzuschuss ist ausgeschlossen, wenn zu vermuten ist, dass der Arbeitgeber die Beendigung eines anderen Beschäftigungsverhältnisses veranlasst hat, um durch die ersatzweise Einstellung eines Menschen mit Behinderungen den Lohnkostenzuschuss zu erhalten.

(4) Die am Arbeitsplatz wegen der Behinderung erforderliche Anleitung und Begleitung kann von mehreren Leistungsberechtigten gemeinsam in Anspruch genommen werden.

(5) Eine Verpflichtung des Leistungsträgers, Leistungen zur Beschäftigung bei privaten oder öffentlichen Arbeitgebern zu ermöglichen, besteht nicht.

§ 62 Wahlrecht des Menschen mit Behinderungen

(1) Auf Wunsch des Menschen mit Behinderungen werden die Leistungen nach den §§ 57 und 58 von einer nach § 225 anerkannten

Werkstatt für behinderte Menschen, von dieser zusammen mit einem oder mehreren anderen Leistungsanbietern oder von einem oder mehreren anderen Leistungsanbietern erbracht.

(2) Werden Teile einer Leistung im Verantwortungsbereich einer Werkstatt für behinderte Menschen oder eines anderen Leistungsanbieters erbracht, so bedarf die Leistungserbringung der Zustimmung des unmittelbar verantwortlichen Leistungsanbieters.

§ 63 Zuständigkeit nach den Leistungsgesetzen

(1) Die Leistungen im Eingangsverfahren und im Berufsbildungsbereich einer anerkannten Werkstatt für behinderte Menschen erbringen

1. die Bundesagentur für Arbeit, soweit nicht einer der in den Nummern 2 bis 4 genannten Träger zuständig ist,
2. die Träger der Unfallversicherung im Rahmen ihrer Zuständigkeit für durch Arbeitsunfälle Verletzte und von Berufskrankheiten Betroffene,
3. die Träger der Rentenversicherung unter den Voraussetzungen der §§ 11 bis 13 des Sechsten Buches und
4. die Träger der Kriegsopferfürsorge unter den Voraussetzungen der §§ 26 und 26a des Bundesversorgungsgesetzes.

(2) Die Leistungen im Arbeitsbereich einer anerkannten Werkstatt für behinderte Menschen erbringen

1. die Träger der Unfallversicherung im Rahmen ihrer Zuständigkeit für durch Arbeitsunfälle Verletzte und von Berufskrankheiten Betroffene,
2. die Träger der Kriegsopferfürsorge unter den Voraussetzungen des § 27d Absatz 1 Nummer 3 des Bundesversorgungsgesetzes,
3. die Träger der öffentlichen Jugendhilfe unter den Voraussetzungen des § 35a des Achten Buches und
4. im Übrigen die Träger der Eingliederungshilfe unter den Voraussetzungen des § 99.

(3) Absatz 1 gilt auch für die Leistungen zur beruflichen Bildung bei einem anderen Leistungsanbieter. Absatz 2 gilt auch für die Leistungen zur Beschäftigung bei einem anderen Leistungsanbieter sowie die Leistung des Budgets für Arbeit.

TEIL 3
Besondere Regelungen zur Teilhabe schwerbehinderter Menschen (Schwerbehindertenrecht)

KAPITEL 1
Geschützter Personenkreis

§ 151 Geltungsbereich

(1) Die Regelungen dieses Teils gelten für schwerbehinderte und diesen gleichgestellte behinderte Menschen.

(2) Die Gleichstellung behinderter Menschen mit schwerbehinderten Menschen (§ 2 Absatz 3) erfolgt auf Grund einer Feststellung nach § 152 auf Antrag des behinderten Menschen durch die Bundesagentur für Arbeit. Die Gleichstellung wird mit dem Tag des Eingangs des Antrags wirksam. Sie kann befristet werden.

(3) Auf gleichgestellte behinderte Menschen werden die besonderen Regelungen für schwerbehinderte Menschen mit Ausnahme des § 208 und des Kapitels 13 angewendet.

(4) Schwerbehinderten Menschen gleichgestellt sind auch behinderte Jugendliche und junge Erwachsene (§ 2 Absatz 1) während der Zeit ihrer Berufsausbildung in Betrieben und Dienststellen oder einer beruflichen Orientierung, auch wenn der Grad der Behinderung weniger als 30 beträgt oder ein Grad der Behinderung nicht festgestellt ist. Der Nachweis der Behinderung wird durch eine Stellungnahme der Agentur für Arbeit oder durch einen Bescheid über Leistungen zur Teilhabe am Arbeitsleben erbracht. Die Gleichstellung gilt nur für Leistungen des Integrationsamtes im Rahmen der beruflichen Orientierung und der Berufsausbildung im Sinne des § 185 Absatz 3 Nummer 2 Buchstabe c.

§ 152 Feststellung der Behinderung, Ausweise

(1) Auf Antrag des behinderten Menschen stellen die für die Durchführung des Bundesversorgungsgesetzes zuständigen Behörden das Vorliegen einer Behinderung und den Grad der Behinderung zum Zeitpunkt der Antragstellung fest. Auf Antrag kann festgestellt werden, dass ein Grad der Behinderung oder gesundheitliche Merkmale bereits zu einem früheren Zeitpunkt vorgelegen haben,

wenn dafür ein besonderes Interesse glaubhaft gemacht wird. Beantragt eine erwerbstätige Person die Feststellung der Eigenschaft als schwerbehinderter Mensch (§ 2 Absatz 2), gelten die in § 14 Absatz 2 Satz 2 und 3 sowie § 17 Absatz 1 Satz 1 und Absatz 2 Satz 1 genannten Fristen sowie § 60 Absatz 1 des Ersten Buches entsprechend. Das Gesetz über das Verwaltungsverfahren der Kriegsopferversorgung ist entsprechend anzuwenden, soweit nicht das Zehnte Buch Anwendung findet. Die Auswirkungen auf die Teilhabe am Leben in der Gesellschaft werden als Grad der Behinderung nach Zehnergraden abgestuft festgestellt. Eine Feststellung ist nur zu treffen, wenn ein Grad der Behinderung von wenigstens 20 vorliegt. Durch Landesrecht kann die Zuständigkeit abweichend von Satz 1 geregelt werden.

(2) Feststellungen nach Absatz 1 sind nicht zu treffen, wenn eine Feststellung über das Vorliegen einer Behinderung und den Grad einer auf ihr beruhenden Erwerbsminderung schon in einem Rentenbescheid, einer entsprechenden Verwaltungs- oder Gerichtsentscheidung oder einer vorläufigen Bescheinigung der für diese Entscheidungen zuständigen Dienststellen getroffen worden ist, es sei denn, dass der behinderte Mensch ein Interesse an anderweitiger Feststellung nach Absatz 1 glaubhaft macht. Eine Feststellung nach Satz 1 gilt zugleich als Feststellung des Grades der Behinderung.

(3) Liegen mehrere Beeinträchtigungen der Teilhabe am Leben in der Gesellschaft vor, so wird der Grad der Behinderung nach den Auswirkungen der Beeinträchtigungen in ihrer Gesamtheit unter Berücksichtigung ihrer wechselseitigen Beziehungen festgestellt. Für diese Entscheidung gilt Absatz 1, es sei denn, dass in einer Entscheidung nach Absatz 2 eine Gesamtbeurteilung bereits getroffen worden ist.

(4) Sind neben dem Vorliegen der Behinderung weitere gesundheitliche Merkmale Voraussetzung für die Inanspruchnahme von Nachteilsausgleichen, so treffen die zuständigen Behörden die erforderlichen Feststellungen im Verfahren nach Absatz 1.

(5) Auf Antrag des behinderten Menschen stellen die zuständigen Behörden auf Grund einer Feststellung der Behinderung einen Ausweis über die Eigenschaft als schwerbehinderter Mensch, den

Grad der Behinderung sowie im Falle des Absatzes 4 über weitere gesundheitliche Merkmale aus. Der Ausweis dient dem Nachweis für die Inanspruchnahme von Leistungen und sonstigen Hilfen, die schwerbehinderten Menschen nach diesem Teil oder nach anderen Vorschriften zustehen. Die Gültigkeitsdauer des Ausweises soll befristet werden. Er wird eingezogen, sobald der gesetzliche Schutz schwerbehinderter Menschen erloschen ist. Der Ausweis wird berichtigt, sobald eine Neufeststellung unanfechtbar geworden ist.

§ 153 Verordnungsermächtigung

(1) Die Bundesregierung wird ermächtigt, durch Rechtsverordnung mit Zustimmung des Bundesrates nähere Vorschriften über die Gestaltung der Ausweise, ihre Gültigkeit und das Verwaltungsverfahren zu erlassen.

(2) Das Bundesministerium für Arbeit und Soziales wird ermächtigt, durch Rechtsverordnung mit Zustimmung des Bundesrates die Grundsätze aufzustellen, die für die Bewertung des Grades der Behinderung, die Kriterien für die Bewertung der Hilflosigkeit und die Voraussetzungen für die Vergabe von Merkzeichen maßgebend sind, die nach Bundesrecht im Schwerbehindertenausweis einzutragen sind.

KAPITEL 2
Beschäftigungspflicht der Arbeitgeber

§ 154 Pflicht der Arbeitgeber zur Beschäftigung schwerbehinderter Menschen

(1) Private und öffentliche Arbeitgeber (Arbeitgeber) mit jahresdurchschnittlich monatlich mindestens 20 Arbeitsplätzen im Sinne des § 156 haben auf wenigstens 5 Prozent der Arbeitsplätze schwerbehinderte Menschen zu beschäftigen. Dabei sind schwerbehinderte Frauen besonders zu berücksichtigen. Abweichend von Satz 1 haben Arbeitgeber mit jahresdurchschnittlich monatlich weniger als 40 Arbeitsplätzen jahresdurchschnittlich je Monat einen schwerbehinderten Menschen, Arbeitgeber mit jahresdurchschnittlich monatlich weniger als 60 Arbeitsplätzen jahresdurchschnittlich je Monat zwei schwerbehinderte Menschen zu beschäftigen.

(2) Als öffentliche Arbeitgeber im Sinne dieses Teils gelten
1. jede oberste Bundesbehörde mit ihren nachgeordneten Dienststellen, das Bundespräsidialamt, die Verwaltungen des Deutschen Bundestages und des Bundesrates, das Bundesverfassungsgericht, die obersten Gerichtshöfe des Bundes, der Bundesgerichtshof jedoch zusammengefasst mit dem Generalbundesanwalt, sowie das Bundeseisenbahnvermögen,
2. jede oberste Landesbehörde und die Staats- und Präsidialkanzleien mit ihren nachgeordneten Dienststellen, die Verwaltungen der Landtage, die Rechnungshöfe (Rechnungskammern), die Organe der Verfassungsgerichtsbarkeit der Länder und jede sonstige Landesbehörde, zusammengefasst jedoch diejenigen Behörden, die eine gemeinsame Personalverwaltung haben,
3. jede sonstige Gebietskörperschaft und jeder Verband von Gebietskörperschaften,
4. jede sonstige Körperschaft, Anstalt oder Stiftung des öffentlichen Rechts.

§ 155 Beschäftigung besonderer Gruppen schwerbehinderter Menschen

(1) Im Rahmen der Erfüllung der Beschäftigungspflicht sind in angemessenem Umfang zu beschäftigen:
1. schwerbehinderte Menschen, die nach Art oder Schwere ihrer Behinderung im Arbeitsleben besonders betroffen sind, insbesondere solche,
   a) die zur Ausübung der Beschäftigung wegen ihrer Behinderung nicht nur vorübergehend einer besonderen Hilfskraft bedürfen oder
   b) deren Beschäftigung infolge ihrer Behinderung nicht nur vorübergehend mit außergewöhnlichen Aufwendungen für den Arbeitgeber verbunden ist oder
   c) die infolge ihrer Behinderung nicht nur vorübergehend offensichtlich nur eine wesentlich verminderte Arbeitsleistung erbringen können oder
   d) bei denen ein Grad der Behinderung von wenigstens 50 allein infolge geistiger oder seelischer Behinderung oder eines Anfallsleidens vorliegt oder
   e) die wegen Art oder Schwere der Behinderung keine abgeschlossene Berufsbildung im Sinne des Berufsbildungsgesetzes haben,

2. schwerbehinderte Menschen, die das 50. Lebensjahr vollendet haben.

(2) Arbeitgeber mit Stellen zur beruflichen Bildung, insbesondere für Auszubildende, haben im Rahmen der Erfüllung der Beschäftigungspflicht einen angemessenen Anteil dieser Stellen mit schwerbehinderten Menschen zu besetzen. Hierüber ist mit der zuständigen Interessenvertretung im Sinne des § 176 und der Schwerbehindertenvertretung zu beraten.

§ 156 Begriff des Arbeitsplatzes

(1) Arbeitsplätze im Sinne dieses Teils sind alle Stellen, auf denen Arbeitnehmerinnen und Arbeitnehmer, Beamtinnen und Beamte, Richterinnen und Richter sowie Auszubildende und andere zu ihrer beruflichen Bildung Eingestellte beschäftigt werden.

(2) Als Arbeitsplätze gelten nicht die Stellen, auf denen beschäftigt werden:
1. behinderte Menschen, die an Leistungen zur Teilhabe am Arbeitsleben nach § 49 Absatz 3 Nummer 4 in Betrieben oder Dienststellen teilnehmen,
2. Personen, deren Beschäftigung nicht in erster Linie ihrem Erwerb dient, sondern vorwiegend durch Beweggründe karitativer oder religiöser Art bestimmt ist, und Geistliche öffentlich-rechtlicher Religionsgemeinschaften,
3. Personen, deren Beschäftigung nicht in erster Linie ihrem Erwerb dient und die vorwiegend zu ihrer Heilung, Wiedereingewöhnung oder Erziehung erfolgt,
4. Personen, die an Arbeitsbeschaffungsmaßnahmen nach dem Dritten Buch teilnehmen,
5. Personen, die nach ständiger Übung in ihre Stellen gewählt werden,
6. Personen, deren Arbeits-, Dienst- oder sonstiges Beschäftigungsverhältnis wegen Wehr- oder Zivildienst, Elternzeit, unbezahlten Urlaubs, wegen Bezuges einer Rente auf Zeit oder bei Altersteilzeitarbeit in der Freistellungsphase (Verblockungsmodell) ruht, solange für sie eine Vertretung eingestellt ist.

(3) Als Arbeitsplätze gelten ferner nicht Stellen, die nach der Natur der Arbeit oder nach den zwischen den Parteien getroffenen Ver-

einbarungen nur auf die Dauer von höchstens acht Wochen besetzt sind, sowie Stellen, auf denen Beschäftigte weniger als 18 Stunden wöchentlich beschäftigt werden.

§ 157 Berechnung der Mindestzahl von Arbeitsplätzen und der Pflichtarbeitsplatzzahl

(1) Bei der Berechnung der Mindestzahl von Arbeitsplätzen und der Zahl der Arbeitsplätze, auf denen schwerbehinderte Menschen zu beschäftigen sind (§ 154), zählen Stellen, auf denen Auszubildende beschäftigt werden, nicht mit. Das Gleiche gilt für Stellen, auf denen Rechts- oder Studienreferendarinnen und -referendare beschäftigt werden, die einen Rechtsanspruch auf Einstellung haben.

(2) Bei der Berechnung sich ergebende Bruchteile von 0,5 und mehr sind aufzurunden, bei Arbeitgebern mit jahresdurchschnittlich weniger als 60 Arbeitsplätzen abzurunden.

§ 158 Anrechnung Beschäftigter auf die Zahl der Pflichtarbeitsplätze für schwerbehinderte Menschen

(1) Ein schwerbehinderter Mensch, der auf einem Arbeitsplatz im Sinne des § 156 Absatz 1 oder Absatz 2 Nummer 1 oder 4 beschäftigt wird, wird auf einen Pflichtarbeitsplatz für schwerbehinderte Menschen angerechnet.

(2) Ein schwerbehinderter Mensch, der in Teilzeitbeschäftigung kürzer als betriebsüblich, aber nicht weniger als 18 Stunden wöchentlich beschäftigt wird, wird auf einen Pflichtarbeitsplatz für schwerbehinderte Menschen angerechnet. Bei Herabsetzung der wöchentlichen Arbeitszeit auf weniger als 18 Stunden infolge von Altersteilzeit gilt Satz 1 entsprechend. Wird ein schwerbehinderter Mensch weniger als 18 Stunden wöchentlich beschäftigt, lässt die Bundesagentur für Arbeit die Anrechnung auf einen dieser Pflichtarbeitsplätze zu, wenn die Teilzeitbeschäftigung wegen Art oder Schwere der Behinderung notwendig ist.

(3) Ein schwerbehinderter Mensch, der im Rahmen einer Maßnahme zur Förderung des Übergangs aus der Werkstatt für behinderte Menschen auf den allgemeinen Arbeitsmarkt (§ 5 Absatz 4 Satz 1 der Werkstättenverordnung) beschäftigt wird, wird auch für diese Zeit auf die Zahl der Pflichtarbeitsplätze angerechnet.

(4) Ein schwerbehinderter Arbeitgeber wird auf einen Pflichtarbeitsplatz für schwerbehinderte Menschen angerechnet.

(5) Der Inhaber eines Bergmannsversorgungsscheins wird, auch wenn er kein schwerbehinderter oder gleichgestellter behinderter Mensch im Sinne des § 2 Absatz 2 oder 3 ist, auf einen Pflichtarbeitsplatz angerechnet.

§ 159 Mehrfachanrechnung

(1) Die Bundesagentur für Arbeit kann die Anrechnung eines schwerbehinderten Menschen, besonders eines schwerbehinderten Menschen im Sinne des § 155 Absatz 1 auf mehr als einen Pflichtarbeitsplatz, höchstens drei Pflichtarbeitsplätze für schwerbehinderte Menschen zulassen, wenn dessen Teilhabe am Arbeitsleben auf besondere Schwierigkeiten stößt. Satz 1 gilt auch für schwerbehinderte Menschen im Anschluss an eine Beschäftigung in einer Werkstatt für behinderte Menschen und für teilzeitbeschäftigte schwerbehinderte Menschen im Sinne des § 158 Absatz 2.

(2) Ein schwerbehinderter Mensch, der beruflich ausgebildet wird, wird auf zwei Pflichtarbeitsplätze für schwerbehinderte Menschen angerechnet. Satz 1 gilt auch während der Zeit einer Ausbildung im Sinne des § 51 Absatz 2, die in einem Betrieb oder einer Dienststelle durchgeführt wird. Die Bundesagentur für Arbeit kann die Anrechnung auf drei Pflichtarbeitsplätze für schwerbehinderte Menschen zulassen, wenn die Vermittlung in eine berufliche Ausbildungsstelle wegen Art oder Schwere der Behinderung auf besondere Schwierigkeiten stößt. Bei Übernahme in ein Arbeits- oder Beschäftigungsverhältnis durch den ausbildenden oder einen anderen Arbeitgeber im Anschluss an eine abgeschlossene Ausbildung wird der schwerbehinderte Mensch im ersten Jahr der Beschäftigung auf zwei Pflichtarbeitsplätze angerechnet; Absatz 1 bleibt unberührt.

(3) Bescheide über die Anrechnung eines schwerbehinderten Menschen auf mehr als drei Pflichtarbeitsplätze für schwerbehinderte Menschen, die vor dem 1. August 1986 erlassen worden sind, gelten fort.

§ 160 Ausgleichsabgabe

(1) Solange Arbeitgeber die vorgeschriebene Zahl schwerbehinderter Menschen nicht beschäftigen, entrichten sie für jeden unbesetzten Pflichtarbeitsplatz für schwerbehinderte Menschen eine Ausgleichsabgabe. Die Zahlung der Ausgleichsabgabe hebt die Pflicht zur Beschäftigung schwerbehinderter Menschen nicht auf. Die Ausgleichsabgabe wird auf der Grundlage einer jahresdurchschnittlichen Beschäftigungsquote ermittelt.

(2) Die Ausgleichsabgabe beträgt je unbesetztem Pflichtarbeitsplatz

1. 125 Euro bei einer jahresdurchschnittlichen Beschäftigungsquote von 3 Prozent bis weniger als dem geltenden Pflichtsatz,
2. 220 Euro bei einer jahresdurchschnittlichen Beschäftigungsquote von 2 Prozent bis weniger als 3 Prozent,
3. 320 Euro bei einer jahresdurchschnittlichen Beschäftigungsquote von weniger als 2 Prozent.

Abweichend von Satz 1 beträgt die Ausgleichsabgabe je unbesetztem Pflichtarbeitsplatz für schwerbehinderte Menschen

1. für Arbeitgeber mit jahresdurchschnittlich weniger als 40 zu berücksichtigenden Arbeitsplätzen bei einer jahresdurchschnittlichen Beschäftigung von weniger als einem schwerbehinderten Menschen 125 Euro und
2. für Arbeitgeber mit jahresdurchschnittlich weniger als 60 zu berücksichtigenden Arbeitsplätzen bei einer jahresdurchschnittlichen Beschäftigung von weniger als zwei schwerbehinderten Menschen 125 Euro und bei einer jahresdurchschnittlichen Beschäftigung von weniger als einem schwerbehinderten Menschen 220 Euro.

(3) Die Ausgleichsabgabe erhöht sich entsprechend der Veränderung der Bezugsgröße nach § 18 Absatz 1 des Vierten Buches. Sie erhöht sich zum 1. Januar eines Kalenderjahres, wenn sich die Bezugsgröße seit der letzten Neubestimmung der Beträge der Ausgleichsabgabe um wenigstens 10 Prozent erhöht hat. Die Erhöhung der Ausgleichsabgabe erfolgt, indem der Faktor für die Veränderung der Bezugsgröße mit dem jeweiligen Betrag der Ausgleichsabgabe vervielfältigt wird. Die sich ergebenden Beträge sind auf den nächsten durch fünf teilbaren Betrag abzurunden. Das Bundesministerium für Arbeit und Soziales gibt den Erhöhungsbetrag und

die sich nach Satz 3 ergebenden Beträge der Ausgleichsabgabe im Bundesanzeiger bekannt.

(4) Die Ausgleichsabgabe zahlt der Arbeitgeber jährlich zugleich mit der Erstattung der Anzeige nach § 163 Absatz 2 an das für seinen Sitz zuständige Integrationsamt. Ist ein Arbeitgeber mehr als drei Monate im Rückstand, erlässt das Integrationsamt einen Feststellungsbescheid über die rückständigen Beträge und zieht diese ein. Für rückständige Beträge der Ausgleichsabgabe erhebt das Integrationsamt nach dem 31. März Säumniszuschläge nach Maßgabe des § 24 Absatz 1 des Vierten Buches; für ihre Verwendung gilt Absatz 5 entsprechend. Das Integrationsamt kann in begründeten Ausnahmefällen von der Erhebung von Säumniszuschlägen absehen. Widerspruch und Anfechtungsklage gegen den Feststellungsbescheid haben keine aufschiebende Wirkung. Gegenüber privaten Arbeitgebern wird die Zwangsvollstreckung nach den Vorschriften über das Verwaltungszwangsverfahren durchgeführt. Bei öffentlichen Arbeitgebern wendet sich das Integrationsamt an die Aufsichtsbehörde, gegen deren Entscheidung es die Entscheidung der obersten Bundes- oder Landesbehörde anrufen kann. Die Ausgleichsabgabe wird nach Ablauf des Kalenderjahres, das auf den Eingang der Anzeige bei der Bundesagentur für Arbeit folgt, weder nachgefordert noch erstattet.

(5) Die Ausgleichsabgabe darf nur für besondere Leistungen zur Förderung der Teilhabe schwerbehinderter Menschen am Arbeitsleben einschließlich begleitender Hilfe im Arbeitsleben (§ 185 Absatz 1 Nummer 3) verwendet werden, soweit Mittel für denselben Zweck nicht von anderer Seite zu leisten sind oder geleistet werden. Aus dem Aufkommen an Ausgleichsabgabe dürfen persönliche und sächliche Kosten der Verwaltung und Kosten des Verfahrens nicht bestritten werden. Das Integrationsamt gibt dem Beratenden Ausschuss für behinderte Menschen bei dem Integrationsamt (§ 186) auf dessen Verlangen eine Übersicht über die Verwendung der Ausgleichsabgabe.

(6) Die Integrationsämter leiten den in der Rechtsverordnung nach § 162 bestimmten Prozentsatz des Aufkommens an Ausgleichsabgabe an den Ausgleichsfonds (§ 161) weiter. Zwischen den Integrationsämtern wird ein Ausgleich herbeigeführt. Der auf das einzelne

Integrationsamt entfallende Anteil am Aufkommen an Ausgleichsabgabe bemisst sich nach dem Mittelwert aus dem Verhältnis der Wohnbevölkerung im Zuständigkeitsbereich des Integrationsamtes zur Wohnbevölkerung im Geltungsbereich dieses Gesetzbuches und dem Verhältnis der Zahl der im Zuständigkeitsbereich des Integrationsamtes in den Betrieben und Dienststellen beschäftigungspflichtiger Arbeitgeber auf Arbeitsplätzen im Sinne des § 156 beschäftigten und der bei den Agenturen für Arbeit arbeitslos gemeldeten schwerbehinderten und diesen gleichgestellten behinderten Menschen zur entsprechenden Zahl der schwerbehinderten und diesen gleichgestellten behinderten Menschen im Geltungsbereich dieses Gesetzbuchs.

(7) Die bei den Integrationsämtern verbleibenden Mittel der Ausgleichsabgabe werden von diesen gesondert verwaltet. Die Rechnungslegung und die formelle Einrichtung der Rechnungen und Belege regeln sich nach den Bestimmungen, die für diese Stellen allgemein maßgebend sind.

(8) Für die Verpflichtung zur Entrichtung einer Ausgleichsabgabe (Absatz 1) gelten hinsichtlich der in § 154 Absatz 2 Nummer 1 genannten Stellen der Bund und hinsichtlich der in § 154 Absatz 2 Nummer 2 genannten Stellen das Land als ein Arbeitgeber.

§ 161 Ausgleichsfonds

Zur besonderen Förderung der Einstellung und Beschäftigung schwerbehinderter Menschen auf Arbeitsplätzen und zur Förderung von Einrichtungen und Maßnahmen, die den Interessen mehrerer Länder auf dem Gebiet der Förderung der Teilhabe schwerbehinderter Menschen am Arbeitsleben dienen, ist beim Bundesministerium für Arbeit und Soziales als zweckgebundene Vermögensmasse ein Ausgleichsfonds für überregionale Vorhaben zur Teilhabe schwerbehinderter Menschen am Arbeitsleben gebildet. Das Bundesministerium für Arbeit und Soziales verwaltet den Ausgleichsfonds.

§ 162 Verordnungsermächtigungen

Die Bundesregierung wird ermächtigt, durch Rechtsverordnung mit Zustimmung des Bundesrates

1. die Pflichtquote nach § 154 Absatz 1 nach dem jeweiligen Bedarf an Arbeitsplätzen für schwerbehinderte Menschen zu ändern,

jedoch auf höchstens 10 Prozent zu erhöhen oder bis auf 4 Prozent herabzusetzen; dabei kann die Pflichtquote für öffentliche Arbeitgeber höher festgesetzt werden als für private Arbeitgeber,

2. nähere Vorschriften über die Verwendung der Ausgleichsabgabe nach § 160 Absatz 5 und die Gestaltung des Ausgleichsfonds nach § 161, die Verwendung der Mittel durch ihn für die Förderung der Teilhabe schwerbehinderter Menschen am Arbeitsleben und das Vergabe- und Verwaltungsverfahren des Ausgleichsfonds zu erlassen,
3. in der Rechtsverordnung nach Nummer 2
   a) den Anteil des an den Ausgleichsfonds weiterzuleitenden Aufkommens an Ausgleichsabgabe entsprechend den erforderlichen Aufwendungen zur Erfüllung der Aufgaben des Ausgleichsfonds und der Integrationsämter,
   b) den Ausgleich zwischen den Integrationsämtern auf Vorschlag der Länder oder einer Mehrheit der Länder abweichend von § 160 Absatz 6 Satz 3 sowie
   c) die Zuständigkeit für die Förderung von Einrichtungen nach § 30 der Schwerbehinderten-Ausgleichsabgabeverordnung abweichend von § 41 Absatz 2 Nummer 1 dieser Verordnung und von Inklusionsbetrieben und -abteilungen abweichend von § 41 Absatz 1 Nummer 3 dieser Verordnung

   zu regeln,
4. die Ausgleichsabgabe bei Arbeitgebern, die über weniger als 30 Arbeitsplätze verfügen, für einen bestimmten Zeitraum allgemein oder für einzelne Bundesländer herabzusetzen oder zu erlassen, wenn die Zahl der unbesetzten Pflichtarbeitsplätze für schwerbehinderte Menschen die Zahl der zu beschäftigenden schwerbehinderten Menschen so erheblich übersteigt, dass die Pflichtarbeitsplätze für schwerbehinderte Menschen dieser Arbeitgeber nicht in Anspruch genommen zu werden brauchen.

KAPITEL 3
Sonstige Pflichten der Arbeitgeber; Rechte der schwerbehinderten Menschen

§ 163 Zusammenwirken der Arbeitgeber mit der Bundesagentur für Arbeit und den Integrationsämtern

(1) Die Arbeitgeber haben, gesondert für jeden Betrieb und jede Dienststelle, ein Verzeichnis der bei ihnen beschäftigten schwerbe-

hinderten, ihnen gleichgestellten behinderten Menschen und sonstigen anrechnungsfähigen Personen laufend zu führen und dieses den Vertretern oder Vertreterinnen der Bundesagentur für Arbeit und des Integrationsamtes, die für den Sitz des Betriebes oder der Dienststelle zuständig sind, auf Verlangen vorzulegen.

(2) Die Arbeitgeber haben der für ihren Sitz zuständigen Agentur für Arbeit einmal jährlich bis spätestens zum 31. März für das vorangegangene Kalenderjahr, aufgegliedert nach Monaten, die Daten anzuzeigen, die zur Berechnung des Umfangs der Beschäftigungspflicht, zur Überwachung ihrer Erfüllung und der Ausgleichsabgabe notwendig sind. Der Anzeige sind das nach Absatz 1 geführte Verzeichnis sowie eine Kopie der Anzeige und des Verzeichnisses zur Weiterleitung an das für ihren Sitz zuständige Integrationsamt beizufügen. Dem Betriebs-, Personal-, Richter-, Staatsanwalts- und Präsidialrat, der Schwerbehindertenvertretung und dem Inklusionsbeauftragten des Arbeitgebers ist je eine Kopie der Anzeige und des Verzeichnisses zu übermitteln.

(3) Zeigt ein Arbeitgeber die Daten bis zum 30. Juni nicht, nicht richtig oder nicht vollständig an, erlässt die Bundesagentur für Arbeit nach Prüfung in tatsächlicher sowie in rechtlicher Hinsicht einen Feststellungsbescheid über die zur Berechnung der Zahl der Pflichtarbeitsplätze für schwerbehinderte Menschen und der besetzten Arbeitsplätze notwendigen Daten.

(4) Die Arbeitgeber, die Arbeitsplätze für schwerbehinderte Menschen nicht zur Verfügung zu stellen haben, haben die Anzeige nur nach Aufforderung durch die Bundesagentur für Arbeit im Rahmen einer repräsentativen Teilerhebung zu erstatten, die mit dem Ziel der Erfassung der in Absatz 1 genannten Personengruppen, aufgegliedert nach Bundesländern, alle fünf Jahre durchgeführt wird.

(5) Die Arbeitgeber haben der Bundesagentur für Arbeit und dem Integrationsamt auf Verlangen die Auskünfte zu erteilen, die zur Durchführung der besonderen Regelungen zur Teilhabe schwerbehinderter und ihnen gleichgestellter behinderter Menschen am Arbeitsleben notwendig sind.

(6) Für das Verzeichnis und die Anzeige des Arbeitgebers sind die mit der Bundesarbeitsgemeinschaft der Integrationsämter und Hauptfürsorgestellen abgestimmten Vordrucke der Bundesagentur für Arbeit zu verwenden. Die Bundesagentur für Arbeit soll zur Durchführung des Anzeigeverfahrens in Abstimmung mit der Bundesarbeitsgemeinschaft ein elektronisches Übermittlungsverfahren zulassen.

(7) Die Arbeitgeber haben den Beauftragten der Bundesagentur für Arbeit und des Integrationsamtes auf Verlangen Einblick in ihren Betrieb oder ihre Dienststelle zu geben, soweit es im Interesse der schwerbehinderten Menschen erforderlich ist und Betriebs- oder Dienstgeheimnisse nicht gefährdet werden.

(8) Die Arbeitgeber haben die Vertrauenspersonen der schwerbehinderten Menschen (§ 177 Absatz 1 Satz 1 bis 3 und § 180 Absatz 1 bis 5) unverzüglich nach der Wahl und ihren Inklusionsbeauftragten für die Angelegenheiten der schwerbehinderten Menschen (§ 181 Satz 1) unverzüglich nach der Bestellung der für den Sitz des Betriebes oder der Dienststelle zuständigen Agentur für Arbeit und dem Integrationsamt zu benennen.

§ 164 Pflichten des Arbeitgebers und Rechte schwerbehinderter Menschen

(1) Die Arbeitgeber sind verpflichtet zu prüfen, ob freie Arbeitsplätze mit schwerbehinderten Menschen, insbesondere mit bei der Agentur für Arbeit arbeitslos oder arbeitsuchend gemeldeten schwerbehinderten Menschen, besetzt werden können. Sie nehmen frühzeitig Verbindung mit der Agentur für Arbeit auf. Die Bundesagentur für Arbeit oder ein Integrationsfachdienst schlägt den Arbeitgebern geeignete schwerbehinderte Menschen vor. Über die Vermittlungsvorschläge und vorliegende Bewerbungen von schwerbehinderten Menschen haben die Arbeitgeber die Schwerbehindertenvertretung und die in § 176 genannten Vertretungen unmittelbar nach Eingang zu unterrichten. Bei Bewerbungen schwerbehinderter Richterinnen und Richter wird der Präsidialrat unterrichtet und gehört, soweit dieser an der Ernennung zu beteiligen ist. Bei der Prüfung nach Satz 1 beteiligen die Arbeitgeber die Schwerbehindertenvertretung nach § 178 Absatz 2 und hören die in § 176 genannten Vertretungen an. Erfüllt der Arbeitgeber seine

Beschäftigungspflicht nicht und ist die Schwerbehindertenvertretung oder eine in § 176 genannte Vertretung mit der beabsichtigten Entscheidung des Arbeitgebers nicht einverstanden, ist diese unter Darlegung der Gründe mit ihnen zu erörtern. Dabei wird der betroffene schwerbehinderte Mensch angehört. Alle Beteiligten sind vom Arbeitgeber über die getroffene Entscheidung unter Darlegung der Gründe unverzüglich zu unterrichten. Bei Bewerbungen schwerbehinderter Menschen ist die Schwerbehindertenvertretung nicht zu beteiligen, wenn der schwerbehinderte Mensch die Beteiligung der Schwerbehindertenvertretung ausdrücklich ablehnt.

(2) Arbeitgeber dürfen schwerbehinderte Beschäftigte nicht wegen ihrer Behinderung benachteiligen. Im Einzelnen gelten hierzu die Regelungen des Allgemeinen Gleichbehandlungsgesetzes.

(3) Die Arbeitgeber stellen durch geeignete Maßnahmen sicher, dass in ihren Betrieben und Dienststellen wenigstens die vorgeschriebene Zahl schwerbehinderter Menschen eine möglichst dauerhafte behinderungsgerechte Beschäftigung finden kann. Absatz 4 Satz 2 und 3 gilt entsprechend.

(4) Die schwerbehinderten Menschen haben gegenüber ihren Arbeitgebern Anspruch auf
1. Beschäftigung, bei der sie ihre Fähigkeiten und Kenntnisse möglichst voll verwerten und weiterentwickeln können,
2. bevorzugte Berücksichtigung bei innerbetrieblichen Maßnahmen der beruflichen Bildung zur Förderung ihres beruflichen Fortkommens,
3. Erleichterungen im zumutbaren Umfang zur Teilnahme an außerbetrieblichen Maßnahmen der beruflichen Bildung,
4. behinderungsgerechte Einrichtung und Unterhaltung der Arbeitsstätten einschließlich der Betriebsanlagen, Maschinen und Geräte sowie der Gestaltung der Arbeitsplätze, des Arbeitsumfelds, der Arbeitsorganisation und der Arbeitszeit, unter besonderer Berücksichtigung der Unfallgefahr,
5. Ausstattung ihres Arbeitsplatzes mit den erforderlichen technischen Arbeitshilfen

unter Berücksichtigung der Behinderung und ihrer Auswirkungen auf die Beschäftigung. Bei der Durchführung der Maßnahmen nach Satz 1 Nummer 1, 4 und 5 unterstützen die Bundesagentur für

Arbeit und die Integrationsämter die Arbeitgeber unter Berücksichtigung der für die Beschäftigung wesentlichen Eigenschaften der schwerbehinderten Menschen. Ein Anspruch nach Satz 1 besteht nicht, soweit seine Erfüllung für den Arbeitgeber nicht zumutbar oder mit unverhältnismäßigen Aufwendungen verbunden wäre oder soweit die staatlichen oder berufsgenossenschaftlichen Arbeitsschutzvorschriften oder beamtenrechtliche Vorschriften entgegenstehen.

(5) Die Arbeitgeber fördern die Einrichtung von Teilzeitarbeitsplätzen. Sie werden dabei von den Integrationsämtern unterstützt. Schwerbehinderte Menschen haben einen Anspruch auf Teilzeitbeschäftigung, wenn die kürzere Arbeitszeit wegen Art oder Schwere der Behinderung notwendig ist; Absatz 4 Satz 3 gilt entsprechend.

§ 165 Besondere Pflichten der öffentlichen Arbeitgeber

Die Dienststellen der öffentlichen Arbeitgeber melden den Agenturen für Arbeit frühzeitig nach einer erfolglosen Prüfung zur internen Besetzung des Arbeitsplatzes frei werdende und neu zu besetzende sowie neue Arbeitsplätze (§ 156). Mit dieser Meldung gilt die Zustimmung zur Veröffentlichung der Stellenangebote als erteilt. Haben schwerbehinderte Menschen sich um einen solchen Arbeitsplatz beworben oder sind sie von der Bundesagentur für Arbeit oder einem von dieser beauftragten Integrationsfachdienst vorgeschlagen worden, werden sie zu einem Vorstellungsgespräch eingeladen. Eine Einladung ist entbehrlich, wenn die fachliche Eignung offensichtlich fehlt. Einer Inklusionsvereinbarung nach § 166 bedarf es nicht, wenn für die Dienststellen dem § 166 entsprechende Regelungen bereits bestehen und durchgeführt werden.

§ 166 Inklusionsvereinbarung

(1) Die Arbeitgeber treffen mit der Schwerbehindertenvertretung und den in § 176 genannten Vertretungen in Zusammenarbeit mit dem Inklusionsbeauftragten des Arbeitgebers (§ 181) eine verbindliche Inklusionsvereinbarung. Auf Antrag der Schwerbehindertenvertretung wird unter Beteiligung der in § 176 genannten Vertretungen hierüber verhandelt. Ist eine Schwerbehindertenvertretung nicht vorhanden, steht das Antragsrecht den in § 176 genannten Vertretungen zu. Der Arbeitgeber oder die Schwerbehindertenvertretung kann das Integrationsamt einladen, sich an den

Verhandlungen über die Inklusionsvereinbarung zu beteiligen. Das Integrationsamt soll dabei insbesondere darauf hinwirken, dass unterschiedliche Auffassungen überwunden werden. Der Agentur für Arbeit und dem Integrationsamt, die für den Sitz des Arbeitgebers zuständig sind, wird die Vereinbarung übermittelt.

(2) Die Vereinbarung enthält Regelungen im Zusammenhang mit der Eingliederung schwerbehinderter Menschen, insbesondere zur Personalplanung, Arbeitsplatzgestaltung, Gestaltung des Arbeitsumfelds, Arbeitsorganisation, Arbeitszeit sowie Regelungen über die Durchführung in den Betrieben und Dienststellen. Dabei ist die gleichberechtigte Teilhabe schwerbehinderter Menschen am Arbeitsleben bei der Gestaltung von Arbeitsprozessen und Rahmenbedingungen von Anfang an zu berücksichtigen. Bei der Personalplanung werden besondere Regelungen zur Beschäftigung eines angemessenen Anteils von schwerbehinderten Frauen vorgesehen.

(3) In der Vereinbarung können insbesondere auch Regelungen getroffen werden

1. zur angemessenen Berücksichtigung schwerbehinderter Menschen bei der Besetzung freier, frei werdender oder neuer Stellen,
2. zu einer anzustrebenden Beschäftigungsquote, einschließlich eines angemessenen Anteils schwerbehinderter Frauen,
3. zu Teilzeitarbeit,
4. zur Ausbildung behinderter Jugendlicher,
5. zur Durchführung der betrieblichen Prävention (betriebliches Eingliederungsmanagement) und zur Gesundheitsförderung,
6. über die Hinzuziehung des Werks- oder Betriebsarztes auch für Beratungen über Leistungen zur Teilhabe sowie über besondere Hilfen im Arbeitsleben.

(4) In den Versammlungen schwerbehinderter Menschen berichtet der Arbeitgeber über alle Angelegenheiten im Zusammenhang mit der Eingliederung schwerbehinderter Menschen.

§ 167 Prävention

(1) Der Arbeitgeber schaltet bei Eintreten von personen-, verhaltens- oder betriebsbedingten Schwierigkeiten im Arbeits- oder sonstigen Beschäftigungsverhältnis, die zur Gefährdung dieses Verhältnisses führen können, möglichst frühzeitig die Schwerbehindertenver-

tretung und die in § 176 genannten Vertretungen sowie das Integrationsamt ein, um mit ihnen alle Möglichkeiten und alle zur Verfügung stehenden Hilfen zur Beratung und mögliche finanzielle Leistungen zu erörtern, mit denen die Schwierigkeiten beseitigt werden können und das Arbeits- oder sonstige Beschäftigungsverhältnis möglichst dauerhaft fortgesetzt werden kann.

(2) Sind Beschäftigte innerhalb eines Jahres länger als sechs Wochen ununterbrochen oder wiederholt arbeitsunfähig, klärt der Arbeitgeber mit der zuständigen Interessenvertretung im Sinne des § 176, bei schwerbehinderten Menschen außerdem mit der Schwerbehindertenvertretung, mit Zustimmung und Beteiligung der betroffenen Person die Möglichkeiten, wie die Arbeitsunfähigkeit möglichst überwunden werden und mit welchen Leistungen oder Hilfen erneuter Arbeitsunfähigkeit vorgebeugt und der Arbeitsplatz erhalten werden kann (betriebliches Eingliederungsmanagement). Soweit erforderlich, wird der Werks- oder Betriebsarzt hinzugezogen. Die betroffene Person oder ihr gesetzlicher Vertreter ist zuvor auf die Ziele des betrieblichen Eingliederungsmanagements sowie auf Art und Umfang der hierfür erhobenen und verwendeten Daten hinzuweisen. Kommen Leistungen zur Teilhabe oder begleitende Hilfen im Arbeitsleben in Betracht, werden vom Arbeitgeber die Rehabilitationsträger oder bei schwerbehinderten Beschäftigten das Integrationsamt hinzugezogen. Diese wirken darauf hin, dass die erforderlichen Leistungen oder Hilfen unverzüglich beantragt und innerhalb der Frist des § 14 Absatz 2 Satz 2 erbracht werden. Die zuständige Interessenvertretung im Sinne des § 176, bei schwerbehinderten Menschen außerdem die Schwerbehindertenvertretung, können die Klärung verlangen. Sie wachen darüber, dass der Arbeitgeber die ihm nach dieser Vorschrift obliegenden Verpflichtungen erfüllt.

(3) Die Rehabilitationsträger und die Integrationsämter können Arbeitgeber, die ein betriebliches Eingliederungsmanagement einführen, durch Prämien oder einen Bonus fördern.

KAPITEL 4
Kündigungsschutz

§ 168 Erfordernis der Zustimmung
Die Kündigung des Arbeitsverhältnisses eines schwerbehinderten Menschen durch den Arbeitgeber bedarf der vorherigen Zustimmung des Integrationsamtes.

§ 169 Kündigungsfrist
Die Kündigungsfrist beträgt mindestens vier Wochen.

§ 170 Antragsverfahren
(1) Die Zustimmung zur Kündigung beantragt der Arbeitgeber bei dem für den Sitz des Betriebes oder der Dienststelle zuständigen Integrationsamt schriftlich oder elektronisch. Der Begriff des Betriebes und der Begriff der Dienststelle im Sinne dieses Teils bestimmen sich nach dem Betriebsverfassungsgesetz und dem Personalvertretungsrecht.

(2) Das Integrationsamt holt eine Stellungnahme des Betriebsrates oder Personalrates und der Schwerbehindertenvertretung ein und hört den schwerbehinderten Menschen an.

(3) Das Integrationsamt wirkt in jeder Lage des Verfahrens auf eine gütliche Einigung hin.

§ 171 Entscheidung des Integrationsamtes
(1) Das Integrationsamt soll die Entscheidung, falls erforderlich, auf Grund mündlicher Verhandlung, innerhalb eines Monats vom Tag des Eingangs des Antrages an treffen.

(2) Die Entscheidung wird dem Arbeitgeber und dem schwerbehinderten Menschen zugestellt. Der Bundesagentur für Arbeit wird eine Abschrift der Entscheidung übersandt.

(3) Erteilt das Integrationsamt die Zustimmung zur Kündigung, kann der Arbeitgeber die Kündigung nur innerhalb eines Monats nach Zustellung erklären.

(4) Widerspruch und Anfechtungsklage gegen die Zustimmung des Integrationsamtes zur Kündigung haben keine aufschiebende Wirkung.

(5) In den Fällen des § 172 Absatz 1 Satz 1 und Absatz 3 gilt Absatz 1 mit der Maßgabe, dass die Entscheidung innerhalb eines Monats vom Tag des Eingangs des Antrages an zu treffen ist. Wird innerhalb dieser Frist eine Entscheidung nicht getroffen, gilt die Zustimmung als erteilt. Die Absätze 3 und 4 gelten entsprechend.

§ 172 Einschränkungen der Ermessensentscheidung

(1) Das Integrationsamt erteilt die Zustimmung bei Kündigungen in Betrieben und Dienststellen, die nicht nur vorübergehend eingestellt oder aufgelöst werden, wenn zwischen dem Tag der Kündigung und dem Tag, bis zu dem Gehalt oder Lohn gezahlt wird, mindestens drei Monate liegen. Unter der gleichen Voraussetzung soll es die Zustimmung auch bei Kündigungen in Betrieben und Dienststellen erteilen, die nicht nur vorübergehend wesentlich eingeschränkt werden, wenn die Gesamtzahl der weiterhin beschäftigten schwerbehinderten Menschen zur Erfüllung der Beschäftigungspflicht nach § 154 ausreicht. Die Sätze 1 und 2 gelten nicht, wenn eine Weiterbeschäftigung auf einem anderen Arbeitsplatz desselben Betriebes oder derselben Dienststelle oder auf einem freien Arbeitsplatz in einem anderen Betrieb oder einer anderen Dienststelle desselben Arbeitgebers mit Einverständnis des schwerbehinderten Menschen möglich und für den Arbeitgeber zumutbar ist.

(2) Das Integrationsamt soll die Zustimmung erteilen, wenn dem schwerbehinderten Menschen ein anderer angemessener und zumutbarer Arbeitsplatz gesichert ist.

(3) Ist das Insolvenzverfahren über das Vermögen des Arbeitgebers eröffnet, soll das Integrationsamt die Zustimmung erteilen, wenn
1. der schwerbehinderte Mensch in einem Interessenausgleich namentlich als einer der zu entlassenden Arbeitnehmer bezeichnet ist (§ 125 der Insolvenzordnung),
2. die Schwerbehindertenvertretung beim Zustandekommen des Interessenausgleichs gemäß § 178 Absatz 2 beteiligt worden ist,

3. der Anteil der nach dem Interessenausgleich zu entlassenden schwerbehinderten Menschen an der Zahl der beschäftigten schwerbehinderten Menschen nicht größer ist als der Anteil der zu entlassenden übrigen Arbeitnehmer an der Zahl der beschäftigten übrigen Arbeitnehmer und
4. die Gesamtzahl der schwerbehinderten Menschen, die nach dem Interessenausgleich bei dem Arbeitgeber verbleiben sollen, zur Erfüllung der Beschäftigungspflicht nach § 154 ausreicht.

§ 173 Ausnahmen

(1) Die Vorschriften dieses Kapitels gelten nicht für schwerbehinderte Menschen,

1. deren Arbeitsverhältnis zum Zeitpunkt des Zugangs der Kündigungserklärung ohne Unterbrechung noch nicht länger als sechs Monate besteht oder
2. die auf Stellen im Sinne des § 156 Absatz 2 Nummer 2 bis 5 beschäftigt werden oder
3. deren Arbeitsverhältnis durch Kündigung beendet wird, sofern sie
   a) das 58. Lebensjahr vollendet haben und Anspruch auf eine Abfindung, Entschädigung oder ähnliche Leistung auf Grund eines Sozialplanes haben oder
   b) Anspruch auf Knappschaftsausgleichsleistung nach dem Sechsten Buch oder auf Anpassungsgeld für entlassene Arbeitnehmer des Bergbaus haben.

Satz 1 Nummer 3 (Buchstabe a und b) finden Anwendung, wenn der Arbeitgeber ihnen die Kündigungsabsicht rechtzeitig mitgeteilt hat und sie der beabsichtigten Kündigung bis zu deren Ausspruch nicht widersprechen.

(2) Die Vorschriften dieses Kapitels finden ferner bei Entlassungen, die aus Witterungsgründen vorgenommen werden, keine Anwendung, sofern die Wiedereinstellung der schwerbehinderten Menschen bei Wiederaufnahme der Arbeit gewährleistet ist.

(3) Die Vorschriften dieses Kapitels finden ferner keine Anwendung, wenn zum Zeitpunkt der Kündigung die Eigenschaft als schwerbehinderter Mensch nicht nachgewiesen ist oder das Versorgungsamt nach Ablauf der Frist des § 152 Absatz 1 Satz 3 eine Feststellung wegen fehlender Mitwirkung nicht treffen konnte.

(4) Der Arbeitgeber zeigt Einstellungen auf Probe und die Beendigung von Arbeitsverhältnissen schwerbehinderter Menschen in den Fällen des Absatzes 1 Nummer 1 unabhängig von der Anzeigepflicht nach anderen Gesetzen dem Integrationsamt innerhalb von vier Tagen an.

§ 174 Außerordentliche Kündigung

(1) Die Vorschriften dieses Kapitels gelten mit Ausnahme von § 169 auch bei außerordentlicher Kündigung, soweit sich aus den folgenden Bestimmungen nichts Abweichendes ergibt.

(2) Die Zustimmung zur Kündigung kann nur innerhalb von zwei Wochen beantragt werden; maßgebend ist der Eingang des Antrages bei dem Integrationsamt. Die Frist beginnt mit dem Zeitpunkt, in dem der Arbeitgeber von den für die Kündigung maßgebenden Tatsachen Kenntnis erlangt.

(3) Das Integrationsamt trifft die Entscheidung innerhalb von zwei Wochen vom Tag des Eingangs des Antrages an. Wird innerhalb dieser Frist eine Entscheidung nicht getroffen, gilt die Zustimmung als erteilt.

(4) Das Integrationsamt soll die Zustimmung erteilen, wenn die Kündigung aus einem Grund erfolgt, der nicht im Zusammenhang mit der Behinderung steht.

(5) Die Kündigung kann auch nach Ablauf der Frist des § 626 Absatz 2 Satz 1 des Bürgerlichen Gesetzbuchs erfolgen, wenn sie unverzüglich nach Erteilung der Zustimmung erklärt wird.

(6) Schwerbehinderte Menschen, denen lediglich aus Anlass eines Streiks oder einer Aussperrung fristlos gekündigt worden ist, werden nach Beendigung des Streiks oder der Aussperrung wieder eingestellt.

§ 175 Erweiterter Beendigungsschutz

Die Beendigung des Arbeitsverhältnisses eines schwerbehinderten Menschen bedarf auch dann der vorherigen Zustimmung des Integrationsamtes, wenn sie im Falle des Eintritts einer teilweisen Erwerbsminderung, der Erwerbsminderung auf Zeit, der Berufsunfähigkeit oder der Erwerbsunfähigkeit auf Zeit ohne Kündigung erfolgt. Die Vorschriften dieses Kapitels über die Zustimmung zur ordentlichen Kündigung gelten entsprechend.

KAPITEL 5
Betriebs-, Personal-, Richter-, Staatsanwalts- und Präsidialrat, Schwerbehindertenvertretung, Inklusionsbeauftragter des Arbeitgebers

§ 176 Aufgaben des Betriebs-, Personal-, Richter-, Staatsanwalts- und Präsidialrates

Betriebs-, Personal-, Richter-, Staatsanwalts- und Präsidialrat fördern die Eingliederung schwerbehinderter Menschen. Sie achten insbesondere darauf, dass die dem Arbeitgeber nach den §§ 154, 155 und 164 bis 167 obliegenden Verpflichtungen erfüllt werden; sie wirken auf die Wahl der Schwerbehindertenvertretung hin.

§ 177 Wahl und Amtszeit der Schwerbehindertenvertretung

(1) In Betrieben und Dienststellen, in denen wenigstens fünf schwerbehinderte Menschen nicht nur vorübergehend beschäftigt sind, werden eine Vertrauensperson und wenigstens ein stellvertretendes Mitglied gewählt, das die Vertrauensperson im Falle der Verhinderung vertritt. Ferner wählen bei Gerichten, denen mindestens fünf schwerbehinderte Richter oder Richterinnen angehören, diese einen Richter oder eine Richterin zu ihrer Schwerbehindertenvertretung. Satz 2 gilt entsprechend für Staatsanwälte oder Staatsanwältinnen, soweit für sie eine besondere Personalvertretung gebildet wird. Betriebe oder Dienststellen, die die Voraussetzungen des Satzes 1 nicht erfüllen, können für die Wahl mit räumlich nahe liegenden Betrieben des Arbeitgebers oder gleichstufigen Dienststellen derselben Verwaltung zusammengefasst werden; soweit erforderlich, können Gerichte unterschiedlicher Gerichtszweige und Stufen zusammengefasst werden. Über die Zusammenfassung entscheidet der Arbeitgeber im Benehmen mit dem für den Sitz der Betriebe oder Dienststellen einschließlich Gerichten zuständigen Integrationsamt.

(2) Wahlberechtigt sind alle in dem Betrieb oder der Dienststelle beschäftigten schwerbehinderten Menschen.

(3) Wählbar sind alle in dem Betrieb oder der Dienststelle nicht nur vorübergehend Beschäftigten, die am Wahltag das 18. Lebensjahr vollendet haben und dem Betrieb oder der Dienststelle seit sechs Monaten angehören; besteht der Betrieb oder die Dienststelle weniger als ein Jahr, so bedarf es für die Wählbarkeit nicht der sechsmonatigen Zugehörigkeit. Nicht wählbar ist, wer kraft Gesetzes dem Betriebs-, Personal-, Richter-, Staatsanwalts- oder Präsidialrat nicht angehören kann.

(4) In Dienststellen der Bundeswehr sind auch schwerbehinderte Soldatinnen und Soldaten wahlberechtigt und auch Soldatinnen und Soldaten wählbar.

(5) Die regelmäßigen Wahlen finden alle vier Jahre in der Zeit vom 1. Oktober bis 30. November statt. Außerhalb dieser Zeit finden Wahlen statt, wenn
1. das Amt der Schwerbehindertenvertretung vorzeitig erlischt und ein stellvertretendes Mitglied nicht nachrückt,
2. die Wahl mit Erfolg angefochten worden ist oder
3. eine Schwerbehindertenvertretung noch nicht gewählt ist.

Hat außerhalb des für die regelmäßigen Wahlen festgelegten Zeitraumes eine Wahl der Schwerbehindertenvertretung stattgefunden, wird die Schwerbehindertenvertretung in dem auf die Wahl folgenden nächsten Zeitraum der regelmäßigen Wahlen neu gewählt. Hat die Amtszeit der Schwerbehindertenvertretung zum Beginn des für die regelmäßigen Wahlen festgelegten Zeitraums noch nicht ein Jahr betragen, wird die Schwerbehindertenvertretung im übernächsten Zeitraum für regelmäßige Wahlen neu gewählt.

(6) Die Vertrauensperson und das stellvertretende Mitglied werden in geheimer und unmittelbarer Wahl nach den Grundsätzen der Mehrheitswahl gewählt. Im Übrigen sind die Vorschriften über die Wahlanfechtung, den Wahlschutz und die Wahlkosten bei der Wahl des Betriebs-, Personal-, Richter-, Staatsanwalts- oder Präsidialrates sinngemäß anzuwenden. In Betrieben und Dienststellen mit weniger als 50 wahlberechtigten schwerbehinderten Menschen wird die Vertrauensperson und das stellvertretende Mitglied im vereinfachten Wahlverfahren gewählt, sofern der Betrieb oder die Dienststelle nicht aus räumlich weit auseinanderliegenden Teilen besteht. Ist in einem Betrieb oder einer Dienststelle eine Schwer-

behindertenvertretung nicht gewählt, so kann das für den Betrieb oder die Dienststelle zuständige Integrationsamt zu einer Versammlung schwerbehinderter Menschen zum Zwecke der Wahl eines Wahlvorstandes einladen.

(7) Die Amtszeit der Schwerbehindertenvertretung beträgt vier Jahre. Sie beginnt mit der Bekanntgabe des Wahlergebnisses oder, wenn die Amtszeit der bisherigen Schwerbehindertenvertretung noch nicht beendet ist, mit deren Ablauf. Das Amt erlischt vorzeitig, wenn die Vertrauensperson es niederlegt, aus dem Arbeits-, Dienst- oder Richterverhältnis ausscheidet oder die Wählbarkeit verliert. Scheidet die Vertrauensperson vorzeitig aus dem Amt aus, rückt das mit der höchsten Stimmenzahl gewählte stellvertretende Mitglied für den Rest der Amtszeit nach; dies gilt für das stellvertretende Mitglied entsprechend. Auf Antrag eines Viertels der wahlberechtigten schwerbehinderten Menschen kann der Widerspruchsausschuss bei dem Integrationsamt (§ 202) das Erlöschen des Amtes einer Vertrauensperson wegen grober Verletzung ihrer Pflichten beschließen.

(8) In Betrieben gilt § 21a des Betriebsverfassungsgesetzes entsprechend.

§ 178 Aufgaben der Schwerbehindertenvertretung

(1) Die Schwerbehindertenvertretung fördert die Eingliederung schwerbehinderter Menschen in den Betrieb oder die Dienststelle, vertritt ihre Interessen in dem Betrieb oder der Dienststelle und steht ihnen beratend und helfend zur Seite. Sie erfüllt ihre Aufgaben insbesondere dadurch, dass sie

1. darüber wacht, dass die zugunsten schwerbehinderter Menschen geltenden Gesetze, Verordnungen, Tarifverträge, Betriebs- oder Dienstvereinbarungen und Verwaltungsanordnungen durchgeführt, insbesondere auch die dem Arbeitgeber nach den §§ 154, 155 und 164 bis 167 obliegenden Verpflichtungen erfüllt werden,
2. Maßnahmen, die den schwerbehinderten Menschen dienen, insbesondere auch präventive Maßnahmen, bei den zuständigen Stellen beantragt,
3. Anregungen und Beschwerden von schwerbehinderten Menschen entgegennimmt und, falls sie berechtigt erscheinen, durch

Verhandlung mit dem Arbeitgeber auf eine Erledigung hinwirkt; sie unterrichtet die schwerbehinderten Menschen über den Stand und das Ergebnis der Verhandlungen.

Die Schwerbehindertenvertretung unterstützt Beschäftigte auch bei Anträgen an die nach § 152 Absatz 1 zuständigen Behörden auf Feststellung einer Behinderung, ihres Grades und einer Schwerbehinderung sowie bei Anträgen auf Gleichstellung an die Agentur für Arbeit. In Betrieben und Dienststellen mit in der Regel mehr als 100 beschäftigten schwerbehinderten Menschen kann sie nach Unterrichtung des Arbeitgebers das mit der höchsten Stimmenzahl gewählte stellvertretende Mitglied zu bestimmten Aufgaben heranziehen. Ab jeweils 100 weiteren beschäftigten schwerbehinderten Menschen kann jeweils auch das mit der nächsthöheren Stimmenzahl gewählte Mitglied herangezogen werden. Die Heranziehung zu bestimmten Aufgaben schließt die Abstimmung untereinander ein.

(2) Der Arbeitgeber hat die Schwerbehindertenvertretung in allen Angelegenheiten, die einen einzelnen oder die schwerbehinderten Menschen als Gruppe berühren, unverzüglich und umfassend zu unterrichten und vor einer Entscheidung anzuhören; er hat ihr die getroffene Entscheidung unverzüglich mitzuteilen. Die Durchführung oder Vollziehung einer ohne Beteiligung nach Satz 1 getroffenen Entscheidung ist auszusetzen, die Beteiligung ist innerhalb von sieben Tagen nachzuholen; sodann ist endgültig zu entscheiden. Die Kündigung eines schwerbehinderten Menschen, die der Arbeitgeber ohne eine Beteiligung nach Satz 1 ausspricht, ist unwirksam. Die Schwerbehindertenvertretung hat das Recht auf Beteiligung am Verfahren nach § 164 Absatz 1 und beim Vorliegen von Vermittlungsvorschlägen der Bundesagentur für Arbeit nach § 164 Absatz 1 oder von Bewerbungen schwerbehinderter Menschen das Recht auf Einsicht in die entscheidungsrelevanten Teile der Bewerbungsunterlagen und Teilnahme an Vorstellungsgesprächen.

(3) Der schwerbehinderte Mensch hat das Recht, bei Einsicht in die über ihn geführte Personalakte oder ihn betreffende Daten des Arbeitgebers die Schwerbehindertenvertretung hinzuzuziehen. Die Schwerbehindertenvertretung bewahrt über den Inhalt der Daten Stillschweigen, soweit sie der schwerbehinderte Mensch nicht von dieser Verpflichtung entbunden hat.

(4) Die Schwerbehindertenvertretung hat das Recht, an allen Sitzungen des Betriebs-, Personal-, Richter-, Staatsanwalts- oder Präsidialrates und deren Ausschüssen sowie des Arbeitsschutzausschusses beratend teilzunehmen; sie kann beantragen, Angelegenheiten, die einzelne oder die schwerbehinderten Menschen als Gruppe besonders betreffen, auf die Tagesordnung der nächsten Sitzung zu setzen. Erachtet sie einen Beschluss des Betriebs-, Personal-, Richter-, Staatsanwalts- oder Präsidialrates als eine erhebliche Beeinträchtigung wichtiger Interessen schwerbehinderter Menschen oder ist sie entgegen Absatz 2 Satz 1 nicht beteiligt worden, wird auf ihren Antrag der Beschluss für die Dauer von einer Woche vom Zeitpunkt der Beschlussfassung an ausgesetzt; die Vorschriften des Betriebsverfassungsgesetzes und des Personalvertretungsrechts über die Aussetzung von Beschlüssen gelten entsprechend. Durch die Aussetzung wird eine Frist nicht verlängert. In den Fällen des § 21e Absatz 1 und 3 des Gerichtsverfassungsgesetzes ist die Schwerbehindertenvertretung, außer in Eilfällen, auf Antrag einer betroffenen schwerbehinderten Richterin oder eines schwerbehinderten Richters vor dem Präsidium des Gerichtes zu hören.

(5) Die Schwerbehindertenvertretung wird zu Besprechungen nach § 74 Absatz 1 des Betriebsverfassungsgesetzes, § 66 Absatz 1 des Bundespersonalvertretungsgesetzes sowie den entsprechenden Vorschriften des sonstigen Personalvertretungsrechts zwischen dem Arbeitgeber und den in Absatz 4 genannten Vertretungen hinzugezogen.

(6) Die Schwerbehindertenvertretung hat das Recht, mindestens einmal im Kalenderjahr eine Versammlung schwerbehinderter Menschen im Betrieb oder in der Dienststelle durchzuführen. Die für Betriebs- und Personalversammlungen geltenden Vorschriften finden entsprechende Anwendung.

(7) Sind in einer Angelegenheit sowohl die Schwerbehindertenvertretung der Richter und Richterinnen als auch die Schwerbehindertenvertretung der übrigen Bediensteten beteiligt, so handeln sie gemeinsam.

(8) Die Schwerbehindertenvertretung kann an Betriebs- und Personalversammlungen in Betrieben und Dienststellen teilnehmen, für

die sie als Schwerbehindertenvertretung zuständig ist, und hat dort ein Rederecht, auch wenn die Mitglieder der Schwerbehindertenvertretung nicht Angehörige des Betriebes oder der Dienststelle sind.

§ 179 Persönliche Rechte und Pflichten der Vertrauenspersonen der schwerbehinderten Menschen

(1) Die Vertrauenspersonen führen ihr Amt unentgeltlich als Ehrenamt.

(2) Die Vertrauenspersonen dürfen in der Ausübung ihres Amtes nicht behindert oder wegen ihres Amtes nicht benachteiligt oder begünstigt werden; dies gilt auch für ihre berufliche Entwicklung.

(3) Die Vertrauenspersonen besitzen gegenüber dem Arbeitgeber die gleiche persönliche Rechtsstellung, insbesondere den gleichen Kündigungs-, Versetzungs- und Abordnungsschutz, wie ein Mitglied des Betriebs-, Personal-, Staatsanwalts- oder Richterrates. Das stellvertretende Mitglied besitzt während der Dauer der Vertretung und der Heranziehung nach § 178 Absatz 1 Satz 4 und 5 die gleiche persönliche Rechtsstellung wie die Vertrauensperson, im Übrigen die gleiche Rechtsstellung wie Ersatzmitglieder der in Satz 1 genannten Vertretungen.

(4) Die Vertrauenspersonen werden von ihrer beruflichen Tätigkeit ohne Minderung des Arbeitsentgelts oder der Dienstbezüge befreit, wenn und soweit es zur Durchführung ihrer Aufgaben erforderlich ist. Sind in den Betrieben und Dienststellen in der Regel wenigstens 100 schwerbehinderte Menschen beschäftigt, wird die Vertrauensperson auf ihren Wunsch freigestellt; weitergehende Vereinbarungen sind zulässig. Satz 1 gilt entsprechend für die Teilnahme der Vertrauensperson und des mit der höchsten Stimmenzahl gewählten stellvertretenden Mitglieds sowie in den Fällen des § 178 Absatz 1 Satz 5 auch des jeweils mit der nächsthöheren Stimmenzahl gewählten weiteren stellvertretenden Mitglieds an Schulungs- und Bildungsveranstaltungen, soweit diese Kenntnisse vermitteln, die für die Arbeit der Schwerbehindertenvertretung erforderlich sind.

(5) Freigestellte Vertrauenspersonen dürfen von inner- oder außerbetrieblichen Maßnahmen der Berufsförderung nicht ausgeschlos-

sen werden. Innerhalb eines Jahres nach Beendigung ihrer Freistellung ist ihnen im Rahmen der Möglichkeiten des Betriebes oder der Dienststelle Gelegenheit zu geben, eine wegen der Freistellung unterbliebene berufliche Entwicklung in dem Betrieb oder der Dienststelle nachzuholen. Für Vertrauenspersonen, die drei volle aufeinander folgende Amtszeiten freigestellt waren, erhöht sich der genannte Zeitraum auf zwei Jahre.

(6) Zum Ausgleich für ihre Tätigkeit, die aus betriebsbedingten oder dienstlichen Gründen außerhalb der Arbeitszeit durchzuführen ist, haben die Vertrauenspersonen Anspruch auf entsprechende Arbeits- oder Dienstbefreiung unter Fortzahlung des Arbeitsentgelts oder der Dienstbezüge.

(7) Die Vertrauenspersonen sind verpflichtet,
1. ihnen wegen ihres Amtes anvertraute oder sonst bekannt gewordene fremde Geheimnisse, namentlich zum persönlichen Lebensbereich gehörende Geheimnisse, nicht zu offenbaren und
2. ihnen wegen ihres Amtes bekannt gewordene und vom Arbeitgeber ausdrücklich als geheimhaltungsbedürftig bezeichnete Betriebs- oder Geschäftsgeheimnisse nicht zu offenbaren und nicht zu verwerten.

Diese Pflichten gelten auch nach dem Ausscheiden aus dem Amt. Sie gelten nicht gegenüber der Bundesagentur für Arbeit, den Integrationsämtern und den Rehabilitationsträgern, soweit deren Aufgaben den schwerbehinderten Menschen gegenüber es erfordern, gegenüber den Vertrauenspersonen in den Stufenvertretungen (§ 180) sowie gegenüber den in § 79 Absatz 1 des Betriebsverfassungsgesetzes und den in den entsprechenden Vorschriften des Personalvertretungsrechts genannten Vertretungen, Personen und Stellen.

(8) Die durch die Tätigkeit der Schwerbehindertenvertretung entstehenden Kosten trägt der Arbeitgeber; für öffentliche Arbeitgeber gelten die Kostenregelungen für Personalvertretungen entsprechend. Das Gleiche gilt für die durch die Teilnahme der stellvertretenden Mitglieder an Schulungs- und Bildungsveranstaltungen nach Absatz 4 Satz 3 entstehenden Kosten. Satz 1 umfasst auch eine Bürokraft für die Schwerbehindertenvertretung in erforderlichem Umfang.

(9) Die Räume und der Geschäftsbedarf, die der Arbeitgeber dem Betriebs-, Personal-, Richter-, Staatsanwalts- oder Präsidialrat für dessen Sitzungen, Sprechstunden und laufende Geschäftsführung zur Verfügung stellt, stehen für die gleichen Zwecke auch der Schwerbehindertenvertretung zur Verfügung, soweit ihr hierfür nicht eigene Räume und sächliche Mittel zur Verfügung gestellt werden.

§ 180 Konzern-, Gesamt-, Bezirks- und Hauptschwerbehindertenvertretung

(1) Ist für mehrere Betriebe eines Arbeitgebers ein Gesamtbetriebsrat oder für den Geschäftsbereich mehrerer Dienststellen ein Gesamtpersonalrat errichtet, wählen die Schwerbehindertenvertretungen der einzelnen Betriebe oder Dienststellen eine Gesamtschwerbehindertenvertretung. Ist eine Schwerbehindertenvertretung nur in einem der Betriebe oder in einer der Dienststellen gewählt, nimmt sie die Rechte und Pflichten der Gesamtschwerbehindertenvertretung wahr.

(2) Ist für mehrere Unternehmen ein Konzernbetriebsrat errichtet, wählen die Gesamtschwerbehindertenvertretungen eine Konzernschwerbehindertenvertretung. Besteht ein Konzernunternehmen nur aus einem Betrieb, für den eine Schwerbehindertenvertretung gewählt ist, hat sie das Wahlrecht wie eine Gesamtschwerbehindertenvertretung.

(3) Für den Geschäftsbereich mehrstufiger Verwaltungen, bei denen ein Bezirks- oder Hauptpersonalrat gebildet ist, gilt Absatz 1 sinngemäß mit der Maßgabe, dass bei den Mittelbehörden von deren Schwerbehindertenvertretung und den Schwerbehindertenvertretungen der nachgeordneten Dienststellen eine Bezirksschwerbehindertenvertretung zu wählen ist. Bei den obersten Dienstbehörden ist von deren Schwerbehindertenvertretung und den Bezirksschwerbehindertenvertretungen des Geschäftsbereichs eine Hauptschwerbehindertenvertretung zu wählen; ist die Zahl der Bezirksschwerbehindertenvertretungen niedriger als zehn, sind auch die Schwerbehindertenvertretungen der nachgeordneten Dienststellen wahlberechtigt.

(4) Für Gerichte eines Zweiges der Gerichtsbarkeit, für die ein Bezirks- oder Hauptrichterrat gebildet ist, gilt Absatz 3 entsprechend.

Sind in einem Zweig der Gerichtsbarkeit bei den Gerichten der Länder mehrere Schwerbehindertenvertretungen nach § 177 zu wählen und ist in diesem Zweig kein Hauptrichterrat gebildet, ist in entsprechender Anwendung von Absatz 3 eine Hauptschwerbehindertenvertretung zu wählen. Die Hauptschwerbehindertenvertretung nimmt die Aufgabe der Schwerbehindertenvertretung gegenüber dem Präsidialrat wahr.

(5) Für jede Vertrauensperson, die nach den Absätzen 1 bis 4 neu zu wählen ist, wird wenigstens ein stellvertretendes Mitglied gewählt.

(6) Die Gesamtschwerbehindertenvertretung vertritt die Interessen der schwerbehinderten Menschen in Angelegenheiten, die das Gesamtunternehmen oder mehrere Betriebe oder Dienststellen des Arbeitgebers betreffen und von den Schwerbehindertenvertretungen der einzelnen Betriebe oder Dienststellen nicht geregelt werden können, sowie die Interessen der schwerbehinderten Menschen, die in einem Betrieb oder einer Dienststelle tätig sind, für die eine Schwerbehindertenvertretung nicht gewählt ist; dies umfasst auch Verhandlungen und den Abschluss entsprechender Inklusionsvereinbarungen. Satz 1 gilt entsprechend für die Konzern-, Bezirks- und Hauptschwerbehindertenvertretung sowie für die Schwerbehindertenvertretung der obersten Dienstbehörde, wenn bei einer mehrstufigen Verwaltung Stufenvertretungen nicht gewählt sind. Die nach Satz 2 zuständige Schwerbehindertenvertretung ist auch in persönlichen Angelegenheiten schwerbehinderter Menschen, über die eine übergeordnete Dienststelle entscheidet, zuständig; sie gibt der Schwerbehindertenvertretung der Dienststelle, die den schwerbehinderten Menschen beschäftigt, Gelegenheit zur Äußerung. Satz 3 gilt nicht in den Fällen, in denen der Personalrat der Beschäftigungsbehörde zu beteiligen ist.

(7) § 177 Absatz 3 bis 8, § 178 Absatz 1 Satz 4 und 5, Absatz 2, 4, 5 und 7 und § 179 gelten entsprechend, § 177 Absatz 5 mit der Maßgabe, dass die Wahl der Gesamt- und Bezirksschwerbehindertenvertretungen in der Zeit vom 1. Dezember bis 31. Januar, die der Konzern- und Hauptschwerbehindertenvertretungen in der Zeit vom 1. Februar bis 31. März stattfindet, § 177 Absatz 6 mit der Maßgabe, dass bei den Wahlen zu überörtlichen Vertretungen der zweite Halbsatz des Satzes 3 nicht gilt.

(8) § 178 Absatz 6 gilt für die Durchführung von Versammlungen der Vertrauens- und der Bezirksvertrauenspersonen durch die Gesamt-, Bezirks- oder Hauptschwerbehindertenvertretung entsprechend.

§ 181 Inklusionsbeauftragter des Arbeitgebers

Der Arbeitgeber bestellt einen Inklusionsbeauftragten, der ihn in Angelegenheiten schwerbehinderter Menschen verantwortlich vertritt; falls erforderlich, können mehrere Inklusionsbeauftragte bestellt werden. Der Inklusionsbeauftragte soll nach Möglichkeit selbst ein schwerbehinderter Mensch sein. Der Inklusionsbeauftragte achtet vor allem darauf, dass dem Arbeitgeber obliegende Verpflichtungen erfüllt werden.

§ 182 Zusammenarbeit

(1) Arbeitgeber, Inklusionsbeauftragter des Arbeitgebers, Schwerbehindertenvertretung und Betriebs-, Personal-, Richter-, Staatsanwalts- oder Präsidialrat arbeiten zur Teilhabe schwerbehinderter Menschen am Arbeitsleben in dem Betrieb oder der Dienststelle eng zusammen.

(2) Die in Absatz 1 genannten Personen und Vertretungen, die mit der Durchführung dieses Teils beauftragten Stellen und die Rehabilitationsträger unterstützen sich gegenseitig bei der Erfüllung ihrer Aufgaben. Vertrauensperson und Inklusionsbeauftragter des Arbeitgebers sind Verbindungspersonen zur Bundesagentur für Arbeit und zu dem Integrationsamt.

§ 183 Verordnungsermächtigung

Die Bundesregierung wird ermächtigt, durch Rechtsverordnung mit Zustimmung des Bundesrates nähere Vorschriften über die Vorbereitung und Durchführung der Wahl der Schwerbehindertenvertretung und ihrer Stufenvertretungen zu erlassen.

KAPITEL 10
Sonstige Vorschriften

§ 205 Vorrang der schwerbehinderten Menschen

Verpflichtungen zur bevorzugten Einstellung und Beschäftigung bestimmter Personenkreise nach anderen Gesetzen entbinden den

Arbeitgeber nicht von der Verpflichtung zur Beschäftigung schwerbehinderter Menschen nach den besonderen Regelungen für schwerbehinderte Menschen.

§ 206 Arbeitsentgelt und Dienstbezüge

(1) Bei der Bemessung des Arbeitsentgelts und der Dienstbezüge aus einem bestehenden Beschäftigungsverhältnis werden Renten und vergleichbare Leistungen, die wegen der Behinderung bezogen werden, nicht berücksichtigt. Die völlige oder teilweise Anrechnung dieser Leistungen auf das Arbeitsentgelt oder die Dienstbezüge ist unzulässig.

(2) Absatz 1 gilt nicht für Zeiträume, in denen die Beschäftigung tatsächlich nicht ausgeübt wird und die Vorschriften über die Zahlung der Rente oder der vergleichbaren Leistung eine Anrechnung oder ein Ruhen vorsehen, wenn Arbeitsentgelt oder Dienstbezüge gezahlt werden.

§ 207 Mehrarbeit

Schwerbehinderte Menschen werden auf ihr Verlangen von Mehrarbeit freigestellt.

§ 208 Zusatzurlaub

(1) Schwerbehinderte Menschen haben Anspruch auf einen bezahlten zusätzlichen Urlaub von fünf Arbeitstagen im Urlaubsjahr; verteilt sich die regelmäßige Arbeitszeit des schwerbehinderten Menschen auf mehr oder weniger als fünf Arbeitstage in der Kalenderwoche, erhöht oder vermindert sich der Zusatzurlaub entsprechend. Soweit tarifliche, betriebliche oder sonstige Urlaubsregelungen für schwerbehinderte Menschen einen längeren Zusatzurlaub vorsehen, bleiben sie unberührt.

(2) Besteht die Schwerbehinderteneigenschaft nicht während des gesamten Kalenderjahres, so hat der schwerbehinderte Mensch für jeden vollen Monat der im Beschäftigungsverhältnis vorliegenden Schwerbehinderteneigenschaft einen Anspruch auf ein Zwölftel des Zusatzurlaubs nach Absatz 1 Satz 1. Bruchteile von Urlaubstagen, die mindestens einen halben Tag ergeben, sind auf volle Urlaubstage aufzurunden. Der so ermittelte Zusatzurlaub ist dem Erholungsurlaub hinzuzurechnen und kann bei einem nicht im

ganzen Kalenderjahr bestehenden Beschäftigungsverhältnis nicht erneut gemindert werden.

(3) Wird die Eigenschaft als schwerbehinderter Mensch nach § 152 Absatz 1 und 2 rückwirkend festgestellt, finden auch für die Übertragbarkeit des Zusatzurlaubs in das nächste Kalenderjahr die dem Beschäftigungsverhältnis zugrunde liegenden urlaubsrechtlichen Regelungen Anwendung.

§ 209 Nachteilsausgleich

(1) Die Vorschriften über Hilfen für behinderte Menschen zum Ausgleich behinderungsbedingter Nachteile oder Mehraufwendungen (Nachteilsausgleich) werden so gestaltet, dass sie unabhängig von der Ursache der Behinderung der Art oder Schwere der Behinderung Rechnung tragen.

(2) Nachteilsausgleiche, die auf Grund bisher geltender Rechtsvorschriften erfolgen, bleiben unberührt.

Tarifvertragsgesetz* (TVG)

§ 1 Inhalt und Form des Tarifvertrages

(1) Der Tarifvertrag regelt die Rechte und Pflichten der Tarifvertragsparteien und enthält Rechtsnormen, die den Inhalt, den Abschluss und die Beendigung von Arbeitsverhältnissen sowie betriebliche und betriebsverfassungsrechtliche Fragen ordnen können.

(2) Tarifverträge bedürfen der Schriftform.

§ 2 Tarifvertragsparteien

(1) Tarifvertragsparteien sind Gewerkschaften, einzelne Arbeitgeber sowie Vereinigungen von Arbeitgebern.

(2) Zusammenschlüsse von Gewerkschaften und von Vereinigungen von Arbeitgebern (Spitzenorganisationen) können im Namen der ihnen angeschlossenen Verbände Tarifverträge abschließen, wenn sie eine entsprechende Vollmacht haben.

(3) Spitzenorganisationen können selbst Parteien eines Tarifvertrages sein, wenn der Abschluss von Tarifverträgen zu ihren satzungsgemäßen Aufgaben gehört.

(4) In den Fällen der Absätze 2 und 3 haften sowohl die Spitzenorganisationen wie die ihnen angeschlossenen Verbände für die Erfüllung der gegenseitigen Verpflichtungen der Tarifvertragsparteien.

§ 3 Tarifgebundenheit

(1) Tarifgebunden sind die Mitglieder der Tarifvertragsparteien und der Arbeitgeber, der selbst Partei des Tarifvertrages ist.

(2) Rechtsnormen des Tarifvertrages über betriebliche und betriebsverfassungsrechtliche Fragen gelten für alle Betriebe, deren Arbeitgeber tarifgebunden ist.

(3) Die Tarifgebundenheit bleibt bestehen, bis der Tarifvertrag endet.

---

* In der Fassung der Bekanntmachung vom 25. August 1969 (BGBl. I, S. 1323), zuletzt geändert durch Gesetz vom 18. Dezember 2018 (BGBl. I, S. 2651 (2656)).

§ 4 Wirkung der Rechtsnormen

(1) Die Rechtsnormen des Tarifvertrages, die den Inhalt, den Abschluss oder die Beendigung von Arbeitsverhältnissen ordnen, gelten unmittelbar und zwingend zwischen den beiderseits Tarifgebundenen, die unter den Geltungsbereich des Tarifvertrages fallen. Diese Vorschrift gilt entsprechend für Rechtsnormen des Tarifvertrages über betriebliche und betriebsverfassungsrechtliche Fragen.

(2) Sind im Tarifvertrag gemeinsame Einrichtungen der Tarifvertragsparteien vorgesehen und geregelt (Lohnausgleichskassen, Urlaubskasse usw.), so gelten diese Regelungen auch unmittelbar und zwingend für die Satzung dieser Einrichtung und das Verhältnis der Einrichtung zu den tarifgebundenen Arbeitgebern und Arbeitnehmern.

(3) Abweichende Abmachungen sind nur zulässig, soweit sie durch den Tarifvertrag gestattet sind oder eine Änderung der Regelungen zu Gunsten des Arbeitnehmers enthalten.

(4) Ein Verzicht auf entstandene tarifliche Rechte ist nur in einem von den Tarifvertragsparteien gebilligten Vergleich zulässig. Die Verwirkung von tariflichen Rechten ist ausgeschlossen. Ausschlussfristen für die Geltendmachung tariflicher Rechte können nur im Tarifvertrag vereinbart werden.

(5) Nach Ablauf des Tarifvertrages gelten seine Rechtsnormen weiter, bis sie durch eine andere Abmachung ersetzt werden.

§ 4a Tarifkollision*

(1) Zur Sicherung der Schutzfunktion, Verteilungsfunktion, Befriedungsfunktion sowie Ordnungsfunktion von Rechtsnormen des Tarifvertrags werden Tarifkollisionen im Betrieb vermieden.

---

* Aus dem Urteil des Bundesverfassungsgerichts vom 11. Juli 2017 – 1 BvR 1571/15 (BGBl. I, S. 2663): *„Bis zu einer Neuregelung gilt § 4a Absatz 2 Satz 2 des Tarifvertragsgesetzes mit der Maßgabe fort, dass ein Tarifvertrag von einem kollidierenden Tarifvertrag nur verdrängt werden kann, wenn plausibel dargelegt ist, dass die Mehrheitsgewerkschaft die Interessen der Berufsgruppen, deren Tarifvertrag verdrängt wird, ernsthaft und wirksam in ihrem Tarifvertrag berücksichtigt hat."* Die vorstehende Entscheidungsformel hat gemäß § 31 Abs. 2 des Bundesverfassungsgerichtsgesetzes Gesetzeskraft.

(2) Der Arbeitgeber kann nach § 3 an mehrere Tarifverträge unterschiedlicher Gewerkschaften gebunden sein. Soweit sich die Geltungsbereiche nicht inhaltsgleicher Tarifverträge verschiedener Gewerkschaften überschneiden (kollidierende Tarifverträge), sind im Betrieb nur die Rechtsnormen des Tarifvertrags derjenigen Gewerkschaft anwendbar, die zum Zeitpunkt des Abschlusses des zuletzt abgeschlossenen kollidierenden Tarifvertrags im Betrieb die meisten in einem Arbeitsverhältnis stehenden Mitglieder hat (Mehrheitstarifvertrag); wurden beim Zustandekommen des Mehrheitstarifvertrags die Interessen von Arbeitnehmergruppen, die auch von dem nach dem ersten Halbsatz nicht anzuwendenden Tarifvertrag erfasst werden, nicht ernsthaft und wirksam berücksichtigt, sind auch die Rechtsnormen dieses Tarifvertrags anwendbar. Kollidieren die Tarifverträge erst zu einem späteren Zeitpunkt, ist dieser für die Mehrheitsfeststellung maßgeblich. Als Betriebe gelten auch ein Betrieb nach § 1 Absatz 1 Satz 2 des Betriebsverfassungsgesetzes und ein durch Tarifvertrag nach § 3 Absatz 1 Nummer 1 bis 3 des Betriebsverfassungsgesetzes errichteter Betrieb, es sei denn, dies steht den Zielen des Absatzes 1 offensichtlich entgegen. Dies ist insbesondere der Fall, wenn die Betriebe von Tarifvertragsparteien unterschiedlichen Wirtschaftszweigen oder deren Wertschöpfungsketten zugeordnet worden sind.

(3) Für Rechtsnormen eines Tarifvertrags über eine betriebsverfassungsrechtliche Frage nach § 3 Absatz 1 und § 117 Absatz 2 des Betriebsverfassungsgesetzes gilt Absatz 2 Satz 2 nur, wenn diese betriebsverfassungsrechtliche Frage bereits durch Tarifvertrag einer anderen Gewerkschaft geregelt ist.

(4) Eine Gewerkschaft kann vom Arbeitgeber oder von der Vereinigung der Arbeitgeber die Nachzeichnung der Rechtsnormen eines mit ihrem Tarifvertrag kollidierenden Tarifvertrags verlangen. Der Anspruch auf Nachzeichnung beinhaltet den Abschluss eines die Rechtsnormen des kollidierenden Tarifvertrags enthaltenden Tarifvertrags, soweit sich die Geltungsbereiche und Rechtsnormen der Tarifverträge überschneiden. Die Rechtsnormen eines nach Satz 1 nachgezeichneten Tarifvertrags gelten unmittelbar und zwingend, soweit der Tarifvertrag der nachzeichnenden Gewerkschaft nach Absatz 2 Satz 2 nicht zur Anwendung kommt.

(5) Nimmt ein Arbeitgeber oder eine Vereinigung von Arbeitgebern mit einer Gewerkschaft Verhandlungen über den Abschluss eines Tarifvertrags auf, ist der Arbeitgeber oder die Vereinigung von Arbeitgebern verpflichtet, dies rechtzeitig und in geeigneter Weise bekanntzugeben. Eine andere Gewerkschaft, zu deren satzungsgemäßen Aufgaben der Abschluss eines Tarifvertrags nach Satz 1 gehört, ist berechtigt, dem Arbeitgeber oder der Vereinigung von Arbeitgebern ihre Vorstellungen und Forderungen mündlich vorzutragen.

§ 5 Allgemeinverbindlichkeit

(1) Das Bundesministerium für Arbeit und Soziales kann einen Tarifvertrag im Einvernehmen mit einem aus je drei Vertretern der Spitzenorganisationen der Arbeitgeber und der Arbeitnehmer bestehenden Ausschuss (Tarifausschuss) auf gemeinsamen Antrag der Tarifvertragsparteien für allgemeinverbindlich erklären, wenn die Allgemeinverbindlicherklärung im öffentlichen Interesse geboten erscheint. Die Allgemeinverbindlicherklärung erscheint in der Regel im öffentlichen Interesse geboten, wenn

1. der Tarifvertrag in seinem Geltungsbereich für die Gestaltung der Arbeitsbedingungen überwiegende Bedeutung erlangt hat oder
2. die Absicherung der Wirksamkeit der tarifvertraglichen Normsetzung gegen die Folgen wirtschaftlicher Fehlentwicklung eine Allgemeinverbindlicherklärung verlangt.

(1a) Das Bundesministerium für Arbeit und Soziales kann einen Tarifvertrag über eine gemeinsame Einrichtung zur Sicherung ihrer Funktionsfähigkeit im Einvernehmen mit dem Tarifausschuss auf gemeinsamen Antrag der Tarifvertragsparteien für allgemeinverbindlich erklären, wenn der Tarifvertrag die Einziehung von Beiträgen und die Gewährung von Leistungen durch eine gemeinsame Einrichtung mit folgenden Gegenständen regelt:

1. den Erholungsurlaub, ein Urlaubsgeld oder ein zusätzliches Urlaubsgeld,
2. eine betriebliche Altersversorgung im Sinne des Betriebsrentengesetzes,
3. die Vergütung der Auszubildenden oder die Ausbildung in überbetrieblichen Bildungsstätten,
4. eine zusätzliche betriebliche oder überbetriebliche Vermögensbildung der Arbeitnehmer,

5. Lohnausgleich bei Arbeitszeitausfall, Arbeitszeitverkürzung oder Arbeitszeitverlängerung.

Der Tarifvertrag kann alle mit dem Beitragseinzug und der Leistungsgewährung in Zusammenhang stehenden Rechte und Pflichten einschließlich der dem Verfahren zugrunde liegenden Ansprüche der Arbeitnehmer und Pflichten der Arbeitgeber regeln. § 7 Absatz 2 des Arbeitnehmer-Entsendegesetzes findet entsprechende Anwendung.

(2) Vor der Entscheidung über den Antrag ist Arbeitgebern und Arbeitnehmern, die von der Allgemeinverbindlicherklärung betroffen werden würden, den am Ausgang des Verfahrens interessierten Gewerkschaften und Vereinigungen der Arbeitgeber sowie den obersten Arbeitsbehörden der Länder, auf deren Bereich sich der Tarifvertrag erstreckt, Gelegenheit zur schriftlichen Stellungnahme sowie zur Äußerung in einer mündlichen und öffentlichen Verhandlung zu geben.

(3) Erhebt die oberste Arbeitsbehörde eines beteiligten Landes Einspruch gegen die beantragte Allgemeinverbindlicherklärung, so kann das Bundesministerium für Arbeit und Soziales dem Antrag nur mit Zustimmung der Bundesregierung stattgeben.

(4) Mit der Allgemeinverbindlicherklärung erfassen die Rechtsnormen des Tarifvertrages in seinem Geltungsbereich auch die bisher nicht tarifgebundenen Arbeitgeber und Arbeitnehmer. Ein nach Absatz 1a für allgemeinverbindlich erklärter Tarifvertrag ist vom Arbeitgeber auch dann einzuhalten, wenn er nach § 3 an einen anderen Tarifvertrag gebunden ist.

(5) Das Bundesministerium für Arbeit und Soziales kann die Allgemeinverbindlicherklärung eines Tarifvertrages im Einvernehmen mit dem in Abs. 1 genannten Ausschuss aufheben, wenn die Aufhebung im öffentlichen Interesse geboten erscheint. Die Absätze 2 und 3 gelten entsprechend. Im Übrigen endet die Allgemeinverbindlichkeit eines Tarifvertrages mit dessen Ablauf.

(6) Das Bundesministerium für Arbeit und Soziales kann der obersten Arbeitsbehörde eines Landes für einzelne Fälle das Recht zur Allgemeinverbindlicherklärung sowie zur Aufhebung der Allgemeinverbindlichkeit übertragen.

(7) Die Allgemeinverbindlicherklärung und die Aufhebung der Allgemeinverbindlichkeit bedürfen der öffentlichen Bekanntmachung. Die Bekanntmachung umfasst auch die von der Allgemeinverbindlicherklärung erfassten Rechtsnormen des Tarifvertrages.

§ 6 Tarifregister

Bei dem Bundesministerium für Arbeit und Soziales wird ein Tarifregister geführt, in das der Abschluss, die Änderung und die Aufhebung der Tarifverträge sowie der Beginn und die Beendigung der Allgemeinverbindlichkeit eingetragen werden.

§ 7 Übersendungs- und Mitteilungspflicht

(1) Die Tarifvertragsparteien sind verpflichtet, dem Bundesministerium für Arbeit und Soziales innerhalb eines Monats nach Abschluß kostenfrei die Urschrift oder eine beglaubigte Abschrift sowie zwei weitere Abschriften eines jeden Tarifvertrags und seiner Änderungen zu übersenden; sie haben ihm das Außerkrafttreten eines jeden Tarifvertrags innerhalb eines Monats mitzuteilen. Sie sind ferner verpflichtet, den obersten Arbeitsbehörden der Länder, auf deren Bereich sich der Tarifvertrag erstreckt, innerhalb eines Monats nach Abschluß kostenfrei je drei Abschriften des Tarifvertrags und seiner Änderungen zu übersenden und auch das Außerkrafttreten des Tarifvertrags innerhalb eines Monats mitzuteilen. Erfüllt eine Tarifvertragspartei die Verpflichtungen, so werden die übrigen Tarifvertragsparteien davon befreit.

(2) Ordnungswidrig handelt, wer vorsätzlich oder fahrlässig entgegen Absatz 1 einer Übersendungs- oder Mitteilungspflicht nicht, unrichtig, nicht vollständig oder nicht rechtzeitig genügt. Die Ordnungswidrigkeit kann mit einer Geldbuße geahndet werden.

(3) Verwaltungsbehörde im Sinne des § 36 Abs. 1 Nr. 1 des Gesetzes über Ordnungswidrigkeiten ist die Behörde, der gegenüber die Pflicht nach Absatz 1 zu erfüllen ist.

§ 8 Bekanntgabe des Tarifvertrages

Der Arbeitgeber ist verpflichtet, die im Betrieb anwendbaren Tarifverträge sowie rechtskräftige Beschlüsse nach § 99 des Arbeitsgerichtsgesetzes über den nach § 4a Absatz 2 Satz 2 anwendbaren Tarifvertrag im Betrieb bekanntzumachen.

§ 9 Feststellung der Rechtswirksamkeit

Rechtskräftige Entscheidungen der Gerichte für Arbeitssachen, die in Rechtsstreitigkeiten zwischen Tarifvertragsparteien aus dem Tarifvertrag oder über das Bestehen oder Nichtbestehen des Tarifvertrags ergangen sind, sind in Rechtsstreitigkeiten zwischen tarifgebundenen Parteien sowie zwischen diesen und Dritten für die Gerichte und Schiedsgerichte bindend.

§ 10 Tarifvertrag und Tarifordnungen

(1) Mit dem Inkrafttreten eines Tarifvertrags treten Tarifordnungen, die für den Geltungsbereich des Tarifvertrags oder Teile desselben erlassen worden sind, außer Kraft, mit Ausnahme solcher Bestimmungen, die durch den Tarifvertrag nicht geregelt worden sind.

(2) Das Bundesministerium für Arbeit und Soziales kann Tarifordnungen aufheben; die Aufhebung bedarf der öffentlichen Bekanntmachung.

§ 11 Durchführungsbestimmungen

Das Bundesministerium für Arbeit und Soziales kann unter Mitwirkung der Spitzenorganisationen der Arbeitgeber und der Arbeitnehmer die zur Durchführung des Gesetzes erforderlichen Verordnungen erlassen, insbesondere über

1. die Errichtung und die Führung des Tarifregisters und des Tarifarchivs;
2. das Verfahren bei der Allgemeinverbindlicherklärung von Tarifverträgen und der Aufhebung von Tarifordnungen und Anordnungen, die öffentlichen Bekanntmachungen bei der Antragstellung, der Erklärung und Beendigung der Allgemeinverbindlichkeit und der Aufhebung von Tarifordnungen und Anordnungen sowie die hierdurch entstehenden Kosten;
3. den in § 5 genannten Ausschuss.

§ 12 Spitzenorganisationen

Spitzenorganisationen im Sinne dieses Gesetzes sind – unbeschadet der Regelung in § 2 – diejenigen Zusammenschlüsse von Gewerkschaften oder von Arbeitgebervereinigungen, die für die Vertretung der Arbeitnehmer- oder der Arbeitgeberinteressen im Arbeitsleben des Bundesgebietes wesentliche Bedeutung haben. Ihnen stehen gleich Gewerkschaften und Arbeitgebervereinigungen, die keinem solchen Zusammenschluß angehören, wenn sie die Voraussetzungen des letzten Halbsatzes in Satz 1 erfüllen.

§ 12a Arbeitnehmerähnliche Personen

(1) Die Vorschriften dieses Gesetzes gelten entsprechend

1. für Personen, die wirtschaftlich abhängig und vergleichbar einem Arbeitnehmer sozial schutzbedürftig sind (arbeitnehmerähnliche Personen), wenn sie auf Grund von Dienst- oder Werkverträgen für andere Personen tätig sind, die geschuldeten Leistungen persönlich und im wesentlichen ohne Mitarbeit von Arbeitnehmern erbringen und
   a) überwiegend für eine Person tätig sind oder
   b) ihnen von einer Person im Durchschnitt mehr als die Hälfte des Entgelts zusteht, das ihnen für ihre Erwerbstätigkeit insgesamt zusteht; ist dies nicht voraussehbar, so sind für die Berechnung, soweit im Tarifvertrag nichts anderes vereinbart ist, jeweils die letzten sechs Monate, bei kürzerer Dauer der Tätigkeit dieser Zeitraum, maßgebend,
2. für die in Nummer 1 genannten Personen, für die die arbeitnehmerähnlichen Personen tätig sind, sowie für die zwischen ihnen und den arbeitnehmerähnlichen Personen durch Dienst- oder Werkverträge begründeten Rechtsverhältnisse.

(2) Mehrere Personen, für die arbeitnehmerähnliche Personen tätig sind, gelten als eine Person, wenn diese mehreren Personen nach der Art eines Konzerns (§ 18 des Aktiengesetzes) zusammengefaßt sind oder zu einer zwischen ihnen bestehenden Organisationsgemeinschaft oder nicht nur vorübergehenden Arbeitsgemeinschaft gehören.

(3) Die Absätze 1 und 2 finden auf Personen, die künstlerische, schriftstellerische oder journalistische Leistungen erbringen, sowie auf Personen, die an der Erbringung, insbesondere der technischen Gestaltung solcher Leistungen unmittelbar mitwirken, auch dann Anwendung, wenn ihnen abweichend von Absatz 1 Nr. 1 Buchstabe b erster Halbsatz von einer Person im Durchschnitt mindestens ein Drittel des Entgelts zusteht, das ihnen für ihre Erwerbstätigkeit insgesamt zusteht.

(4) Die Vorschrift findet keine Anwendung auf Handelsvertreter im Sinne des § 84 des Handelsgesetzbuchs.

§ 13 Inkrafttreten

(1) Dieses Gesetz tritt mit seiner Verkündung in Kraft.

(2) Tarifverträge, die vor dem Inkrafttreten dieses Gesetzes abgeschlossen sind, unterliegen diesem Gesetz.

(3) § 4a ist nicht auf Tarifverträge anzuwenden, die am 10. Juli 2015 gelten.

Gesetz über Teilzeitarbeit und befristete Arbeitsverträge*
(Teilzeit- und Befristungsgesetz – TzBfG)

ERSTER ABSCHNITT
Allgemeine Vorschriften

§ 1 Zielsetzung
Ziel des Gesetzes ist, Teilzeitarbeit zu fördern, die Voraussetzungen für die Zulässigkeit befristeter Arbeitsverträge festzulegen und die Diskriminierung von teilzeitbeschäftigten und befristet beschäftigten Arbeitnehmern zu verhindern.

§ 2 Begriff des teilzeitbeschäftigten Arbeitnehmers
(1) Teilzeitbeschäftigt ist ein Arbeitnehmer, dessen regelmäßige Wochenarbeitszeit kürzer ist als die eines vergleichbaren vollzeitbeschäftigten Arbeitnehmers. Ist eine regelmäßige Wochenarbeitszeit nicht vereinbart, so ist ein Arbeitnehmer teilzeitbeschäftigt, wenn seine regelmäßige Arbeitszeit im Durchschnitt eines bis zu einem Jahr reichenden Beschäftigungszeitraums unter der eines vergleichbaren vollzeitbeschäftigten Arbeitnehmers liegt. Vergleichbar ist ein vollzeitbeschäftigter Arbeitnehmer des Betriebes mit derselben Art des Arbeitsverhältnisses und der gleichen oder einer ähnlichen Tätigkeit. Gibt es im Betrieb keinen vergleichbaren vollzeitbeschäftigten Arbeitnehmer, so ist der vergleichbare vollzeitbeschäftigte Arbeitnehmer auf Grund des anwendbaren Tarifvertrages zu bestimmen; in allen anderen Fällen ist darauf abzustellen, wer im jeweiligen Wirtschaftszweig üblicherweise als vergleichbarer vollzeitbeschäftigter Arbeitnehmer anzusehen ist.

(2) Teilzeitbeschäftigt ist auch ein Arbeitnehmer, der eine geringfügige Beschäftigung nach § 8 Abs. 1 Nr. 1 des Vierten Buches Sozialgesetzbuch ausübt.

§ 3 Begriff des befristet beschäftigten Arbeitnehmers
(1) Befristet beschäftigt ist ein Arbeitnehmer mit einem auf bestimmte Zeit geschlossenen Arbeitsvertrag. Ein auf bestimmte Zeit geschlossener Arbeitsvertrag (befristeter Arbeitsvertrag) liegt vor, wenn seine Dauer kalendermäßig bestimmt ist (kalendermäßig be-

* Vom 21. Dezember 2000 (BGBl. I, S. 1966), zuletzt geändert durch Gesetz vom 11. Dezember 2018 (BGBl. I, S. 2384).

fristeter Arbeitsvertrag) oder sich aus Art, Zweck oder Beschaffenheit der Arbeitsleistung ergibt (zweckbefristeter Arbeitsvertrag).

(2) Vergleichbar ist ein unbefristet beschäftigter Arbeitnehmer des Betriebes mit der gleichen oder einer ähnlichen Tätigkeit. Gibt es im Betrieb keinen vergleichbaren unbefristet beschäftigten Arbeitnehmer, so ist der vergleichbare unbefristet beschäftigte Arbeitnehmer auf Grund des anwendbaren Tarifvertrages zu bestimmen; in allen anderen Fällen ist darauf abzustellen, wer im jeweiligen Wirtschaftszweig üblicherweise als vergleichbarer unbefristet beschäftigter Arbeitnehmer anzusehen ist.

§ 4 Verbot der Diskriminierung

(1) Ein teilzeitbeschäftigter Arbeitnehmer darf wegen der Teilzeitarbeit nicht schlechter behandelt werden als ein vergleichbarer vollzeitbeschäftigter Arbeitnehmer, es sei denn, dass sachliche Gründe eine unterschiedliche Behandlung rechtfertigen. Einem teilzeitbeschäftigten Arbeitnehmer ist Arbeitsentgelt oder eine andere teilbare geldwerte Leistung mindestens in dem Umfang zu gewähren, der dem Anteil seiner Arbeitszeit an der Arbeitszeit eines vergleichbaren vollzeitbeschäftigten Arbeitnehmers entspricht.

(2) Ein befristet beschäftigter Arbeitnehmer darf wegen der Befristung des Arbeitsvertrages nicht schlechter behandelt werden als ein vergleichbarer unbefristet beschäftigter Arbeitnehmer, es sei denn, dass sachliche Gründe eine unterschiedliche Behandlung rechtfertigen. Einem befristet beschäftigten Arbeitnehmer ist Arbeitsentgelt oder eine andere teilbare geldwerte Leistung, die für einen bestimmten Bemessungszeitraum gewährt wird, mindestens in dem Umfang zu gewähren, der dem Anteil seiner Beschäftigungsdauer am Bemessungszeitraum entspricht. Sind bestimmte Beschäftigungsbedingungen von der Dauer des Bestehens des Arbeitsverhältnisses in demselben Betrieb oder Unternehmen abhängig, so sind für befristet beschäftigte Arbeitnehmer dieselben Zeiten zu berücksichtigen wie für unbefristet beschäftigte Arbeitnehmer, es sei denn, dass eine unterschiedliche Berücksichtigung aus sachlichen Gründen gerechtfertigt ist.

§ 5 Benachteiligungsverbot

Der Arbeitgeber darf einen Arbeitnehmer nicht wegen der Inanspruchnahme von Rechten nach diesem Gesetz benachteiligen.

ZWEITER ABSCHNITT
Teilzeitarbeit

§ 6 Förderung von Teilzeitarbeit

Der Arbeitgeber hat den Arbeitnehmern, auch in leitenden Positionen, Teilzeitarbeit nach Maßgabe dieses Gesetzes zu ermöglichen.

§ 7 Ausschreibung; Erörterung; Information über freie Arbeitsplätze

(1) Der Arbeitgeber hat einen Arbeitsplatz, den er öffentlich oder innerhalb des Betriebes ausschreibt, auch als Teilzeitarbeitsplatz auszuschreiben, wenn sich der Arbeitsplatz hierfür eignet.

(2) Der Arbeitgeber hat mit dem Arbeitnehmer dessen Wunsch nach Veränderung von Dauer oder Lage oder von Dauer und Lage seiner vertraglich vereinbarten Arbeitszeit zu erörtern. Dies gilt unabhängig vom Umfang der Arbeitszeit. Der Arbeitnehmer kann ein Mitglied der Arbeitnehmervertretung zur Unterstützung oder Vermittlung hinzuziehen.

(3) Der Arbeitgeber hat einen Arbeitnehmer, der ihm den Wunsch nach einer Veränderung von Dauer oder Lage oder von Dauer und Lage seiner vertraglich vereinbarten Arbeitszeit angezeigt hat, über entsprechende Arbeitsplätze zu informieren, die im Betrieb oder Unternehmen besetzt werden sollen.

(4) Der Arbeitgeber hat die Arbeitnehmervertretung über angezeigte Arbeitszeitwünsche nach Absatz 2 sowie über Teilzeitarbeit im Betrieb und Unternehmen zu informieren, insbesondere über vorhandene oder geplante Teilzeitarbeitsplätze und über die Umwandlung von Teilzeitarbeitsplätzen in Vollzeitarbeitsplätze oder umgekehrt. Der Arbeitnehmervertretung sind auf Verlangen die erforderlichen Unterlagen zur Verfügung zu stellen; § 92 des Betriebsverfassungsgesetzes bleibt unberührt.

§ 8 Zeitlich nicht begrenzte Verringerung der Arbeitszeit

(1) Ein Arbeitnehmer, dessen Arbeitsverhältnis länger als sechs Monate bestanden hat, kann verlangen, dass seine vertraglich vereinbarte Arbeitszeit verringert wird.

(2) Der Arbeitnehmer muss die Verringerung seiner Arbeitszeit und den Umfang der Verringerung spätestens drei Monate vor deren Beginn in Textform geltend machen. Er soll dabei die gewünschte Verteilung der Arbeitszeit angeben.

(3) Der Arbeitgeber hat mit dem Arbeitnehmer die gewünschte Verringerung der Arbeitszeit mit dem Ziel zu erörtern, zu einer Vereinbarung zu gelangen. Er hat mit dem Arbeitnehmer Einvernehmen über die von ihm festzulegende Verteilung der Arbeitszeit zu erzielen.

(4) Der Arbeitgeber hat der Verringerung der Arbeitszeit zuzustimmen und ihre Verteilung entsprechend den Wünschen des Arbeitnehmers festzulegen, soweit betriebliche Gründe nicht entgegenstehen. Ein betrieblicher Grund liegt insbesondere vor, wenn die Verringerung der Arbeitszeit die Organisation, den Arbeitsablauf oder die Sicherheit im Betrieb wesentlich beeinträchtigt oder unverhältnismäßige Kosten verursacht. Die Ablehnungsgründe können durch Tarifvertrag festgelegt werden. Im Geltungsbereich eines solchen Tarifvertrages können nicht tarifgebundene Arbeitgeber und Arbeitnehmer die Anwendung der tariflichen Regelungen über die Ablehnungsgründe vereinbaren.

(5) Die Entscheidung über die Verringerung der Arbeitszeit und ihre Verteilung hat der Arbeitgeber dem Arbeitnehmer spätestens einen Monat vor dem gewünschten Beginn der Verringerung schriftlich mitzuteilen. Haben sich Arbeitgeber und Arbeitnehmer nicht nach Absatz 3 Satz 1 über die Verringerung der Arbeitszeit geeinigt und hat der Arbeitgeber die Arbeitszeitverringerung nicht spätestens einen Monat vor deren gewünschtem Beginn schriftlich abgelehnt, verringert sich die Arbeitszeit in dem vom Arbeitnehmer gewünschten Umfang. Haben Arbeitgeber und Arbeitnehmer über die Verteilung der Arbeitszeit kein Einvernehmen nach Absatz 3 Satz 2 erzielt und hat der Arbeitgeber nicht spätestens einen Monat vor dem gewünschten Beginn der Arbeitszeitverringerung die gewünschte

Verteilung der Arbeitszeit schriftlich abgelehnt, gilt die Verteilung der Arbeitszeit entsprechend den Wünschen des Arbeitnehmers als festgelegt. Der Arbeitgeber kann die nach Satz 3 oder Absatz 3 Satz 2 festgelegte Verteilung der Arbeitszeit wieder ändern, wenn das betriebliche Interesse daran das Interesse des Arbeitnehmers an der Beibehaltung erheblich überwiegt und der Arbeitgeber die Änderung spätestens einen Monat vorher angekündigt hat.

(6) Der Arbeitnehmer kann eine erneute Verringerung der Arbeitszeit frühestens nach Ablauf von zwei Jahren verlangen, nachdem der Arbeitgeber einer Verringerung zugestimmt oder sie berechtigt abgelehnt hat.

(7) Für den Anspruch auf Verringerung der Arbeitszeit gilt die Voraussetzung, dass der Arbeitgeber, unabhängig von der Anzahl der Personen in Berufsbildung, in der Regel mehr als 15 Arbeitnehmer beschäftigt.

§ 9 Verlängerung der Arbeitszeit

Der Arbeitgeber hat einen teilzeitbeschäftigten Arbeitnehmer, der ihm in Textform den Wunsch nach einer Verlängerung seiner vertraglich vereinbarten Arbeitszeit angezeigt hat, bei der Besetzung eines Arbeitsplatzes bevorzugt zu berücksichtigen, es sei denn, dass

1. es sich dabei nicht um einen entsprechenden freien Arbeitsplatz handelt oder
2. der teilzeitbeschäftigte Arbeitnehmer nicht mindestens gleich geeignet ist wie ein anderer vom Arbeitgeber bevorzugter Bewerber oder
3. Arbeitszeitwünsche anderer teilzeitbeschäftigter Arbeitnehmer oder
4. dringende betriebliche Gründe entgegenstehen.

Ein freier zu besetzender Arbeitsplatz liegt vor, wenn der Arbeitgeber die Organisationsentscheidung getroffen hat, diesen zu schaffen oder einen unbesetzten Arbeitsplatz neu zu besetzen.

§ 9a Zeitlich begrenzte Verringerung der Arbeitszeit

(1) Ein Arbeitnehmer, dessen Arbeitsverhältnis länger als sechs Monate bestanden hat, kann verlangen, dass seine vertraglich vereinbarte Arbeitszeit für einen im Voraus zu bestimmenden Zeitraum verringert wird. Der begehrte Zeitraum muss mindestens ein Jahr

und darf höchstens fünf Jahre betragen. Der Arbeitnehmer hat nur dann einen Anspruch auf zeitlich begrenzte Verringerung der Arbeitszeit, wenn der Arbeitgeber in der Regel mehr als 45 Arbeitnehmer beschäftigt.

(2) Der Arbeitgeber kann das Verlangen des Arbeitnehmers nach Verringerung der Arbeitszeit ablehnen, soweit betriebliche Gründe entgegenstehen; § 8 Absatz 4 gilt entsprechend. Ein Arbeitgeber, der in der Regel mehr als 45, aber nicht mehr als 200 Arbeitnehmer beschäftigt, kann das Verlangen eines Arbeitnehmers auch ablehnen, wenn zum Zeitpunkt des begehrten Beginns der verringerten Arbeitszeit bei einer Arbeitnehmerzahl von in der Regel
1. mehr als 45 bis 60 bereits mindestens vier,
2. mehr als 60 bis 75 bereits mindestens fünf,
3. mehr als 75 bis 90 bereits mindestens sechs,
4. mehr als 90 bis 105 bereits mindestens sieben,
5. mehr als 105 bis 120 bereits mindestens acht,
6. mehr als 120 bis 135 bereits mindestens neun,
7. mehr als 135 bis 150 bereits mindestens zehn,
8. mehr als 150 bis 165 bereits mindestens elf,
9. mehr als 165 bis 180 bereits mindestens zwölf,
10. mehr als 180 bis 195 bereits mindestens 13,
11. mehr als 195 bis 200 bereits mindestens 14

andere Arbeitnehmer ihre Arbeitszeit nach Absatz 1 verringert haben.

(3) Im Übrigen gilt für den Umfang der Verringerung der Arbeitszeit und für die gewünschte Verteilung der Arbeitszeit § 8 Absatz 2 bis 5. Für den begehrten Zeitraum der Verringerung der Arbeitszeit sind § 8 Absatz 2 Satz 1, Absatz 3 Satz 1, Absatz 4 sowie Absatz 5 Satz 1 und 2 entsprechend anzuwenden.

(4) Während der Dauer der zeitlich begrenzten Verringerung der Arbeitszeit kann der Arbeitnehmer keine weitere Verringerung und keine Verlängerung seiner Arbeitszeit nach diesem Gesetz verlangen; § 9 findet keine Anwendung.

(5) Ein Arbeitnehmer, der nach einer zeitlich begrenzten Verringerung der Arbeitszeit nach Absatz 1 zu seiner ursprünglichen vertraglich vereinbarten Arbeitszeit zurückgekehrt ist, kann eine er-

neute Verringerung der Arbeitszeit nach diesem Gesetz frühestens ein Jahr nach der Rückkehr zur ursprünglichen Arbeitszeit verlangen. Für einen erneuten Antrag auf Verringerung der Arbeitszeit nach berechtigter Ablehnung auf Grund entgegenstehender betrieblicher Gründe nach Absatz 2 Satz 1 gilt § 8 Absatz 6 entsprechend. Nach berechtigter Ablehnung auf Grund der Zumutbarkeitsregelung nach Absatz 2 Satz 2 kann der Arbeitnehmer frühestens nach Ablauf von einem Jahr nach der Ablehnung erneut eine Verringerung der Arbeitszeit verlangen.

(6) Durch Tarifvertrag kann der Rahmen für den Zeitraum der Arbeitszeitverringerung abweichend von Absatz 1 Satz 2 auch zuungunsten des Arbeitnehmers festgelegt werden.

(7) Bei der Anzahl der Arbeitnehmer nach Absatz 1 Satz 3 und Absatz 2 sind Personen in Berufsbildung nicht zu berücksichtigen.

§ 10 Aus- und Weiterbildung
Der Arbeitgeber hat Sorge zu tragen, dass auch teilzeitbeschäftigte Arbeitnehmer an Aus- und Weiterbildungsmaßnahmen zur Förderung der beruflichen Entwicklung und Mobilität teilnehmen können, es sei denn, dass dringende betriebliche Gründe oder Aus- und Weiterbildungswünsche anderer teilzeit- oder vollzeitbeschäftigter Arbeitnehmer entgegenstehen.

§ 11 Kündigungsverbot
Die Kündigung eines Arbeitsverhältnisses wegen der Weigerung eines Arbeitnehmers, von einem Vollzeit- in ein Teilzeitarbeitsverhältnis oder umgekehrt zu wechseln, ist unwirksam. Das Recht zur Kündigung des Arbeitsverhältnisses aus anderen Gründen bleibt unberührt.

§ 12 Arbeit auf Abruf
(1) Arbeitgeber und Arbeitnehmer können vereinbaren, dass der Arbeitnehmer seine Arbeitsleistung entsprechend dem Arbeitsanfall zu erbringen hat (Arbeit auf Abruf). Die Vereinbarung muss eine bestimmte Dauer der wöchentlichen und täglichen Arbeitszeit festlegen. Wenn die Dauer der wöchentlichen Arbeitszeit nicht festgelegt ist, gilt eine Arbeitszeit von 20 Stunden als vereinbart. Wenn die Dauer der täglichen Arbeitszeit nicht festgelegt ist, hat

der Arbeitgeber die Arbeitsleistung des Arbeitnehmers jeweils für mindestens drei aufeinander folgende Stunden in Anspruch zu nehmen.

(2) Ist für die Dauer der wöchentlichen Arbeitszeit nach Absatz 1 Satz 2 eine Mindestarbeitszeit vereinbart, darf der Arbeitgeber nur bis zu 25 Prozent der wöchentlichen Arbeitszeit zusätzlich abrufen. Ist für die Dauer der wöchentlichen Arbeitszeit nach Absatz 1 Satz 2 eine Höchstarbeitszeit vereinbart, darf der Arbeitgeber nur bis zu 20 Prozent der wöchentlichen Arbeitszeit weniger abrufen.

(3) Der Arbeitnehmer ist nur zur Arbeitsleistung verpflichtet, wenn der Arbeitgeber ihm die Lage seiner Arbeitszeit jeweils mindestens vier Tage im Voraus mitteilt.

(4) Zur Berechnung der Entgeltfortzahlung im Krankheitsfall ist die maßgebende regelmäßige Arbeitszeit im Sinne von § 4 Absatz 1 des Entgeltfortzahlungsgesetzes die durchschnittliche Arbeitszeit der letzten drei Monate vor Beginn der Arbeitsunfähigkeit (Referenzzeitraum). Hat das Arbeitsverhältnis bei Beginn der Arbeitsunfähigkeit keine drei Monate bestanden, ist der Berechnung des Entgeltfortzahlungsanspruchs die durchschnittliche Arbeitszeit dieses kürzeren Zeitraums zugrunde zu legen. Zeiten von Kurzarbeit, unverschuldeter Arbeitsversäumnis, Arbeitsausfällen und Urlaub im Referenzzeitraum bleiben außer Betracht. Für den Arbeitnehmer günstigere Regelungen zur Berechnung der Entgeltfortzahlung im Krankheitsfall finden Anwendung.

(5) Für die Berechnung der Entgeltzahlung an Feiertagen nach § 2 Absatz 1 des Entgeltfortzahlungsgesetzes gilt Absatz 4 entsprechend.

(6) Durch Tarifvertrag kann von den Absätzen 1 und 3 auch zu Ungunsten des Arbeitnehmers abgewichen werden, wenn der Tarifvertrag Regelungen über die tägliche und wöchentliche Arbeitszeit und die Vorankündigungsfrist vorsieht. Im Geltungsbereich eines solchen Tarifvertrages können nicht tarifgebundene Arbeitgeber und Arbeitnehmer die Anwendung der tariflichen Regelungen über die Arbeit auf Abruf vereinbaren.

§ 13 Arbeitsplatzteilung

(1) Arbeitgeber und Arbeitnehmer können vereinbaren, dass mehrere Arbeitnehmer sich die Arbeitszeit an einem Arbeitsplatz teilen (Arbeitsplatzteilung). Ist einer dieser Arbeitnehmer an der Arbeitsleistung verhindert, sind die anderen Arbeitnehmer zur Vertretung verpflichtet, wenn sie der Vertretung im Einzelfall zugestimmt haben. Eine Pflicht zur Vertretung besteht auch, wenn der Arbeitsvertrag bei Vorliegen dringender betrieblicher Gründe eine Vertretung vorsieht und diese im Einzelfall zumutbar ist.

(2) Scheidet ein Arbeitnehmer aus der Arbeitsplatzteilung aus, so ist die darauf gestützte Kündigung des Arbeitsverhältnisses eines anderen in die Arbeitsplatzteilung einbezogenen Arbeitnehmers durch den Arbeitgeber unwirksam. Das Recht zur Änderungskündigung aus diesem Anlass und zur Kündigung des Arbeitsverhältnisses aus anderen Gründen bleibt unberührt.

(3) Die Absätze 1 und 2 sind entsprechend anzuwenden, wenn sich Gruppen von Arbeitnehmern auf bestimmten Arbeitsplätzen in festgelegten Zeitabschnitten abwechseln, ohne dass eine Arbeitsplatzteilung im Sinne des Absatzes 1 vorliegt.

(4) Durch Tarifvertrag kann von den Absätzen 1 und 3 auch zu Ungunsten des Arbeitnehmers abgewichen werden, wenn der Tarifvertrag Regelungen über die Vertretung der Arbeitnehmer enthält. Im Geltungsbereich eines solchen Tarifvertrages können nicht tarifgebundene Arbeitgeber und Arbeitnehmer die Anwendung der tariflichen Regelungen über die Arbeitsplatzteilung vereinbaren.

DRITTER ABSCHNITT
Befristete Arbeitsverträge

§ 14 Zulässigkeit der Befristung

(1) Die Befristung eines Arbeitsvertrages ist zulässig, wenn sie durch einen sachlichen Grund gerechtfertigt ist. Ein sachlicher Grund liegt insbesondere vor, wenn

1. der betriebliche Bedarf an der Arbeitsleistung nur vorübergehend besteht,

2. die Befristung im Anschluss an eine Ausbildung oder ein Studium erfolgt, um den Übergang des Arbeitnehmers in eine Anschlussbeschäftigung zu erleichtern,
3. der Arbeitnehmer zur Vertretung eines anderen Arbeitnehmers beschäftigt wird,
4. die Eigenart der Arbeitsleistung die Befristung rechtfertigt,
5. die Befristung zur Erprobung erfolgt,
6. in der Person des Arbeitnehmers liegende Gründe die Befristung rechtfertigen,
7. der Arbeitnehmer aus Haushaltsmitteln vergütet wird, die haushaltsrechtlich für eine befristete Beschäftigung bestimmt sind, und er entsprechend beschäftigt wird oder
8. die Befristung auf einem gerichtlichen Vergleich beruht.

(2) Die kalendermäßige Befristung eines Arbeitsvertrages ohne Vorliegen eines sachlichen Grundes ist bis zur Dauer von zwei Jahren zulässig; bis zu dieser Gesamtdauer von zwei Jahren ist auch die höchstens dreimalige Verlängerung eines kalendermäßig befristeten Arbeitsvertrages zulässig. Eine Befristung nach Satz 1 ist nicht zulässig, wenn mit demselben Arbeitgeber bereits zuvor ein befristetes oder unbefristetes Arbeitsverhältnis bestanden hat. Durch Tarifvertrag kann die Anzahl der Verlängerungen oder die Höchstdauer der Befristung abweichend von Satz 1 festgelegt werden. Im Geltungsbereich eines solchen Tarifvertrages können nicht tarifgebundene Arbeitgeber und Arbeitnehmer die Anwendung der tariflichen Regelungen vereinbaren.

(2a) In den ersten vier Jahren nach der Gründung eines Unternehmens ist die kalendermäßige Befristung eines Arbeitsvertrages ohne Vorliegen eines sachlichen Grundes bis zur Dauer von vier Jahren zulässig; bis zu dieser Gesamtdauer von vier Jahren ist auch die mehrfache Verlängerung eines kalendermäßig befristeten Arbeitsvertrages zulässig. Dies gilt nicht für Neugründungen im Zusammenhang mit der rechtlichen Umstrukturierung von Unternehmen und Konzernen. Maßgebend für den Zeitpunkt der Gründung des Unternehmens ist die Aufnahme einer Erwerbstätigkeit, die nach § 138 der Abgabenordnung der Gemeinde oder dem Finanzamt mitzuteilen ist. Auf die Befristung eines Arbeitsvertrages nach Satz 1 findet Absatz 2 Satz 2 bis 4 entsprechende Anwendung.

(3) Die kalendermäßige Befristung eines Arbeitsvertrages ohne Vorliegen eines sachlichen Grundes ist bis zu einer Dauer von fünf Jahren zulässig, wenn der Arbeitnehmer bei Beginn des befristeten Arbeitsverhältnisses das 52. Lebensjahr vollendet hat und unmittelbar vor Beginn des befristeten Arbeitsverhältnisses mindestens vier Monate beschäftigungslos im Sinne des § 138 Absatz 1 Nummer 1 des Dritten Buches Sozialgesetzbuch gewesen ist, Transferkurzarbeitergeld bezogen oder an einer öffentlich geförderten Beschäftigungsmaßnahme nach dem Zweiten oder Dritten Buch Sozialgesetzbuch teilgenommen hat. Bis zu der Gesamtdauer von fünf Jahren ist auch die mehrfache Verlängerung des Arbeitsvertrages zulässig.

(4) Die Befristung eines Arbeitsvertrages bedarf zu ihrer Wirksamkeit der Schriftform.

§ 15 Ende des befristeten Arbeitsvertrages

(1) Ein kalendermäßig befristeter Arbeitsvertrag endet mit Ablauf der vereinbarten Zeit.

(2) Ein zweckbefristeter Arbeitsvertrag endet mit Erreichen des Zwecks, frühestens jedoch zwei Wochen nach Zugang der schriftlichen Unterrichtung des Arbeitnehmers durch den Arbeitgeber über den Zeitpunkt der Zweckerreichung.

(3) Ein befristetes Arbeitsverhältnis unterliegt nur dann der ordentlichen Kündigung, wenn dies einzelvertraglich oder im anwendbaren Tarifvertrag vereinbart ist.

(4) Ist das Arbeitsverhältnis für die Lebenszeit einer Person oder für längere Zeit als fünf Jahre eingegangen, so kann es von dem Arbeitnehmer nach Ablauf von fünf Jahren gekündigt werden. Die Kündigungsfrist beträgt sechs Monate.

(5) Wird das Arbeitsverhältnis nach Ablauf der Zeit, für die es eingegangen ist, oder nach Zweckerreichung mit Wissen des Arbeitgebers fortgesetzt, so gilt es als auf unbestimmte Zeit verlängert, wenn der Arbeitgeber nicht unverzüglich widerspricht oder dem Arbeitnehmer die Zweckerreichung nicht unverzüglich mitteilt.

§ 16 Folgen unwirksamer Befristung

Ist die Befristung rechtsunwirksam, so gilt der befristete Arbeitsvertrag als auf unbestimmte Zeit geschlossen; er kann vom Arbeitgeber frühestens zum vereinbarten Ende ordentlich gekündigt werden, sofern nicht nach § 15 Abs. 3 die ordentliche Kündigung zu einem früheren Zeitpunkt möglich ist. Ist die Befristung nur wegen des Mangels der Schriftform unwirksam, kann der Arbeitsvertrag auch vor dem vereinbarten Ende ordentlich gekündigt werden.

§ 17 Anrufung des Arbeitsgerichts

Will der Arbeitnehmer geltend machen, dass die Befristung eines Arbeitsvertrages rechtsunwirksam ist, so muss er innerhalb von drei Wochen nach dem vereinbarten Ende des befristeten Arbeitsvertrages Klage beim Arbeitsgericht auf Feststellung erheben, dass das Arbeitsverhältnis auf Grund der Befristung nicht beendet ist. Die §§ 5 bis 7 des Kündigungsschutzgesetzes gelten entsprechend. Wird das Arbeitsverhältnis nach dem vereinbarten Ende fortgesetzt, so beginnt die Frist nach Satz 1 mit dem Zugang der schriftlichen Erklärung des Arbeitgebers, dass das Arbeitsverhältnis auf Grund der Befristung beendet sei.

§ 18 Information über unbefristete Arbeitsplätze

Der Arbeitgeber hat die befristet beschäftigten Arbeitnehmer über entsprechende unbefristete Arbeitsplätze zu informieren, die besetzt werden sollen. Die Information kann durch allgemeine Bekanntgabe an geeigneter, den Arbeitnehmern zugänglicher Stelle im Betrieb und Unternehmen erfolgen.

§ 19 Aus- und Weiterbildung

Der Arbeitgeber hat Sorge zu tragen, dass auch befristet beschäftigte Arbeitnehmer an angemessenen Aus- und Weiterbildungsmaßnahmen zur Förderung der beruflichen Entwicklung und Mobilität teilnehmen können, es sei denn, dass dringende betriebliche Gründe oder Aus- und Weiterbildungswünsche anderer Arbeitnehmer entgegenstehen.

§ 20 Information der Arbeitnehmervertretung

Der Arbeitgeber hat die Arbeitnehmervertretung über die Anzahl der befristet beschäftigten Arbeitnehmer und ihren Anteil an der

Gesamtbelegschaft des Betriebes und des Unternehmens zu informieren.

§ 21 Auflösend bedingte Arbeitsverträge

Wird der Arbeitsvertrag unter einer auflösenden Bedingung geschlossen, gelten § 4 Abs. 2, § 5, § 14 Abs. 1 und 4, § 15 Abs. 2, 3 und 5 sowie die §§ 16 bis 20 entsprechend.

VIERTER ABSCHNITT
Gemeinsame Vorschriften

§ 22 Abweichende Vereinbarungen

(1) Außer in den Fällen des § 9a Absatz 6, § 12 Absatz 6, § 13 Absatz 4 und § 14 Absatz 2 Satz 3 und 4 kann von den Vorschriften dieses Gesetzes nicht zuungunsten des Arbeitnehmers abgewichen werden.

(2) Enthält ein Tarifvertrag für den öffentlichen Dienst Bestimmungen im Sinne des § 8 Absatz 4 Satz 3 und 4, auch in Verbindung mit § 9a Absatz 2, des § 9a Absatz 6, § 12 Absatz 6, § 13 Absatz 4, § 14 Absatz 2 Satz 3 und 4 oder § 15 Absatz 3, so gelten diese Bestimmungen auch zwischen nicht tarifgebundenen Arbeitgebern und Arbeitnehmern außerhalb des öffentlichen Dienstes, wenn die Anwendung der für den öffentlichen Dienst geltenden tarifvertraglichen Bestimmungen zwischen ihnen vereinbart ist und die Arbeitgeber die Kosten des Betriebes überwiegend mit Zuwendungen im Sinne des Haushaltsrechts decken.

§ 23 Besondere gesetzliche Regelungen

Besondere Regelungen über Teilzeitarbeit und über die Befristung von Arbeitsverträgen nach anderen gesetzlichen Vorschriften bleiben unberührt.

Umwandlungsgesetz* (UmwG)

(Auszüge: §§ 1, 2, 5, 122e, 123, 126, 190, 191, 194, 203, 322–325)

§ 1 Arten der Umwandlung, gesetzliche Beschränkungen

(1) Rechtsträger mit Sitz im Inland können umgewandelt werden
1. durch Verschmelzung;
2. durch Spaltung (Aufspaltung, Abspaltung, Ausgliederung);
3. durch Vermögensübertragung;
4. durch Formwechsel.

(2) Eine Umwandlung im Sinne des Absatzes 1 ist außer in den in diesem Gesetz geregelten Fällen nur möglich, wenn sie durch ein anderes Bundesgesetz oder ein Landesgesetz ausdrücklich vorgesehen ist.

(3) Von den Vorschriften dieses Gesetzes kann nur abgewichen werden, wenn dies ausdrücklich zugelassen ist. Ergänzende Bestimmungen in Verträgen, Satzungen oder Willenserklärungen sind zulässig, es sei denn, daß dieses Gesetz eine abschließende Regelung enthält.

§ 2 Arten der Verschmelzung

Rechtsträger können unter Auflösung ohne Abwicklung verschmolzen werden
1. im Wege der Aufnahme durch Übertragung des Vermögens eines Rechtsträgers oder mehrerer Rechtsträger (übertragende Rechtsträger) als Ganzes auf einen anderen bestehenden Rechtsträger (übernehmender Rechtsträger) oder
2. im Wege der Neugründung durch Übertragung der Vermögen zweier oder mehrerer Rechtsträger (übertragende Rechtsträger) jeweils als Ganzes auf einen neuen, von ihnen dadurch gegründeten Rechtsträger

gegen Gewährung von Anteilen oder Mitgliedschaften des übernehmenden oder neuen Rechtsträgers an die Anteilsinhaber (Gesellschafter, Partner, Aktionäre oder Mitglieder) der übertragenden Rechtsträger.

---

* Vom 28. Oktober 1994 (BGBl. I, S. 3210; ber. BGBl. I, 1995, S. 428), zuletzt geändert durch Gesetz vom 19. Dezember 2018 (BGBl. I, S. 2694).

§ 5 Inhalt des Verschmelzungsvertrags

(1) Der Vertrag oder sein Entwurf muß mindestens folgende Angaben enthalten:

1. den Namen oder die Firma und den Sitz der an der Verschmelzung beteiligten Rechtsträger;
2. die Vereinbarung über die Übertragung des Vermögens jedes übertragenden Rechtsträgers als Ganzes gegen Gewährung von Anteilen oder Mitgliedschaften an dem übernehmenden Rechtsträger;
3. das Umtauschverhältnis der Anteile und gegebenenfalls die Höhe der baren Zuzahlung oder Angaben über die Mitgliedschaft bei dem übernehmenden Rechtsträger;
4. die Einzelheiten für die Übertragung der Anteile des übernehmenden Rechtsträgers oder über den Erwerb der Mitgliedschaft bei dem übernehmenden Rechtsträger;
5. den Zeitpunkt, von dem an diese Anteile oder die Mitgliedschaften einen Anspruch auf einen Anteil am Bilanzgewinn gewähren, sowie alle Besonderheiten in bezug auf diesen Anspruch;
6. den Zeitpunkt, von dem an die Handlungen der übertragenden Rechtsträger als für Rechnung des übernehmenden Rechtsträgers vorgenommen gelten (Verschmelzungsstichtag);
7. die Rechte, die der übernehmende Rechtsträger einzelnen Anteilsinhabern sowie den Inhabern besonderer Rechte wie Anteile ohne Stimmrecht, Vorzugsaktien, Mehrstimmrechtsaktien, Schuldverschreibungen und Genußrechte gewährt, oder die für diese Personen vorgesehenen Maßnahmen;
8. jeden besonderen Vorteil, der einem Mitglied eines Vertretungsorgans oder eines Aufsichtsorgans der an der Verschmelzung beteiligten Rechtsträger, einem geschäftsführenden Gesellschafter, einem Partner, einem Abschlußprüfer oder einem Verschmelzungsprüfer gewährt wird;
9. die Folgen der Verschmelzung für die Arbeitnehmer und ihre Vertretungen sowie die insoweit vorgesehenen Maßnahmen.

(2) Befinden sich alle Anteile eines übertragenden Rechtsträgers in der Hand des übernehmenden Rechtsträgers, so entfallen die Angaben über den Umtausch der Anteile (Absatz 1 Nr. 2 bis 5), soweit sie die Aufnahme dieses Rechtsträgers betreffen.

(3) Der Vertrag oder sein Entwurf ist spätestens einen Monat vor dem Tage der Versammlung der Anteilsinhaber jedes beteiligten Rechtsträgers, die gemäß § 13 Abs. 1 über die Zustimmung zum Verschmelzungsvertrag beschließen soll, dem zuständigen Betriebsrat dieses Rechtsträgers zuzuleiten.

§ 122e Verschmelzungsbericht

Im Verschmelzungsbericht nach § 8 sind auch die Auswirkungen der grenzüberschreitenden Verschmelzung auf die Gläubiger und Arbeitnehmer der an der Verschmelzung beteiligten Gesellschaft zu erläutern. Der Verschmelzungsbericht ist den Anteilsinhabern sowie dem zuständigen Betriebsrat oder, falls es keinen Betriebsrat gibt, den Arbeitnehmern der an der grenzüberschreitenden Verschmelzung beteiligten Gesellschaft spätestens einen Monat vor der Versammlung der Anteilsinhaber, die nach § 13 über die Zustimmung zum Verschmelzungsplan beschließen soll, nach § 63 Abs. 1 Nr. 4 zugänglich zu machen. § 8 Abs. 3 ist nicht anzuwenden, es sei denn, an der Verschmelzung ist als übernehmende oder neue Gesellschaft eine Personenhandelsgesellschaft gemäß § 122b Absatz 1 Nummer 2 beteiligt.

§ 123 Arten der Spaltung

(1) Ein Rechtsträger (übertragender Rechtsträger) kann unter Auflösung ohne Abwicklung sein Vermögen aufspalten

1. zur Aufnahme durch gleichzeitige Übertragung der Vermögensteile jeweils als Gesamtheit auf andere bestehende Rechtsträger (übernehmende Rechtsträger) oder
2. zur Neugründung durch gleichzeitige Übertragung der Vermögensteile jeweils als Gesamtheit auf andere, von ihm dadurch gegründete neue Rechtsträger

gegen Gewährung von Anteilen oder Mitgliedschaften dieser Rechtsträger an die Anteilsinhaber des übertragenden Rechtsträgers (Aufspaltung).

(2) Ein Rechtsträger (übertragender Rechtsträger) kann von seinem Vermögen einen Teil oder mehrere Teile abspalten

1. zur Aufnahme durch Übertragung dieses Teils oder dieser Teile jeweils als Gesamtheit auf einen bestehenden oder mehrere bestehende Rechtsträger (übernehmende Rechtsträger) oder

2. zur Neugründung durch Übertragung dieses Teils oder dieser Teile jeweils als Gesamtheit auf einen oder mehrere, von ihm dadurch gegründeten neuen oder gegründete neue Rechtsträger

gegen Gewährung von Anteilen oder Mitgliedschaften dieses Rechtsträgers oder dieser Rechtsträger an die Anteilsinhaber des übertragenden Rechtsträgers (Abspaltung).

(3) Ein Rechtsträger (übertragender Rechtsträger) kann aus seinem Vermögen einen Teil oder mehrere Teile ausgliedern

1. zur Aufnahme durch Übertragung dieses Teils oder dieser Teile jeweils als Gesamtheit auf einen bestehenden oder mehrere bestehende Rechtsträger (übernehmende Rechtsträger) oder
2. zur Neugründung durch Übertragung dieses Teils oder dieser Teile jeweils als Gesamtheit auf einen oder mehrere, von ihm dadurch gegründeten neuen oder gegründete neue Rechtsträger

gegen Gewährung von Anteilen oder Mitgliedschaften dieses Rechtsträgers oder dieser Rechtsträger an den übertragenden Rechtsträger (Ausgliederung).

(4) Die Spaltung kann auch durch gleichzeitige Übertragung auf bestehende und neue Rechtsträger erfolgen.

§ 126 Inhalt des Spaltungs- und Übernahmevertrags

(1) Der Spaltungs- und Übernahmevertrag oder sein Entwurf muß mindestens folgende Angaben enthalten:

1. den Namen oder die Firma und den Sitz der an der Spaltung beteiligten Rechtsträger;
2. die Vereinbarung über die Übertragung der Teile des Vermögens des übertragenden Rechtsträgers jeweils als Gesamtheit gegen Gewährung von Anteilen oder Mitgliedschaften an den übernehmenden Rechtsträgern;
3. bei Aufspaltung und Abspaltung das Umtauschverhältnis der Anteile und gegebenenfalls die Höhe der baren Zuzahlung oder Angaben über die Mitgliedschaft bei den übernehmenden Rechtsträgern;
4. bei Aufspaltung und Abspaltung die Einzelheiten für die Übertragung der Anteile der übernehmenden Rechtsträger oder über den Erwerb der Mitgliedschaft bei den übernehmenden Rechtsträgern;

5. den Zeitpunkt, von dem an diese Anteile oder die Mitgliedschaft einen Anspruch auf einen Anteil am Bilanzgewinn gewähren, sowie alle Besonderheiten in bezug auf diesen Anspruch;
6. den Zeitpunkt, von dem an die Handlungen des übertragenden Rechtsträgers als für Rechnung jedes der übernehmenden Rechtsträger vorgenommen gelten (Spaltungsstichtag);
7. die Rechte, welche die übernehmenden Rechtsträger einzelnen Anteilsinhabern sowie den Inhabern besonderer Rechte wie Anteile ohne Stimmrecht, Vorzugsaktien, Mehrstimmrechtsaktien, Schuldverschreibungen und Genußrechte gewähren, oder die für diese Personen vorgesehenen Maßnahmen;
8. jeden besonderen Vorteil, der einem Mitglied eines Vertretungsorgans oder eines Aufsichtsorgans der an der Spaltung beteiligten Rechtsträger, einem geschäftsführenden Gesellschafter, einem Partner, einem Abschlußprüfer oder einem Spaltungsprüfer gewährt wird;
9. die genaue Bezeichnung und Aufteilung der Gegenstände des Aktiv- und Passivvermögens, die an jeden der übernehmenden Rechtsträger übertragen werden, sowie der übergehenden Betriebe und Betriebsteile unter Zuordnung zu den übernehmenden Rechtsträgern;
10. bei Aufspaltung und Abspaltung die Aufteilung der Anteile oder Mitgliedschaften jedes der beteiligten Rechtsträger auf die Anteilsinhaber des übertragenden Rechtsträgers sowie den Maßstab für die Aufteilung;
11. die Folgen der Spaltung für die Arbeitnehmer und ihre Vertretungen sowie die insoweit vorgesehenen Maßnahmen.

(2) Soweit für die Übertragung von Gegenständen im Falle der Einzelrechtsnachfolge in den allgemeinen Vorschriften eine besondere Art der Bezeichnung bestimmt ist, sind diese Regelungen auch für die Bezeichnung der Gegenstände des Aktiv- und Passivvermögens (Absatz 1 Nr. 9) anzuwenden. § 28 der Grundbuchordnung ist zu beachten. Im übrigen kann auf Urkunden wie Bilanzen und Inventare Bezug genommen werden, deren Inhalt eine Zuweisung des einzelnen Gegenstandes ermöglicht; die Urkunden sind dem Spaltungs- und Übernahmevertrag als Anlagen beizufügen.

(3) Der Vertrag oder sein Entwurf ist spätestens einen Monat vor dem Tag der Versammlung der Anteilsinhaber jedes beteiligten Rechtsträ-

gers, die gemäß § 125 in Verbindung mit § 13 Abs. 1 über die Zustimmung zum Spaltungs- und Übernahmevertrag beschließen soll, dem zuständigen Betriebsrat dieses Rechtsträgers zuzuleiten.

§ 190 Allgemeiner Anwendungsbereich

(1) Ein Rechtsträger kann durch Formwechsel eine andere Rechtsform erhalten.

(2) Soweit nicht in diesem Buch etwas anderes bestimmt ist, gelten die Vorschriften über den Formwechsel nicht für Änderungen der Rechtsform, die in anderen Gesetzen vorgesehen oder zugelassen sind.

§ 191 Einbezogene Rechtsträger

(1) Formwechselnde Rechtsträger können sein:

1. Personenhandelsgesellschaften (§ 3 Abs. 1 Nr. 1) und Partnerschaftsgesellschaften;
2. Kapitalgesellschaften (§ 3 Abs. 1 Nr. 2);
3. eingetragene Genossenschaften;
4. rechtsfähige Vereine;
5. Versicherungsvereine auf Gegenseitigkeit;
6. Körperschaften und Anstalten des öffentlichen Rechts.

(2) Rechtsträger neuer Rechtsform können sein:

1. Gesellschaften des bürgerlichen Rechts;
2. Personenhandelsgesellschaften und Partnerschaftsgesellschaften;
3. Kapitalgesellschaften;
4. eingetragene Genossenschaften.

(3) Der Formwechsel ist auch bei aufgelösten Rechtsträgern möglich, wenn ihre Fortsetzung in der bisherigen Rechtsform beschlossen werden könnte.

§ 194 Inhalt des Umwandlungsbeschlusses

(1) In dem Umwandlungsbeschluß müssen mindestens bestimmt werden:

1. die Rechtsform, die der Rechtsträger durch den Formwechsel erlangen soll;
2. der Name oder die Firma des Rechtsträgers neuer Rechtsform;

3. eine Beteiligung der bisherigen Anteilsinhaber an dem Rechtsträger nach den für die neue Rechtsform geltenden Vorschriften, soweit ihre Beteiligung nicht nach diesem Buch entfällt;
4. Zahl, Art und Umfang der Anteile oder der Mitgliedschaften, welche die Anteilsinhaber durch den Formwechsel erlangen sollen oder die einem beitretenden persönlich haftenden Gesellschafter eingeräumt werden sollen;
5. die Rechte, die einzelnen Anteilsinhabern sowie den Inhabern besonderer Rechte wie Anteile ohne Stimmrecht, Vorzugsaktien, Mehrstimmrechtsaktien, Schuldverschreibungen und Genußrechte in dem Rechtsträger gewährt werden sollen, oder die Maßnahmen, die für diese Personen vorgesehen sind;
6. ein Abfindungsangebot nach § 207, sofern nicht der Umwandlungsbeschluß zu seiner Wirksamkeit der Zustimmung aller Anteilsinhaber bedarf oder an dem formwechselnden Rechtsträger nur ein Anteilsinhaber beteiligt ist;
7. die Folgen des Formwechsels für die Arbeitnehmer und ihre Vertretungen sowie die insoweit vorgesehenen Maßnahmen.

(2) Der Entwurf des Umwandlungsbeschlusses ist spätestens einen Monat vor dem Tage der Versammlung der Anteilsinhaber, die den Formwechsel beschließen soll, dem zuständigen Betriebsrat des formwechselnden Rechtsträgers zuzuleiten.

§ 203 Amtsdauer von Aufsichtsratsmitgliedern

Wird bei einem Formwechsel bei dem Rechtsträger neuer Rechtsform in gleicher Weise wie bei dem formwechselnden Rechtsträger ein Aufsichtsrat gebildet und zusammengesetzt, so bleiben die Mitglieder des Aufsichtsrats für den Rest ihrer Wahlzeit als Mitglieder des Aufsichtsrats des Rechtsträgers neuer Rechtsform im Amt. Die Anteilsinhaber des formwechselnden Rechtsträgers können im Umwandlungsbeschluß für ihre Aufsichtsratsmitglieder die Beendigung des Amtes bestimmen.

§ 322 Gemeinsamer Betrieb

Führen an einer Spaltung oder an einer Teilübertragung nach dem Dritten oder Vierten Buch beteiligte Rechtsträger nach dem Wirksamwerden der Spaltung oder der Teilübertragung einen Betrieb gemeinsam, gilt dieser als Betrieb im Sinne des Kündigungsschutzrechts.

§ 323 Kündigungsrechtliche Stellung

(1) Die kündigungsrechtliche Stellung eines Arbeitnehmers, der vor dem Wirksamwerden einer Spaltung oder Teilübertragung nach dem Dritten oder Vierten Buch zu dem übertragenden Rechtsträger in einem Arbeitsverhältnis steht, verschlechtert sich auf Grund der Spaltung oder Teilübertragung für die Dauer von zwei Jahren ab dem Zeitpunkt ihres Wirksamwerdens nicht.

(2) Kommt bei einer Verschmelzung, Spaltung oder Vermögensübertragung ein Interessenausgleich zustande, in dem diejenigen Arbeitnehmer namentlich bezeichnet werden, die nach der Umwandlung einem bestimmten Betrieb oder Betriebsteil zugeordnet werden, so kann die Zuordnung der Arbeitnehmer durch das Arbeitsgericht nur auf grobe Fehlerhaftigkeit überprüft werden.

§ 324 Rechte und Pflichten bei Betriebsübergang

§ 613a Abs. 1, 4 bis 6 des Bürgerlichen Gesetzbuchs bleibt durch die Wirkungen der Eintragung einer Verschmelzung, Spaltung oder Vermögensübertragung unberührt.

§ 325 Mitbestimmungsbeibehaltung

(1) Entfallen durch Abspaltung oder Ausgliederung im Sinne des § 123 Abs. 2 und 3 bei einem übertragenden Rechtsträger die gesetzlichen Voraussetzungen für die Beteiligung der Arbeitnehmer im Aufsichtsrat, so finden die vor der Spaltung geltenden Vorschriften noch für einen Zeitraum von fünf Jahren nach dem Wirksamwerden der Abspaltung oder Ausgliederung Anwendung. Dies gilt nicht, wenn die betreffenden Vorschriften eine Mindestzahl von Arbeitnehmern voraussetzen und die danach berechnete Zahl der Arbeitnehmer des übertragenden Rechtsträgers auf weniger als in der Regel ein Viertel dieser Mindestzahl sinkt.

(2) Hat die Spaltung oder Teilübertragung eines Rechtsträgers die Spaltung eines Betriebes zur Folge und entfallen für die aus der Spaltung hervorgegangenen Betriebe Rechte oder Beteiligungsrechte des Betriebsrats, so kann durch Betriebsvereinbarung oder Tarifvertrag die Fortgeltung dieser Rechte und Beteiligungsrechte vereinbart werden. Die §§ 9 und 27 des Betriebsverfassungsgesetzes bleiben unberührt.

Hinweise zur Freistellung bei Schulungen

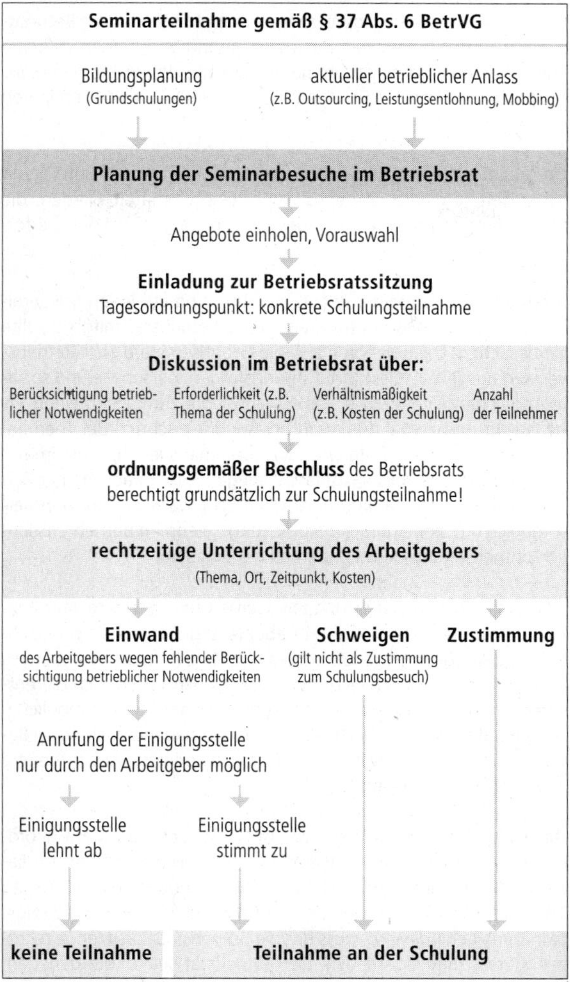

Teilnahme von Betriebsratsmitgliedern an Schulungen gemäß § 37 Abs. 6 BetrVG

Das Betriebsverfassungsgesetz regelt, dass Mitglieder des Betriebsrats das Recht haben, zu ihrer Qualifizierung Schulungen zu besuchen. Trotzdem kommt es immer wieder vor, dass Arbeitgeber aus Kosten oder sonstigen Gründen die Notwendigkeit von Seminaren bestreiten.

Das Recht auf einen Seminarbesuch gem. § 37 Abs. 6 BetrVG gilt für solche Seminare, in denen Kenntnisse vermittelt werden, die für die Betriebsratsarbeit erforderlich sind. Was aber heißt „erforderlich"?

Erforderlich im Sinne der Rechtsprechung sind auf jeden Fall Seminare, die Grundwissen vermitteln. Jedes Betriebsratsmitglied sollte sie besuchen. Dazu gehören z.B. die Grundseminare zum Betriebsverfassungsgesetz (Geschäftsführungsfragen, personelle und soziale Angelegenheiten) sowie Seminarangebote zum allgemeinen Arbeitsrecht und zum Arbeits- und Gesundheitsschutz. Bei Themen, die über das so genannte Grundwissen hinausgehen, muss immer ein aktueller betrieblicher Anlass vorliegen oder in absehbarer Zeit eintreten. Ein Seminar zum Sozialplanrecht wäre z.B. nur dann erforderlich (im Sinne der Rechtsprechung), wenn im Betrieb tatsächlich betriebsändernde Maßnahmen geplant sind.

Will der Betriebsrat selbst initiativ werden und mit dem Arbeitgeber Regelungen treffen, besteht ebenfalls ein Anrecht auf Qualifizierung. Beabsichtigt der Betriebsrat z.B. eine Betriebsvereinbarung zur Arbeitszeit abzuschließen, hat er einen Anspruch, sich die entsprechenden Kenntnisse des rechtlichen Rahmens und möglicher Arbeitszeitmodelle anzueignen. Aus der Aufgabenverteilung im Betriebsrat oder aus der Mitarbeit in Ausschüssen können sich weitere Schulungsansprüche ableiten.

Die Teilnahme an einem Seminar muss der Betriebsrat zuvor ordnungsgemäß beschließen. Hierzu gehört u.a. die rechtzeitige Ladung der Betriebsratsmitglieder unter Nennung der einzelnen Tagesordnungspunkte. Sind Betriebsratsmitglieder an der Sitzungsteilnahme gehindert, so muss der/die Betriebsratsvorsitzende rechtzeitig Ersatzmitglieder laden. Der Betriebsrat sollte kurz darlegen, aus welchem Grund das Seminar für ihn erforderlich ist. Fehlt ein solcher Betriebsratsbeschluss, ist der Arbeitgeber nicht verpflichtet, die entstandenen Kosten einschließlich der Entgeltfortzahlung zu übernehmen. Teilen Sie dem Arbeitgeber also rechtzeitig Zeitpunkt und Dauer des Seminars, die Kosten sowie den Themenplan mit.

Bei seinen Entscheidungen hat der Betriebsrat einen Ermessensspielraum. Er entscheidet, wen und wie viele Mitglieder er zu einem Seminar entsendet und ob er ein Thema für erforderlich hält. Dabei ist zu beachten, dass der Betriebsrat – als Gremium – ausreichende Kenntnisse der Materie erlangt. Einer Genehmigung durch den Arbeitgeber bedarf es nicht. Der Betriebsrat entscheidet in dieser Frage selbst. Klar muss aber sein, dass das entsprechende Seminar im rechtlichen Sinne erforderlich ist. Besonders bei sog. Spezialseminaren, wie z.B. „Mobbing", muss der Betriebsrat sich immer fragen, ob ein aktueller betrieblicher Bezug vorliegt, für die er die Kenntnisse benötigt. Der Betriebsrat hat das Recht, Schulungen der Gewerkschaften oder ihrer Einrichtungen zu besuchen und braucht sich nicht auf konkurrierende Seminarveranstalter verweisen zu lassen, da diese Veranstaltungen stärker auf die spezifischen Bedürfnisse der Betriebsratsarbeit ausgerichtet sind. Der Betriebsrat ist nicht gehalten, jeweils die mit den geringsten Kosten verbundene Schulungsveranstaltung auszuwählen. Ihm steht im Rahmen seines Beurteilungsspielraumes die Befugnis zu, die Teilnahme an einer seiner Ansicht nach qualitativ höherwertigen – wenn auch teureren – Schulungsmaßnahme zu beschließen (BAG v. 15.5.1986 –6 ABR 74/83–, AP Nr. 54 zu § 37 BetrVG 72).

Betriebsratsarbeit muss in der Arbeitszeit stattfinden. Dazu gehört auch der Besuch eines Seminars. Nach der Neuregelung des Betriebsverfassungsgesetzes haben jetzt auch Betriebsratsmitglieder, die aus betrieblichen Gründen ein Seminar außerhalb ihrer persönlichen Arbeitszeit besuchen, einen Ausgleichsanspruch, der begrenzt ist auf die Arbeitszeit eines vollzeitbeschäftigten Arbeitnehmers (vgl. hierzu § 37 Abs. 6 Satz 2 BetrVG).

Wenn Sie auf Beschluss des Betriebsrats an einem Seminar gem. § 37 Abs. 6 BetrVG teilnehmen, muss der Arbeitgeber die hierdurch entstehenden notwendigen Kosten tragen. Dazu gehören neben der Seminargebühr die Kosten für Übernachtung und Verpflegung sowie die Reisekosten. Der Arbeitgeber ist verpflichtet, einen angemessenen Reisekostenvorschuss zu leisten. Bei rechtlichen Problemen wenden Sie sich bitte an Ihre Gewerkschaft.

Zusammenfassung:
Die Freistellung und Kostenübernahme durch den Arbeitgeber erfolgt gem. § 37 Abs. 6 in Verbindung mit § 40 Abs. 1 BetrVG. Danach hat der Arbeitgeber – neben der Entgeltfortzahlung – die durch den Besuch der Seminarveranstaltung anfallenden Kosten zu tragen. Das sind u.a.:
- Seminargebühren,
- Reisekosten,
- Kosten für Unterkunft und Verpflegung.

Voraussetzung hierfür ist gemäß § 37 Abs. 6 BetrVG, dass die betreffende Schulung Kenntnisse vermittelt, die für die konkrete Arbeit des Betriebsrats im Betrieb erforderlich sind. Dies sind Grund- und Aufbauseminare, aber auch Seminare, die Spezialwissen vermitteln und einen direkten Bezug zu aktuellen oder in naher Zukunft anstehenden Aufgaben des Betriebsrats haben. Dem Betriebsrat steht bei der Frage, ob ein Seminar erforderlich ist, ein Beurteilungsspielraum zu.

Der Betriebsrat muss jeweils einen Beschluss fassen, damit das einzelne Betriebsratsmitglied an der Schulung teilnehmen kann. Wir empfehlen, bei diesem Beschluss gleichzeitig Ersatzteilnehmer/-innen festzulegen. Bei Verhinderung ist der Betriebsrat berechtigt, ein anderes Betriebsratsmitglied zum Seminar zu entsenden. So können die eventuell fälligen Stornogebühren vermieden werden.

Der Betriebsrat hat dem Arbeitgeber die Teilnahme und die zeitliche Lage des Seminars rechtzeitig bekannt zu geben. Dabei sind betriebliche Notwendigkeiten zu berücksichtigen (§ 37 Abs. 6 Satz 3 BetrVG). Hält der Arbeitgeber diese für nicht ausreichend berücksichtigt, so kann er die Einigungsstelle anrufen. Der Spruch der Einigungsstelle ersetzt die Einigung zwischen Arbeitgeber und Betriebsrat.

Lehnt der Arbeitgeber die Zahlung der Schulungskosten ab, so kann der Betriebsrat im Wege des arbeitsgerichtlichen Beschlussverfahrens die Freistellung von den Kosten verlangen. Hierzu bedarf es eines erneuten Beschlusses durch den Betriebsrat.

Die ausgeführten Bestimmungen gelten grundsätzlich für die Jugend- und Auszubildendenvertretungen entsprechend (vgl. hierzu die Verweisung in § 65 Abs. 1 BetrVG auf die §§ 37 und 40 BetrVG). Auch hier erfolgt die Beschlussfassung unter Beteiligung der JAV durch den Betriebsrat.

FAQs – Häufig gestellte Fragen

1. Allgemeines

Wie unterscheiden sich die Freistellungsansprüche gem. § 37 Abs. 6 BetrVG von denen nach § 37 Abs. 7 BetrVG?
Die Freistellungsansprüche gemäß § 37 Abs. 6 BetrVG beziehen sich auf den Besuch erforderlicher Schulungen, für die der Arbeitgeber Freistellung von der Arbeit zu gewähren und deren Kosten er gemäß § 40 BetrVG zu übernehmen hat.

Freistellungen gemäß § 37 Abs. 7 BetrVG beziehen sich auf den Besuch geeigneter Schulungen, die der Betriebsratsarbeit dienlich, aber nicht erforderlich sind. Der Arbeitgeber hat die Kosten dieser Seminare nicht zu übernehmen, sondern das Betriebsratsmitglied nur für die Teilnahme an dieser Schulung von der Arbeitsleistung freizustellen. Die Geeignetheit einer Schulungsmaßnahme nach § 37 Abs. 7 BetrVG wird durch die oberste Arbeitsbehörde des Landes festgestellt. Der Freistellungsanspruch auf Teilnahme an Schulungsveranstaltungen gemäß § 37 Abs. 7 BetrVG ist während einer Amtsperiode auf 3 bzw. 4 Wochen für Beschäftigte, die erstmals in den Betriebsrat gewählt wurden, ohne zuvor JAV-Mitglied gewesen zu sein, begrenzt.

Welche Bildungsansprüche gibt es nach den Bildungsurlaubsgesetzen der Länder?
In Bayern und Sachsen besteht kein Anspruch auf Bildungsurlaub. In den übrigen Bundesländern sind die Ansprüche auf Bildungsurlaub unterschiedlich ausgestaltet. Nähere Informationen finden Sie in den jeweiligen Landesgesetzen:
- Baden-Württemberg: Bildungszeitgesetz Baden-Württemberg
- Berlin: Berliner Bildungsurlaubsgesetz

- Brandenburg: Brandenburgisches Weiterbildungsgesetz
- Bremen: Bremisches Bildungsurlaubsgesetz
- Hamburg: Hamburgisches Bildungsurlaubsgesetz
- Hessen: Hessisches Gesetz über den Anspruch auf Bildungsurlaub
- Mecklenburg-Vorpommern: Bildungsfreistellungsgesetz Mecklenburg-Vorpommern
- Niedersachsen: Niedersächsisches Bildungsurlaubsgesetz
- Nordrhein-Westfalen: Arbeitnehmer-Weiterbildungsgesetz
- Rheinland-Pfalz: Bildungsfreistellungsgesetz
- Saarland: Saarländisches Bildungsfreistellungsgesetz
- Sachsen-Anhalt: Bildungsfreistellungsgesetz Sachsen-Anhalt
- Schleswig-Holstein: Weiterbildungsgesetz Schleswig-Holstein
- Thüringen: Thüringer Bildungsfreistellungsgesetz

Ist der Schulungsanspruch nach § 37 Abs. 6 BetrVG vom Umfang her auf drei bzw. vier Wochen begrenzt?
Nein, der Anspruch ist nicht begrenzt. Die zulässige Schulungsdauer hängt allein von der subjektiven und objektiven Erforderlichkeit der Schulungsmaßnahme ab. Dabei ist zwischen Grund- und Spezialschulungen zu unterscheiden.

Der Besuch von Grundschulungen ist für jedes Betriebsratsmitglied erforderlich. Hierzu zählen z.B. Schulungen, die allgemeine Kenntnisse des Betriebsverfassungsrechts vermitteln. Auch Schulungen, die der Vermittlung von Grundkenntnissen des allgemeinen Arbeitsrechts dienen, sind als Grundschulungen anerkannt. Insgesamt sollte die Grundlagenbildung von Betriebsratsmitgliedern eine Dauer von 5 Wochen nicht überschreiten.

Der Besuch von Spezialschulungen muss für das Betriebsratsmitglied ebenfalls erforderlich sein. Bei der Beurteilung der Erforderlichkeit einer Spezialschulung ist darauf abzustellen, ob nach den konkreten Verhältnissen des jeweiligen Betriebes Fragen bzw. Probleme anstehen, bei deren Beantwortung bzw. Lösung der Betriebsrat beteiligt ist und bei denen im Hinblick auf die Kenntnisse des zuständigen Betriebsratsmitglieds seine Schulung erforderlich ist, damit der Betriebsrat seine Beteiligungsrechte und -pflichten ordnungsgemäß erfüllen kann.

2. Seminarplanung

Welche Seminare kann ein Betriebsratsmitglied besuchen?

Hier ist zwischen Grund- und Spezialschulungen zu unterscheiden. Grundschulungen vermitteln Kenntnisse über das allgemeine Betriebsverfassungs- und Arbeitsrecht sowie über den Bereich der Arbeitssicherheit. Für diese Schulungen muss die Erforderlichkeit nicht gesondert nachgewiesen werden (LAG Berlin-Brandenbg. vom 3.5.2013 –10 TaBV 88/13–).

Spezialschulungen vermitteln Kenntnisse für ein oder mehrere Mitglieder des Betriebsrats über eine Thematik, die für den Betriebsrat erforderlich sind, um bestehende bzw. unmittelbar bevorstehende betriebliche Aufgaben sachgerecht und kompetent erledigen zu können. Der Themenkatalog möglicher erforderlicher Schulungen ist breit und reicht von A wie Allgemeines Gleichbehandlungsgesetz bis W wie wirtschaftliche Zusammenhänge.

Für welche Seminare muss der Arbeitgeber die Kosten übernehmen?

Der Arbeitgeber muss gem. § 40 Abs. 1 BetrVG die Kosten für Seminare nach § 37 Abs. 6 BetrVG übernehmen, wenn diese erforderlich sind. Gemäß der Rechtsprechung des Bundesarbeitsgerichts sind Grundschulungen für alle Betriebsratsmitglieder erforderlich. Spezialschulungen sind dann erforderlich, wenn dringende betriebliche Belange den Wissenserwerb erforderlich machen und aus der Perspektive eines objektiven Dritten zum Zeitpunkt der Beschlussfassung des Betriebsrats über die Entsendung eines oder mehrerer Betriebsratsmitglieder das Vorliegen des Erfordernisses der Schulung gegeben ist.

Darf der Arbeitgeber die Seminarteilnahme verbieten?

Der Arbeitgeber darf die Seminarteilnahme eines Betriebsratsmitglieds grundsätzlich nicht verbieten. Er kann aber die Einigungsstelle anrufen und versuchen, die Schulung zu unterbinden, wenn der Betriebsrat bei der Entsendung dringende betriebliche Belange nicht berücksichtigt hat. Dies kommt in der Praxis aber so gut wie nie vor.

Muss der Betriebsrat ein innerbetriebliches Kostenbudget akzeptieren?
Grundsätzlich nein. Etwas anderes gilt, wenn sich der Betriebsrat im Vorfeld über ein gewisses Kostenbudget mit dem Arbeitgeber geeinigt hat.

3. Anmeldung

Muss das Gremium einen ordnungsgemäßen Beschluss fassen?
Auf jeden Fall! Der Betriebsrat muss die Entsendung zur Seminarteilnahme eines oder mehrerer Betriebsratsmitglieder beschließen. Eine ordnungsgemäße Beschlussfassung ist sowohl Voraussetzung für die Kostenübernahme des Arbeitgebers nach § 40 Abs. 1 BetrVG als auch für die bezahlte Freistellung von der Arbeit während der Teilnahme an einer Schulung.

Was muss bei der Beschlussfassung beachtet werden? (Schulungsort, Teilnehmerzahl ...)
Der Betriebsrat muss beschließen, welches Betriebsratsmitglied zu welcher Schulung, an welchem Ort, in welchem Zeitraum, bei welchem Seminaranbieter und zu welchem Preis entsandt wird. Bei Spezialseminaren sollte der Betriebsrat darüber hinaus die Auswahl des zu entsendenden Betriebsratsmitglieds/der zu entsendenden Betriebsratsmitglieder und das Vorliegen der betrieblichen Belange für die Erforderlichkeit der Seminarteilnahme begründen.

Wie erfolgt die ordnungsgemäße Beschlussfassung? (Ladung, Ersatzmitglieder, Beschlussfassung, Form)
Alle Betriebsratsmitglieder, ggf. die Ersatzmitglieder, sind zur Betriebsratssitzung einzuladen.

Die Stimmberechtigten sind unter Nennung der Tagesordnung rechtzeitig zu laden. Auf der Tagesordnung muss die anstehende Beschlussfassung zur Entsendung ausdrücklich genannt sein, damit sich die Eingeladenen schon im Vorfeld über den Gegenstand der geplanten Beschlussfassung Gedanken machen können. Eine nachträgliche Aufnahme der Beschlussfassung auf die Tagesordnung ist nur möglich, wenn die Aufnahme des Tagesordnungspunkts einstimmig vom Betriebsrat beschlossen wird.

Der Entsendungsbeschluss selbst muss mit einfacher Mehrheit erfolgen. Das Ergebnis ist schriftlich im Sitzungsprotokoll festzuhalten, das vom Vorsitzenden und einem weiteren Betriebsratsmitglied zu unterzeichnen ist.

Kann der Betriebsrat einem Mitglied die Schulungsteilnahme verweigern?

Der Betriebsrat kann nach Überprüfung des Sachverhalts zu dem Ergebnis gelangen, dass die Schulungsteilnahme eines Betriebsratsmitglieds nicht erforderlich ist und demzufolge den Beschluss über die Entsendung dieses Mitglieds verweigern. Das einzelne Mitglied kann aber für diesen Fall selbstständig beim Arbeitsgericht feststellen lassen, ob die Teilnahme an der Schulung erforderlich ist und für diesen Fall die Teilnahme selbst durchsetzen.

Verpflichtet ein Teilnahmebeschluss das Mitglied zum Schulungsbesuch?

Der Beschluss des Betriebsrats, ein Mitglied zu einer Schulung zu entsenden, verpflichtet das Betriebsratsmitglied zur Teilnahme. Die Teilnahme stellt eine Amtspflicht dar, weil das erlernte Wissen dem gesamten Gremium zugute kommen soll. Eine Weigerung des Betriebsratsmitglieds kann eine Verletzung seiner gesetzlichen Pflichten gemäß § 23 Abs. 1 BetrVG darstellen.

Wie meldet sich ein Teilnehmer/eine Teilnehmerin zu dem Seminar an?

Die Anmeldung sollte schriftlich auf den vorgefertigten Anmeldeformularen vorgenommen werden und per Post oder Telefax erfolgen. Ebenso ist eine Online-Anmeldung über das Internet möglich. Erfolgt eine Anmeldung telefonisch oder per E-Mail, so reservieren wir zunächst den Seminarplatz, und die Anmeldung muss später noch schriftlich bestätigt werden.

Haben ausländische Kolleginnen und Kollegen Anspruch auf Schulungen in ihrer Muttersprache?

Im Normalfall werden Sie als Mitglied des Betriebsrats ausreichende deutsche Sprachkenntnisse besitzen. Wenn Sie als Interessenvertreter/-in die deutsche Sprache nicht so gut verstehen, dass Sie gleichberechtigt im Gremium mitarbeiten können, haben Sie einen

Anspruch auf Schulungen in Ihrer Landessprache. Es kommt aber immer auf den Einzelfall an!

Welches Gremium fasst die Entsendungsbeschlüsse für Mitglieder des Gesamt- bzw. Konzernbetriebsrats?
Entsendendes Gremium ist immer der örtliche Betriebsrat, aus dem das Mitglied des Gesamt- bzw. Konzernbetriebsrats delegiert worden ist.

Was ist bei der Teilnahme von Vertretern der JAV zu beachten?
Mitglieder der JAV haben Anspruch auf Teilnahme an Schulungs- und Bildungsveranstaltungen, die für die Arbeit der JAV erforderliche Kenntnisse vermitteln. Über die Entsendung der JAV-Mitglieder beschließt auf Antrag der JAV der Betriebsrat.

Ist die Interessenvertretung verpflichtet, im Vorfeld der Schulung einen Preisvergleich zwischen verschiedenen Seminarveranstaltern einzuholen?
Nein, der Betriebsrat ist nicht verpflichtet, im Vorfeld einen Preisvergleich zwischen verschiedenen Seminarveranstaltern einzuholen. Allerdings hat der Betriebsrat der Rechtsprechung zufolge zu prüfen, ob die Schulungskosten verhältnismäßig, d.h. unter Berücksichtigung des Inhalts und des Umfangs des zu vermittelnden Wissens mit der Größe und Leistungsfähigkeit des Betriebs zu vereinbaren sind.

Bei mehreren qualitativ gleichwertigen Schulungen ist der Betriebsrat im Rahmen seines Beurteilungsspielraums nicht verpflichtet, das Angebot auszuwählen, das für den Arbeitgeber die geringeren Kosten verursacht. Bei der Wahl zwischen einer qualitativ höherwertigen, aber teureren Schulungsveranstaltung und einer weniger guten, aber billigeren, ist im Zweifel der qualitativ höherwertigen der Vorzug zu geben, vorausgesetzt, dass sich die Kosten in einem angemessenen Rahmen bewegen.

Der Betriebsrat kann darüber hinaus seine Auswahlentscheidung vom Veranstalter abhängig machen und dabei berücksichtigen, dass gewerkschaftliche und gewerkschaftsnahe Anbieter eine an den praktischen Bedürfnissen der Betriebsratsarbeit ausgerichtete Wissensvermittlung erwarten lassen und dass eine gemeinsame

Gewerkschaftsangehörigkeit ein Vertrauensverhältnis schafft, das den Schulungserfolg fördert.

4. Mitteilung an den Arbeitgeber

Was muss dem Arbeitgeber im Einzelnen mitgeteilt werden?
Der Arbeitgeber muss über den Inhalt der Schulung, den Schulungszeitraum, die Teilnehmer, den Schulungsveranstalter und die anfallenden Kosten unterrichtet werden. Bei Spezialschulungen sollte der Arbeitgeber gleichzeitig darüber in Kenntnis gesetzt werden, warum der Betriebsrat die Schulungsmaßnahme für die zu entsendenden Betriebsratsmitglieder für erforderlich erachtet.

Sind Fristen zu beachten?
Der Arbeitgeber ist rechtzeitig über die Entsendung der Betriebsratsmitglieder zur Schulung zu informieren, damit er Dispositionen hinsichtlich der Beschaffung von Ersatz für das abwesende Betriebsratsmitglied/die abwesenden Betriebsratsmitglieder treffen kann. Hierfür ist ein Zeitraum von 14 Tagen bis zum Beginn der Schulung als angemessen zu betrachten.

Muss der Arbeitgeber der Schulungsteilnahme zustimmen?
Die Teilnahme von Betriebsratsmitgliedern an einer Schulungsveranstaltung ist nicht von einer Zustimmung des Arbeitgebers abhängig.

Was ist, wenn der Arbeitgeber der Schulungsteilnahme widerspricht?
Widerspricht der Arbeitgeber der Schulungsteilnahme, hat der Betriebsrat aber beim Fassen des Entsendungsbeschlusses die Teilnahme für erforderlich befunden, so kann das betreffende Betriebsratsmitglied trotzdem an der Schulung teilnehmen. Hält der Arbeitgeber die betrieblichen Belange für nicht genügend beachtet und ruft die Einigungsstelle an, muss das betreffende Betriebsratsmitglied den Spruch der Einigungsstelle abwarten.

Kann die Seminarteilnahme vor dem Schulungsbesuch gerichtlich durchgesetzt werden?
Die Seminarteilnahme kann unter Umständen im Wege der einstweiligen Verfügung durchgesetzt werden. Sollten Sie ein gericht-

liches Verfahren zwecks Durchsetzung einer Schulungsteilnahme anstreben, wenden Sie sich bitte an den Seminaranbieter, der Ihnen in Abstimmung mit der zuständigen Gewerkschaft weiterhilft.

Kann der Arbeitgeber wegen der zeitlichen Lage der Schulung die Teilnahme verweigern?
Hält der Arbeitgeber die betrieblichen Belange für nicht ausreichend berücksichtigt, so kann er auch wegen der zeitlichen Lage der Schulung die Einigungsstelle anrufen.

5. Anreise von Teilnehmerinnen/Teilnehmern zum Seminar

Hat ein Betriebsratsmitglied einen Anspruch auf Kostenvorschuss bzw. Kostenübernahmeerklärung?
Bei erforderlichen Schulungen muss der Arbeitgeber die Kosten des Seminars erstatten. Ist die/der Teilnehmende verpflichtet, Schulungskosten vor dem Seminar zu zahlen oder entstehen wegen einer weiten Anreise höhere Fahrtkosten, muss der Arbeitgeber der/dem Teilnehmenden einen angemessenen Reisekostenvorschuss gewähren (vgl. FESTL § 40 Rn. 91).

Darf eine Teilnehmerin/ein Teilnehmer bereits am Vortag einer Schulung anreisen, wenn sie/er den Seminarort ansonsten nicht rechtzeitig erreichen kann?
Ob ein/-e Schulungsteilnehmer/-in bereits am Vortag anreisen darf, hängt jeweils vom Einzelfall ab. Ausschlaggebend sind dabei im Wesentlichen der Beginn der Schulung und die individuelle Anfahrtszeit. Bei einer vorherigen Anreise aus privaten Gründen muss der Arbeitgeber die hierdurch entstehenden Kosten nicht tragen.

Besteht ein Ausgleichsanspruch auf Arbeitszeit für Betriebsratsmitglieder, wenn die Seminaranreise am Vortag erfolgen muss?
Dies ist davon abhängig, ob das Betriebsratsmitglied regulär an dem Anreisetag gearbeitet hätte. Wenn Besonderheiten der betrieblichen Arbeitszeitgestaltung (wie z.B. bei einer Krankenschwester im Schichtbetrieb) dazu führen, dass das Betriebsratsmitglied am Vortag gearbeitet hätte, so besteht ein gesetzlicher Ausgleichsanspruch. Dieser ist gem. § 37 Abs. 6 Satz 2 BetrVG begrenzt auf die Arbeitszeit eines vollzeitbeschäftigten Arbeitnehmers. Hätte das

Betriebsratsmitglied an dem Anreisetag nicht regulär gearbeitet, so besteht kein Ausgleichsanspruch.

Wird Reisezeit zum Seminarbesuch als Arbeitszeit gerechnet?
Betriebsratsmitglieder bekommen auch die Reisezeit zum Seminarbesuch bezahlt. Fällt die Reisezeit allerdings in die Freizeit des Betriebsratsmitglieds, so besteht kein Ausgleichsanspruch.

Sind Teilnehmende verpflichtet, im Doppelzimmer zu übernachten?
Teilnehmende sind grundsätzlich nicht verpflichtet, mit anderen fremden Teilnehmenden im Doppelzimmer zu übernachten.

Müssen bei der Anreise zum Seminar öffentliche Verkehrsmittel benutzt werden, oder kann man das Verkehrsmittel frei wählen?
Grundsätzlich sollte das preisgünstigste und sicherste Verkehrsmittel gewählt werden. Besteht eine innerbetriebliche Reisekostenregelung, die die Arbeitnehmer/-innen verpflichtet, mit öffentlichen Verkehrsmitteln anzureisen, so gilt dies auch für den Schulungsbesuch. Ist der Tagungsort bzw. die Tagungsstätte nur schwer mit öffentlichen Verkehrsmitteln zu erreichen, so sollte die Anreise mit dem Auto bzw. Motorrad zuvor mit dem Arbeitgeber abgesprochen werden.

Sind Betriebsratsmitglieder verpflichtet, bei einem Kollegen/ einer Kollegin mitzufahren?
Wenn ein Betriebsratsmitglied mit dem Pkw zum Seminar fährt, so sind nach der Rechtsprechung die anderen Seminarteilnehmer/-innen verpflichtet, diese Mitfahrgelegenheit zu nutzen. Anderenfalls kann der Arbeitgeber die zusätzlichen Reisekosten ablehnen. Ausnahmen sollen dann bestehen, wenn die Mitfahrt unzumutbar ist.

6. Einzelfragen

Gibt es Seminare mit Kinderbetreuung?
Eine Kinderbetreuung wird von vielen gewerkschaftlichen Veranstaltern angeboten. Diese Seminare sind in den Bildungsprogrammen i.d.R. gesondert gekennzeichnet. Bitte sprechen Sie die Kinderbetreuung im Einzelfall mit dem Seminarveranstalter ab. Die Kosten der Kinderbetreuung müssen in begründeten Einzelfällen durch den Arbeitgeber getragen werden.

Kann ein Mensch mit Behinderungen in allen Schulungsstätten an den Seminarveranstaltungen teilnehmen?

Eine Teilnahme behinderter Menschen ist grundsätzlich bei allen angebotenen Schulungen möglich. Die gebuchten Tagungsstätten verfügen i.d.R. über einige behindertengerechte Zimmer sowie Seminarräume. Teilen Sie bitte dem Seminarveranstalter mit, wenn Sie ein behindertengerechtes Zimmer wünschen.

Haben Betriebsratsmitglieder in Elternzeit das Recht, an Seminaren teilzunehmen?

Betriebsratsmitglieder können ihr Betriebsratsamt grundsätzlich auch während der Elternzeit wahrnehmen. Diese führt weder zu einem Erlöschen der Mitgliedschaft im Betriebsrat nach § 24 Nr. 3 BetrVG noch zu seiner zeitweiligen Verhinderung nach § 25 Abs. 1 Satz 2 BetrVG (vgl. BAG vom 15.5.2005 –7 ABR 45/04–). Sofern sich das Betriebsratsmitglied dafür entschieden hat, auch während der Elternzeit das Betriebsratsamt auszuüben, kann auch ein Schulungsanspruch entstehen. Es sind dabei immer die Umstände des Einzelfalles abzuwägen.

Darf ein Betriebsratsmitglied an Konferenzen oder Tagungen teilnehmen?

Konferenzen oder Tagungen können auch als Schulungen gem. § 37 Abs. 6 bzw. 7 BetrVG angesehen werden, wenn durch Workshops bzw. kleinere Arbeitsgruppen eine individuelle Kenntnisvermittlung zwischen Lehrperson und Teilnehmenden erfolgen kann (LAG Hamburg vom 4.12.2012 –4 TaBV 14/11–). Bei einer Teilnahme sollte eine Kostenübernahme durch den Arbeitgeber vorliegen.

Was beinhalten die Allgemeinen Geschäftsbedingungen?

Die Allgemeinen Geschäftsbedingungen (AGB) oder Teilnahmebedingungen enthalten Regelungen zum Seminarbesuch. Hier ist z.B. geregelt, bis zu welchem Zeitpunkt ein Seminar kostenfrei storniert werden kann oder welche Ansprüche der Teilnehmenden bestehen, wenn ein Seminar z.B. wegen kurzfristiger Erkrankung eines Teams abgesagt werden muss. Die AGBs sind auf dem Anmeldebogen abgedruckt und können im Internet bei den jeweiligen gewerkschaftlichen Veranstaltern eingesehen werden. Auf Wunsch senden wir Ihnen gerne die jeweiligen AGBs zu.

Kann eine Teilnahme an mehrtägigen Seminaren auch ohne Übernachtung erfolgen?
Die angebotenen mehrtägigen Seminare werden ausschließlich mit Übernachtung angeboten. Hierdurch können i.d.R. mit den Tagungshäusern günstige Konditionen vereinbart werden.

Kann der Arbeitgeber von den Teilnehmenden eine tägliche An- und Abreise zum Seminarort verlangen?
Nach einer Entscheidung des Bundesarbeitsgerichts können die Teilnehmenden grundsätzlich auch bei einer geringen Entfernung zum Seminarort dort übernachten. Ausnahmen bestehen dann, wenn die Teilnehmenden in unmittelbarer Nähe zur Tagungsstätte wohnen oder wenn sie die Möglichkeit zur Übernachtung selbst beeinflussen können.

Darf ich kurz vor Ende der Amtszeit eine Schulung besuchen?
Grundsätzlich ja. Der Betriebsrat muss die Erforderlichkeit der Vermittlung von Grundkenntnissen nicht allein deswegen besonders darlegen, weil die Schulungsveranstaltung erst kurz vor dem Ende der Amtszeit erfolgen soll. Vergleichbares gilt, wenn ein Betriebsratsmitglied befristet beschäftigt ist und die Schulung erst kurz vor dem Ende der Befristung stattfindet (BAG vom 17.11.2010 –7 ABR 113/09–).

Kann das Betriebsratsmitglied die Kenntnisse des Seminars aber nicht mehr für seine Arbeit verwerten, so darf es auch nicht vor Ende seiner Amtszeit an einem Seminar teilnehmen.

Darf ich eine erforderliche Schulung besuchen, obwohl ich befristet beschäftigt bin?
Ja. Wenn ich gewähltes Mitglied der Interessenvertretung bin, steht mir der Schulungsanspruch genauso zu wie den unbefristet Beschäftigten.

Habe ich Anspruch auf eine Schulung in meiner Landessprache? (s.o.)
Wenn ich als Interessenvertreter/-in die deutsche Sprache nicht so gut verstehe, dass ich gleichberechtigt im Gremium mitarbeiten kann, habe ich einen Anspruch auf Schulung in meiner Landessprache. Es kommt aber immer auf den Einzelfall an!

Kann ich erneut an einem bereits besuchten Seminar teilnehmen?
Grundsätzlich geht die Rechtsprechung von einem einmaligen Schulungsbesuch aus. Wenn allerdings der Seminarbesuch lange Zeit zurückliegt, gesetzliche Änderungen eingetreten und eine neue Rechtsprechung zu beachten ist, so kann ein erneuter Schulungsbesuch gerechtfertigt sein.

7. Teilnehmer/-innen

Darf jedes Betriebsratsmitglied an einer Schulung teilnehmen?
Jedes Betriebsratsmitglied hat das Recht, an sog. Grundschulungen teilzunehmen. Darunter versteht man z.B. Schulungen zum Betriebsverfassungs- und Arbeitsrecht.

Darf ein Ersatzmitglied an einem Seminar teilnehmen?
Ein Ersatzmitglied darf auf jeden Fall an einer Schulung teilnehmen, wenn es endgültig in den Betriebsrat nachgerückt ist. Wird es jeweils für ein zeitweise verhindertes Gremienmitglied tätig, hat es einen Anspruch auf Seminarteilnahme an einem Grundseminar, wenn es häufig Betriebsratsmitglieder vertritt. Die Schulungsteilnahme muss im Einzelfall zuvor gesondert geprüft werden.

Hat der Vorsitzende/die Vorsitzende eines Gremiums einen erhöhten Schulungsanspruch?
Grundsätzlich nein, da ja jedes Mitglied des Betriebsrats sein Amt in eigener Verantwortung ausübt. Allerdings obliegen oftmals dem Vorsitzenden/der Vorsitzenden besondere Aufgaben, die eine zusätzliche Schulungsteilname erforderlich machen. Nach der Rechtsprechung können Betriebsratsmitglieder in „herausragender Stellung" z.B. einen zusätzlichen Anspruch auf Seminare zur Verhandlungsführung haben, wenn sie diese Kenntnisse benötigen.

Welche Seminare dürfen Wirtschaftsausschussmitglieder besuchen?
Wirtschaftsausschussmitglieder haben nur dann Anspruch auf Schulung, wenn sie auch Mitglied des Betriebsrats sind. Ihr Schulungsanspruch umfasst dann zusätzliche Themen, wie z.B. betriebswirtschaftliche Inhalte.

Hat ein Betriebsratsmitglied ein Recht auf eine Vertiefungsschulung?

Stellt sich nach dem Besuch einer Grundschulung heraus, dass der Betriebsrat für seine konkreten Aufgaben vertiefendes Wissen benötigt, so besteht ein weiterer Schulungsanspruch. Nimmt z.B. ein Betriebsratsmitglied an einem Grundlehrgang teil, in dem u.a. Fragen der Ordnung des Betriebs angesprochen werden, und möchte nunmehr der Arbeitgeber eine neue Arbeitsordnung als Betriebsvereinbarung vereinbaren, so besteht ein erneuter vertiefender Schulungsbedarf für den Betriebsrat.

Stichwortverzeichnis

Fett gedruckte Zahlen bezeichnen die Ordnungsnummer, unter der das entsprechende Gesetz bzw. die Verordnung in dieser Ausgabe erscheint; normal gedruckte Zahlen bezeichnen den Paragrafen oder Artikel, die römischen Ziffern bezeichnen den Absatz.

Errata

Bitte beachten

Durch das sog. „Arbeit-von-morgen-Gesetz" (Gesetz zur Förderung der beruflichen Weiterbildung im Strukturwandel und zur Weiterentwicklung der Ausbildungsförderung vom 20.05.2020) wurde § 129 BetrVG wie folgt gefasst:

„§ 129 Sonderregelungen aus Anlass der Covid-19-Pandemie

(1) Die Teilnahme an Sitzungen des Betriebsrats, Gesamtbetriebsrats, Konzernbetriebsrats, der Jugend- und Auszubildendenvertretung, der Gesamt-Jugend- und Auszubildendenvertretung und der Konzern-Jugend- und Auszubildendenvertretung sowie die Beschlussfassung können mittels Video- und Telefonkonferenz erfolgen, wenn sichergestellt ist, dass Dritte vom Inhalt der Sitzung keine Kenntnis nehmen können. Eine Aufzeichnung ist unzulässig. § 34 Absatz 1 Satz 3 gilt mit der Maßgabe, dass die Teilnehmer ihre Anwesenheit gegenüber dem Vorsitzenden in Textform bestätigen. Gleiches gilt für die von den in Satz 1 genannten Gremien gebildeten Ausschüsse.

(2) Für die Einigungsstelle und den Wirtschaftsausschuss gilt Absatz 1 Satz 1 und 2 entsprechend.

(3) Versammlungen nach den §§ 42, 53 und 71 können mittels audiovisueller Einrichtungen durchgeführt werden, wenn sichergestellt ist, dass nur teilnahmeberechtigte Personen Kenntnis von dem Inhalt der Versammlung nehmen können. Eine Aufzeichnung ist unzulässig."

Aber Achtung: Diese Sonderregelungen gelten nur bis zum Jahresende; am 31.12.2020 treten sie außer Kraft.

ver.di b+b
Bildung + Beratung
LQW-zertifizierte Qualität

Stand: Juli 2020